QUINTA EDIÇÃO 2023

VADE MECUM DOUTRINA OAB

Flávia **Campos**
Adriana **Freire**
COORDENADORAS

Adolfo Mamoru Nishiyama · **Anna Sílvia** Scofield
Bernardo Nogueira · **Chris** Bruno · **Cristiano** Campidelli · **Elisa** Moreira
Flávia Campos · **Francisco** Menezes · **Henrique** Subi
Ival Heckert · **José Humberto** Souto Júnior · **Lílian** Souza
Murillo Ribeiro · **Núbia** de Paula · **Paulo Márcio** Reis Santos
Rafael Moura · **Renata** Abreu · **Reyvani** Jabour
Robinson Barreirinhas · **Savio** Chalita · **Thiago** Raso

2023 © Editora Foco

Coordenadoras: Flávia Campos e Adriana Freire

Autores: Adolfo Mamoru Nishiyama, Anna Sílvia Scofield, Bernardo Nogueira, Chris Bruno, Cristiano Campidelli, Elisa Moreira, Flávia Campos, Francisco Menezes, Henrique Subi, Ival Heckert, José Humberto Souto Júnior, Lílian Souza, Murillo Ribeiro, Núbia de Paula, Paulo Márcio Reis Santos, Rafael Moura, Renata Abreu, Reyvani Jabour, Robinson Barreirinhas, Savio Chalita e Thiago Raso

Diretor Acadêmico: Leonardo Pereira

Editor: Roberta Densa

Assistente Editorial: Paula Morishita

Revisora Sênior: Georgia Renata Dias

Capa Criação: Leonardo Hermano

Diagramação: Ladislau Lima

Impressão miolo e capa: FORMA CERTA

Dados Internacionais de Catalogação na Publicação (CIP) de acordo com ISBD

V123

Vade Mecum Doutrina da OAB / Adolfo Mamoru Nishiyama...[et al.] ; coordenado por Flávia Campos Pereira Grandi e Adriana Freire. - 5. ed. - Indaiatuba, SP : Editora Foco, 2023.

752 p. ; 17cm x 24cm.

Inclui índice e bibliografia.

ISBN: 978-65-5515-843-4

1. Direito. 2. Vade Mecum. 3. Ordem dos Advogados do Brasil - OAB. I. Nishiyama, Adolfo Mamoru. II. Scofield, Anna Sílvia. III. Nogueira, Bernardo. IV. Bruno, Chris. V. Campidelli, Cristiano. VI. Moreira, Elisa. VII. Campos, Flávia. VIII. Menezes, Francisco. IX. Subi, Henrique. X. Heckert, Ival. XI. Souto Júnior, José Humberto. XII. Souza, Lílian de. XIII. Ribeiro, Murillo. XIV. Santos, Paulo Márcio Reis. XV. Moura, Rafael. XVI. Jabour, Reyvani. XVII. Barreirinhas, Robinson. XVIII. Chalita, Savio. XIX. Raso, Thiago. XX. Grandi, Flávia Campos Pereira. XXI. Adriana Freire XXII. Título.

2023-1814

CDD 340   CDU 34

Elaborado por Vagner Rodolfo da Silva - CRB-8/9410

Índices para Catálogo Sistemático:

1. Direito 340   2. Direito 34

DIREITOS AUTORAIS: É proibida a reprodução parcial ou total desta publicação, por qualquer forma ou meio, sem a prévia autorização da Editora FOCO, com exceção do teor das questões de concursos públicos que, por serem atos oficiais, não são protegidas como Direitos Autorais, na forma do Artigo 8º, IV, da Lei 9.610/1998. Referida vedação se estende às características gráficas da obra e sua editoração. A punição para a violação dos Direitos Autorais é crime previsto no Artigo 184 do Código Penal e as sanções civis às violações dos Direitos Autorais estão previstas nos Artigos 101 a 110 da Lei 9.610/1998. Os comentários das questões são de responsabilidade dos autores.

NOTAS DA EDITORA:

Atualizações e erratas: A presente obra é vendida como está, atualizada até a data do seu fechamento, informação que consta na página II do livro. Havendo a publicação de legislação de suma relevância, a editora, de forma discricionária, se empenhará em disponibilizar atualização futura.

Bônus ou Capítulo On-line: Excepcionalmente, algumas obras da editora trazem conteúdo no *on-line*, que é parte integrante do livro, cujo acesso será disponibilizado durante a vigência da edição da obra.

Erratas: A Editora se compromete a disponibilizar no site www.editorafoco.com.br, na seção Atualizações, eventuais erratas por razões de erros técnicos ou de conteúdo. Solicitamos, outrossim, que o leitor faça a gentileza de colaborar com a perfeição da obra, comunicando eventual erro encontrado por meio de mensagem para contato@editorafoco.com.br. O acesso será disponibilizado durante a vigência da edição da obra.

Impresso no Brasil (07.2023)   Data de Fechamento (07.2023)

2023

Todos os direitos reservados à

Editora Foco Jurídico Ltda.

Rua Antonio Brunetti, 593 – Jd. Morada do Sol

CEP 13348-533 – Indaiatuba – SP

E-mail: contato@editorafoco.com.br

www.editorafoco.com.br

Seja bem-vindo ao nosso
VADE MECUM **DOUTRINA OAB**

Como professores especialistas no Exame de Ordem, sabemos que a prova exige cada vez mais do candidato, com um volume muito grande de disciplinas na 1ª fase. Por isso, decidimos preparar uma obra especial para tratar dos principais pontos de todas as disciplinas necessárias para sua aprovação!

Com linguagem clara e descomplicada, esperamos te ajudar nesse momento da sua preparação. Ainda, comentamos, ao fim de cada capítulo, questões objetivas que já foram cobradas no Exame, para que você conheça o nível da prova e revise pontos importantes.

Rumo a sua aprovação!!!

Flávia Campos
Coordenadora

Sobre os Autores

COORDENADORAS

Flávia Campos

Consultora Legislativa da Assembleia Legislativa de Minas Gerais. Professora de Direito Administrativo, Urbanístico e Prática Cível e Administrativa no SupremoTV e na Escola Superior de Advocacia da OAB/MG. Coordenadora das turmas preparatórias para o Exame de Ordem do SupremoTV.

Adriana Freire

Advogada, Palestrante e *Master Coach* de alta performance pela Febracis. Especialista em OAB com experiência, há mais de 13 anos, em Exame de Ordem. Exerceu, por 10 anos, o cargo de gerente pedagógica do Complexo de Ensino Renato Saraiva – CERS. É também formada em *Coaching* pela Sociedade Latino-A-mericana (SLAC) e em Relações Humanizadas pela *Dale Carnegie Course*. É Analista de Perfil Comportamental e tem formação em *Mentoring*. Com todo o conhecimento adquirido, criou o método *A Fórmula da aprovação na OAB/ Game Over OAB*, que já aprovou cente-nas de alunos. Adriana Freire já atendeu, de forma individualizada, a mais de 500 alunos, que conquistaram a tão sonhada carteira da OAB. Ela descobriu que o seu propósito de vida é ajudar pessoas a alcançarem o sonho da aprovação na OAB e em concursos públicos.

AUTORES

Adolfo Mamoru Nishiyama
Direito Constitucional

Advogado. Possui graduação em Ciências Jurídicas pela Universidade Presbiteriana Mackenzie (1991) e mestrado em Direito do Estado pela Pontifícia Universidade Católica de São Paulo (1997). Doutorado em Direito do Estado pela Pontifícia Universidade Católica de São Paulo (2016). Atualmente é professor titular da Universidade Paulista

Anna Sílvia Scofield
Direito Ambiental

Advogada. Professora de Direito Ambiental, Empresarial e Processo do Trabalho do IESI/FENORD. Professora Orientadora do Núcleo de Prática Jurídica do IESI/FENORD. Mestre em Direito Empresarial pela Faculdade de Direito Milton Campos.

Bernardo Nogueira
Filosofia do Direito

Doutor em Direito pela Pontifícia Universidade Católica de Minas Gerais - PUC/MG. Mestre em Ciências Jurídico-Filosóficas pela Faculdade de Direito da Universidade de Coimbra. Especialização em Filosofia pela Universidade Federal de Ouro Preto. Mediador Judicial

Chris Bruno
Direito do Trabalho e Processual do Trabalho

Advogada. Especialista em Direito do Trabalho e Previdenciário. Doutoranda em Ciências Jurídicas e Sociais. Professora Titular de Direito Individual e Coletivo do Trabalho e Processo do Trabalho na Faseh. Professora na pós-graduação de Direito do Trabalho na UNIFEMM Business. Professora do Supremo TV.

Cristiano Campidelli
Direito Processual Penal

Delegado de Polícia Federal. Professor de Direito Penal, Processo Penal e Legislação Penal Especial em cursos de Graduação, Pós-Graduação e no SupremoTV. Tutor de turmas na Academia Nacional de Polícia. Mestre em Ciências das Religiões pela Faculdade Unida de Vitória. Pós-Graduado em Direito Penal pela Universidade Gama Filho do Rio de Janeiro.

Elisa Moreira
Direitos Humanos

Delegada de Polícia Civil em Minas Gerais. Professora de Direitos Humanos. Especialista em Ciências Penais pela UFJF. Cofundadora do canal EMDELTA. Professora do SupremoTV.

Flávia Campos
Direito Administrativo

Consultora Legislativa da Assembleia Legislativa de Minas Gerais. Professora de Direito Administrativo, Urbanístico e Prática Cível e Administrativa no SupremoTV e na Escola Superior de Advocacia da OAB/MG. Coordenadora das turmas preparatórias para o Exame de Ordem do SupremoTV.

Francisco Menezes
Direito Penal

Advogado. Especialista em Ciências Criminais. Mestrando em Direito Penal pela PUC Minas. Professor universitário. Professor de Direito Penal e Direito Processual Penal do SupremoTV.

Henrique Subi
Direito Previdenciário

Agente da Fiscalização Financeira do Tribunal de Contas do Estado de São Paulo. Mestrando em Direito Político e Econômico pela Universidade Pres-biteriana Mackenzie. Especialista em Direito Empresarial pela Fundação Getúlio Vargas e em Direito Tributário pela UNISUL. Professor de cursos preparatórios para concursos desde 2006. Coautor de mais de 20 obras voltadas para concursos, todas pela Editora Foco.

Ival Heckert
Direito Processual Civil

Advogado. Especialista em Direito Processual Civil. Professor de Processo Civil do SupremoTV. Coordenador das Pós-Graduações em Advocacia Cível, Advocacia Bancária e Advocacia Imobiliária da ESA-OAB/MG.

José Humberto Souto Júnior
Direito Empresarial

Advogado no Escritório Andrade Souto Sociedade de Advogados, mestre em Direito Empresarial pela Faculdade de Direito Milton Campos, professor no Supremo TV, Pós-Graduação da PUC Minas e ESA/MG.

Lílian Souza
Direito Tributário

Professora de Direito Tributário e Financeiro. Advogada. Ex-conselheira do Conselho de Contribuintes do Estado de Minas Gerais. Coordenadora da Pós Graduação em Direito Tributário do CEDIN. Pesquisadora no Grupo de Tributação e Gênero da FGV. Membro da Comissão de Direito Tributário da OAB/MG. Coordenadora do Núcleo de Direito Tributário da ESA/MG.

Murillo Ribeiro
Direito Penal

Delegado de Polícia Civil do Estado de Minas Gerais. Especialista em Ciências Criminais. Mestrando em Direito Penal pela PUC/MG. Professor de Direito Penal e Criminologia no SupremoTV. Autor de obras jurídicas. Cofundador do EM DELTA.

Núbia de Paula
Direito Civil

Advogada, Doutora em Direito pela PUC/Minas, Professora na Pós graduação em Direito Público da PUC/Minas, Direito Privado da ESA/OAB, SupremoTV e graduação em Direito do Centro Universitário Newton Paiva.

Paulo Márcio Reis Santos
Direito Internacional

Advogado, Doutor e Mestre em Direito pela UFMG. Coordenador do Setor de Pós-graduação Lato Sensu e Professor de Direito Internacional na Universidade FUMEC, Escola Superior da Advocacia OAB/MG e Supremo Concursos.

Rafael Moura
Ética e Estatuto da OAB

Advogado Criminalista e Professor de Ética e Estatuto da OAB no SupremoTV. Pós-Graduado em Ciências Criminais pela Universidade Cândido Mendes e Direito Público pelo Centro Universitário Newton Paiva.

Renata Abreu
Direito Constitucional

Professora de Direito Constitucional do Supremo TV. Especialista em Direito. Servidora Pública Estadual

Reyvani Jabour
Direito Civil, Direito do Consumidor e Estatuto da Criança e do Adolescente

Procuradora de Justiça do Ministério Público de Minas Gerais. Professora de Direito Civil no Supremo TV, na Fundação Escola Superior do Ministério Público de Minas Gerais e na Escola Superior dos Notários e Registradores de MG.

Robinson Barreirinhas
Direito Financeiro e Administração Financeira e Orçamentária

Secretário Municipal dos Negócios Jurídicos da Prefeitura de São Paulo. Professor do IEDI. Procurador do Município de São Paulo. Autor e coautor de mais de 20 obras de preparação para concursos e OAB. Ex-Assessor de Ministro do STJ.

Savio Chalita
Direito Eleitoral

Advogado. Mestre em Direitos Sociais, Difusos e Coletivos. Professor do CPJUR (Centro Preparatório Jurídico), Autor de obras para Exame de Ordem e Concursos Públicos. Professor Universitário. Editor do blog www.comopassarnaoab.com.

Thiago Moraes Raso Leites Soares
Direito do Trabalho e Processual do Trabalho

Auditor-Fiscal do Trabalho. Mestre em Direito do Trabalho. Professor de cursos de graduação, pós graduação e cursos preparatórios.

SUMÁRIO

SOBRE OS AUTORES V

ÉTICA E ESTATUTO DA ORDEM DOS ADVOGADOS DO BRASIL

RAFAEL MOURA 1

1. DOS FINS E DA ORGANIZAÇÃO 1
2. DA ESTRUTURA DA OAB 2
3. DA ATIVIDADE DE ADVOCACIA 10
4. DOS DIREITOS DO ADVOGADO 15
5. DA INSCRIÇÃO 21
6. DA SOCIEDADE DE ADVOGADOS 25
7. ADVOGADO EMPREGADO 27
8. DOS HONORÁRIOS ADVOCATÍCIOS 28
9. DAS INCOMPATIBILIDADES E IMPEDIMENTOS 32
10. DAS INFRAÇÕES E SANÇÕES DISCIPLINARES 33
11. DO PROCESSO DISCIPLINAR 37
12. SUSPENSÃO PREVENTIVA 42
13. PUBLICIDADE 43
14. SIGILO PROFISSIONAL 44
15. DAS RELAÇÕES COM OS CLIENTES 45
16. ELEIÇÕES (ART. 63 DO EOAB E SS. E ART. 128 DO RG E SS.) 46
17. DA ADVOCACIA *PRO BONO* (ART. 30 DO CED) 47
18. QUESTÕES APLICADAS EM EXAMES ANTERIORES 48

FILOSOFIA DO DIREITO

BERNARDO NOGUEIRA 53

1. INTRODUÇÃO 53
2. FASES DO PENSAMENTO JURÍDICO 53
3. PERCURSO SOBRE A FILOSOFIA DO DIREITO NA HISTÓRIA OCIDENTAL ... 61
4. HERMENÊUTICA 70
5. MÉTODOS INTERPRETATIVOS 71
6. TIPOS DE INTERPRETAÇÃO (QUANTO À ORIGEM) 72

VADE MECUM DOUTRINA OAB

7. TIPOS DE INTERPRETAÇÃO (QUANTO AO ALCANCE) 72
8. INTERPRETAÇÃO E PRINCÍPIOS 73
9. TEORIA GERAL DO DIREITO 73
10. QUESTÕES APLICADAS EM EXAMES ANTERIORES 78

DIREITO CONSTITUCIONAL

ADOLFO MAMORU NISHIYAMA E RENATA ABREU 81
1. TEORIA DA CONSTITUIÇÃO 81
2. DIREITOS FUNDAMENTAIS 86
3. REMÉDIOS CONSTITUCIONAIS 91
4. NACIONALIDADE 98
5. DIREITOS POLÍTICOS 101
6. ORGANIZAÇÃO DO ESTADO 105
7. ORGANIZAÇÃO DOS PODERES 110
8. ORDEM SOCIAL 118
9. CONTROLE DE CONSTITUCIONALIDADE 119
10. QUESTÕES APLICADAS EM EXAMES ANTERIORES 127

DIREITOS HUMANOS

ELISA MOREIRA 131
PONTO 1. INTRODUÇÃO AOS DIREITOS HUMANOS 131
PONTO 2. GERAÇÕES, DIMENSÕES OU FAMÍLIAS DE DIREITOS HUMANOS.. 132
PONTO 3. CARACTERÍSTICAS DOS DIREITOS HUMANOS 133
PONTO 4. DIMENSÕES SUBJETIVA E OBJETIVA DOS DIREITOS FUNDAMENTAIS 135
PONTO 5. OS QUATRO *STATUS* DE JELLINEK E OS DIREITOS FUNDAMENTAIS EM RELAÇÃO ÀS FUNÇÕES 136
PONTO 6. EFICÁCIA VERTICAL, HORIZONTAL E DIAGONAL DOS DIREITOS FUNDAMENTAIS 137
PONTO 7. INCIDENTE DE DESLOCAMENTO DE COMPETÊNCIA (IDC) 138
PONTO 8. INCORPORAÇÃO DOS TRATADOS AO ORDENAMENTO JURÍDICO BRASILEIRO 138
PONTO 9. CONTROLE DE CONVENCIONALIDADE 139
PONTO 10. FASES DOS TRATADOS 141
PONTO 11. INTERNACIONALIZAÇÃO DOS DIREITOS HUMANOS 142
PONTO 12. ORGANIZAÇÃO DAS NAÇÕES UNIDAS (ONU) 143

VIII

SUMÁRIO

PONTO 13. DECLARAÇÃO UNIVERSAL DOS DIREITOS HUMANOS 145

PONTO 14. CONVENÇÃO AMERICANA SOBRE DIREITOS HUMANOS – PACTO DE SÃO JOSÉ DA COSTA RICA – Decreto nº 678/92 146

PONTO 15. O ESTATUTO DE ROMA E O TRIBUNAL PENAL INTERNACIONAL – DECRETO Nº 4.388/02 148

PONTO 16. CONVENÇÃO CONTRA A TORTURA E OUTROS TRATAMENTOS OU PENAS CRUÉIS, DESUMANOS OU DEGRADANTES – Decreto nº 40/91 150

PONTO 17. CONVENÇÃO DE PALERMO (Convenção das Nações Unidas contra o Crime Organizado Transnacional) – Decreto 5.015/04 151

PONTO 18. REGRAS MÍNIMAS DAS NAÇÕES UNIDAS PARA O TRATAMENTO DE PRESOS 152

PONTO 19. REGRAS DE BANGKOK 154

PONTO 20. POLÍTICA NACIONAL EM DIREITOS HUMANOS 155

PONTO 21. GRUPOS VULNERÁVEIS E MINORIAS 158

PONTO 22. CONVENÇÃO INTERAMERICANA CONTRA O RACISMO, A DISCRIMINAÇÃO RACIAL E FORMAS CORRELATAS DE INTOLERÂNCIA – Dec nº 10.932/22 159

PONTO 23. AGENDA 2030 E OS OBJETIVOS DE DESENVOLVIMENTO SUSTENTÁVEL 161

QUESTÕES APLICADAS EM EXAMES ANTERIORES 163

DIREITO INTERNACIONAL

PAULO MÁRCIO REIS SANTOS 165

1. DIREITO INTERNACIONAL 165
2. DIREITO INTERNACIONAL PÚBLICO 165
3. DIREITO INTERNACIONAL PRIVADO 71
4. QUESTÕES APLICADAS EM EXAMES ANTERIORES 180

DIREITO TRIBUTÁRIO

LÍLIAN SOUZA 183

1. INTRODUÇÃO 183
2. CONCEITO DE TRIBUTO 184
3. ESPÉCIES TRIBUTÁRIAS 186
4. SISTEMA TRIBUTÁRIO NACIONAL 192
5. CÓDIGO TRIBUTÁRIO NACIONAL 217
6. JULGADOS RELEVANTES TRIBUNAIS SUPERIORES 253
7. QUESTÕES APLICADAS EM EXAMES ANTERIORES 267

VADE MECUM DOUTRINA OAB

DIREITO ADMINISTRATIVO

FLÁVIA CAMPOS 269

1. REGIME JURÍDICO ADMINISTRATIVO 269
2. ORGANIZAÇÃO ADMINISTRATIVA 270
3. ADMINISTRAÇÃO PÚBLICA INDIRETA 271
4. TERCEIRO SETOR 273
5. AGENTES PÚBLICOS 274
6. ATOS ADMINISTRATIVOS 281
7. PODERES ADMINISTRATIVOS 284
8. RESPONSABILIDADE CIVIL DO ESTADO 286
9. IMPROBIDADE ADMINISTRATIVA 289
10. LICITAÇÕES 291
11. CONTRATOS ADMINISTRATIVOS 297
12. CONSÓRCIOS PÚBLICOS 299
13. SERVIÇOS PÚBLICOS 300
14. BENS PÚBLICOS 303
15. INTERVENÇÃO DO ESTADO NA PROPRIEDADE 305
16. CONTROLE DA ADMINISTRAÇÃO PÚBLICA 307
17. QUESTÕES APLICADAS EM EXAMES ANTERIORES 309

DIREITO AMBIENTAL

ANNA SÍLVIA SCOFIELD 311

1. NOÇÕES GERAIS 311
2. PRINCÍPIOS NORTEADORES DO DIREITO AMBIENTAL 311
3. CONCEITO E CLASSIFICAÇÕES DO MEIO AMBIENTE 313
4. PROTEÇÃO CONSTITUCIONAL AO MEIO AMBIENTE 313
5. COMPETÊNCIAS CONSTITUCIONAIS EM MATÉRIA AMBIENTAL 315
6. POLÍTICA NACIONAL DO MEIO AMBIENTE 317
7. ESPAÇOS TERRITORIAIS ESPECIALMENTE PROTEGIDOS 321
8. RESPONSABILIDADE POR DANO AMBIENTAL 325
9. LEIS ESPECÍFICAS E SÚMULAS DO STJ 327
10. QUESTÕES APLICADAS EM EXAMES ANTERIORES 328

SUMÁRIO

DIREITO CIVIL

NÚBIA DE PAULA E REYVANI JABOUR 331

1. PARTE GERAL 331
2. DIREITO DAS OBRIGAÇÕES 337
3. RESPONSABILIDADE CIVIL 349
4. TEORIA GERAL DOS CONTRATOS 359
5. DIREITO DAS COISAS 367
6. DIREITO DE FAMÍLIA 379
7. SUCESSÕES 385
8. QUESTÕES APLICADAS EM EXAMES ANTERIORES 391

ESTATUTO DA CRIANÇA E DO ADOLESCENTE

REYVANI JABOUR 395

1. EVOLUÇÃO HISTÓRICA 395
2. O ESTATUTO DA CRIANÇA E DO ADOLESCENTE 396
3. QUESTÕES APLICADAS EM EXAMES ANTERIORES 407

DIREITO DO CONSUMIDOR

REYVANI JABOUR 409

1. DIREITO DO CONSUMIDOR 409
2. MEIOS DE EXECUÇÃO DA POLÍTICA NACIONAL DAS RELAÇÕES DE CONSUMO 412
3. CONCEITOS FUNDAMENTAIS CONSTANTES DO CDC 412
4. DIREITOS BÁSICOS DO CONSUMIDOR 413
5. SANÇÕES CONSTANTES DO CDC PARA O FORNECEDOR QUE DESRES-PEITAR SUAS REGRAS 415
6. RESPONSABILIDADE CIVIL NO CDC 416
7. PROTEÇÃO CONTRATUAL PELO CDC 419
8. DAS PRÁTICAS ABUSIVAS 421
9. O ABUSO DO DIREITO NA COBRANÇA DE DÍVIDAS 422
10. QUESTÕES APLICADAS EM EXAMES ANTERIORES 423

DIREITO EMPRESARIAL

JOSÉ HUMBERTO SOUTO JÚNIOR 425

1. REGRAS GERAIS DO DIREITO EMPRESARIAL NO CÓDIGO CIVIL 425
2. ESTABELECIMENTO EMPRESARIAL 429

XI

VADE MECUM DOUTRINA OAB

3. DIREITO SOCIETÁRIO.. 431

4. FALÊNCIA, RECUPERAÇÃO JUDICIAL E EXTRAJUDICIAL........................... 441

5. TÍTULOS DE CRÉDITO... 448

6. CONTRATOS MERCANTIS 453

7. DISPOSIÇÕES FINAIS 455

8. QUESTÕES APLICADAS EM EXAMES ANTERIORES 457

DIREITO PROCESSUAL CIVIL

IVAL HECKERT 459

1. PRINCÍPIOS E NORMAS FUNDAMENTAIS DO PROCESSO CIVIL................. 459

2. DA AÇÃO 463

3. DOS LIMITES DA JURISDIÇÃO BRASILEIRA 463

4. DA COMPETÊNCIA INTERNA.. 464

5. DAS PARTES E DOS PROCURADORES 466

6. DO LITISCONSÓRCIO E DA INTERVENÇÃO DE TERCEIROS 469

7. DO JUIZ, DO MINISTÉRIO PÚBLICO, DA DEFENSORIA PÚBLICA E DA ADVOCACIA PÚBLICA... 473

8. DOS ATOS E DOS PRAZOS PROCESSUAIS 475

9. DAS TUTELAS PROVISÓRIAS... 482

10. DO PROCEDIMENTO COMUM 485

11. CUMPRIMENTO DE SENTENÇA 495

12. DO PROCESSO DE EXECUÇÃO POR QUANTIA CERTA CONTRA DEVE-DOR SOLVENTE.. 497

13. RECURSOS.. 499

14. QUESTÕES APLICADAS EM EXAMES ANTERIORES 511

DIREITO PENAL

FRANCISCO MENEZES E MURILLO RIBEIRO... 513

1. Parte Geral: CONCEITOS BÁSICOS 513

2. PRINCÍPIOS PENAIS FUNDAMENTAIS... 513

3. NORMAS PENAIS 519

4. APLICAÇÃO DA LEI PENAL 520

5. TEORIA GERAL DO CRIME: O CONCEITO E OS SUBSTRATOS DO DELITO 521

6. O FATO TÍPICO... 523

7. ILICITUDE... 530

SUMÁRIO

8. CULPABILIDADE 533

9. TEORIA DO ERRO 535

10. CONCURSO DE PESSOAS 537

11. PENA PRIVATIVA DE LIBERDADE 537

12. PENAS RESTRITIVAS DE DIREITO 539

13. CONCURSO DE CRIMES E EXTINÇÃO DA PUNIBILIDADE 541

14. PARTE ESPECIAL 544

15. LEI MARIA DA PENHA (LEI Nº 11.340/06) 559

16. LEI DE CRIMES HEDIONDOS (LEI Nº 8.072/90) 564

17. ESTATUTO DO DESARMAMENTO (LEI Nº 10.826/03) 567

18. LEI DE DROGAS (LEI Nº 11.343/06) 573

19. QUESTÕES APLICADAS EM EXAMES ANTERIORES 580

DIREITO PROCESSUAL PENAL

CRISTIANO CAMPIDELLI 583

1. DIREITO PROCESSUAL PENAL 583

2. INQUÉRITO POLICIAL 587

3. AÇÃO PENAL 592

4. JURISDIÇÃO E COMPETÊNCIA PROCESSUAL PENAL 599

5. QUESTÕES E PROCESSOS INCIDENTES: EXCEÇÕES 609

6. PROVAS 611

7. SUJEITOS DO PROCESSO 616

8. PRISÕES 619

9. PROCESSOS E PROCEDIMENTOS 626

10. RECURSOS 637

11. QUESTÕES APLICADAS EM EXAMES ANTERIORES 646

DIREITO DO TRABALHO

CHRIS BRUNO E THIAGO RASO 649

1. PRIMEIRAS LINHAS 649

2. RELAÇÃO DE TRABALHO *VERSUS* RELAÇÃO DE EMPREGO 650

3. CONTRATO DE TRABALHO 666

4. DURAÇÃO DO TRABALHO 675

5. REMUNERAÇÃO E SALÁRIO 683

6. TÉRMINO DO CONTRATO DE TRABALHO 685

VADE MECUM DOUTRINA OAB

7. DIREITO COLETIVO DO TRABALHO 687
8. QUESTÕES APLICADAS NOS EXAMES ANTERIORES 690

DIREITO PROCESSUAL DO TRABALHO

CHRIS BRUNO E THIAGO RASO 693
1. PRIMEIRAS LINHAS 693
2. JURISDIÇÃO E COMPETÊNCIA 696
3. PARTES E PROCURADORES 704
4. RECLAMAÇÃO TRABALHISTA 715
5. QUESTÕES APLICADAS EM EXAMES ANTERIORES 724

REFERÊNCIAS BIBLIOGRÁFICAS

DIREITO CONSTITUCIONAL 727
DIREITO ADMINISTRATIVO 727
DIREITO PROCESSUAL PENAL 727
DIREITO PENAL 728
DIREITO TRIBUTÁRIO 728
CÓDIGO DE ÉTICA E ESTATUTO DA OAB 729
DIREITO DO TRABALHO E PROCESSUAL DO TRABALHO 729
DIREITO EMPRESARIAL 730
DIREITO AMBIENTAL 730
DIREITO INTERNACIONAL 730
DIREITOS HUMANOS 730
FILOSOFIA 731
DIREITO CIVIL 731

ÉTICA E ESTATUTO DA ORDEM DOS ADVOGADOS DO BRASIL

Rafael Moura

1. DOS FINS E DA ORGANIZAÇÃO

A natureza jurídica da OAB foi objeto de muitas controvérsias, mas o Supremo Tribunal Federal, em decisão proferida nos autos da ADI 3.026/2006, da relatoria do Ministro Eros Grau, definiu a questão da seguinte forma: "A OAB não é uma entidade da Administração Indireta da União. A Ordem é um serviço público independente, categoria ímpar no elenco das personalidades jurídicas existentes no direito brasileiro. A OAB não está incluída na categoria na qual se inserem essas que se tem referido como "autarquias especiais" para pretender se afirmar equivocada independência das hoje chamadas "agências". Por não consubstanciar uma entidade da Administração Indireta, a OAB não está sujeita a controle da Administração, nem a qualquer das suas partes está vinculada. Essa não vinculação é formal e materialmente necessária. A OAB ocupa-se de atividades atinentes aos advogados, que exercem função constitucionalmente privilegiada na medida em que são indispensáveis à administração da Justiça [art. 133 da CF/88]. É entidade cuja finalidade é afeta a atribuições, interesses e seleção de advogados. Não há ordem de relação ou dependência entre a OAB e qualquer órgão público. A Ordem dos Advogados do Brasil, cujas características são autonomia e independência, não pode ser tida como congênere dos demais órgãos de fiscalização profissional. A OAB não está voltada exclusivamente a finalidades corporativas. Possui finalidade institucional. Embora decorra de determinação legal, o regime estatutário imposto aos empregados da OAB não é compatível com a entidade, que é autônoma e independente".

Portanto, a OAB pode ser definida como pessoa jurídica *sui generis* por prestar serviço público independente e ser dotada de personalidade jurídica e forma federativa, com finalidades específicas, como a defesa da Constituição Federal, da ordem jurídica do Estado democrático de direito, dos direitos humanos, da justiça social, e pugnar pela aplicação plena da legislação, pela rápida administração da justiça e pelo aperfeiçoamento da cultura e das instituições jurídicas, além de promover, com exclusividade, a representação, a defesa, a seleção e a disciplina dos advogados em toda a República Federativa do Brasil.

Segundo LÔBO, Paulo[1]: Em suma, a OAB não é nem autarquia nem entidade genuinamente privada, mas *serviço público independente*, categoria *sui generis*, submetida ao direito público, na realização das atividades estatais que lhe foram delegadas, e ao direito privado, no desenvolvimento de suas atividades administrativas e de suas finalidades institucionais e de defesa da profissão, estas últimas oponíveis inclusive ao Estado. Considerada a natureza de serviço público não estatal, mas serviço público de âmbito federal, os processos judi-

---

1. LÔBO, Paulo. *Comentários ao Estatuto da Advocacia e da OAB*. 14ª ed. São Paulo: Saraiva Educação, 2022, p. 303

ciais em que a OAB seja interessada sujeitam-se à competência da justiça federal (STF, HC 71.314-9), salvo no caso de cobrança das anuidades (STJ, EREsp 462.273).

A OAB, por possuir personalidade jurídica própria, é um órgão autônomo e não mantém com órgãos da Administração Pública qualquer vínculo funcional ou hierárquico.

O uso da sigla OAB é privativo da Ordem dos Advogados do Brasil.

Pelo fato da OAB prestar um serviço público, goza de imunidade tributária total em relação a seus bens, rendas e serviços. Inclusive, no final do ano de 2018, o STF analisou a imunidade tributária das Caixas de Assistência dos Advogados no RECURSO EXTRAOR-DINÁRIO nº 405.267/MG e à unanimidade, entendeu que as CAA's têm o mesmo direito a imunidade tributária que as seccionais da OAB. Para os ministros, as unidades estaduais e municipais das caixas são vinculadas às seccionais da OAB, que não têm obrigação tributária, logo, elas também são beneficiadas. Assim, o MINISTRO EDSON FACHIN observou que: "conclui-se, portanto, que as Caixas de Assistência dos Advogados encontram-se tuteladas pela imunidade recíproca prevista no art. 150, VI, "a", do Texto Constitucional, tendo em vista a impossibilidade de se conceder tratamento tributário diferenciado a órgãos da OAB, de acordo com as finalidades que lhe são atribuídas por lei".

Compete à OAB fixar e cobrar, de seus inscritos, contribuições, preços de serviços e multas. É o Conselho Seccional da OAB que fixa o valor e modo de pagamento das anuidades dos seus inscritos. As multas são decorrentes das sanções disciplinares, em que existam circunstâncias agravantes, e os preços de serviços são daqueles prestados pela OAB àqueles que os utilizam (ex.: certidões, cursos, cópias, taxa para o Exame de Ordem etc.).

O pagamento da contribuição anual à OAB isenta os inscritos nos seus quadros do pagamento obrigatório da contribuição sindical.

O cargo de conselheiro ou de membro de diretoria de órgão da OAB é de exercício gratuito e obrigatório, considerado serviço público relevante, inclusive para fins de disponibilidade e aposentadoria. (art. 48 do EOAB) Lembre-se do macete:

$$
\textbf{GOSDA}
\begin{cases}
\text{- Gratuito} \\
\text{- Obrigatório} \\
\text{- Serviço Público Relevante} \\
\text{- Disponibilidade} \\
\text{- Aposentadoria}
\end{cases}
$$

Os atos, as notificações e as decisões dos órgãos da OAB, salvo quando reservados ou de administração interna, serão publicados no Diário Eletrônico da Ordem dos Advogados do Brasil, a ser disponibilizado na internet, podendo ser afixados no fórum local, na íntegra ou em resumo.

2. DA ESTRUTURA DA OAB

O artigo 45 do Estatuto da OAB, trouxe em seus quatro incisos, quais seriam os Órgãos da OAB:

> I – o Conselho Federal
> II – os Conselhos Seccionais
> III – as Subseções
> IV – as Caixas de Assistência dos Advogados.

Obs.: lembre-se que o Tribunal de Ética e Disciplina (TED) não é órgão da OAB, e sim um órgão auxiliar do Conselho Seccional no julgamento de processos disciplinares e para orientação e consulta dos inscritos.

2.1. Conselho Federal

É dotado de personalidade jurídica própria, com sede na capital da República, é o órgão supremo (máximo) da OAB, representando o último grau recursal.

O Conselho Federal é composto:

• dos conselheiros federais, integrantes das delegações de cada unidade federativa. Cada delegação é formada por 3 conselheiros federais;

• dos seus ex-presidentes, na qualidade de membros honorários vitalícios, que tem direito apenas a voz nas sessões. Exceção: Art. 81[2] do EOAB.

• *Inovação legislativa:* O Instituto dos Advogados Brasileiros e a Federação Nacional dos Institutos dos Advogados do Brasil são membros honorários, somente com direito a voz nas sessões do Conselho Federal. (Incluído pela Lei nº 14.365, de 2022)

O presidente do Conselho Federal exerce a representação nacional e internacional da OAB, competindo-lhe convocar o Conselho Federal, presidi-lo, representá-lo ativa e passivamente, em juízo ou fora dele, promover-lhe a administração patrimonial e dar execução às suas decisões. O presidente do Conselho Federal, nas deliberações do Conselho, tem apenas o voto de qualidade.

Os presidentes dos Conselhos Seccionais, nas sessões do Conselho Federal, têm lugar reservado junto à delegação respectiva e direito somente a voz.

O voto é dado por delegação e não individualmente. Em caso de divergência entre os membros da delegação, prevalece o voto da maioria e, se estiverem presentes apenas dois membros da delegação e houver divergência, o voto é invalidado.

O presidente exerce apenas o voto unipessoal de qualidade, porque não faz parte de qualquer delegação. Ele é o presidente nacional da OAB, desligando-se de sua origem federativa. Os demais diretores (vice-presidente, secretário-geral adjunto e tesoureiro) votam com suas delegações.

Quem participa das sessões no Conselho Federal?

---

2. Art. 81. Não se aplicam aos que tenham assumido originariamente o cargo de Presidente do Conselho Federal ou dos Conselhos Seccionais, até a data da publicação desta lei, as normas contidas no Título II, acerca da composição desses Conselhos, ficando assegurado o pleno direito de voz e voto em suas sessões.

1. Presidente do Conselho Federal (com direito a voto de qualidade)
2. Conselheiros Federais (com direito a voz e voto).
3. Ex-Presidentes (tem direito a VOZ, **salvo aqueles contidos no art. 81 do EOAB e art. 62 § 1º do RG, que também possui direito a voto**);
4. Presidente dos Conselhos Seccionais. (com direito a VOZ)
5. Presidente do Instituto dos Advogados Brasileiros e o Presidente da Federação Nacional dos Institutos dos Advogados do Brasil (com direito a VOZ)
6. Advogados condecorados com a medalha Rui Barbosa.(com direito a VOZ) (Ver Arts. 63 e 152 do Regulamento Geral) (A "Medalha Rui Barbosa" é a comenda máxima conferida pelo Conselho Federal às grandes personalidades da advocacia brasileira. A Medalha só pode ser concedida uma vez, no prazo do mandato do Conselho, e será entregue ao homenageado em sessão solene.)

O Conselho Federal tem competências exclusivas, estrutura e funcionamento descritos nos arts. 51 a 55 do Estatuto da OAB e nos arts. 62 a 104 do Regulamento Geral.

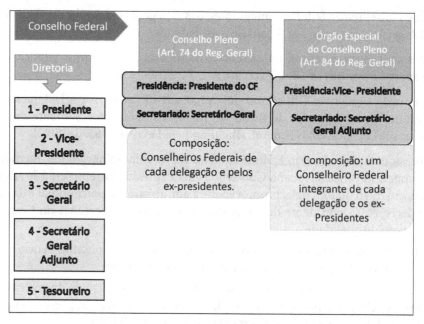

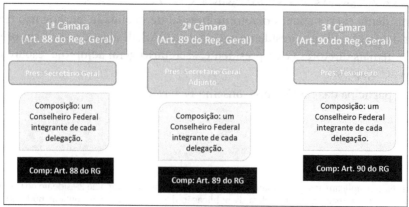

O Regulamento Geral da OAB fixou a estrutura do Conselho Federal mediante os seguintes órgãos:

- Conselho Pleno;
- Órgão Especial;
- Primeira, Segunda e Terceira Câmaras;
- Diretoria
- Presidente

A diretoria do Conselho Federal é composta de 1 presidente, de 1 vice-presidente, de 1 secretário-geral, de 1 secretário-geral adjunto e de 1 tesoureiro.

O Presidente é substituído em suas faltas, licenças e impedimentos pelo Vice-Presidente, pelo Secretário-Geral, pelo Secretário-Geral Adjunto e pelo Tesoureiro, sucessivamente. O Vice-Presidente, o Secretário-Geral, o Secretário-Geral Adjunto e o Tesoureiro substituem--se nessa ordem, em suas faltas e impedimentos ocasionais, sendo o último substituído pelo Conselheiro Federal mais antigo e, havendo coincidência de mandatos, pelo de inscrição mais antiga.

A diretoria é composta por:

Presidente (1) — Não precisa ser conselheiro federal eleito e possui voto de qualidade.

Vice-Presidente (2)

Secretário Geral (3)

Secretário Geral Adjunto (4) — Todos votam normalmente, pois são conselheiros.

Tesoureiro (5)

- **Conselho Pleno:** presidido pelo Presidente do Conselho Federal (**1**) e integrado por todos conselheiros federais eleitos e pelos ex-presidentes (**o presidente não vota, salvo no caso de empate, chamado voto de qualidade**)
- **Órgão Especial do Conselho Pleno:** composto por um conselheiro federal integrante de cada delegação e pelos ex-presidentes, sendo presidido pelo Vice-Presidente (**2**) da OAB (O presidente do Órgão Especial, além de votar por sua delegação, tem voto de qualidade, no caso de empate)
- **1ª Câmara:** presidido pelo Secretário Geral (**3**) e composto por um conselheiro federal integrante de cada delegação.

Competência recursal (art. 88 do RG); atividade de advocacia, direitos e prerrogativas dos advogados e estagiários, inscrição nos quadros da OAB, incompatibilidades e impedimentos)

- **2ª Câmara:** presidido pelo Secretário Geral Adjunto (**4**) e composto por um conselheiro federal integrante de cada delegação.

Competência recursal (art. 89 do RG):

RAFAEL MOURA

$$\text{SIDE} \begin{cases} \text{- Sanções} \\ \text{- Infrações} \\ \text{- Deveres} \\ \text{- Ética} \end{cases}$$

- **3ª Câmara:** presidido pelo Tesoureiro **(5)** e composto por um conselheiro federal integrante de cada delegação.

Competência recursal (art. 90 do RG); estrutura, órgãos, Processo Eleitoral, Sociedade de Advogados, Advogado Associado e Advogado Empregado.

Importantes competências do Conselho Federal:

- dar cumprimento efetivo às finalidades da OAB;
- representar, em juízo ou fora dele, os interesses coletivos ou individuais dos advogados;
- representar, com exclusividade, os advogados brasileiros nos órgãos e eventos internacionais da advocacia;
- editar e alterar o Regulamento Geral, o Código de Ética e Disciplina, e os Provimentos que julgar necessários;
- intervir nos Conselhos Seccionais, com prévia aprovação de 2/3 das delegações, quando constatar grave violação desta lei ou do regulamento geral;
- julgar, em grau de recurso, as questões decididas pelos Conselhos Seccionais que não tenham sido unânimes ou, quando unânimes, contrariarem o Estatuto da OAB, ou Código de Ética e Disciplina, ou Regulamento Geral, ou Provimento em vigor ou houver divergência de decisão entre Conselhos Seccionais na análise de casos análogos;
- homologar ou mandar suprir relatório anual, o balanço e as contas dos Conselhos Seccionais;
- elaborar as listas constitucionalmente previstas, para o preenchimento dos cargos nos tribunais judiciários de âmbito nacional ou interestadual, com advogados que estejam em pleno exercício da profissão, vedada a inclusão de nome de membro do próprio Conselho ou de outro órgão da OAB;
- ajuizar ação direta de inconstitucionalidade de normas legais e atos normativos, ação civil pública, mandado de segurança coletivo, mandado de injunção e demais ações cuja legitimação lhe seja outorgada por lei;
- colaborar com o aperfeiçoamento dos cursos jurídicos, e opinar, previamente, nos pedidos apresentados aos órgãos competentes para criação, reconhecimento ou credenciamento desses cursos;
- participar de concursos públicos, nos casos previstos na Constituição e na lei, em todas as suas fases, quando tiverem abrangência nacional ou interestadual;
- resolver os casos omissos neste estatuto;

• fiscalizar, acompanhar e definir parâmetros e diretrizes da relação jurídica mantida entre advogados e sociedades de advogados ou entre escritório de advogados sócios e advogado associado, inclusive no que se refere ao cumprimento dos requisitos norteadores da associação sem vínculo empregatício;

• promover, por intermédio da Câmara de Mediação e Arbitragem, a solução sobre questões atinentes à relação entre advogados sócios ou associados e homologar, caso necessário, quitações de honorários entre advogados e sociedades de advogados, observado o disposto no inciso XXXV do caput do art. 5º da Constituição Federal.

2.2. Conselho Seccional

Os Conselhos Seccionais, dotados de personalidade jurídica própria, tem jurisdição sobre os respectivos territórios dos Estados-membros e Distrito Federal.

É o primeiro grau recursal, com competências exclusivas, estrutura e funcionamento descritos nos arts. 56 a 59, do Estatuto da OAB, e nos arts. 105 a 114, do Regulamento Geral.

O Conselho Seccional é composto:

• dos conselheiros seccionais, em número proporcional ao de seus inscritos. O art. 106 do Regulamento Geral da OAB adotou os seguintes critérios: abaixo de 3 mil inscritos, até 30 membros; a partir de 3 mil inscritos, mais um membro por grupo completo de 3 mil inscritos, até o total de 80 membros;

• dos seus ex-presidentes, na qualidade de membros honorários vitalícios. Os ex-presidentes têm direito apenas a voz nas sessões.

A diretoria do Conselho Seccional tem composição idêntica e atribuições equivalentes às da diretoria do Conselho Federal.

Importantes competências do Conselho Seccional:

• criar as Subseções e a Caixa de Assistência dos Advogados; a criação não depende mais do referendo do Conselho Federal;

• julgar, em grau de recurso, as questões decididas por seu Presidente, por sua diretoria, pelo Tribunal de Ética e Disciplina, pelas diretorias das Subseções e da Caixa de Assistência dos Advogados;

• fixar a tabela de honorários, válida para todo o território estadual;

Obs.: prevalecerá a tabela do Conselho Seccional do local onde os serviços do advogado sejam prestados e não a do Conselho Seccional da inscrição originária do advogado;

• realizar o Exame de Ordem;

Obs.: cada Conselho Seccional mantém uma Comissão de Estágio e Exame de Ordem, competindo-lhe organizá-la conforme prevê o Regulamento Geral da OAB. A Comissão indica os integrantes das bancas examinadoras que são designadas pelo presidente do Conselho Seccional.

• decidir os pedidos de inscrição nos quadros de advogados e estagiários;

• fixar, alterar e receber contribuições obrigatórias, preços de serviços e multas;

- participar da elaboração dos concursos públicos, em todas as suas fases, nos casos previstos na Constituição e nas leis, no âmbito do seu território;
- determinar, com exclusividade, critérios para o traje dos advogados, no exercício profissional;
- definir a composição e o funcionamento do Tribunal de Ética e Disciplina, e escolher seus membros;
- eleger as listas, constitucionalmente previstas, para preenchimento dos cargos nos tribunais judiciários, no âmbito de sua competência e na forma do Provimento do Conselho Federal, vedada a inclusão de membros do próprio Conselho e de qualquer órgão da OAB;

Obs.: o Conselho Seccional elegerá a lista sêxtupla na forma do Provimento do Conselho Federal.

- intervir nas Subseções e na Caixa de Assistência dos Advogados, mediante voto de 2/3 de seus membros, quando constatar grave violação ao Estatuto da OAB ou ao regimento Interno da Seccional.
- desempenhar outras atribuições previstas no regulamento geral;
- fiscalizar, por designação expressa do Conselho Federal da OAB, a relação jurídica mantida entre advogados e sociedades de advogados e o advogado associado em atividade na circunscrição territorial de cada seccional, inclusive no que se refere ao cumprimento dos requisitos norteadores da associação sem vínculo empregatício;
- promover, por intermédio da Câmara de Mediação e Arbitragem, por designação do Conselho Federal da OAB, a solução sobre questões atinentes à relação entre advogados sócios ou associados e os escritórios de advocacia sediados na base da seccional e homologar, caso necessário, quitações de honorários entre advogados e sociedades de advogados, observado o disposto no inciso XXXV do caput do art. 5º da Constituição Federal.

2.3. Subseção

A subseção pode ser criada pelo Conselho Seccional, que fixa sua área territorial e seus limites de competência e autonomia.

A área territorial da Subseção pode abranger um ou mais municípios, ou parte do município, inclusive da capital do Estado, contando com um mínimo de 15 advogados, nela profissionalmente domiciliados.

A criação de Subseção depende, além da observância dos requisitos estabelecidos no Regimento Interno do Conselho Seccional, de estudo preliminar de viabilidade realizado por comissão especial designada pelo Presidente do Conselho Seccional, incluindo o número de advogados efetivamente residentes na base territorial, a existência de comarca judiciária, o levantamento e a perspectiva do mercado de trabalho, o custo de instalação e de manutenção.

A Subseção é parte autônoma do Conselho Seccional, com jurisdição sobre determinado espaço territorial daquele, e não é dotada de personalidade jurídica própria ou de independência, mas atua com autonomia no âmbito de sua competência.

A Subseção é administrada por uma diretoria, com atribuições e composição equivalentes às da diretoria do Conselho Seccional.

Havendo mais de 100 (cem) advogados, a Subseção pode ser integrada, também, por um conselho em número de membros fixado pelo Conselho Seccional.

Tem competências exclusivas, estrutura e funcionamento descritos nos arts. 59 e 60 do Estatuto da OAB e nos arts. 115 a 120 do Regulamento Geral.

Compete à Subseção, no âmbito de seu território:

• representar a OAB perante os poderes constituídos;

• ao Conselho da Subseção, quando houver, compete exercer as funções e atribuições do Conselho Seccional, e ainda instaurar e instruir processos disciplinares, para julgamento pelo Tribunal de Ética e Disciplina, e receber pedido de inscrição nos quadros de advogado e estagiário, instruindo e emitindo parecer prévio, para decisão do Conselho Seccional;

Por fim, vale destacar que os conflitos de competência entre subseções e entre estas e o Conselho Seccional são por este decididos, com recurso voluntário ao Conselho Federal

2.4. Caixa de Assistência dos Advogados

A Caixa de Assistência dos Advogados, dotada de personalidade jurídica própria, são criadas pelos Conselhos Seccionais, quando estes contarem com mais de mil e quinhentos inscritos e destina-se a prestar assistência aos inscritos no Conselho Seccional a que se vincule. A Caixa pode, em benefício dos advogados, promover a seguridade complementar.

A Caixa é criada e adquire personalidade jurídica com a aprovação e registro de seu estatuto pelo respectivo Conselho Seccional da OAB, que detém competência de registro, dispensado o registro civil das pessoas jurídicas.

Tem competência, estrutura e funcionamento previstos no art. 62 do Estatuto da OAB e nos arts. 121 a 127 do Regulamento Geral.

A assistência aos inscritos na OAB é definida no estatuto da Caixa e está condicionada à:

I – regularidade do pagamento, pelo inscrito, da anuidade à OAB;
II – carência de um ano, após o deferimento da inscrição;
III – disponibilidade de recursos da Caixa.

O estatuto da Caixa pode prever a dispensa dos requisitos de que cuidam os incisos I e II, em casos especiais.

A diretoria da Caixa é composta por cinco membros, composição idêntica à do Conselho Seccional.

Cabe à Caixa a metade da receita das anuidades recebidas pelo Conselho Seccional, considerado o valor resultante após as deduções regulamentares obrigatórias.

A Caixa detém patrimônio próprio, porque é dotada de personalidade jurídica distinta, embora sob fiscalização e controle permanentes do Conselho Seccional respectivo. Em caso de extinção ou desativação da Caixa, seu patrimônio se incorpora ao do Conselho Seccional respectivo.

2.5. Tribunal de Ética e Disciplina

Importante frisar que o Tribunal de Ética não é um órgão da OAB, vez que o art. 45 do EAOAB foi taxativo ao apresentar em seu rol somente: Conselho Federal, Conselho Seccional, Subseção e Caixa de Assistência.

O Tribunal de Ética e Disciplina é competente para orientar e aconselhar sobre ética profissional, respondendo às consultas em tese, e julgar os processos disciplinares.

Compete também ao Tribunal de Ética e Disciplina (art. 71 do CED):

I – julgar, em primeiro grau, os processos ético-disciplinares;
II – responder a consultas formuladas, em tese, sobre matéria ético-disciplinar;
III – exercer as competências que lhe sejam conferidas pelo Regimento Interno da Seccional ou por este Código para a instauração, instrução e julgamento de processos ético-disciplinares;
IV – suspender, preventivamente, o acusado, em caso de conduta suscetível de acarretar repercussão prejudicial à advocacia, nos termos do Estatuto da Advocacia e da Ordem dos Advogados do Brasil;
V – organizar, promover e ministrar cursos, palestras, seminários e outros eventos da mesma natureza acerca da ética profissional do advogado ou estabelecer parcerias com as Escolas de Advocacia, com o mesmo objetivo;
VI – atuar como órgão mediador ou conciliador nas questões que envolvam:
a) dúvidas e pendências entre advogados;
b) partilha de honorários contratados em conjunto ou decorrentes de substabelecimento, bem como os que resultem de sucumbência, nas mesmas hipóteses;
c) controvérsias surgidas quando da dissolução de sociedade de advogados

2.6. Corregedorias-Gerais

As Corregedorias-Gerais integram o sistema disciplinar da Ordem dos Advogados do Brasil.

O Secretário-Geral Adjunto exerce, no âmbito do Conselho Federal, as funções de Corregedor-Geral, cuja competência é definida em Provimento.

Nos Conselhos Seccionais, as Corregedorias-Gerais terão atribuições da mesma natureza, observando, no que couber, Provimento do Conselho Federal sobre a matéria.

A Corregedoria-Geral do Processo Disciplinar coordenará ações do Conselho Federal e dos Conselhos Seccionais voltadas para o objetivo de reduzir a ocorrência das infrações disciplinares mais frequentes.

3. DA ATIVIDADE DE ADVOCACIA

São atividades privativas da advocacia:

• a postulação a ~~qualquer~~ órgão do Poder Judiciário e aos Juizados Especiais;
• as atividades de consultoria, assessoria e direção jurídicas.

O princípio basilar da postulação exclusiva do advogado em juízo, seja qual for o órgão do Poder Judiciário, encontra respaldo na garantia constitucional prevista no art. 133 da Carta Magna, que assim impõe: "O advogado é indispensável à administração da justiça, sendo inviolável por seus atos e manifestações no exercício da profissão, nos limites da lei".

Entretanto, merece observação o inciso I do art. 1º do EAOAB, já que o texto original continha a expressão *qualquer*, que foi declarada inconstitucional no julgamento final da ADI 1.127-8.

Um dos exemplos que se aplica como exceção no art. 1º, I, é a desnecessidade da assistência do advogado às partes na Justiça do Trabalho. A Consolidação das Leis do Trabalho, em seu art. 791, prevê a possibilidade da capacidade postulatória direta de empregados e empregadores: "Os empregados e os empregadores poderão reclamar pessoalmente perante a Justiça do Trabalho e acompanhar as suas reclamações até o final". Todavia, em 30 de abril de 2010, o TST divulgou a Súmula 425, limitando a atuação pessoal do reclamante: "O *jus postulandi* das partes, estabelecido no art. 791 da CLT, limita-se às Varas do Trabalho e aos Tribunais Regionais do Trabalho, não alcançando a ação rescisória, a ação cautelar, o mandado de segurança e os recursos de competência do Tribunal Superior do Trabalho."

Já nos Juizados Especiais Cíveis Estaduais ficou consolidado pela Lei 9099/1995, art. 9º, que nas causas com valores superiores a 20 (vinte) salários mínimos, a assistência por parte de advogado é obrigatória, inclusive em segundo grau recursal, independente do valor da causa. Portanto, nas causas com valores inferiores, a assistência se mostra facultativa, representando, neste aspecto, uma clara exceção legal ao texto do art. 1º, I, do EAOAB. Outrossim, vale destacar que a Lei Federal 10.259/01 prevê que os Juizados Especiais Cíveis, no âmbito da Justiça Federal, detêm competência para julgar causas de até 60 salários mínimos, sendo a assistência por advogado facultativa até o seu teto.

Mais uma exceção legal ao art. 1º, I, do EAOAB, foi trazida pelo texto da Lei nº 5.478/1968 – Lei de Alimentos – que permitiu em seu art. 2º que o credor de alimentos possa, pessoalmente ou por intermédio de advogado, propor a ação de alimentos.

Ademais, além das hipóteses legais de exceção da atividade privativa de advogado, a própria lei indica que para a impetração de *habeas corpus* é dispensável a presença do advogado, podendo a própria parte impetrar o remédio constitucional.

> **Atenção:** cuidado com a leitura da assertiva durante a prova, pois o examinador pretendendo ludibriar o candidato costuma afirmar que para a impetração do remédio constitucional Mandado de Segurança é também dispensável o acompanhamento por advogado, tornando a alternativa incorreta. O mesmo raciocínio deve ser empregado na hipótese de Ação Popular e Habeas Data, pois são postulações privativas de advogado.

Obs.: Lembre-se da Súmula Vinculante nº 5 do STF: "a falta de defesa técnica por advogado no processo administrativo disciplinar não ofende a constituição."

Obs. 2: A postulação perante juiz de paz precisa ser feita por meio de Advogado? O juiz de paz possui poderes apenas para celebração e realização de casamento, não possuindo poderes jurisdicionais, logo, não constitui atividade privativa da advocacia.

Obs. 3: Art. 610, §2º, e Art. 733, §2º, ambos do NCPC: No caso de inventário, partilhas, separações e divórcio no âmbito extrajudicial: O tabelião somente lavrará a escritura pública se todas as partes interessadas estiverem assistidas por advogado ou por defensor público, cuja qualificação e assinatura constarão do ato notarial.

Obs. 4: Os atos e contratos constitutivos de pessoas jurídicas, sob pena de nulidade, só podem ser admitidos o registro, nos órgãos competentes, quando visados por advogados. **EXCEÇÃO**: empresas individuais, microempresas e as empresas de pequeno porte não precisam dessa obrigatoriedade, nos termos do art. 9º, parágrafo segundo, da LC nº 123/06.

Obs. 5: Atenção para a hipótese de Revisão Criminal, visto que a revisão poderá ser pedida pelo próprio réu ou por procurador legalmente habilitado ou, no caso de morte do réu, pelo cônjuge, ascendente, descendente ou irmão, conforme disposto no art. 623 do CPP. Esse é o entendimento da jurisprudência: Ordem de *habeas corpus* concedida *ex officio* para anular o acórdão do Tribunal coator que não conheceu de **revisão criminal** subscrita pelo ora paciente por falta de capacidade postulatória, com fundamento no art. 1º, I, do novo Estatuto da OAB (Lei n. 8.906/94). A norma invocada deve ser excepcionada não só para as causas trabalhistas, para as submetidas ao juizado de pequenas causas e para o *habeas corpus*, mas também para a revisão criminal, se não pelo que dispõe o art. 623 do CPP, ao menos por analogia com o *habeas corpus*. Precedentes." (HC 74.528, rel. min. Maurício Corrêa, julgamento em 22-10-1996, Segunda Turma, *DJ* de 13-12-1996.)

Lembre-se de que o simples bacharel em direito, mesmo já tendo se formado na Graduação, não pode nem ao menos praticar atos de consultoria ou assessoria, uma vez que tal atitude configurará exercício legal da profissão.

Quanto à indispensabilidade do Advogado, o art. 2º do EAOAB trouxe importantes destaques no processo administrativo, judicial e legislativo:

• no seu ministério privado, o advogado presta serviço público e exerce função social;

• no processo judicial, o advogado contribui, na postulação de decisão favorável ao seu constituinte, ao convencimento do julgador, e seus atos constituem múnus público;

• No processo administrativo, o advogado contribui com a postulação de decisão favorável ao seu constituinte, e os seus atos constituem múnus público;

• O advogado pode contribuir com o processo legislativo e com a elaboração de normas jurídicas, no âmbito dos Poderes da República.

3.1. Exercício da Atividade de Advocacia

O exercício da atividade de advocacia no território brasileiro e a denominação de advogado são privativos dos inscritos na Ordem dos Advogados do Brasil (OAB).

Incluídos pela Lei nº 14.039/2020, agora temos o art. 3º-A e seu parágrafo único: Art. 3º-A. Os serviços profissionais de advogado são, por sua natureza, técnicos e singulares, quando comprovada sua notória especialização, nos termos da lei. Parágrafo único. Considera-se notória especialização o profissional ou a sociedade de advogados cujo conceito no campo de sua especialidade, decorrente de desempenho anterior, estudos, experiências, publicações, organização, aparelhamento, equipe técnica ou de outros requisitos relacionados com suas atividades, permita inferir que o seu trabalho é essencial e indiscutivelmente o mais adequado à plena satisfação do objeto do contrato. (Incluído pela Lei nº 14.039, de 2020).

São nulos os atos privativos de advogado praticados por pessoa não inscrita na OAB, sem prejuízo das sanções civis, penais e administrativas.

São também nulos os atos praticados por advogado impedido – no âmbito do impedimento – suspenso, licenciado ou que passar a exercer atividade incompatível com a advocacia.

Advocacia Pública: Os integrantes da Procuradoria da Fazenda Nacional, da Defensoria Pública e das Procuradorias e Consultoria Jurídicas Federais (AGU), dos Estados, do Distrito Federal, dos Municípios e das respectivas entidades de administração indireta e fundacional estão sujeitos ao regime do EOAB, no tange aos direitos, prerrogativas e deveres, além de seus regimes próprios.

✓ A aprovação no respectivo concurso público para os cargos da Advocacia Pública não exime a aprovação em Exame de Ordem nem isenta do pagamento da anuidade. Outrossim, os integrantes da advocacia pública estão obrigados à inscrição na OAB, para o exercício de suas atividades, bem como são elegíveis e podem integrar qualquer órgão da OAB. Atenção: o STF, quando do julgamento da ADI 4636/DF, de relatoria do Min. Gilmar Mendes, conferiu interpretação conforme à Constituição ao art. 3º, § 1º, da Lei nº 8.906/1994, declarando-se inconstitucional qualquer interpretação que resulte no condicionamento da capacidade postulatória dos membros da Defensoria Pública à inscrição dos Defensores Públicos na Ordem dos Advogados do Brasil. Nesse sentido, os integrantes da Defensoria Pública estão dispensados da inscrição nos quadros da OAB para o exercício de suas funções e atribuições institucionais.

✓ Referências previstas no Novo Código de Ética: As disposições deste Código obrigam igualmente os órgãos de advocacia pública, e advogados públicos, incluindo aqueles que ocupem posição de chefia e direção jurídica. O advogado público exercerá suas funções com independência técnica, contribuindo para a solução ou redução de litigiosidade, sempre que possível. O advogado público, inclusive o que exerce cargo de chefia ou direção jurídica, observará nas relações com os colegas, autoridades, servidores e o público em geral, o dever de urbanidade, tratando a todos com respeito e consideração, ao mesmo tempo em que preservará suas prerrogativas e o direito de receber igual tratamento das pessoas com as quais se relacione.

O estagiário de advocacia, regularmente inscrito, pode praticar os atos previstos no art. 1º, na forma do regimento geral, em conjunto com advogado e sob responsabilidade deste. Isoladamente, o estagiário inscrito na OAB poderá praticar os atos autorizados pelo art. 29 do RGEAOAB, sempre sob a responsabilidade do advogado, que são: a) retirar e devolver autos em cartório, assinando a respectiva carga; b) obter junto aos escrivães e chefes de secretaria certidões de peças ou autos de processos em curso ou findos; c) assinar petições de juntada de documentos a processos judiciais ou administrativos; d) exercícios de atividades extrajudiciais, desde que tenha sido autorizado ou substabelecido pelo advogado.

3.2. Mandato Judicial

O advogado postula, em juízo ou fora dele, fazendo prova do mandato. A prova do mandato, em cumprimento ao art. 5º do EAOAB, se faz pelo instrumento do mandato, que é a procuração.

Neste instrumento deverão estar registrados o nome e a qualificação do outorgante, nome e qualificação do outorgado, os poderes outorgados, a data e assinatura do outorgante.

O advogado, afirmando urgência, pode atuar sem procuração, obrigando-se a apresentá-la no prazo de quinze dias, prorrogável por igual período. O EAOAB prevê exceção, em caso de urgência, concedendo o prazo de 15 (quinze) dias para que o advogado apresente nos autos o instrumento de mandato, a iniciar-se do primeiro dia útil seguinte ao do ato da representação.

Permite ainda a prorrogação por igual prazo, desde que requerida e deferida.

A procuração para o foro em geral habilita o advogado a praticar todos os atos judiciais, em qualquer juízo ou instância, salvo os que exijam poderes especiais.

Incluído pela Lei nº 14.365/2022, agora temos o 4° no art. 5° do EAOAB: As atividades de consultoria e assessoria jurídicas podem ser exercidas de modo verbal ou por escrito, a critério do advogado e do cliente, e independem de outorga de mandato ou de formalização por contrato de honorários.

A conclusão ou desistência da causa, tenha havido, ou não, extinção do mandato, obriga o advogado a devolver ao cliente bens, valores e documentos que lhe hajam sido confiados e ainda estejam em seu poder, bem como a prestar-lhe contas, pormenorizadamente, sem prejuízo de esclarecimentos complementares que se mostrem pertinentes e necessários. A parcela dos honorários paga pelos serviços até então prestados não se inclui entre os valores a serem devolvidos.

Concluída a causa ou arquivado o processo, presume-se cumprido e extinto o mandato.

O advogado não deve aceitar procuração de quem já tenha patrono constituído, sem prévio conhecimento deste, salvo por motivo plenamente justificável ou para adoção de medidas judiciais urgentes e inadiáveis.

A renúncia ao patrocínio deve ser feita sem menção do motivo que a determinou, fazendo cessar a responsabilidade profissional pelo acompanhamento da causa, uma vez decorrido o prazo previsto em lei (EAOAB, art. 5°, § 3°). A renúncia ao mandato não exclui responsabilidade por danos eventualmente causados ao cliente ou a terceiros. O advogado não será responsabilizado por omissão do cliente quanto a documento ou informação que lhe devesse fornecer para a prática oportuna de ato processual do seu interesse.

A revogação do mandato judicial por vontade do cliente não o desobriga do pagamento das verbas honorárias contratadas, assim como não retira o direito do advogado de receber o quanto lhe seja devido em eventual verba honorária de sucumbência, calculada proporcionalmente em face do serviço efetivamente prestado.

O mandato judicial ou extrajudicial não se extingue pelo decurso de tempo, salvo se o contrário for consignado no respectivo instrumento.

Ao advogado cumpre abster-se de patrocinar causa contrária à validade ou legitimidade de ato jurídico em cuja formação haja colaborado ou intervindo de qualquer maneira; da mesma forma, deve declinar seu impedimento ou o da sociedade que integre quando houver conflito de interesses motivado por intervenção anterior no trato de assunto que se prenda ao patrocínio solicitado.

Substabelecimento com reservas de poderes, continua com poderes.

Substabelecimento sem reservas de poderes, acaba com todos os poderes outorgados pela procuração. (Caso de renúncia)

O substabelecimento do mandato, com reserva de poderes, é ato pessoal do advogado da causa.

O substabelecimento do mandato sem reservas de poderes exige o prévio e inequívoco conhecimento do cliente.

O substabelecido com reserva de poderes deve ajustar antecipadamente seus honorários com o substabelecente.

O advogado substabelecido, com reserva de poderes, não pode cobrar honorários sem a intervenção daquele que lhe conferiu o substabelecimento. Atenção: a limitação retrocitada não se aplica na hipótese de o advogado substabelecido, com reservas de poderes, possuir contrato celebrado com o cliente.

4. DOS DIREITOS DO ADVOGADO

Não há **hierarquia** nem **subordinação** entre advogados, magistrados e membros do Ministério Público, devendo todos tratar-se com consideração e respeito recíprocos.

Incluídos pela Lei nº 14.508/2022, agora temos parágrafo 1º e 2º no art. 6º do EAOAB: § 1º As autoridades e os servidores públicos dos Poderes da República, os serventuários da Justiça e os membros do Ministério Público devem dispensar ao advogado, no exercício da profissão, tratamento compatível com a dignidade da advocacia e condições adequadas a seu desempenho, preservando e resguardando, de ofício, a imagem, a reputação e a integridade do advogado nos termos desta Lei. § 2º Durante as audiências de instrução e julgamento realizadas no Poder Judiciário, nos procedimentos de jurisdição contenciosa ou voluntária, os advogados do autor e do requerido devem permanecer no mesmo plano topográfico e em posição equidistante em relação ao magistrado que as presidir.

São direitos do advogado:

> I – exercer, com liberdade, a profissão em todo o território nacional;

Obs.: lembre-se que a inscrição principal credencia o advogado ao exercício irrestrito da atividade da advocacia na área territorial do Conselho Seccional onde se efetivou. Quando o advogado exercer atividade profissional fora da sede principal, em outro Estado, com habitualidade (acima de 5 causas por ano), deverá requerer junto ao Conselho Seccional competente a inscrição suplementar. Por intervenção judicial se entende o exercício profissional em medida judicial, excetuando-se, portanto, a defesa em processos administrativos, inquéritos policiais, autos de prisão em flagrante, cumprimento de cartas precatórias, impetração de *habeas corpus* e a colocação de visto em atos constitutivos de pessoas jurídicas (art. 1º, parágrafo 2º, do EAOAB).

> II – a inviolabilidade de seu escritório ou local de trabalho, bem como de seus instrumentos de trabalho, de sua correspondência escrita, eletrônica, telefônica e telemática, desde que relativas ao exercício da advocacia; (Redação dada pela Lei nº 11.767, de 2008)

Obs.: Não se esqueça das exceções previstas nos parágrafos sexto e sétimo do mesmo artigo, além das inovações legislativas trazidas pela Lei nº 14.365/2022:

§ 6º **Presentes indícios de autoria e materialidade da prática de crime por parte de advogado**, a autoridade judiciária competente poderá decretar a quebra da inviolabilidade de que trata o inciso II do **caput** deste artigo, **em decisão motivada, expedindo mandado de busca e apreensão, específico e pormenorizado, a ser cumprido na presença de representante da OAB**, sendo, em qualquer hipótese, vedada a utilização dos documentos, das mídias e dos objetos pertencentes a clientes do advogado averiguado, bem como dos demais instrumentos de trabalho que contenham informações sobre clientes. (Incluído pela Lei nº 11.767, de 2008)

§ 6º-A. A medida judicial cautelar que importe na violação do escritório ou do local de trabalho do advogado será determinada em hipótese excepcional, desde que exista fundamento em indício, pelo órgão acusatório. (Promulgação partes vetadas) (Incluído pela Lei nº 14.365, de 2022)

§ 6º-B. É vedada a determinação da medida cautelar prevista no § 6º-A deste artigo se fundada exclusivamente em elementos produzidos em declarações do colaborador sem confirmação por outros meios de prova. (Promulgação partes vetadas) (Incluído pela Lei nº 14.365, de 2022)

§ 6º-C. O representante da OAB referido no § 6º deste artigo tem o direito a ser respeitado pelos agentes responsáveis pelo cumprimento do mandado de busca e apreensão, sob pena de abuso de autoridade, e o dever de zelar pelo fiel cumprimento do objeto da investigação, bem como de impedir que documentos, mídias e objetos não relacionados à investigação, especialmente de outros processos do mesmo cliente ou de outros clientes que não sejam pertinentes à persecução penal, sejam analisados, fotografados, filmados, retirados ou apreendidos do escritório de advocacia. (Promulgação partes vetadas)(Incluído pela Lei nº 14.365, de 2022)

§ 6º-D. No caso de inviabilidade técnica quanto à segregação da documentação, da mídia ou dos objetos não relacionados à investigação, em razão da sua natureza ou volume, no momento da execução da decisão judicial de apreensão ou de retirada do material, a cadeia de custódia preservará o sigilo do seu conteúdo, assegurada a presença do representante da OAB, nos termos dos §§ 6º-F e 6º-G deste artigo. (Incluído pela Lei nº 14.365, de 2022)

§ 6º-E. Na hipótese de inobservância do § 6º-D deste artigo pelo agente público responsável pelo cumprimento do mandado de busca e apreensão, o representante da OAB fará o relatório do fato ocorrido, com a inclusão dos nomes dos servidores, dará conhecimento à autoridade judiciária e o encaminhará à OAB para a elaboração de notícia-crime. (Incluído pela Lei nº 14.365, de 2022)

§ 6º-F. É garantido o direito de acompanhamento por representante da OAB e pelo profissional investigado durante a análise dos documentos e dos dispositivos de armazenamento de informação pertencentes a advogado, apreendidos ou interceptados, em todos os atos, para assegurar o cumprimento do disposto no inciso II do caput deste artigo.(Promulgação partes vetadas). (Incluído pela Lei nº 14.365, de 2022)

§ 6º-G. A autoridade responsável informará, com antecedência mínima de 24 (vinte e quatro) horas, à seccional da OAB a data, o horário e o local em que serão analisados os documentos e os equipamentos apreendidos, garantido o direito de acompanhamento, em todos os atos, pelo representante da OAB e pelo profissional investigado para assegurar o disposto no § 6º-C deste artigo. (Promulgação partes vetadas) (Incluído pela Lei nº 14.365, de 2022)

§ 6º-H. Em casos de urgência devidamente fundamentada pelo juiz, a análise dos documentos e dos equipamentos apreendidos poderá acontecer em prazo inferior a 24 (vinte e quatro) horas, garantido o direito de acompanhamento, em todos os atos, pelo representante da OAB e pelo profissional investigado para assegurar o disposto no § 6º-C deste artigo. (Promulgação partes vetadas) (Incluído pela Lei nº 14.365, de 2022)

§ 6º-I. É vedado ao advogado efetuar colaboração premiada contra quem seja ou tenha sido seu cliente, e a inobservância disso importará em processo disciplinar, que poderá culminar com a aplicação do disposto no inciso III do caput do art. 35 desta Lei, sem prejuízo das penas previstas no art. 154 do Decreto-Lei nº 2.848, de 7 de dezembro de 1940 (Código Penal). (Incluído pela Lei nº 14.365, de 2022)

§ 7º A ressalva constante do § 6º deste artigo não se estende a clientes do advogado averiguado que estejam sendo formalmente investigados como seus partícipes ou coautores pela prática do mesmo crime que deu causa à quebra da inviolabilidade. (Incluído pela Lei nº 11.767, de 2008)

ÉTICA E ESTATUTO DA ORDEM DOS ADVOGADOS DO BRASIL

> III – comunicar-se com seus clientes, pessoal e reservadamente, mesmo sem procuração, quando estes se acharem presos, detidos ou recolhidos em estabelecimentos civis ou militares, ainda que considerados incomunicáveis;

Obs.: a incomunicabilidade do preso não se aplica ao seu advogado, com ou sem procuração outorgada. O descumprimento dessa regra pela autoridade policial ou judicial pode resultar em crime de abuso de autoridade/poder.

> IV – ter a presença de representante da OAB, quando preso em flagrante, por motivo ligado ao exercício da advocacia, para lavratura do auto respectivo, sob pena de nulidade e, nos demais casos, a comunicação expressa à seccional da OAB;

Obs.: lembre-se do parágrafo 3º:

> § 3º O advogado somente poderá ser preso em flagrante, por motivo de exercício da profissão, em caso de crime inafiançável, observado o disposto no inciso IV deste artigo.

Quando o advogado for preso em flagrante por motivo ligado ao exercício da advocacia, é obrigatória a presença de um representante da OAB para a lavratura do auto de prisão em flagrante, sob pena de nulidade do mesmo. Nos demais casos, que não envolvam a prisão em flagrante, basta a comunicação expressa ao Conselho Seccional da OAB, para que o Presidente deste Conselho, nos moldes do art. 16 do RG-EAOAB, atue na defesa do advogado como assistente, se entender conveniente. Vale o registro de que mesmo quando não houver nexo de causalidade entre a prisão e o exercício profissional, o advogado continua tendo o direito de que o fato seja comunicado à OAB, sem, contudo, constituir seu direito a presença de um representante do órgão de classe, e, ainda, a ausência da comunicação não constituirá irregularidade ou nulidade processual.

> V – não ser recolhido preso, antes de sentença transitada em julgado, senão em sala de Estado Maior, com instalações e comodidades condignas, assim reconhecidas pela OAB, e, na sua falta, em prisão domiciliar; (Vide ADIN 1.127-8)

Obs.: Quando preso provisoriamente (prisão temporária, prisão preventiva, prisão em flagrante, prisão após sentença condenatória recorrível e prisão em razão de sentença de pronúncia), o advogado tem direito de ser recolhido em sala de Estado Maior, com instalações e comodidades condignas, e na sua falta, ficará em prisão domiciliar, até a conclusão final do processo penal. Lembre-se que o Supremo Tribunal Federal, no julgamento da ADI 1127-8, declarou inconstitucional a expressão "assim reconhecidas pela OAB".

VI – ingressar livremente:

a) nas salas de sessões dos tribunais, mesmo além dos cancelos que separam a parte reservada aos magistrados;

b) nas salas e dependências de audiências, secretarias, cartórios, ofícios de justiça, serviços notariais e de registro, e, no caso de delegacias e prisões, mesmo fora da hora de expediente e independentemente da presença de seus titulares;

c) em qualquer edifício ou recinto em que funcione repartição judicial ou outro serviço público onde o advogado deva praticar ato ou colher prova ou informação útil ao exercício da atividade profissional, dentro do expediente ou fora dele, e ser atendido, desde que se ache presente qualquer servidor ou empregado;

d) em qualquer assembleia ou reunião de que participe ou possa participar o seu cliente, ou perante a qual este deva comparecer, **desde que munido de poderes especiais**;

VII – permanecer sentado ou em pé e retirar-se de quaisquer locais indicados no inciso anterior, independentemente de licença;

VIII – dirigir-se diretamente aos magistrados nas salas e gabinetes de trabalho, independentemente de horário previamente marcado ou outra condição, observando-se a ordem de chegada;

Obs.: Em razão de não existir hierarquia ou subordinação entre magistrados e advogados, o advogado poderá adentrar nos gabinetes e salas de audiências designados aos magistrados, sem horário marcado. Devem-se ser respeitadas as regras de ética e educação, valendo-se o advogado do mínimo de bom-senso necessário para exigir a aplicação do EAOAB.

IX – sustentar oralmente as razões de qualquer recurso ou processo, nas sessões de julgamento, após o voto do relator, em instância judicial ou administrativa, pelo prazo de quinze minutos, salvo se prazo maior for concedido; (Atenção: O STF, na ADIN 1.127-8, declarou inconstitucional este inciso.)

X - usar da palavra, pela ordem, em qualquer tribunal judicial ou administrativo, órgão de deliberação coletiva da administração pública ou comissão parlamentar de inquérito, mediante intervenção pontual e sumária, para esclarecer equívoco ou dúvida surgida em relação a fatos, a documentos ou a afirmações que influam na decisão; **(Redação dada pela Lei nº 14.365, de 2022)**

XI – reclamar, verbalmente ou por escrito, perante qualquer juízo, tribunal ou autoridade, contra a inobservância de preceito de lei, regulamento ou regimento;

XII – falar, sentado ou em pé, em juízo, tribunal ou órgão de deliberação coletiva da Administração Pública ou do Poder Legislativo;

XIII – examinar, em qualquer órgão dos Poderes Judiciário e Legislativo, ou da Administração Pública em geral, autos de processos findos ou em andamento, mesmo sem procuração, quando não estiverem sujeitos a sigilo ou segredo de justiça, assegurada a obtenção de cópias, com possibilidade de tomar apontamentos; (Redação dada pela Lei nº 13.793, de 2019)

Obs.: a exceção a este direito ocorre quando os autos estejam em segredo de justiça, por força de determinação legal ou judicial (Art. 7º, §10, EOAB).

XIV – examinar, em qualquer instituição responsável por conduzir investigação, mesmo sem procuração, autos de flagrante e de investigações de qualquer natureza, findos ou em andamento, ainda que conclusos à autoridade, podendo copiar peças e tomar apontamentos, em meio físico ou digital; (Redação dada pela Lei nº 13.245, de 2016)

XV – ter vista dos processos judiciais ou administrativos de qualquer natureza, em cartório ou na repartição competente, ou retirá-los pelos prazos legais;

Obs.: é direito do advogado ter vista de qualquer processo em cartório, exceto os que estejam protegidos pelo segredo de justiça.

ÉTICA E ESTATUTO DA ORDEM DOS ADVOGADOS DO BRASIL

> XVI – retirar autos de processos findos, mesmo sem procuração, pelo prazo de dez dias;
> XVII – ser publicamente desagravado, quando ofendido no exercício da profissão ou em razão dela;

Obs.: o desagravo é um procedimento formal que tem o objetivo de registrar o repúdio da classe de advogados e da própria OAB sobre uma ofensa proferida por qualquer autoridade contra advogado no exercício da profissão. O desagravo independerá da pretensão ou concordância do advogado ofendido, podendo ser promovido de ofício pelo Conselho Seccional. Atenção para a redação da Resolução 01/2018 do CF que alterou o art. 18 do RG.

> XVIII – usar os símbolos privativos da profissão de advogado;
> XIX – recusar-se a depor como testemunha em processo no qual funcionou ou deva funcionar, ou sobre fato relacionado com pessoa de quem seja ou foi advogado, mesmo quando autorizado ou solicitado pelo constituinte, bem como sobre fato que constitua sigilo profissional;
> XX – retirar-se do recinto onde se encontre aguardando pregão para ato judicial, após trinta minutos do horário designado e ao qual ainda não tenha comparecido a autoridade que deva presidir a ele, mediante comunicação protocolizada em juízo.

Obs.: designada a audiência e passados trinta minutos do horário, sem que o magistrado que presidiria a audiência esteja presente, o advogado poderá retirar-se do local onde aguardava o pregão e comunicar, na mesma data, por petição protocolizada em juízo, de forma a comprovar o tempo que tolerou a espera, que esteve presente aguardando o ato judicial, e que este não se realizara em razão da ausência ou do atraso do magistrado, requerendo a designação de nova data, se for o caso.

> XXI – assistir a seus clientes investigados durante a apuração de infrações, sob pena de nulidade absoluta do respectivo interrogatório ou depoimento e, subsequentemente, de todos os elementos investigatórios e probatórios dele decorrentes ou derivados, direta ou indiretamente, podendo, inclusive, no curso da respectiva apuração: (Incluído pela Lei nº 13.245, de 2016)
> a) apresentar razões e quesitos; (Incluído pela Lei nº 13.245, de 2016)
> b) (VETADO). (Incluído pela Lei nº 13.245, de 2016)
> § 1º (Revogado). (Redação dada pela Lei nº 14.365, de 2022)
> 1) (revogado); (Redação dada pela Lei nº 14.365, de 2022)
> 2) (revogado); (Redação dada pela Lei nº 14.365, de 2022)
> 3) (revogado). (Redação dada pela Lei nº 14.365, de 2022)
> § 2º (Revogado). (Redação dada pela Lei nº 14.365, de 2022)
> § 2º-A. (VETADO). (Incluído pela Lei nº 14.365, de 2022)
> § 2º-B. Poderá o advogado realizar a sustentação oral no recurso interposto contra a decisão monocrática de relator que julgar o mérito ou não conhecer dos seguintes recursos ou ações: (Incluído pela Lei nº 14.365, de 2022)
> I – recurso de apelação; (Incluído pela Lei nº 14.365, de 2022)
> II – recurso ordinário; (Incluído pela Lei nº 14.365, de 2022)
> III – recurso especial; (Incluído pela Lei nº 14.365, de 2022)
> IV – recurso extraordinário; (Incluído pela Lei nº 14.365, de 2022)
> V – embargos de divergência; (Incluído pela Lei nº 14.365, de 2022)
> § 3º O advogado somente poderá ser preso em flagrante, por motivo de exercício da profissão, em caso de crime inafiançável, observado o disposto no inciso IV deste artigo.
> § 4º O Poder Judiciário e o Poder Executivo devem instalar, em todos os juizados, fóruns, tribunais, delegacias de polícia e presídios, salas especiais permanentes para os advogados, com uso e controle assegurados à OAB. (Vide ADIN 1.127-8)

§ 5º No caso de ofensa a inscrito na OAB, no exercício da profissão ou de cargo ou função de órgão da OAB, o conselho competente deve promover o desagravo público do ofendido, sem prejuízo da responsabilidade criminal em que incorrer o infrator.

(...)

§ 8º (VETADO) (Incluído pela Lei nº 11.767, de 2008)

§ 9º (VETADO) Incluído pela Lei nº 11.767, de 2008)

§ 10. Nos autos sujeitos a sigilo, deve o advogado apresentar procuração para o exercício dos direitos de que trata o inciso XIV. (Incluído pela Lei nº 13.245, de 2016)

§ 11. No caso previsto no inciso XIV, a autoridade competente poderá delimitar o acesso do advogado aos elementos de prova relacionados a diligências em andamento e ainda não documentados nos autos, quando houver risco de comprometimento da eficiência, da eficácia ou da finalidade das diligências. (Incluído pela Lei nº 13.245, de 2016)

§ 12. A inobservância aos direitos estabelecidos no inciso XIV, o fornecimento incompleto de autos ou o fornecimento de autos em que houve a retirada de peças já incluídas no caderno investigativo implicará responsabilização criminal e funcional por abuso de autoridade do responsável que impedir o acesso do advogado com o intuito de prejudicar o exercício da defesa, sem prejuízo do direito subjetivo do advogado de requerer acesso aos autos ao juiz competente. (Incluído pela Lei nº 13.245, de 2016)

§ 13. O disposto nos incisos XIII e XIV do **caput** deste artigo aplica-se integralmente a processos e a procedimentos eletrônicos, ressalvado o disposto nos §§ 10 e 11 deste artigo. (Incluído pela Lei nº 13.793, de 2019)

§ 14. Cabe, privativamente, ao Conselho Federal da OAB, em processo disciplinar próprio, dispor, analisar e decidir sobre a prestação efetiva do serviço jurídico realizado pelo advogado. (Incluído pela Lei nº 14.365, de 2022)

§ 15. Cabe ao Conselho Federal da OAB dispor, analisar e decidir sobre os honorários advocatícios dos serviços jurídicos realizados pelo advogado, resguardado o sigilo, nos termos do Capítulo VI desta Lei, e observado o disposto no inciso XXXV do caput do art. 5º da Constituição Federal. (Incluído pela Lei nº 14.365, de 2022)

§ 16. É nulo, em qualquer esfera de responsabilização, o ato praticado com violação da competência privativa do Conselho Federal da OAB prevista no § 14 deste artigo. (Incluído pela Lei nº 14.365, de 2022)

4.1. Direitos das Advogadas

Art. 7º-A. São direitos da advogada: (Incluído pela Lei nº 13.363, de 2016)

I – gestante:

a) entrada em tribunais sem ser submetida a detectores de metais e aparelhos de raios X;

b) reserva de vaga em garagens dos fóruns dos tribunais;

II – lactante, adotante ou que der à luz, acesso a creche, onde houver, ou a local adequado ao atendimento das necessidades do bebê;

III – gestante, lactante, adotante ou que der à luz, preferência na ordem das sustentações orais e das audiências a serem realizadas a cada dia, mediante comprovação de sua condição;

IV – adotante ou que der à luz, suspensão de prazos processuais quando for a única patrona da causa, desde que haja notificação por escrito ao cliente.

§ 1º Os direitos previstos à advogada gestante ou lactante aplicam-se enquanto perdurar, respectivamente, o estado gravídico ou o período de amamentação

§ 2º Os direitos assegurados nos incisos II e III deste artigo à advogada adotante ou que der à luz serão concedidos pelo prazo previsto no art. 392 do Decreto-Lei nº 5.452, de 1º de maio de 1943 (Consolidação das Leis do Trabalho).

§ 3º O direito assegurado no inciso IV deste artigo à advogada adotante ou que der à luz será concedido pelo prazo previsto no § 6º do art. 313 da Lei nº 13.105, de 16 de março de 2015 (Código de Processo Civil).

ÉTICA E ESTATUTO DA ORDEM DOS ADVOGADOS DO BRASIL

RESUMO	
GESTANTE: a) entrada em tribunais sem ser submetida a detectores de metais e aparelhos de raios X; b) reserva de vaga em garagens dos fóruns dos tribunais; c) preferência na ordem das sustentações orais e das audiências a serem realizadas a cada dia, mediante comprovação de sua condição d) enquanto perdurar o estado gravídico;	LACTANTE: a) acesso a creche, onde houver, ou a local adequado ao atendimento das necessidades do bebê; b) preferência na ordem das sustentações orais e das audiências a serem realizadas a cada dia, mediante comprovação de sua condição; c) enquanto perdurar o período de amamentação;
ADOTANTE: a) acesso a creche, onde houver, ou a local adequado ao atendimento das necessidades do bebê pelo período da licença-maternidade de 120 (cento e vinte) dias; b) preferência na ordem das sustentações orais e das audiências a serem realizadas a cada dia, mediante comprovação de sua condição pelo período da licença-maternidade de 120 (cento e vinte) dias; c) suspensão* de prazos processuais quando for a única patrona da causa, desde que haja notificação por escrito ao cliente;	DER À LUZ: a) acesso a creche, onde houver, ou a local adequado ao atendimento das necessidades do bebê pelo período da licença-maternidade de 120 (cento e vinte) dias; b) preferência na ordem das sustentações orais e das audiências a serem realizadas a cada dia, mediante comprovação de sua condição pelo período da licença-maternidade de 120 (cento e vinte) dias; c) suspensão* de prazos processuais quando for a única patrona da causa, desde que haja notificação por escrito ao cliente;

* CPC: Art. 313 § 6º: O período de suspensão será de 30 (trinta) dias, contado a partir da data do parto ou da concessão da adoção, mediante apresentação de certidão de nascimento ou documento similar que comprove a realização do parto, ou de termo judicial que tenha concedido a adoção, desde que haja notificação ao cliente. Obs.: Art. 313 § 7º: Quando o advogado responsável pelo processo constituir o único patrono da causa e tornar-se **pai**, o período de suspensão será de 8 (oito) dias, contado a partir da data do parto ou da concessão da adoção, mediante apresentação de certidão de nascimento ou documento similar que comprove a realização do parto, ou de termo judicial que tenha concedido a adoção, desde que haja notificação ao cliente.

ATENÇÃO: A nova Lei de Abuso de Autoridade (Lei nº 13.869, de 5 de setembro de 2019) trouxe relevante alteração na Lei nº 8.906/94, vez que passa a vigorar acrescida do art. 7º-B, com nova pena abstrata trazida pela Lei nº 14.365/22.

Art. 7º-B. Constitui crime violar direito ou prerrogativa de advogado previstos nos incisos II, III, IV e V do caput do art. 7º desta Lei:
Pena: detenção, de 2 (dois) a 4 (quatro) anos, e multa. (Redação dada pela Lei nº 14.365, de 2022)

Trata-se de importante criminalização de violações às prerrogativas da advocacia, tema esse que, provavelmente, será objeto de cobrança no Exame de Ordem..

5. DA INSCRIÇÃO

5.1. Do Advogado

O art. 8º do EAOAB trouxe em sete incisos os requisitos necessários para inscrição como advogado:

21

> I – capacidade civil;
> II – diploma ou certidão de graduação em direito, obtido em instituição de ensino oficialmente autorizada e credenciada;
> III – título de eleitor e quitação do serviço militar, se brasileiro;
> IV – aprovação em Exame de Ordem;
> V – não exercer atividade incompatível com a advocacia;
> VI – idoneidade moral;
> VII – prestar compromisso perante o conselho.
> § 1º O Exame da Ordem é regulamentado em provimento do Conselho Federal da OAB.
> § 2º O estrangeiro ou brasileiro, quando não graduado em direito no Brasil, deve fazer prova do título de graduação, obtido em instituição estrangeira, devidamente revalidado, além de atender aos demais requisitos previstos neste artigo.

Obs.: Lembre-se da exceção prevista no art. 1º, do Provimento n. 129/2008. Entretanto, é importante asseverar que a Ordem dos Advogados Portugueses (OAP) anunciou em Julho de 2023 o rompimento, unilateral, do acordo de reciprocidade que permitia a inscrição de advogados brasileiros nos quadros da advocacia de Portugal e vice-versa. O Conselho Federal da Ordem dos Advogados do Brasil (OAB) assim se manifestou: "a OAB tomará todas as medidas cabíveis para defender os direitos dos profissionais brasileiros aptos a advogar em Portugal ou que façam jus a qualquer benefício decorrente do convênio do qual a Ordem portuguesa está se retirando."

Obs.: Com relação a IDONEIDADE MORAL, lembre-se de conferir o teor das Súmulas 06/2018/COP, 09/2019/COP, 10/2019/COP e 11/2019/COP, todas do Conselho Pleno do Conselho Federal da Ordem dos Advogados do Brasil.

> § 3º A inidoneidade moral, suscitada por qualquer pessoa, deve ser declarada mediante decisão que obtenha no mínimo dois terços dos votos de todos os membros do conselho competente, em procedimento que observe os termos do processo disciplinar.
> § 4º Não atende ao requisito de idoneidade moral aquele que tiver sido condenado por crime infamante, salvo reabilitação judicial.

Obs.: O EAOAB prevê a figura do crime infamante, contudo, não apresenta conceito sobre tal delito. Crime infamante é aquele contrário à honra, à dignidade e a boa-fama de quem pratica, podendo inclusive, gerar desprestígio e desonra para toda a classe da advocacia. O conceito é propositadamente aberto, a fim de que o Conselho Seccional, quando da análise de cada caso em concreto, possa apurar a extensão do crime praticado pelo advogado, bem como a repercussão desta prática criminosa.

5.2. Do Estagiário

Já o art. 9º, do EAOAB, trouxe os requisitos necessários para inscrição como estagiário:

> I – preencher os requisitos mencionados nos incisos I, III, V, VI e VII do art. 8º;
> II – ter sido admitido em estágio profissional de advocacia.
> § 1º O estágio profissional de advocacia, com duração de dois anos, realizado nos últimos anos do curso jurídico, pode ser mantido pelas respectivas instituições de ensino superior pelos Conselhos da OAB, ou por setores, órgãos jurídicos e escritórios de advocacia credenciados pela OAB, sendo obrigatório o estudo deste Estatuto e do Código de Ética e Disciplina.

§ 2º A inscrição do estagiário é feita no Conselho Seccional em cujo território se localize seu curso jurídico.

§ 3º O aluno de curso jurídico que exerça atividade incompatível com a advocacia pode frequentar o estágio ministrado pela respectiva instituição de ensino superior, para fins de aprendizagem, vedada a inscrição na OAB.

§ 4º O estágio profissional poderá ser cumprido por bacharel em Direito que queira se inscrever na Ordem.

§ 5º Em caso de pandemia ou em outras situações excepcionais que impossibilitem as atividades presenciais, declaradas pelo poder público, o estágio profissional poderá ser realizado no regime de teletrabalho ou de trabalho a distância em sistema remoto ou não, por qualquer meio telemático, sem configurar vínculo de emprego a adoção de qualquer uma dessas modalidades. (Incluído pela Lei nº 14.365, de 2022)

§ 6º Se houver concessão, pela parte contratante ou conveniada, de equipamentos, sistemas e materiais ou reembolso de despesas de infraestrutura ou instalação, todos destinados a viabilizar a realização da atividade de estágio prevista no § 5º deste artigo, essa informação deverá constar, expressamente, do convênio de estágio e do termo de estágio. (Incluído pela Lei nº 14.365, de 2022)

Obs.: lembre-se do art. 29 do Regulamento Geral que traz os atos que o estagiário pode praticar isoladamente:

I – Retirar e devolver autos em cartório, assinando o livro carga;

II – Obter junto aos escrivães e chefes de secretarias certidões de peças de autos em cursos findos;

III – Assinar petições de juntada de documentos a processos judiciais ou administrativos.

§ 2º: Para o exercício de atos extrajudiciais, o estagiário pode comparecer isoladamente, quando receber autorização ou substabelecimento do advogado.

5.3. Do Domicílio Profissional, Inscrição Suplementar e Transferência

A inscrição principal do advogado deve ser feita no Conselho Seccional em cujo território pretende estabelecer o seu domicílio profissional, na forma do regulamento geral. Já a inscrição do estagiário é feita no Conselho Seccional em cujo território se localize seu curso jurídico.

Considera-se domicílio profissional do advogado a sede principal da atividade de sua advocacia, prevalecendo, na dúvida, o domicílio de sua pessoa física.

Além da principal, o advogado deve promover a inscrição suplementar nos Conselhos Seccionais em cujos territórios passar a exercer habitualmente a profissão considerando-se habitualidade a intervenção judicial que exceder de cinco causas por ano.

No caso de mudança efetiva de domicílio profissional para outra unidade federativa, deve o advogado requerer a transferência de sua inscrição para o Conselho Seccional correspondente.

5.4. Do Cancelamento e Licença

Terá a inscrição cancelada o advogado que:

> • assim o requerer;
> • sofrer penalidade de exclusão;
> • falecer;
> • passar a exercer, em caráter definitivo, atividade incompatível com a advocacia;
> • perder qualquer um dos requisitos necessários para inscrição.

Obs.: Ocorrendo uma das hipóteses dos incisos II, III e IV, o cancelamento deve ser promovido, de ofício, pelo conselho competente ou em virtude de comunicação por qualquer pessoa; na hipótese de novo pedido de inscrição – que não restaura o número de inscrição anterior – deve o interessado fazer prova dos requisitos dos incisos I, V, VI e VII do art. 8º; na hipótese do inciso II deste artigo, o novo pedido de inscrição também deve ser acompanhado de provas de reabilitação.

Licencia-se o profissional que:

• assim o requerer, por motivo justificado;

• passar a exercer, em caráter temporário, atividade incompatível com o exercício da advocacia;

• sofrer doença mental considerada curável.

CANCELAMENTO	LICENÇA
Igual MORTE = perde-se o nº da OAB, após o cancelamento, logo, o inscrito receberá um novo nº de inscrição na OAB, na hipótese de novo pedido de inscrição, não sendo necessário submeter-se novamente ao exame de ordem.	Licença Maternidade = não perderá o nº de inscrição na OAB após a licença, logo, retornará com o mesmo nº, não sendo necessário submeter-se novamente ao exame de ordem.
Requerimento dispensa motivação	Requerer com motivo justificável
Art. 11 do EOAB	Art. 12 do EOAB
Atividade Incompatível Definitiva	Atividade incompatível temporária
Doença Mental Incurável	Doença Mental Curável

5.5. Do Documento de Identificação Profissional

O documento de identidade profissional, na forma prevista no regulamento geral, é de uso obrigatório no exercício da atividade de advogado ou de estagiário e constitui prova de identidade civil para todos os fins legais.

São documentos de identidade profissional a carteira e o cartão emitidos pela OAB, de uso obrigatório pelos advogados e estagiários inscritos, para o exercício de suas atividades, os quais podem ser emitidos de forma digital. O uso do cartão dispensa o da carteira.

O cartão de identidade do estagiário tem o mesmo modelo e conteúdo do cartão de identidade do advogado, com a indicação de "Identidade de Estagiário", em destaque, e do prazo de validade, que não pode ultrapassar três anos nem ser prorrogado. O cartão de identidade do estagiário perde sua validade imediatamente após a prestação do compromisso como advogado.

O nome social é a designação pela qual a pessoa travesti ou transexual se identifica e é socialmente reconhecida e será inserido na identificação do advogado mediante requerimento.

Atenção: O Conselho Federal, através da Resolução nº 25/2020, instituiu o Porta-cartão de Identidade Profissional da Ordem dos Advogados do Brasil, gravado com escrita em Sistema Braille, constituindo aparato acessório dos cartões previstos nos arts. 34 e 35 do Regulamento Geral da Lei n. 8.906/94.

6. DA SOCIEDADE DE ADVOGADOS

Os advogados podem reunir-se em sociedade simples de prestação de serviços de advocacia ou constituir sociedade unipessoal de advocacia, na forma disciplinada nesta Lei e no regulamento geral. (Redação dada pela Lei nº 13.247, de 2016)

• A sociedade de advogados e a sociedade unipessoal de advocacia adquirem personalidade jurídica com o registro aprovado dos seus atos constitutivos no Conselho Seccional da OAB em cuja base territorial tiver sede.

• Aplica-se à sociedade de advogados e à sociedade unipessoal de advocacia o Código de Ética e Disciplina, no que couber.

• As procurações devem ser outorgadas individualmente aos advogados e indicar a sociedade de que façam parte.

• Nenhum advogado pode integrar mais de uma sociedade de advogados, constituir mais de uma sociedade unipessoal de advocacia, ou integrar, simultaneamente, uma sociedade de advogados e uma sociedade unipessoal de advocacia, com sede ou filial na mesma área territorial do respectivo Conselho Seccional.

• O ato de constituição de filial deve ser averbado no registro da sociedade e arquivado no Conselho Seccional onde se instalar, ficando os sócios, inclusive o titular da sociedade unipessoal de advocacia, obrigados à inscrição suplementar.

• Os advogados sócios de uma mesma sociedade profissional não podem representar em juízo clientes de interesses opostos.

• A sociedade unipessoal de advocacia pode resultar da concentração por um advogado das quotas de uma sociedade de advogados, independentemente das razões que motivaram tal concentração.

• Nas sociedades de advogados, a escolha do sócio-administrador poderá recair sobre advogado que atue como servidor da administração direta, indireta e fundacional, desde que não esteja sujeito ao regime de dedicação exclusiva, não lhe sendo aplicável o disposto no inciso X do *caput* do art. 117 da Lei nº 8.112, de 11 de dezembro de 1990, no que se refere à sociedade de advogados. (Promulgação partes vetadas) (Incluído pela Lei nº 14.365, de 2022)

• A sociedade de advogados e a sociedade unipessoal de advocacia deverão recolher seus tributos sobre a parcela da receita que efetivamente lhes couber, com a exclusão da receita que for transferida a outros advogados ou a sociedades que atuem em forma de parceria para o atendimento do cliente. (Promulgação partes vetadas) (Incluído pela Lei nº 14.365, de 2022)

• Cabem ao Conselho Federal da OAB a fiscalização, o acompanhamento e a definição de parâmetros e de diretrizes da relação jurídica mantida entre advogados e sociedades de advogados ou entre escritório de advogados sócios e advogado associado, inclusive no que se refere ao cumprimento dos requisitos norteadores da associação sem vínculo empregatício autorizada expressamente neste artigo. (Incluído pela Lei nº 14.365, de 2022)

• Não será admitida a averbação do contrato de associação que contenha, em conjunto, os elementos caracterizadores de relação de emprego previstos na Consolidação das Leis do Trabalho (CLT), aprovada pelo Decreto-Lei nº 5.452, de 1º de maio de 1943. (Incluído pela Lei nº 14.365, de 2022)

• A sociedade de advogados e a sociedade unipessoal de advocacia podem ter como sede, filial ou local de trabalho espaço de uso individual ou compartilhado com outros escritórios de advocacia ou empresas, desde que respeitadas as hipóteses de sigilo previstas nesta Lei e no Código de Ética e Disciplina. (Incluído pela Lei nº 14.365, de 2022)

• Não são admitidas a registro nem podem funcionar todas as espécies de sociedades de advogados que apresentem forma ou características de sociedade empresária, que adotem denominação de fantasia, que realizem atividades estranhas à advocacia, que incluam como sócio ou titular de sociedade unipessoal de advocacia pessoa não inscrita como advogado ou totalmente proibida de advogar.

• A razão social deve ter, obrigatoriamente, o nome de, pelo menos, um advogado responsável pela sociedade, podendo permanecer o de sócio falecido, desde que prevista tal possibilidade no ato constitutivo.

• O impedimento ou a incompatibilidade em caráter temporário do advogado não o exclui da sociedade de advogados à qual pertença e deve ser averbado no registro da sociedade, observado o disposto nos arts. 27, 28, 29 e 30 desta Lei e proibida, em qualquer hipótese, a exploração de seu nome e de sua imagem em favor da sociedade. (Redação dada pela Lei nº 14.365, de 2022)

• É proibido o registro, nos cartórios de registro civil de pessoas jurídicas e nas juntas comerciais, de sociedade que inclua, entre outras finalidades, a atividade de advocacia.

• A denominação da sociedade unipessoal de advocacia deve ser obrigatoriamente formada pelo nome do seu titular, completo ou parcial, com a expressão 'Sociedade Individual de Advocacia'.

• Além da sociedade, o sócio e o titular da sociedade individual de advocacia respondem subsidiária e ilimitadamente pelos danos causados aos clientes por ação ou omissão no exercício da advocacia, sem prejuízo da responsabilidade disciplinar em que possam incorrer.

• O advogado poderá associar-se a uma ou mais sociedades de advogados ou sociedades unipessoais de advocacia, sem que estejam presentes os requisitos legais de vínculo empregatício, para prestação de serviços e participação nos resultados, na forma do Regulamento Geral e de Provimentos do Conselho Federal da OAB. (Incluído pela Lei nº 14.365, de 2022)

• A associação de que trata o art. 17-A desta Lei dar-se-á por meio de pactuação de contrato próprio, que poderá ser de caráter geral ou restringir-se a determinada causa ou trabalho e que deverá ser registrado no Conselho Seccional da OAB em cuja base territorial tiver sede a sociedade de advogados que dele tomar parte. (Incluído pela Lei nº 14.365, de 2022)

• No contrato de associação, o advogado sócio ou associado e a sociedade pactuarão as condições para o desempenho da atividade advocatícia e estipularão livremente os critérios para a partilha dos resultados dela decorrentes, devendo o contrato conter, no mínimo: I – qualificação das partes, com referência expressa à inscrição no Conselho Seccional da OAB competente; II – especificação e delimitação do serviço a ser prestado; III – forma de repartição dos riscos e das receitas entre as partes, vedada a atribuição da totalidade dos riscos ou das receitas exclusivamente a uma delas; IV – responsabilidade pelo fornecimento de condições materiais e pelo custeio das despesas necessárias à execução dos serviços; V – prazo de duração do contrato. (Incluídos pela Lei nº 14.365, de 2022)

7. ADVOGADO EMPREGADO

• *Independência*: a relação de emprego, na qualidade de advogado, não retira a isenção técnica nem reduz a independência profissional inerentes à advocacia. O advogado empregado não está obrigado à prestação de serviços profissionais de interesse pessoal dos empregadores, fora da relação de emprego.

• *Regime de Trabalho*: as atividades do advogado empregado poderão ser realizadas, a critério do empregador, em qualquer um dos seguintes regimes: I – exclusivamente presencial: modalidade na qual o advogado empregado, desde o início da contratação, realizará o trabalho nas dependências ou locais indicados pelo empregador; II – não presencial, teletrabalho ou trabalho a distância: modalidade na qual, desde o início da contratação, o trabalho será preponderantemente realizado fora das dependências do empregador, observado que o comparecimento nas dependências de forma não permanente, variável ou para participação em reuniões ou em eventos presenciais não descaracterizará o regime não presencial; III – misto: modalidade na qual as atividades do advogado poderão ser presenciais, no estabelecimento do contratante ou onde este indicar, ou não presenciais, conforme as condições definidas pelo empregador em seu regulamento empresarial, independentemente de preponderância ou não. Na vigência da relação de emprego, as partes poderão pactuar, por acordo individual simples, a alteração de um regime para outro. (Incluídos pela Lei nº 14.365, de 2022)

• *Salário Mínimo*: o salário mínimo profissional do advogado será fixado em sentença normativa, salvo se ajustado em acordo ou convenção coletiva de trabalho.

• *Jornada de trabalho*: A jornada de trabalho do advogado empregado, quando prestar serviço para empresas, não poderá exceder a duração diária de 8 (oito) horas contínuas e a de 40 (quarenta) horas semanais. Considera-se como período de trabalho o tempo em que o advogado estiver à disposição do empregador, aguardando ou executando ordens, no seu escritório ou em atividades externas, sendo-lhe reembolsadas as despesas feitas com transporte, hospedagem e alimentação.

• *Horas-Extras*: as horas trabalhadas que excederem a jornada normal são remuneradas por um adicional não inferior a cem por cento sobre o valor da hora normal, mesmo havendo contrato escrito.

• *Adicional Noturno*: as horas trabalhadas no período das vinte horas de um dia até as cinco horas do dia seguinte são remuneradas como noturnas, acrescidas do adicional de vinte e cinco por cento.

• *Honorários de Sucumbência*: nas causas em que for parte o empregador, ou pessoa por este representada, os honorários de sucumbência são devidos aos advogados empregados. Os honorários de sucumbência, percebidos por advogado empregado de sociedade de advogados são partilhados entre ele e a empregadora, na forma estabelecida em acordo.

8. DOS HONORÁRIOS ADVOCATÍCIOS

A prestação de serviço profissional assegura aos inscritos na OAB o direito:

• aos honorários convencionados;

• aos fixados por arbitramento judicial;

• aos de sucumbência;

• aos assistenciais.

Observações importantes:

Honorários de advogado dativo: o advogado, quando indicado para patrocinar causa de juridicamente necessitado, no caso de impossibilidade da Defensoria Pública no local da prestação de serviço, tem direito aos honorários fixados pelo juiz, segundo tabela organizada pelo Conselho Seccional da OAB, e pagos pelo Estado.

Honorários fixados por arbitramento judicial: Na falta de estipulação ou de acordo, os honorários são fixados por arbitramento judicial, em remuneração compatível com o trabalho e o valor econômico da questão, observado obrigatoriamente o disposto nos §§ 2º, 3º, 4º, 5º, 6º, 6º-A, 8º, 8º-A, 9º e 10 do art. 85 da Lei nº 13.105, de 16 de março de 2015 (Código de Processo Civil). (Redação dada pela Lei nº 14.365, de 2022).

Momento de pagamento dos honorários: salvo estipulação em contrário, um terço dos honorários é devido no início do serviço, outro terço até a decisão de primeira instância e o restante no final.

Pagamento de precatórios e honorários advocatícios: se o advogado fizer juntar aos autos o seu contrato de honorários antes de expedir-se o mandado de levantamento ou precatório, o juiz deve determinar que lhe sejam pagos diretamente, por dedução da quantia a ser recebida pelo constituinte, salvo se este provar que já os pagou. Os honorários incluídos na condenação, por arbitramento ou sucumbência, pertencem ao advogado, tendo este direito autônomo para executar a sentença nesta parte, podendo requerer que o precatório, quando necessário, seja expedido em seu favor.

Honorários como títulos executivos: a decisão judicial que fixar ou arbitrar honorários e o contrato escrito que os estipular são títulos executivos e constituem crédito privilegiado na falência, concordata, concurso de credores, insolvência civil e liquidação extrajudicial. A execução dos honorários pode ser promovida nos mesmos autos da ação em que tenha atuado o advogado, se assim lhe convier. Na hipótese de falecimento ou incapacidade civil do advogado, os honorários de sucumbência, proporcionais ao trabalho realizado, são recebidos por seus sucessores ou representantes legais. O acordo feito pelo cliente do advogado e a parte contrária, salvo aquiescência do profissional, não lhe prejudica os honorários, quer os convencionados, quer os concedidos por sentença.

Prescrição dos honorários: prescreve em cinco anos a ação de cobrança de honorários de advogado, contado o prazo: I) do vencimento do contrato, se houver; II) do trânsito em julgado da decisão que os fixar; III) da ultimação do serviço extrajudicial; IV) da desistência ou transação; V – da renúncia ou revogação do mandato.

Atenção: Art. 25-A. Prescreve em cinco anos a ação de prestação de contas pelas quantias recebidas pelo advogado de seu cliente, ou de terceiros por conta dele (art. 34, XXI)

Inovação legislativa: Art. 22 § 8º Consideram-se também honorários convencionados aqueles decorrentes da indicação de cliente entre advogados ou sociedade de advogados, aplicada a regra prevista no § 9º do art. 15 desta Lei. (Incluído pela Lei nº 14.365, de 2022) Art. 22-A. Fica permitida a dedução de honorários advocatícios contratuais dos valores acrescidos, a título de juros de mora, ao montante repassado aos Estados e aos Municípios na forma de precatórios, como complementação de fundos constitucionais. Parágrafo único. A dedução a que se refere o caput deste artigo não será permitida aos advogados nas causas que decorram da execução de título judicial constituído em ação civil pública ajuizada pelo Ministério Público Federal. (Promulgação partes vetadas) (Incluído pela Lei nº 14.365, de 2022) Art. 24 § 3º-A. Nos casos judiciais e administrativos, as disposições, as cláusulas, os regulamentos ou as convenções individuais ou coletivas que retirem do sócio o direito ao recebimento dos honorários de sucumbência serão válidos somente após o protocolo de petição que revogue os poderes que lhe foram outorgados ou que noticie a renúncia a eles, e os honorários serão devidos proporcionalmente ao trabalho realizado nos processos. (Incluído pela Lei nº 14.365, de 2022) Art. 24 § 5º Salvo renúncia expressa do advogado aos honorários pactuados na hipótese de encerramento da relação contratual com o cliente, o advogado mantém o direito aos honorários proporcionais ao trabalho realizado nos processos judiciais e administrativos em que tenha atuado, nos exatos termos do contrato celebrado, inclusive em relação aos eventos de sucesso que porventura venham a ocorrer após o encerramento da relação contratual. (Incluído pela Lei nº 14.365, de 2022) Art. 24 § 6º O distrato e a rescisão do contrato de prestação de serviços advocatícios, mesmo que formalmente celebrados, não configuram renúncia expressa aos honorários pactuados. (Incluído pela Lei nº 14.365, de 2022) Art. 24 § 7º Na ausência do contrato referido no § 6º deste artigo, os honorários advocatícios serão arbitrados conforme o disposto no art. 22 desta Lei. (Incluído pela Lei nº 14.365, de 2022) Art. 24-A. No caso de bloqueio universal do patrimônio do cliente por decisão judicial, garantir-se-á ao advogado a liberação de até 20% (vinte por cento) dos bens bloqueados para fins de recebimento de honorários e reembolso de gastos com a defesa, ressalvadas as causas relacionadas aos crimes previstos na Lei nº

11.343, de 23 de agosto de 2006 (Lei de Drogas), e observado o disposto no parágrafo único do art. 243 da Constituição Federal. § 1º O pedido de desbloqueio de bens será feito em autos apartados, que permanecerão em sigilo, mediante a apresentação do respectivo contrato. § 2º O desbloqueio de bens observará, preferencialmente, a ordem estabelecida no art. 835 da Lei nº 13.105, de 16 de março de 2015 (Código de Processo Civil). § 3º Quando se tratar de dinheiro em espécie, de depósito ou de aplicação em instituição financeira, os valores serão transferidos diretamente para a conta do advogado ou do escritório de advocacia responsável pela defesa. § 4º Nos demais casos, o advogado poderá optar pela adjudicação do próprio bem ou por sua venda em hasta pública para satisfação dos honorários devidos, nos termos do art. 879 e seguintes da Lei nº 13.105, de 16 de março de 2015 (Código de Processo Civil). § 5º O valor excedente deverá ser depositado em conta vinculada ao processo judicial. (Incluídos pela Lei nº 14.365, de 2022)

Honorários Assistenciais: Incluídos pela Lei nº 13.725/2018, os honorários assistenciais serão pagos aos advogados contratados por entidade sindical para prestar assistência jurídica aos filiados e associados, sem prejuízo aos honorários convencionais.(Art. 22 § 6º O disposto neste artigo aplica-se aos honorários assistenciais, compreendidos como os fixados em ações coletivas propostas por entidades de classe em substituição processual, sem prejuízo aos honorários convencionais. Art. 22 § 7º Os honorários convencionados com entidades de classe para atuação em substituição processual poderão prever a faculdade de indicar os beneficiários que, ao optarem por adquirir os direitos, assumirão as obrigações decorrentes do contrato originário a partir do momento em que este foi celebrado, sem a necessidade de mais formalidades)

Cobrança por advogado substabelecido: o advogado substabelecido, com reserva de poderes, não pode cobrar honorários sem a intervenção daquele que lhe conferiu o substabelecimento. Atenção: O disposto no caput deste artigo não se aplica na hipótese de o advogado substabelecido, com reservas de poderes, possuir contrato celebrado com o cliente. (Incluído pela Lei nº 14.365, de 2022)

Elementos para fixação dos honorários: I – a relevância, o vulto, a complexidade e a dificuldade das questões versadas; II – o trabalho e o tempo necessários; III – a possibilidade de ficar o advogado impedido de intervir em outros casos, ou de se desavir com outros clientes ou terceiros; IV – o valor da causa, a condição econômica do cliente e o proveito para ele resultante do serviço profissional; V – o caráter da intervenção, conforme se trate de serviço a cliente eventual, frequente ou constante; VI – o lugar da prestação dos serviços, conforme se trate do domicílio do advogado ou de outro; VII – a competência do profissional; VIII – a praxe do foro sobre trabalhos análogos.

Quota litis: Na hipótese da adoção de cláusula *quota litis*, os honorários devem ser necessariamente representados por pecúnia e, quando acrescidos dos honorários da sucumbência, não podem ser superiores às vantagens advindas a favor do cliente.

A participação do advogado em bens particulares do cliente só é admitida em caráter excepcional, quando esse, comprovadamente, não tiver condições pecuniárias de satisfazer o débito de honorários e ajustar com o seu patrono, em instrumento contratual, tal forma de pagamento.

Quando o objeto do serviço jurídico versar sobre prestações vencidas e vincendas, os honorários advocatícios poderão incidir sobre o valor de umas e outras, atendidos os requisitos da moderação e da razoabilidade.

A prestação de serviços profissionais por advogado, individualmente ou integrado em sociedades, será contratada, preferentemente, por escrito. O contrato de prestação de serviços de advocacia não exige forma especial, devendo estabelecer, porém, com clareza e precisão, o seu objeto, os honorários ajustados, a forma de pagamento, a extensão do patrocínio, esclarecendo se este abrangerá todos os atos do processo ou limitar-se-á a determinado grau de jurisdição, além de dispor sobre a hipótese de a causa encerrar-se mediante transação ou acordo. A compensação de créditos, pelo advogado, de importâncias devidas ao cliente, somente será admissível quando o contrato de prestação de serviços a autorizar ou quando houver autorização especial do cliente para esse fim, por este firmada. O contrato de prestação de serviços poderá dispor sobre a forma de contratação de profissionais para serviços auxiliares, bem como sobre o pagamento de custas e emolumentos, os quais, na ausência de disposição em contrário, presumem-se devam ser atendidos pelo cliente. Caso o contrato preveja que o advogado antecipe tais despesas, ser-lhe-á lícito reter o respectivo valor atualizado, no ato de prestação de contas, mediante comprovação documental. As disposições deste capítulo aplicam-se à mediação, à conciliação, à arbitragem ou a qualquer outro método adequado de solução dos conflitos. É vedada, em qualquer hipótese, a diminuição dos honorários contratados em decorrência da solução do litígio por qualquer mecanismo adequado de solução extrajudicial. Deverá o advogado observar o valor mínimo da Tabela de Honorários instituída pelo respectivo Conselho Seccional onde for realizado o serviço, inclusive aquele referente às diligências, sob pena de caracterizar-se aviltamento de honorários. O advogado promoverá, preferentemente, de forma destacada a execução dos honorários contratuais ou sucumbenciais.

Os honorários da sucumbência e os honorários contratuais, pertencendo ao advogado que houver atuado na causa, poderão ser por ele executados, assistindo-lhe direito autônomo para promover a execução do capítulo da sentença que os estabelecer ou para postular, quando for o caso, a expedição de precatório ou requisição de pequeno valor em seu favor. No caso de substabelecimento, a verba correspondente aos honorários da sucumbência será repartida entre o substabelecente e o substabelecido, proporcionalmente à atuação de cada um no processo ou conforme haja sido entre eles ajustado. Quando for o caso, a Ordem dos Advogados do Brasil ou os seus Tribunais de Ética e Disciplina poderão ser solicitados a indicar mediador que contribua no sentido de que a distribuição dos honorários da sucumbência, entre advogados, se faça segundo o critério estabelecido no § 1º. Nos processos disciplinares que envolverem divergência sobre a percepção de honorários da sucumbência, entre advogados, deverá ser tentada a conciliação destes, preliminarmente, pelo relator.

O crédito por honorários advocatícios, seja do advogado autônomo, seja de sociedade de advogados, não autoriza o saque de duplicatas ou qualquer outro título de crédito de natureza mercantil, podendo, apenas, ser emitida fatura, quando o cliente assim pretender, com fundamento no contrato de prestação de serviços, a qual, porém, não poderá ser levada a protesto. Pode, todavia, ser levado a protesto o cheque ou a nota promissória emitido pelo cliente em favor do advogado, depois de frustrada a tentativa de recebimento amigável.

É lícito ao advogado ou à sociedade de advogados empregar, para o recebimento de honorários, sistema de cartão de crédito, mediante credenciamento junto a empresa operadora do ramo. Eventuais ajustes com a empresa operadora que impliquem pagamento antecipado não afetarão a responsabilidade do advogado perante o cliente, em caso de rescisão do contrato de prestação de serviços, devendo ser observadas as disposições deste quanto à hipótese.

Havendo necessidade de promover arbitramento ou cobrança judicial de honorários, deve o advogado renunciar previamente ao mandato que recebera do cliente em débito.

9. DAS INCOMPATIBILIDADES E IMPEDIMENTOS

A incompatibilidade determina a proibição total, e o impedimento, a proibição parcial do exercício da advocacia. Dessa forma, nas hipóteses de incompatibilidade definitiva o advogado deverá requerer o cancelamento da OAB e nas hipóteses de incompatibilidade temporária deverá solicitar a licença. Já nas situações de impedimento, o advogado não precisará solicitar nem o cancelamento nem a licença.

9.1. Das Incompatibilidades

A advocacia é incompatível, mesmo em causa própria, com as seguintes atividades:

• chefe do Poder Executivo e membros da Mesa do Poder Legislativo e seus substitutos legais;

• membros de órgãos do Poder Judiciário, do Ministério Público, dos tribunais e conselhos de contas, dos juizados especiais, da justiça de paz, juízes classistas, bem como de todos os que exerçam função de julgamento em órgãos de deliberação coletiva da administração pública direta e indireta; (Vide ADIN 1127-8)

• ocupantes de cargos ou funções de direção em Órgãos da Administração Pública direta ou indireta, em suas fundações e em suas empresas controladas ou concessionárias de serviço público;

• ocupantes de cargos ou funções vinculados direta ou indiretamente a qualquer órgão do Poder Judiciário e os que exercem serviços notariais e de registro;

• ocupantes de cargos ou funções vinculados direta ou indiretamente a atividade policial de qualquer natureza;

• militares de qualquer natureza, na ativa;

• ocupantes de cargos ou funções que tenham competência de lançamento, arrecadação ou fiscalização de tributos e contribuições parafiscais;

• ocupantes de funções de direção e gerência em instituições financeiras, inclusive privadas.

Obs.: a incompatibilidade permanece mesmo que o ocupante do cargo ou função deixe de exercê-lo temporariamente.

Atenção: o Supremo Tribunal Federal, em decisão proferida nos autos da ADI 7.227/DF, da relatoria da Min. Cármen Lúcia, julgou inconstitucional o §§ 3º e 4º do art. 28 da Lei n. 8.906/1994, incluídos pela Lei n. 14.365/2022.

9.2. Dos Impedimentos

São impedidos de exercer a advocacia:

• os servidores da administração direta, indireta e fundacional, contra a Fazenda Pública que os remunere ou à qual seja vinculada a entidade empregadora, **com exceção dos docentes dos cursos jurídicos.**

• os membros do Poder Legislativo, em seus diferentes níveis, contra ou a favor das pessoas jurídicas de direito público, empresas públicas, sociedades de economia mista, fundações públicas, entidades paraestatais ou empresas concessionárias ou permissionárias de serviço público.

• Estão impedidos de exercer o visto do advogado em atos constitutivos de pessoas jurídicas os advogados que prestem serviços a órgãos ou entidades da Administração Pública direta ou indireta, da unidade federativa a que se vincule a Junta Comercial, ou a quaisquer repartições administrativas competentes para o mencionado registro. (Art. 2º, Parágrafo Único, RG)

INCOMPATIBILIDADE (art. 28 do EOAB)	IMPEDIMENTO (art. 30 do EOAB)
Proibição total	Proibição Parcial
Incompatibilidade; pode ser; Temporária, tendo o inscrito de requerer a Licença, e Definitiva, tendo o inscrito de requerer o cancelamento.	Não licencia nem cancela

10. DAS INFRAÇÕES E SANÇÕES DISCIPLINARES

O art. 35 do EAOAB trouxe em seus quatro incisos em que consistem as sanções disciplinares:

I. Censura

II. Suspensão   Sanções aplicáveis de forma isolada;

III. Exclusão

IV. Multa   Sanção aplicável, somente de forma cumulativa, com a censura ou suspensão, em havendo circunstâncias agravantes;

Obs.: as sanções devem constar dos assentamentos do inscrito, após o trânsito em julgado da decisão.

10.1. Censura

A censura é aplicável nos casos de:

• infrações definidas nos incisos I a XVI e XXIX do art. 34;

• violação a preceito do Código de Ética e Disciplina;

• violação a preceito desta lei, quando para a infração não se tenha estabelecido sanção mais grave.

Lembre-se que para a sanção de censura não pode ser objeto de publicidade e que ela poderá ser convertida em advertência, em ofício reservado, sem registro nos assentamentos do inscrito, quando presente circunstância atenuante.

Fique atento com a nova disposição do art. 58-A do Código de Ética e Disciplina: Nos casos de infração ético-disciplinar punível com censura, será admissível a celebração de termo de ajustamento de conduta, se o fato apurado não tiver gerado repercussão negativa à advocacia. O termo de ajustamento de conduta previsto neste artigo será regulamentado em provimento do Conselho Federal da OAB.

10.2. Suspensão

A suspensão é aplicável nos casos de:

• infrações definidas nos incisos XVII a XXV e XXX do caput do art. 34 desta Lei; (Redação dada pela Lei nº 14.612, de 2023)

• reincidência em infração disciplinar.

Observações importantes:

- A suspensão acarreta ao infrator a interdição do exercício profissional, em todo o território nacional, pelo prazo de trinta dias a doze meses, de acordo com os critérios de individualização previstos neste capítulo.

- Nas hipóteses dos incisos XXI e XXIII do art. 34, a suspensão perdura até que satisfaça integralmente a dívida, inclusive com correção monetária. Atenção: o Supremo Tribunal Federal, em decisão proferida nos autos da ADI 7020/DF e RE 647.885/ RS, da relatoria do Min. Edson Fachin, julgou inconstitucional o art. 34, XXIII, da Lei n. 8.906/1994.- Na hipótese do inciso XXIV do art. 34, a suspensão perdura até que preste novas provas de habilitação.

Lembre-se que manter conduta incompatível com a advocacia (art. 34, XXV) está caracterizada pela sigla JED, da seguinte forma:

J = jogo (prática **reiterada** de jogo de azar, não autorizado por lei)

E = escândalo (incontinência pública e escandalosa)

D = drogas (embriaguez ou toxicomania **habituais**)

Inovação legislativa: Art. 34. Constitui infração disciplinar: XXX – praticar assédio moral, assédio sexual ou discriminação. § 2º Para os fins desta Lei, considera-se: I – assédio moral: a conduta praticada no exercício profissional ou em razão dele, por meio da repetição deliberada de gestos, palavras faladas ou escritas ou comportamentos que exponham o estagiário, o advogado ou qualquer outro profissional que esteja prestando seus serviços a situações humilhantes e constrangedoras, capazes de lhes causar ofensa à personalidade, à dignidade e à integridade psíquica ou física, com o objetivo de excluí-los das suas funções ou de desestabilizá-los emocionalmente, deteriorando o ambiente profissional; II – assédio sexual: a conduta de conotação sexual praticada no exercício profissional ou em razão dele, manifestada fisicamente ou por palavras, gestos ou outros meios, proposta ou imposta à pessoa contra sua vontade, causando-lhe constrangimento e violando a sua liberdade sexual; III – discriminação: a conduta comissiva ou omissiva que dispense tratamento constrangedor ou humilhante a pessoa ou grupo de pessoas, em razão de sua deficiência, pertença a determinada raça, cor ou sexo, procedência nacional ou regional, origem étnica, condição de gestante, lactante ou nutriz, faixa etária, religião ou outro fator. (Incluídos pela Lei nº 14.612, de 2023)

10.3. Exclusão

A exclusão é aplicável nos casos de:

- aplicação, por três vezes, de suspensão;
- infrações definidas nos incisos XXVI a XXVIII do art. 34.

Atenção: para a aplicação da sanção disciplinar de exclusão, é necessária a manifestação favorável de dois terços dos membros do Conselho Seccional competente.

Não se esqueça as condutas que excluem estão caracterizadas pela sigla PRO-CRI-MI: **PRO** (fazer **falsa prova** de qualquer dos requisitos para inscrição na OAB) **CRI** (praticar **cri**me infamante) e **MI** (tornar-se **moralmente inidôneo** para o exercício da advocacia).

> **PRO** = Prova falsa
> **CRI** = Crime infamante
> **MI** = Moralmente inidôneo

10.4. Multa

A multa, variável entre o mínimo correspondente ao valor de uma anuidade e o máximo de seu décuplo, é aplicável cumulativamente com a censura ou suspensão, em havendo circunstâncias agravantes.

Atenção: não é possível a aplicação da sanção de multa isoladamente, vez que a multa somente será aplicada cumulativamente com a Censura ou Suspensão.

10.5. Atenuantes

Na aplicação das sanções disciplinares, são consideradas, para fins de atenuação, as seguintes circunstâncias, entre outras:

- falta cometida na defesa de prerrogativa profissional;
- ausência de punição disciplinar anterior;
- exercício assíduo e proficiente de mandato ou cargo em qualquer órgão da OAB;
- prestação de relevantes serviços à advocacia ou à causa pública.

10.6. Reabilitação

É permitido ao que tenha sofrido qualquer sanção disciplinar requerer, um ano após seu cumprimento, a reabilitação, em face de provas efetivas de bom comportamento. Entretanto, quando a sanção disciplinar resultar da prática de crime, o pedido de reabilitação depende também da correspondente reabilitação criminal.

Portanto, o advogado punido poderá requerer sua reabilitação, cancelando-se os efeitos secundários da punição, ou seu apontamento nos prontuários.

Previsões constantes no Novo Código de Ética: O advogado que tenha sofrido sanção disciplinar poderá requerer reabilitação, no prazo e nas condições previstos no Estatuto da Advocacia e da Ordem dos Advogados do Brasil (art. 41). A competência para processar e julgar o pedido de reabilitação é do Conselho Seccional em que tenha sido aplicada a sanção disciplinar. Nos casos de competência originária do Conselho Federal, perante este tramitará o pedido de reabilitação. Observar-se-á, no pedido de reabilitação, o procedimento do processo disciplinar, no que couber. O pedido de reabilitação terá autuação própria, devendo os autos respectivos ser apensados aos do processo disciplinar a que se refira. O pedido de reabilitação será instruído com provas de bom comportamento, no exercício da advocacia e na vida social, cumprindo à Secretaria do Conselho competente certificar, nos autos, o efetivo cumprimento da sanção disciplinar pelo requerente. Quando o pedido não estiver suficientemente instruído, o relator assinará prazo ao requerente para que complemente a documentação; não cumprida a determinação, o pedido será liminarmente arquivado.

10.7. Exercício do Mandato

Fica impedido de exercer o mandato o profissional a quem forem aplicadas as sanções disciplinares de suspensão ou exclusão.

10.8. Prescrição

A pretensão à punibilidade das infrações disciplinares prescreve em cinco anos, contados da data da **constatação oficial do fato**. Aplica-se também a prescrição a todo processo disciplinar paralisado por mais de três anos, pendente de despacho ou julgamento, devendo ser arquivado de ofício, ou a requerimento da parte interessada, sem prejuízo de serem apuradas as responsabilidades pela paralisação.

> **ATENÇÃO** PARA A REDAÇÃO DA SÚMULA Nº 01/2011 DO CONSELHO PLENO DO CONSELHO FEDERAL DA OAB: O termo inicial para contagem do prazo prescricional, na hipótese de processo disciplinar decorrente de representação, a que se refere o caput do art. 43 do EAOAB, é data da constatação oficial do fato pela OAB, considerada a data do protocolo da representação ou a data das declarações do interessado tomadas por termo perante órgão da OAB, a partir de quando começa a fluir o prazo de cinco (5) anos, o qual será interrompido nas hipóteses dos incisos I e II do § 2º do art. 43 do EAOAB, voltando a correr por inteiro a partir do fato interruptivo. Quando a instauração do processo disciplinar se der ex officio, o termo 'a quo' coincidirá com a data em que o órgão competente da OAB tomar conhecimento do fato, seja por documento constante dos autos, seja pela sua notoriedade. A prescrição intercorrente de que trata o § 1º do art. 43 do EAOAB, verificada pela paralisação do processo por mais de três (3) anos sem qualquer despacho ou julgamento, é interrompida e recomeça a fluir pelo mesmo prazo, a cada despacho de movimentação do processo.

A prescrição interrompe-se:

• pela instauração de processo disciplinar ou pela notificação válida feita diretamente ao representado;

• pela decisão condenatória recorrível de qualquer órgão julgador da OAB.

11. DO PROCESSO DISCIPLINAR

Salvo disposição em contrário, aplicam-se subsidiariamente ao processo disciplinar as regras da legislação processual penal comum e, aos demais processos, as regras gerais do procedimento administrativo comum e da legislação processual civil, nessa ordem.

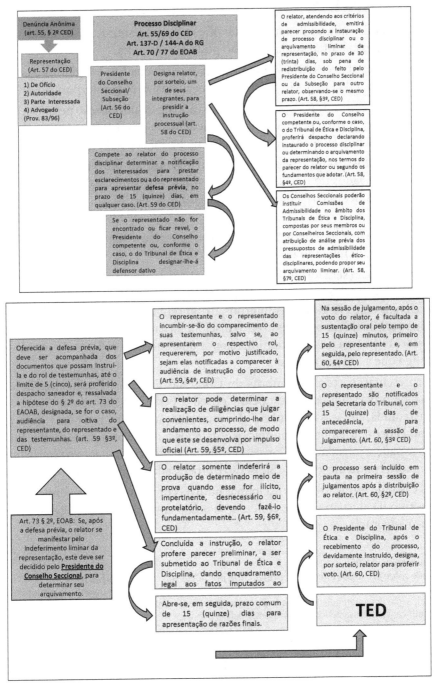

> Do julgamento do processo disciplinar lavrar-se-á acórdão, do qual constarão, quando procedente a representação, o enquadramento legal da infração, a sanção aplicada, o quórum de instalação e o de deliberação, a indicação de haver sido esta adotada com base no voto do relator ou em voto divergente, bem como as circunstâncias agravantes ou atenuantes consideradas e as razões determinantes de eventual conversão da censura aplicada em advertência sem registro nos assentamentos do inscrito. (Art. 61, CED)

O processo disciplinar instaura-se de ofício ou mediante representação de qualquer autoridade ou pessoa interessada, que não pode ser anônima.

Todos os prazos necessários à manifestação de advogados, estagiários e terceiros, nos processos em geral da OAB, são de quinze dias, inclusive para interposição de recursos.

Nos casos de comunicação por ofício reservado ou de notificação pessoal, considera-se dia do começo do prazo o primeiro dia útil imediato ao da juntada aos autos do respectivo aviso de recebimento. (Redação dada pela Lei nº 14.365, de 2022).

No caso de atos, notificações e decisões divulgados por meio do Diário Eletrônico da Ordem dos Advogados do Brasil, o prazo terá início no primeiro dia útil seguinte à publicação, assim considerada o primeiro dia útil seguinte ao da disponibilização da informação no Diário.

Obs.: quando o representante é Advogado, o processo disciplinar muda e passa a seguir o procedimento disciplinado no Provimento n. 83/96.[3]

A representação será formulada ao Presidente do Conselho Seccional ou ao Presidente da Subseção, por escrito ou verbalmente, devendo, neste último caso, ser reduzida a termo. Nas Seccionais cujos Regimentos Internos atribuírem competência ao Tribunal de Ética e Disciplina para instaurar o processo ético disciplinar, a representação poderá ser dirigida ao seu Presidente ou será a este encaminhada por qualquer dos dirigentes referidos no *caput* deste artigo que a houver recebido.

A representação contra membros do Conselho Federal e Presidentes de Conselhos Seccionais é processada e julgada pelo Conselho Federal, sendo competente a Segunda Câmara reunida em sessão plenária. A representação contra membros da diretoria do Conselho Federal, Membros Honorários Vitalícios e detentores da Medalha Rui Barbosa será processada e julgada pelo Conselho Federal, sendo competente o Conselho Pleno. A representação contra dirigente de Subseção é processada e julgada pelo Conselho Seccional.

Nos casos de infração ético-disciplinar punível com censura, será admissível a celebração de termo de ajustamento de conduta, se o fato apurado não tiver gerado repercussão negativa à advocacia.

---

3. **Provimento n. 83/96**
    Dispõe sobre processos éticos de representação por advogado contra advogado.
    Art. 1º. Os processos de representação, de advogado contra advogado, envolvendo questões de ética profissional, serão encaminhados pelo Conselho Seccional diretamente ao Tribunal de Ética e Disciplina, que:
    I – notificará o representado para apresentar defesa prévia;
    II – buscará conciliar os litigantes;
    III – acaso não requerida a produção de provas, ou se fundamentadamente considerada esta desnecessária pelo Tribunal, procederá ao julgamento uma vez não atingida a conciliação.
    Art. 2º. Verificando o Tribunal de Ética e Disciplina a necessidade de instrução probatória, encaminhará o processo ao Conselho Seccional, para os fins dos artigos 51 e 52 do Código de Ética e Disciplina.

A representação deverá conter: I – a identificação do representante, com a sua qualificação civil e endereço; II – a narração dos fatos que a motivam, de forma que permita verificar a existência, em tese, de infração disciplinar; III – os documentos que eventualmente a instruam e a indicação de outras provas a ser produzidas, bem como, se for o caso, o rol de testemunhas, até o máximo de cinco; IV – a assinatura do representante ou a certificação de quem a tomou por termo, na impossibilidade de obtê-la.

Recebida a representação, o Presidente do Conselho Seccional ou da Subseção, quando esta dispuser de Conselho, designa relator um de seus integrantes, para presidir a instrução processual.

A representação poderá ser liminarmente arquivada, por insuficiência insanável na exposição dos fatos, cabal ausência de infração, qualidade de não inscrito do representado, representação anônima, e outras situações que induzem à sua inépcia e impossibilidade de aproveitamento.

Compete ao relator do processo disciplinar determinar a notificação dos interessados para esclarecimentos, ou do representado para a defesa prévia, em qualquer caso no prazo de 15 (quinze) dias.

Se o representado não for encontrado ou for revel, o Presidente do Conselho ou da Subseção deve designar-lhe defensor dativo.

Oferecida a defesa prévia, que deve estar acompanhada de todos os documentos que possam instruí-la e do rol de testemunhas, até o limite de 5 (cinco), será proferido despacho saneador e, ressalvada a hipótese do 2º do artigo 73 do Estatuto[4], designada a audiência para oitiva do representante, do representado e das testemunhas.

O representante e o representado incumbir-se-ão do comparecimento de suas testemunhas, salvo se, ao apresentarem o respectivo rol, requererem, por motivo justificado, sejam elas notificadas a comparecer à audiência de instrução do processo.

O relator pode determinar a realização de diligências que julgar convenientes, cumprindo-lhe dar andamento ao processo, de modo que este se desenvolva por impulso oficial.

O relator somente indeferirá a produção de determinado meio de prova quando esse for ilícito, impertinente, desnecessário ou protelatório, devendo fazê-lo fundamentadamente.

Concluída a instrução, o relator profere parecer preliminar, a ser submetido ao Tribunal de Ética e Disciplina, dando enquadramento legal aos fatos imputados ao representado. Abre-se, em seguida, prazo comum de 15 (quinze) dias para apresentação de razões finais.

O Presidente do Tribunal de Ética e Disciplina, após o recebimento do processo, devidamente instruído, designa, por sorteio, relator para proferir voto. Se o processo já estiver tramitando perante o Tribunal de Ética e Disciplina ou perante o Conselho competente, o relator não será o mesmo designado na fase de instrução.

O processo será incluído em pauta na primeira sessão de julgamentos após a distribuição ao relator.

O representante e o representado são notificados pela Secretaria do Tribunal, com 15 (quinze) dias de antecedência, para comparecerem à sessão de julgamento.

---

4. Se, após a defesa prévia, o relator se manifestar pelo indeferimento liminar da representação, este deve ser decidido pelo Presidente do Conselho Seccional, para determinar seu arquivamento.

Na sessão de julgamento, após o voto do relator, é facultada a sustentação oral pelo tempo de 15 (quinze) minutos, primeiro pelo representante e, em seguida, pelo representado.

Do julgamento do processo disciplinar lavrar-se-á acórdão, do qual constarão, quando procedente a representação, o enquadramento legal da infração, a sanção aplicada, o quórum de instalação e o de deliberação, a indicação de haver sido esta adotada com base no voto do relator ou em voto divergente, bem como as circunstâncias agravantes ou atenuantes consideradas e as razões determinantes de eventual conversão da censura aplicada em advertência sem registro nos assentamentos do inscrito.

Os recursos contra decisões do Tribunal de Ética e Disciplina, ao Conselho Seccional, regem-se pelas disposições do Estatuto da Advocacia e da Ordem dos Advogados do Brasil, do Regulamento Geral e do Regimento Interno do Conselho Seccional.

Lembre-se ainda que:

• O processo disciplinar tramita em sigilo, até o seu término, só tendo acesso às suas informações as partes, seus defensores e a autoridade judiciária competente.

• O poder de punir disciplinarmente os inscritos na OAB compete exclusivamente ao Conselho Seccional em cuja base territorial tenha ocorrido a infração, salvo se a falta for cometida perante o Conselho Federal.

• Cabe ao Tribunal de Ética e Disciplina, do Conselho Seccional competente, julgar os processos disciplinares, instruídos pelas Subseções ou por relatores do próprio conselho.[5]

• A jurisdição disciplinar não exclui a comum e, quando o fato constituir crime ou contravenção, deve ser comunicado às autoridades competentes

| P | C | Conselho Seccional | PUNIR |
| T | J | Tribunal de Ética | JULGAR |

ATENÇÃO COM A REDAÇÃO DOS ARTS. 55 ATÉ 69 DO NOVO CÓDIGO DE ÉTICA.

11.1. Recursos

Os recursos têm duplo efeito: suspensivo e devolutivo, mas pelo EAOAB, todos os recursos têm efeito suspensivo, exceto quando se tratar de:

• eleições;

• suspensão preventiva decidida pelo Tribunal de Ética e Disciplina;

• cancelamento da inscrição obtida com falsa prova

Os recursos são inominados e serão dirigidos ao órgão julgador superior competente, embora interpostos perante a autoridade ou órgão que proferiu a decisão recorrida, com exceção dos embargos de declaração.

Proferida decisão pelo Tribunal de Ética e Disciplina, poderá a parte prejudicada contra ela interpor embargos de declaração, no prazo comum de 15 dias, quando houver omissão, dúvida ou contradição. Os embargos de declaração são dirigidos ao relator da decisão

---

5. Lembre-se do PC e TJ: quem **P**une é o **C**onselho Seccional quem **J**ulga é o **T**ED.

recorrida, que também exercerá o juízo de admissibilidade, podendo negar seguimento, fundamentadamente, se os tiver por manifestamente protelatórios, intempestivos ou carentes dos pressupostos legais para interposição.

Admitindo os embargos de declaração, o relator os colocará em mesa para julgamento, independentemente de inclusão em pauta ou publicação, na primeira sessão seguinte, salvo justificado impedimento.

É cabível recurso ao Conselho Seccional. O único pressuposto de admissibilidade é a observação do prazo de 15 dias. Lembre-se que a forma é livre, ou seja, não há preparo, nem condições adicionais.

Cabe recurso ao Conselho Seccional de todas as decisões definitivas, proferidas por seu presidente, por sua Diretoria, pelo Tribunal de Ética e Disciplina ou pela Diretoria da Subseção ou da Caixa de Assistência dos Advogados.

Os recursos ao Conselho Seccional contra decisões do Tribunal de Ética e Disciplina regem-se pelo Estatuto da OAB, pelo Regulamento Geral da OAB e pelo Regimento Interno do Conselho Seccional.

O recurso será julgado por uma das câmaras do Conselho Seccional.

Contra a decisão então resultante, poderão ser interpostos novos recursos: embargos de declaração e recurso dirigido ao Conselho Federal. Assim, cabe recurso ao Conselho Federal de todas as decisões definitivas proferidas pelo Conselho Seccional.

Tais recursos têm condições restritas de admissibilidade, que deverão ser preliminarmente conhecidas e dirimidas pelo órgão competente para julgar o recurso:

a) são cabíveis sempre que a decisão do Conselho Seccional não for unânime.

b) caso a decisão seja unânime, é cabível recurso se tiver ela contrariado o Estatuto, o Regulamento Geral, o Código de Ética e Disciplina e os provimentos do Conselho Federal, bem como as decisões desse último ou dos Conselhos Seccionais.

Além das partes, o presidente do Conselho Seccional possui legitimidade para interpor o aludido recurso, nos termos do art. 75, parágrafo único, do Estatuto.

A decisão proferida pelo Conselho Federal, em última instância, é irrecorrível, contra ela cabendo apenas embargos de declaração.

Porém, caberá exclusivamente ao presidente do Conselho Federal embargá-la, caso não unânime, nos termos do art. 55, parágrafo 3º, do Estatuto[6].

11.2. Revisão do Processo Disciplinar

Cabe revisão do processo disciplinar, na forma prevista no Estatuto da Advocacia e da Ordem dos Advogados do Brasil (art. 73, § 5º). Sua regulamentação foi trazida no art. 68 do Novo Código de Ética e Disciplina.

Tem legitimidade para requerer a revisão o advogado punido com a sanção disciplinar.

---

6. Nas deliberações do Conselho Federal, os membros da diretoria votam como membros de suas delegações, cabendo ao Presidente, apenas, o voto de qualidade e o direito de embargar a decisão, se esta não for unânime.

A competência para processar e julgar o processo de revisão é do órgão de que emanou a condenação final.

Quando o órgão competente for o Conselho Federal, a revisão processar-se-á perante a Segunda Câmara, reunida em sessão plenária.

Observar-se-á, na revisão, o procedimento do processo disciplinar, no que couber.

O pedido de revisão terá autuação própria, devendo os autos respectivos ser apensados aos do processo disciplinar a que se refira.

O pedido de revisão não suspende os efeitos da decisão condenatória, salvo quando o relator, ante a relevância dos fundamentos e o risco de consequências irreparáveis para o requerente, conceder tutela cautelar para que se suspenda a execução.

A parte representante somente será notificada para integrar o processo de revisão quando o relator entender que deste poderá resultar dano ao interesse jurídico que haja motivado a representação.

11.3. Prazos

Todos os prazos processuais necessários à manifestação de advogados, estagiários e terceiros, nos processos em geral da OAB, são de quinze dias, computados somente os dias úteis e contados do primeiro dia útil seguinte, seja da publicação da decisão no Diário Eletrônico da OAB, seja da data da juntada aos autos do respectivo aviso de recebimento, anotada pela secretaria do órgão da OAB.

> **Atenção:**
>
> O recurso poderá ser interposto via *fac-simile* ou similar, devendo o original ser entregue até 10 (dez) dias da data da interposição.
>
> Os recursos poderão ser protocolados nos Conselhos Seccionais ou nas Subseções nos quais se originaram os processos correspondentes, devendo o interessado indicar a quem recorre e remeter cópia integral da peça, no prazo de 10 (dez) dias, ao órgão julgador superior competente, via sistema postal rápido, fac-símile ou correio eletrônico.
>
> Entre os dias 20 e 31 de dezembro e durante o período de recesso (janeiro) do Conselho da OAB que proferiu a decisão recorrida, os prazos são suspensos, reiniciando-se no primeiro dia útil após o seu término.

A contagem dos prazos processuais em dias úteis prevista neste artigo passará a vigorar a partir de 1º de janeiro de 2017, devendo ser adotada nos processos administrativos em curso.

12. SUSPENSÃO PREVENTIVA

O parágrafo 3º, do art. 70, do EAOAB, trata da suspensão preventiva que é uma modalidade de pena cautelar que deve ser aplicada quando a conduta do advogado gera repercussão prejudicial à dignidade da advocacia.

Além de sua aparente gravidade, os efeitos são potencialmente perniciosos e gerais; podem afetar a dignidade da própria advocacia, não se limitando à imagem do infrator.

Alguns fatos que redundaram na aplicação desta punição se tornaram notórios: envolvimento de advogados com entidades do crime organizado, fraudes financeiras, comportamento desregrado e vários outros.

A suspensão preventiva será julgada em processo sumário, representado por uma única sessão, na qual será apresentada a defesa e proferida a decisão.

Neste caso, o processo disciplinar deve ser concluído no prazo máximo de noventa dias.

13. PUBLICIDADE

A publicidade profissional do advogado tem caráter meramente informativo e deve primar pela discrição e sobriedade, não podendo configurar captação de clientela ou mercantilização da profissão.

• Os meios utilizados para a publicidade profissional hão de ser compatíveis com a diretriz estabelecida no artigo anterior, sendo vedados:

I – a veiculação da publicidade por meio de rádio, cinema e televisão;

II – o uso de outdoors, painéis luminosos ou formas assemelhadas de publicidade;

III – as inscrições em muros, paredes, veículos, elevadores ou em qualquer espaço público;

IV – a divulgação de serviços de advocacia juntamente com a de outras atividades ou a indicação de vínculos entre uns e outras;

V – o fornecimento de dados de contato, como endereço e telefone, em colunas ou artigos literários, culturais, acadêmicos ou jurídicos, publicados na imprensa, bem assim quando de eventual participação em programas de rádio ou televisão, ou em veiculação de matérias pela internet, sendo permitida a referência a e-mail;

VI – a utilização de mala direta, a distribuição de panfletos ou formas assemelhadas de publicidade, com o intuito de captação de clientela.

Parágrafo único. Exclusivamente para fins de identificação dos escritórios de advocacia, é permitida a utilização de placas, painéis luminosos e inscrições em suas fachadas, desde que respeitadas as diretrizes previstas no artigo 39.

• As colunas que o advogado mantiver nos meios de comunicação social ou os textos que por meio deles divulgar não deverão induzir o leitor a litigar nem promover, dessa forma, captação de clientela.

• É vedado ao advogado:

I – responder com habitualidade a consulta sobre matéria jurídica, nos meios de comunicação social;

II – debater, em qualquer meio de comunicação, causa sob o patrocínio de outro advogado;

III – abordar tema de modo a comprometer a dignidade da profissão e da instituição que o congrega;

IV – divulgar ou deixar que sejam divulgadas listas de clientes e demandas;

V – insinuar-se para reportagens e declarações públicas.

• O advogado que eventualmente participar de programa de televisão ou de rádio, de entrevista na imprensa, de reportagem televisionada ou veiculada por qualquer outro meio, para manifestação profissional, deve visar a objetivos exclusivamente ilustrativos, educacionais e instrutivos, sem propósito de promoção pessoal ou profissional, vedados pronunciamentos sobre métodos de trabalho usados por seus colegas de profissão. Quando convidado para manifestação pública, por qualquer modo e forma, visando ao esclarecimento de tema jurídico de interesse geral, deve o advogado evitar insinuações com o sentido de promoção pessoal ou profissional, bem como o debate de caráter sensacionalista.

• Na publicidade profissional que promover ou nos cartões e material de escritório de que se utilizar, o advogado fará constar seu nome ou o da sociedade de advogados, o número ou os números de inscrição na OAB. Poderão ser referidos apenas os títulos acadêmicos do advogado e as distinções honoríficas relacionadas à vida profissional, bem como as instituições jurídicas de que faça parte, e as especialidades a que se dedicar, o endereço, e-mail, site, página eletrônica, QR code, logotipo e a fotografia do escritório, o horário de atendimento e os idiomas em que o cliente poderá ser atendido. É vedada a inclusão de fotografias pessoais ou de terceiros nos cartões de visitas do advogado, bem como menção a qualquer emprego, cargo ou função ocupado, atual ou pretérito, em qualquer órgão ou instituição, salvo o de professor universitário.

• São admissíveis como formas de publicidade o patrocínio de eventos ou publicações de caráter científico ou cultural, assim como a divulgação de boletins, por meio físico ou eletrônico, sobre matéria cultural de interesse dos advogados, desde que sua circulação fique adstrita a clientes e a interessados do meio jurídico.

• A publicidade veiculada pela internet ou por outros meios eletrônicos deverá observar as diretrizes estabelecidas neste capítulo. A telefonia e a internet podem ser utilizadas como veículo de publicidade, inclusive para o envio de mensagens a destinatários certos, desde que estas não impliquem o oferecimento de serviços ou representem forma de captação de clientela.

• As normas sobre publicidade profissional constantes deste capítulo poderão ser complementadas por outras que o Conselho Federal aprovar, observadas as diretrizes do presente Código.

• Será admitida a celebração de termo de ajustamento de conduta no âmbito dos Conselhos Seccionais e do Conselho Federal para fazer cessar a publicidade irregular praticada por advogados e estagiários. Os requisitos e condições do Termo de Ajustamento de Conduta (TAC) foram regulamentados pelo Provimento 200/2020 do Conselho Federal.

14. SIGILO PROFISSIONAL

O advogado tem o dever de guardar sigilo dos fatos de que tome conhecimento no exercício da profissão. Parágrafo único. O sigilo profissional abrange os fatos de que o advogado tenha tido conhecimento em virtude de funções desempenhadas na Ordem dos Advogados do Brasil.

O sigilo profissional é de ordem pública, independendo de solicitação de reserva que lhe seja feita pelo cliente.

Presumem-se confidenciais as comunicações de qualquer natureza entre advogado e cliente.

O advogado, quando no exercício das funções de mediador, conciliador e árbitro, se submete às regras de sigilo profissional.

O sigilo profissional cederá em face de circunstâncias excepcionais que configurem justa causa, como nos casos de grave ameaça ao direito à vida e à honra ou que envolvam defesa própria.

O advogado não é obrigado a depor, em processo ou procedimento judicial, administrativo ou arbitral, sobre fatos a cujo respeito deva guardar sigilo profissional.

15. DAS RELAÇÕES COM OS CLIENTES

• O advogado deve informar o cliente, de modo claro e inequívoco, quanto a eventuais riscos da sua pretensão, e das consequências que poderão advir da demanda. Deve, igualmente, denunciar, desde logo, a quem lhe solicite parecer ou patrocínio, qualquer circunstância que possa influir na resolução de submeter-lhe a consulta ou confiar-lhe a causa.

• As relações entre advogado e cliente baseiam-se na confiança recíproca. Sentindo o advogado que essa confiança lhe falta, é recomendável que externe ao cliente sua impressão e, não se dissipando as dúvidas existentes, promova, em seguida, o substabelecimento do mandato ou a ele renuncie.

• O advogado, no exercício do mandato, atua como patrono da parte, cumprindo-lhe, por isso, imprimir à causa orientação que lhe pareça mais adequada, sem se subordinar a intenções contrárias do cliente, mas, antes, procurando esclarecê-lo quanto à estratégia traçada.

• A conclusão ou desistência da causa, tenha havido, ou não, extinção do mandato, obriga o advogado a devolver ao cliente bens, valores e documentos que lhe hajam sido confiados e ainda estejam em seu poder, bem como a prestar-lhe contas, pormenorizadamente, sem prejuízo de esclarecimentos complementares que se mostrem pertinentes e necessários. A parcela dos honorários paga pelos serviços até então prestados não se inclui entre os valores a serem devolvidos.

• Concluída a causa ou arquivado o processo, presume-se cumprido e extinto o mandato.

• O advogado não deve aceitar procuração de quem já tenha patrono constituído, sem prévio conhecimento deste, salvo por motivo plenamente justificável ou para adoção de medidas judiciais urgentes e inadiáveis.

• O advogado não deve deixar ao abandono ou ao desamparo as causas sob seu patrocínio, sendo recomendável que, em face de dificuldades insuperáveis ou inércia do cliente quanto a providências que lhe tenham sido solicitadas, renuncie ao mandato.

• A renúncia ao patrocínio deve ser feita sem menção do motivo que a determinou, fazendo cessar a responsabilidade profissional pelo acompanhamento da causa, uma vez decorrido o prazo previsto em lei (EAOAB, art. 5º, § 3º). A renúncia ao mandato não exclui responsabilidade por danos eventualmente causados ao cliente ou a terceiros. O advogado não será responsabilizado por omissão do cliente quanto a documento ou informação que lhe devesse fornecer para a prática oportuna de ato processual do seu interesse.

• A revogação do mandato judicial por vontade do cliente não o desobriga do pagamento das verbas honorárias contratadas, assim como não retira o direito do advogado de receber o quanto lhe seja devido em eventual verba honorária de sucumbência, calculada proporcionalmente em face do serviço efetivamente prestado.

• O mandato judicial ou extrajudicial não se extingue pelo decurso de tempo, salvo se o contrário for consignado no respectivo instrumento.

• Os advogados integrantes da mesma sociedade profissional, ou reunidos em caráter permanente para cooperação recíproca, não podem representar, em juízo ou fora dele, clientes com interesses opostos.

• Sobrevindo conflito de interesses entre seus constituintes e não conseguindo o advogado harmonizá-los, caber-lhe-á optar, com prudência e discrição, por um dos mandatos, renunciando aos demais, resguardado sempre o sigilo profissional.

• O advogado, ao postular em nome de terceiros, contra ex-cliente ou ex-empregador, judicial e extrajudicialmente, deve resguardar o sigilo profissional.

• Ao advogado cumpre abster-se de patrocinar causa contrária à validade ou legitimidade de ato jurídico em cuja formação haja colaborado ou intervindo de qualquer maneira; da mesma forma, deve declinar seu impedimento ou o da sociedade que integre quando houver conflito de interesses motivado por intervenção anterior no trato de assunto que se prenda ao patrocínio solicitado.

• É direito e dever do advogado assumir a defesa criminal, sem considerar sua própria opinião sobre a culpa do acusado. Não há causa criminal indigna de defesa, cumprindo ao advogado agir, como defensor, no sentido de que a todos seja concedido tratamento condizente com a dignidade da pessoa humana, sob a égide das garantias constitucionais.

• O advogado não se sujeita à imposição do cliente que pretenda ver com ele atuando outros advogados, nem fica na contingência de aceitar a indicação de outro profissional para com ele trabalhar no processo.

• É defeso ao advogado funcionar no mesmo processo, simultaneamente, como patrono e preposto do empregador ou cliente.

• O substabelecimento do mandato, com reserva de poderes, é ato pessoal do advogado da causa. O substabelecimento do mandato sem reserva de poderes exige o prévio e inequívoco conhecimento do cliente. O substabelecido com reserva de poderes deve ajustar antecipadamente seus honorários com o substabelecente.

16. ELEIÇÕES (ART. 63 DO EOAB E SS. E ART. 128 DO RG E SS.)

• **Realização**: 2ª quinzena do mês de novembro do último ano do mandato.

• **Quórum**: maioria dos votos válidos (art. 64 EOAB)

- O voto é obrigatório para todos os advogados inscritos da OAB, sob pena de multa equivalente a 20% (vinte por cento) do valor da anuidade, salvo ausência justificada por escrito, a ser apreciada pela Diretoria do Conselho Seccional.

- **Composição da chapa**: como que vem na cédula de votação:

I – Denominação da Chapa e nome do presidente

II – Diretoria do Conselho Seccional

III – Conselheiros Seccionais

IV – Conselheiros federais

V – Diretoria da Caixa de Assistência dos Advogados

VI – Suplentes

OBS.: Nas Subseções, não sendo adotado o voto eletrônico, além da cédula referida neste Capítulo, haverá outra cédula para as chapas concorrentes à Diretoria da Subseção e do respectivo Conselho, se houver, observando-se idêntica forma.

Posse:

Conselho Seccional   1º de janeiro do ano seguinte da eleição

Conselho Federal   1º de fevereiro do ano seguinte da eleição

Obs.: A eleição dos membros da Diretoria do Conselho Federal será realizada no dia 31 de janeiro do ano seguinte ao da eleição nas Seccionais. Comporão o colégio eleitoral os Conselheiros Federais eleitos no ano anterior, nas respectivas Seccionais. O colégio eleitoral será presidido pelo mais antigo dos Conselheiros Federais eleitos, e, em caso de empate, o de inscrição mais antiga, o qual designará um dos membros como Secretário.

- **Prazo do Mandato: 3 (três) anos**. (Art. 65. O mandato em qualquer órgão da OAB é de três anos, iniciando-se em primeiro de janeiro do ano seguinte ao da eleição, salvo o Conselho Federal.)

- **Parágrafo único do Art. 67 do EOAB:** Com exceção do candidato a Presidente, os demais integrantes da chapa deverão ser conselheiros federais eleitos.

- **Novidade Legislativa:** O art. 63, § 2º, do EOAB foi alterado pela Lei nº 13.875, de 2019, e passou a vigorar com a seguinte redação: O candidato deve comprovar situação regular perante a OAB, não ocupar cargo exonerável *ad nutum*, não ter sido condenado por infração disciplinar, salvo reabilitação, e exercer efetivamente a profissão há mais de 3 (três) anos, nas eleições para os cargos de Conselheiro Seccional e das Subseções, quando houver, e há mais de 5 (cinco) anos, nas eleições para os demais cargos.

17. DA ADVOCACIA *PRO BONO* (ART. 30 DO CED)

- No exercício da advocacia ***pro bono***, e ao atuar como defensor nomeado, conveniado ou dativo, o advogado empregará o zelo e a dedicação habituais, de forma que a parte por ele assistida se sinta amparada e confie no seu patrocínio.

- Considera-se advocacia ***pro bono*** a prestação **gratuita**, **eventual** e **voluntária** de serviços jurídicos em favor de instituições sociais sem fins econômicos e aos seus assistidos, sempre que os beneficiários não dispuserem de recursos para a contratação de profissional.

RAFAEL MOURA

- A advocacia *pro bono* pode ser exercida em favor de pessoas naturais que, igualmente, não dispuserem de recursos para, sem prejuízo do próprio sustento, contratar advogado.

- A advocacia *pro bono* não pode ser utilizada para fins político-partidários ou eleitorais, nem beneficiar instituições que visem a tais objetivos, ou como instrumento de publicidade para captação de clientela.

18. QUESTÕES APLICADAS EM EXAMES ANTERIORES

01. (2022 – FGV – XXXVI Exame) A advogada Carolina e a estagiária de Direito Beatriz, que com ela atua, com o intuito de promover sua atuação profissional, valeram-se, ambas, de meios de publicidade vedados no Código de Ética e Disciplina da OAB. Após a verificação da irregularidade, indagaram sobre a possibilidade de celebração de termo de ajustamento de conduta tendo, como objeto, a adequação da publicidade. Considerando o caso narrado, assinale a afirmativa correta..

(A) É admitida a celebração do termo de ajustamento de conduta apenas no âmbito do Conselho Federal da OAB, para fazer cessar a publicidade praticada pela advogada Carolina e pela estagiária Beatriz.

(B) É admitida a celebração do termo de ajustamento de conduta, no âmbito do Conselho Federal da OAB ou dos Conselhos Seccionais, para fazer cessar a publicidade praticada pela advogada Carolina, mas é vedado que o termo de ajustamento de conduta abranja a estagiária Beatriz..

(C) É vedada pelo Código de Ética e Disciplina da OAB a possibilidade de celebração de termo de ajustamento de conduta no caso narrado, uma vez que se trata de infração ética..

(D) É admitida a celebração do termo de ajustamento de conduta no âmbito do Conselho Federal da OAB ou dos Conselhos Seccionais, para fazer cessar a publicidade praticada pela advogada Carolina e também pela estagiária Beatriz..

GABARITO D. COMENTÁRIOS: Nos termos art. 47-A do Código de Ética e Disciplina, será admitida a celebração de termo de ajustamento de conduta no âmbito dos Conselhos Seccionais e do Conselho Federal para fazer cessar a publicidade irregular praticada por advogados e estagiários.

02. (2018 – FGV – XXVII Exame) O advogado Mário dos Santos, presidente do Conselho Seccional Y da OAB, foi gravemente ofendido em razão do seu cargo, gerando violação a prerrogativas profissionais. O fato obteve grande repercussão no país. Considerando o caso narrado, de acordo com o Regulamento Geral do Estatuto da Advocacia e da OAB, assinale a afirmativa correta.

(A) Compete ao Conselho Seccional Y da OAB promover o desagravo público, ocorrendo a sessão na sede do Conselho Seccional Y.

(B) Compete ao Conselho Federal da OAB promover o desagravo público, ocorrendo a sessão na sede do Conselho Federal.

(C) Compete ao Conselho Seccional Y da OAB promover o desagravo público, ocorrendo a sessão na sede da subseção do território em que ocorreu a violação a prerrogativas profissionais.

(D) Compete ao Conselho Federal da OAB promover o desagravo público, ocorrendo a sessão na sede do Conselho Seccional Y.

GABARITO D. COMENTÁRIOS: Conforme o teor do art. 19 do RG, compete ao Conselho Federal promover o desagravo público de Presidente de Conselho Seccional, quando ofendido no exercício das atribuições de seu cargo e ainda quando a ofensa a advogado se revestir de relevância e grave violação às prerrogativas profissionais, com repercussão nacional. Ou seja, na hipótese do enunciado compete ao Conselho Federal a promoção do desagravo, observado o procedimento previsto no art. 18 do Regulamento Geral, oportunidade em que o CF indicará seus representantes para a sessão pública de desagravo, na sede do Conselho Seccional.

03. (2018 – FGV – XXVII Exame) O advogado Nelson celebrou, com determinado cliente, contrato de prestação de serviços profissionais de advocacia. No contrato, Nelson inseriu cláusula que dispunha sobre a forma de contratação de profissionais para serviços auxiliares relacionados a transporte e a cópias de processos. Todavia, o pacto não tratava expressamente sobre o pagamento de custas e emolumentos. Considerando o caso narrado, assinale a afirmativa correta.

(A) O contrato celebrado viola o disposto no Código de Ética e Disciplina da OAB, pois é vedada a referência a outras atividades diversas da atuação do advogado, como os serviços auxiliares mencionados. Por sua vez, quanto às custas e aos emolumentos, na ausência de disposição em contrário, presume-se que sejam atendidos pelo cliente.

(B) O contrato celebrado viola o disposto no Código de Ética e Disciplina da OAB, pois é vedada a referência a outras atividades diversas da atuação do advogado, como os serviços auxiliares mencionados. Por sua vez, quanto às custas e aos emolumentos, na ausência de disposição em contrário, presume-se que sejam antecipados pelo advogado.

(C) O Código de Ética e Disciplina da OAB autoriza que o contrato de prestação de serviços de advocacia disponha sobre a forma de contratação de profissionais para serviços auxiliares. Por sua vez, quanto às custas e aos emolumentos, na ausência de disposição em contrário, presume-se que sejam atendidos pelo cliente.

ÉTICA E ESTATUTO DA ORDEM DOS ADVOGADOS DO BRASIL

(D) O Código de Ética e Disciplina da OAB autoriza que o contrato de prestação de serviços de advocacia disponha sobre a forma de contratação de profissionais para serviços auxiliares. Por sua vez, quanto às custas e aos emolumentos, na ausência de disposição em contrário, presume-se que sejam antecipados pelo advogado.

GABARITO C. COMENTÁRIOS: Conforme o teor art. 48 § 3° do CED, o contrato de prestação de serviços poderá dispor sobre a forma de contratação de profissionais para serviços auxiliares, bem como sobre o pagamento de custas e emolumentos, os quais, na ausência de disposição em contrário, presumem-se devam ser atendidos pelo cliente. Caso o contrato preveja que o advogado antecipe tais despesas, ser-lhe-á lícito reter o respectivo valor atualizado, no ato de prestação de contas, mediante comprovação documental.

04. (2022 – FGV – XXXVI Exame) A diretoria de certa subseção da OAB emitiu decisão no âmbito de suas atribuições. Irresignados, os interessados desejavam manejar recurso em face de tal decisão. Sobre a hipótese, assinale a afirmativa correta..

(A) A competência privativa para julgar, em grau de recurso, questão decidida pela diretoria da subseção é do Conselho Federal da OAB.

(B) A competência privativa para julgar, em grau de recurso, questão decidida pela diretoria da subseção é do Presidente do Conselho Seccional respectivo da OAB..

(C) A competência privativa para julgar, em grau de recurso, questão decidida pela diretoria da subseção é do Conselho Seccional respectivo da OAB..

(D) A decisão proferida pela diretoria da subseção é irrecorrível.

GABARITO C. COMENTÁRIOS: Conforme a redação do art. 76, do EOAB, cabe recurso ao Conselho Seccional de todas as decisões proferidas por seu Presidente, pelo Tribunal de Ética e Disciplina, ou pela diretoria da Subseção ou da Caixa de Assistência dos Advogados.

05. (2018 – FGV – XXVI Exame) O advogado Pasquale integra a sociedade de advogados X, juntamente com três sócios. Todavia, as suas funções na aludida sociedade apenas ocupam parte de sua carga horária semanal disponível. Por isso, a fim de ocupar o tempo livre, o advogado estuda duas propostas: de um lado, pensa em criar, paralelamente, uma sociedade unipessoal de advocacia; de outro, estuda aceitar a oferta, proposta pela sociedade de advogados Y, de integrar seus quadros. Considerando que todas as pessoas jurídicas mencionadas teriam sede na mesma área territorial de um Conselho Seccional da OAB, assinale a afirmativa correta.

(A) É permitido que Pasquale integre simultaneamente a sociedade de advogados X e a sociedade de advogados Y. Todavia, não é autorizado que integre simultaneamente a sociedade de advogados X e a sociedade unipessoal de advocacia.

(B) É permitido que Pasquale integre simultaneamente a sociedade de advogados X e a sociedade unipessoal de advocacia. Todavia, não é autorizado que integre

simultaneamente a sociedade de advogados X e a sociedade de advogados Y.

(C) Não é permitido que Pasquale integre simultaneamente a sociedade de advogados X e a sociedade de advogados Y. Tampouco é autorizado que integre simultaneamente a sociedade de advogados X e a sociedade unipessoal de advocacia.

(D) É permitido que Pasquale integre simultaneamente a sociedade de advogados X e a sociedade de advogados Y. Também é autorizado que integre simultaneamente a sociedade de advogados X e a sociedade unipessoal de advocacia.

GABARITO C. COMENTÁRIOS: Nenhum advogado pode integrar mais de uma sociedade de advogados, constituir mais de uma sociedade unipessoal de advocacia, ou integrar, simultaneamente, uma sociedade de advogados e uma sociedade unipessoal de advocacia, com sede ou filial na mesma área territorial do respectivo Conselho Seccional, nos termos do art. 15 § 4°, do EOAB.

06. (2018 – FGV – XXVI Exame) Júlio Silva sofreu sanção de censura por infração disciplinar não resultante da prática de crime; Tatiana sofreu sanção de suspensão por infração disciplinar não resultante da prática de crime; e Rodrigo sofreu sanção de suspensão por infração disciplinar resultante da prática de crime ao qual foi condenado. Transcorrido um ano após a aplicação e o cumprimento das sanções, os três pretendem obter a reabilitação, mediante provas efetivas de seu bom comportamento. De acordo com o EOAB, assinale a afirmativa correta.

(A) Júlio e Tatiana fazem jus à reabilitação, que pode ser concedida após um ano mediante provas efetivas de bom comportamento, nos casos de qualquer sanção disciplinar. O pedido de Rodrigo, porém, depende também da reabilitação criminal.

(B) Apenas Júlio faz jus à reabilitação, que pode ser concedida após um ano mediante provas efetivas de bom comportamento, somente nos casos de sanção disciplinar de censura.

(C) Todos fazem jus à reabilitação, que pode ser concedida após um ano mediante provas efetivas de bom comportamento, nos casos de qualquer sanção disciplinar, independentemente se resultantes da prática de crime, tendo em vista que são esferas distintas de responsabilidade.

(D) Ninguém faz jus à reabilitação, que só pode ser concedida após dois anos mediante provas efetivas de bom comportamento, nos casos de sanção disciplinar de censura, e após três anos nos casos de sanção disciplinar de suspensão.

GABARITO A. COMENTÁRIOS: Conforme o art. 41 do EOAB, é permitido ao que tenha sofrido qualquer sanção disciplinar requerer, um ano após seu cumprimento, a reabilitação, em face de provas efetivas de bom comportamento, desta feita, Júlio e Tatiana fazem jus à reabilitação. Entretanto, como Rodrigo sofreu sanção de suspensão por infração disciplinar resultante da prática de crime ao qual foi condenado, ele terá que cumprir a obrigação do parágrafo único do art. 41 do EOAB, no qual impõe a necessidade da prévia reabilitação criminal. (Quando a sanção disciplinar resultar da prática de crime, o pedido de reabilitação depende também da correspondente reabilitação criminal.)

07. (2018 – FGV – XXV Exame) Lina, cidadã que não exerce a advocacia, deseja endereçar à presidência de certa Subseção da OAB representação pela instauração de processo disciplinar em face de determinado advogado, pelo cometimento de infrações éticas. Assim, ela busca se informar sobre como pode oferecer tal representação e qual a forma adequada para tanto. De acordo com o disposto no Código de Ética e Disciplina da OAB, Lina poderá oferecer representação pela instauração de processo disciplinar em face do advogado, mas

(A) deve endereçá-la ao presidente do respectivo Conselho Seccional, uma vez que receber e processar representações com tal conteúdo não se inclui entre as atribuições das Subseções. A representação poderá ser realizada por escrito ou verbalmente, com ou sem identificação do representante.

(B) deve formulá-la ao presidente do Conselho Seccional ou ao presidente da Subseção. A representação poderá ser realizada por escrito ou verbalmente, mas é necessária a identificação do representante, sob pena de não ser considerada fonte idônea.

(C) deve endereçá-la ao presidente do respectivo Conselho Seccional, uma vez que não se inclui entre as atribuições das Subseções receber e processar representações com tal conteúdo. A representação deverá ser realizada por escrito, não sendo consideradas fontes idôneas as representações verbais ou sem identificação do representante.

(D) deve formulá-la ao presidente do Conselho Seccional ou ao presidente da Subseção. A representação poderá ser realizada por escrito ou verbalmente, com ou sem identificação do representante. Será considerada fonte idônea ainda que oferecida sem a identificação do representante.

GABARITO B. COMENTÁRIOS: O processo disciplinar instaura-se de ofício ou mediante representação do interessado, entretanto, não é admitida a instauração por meio de denúncia anônima. Portanto, a representação deverá conter: I – a identificação do representante, com a sua qualificação civil e endereço; II – a narração dos fatos que a motivam, de forma que permita verificar a existência, em tese, de infração disciplinar; III – os documentos que eventualmente a instruam e a indicação de outras provas a ser produzidas, bem como, se for o caso, o rol de testemunhas, até o máximo de cinco; IV – a assinatura do representante ou a certificação de quem a tomou por termo, na impossibilidade de obtê-la. Ademais, a representação será formulada ao Presidente do Conselho Seccional ou ao Presidente da Subseção, por escrito ou verbalmente, devendo, neste último caso, ser reduzida a termo.

---

08. (2018 – FGV – XXV Exame) O Tribunal de Ética e Disciplina de certo Conselho Seccional da OAB decidiu pela suspensão preventiva do advogado Hélio, acusado em processo disciplinar. Hélio, todavia, interpôs o recurso cabível contra tal decisão. Considerando as regras sobre os recursos em processos que tramitam perante a OAB, bem como a situação descrita, assinale a afirmativa correta.

(A) Em regra, os recursos em processos que tramitam perante a OAB têm efeito suspensivo. Assim, no caso narrado, o recurso interposto por Hélio será dotado do aludido efeito.

(B) Em regra, os recursos em processos que tramitam perante a OAB não têm efeito suspensivo. Todavia, nesse caso, excepcionalmente, pode ser atribuído o efeito, se demonstrada a probabilidade de provimento ou se, sendo relevante a fundamentação, o recorrente indicar risco de dano grave ou de difícil reparação.

(C) Em regra, os recursos em processos que tramitam perante a OAB têm efeito suspensivo. Todavia, o recurso manejado por Hélio se inclui em hipótese excepcional, na qual é vedado o efeito suspensivo.

(D) Em regra, os recursos em processos que tramitam perante a OAB não têm efeito suspensivo, não sendo permitida a concessão de tal efeito por decisão da autoridade julgadora. Assim, no caso narrado, o recurso interposto por Hélio não será dotado de efeito suspensivo.

GABARITO C. COMENTÁRIOS: Conforme redação do art. 77 do EOAB, todos os recursos têm efeito suspensivo, exceto quando tratarem de eleições (arts. 63 e seguintes), de suspensão preventiva decidida pelo Tribunal de Ética e Disciplina, e de cancelamento da inscrição obtida com falsa prova.

---

09. (2022 – FGV – XXXV Exame) Em certa comarca, em razão da insuficiência do número de defensores públicos em atuação, o Juiz Caio nomeou o advogado Pedro para defender um réu juridicamente necessitado. Quanto aos honorários a serem recebidos por Pedro, assinale a afirmativa correta..

(A) Pedro apenas terá direito ao recebimento de honorários na hipótese de a parte contrária ser sucumbente, a serem pagos pelo autor..

(B) Pedro tem direito a honorários fixados pelo juiz, independentemente de sucumbência, a serem pagos pelo Estado, segundo a tabela organizada pelo Conselho Seccional da OAB..

(C) Pedro tem direito a honorários fixados pelo juiz, independentemente de sucumbência, a serem pagos pela Defensoria Pública, segundo a tabela organizada pelo Defensor Público Geral do Estado..

(D) Pedro apenas terá direito ao recebimento de honorários na hipótese de a parte contrária ser sucumbente, a serem pagos pela Defensoria Pública..

GABARITO B. COMENTÁRIOS: Nos termos do art. 22 §1º do EAOAB, O advogado, quando indicado para patrocinar causa de juridicamente necessitado, no caso de impossibilidade da Defensoria Pública no local da prestação de serviço, tem direito aos honorários fixados pelo juiz, segundo tabela organizada pelo Conselho Seccional da OAB, e pagos pelo Estado..

---

10. (2018 – FGV – XXV Exame) Carlos praticou infração disciplinar, oficialmente constatada em 09 de fevereiro de 2010. Em 11 de abril de 2013, foi instaurado processo disciplinar para apuração da infração, e Carlos foi notificado em 15 de novembro do mesmo ano. Em 20 de fevereiro de 2015, o processo ficou pendente de julgamento, que

ÉTICA E ESTATUTO DA ORDEM DOS ADVOGADOS DO BRASIL

só veio a ocorrer em 1º de março de 2018. De acordo com o Estatuto da OAB, a pretensão à punibilidade da infração disciplinar praticada por Carlos

(A) está prescrita, tendo em vista o decurso de mais de três anos entre a constatação oficial da falta e a instauração do processo disciplinar.

(B) está prescrita, tendo em vista o decurso de mais de seis meses entre a instauração do processo disciplinar e a notificação de Carlos.

(C) está prescrita, tendo em vista o decurso de mais de três anos de paralisação para aguardar julgamento.

(D) não está prescrita, tendo em vista que não decorreram cinco anos entre cada uma das etapas de constatação, instauração, notificação e julgamento.

GABARITO C. COMENTÁRIOS: Conforme o art. 43 do EOAB, a pretensão à punibilidade das infrações disciplinares prescreve em cinco anos, contados da data da constatação oficial do fato. Desta feita, como a infração foi oficialmente constatada em 09 de fevereiro de 2010 e em 11 de abril de 2013 foi instaurado processo disciplinar, não há que se falar em prescrição com base no caput do art. 43. Entretanto, o § 1º do art. 43 do EOAB aplica a prescrição a todo processo disciplinar paralisado por mais de três anos, pendente de despacho ou julgamento, portanto, como o processo ficou pendente de julgamento de 20 de fevereiro de 2015 até 1º de março de 2018, operou-se a prescrição intercorrente.

FILOSOFIA DO DIREITO

Bernardo Nogueira

1. INTRODUÇÃO

O texto que encontrará aqui é uma tentativa de auxiliar nossos estudantes a uma visão horizontal da filosofia do direito ocidental. Não se trata, por certo, de darmos conta de todas as venturas de tantos séculos de construção filosóficas, mas sim, de alcançarmos, de maneira objetiva e coerente com os temas que vêm sendo cobrados nos exames de ordem, a condição de êxito nos mesmos em sede das questões de filosofia do direito.

2. FASES DO PENSAMENTO JURÍDICO

2.1. Jusnaturalismo Cosmológico

Iniciamos por um excurso histórico acerca das principais escolas do pensamento jurídico ocidental, desde os gregos antigos – e já aqui nossa primeira dica, **os gregos não possuíram um pensamento autônomo** acerca do direito e se aproximaram muito mais de uma reflexão acerca da justiça – passando pelas diversas fases do que se entendeu por direito natural, que em breves palavras pode ser captado como sendo um pensamento que tinha a noção de que o direito possuiria um fundamento *transcendental, a-histórico, imutável, perene,* que fundamentaria a construção e aplicação do direito positivo. Para esse pensamento – direito natural – é interessantíssimo recorrermos à tragédia *Antígona,* escrita por Sófocles, que nos empresta a noção dicotômica entre *direito natural* (divino, imutável) e *direito positivo* (criado pelo homem, mutável): aquele representado por *Antígona,* este, representado por seu tio *Creonte.*

Importa aqui já darmos pistas a partir da própria etimologia dos temos, assim: *jus* = direito; *naturalismo* = natural; *cosmo* = que significa o todo que nos enreda; *lógico* = do grego *logos,* que significaria, entre outros, razão. Portanto, esse tipo de direito natural, dá-nos o entendimento de que os gregos antigos entendiam o direito como algo ligado à busca pela harmonia da vida total, ou seja, a justiça aconteceria na medida de uma justiça total, ou em outras palavras, universal, tendo o equilíbrio das coisas no mundo como seu fim último. É de se notar que o pensamento grego pauta-se pela ideia de limite, de organização, por isso, em sua visão holística, o homem deveria espelhar dentro da cidade/*polis,* a mesma organização perfeita a equilibrada que encontra na observação da natureza. Assim, é de se notar que já em Platão, quando escreve a sua *República* o ideal de uma cidade perfeita, esses ensinamentos estivessem no seu fundamento.

Nesse sentido a primeira fase do Direito Natural encontra aí suas raízes, que como já fora explicitado, possuía na ordem cosmológica da natureza o fundamento para explicar a natureza do homem, e evidentemente buscar uma fundamentação para o Direito, que por assim o ser, era natural. E, apenas para confirmar essas colocações: "Muito mais do que decreto de vontade do poder (legislador universal), a lei humana encontra o seu verdadeiro sentido e legitimidade numa ordem **suprapositiva** [...] Para além da justiça das leis humanas, existe a justiça natural. Este quadro polarizado transmitir-se-ia quer à Idade Média (direito divino), quer à Idade moderna."

2.2. Jusnaturalismo Teológico-Metafísico

Na mesma dimensão anterior, vejamos que esse momento do direito natural, compreendido na Idade Média com o advento do Cristianismo, pode ser verificado com a etimologia dos termos, logo:

Teológico = teos + logos, que seria a razão divina; *metafísico =* para além do físico; portanto, um direito natural teológico metafísico é um direito que tem na razão divina que está para além do homem, seu principal e único fundamento. Assim será em autores como Santo Agostinho e Tomas de Aquino. Deus tem em si o único e último fundamento do direito.

A partir da Idade Média, o que resta evidente é a ruptura com o paradigma *cosmológico grego antigo*, para desembocar em um paradigma de fundamentação do Direito junto ao pensamento teológico (Deus).

"Estamos agora perante uma nova concepção do mundo e da vida. Ao cristianismo deve-se, desde logo, uma nova antropologia que havia de reformular muitas das ideias do pensamento pagão. Poderá, porém dizer-se, que um dos aspectos essenciais que marcariam definitivamente toda a cultura jurídica ocidental, foi a outorga ao indivíduo da condição de pessoa. Criado à imagem e semelhança de Deus, o homem é investido num estado de dignidade superior. Os critérios de fundamentação o justo, o injusto, o bem, o mal são transpostos para o mundo da transcendência."

2.3. Glosadores

A *Escola dos Glosadores* é anunciada como um momento do pensamento jurídico no qual os juristas atuavam buscando a partir dos documentos herdados da *jurisprudência romana,* ou seja, realizavam *glosas,* que nada mais eram do que interpretações ao que estaria dado nos documentos jurídicos advindos do Império Romano. Portanto, conforme os ensinamentos de Wieacker o nascimento da Ciência do Direito se dá em Bolonha a partir do século XI foi constituída mormente a partir dos trabalhos que os glosadores praticaram nos textos romanos. Assim, a partir da atividade das glosas dos textos romanos os juristas buscavam uma harmonia para a resolução dos casos, tendo sempre como paradigma os casos trazidos dos textos romanos. Assim, os textos criados pelos romanos são mantidos e a partir das glosas que a eles eram feitas retirava-se o que agora era considerado o Direito. Há nessa época uma relação entre o transcendental e o humano, as leis eram interpretadas em acordo com os ditames cristãos, essa atitude confere um caráter teológico-metafísico ao Direito. O nascimento do que se chamou Ciência do Direito é fruto então dos estudos realizados acerca dos textos romanos, os quais possuíam autoridade e permanecem sendo conjuntamente com fontes eclesiásticas, os principais textos estudados na época.

2.4. Jusracionalismo

Mantendo nossa opção didática, a etimologia aqui nos auxilia para o entendimento de mais essa fase do pensamento jurídico: *jus* = direito; *racionalismo* = razão, o que nos mostra que havia aqui uma ruptura com o pensamento medieval e o aparecimento de uma outra forma de pensar a verdade e, por conseguinte o direito. Nestes termos, o direito natural racional ou *jusracionalismo,* ensina que o fundamento do direito agora é retirado da áurea divina, bem como, não guardaria nenhuma conexão com algo que estivesse para além do homem.

Assim, neste momento, que se chama modernidade, a razão passa a ser considerada a tábua que mede o fundamento do direito, a justiça não é mais encontrada na harmonia do cosmos ou na razão divina, o que indica o justo estaria já inscrito e dado pela razão humana. É de se mencionar que filósofos como Descartes, quando escreve *"penso, logo existo",* permitem a construção de arranjos de pensamento como este, ou seja, a razão humana seria a medida para a construção do direito e necessariamente da justiça. De um paradigma divino, rumamos para um paradigma racional de construção do direito.

"Para esta corrente pós-renascentista, racionalista e iluminista, Deus (lex aeterna) deixa de ser o verdadeiro fundamento do direito natural. A quebra da metafísica aristotélico--escolástica e o impacto cartesiano projectam uma nova configuração do direito natural. **Deus perde o papel constitucional** que desempenhara na doutrina escolástica. **A verdadeira fonte de toda a moral e de todo o direito radica na natureza racional do homem**. As raízes teológicas da lei são cortadas. O legislador divino é colocado entre parênteses. É certo que a natureza continua a ser fonte de direito. Simplesmente ela é perspectivada agora em termos de autonomia humana (natureza do homem).

2.5. Escola da Exegese

A Escola da Exegese que anuncia o juiz «boca da lei», é a mais autêntica escola de realização da Ciência do Direito nesta época, ora, em poucas palavras, esta escola preceituava o império da lei e não admitia que o aplicador do Direito – o juiz – dissesse mais do que o contido na letra fria da lei, daí a expressão acima empregada. Um juiz que apenas poderia dizer o que a lei expressava era então chamado «juiz boca da lei». Assim, a *Escola da Exegese Francesa* se consagra pelo aparecimento do chamado *juiz boca da lei,* a quem não era dada a hipótese de interpretação do direito, mas tão somente a sua repetição em conformidade com o que estava prescrito na lei.

2.6. Escola Histórica do Direito

Fundamental no pensamento histórico-jurídico de Savigny seria perceber nele uma reação à codificação do Direito, isso pelo fato que esse autor considerava o Direito como manifestação característica do povo ou de seu espírito, sob a forma do costume e não meramente como fruto racional do legislador. Essa afirmação, portanto, mostra a noção de historicidade e da construção do Direto que surgiria então do *Volksgeist* (espírito do povo) tendo como fundamento os usos e costumes e da tradição. A criação do direito então é advinda dos costumes históricos, dos usos e anseios de um determinado povo em um determinado tempo. O direito, distante de ser considerado uma criação arbitrária da vontade estatal, requer para seu conhecimento uma atenção ao que se chamou espírito, aquilo que o move e portanto o constitui em relação a cada movimento do povo que o requer.

2.7. Positivismo

O Positivismo Jurídico será alvo de explorações a partir do que nos ensina Norberto Bobbio, é um momento no qual o direito passa a se confundir com a lei, ou seja, só é direito aquilo que está contido na lei, portanto, afirmando uma ruptura com qualquer ordem que não seja aquela determinada pelo Estado. Neste ponto, é importante afirmarmos a importância do aparecimento do Estado Moderno, que toma para si o monopólio de criação do direito, possibilitando, neste sentido, a aparição do fenômeno da codificação, bem como, o irromper do positivismo jurídico, que terá em Hans Kelsen seu principal representante. O positivismo rompe com ordens superiores, metafísicas, e atrela o fundamento do direito à legitimidade de quem o cria, sem levar em conta necessariamente, o valor ou a justeza do direito.

2.8. Pós Positivismo

Após esse momento positivista, que em poucas palavras, pode ser caracterizado com a separação da noção do direito com a moral, seja ela cosmológica, cristão ou racional, o pós-positivismo aparece como uma espécie de reação, que com o aparecimento dos estados constitucionais, procura um reencontro do direito com a ordem moral por via da efetivação dos direitos fundamentais. Os estados constitucionais são um importante momento de efetivação do pós-positivismo, que entende haver a necessidade de uma legitimação moral/ axiológica para o direito.

A revolução industrial, a revolução feminista, as catástrofes humanas ocorridas sobremaneira na segunda grande guerra, a falácia do abstrato e racional da modernidade em meio a uma ordem jurídica que preceituava valores abstratos e se fiava na propriedade como esteio central, foram algumas das inúmeras causas que concorreram para a decadência do modelo moderno liberal-burguês de pensamento acerca do homem e, por conseguinte, do Direito. Fatos que viriam cobrar a necessidade de uma nova ideia e um novo modus do Direito perceber o humano.

Três vias devem ser mencionadas para uma bem conseguida explicitação dessa questão. Em primeiro, há uma alteração de ordem filosófica, em que, o pensamento moderno pretende ser superado. Essa pretensão ruma no sentido de evidenciar o fim das metafísicas essencialistas a anunciar o fim dos fundamentos estanques. Com esse intuito, o pensamento filosófico deixa para trás um paradigma consciencial em que a essência das coisas estaria guardada na consciência de si do pensamento pensante. Superação que foi anunciada com o esbatido *linguist turn*, que, mormente, é explicado como o paradigma que prescreve a existência do homem na linguagem e que apenas por ela e nela mesma vem à epifania.

A questão da temporalidade é outro mote que influencia deveras essa mudança radical de pensamento. Conceitos como o de historicidade radical fulminam as bases essencialistas que revestiam sobremaneira o ideário anterior. A questão do homem se dá no tempo e é nele, portanto, que o mesmo se resolve. A existência sem fundamento do homem é constituída pela sua colocação no tempo, pela sua indeterminação e capacidade de "ser para o futuro

FILOSOFIA DO DIREITO

que é". Ente que ao se interrogar pelo Ser transcende o seu existir mesmo criando o novo. Dessa forma, a assumir sua capacidade de ser novador.

O estabelecimento destas questões deu ao homem a capacidade de transmutar-se da condição de "pastor de seu Ser" e isto fora decisivo, pois, ao se constituir distante das metafísicas que o aniquilavam, o homem se descobre como ser frágil que precisa do outro para compor sua existência. Destrona-se aqui o sujeito racional da modernidade1.

O homem deixa de ser uma categoria abstrata e distante da existência real. A metafísica moderna não conseguira captar o homem em sua existência verdadeira, que inclui, além da razão, a emoção, a desilusão e, sem dúvida, a dês-razão. Características que não compunham o "sujeito perfeito" da modernidade, composto pela liberdade e igualdade formal que o entendimento liberal permitia.

> O esgotamento das pretensões totalizantes de uma razão única tomou várias formas, que são todas indicações para escolhas, valores, juízos. O sábio, que era para Aristóteles aquele que sabe os princípios primeiros, não se transformou simplesmente num cético indiferente, para quem tudo é igualmente verdadeiro e falso a um só tempo. A capacidade de viver numa racionalidade plural é coisa bem diferente, e disso só temos por enquanto uma vaga ideia. Mas sabemos pelo menos que o sábio pós-moderno deveria ser alguém que percorreu uma longa estrada para deixar atrás de si o mito da verdade última e definitiva – a um só tempo tranquilizador e ameaçador, como um pai severo e protetor –, descobrindo em contrapartida o valor do amor. (VATTIMO, in, LE NOUVEL OBSERVATEUR (org.), (1999, p. 62).

A outra alteração trazida pelo pensamento que se quer pós moderno diz respeito à questão político-jurídica que surge com o advento do segundo pós-guerra, com a crise do positivismo que teve como corifeu o jurista Hans Kelsen. As atrocidades cometidas na guerra em questão trouxeram à pauta do dia tentativas de reabilitação de um pensamento acerca do direito natural. Tese que não conseguiu ressonância por ainda se manter presa a um ideário ahistórico e absolutizante, o que não condizia com o pensamento contemporâneo. Essa tentativa acabou por se não mostrar frutífera, apesar de receber aderências de juristas de monta, tais como, Gustav Radbruch, pois, como diria Castanheira Neves a face extremamente versátil e disforme dos vários reclames de direito natural acabaram por mostrá-la uma alternativa inviável para o momento.

Ainda nesse contexto, presenciamos a libertação político-ideológica de vários Estados europeus de regimes totalitaristas e o fervor democrático não tardou a tomar conta do pensamento jurídico e político. As democracias nascentes receberam constituições programáticas que previam então a necessidade de realização, preservação e quase idealização de direitos

---

1. O paradigma filosófico que estamos a informar é aquele que caminha em conjunto com as alterações do mundo jurídico, por essa, via percebemos que não há mais possibilidade de pensar o homem a partir de categorias pré-dadas, seja por uma essência teológico-metafísica, dominante do pensamento medieval, seja da opressão racionalizante que fundamenta a modernidade, a existência no tempo e na linguagem, categorias expostas nitidamente no pensamento de Heidegger e também precisamente de Nietzsche, destronam essas racionalidades estabelecidas a priori e evidenciam a necessidade temporal que é o homem. Reconhecer-se no tempo é reconhecer o limite de uma razão abstrata e que oferece a percepção do homem enquanto construção e não como dado. Essa mudança de perspectiva fulmina as categorias jurídicas estanques e permite a construção de novos personagens na cena jurídica. Podemos colher grandes ensinamentos acerca em: CASTANHEIRA NEVES, Antônio. A crise actual da filosofia do direito no contexto da crise global da filosofia – Tópicos para a possibilidade de uma reflexiva reabilitação, Boletim da faculdade de Direito da Universidade de Coimbra, Coimbra Editora, 2003.

fundamentais ditos inalienáveis. Restava agora a adequação dos ordenamentos jurídicos de bases liberais ao novo programa que o pensamento contemporâneo agora viria a anunciar.

Portanto, as transformações filosóficas e políticas desembocariam evidentemente no pensamento jurídico transformando as bases de sua existência e aplicação. O homem agora não mais se alia a uma categoria metafísica para justificar sua existência. Os valores historicamente constituídos pelo homem ocidental é que caracterizam sua história e se, percebemo-nos como seres históricos, nossa existência, agora entregue em nossas mãos, precisa ser cuidadosa. O pensamento político vem agora regido por uma Constituição que ganha estatuto normativo, prescreve programas, além de guardar direitos fundamentais à existência desse novo homem que aparece. A realização do homem é o cerne do pensamento jurídico contemporâneo. A Declaração de 1948 é referencial nesse sentido e as Constituições posteriores a ela não poderiam dela se distanciar.

De Estado Liberal e ausente da vida do cidadão, o Estado, agora regido pela Constituição, necessita realizar seus preceitos, e as democracias constitucionais agora se preocupam com o homem real. O Estado não apenas garante, mas promove o homem e fornece condições para tanto. O Estado Social Democrático de Direito nasce com o condão de realização da dignidade da pessoa humana, valor esquecido durante e que agora figura como centro e alicerce do ordenamento jurídico.

Esse quadrante influenciaria deveras a forma como direito seria aplicado a partir de então. Assim, o presente texto quer abordar a mudança de perspectiva entre um paradigma liberal, que cultuava a propriedade como mote fundador e fundamentador das relações de direito, as quais, eram regidas pelo Código Civil – nesse momento, o documento jurídico que regulava de fato as relações entre os homens – e o nascimento de um novo paradigma que muda o protagonista da cena. O pensamento que supera esse paradigma moderno e diríamos, positivista do direito, alça a pessoa para o patamar central do palco das realizações jurídicas, e a propriedade, tema alvo das peças outrora encenadas, passa a coadjuvante sob os auspícios do direito pós-moderno.

Um escorço mostrará a necessidade de passagem de um paradigma de Estado Liberal para o florescimento dos Estados Sociais Democráticos de Direito e as nuanças que essa alteração estabelece ao direito a partir da ideia de realização dos valores constitucionais enquanto valores jurídicos e não mais como meros guias políticos.

A mudança do paradigma estatal está intimamente relacionada ao nascimento da perspectiva neoconstitucionalista do Direito. A ascensão das democracias constitucionais, primeiro na Europa e um pouco mais tardiamente na América Latina, trouxe nova roupagem à realização do Direito. O século XX brindava a interpretação constitucional do Direito e precisava, ao mesmo tempo, encontrar uma forma de solucionar os entraves que nasceriam sempre quando um paradigma está em crise prestes a ser substituído.

O Direito Civil, que imperou durante o pensamento moderno e patrimonialista, sentia seus alicerces serem contestados pelo novo paradigma que se estava a erguer. Contudo, ao invés de levantar armas contra a premente constitucionalização das interpretações jurídicas, o Direito Civil se alia às vestes constitucionais do ordenamento. Essa ação resultou no que agora chamamos Direito Civil Constitucional. Neste sentido, esboçamos em linhas históricas um compromisso civilizacional do direito com a construção e luta por direitos que iniciam como

FILOSOFIA DO DIREITO

reclames naturais, veja-se *Antígona e As Suplicantes*, passando por um paradigma nacionalista, que herda em muito as categorias de direito romano, nomeadamente a noção de *pater familis* e de direito de propriedade, e segue seu rumo até a segunda grande guerra e o alvorecer da declaração de 1948, até desaguar nas constituições contemporâneas, como forma de instituir um *neoconstitucionalismo*, que traz características marcantes, como: **prevalência do poder judiciário sobre o legislativo, força normativa das constituições, e por conseguinte, dos princípios, alça para o centro do ordenamento a pessoa, destonando a princípio, um paradigma sustentado na propriedade, e abre vias para a formação de um novo pensamento jurídico, líquido, poroso, não estamental, plural, diverso e estratificado, que fica exposto em ações como a da criminalização da *homotransfobia*. É o império de um poder judiciário que se arroga no cargo de condutor do fio da história; como em fala do ex-ministro do STF Carlos Ayres Britto quando em julgamento sobre a possibilidade de união estável entre pessoas do mesmo sexo, proferiu o seguinte dizer "o Supremo Tribunal Federal é uma casa de fazer história" – estejamos atentos a essas falas paradigmáticas.**

2.9. Do direito natural aos direitos fundamentais

a – fase natural:

A noção de direito natural atravessou todo o ideário do pensamento jurídico, é sabido, contudo, que esta noção, sofreu diversas mudanças durante a história do direito. Iremos dizer acerca delas adiante, ao que se presta agora, podemos dizer que inicia-se essa ventura com as próprias tragédias gregas, de *Antígona* às *Suplicantes*, vislumbramos a hipótese de entrevermos um ideário de **direitos naturais** elencados que diziam respeito à própria natureza humana, ou seja, direitos inerentes à categoria humana que se faziam como tais pelo simples fato do humano ser considerado como tal; está aí colocada a noção de um direito natural que seria, em nossa estória, a própria gênese dos direitos fundamentais contemporâneos. Esse primeiro momento traz uma noção de direito que independe do estado, do tempo, da história e que se insere na existência humana pelo simples fato de sê-lo como tal. Veja-se que é interessantíssimo notar que há variações desta natureza humana: entre os gregos, havia uma noção de comunhão com o *cosmos* o que outorgava uma espécie de *direito natural cosmológico,* de outra monta, quando avançamos para o período medieval, em que pese o nascimento da *jurisprudência romana* e posteriormente, o nascimento das primeiras universidades, Bolonha em primeiro, e Coimbra, como exemplo de universidades medievais, o direito natural agora tem como base a natureza humana dada pela divindade, ou o que é mesmo dizer, um direito natural de cunho **teológico metafísico** que encontrava na relação do humano com a divindade os seus direitos naturais, imutáveis, inatos, por certo. É importante mencionar que a **queda do império romano e o florescimento das legislações bárbaras, seria uma espécie de regresso do pensamento jurídico ocidental,** que agora inicia seu enclausuramento nos mosteiros, que adiante contribuirão para a formação do pensamento escolástico e uma grande relação do direito com uma dimensão canônica.[2]

---

2. A queda do império romano do ocidente provoca um declínio profundo. A criação dos estados bárbaros dá origem a uma dispersão cultural e a refúgio do saber nos monastérios (...) tendo sempre como traço de unidade a teologia o direito recebe uma divisão tricotômica: o direito civil, o direito natural e o direito das gentes. (MARQUES, *in*, CUNHA, 1998, p. 229).

59

Adiante, já agora com o advento do pensamento histórico moderno, desde Descartes, passando por Kant, Suárez e os autores contratualistas do iluminismo, o direito natural se converte em uma dimensão racional e nascem aí os sistemas racionais de direito deduzidos de categorias atemporais do humano, por exemplo, em Hobber, "o homem é o lobo do homem"; neste sentido, aquela natureza divina se converte em uma natureza racional, e agora temos o que se convencionou chamar de um *jusnaturalismo racional* ou *jusracionalismo,* no qual a natureza do humano adivinha não mais de um *cosmos* ou de uma divindade, mas sim de sua dimensão racional.

b – fase estatal/nacional:

Portanto, está aí delineada a primeira face dos princípios, que aqui se chama ainda, de princípios de direito natural. Neste caminho, com o alvorecer dos estados modernos ou nacionais, ocorre uma espécie de ruptura com a questão natural e uma noção de unidade, de uniformidade, de separação do estado com a igreja marca esse tempo; logo, aquilo que era chamado direito natural passará por uma fase de estatalização, ou seja, os direitos naturais se convertem em direitos do homem e do **cidadão,** trazendo com isso uma face de direito que vem a ser agora declarados pelos estados e não mais adquiridos por força natural. É o alvorecer dos estados modernos, que filosoficamente estão em total alinhamento aos pensadores modernos, politicamente podemos referenciar Maquiavel e juridicamente a grande questão é o fenômeno da **codificação,** que marca uma fase na qual o direito se confunde com a lei e passa a ser objeto exclusivo de sua criação. Evidentemente que os grandes marcos históricos aqui são as revoluções burguesas de 1787 (EUA) e 1789 (França), instituindo-se com isto as declarações de direitos humanos, que também como já mostrado em nosso *Ecos do Trágico,* têm seu cerne axiológico quase todo já suscitado nas tragédias gregas, ou seja, com o advento dos estados liberais, vimos o alvorecer das declarações que garantiriam historicamente os direitos humanos de primeira dimensão. O estado liberal, a noção de onipotência do legislador, a não intervenção, a garantia de princípios como liberdade, autonomia e igualdades, vão marcar esse momento. Importa afirmar, o **iluminismo** estaria, portanto, afirmado quase *in toto* com as ideias do contratualíssimo de Rousseau e o pensamento filosófico kantiano, que serviam-se da ideia de que o humano como ser de razão, nela deveria se fundar, tanto para a questão de sua humanidade, como para a questão da organização política e jurídica. Basta observarmos que a noção de povo, território e limite ainda são canônicas para pensarmos o conceito de estado contemporâneo. Isto tudo contribui para dizermos de uma fase estatal dos direitos humanos.

c – internacionalização:

Como marco histórico podemos assumir aqui tanto a reconstitucionalização da Europa, com o fim da 2ª grande guerra, como também o pensamento de que os estados nacionais inflacionaram sua atuação, convertend0-se em estados totalitários. Neste sentido, com o tribunal de Nuremberg e a criação de Declaração de 1948, temos um período no qual os direitos humanos declarados pelos estados, agora tomam uma dimensão internacional e recaem, a princípio, sobre todos indistintamente.

d – direitos fundamentais:

Esse momento se alia ao próximo diretamente, pois, com o fim da ditadura em Portugal, Espanha, por exemplo, vê-se o que se convencionará chamar o alvorece dos estados constitucionais de direito, a apontar para a necessária relação das constituições com a democracia e preservação dos direitos fundamentais. Na América Latina esse fenômeno também aporta, desde o Brasil até a Argentina, Chile e a instituição dos estados constitucionais democráticos de direito, afirmam um compromisso com os direitos fundamentais como princípios elementares para sua própria existência. Nestes termos, os direitos humanos internacionais, plasmam ou entronizam nas constituições das novas democracias florescendo, têm agora o nome de direitos fundamentais, completando toda uma história do direito ocidental que atravessou mais de vinte séculos formando aquilo que é chamado por Castanheira Neves de **direito como plataforma civilizacional.**

3. PERCURSO SOBRE A FILOSOFIA DO DIREITO NA HISTÓRIA OCIDENTAL

3.1. Platão (428/427-348/347 A. C.)

Inicia-se necessariamente com os gregos-antigos pelo pensamento de **Platão** que tem em sua *República* um dos principais documentos de formação do pensamento ocidental. Nela o autor esboça a noção de *mundo das ideias* e *mundo das coisas,* para dizer que o perfeito não aparece no reino humano, pois, somos apenas cópias daquilo que está perfeitamente construído no mundo das ideias. A noção de justiça para esse pensador está inscrita no adágio: *"dar a cada um o que é seu",* que se explica na medida em que se entendia à época que cada um nascia pré-disposto a uma posição dentro da *pólis,* a significar que o estabelecimento da justiça em Platão, seria uma justiça política que dar-se-ia na medida em que cada um ocupa sua posição natural na cidade, a saber: o *filósofo,* pensador, restaria a posição de rei; os *guerreiros,* a posição de defensores da *pólis;* os *comerciantes*, de conduzir o comércio; os *escravos* a função de servir – assim dispostos, cada um em sua função, a justiça política platônica restaria dada.

3.2. Sofistas

Os Sofistas são um caso interessantíssimo, pois, são pensadores que questionam a noção de que haveria uma justiça ou uma verdade metafísica, para estes autores, o *homem é medida de todas as coisas, das que são enquanto são, e das que não são, enquanto não são,* risos, expliquemos: para os Sofistas não haveria uma justiça divina, como diria por exemplo Antígona, para eles, a justiça e a verdade se constituiriam como um ato do mais forte, ou ainda, como uma mera convenção do homem. Por isso, são conhecidos como relativistas. O homem é quem diz, quem mede, o que é o justo e a verdade, de acordo com seu interesse e convenção. São pensadores ditos relativistas e foram combatidos por Sócrates por conta desta visão.

3.3. Aristóteles (384-322 A. C.)

Aristóteles será nosso segundo autor, nele destacaremos a noção de sabedoria prática, da busca pelo equilíbrio na cidade, de *phronesis* (prudência), e da perseguição do *mesotes* (termo médio), como alicerces para encontrarmos a justiça, que para este autor, é sempre o **equilíbrio entre dois extremos,** ou seja, a *injustiça* se encontra nos extremos, seja pelo excesso, seja pela falta, portanto, meus caros alunos, a ideia de tratar os **iguais na medida**

de sua igualdade e os desiguais, na medida de sua desigualdade, já está propugnada neste autor.

Justiça é a procura pelo termo médio, que se dá pela prática (*práxis*), pelo hábito, assim: **se temos habitualmente ações ignóbeis, tornamo-nos pessoas ignóbeis, do contrário, se temos habitualmente ações dignas, tornamo-nos pessoas dignas.**

Aristóteles cria a noção de *phronesis* (prudência) que seria a maneira como poderíamos alcançar o equilíbrio, vejam que as noções de equilíbrio e prudência são constantes na filosofia grega antiga, que neste autor se estabelece pela busca pela justiça enquanto conduta prática que não pode ser dada sem que se experimente as vicissitudes do caso concreto.

Outro termo importante para esta filosofia é a noção de *télos* (finalidade), com esta ideia Aristóteles acreditava que cada coisa teria seu fim e o fim desta coisa seria seu melhor; por isso é conhecido como autor de uma ética *teleológica*, que busca a virtude na finalidade para a qual algo existe.

Por fim, duas acepções de justiça neste autor:

a) Justiça distributiva: está ligada à noção de que a justiça alcançaria um equilíbrio quando cada um recebesse aquilo que lhe é devido;

b) Justiça corretiva: consiste na aplicação de atos de correção em transações entre indivíduos.

3.4 Santo Agostinho (354-430)

Com **Santo Agostinho** observaremos uma cristianização do pensamento platônico; o que para nós importa captar é exatamente a noção da dualidade, se em Platão, falávamos de uma dicotomia entre *mundo das ideias* e *mundo das coisas,* em Agostinho, tem-se a mesma dicotomia, mas agora, sob a alcunha de *civitas Dei* e *civitas terrena,* sendo aquela a expressão de uma igreja com ideias puras e justas, enquanto que nesta última encontramos a própria noção de erro, do próprio pecado original, se quisermos.

Neste sentido, a ideia de direito para este autor funda-se na noção de que o princípio da justiça se encontra naquilo que Deus quer e só porque ele quer, evidenciando-se nestes termos a fala do autor quando indaga: "Suprimida a justiça que são os grandes reinos senão vastos latrocínios?" Portanto, a cidade de deus estaria aliada à ideia de que o homem possui valores espirituais e deve por eles ser regido, enquanto a cidade dos homens, evidencia valores temporais e corruptíveis, sendo que o intento do autor é mostrar a necessidade de transformar a vida humana na própria *civitas Dei,* por certo, a partir do cristianismo e da subordinação à Igreja.

3.5. Santo Tomás de Aquino (1225-1274)

Santo Tomas de Aquino representa junto com Agostinho uma forte referência medieval para o pensamento jurídico e sua reflexão dá-se na ideia de uma tripartição:

Lex aeterna: princípio regulador de todas as coisas, como se disséssemos, a inteligência divina que organiza o mundo; *Lex naturalis:* a partir da qual o homem, pela razão, participa da *lex aeterna; Lex humana:* que seria a aplicação do direito, necessária e rigorosamente, limitados e fundados nos comandos imutáveis do direito natural.

3.6. Machiavel (1469-1527)

Machiavel representa uma quebra inicial com o paradigma medieval e nos empresta uma série de fundamentos para a manutenção do Príncipe no poder. Daí que surge a noção conhecida do autor acerca da justificativa dos meios para o alcance dos fins em política, que significa nada mais do que a prevalência de uma certa "razão de estado" em detrimento de valores absolutos de moral e ética, ou seja, não haveria que se fazer julgamentos acerca do que é bem ou mal, apenas agir conforme a melhor forma de se manter no poder, a "razão de estado" em Machiavel, relativiza, portanto, os valores metafísico-teológicos que sustentavam tanto o estado como o direito na idade média.

3.7. Hobbes (1588-1679)

"O homem é o lobo do próprio homem", com esse inscrito podemos iniciar a dimensão que o pensamento de **Hobbes** alcança, nele, podemos abstrair a ideia racional de que a natureza humana, quando habitando o que chamou de *estado de natureza,* levaria à destruição de uns pelos outros, ou seja, à natureza irascível do homem, dever-se-ia opor um limite que busque sua autopreservação, nestes termos, nasce a ideia do *Leviatã,* figura bíblica que representaria o estado, que a partir de um contrato social, inauguraria a vida civil regulada. A criação de um estado poderoso seria a forma concebida para a saída do estado de natureza que levaria os homens a caçarem-se mutuamente. Assim, no **contrato social** proposto por Hobbes, os homens renunciariam ao seu direito natural de fazer apenas o que lhes apetece, e para o alcance da preservação fundam o estado. Este seria o estado de Hobbes, absoluto, totalitário, cujo poder se estende a todas as esferas da vida – da política à espiritual, religiosa e ética.

3.8. Spinoza (1632-1677)

Para este autor poder-se-ia dizer que o Direito significaria a força, o poder, neste sentido, cada um teria um direito, um poder, que se contrapõe aos poderes e direitos dos outros. O Direito aqui então poderia ser entendido como uma relação de forças. O Direito então não dependeria do Estado ou da justiça. Assim, os homens querem, por sua natureza racional, preservar seus direitos, segurança e liberdade de pensar, assim, acaso o Governo quiser construir normas para limitar essas ações, encontrará grandes resistências. Por isso, podemos dizer que haverá sempre um contrapeso entre o poder/direito das pessoas em geral ante o poder dos governantes. A ideia importante é perceber uma defesa do poder e direito de cada pessoa que não deveria ser alijado pela força/poder do Governo.

3.9. Rousseau (1712-1778)

Em Rousseau podemos dizer que há um embrião do que entendemos hoje por democracia, ou seja, um ideal de auto legislação adquirido pelo *contrato social* dentro do qual a *vontade geral* ressoaria como sendo a vontade que refletiria a vontade do interesse comum, que é distinta da *vontade de todos,* dita por esse autor como uma vontade devotada a interesses particulares. Nesse sentido, para Rousseau, o homem nasceria bom, mas o fato, por exemplo, da propriedade privada, poderia trazer a exploração de uns pelos outros; com o fito de harmonizar essas relação, o autor propõe um pacto social, diferente de Hobbes que cria o Leviatã, este pensador diz que o direito deve expressar a soberania do próprio povo e garantir a ordem e a segurança sem abolir as liberdades dos indivíduos. Em poucas palavras, Rousseau, com seu *contrato social,* entende que o direito resulta ou deve resultar da *vontade geral,* decisões racionais que o corpo coletivo toma e defende e o Estado como seu representante deve preservar.

3.10. Immanuel Kant (1724-1804)

Filósofo alemão nascido em Konigsberg possui uma teoria do direito e uma teoria da moral muito importantes. A princípio importa dizer que Kant separa direito de moral da seguinte maneira: para esse pensador, o direito não se assemelha à moral pois aquele tem como móbil ou como catalisador de suas ações, a coação externa, assim, age-se por direito temendo um efeito que decorre do descumprimento da lei; de outro lado, quando agimos por dever ou por moral, não podemos estar influenciados por nada que nos seja alheio senão a própria lei moral. No reino da moral em Kant, nada externo pode influenciar a ação, nenhum interesse particular ou algo do gênero – isso, pois, se é moral, apenas quando agimos em acordo com o imperativo categórico, veremos logo.

Para entendermos o que é agir de maneira moral em Kant, vejamos esse caso:

Uma mulher assustada entra em sua casa e se esconde, você a vê. Logo em seguida, um assassino bate à sua porta e pergunta se a mulher está em sua casa.

Qual a ação moral para Kant? Mentir ou dizer a verdade?

Para esse autor, se você mentir, estará agindo por inclinação e não por dever, e como a moral é um dever, você deve dizer sempre a verdade, sob pena de invalidar a própria noção de verdade.

Esse dito, por mais absurdo que possa parecer, advém daquilo que Kant chamou imperativo categórico: **"Age de tal maneira que a máxima de sua atitude possa ser universalizada como lei geral para todos";**

Por isso, se minto, todos, em tese, poderiam mentir, e assim, a ideia de verdade restaria findada.

Outra importante variação do imperativo categórico pode ser auferida pela questão do suicídio.

Mirem, Kant nos ensina que não seremos morais se agirmos para atingirmos fins próprios ou particulares, ou seja, nunca se é moral se a ação vem tomada com fins a algum objetivo (por exemplo: Se fizer X, então recebo Y), logo, para esse autor **o suicídio seria moral?**

A resposta é negativa e a explicação vem com um desdobramento do imperativo categórico: "O homem, e em geral todo ser racional, existe **como fim em si mesmo,** e não meramente como um meio que possa ser usado de forma arbitrária por essa ou aquela vontade", portanto, o suicídio para Kant seria uma forma imoral de valer-me do meu corpo para aplacar uma dor que me aflige, tornando-me um meio e não um fim em si mesmo com dignidade, como manda o imperativo.

Por fim, deixamos as distinções entre Direito e Moral:

DIREITO	MORAL
HETERÔNOMO	AUTÔNOMO
REINO DOS MEIOS	REINO DOS FINS
COAÇÃO	NÃO HÁ COAÇÃO

E agora a distinção entre imperativos hipotéticos e imperativos categóricos:

a) Imperativo hipotético: este imperativo é aquele que nos diz o que devemos fazer para alcançarmos algo, ou seja, se quero ser aprovado, preciso estudar nas férias (rsrsrs) – Aqui ajo por interesse particular e não moral!!!

b) Imperativo Categórico: é o imperativo moral kantiano, e como já vimos, significa que a ação moral nunca poderá estar influenciada por nada que não seja ela mesma, daí o imperativo de Kant: **"age de tal maneira, que a máxima de suas atitudes possa ser universalizada como lei geral para todos."** – Aqui ajo por dever moral!!!

3.11. Hegel (1770-1831)

Para Hegel não há uma única definição de Direito, porém, entende que o Direito criado com o advento do Estado Moderno seria o mais elaborado de todos por exprimir os valores maiores do gênero humano, pois, ele não é apenas um acordo entre indivíduos mas sim, uma construção do Estado, que, neste sentido, estaria a exprimir os valores do interesse geral. Hegel entende que no Estado restaria a chance de efetivação da melhor ideia de progresso, perfeição e liberdade, daí a noção de que o *espírito do mundo* exprime-se da forma mais elevada por intermédio do Estado.

3.12. Savigny (1779-1861)

Friedrich Carl von Savigny entendia o direito como um produto histórico e criticava, portanto, a ideia de que o direito estatal, preconizado pela codificação aquando do aparecimento dos estados modernos, seria a única fonte legítima do direito; para este autor o direito seria um fenômeno histórico que adviria do espírito do povo. Logo, deve-se abstrair deste autor a noção de que o direito deve acompanhar as transformações históricas de cada povo, não se podendo querer universal e distanciado das peculiaridades de cada tempo, espaço e costumes. A Escola Histórica do Direito tem nestas considerações seus fundamentos.

3.13. Utilitarismo

Teoria criada por Jeremy Benthan e aprofundada por John Stuart Mill estabelece que as ações humanas devem se pautar pela efetivação da felicidade para o maior número de pessoas. Neste sentido, o termo *útil* deve ser associado ao móbil que justifica as ações e determina se elas são justas, corretas ou injustas. Para essa teoria uma ação correta deve estar pautada naquilo que alcança a felicidade de uma maioria de pessoas. Notem, há na teoria um problema, pois, se acaso estivéssemos em um dilema moral em que um terrorista detivesse o código de uma bomba, a pergunta sobre se seria moral ou não tortura-lo, para essa teoria seria fácil: deve-se torturar pois se a bomba explodir traria provavelmente mais tristeza para um maior número de pessoas, assim, o valor humano da dignidade estaria deixado de lado por esse pensamento, uma vez que o terrorista é apenas um e os favorecidos pela tortura e o desativar da bomba muitos.

Outro caso real é o da hipótese de manter mendigos confinados em um local fora do convívio social. Para essa teoria a ação seria moral, uma vez que, de um lado, pode haver um certo número de mendigos felizes com sua situação, mas aufere-se que a maioria deles não está efetivamente feliz; de outro, as pessoas que veem os mendigos e são em maior número, podem reagir de duas formas: 1-sentir desdém/asco por eles; 2 – sentir piedade; assim, retira-los do convívio traria mais felicidade para um maior número de pessoas: as que sentem desdém/asco, e as que sentem piedade, os efeitos da ação seriam mais úteis, em termos utilitaristas, do que negativos.

Assim, para essa teoria, a mais elevada finalidade moral seria maximizar a felicidade, buscando a hegemonia do prazer sobre a dor. Sendo que utilidade seria uma palavra ligada ao que produziria mais prazer ou felicidade evitando dor e sofrimento.

Veja-se que o problema da teoria recai sobre a noção de dignidade da pessoa, que não pode ser quantificada, neste sentido, a teoria encontra possíveis críticas na medida em que torna quantificável numericamente o valor das pessoas.

3.14. A ideologia libertária

Para esta corrente de pensamento funda-se na noção de que o indivíduo deve ser livre independentemente da atuação do Estado em suas decisões, para tanto, resta saber quais os fundamentos para esta forma de conceber uma forma de organização social. Assim, três alicerces sustentam o pensamento libertário, a saber:

a) Nenhum paternalismo: desde que não haja riscos para terreiros, os libertários são contra leis que os protejam de si mesmos, em poucas palavras, uma teoria libertária, pauta-se na autonomia privada, e seria, portanto, absolutamente a favor da prática do aborto, por exemplo;

b) Nenhuma legislação sobre a moral: como dito, a teoria libertária está calcada na mais absoluta noção de autonomia e liberdade privada, logo, por mais que certa parcela da comunidade considere a prostituição como imoral, o estado não poderia criar legislação que busque promover ditames morais, impedindo o exercício do direito fundamental à liberdade individual;

c) Nenhuma redistribuição de renda ou riqueza: embora seja desejado que os mais afortunados ajudem ou contribuam para a minoração das diferenças, a teoria libertária é contrária a qualquer intervenção legal que exija do cidadão ou cidadã a ajudar os outros, seja por meio de impostos ou outras ações. O estado não teria o direito de exigir/coagir o cidadão a apoiar programas sociais; para este pensamento, uma vez que o Estado obriga a pessoa a dispor de seus bens, seja de que maneira for, está de alguma maneira praticando uma espécie de roubo.

É de se notar que impera aqui a noção de um *Estado mínimo* que se restrinja à proteção da propriedade privada, a manutenção da paz e que faça com que as pessoas cumpram os contratos.

FILOSOFIA DO DIREITO

3.15. Marx (1818-1883)

Marx tem uma visão negativa do Direito moderno tal qual foi concebido, para esse autor, o direito atua de maneira a criar uma *universalização* das relações por meio das normas, assim, para Marx, essa universalização criada a partir dos conceitos jurídicos, tais como, *vontade geral* e *bem comum,* encobriria em uma espécie de arquitetura *ideológica* a manutenção das diferenças de classes. É de se notar que para o autor a história do homem é a história da *luta de classes,* neste sentido, na projeção histórico-política do autor, o comunismo, ao suprimir as diferenças entre classes, desembocaria tanto na extinção do Estado como do Direito.

3.16. Hans Kelsen (1881-1973)

Kelsen, principal *jusfilósofo* do positivismo, constrói uma teoria do direito na qual busca uma espécie de ciência pura (*Teoria Pura do Direito*), ou seja, influenciado pelas ciências da natureza, o autor ensina que o direito não pode ser observado e estudado tendo em conta seus valores ou finalidades, o direito, para o autor, encerra-se em comandos normativos hierarquicamente organizados, ou seja, releva-se aqui a ideia piramidal de organização do ordenamento jurídico, bem como, retira-se da tarefa do jurista qualquer análise no que tange a valores; a tarefa do jurista não é a de observar se há ou não justeza no fundamento das normas, que seria tarefa do filósofo do direito, bem como, os efeitos sociais, não estariam sob as atribuições da ciência do direito, esta última seria tarefa da sociologia jurídica. Assim, para Kelsen, o direito seria observado a partir da força coativa da norma, que se organizaria tendo em vista a hierarquia posta pelo ordenamento. Kelsen define o direito como organização de forças ou ordem de coação. As normas jurídicas são obrigatórias e aplicam-se mesmo contra a vontade dos destinatários por meio do emprego de força física. O direito vigora em determinado território porque consegue ser politicamente imposto e reconhecido pela maioria da população.

3.17. Carlos Cossio (1905-1985)

Autor do que se chamou *teoria egológica do direito* diz que na realidade cultural do Direito o homem ocupa o lugar central, o que significa dizer que se trata da conduta da vida humana vivente, tendo em vista que o termo *egológico* significa uma referência ao plano pessoal no momento de apreciação do direito. Assim, se de um lado, a teoria pura de Kelsen ensinava acerca da ideia de que a ciência do direito se deve pautar na análise impessoal e neutra da norma, Cossio inverte os polos e coloca a conduta na ordem de análise preferencial do direito; não que esse autor não reconheça a norma como objeto do direito, mas, trata-se de reconhecer que a norma é uma representação da conduta, que é pensada pelos juristas então, através da norma. É dessa inversão que aparece sua outra conceituação *Direito como conduta* e não apenas como norma, como queria Kelsen.

3.18. Lévinas (1905-1995)

Emmanuel Lévinas é um importantíssimo autor na medida em que seu pensamento, comumente conhecido como o da *ética da alteridade,* propõe uma guinada ética para a compreensão do humano, que deixa de ser percebido apenas como ser de razão e passar a ser apreendido como ser ético. Nestes termos, a proposta levinasiana afeta o direito e a justiça na medida em que a existência humana está ligada à ideia de que o eu é apenas um chamado ético que nasce através do apelo do outro. O ponto da justiça está ligado intimamente com a responsabilidade pelo outro que temos para nossa existência mesma. Neste sentido, antes de sermos seres de razão, diz Lévinas, somos seres éticos, por isso, só poderá haver justiça e humanidade se reconhecermos o outro em ordem de precedência ante o *eu*. Assim, Lévinas constrói toda sua filosofia fundada na noção ética e não mais na noção cartesiana ou racional. Apenas *"somos"* porque *"somos responsáveis"* por esse infinito que é o Outro – a própria condição, limite e limiar da justiça.

3.19. Norberto Bobbio (1909-2004)

Bobbio é um autor que constrói uma importante teoria acerca do conceito de direito, objetivamente podemos dizer que o autor entende que o Direito não pode ser compreendido apenas através de normas, mas sim, a partir de um Ordenamento Jurídico, que traz consigo elementos estruturais: **unidade, completude, hierarquia e coerência,** e elementos materiais, que são as normas propriamente.

Assim, para este autor o Direito seria um *composto normativo com sanção organizada.* Vejamos: "Nesse caso, para definir a norma jurídica bastará dizer que a norma jurídica é aquela que pertence a um ordenamento jurídico, transferindo manifestamente o problema da determinação do significado de "jurídico" da norma para o ordenamento". (...) "O problema da definição do Direito encontra sua localização apropriada na teoria do ordenamento jurídico e não na teoria da norma [...] Só em uma teoria do ordenamento – este era o ponto a que importava chegar – o fenômeno jurídico encontra sua adequada explicação."

3.20. Miguel Reale (1910-2006)

O autor constrói aquilo que se quis chamar *Teoria Tridimensional do Direito* e que figura como aporte necessário para o entendimento da experiência jurídica. Nesse caso a experiência jurídica sempre reclamará a existência de três aspectos básicos para seu existir: **a)** um aspecto normativo (um ordenamento); **b)** um aspecto fático (a efetividade social do Direito, seu acontecer na sociedade); **c)** um aspecto axiológico (um valor de Justiça). Ou seja, para que exista uma norma jurídica, a mesma estará atrelada/baseada em um acontecimento fático, assim, aquela mesma norma é criada sempre em busca de realizar ou de proteger um bem, um valor. Por isso, do fato nasce o comando normativo que buscará realizar o valor – a Justiça, se quisermos –, daí a concepção Tridimensional: fato, valor e norma.

3.21. Rawls (1921-2002)

John Rawls é um pensador estadunidense que criou a teoria do *véu da ignorância,* através desse pensamento, o autor quereria nos mostrar como seria possível pactuar um *contrato social* justo, ou seja, em uma posição originária, as pessoas deveriam se desfazer de sua posição social, classe, cor, gênero, e, apenas a partir daí iniciar-se-ia a composição das regras para organização do Estado. Entendia o autor que nessa posição originária, encobertos pelo que chamou de um suposto *véu da ignorância,* as pessoas poderiam chegar a princípios equânimes como exigência das mesmas liberdades básicas para todos, expressão e religião, equidade social e econômica, pois, uma vez que não tinham noção da posição que ocupariam na sociedade, se ricos, pobres, negros ou brancos, construir-se-iam leis justas que tratassem as pessoas de maneira igualitária, tendo em conta que todos aceitaram os mesmos princípios.

3.22. Foucault (1926-1984)

Foucault foi um filósofo que realizou uma série de arqueologias procurando escavar e encontrar as relações de poder que constroem a história do Ocidente. Assim, a partir da noção do termo *norma*, que não tem em Foucault o mesmo significado que comumente nós juristas utilizamos, é imperioso frisar neste autor que o *normal*, a *norma*, vem dado por uma série de poderes que conduzem a organização social e determinam os locais de vida, as formas de ordem; por isso é um autor importante, pois, detecta que o direito tem aí uma função importante, pois, legitima as práticas de poder.   Veja-se para este dito a palavra do autor que é esclarecedora: "Uma sociedade normalizada é o efeito histórico de uma tecnologia de poder centrada na vida. Por referência às sociedades que conhecemos até o século XVIII, nós entramos em fase de regressão jurídica; as Constituições escritas no mundo inteiro a partir da Revolução Francesa, os Códigos redigidos e reformados, toda uma atividade legislativa permanente e ruidosa não devem iludir-nos: são formas que tornam aceitável um poder essencialmente normalizador".

3.23. Habermas (1929-

Jurgen Habermas é autor de obra vastíssima na qual destaca-se aqui a teoria do agir comunicativo que colaboraria para um processo racional e democrático dentro do qual as instituições do direito participariam como mediadores apontando como a organização deveria se dar ou dizendo as próprias regras do debate, realizando assim um papel vital. A ação comunicativa pressupõe o diálogo, a crítica e o contraste das ideias.

Nem sempre será consensual, mas chegará a resultado acordado entre os interlocutores, distinguindo-se do agir instrumental que seria a tomada de uma fala ou de uma ação estrategicamente com fins próprios a serem alcançados.

3.24. Derrida (1930-2004)

Jacques Derrida é conhecido como o pensador da desconstrução, estratégia de pensamento que o autor cria para criticar o pensamento metafísico ocidental; a desconstrução em relação ao direito, vem inscrita diretamente em um livro "Força de Lei", no qual o autor ensina que o direito é violência, pois, nasce de um ato de violência histórica e, portanto, todos os seus atos posteriores existem para legitimar o ato fundador. Daí a necessidade da desconstrução como estratégia que desobstruir os centros e permite caminhar em direção à justiça. Como num trabalho constante de desbravar, recriar, reformular aquilo que o direito constrói historicamente; a desconstrução, em palavras de Derrida, seria a própria justiça, ou ainda, um clamor infinito pela justiça; não enquanto um fim a ser alcançado mas como um alerta de que o poder deve ser sempre colocado em questão para que haja mais possibilidade de dizer o nome justiça.

3.25. Dworkin (1931-2013)

Ronald Dworkin fora um jurista norte americano que contribuiu deveras com a teoria o direito, destaca-se em seu pensamento a noção de que sempre haverá uma *reposta correta* para as decisões judiciais e que esta resposta deverá ser hermenêutica e argumentativamente construída pelo juiz, não se tratando de invenção do nada, mas sim, que as decisões, mesmo em *hard cases,* possuem um resposta correta que pode ser alcançada com base em princípios que funcionam como pautas de conduta, como normas mesmo; assim, significa dizer que sempre haverá um princípio no qual o juiz deverá assentar sua decisão. Ademais, Dworkin, para sustentar essa ideia, compõe aquilo que se chamou a teoria do *romance em cadeia,* nesta teoria o juiz atua como se fosse um autor de uma obra que está sendo redigida de maneira coletiva, logo, ele deve sempre estar atento ao que já foi construído em sede de decisões anteriores, e, ao mesmo tempo, baseado em princípios, poderá dar novos rumos ao romance. As ações no Direito para esse autor apenas se justificam se estiverem em acordo com uma fundamentação moral, neste sentido, o direito se daria como *integridade,* outro princípio sobre o qual Dworkin concebe seu pensamento. A *integridade* mostra o comprometimento com a democracia, igualdade e a ideia de que atenda melhor as demandas sociais relativamente a direitos.

3.26. Eros Grau (1940-

Para o autor, ex-ministro do Supremo Tribunal Federal, importa percebermos que sempre haverá quando refletirmos sobre o Direito uma noção de direito posto e direito pressuposto, e por aí ele erige a construção de seu próprio entendimento do que seria o direito. Assim, para o autor, há já uma forma jurídica imanente à sociedade, interior na sociedade civil (*direito pressuposto*), que condiciona a criação e elaboração do direito positivo (*direito posto*), que após criado, necessariamente irá alterar o que o condicionou, o *direito pressuposto.* Em tese, nisso consiste a teoria de Eros Grau chamada de "*Direito posto e Direito pressuposto*".

3.27. Alexy (1945 –

Robert Alexy é um autor que evidencia a necessidade da relação do direito com a moral, daí que aproxima-se da formula de Radbruch a qual diz que normas "extremamente injustas" não são válidas, daí que lhe foi possível dizer que o ordenamento jurídico não é apenas formado por normas, mas que também compõe-se de princípios, que são comandos de otimização, ou seja, as regras são comandos definitivos, exigem meramente que uma conduta seja aplicada, enquanto os princípios enquanto comandos de otimização, exigem que algo se realize na máxima possibilidade fática e jurídica do caso concreto; logo, quando houver uma colisão entre normas, estamos em um dimensão de tudo ou nada, ou seja, uma norma ou a outra; de outro lado, quando há colisão entre princípios, deve-se aplicar a ponderação.

4. HERMENÊUTICA

4.1. Hermenêutica e Interpretação

Entende-se por *hermenêutica,* sinteticamente, um saber que tem como fim investigar, analisar e entender a natureza e a metodologia da interpretação humana, seja ela em que dimensão for: jurídica, artística e outras. Hermenêutica, em sentido técnico, é a denominação da teoria científica da interpretação, aquela que tem por objetivo o estudo e a sistematização dos métodos e processos aplicáveis para determinar o sentido e a aplicação das normas. A hermenêutica estabelece critérios e técnicas de interpretação.

A prática interpretativa se coloca como o ato no qual o intérprete se lança ao conhecimento e/ou aplicação do direito determinando seu raio de aplicação e o *modus* como irá efetivá-la. Não há como se aplicar o Direito, qualquer direito, qualquer norma, qualquer texto legal sem interpretar. Ou, sob outro prisma, interpretar é aplicar o Direito; aplicar o Direito é interpretar.

4.2. Funções da Interpretação

a) revelar o seu sentido: Refere-se ao fim mesmo que a lei quis perscrutar.

b) fixar o alcance das normas jurídicas: Seria dizer encontrar o *diagnóstico do Direito*, da busca do Direito aplicável ao caso concreto.

4.3. Teorias

a) Teoria subjetiva ou subjetivista (*mens legislatoris*): Nesta teoria encontramos o esforço para perscrutar na norma, o sentido da vontade do legislador.

b) Teoria objetiva ou objetivista (*mens legis*): A teoria objetivista defende que diferente de buscar a vontade do legislador, o interesse no momento da interpretação deve ser o de buscar o sentido da lei, ou seja, objetivamente busca-se o que diz a lei e desinteressa a vontade subjetiva do legislador.

5. MÉTODOS INTERPRETATIVOS

5.1. Literal/Gramatical

Tratamos esse, como o elemento básico, primeiro na interpretação. Também chamada literal, semântica ou filológica, o intérprete busca o sentido literal do texto normativo.

5.2. Histórico

Este método refere-se à formação mesma da norma para um maior êxito aquando da sua interpretação. Atende-se mesmo ao processo histórico ao qual a mesma se submeteu quando de sua concepção e, lançando mão ao projeto que originou a mesma, busca-se as justificativas, as explicações e fundamentos para o irromper dessa norma.

5.3. Lógico/Sistemático

A interpretação, relevando esse elemento, justifica, por assim dizer, a necessidade que Bobbio, assevera, a do entendimento do Direito visto como ordenamento, logo, este método implicaria a consideração da unidade e coerência jurídico-sistemáticos, a compreensão da norma em função do seu contexto referindo-a à unidade de toda a ordem jurídica.

5.4. Sociológico

Aqui o intérprete busca a finalidade social das normas jurídicas, tentando propor uma interpretação que seja conforme anseios e exigências atuais.

5.5. Teleológico

Lembramos que *télos* do grego significa finalidade ou fim a ser alcançado, portanto, dentre as diversas interpretações possíveis, devemos buscar aquela que melhor se ajusta à finalidade da lei.

6. TIPOS DE INTERPRETAÇÃO (QUANTO À ORIGEM)

6.1. Doutrinária

Como se nos mostra claramente, a interpretação que aqui afigura-se é aquela contida nos manuais jurídicos, produzida pelos cientistas do direito; é a interpretação feita pelos jurisconsultos, mestres e doutrinadores em geral.

6.2. Autêntica

Seria aquela feita por quem mesmo criou a lei; o legislador se vale desse procedimento quando entende que uma lei anteriormente editada está confusa ou recebendo intepretação inconveniente, inoportuna ou deslocada.

6.3. Judicial

Seria dizer, neste sentido, a aplicação mesma do Direito, ou seja, o momento culminante da realização do direito pelos magistrados, como nos ensina Eros Grau, é o momento em que o texto da norma se transforma em norma jurídica ou tornar um comando geral e abstrato em uma norma particular para um caso concreto.

7. TIPOS DE INTERPRETAÇÃO (QUANTO AO ALCANCE)

7.1. Restritiva (quando o legislador diz mais do que queria dizer)

Nesse caso o legislador figurou como infeliz ou incauto ao colocar no ato normativo, mais do que queria dizer, assim, cabe ao intérprete, eliminar essa "amplitude" ou o sentido que não deveria ser o buscado pela mesma.

7.2. Extensiva (quando o legislador diz menos do que queria dizer)

O legislador também foi descuidadoso ao redigir o texto normativo, no entanto, o fez de forma a limitar o alcance normativo, cabendo ao intérprete, nesse momento, fazer com que a mesma, através de uma extensão interpretativa, logre o escopo que queria/deveria alcançar.

7.3. Declarativa

Aqui, o legislador, por assim dizer, acertou quando da busca pelo teor das palavras em relação ao espírito da norma, devendo-se aplicar a norma em seus exatos termos.

8. INTERPRETAÇÃO E PRINCÍPIOS

8.1. Dignidade da Pessoa Humana

Dentro do *neoconstitucionalismo* o princípio da dignidade da pessoa humana coloca o humano no centro do ordenamento jurídico, neste sentido, a dignidade da pessoa humana passa a ser considerada um vetor hermenêutico e como nos ensina Miguel Reale, o valor fonte do próprio ordenamento jurídico.

8.2. Proporcionalidade

Na mesma esteira do dito anterior, o princípio constitucional da proporcionalidade ou razoabilidade, orienta a tomada de decisões no sentido de se precaver ante a restrição de direitos fundamentais, bem como, aventar uma adequada solução quando nos deparamos com conflitos entre princípios constitucionais.

8.3. Ponderação de Valores

Acompanhando a dimensão neoconstitucionalista, a ponderação de valores, junto com a proporcionalidade, regula a maneira como serão resolvidos os conflitos entre princípios constitucionais; nesse caso, como os critérios da teoria do direito não são bastantes para resolver as antinomias, o intérprete necessita realizar o sopesamento dos princípios em questão fundada na proporcionalidade e tendo em conta as particularidades de cada caso concreto.

9. TEORIA GERAL DO DIREITO

9.1. Direito e Moral

Acompanhamos o professor A. Castanheira Neves quando expõe sua fala a respeito da ética/moral. Nesse sentido, afirma o autor de Coimbra que «o Direito não é ética, mas necessita dela para existir», portanto, necessariamente o fenômeno jurídico carece de uma vertente moral para que sua mostração diante da vida do homem seja plausível.

a) Gregos antigos: Desde o alvorecer da civilização com os pensadores gregos antigos existe uma conexão entre Direito e moral. Com estes pensadores não havia uma distinção entre a moral e o Direito. A realização da justiça importaria numa união e mesmo em uma realização simultânea do Direito e da moral, portanto, com os gregos antigos não havia uma consideração autônoma de Direito; estavam imersos em uma mundivisão que não permitia a separação do jurídico das demais ordens que regiam o homem.

b) Romanos: Os romanos operam esta cisão em que o Direito agora aparece como ordem distinta e possui suas características próprias. Agora o Direito não estaria absolutamente desvencilhado da moral, mas adquiria uma forma de realização autônoma, nasce aquilo que costumamos nos referir como «justiça jurídica», em detrimento à justiça geral que à polis grega abrangia.

c) Idade Média: Com a Idade Média, na Patrística e na Escolástica, o Direito perde a autonomia que possuía com os romanos, esta perda se deve ao entronizar da vida espiritual

– cristã – nas formas de realização do Direito; assim, a moral está inserida no Direito e a realização daquela está então regulamentada pelos preceitos jurídicos.

d) Modernidade: Na fase do Direito natural racionalista há uma separação mais distinta entre Direito e moral, assim, portanto, há com Tomásio, Kant e Fichte, um pensamento que distingue a moral e o Direito em compartimentos distintos. Nesse caso, afirma-se a característica de coercibilidade exterior – atinente ao Direito – e a característica de coercibilidade interior – peculiar à moral.

e) Positivismo: Após a fase do Direito Natural racionalista e com o advento da codificação, o positivismo jurídico instaura uma separação total entre estes dois institutos. Nesta fase – e já falamos a partir do século XIX –, o que era Direito não estaria a relacionar-se com a moral, estando totalmente descartada a necessidade de relacionamento entre estes dois "valores" da vida humana.

f) Pós-positivismo: O positivismo triunfa até o fim do segundo após guerra, quando aparece-nos um pensamento dito, pós-positivista, o qual enxerga a necessidade de um cariz moral dentro do Direito. Isso é facilmente explicado pelos horrores cometidos na Alemanha Nacional Socialista. Assim, se com o positivismo o conteúdo da lei não importava, bastando apenas uma sua adequação formal e hierárquica – referimo-nos ao pensamento de Hans Kelsen –, na contemporaneidade encontramos uma necessária atenção ao conteúdo dos ditames legais para um atendimento à vertente moral que é adjetivo inerente ao fenômeno jurídico.

9.2. Direito e Moral: Teorias

a) Teoria dos Círculos Concêntricos: A teoria em questão revela uma faceta jusnaturalista do pensamento a respeito do Direito, ou seja, na época primeva do Direito Natural, bem como na sua passagem pelo cristianismo, a moral não se distinguia do Direito. Portanto, o Direito estaria totalmente contido na moral;

b) Teoria dos Círculos Secantes: A visão desta teoria do professor suíço Claude Du Pasquier implica uma ordem de relacionamento entre o Direito e a Moral, assim como, reconhece um campo autônomo para cada uma. Ou seja, em uma parte o Direito se encontra com a Moral, em outra parte, o Direito existe separado da Moral, e, esta, da mesma forma, possui campos em que não se encontra com o Direito.

c) Teoria Kelseniana – Hans Kelsen: Nesta concepção há a tentativa de cindir o direito de quaisquer outras ciências. Assim, na busca por criar uma ciência pura do direito, afirma a necessidade de uma total dissociação do material jurídico – normas – de qualquer outra ordem. Nesse sentido, haveria em relação à moral uma total e ampla independência, sendo tomadas como ordens totalmente diversas.

9.3. Direito e Moral: Distinções

NOTAS:	HETERONOMIA	COERCIBILIDADE	BILATERALIDADE	ATRIBUTIVIDADE
DIREITO	SIM	SIM	SIM	SIM
MORAL	NÃO	NÃO	NÃO	NÃO

9.4. Coerência do Ordenamento Jurídico: Antinomias

Para que se possa falar em uma ordem, é necessário que os entes que a constituem não estejam somente em relacionamento com o todo, mas também num relacionamento de coerência entre si.

9.4.1. Antinomia:

caracteriza-se como o conflito real ou aparente de normas válidas dentro de um mesmo ordenamento jurídico e que guardem entre si o mesmo âmbito de validade, que pode ser temporal, material, espacial ou pessoal;

9.4.2. Critérios para solução de antinomias:

a) Critério Cronológico: Este critério, como podemos perceber se nos voltarmos à sua nomenclatura, atende a um ditame/brocado: *lex posterior derogat priori*, ou seja, ao encontrarmos duas normas incompatíveis no mesmo escalão, prevalecerá a norma posterior;

b) Critério Hierárquico: Aqui atendemos à mesma percepção que reconhecemos ao anterior. Significando hierárquico, na relação entre duas normas incompatíveis, o prevalecer da norma hierarquicamente superior. *Lex superior derogat inferiori*. Para aplicar o critério da superioridade precisamos conhecer a hierarquia de normas em determinado ordenamento jurídico;

c) Critério de Especialidade: Esse critério atende ao caráter de especialidade de normas que se encontrem no mesmo escalão e em incompatibilidade. A lei especial prevalece sobre a lei geral. *Lex specialis derogat generali*.

9.4.3. Tipos de Antinomias:

a) Antinomias solúveis (aparentes): se os critérios para sua solução forem normas integrantes do ordenamento jurídico, ou seja, mesmo que dizer, os critérios elencados acima resolvem a antinomia;

b) Antinomias insolúveis (reais): são aquelas nas quais os critérios sozinhos não conseguem resolver a antinomia:

I – há casos de antinomias nos quais não se pode aplicar nenhuma das regras pensadas para a solução das antinomias;

II – há casos em que se podem aplicar ao mesmo tempo duas ou mais regras em conflito entre si.

Assim, chamamos as antinomias solúveis de *aparentes* e chamamos as insolúveis de *reais*. Diremos, portanto, que as antinomias reais são aquelas em que o intérprete não encontra um critério para pôr fim à antinomia ou por fim ao conflito entre os critérios dados.

ANTINOMIAS

REAIS	APARENTES
NÃO PODEM SER RESOLVIDAS PELOS CRITÉRIOS DA TEORIA GERAL DO DIREITO	PODEM SER RESOLVIDAS APENAS PELO USO DOS CRITÉRIOS DA TEORIA GERAL DO DIREITO

9.4.4. Antinomias de Segundo grau:

a) conflito entre o critério hierárquico e o critério cronológico: quando uma norma anterior e superior está em conflito com uma norma posterior e inferior – nesse caso prevalece o **critério hierárquico;**

b) conflito entre o critério de especialidade e o critério cronológico: quando uma norma especial e anterior está em conflito com uma norma geral e posterior, nesse caso, prevaleceria, em tese, o **critério de especialidade;**

c) conflito entre o critério hierárquico e de especialidade: quando uma norma superior e geral é incompatível com outra inferior e especial, neste caso, há uma divergência na doutrina, apontamos junto com Bobbio que o **critério hierárquico** deva prevalecer.

9.5. Completude do Ordenamento Jurídico: Lacunas

Importante admitirmos a dinamicidade do direito, as lacunas, portanto, são uma realidade inquestionável, devido à limitação existencial e temporal da condição humana.

9.5.1. Lacuna:

Ausência de determinação ou previsão legal para resolução de um problema;

9.5.2. Tipos de Lacunas:

a) Próprias: é a lacuna habitualmente conhecida, ou seja, aquela que nasce da inexistência dentro do Ordenamento Jurídico de previsão legal para resolução de um caso;

a.1) Impróprias: lacunas que nascem da comparação entre ordenamentos, ou seja, quando se confronta o ordenamento com um ordenamento ideal, por exemplo, a relação direito natural x direito positivo;

b) Subjetivas: são assim consideradas, pois, referem-se a um motivo imputado ao legislador, por isso, subjetivas;

b.1) Objetivas: surgem a partir do desenvolvimento da sociedade e de novas relações que outrora não existiam. E essas inovações que "envelhecem" o texto legislativo, não se dão por "vontade" do legislador;

9.5.3. Formas de resolução das lacunas:

Aqui vale atenção à **Lei de Introdução às Normas do Direito Brasileiro** em seu artigo 4º: "Quando a lei for omissa, o juiz decidirá o caso de acordo com a analogia, os costumes e os princípios gerais de direito."

a) Heterointegração: quando a solução das lacunas se dá por mecanismos que estão postos fora do Ordenamento Jurídico, Bobbio indica recursos a ordenamentos diversos, bem como, ao direito natural ou fontes consideradas como secundárias, costumes, por exemplo;

b) Autointegração: neste caso, não há recorrência a outros ordenamentos e utiliza-se dos meios contidos no próprio sistema na qual a lacuna está inserida, em nosso caso, *analogia e princípios gerais de direito.*

FILOSOFIA DO DIREITO

A) Analogia: Aplicação de uma norma contida no ordenamento que regule caso semelhante àquele ainda não regulamentado. Sendo que as condições para a realização da analogia são:

– que o caso sub judice não esteja previsto em norma jurídica;

– que o caso não contemplado tenha com o previsto, pelo menos, uma relação de semelhança;

– que o elemento de identidade entre os casos não seja qualquer um, mas sim o fundamental;

– que onde há a mesma razão, deve-se aplicar a mesmas disposições legal.

A.1) Tipos de analogia:

a) *Legis:* é a analogia propriamente dita, aplica-se uma norma do ordenamento a um caso não regulamentado semelhante ao regulamentado;

b) *Iuris:* sustenta-se num conjunto de normas para extrair elementos que possibilitem sua aplicabilidade ao caso concreto não contemplado, mas similar;

B) Costumes: o costume é uma prática gerada espontaneamente pelas forças sociais;

B.1) Tipos de costumes:

a) *Secundum legem:* O costume segundo a lei já foi transformado em lei e portanto deixou de ser costume propriamente dito;

b) *Praeter legem:* Nesse caso encontramos o que a nós mais interessa neste tópico, ora, como mostra a nomenclatura do mesmo, este destina-se a suprir a existência das lacunas legais dado sua função supletiva. Ou seja, encontramos nesse costume o que vimos preceituado em nossa Lei de Introdução às normas do direito brasileiro.

c) *Contra legem:* Nesse caso as normas costumeiras contrariam as normas de direito escrito (lei). Temos em nosso ordenamento legislação a respeito da impossibilidade de uma lei ser revogada senão por outra lei.

C) Princípios Gerais de Direito:

Veja-se o que nos ensina Bobbio, os princípios gerais são apenas, a meu ver, normas fundamentais ou generalíssimas do sistema, as normas mais gerais.

C.1) Tipos de Princípios:

a) Princípios Gerais Expressos: são os princípios que estão explicitados no ordenamento jurídico, como os previstos na Constituição Federal, igualdade, liberdade, por exemplo;

b) Princípios Gerais não expressos (implícitos): são princípios não inscritos textualmente no ordenamento jurídico, porventura, hauridos em forma de ideias e reflexões dos juristas sobre temas novos, que ainda não foram regulamentados pelo legislador.

BERNARDO NOGUEIRA

10. QUESTÕES APLICADAS EM EXAMES ANTERIORES

01. (2017 – FGV – XXIII Exame) ...só a vontade geral pode dirigir as forças do Estado de acordo com a finalidade de suas instituições, que é o bem comum...Jean-Jacques Rousseau

A ideia de vontade geral, apresentada por Rousseau em seu livro Do Contrato Social, foi fundamental para o amadurecimento do conceito moderno de lei e de democracia.

Assinale a opção que melhor expressa essa ideia conforme concebida por Rousseau no livro citado.

(A) A soma das vontades particulares.

(B) A vontade de todos.

(C) O interesse particular do soberano, após o contrato social.

(D) O interesse em comum ou o substrato em comum das diferenças.

GABARITO: D. COMENTÁRIOS: Rousseauniano, com seu contrato social, entende que o direito resulta ou deve resultar da vontade geral, decisões racionais que o corpo coletivo toma e defende e o Estado como seu representante deve preservar.

02. (2017 – FGV – XII Exame) Um sério problema com o qual o advogado pode se deparar ao lidar com o ordenamento jurídico é o das antinomias. Segundo Norberto Bobbio, em seu livro Teoria do Ordenamento Jurídico, são necessárias duas condições para que uma antinomia ocorra.

Assinale a opção que, segundo o autor da obra em referência, apresenta tais condições.

(A) As duas normas em conflito devem pertencer ao mesmo ordenamento; as duas normas devem ter o mesmo âmbito de validade, seja temporal, espacial, pessoal ou material.*

(B) Ambas as normas devem ter procedido da mesma autoridade legislativa; as duas normas em conflito não devem dispor sobre uma mesma matéria.

(C) Ocorre no âmbito do processo judicial quando há uma divergência entre a decisão de primeira instância e a decisão de segunda instância ou quando um tribunal superior de natureza federal confirma a decisão de segunda instância.

(D) As duas normas aplicáveis não apresentam uma solução satisfatória para o caso; as duas normas não podem ser integradas mediante recurso a analogia ou costumes.

GABARITO: A. COMENTÁRIOS: Segundo Norberto Bobbio, há dois critérios indispensáveis para a existência de antinomias:
I – As duas normas devem pertencer ao mesmo ordenamento;
II – As duas normas devem ter o mesmo âmbito de validade, e isto se dá em consideração ao: temporal, espacial, pessoal ou material.

03. (2016 – FGV – XXI Exame) De acordo com o contratualismo proposto por Thomas Hobbes em sua obra Leviatã, o contrato social só é possível em função de uma lei da natureza que expresse, segundo o autor, a própria ideia de justiça.

Assinale a opção que, segundo o autor na obra em referência, apresenta esta lei da natureza.

(A) Tratar igualmente os iguais e desiguais os desiguais.

(B) Dar a cada um o que é seu.

(C) Que os homens cumpram os pactos que celebrem.

(D) Fazer o bem e evitar o mal.

GABARITO: C. COMENTÁRIOS: No contrato social proposto por Hobbes, os homens renunciariam ao seu direito natural de fazer apenas o que lhes apetece, e para o alcance da preservação fundam o estado. Este seria o estado de Hobbes, absoluto, totalitário, cujo poder se estende a todas as esferas da vida – da política à espiritual, religiosa e ética. Aos homens em sua esfera privada caberia, portanto, cumprir pactos celebrados mutuamente.

04. (2016 – FGV – XX Exame) A partir da leitura de Aristóteles (Ética a Nicômaco), assinale a alternativa que corresponde à classificação de justiça constante do texto:

"... uma espécie é a que se manifesta nas distribuições de honras, de dinheiro ou das outras coisas que são divididas entre aqueles que têm parte na constituição (pois aí é possível receber um quinhão igual ou desigual ao de um outro)..."

(A) Justiça Natural.

(B) Justiça Comutativa.

(C) Justiça Corretiva.

(D) Justiça Distributiva.

GABARITO: D. COMENTÁRIOS: Em Aristóteles podemos encontrar dois tipos de justiça que se distribuem dessa forma:
a) Justiça distributiva: está ligada à noção de que a justiça alcançaria um equilíbrio quando cada um recebesse aquilo que lhe é devido;
b) Justiça corretiva: consiste na aplicação de atos de correção em transações entre indivíduos.

05. (2016 – FGV – XX Exame) O raciocínio analógico é típico do pensamento jurídico. Esse é um tema debatido por vários teóricos e filósofos do Direito. Para Norberto Bobbio, na obra Teoria do Ordenamento Jurídico, trata-se de um método de autointegração do Direito. Assinale a opção que, segundo esse autor, apresenta o conceito de analogia.

(A) Subsunção de um caso (premissa menor) a uma norma jurídica (premissa maior) de forma a permitir uma conclusão lógica e necessária.

(B) Existindo relevante semelhança entre dois casos, as consequências jurídicas atribuídas a um caso já regulamentado deverão ser atribuídas também a um caso não regulamentado.

(C) Raciocínio em que se produz, como efeito, a extensão de uma norma jurídica para casos não previstos por esta.

(D) Decisão, por meio de recurso, às práticas sociais que sejam uniformes e continuadas e que possuam previsão de necessidade jurídica.

78

FILOSOFIA DO DIREITO

GABARITO: B. COMENTÁRIOS: A analogia consiste na aplicação de um norma contida no ordenamento que regule caso semelhante àquele ainda não regulamentado. Sendo que as condições para a realização da analogia são:
a) que o caso sub judice não esteja previsto em norma jurídica;
b) que o caso não contemplado tenha com o previsto, pelo menos, uma relação de semelhança;
c) que o elemento de identidade entre os casos não seja qualquer um, mas sim o fundamental;
d) que onde há a mesma razão, deve-se aplicar a mesma disposição legal.

06. (2016 – FGV – XIX Exame) Segundo o Art. 1.723 do Código Civil, "É reconhecida como entidade familiar a união estável entre o homem e a mulher, configurada na convivência pública, contínua e duradoura e estabelecida com o objetivo de constituição de família".

Contudo, no ano de 2011, os ministros do Supremo Tribunal Federal (STF), ao julgarem a Ação Direta de Inconstitucionalidade 4.277 e a Arguição de Descumprimento de Preceito Fundamental 132, reconheceram a união estável para casais do mesmo sexo.

A situação acima descrita pode ser compreendida, à luz da Teoria Tridimensional do Direito de Miguel Reale, nos seguintes termos:

(A) uma norma jurídica, uma vez emanada, sofre alterações semânticas pela superveniência de mudanças no plano dos fatos e valores.

(B) toda norma jurídica é interpretada pelo poder discricionário de magistrados, no momento em que estes transformam a vontade abstrata da lei em norma para o caso concreto.

(C) o fato social é que determina a correta compreensão do que é a experiência jurídica e, por isso, os costumes devem ter precedência sobre a letra fria da lei.

(D) o ativismo judicial não pode ser confundido com o direito mesmo. Juízes não podem impor suas próprias ideologias ao julgarem os casos concretos.

GABARITO: A. COMENTÁRIOS: Para que exista uma norma jurídica, a mesma estará atrelada/baseada em um acontecimento fático, assim, aquela mesma norma é criada sempre em busca de realizar ou de proteger um bem, um valor. Por isso, do fato nasce o comando normativo que buscará realizar o valor – a Justiça, se quisermos –, daí a concepção Tridimensional: fato, valor e norma.

07. (2015 – FGV – XVIII Exame) "A solução do conflito aparente de normas dá-se, na hipótese, mediante a incidência do critério da especialidade, segundo o qual prevalece a norma específica sobre a geral." É conhecida a distinção no âmbito da Teoria do Direito entre antinomias aparentes (ou antinomias solúveis) e antinomias reais (ou antinomias insolúveis).

Para o jusfilósofo Norberto Bobbio, uma antinomia real se caracteriza quando estamos diante

(A) de duas normas colidentes que pertencem a ordenamentos jurídicos diferentes.

(B) de normas que colidem entre si, porém essa colisão é solúvel mediante a aplicação do critério cronológico, do critério hierárquico ou do critério de especialidade.

(C) de normas colidentes e o intérprete é abandonado a si mesmo pela falta de um critério ou pela impossibilidade de solução do conflito entre os critérios existentes.

(D) de duas ou mais normas que colidem entre si e que possuem diferentes âmbitos de validade temporal, espacial, pessoal ou material.

GABARITO: C. COMENTÁRIOS: Assim, chamamos as antinomias solúveis de aparentes e chamamos as insolúveis de reais. Diremos, portanto, que as antinomias reais são aquelas em que o intérprete não encontra um critério para pôr fim à antinomia ou por fim ao conflito entre os critérios dados.

08. (2014 – FGV – XV Exame) Ao explicar as características fundamentais da Escola da Exegese, o jusfilósofo italiano Norberto Bobbio afirma que tal Escola foi marcada por uma concepção rigidamente estatal de direito. Como consequência disso, temos o princípio da onipotência do legislador.

Segundo Bobbio, a Escola da Exegese nos leva a concluir que

(A) a lei não deve ser interpretada segundo a razão e os critérios valorativos daquele que deve aplicá-la, mas, ao contrário, este deve submeter-se completamente à razão expressa na própria lei.

(B) o legislador é onipotente porque é representante democraticamente eleito pela população, e esse processo representativo deve basear-se sempre no direito consuetudinário, porque este expressa o verdadeiro espírito do povo.

(C) uma vez promulgada a lei pelo legislador, o estado-juiz é competente para interpretá-la buscando aproximar a letra da lei dos valores sociais e das demandas populares legítimas.

(D) a única força jurídica legitimamente superior ao legislador é o direito natural; portanto, o legislador é soberano para tomar suas decisões, desde que não violem os princípios do direito natural.

GABARITO: A. COMENTÁRIOS: A Escola da Exegese Francesa se consagra pelo aparecimento do chamado juiz boca da lei, a quem não era dada a hipótese de interpretação do direito, mas tão somente a sua repetição em conformidade com o que estava prescrito na lei.

09. (2014 – FGV – XIV Exame) O filósofo inglês Jeremy Bentham, em seu livro Uma introdução aos princípios da moral e da legislação, defendeu o princípio da utilidade como fundamento para a Moral e para o Direito.

Para esse autor, o princípio da utilidade é aquele que

(A) estabelece que a moral e a lei devem ser obedecidas porque são úteis à coexistência humana na vida em sociedade.

(B) aprova ou desaprova qualquer ação, segundo a tendência que tem a aumentar ou diminuir a felicidade das pessoas cujos interesses estão em jogo.

(C) demonstra que o direito natural é superior ao direito positivo, pois, ao longo do tempo, revelou-se mais útil à tarefa de regular a convivência humana.

(D) afirma que a liberdade humana é o bem maior a ser protegido tanto pela moral quanto pelo direito, pois são a liberdade de pensamento e a ação que permitem às pessoas tornarem algo útil.

GABARITO: B. COMENTÁRIOS: O termo útil deve ser associado ao móbil que justifica as ações e determina se elas são justas, corretas ou injustas. Para essa teoria uma ação correta deve estar pautada naquilo que alcança a felicidade de uma maioria de pessoas.

DIREITO CONSTITUCIONAL

Adolfo Mamoru Nishiyama e Renata Abreu

1. TEORIA DA CONSTITUIÇÃO

1.1. Estrutura da Constituição Federal de 1988 (CF/1988)

Como a maioria das Constituições formais e escritas, nossa CF/1988 é composta, basicamente, de três partes, indicadas a seguir:

Preâmbulo
• Representa a introdução solene ao texto constitucional, constituindo uma verdadeira "carta de intenções" do nosso legislador constituinte. • Majoritariamente, entende-se que o preâmbulo não possui força normativa, não contém norma jurídica, não serve de parâmetro para o controle de constitucionalidade e não é norma de reprodução obrigatória nas Constituições Estaduais (ADI 2076 – Teoria da Irrelevância Jurídica). O STF, entretanto, já flexibilizou esse posicionamento, na ADI 2649, em que se destacou a relevância jurídica do preâmbulo.
Disposições Permanentes
• Representam o núcleo normativo da Constituição (parte dogmática), em que se encontram estabelecidos princípios fundamentais, direitos e garantias fundamentais, normas de competência, normas criadoras de órgãos constitucionais, normas procedimentais, normas de organização dos poderes e do Estado. • Compreendem os arts. 1º a 250, CF/1988.
Disposições Transitórias
• Representam normas de transição de uma ordem constitucional para a outra que se inicia, realizando a intermediação entre o velho e o novo regime. • Compreendem os arts. 1º a 122, ADCT – Atos das Disposições Constitucionais Transitórias.
OBSERVAÇÃO ➔ Não existe hierarquia entre as normas constantes nas disposições permanentes e nas disposições transitórias da CF/1988, pois todas elas fazem parte do corpo da Constituição Formal, são dotadas de supremacia, servem de parâmetro para o controle de constitucionalidade e só poderão ser alteradas textualmente por meio de emendas constitucionais.

1.2. Aplicabilidade das normas constitucionais

Para José Afonso da Silva, não existem normas constitucionais desprovidas de aplicabilidade, já que todas elas são capazes de produzir, no mínimo, dois efeitos jurídicos:

1º) Impedir a recepção do ordenamento anterior que com ela não possuir compatibilidade e *2º)* Impedir o legislador ordinário de editar normas que a contrariem.

Sendo certo, então, que todas as normas constitucionais possuem aplicabilidade e eficácia jurídica, o referido professor as classifica como:

Normas Constitucionais de Eficácia Plena
• São aquelas capazes de produzir todos os seus efeitos jurídicos essenciais de forma imediata, com a entrada em vigor da Constituição, sem a necessidade de regulamentação por meio de lei. Possuem aplicabilidade direta, imediata e integral. • Alguns exemplos: Arts. 1º; 2º; 5º, III; 19; 51; 52, CF/1988.

Normas Constitucionais de Eficácia Contida
• Também são capazes de produzir todos os seus efeitos jurídicos essenciais de forma imediata, com a entrada em vigor da Constituição, sem a necessidade de regulamentação por meio de lei. Entretanto, poderá haver redução de sua abrangência por parte do legislador ordinário. Possuem aplicabilidade direta, imediata, mas possivelmente não integral, uma vez que estão sujeitas a restrições. • Alguns exemplos: Arts. 5º, incisos VIII e XIII, CF/1988.

Normas Constitucionais de Eficácia Limitada
• Somente são capazes de produzir plenamente todos os seus efeitos jurídicos após regulamentação por parte do legislador ordinário. Possuem aplicabilidade indireta e mediata. • Classificação: - Definidoras de princípios institutivos: traçam esquemas gerais de estruturação de instituições, órgãos ou entidades. Alguns exemplos: Arts. 18, § 2º e 33, CF/1988. - Definidoras de princípios programáticos: traçam objetivos, metas, programas a serem perseguidos e cumpridos pelo Estado brasileiro. Alguns exemplos: Arts. 3º e 196, CF/1988.

1.3. Classificação das constituições

Quanto ao conteúdo
- **Formal:** é aquela consubstanciada em um documento solene, estabelecido pelo Poder Constituinte, dotado de supremacia, e que somente poderá ser alterada por procedimentos especiais. A Constituição formal será escrita, rígida e dotada de supremacia. - **Material:** possui um conjunto de normas escritas, ou não, que trata de matérias essencialmente constitucionais (estrutura do Estado e direitos fundamentais).

Quanto à estabilidade
- **Rígida:** é aquela que necessita de um procedimento nela próprio previsto, mais dificultoso e solene, para a sua alteração. - **Flexível:** é aquela que não carece de procedimentos solenes ou específicos para sua alteração, que se dará do mesmo modo como ocorre nas modificações feitas no restante da legislação ordinária. - **Semirrígida ou semiflexível:** é aquela que contém alguns dispositivos que vão ser alterados por procedimentos especiais, mais solenes, mais dificultosos, enquanto outros não exigirão esse processo legislativo célebre para sua alteração. - **Imutável ou granítica:** é aquela que não prevê em seu corpo nenhum tipo de procedimento para alteração de seu texto.

Quanto à forma
- **Escrita:** é aquela consistente em um documento único, sistematizado, elaborado de uma só vez pelo Poder Constituinte. - **Não escrita:** é aquela composta por diversos documentos, elaborados de forma esparsa, ao longo do tempo, sejam eles escritos ou não.

DIREITO CONSTITUCIONAL

Quanto ao modo de elaboração
- **Dogmática:** equivale à escrita, quanto à forma. - **Histórica:** equivale à não escrita, quanto à forma.
Quanto à origem
- **Promulgada:** é aquela em que há participação popular em seu processo de elaboração e que, portanto, tem legitimidade. - **Outorgada:** é aquela que não conta com a participação popular em sua elaboração e que, consequentemente, é imposta. - **Cesarista:** é aquela elaborada sem participação popular, mas que, depois, é submetida ao crivo do povo para ratificar a vontade do detentor de poder. - **Pactuada ou dualista:** é aquela que nasce de um pacto entre o Rei e o Parlamento (representação popular), originando um texto constitucional alicerçado entre dois princípios antagônicos: o monárquico e o democrático.
Quanto à extensão
- **Analítica:** é detalhista, prolixa, e traz em seu texto outros conteúdos que não sejam aqueles tipicamente constitucionais. - **Sintética:** é concisa, resumida, e só traz em seu texto questões tipicamente constitucionais.
Quanto à ideologia
- **Ortodoxa:** é aquela que apresenta em seu texto apenas uma ideologia. - **Eclética:** é plural, aberta, e apresenta diversas ideologias em seu texto.
Quanto ao sistema
- **Preceitual:** é aquela em que predominam as regras. - **Principiológica:** é aquela em que predominam os princípios.
Quanto à unidade documental
- **Orgânica:** é aquela sistematizada em um documento único, que traz uma conexão entre suas normas, organizada em capítulos, títulos, seções - **Inorgânica:** é aquela em que não há conexão entre suas normas, pois é composta de documentos esparsos, elaborados ao longo de diferentes momentos, que são reunidos posteriormente.
Quanto à finalidade
- **Garantia:** também chamada de Constituição-Quadro, é típica do Estado Liberal de Direito, do final do século XVIII, o qual possui uma natureza abstencionista, de não intervenção na vida privada. Consagra direitos de primeira dimensão, ou seja, direitos individuais oponíveis ao Estado. - **Dirigente:** típica do Estado Social de Direito, do início do século XX, o qual possui uma natureza intervencionista. Consagra direitos de segunda dimensão e contém em seu bojo normas programáticas, que são aquelas que preveem metas, programas e objetivos a serem perseguidos pelo Estado e pela sociedade.
Quanto à correspondência com a realidade
(Critério ontológico de Karl Loewenstein): - **Normativa:** é aquela que apresenta uma adequação, uma verdadeira sintonia, entre seu texto e a realidade social. Apresenta um alto grau de efetividade. - **Nominal:** é aquela em que não há uma adequação do seu texto com a realidade social, havendo uma verdadeira discrepância entre o que está escrito e contexto fático. - **Semântica:** é aquela que trai o significado real de Constituição, pois, ao invés de limitar o poder estatal, ela legitima práticas autoritárias de poder.
OBSERVAÇÃO ➔ De acordo com essas classificações, a CF/1988 é: *formal, rígida, escrita, dogmática, promulgada, analista, eclética, principiológica, orgânica, dirigente e nominal.*

1.4. Poder constituinte

1.4.1. *Poder constituinte originário*

Noção
É o poder responsável pela elaboração da Constituição de um Estado, classificando-se como: - **Fundacional ou histórico**: responsável pela elaboração da primeira Constituição de um Estado; - **Pós-fundacional**: responsável pela elaboração das demais Constituições daquele Estado, acarretando o rompimento da ordem vigente e inaugurando-se uma nova ordem jurídica.
Titularidade
Modernamente, entende-se que pertence ao POVO. Mas aqui vale lembrar a doutrina clássica do final do século XVIII de Emmanuel J. Sieyès ("O que é o Terceiro Estado?") que afirmava que a titularidade pertencia à nação (Para a prova, assinalar que o titular é o povo!).
Natureza
Poder de fato e poder político, fruto das forças político-sociais que o criam (natureza pré-jurídica, de acordo com a corrente juspositivista).
Características
- **Inicial:** a chegada da Constituição, fruto da atuação do Poder Constituinte Originário, significa a inauguração da ordem jurídica daquele Estado, mediante ruptura com a ordem anterior. - **Ilimitado**: o Poder Constituinte Originário não se submete a limites impostos pela ordem jurídica anterior, justamente porque é ele que inaugura a ordem jurídica daquele Estado. Ou seja: de acordo com a corrente juspositivista, adotada no Brasil, ele é ilimitado, juridicamente falando. - **Incondicionado:** o Poder Constituinte Originário não se submete a procedimentos fixados pela ordem anterior. - **Permanente:** o Poder Constituinte Originário é permanente, o que significa dizer que, depois que ele elabora a sua obra, a Constituição, ele não se esgota, mas permanece em estado de latência, aguardando um novo momento constituinte, para ressurgir e elaborar, impulsionado pelas forças político-sociais, uma nova Constituição.

1.4.2. *Poder constituinte derivado*

Noção
É o poder instituído pelo Poder Constituinte Originário que tem por finalidades alterar o texto da Constituição Federal, para que ele possa acompanhar a evolução da sociedade, e também estruturar as Constituições dos Estados-membros.
Natureza
Poder de direito (natureza jurídica).
Características
O Poder Constituinte Derivado é secundário, limitado e condicionado, uma vez que deriva do Poder Constituinte Originário e está submetido a limitações impostas por ele.
Espécies

DIREITO CONSTITUCIONAL

I. Poder Constituinte Derivado Decorrente:
• Decorre da capacidade de auto-organização dos Estados-membros para a elaboração de suas Constituições Estaduais.
• Previsão: art. 25 da CF/1988 e art. 11 do ADCT.
• O STF julgou inconstitucional dispositivo da Constituição do Estado de Rondônia que instituiu quórum de 2/3 dos membros da Assembleia Legislativa para aprovação de proposta de emenda ao texto constitucional, ao contrário do que dispõe a Constituição Federal que exige, para sua alteração, 3/5 dos votos. Essa exigência viola o princípio da simetria, que impõe a reprodução obrigatória, nas constituições estaduais, dos chamados princípios sensíveis e estruturantes do modelo previsto no pacto federativo de estado e da separação de Poderes (STF-ADI 6453).
• Classifica-se em:
   a) Poder Constituinte Derivado Decorrente Inicial ou Instituidor (responsável por criar a Constituição Estadual) e
   b) Poder Constituinte Derivado Decorrente Reformador ou Anômalo (responsável por alterar o texto da Constituição Estadual).
• O Poder Constituinte Derivado Decorrente também é perceptível no Distrito Federal, pois o STF reconhece que a Lei Orgânica do DF possui o mesmo status jurídico ostentado pelas Constituições Estaduais (ADI 1167, j. 19.11.2014. No mesmo sentido: Reclamação 3436, STF.)

II. Poder Constituinte Derivado Reformador:
• Tem por finalidade promover alterações formais na Constituição Federal, adequando seu texto à evolução social, por meio de:
   a) Revisão constitucional: conforme previsão do art. 3º do ADCT, foi realizada uma revisão global no texto da Constituição cinco anos após a sua promulgação, pelo voto de maioria absoluta do Congresso Nacional, em sessão unicameral. Nessa ocasião (ano de 1994), foram aprovadas seis emendas de revisão. Majoritariamente, entende-se que não é possível a realização de outra revisão constitucional, sendo o art. 3º do ADCT uma norma de eficácia exaurida.
   b) Emenda Constitucional: prevista no art. 60, CF/1988, é a forma de se promoverem alterações pontuais no texto constitucional. Limitações ao poder de emenda:
      - **Formais subjetivas:** art. 60, "caput" e incisos I a III, CF/1988. A Constituição poderá ser emendada mediante proposta de um terço, no mínimo, dos membros da Câmara dos Deputados ou do Senado Federal; do Presidente da República; e de mais da metade das Assembleias Legislativas das unidades da Federação, manifestando-se, cada uma delas, pela maioria relativa de seus membros.
      - **Formais objetivas:** art. 60, §§ 2º, 3º e 5º, CF/1988. A proposta de emenda constitucional será discutida e votada em cada Casa do Congresso Nacional, em dois turnos, considerando-se aprovada se obtiver, em ambos, três quintos dos votos dos respectivos membros. A emenda à Constituição será promulgada pelas Mesas da Câmara dos Deputados e do Senado Federal, com o respectivo número de ordem. A matéria constante de proposta de emenda rejeitada ou havida por prejudicada não pode ser objeto de nova proposta na mesma sessão legislativa.
      - **Materiais (cláusulas pétreas):** art. 60, § 4º, CF/1988. Não será objeto de deliberação a proposta de emenda tendente a abolir a forma federativa de Estado; o voto direto, secreto, universal e periódico; a separação dos Poderes; os direitos e garantias individuais.
      - **Circunstanciais:** art. 60, §1º, CF/1988. A Constituição não poderá ser emendada na vigência de intervenção federal, de estado de defesa ou de estado de sítio.
      - **Implícitas:** impossibilidade de alteração da titularidade do Poder Constituinte; impossibilidade de revogação dos limites materiais expressos no art. 60, §4º, CF/1988; impossibilidade de supressão dos princípios fundamentais da nossa República consagrados nos arts. 1º a 4º, CF/1988.

1.4.3. Poder constituinte difuso

Poder responsável por promover alterações informais da Constituição, sem que haja alterações de seu texto. Essas alterações informais, geralmente viabilizadas pela via interpretativa, são chamadas "mutações constitucionais".

2. DIREITOS FUNDAMENTAIS

2.1. Teoria geral dos direitos fundamentais

O Título II da Constituição Brasileira de 1988 é dedicado aos Direitos e Garantias Fundamentais e encontra--se dividido em cinco capítulos:
I – Dos Direitos e Deveres Individuais e Coletivos
II – Dos Direitos Sociais
III – Da Nacionalidade
IV – Dos Direitos Políticos
V – Dos Partidos Políticos

Distinção: Direitos Fundamentais x Direitos Humanos

Os Direitos Fundamentais constituem aqueles valores mais caros e importantes que visam a garantir uma convivência digna, livre e igual de todas as pessoas. Eles são positivados no âmbito do direito interno de cada Estado, sobretudo em suas Constituições. A diferença entre eles e os chamados Direitos Humanos é exatamente o plano de positivação, já que estes são consagrados pelo direito internacional, sobretudo em Tratados e Convenções Internacionais.

Titularidade

De acordo com o art. 5º, "caput", CF/1988, "todos são iguais perante a lei, sem distinção de qualquer natureza, garantindo-se aos brasileiros e aos estrangeiros residentes no país a inviolabilidade do direito à vida, à liberdade, à igualdade, à segurança e à propriedade".
A partir de uma primeira leitura do dispositivo, poderíamos pensar que a Constituição excluiu de seu âmbito de proteção os estrangeiros não residentes no país, como, por exemplo, os turistas. Mas é preciso fazer uma interpretação extensiva desse artigo, para acrescê-los também a esse rol. A titularidade dos direitos e garantias fundamentais é conferida, então, a brasileiros natos e naturalizados, bem como a estrangeiros, residentes ou não no Brasil. As Pessoas Jurídicas também podem ser titulares de alguns direitos fundamentais, como, por exemplo, o direito de propriedade.

Características

a) **Irrenunciabilidade:** ninguém pode abrir mão de direitos fundamentais, de forma absoluta.
b) **Inalienabilidade:** ninguém pode alienar, ou transferir, a título gratuito ou oneroso, os direitos fundamentais.
c) **Imprescritibilidade:** os direitos fundamentais não deixam de ser exigíveis pela falta de uso.
d) **Universalidade:** os direitos fundamentais são aplicáveis a todos os seres humanos.
e) **Historicidade:** os direitos fundamentais são fruto de uma evolução histórica. Cada um deles representa uma conquista de determinado contexto histórico e representa reflexos de movimentos sociais e de anseios da sociedade de certa época.
f) **Complementaridade:** cada conquista de direitos fundamentais, em um momento histórico, é uma complementação de conquistas anteriores.
g) **Relatividade:** os direitos fundamentais não são absolutos. Um direito fundamental pode ser relativizado quando se encontra em conflito com outro direito tão fundamental como ele.

Eficácia
a) **Vertical:** ao falarmos de eficácia vertical, referimo-nos à aposição dos direitos fundamentais do particular frente ao Estado. Exemplo: uma pessoa comete um delito e será por ele processada. O Estado tem o poder punitivo, entretanto, para aplicá-lo, deve observar os direitos fundamentais que detém o particular, como a ampla defesa, o contraditório, o devido processo legal etc. b) **Horizontal:** trata-se da aplicação dos direitos fundamentais nas relações entre particulares, ou seja, nas relações privadas. Por exemplo: uma cooperativa deseja excluir de seus quadros um dos cooperativados. Para isso, ela deve garantir a ele o direito à ampla defesa. Temos uma situação em que a eficácia de um direito fundamental é aposta no âmbito de uma relação particular. c) **Diagonal:** a chamada eficácia diagonal dos direitos fundamentais também diz respeito à aplicação de Direitos Fundamentais nas relações entre particulares, mas, relação essa que tem em um dos polos alguém em situação de vulnerabilidade ou hipossuficiência. Exemplo: relações de consumo, que englobam fornecedores e consumidores. Estes estão em situação de vulnerabilidade em relação àqueles. De igual modo, em relações de trabalho, os empregados estão em situação de hipossuficiência em relação aos empregadores.

Gerações
Os direitos fundamentais foram agrupados de acordo com um perfil histórico-temporal que considerou a evolução histórica da gradativa consagração desses direitos nas Constituições, nas chamadas gerações ou dimensões dos direitos fundamentais. Sobre o tema, destaca-se a importante contribuição de Paulo Bonavides e Norberto Bobbio. a) **1ª Geração:** está relacionada com a liberdade. São direitos e garantias individuais clássicos, encontrando na limitação do poder estatal o seu maior fundamento. São consagradas as liberdades públicas negativas, onde o Estado não pode interferir nas relações jurídicas para a preservação do direito à vida, à liberdade de expressão, religião, reunião etc. Consagram-se, por exemplo, os direitos civis e políticos. b) **2ª Geração:** está relacionada com a igualdade. Compreende os direitos sociais, econômicos e culturais. São consagradas as liberdades públicas positivas, onde o Estado passa a proteger a parte vulnerável de uma relação jurídica, como, por exemplo, o empregado, o consumidor, os idosos etc. c) **3ª Geração:** está relacionada com a fraternidade. São direitos de solidariedade ou fraternidade. Os chamados direitos difusos se enquadram nesta geração, como, por exemplo, a proteção ao meio ambiente e a autodeterminação dos povos.
Mais recentemente, a doutrina, sem muito consenso, passa a classificar também os chamados "novos direitos", relacionando-os a novas gerações: d) **4ª Geração:** para Paulo Bonavides, essa geração se relacionaria com o direito à democracia, à informação e ao pluralismo. Para outros autores, estaria atrelada ao direito ao patrimônio genético e às questões relacionadas à bioética. e) **5ª Geração:** para Paulo Bonavides, é representada pelo direito à paz, transladado da terceira para a quinta geração. Para outros autores, aqui estariam direitos relacionados à evolução da cibernética e de tecnologias como realidade virtual e internet. f) **6ª Geração:** trata-se do direito de acesso à água potável.

Dimensões
a) **Subjetiva:** refere-se à possibilidade que o indivíduo tem de impor ações e omissões para o poder público, ou seja, os direitos fundamentais outorgam a seus titulares a possibilidade jurídica de impor interesses pessoais em face do Estado. b) **Objetiva:** surge a partir da década de 1950, com o Tribunal Constitucional Alemão. A dimensão objetiva é aquela que reconhece os direitos fundamentais como base do ordenamento jurídico e da sociedade. Os direitos fundamentais são nortes e vetores de interpretação para todo o ordenamento jurídico. Por essa razão, não podemos admitir nenhuma interpretação, de nenhum ramo do Direito, que os contrarie, pois os direitos fundamentais possuem a chamada eficácia irradiante.

Teoria dos Quatro Status
Essa teoria foi desenvolvida por Georg Jellinek no final do século XIX e objetiva especificar o status do indivíduo perante o Estado, no exercício dos direitos fundamentais. Ela possui, portanto, relação com a dimensão subjetiva dos direitos fundamentais. Assim, todo indivíduo, por fazer parte da comunidade, pode estar vinculado ao Estado com quatro status distintos: **a) Primeiro status: passivo**. Antes de pensar que o indivíduo detém direitos, é preciso pensar que ele possui deveres frente ao Estado. **b) Segundo status: negativo.** A ideia é de atuação negativa, de modo que o indivíduo possui o direito de exigir que o Estado não intervenha em sua vida particular. O indivíduo impõe ao poder público uma não intervenção em sua autonomia privada. **c) Terceiro status: positivo.** Aqui, tratamos de uma atuação positiva, de modo que o indivíduo é dotado do direito de exigir do Estado uma atuação positiva, para a implementação de direitos, que visem à melhoria de sua condição de vida. **d) Quarto status: ativo**. O indivíduo tem o direito de participar da vida do Estado, podendo contribuir com a formação da vontade estatal.
Aplicabilidade dos Direitos Fundamentais
A Constituição de 1988, em seu art. 5º, §1º, preceitua que "as normas definidoras dos direitos e garantias fundamentais têm aplicação imediata". Ao trazer essa disposição, a Constituição, na verdade, estabelece uma busca pela maior eficácia possível dos direitos fundamentais. Isso porque, em determinadas situações, não há como a aplicabilidade ser imediata, como é o caso dos direitos sociais, estabelecidos em normas de eficácia limitada, que dependem de regulamentação do poder público para que possam produzir plenamente todos os seus efeitos jurídicos. A aplicação imediata a que se refere nossa Constituição, então, não é absoluta. O que temos é uma ordem de otimização, que nos impulsiona para a busca da maior eficácia possível dos direitos fundamentais.

2.2. Direitos e deveres individuais e coletivos

Direito à vida
- O direito à vida, consagrado no "caput" do art. 5º, CF/1988, pode ser encarado sob uma dupla perspectiva: a) o direito de permanecer vivo; e b) o direito a uma vida digna. - Os direitos fundamentais não são absolutos. Até mesmo o direito à vida poderá ser relativizado. É o que faz a própria Constituição Federal, quando permite, no Brasil, a pena de morte em caso de guerra declarada, consoante art. 84, XIX, e art. 5º, XLVII, alínea "a", ambos da CF/1988. - É constitucional a Lei de Biossegurança (Lei 11.105/2005), que permite, para fins de pesquisa e terapia, a utilização de células-tronco embrionárias, obtidas de embriões humanos produzidos por fertilização "in vitro" e não usados no respectivo procedimento (ADI 3.510, j. 29.05.2008). - A interrupção da gravidez do feto anencéfalo não configura conduta criminosa tipificada nos arts. 124, 126, e 128, I e II, do CP brasileiro (ADPF 54, j. 12.04.2012). - A 1ª Turma do STF já decidiu, também, incidentalmente (sem caráter vinculante), que não configura crime a interrupção voluntária da gestação efetivada no primeiro trimestre (HC 124.306, j. 29.11.2016).
Direito à igualdade
- Ao tratar do princípio da igualdade, a Constituição se refere à proibição de distinções desarrazoadas entre indivíduos. Tratamentos diferenciados entre as pessoas podem até existir, considerando que, de fato, elas não iguais. O que não pode haver, entretanto, é uma diferenciação que extrapole o razoável e promova uma hierarquização entre uns e outros.

DIREITO CONSTITUCIONAL

- No julgamento da ADC 41 (j. 08.6.2017), o STF declarou a constitucionalidade da Lei 12.990/2014, que prevê a reserva de 20% das vagas oferecidas nos concursos públicos para provimento de cargos efetivos e empregos públicos no âmbito da Administração Pública Direta e Indireta.
- Três planos da igualdade (ADC 41): a) Igualdade formal: ideia de que "todos são iguais perante a lei, sem distinção de qualquer natureza", como previsto no "caput" do art. 5º, CF/1988. Ou seja: não pode a lei estabelecer regalias e diferenciações arbitrárias entre as pessoas; b) Igualdade material: relaciona-se intimamente com as ideias de distribuição de riquezas e de justiça social. Ela parte do pressuposto de que é necessária uma atuação positiva do Estado, para superar as desigualdades; c) Igualdade como reconhecimento: identifica a igualdade quanto ao respeito às minorias e ao tratamento da diferença de um modo geral. Significa respeitar as pessoas nas suas diferenças e procurar aproximá-las, igualando as oportunidades.
- Ações afirmativas: são políticas ou práticas estatais com o objetivo de igualar oportunidades a determinados grupos que, historicamente, são vulneráveis ou hipossuficientes, como uma medida de compensação pelo tratamento discriminatório que sofreram no passado. Exemplo: política de cotas raciais.
- Limite de idade para inscrição em concurso público: somente se legitima quando houver previsão em lei e quando puder ser justificado pela natureza das atribuições do cargo a ser preenchido (Súmula nº 683, STF).
- No julgamento da ADI 5543, em 09/05/2020, o STF considerou inconstitucionais dispositivos de normas do Ministério da Saúde e da Agência Nacional de Vigilância Sanitária (Anvisa) que excluíam do rol de habilitados para doação de sangue os "homens que tiveram relações sexuais com outros homens e/ou as parceiras sexuais destes nos 12 meses antecedentes".

Princípio da legalidade

- O princípio da legalidade está previsto no art. 5º, II, CF/1988, o qual estabelece que ninguém será obrigado a fazer ou a deixar de fazer alguma coisa, senão em virtude de lei, e também no "caput" do art. 37, CF/1988, como um dos princípios constitucionais da Administração Pública.
- O princípio da legalidade possui uma dupla perspectiva: a) em relação ao particular: ideia de autonomia da vontade, isto é, pode-se fazer tudo que não esteja proibido pela lei; b) em relação à Administração Pública: ideia de legalidade estrita, já que a Administração só pode fazer o que a lei autoriza.

Proibição a tratamento desumano ou degradante

- A CF/1988 prevê em seu art. 5º, III, que ninguém será submetido à tortura nem a tratamento desumano ou degradante, sendo que tratamento degradante significa infamante, humilhante, como se dá quando o ser humano, ainda que preso em flagrante de delito, é exibido ao público como se fosse um troféu, nos dizeres do Ministro Carlos Ayres Britto.
- Uso de algemas: a Súmula Vinculante 11 prevê só será lícito "em casos de resistência e de fundado receio de fuga ou de perigo à integridade física própria ou alheia, por parte do preso ou de terceiros, justificada a excepcionalidade por escrito, sob pena de responsabilidade disciplinar, civil e penal do agente ou da autoridade e de nulidade da prisão ou do ato processual a que se refere, sem prejuízo da responsabilidade civil do Estado".

Liberdade de expressão

- Marcha da maconha: é legítima a "marcha da maconha", movimento em favor da descriminalização da droga, por estar de acordo com duas liberdades individuais revestidas de caráter fundamental: o direito de reunião (liberdade-meio) e o direito à livre expressão do pensamento (liberdade-fim) (ADPF 187, j. 15.06.2011).
- Biografias não autorizadas: em consonância com os direitos fundamentais à liberdade de expressão da atividade intelectual, artística, científica e de comunicação, a publicação de biografias independe de autorização prévia da pessoa biografada (ou de seus familiares, em caso de pessoas falecidas), relativamente a obras biográficas literárias ou audiovisuais.
- Editais de concurso público não podem estabelecer restrição a pessoas com tatuagem, salvo situações excepcionais, em razão de conteúdo que viole valores constitucionais (RE 898.450, j. 17.08.2016).

- A Segunda Turma do STF, em 03/11/2020, cassou decisão que havia determinado a suspensão da exibição do vídeo "Especial de Natal Porta dos Fundos: A Primeira Tentação de Cristo", da produtora Porta dos Fundos na plataforma de streaming Netflix. Para os ministros, retirar material de circulação apenas porque seu conteúdo desagrada a uma parcela da população, ainda que majoritária, não encontra fundamento em uma sociedade democrática e pluralista como a brasileira, ressaltando, ainda, que que a obra não incita a violência contra grupos religiosos, mas constitui mera crítica (Informativo 998).

Liberdade de consciência e de crença

- O Brasil é um estado laico ou leigo, havendo uma separação, neutralidade, independência entre Estado e Igreja, e o respeito ao direito de crença e de não crença. A liberdade de consciência e de crença encontra-se consagrada constitucionalmente no art. 5º, VI a VIII, e no art. 19, I.
- O ensino religioso em escolas públicas de ensino fundamental, que constituirá disciplina dos horários normais, poderá ter natureza confessional, ou seja, ser vinculado às diversas religiões, ressaltando que será de matrícula facultativa, nos termos do art. 210, §1º, CF/1988 (ADI 4439, j. 27.09.2017).
- É inconstitucional a proibição a proselitismo de qualquer natureza, na programação das emissoras de radiodifusão comunitária, ou seja, a transmissão de conteúdo tendente a converter pessoas a uma doutrina, sistema, religião, seita ou ideologia (ADI 2.566, j. 16.05.2018).
- É constitucional a lei de proteção animal que, a fim de resguardar a liberdade religiosa, permite o sacrifício ritual de animais em cultos de religiões de matriz africana (RE 494601, j. 28.03.2019).

Direito à inviolabilidade domiciliar

- O art. 5º, inciso XI, CF/1988 prevê o direito à inviolabilidade domiciliar, como proteção à casa, no sentido de centro da vida privada, contra intromissões alheias. Como não se trata de um direito absoluto, prevendo o próprio texto constitucional, existem algumas situações em que a entrada em casa alheia sem a autorização do morador será possível: a) em caso de flagrante delito, desastre ou para prestar socorro: como se trata de situações emergenciais, a entrada poderá ocorrer a qualquer hora e sem necessidade ordem judicial; b) outras situações: somente durante o dia e mediante ordem judicial.
- Para o art. 5º, XI, CF/1988, a expressão "casa" é ampla, compreendendo o centro da vida privada do indivíduo, assim considerados também os escritórios e consultórios profissionais.
- Os advogados possuem o direito à inviolabilidade de seu escritório de advocacia. Assim, presentes indícios de autoria e materialidade da prática de crime por parte de advogado, a autoridade judiciária poderá expedir mandado de busca e apreensão, entretanto, seu cumprimento dependerá da presença de representante da OAB no recinto.
- Ressalte-se que, em qualquer hipótese, é proibida a utilização dos documentos, das mídias e dos objetos pertencentes a clientes do advogado averiguado, bem como dos demais instrumentos de trabalho que contenham informações sobre clientes, a não ser que esses também estejam sendo formalmente investigados partícipes ou coautores, pela prática do mesmo crime que deu causa à quebra da inviolabilidade. (Lei 8.906/1994 – Estatuto da Advocacia).
-O Tema 280 de repercussão geral do STF firmou a seguinte tese: "A entrada forçada sem mandado judicial só é lícita, mesmo em período noturno, quando amparada em fundadas razões, devidamente justificadas a posteriori, que indiquem que dentro da casa ocorre situação de flagrante delito, sob pena de responsabilidade disciplinar, civil e penal do agente ou da autoridade, e de nulidade dos atos praticados".

Liberdade de reunião

A liberdade de reunião, prevista no art. 5º, inciso XVI, CF/1988, engloba também o direito de manifestação e de protesto. É necessário, entretanto, que as reuniões: a) sejam pacíficas, sem armas e em locais abertos ao público; b) sejam previamente comunicadas às autoridades competentes (não é necessária a autorização; somente o prévio aviso); c) não frustrem outras reuniões convocadas anteriormente para aquele mesmo local.

DIREITO CONSTITUCIONAL

- O STF decidiu que são permitidas reuniões ou manifestações em locais públicos, independentemente de comunicação oficial prévia às autoridades competentes (RE 806339). Firmou-se a seguinte tese de repercussão geral: "A exigência constitucional de aviso prévio relativamente ao direito de reunião é satisfeita com a veiculação de informação que permita ao poder público zelar para que seu exercício se dê de forma pacífica ou para que não frustre outra reunião no mesmo local" (Tema 855).

Liberdade de associação
- Prevista no art. 5º, incisos XVII a XXI, CF/1988, a liberdade de associação para fins lícitos é plena, sendo vedada a de caráter paramilitar.   - As associações não precisam de autorização estatal para serem criadas, sendo, inclusive, vedada a interferência estatal em seu funcionamento.   - A dissolução, bem como a suspensão das atividades da associação, só ocorre por meio de decisão judicial. No primeiro caso (dissolução), destaque-se, é preciso haver trânsito em julgado.   - As associações podem representar seus filiados, judicial ou extrajudicialmente, desde que haja autorização expressa deles.   - Exceção: Súmula 629, STF → "A impetração de mandado de segurança coletivo por entidade de classe em favor dos associados independe da autorização destes."

3. REMÉDIOS CONSTITUCIONAIS

3.1. "Habeas Corpus"

3.1.1. Noção

- O "Habeas Corpus" (HC) é um remédio constitucional que tutela a liberdade de locomoção e está previsto no art. 5º, inciso LXVIII, CF/1988 e nos arts. 647 e seguintes do CPP.

- Embora esteja previsto em meio aos recursos no Código de Processo Penal, o HC não possui tal natureza, tratando-se, na verdade, de ação autônoma, de cunho mandamental.

- Tem prioridade sobre outras ações e é gratuito (art. 5º, LXVII, CF/1988).

- Pode ser concedido de ofício pelo juiz ou tribunal (art. 654, § 2º, CPP).

- Para sua impetração, não há necessidade de advogado, nem de atendimento a formalidades processuais.

> **OBSERVAÇÃO→** Está SUPERADA a **Súmula 690, STF** que dispõe que compete originariamente ao Supremo Tribunal Federal o julgamento de HC contra decisão de Turma Recursal de Juizados Especiais Criminais (JEC).
> Assim, conforme entendimento atual do STF, o julgamento de HC contra ato praticado por integrantes de Turma Recursal será de competência do:
> • Tribunal de Justiça (em se tratando de JEC Estadual) ou
> • Tribunal Regional Federal (em se tratando de JEC Federal).

3.1.2 Espécies

HC Preventivo	HC Repressivo ou Liberatório
Destina-se às situações em que há fundado receio de que a liberdade de locomoção seja atacada, por ilegalidade ou abuso de poder. Busca-se o denominado salvo-conduto, para garantir a liberdade de ir e vir.	Destina-se às situações em que a liberdade de locomoção já foi concretamente violada, por ilegalidade ou abuso de poder.

91

3.1.3 Cabimento

• O HC é cabível quando se verifique lesão ou ameaça de lesão à liberdade de locomoção, em virtude de ilegalidade ou abuso de poder. As hipóteses previstas no art. 648 do CPP, que indicam o que será considerado coação ilegal, são meramente exemplificativas.

• O HC será cabível mesmo quando liberdade de locomoção for afetada de forma indireta ou reflexa, como para impugnar a validade de decisão judicial que decreta a quebra de sigilo bancário, já que, a partir de tal procedimento, pode advir medida restritiva à liberdade de locomoção. Outro exemplo seria a possibilidade de impetração de HC para trancamento de inquérito policial ou ação penal.

• De acordo com o art. 142, § 2º, CF/1988, não cabe HC contra punições disciplinares militares. Mas, segundo o STF (HC 70.648 e RE 338.840), esse dispositivo precisa ser interpretado da seguinte maneira: não é cabível HC para apreciar o mérito dessas punições. Porém, para impugnar pressupostos de legalidade da punição, referido remédio será cabível. Importante ressaltar o esvaziamento, de certa forma, dessa situação com a entrada em vigor da Lei nº 13967, de 27/12/2019, que extingue a pena de prisão disciplinar para as polícias militares e os corpos de bombeiros militares dos Estados, dos Territórios e do Distrito Federal.

Não cabimento de HC
OBSERVAÇÃO ➔ **Súmula 606, STF:** Não cabe "habeas corpus" originário para o Tribunal Pleno de decisão de Turma, ou do Plenário, proferida em "habeas corpus" ou no respectivo recurso.
Súmula 693, STF: Não cabe "habeas corpus" contra decisão condenatória a pena de multa, ou relativo a processo em curso por infração penal a que a pena pecuniária seja a única cominada.
Súmula 695, STF: Não cabe "habeas corpus" quando já extinta a pena privativa de liberdade.
Súmula 694, STF: Não cabe "habeas corpus" contra a imposição da pena de exclusão de militar ou de perda de patente ou de função pública.
Súmula 692, STF: Não se conhece de "habeas corpus" contra omissão de relator de extradição, se fundado em fato ou direito estrangeiro cuja prova não constava dos autos, nem foi ele provocado a respeito.

3.1.4 Legitimidade

Ativa	Passiva
Quem impetra o HC é chamado **impetrante**. E ele o faz em favor do chamado paciente, que é quem, efetivamente, sofre a lesão ou ameaça de lesão à sua liberdade de locomoção. Impetrante e paciente podem, ou não, ser a mesma pessoa. O impetrante poderá ser qualquer pessoa: nacional, estrangeiro residente ou não no Brasil (desde que o HC seja redigido em língua portuguesa), independente de capacidade civil (legitimidade ativa universal). Pessoas jurídicas também podem impetrar HC, claro, em favor de paciente pessoa natural.	O HC pode ser impetrado contra ato de autoridade que praticou a ilegalidade ou o abuso de poder, denominada **autoridade coatora**. É admitido também o HC contra ato de particular, por exemplo, no caso de diretor de um hospital psiquiátrico que impede ilegalmente a saída do paciente que já recebeu alta.

3.1.5 "Habeas corpus" coletivo

O HC coletivo não tinha previsão expressa em lei ou na Constituição. Entretanto, a Segunda Turma do STF, em 20.02.2018, o entendeu cabível para a substituição da prisão preventiva por prisão domiciliar em favor de mulheres que ostentem a condição de gestantes, de puérperas ou de mães de crianças de até doze anos incompletos e deficientes sob sua responsabilidade, bem assim as adolescentes sujeitas a medidas socioeducativas que se encontrem na mesma situação (HC 143.641/SP).

Vale ressaltar que a Lei 13.769, de 19/12/2018, acrescentou, no Código do Processo Penal, o art. 318-A, o qual prevê que prisão preventiva imposta à mulher gestante ou que for mãe ou responsável por crianças ou pessoas com deficiência será substituída por prisão domiciliar, desde que não tenha cometido crime com violência ou grave ameaça a pessoa e não tenha cometido o crime contra seu filho ou dependente.

Em 20/10/2020, a Segunda Turma do STF também concedeu HC coletivo (HC 165704) para determinar a substituição da prisão cautelar por domiciliar dos pais e responsáveis por crianças menores de 12 anos e pessoas com deficiência, desde que cumpridos os requisitos previstos no artigo 318, CPP e outras condicionantes.

3.1.6 Liminar

Embora não haja previsão legal de concessão de liminar em HC, essa é admitida por analogia ao Mandado de Segurança, presentes o "fumus boni iuris" e o "periculum in mora". Assim, se for verificado que o paciente sofre ou está ameaçado de sofrer coação ilegal, o Juiz ou o Relator poderá conceder a liminar, mesmo que não haja pedido.

> OBSERVAÇÃO ➜ **Súmula 691, STF:** Não compete ao Supremo Tribunal Federal conhecer de "habeas corpus" impetrado contra decisão do relator que, em "habeas corpus" requerido a tribunal superior, indefere a liminar.

3.2. Mandado de segurança

3.2.1 Noção

- O Mandado de Segurança (MS) é uma ação constitucional de caráter civil, prevista no art. 5º, inciso LXIX, CF/1988 (MS individual) e no art. 5º, inciso LXX, CF/1988 (MS coletivo), que conta com procedimento especial, previsto na Lei nº 12.016/2009.
- Sua finalidade é a proteção a direito líquido e certo, em caso de lesão ou ameaça de lesão por ilegalidade ou abuso de poder, praticado por autoridade pública ou agente de pessoa jurídica no exercício de atribuições do poder público.
- Direito líquido e certo é aquele que pode ser demonstrado de plano, mediante prova pré-constituída, já que, no MS, não há fase de dilação probatória.
- O prazo para impetração do MS, consoante art. 23, Lei 12.016/2009, é de 120 dias, contado da ciência, pelo interessado, do ato a ser impugnado.
- Controvérsia sobre matéria de direito não impede concessão de MS.

3.2.2 Espécies

MS Preventivo	MS Repressivo
Cabível em caso de ato que represente concretamente ameaça de violação a direito líquido e certo.	Cabível em caso de lesão já existente a direito líquido e certo.

3.2.3 Cabimento

O MS será cabível quando estiverem preenchidos os seguintes requisitos:

1. Ato eivado de ilegalidade ou abuso de poder, praticado por autoridade pública ou agente de pessoa jurídica no exercício de atribuições do poder público;
2. Lesão ou ameaça de lesão a direito líquido e certo;
3. Não cabimento de HC ou HD (o MS é residual);
4. Respeito ao prazo de 120 dias contado da ciência, pelo interessado, do ato a ser impugnado (prazo decadencial).
<center>**O MS não é cabível:**</center>
- Contra os atos de gestão comercial praticados pelos administradores de empresas públicas, de sociedade de economia mista e de concessionárias de serviço público; - Quando se tratar de ato do qual caiba recurso administrativo com efeito suspensivo, independentemente de caução; - Quando se tratar de decisão judicial da qual caiba recurso com efeito suspensivo; - Quando se tratar de decisão judicial transitada em julgado; - Contra lei em tese; - Como substitutivo de Ação de Cobrança ou de Ação Popular. Vide: art. 1º, § 2º, e art. 5º, Lei 12.016/2009.
OBSERVAÇÃO ➜ **Súmula 333, STJ:** Cabe Mandado de Segurança contra ato praticado em licitação promovida por sociedade de economia mista ou empresa pública.

3.2.4 Mandado de segurança coletivo

Conforme art. 21, parágrafo único, da Lei 12.016/2009, o MS Coletivo tem por finalidade proteger direitos coletivos e direitos individuais homogêneos. Vale ressaltar que, majoritariamente, também se admite MS Coletivo para proteção a direitos difusos, mesmo não havendo previsão legal expressa.

OBSERVAÇÕES ➜ **Súmula 629, STF:** A impetração de Mandado de Segurança coletivo por entidade de classe em favor dos associados independe da autorização destes. **Súmula 630, STF:** A entidade de classe tem legitimação para o Mandado de Segurança ainda quando a pretensão veiculada interesse apenas a uma parte da respectiva categoria.

3.2.5 Legitimidade

Ativa	Passiva
O impetrante do **MS individual** poderá ser pessoa natural (brasileira ou estrangeira), pessoa jurídica, órgão público despersonalizado (Mesa do Legislativo, Chefia do Executivo etc.), universalidade de bens (espólio, massa falida, condomínio). Quanto ao **MS coletivo**, sua legitimidade ativa vem expressamente prevista na CF/1988, em seu art. 5º, LXX, e trata-se de partido político com representação no Congresso Nacional, organização sindical, entidade de classe ou associação legalmente constituída e em funcionamento há pelo menos um ano, em defesa dos interesses de seus membros ou associados.	Segundo a doutrina majoritária e o Superior Tribunal de Justiça, a legitimidade passiva do MS pertence à pessoa jurídica a quem está vinculada a autoridade coatora. A autoridade coatora é a responsável pelo ato impugnado (praticou o ato ou da qual emanou ordem para a sua prática) e é de identificação obrigatória. Equiparam-se a autoridades coatoras os representantes ou órgãos de partidos políticos e os administradores de entidades autárquicas, bem como os dirigentes de pessoas jurídicas ou as pessoas naturais no exercício de atribuições do poder público, somente no que disser respeito a essas atribuições (art. 1º, § 1º, Lei 12.016/2009).

3.2.6 Súmulas importantes para leitura

Supremo Tribunal Federal
Súmulas 701, 632, 631, 630, 629, 627, 626, 625, 624, 623, 622, 510, 474, 430, 429, 405, 330, 319, 304, 299, 294, 272, 271, 270, 269, 268, 267, 266, 248, 101.
Superior Tribunal de Justiça
Súmulas 628, 604, 460, 333, 177, 169, 105, 41.

3.3. Mandado de injunção

3.3.1 Noção

• O Mandado de Injunção (MI) está previsto no art. 5º, inciso LXXI, CF/1988, e é regulamentado pela Lei nº 13.300/2016. Em seu rito, aplica-se subsidiariamente a Lei nº 12.016/2009 e o Código de Processo Civil.

• Sua finalidade é viabilizar direitos, garantias e prerrogativas inerentes à nacionalidade, à soberania e à cidadania, previstos na Constituição, cujo exercício está obstaculizado por falta total, ou parcial, de norma regulamentadora.

• Seu objeto são normas constitucionais de eficácia limitada que prevejam direitos inerentes à nacionalidade, à soberania e à cidadania, e que não tenham sido regulamentadas.

3.3.2 Mandado de injunção coletivo

O MI Coletivo não encontra previsão expressa na Constituição Federal, mas já era admitido, por analogia ao MS Coletivo, antes mesmo do advento da Lei 13.300/2016, que o consagrou.

3.3.3 Legitimidade

Ativa	Passiva
- Podem ser impetrantes de MI pessoas naturais ou jurídicas que se afirmam titulares dos direitos, das liberdades ou das prerrogativas inerentes à nacionalidade, à soberania e à cidadania. - Quanto ao MI Coletivo, sua legitimidade ativa está prevista no art. 12 da Lei 13.300/2016, pertencendo: ao Ministério Público, quando a tutela requerida for especialmente relevante para a defesa da ordem jurídica, do regime democrático ou dos interesses sociais ou individuais indisponíveis; aos partidos políticos com representação no Congresso Nacional, para assegurar o exercício de direitos, liberdades e prerrogativas de seus integrantes ou relacionados com a finalidade partidária; a organização sindical, entidade de classe ou associação legalmente constituída e em funcionamento há pelo menos 1 (um) ano, para assegurar o exercício de direitos, liberdades e prerrogativas em favor da totalidade ou de parte de seus membros ou associados, na forma de seus estatutos e desde que pertinentes a suas finalidades, dispensada, para tanto, autorização especial; à Defensoria Pública, quando a tutela requerida for especialmente relevante para a promoção dos direitos humanos e a defesa dos direitos individuais e coletivos dos necessitados, na forma do inciso LXXIV do art. 5º da Constituição Federal.	- Os impetrados do MI estão previstos no art. 3º, parte final, da Lei nº 13.300/2016, a saber, o Poder, o órgão ou a autoridade com atribuição para editar a norma regulamentadora. Diferentemente do que ocorre no HC e no MS, particulares não podem ser legitimados passivos no MI, justamente porque eles não têm atribuição para editar normas.

3.3.4 Efeitos da decisão concessiva

• A Lei 13.300/2016 adotou, como regra, acerca dos efeitos da decisão concessiva do MI, a tese chamada **concretista intermediária** (art. 8º). **Concretista** porque a decisão do Judiciário irá viabilizar o exercício do direito até que sobrevenha a norma regulamentadora; **intermediária** porque essa viabilização ao exercício do direito não é imediata. Ou seja, o Judiciário cientifica o poder competente da mora e estabelece um prazo para que a supra. Caso não o faça, o órgão julgador irá tomar as providências necessárias para viabilizar o exercício do direito. Entretanto, quando comprovado que o impetrado deixou de atender, em MI anterior, ao prazo estabelecido para a edição da norma, a tese aplicada será a **concretista direta**, já que, nesse caso, o direito será viabilizado de imediato pelo Judiciário (parágrafo único do art. 8º).

• De acordo com o art. 9º da Lei 13.300/2016, a decisão terá eficácia subjetiva limitada às partes e produzirá efeitos até o advento da norma regulamentadora, podendo ser conferida eficácia "ultra partes" ou "erga omnes" à decisão, quando isso for inerente ou indispensável ao exercício do direito, da liberdade ou da prerrogativa objeto da impetração.

3.4. "Habeas data"

3.4.1 Noção

• O "Habeas Data" (HD) é uma ação constitucional que tutela o direito à privacidade e à informação e que tem previsão no art. 5º, LXXII, CF/1988, regulamentado pela Lei 9.507/1997.

• Trata-se de uma ação gratuita.

3.4.2 Cabimento

• A Constituição Federal prevê a impetração de HD para assegurar o conhecimento de informações relativas à pessoa do impetrante, constantes de registros ou bancos de dados de entidades governamentais ou de caráter público e para a retificação de dados, quando não se prefira fazê-lo por processo sigiloso, judicial ou administrativo.

• A Lei 9.507/1997 prevê mais uma hipótese: para a anotação nos assentamentos do interessado, de contestação ou explicação sobre dado verdadeiro, mas justificável e que esteja sob pendência judicial ou amigável.

• Banco de dados privado de caráter público consiste em todo registro ou banco de dados que contenham informações que sejam ou que possam ser transmitidas a terceiros ou que não sejam de uso privativo do órgão ou entidade produtora ou depositária das informações, como o Serviço de Proteção ao Crédito – SPC.

• As informações requeridas devem dizer respeito à pessoa do impetrante, pois essa ação é de caráter personalíssimo. Tratando-se de informações acerca de terceiro, ou mesmo informações públicas, o HD não será cabível.

DIREITO CONSTITUCIONAL

• Não caberá, também, o HD em caso de recusa no fornecimento de certidões para defesa de direitos e esclarecimento de situações de interesse pessoal (art. 5º, XXXIV, CF/1988).

• Nesses casos (informações de terceiros ou recusa no fornecimento de certidões), poderá ser cabível o MS, claro, caso presentes os seus requisitos.

• Para caracterização do interesse de agir, a petição inicial deverá ser instruída com prova da recusa ao acesso às informações ou do decurso de mais de dez dias sem decisão; ou da recusa em fazer-se a retificação ou do decurso de mais de quinze dias sem decisão; ou da recusa em fazer-se a anotação no dado ou do decurso de mais de quinze dias sem decisão. (Nesse sentido: art. 8º, parágrafo único, da Lei 9.507/1997 e Súmula 2, STJ).

3.4.3 Legitimidade

Ativa	Passiva
Pessoa natural (brasileira ou estrangeira) ou pessoa jurídica.	A legitimidade passiva irá depender da natureza do banco de dados: público (governamental) ou privado de caráter público. Assim, em se tratando de banco de dados de entidade governamental, o HD será impetrado contra a pessoa jurídica integrante da Administração Pública direta ou indireta. Caso se trate de banco de dados privados de caráter público, será impetrado contra a pessoa jurídica de direito privado que contiver o mencionado banco de dados.

3.5. Ação Popular

3.5.1 Noção

• A Ação Popular (AP) é a verdadeira "ação da cidadania", já que o povo (cidadão) atuará diretamente como "fiscal" de atos do poder público. Representa, assim, uma forma de exercício da soberania popular e um genuíno instrumento de democracia direta, que objetiva a proteção a direitos difusos.

• Está prevista no art. 5º, inciso LXXIII, CF/1988, e é regulamentada pela Lei nº 4.717/65.

• Sua natureza é desconstitutivo-condenatória, uma vez que objetiva declarar a nulidade de atos que causem lesão ao patrimônio público, à moralidade administrativa, ao patrimônio histórico e cultural, ou ao meio ambiente, bem como condenar os responsáveis e os beneficiários das práticas de tais atos.

• Atos omissivos também podem ser objeto de AP, pois a ausência de atuação do poder público pode configurar ameaça ou efetiva violação ao patrimônio público, à moralidade administrativa, ao meio ambiente ou ao patrimônio histórico e cultural.

• O autor da AP estará isento de custas judiciais e ônus de sucumbência, salvo se comprovada sua má-fé.

• O prazo prescricional para a propositura da AP é de cinco anos (art. 21, Lei 4.717/65).

3.5.2 Legitimidade

Ativa	Passiva
Somente poderá propor AP o **cidadão**, ou seja, o nacional em gozo de seus direitos políticos, sendo que a prova da cidadania, para ingresso em juízo, deverá ser feita com o título eleitoral, ou com documento que a ele corresponda.	Nos termos do art. 6º da Lei 4.717/65, a ação será proposta contra as pessoas públicas ou privadas e as entidades referidas no art. 1º da mesma lei, contra as autoridades, funcionários ou administradores que houverem autorizado, aprovado, ratificado ou praticado o ato impugnado, ou que, por omissas, tiverem dado oportunidade à lesão, e contra os seus beneficiários diretos.

OBSERVAÇÕES
• Por não ostentarem a condição de "cidadãos", não podem propor AP: estrangeiros (exceto português equiparado), apátridas, pessoas jurídicas (Súmula 365, STF), brasileiros que estejam com os seus direitos políticos perdidos ou suspensos (art. 15, CF/1988) e o Ministério Público.
• Sobre o Ministério Público: conforme dito, não poderá o MP interpor AP, já que não ostenta a condição de "cidadão". Entretanto, acompanhará a ação e atuará na condição de fiscal da ordem jurídica, podendo apresentar recursos. Caso o autor desista da ação ou dê motivo à absolvição da instância, poderá o Ministério Público, dentro do prazo de 90 (noventa) dias da última publicação feita, promover o prosseguimento da ação. Ademais, caso decorridos 60 (sessenta) dias da publicação da sentença condenatória de segunda instância, sem que o autor ou terceiro promova a respectiva execução, o representante do Ministério Público a promoverá nos 30 (trinta) dias seguintes, sob pena de falta grave (arts. 6º, § 4º, 9º, 16 e 18, § 2º, Lei 4.717/1965).
• Um jovem entre 16 e 18 anos de idade, caso já esteja alistado como eleitor, poderá propor AP, sem a necessidade de assistência (entendimento majoritário).
• Para a propositura da AP, é necessária a presença de advogado.
• Não importa o domicílio eleitoral do autor, que poderá propor a ação contra ato praticado em local diverso de onde exerce o seu direito ao voto.

3.5.3 Competência

A AP será proposta no juízo de 1ª instância da Justiça Comum (federal ou estadual), independente de quem seja a autoridade que figure como ré, justamente para deixá-la "mais perto do povo". Vale ressaltar que, excepcionalmente, nos casos do art. 102, inciso I, alíneas "f" e "n", CF/1988, a competência originária será do STF.

4. NACIONALIDADE

4.1. Introdução

• Nacionalidade é o vínculo jurídico-político que liga a pessoa a um determinando Estado, fazendo-a componente do povo (elemento pessoal) desse Estado.

• A Constituição Federal de 1988 trata do tema em seu art. 12, o qual vem regulamentado pela Lei de Migração (Lei 13.445/2017), que revogou o Estatuto do Estrangeiro (Lei 6.815/1980).

• A nova Lei de Migração possui um caráter modernizante, e promove uma alteração paradigmática com relação à visão do estrangeiro, que agora é visto como não mais como uma "ameaça à segurança nacional", e sim como sujeitos de direitos e de proteção do Estado, estabelecendo, assim, uma política migratória regida por diretrizes humanitárias.

4.2. Aquisição da nacionalidade brasileira

4.2.1. Nacionalidade originária: brasileiro nato

Prevista no art. 12, I, CF/1988, a nacionalidade originária ou primária se relaciona com o nascimento do indivíduo (seja com o local do nascimento ou com a sua ascendência). Os critérios são os seguintes:

"Ius solis"
• É a regra geral no Brasil: aquele que nasce no território brasileiro, ainda que filho de pais estrangeiros, é brasileiro nato (art. 12, I, "a", CF/1988).   • Exceção (não será brasileiro nato, mesmo nascendo no território brasileiro): quando o pai e a mãe forem estrangeiros e pelo menos um deles estiver a serviço de seu país.
"Ius sanguinis"
• Neste caso, o indivíduo será brasileiro não porque nasceu em território brasileiro, mas porque é filho de brasileiro, tem "sangue" de brasileiro. O critério "ius sanguinis" sempre tem que vir combinado com outros critérios, senão vejamos: a) "ius sanguinis" + pai brasileiro ou mãe brasileira, estando qualquer um deles a serviço da República Federativa do Brasil (art. 12, I, "b", CF/1988)   b) "ius sanguinis" + registro em repartição brasileira competente (art. 12, I, "c", 1ª parte, CF/1988)   c) "ius sanguinis" + residência na República Federativa do Brasil + opção confirmativa, após a maioridade (art. 12, I, "c", 2ª parte, CF/1988).
OBSERVAÇÃO ➔ De acordo com o Decreto nº 9.199/2017, que regulamentou a Lei de Migração, a opção de nacionalidade é ato personalíssimo e deverá ocorrer por meio de procedimento específico, de jurisdição voluntária, perante a Justiça Federal, a qualquer tempo, após atingida a maioridade civil (art. 213).

4.2.2. Nacionalidade derivada: brasileiro naturalizado

Prevista no art. 12, II, CF/1988, a nacionalidade derivada ou secundária depende da vontade do indivíduo (estrangeiro ou apátrida) em adquirir a nacionalidade brasileira, por meio de submissão a um processo de naturalização. A CF/1988 prevê duas espécies distintas de naturalização, quais sejam:

Naturalização ordinária
• Previsão: art. 12, II, "a", CF/1988.   • Para originários de países de língua portuguesa: basta comprovar residência por um ano ininterrupto no Brasil e idoneidade moral.   • Para os demais estrangeiros e apátridas: A Constituição não cita expressamente os requisitos, dizendo apenas que serão brasileiros naturalizados aqueles que "na forma da lei" adquiram a nacionalidade brasileira. Tais requisitos encontram-se expressos no art. 65 da Lei de Migração (Lei 13.445/2017), quais sejam: a) ter capacidade civil segundo a lei brasileira; b) ter residência em território nacional pelo prazo mínimo de quatro anos (podendo esse prazo ser reduzido para um ano, conforme art. 66 da mesma lei); c) comunicar-se em língua portuguesa, consideradas as condições do naturalizando; d) não possuir condenação penal ou estar reabilitado nos termos da lei.

Naturalização extraordinária
• Previsão: art. 12, II, "b", CF/1988 e art. 67 da Lei nº 13.455/2017. • Para estrangeiros de qualquer nacionalidade e apátridas. • Requisitos: comprovação de residência há mais de quinze anos ininterruptos no Brasil e ausência de condenação penal.
OBSERVAÇÃO Além das duas espécies de naturalização previstas na Constituição Federal (ordinária e extraordinária), a Lei nº 13.445/2017 traz mais duas, denominadas especial (art. 68) e provisória (art. 70).

4.3. Distinções entre brasileiros natos e naturalizados:

O art. 12, §2º, CF/1988 prevê que a lei não poderá estabelecer distinção entre brasileiros natos e naturalizados. Assim, a regra é a de igualdade de tratamento, de isonomia, entre o nato e o naturalizado. Entretanto, há exceções, as quais devem necessariamente estar previstas na Constituição Federal, quais sejam:

Cargos privativos de brasileiros natos – Art. 12, § 3º, CF/1988
São privativos de brasileiros natos os cargos de Presidente e Vice-Presidente da República; de Presidente da Câmara dos Deputados; de Presidente do Senado Federal; de Ministro do Supremo Tribunal Federal; da carreira diplomática; de oficial das Forças Armadas; e de Ministro de Estado da Defesa.
Extradição – Art. 5º, LI, CF/1988
Os brasileiros natos jamais serão extraditados (trata-se de extradição passiva). Os brasileiros naturalizados, por outro lado, podem ser extraditados, mas somente em duas situações: 1. prática de crime comum, antes da naturalização, ou 2. comprovado envolvimento em tráfico ilícito de entorpecentes e drogas afins, em qualquer tempo.
Conselho da República – Art. 89, VII, CF/1988
Fazem parte do Conselho da República, além de todos aqueles indivíduos citados no art. 89 da CF/1988 (inciso I a VI), seis cidadãos que necessariamente devem ser brasileiros natos, com mais de trinta e cinco anos de idade, sendo dois nomeados pelo Presidente da República, dois eleitos pelo Senado Federal e dois eleitos pela Câmara dos Deputados, todos com mandato de três anos, vedada a recondução,
Propriedade de empresa jornalística e de radiodifusão sonora e de sons e imagens – Art. 222, CF/1988
A propriedade de empresa jornalística e de radiodifusão sonora e de sons e imagens será privativa de brasileiros natos ou naturalizados há mais de dez anos, ou de pessoas jurídicas constituídas sob as leis brasileiras e que tenham sede no País.

4.4. "Quase nacionalidade"

Conforme art. 12, § 1º, CF/1988, havendo reciprocidade em favor de brasileiros residentes em Portugal, os portugueses com residência permanente no Brasil terão tratamento equiparado ao brasileiro naturalizado. São chamados "quase-nacionais" porque, como não se submeteram ao processo de naturalização, permanecem estrangeiros (portugueses), mas, por outro lado, possuem direitos equivalentes aos dos brasileiros naturalizados.

4.5. Perda da nacionalidade brasileira

As hipóteses de perda da nacionalidade brasileira encontram-se taxativamente previstas no art. 12, § 4º, CF/1988, sendo elas as seguintes:

DIREITO CONSTITUCIONAL

"Perda-punição":
Prevista no art. 12, § 4º, inciso I, CF/1988, a perda-punição aplica-se somente ao brasileiro naturalizado. Ela ocorre quando houver o cancelamento da naturalização, por sentença judicial, em virtude de atividade nociva ao interesse nacional. Dessa maneira, não poderá haver a reaquisição da nacionalidade perdida por meio de um novo processo de naturalização, sendo possível apenas mediante ação rescisória.
"Perda-mudança":
Prevista no art. 12, § 4º, inciso II, CF/1988, a perda-mudança aplica-se tanto ao brasileiro nato como ao brasileiro naturalizado. E ela ocorre pela via administrativa, quando o brasileiro, nato ou naturalizado, adquire outra nacionalidade, de forma voluntária. Nessa situação, poderá haver a reaquisição da nacionalidade perdida, uma vez cessada a causa da perda ou revogado o ato que declarou a perda, na forma definida pelo órgão competente do Poder Executivo (art. 27, Lei 13.445/2017). Vale lembrar que o art. 257, §7º, Decreto 9.199/2017 determina que o deferimento do requerimento de reaquisição ou revogação da perda importará o restabelecimento da nacionalidade originária brasileira. • **Exceções** (situações em que o brasileiro irá adquirir outra nacionalidade e não irá perder a brasileira): caso de reconhecimento de nacionalidade originária pela lei estrangeira; e de imposição de naturalização, pela norma estrangeira, ao brasileiro residente em estado estrangeiro, como condição para permanência em seu território ou para o exercício de direitos civis (alíneas "a" e "b" do art. 12, § 4º, II, CF/1988).

5. DIREITOS POLÍTICOS

5.1. Introdução

• Quando falamos em direitos políticos, referimo-nos a um desdobramento do princípio democrático, em que o povo participa e decide os rumos do Estado. A depender da forma como é essa participação popular, a democracia poderá ser direta (o povo exerce diretamente o poder) ou indireta ou representativa (o povo escolhe seus representantes para exercerem, em seu nome, as funções do Estado).

• Nossa Constituição Federal, no art. 1º, parágrafo único, e no art. 14, "caput", congrega um sistema híbrido chamado **democracia semidireta ou participativa**, que nada mais é que um sistema de democracia indireta, em que o povo elege seus representantes, mas que contempla alguns instrumentos de participação direta do povo no poder, como o plebiscito e o referendo (que são mecanismos de consulta ao povo acerca de matéria de acentuada relevância) e a iniciativa popular para a apresentação de projetos de lei (art. 61, § 2º, CF e Lei nº 9.709/1998).

Plebiscito	O plebiscito é convocado com anterioridade a ato legislativo ou administrativo, cabendo ao povo, pelo voto, aprovar ou denegar o que lhe tenha sido submetido. Trata-se de uma consulta prévia ao povo.
Referendo	O referendo é convocado com posterioridade a ato legislativo ou administrativo, cumprindo ao povo a respectiva ratificação ou rejeição. Trata-se da confirmação ou não, pelo povo, de uma matéria que já foi aprovada pelo Congresso Nacional.
Iniciativa popular	A iniciativa popular é a prerrogativa constitucional para apresentação à Câmara dos Deputados um projeto de lei (ordinária ou complementar) de autoria do povo. Referido projeto de lei deverá ser subscrito por, no mínimo, um por cento do eleitorado nacional, distribuído pelo menos por cinco Estados, com não menos de três décimos por cento dos eleitores de cada um deles.
OBSERVAÇÃO ➔ É competência exclusiva do Congresso Nacional (art. 49, XV, CF/1988): • Autorizar referendo • Convocar plebiscito	

5.2. Direitos políticos positivos

Os direitos políticos positivos podem ser entendidos como um conjunto de normas que viabilizam a participação do povo no processo político, que possui os seguintes desdobramentos:

• Direito de votar, seja em eleições, plebiscitos ou referendos (capacidade eleitoral ativa);
• Direito de ser votado (capacidade eleitoral passiva);
• Direito de apresentar projeto de lei de iniciativa popular;
• Direito de propor ação popular;
• Direito de participar e organizar partidos políticos.

5.2.1. Capacidade eleitoral ativa

Trata-se do direito de votar. O pressuposto para seu exercício é a alistabilidade perante a Justiça Eleitoral, ou seja, para votar, é preciso estar devidamente alistado como eleitor (possuir o título de eleitor).

Art. 14, § 1º, CF/1988: O alistamento eleitoral e o voto são:	
Obrigatórios para:	Maiores de dezoito anos
Facultativos para:	Analfabetos
	Maiores de setenta anos
	Maiores de dezesseis e menores de dezoito anos.

Art. 14, §2º, CF/1988: **Não podem alistar-se como eleitores e, por conseguinte, não podem votar (inalistáveis):**	Estrangeiros (exceto português equiparado – art. 12, § 1º, CF/1988)
	Conscritos, durante o período do serviço militar obrigatório

5.2.2. Capacidade eleitoral passiva

Trata-se do direito de ser votado, de se candidatar a cargos eletivos. O pressuposto para seu exercício é a elegibilidade, cujas condições estão previstas no art. 14, § 3º, CF/1988:

• Nacionalidade brasileira;
• Pleno exercício dos direitos políticos;
• Alistamento eleitoral;
• Domicílio eleitoral na circunscrição;
• Filiação partidária;
• Idade mínima de: *i)* 35 anos → para Presidente e Vice-Presidente da República e Senador; *ii)* 30 anos → para Governador e Vice-Governador de Estado e do Distrito Federal; *iii)* 21 anos → para Deputado Federal, Deputado Estadual ou Distrital, Prefeito, Vice-Prefeito e juiz de paz; *iv)* 18 anos → para Vereador.

OBSERVAÇÕES	
Tempo de domicílio/ filiação	O tempo mínimo de domicílio eleitoral na circunscrição e de filiação partidária para que o candidato possa concorrer às eleições é de seis meses (art. 9º da Lei 9.504/1997).
Idade mínima	As idades mínimas constitucionalmente estabelecidas como condição de elegibilidade, como regra, deverão ser verificadas tendo por referência a data da posse, salvo quando fixada em dezoito anos (ou seja, para Vereador), hipótese em que será aferida na data-limite para o pedido de registro (art. 11, § 2º, Lei 9.504/1997).

5.3. Direitos políticos negativos

Trata-se de um conjunto de normas que irá inviabilizar a participação popular no processo político, impedindo o pleno exercício dos direitos políticos. Compreendem:

5.3.1 Causas de perda e de suspensão de direitos políticos

As causas de perda e de suspensão de direitos políticos inviabilizam a capacidade eleitoral ativa e passiva do indivíduo.

Perda
- Privação definitiva dos direitos políticos;   - Previsão ➔ art. 15, I, CF/1988:   • Cancelamento da naturalização por sentença transitada em julgado.
Suspensão
- Privação temporária dos direitos políticos;   - Previsão ➔ art. 15, II a V, CF/1988:   • Incapacidade civil absoluta;   • Condenação criminal transitada em julgado, enquanto durarem seus efeitos;   • Recusa de cumprir obrigação a todos imposta ou prestação alternativa, nos termos do art. 5º, VIII (*alguns autores entendem ser causa de perda, e não de suspensão*);   • Improbidade administrativa, nos termos do art. 37, § 4º, CF/1988.
OBSERVAÇÕES ➔ 1. Nossa Constituição Federal não admite, em nenhuma hipótese, a cassação (retirada arbitrária) de direitos políticos.   2. Em 08/05/2019, julgando o RE 601182 (repercussão geral), entendeu o STF que a suspensão de direitos políticos prevista no art. 15, inc. III, da Constituição Federal aplica-se no caso de substituição da pena privativa de liberdade pela restritiva de direitos.

5.3.2. Inelegibilidades

As inelegibilidades afetam somente a **capacidade eleitoral passiva**. O indivíduo permanece com a possibilidade de votar, mas não pode se candidatar a cargos eletivos. Quanto à abrangência, existem dois tipos de inelegibilidades:

Inelegibilidades absolutas
- São aquelas que impedem o indivíduo de concorrer para qualquer eleição e para qualquer cargo (art. 14, § 4º, CF/1988), e atingem: • Inalistáveis (ou seja: estrangeiros e conscritos durante o serviço militar obrigatório); • Analfabetos.

Inelegibilidades relativas	
- São aquelas que inviabilizam o indivíduo de concorrer em determinadas eleições e para alguns cargos apenas, a depender da situação. Elas podem ser funcionais, reflexas, legais e ainda referentes ao fato de ser o candidato militar. Vejamos:	
Funcionais	- Previsão: art. 14, § 5º e § 6º, CF/1988. - O Presidente da República, os Governadores de Estado e do Distrito Federal, os Prefeitos e quem os houver sucedido, ou substituído no curso dos mandatos, poderão ser reeleitos (**mesmo cargo**) para um único período subsequente. - Para concorrerem a **outros cargos**, o Presidente da República, os Governadores de Estado e do Distrito Federal e os Prefeitos devem renunciar aos respectivos mandatos até seis meses antes do pleito (prazo de desincompatibilização). OBSERVAÇÃO ➜ O TSE (Recurso Especial Eleitoral 32.507, j. 17.12.2008 e o STF (RE 637.485, j. 17.12.2008) não mais admitem a figura do "prefeito itinerante" ou "prefeito profissional". Exemplo: José exerceu, por dois mandatos consecutivos, o cargo de prefeito do Município X. Sabendo ser inelegível para um terceiro mandato consecutivo como prefeito do Município X, José transfere seu domicílio eleitoral para o Município Y e lá se candidata a prefeito.
Reflexas	- Previsão: art. 14, § 7º, CF/1988. - Tem o objetivo de evitar o monopólio de famílias no poder político. Como regra, são inelegíveis, no território de circunscrição do titular, o cônjuge/companheiro (união heteroafetiva ou homoafetiva) e os parentes consanguíneos ou afins, até o segundo grau ou por adoção, do Presidente da República, de Governador de Estado ou Território, do Distrito Federal, de Prefeito ou de quem os haja substituído dentro dos seis meses anteriores ao pleito. EXCEÇÃO ➜ Se o cônjuge/ companheiro ou o parente até 2º grau já é titular de mandato eletivo e é candidato à reeleição, a inelegibilidade reflexa está afastada. ATENÇÃO ➜ De acordo com a Súmula Vinculante nº 18, "a dissolução da sociedade ou do vínculo conjugal, no curso do mandato, não afasta a inelegibilidade prevista no § 7º do artigo 14 da Constituição Federal". Entretanto, segundo o STF, a Súmula Vinculante 18 não se aplica quando a extinção do vínculo conjugal se der pela morte de um dos cônjuges (RE 758.461, j. 30.10.2014).
Legais	- Partem da abertura da Constituição Federal para que Lei Complementar estabeleça outros casos de inelegibilidade e os prazos de sua cessação, a fim de proteger a probidade administrativa, a moralidade para exercício de mandato considerada vida pregressa do candidato e a normalidade e legitimidade das eleições contra a influência do poder econômico ou o abuso do exercício de função, cargo ou emprego na administração direta ou indireta (art. 14, § 9º, CF/1988).
Questão dos militares	- O Militar alistável pode se candidatar a cargos eletivos, mas, para isso, é preciso observar algumas condições previstas no art. 14, §8º, CF/1988: *i)* se contar menos de dez anos de serviço, deverá afastar-se da atividade; *ii)* se contar mais de dez anos de serviço, será agregado pela autoridade superior e, se eleito, passará automaticamente, no ato da diplomação, para a inatividade.

DIREITO CONSTITUCIONAL

5.4. Ação de impugnação de mandato eletivo (aime)

A AIME é a única ação eleitoral que está prevista na Constituição (art. 14, §10 e §11, CF/1988) e tem por objetivo impugnar o mandato daquele que foi eleito por meio de fraude, corrupção ou abuso de poder econômico. Essa ação tramita em segredo de justiça perante a Justiça Eleitoral e sua propositura deve ocorrer em até quinze dias, contados da data da diplomação.

6. ORGANIZAÇÃO DO ESTADO

6.1. Forma de estado

Trata-se da forma como o exercício do poder político é distribuído geograficamente dentro de um território. O Brasil, desde o Decreto nº 01, de 15.11.1889, adota o federalismo como forma de Estado, sendo que a primeira Constituição que o consagrou foi a de 1891.

6.1.1 *Características do federalismo brasileiro*

• Descentralização do exercício do poder político: há um ente central dotado de soberania (República Federativa do Brasil) e entes federativos dotados apenas de autonomia (União, Estados, Distrito Federal e Municípios). Essa autonomia compreende uma tríplice capacidade: auto-organização (os entes federativos possuem legislações próprias), autogoverno (poderes próprios) e autoadministração (competências próprias) (art. 1º e 18, "caput", CF/1988);
• Indissolubilidade do vínculo federativo (inexistência do direito de secessão);
• Constituição rígida como base jurídica;
• Existência de um órgão de cúpula do Poder Judiciário (Supremo Tribunal Federal) que resolva os conflitos entre os entes federativos.
ATENÇÃO → República Federativa do Brasil (RFB) e União não se confundem. A RFB é pessoa jurídica de direito internacional dotada de soberania, ou seja, possui um poder político supremo e independente, já que não está limitado por nenhum outro poder na ordem interna e, na ordem internacional, não é obrigada a acatar ordens que lhes sejam impostas. Já a União, pessoa jurídica de direito público interno, é um ente federativo, dotada apenas de autonomia (e não de soberania). É através da União que a RFB se representa em suas relações internacionais.

6.1.2. *Classificação do federalismo brasileiro*

Quanto à origem	• Federalismo por segregação ou centrífugo. • Estado Federal foi formado por meio da divisão de um Estado Unitário que já existia, havendo, portanto, um deslocamento de poder do centro para a periferia.
Quanto à concentração de poder	• Federalismo centrípeto. • Existe uma maior concentração de poder no polo central, ou seja, no plano federal.
ATENÇÃO → Quanto à origem, o federalismo brasileiro é denominado centrífugo. Quanto à atual concentração de poder, centrípeto.	

6.1.3. Territórios

• Com a chegada da Constituição Federal de 1988, não existem, na prática, mais Territórios no Brasil, já que os Territórios do Amapá e Roraima foram transformados em Estados-membros, e o de Fernando de Noronha foi incorporado ao Estado de Pernambuco (arts. 14 e 15 do ADCT). O art. 33, CF/1988, prevê a possibilidade de criação de novos Territórios, mas é bem certo que, mesmo se criados, não serão eles entes federativos, tratando-se de mera descentralização administrativo-territorial da União (entidades autárquicas), desprovidos de autonomia.

6.2. Técnicas de repartição de competências na CF/1988

• Como sabemos, os entes federativos (União, Estados, Distrito Federal e Municípios), todos autônomos, são dotados da capacidade de autoadministração, possuindo competências próprias, que são distribuídas a cada um deles pela Constituição Federal.

• A CF/1988 congrega duas técnicas de repartição de competências: a primeira é chamada **repartição horizontal**, em que há uma distribuição separada de competências para cada ente federativo. Ela advém do federalismo dual/clássico americano (Constituição Americana de 1787), é típica do Estado Liberal de Direito e adotada pelo Brasil desde a Constituição de 1891.

• A segunda, por sua vez, é denominada **repartição vertical** e comporta uma interação entre os entes federativos, que irão exercer conjuntamente as competências, de forma comum e concorrente. Ela deriva do federalismo de cooperação alemão (Constituição de Weimar, de 1919). É característica do Estado Social de Direito e adotada pelo Brasil desde a Constituição de 1934.

• A distribuição de competências entre os entes federativos na CF/1988 é feita com base no Princípio da Predominância do Interesse, da seguinte forma:

União	Matérias de interesse geral
Estados	Matérias de interesse regional
Municípios	Matérias de interesse local
DF	Matérias de interesse tanto regional quanto local

6.2.1 Repartição horizontal de competências

Competências da União	
Art. 21, CF/1988	Competências exclusivas. Natureza administrativa ou material. São indelegáveis.
Art. 22, CF/1988	Competências privativas. Natureza legislativa. São delegáveis, de acordo com o parágrafo único do art. 22, CF/1988. Requisitos para delegação: • Lei complementar; • União pode delegar para Estados e DF; • O objeto da delegação deve ser questão específica sobre as matérias do art. 22, CF/1988.

DIREITO CONSTITUCIONAL

Competências dos Estados-membros	
Art. 25, §1º, CF/1988	Competência residual ou remanescente Cabem aos Estados as competências que não estejam enumeradas para a União e para os Municípios.
Excepcionalmente, a CF/1988 enumera competências para os Estados:	
Art. 25, §2º, CF/1988	Cabe aos Estados a exploração diretamente, ou mediante concessão, de serviços locais de gás canalizado (vedada a edição de medida provisória para a sua regulamentação).
Art. 25, §3º, CF/1988	A instituição de regiões metropolitanas, aglomerações urbanas e microrregiões se dá mediante Lei Complementar Estadual.
Art. 18, §4º, CF/1988	A criação, incorporação, fusão e desmembramento de Municípios se dá mediante Lei Ordinária Estadual.
Competências dos Municípios	
Art. 30, I, CF/1988	Competências legislativas. Assuntos de interesse local.
Art. 30, III a IX, CF/1988	Competências administrativas ou materiais.
Competências do Distrito Federal	
Art. 32, I, CF/1988	Competência cumulativa. Competências legislativas estaduais + municipais.
OBSERVAÇÃO ➜ É vedada a divisão do Distrito Federal em Municípios. Assim, Brasília não é Município e, portanto, não é um ente federativo dotado de autonomia. Brasília é a Capital Federal e também sede do governo do Distrito Federal.	

Cuidado para não confundir:	
Requisitos para criação de novos Estados	**Requisitos para criação de novos Municípios**
Art. 18, § 3º, CF/1988	Art. 18, § 4º, CF/88
• Aprovação da população diretamente interessada, através de plebiscito. • Oitiva da Assembleia Legislativa (art. 48, inciso VI, CF/1988) • Lei Complementar Federal.	• Lei Complementar Federal estabelecendo o período (essa LC ainda não foi elaborada no Brasil). • Divulgação dos Estudos de Viabilidade Municipal, apresentados e publicados na forma da lei. • Consulta prévia, mediante plebiscito, às populações dos Municípios envolvidos. Lei Ordinária Estadual regulamentando a criação, incorporação, fusão ou desmembramento do Município.

6.2.2 Repartição vertical de competências

Competência comum	
Art. 23, CF/1988	• União, Estados, Distrito Federal, Municípios. • Natureza administrativa ou material. • Leis complementares fixarão normas para a cooperação entre a União e os Estados, o Distrito Federal e os Municípios, tendo em vista o equilíbrio do desenvolvimento e do bem-estar em âmbito nacional.

Competência concorrente	
Art. 24, CF/1988	• União, Estados, Distrito Federal. • Natureza legislativa. • União estabelece normas gerais e os Estados/ DF estabelecem normas específicas, complementando as normas gerais da União. • Competência suplementar complementar: 24, § 2º, CF/1988). • Os Municípios também possuem competência suplementar complementar, conforme art. 30, II, CF/1988. • Se a União não edita as normas gerais, os Estados/DF passam a exercer competência legislativa plena. Aqui, trata-se de competência suplementar supletiva: art. 24, § 3º, CF/1988. • Havendo a superveniência de norma geral da União, a norma estadual ficará com a eficácia suspensa naquilo em que lhe for contrário (art. 24, § 4º, CF/1988).

6.3. Vedações

Visando ao equilíbrio federativo, o art. 19, CF/1988 apresenta vedações à União, aos Estados, ao Distrito Federal e aos Municípios, quais sejam:

- Estabelecer cultos religiosos ou igrejas, subvencioná-los, embaraçar-lhes o funcionamento ou manter com eles, ou seus representantes, relações de dependência ou aliança, ressalvada, na forma da lei, a colaboração de interesse público;
- Recusar fé aos documentos públicos;
- Criar distinções entre brasileiros ou preferências entre si.

6.4. Pontos relevantes

Súmula Vinculante nº 02	"É inconstitucional a lei ou ato normativo estadual ou distrital que disponha sobre sistemas de consórcios e sorteios, inclusive bingos e loterias."
Súmula Vinculante nº 38	"É competente o Município para fixar o horário de funcionamento de estabelecimento comercial."
Súmula Vinculante nº 39	"Compete privativamente à União legislar sobre vencimentos dos membros das polícias civil e militar e do corpo de bombeiros militar do Distrito Federal."
Súmula Vinculante nº 46	"A definição dos crimes de responsabilidade e o estabelecimento das respectivas normas de processo e julgamento são de competência legislativa privativa da União."

6.5. Intervenção

A regra geral do Estado Federal é a autonomia dos entes federativos (União, Estados--membros, Distrito Federal e municípios), caracterizada pela tríplice capacidade de auto-organização, autogoverno e autoadministração. No entanto, excepcionalmente, será possível o afastamento desta autonomia por meio da intervenção. Essa medida excepcional, repita-se, consiste na supressão temporária da autonomia de determinado ente federativo, nas hipóteses taxativas previstas na Constituição Federal.

DIREITO CONSTITUCIONAL

Intervenção Federal	
Hipóteses taxativas de intervenção federal Art. 34. A União não intervirá nos Estados nem no Distrito Federal, exceto para:	I – manter a integridade nacional; II – repelir invasão estrangeira ou de uma unidade da Federação em outra; III – pôr termo a grave comprometimento da ordem pública; IV – garantir o livre exercício de qualquer dos Poderes nas unidades da Federação; V – reorganizar as finanças da unidade da Federação que: a) suspender o pagamento da dívida fundada por mais de dois anos consecutivos, salvo motivo de força maior; b) deixar de entregar aos Municípios receitas tributárias fixadas nesta Constituição, dentro dos prazos estabelecidos em lei; VI – prover a execução de lei federal, ordem ou decisão judicial; VII – assegurar a observância dos seguintes princípios constitucionais: a) forma republicana, sistema representativo e regime democrático; b) direitos da pessoa humana; c) autonomia municipal; d) prestação de contas da administração pública, direta e indireta. e) aplicação do mínimo exigido da receita resultante de impostos estaduais, compreendida a proveniente de transferências, na manutenção e desenvolvimento do ensino e nas ações e serviços públicos de saúde.

- A União, como regra geral, só poderá intervir nos Estados-membros e no Distrito Federal (decretado pelo Presidente da República). Já os Estados-membros só poderão intervir nos municípios localizados em seu território (decretado pelo Governador de Estado);

- A União só poderá intervir diretamente nos municípios existentes dentro de Território Federal. Observe-se que atualmente não há Territórios Federais no Brasil, mas podem ser criados no futuro.

Espécies de intervenção federal	
Espontânea (o Presidente da República decreta, *ex officio*, a intervenção federal):	Art. 34, I, II, III e V da CF.
Provocada por solicitação dos Poderes Executivo ou Legislativo locais:	Art. 34, IV, da CF.
Provocada por requisição do Poder Judiciário (STF):	Art. 34, IV (Poder Judiciário local), VI e VII, da CF.

Intervenção Estadual	
Hipóteses taxativas de intervenção estadual Art. 35. O Estado não intervirá em seus Municípios, nem a União nos Municípios localizados em Território Federal, exceto quando:	I – deixar de ser paga, sem motivo de força maior, por dois anos consecutivos, a dívida fundada; II – não forem prestadas contas devidas, na forma da lei; III – não tiver sido aplicado o mínimo exigido da receita municipal na manutenção e desenvolvimento do ensino e nas ações e serviços públicos de saúde; IV – o Tribunal de Justiça der provimento a representação para assegurar a observância de princípios indicados na Constituição Estadual, ou para prover a execução de lei, de ordem ou de decisão judicial.

7. ORGANIZAÇÃO DOS PODERES

7.1. Poder legislativo

7.1.1 Funções

Típicas	Atípicas
• Legislar • Fiscalizar	• Julgar • Administrar
Exemplos de funções atípicas: • O Senado Federal julga o Presidente da República pela prática de crime de responsabilidade (art. 52, I, CF/1988) ➜ função judiciária; • Compete à Câmara e ao Senado definirem sua organização administrativa e seu funcionamento (art. 51, IV e 52, XIII, CF/1988) ➜ função administrativa.	

7.1.2 Organização

O Poder Legislativo, no âmbito federal, possui estrutura bicameral, sendo exercido pelo Congresso Nacional, que é composto por duas Casas: Senado Federal e Câmara dos Deputados.

	SENADO FEDERAL	CÂMARA DOS DEPUTADOS
Composição	Os Senadores são representantes dos Estados e o Distrito Federal.	Os Deputados Federais são representantes do Povo.
Número total de membros	81 Senadores	513 Deputados Federais.
Representação em cada Estado e Distrito Federal	03 Senadores para cada Estado e 03 para o DF. Cada Senador será eleito com 02 suplentes. Não há Senadores para Territórios.	Proporcional à população dos Estados e do DF, de modo que nenhuma unidade da federação tenha menos de 08 ou mais de 70 Deputados Federais. Nos Territórios, se criados, o número de Deputados Federais será fixo, 04.
Mandato	08 anos (02 legislaturas).	04 anos (01 legislatura).
Renovação da Casa	Parcial, de quatro em quatro anos, alternadamente, por um e dois terços.	Total.
Sistema eleitoral	Majoritário simples	Proporcional
Idade mínima (condição de elegibilidade)	35 anos, na data da posse	21 anos, na data da posse
Presidência da Casa	Cargo privativo de brasileiro nato	Cargo privativo de brasileiro nato

DIREITO CONSTITUCIONAL

7.1.3 Imunidades parlamentares

As imunidades parlamentares são conferidas aos membros do Poder Legislativo, em razão da função, para que possam desempenhar suas atividades com a mais ampla autonomia e independência. Por serem de ordem pública, não podem ser renunciadas. Os Deputados Federais e os Senadores gozam das seguintes imunidades:

Imunidade material ou inviolabilidade parlamentar
• Previsão: art. 53, "caput", CF/1988. • Neutraliza a responsabilidade penal, civil, administrativa, política e disciplinar do parlamentar por suas opiniões, palavras e votos proferidos em razão da função.

Imunidade formal em relação à prisão
• Previsão: art. 53, § 2º, CF/1988 • Regra: Após a diplomação, os parlamentares não poderão ser presos. • Exceção 1 (prevista na CF): os parlamentares poderão ser presos em flagrante de crime inafiançável ➜ os autos serão remetidos dentro de vinte e quatro horas à Casa respectiva, para que, pelo voto da maioria de seus membros, resolva sobre a prisão. • Exceção 2 (admitida pelo STF) ➜ os parlamentares também poderão ser presos em decorrência de sentença condenatória transitada em julgado (STF: AP 396, j. 26.6.2013).

Imunidade formal em relação ao processo
• Previsão: art. 53, §§ 3º a 5º, CF/1988 • Incide quando o crime for praticado após a diplomação. • O STF recebe a denúncia ou a queixa contra o parlamentar (desnecessária licença da respectiva Casa Legislativa), e dá ciência à Casa respectiva. • Partido político com representação na Casa poderá provocar a Mesa Diretora para apreciar a possibilidade de sustação da ação penal. • O pedido de sustação será apreciado pela Casa no prazo improrrogável de quarenta e cinco dias do seu recebimento pela Mesa Diretora. • A sustação da ação ocorrerá caso haja voto da maioria dos membros da Casa. • Havendo a sustação do processo, haverá também a suspensão da prescrição, até o término do mandato.

Foro por prerrogativa de função
• Previsão: art. 53, § 1º e art. 102, I, b, CF/1988. • Os Deputados Federais e Senadores, desde a expedição do diploma, serão submetidos a julgamento perante o Supremo Tribunal Federal. • O STF, em 03/05/2018 (AP 937 QO/RJ), decidiu que o foro por prerrogativa de função se aplica apenas a crimes cometidos no exercício do cargo e em razão das funções a ele relacionadas (A Súmula 394 do STF foi cancelada). • O STF, em sessão virtual finalizada em 1º/04/2022 (Questão de Ordem no INQ 4342), decidiu que deputados e senadores que respondem a procedimento penal no STF mantêm a prerrogativa de foro em caso de "mandato cruzado", ou seja, quando o parlamentar investigado ou processado por um suposto crime em razão do cargo que exerce é eleito para a outra Casa Legislativa.

7.1.4. Comissão parlamentar de inquérito (CPI)

As Comissões Parlamentares de Inquérito são comissões de natureza temporária, que representam função típica do Poder Legislativo, já que sua finalidade é fiscalizatória. Encontram-se previstas no art. 58, § 3º, CF/1988, Lei 1.579/52, Lei 10.001/00 e Regimentos Internos das Casas Legislativas.

Requisitos cumulativos para instauração de CPI federal
1 Requerimento de, no mínimo, um terço dos membros da Câmara dos Deputados e do Senado Federal, em conjunto ou separadamente (direito público subjetivo das minorias);   2 Fato determinado (fatos conexos com o fato inicial da investigação também poderão ser apurados pela CPI, mediante o aditamento de seu objeto);   3 Prazo certo (podendo haver prorrogações, desde que respeitado, como limite, o término da legislatura).
OBSERVAÇÃO➔ Por simetria, esses requisitos devem ser observados para a abertura de CPIs no âmbito estadual, distrital e municipal.
Poderes de investigação da CP
A CPI possui "poderes de investigação" (poderes instrutórios) próprios das autoridades judiciais, podendo, conforme art. 2º, Lei 1.579/1952:   • Determinar diligências que reputarem necessárias e requerer a convocação de Ministros de Estado,   • Tomar o depoimento de quaisquer autoridades federais, estaduais ou municipais,   • Ouvir os indiciados, inquirir testemunhas sob compromisso,   • Requisitar da administração pública direta, indireta ou fundacional informações e documentos,   • Transportar-se aos lugares onde se fizer mister a sua presença.
CPI também pode determinar, por ato próprio, quebra de sigilo bancário, fiscal, de dados e telefônico (registros telefônicos).
Limites aos poderes de investigação da CPI
Esses poderes encontram limites na chamada **cláusula de reserva de jurisdição**, já que determinados atos previstos na Constituição somente podem emanar do Poder Judiciário. Assim, CPI **não poderá**, por ato próprio, determinar: • Busca domiciliar (art. 5º, XI, CF/1988).   • Interceptação telefônica, ou seja, quebra de sigilo das comunicações telefônicas (art. 5º, XII, CF/1988).   • Prisões, exceto flagrante.   • Medidas acautelatórias, como arresto, sequestro, indisponibilidade de bens (CPI não tem poder geral de cautela).
OBSERVAÇÃO➔ Interceptação telefônica x Quebra de sigilo telefônico: Interceptação telefônica – refere-se ao acesso ao conteúdo das conversas telefônicas. A CPI **não pode** determinar seu afastamento por ato próprio, por se tratar de reserva de jurisdição, conforme art. 5º, XII, CF/1988 e Lei 9296/1996.   Quebra de sigilo telefônico – diz respeito ao afastamento do sigilo somente dos registros telefônicos, o que **pode** ser determinado por ato próprio de CPI.
Outras questões importantes sobre CPI
CPIs estaduais podem determinar quebra de sigilo bancário.
Mandados de Segurança e "Habeas Corpus" impetrados contra atos de CPI federal serão de competência originária do Supremo Tribunal Federal.

DIREITO CONSTITUCIONAL

O relatório conclusivo da CPI com a resolução que o aprovar deverá ser encaminhado, para as devidas providências, entre outros órgãos, ao Ministério Público ou à Advocacia-Geral da União, com cópia da documentação, para que promovam a responsabilidade civil ou criminal por infrações apuradas e adotem outras medidas decorrentes de suas funções institucionais (art. 6º-A, Lei 1.579/1952).

O processo ou procedimento, administrativo ou judicial, instaurado em decorrência das conclusões da CPI, terá prioridade sobre qualquer outro, exceto sobre aquele relativo a pedido de "habeas corpus", "habeas data" e mandado de segurança, nos termos da Lei 10.001/2000.

O direito ao silêncio e à não autoincriminação devem ser garantidos na CPI.

7.2. Poder executivo

7.2.1. Funções

Típica	Atípicas
• Administrar	• Legislar • Julgar
Exemplos de funções atípicas: • O Presidente da República edita medidas provisórias e leis delegadas (arts. 62 e 68, CF/1988) ➔ função legislativa; • Julgamento, pelo Poder Executivo, no contencioso administrativo ➔ função judiciária.	

7.2.2 Organização

• No âmbito federal, o Poder Executivo é exercido pelo Presidente da República e por seu Vice-Presidente, auxiliados pelos Ministros de Estado.

• Dentro do nosso sistema presidencialista, o Presidente da República exerce, ao mesmo tempo, as funções de chefe do governo e de chefe de Estado.

• O cargo de Presidente da República é privativo de brasileiro nato, com idade mínima de 35 anos, aferidos na data da posse.

• A eleição é para um mandato de 04 anos e terá início em 5 de janeiro do ano seguinte ao de sua eleição, permitida a reeleição para um período subsequente. Além disso, o Presidente da República é eleito junto ao seu respectivo Vice, por meio do sistema majoritário absoluto, ou de dois turnos.

• As eleições para Presidente da República ocorrem, em primeiro turno, no primeiro domingo de outubro do último ano do mandato e, em segundo turno, se houver, no último domingo do mesmo mês.

• Haverá necessidade de segundo turno quando nenhum dos candidatos à Presidência alcançar, na primeira votação, a maioria absoluta dos votos, não computados brancos e nulos, concorrendo os dois candidatos mais bem votados.

• Se, antes de realizado o segundo turno, ocorrer morte, desistência ou impedimento legal de candidato, convocar-se-á, dentre os remanescentes, o de maior votação. Se ocorrer empate entre os remanescentes, será chamado o mais idoso.

7.2.3 Substituição e sucessão do Presidente da República

Substituição
• Ocorre em casos de afastamentos temporários do Presidente da República (impedimentos), como viagens ou motivos de saúde. Quem assume cargo é o Vice-Presidente, enquanto durar a ausência do titular. Havendo impedimento também do Vice, a linha de substituição deve obedecer à seguinte ordem: Presidente da Câmara dos Deputados, Presidente do Senado Federal e Presidente do Supremo Tribunal Federal. • Ressalte-se que o Presidente da Câmara dos Deputados, o Presidente do Senado Federal e o Presidente do Supremo Tribunal Federal jamais completarão o mandato, assumindo apenas de maneira temporária, até que o Presidente da República e o Vice retornem.
Sucessão
• Ocorre em caso de afastamento definitivo do Presidente da República (vacância), como morte, renúncia ou "impeachment". Quem o assume é o Vice-Presidente, para completar o mandato. • Se houver vacância também do cargo de Vice-Presidente da República, a chamada dupla vacância, (por exemplo, Presidente e Vice sofreram um acidente aéreo e morreram, ou ambos sofreram "impeachment"), será necessária a realização de novas eleições (art. 81 da CF/1988). • Se a dupla vacância ocorrer nos dois primeiros anos do mandato, essas eleições serão diretas, no prazo de 90 dias, depois da abertura da última vaga. Caso ela aconteça nos últimos dois anos do mandato, as eleições serão indiretas, no prazo de 30 dias, também depois da abertura da última vaga. • Até que se realizem essas novas eleições, a Chefia do Executivo não poderá ficar acéfala. Por isso, assumirão, na ordem, os substitutos temporários: Presidente da Câmara dos Deputados, o Presidente do Senado Federal e o Presidente do Supremo Tribunal Federal. Os novos eleitos irão apenas completar o mandato de seus antecessores (mandato-tampão).

7.2.4. Responsabilidade do Presidente da República

Infrações penais comuns
• São infrações penais previstas no Código Penal, na legislação penal especial, na legislação eleitoral, na lei de contravenções penais etc. • Quando o Presidente da República praticar infrações penais comuns, ele será processado e julgado pelo Supremo Tribunal Federal, nos termos do art. 102, I, b c/c 86, "caput", CF/1988. O procedimento está previsto no Regimento Interno do STF e na Lei 8.038/1990. • O Presidente da República somente poderá ser processado por crimes comuns (bem como por crimes de responsabilidade) se houver autorização de dois terços da Câmara dos Deputados, conforme art. 86, "caput" c/c art. 51, I, CF/1988 (juízo de admissibilidade). • Recebendo o STF a denúncia ou a queixa contra o Presidente da República, ele automaticamente ficará suspenso de suas funções pelo prazo de cento e oitenta dias. Caso esse prazo seja ultrapassado e o julgamento não esteja concluído, cessará o afastamento do Presidente e processo prosseguirá normalmente (art. 86, § 2º, CF/1988). • Importante ressaltar que, se o Presidente da República praticar crime que não tenha relação com suas funções, ele não poderá ser responsabilizado na vigência de seu mandato (cláusula de irresponsabilidade penal relativa – art. 86, § 4º, CF/1988). • A única hipótese de prisão do Presidente da República é aquela prevista no art. 86, § 3º, CF/1988: sentença condenatória prolatada pelo STF, não havendo a possibilidade de imposição de nenhuma espécie de prisão cautelar contra ele (flagrante, preventiva, temporária).

DIREITO CONSTITUCIONAL

Crimes de responsabilidade
• São infrações político-administrativas previstas no art. 85, CF/1988 e Lei 1.079/1950, que acarretam a perda do cargo e a inabilitação para o exercício de funções públicas pelo período de oito anos ("impeachment"). Quando o Presidente da República pratica crimes de responsabilidade, ele será processado e julgado pelo Senado Federal, nos termos do art. 52, I, c/c 86, "caput", CF/1988.
• Da mesma forma que nos crimes comuns, o Presidente da República somente poderá ser processado por crimes de responsabilidade se houver autorização de dois terços da Câmara dos Deputados, conforme art. 86, "caput" c/c art. 51, I, CF/1988 (juízo de admissibilidade).
• O STF, na ADPF 378, entendeu que, havendo a autorização da Câmara, o Senado não é obrigado a instaurar o processo contra o Presidente da República.
• Instaurado o processo no Senado Federal, o Presidente da República automaticamente ficará suspenso de suas funções pelo prazo de 180 dias. Caso esse prazo seja ultrapassado e o julgamento não esteja concluído, cessará o afastamento do Presidente e processo prosseguirá normalmente (art. 86, § 2º, CF/1988).
• O Senado funcionará como um verdadeiro tribunal, dependendo a condenação do Presidente da República de voto de dois terços dos Senadores. Quem irá conduzir o julgamento será o Presidente do Supremo Tribunal Federal (art. 52, § único, CF/1988).
• Mediante voto de dois terços do Senado, o Presidente da República será condenado às penas de perda do cargo, e inabilitação, por oito anos, para o exercício de função pública, sem prejuízo das demais sanções judiciais cabíveis.

7.3. Poder Judiciário

7.3.1. Funções

Típica	Atípicas
• Julgar	• Legislar • Administrar
Exemplos de funções atípicas: • Os Tribunais elaboram os seus regimentos internos (art. 96, I, a, CF/1988) ➔ função legislativa; • Os Tribunais organizam as suas secretarias e seus serviços auxiliares (art. 96, I, b, CF/1988) ➔ função administrativa.	

7.3.2. Órgãos

Os órgãos do Poder Judiciário estão dispostos no art. 92 e seguintes da CF/1988 e podem ser assim estruturados:

Órgãos de Superposição
• Supremo Tribunal Federal (STF), órgão de cúpula do nosso Poder Judiciário e guardião da nossa Constituição (arts. 101 a 103, CF/1988) • Superior Tribunal de Justiça (STJ), órgão de articulação e defesa do direito federal (arts. 104 e 105, CF/1988)

115

Justiça Comum
• Justiça Comum Federal: Tribunais Regionais Federais (TRFs) e Juízes Federais (arts. 106 a 110, CF/1988) • Justiça Comum dos Estados: Tribunais de Justiça (TJs) e Juízes de Direito (art. 125, CF/1988) • Justiça Comum do Distrito Federal e Territórios (mesmas competências dos órgãos da Justiça Comum Estadual, mas organizada e mantida pela União): Tribunais de Justiça (TJs) e Juízes de Direito

Justiça Especializada da União
• Justiça do Trabalho: Tribunal Superior do Trabalho (TST), Tribunais Regionais do Trabalho (TRTs) e Juízes do Trabalho (arts. 111 a 117, CF/1988) • Justiça Eleitoral: Tribunal Superior Eleitoral (TSE), Tribunais Regionais Eleitorais (TREs) e Juízes e Juntas Eleitorais (arts. 118 a 121, CF/1988) • Justiça Militar: Superior Tribunal Militar (STM) e Juízes Militares (não há órgão de segunda instância na Justiça Militar da União) (arts. 122 a 124, CF/1988)

Justiça Especializada dos Estados, Distrito Federal e Territórios
A Justiça Militar Estadual é uma justiça especializada no âmbito dos Estados (e do DF e Territórios), competente para julgar os militares estaduais e distritais (Polícia Militar e Bombeiro Militar), a qual é composta (art. 125, §§ 3º a 5º, CF/1988): - Em primeira instância, pelas Auditorias Militares (onde oficiam os Juízes de Direito do Juízo Militar) e Conselhos de Justiça. - Em segunda instância, pelo Tribunal de Justiça Militar (TJM), nos Estados que tiverem o efetivo militar superior a vinte mil integrantes. Nos Estados em que o efetivo militar for inferior a esse número, a segunda instância será o próprio Tribunal de Justiça (TJ). ATENÇÃO ➔ Não podemos confundir a Justiça Militar Estadual (art. 125, §§ 3º a 5º, CF/1988) com a Justiça Militar da União, que julga os militares federais, os quais são membros das Forças Armadas: Marinha, Exército e Aeronáutica (arts. 122 a 124, CF/1988)!

Conselho Nacional de Justiça
É um órgão do Poder Judiciário que não exerce função jurisdicional. Sua função é administrativa, ao qual incumbe exercer o controle da atuação administrativa e financeira do Poder Judiciário, bem como fiscalizar os juízes no cumprimento de seus deveres funcionais (art. 103-B, CF/1988).

Observações
• Os Tribunais Superiores (STF, STJ, TST, TSE, STM) são chamados órgãos de convergência. Possuem sede em Brasília e jurisdição em todo território nacional. • São Tribunais de segunda instância os TRFs, os TRTs, os TREs, os TJs e os TJMs (estes últimos – TJMs -somente nos Estados em que o efetivo militar for superior a vinte mil integrantes); • Na primeira instância, temos os Juízes Federais (na Justiça Comum Federal), os Juízes de Direito (na Justiça Comum Estadual e Distrital), os Juízes do Trabalho (na Justiça do Trabalho), os Juízes e Juntas Eleitorais (na Justiça Eleitoral), os Juízes Militares (na Justiça Militar da União) e os Juízes de Direito do Juízo Militar (na Justiça Militar Estadual). • Os Juizados Especiais (Federal e Estaduais) são compostos por Juízes de primeira instância, inclusive em suas Turmas Recursais. • Os Municípios não possuem jurisdição própria, ou seja, não existe um "Poder Judiciário Municipal".

DIREITO CONSTITUCIONAL

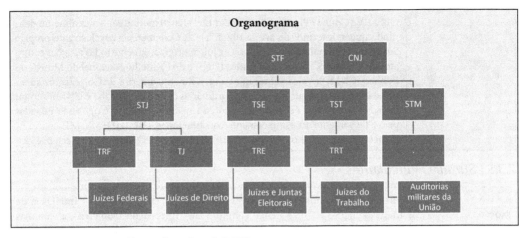

7.3.3. Supremo Tribunal Federal (STF)

Composição	Onze Ministros, escolhidos dentre cidadãos de notável saber jurídico e reputação ilibada (art. 101, *caput*, CF/1988).
Idade	Mais de trinta e cinco e menos de setenta anos de idade (art. 101, *caput*, CF/1988).
Ingresso	Os Ministros do Supremo Tribunal Federal serão nomeados pelo Presidente da República, depois de aprovada a escolha pela maioria absoluta do Senado Federal (art. 101, parágrafo único, CF/1988).
Competências	Originária: art. 102, inciso I, da CF/1988. Recursal ordinária: art. 102, inciso II, da CF/1988. Recursal extraordinária: art. 102, inciso III, da CF/1988.

7.3.4 Conselho Nacional de Justiça (CNJ)

Composição	Quinze membros (chamados Conselheiros), conforme rol do art. 103-B, incisos I a XIII, CF/1988.
Mandato	Duração de 02 (dois) anos, admitida uma recondução.
Presidência	O Presidente do CNJ será o Presidente do Supremo Tribunal Federal e, nas suas ausências e impedimentos, o Vice-Presidente do Supremo Tribunal Federal (art. 103-B, §1º, CF/1988).
Ingresso	Com exceção do Presidente, os demais membros do Conselho serão nomeados pelo Presidente da República, depois de aprovada a escolha pela maioria absoluta do Senado Federal (art. 103-B, §2º, CF/1988).
Atribuições	Controle da atuação administrativa e financeira do Poder Judiciário e do cumprimento dos deveres funcionais dos juízes, além daquelas elencadas no art. 103-B, §4º, incisos I a VII, CF/1988 e no Estatuto da Magistratura.
Corregedor	O Ministro do Superior Tribunal de Justiça exercerá, no Conselho Nacional de Justiça, a função de Ministro-Corregedor e ficará excluído da distribuição de processos no Tribunal, competindo-lhe, as atribuições previstas no art. 103-B, §5º, CF/1988.

	OBSERVAÇÃO: O Plenário do STF, em 12/11/2020 mudou seu entendimento definindo que, nos termos do artigo 102, I, 'r', CF, é competência exclusiva do próprio **Supremo Tribunal Federal** processar e julgar originariamente todas as ações contra atos do Conselho Nacional de Justiça (CNJ) e do Conselho Nacional do Ministério Público (CNMP). Vale lembrar que o entendimento anterior da Corte (agora superado) era no sentido de que as ações ordinárias contra ato do CNJ e CNMP seriam julgadas pela Justiça Federal (figurando a União no polo passivo), sendo julgadas pelo STF somente ações tipicamente constitucionais (HC, HD, MS, MI) contra os mencionados conselhos (CNJ e CNMP). Vide ADI 4412, Pet. 4770 e Recl. 33459.

7.3.5 Súmulas Vinculantes

Noção	Introduzidas no nosso ordenamento jurídico pela EC 45/2004, por influência da tradição anglo-saxã do sistema "common law" (precedentes judiciais), as súmulas vinculantes encontram previsão no art. 103-A, CF/1988 e na Lei 11.417/2006.
Requisitos	• Existência de reiteradas decisões sobre matéria constitucional. • Controvérsia atual entre órgãos do Poder Judiciário ou entre estes e a Administração Pública, que acarrete grave insegurança jurídica ou a multiplicação de processos idênticos. • Aprovação de 2/3 dos Ministros do STF.
Objeto	A validade, a interpretação e a eficácia de normas jurídicas.
Legitimidade	Cabe somente ao STF a edição, a revisão e o cancelamento de Súmula Vinculante, de ofício ou mediante provocação. Podem provocar o STF, segundo art. 3º, Lei 11.417/2006, os mesmos legitimados ativos para a propositura de ADI (art. 103, CF/1988), além do Defensor Público-Geral da União, os demais Tribunais e os Municípios (estes últimos somente de forma incidental).
O efeito vinculante	A partir de sua publicação na imprensa oficial, operam-se os efeitos vinculantes em relação aos demais órgãos do Poder Judiciário e a Administração Pública direta e indireta (federal, estadual, distrital, municipal). **Não ficam vinculados**: - o Poder Legislativo, no exercício de sua função típica de legislar; - o próprio STF, que poderá rever o enunciado; - os Poderes Executivo e Judiciário, quando estiverem, de forma atípica exercendo função de legislar.
Reclamação	Cabe reclamação constitucional ao STF da decisão judicial ou do ato administrativo que contrariar enunciado de súmula vinculante, negar-lhe vigência ou aplicá-lo indevidamente. Ressalte-se que contra omissão ou ato da administração pública, o uso da reclamação só será admitido após esgotamento das vias administrativas.

8. ORDEM SOCIAL

8.1. Noções gerais

• A Constituição Federal de 1988 apresenta, em seu arts. 193 a 232, os dispositivos referentes à "Ordem Social", englobando uma diversidade de assuntos, quais sejam: seguridade social; educação; cultura; desporto; ciência, tecnologia e inovação; comunicação social; meio ambiente; família, criança, adolescente, jovem e idoso; além das questões atinentes aos índios.

Ordem Social – Art. 193, CF/1988	
Base	Primado do trabalho
Objetivos	Bem-estar e justiça sociais

• A ideia de ordem social está intimamente ligada à de direitos sociais (arts. 6º a 11, CF/1988), mesmo que os dois temas estejam topograficamente distantes no texto constitucional.

• Os direitos sociais podem ser compreendidos como prestações positivas proporcionadas pelo Estado, visando à melhor redistribuição de riquezas e à igualdade material. Assim, os dispositivos constitucionais referentes aos direitos sociais dispõem o conteúdo desses direitos, ao passo que a ordem social exprime seus mecanismos e aspectos organizacionais.

9. CONTROLE DE CONSTITUCIONALIDADE

9.1. Introdução

Controle de constitucionalidade é a atividade desenvolvida por órgão ou órgãos designados constitucionalmente para a verificação da compatibilidade de leis e atos normativos do poder público com uma Constituição formal e rígida (ideia de parametricidade normativa).

Pressupostos para a realização do controle
1. Existência de uma Constituição formal e rígida; 2. Reconhecimento da Constituição como fundamento de validade para todo o ordenamento jurídico (supremacia da Constituição); 3. Previsão, na Constituição, de pelo menos um órgão competente para realizar o controle; 4. Existência de consequência jurídica (sanção) para a violação da parametricidade normativa, ou seja, para a conduta violadora da Constituição.

9.2. Sistema brasileiro de controle de constitucionalidade

No Brasil, como regra, o controle de constitucionalidade é realizado pelo Poder Judiciário (sistema jurisdicional), por meio do controle difuso-concreto-incidental e do controle concentrado-abstrato-principal.

9.2.1. Controle de constitucionalidade difuso

Noções gerais
• Pode ser realizado por qualquer Juízo ou Tribunal do Poder Judiciário; • Verifica-se no caso concreto, em qualquer ação; • A declaração de inconstitucionalidade se dá de maneira incidental, ou seja, o juízo de compatibilidade da norma legal com a Constituição não é objeto principal da ação, mas somente uma questão prejudicial ao exame do mérito. • Origem: EUA/1803.

Cláusula de reserva de plenário
• Os Tribunais, em sede de controle difuso, devem respeitar a chamada cláusula de reserva de plenário ("full bench"), segundo a qual a declaração de inconstitucionalidade não poderá ser feita pelos seus órgãos fracionários (Turmas ou Câmaras), mas somente pela maioria absoluta do Pleno ou do Órgão Especial do Tribunal. • Está prevista no art. 97 da CF/1988, do qual se extrai que "somente pelo voto da maioria absoluta de seus membros ou dos membros do respectivo órgão especial poderão os tribunais declarar a inconstitucionalidade de lei ou ato normativo do Poder Público". • O art. 949, parágrafo único, CPC/2015 prescreve exceção à cláusula de reserva de plenário, ao dispor que "os órgãos fracionários dos tribunais não submeterão ao plenário ou ao órgão especial a arguição de inconstitucionalidade quando já houver pronunciamento destes ou do plenário do Supremo Tribunal Federal sobre a questão". • OBSERVAÇÃO de acordo com a Súmula Vinculante 10, "viola a cláusula de reserva de plenário (CF, artigo 97) a decisão de órgão fracionário de tribunal que, embora não declare expressamente a inconstitucionalidade de lei ou ato normativo do Poder Público, afasta sua incidência, no todo ou em parte".
Efeitos do controle difuso
• Efeitos subjetivos: como regra, "inter partes". Excepcionalmente, os efeitos poderão se transformar em "erga omnes", por atuação do Senado Federal, a quem compete: "suspender a execução, no todo ou em parte, de lei declarada inconstitucional por decisão definitiva do Supremo Tribunal Federal" (art. 52, inciso X, CF/1988). Em 29/11/2017, entretanto, o STF passou a entender que o art. 52, X, CF/1988 teria sofrido mutação constitucional e que o papel do Senado Federal seria apenas o de dar publicidade à decisão do STF que declarou incidentalmente a inconstitucionalidade da lei. Ou seja: quando o STF, em controle difuso, declara a inconstitucionalidade da lei, essa decisão já tem efeito vinculante e "erga omnes". O STF comunica ao Senado apenas para que referida Casa dê publicidade à decisão. (ADI 3406 e 3470). • Efeitos temporais: como regra, "ex tunc" ou retroativos (teoria da nulidade). Excepcionalmente, o STF admite a modulação temporal de efeitos no controle difuso, nos moldes do art. 27 da Lei 9868/1999 (Lei da ADI), restringindo que os efeitos da declaração da inconstitucionalidade só tenham eficácia a partir de seu trânsito em julgado ou outro momento que venha a ser fixado. Requisitos para a modulação de efeitos: a) razões de segurança jurídica ou excepcional interesse social; b) 2/3 do STF.

9.2.2. Controle de constitucionalidade concentrado

Noções gerais
• É realizado por um órgão específico do Poder Judiciário (por isso, concentrado); • Não há discussão sobre caso concreto. Objetiva-se verificar, em abstrato, se aquela lei em tese violou ou não a Constituição; • Verifica-se por meio de ações próprias (ou seja, pela via principal), em que o juízo de constitucionalidade ou inconstitucionalidade representa a questão principal da ação; • Origem: Áustria/1920.

→ *Vamos ao estudo das principais ações de controle concentrado:*

a) Ação Direta de Inconstitucionalidade (ADI) e Ação Declaratória de Constitucionalidade (ADC):

a.1) ADI e ADC: ASPECTOS COMUNS	
Previsão	Art. 102, inciso I, alínea "a", CF/1988. Lei nº 9.868, de 10 de novembro de 1999.

Legitimidade	Art. 103 da CF/1988 (rol taxativo): Presidente da República; Mesa do Senado Federal; Mesa da Câmara dos Deputados; a Mesa de Assembleia Legislativa ou da Câmara Legislativa do Distrito Federal; Governador de Estado ou do Distrito Federal; Procurador-Geral da República; Conselho Federal da Ordem dos Advogados do Brasil; partido político com representação no Congresso Nacional; confederação sindical ou entidade de classe de âmbito nacional". OBSERVAÇÃO ➜ Os legitimados dos incisos I, II, III, VI, VII e VIII são chamados universais, e os legitimados dos incisos IV, V e IX são chamados não universais ou especiais (porque precisam demonstrar pertinência temática, ou seja, relação da ação proposta com as suas finalidades institucionais). O Partido Político deve ser representado pelo seu diretório nacional e ter, quando da propositura da ação, representação no Congresso Nacional (ter ao menos um Deputado Federal ou um Senador eleito).
Competência	Supremo Tribunal Federal.
Parâmetro	Todas as normas em vigor constantes da Constituição Federal de 1988, sejam elas originárias, derivadas ou advindas da incorporação de Tratados e Convenções Internacionais sobre Direitos Humanos nos termos do art. 5º, § 3º, CF/1988. Também servem de parâmetro as normas do ADCT, desde que não exaurida a sua eficácia.
Indeferimento liminar	A petição inicial inepta, não fundamentada ou manifestamente improcedente será indeferida liminarmente, de forma monocrática, pelo próprio relator (arts. 4º e 15, ambos da Lei 9868/1999). Recurso contra essa decisão: agravo para o Pleno do STF.
Desistência	Não cabe (arts. 5º e 16, ambos da Lei 9868/1999).
Intervenção de terceiros	Não cabe (arts. 7º e 18, ambos da Lei 9868/1999), sendo possível a participação de "amicus curiae".
Atuação do MP	O Procurador-Geral da República tem 15 dias para se manifestar, na condição de fiscal da ordem jurídica (arts. 8º e 19, ambos da Lei 9.868/1999). Ele irá oficiar em todas as ADIs e ADCs, inclusive naquelas que foram propostas por ele próprio.
Tutela de urgência	A medida cautelar será concedida, em regra, pelo Pleno do STF com quórum de maioria absoluta (arts. 10 e 21, ambos da Lei nº 9868/1999).
Julgamento	A decisão sobre a constitucionalidade ou inconstitucionalidade só pode ser tomada se estiverem presentes pelo menos 08 (oito) Ministros. É o denominado "quórum de julgamento", previsto no art. 22 da Lei nº 9.868/1999. A constitucionalidade ou inconstitucionalidade somente será proclamada se houver manifestação de pelo menos 06 (seis) Ministros, num ou noutro sentido. É o chamado "quórum de decisão", disposto no art. 23 da Lei nº 9.868/1999.
Caráter dúplice ou ambivalente	ADI e ADC são ações "com o sinal trocado", pois a procedência de uma implica a improcedência da outra, nos termos do art. 24 da Lei 9868/1999.
Recursos	Contra a decisão que declara a constitucionalidade ou a inconstitucionalidade não cabe recurso nem ação rescisória. Exceção: embargos de declaração (art. 26, Lei 9868/1999).
Efeitos temporais da decisão	Como regra, os efeitos são "ex tunc", isto é, retroativos. O art. 27 da Lei nº 9.868/1999 prevê a possibilidade de modulação temporal, restringindo que os efeitos da declaração da inconstitucionalidade só tenham eficácia a partir de seu trânsito em julgado ou outro momento que venha a ser fixado. Requisitos para a modulação de efeitos: a) razões de segurança jurídica ou excepcional interesse social; b) 2/3 do STF.

Efeitos subjetivos da decisão	"Erga omnes".
Efeitos vinculantes da decisão	Prevê o art. 103, § 2º, CF/1988 que os efeitos vinculantes só atingem os demais órgãos do Poder Judiciário e a Administração Pública direta e indireta (federal, estadual, distrital, municipal). **Não estão atingidos:** - o Poder Legislativo, no exercício de sua função típica de legislar; - o próprio STF, cujo plenário não está vinculado a seus próprios pronunciamentos; - os Poderes Executivo e Judiciário, quando estiverem, de forma atípica exercendo função de legislar, a exemplo de quando o Presidente da República edita uma Medida Provisória.
Início da produção de efeitos	Ocorrerá com a publicação da ata de julgamento (antes mesmo do trânsito em julgado).
a.2) ASPECTOS ESPECÍFICOS DA ADI	
Finalidade	Declarar, em abstrato, a inconstitucionalidade de leis ou atos normativos federais ou estaduais que violem a Constituição Federal de 1988 (vide objeto da ADI na linha abaixo). Obs.: Leis ou atos normativos municipais não podem ser objeto de ADI em face da Constituição Federal.
Objeto	Leis ou atos normativos federais ou estaduais (art. 102, inciso I, alínea "a", CF/1988), em vigor (como regra) e editados após a norma constitucionais que servirá de parâmetro (diplomas pós-constitucionais). Também podem ser objeto de ADI: • Leis ou atos normativos distritais, quando o DF estiver no exercício da competência estadual. • Tratados Internacionais, independente da forma de sua incorporação no nosso ordenamento jurídico. • Resoluções do CNJ e do CNMP (quando dotadas de generalidade e abstração). • Decreto autônomo (art. 84, inciso VI, CF/1988). • Decreto de promulgação de Tratados Internacionais. • Resoluções do TSE (Informativo 398, STF). Leis orçamentárias.
Informações da autoridade que elaborou a lei/o ato normativo	O relator da ADI pedirá informações aos órgãos ou às autoridades das quais emanou a lei ou o ato normativo impugnado, informações essas que deverão ser prestadas no prazo de 30 dias, contado do recebimento do pedido (art. 6º da Lei nº 9.868/1999). Decorrido o prazo dessas informações, serão ouvidos, sucessivamente, o Advogado-Geral da União e o Procurador-Geral da República, que deverão manifestar--se, cada qual, no prazo de quinze dias (art. 8º, Lei 9868/1999).
Participação do AGU	Conforme art. 103, § 3º, CF/1988, "quando o Supremo Tribunal Federal apreciar a inconstitucionalidade, em tese, de norma legal ou ato normativo, citará, previamente, o Advogado-Geral da União, que defenderá o ato ou texto impugnado". Ele atuará, portanto, como curador da constitucionalidade da lei e terá o prazo de 15 dias para se manifestar. Existem situações excepcionais, em que o AGU não está obrigado a defender a constitucionalidade da lei, a saber: *i)* Quando o próprio STF já se manifestou pela inconstitucionalidade da lei, em sede de controle difuso (ADI 1616). *ii)* Quando o interesse da União estiver em consonância com o interesse do legitimado ativo da ADI (Informativo 562, STF).

DIREITO CONSTITUCIONAL

Princípio da causa de pedir aberta	O STF não se vincula aos fundamentos jurídicos que foram descritos na inicial. Ou seja, o STF poderá declarar a inconstitucionalidade da lei com base em outro dispositivo da CF/1988 que não aquele apresentado pelo legitimado ativo.
Princípio da congruência ou adstrição ao pedido	O STF deve decidir de acordo com o que está no pedido, não podendo, em sede de controle concentrado, declarar de ofício a inconstitucionalidade.
Inconstitucionalidade por arrastamento	É uma exceção ao princípio da congruência ou adstrição (caso em que o STF poderá declarar a inconstitucionalidade da lei de ofício). Nesse caso, o STF declarará a inconstitucionalidade da norma objeto do pedido e também de outra, que não integra o pedido, mas que possui com aquela uma conexão ou interdependência. Vale lembrar que, conforme art. 10 do CPC/2015, para declarar a inconstitucionalidade de ofício, o STF deverá ouvir as partes.
a.3) ASPECTOS ESPECÍFICOS DA ADC	
Finalidade	Sobre toda lei ou ato normativo em vigor recai uma presunção de constitucionalidade, mas essa presunção é meramente relativa, pois o Poder Judiciário poderá vir a declarar sua inconstitucionalidade, retirando-a do ordenamento jurídico. A finalidade da ADC é, portanto, transformar essa presunção (meramente relativa), em uma presunção absoluta de constitucionalidade. Isso porque, quando o STF julga procedente a ADC, ele está declarando que a lei é constitucional, com efeitos vinculantes para a Administração Pública e o Judiciário, que não mais poderá declarar sua inconstitucionalidade.
Objeto	Somente leis ou atos normativos federais (art. 102, inciso I, alínea "a", CF/1988). Não é possível ADC que tenha como objeto leis estaduais, distritais ou municipais.
Demonstração de controvérsia judicial relevante	Trata-se da demonstração, na inicial, de que a lei ou o ato normativo é alvo de polêmica em sua aplicação pelo Judiciário. Ou seja, alguns órgãos do Judiciário entendem que ela é constitucional, enquanto outros já declararam sua inconstitucionalidade em sede de controle difuso (art. 14, inciso III, Lei nº 9.869/1999). Assim, essa ação busca exatamente acabar com esse cenário de insegurança jurídica, para que diga o STF, em definitivo, por meio da coisa julgada vinculante, se a lei é constitucional ou não.
Informações da autoridade que elaborou a lei	Na ADC, não haverá prestação de informações por parte dos órgãos ou autoridades das quais emanou a lei ou o ato normativo objeto da ação.
Participação do AGU	O AGU não irá se manifestar, uma vez que não há necessidade, já que, na ADC, não se está impugnando a lei.

b) Ação Direta de Inconstitucionalidade por Omissão (ADO)

ADO	
Previsão	Art. 103, § 2º, CF/1988. Lei nº 9.868/1999, com alterações promovidas pela Lei nº 12.063/2009.

Finalidade	Combater a chamada "síndrome de inefetividade das normas constitucionais", para declarar a inconstitucionalidade de uma omissão do poder público (que deixou de viabilizar um direito previsto na Constituição), e também para tornar efetiva norma constitucional destituída de efetividade (ou seja: normas constitucionais de eficácia limitada). ATENÇÃO→ O Mandado de Injunção também possui essa finalidade, mas necessita da ocorrência de um caso concreto. A ADO, diferentemente, trata da omissão em abstrato, por ser uma ação de controle de constitucionalidade concentrado.
Objeto	Normas constitucionais de eficácia limitadas não regulamentadas.
Competência	Supremo Tribunal Federal.
Legitimidade	Idêntica à ADI e à ADC (art. 103 da CF/1988).
Espécies	1. ADO TOTAL: não existe ato normativo regulamentando o direito previsto na Constituição (inércia do poder público). 2. ADO PARCIAL: existe o ato normativo, mas ele é insuficiente para viabilizar o direito previsto na Constituição (atuação deficitária do poder público).
Indeferimento liminar	A petição inicial inepta, não fundamentada ou manifestamente improcedente será indeferida liminarmente de forma monocrática pelo próprio relator (art. 12-C da Lei 9.868/1999). Recurso contra essa decisão: agravo para o Pleno do STF.
Desistência	Não cabe, nos termos do art. 12-D, Lei 9868/1999.
Informações da autoridade	O relator da ADO pedirá informações ao órgão ou autoridade que seria a responsável pela elaboração do ato normativo, para que informe, na ADO total, o motivo pelo qual deixou de elaborá-lo, e, na ADO parcial, sobre a insuficiência ou não do ato por ela elaborado. Essas informações deverão ser prestadas no prazo de 30 dias, contado do recebimento do pedido (art. 6º c/c 12-E, *caput*, ambos da Lei nº 9.868/1999).
Manifestações do AGU	Poderá ser solicitada pelo relator, cujo encaminhamento deverá ser feito em 15 dias (art. 12-E, §2º, Lei 9868/1999).
Atuação do MP	O Procurador-Geral da República oficia como fiscal da ordem jurídica nas ADOs que não tiverem sido propostas por ele, e terá vista do processo por 15 dias, após o decurso do prazo para informações (art. 12-E, §3º, Lei nº 9.868/1999).
Informações adicionais	Poderá haver a manifestação por escrito dos legitimados constantes no art. 103 da CF/1988, sobre o objeto da ação, os quais poderão pedir a juntada de documentos reputados úteis para o exame da matéria, no prazo das informações, bem como apresentar memoriais (art. 12-E, §1º, Lei nº 9.868/1999).
Intervenção de terceiros	Não cabe, sendo possível a participação de "amicus curiae" (art. 7º, §2º c/c 12-E, *caput*, ambos da Lei 9868/1999).
Tutela de urgência	A cautelar poderá ser concedida, em caso de excepcional urgência e relevância da matéria, por decisão da maioria absoluta do STF e poderá consistir na suspensão da aplicação da lei ou do ato normativo questionado, no caso de omissão parcial, bem como na suspensão de processos judiciais ou de procedimentos administrativos, ou ainda em outra providência a ser fixada pelo Tribunal. (art. 12-F da Lei nº 9.868/1999).

Efeitos da decisão de procedência	- Se o responsável pela omissão for o Poder competente para a edição da norma: o STF apenas lhe dá ciência da omissão, sem qualquer ordem para que elabore a norma, e sem a estipulação de qualquer prazo; - Se o responsável pela omissão for órgão administrativo: o STF dá ciência da inconstitucionalidade por omissão e determina que as providências deverão ser adotadas no prazo de 30 dias, ou em prazo razoável a ser estipulado excepcionalmente pelo Tribunal, tendo em vista as circunstâncias específicas do caso e o interesse público envolvido. *Ou seja*: a decisão de procedência da ADO não apresentava muitos efeitos práticos. Entretanto, o STF, evoluindo esse entendimento, no julgamento da ADO 25, em novembro de 2016, declarou a mora do Congresso Nacional quando à edição de ato legislativo e também fixou prazo para que essa omissão fosse sanada. Importante destacar que, em importante decisão proferida na ADO nº 26, o STF, em junho de 2019, entendeu que houve omissão inconstitucional do Congresso Nacional por não editar lei que criminalize atos de homofobia e de transfobia, reconhecendo a mora do Congresso Nacional para incriminar atos atentatórios a direitos fundamentais dos integrantes da comunidade LGBT. Assim, restou decidido o enquadramento da homofobia e da transfobia como tipo penal definido na Lei do Racismo (Lei 7.716/1989) até que o Congresso Nacional edite lei sobre a matéria.

c) Arguição de Descumprimento de Preceito Fundamental (ADPF)

ADPF	
Previsão	Art. 102, §1º, CF/1988. Lei nº 9.882, de 03 de dezembro de 1999.
Finalidades	1. Evitar ou reparar lesão a preceito fundamental da Constituição resultante de ato do Poder Público, seja esse ato administrativo, normativo ou judicial (ADPF autônoma); 2. Evitar ou reparar lesão a preceito fundamental da Constituição em virtude de controvérsia constitucional sobre lei ou ato normativo federal, estadual ou municipal, inclusive anteriores à Constituição (ADPF incidental).
Espécies	1. ADPF AUTÔNOMA: art. 1º, *caput*, da Lei nº 9.882/1999. 2. ADPF INCIDENTAL: art. 1º, parágrafo único, inciso I, Lei nº 9.982/1999 (deverá haver a demonstração de "controvérsia judicial relevante", já que a ADPF incidental nasce de incidentes no iter de casos concretos no controle difuso).
Competência	Supremo Tribunal Federal.
Legitimidade	Idêntica à ADI e à ADC (art. 103, CF/1988).
Subsidiariedade	A ADPF somente será cabível se não existir outro meio eficaz de sanar a lesividade (art. 4º, §1º, Lei 9.882/1999). Nesse sentido, caberá ADPF, por exemplo, contra normas pré-constitucionais, normas municipais em face da CF/1988 e normas pós-constitucionais já revogadas (já que contra elas não é cabível outra ação de controle concentrado).
Fungibilidade entre ADI e ADPF	O STF entende que a ADPF pode ser admitida como ADI, e vice-versa, em situações extravagantes, como dúvida razoável sobre o caráter autônomo de atos infralegais impugnados e alteração superveniente da norma constitucional dita violada. Em caso de erro grosseiro na escolha do instrumento, a fungibilidade não será admitida (ADPF 314 AgR/DF, j. 11.12.2014).

Parâmetro: preceitos fundamentais	O parâmetro da ADPF é mais restrito, pois não envolve toda a Constituição Federal, mas somente os seus preceitos fundamentais. Não há definição em lei do que sejam preceitos fundamentais. A cargo da doutrina, o Professor Bernardo Gonçalves Fernandes os conceitua como o núcleo ideológico constitutivo do Estado e da sociedade presentes na Constituição formal, e exemplifica nos arts. 1º a 4º, 5º, 6º, 14, 18, 34, VII, 60, §4º, 170, 196, 205, 220, 222, 225, 226, 27, todos da CF/1988.
Indeferimento liminar	Petição inicial inepta, não fundamentada ou manifestamente improcedente será indeferida liminarmente de forma monocrática pelo próprio relator (art. 4º da Lei nº 9.882/1999). Recurso contra essa decisão: agravo para o Pleno do STF.
Desistência	Não cabe.
Informações da autoridade	O relator solicitará as informações às autoridades responsáveis pela prática do ato questionado, no prazo de dez dias (art. 6º da Lei nº 9.882/1999).
Atuação do MP	O Procurador-Geral da República oficia como fiscal da ordem jurídica nas ADPFs que não tiverem sido ajuizadas por ele, e terá vista do processo por 05 dias, após o decurso do prazo para informações (art. 7º, parágrafo único, Lei nº 9.882/1999).
Informações adicionais	Se entender necessário, poderá o relator ouvir as partes nos processos que ensejaram a arguição (isso no caso da ADPF incidental), requisitar informações adicionais, designar perito ou comissão de peritos para que emita parecer sobre a questão, ou ainda, fixar data para declarações, em audiência pública, de pessoas com experiência e autoridade na matéria (art. 6º, §1º, Lei nº 9.882/1999).
Intervenção de terceiros	Não cabe, sendo possível "âmicus curiae".
Tutela de urgência	O art. 5º da Lei nº 9.992/1999 autoriza a concessão de medida cautelar, em regra, por maioria absoluta do STF, que terá como efeitos: 1. Na ADPF incidental: suspensão do andamento de processo ou os efeitos de decisões judiciais, ou de qualquer outra medida que apresente relação com a matéria objeto da ADPF, salvo se decorrentes da coisa julgada (art. 5º, §2º, Lei nº 9.88219/99). 2. Na ADPF autônoma: suspensão do ato do Poder Público violador (ou que possa vir a violar) preceito fundamental da Constituição. Em caso de extrema urgência ou perigo de lesão grave, ou ainda, em período de recesso, poderá o relator conceder a liminar, "ad referendum" do Tribunal Pleno.
Efeitos	"Erga omnes", "ex tunc" (sendo possível modulação temporal de efeitos, nos termos do art. 11 da Lei nº 9.882/1999) e vinculantes (art. 10, §2º, Lei nº 9.882/1999). A decisão definitiva declarará a constitucionalidade ou inconstitucionalidade do ato. Entretanto, se se tratar de norma pré-constitucional, será reconhecida sua recepção ou não recepção. Tratando-se de ato concreto do poder público (por exemplo, uma decisão judicial), será declarada sua ilegitimidade diante da Constituição.
Recursos	Contra a decisão final da ADPF não cabe recurso nem ação rescisória. Exceção: embargos de declaração (aplicação do art. 26 da Lei nº 9.868/1999).

DIREITO CONSTITUCIONAL

10. QUESTÕES APLICADAS EM EXAMES ANTERIORES

01. (2023 – FGV – XXXVII Exame) Determinada lei federal de 2020 gerou intensa controvérsia em vários órgãos do Poder Judiciário, bem como suscitou severas críticas de importantes juristas que questionaram a constitucionalidade de diversos dos seus dispositivos. Afinal, cerca de metade dos juízes e tribunais do País inclinou-se por sua inconstitucionalidade. A existência de pronunciamentos judiciais antagônicos vem gerando grande insegurança jurídica no País, daí a preocupação de um legitimado à deflagração do controle concentrado de constitucionalidade em estabelecer uma orientação homogênea na matéria regulada pela lei federal em tela, sem, entretanto, retirá-la do mundo jurídico. Sem saber como proceder para afastar a incerteza jurídica a partir da mitigação de decisões judiciais conflitantes, esse legitimado solicitou que você, como advogado(a), se manifestasse. Assinale a opção que indica a ação cabível para atingir esse objetivo.

(A) Ação Direta de Inconstitucionalidade (ADI).

(B) Representação de Inconstitucionalidade (RI).

(C) Arguição de Descumprimento de Preceito Fundamental (ADPF).

(D) Ação Declaratória de Constitucionalidade (ADC).

Gabarito: D. Comentários: A questão exigiu do candidato o conhecimento do controle concentrado de constitucionalidade. No caso em tela é cabível a ADC, uma vez que existe uma lei federal e há controvérsia judicial sobre a referida norma, conforme deixou claro o enunciado.

---

02. (2023 – FGV – XXXVII Exame) O poder constituinte derivado reformador promulgou emenda à Constituição, inserindo um novo direito fundamental na CRFB/88. No caso, trata-se de norma de eficácia limitada, necessitando, portanto, de lei regulamentadora a ser produzida pelo Congresso Nacional. Em razão da total inércia do Poder Legislativo, tendo decorrido quatro anos desde a referida emenda, uma associação de classe legalmente constituída e em funcionamento há mais de 10 anos, cujo estatuto prevê a possibilidade de atuar judicial e extrajudicialmente no interesse de seus associados, que não estariam sendo contemplados em razão da referida inércia, procura você, como advogado(a). Com base no sistema jurídico-constitucional brasileiro, você, como advogado(a), informa, corretamente, que a fruição dos direitos pelos associados

(A) somente poderá ser alcançada com a impetração de Mandado de Injunção por iniciativa individual de cada um dos associados, em seus próprios nomes, junto ao Supremo Tribunal Federal.

(B) poderá ser alcançada com a impetração de Mandado de Injunção Coletivo pela referida Associação, em seu próprio nome, junto ao Supremo Tribunal Federal.

(C) somente será alcançada após o Congresso Nacional produzir a lei regulamentadora referente à norma constitucional de eficácia limitada.

(D) será possível com o ajuizamento de uma Ação Civil Pública, que tenha como pedido a exigência de que o Congresso Nacional produza, imediatamente, a lei regulamentadora.

Gabarito: B. Comentários: Sempre que houver uma norma constitucional de eficácia limitada e ela não for regulamentada pelo legislador ordinário serão cabíveis a Ação Direta de Inconstitucionalidade por Omissão, apenas pelos legitimados do art. 103, I a IX, da CF; mandado de injunção individual ou mandado de injunção coletivo. Como o enunciado se refere a "uma associação de classe legalmente constituída e em funcionamento há mais de 10 anos, cujo estatuto prevê a possibilidade de atuar judicial e extrajudicialmente no interesse de seus associados", a ação cabível será o mandado de injunção coletivo, onde a associação pleiteará em nome próprio, direito alheio, ou seja, direito de seus associados, sendo uma legitimação extraordinária. A associação deve estar legalmente constituída e em funcionamento há pelo menos um ano, conforme previsto no art. 12, III, da Lei nº 13.300/2016.

---

03. (2023 – FGV – XXXVII Exame) Carlos, praticante de religião politeísta, é internado em hospital de orientação cristã e solicita assistência espiritual a ser conduzida por um líder religioso de sua crença. Os parentes de Carlos, mesmo cientes de que a assistência solicitada se resumiria a uma discreta conversa, estão temerosos de que a presença do referido líder coloque em risco a permanência de Carlos no hospital, em virtude de representar uma vertente religiosa não aderente à fé adotada pela instituição hospitalar. Os parentes de Carlos o procuram, como advogado(a), para conhecer os procedimentos adequados à situação narrada. Você os informou que, segundo o sistema jurídico-constitucional brasileiro, o hospital

(A) pode negar a autorização para a assistência espiritual em religião diversa daquela preconizada pela instituição, embora não fosse o caso de Carlos perder a vaga.

(B) não pode negar o apoio espiritual solicitado, mesmo que a assistência seja prestada em bases religiosas diversas daquela oficialmente preconizada pelo hospital.

(C) somente está obrigado a autorizar a assistência religiosa caso já tivesse permitido que sacerdote de outra religião exercesse atividades religiosas em suas instalações.

(D) tem, como instituição privada, total autonomia para estabelecer regras para situações como esta, podendo permitir ou negar o pedido, de acordo com seu regulamento interno.

Gabarito: B. Comentários: A CF (art. 5º, VI) prevê que é inviolável a liberdade de consciência e de crença e assegura a prestação de assistência religiosa nas entidades civis e militares de internação coletiva (art. 5º, VII).

---

04. (2023 – FGV – XXXVII Exame) Márcio, deputado estadual do Estado-membro *Alfa* e líder do governo na Assembleia, vem demonstrando grande preocupação com o excessivo número de projetos de lei que chegam à Casa Legislativa do Estado e que, segundo ele, se aprovados, trarão muitas inovações e, em consequência, elevado

127

grau de insegurança jurídica aos cidadãos. Por isso, ele sugere que o governador proponha uma emenda à Constituição do Estado (PEC estadual), no sentido de tornar mais dificultoso o processo legislativo para aprovação de lei ordinária. Sua ideia é a de que, ao invés de maioria relativa, a aprovação de lei ordinária apenas se configure caso atingido o quórum de maioria absoluta dos membros da Assembleia legislativa de Alfa. Avaliada pelos Procuradores do Estado *Alfa*, estes informam, acertadamente, que, segundo o sistema jurídico constitucional brasileiro, a sugestão de Márcio, acerca da alteração no processo legislativo de *Alfa*,

(A) pode ser levada adiante, já que, no caso, com base no princípio federativo, há total autonomia do Estado--membro para a elaboração de suas próprias regras quanto ao processo legislativo.

(B) pode ser levada adiante, já que apenas não seria possível a proposta de emenda que viesse a facilitar o processo legislativo para a alteração de leis ordinárias.

(C) é inconstitucional, pois, com base no princípio da simetria, o tema objeto da suposta emenda tem de ser disciplinado om observância das regras estabelecidas pela Constituição Federal de 1988.

(D) é inválida, pois a Constituição Federal de 1988 veda aos detentores do cargo de Chefe do Poder Executivo o poder de iniciativa para propor a alteração no texto constitucional estadual.

Gabarito: C. Comentários: Neste caso deve ser observado o princípio da simetria, conforme já decidiu o STF na ADI 6453.

05. (2023 – FGV – XXXVII Exame) Um terço dos membros do Senado Federal apresentou proposta de emenda à Constituição da República (PEC), propondo o acréscimo de um inciso ao Art. 5º. Segundo a PEC, o novo inciso teria a seguinte redação: "LXXX – é garantida a inclusão digital e o acesso amplo e irrestrito à Internet, nos termos da lei." A proposta foi aprovada pelo plenário da Câmara dos Deputados e do Senado Federal por mais de três quintos dos membros em um único turno de votação. Ato contínuo, a PEC foi promulgada pelas Mesas da Câmara dos Deputados e do Senado Federal. Sobre a PEC descrita na narrativa, segundo o sistema jurídico-constitucional brasileiro, assinale a afirmativa correta.

(A) Apresenta uma inconstitucionalidade material, que vem a ser a violação de cláusula pétrea, haja vista a impossibilidade de qualquer alteração no Art. 5º da Constituição da República.

(B) É formalmente inconstitucional, pois o procedimento a ser seguido pelas casas do Congresso Nacional, que funcionam como poder constituinte derivado reformador, não foi corretamente observado.

(C) Ostenta um vício de iniciativa, visto que é da competência exclusiva do chefe do Poder Executivo a apresentação do projeto de emenda à Constituição.

(D) Apresenta vício formal, pois, em qualquer ato de produção normativa, especialmente no caso de emenda à constituição, a competência para o ato de promulgação é do Presidente da República.

Gabarito: B. Comentários: A PEC em referência apresenta um vício formal, pois o procedimento de criação da norma não foi observado. A PEC deve passar por dois turnos de votação em cada casa do Congresso Nacional e não em apenas um turno.

06. (2018 – FGV – XXVI Exame) José leu, em artigo jornalístico veiculado em meio de comunicação de abrangência nacional, que o Supremo Tribunal Federal poderia, em sede de ADI, reconhecer a ocorrência de mutação constitucional em matéria relacionada ao meio ambiente. Em razão disso, ele procurou obter maiores esclarecimentos sobre o tema. No entanto, a ausência de uma definição mais clara do que seria "mutação constitucional" o impediu de obter um melhor entendimento sobre o tema. Com o objetivo de superar essa dificuldade, procurou Jonas, advogado atuante na área pública, que lhe respondeu, corretamente, que a expressão "mutação constitucional", no âmbito do sistema jurídico-constitucional brasileiro, refere-se a um fenômeno

(A) concernente à atuação do poder constituinte derivado reformador, no processo de alteração do texto constitucional.

(B) referente à mudança promovida no significado normativo constitucional, por meio da utilização de emenda à Constituição.

(C) relacionado à alteração de significado de norma constitucional sem que haja qualquer mudança no texto da Constituição Federal.

(D) de alteração do texto constitucional antigo por um novo, em virtude de manifestação de uma Assembleia Nacional Constituinte.

Gabarito: C. Comentários: Mutações Constitucionais (Poder Constituinte Difuso) são alterações informais na Constituição Federal, geralmente pela via interpretativa, para sua adaptação aos novos contextos sociais, sem que haja qualquer alteração de seu texto (alterações textuais somente por emenda constitucional).

07. (2017 – FGV – XXIV Exame) Edinaldo, estudante de Direito, realizou intensas reflexões a respeito da eficácia e da aplicabilidade do Art. 14, § 4º, da Constituição da República, segundo o qual "os inalistáveis e os analfabetos são inelegíveis".

A respeito da norma obtida a partir desse comando, à luz da sistemática constitucional, assinale a afirmativa correta.

(A) Ela veicula programa a ser implementado pelos cidadãos, sem interferência estatal, visando à realização de fins sociais e políticos.

(B) Ela tem eficácia plena e aplicabilidade direta, imediata e integral, pois, desde que a CRFB/88 entrou em vigor, já está apta a produzir todos os seus efeitos.

(C) Ela apresenta contornos programáticos, dependendo sempre de regulamentação infraconstitucional para alcançar plenamente sua eficácia.

(D) Ela tem aplicabilidade indireta e imediata, não integral, produzindo efeitos restritos e limitados em normas infraconstitucionais quando da promulgação da Constituição da República.

DIREITO CONSTITUCIONAL

Gabarito: B. Comentários: O art. 14, § 4º, CF/88 é uma norma constitucional de eficácia plena, já que é capaz de produzir todos os seus efeitos jurídicos essenciais de forma imediata, com a entrada em vigor da Constituição, sem a necessidade de regulamentação por meio de lei, possuindo, assim, aplicabilidade direta, imediata e integral.

08. (2018 – FGV – XXVII Exame) Os produtores rurais do Município X organizaram uma associação civil sem fins lucrativos para dinamizar a exploração de atividade econômica pelos associados, bem como para fins de representá-los nas demandas de caráter administrativo e judicial.

Anderson, proprietário de uma fazenda na região, passa a receber, mensalmente, carnê contendo a cobrança de uma taxa associativa, embora nunca tivesse manifestado qualquer interesse em ingressar na referida entidade associativa.

Em consulta junto aos órgãos municipais, Anderson descobre que a associação de produtores rurais, embora tenha sido criada na forma da lei, jamais obteve autorização estatal para funcionar. Diante disso, procura um escritório de advocacia especializado, para pleitear, judicialmente, a interrupção da cobrança e a suspensão das atividades associativas.

Sobre a questão em comento, assinale a afirmativa correta.

(A) Anderson pode pleitear judicialmente a interrupção da cobrança, a qual revela-se indevida, pois ninguém pode ser compelido a associar-se ou a permanecer associado, ressaltando-se que a falta de autorização estatal não configura motivo idôneo para a suspensão das atividades da associação.

(B) As associações representativas de classes gozam de proteção absoluta na ordem constitucional, de modo que podem ser instituídas independentemente de autorização estatal e apenas terão suas atividades suspensas quando houver decisão judicial com trânsito em julgado.

(C) A Constituição de 1988 assegura a plena liberdade de associação para fins lícitos, vedando apenas aquelas de caráter paramilitar, de modo que Anderson não pode insurgir-se contra a cobrança, vez que desempenha atividade de produção e deve associar-se compulsoriamente.

(D) A liberdade associativa, tendo em vista sua natureza de direito fundamental, não pode ser objeto de qualquer intervenção do Poder Judiciário, de modo que Anderson apenas poderia pleitear administrativamente a interrupção da cobrança dos valores que entende indevidos.

Gabarito: A. Comentários: O art. 5º, incisos XVII a XXI, CF/88, dispõe que é plena a liberdade de associação para fins lícitos, vedada a de caráter paramilitar, e que ninguém será compelido a associar-se ou a manter-se associado, não sendo permitida a interferência estatal em seu funcionamento. Tanto a suspensão das atividades quanto a dissolução da associação dependem de decisão judicial, mas o trânsito em julgado é necessário apenas para o caso de dissolução.

09. (2018 – FGV – 2018 – XXV Exame) Jean Oliver, nascido em Paris, na França, naturalizou-se brasileiro no ano de 2003. Entretanto, no ano de 2016, foi condenado, na França, por comprovado envolvimento com tráfico ilícito de drogas (cocaína), no território francês, entre os anos de 2010 e 2014. Antes da condenação, em 2015, Jean passou a residir no Brasil.

A França, com quem o Brasil possui tratado de extradição, requer a imediata extradição de Jean, a fim de que cumpra, naquele país, a pena de oito anos à qual foi condenado.

Apreensivo, Jean procura um advogado e o questiona acerca da possibilidade de o Brasil extraditá-lo. O advogado, então, responde que, segundo o sistema jurídico-constitucional brasileiro, a extradição

(A) não é possível, já que, a Constituição Federal, por não fazer distinção entre o brasileiro nato e o brasileiro naturalizado, não pode autorizar tal procedimento.

(B) não é possível, pois o Brasil não extradita seus cidadãos nacionais naturalizados, por crime comum praticado após a oficialização do processo de naturalização.

(C) é possível, pois a Constituição Federal prevê a possibilidade de extradição em caso de comprovado envolvimento com tráfico ilícito de drogas, ainda que praticado após a naturalização.

(D) é possível, pois a Constituição Federal autoriza que o Brasil extradite qualquer brasileiro quando comprovado o seu envolvimento na prática de crime hediondo em outro país.

Gabarito: C. Comentários: Sendo Jean Oliver um brasileiro naturalizado, sua extradição poderá ocorrer em duas hipóteses, conforme previsão do art. 5º, LI, CF/88:
1. Crime comum: o naturalizado poderá ser extraditado somente se praticou o crime comum antes da naturalização;
2. Tráfico ilícito de entorpecentes e drogas afins: no caso de comprovado envolvimento com a prática desse crime, o brasileiro naturalizado poderá ser extraditado, não importando o momento de sua ocorrência, seja antes, seja depois da naturalização.
Lembre-se que o brasileiro nato nunca poderá ser extraditado.

10. (2013 – FGV XI Exame) A Ação Direta de Inconstitucionalidade, a Ação Declaratória de Constitucionalidade e a Ação Direta de Inconstitucionalidade por Omissão estão regulamentadas no âmbito infraconstitucional pela Lei 9.868/99, que dispõe sobre o processo e julgamento destas ações perante o Supremo Tribunal Federal. Tomando por base o constante na referida lei, assinale a alternativa incorreta.

(A) Podem propor a Ação Direta de Inconstitucionalidade por Omissão os mesmos legitimados para propositura da Ação Direta de Inconstitucionalidade e da Ação Declaratória de Constitucionalidade.

(B) Cabe no âmbito da Ação Declaratória de Constitucionalidade a concessão de medida cautelar.

(C) As decisões proferidas em Ação Direta de Inconstitucionalidade e em Ação Declaratória de Constitucionalidade possuem o chamado efeito dúplice.

129

(D) Enquanto a Ação Direta de Inconstitucionalidade e a Ação Declaratória de Constitucionalidade não admitem desistência, a Ação Direta de Inconstitucionalidade por Omissão admite a desistência a qualquer tempo.

Gabarito: D. Comentários: De acordo com o art. 12-D, Lei 9.868/99, a Ação Direta de Inconstitucionalidade por Omissão não admite desistência, por isso está errada a alternativa D. As demais alternativas estão corretas baseadas no art. 12-A (alternativa A), art. 21 (alternativa B) e art. 24 (alternativa C), todos da Lei 9.868/99.

DIREITOS HUMANOS

Elisa Moreira

PONTO 1. INTRODUÇÃO AOS DIREITOS HUMANOS

1.1. Conceituação Inicial

Direitos do Homem: São aqueles direitos jusnaturais, que já estão com o ser humano pela condição de ser ele homem, de ser ele pessoa humana, por ter nascido. O ser humano, portanto, já nasce com esses direitos, são inatos, inerentes e independentes de qualquer condição ou positivação na ordem interna ou externa. Prescindem de positivação.

Ex.: Direito à vida, que é inato ao ser humano.

Direitos Fundamentais: São aqueles direitos mais importantes ao ser humano, positivados no ordenamento jurídico interno de um Estado (na Constituição, principalmente, mas não apenas).

Ex.: A previsão do direito à vida na Constituição (art. 5º, CRFB/88).

Direitos Humanos: São aqueles direitos mais caros ao ser humano e positivados na esfera internacional por tratados, pactos, acordos ou cartas. Portanto, estão positivados no ordenamento jurídico externo.

Ex.: Proteção à vida no Pacto de São José da Costa Rica (art. 4º, PSJCR).

> **Atenção!** Muito embora a essência de direitos do homem, direitos fundamentais e direitos humanos seja a mesma, há a característica da necessidade de **positivação** aos direitos fundamentais e direitos humanos, sendo os primeiros previstos na ordem interna e os últimos na ordem externa.

1.2. Dignidade da Pessoa Humana

Dupla função: UNIFICADORA e HERMENÊUTICA.

a) Unificadora: é o <u>eixo axiológico</u> da Constituição Federal (é, inclusive, fundamento da República Federativa do Brasil – art. 1º, inciso III, CF/88) e a razão de ser dos tratados internacionais sobre direitos humanos no contexto posterior à Segunda Guerra Mundial. Trabalha os valores.

b) Hermenêutica: inspira e limita a interpretação e a aplicação do direito (p. ex., de nada adianta garantir o direito à vida se não houver uma vida digna para o indivíduo).

PONTO 2. GERAÇÕES, DIMENSÕES OU FAMÍLIAS DE DIREITOS HUMANOS

2.1. 1ª Geração

1ª DIMENSÃO (Século XVII – Século XIX): Direitos de LIBERDADE. Passagem do Estado Absolutista para o Estado Liberal. Protagonismo do indivíduo, que deve ter, sozinho, a capacidade de implementar esses direitos. O Estado deve se abster de agir na esfera privada do indivíduo (não fazer estatal). São as *liberdades negativas*. Expressão-chave: *igualdade formal*, a igualdade perante a lei.

Ex.: direito à vida, à propriedade, à liberdade, ao voto, à nacionalidade.

Documentos internacionais:

– Bill of Rights (Inglaterra – 1689);

– Declaração de Independência do Estado da Virgínia/ Declaração do Bom Povo do Estado da Virgínia (Estados Unidos – 1776);

– Declaração dos Direitos do Homem e do Cidadão (França – 1789).

Documentos no Brasil:

– Constituição do Império (1824);

– Constituição da República (1891).

2.2. 2ª Geração

2ª DIMENSÃO (Início Século XX): Direitos de IGUALDADE. Agora, a igualdade não é mais meramente formal, mas *material* (igualdade de fato), que se dá através das *liberdades positivas*. O Estado deverá atuar para a garantia dos direitos do indivíduo (exige o fazer estatal).

Ex.: direito ao trabalho, ao lazer, à educação, à saúde, à segurança, à cultura.

Documentos internacionais:

– Constituição Mexicana (1917);

– Constituição de Weimar (1919);

– Tratado de Versalhes (1919).

Documentos no Brasil:

– Constituição da Era Vargas (1934).

2.3. 3ª Geração

3ª DIMENSÃO (pós II GM): Direitos de FRATERNIDADE. Os direitos de terceira geração estão ligados às ideias de fraternidade e solidariedade. Esses ideais surgiram após as barbáries cometidas durante a Segunda Guerra Mundial, após todas as atrocidades do regime nazista. Por isso, foi necessário que esses abusos fossem repelidos na esfera internacional, em uma ideia de união dos Estados. São direitos dos quais a coletividade tem a titularidade, *direitos difusos, coletivos* e *transindividuais*, que são pertencentes a todas as pessoas independentemente de quaisquer condições.

Ex.: autodeterminação dos povos, meio ambiente digno, saudável, proveitoso, defesa do consumidor, tutela do patrimônio histórico, direito à paz etc.

Principal documento internacional:

– Declaração Universal dos Direitos Humanos (1948).

Documentos no Brasil:

– Constituição de 1946;

– Constituição de 1988.

> **ATENÇÃO:** A partir da 4ª geração, pode-se dizer que todos os direitos são um desdobramento dos demais. Há doutrinadores que falam até mesmo em direitos de 6ª, 7ª, 8ª e 9ª gerações, mas para efeitos de prova (primeira etapa), devemos nos ater às três primeiras e conhecer, 4ª, 5ª e 6ª.

2.4. 4ª Geração

4ª DIMENSÃO: Surgiram com a *modernidade* e a *globalização* dos DH e são fundados na defesa da dignidade humana contra intervenções abusivas, seja do Estado ou de particular. Revelam a importância da autonomia privada.

Ex.: bioética, biodireito, genética, direito à participação democrática (democracia direta), pluralismo, acesso à Internet e direitos de informática (atenção! Alguns colocam o desenvolvimento da Internet na 5º geração de direitos), desarmamento nuclear, direito à diferença.

2.5. 5ª Geração

5ª DIMENSÃO: São os direitos à *paz* e à *segurança internacionais*. Lembre-se do termo *paz universal*.

Observação: Paulo Bonavides insere a paz na 5º geração, mas na definição tradicional de Karel Vasak (Teoria Geracional, 1ª, 2ª e 3ª gerações) o direito à paz estaria na 3ª geração.

2.6. 6ª Geração

6ª DIMENSÃO: Alguns doutrinadores trazem como direitos de sexta geração a democracia, a liberdade, o direito à informação, e o pluralismo político. Outros, colocam a busca pela felicidade e o acesso à água potável.

PONTO 3. CARACTERÍSTICAS DOS DIREITOS HUMANOS

3.1. Relatividade ou Limitabilidade

Para o STF, os direitos fundamentais não são absolutos e podem ser flexibilizados em situações de conflito. O sopesamento ocorre no caso concreto e com base na proporcionalidade é possível saber qual direito deve prevalecer.

Ex.: direito à vida flexibilizado em épocas de guerra, aborto permitido legalmente, excludentes de ilicitude.

> **Importante!** A Declaração Universal dos Direitos Humanos (1948) entende que existem dois direitos absolutos (artigos 4º e 5º da Declaração): *proibição à escravidão* e *proibição à tortura*.

3.2. Universalidade

Todas as pessoas são titulares de DH pela simples condição de serem pessoas, seres humanos (e isso independe de sexo, nacionalidade, religião, cor, raça, etnia ou qualquer outra condição). Assim, os direitos humanos são oponíveis a todos, independentemente de quaisquer questões.

Outra análise sobre a universalidade dos DH: a noção de ***dupla proteção.*** O Estado passa a ter sua soberania relativizada, o que permite ao indivíduo que pleiteie perante as instâncias internacionais sua proteção em caso de falha do ordenamento interno.

3.3. Complementariedade ou Interdependência

As gerações, dimensões ou famílias de direitos humanos (direitos individuais, sociais e difusos) se confundem, fortalecem e complementam, não sendo observadas de forma estanque.

3.4. Historicidade

Os DH são fruto de lento *processo de evolução* e têm grande carga histórica, de acordo com as transformações sociais.

3.5. Inexauribilidade

Os DH são inexauríveis. Assim, há a constante possibilidade de ampliação, mutação e desenvolvimento dos DH.

3.6. Essencialidade ou Inerência

Os DH são básicos, essenciais e fundamentais ao desenvolvimento da vida com qualidade.

3.7. Imprescritibilidade

Os DH não se perdem com o decurso do tempo, não têm prazo, com exceção de limitações impostas por tratados internacionais (limitações que estipulam prazos para que determinados direitos sejam gozados pelas partes, as ferramentas processuais).

3.8. Indisponibilidade ou Inalienabilidade

Ausência de conteúdo econômico dos DH. Não há valoração econômica porque, se os DH são universais e, por isso, todos têm os mesmos direitos, não existem as noções de oferta e procura, estão fora do âmbito comercial (era diferente na época da escravidão, por exemplo). A inalienabilidade é verificada com base na dignidade da pessoa humana (têm a característica da inalienabilidade aqueles direitos que resguardam potencialidade

DIREITOS HUMANOS

e autodeterminação humanas, direitos que têm como objetivo a proteção da vida biológica, condições de saúde física e mental e liberdade de tomar decisões com blindagem à
coerção externa).

3.9. Irrenunciabilidade

Em regra, os direitos fundamentais são irrenunciáveis, não podem ser objeto de renúncia
por seu titular, pois não importam apenas ao sujeito ativo, como também a toda coletividade.
É a *eficácia objetiva dos direitos fundamentais*, que veremos adiante.

O STF admite renúncia excepcional e temporária a direitos como privacidade e intimidade (ex.: reality shows em que os participantes renunciam temporariamente a alguns
direitos durante a exibição do programa).

3.10. Vedação do Retrocesso

Todas as conquistas alcançadas pelo ser humano em relação ao Estado devem ser
mantidas, não havendo possibilidade de diminuição da proteção pelo Estado ou de retorno
ao uma situação necessariamente menos protetiva (ex.: proibição do restabelecimento da
pena de morte no art. 4º do Pacto de São José da Costa Rica). É o chamado *efeito cliquet*,
traduzindo-se na ideia de que a partir de determinado ponto da linha de produção não é
possível retroceder, apenas avançar.

Por outro lado, o Estado pode invocar a **reserva do possível** (quando alega que não
pode cumprir a obrigação porque está impossibilitado, orgânica ou financeiramente, por
exemplo). Todavia, devemos ter em mente que a reserva do possível pode ser utilizada para
o não cumprimento, mas não para permitir ao Estado a violação, o que será analisado e
decidido pelo Poder Judiciário caso a caso.

PONTO 4. DIMENSÕES SUBJETIVA E OBJETIVA DOS DIREITOS FUNDAMENTAIS

4.1. Dimensão Subjetiva

É a imposição jurídica do indivíduo em relação ao Estado, o que é feito de duas formas. A uma, exige do Estado uma atuação negativa, de não intervenção (Estado mínimo);
a duas, exige uma prestação positiva (Estado social de direito). É a dimensão relativa aos
sujeitos. Portanto, diz respeito aos direitos de proteção (negativos) e de exigência de prestação (positivos) por parte do indivíduo em face do poder público (perspectiva subjetiva).

4.2. Dimensão Objetiva

Década de 50 (Tribunal Constitucional Alemão). Traz a ideia de que nenhum ramo do
direito pode ser analisado e interpretado se não estiver em conformidade com os direitos
fundamentais. Trata-se da eficácia irradiante dos direitos fundamentais, a capacidade que
os direitos fundamentais têm de alcançar os poderes públicos no desempenho de suas
atividades principais, em todos os ramos do Direito.

Em resumo:

Sob a ótica <u>subjetiva</u>, os direitos fundamentais possibilitam ao indivíduo (sujeito) conseguir do Estado a satisfação de seus interesses juridicamente protegidos, seja pela atuação ou não atuação.

Sob a ótica <u>objetiva</u>, os direitos fundamentais reúnem os valores sociais elementares, sendo que seus efeitos são irradiados a todo o ordenamento jurídico, demandando a atuação dos órgãos estatais.

PONTO 5. OS QUATRO *STATUS* DE JELLINEK E OS DIREITOS FUNDAMENTAIS EM RELAÇÃO ÀS FUNÇÕES

Desenvolvidos no início do Século XX por Georg Jellinek e ligados à dimensão subjetiva dos direitos fundamentais (relação entre Estado e indivíduo), trazem a ideia de que todo indivíduo inserido no âmbito de convivência social está vinculado ao Estado e com este se relaciona a partir de quatro status:

5.1. Passivo

É o indivíduo com um conjunto de deveres frente ao Estado. É a primeira ideia em que se pode pensar quando tratamos sobre as relações entre Poder Público e indivíduo. No Estado Absolutista, as decisões políticas emanavam da vontade do rei, do soberano, que tinha fundamento, por sua vez, na vontade divina. Assim, o status passivo traz à tona os ideais desta época, representando os deveres que o indivíduo tem em relação ao Estado. O sujeito está em posição de subordinação quanto ao Poder Público. Representa a ausência de garantias e liberdades individuais e coletivas do cidadão. Palavra-chave: **DEVERES.**

5.2. Negativo

Estado Liberal de Direito (Estado como "vigilante noturno" ou *nightwatcher*). Aqui, são assegurados os direitos individuais e coletivos por meio das liberdades negativas, do não fazer estatal. Nesse sentido, o Estado não interfere nas relações privadas. O status negativo preserva o indivíduo quanto à interferência arbitrária estatal, garantindo um espaço de liberdade. Assim, o cidadão pode exercer determinados poderes estabelecidos nos limites jurídicos do Estado, sofrendo a intervenção deste apenas quando houver abuso. Guarda relação com os direitos de primeira dimensão. Expressão-chave: **ATUAÇÃO NEGATIVA/ ABSTENÇÃO.**

5.3. Positivo

Fruto dos movimentos sociais em busca de prestações positivas pelo Estado, é o direito conferido ao indivíduo de exigir do poder público prestações de ordem material, com o escopo de alcançar direitos constitucionalmente assegurados. Neste ponto, ao contrário do status negativo, o Estado age, posicionando-se positivamente para realizar a prestação pretendida. É o que ocorre na segunda geração de direitos. Expressão-chave: **ATUAÇÃO POSITIVA.**

5.4. Ativo

Traduz a participação política da sociedade nas decisões dos Estados. O indivíduo tem o direito de participar dos caminhos políticos, da coisa pública; ou seja, o indivíduo influencia o nascedouro da vontade estatal. São os direitos políticos, que devem ser considerados formal e materialmente. Neste ponto, estabelece-se um paralelo com os direitos de quarta dimensão, que trazem o pluralismo político e a democracia direta. Palavra-chave: **PARTICIPAÇÃO.**

DIREITOS FUNDAMENTAIS EM RELAÇÃO ÀS FUNÇÕES **(atualização dos quatro status de Jellinek):**

1) Direitos de defesa: Direitos do indivíduo exigindo do Estado uma atuação negativa. Corresponde ao status NEGATIVO. Ex.: Art. 5º, II, CRFB/88 (proteção contra ingerência e abusos do próprio Estado).

2) Direitos de prestação (prestacionais): O indivíduo demanda uma atuação positiva do Estado (direitos sociais). Direitos de segunda dimensão. Corresponde inicialmente ao status POSITIVO, mas há um bônus: as prestações exigidas podem ser materiais (Ex.: art. 6º, CRFB/88) e jurídicas (Ex.: art. 5º, XLI, CRFB/88). Atenção à reserva do possível, conceito trabalhado no tópico "características dos direitos fundamentais".

3) Direitos de participação: O indivíduo deve participar da vida do Estado e da sociedade (Ex.: art. 14, CRFB/88).

PONTO 6. EFICÁCIA VERTICAL, HORIZONTAL E DIAGONAL DOS DIREITOS FUNDAMENTAIS

6.1. Eficácia VERTICAL

Quando se pensou nos direitos fundamentais inicialmente, sua aplicação era voltada somente para proteger os particulares do arbítrio estatal. Trata-se justamente da eficácia vertical, a aplicação dos direitos fundamentais às relações entre Estado e particulares, a relação de subordinação que o particular tem com o Estado, que sempre estará em posição de supremacia.

6.2. Eficácia HORIZONTAL

Também denominada *eficácia externa*, *eficácia em relação a terceiros* ou *eficácia privada*, consiste na aplicação dos direitos fundamentais às relações entre os próprios particulares em igualdade de condições, no mesmo degrau de uma escada (p. ex., nas relações sobre direito de família).

Teoria da eficácia horizontal direta ou imediata: Os direitos fundamentais incidem automaticamente sobre todos os destinatários das normas constitucionais, Estado ou particulares. Traz a vinculação dos particulares aos direitos fundamentais, sem condicioná-la a qualquer mediação legislativa.

6.3. Eficácia DIAGONAL

É uma relação entre particulares onde não há uma igualdade fática, mas questões relacionadas à desigualdade de forças e à hipossuficiência. É o que ocorre nas relações trabalhistas ou de consumo. O Estado não se faz presente.

PONTO 7. INCIDENTE DE DESLOCAMENTO DE COMPETÊNCIA (IDC)

Inserido pela EC nº 45/04 e previsto no art. 109, §5º, CRFB/88, é também chamado de *federalização dos crimes contra os direitos humanos.* Para sua ocorrência, devemos observar o cumprimento de quatro requisitos. Vejamos:

1. Grave violação de direitos humanos (plano externo);

2. PGR suscita ao STJ (e não ao STF. Pegadinha de prova!);

3. Em qualquer fase do inquérito ou do processo (note-se que também na fase do inquérito. Outra pegadinha de prova!);

4. Deslocamento da competência que originariamente seria da Justiça Estadual para a Justiça Federal.

Ou seja: Em caso de grave violação de direitos humanos, o PGR poderá suscitar ao Superior Tribunal de Justiça o deslocamento da competência que originariamente seria da Justiça Estadual à Justiça Federal, em qualquer fase do inquérito ou do processo.

Objetivo: evitar que a República Federativa do Brasil seja responsabilizada pela violação de direitos humanos na esfera internacional em caso de desídia.

> **Importante!** Para que o IDC se perfaça, é fundamental a comprovação de que as instâncias locais tenham agido com desídia, descaso ou negligência no caso concreto. É o posicionamento dos Tribunais Superiores.

O primeiro IDC suscitado foi o caso da morte da missionária Dorothy Stang, mas não foi aceito pelo STJ por entenderem que as instâncias locais não agiram com descaso, conduzindo bem as investigações e o processo.

O segundo IDC suscitado (e o primeiro aceito) foi o caso referente à morte do vereador e ativista de Direitos Humanos Manoel Mattos.

PONTO 8. INCORPORAÇÃO DOS TRATADOS AO ORDENAMENTO JURÍDICO BRASILEIRO

Regra de incorporação:

Paridade normativa. Um tratado internacional que for incorporado ao ordenamento jurídico brasileiro terá paridade normativa (ou seja, terá o mesmo status) com as *leis ordinárias federais.*

Existem duas exceções à paridade normativa:

– **Art. 98, CTN:** Os tratados internacionais em matéria tributária ou alteram a legislação interna sobre matéria tributária ou revogam esta legislação (vale dizer, não serão recebidos necessariamente com status normativo de lei ordinária federal, a depender da legislação que alteram ou revogam).

– **Tratados internacionais que versem sobre DH:** Segundo o STF, poderão assumir dois status, vistos a seguir.

DIREITOS HUMANOS

a) Emenda Constitucional (art. 5º, §3º, CF/88): Os tratados e convenções internacionais sobre direitos humanos que forem aprovados, em cada Casa do Congresso Nacional, em dois turnos, por três quintos dos votos dos respectivos membros, serão equivalentes às emendas constitucionais. Ou seja, exige-se quórum qualificado (3/5 dos votos dos membros de cada casa, em dois turnos de votação) para que os tratados e convenções internacionais sobre direitos humanos tenham status de emenda constitucional.

Existe algum documento que foi incorporado ao ordenamento jurídico brasileiro com status constitucional?

Sim! São *QUATRO* os documentos que foram incorporados ao ordenamento jurídico brasileiro com status constitucional (alguns examinadores têm o entendimento de que os documentos 1 e 2 seriam apenas um. Atenção à redação da questão em sua prova!).

Vejamos:

1) Convenção sobre os Direitos das Pessoas com Deficiência (Decreto nº 6.949/2009);

2) Protocolo Facultativo à Convenção sobre os Direitos da Pessoa com Deficiência;

3) Tratado de Marraqueche para Facilitar o Acesso a Obras Publicadas para Pessoas Cegas (Decreto nº 9.522/2018);

4) Convenção Interamericana contra o Racismo, a Discriminação Racial e Formas Correlatas de Intolerância (Decreto nº 10.932/22).

b) Norma supralegal: Norma posicionada abaixo da Constituição, mas em patamar superior ao da legislação ordinária. Imagine a pirâmide normativa de Kelsen. A linha que divide o topo (Constituição Federal) do restante representa as normas supralegais. Discussão interessante veio com o Pacto de São José da Costa Rica e a questão envolvendo o depositário infiel. Antes, eram previstas duas prisões de natureza cível: devedor de alimentos e depositário infiel. Todavia, o Pacto vedou a última hipótese. Assim, o STF decidiu pela impossibilidade da prisão civil do depositário infiel em nome do princípio do *pro homine* (a regra mais favorável ao ser humano), sustentando a tese do *efeito* ou *eficácia paralisante* da parte final do art. 5º, LXVII, CRFB/88, embora não tenha havido revogação do dispositivo constitucional. Devido à importância, a questão foi consignada na Súmula Vinculante nº 25: *É ilícita a prisão civil de depositário infiel, qualquer que seja a modalidade de depósito.*

> **Importante!** Parte da doutrina entende que os Tratados Internacionais de Direitos Humanos sempre terão status ao menos materialmente constitucional, em razão do assunto que abordam. Segundo tal entendimento, os TIDH que passarem pelo procedimento previsto no art. 5º, §3º terão força formal e materialmente constitucional.

PONTO 9. CONTROLE DE CONVENCIONALIDADE

Para estudarmos controle de convencionalidade, devemos ter como base o controle de constitucionalidade. Neste, a norma constitucional – ou o chamado bloco de constitucionalidade, para tratarmos também sobre outras normas com força constitucional – serve como parâmetro de aferição de toda a ordem jurídica.

139

Seguindo o raciocínio acima temos, em linhas gerais, a primeira ideia sobre controle de convencionalidade: a utilização de um novo parâmetro para conformidade do ordenamento jurídico interno, as normas internacionais.

Para alguns doutrinadores, como já mencionado, os TIDH ou são materialmente constitucionais, em observância ao §2º do art. 5º, CRFB/88, ou são formal e materialmente constitucionais, caso sigam o rito presente no §3º do mesmo artigo. Assim, podemos concluir inicialmente que, segundo esta vertente, os TIDH têm, sempre, força constitucional. Assim, só poderíamos falar em controle de constitucionalidade quando a norma parâmetro fosse a própria Constituição (ressalte-se: não é a posição adotada pelo STF).

Explicamos. De acordo com o art. 5º, §3º da CRFB/88, já sabemos que os TIDH incorporados ao nosso ordenamento jurídico em dois turnos de votação em cada Casa do Congresso Nacional, por aprovação de 3/5 de seus membros, têm equivalência com as emendas constitucionais (status de emenda constitucional). Tais normas são consideradas pela doutrina majoritária como integrantes do já mencionado bloco de constitucionalidade. Ocorre que, nos ensinamentos desta corrente, não podem ser utilizadas como parâmetro para o controle de constitucionalidade, apenas para o controle de convencionalidade. Assim, tanto as normas materialmente constitucionais (art. 5º, §2º) quanto as que são formal e materialmente constitucionais (art. 5º, §3º) podem ser utilizadas para o controle de convencionalidade.

Em resumo: segundo o entendimento em pauta, todo o ordenamento jurídico interno deverá ser analisado com base nos TIDH, quer em observância ao §2º, quer seguindo o procedimento do §3º do art. 5º da CRFB/88.

Avançamos. Então, por qual razão o legislador estabelece a finalidade de emenda constitucional às normas incorporadas segundo o art. 5º §3º? São três as conclusões que nos interessam.

A uma, temos que, assim que incorporadas, essas normas alteram de imediato o texto constitucional que com elas conflitar (isso não ocorre quanto às demais normas de DH internalizadas pelo quórum ordinário). A duas, as normas que passam pelo §3º não podem ser denunciadas pelo Poder Executivo ou pelo Poder Legislativo (ou seja, pelo Presidente da República ou pelo Congresso Nacional. É importante mencionar, inclusive, que caso o Presidente denuncie uma norma incorporada pelo citado procedimento, incorrerá em crime de responsabilidade. E o que é a denúncia? Ocorre quando o Estado se desengaja de um compromisso internacionalmente assumido). A três, citamos que as normas incorporadas como emendas constitucionais são verdadeiro modelo para o controle concentrado de convencionalidade. Desta forma, os mesmos legitimados para o controle concentrado de constitucionalidade assim o serão para ingressar com ações perante o STF para garantir observância aos tratados internacionais na ordem jurídica brasileira.

Para finalizar:

O controle de constitucionalidade é realizado considerando a Constituição como parâmetro. Afere-se a conformidade das normas infraconstitucionais com o texto constitucional, podendo ser feito de três formas:

1) Na seara internacional, pelo exercício das cortes internacionais;

2) Internamente, de forma concentrada pelo STF, quanto aos tratados incorporados conforme o art. 5º, §3º, CRFB/88;

3) Internamente, de forma difusa, por todos os tribunais, tanto em relação aos tratados aprovados seguindo o §3º quanto aqueles aprovados com quórum ordinário.

PONTO 10. FASES DOS TRATADOS

Os Tratados Internacionais passam por quatro fases, chamadas de Etapas de Formação ou Iter dos Tratados.

Vejamos:

10.1. Negociação + Assinatura

Enquanto a *negociação* é a discussão do texto do Tratado, a *assinatura* significa o *aceite precário* (o aceite não é definitivo, mas apenas uma manifestação dos Estados no sentido de que aceitam o texto e a forma). O Presidente da República tem *competência privativa* para assinatura dos tratados, atos e convenções internacionais. Significa dizer que essa competência não é exclusiva, podendo ser repassada a terceiros, aos *plenipotenciários*, às autoridades que possuem a Carta de Plenos Poderes. Tal carta é assinada pelo Presidente da República e referendada pelo Ministro das Relações Exteriores.

10.2. Referendo do Congresso Nacional

Apreciação parlamentar. Se o Congresso não der o referendo congressual, o tratado não avança. Todavia, se o Congresso disser sim ao tratado, passamos à terceira fase, com a emissão, em regra, de um *decreto legislativo* (art. 49, I, CRFB/88).

10.3. Ratificação

Apenas o Presidente da República é habilitado a ratificar (confirmar) um tratado. Ou seja: *a competência para ratificação de um tratado internacional é exclusiva* do Presidente da República (e não privativa, como na assinatura). No entanto, o Presidente não se obriga a ratificá-lo, com base no *princípio da discricionariedade* (conveniência e oportunidade). Após o ato de ratificação, tem-se o depósito do instrumento.

> **Atenção!** Se houver a ratificação, surge a obrigatoriedade de cumprimento no plano Internacional, mas não no plano interno. Para que isso ocorra, é necessária a promulgação e a publicação no Diário Oficial da União.

10.4. Promulgação + Publicação no Diário Oficial da União

Produz efeitos na ordem jurídica interna.

O que é reserva? Reserva é a ressalva feita por um Estado em relação a uma ou mais cláusulas de um tratado. A reserva só é válida quando o tratado envolver três ou mais Estados (não é admitida nos tratados bilaterais) e só é cabível quando o próprio tratado permite. Ex.: Estatuto de Roma não admite reservas (ou é aceito em sua totalidade ou não é aceito).

ELISA MOREIRA

O que são as chamadas normas de *jus cogens*? São normas imperativas do Direito Internacional Público que traduzem padrões sedimentados na comunidade internacional, cuja existência e eficácia independem da concordância dos sujeitos de direito internacional, são cogentes, obrigatórias. O *jus cogens* deve ser observado nas relações internacionais e projeta-se, em alguns casos, na própria ordem jurídica interna (Ex.: Não é possível fazer tratados sobre a tortura ou sobre a explosão de bombas atômicas, são conceitos internalizados na comunidade internacional).

PONTO 11. INTERNACIONALIZAÇÃO DOS DIREITOS HUMANOS

Diferença entre Direito Internacional Clássico e Direito Internacional Contemporâneo

Clássico: ideia de máxima SOBERANIA.

Contemporâneo: ideia de RELATIVIZAÇÃO DA SOBERANIA.

Enquanto no direito internacional clássico vige a ideia de soberania, com os Estados senhores de si, no direito internacional contemporâneo o mandamento é a relativização da soberania, consagrando o princípio da não intervenção.

Só se pode pensar na proteção aos direitos humanos se pudermos considerar que o Estado que cometeu alguma afronta aos direitos humanos seja responsabilizado.

O processo de internacionalização é sedimentado no contexto posterior à Segunda Guerra Mundial, com a criação do Sistema Global de proteção aos direitos humanos. No entanto, é fundamental conhecer os momentos que antecederam tal contexto, os precedentes à internacionalização.

Precedentes à Internacionalização

11.1. Direito Humanitário

11.2. Liga das Nações

11.3. Organização Internacional do Trabalho

O primeiro deles é o Direito Humanitário, que difere dos Direitos Humanos por ser característico dos momentos de guerra, do conflito armado.

A Cruz Vermelha foi criada pela Convenção de Genebra de 1864, onde foi fixado um conjunto de leis para amenizar o sofrimento das populações atingidas por conflitos bélicos. Aqui surge a noção de Direito Humanitário, o direito que impõe regras para o emprego de violência no âmbito internacional, representando limites à liberdade e à autonomia do Estado e destinando-se à proteção dos feridos em guerra, dos doentes e das populações civis envolvidas nesse contexto.

Um acontecimento relevante é a luta contra a escravidão, que se intensificou no século XIX, cujo documento de destaque é o Ato Geral da Conferência de Bruxelas de 1890.

A Liga das Nações exprime o segundo momento.

O terceiro e último precedente histórico é a criação da Organização Internacional do Trabalho (OIT) em 1919, logo após o término da Primeira Guerra Mundial. A OIT foi

DIREITOS HUMANOS

criada para ser um mecanismo institucionalizado de proteção aos direitos humanos nas mais diversas relações de trabalho.

11.4. Sistemas de Proteção

11.4.1. Sistema Global de Proteção ou Sistema ONU

Veio pensar os direitos humanos como um todo. O primeiro documento de importância é a Carta das Nações Unidas (ONU) ou Carta de São Francisco, criada em 1945 e que descentraliza o modo de pensar dos direitos humanos.

Os princípios trazidos pela Carta da ONU são: paz mundial, tolerância entre os povos, não intervenção e solução pacífica das controvérsias. Assim, os países não mais poderiam fazer uso da estrutura da guerra para solucionar conflitos.

Dentro do sistema global, há dois grupos de mecanismos de proteção:

1) Mecanismos Convencionais: criados no âmbito de tratados internacionais específicos. Tais instrumentos estabelecem órgãos para fiscalizar e monitorar o cumprimento dos tratados.

2) Mecanismos Extraconvencionais: mecanismos existentes no âmbito de organizações internacionais, como a ONU. Também são fundados em tratados, mas não em um deles de maneira específica. Existem em razão de: a) conjunto de vários tratados internacionais; b) costumes internacionais; c) princípios gerais de Direito.

11.4.2. Sistemas Regionais de Proteção

Junto ao Sistema Global surgem sistemas que buscam a internacionalização dos direitos humanos no plano regional. Destacam-se os sistemas Interamericano, Europeu e Africano, considerados não incipientes. Apresentam as estruturas existentes nas diferentes regiões do globo, trazendo as peculiaridades das referidas regiões.

Importante! Os Sistemas Global e Regionais se inter-relacionam.

PONTO 12. ORGANIZAÇÃO DAS NAÇÕES UNIDAS (ONU)

Criada em 1945 com a *Carta da ONU* ou *Carta de São Francisco* (tem este nome porque foi assinada, inicialmente, por cinquenta Estados na cidade de São Francisco, nos Estados Unidos), representou uma segunda tentativa de estabelecer-se a atmosfera de cooperação internacional, de fraternidade entre as nações, uma cooperação entre os povos para regular as questões que dissessem respeito a todos na comunidade internacional ou, ao menos, à maioria dela.

A primeira tentativa não obteve êxito e ocorreu com a Liga das Nações, criada após o final da I Guerra Mundial.

Falaremos sobre os Órgãos da ONU, mas, antes, faremos a **distinção entre órgãos e organismos.**

143

Organismos têm personalidade jurídica própria, não se subordinam à ONU, embora dela façam parte (Ex.: Organização Internacional do Trabalho, Organização Mundial do Comércio, Organização Mundial da Saúde etc.), ou seja, estão ligados à ONU, mas não têm relação de subordinação com esta.

Órgãos estão vinculados à ONU e não têm personalidade jurídica própria. Estudaremos agora os mais importantes. Vejamos (art. 7º, Decreto 19.841/45 – Carta da ONU).

12.1. Assembleia Geral (art. 9º e ss., Decreto 19.841/45)

É o maior e principal órgão deliberativo da ONU, onde as decisões são discutidas, debatidas e tomadas. Importante ressaltar que todos os Estados têm assento na Assembleia e cada Estado tem direito a um voto. Associe "Assembleia Geral" com o termo "deliberativo". É onde os principais pontos são discutidos, trazendo à tona grande diversidade cultural (paz e segurança, aprovação de novos membros, questões de orçamento, desarmamento, cooperação internacional em todas as áreas, direitos humanos, dentre outras). As resoluções – votadas e aprovadas – da Assembleia Geral funcionam como recomendações.

12.2. Conselho de Segurança (art. 23 e ss., Decreto 19.841/45)

É um dos órgãos mais poderosos da ONU, porque tem o **direito ao veto** concedido aos seus membros permanentes. Ele é formado por 15 membros (5+10), sendo cinco permanentes (Estados Unidos, França, Rússia, Reino Unido e China) e dez rotativos (mudam a cada dois anos).

A vantagem de ser membro permanente desse conselho é de ter o *direito ao veto*, que é o poder de vetar qualquer decisão em toda a ONU.

É possível a intervenção militar decretada pelo CS da ONU? SIM! Em casos extremos é possível a determinação de intervenção militar pelo CS da ONU.

Objetivos do CS: manter a **paz** e a **segurança internacionais**.

12.3. Conselho Econômico e Social (art. 61 e ss., Decreto 19.841/45)

É um órgão que se parece com um fórum central de discussão das questões palpitantes a respeito dos DH. Desenvolve pesquisas e coordena o trabalho econômico e social da ONU. A expressão-chave aqui é "fórum de debates". Composto por 54 membros, eleitos pela Assembleia Geral por períodos de três anos.

12.4. Conselho de Tutela (art. 86 e ss., Decreto 19.841/45)

Desde 1994 (com a independência do último território internacional – as Ilhas Palau) está com as atividades suspensas. Composto pelos 5 membros permanentes do CS. A função do Conselho de Tutela era tutelar e fiscalizar os Estados que ainda possuíam territórios internacionais, promovendo o progresso dos habitantes dos territórios e desenvolvendo condições para a progressiva independência e estabelecimento de um governo próprio. Buscava a autodeterminação dos povos.

12.5. Corte/Tribunal Internacional de Justiça (art. 92 e ss., Decreto 19.841/45, c/c Estatuto da Corte)

Composta por 15 membros eleitos pela Assembleia Geral e pelo Conselho de Segurança para um mandato de 9 anos. Não pode haver dois juízes de mesma nacionalidade. A Corte aprecia conflitos entre Estados que sejam membros da ONU, mas também pode apreciar conflitos de Estados que não fazem parte da ONU. Soluciona entraves entre a jurisdição de dois Estados, ou seja, não julga pessoas!

Duas competências: consultiva e contenciosa.

Além disso, de ser um **órgão jurisdicional**, a Corte tem uma **função consultiva** aos demais órgãos; vale dizer, os demais órgãos podem submeter a ela questões relacionadas ao direito internacional, para que ela se manifeste com a melhor solução, como se fosse um parecer. Somente países, nunca indivíduos, podem pedir pareceres à Corte Internacional de Justiça.

IMPORTANTE: A Corte Internacional de Justiça *não* julga indivíduos, julga apenas Estados.

Corte Internacional de Justiça	Tribunal Penal Internacional	Corte Interamericana/Europeia/Africana
Julga ESTADOS (o conflito é Estado x Estado)	Julga PESSOAS	Julga conflito entre Estado e Pessoa

12.6. Secretariado

É o órgão executivo da ONU, com a função burocrática. É chefiado pelo Secretário Geral da ONU. Hoje, António Guterres. Tem como principais atribuições:

1) Administrar as forças de paz;

2) Analisar problemas econômicos e sociais;

3) Preparar relatórios sobre meio ambiente ou direitos humanos;

4) Sensibilizar a opinião pública internacional sobre o trabalho da ONU;

5) Organizar conferências internacionais;

6) Traduzir todos os documentos oficiais da ONU nas seis línguas oficiais da Organização (inglês, francês, espanhol, árabe, chinês e russo).

PONTO 13. DECLARAÇÃO UNIVERSAL DOS DIREITOS HUMANOS

13.1. Natureza Jurídica

Há duas maneiras de se analisar a natureza jurídica da DUDH: pelos aspectos formal e material. Em relação à FORMA, não há dúvida de que a DUDH não é tratado internacional. Isso porque é uma Resolução da Assembleia Geral da ONU.

Sob o aspecto MATERIAL, todavia, há duas correntes sobre a natureza jurídica da DUDH:

– **Tradicional:** entende que a DUDH não tem qualquer força vinculante, por ser instrumento de *soft law*. Em razão de não haver sanção em caso de descumprimento de suas disposições, trata-se de documento de conteúdo meramente moral (os Estados cumprem se quiserem). Não há força cogente pela ausência de mecanismos de monitoramento.

– **Moderna:** a DUDH é norma de *jus cogens*. Ainda que não assuma a forma de tratado, é mais que tratado, aborda os princípios básicos, mais importantes. É a interpretação autorizada de artigos da Carta da ONU (art. 1º, §3º e art. 55) e, como esta Carta apresenta força vinculante, assim também seria a DUDH.

A Carta das Nações Unidas tem, sim, força vinculante. Em caso de conflito entre a Carta da ONU e qualquer outro tratado, prevalecerá aquela (art. 103).

Pactos de Nova Iorque (1966): após o início da promoção e estrutura dos DH, foi necessário criar *mecanismos de monitoramento*, por maior que fosse a boa vontade dos Estados em cumprir as diretrizes da DUDH.

Assim, os mecanismos de monitoramento são **mecanismos que permitem implementar e fiscalizar os Estados na promoção dos DH.**

Pacto de Direitos Civis e Políticos (Decreto nº 592/92): envolve direitos vinculados à primeira dimensão, liberdades negativas, não fazer estatal, promoção da igualdade formal. Duas características sobre seus protocolos facultativos:

– o indivíduo que teve seus direitos violados pode acionar diretamente o Sistema Global para a responsabilização estatal e;

– um Estado pode denunciar diretamente o outro por violações aos DH.

Pacto de Direitos Econômicos, Sociais e Culturais (Decreto nº 591/92): envolve direitos de segunda dimensão, liberdades positivas, fazer estatal, promoção da igualdade material, de fato.

O momento era a Guerra Fria, com enorme dificuldade de convivência diplomática entre EUA e URSS. Assim, enquanto os primeiros se assemelham em ideais com o Pacto de Direitos Civis e Políticos, a URSS faz o mesmo quanto ao Pacto de Direitos Econômicos, Sociais e Culturais.

Obrigação trazida com os pactos: os países devem remeter relatórios periódicos à ONU acerca da implementação de DH no âmbito interno.

PONTO 14. CONVENÇÃO AMERICANA SOBRE DIREITOS HUMANOS – PACTO DE SÃO JOSÉ DA COSTA RICA – DECRETO Nº 678/92

14.1. Direitos civis e políticos

14.2. Principais dispositivos

14.3. Comissão e Corte Interamericanas de Direitos Humanos

Atenção: é imprescindível a leitura integral do documento!

Assinada na Conferência Especializada Interamericana sobre Direitos Humanos em São José, Costa Rica, em 22 de novembro de 1969, razão pela qual foi consagrado este nome. Promulgada no Brasil pelo **Decreto nº 678/92.**

Para compreensão: o Brasil integra dois Sistemas de proteção: o Sistema Global (ou Sistema ONU) e o Sistema Regional Interamericano (OEA – Organização dos Estados Americanos). A Convenção Americana sobre Direitos Humanos está prevista no Sistema Regional Americano.

Destaca-se o **art. 26 da Convenção**: é um artigo que trata de direitos econômicos e sociais, referentes à segunda geração de direitos. Portanto, embora haja predominância dos direitos de primeira geração, temos um artigo que trata de direitos econômicos e sociais, de aplicação progressiva, ao longo do tempo. São normas programáticas implementadas somente pelo Protocolo de São Salvador.

A segunda parte (art. 33-73) diz respeito aos artigos constritivos, onde encontramos a Comissão e a Corte Interamericanas.

Proteção do Direito à Vida no PSJCR:

– Em geral, protegido desde a concepção.

– Caso um Estado tenha abolido a previsão à pena de morte, não é possível restabelecê--la, nem mesmo por meio de um poder constituinte originário (art. 4º, item 3). É a chamada vedação ao retrocesso ou efeito *cliquet*. No entanto, embora não haja vedação à pena de morte no Pacto, caso já esteja prevista naquele Estado, há limites muito bem estabelecidos.

– A pena de morte só poderá ser aplicada aos delitos mais graves, em cumprimento a sentença final proferida por tribunal competente e respeitando os princípios da legalidade e da anterioridade da lei penal.

– Em nenhum caso a pena de morte pode ser aplicada a delitos políticos, nem a delitos comuns conexos com delitos políticos.

– Não se deve impor a pena de morte a pessoa que, no momento da perpetração do delito, for menor de dezoito anos, ou maior de setenta, nem aplicá-la a mulher em estado de gravidez.

– Qualquer pessoa condenada à pena de morte tem o direito de pedir anistia, indulto ou comutação de pena. Neste caso, não haverá execução enquanto o pedido estiver pendente.

– Quanto à prisão civil, apenas é prevista ao devedor de alimentos (art. 7º, item 7). Por essa razão, houve a discussão no âmbito interno sobre a prisão civil do depositário infiel e a posterior edição da Súmula Vinculante 25 (o art. 5º, inciso LXVII da CF traz duas modalidades de prisão civil de forma textual). O Pacto de São José da Costa Rica foi recepcionado em nosso ordenamento jurídico como norma supralegal (abaixo da CF e acima da legislação ordinária) e prevaleceu em nome do princípio do *pro homine* (norma mais favorável ao ser humano).

Comissão Interamericana de Direitos Humanos (art. 34 e ss.):

Composta por 7 membros (comissários), eleitos a partir de uma lista no máximo tríplice enviada por cada Estado (um dos indicados deve ser de nacionalidade diferente do Estado proponente), para um mandato de 4+4 anos (permite-se uma recondução). Os comissários exercem suas funções a título pessoal.

A Comissão tem caráter *administrativo*, ou seja, procura estabelecer o contato (peticionar) entre os interessados na proteção às vítimas e o Estado opressor (Estado que desrespeitou a Convenção). Nesse contato podem ocorrer relatórios, pedidos, recomendações ou orientações; ou seja, busca-se intermediar a resolução daquele caso (sanar a lesão, pagar indenização, confeccionar a lei etc). Pode haver a solução já na Comissão, o que não necessitará a intervenção da Corte. Qualquer pessoa ou grupo de pessoas, ou entidade não governamental legalmente reconhecida em um ou mais Estados membros da Organização, pode apresentar à Comissão petições que contenham denúncias ou queixas de violação desta Convenção por um Estado Parte.

Caso a comissão não consiga resolver, poderá denunciar o caso à Corte Interamericana de Direitos Humanos.

Corte Interamericana de Direitos Humanos (art. 52 e ss.):

Composta por 7 membros (juízes) de nacionalidades diferentes, eleitos por 6+6 anos (uma recondução). Quórum: 5 juízes. Exercem suas funções a título pessoal.

A Corte tem caráter dúplice: *consultivo* e *jurisdicional* (um país precisa aderir à competência jurisdicional da Corte, o que o Brasil fez em 1998, pelo decreto legislativo 89. Ou seja, o Brasil é obrigado a cumprir uma decisão da Corte Interamericana de DH.

Somente os Estados Partes e a Comissão têm direito de submeter um caso à decisão da Corte.

As sentenças da Corte são definitivas e inapeláveis.

PONTO 15. O ESTATUTO DE ROMA E O TRIBUNAL PENAL INTERNACIONAL – DECRETO Nº 4.388/02

15.1. Histórico

15.2. Características

15.3. Competência

15.4. Principais dispositivos

O Estatuto de Roma do Tribunal Penal Internacional (TPI) tem seu fundamento no contexto do término da Segunda Guerra Mundial, quando a opinião pública tomou conhecimento das atrocidades cometidas pelo Japão, na China, e pela Alemanha contra judeus, ciganos e outras minorias. Assim, os governantes das potências vencedoras da II Guerra Mundial perceberam a necessidade de estabelecer, pela primeira vez na história, tribunais penais internacionais.

Os tribunais militares internacionais de Tóquio e Nuremberg foram criados para julgar e punir os grandes crimes cometidos na II Guerra Mundial. De modo inédito, trouxeram a responsabilização de indivíduos acusados de violação de normas internacionais.

DIREITOS HUMANOS

As críticas que recaíram sobre estes tribunais disseram respeito, a uma, à afronta ao princípio da anterioridade da lei penal (visto que os fatos julgados por esses Tribunais não eram definidos como crimes quando de seu cometimento); a duas, ao grande viés político do Tribunal de Nuremberg, em que vencedores julgavam vencidos; a três, por ser um tribunal *ad hoc*, criado para o ato, precário e de exceção; a quatro, pelas penas impostas (pena de morte, por ex.).

O TPI, então, consagra-se apresentando as seguintes **características:**

– **Independência;**

– **Permanência;**

– **Atuação complementar.**

Tais características representam avanço também por conta da desnecessidade de apreciação pelo Conselho de Segurança da ONU, que tem o poder de veto por seus cinco membros permanentes (Estados Unidos, Rússia, China, Reino Unido e França). A independência é necessária por afastar os assuntos da influência política desses membros.

O Processo no TPI transcorre em duas fases, quais sejam:

– **1ª: LEITURA DAS ACUSAÇÕES**. É a fase em que são lidas as acusações e o acusado poderá se declarar culpado ou inocente;

– **2ª: DEFESA.** Fase composta por audiências e apresentação de documentação, sempre em observação aos princípios instituídos pelo Tribunal Penal Internacional e pelos princípios de direito penal internacional.

Competência material: O TPI tem a competência para o julgamento de quatro tipos de crimes, chamados crimes de *jus cogens* (normas peremptórias, cogentes, imperativas do direito internacional, inderrogáveis pela vontade das partes):

– **Genocídio (art. 6º);**

– **Crimes contra a Humanidade (art. 7º);**

– **Crimes de Guerra (art. 8º);**

– **Agressão** (embora não haja a definição no Estatuto de Roma, são ações políticas ou militares, por alguém que detém o poder, contra outro ente internacional).

Art. 50:

Línguas oficiais: Árabe, Chinês, Espanhol, Francês, Inglês e Russo.

Línguas de trabalho: Inglesa e Francesa.

Composição: 18 juízes, indicados em regra para um mandato de 9 anos (art. 36). Devem apresentar elevada idoneidade moral, imparcialidade e integridade e serem fluentes em ao menos uma das línguas de trabalho do TPI.

Jurisdição complementar: Significa dizer que o TPI somente atua quando o sistema de justiça dos Estados for incapaz de apreciar uma demanda submetida à apreciação. Então, nos casos em que o Estado não atuou, o caso pode ser levado ao TPI. A ideia é a de combater a impunidade.

Responsabilização Penal Internacional (art. 27): Até mesmo Chefes de Estado e Chefes de Governo podem ser processados e julgados pelo TPI. Portanto, deve-se dizer que **a res-**

ponsabilização penal internacional independe de cargo ou função ocupados. Devemos nos lembrar de que **o TPI não julga Estados, mas PESSOAS!**

A ratificação do Estatuto de Roma não poderá ser feita com reservas (ou o texto é aceito em sua integralidade ou não) – art. 120.

Pena máxima admitida (art. 77): A regra é a de <u>30 (trinta) anos</u>. Excepcionalmente admite-se a <u>prisão perpétua</u> considerando-se a extrema gravidade do crime cometido e as circunstâncias pessoais do condenado.

O Tribunal não terá jurisdição sobre pessoas que, à data da alegada prática do crime, não tenham ainda completado 18 anos de idade (art. 26).

Embora a natureza do TPI seja eminentemente penal, este pode reconhecer a responsabilidade civil dos condenados, impondo a obrigação de reparar os danos causados à vítima e aos seus familiares.

PONTO 16. CONVENÇÃO CONTRA A TORTURA E OUTROS TRATAMENTOS OU PENAS CRUÉIS, DESUMANOS OU DEGRADANTES – DECRETO Nº 40/91

16.1. Definição de tortura

Art. 1º, 1, Decreto nº 40/91 – *Para os fins da presente Convenção, o termo "tortura" designa qualquer ato pelo qual dores ou sofrimentos agudos, físicos ou mentais, são infligidos intencionalmente a uma pessoa a fim de obter, dela ou de uma terceira pessoa, informações ou confissões; de castigá-la por ato que ela ou uma terceira pessoa tenha cometido ou seja suspeita de ter cometido; de intimidar ou coagir esta pessoa ou outras pessoas; ou por qualquer motivo baseado em discriminação de qualquer natureza; quando tais dores ou sofrimentos são infligidos por um funcionário público ou outra pessoa no exercício de funções públicas, ou por sua instigação, ou com o seu consentimento ou aquiescência. Não se considerará como tortura as dores ou sofrimentos que sejam consequência unicamente de sanções legítimas, ou que sejam inerentes a tais sanções ou delas decorram.*

> **Atenção** à parte final do dispositivo – normalmente o tópico de prova está na definição do que NÃO é tortura. Acompanhe:

Não se considerará como tortura as dores ou sofrimentos que sejam consequência unicamente de sanções legítimas, ou que sejam inerentes a tais sanções ou delas decorram.

Lembre-se de que, conforme o item 2 do art. 1º, dispositivos mais amplos sobre a proibição da tortura devem ser considerados.

2. O presente Artigo não será interpretado de maneira a restringir qualquer instrumento internacional ou legislação nacional que contenha ou possa conter dispositivos de alcance mais amplo.

16.2. Teoria do cenário da bomba-relógio

Art. 2º, 2: *Em nenhum caso poderão invocar-se circunstâncias excepcionais tais como ameaça ou estado de guerra, instabilidade política interna ou qualquer outra emergência pública como justificação para tortura.*

DIREITOS HUMANOS

A finalidade da teoria do cenário da bomba-relógio é relativizar a proibição da prática da tortura, considerada um direito humano universal nos moldes da Declaração Universal dos Direitos Humanos.

A nominação da teoria tem origem na hipótese da colocação de bombas em determinados locais, não existindo meios para encontrá-las. A ideia, então, seria a de relativizar a tortura em nome da evitação de um mal maior. Segundo este pensamento, em situações excepcionais, não havendo outras medidas aptas à contenção da atividade de cunho terrorista, a tortura se justificaria.

Tal teoria se relaciona ao direito penal do inimigo e ao neopunitivismo, bem como à terceira e à quarta velocidade do direito penal.

Ocorre que a prática da tortura legitimada pelo Estado remonta à barbárie, ao estado inicial, a técnicas medievais e relacionadas à crueldade, não havendo justificativa para seu desempenho face à proibição ao retrocesso, princípio norteador da evolução dos direitos humanos.

16.3. Principais dispositivos

Sugerimos que o Decreto nº 40/91 seja lido em sua totalidade. Para efeitos de prova, frisamos os artigos discutidos em aula.

PONTO 17. CONVENÇÃO DE PALERMO (CONVENÇÃO DAS NAÇÕES UNIDAS CONTRA O CRIME ORGANIZADO TRANSNACIONAL) – DECRETO 5.015/04

A Convenção das Nações Unidas contra o Crime Organizado Transnacional, também conhecida como Convenção de Palermo, é o **principal instrumento global de combate ao crime organizado transnacional**. Aprovada pela Assembleia-Geral da ONU em 15/11/00 e colocada à disposição dos Estados-membros para assinatura nesta data. Entrou em vigor no Brasil por meio do decreto nº 5.015/04.

A Convenção de Palermo é complementada por três protocolos sobre áreas específicas sobre o crime organizado:

– **Protocolo Relativo à Prevenção, Repressão e Punição do Tráfico de Pessoas, em Especial Mulheres e Crianças (Decreto nº 5.017/04);**

– **Protocolo Relativo ao Combate ao Tráfico de Migrantes por Via Terrestre, Marítima e Aérea (Decreto nº 5.016/04);**

– **Protocolo contra a fabricação e o tráfico ilícito de armas de fogo, suas peças e componentes e munições (Decreto nº 5.941/06).**

Os países **devem ratificar a Convenção antes de aderir a qualquer um dos protocolos**.

Percebem-se as necessidades de promover e **reforçar a estreita cooperação internacional** para o enfrentamento ao crime organizado transnacional.

O que significa ratificar a Convenção? Significa o comprometimento dos Estados a adotarem uma série de medidas contra o crime organizado transnacional. Uma das medidas seria tipificar criminalmente na legislação nacional atos como a participação em grupos criminosos organizados, lavagem de dinheiro, corrupção e obstrução da justiça.

151

A convenção também prevê que os governos adotem medidas para facilitar processos de extradição, assistência legal mútua e cooperação policial.

Outro ponto importante é o **estímulo à promoção de atividades de capacitação e aprimoramento de policiais e servidores públicos** para reforçar a capacidade de resposta ao crime organizado.

– Protocolo Relativo à Prevenção, Repressão e Punição do Tráfico de Pessoas, em Especial Mulheres e Crianças – Decreto nº 5.017/04

É o primeiro instrumento global juridicamente vinculante que define consensualmente o que é o tráfico de pessoas. O **objetivo** da definição é o de facilitar abordagens sobre infrações penais nas legislações nacionais para que possam apoiar uma cooperação internacional realmente eficaz na investigação e nos processos em casos de tráfico de pessoas. Outro objetivo do Protocolo é proteger e dar assistência às vítimas de tráfico de pessoas, respeitando os direitos humanos.

Tráfico de pessoas é, portanto, o *recrutamento, o transporte, a transferência, o alojamento ou o acolhimento de pessoas, recorrendo à ameaça ou uso da força ou a outras formas de coação, ao rapto, à fraude, ao engano, ao abuso de autoridade ou à situação de vulnerabilidade ou à entrega ou aceitação de pagamentos ou benefícios para obter o consentimento de uma pessoa que tenha autoridade sobre outra para fins de exploração. A exploração incluirá, no mínimo, a exploração da prostituição de outrem ou outras formas de exploração sexual, o trabalho ou serviços forçados, escravatura ou práticas similares à escravatura, a servidão ou a remoção de órgãos*, conforme **alínea *a*, art. 3º.**

A alínea *b* traz que o consentimento dado pela vítima de tráfico de pessoas em relação a qualquer tipo de exploração presente na alínea *a* é irrelevante se um dos meios da alínea *a* tiver sido utilizado. No caso das crianças, estando ou não presentes os meios da alínea *a*, considera-se tráfico de pessoas. <u>Criança, para o Protocolo, é qualquer pessoa com idade inferior a 18 anos.</u>

PONTO 18. REGRAS MÍNIMAS DAS NAÇÕES UNIDAS PARA O TRATAMENTO DE PRESOS

Ao longo de 55 anos, os Estados usaram as "Regras Mínimas para o Tratamento de Presos" como um guia para estruturar sua Justiça e sistemas penais. Ocorre que essas regras nunca tinham passado por revisão até 2015, quando as Nações Unidas oficializaram novo quadro de normas, incorporando novas doutrinas de direitos humanos para tomá-las como parâmetros na reestruturação do atual modelo de sistema penal e percepção do papel do encarceramento para a sociedade. Editaram-se, pois, as chamadas Regras de Mandela.

As Regras de Mandela trazem em seu bojo a necessidade de **humanização da justiça criminal** e da **proteção dos direitos humanos**, tanto na administração da justiça quanto na prevenção ao crime. Têm como objetivo estabelecer bons princípios e práticas no tratamento de presos e na gestão prisional.

Mesmo que nem todas as regras possam ser aplicadas em todos os lugares, considerando-se a enorme diversidade cultural existente entre os países, a ideia é a de que sirvam de diretrizes para superar as dificuldades práticas, ocasionando a melhoria dos modelos existentes.

DIREITOS HUMANOS

Embora não sejam especificamente voltadas aos estabelecimentos destinados aos jovens em conflito com a lei, podem ser utilizadas de forma geral para estes locais.

Alguns tópicos com bastante incidência em prova:

– Comunicação entre presos e advogados: os presos podem e devem se comunicar com seus advogados de forma confidencial sobre qualquer assunto legal, conforme as regras locais. Deve ser fornecido aos presos material para escrita, se assim desejarem. Tal conversa pode ser acompanhada por agentes prisionais, mas não devem ser passíveis de audição por estes.

– Nascimentos ocorridos nos estabelecimentos prisionais femininos: deve haver acomodação especial para todas as necessidades de cuidado e tratamento pré e pós-natais. A criança deve nascer preferencialmente em unidade hospitalar externa à unidade. No entanto, caso ocorra o nascimento na unidade prisional, tal fato não deve constar do registro da criança.

– Impossibilidade de proibição de contato com a família como sanção disciplinar: sanções disciplinares ou medidas restritivas não devem incluir a proibição de contato com a família. O contato familiar só pode ser restringido por um prazo limitado e quando for estritamente necessário para a manutenção da segurança e da ordem.

– Uso de imobilizadores: o uso de correntes, de imobilizadores de ferro ou outros instrumentos restritivos que de natureza degradante ou dolorosa deve ser proibido. Outros instrumentos restritivos só devem ser usados se tiverem previsão legal, pelo tempo estritamente necessário e quando outras formas de controle não forem suficientes. Os instrumentos de restrição não devem ser usados em mulheres em trabalho de parto, nem durante e imediatamente após o parto.

– Trabalho do preso: um prisioneiro não julgado deve ter a oportunidade de trabalhar, mas não será obrigado a fazê-lo. Caso opte por trabalhar, será remunerado pelos seus serviços (vedação aos trabalhos forçados).

– Doença grave ou óbito na família do preso: a administração prisional deve informar imediatamente o preso sobre doença grave ou a morte de parente próximo, cônjuge ou companheiro. Quando as circunstâncias permitirem, o preso deve ser autorizado a ir ver, sob escolta ou sozinho, o parente próximo, o cônjuge ou o companheiro, que esteja gravemente doente ou a participar do funeral de tais pessoas.

– Remoção e transporte de presos: Quando os presos estiverem sendo removidos de unidade, devem ser expostos ao público pelo menor tempo possível, e devem ser adotadas as devidas salvaguardas para protegê-los de insultos, curiosidade e qualquer forma de publicidade. Tal transporte deve ocorrer em condições adequadas de ventilação e iluminação, de modo a não submetê-los a sofrimento físico. O custeio pelo transporte é suportado pela Administração e este deve se dar de forma igual a todos.

– Funcionários em contato com os presos e armas de fogo: a regra é a de que os funcionários que têm contato direto com os presos não estejam armados, salvo em circunstâncias especiais.

– Separação de presos na unidade prisional: as diferentes categorias de presos devem ser mantidas em estabelecimentos prisionais separados ou em diferentes setores de um

153

mesmo estabelecimento prisional, levando em consideração seu sexo, idade, antecedentes criminais, razões da detenção e necessidades de tratamento. Assim:

(a) Homens e mulheres devem, sempre que possível, permanecer detidos em unidades separadas. Nos estabelecimentos que recebam homens e mulheres, todos os recintos destinados às mulheres devem ser totalmente separados;

(b) Presos preventivos devem ser mantidos separados daqueles condenados;

(c) Presos civis devem ser mantidos separados dos indivíduos presos por infrações criminais;

(d) Jovens devem ser mantidos separados dos adultos.

PONTO 19. REGRAS DE BANGKOK

– As diretrizes das regras de Bangkok, se estendem às adolescentes infratoras e, no que couber, aos homens em situação de privação/restrição de liberdade que tenham filhos.

– Podemos verificar regras de ingresso, registro, alocação, higiene pessoal, cuidados à saúde, atendimento médico específico, saúde mental, prevenção de DST, revistas, instrumentos de contenções, capacitação adequada de funcionários, priorização do contato com o mundo exterior, individualização da pena, flexibilização do regime prisional, foco nas relações sociais e assistência posterior ao encarceramento, cuidados especiais com gestantes e lactantes, estrangeiras, minorias, povos indígenas e pessoas com deficiência.

As mulheres presas devem ser alocadas em prisões próximas ao seu meio familiar, receber auxílio para contatar parentes, acesso à assistência jurídica (antes, durante e depois da prisão), permissão de tomar as providências necessárias em relação aos filhos, incluindo a possibilidade de suspender por um período razoável a medida privativa de liberdade, levando em consideração o melhor interesse da criança (não se trata do melhor interesse da mulher, da Justiça ou da administração prisional, atenção). As acomodações devem oferecer instalações e materiais exigidos para satisfazer as necessidades de higiene específica das mulheres.

Ao ingressar no estabelecimento deve ser oferecido exame médico de ingresso, com uma avaliação ampla para determinar a necessidade de cuidados básicos, bem como a presença de doenças sexualmente transmissíveis, cuidados com saúde mental, histórico de saúde reprodutiva, existência de dependência de drogas, abuso sexual ou outras formas de violência que possa ter sofrido anteriormente ao ingresso.

No caso de ser constatado abuso sexual ou verificadas outras formas de violência, deverá a instituição informar à mulher presa sobre seu direito de recorrer às autoridades judiciais, devendo ser cientificada igualmente de todas as etapas e procedimentos envolvidos. Mesmo não havendo interesse na ação judicial, a instituição deve demonstrar empenho em garantir que a mulher tenha acesso imediato a aconselhamento ou apoio psicológico especializado.

O contato das mulheres com seus familiares, incluindo seus filhos, deverá ser incentivado e facilitado por todos os meios

As visitas que envolvam crianças devem ser realizadas em um ambiente propício a uma experiência positiva, inclusive no tocante ao comportamento dos funcionários.

Atenção ao seguinte:

a) a inclusão dos incisos IV, V e VI no art. 318 do Código de Processo Penal;

b) inserção do parágrafo único no art. 292 do Código de Processo Penal, que veda o uso de algemas em mulheres em trabalho de parto, durante o parto e no período imediatamente posterior.

PONTO 20. POLÍTICA NACIONAL EM DIREITOS HUMANOS

PLANO NACIONAL DE EDUCAÇÃO EM DIREITOS HUMANOS

Após o período ditatorial no Brasil e com a proclamação da Constituição de 1988, a temática dos direitos humanos começa a ganhar contornos bem definidos, sendo considerada política oficial do Governo. A implantação de políticas públicas com o objetivo de promover e ampliar os direitos humanos assume a posição de eixo central do Estado Brasileiro.

A **Política Nacional de Direitos Humanos** consiste na adoção de uma política que considera os direitos básicos das pessoas em consonância com as organizações internacionais que versam sobre direitos humanos.

Compete ao Poder Executivo (federal, estadual e municipal) a proteção dos direitos humanos estabelecidos na Constituição e nos TIDH dos quais o Brasil faz parte. Ademais, a promoção dos DH deve se dar por meio de políticas públicas.

Assim, quais são os deveres do Estado quanto aos direitos humanos?

São dois principais: **protegê-los** e **promovê-los.**

Para promover os direitos humanos, o Estado deve atuar de forma *positiva*, conferindo tratamento especial às pessoas e grupos vulneráveis e implementando políticas públicas.

Portanto, tendo como parâmetro estes deveres do Estado brasileiro quanto aos direitos humanos, foram instituídos três **Programas Nacionais de Direitos Humanos:**

20.1. PNDH 1 (1996) – Decreto nº 1.904/96

20.2. PNDH 2 (2002) – Decreto nº 4.229/02

20.3. PNDH 3 (2009) – Decreto nº 7.037/09

Tais Programas Nacionais de Direitos Humanos são fruto da reunião e assunção pelo Brasil da Declaração de Viena e Programa de Ação, editado na II Conferência Mundial sobre os Direitos do Homem, em 1993, onde restou estabelecido que os Estados deveriam agir no sentido de criar programas de implementação dos direitos humanos internamente, em seus respectivos países.

Os PNDH são, portanto, programas do Governo Federal criados por decreto do Presidente da República que estabelecem diretrizes a serem seguidas por órgãos governamentais de direitos humanos.

Há **objetivos específicos** nos PNDH. São eles:

PNDH 1

– Decreto nº 1.904/96;

ELISA MOREIRA

– Direitos de primeira dimensão;

– Ênfase nos direitos civis (direitos relacionados à integridade física, liberdades e garantia dos direitos dos grupos vulneráveis ou discriminados);

– Prevê normas programáticas, mas não há mecanismos de incorporação das propostas. O Estado não se manifesta quanto às formas ou meios de execução das políticas de proteção.

– Pouca efetividade.

PNDH 2

– Decreto nº 4.229/02 (Revogou o Decreto nº 1.904/96);

– Direitos de segunda dimensão;

– Ideia de indivisibilidade e interdependência dos direitos humanos;

– Teve como objetivo consolidar uma cultura de proteção e respeito aos direitos humanos;

– Ênfase nos direitos sociais, econômicos e culturais (educação, previdência e assistência social, trabalho, moradia, alimentação, cultura, lazer);

– Diferentemente do PNDH 1, foram implementadas formas de monitoramento das ações abarcadas pelos PNDH 1 e 2. Houve a previsão de políticas orçamentárias quanto aos níveis federal, estadual e municipal;

– A finalidade do PNDH 2 foi influenciar a discussão em torno da elaboração do Plano Plurianual 2004-2007. Serviu, portanto, como parâmetro para a definição dos programas sociais a serem implementados no Brasil até 2007.

PNDH 3

– Decreto Executivo nº 7.037/2009 (revogou o Decreto nº 4.229/02);

– É o mais amplo dos PNDH, trazendo expressivo rol de medidas a serem adotadas;

– Visão de transversalidade: diversos órgãos e poderes estatais envolvidos para elaboração e monitoramento conjuntos das políticas e ações direcionadas ao PNDH 3.

– Envolve diferentes dimensões de direitos (1ª, 2ª e 3ª). O grande desafio foi a integração entre as dimensões de direitos, em respeito à indivisibilidade e à interdependência dos direitos humanos;

– Formado por **6 (seis) eixos orientadores** (I, II, III, IV, V e VI), que são conjuntos de assuntos considerados fundamentais para a adoção de políticas governamentais. São eles (art. 2º, Decreto nº 7.037/2009):

*Eixo Orientador I: Interação democrática entre Estado e sociedade civil;

*Eixo Orientador II: Desenvolvimento e Direitos Humanos;

*Eixo Orientador III: Universalizar direitos em um contexto de desigualdade;

*Eixo Orientador IV: Segurança Pública, Acesso à Justiça e Combate à Violência;

*Eixo Orientador V: Educação e Cultura em Direitos Humanos;

*Eixo Orientador VI: Direito à Memória e à Verdade.

Os **eixos orientadores** contêm diretrizes, no total de **25 (vinte e cinco)**. Vejamos:

DIREITOS HUMANOS

Eixo Orientador I: Interação democrática entre Estado e sociedade civil:

Diretriz 1: Interação democrática entre Estado e sociedade civil como instrumento de fortalecimento da democracia participativa;

Diretriz 2: Fortalecimento dos Direitos Humanos como instrumento transversal das políticas públicas e de interação democrática; e

Diretriz 3: Integração e ampliação dos sistemas de informações em Direitos Humanos e construção de mecanismos de avaliação e monitoramento de sua efetivação.

Eixo Orientador II: Desenvolvimento e Direitos Humanos:

Diretriz 4: Efetivação de modelo de desenvolvimento sustentável, com inclusão social e econômica, ambientalmente equilibrado e tecnologicamente responsável, cultural e regionalmente diverso, participativo e não discriminatório;

Diretriz 5: Valorização da pessoa humana como sujeito central do processo de desenvolvimento; e

Diretriz 6: Promover e proteger os direitos ambientais como Direitos Humanos, incluindo as gerações futuras como sujeitos de direitos.

Eixo Orientador III: Universalizar direitos em um contexto de desigualdades:

Diretriz 7: Garantia dos Direitos Humanos de forma universal, indivisível e interdependente, assegurando a cidadania plena;

Diretriz 8: Promoção dos direitos de crianças e adolescentes para o seu desenvolvimento integral, de forma não discriminatória, assegurando seu direito de opinião e participação;

Diretriz 9: Combate às desigualdades estruturais;

Diretriz 10: Garantia da igualdade na diversidade;

Eixo Orientador IV: Segurança Pública, Acesso à Justiça e Combate à Violência:

Diretriz 11: Democratização e modernização do sistema de segurança pública;

Diretriz 12: Transparência e participação popular no sistema de segurança pública e justiça criminal;

Diretriz 13: Prevenção da violência e da criminalidade e profissionalização da investigação de atos criminosos;

Diretriz 14: Combate à violência institucional, com ênfase na erradicação da tortura e na redução da letalidade policial e carcerária;

Diretriz 15: Garantia dos direitos das vítimas de crimes e de proteção das pessoas ameaçadas;

Diretriz 16: Modernização da política de execução penal, priorizando a aplicação de penas e medidas alternativas à privação de liberdade e melhoria do sistema penitenciário; e

Diretriz 17: Promoção de sistema de justiça mais acessível, ágil e efetivo, para o conhecimento, a garantia e a defesa de direitos;

Eixo Orientador V: Educação e Cultura em Direitos Humanos:

Diretriz 18: Efetivação das diretrizes e dos princípios da política nacional de educação em Direitos Humanos para fortalecer uma cultura de direitos;

Diretriz 19: Fortalecimento dos princípios da democracia e dos Direitos Humanos nos sistemas de educação básica, nas instituições de ensino superior e nas instituições formadoras;

Diretriz 20: Reconhecimento da educação não formal como espaço de defesa e promoção dos Direitos Humanos;

Diretriz 21: Promoção da Educação em Direitos Humanos no serviço público; e

Diretriz 22: Garantia do direito à comunicação democrática e ao acesso à informação para consolidação de uma cultura em Direitos Humanos; e

Eixo Orientador VI: Direito à Memória e à Verdade:

Diretriz 23: Reconhecimento da memória e da verdade como Direito Humano da cidadania e dever do Estado;

Diretriz 24: Preservação da memória histórica e construção pública da verdade; e

Diretriz 25: Modernização da legislação relacionada com promoção do direito à memória e à verdade, fortalecendo a democracia.

Objetivos estratégicos são pretensões específicas inseridas em cada diretriz.

Ações programáticas são ações específicas a serem adotadas para que os objetivos estratégicos sejam atingidos.

Conforme o art. 3º do Decreto, as metas, prazos e recursos necessários para a implementação do PNDH 3 serão definidos e aprovados em Planos de Ação de Direitos Humanos bianuais (duas vezes por ano).

Embora o Programa Nacional de Direitos Humanos 3 tenha sido instituído no âmbito federal, voltado para a implementação de políticas públicas pelo Governo Federal, o art. 5º do Decreto nº 7.037/09 prevê a possibilidade de adesão ao PNDH 3 pelos Estados membros, municípios e órgãos dos demais poderes (Legislativo e Judiciário), assim como do Ministério Público.

PONTO 21. GRUPOS VULNERÁVEIS E MINORIAS

Grupos vulneráveis: Conjunto de pessoas que, por questões relacionadas a gênero, idade, condição social, deficiência e orientação sexual são consideradas mais suscetíveis a violações de seus direitos.

Ex.: mulheres, crianças e adolescentes, idosos, população de rua, pessoas com deficiência física ou sofrimento mental e comunidade LGBTQIAPN+ (lésbicas, gays, bissexuais, travestis, transexuais, *queer*, assexuados, pessoas intersexo, pansexuais, não binários e outras denominações).

Minorias: Pessoas que não estão em posição dominante no Estado. Dotadas de características étnicas, linguísticas ou religiosas específicas que diferem daquelas observadas massivamente. São constituídas dos seguintes elementos: 1) não dominância; 2) cidadania; 3) inferioridade numérica; 4) solidariedade entre seus membros.

Ex.: índios, ciganos, budistas, muçulmanos, espíritas, praticantes de candomblé.

*Determinado grupo pode se inserir nos contextos de grupo vulnerável e minoria simultaneamente, a depender da situação específica.

Atenção! Para o Superior Tribunal de Justiça, são considerados **hipervulneráveis**: indígenas, crianças e adolescentes, mulheres em situação de violência doméstica, idosos e pessoas com deficiência.

PONTO 22. CONVENÇÃO INTERAMERICANA CONTRA O RACISMO, A DISCRIMINAÇÃO RACIAL E FORMAS CORRELATAS DE INTOLERÂNCIA – DEC Nº 10.932/22

O Decreto nº 10.932/22 promulgou a Convenção Interamericana contra o Racismo, a Discriminação Racial e Formas Correlatas de Intolerância, firmada pela República Federativa do Brasil, na Guatemala, em 5 de junho de 2013, aprovada por meio decreto Legislativo nº 1, de 18 de fevereiro de 2021 e com depósito de instrumento de ratificação em 28 de maio de 2021.

Atenção às definições!

– **Discriminação racial:** qualquer distinção, exclusão, restrição ou preferência, em qualquer área da vida pública ou privada, cujo propósito ou efeito seja anular ou restringir o reconhecimento, gozo ou exercício, em condições de igualdade, de um ou mais direitos humanos e liberdades fundamentais consagrados nos instrumentos internacionais aplicáveis aos Estados Partes. A discriminação racial pode basear-se em raça, cor, ascendência ou origem nacional ou étnica.

– **Discriminação racial indireta:** ocorre em qualquer esfera da vida pública ou privada, quando um dispositivo, prática ou critério aparentemente neutro tem a capacidade de acarretar uma desvantagem particular para pessoas pertencentes a um grupo específico (racial, referente à cor, ascendência ou origem nacional ou étnico) ou as coloca em desvantagem, a menos que esse dispositivo, prática ou critério tenha um objetivo ou justificativa razoável e legítima à luz do Direito Internacional dos Direitos Humanos.

– **Discriminação múltipla ou agravada:** qualquer preferência, distinção, exclusão ou restrição baseada, de modo concomitante, em dois ou mais critérios (racial, referente à cor, ascendência ou origem nacional ou étnico) ou outros reconhecidos em instrumentos internacionais, cujo objetivo ou resultado seja anular ou restringir o reconhecimento, gozo ou exercício, em condições de igualdade, de um ou mais direitos humanos e liberdades fundamentais consagrados nos instrumentos internacionais aplicáveis aos Estados Partes, em qualquer área da vida pública ou privada.

– **Racismo:** consiste em qualquer teoria, doutrina, ideologia ou conjunto de ideias que enunciam um vínculo causal entre as características fenotípicas ou genotípicas de indivíduos ou grupos e seus traços intelectuais, culturais e de personalidade, inclusive o falso conceito de superioridade racial. O racismo ocasiona desigualdades raciais e a noção de que as relações discriminatórias entre grupos são moral e cientificamente justificadas. Toda teoria, doutrina, ideologia e conjunto de ideias aqui dispostas são cientificamente falsas, moralmente censuráveis, socialmente injustas e contrárias aos princípios fundamentais do Direito Internacional e, portanto, perturbam gravemente a paz e a segurança internacional, sendo, dessa maneira, condenadas pelos Estados Partes.

– **Medidas especiais ou de ação afirmativa:** são adotadas com a finalidade de assegurar o gozo ou exercício, em condições de igualdade, de um ou mais direitos humanos e liberdades fundamentais de grupos que requeiram essa proteção e não constituirão discriminação racial, desde que essas medidas não levem à manutenção de direitos separados para grupos diferentes e não se perpetuem uma vez alcançados seus objetivos.

– **Intolerância:** é um ato ou conjunto de atos ou manifestações que denotam desrespeito, rejeição ou desprezo à dignidade, características, convicções ou opiniões de pessoas por serem diferentes ou contrárias. Pode manifestar-se como a marginalização e a exclusão de grupos em condições de vulnerabilidade da participação em qualquer esfera da vida pública ou privada ou como violência contra esses grupos.

O documento traz, ainda, os seguintes pontos de destaque:

– Compromisso dos Estados Partes em adotar políticas especiais e ações afirmativas, bem como de editarem legislação que defina e proíba expressamente o racismo, a discriminação racial e as formas correlatas de intolerância. Ademais, devem destinar às vítimas um tratamento equitativo e não discriminatório, acesso igualitário ao sistema de justiça, processos ágeis e eficazes e reparação justa civil e criminal, conforme o caso.

– Qualquer pessoa ou grupo de pessoas, ou entidade não governamental juridicamente reconhecida em um ou mais Estados membros da Organização dos Estados Americanos, pode apresentar à Comissão Interamericana de Direitos Humanos petições que contenham denúncias ou queixas de violação desta Convenção por um Estado Parte. Além disso, qualquer Estado Parte pode, quando do depósito de seu instrumento de ratificação desta Convenção ou de adesão a ela, ou em qualquer momento posterior, declarar que reconhece a competência da Comissão para receber e examinar as comunicações em que um Estado Parte alegue que outro Estado Parte incorreu em violações dos direitos humanos dispostas nesta Convenção. Nesse caso, serão aplicáveis toda as normas de procedimento pertinentes constantes da Convenção Americana sobre Direitos Humanos assim como o Estatuto e o Regulamento da Comissão.

– Qualquer Estado Parte poderá, ao depositar seu instrumento de ratificação desta Convenção ou de adesão a ela, ou em qualquer momento posterior, declarar que reconhece como obrigatória, de pleno direito, e sem acordo especial, a competência da Corte Interamericana de Direitos Humanos em todas as matérias referentes à interpretação ou aplicação desta Convenção. Nesse caso, serão aplicáveis todas as normas de procedimento pertinentes constantes da Convenção Americana sobre Direitos Humanos, bem como o Estatuto e o Regulamento da Corte.

– Há a previsão de um Comitê Interamericano para a Prevenção e Eliminação do Racismo, Discriminação Racial e Todas as Formas de Discriminação e Intolerância, o qual será constituído por um perito nomeado por cada Estado Parte, que exercerá suas funções de maneira independente e cuja tarefa será monitorar os compromissos assumidos nesta Convenção. O Comitê também será responsável por monitorar os compromissos assumidos pelos Estados que são partes na Convenção Interamericana contra Toda Forma de Discriminação e Intolerância.

– Nenhuma disposição desta Convenção será interpretada no sentido de restringir ou limitar a legislação interna de um Estado Parte que ofereça proteção e garantias iguais ou superiores às estabelecidas nesta Convenção. Nenhuma disposição desta Convenção será interpretada no sentido de restringir ou limitar as convenções internacionais sobre direitos humanos que ofereçam proteção igual ou superior nessa matéria. Significa dizer que se a legislação internacional ou interna existente for mais protetiva, deve ser utilizada.

– Os Estados Partes poderão apresentar reservas a esta Convenção quando da assinatura, ratificação ou adesão, desde que não sejam incompatíveis com seu objetivo e propósito e se refiram a uma ou mais disposições específicas.

PONTO 23. AGENDA 2030 E OS OBJETIVOS DE DESENVOLVIMENTO SUSTENTÁVEL

Maior desafio global: erradicação da pobreza em todas as suas formas e dimensões, incluindo a pobreza extrema (2015).

– 193 países

– Representa um plano de ação para as <u>pessoas</u>, o <u>planeta</u> e a <u>prosperidade</u>;

– 17 Objetivos de Desenvolvimento Sustentável (ODS);

– 169 metas (erradicar a pobreza e promover vida digna para todos);

– Antecessores: Objetivos de Desenvolvimento do Milênio (ODM).

Objetivos de Desenvolvimento do Milênio (ODM)

1) Erradicar a Extrema Pobreza e a Fome

2) Atingir o Ensino Básico Universal

3) Promover a igualdade de gênero e a autonomia das mulheres

4) Reduzir a mortalidade infantil

5) Melhorar a saúde materna

6) Combater o HIV/AIDS, a malária e outras doenças

7) Garantir a sustentabilidade ambiental

8) Estabelecer uma parceria mundial para o desenvolvimento

– 2010: Cúpula das Nações Unidas demanda a aceleração na implementação dos ODM;

– Solicitação ao Secretariado Geral da ONU sobre orientações após 2015;

– Grupo de Desenvolvimento das Nações Unidas: início de processo de consultas com interessados em discutir a temática;

– Relatório: "Uma Vida Digna para Todos";

– Rio +20 e Grupo de Trabalho Aberto para a elaboração dos ODS (GTA-ODS).

Agenda 2030

Os 17 Objetivos são integrados e indivisíveis. São tarefas a serem cumpridas pelos governos, a sociedade civil, o setor privado e todos cidadãos até 2030.

Sustentabilidade não se resume a questões ambientais. Há três dimensões do desenvolvimento sustentável:

– ECONÔMICA

– SOCIAL

– AMBIENTAL

– Declaração em um quadro de resultados (17 ODS e suas 169 metas);

– Seção sobre meios de implementação e de parcerias globais;

– Roteiro para acompanhamento e revisão.

Os ODS são o núcleo da Agenda 2030, devendo ser alcançados até o ano 2030.

Objetivos de Desenvolvimento Sustentável (ODS)

1) Erradicação da Pobreza: Acabar com a pobreza em todas as suas formas, em todos os lugares.

2) Fome Zero e Agricultura Sustentável: Acabar com a fome, alcançar a segurança alimentar e melhoria da nutrição e promover a agricultura sustentável.

3) Saúde e Bem-Estar: Assegurar uma vida saudável e promover o bem-estar para todos, em todas as idades.

4) Educação de Qualidade: Assegurar a educação inclusiva e equitativa de qualidade, e promover oportunidades de aprendizagem ao longo da vida para todos.

5) Igualdade de Gênero: Alcançar a igualdade de gênero e empoderar todas as mulheres e meninas.

6) Água Potável e Saneamento: Assegurar a disponibilidade e a gestão sustentável da água e saneamento para todos.

7) Energia Acessível e Limpa: Assegurar o acesso confiável, sustentável, moderno e a preço acessível à energia para todos.

8) Trabalho Decente e Crescimento Econômico: Promover o crescimento econômico sustentado, inclusivo e sustentável, o emprego pleno e produtivo e o trabalho decente para todos.

9) Indústria, Inovação e Infraestrutura: Construir infraestruturas resilientes, promover a industrialização inclusiva e sustentável e fomentar a inovação.

10) Redução da Desigualdade: Reduzir a desigualdade dentro dos países e entre eles.

11) Cidades e Comunidades Sustentáveis: Tornar as cidades e os assentamentos humanos inclusivos, seguros, resilientes e sustentáveis.

12) Consumo e Produção Responsáveis: Assegurar padrões de produção e de consumo sustentáveis.

13) Ação Contra a Mudança Global do Clima: Tomar medidas urgentes para combater a mudança do clima e seus impactos.

14) Vida na Água: Conservar e promover o uso sustentável dos oceanos, dos mares e dos recursos marinhos para o desenvolvimento sustentável.

15) Vida Terrestre: Proteger, recuperar e promover o uso sustentável dos ecossistemas terrestres, gerir de forma sustentável as florestas, combater a desertificação, deter e reverter a degradação da terra e deter a perda.

16) Paz, Justiça e Instituições Eficazes: Promover sociedades pacíficas e inclusivas para o desenvolvimento sustentável, proporcionar o acesso à justiça para todos e construir instituições eficazes, responsáveis e inclusivas em todos os níveis.

17) Parcerias e Meios de Implementação: Fortalecer os meios de implementação e revitalizar a parceria global para o desenvolvimento sustentável.

DIREITOS HUMANOS

QUESTÕES APLICADAS EM EXAMES ANTERIORES

01. Sobre a Corte Interamericana de Direitos Humanos, é CORRETO afirmar:

(A) A Comissão Interamericana e os Estados Partes podem submeter um caso à Corte Interamericana, admitida a legitimação do indivíduo, nos termos da Convenção Americana.

(B) A Corte Interamericana não apresenta competência consultiva.

(C) É órgão jurisdicional do sistema regional, composto por 15 juízes nacionais de Estados Membros da OEA, eleitos a título pessoal pelos Estados Partes da Convenção.

(D) O Estado brasileiro reconheceu a competência jurisdicional da Corte Interamericana em dezembro de 1998.

Gabarito D. Comentários: O Brasil aderiu em 1998 ao caráter jurisdicional ou contencioso da Corte Interamericana de Direitos Humanos pelo Decreto Legislativo 89. A alternativa "a" está incorreta nos moldes do art. 61, § 1º do Pacto de São José da Costa Rica (PSJCR). A alternativa "b" também está incorreta porque a Corte Interamericana de Direitos Humanos tem as competências consultiva e contenciosa (ou jurisdicional), de acordo com o art. 64, §§ 1º e 2º do PSJCR. Por fim, a alternativa "c" está errada porque são sete os juízes da Corte. O quórum para deliberação é de cinco juízes. E, sim, são eleitos a título pessoal, conforme art. 52 do PSJCR.

02. Sobre o processo de formação dos tratados internacionais, NÃO é correto afirmar:

(A) A assinatura do tratado, por si só, traduz um aceite precário e provisório. Trata-se da mera aquiescência do Estado em relação à forma e ao conteúdo final do tratado. A assinatura do tratado, via de regra, indica tão somente que o tratado é autêntico e definitivo.

(B) A ratificação, explica Flávia Piovesan, significa a subsequente confirmação formal por um Estado de que está obrigado ao tratado. Significa, pois, o aceite definitivo, pelo qual o Estado se obriga pelo tratado no plano internacional.

(C) É competência exclusiva da Câmara dos Deputados resolver definitivamente sobre tratados, acordos ou atos internacionais.

(D) Não gera efeitos a simples assinatura de um tratado se não for referendado pelo Congresso Nacional, já que o Poder Executivo só pode promover a ratificação depois de aprovado o tratado pelo Congresso Nacional.

Gabarito C. Comentários: Conforme disposto no art. 49, I, CRFB/88, o referendo em questão é do Congresso Nacional (e não da Câmara dos Deputados). Trata-se da apreciação parlamentar. Caso o Congresso não dê o referendo congressual, o tratado não avança. Todavia, se o Congresso disser sim ao tratado, passamos à emissão de um decreto legislativo. A alternativa "a" está correta porque enquanto a negociação é a discussão do texto do tratado, a assinatura significa o aceite precário (o aceite não é definitivo, mas apenas uma manifestação dos Estados no sentido de que aceitam o texto e a forma). Da mesma forma, a alternativa "b", pois apenas o Presidente da República é habilitado a ratificar (confirmar) um tratado; ou seja: a competência para ratificação de um tratado internacional é exclusiva do Presidente da República (e não privativa, como na assinatura). No entanto, o Presidente não se obriga a ratificá-lo, com base no princípio da discricionariedade (conveniência e oportunidade). Se houver a ratificação, surge a obrigatoriedade de cumprimento no plano internacional, mas não no plano interno. Para que isso ocorra, são necessárias a promulgação e a publicação no Diário Oficial da União. Por fim, a alternativa "d" nos traz que os efeitos começam a ser gerados com o referendo congressual e são fortalecidos com a ratificação (plano internacional) e com a promulgação + publicação (plano interno).

03. Tendo como base a Declaração de Direitos Humanos, diante das seguintes situações, podemos afirmar que se encontra de acordo com a referida Declaração:

(A) Manuel é português e foi extraditado pelo Brasil para Portugal, após cumprir a pena que lhe foi imposta em Portugal, o referido país não o deixou abandonar o país, por ser nacional;

(B) Ninguém pode ser arbitrariamente privado de sua propriedade;

(C) Caio, perseguido politicamente, não pode deixar seu país, pois de acordo com o direito interno não é possível qualquer nacional solicitar asilo em outro país;

(D) É possível, em respeito às tradições, que os futuros esposos sejam prometidos, e que ambos devem se sujeitar ao casamento. Entretanto, nenhum poderá ser obrigado a permanecer casado.

Gabarito B. Comentários: É a tradução do art. 17, § 2º da Declaração Universal dos Direitos Humanos (DUDH). A alternativa "a" está incorreta porque, conforme art. 13, DUDH, "Todo ser humano tem o direito de deixar qualquer país, inclusive o próprio e a esse regressar". A alternativa "c" também está errada, nos termos do art. 14, § 1º: "Todo ser humano, vítima de perseguição, tem o direito de procurar e de gozar asilo em outros países". Por fim, a alternativa "d" está equivocada porque, segundo o artigo 16, § 2º, DUDH, "O casamento não será válido senão com o livre e pleno consentimento dos nubentes".

163

DIREITO INTERNACIONAL

Paulo Márcio Reis Santos

1. DIREITO INTERNACIONAL

O Direito Internacional, em seu aspecto doutrinário, é divido em Direito Internacional Público (DIP) e Direito Internacional Privado (DIPriv). No Exame da OAB são cobradas dos candidatos duas questões atintes aos conteúdos de Direito Internacional.

No presente estudo abordaremos os principais temas do Direito Internacional visando a preparação para a 1ª Fase do Exame da OAB.

2. DIREITO INTERNACIONAL PÚBLICO

O Direito Internacional Público consiste no conjunto de regras convencionais e costumeiras que regulam as relações jurídicas mútuas entre os sujeitos integrantes da sociedade internacional.

Os Estados são os principais sujeitos de Direito Internacional Público. Por essa razão, os Estados são considerados sujeitos originários de Direito Internacional Público. Por sua vez, as organizações internacionais são sujeitos derivados de DIP, pois são criadas pela vontade dos países que as constituíram. A Organização das Nações Unidas (ONU), criada pela Carta de São Francisco em 26 de junho de 1945, é a organização internacional mais importante existente no mundo.

Além dos Estados e das organizações internacionais, são também considerados sujeitos de Direito Internacional Público: a Santa Sé, os indivíduos, a Ordem Soberana e Militar de Malta e o Comitê Internacional da Cruz Vermelha.

2.1. Fontes do Direito Internacional Público

As fontes estatutárias do Direito Internacional Público estão previstas no art. 38 do Estatuto da Corte Internacional de Justiça, documento anexo à Carta de São Francisco, sendo elas: a) Tratados internacionais; b) Costume internacional; c) Princípios gerais de Direito. O mesmo artigo prescreve como meios auxiliares para a determinação das regras de Direito Internacional a jurisprudência internacional e a doutrina dos juristas internacionalistas mais qualificados.

Tratado internacional, consoante o art. 2º da Convenção de Viena sobre Direito dos Tratados (1969), configura um acordo internacional celebrado por escrito entre sujeitos de Direito Internacional e regido pelo Direito Internacional Público, quer conste de um instrumento único, quer de dois ou mais instrumentos conexos, qualquer que seja sua denominação particular.

No Brasil, compete privativamente ao Presidente da República celebrar tratados, convenções e atos internacionais, sujeitos ao referendo do Congresso Nacional. Por sua vez, é da competência exclusiva do Congresso Nacional resolver definitivamente sobre tratados, acordos ou atos internacionais que acarretem encargos ou compromissos gravosos ao patrimônio nacional.

Uma importante característica no Brasil em relação aos tratados consiste no fato de que os tratados internacionais sobre direitos humanos que forem aprovados, em cada Casa do Congresso Nacional, em dois turnos, por três quintos dos votos dos respectivos membros, serão equivalentes às emendas constitucionais.

O costume internacional representa uma prática geral admitida como direito. Para a caracterização do costume internacional são necessários a presença do elemento material (prática reiterada de determinada conduta internacional) e o elemento subjetivo ou *opinio juris* (reconhecimento geral da adoção da prática internacional).

Quanto aos princípios gerais de direito, podem ser destacados a vedação ao uso de força, solução pacífica das controvérsias, defesa da paz, autodeterminação dos povos, não-intervenção, respeito aos direitos humanos, igualdade dos Estados, cooperação internacional, boa-fé e *pacta sunt servanda*.

Quanto aos meios auxiliares, é preponderante destacar que somente a jurisprudência dos tribunais internacionais é admitida para a determinação das regras de Direito Internacional, excluindo, assim, a jurisprudência de tribunais nacionais.

A doutrina também considera a existência das chamadas fontes não estatutárias, ou seja, as que não se encontram no rol previsto pelo art. 38 do Estatuto da Corte Internacional de Justiça. Dentre elas destacam-se a *soft law*, os atos unilaterais dos Estados e as decisões das organizações internacionais.

O termo *soft law* é reconhecido como direito flexível, pois, ao contrário dos tratados, não configura uma obrigação de direito positivo aos Estados, admitindo maior relativização quanto à sua aplicação. A *soft law* é comumente adotada no Direito Internacional Ambiental, na Arbitragem Internacional e no Comércio Internacional.

Os atos unilaterais dos Estados consistem nas manifestações de vontade capazes de gerar efeitos jurídicos em âmbito internacional. Um ato unilateral de um Estado, para ser considerado válido, deve ser capaz de criar um direito a outro Estado ou uma obrigação para o Estado que produziu o ato unilateral. Não pode ser considerado válido em âmbito internacional o ato unilateral que proclama direitos ao próprio Estado declarante.

As decisões das organizações internacionais, tais como resoluções, recomendações e declarações também apresentam importante papel para a aplicação e a evolução do Direito Internacional. Nesse aspecto, podem ser citadas as resoluções da Assembleia Geral e do Conselho de Segurança das Nações Unidas.

2.2. *Jus Cogens*

Um instituto muito importante para a efetividade do Direito Internacional Público consiste no *jus cogens*, também reconhecido como norma imperativa de Direito Internacional Geral.

De acordo com o art. 53 da Convenção de Viena sobre Direito dos Tratados, uma norma imperativa de Direito Internacional é aquela "reconhecida pela Comunidade de Estados Internacionais em sua totalidade, como uma norma da qual não é permitida nenhuma derrogação e que só poderá ser modificada por uma subsequente norma de lei internacional que tem o mesmo caráter legal".

Podem ser exemplificadas como normas de *jus cogens*: os princípios da igualdade jurídica dos Estados, não-intervenção, proibição do uso de força, autodeterminação dos povos e o respeito aos direitos humanos.

2.3. Soluções Pacíficas de Controvérsias Internacionais

O art. 1º da Carta das Nações Unidas prescreve que entre os propósitos da organização internacional está a manutenção da paz e da segurança internacional. Para o alcance desse objetivo, destaca-se a utilização de meios pacíficos para a solução de controvérsias.

De acordo com o art. 33, 1, da Carta da ONU, "as partes em uma controvérsia, que possa vir a constituir uma ameaça à paz e à segurança internacionais, procurarão, antes de tudo, chegar a uma solução por negociação, inquérito, mediação, conciliação, arbitragem, solução judicial, recurso a entidades ou acordos regionais, ou a qualquer outro meio pacífico à sua escolha.".

Além das referidas soluções, pode-se acrescentar os "bons ofícios", que se caracteriza pelo oferecimento espontâneo de um terceiro colaborador para a solução de uma controvérsia internacional, podendo ser um Estado, uma organização internacional ou uma autoridade internacional. Não há hierarquia entre os meios de solução de conflitos internacionais.

2.4. Domínio Público Internacional

O termo Domínio Público Internacional é utilizado pela doutrina para denominar as áreas utilizadas por mais de um Estado, despertando o interesse da comunidade internacional. É o que ocorre, por exemplo, com os oceanos, os rios internacionais, o espaço aéreo, o continente antártico e a rede mundial de computadores (*internet*).

Ainda que haja o interesse de Estados, as áreas de Domínio Público Internacional não podem ser reivindicadas por eles, pois integram o patrimônio internacional.

Em relação ao tratamento jurídico das águas, a matéria é regulamentada pela Convenção das Nações Unidas sobre o Direito do Mar, também conhecida como Convenção de Montego Bay (1982).

Nos termos da Convenção de Montego Bay, a soberania do Estado costeiro estende-se além do seu território e das suas águas interiores a uma zona de mar adjacente denominada mar territorial. Essa soberania é estendida ao espaço aéreo sobrejacente ao mar territorial, bem como ao leito e ao subsolo deste mar. A largura do mar territorial do Estado costeiro pode alcançar no máximo 12 milhas marítimas, medidas a partir da denominada linha de base.

Ainda que o Estado costeiro possua soberania quanto ao seu mar territorial, a Convenção assegura o exercício do direito de passagem inocente por navios de qualquer Estado pelo mar territorial de outro Estado. O direito de passagem inocente deve ser exercido de modo rápido e contínuo e em tempos de paz. O Estado costeiro não pode criar embaraços ou cobrar taxas para o exercício do direito de passagem inocente. Todavia, poderá definir as rotas marítimas e os sistemas de separação de tráfego para o exercício do direito de passagem inocente em cartas marítimas a serem publicadas documentalmente.

A Convenção de Montego Bay também faz referência à possibilidade da existência de uma faixa em contiguidade ao mar territorial, denominada zona contígua. Nessa área, o Estado costeiro poderá adotar medidas de fiscalização para evitar as infrações às leis e regulamentos aduaneiros, fiscais, de imigração ou sanitários no seu território ou no seu mar territorial. Também poderá reprimir as infrações às leis e regulamentos no seu território ou no seu mar territorial. A zona contígua não pode estender-se além de 24 milhas marítimas, contadas a partir das linhas de base que servem para medir a largura do mar territorial.

A Convenção ainda destaca a existência da zona econômica exclusiva, faixa na qual o Estado costeiro possui direitos para fins de exploração, aproveitamento, conservação e gestão dos recursos naturais das águas sobrejacentes ao leito do mar, do leito do mar e seu subsolo. A largura da zona econômica exclusiva não pode ser ultrapassar 200 milhas marítimas das linhas de base, a partir das quais se mede a largura do mar territorial. Após o final da zona econômica exclusiva, localiza-se o alto mar, cuja navegação é aberta a todos os Estados. Nenhum Estado pode submeter qualquer parte do alto mar à sua soberania. A Convenção destaca que o alto mar somente poderá ser utilizado para fins pacíficos.

Quanto à plataforma continental, a Convenção prescreve que se trata de porção que compreende o leito e o subsolo das áreas submarinas que se estendem além do seu mar territorial, em toda a extensão do prolongamento natural do seu território terrestre, até ao bordo exterior da margem continental, ou até uma distância de 200 milhas marítimas das linhas de base a partir das quais se mede a largura do mar territorial, nos casos em que o bordo exterior da margem continental não atinja essa distância. O Estado costeiro exerce direitos de soberania sobre a plataforma continental para efeitos de exploração e aproveitamento dos seus recursos naturais. Caso o Estado costeiro consiga comprovar a possibilidade de exploração da plataforma continental além das 200 milhas, poderá pleitear à Comissão de Limites da Plataforma Continental da ONU o aumento para, no máximo, 350 milhas.

A competência para dirimir controvérsias entre os Estados partes da Convenção de Montego Bay é do Tribunal Internacional do Direito do Mar, na Alemanha.

Em relação ao espaço aéreo, a soberania do Estado é exclusiva quanto ao espaço aéreo sobrejacente ao contrário do mar territorial, inexistindo o direito de passagem inocente por uma aeronave estrangeria. Assim, as aeronaves estrangeiras somente podem sobrevoar o espaço aéreo de outro Estado com a autorização deste.

A Convenção de Chicago (1994) e seus tratados posteriores definem os princípios elementares da aviação civil internacional. Em 1947 foi criada a Organização de Aviação Civil Internacional, com sede no Canadá. A Convenção de Chicago é aplicável exclusivamente à aviação civil.

2.5. Relações Diplomáticas e Consulares

As relações diplomáticas e consulares, em seus aspectos convencionais, são reguladas, respectivamente, pela Convenção de Viena sobre Relações Diplomáticas (1961) e pela Convenção de Viena sobre Relações Consulares (1963).

Em que pese a importância das carreiras diplomáticas e consulares na representação internacional dos Estados, há consideráveis distinções jurídicas quanto a cada uma dessas carreiras. Por essa razão, cada uma delas possui própria regulamentação.

O agente diplomático representa o Estado acreditante junto ao Estado acreditado para assuntos de Estado. Por sua vez, o cônsul representa um Estado estrangeiro no Estado receptor para o tratamento de assuntos privados.

O agente diplomático possui imunidade civil, penal e administrativa no Estado em que exerce a representação diplomática. Com base no art. 29 da Convenção de Viena sobre Relações Diplomáticas, o agente diplomático não poderá ser preso pelas autoridades do Estado em que desempenha suas funções como representante do seu país de origem. Essa imunidade se estende aos membros da missão diplomática que fazem parte da missão, incluindo, também, os familiares do chefe da missão diplomática.

A Convenção também determina que os locais onde sejam desempenhadas as atividades diplomáticas não podem ser invadidos, nem mesmo pelas autoridades do Estado acreditado, sem a autorização do chefe da missão.

No aspecto tributário, o agente diplomático possui a isenção do pagamento de tributos diretos no Estado acreditado, tais como Imposto de Renda, IPTU e IPVA. Essa isenção não se aplica aos bens de natureza pessoal do agente diplomático no país em que se encontra exercendo suas funções.

É importante destacar que o agente diplomático não pode renunciar à imunidade de jurisdição. Tal renúncia somente pode ser exercida, expressamente, pelo Estado acreditante.

A Convenção de Viena sobre Relações Consulares estabelece que os cônsules e os membros da equipe consular possuem o direito à inviolabilidade física, imunidade civil e penal exclusivamente em relação aos atos de ofício vinculados à atividade consular. Tais privilégios não se estendem aos familiares e nem às residências deles.

Como a imunidade consular se limita aos atos de ofício, poderá haver a sujeição à jurisdição do Estado acreditado nos casos de crimes comuns praticados por cônsules ou pelos funcionários da missão consular. Pode-se exemplificar como crime relacionado à função consular a fraude na outorga de vistos, que poderá ser punido somente pelo Estado responsável pelo envio da missão consular.

Os arquivos e documentos consulares, assim como os diplomáticos, são invioláveis nos termos das Convenções de 1961 e 1963.

2.6. Imunidade de Jurisdição

As Convenções de Viena sobre Relações Diplomáticas e sobre Relações Consulares não tratam da imunidade de jurisdição dos Estados, se limitando ao regramento das funções diplomáticas e consulares.

No aspecto da imunidade de jurisdição estatal, a regulamentação foi, por muitos anos, conferida pelo costume internacional. Ainda que exista o princípio da não-intervenção em matéria interna dos Estados, atualmente a imunidade de jurisdição estatal não é absoluta. Somente os denominados atos de império, ou seja, os decorrentes da soberania dos Estados possuem imunidade de jurisdição. Por sua vez, os atos de gestão, de natureza comercial nos quais os Estados atuam em igualdade de condições aos particulares, não se sujeitam à imunidade de jurisdição, sendo, assim, legítima a possibilidade de um Estado se submeter à jurisdição interna de outro Estado.

No Brasil, a jurisprudência desempenha papel significativo acerca da matéria, especialmente em relação às imunidades das organizações internacionais. A Comissão de Jurisprudência e de Precedente Normativos do TST publicou Orientação Jurisprudencial n. 416 da Seção de Dissídios Individuais (2012), confirmada pelo Tribunal Pleno (2016), segundo a qual:

"IMUNIDADE DE JURISDIÇÃO. ORGANIZAÇÃO OU ORGANISMO INTERNACIONAL. As organizações ou organismos internacionais gozam de imunidade absoluta de jurisdição quando amparados por norma internacional incorporada ao ordenamento jurídico brasileiro, não se lhes aplicando a regra do Direito Consuetudinário relativa à natureza dos atos praticados. Excepcionalmente, prevalecerá a jurisdição brasileira na hipótese de renúncia expressa à cláusula de imunidade jurisdicional".

O Supremo Tribunal Federal, no julgamento dos Recursos Extraordinários ns. 607.211 e 578.543, reconheceu a imunidade de jurisdição e de execução da Organização das Nações Unidas (ONU) e do Programa das Nações Unidas para o Desenvolvimento (PNUD) em virtude da Convenção sobre Privilégios e Imunidades das Nações Unidas (Decreto 27.784/1950) e da Convenção sobre Privilégios e Imunidades das Agências Especializadas das Nações Unidas (Decreto 52.288/1963). Os referidos tratados internacionais regulam os privilégios e imunidades outorgados pelo Brasil à ONU e aos seus órgãos.

2.7. Mercosul

O Mercado Comum do Sul (MERCOSUL) foi instituído em 26 de março de 1991, mediante a celebração do Tratado de Assunção, assinado pela Argentina, Brasil, Paraguai e Uruguai.

Em agosto de 2012, a Venezuela ingressou como membro do bloco, mas foi suspensa em 2016. Desde 2012, a Bolívia encontra-se na qualidade de parte em processo de adesão, enquanto o Chile (1996), Peru (2003), Colômbia (2004), Equador (2004), Guiana (2013) e Suriname (2013) são considerados Estados Associados.

O MERCOSUL tem por finalidade a consolidação da integração política, econômica e social entre os países integrantes, para o fortalecimento dos vínculos entre os nacionais do bloco e para propiciar o progresso na qualidade de vida.

Consoante o artigo 1º do Tratado de Assunção, a instituição do mercado comum permite a livre circulação de bens, serviços e fatores de produção entre os países do bloco; o estabelecimento de uma tarifa externa comum e a adoção de uma política comercial conjunta em relação a terceiros Estados ou agrupamentos de Estados e a coordenação de posições em foros econômico-comerciais regionais e internacionais; a coordenação de políticas macroeconômicas e setoriais entre os Estados partes; e o compromisso em harmonizarem a legislação nas áreas pertinentes para o fortalecimento do processo de integração.

Em relação à fase de integração em que se encontra, o MERCOSUL configura uma união aduaneira imperfeita, pois ainda não existe uma zona de livre circulação de mercadorias plena entre os Estados partes.

3. DIREITO INTERNACIONAL PRIVADO

O Direito Internacional Privado consiste no conjunto de regras de direito interno de um Estado com a finalidade de solucionar o conflito de leis no espaço, mediante a utilização de regras e elementos de conexão.

3.1. Conflito de Leis no Espaço: Regras e Elementos de Conexão

Diante de um litígio envolvendo nacionais no país em que residem, seja esse conflito na área familiar, obrigacional, consumerista, trabalhista ou empresarial, a aplicação do direito material interno para a solução do litígio geralmente não comporta maiores indagações.

Em virtude da globalização, cada vez mais as pessoas físicas e, inclusive, as jurídicas, praticam relações privadas além dos limites territoriais dos países em que se encontram. Revela-se cada vez mais comum o casamento entre pessoas de nacionalidades distintas, a aquisição de bens móveis e imóveis no exterior, a realização de estudos e atividades profissionais no exterior, transações comerciais e o consumo de bens e serviços estrangeiros. Nesses casos, quando houver a violação ao direito de uma das partes, o jurista poderá se deparar com diferentes normas materiais potencialmente aplicáveis para a solução do conflito.

Nesse cenário, o Direito Internacional Privado possui considerável importância, pois confere ao aplicador da norma os mecanismos jurídicos para a solução do conflito de leis no espaço.

Diante de um conflito de leis no espaço, o jurista possui dois instrumentos teóricos para solucionar o conflito normativo: as regras de conexão e os elementos de conexão. Ao se deparar com um conflito normativo de natureza privada, o jurista deve, em primeiro lugar, realizar a qualificação da questão jurídica mediante a utilização das regras de conexão. A qualificação é fundamental para verificar se o litígio se relaciona ao direito de família, sucessões, obrigações, capacidade, nome ou relação de trabalho, por exemplo.

Realizada a qualificação, passa-se para a segunda fase, que consiste na verificação do elemento de conexão aplicável, de suma importância para a determinação do direito aplicável, ou seja, o direito interno ou o de outro país. Como exemplos de elementos de conexão podem ser citados o domicílio, a residência habitual, o local da celebração do contrato, o local da situação em que se encontra a coisa e o local da execução do trabalho.

Ainda que a nacionalidade seja um exemplo de elemento de conexão, é importante destacar que o Direito Internacional Privado no Brasil não utiliza a nacionalidade como elemento de conexão válido. Essa observação é preponderante, pois comumente encontramos questões de concursos públicos e também no Exame da OAB apresentando a nacionalidade como hipótese de elemento de conexão para a solução de conflito de leis no espaço.

No aspecto legal, é o Decreto-Lei n. 4.657/42, também conhecido como Lei de Introdução às Normas do Direito Brasileiro, que regulamenta a matéria atinente à solução do conflito de leis no espaço. É muito importante a leitura atenta dos artigos 7º a 17 da referida legislação, especialmente pelo fato de representar um ponto comum de cobrança no Exame da OAB.

Conflito de Leis no Espaço	
1º ato: qualificar a relação jurídica de direito material objeto do conflito de leis no espaço	
2º ato: identificar o elemento de conexão aplicável a partir da qualificação realizada	
Brasil: Lei de Introdução às Normas do Direito Brasileiro (DL n. 4.657/42)	
Qualificação	Elemento de Conexão
Nascimento, óbito, nome, a capacidade, direitos de família	Domicílio
Nubentes com domicílios diversos	Primeiro domicílio conjugal
Obrigações (contratos)	Lei do local da celebração
Bem imóvel	Lei do local da situação
Bem móvel	Domicílio do proprietário
Relações de Trabalho	Lei do local da prestação do trabalho
Navios e embarcações	País em que forem registrados

3.2. Competência Internacional

No Direito Processual, a competência é o instituto que representa os limites e a especialização da jurisdição. Em matéria de competência internacional, o Código de Processo Civil regulamenta a temática nos artigos 21 a 25.

Os artigos 21 e 22 descrevem as hipóteses de competência concorrente, ou seja, haverá a possibilidade de o litígio ser julgado no Brasil e também no exterior.

	O réu, qualquer que seja a sua nacionalidade, estiver domiciliado no Brasil.
	No Brasil tiver de ser cumprida a obrigação.
	O fundamento seja fato ocorrido ou ato praticado no Brasil.
Competência concorrente (artigos 21 e 22 do CPC)	De alimentos, quando: a) o credor tiver domicílio ou residência no Brasil; b) o réu mantiver vínculos no Brasil, tais como posse ou propriedade de bens, recebimento de renda ou obtenção de benefícios econômicos.
	Decorrentes de relações de consumo, quando o consumidor tiver domicílio ou residência no Brasil.
	Em que as partes, expressa ou tacitamente, se submeterem à jurisdição nacional.

No artigo 23 são disciplinadas as espécies de competência exclusiva do Judiciário brasileiro nas ações: relativas a imóveis situados no Brasil; em matéria de sucessão hereditária para a confirmação de testamento particular e ao inventário e à partilha de bens situados no Brasil, ainda que o autor da herança seja de nacionalidade estrangeira ou tenha domicílio fora do território nacional; e em divórcio, separação judicial ou dissolução de união estável para proceder a partilha de bens situados no Brasil, ainda que o titular seja de nacionalidade estrangeira ou tenha domicílio fora do território nacional.

Ainda que as hipóteses elencadas nos artigos 21 e 22 sejam de competência concorrente, é preponderante observar que o artigo 24 ressalva que a ação movida no exterior não gera litispendência e não impede a autoridade judiciária brasileira de julgar a mesma causa e as que lhe forem conexas, ressalvadas as disposições em contrário de tratados internacionais e acordos bilaterais em vigor no Brasil.

Uma inovação do Código de Processo Civil, no aspecto da autonomia privada processual, prevista no artigo 25, consiste no impedimento da autoridade judiciária brasileira para o processamento e o julgamento da ação quando houver cláusula de eleição de foro exclusivo estrangeiro em contrato internacional, arguida pelo réu na contestação. Essa previsão se aplica somente às hipóteses de competência concorrente descritas nos artigos 21 e 22.

3.3. Cooperação Jurídica Internacional

O art. 26 do Código de Processo Civil disciplina que a cooperação jurídica internacional é regulamentada por tratado internacional que o Brasil seja parte e observará: o respeito às garantias do devido processo legal no país requerente; a igualdade de tratamento entre nacionais e estrangeiros em relação ao acesso à justiça e à tramitação dos processos, assegurando-se assistência judiciária aos necessitados; a publicidade processual, exceto nas hipóteses de sigilo previstas na legislação; a existência de autoridade central para recepção e transmissão dos pedidos de cooperação e a espontaneidade na transmissão de informações a autoridades estrangeiras.

Quando não houver tratado internacional entre o Brasil e o país requerente da cooperação jurídica internacional, o ato poderá ser realizado com base em promessa de reciprocidade formalizada através dos canais diplomáticos. A legislação ressalva que na cooperação jurídica internacional não será permitida a realização de atos que contrariem ou que produzam resultados incompatíveis com as normas fundamentais que regem o Brasil. No aspecto regulatório, compete ao Ministério da Justiça o exercício da função de autoridade central na cooperação jurídica internacional.

Entre os objetivos da cooperação jurídica internacional podem ser destacados: a citação, intimação e notificação judicial e extrajudicial; a colheita de provas e obtenção de informações; a homologação e cumprimento de decisão; a concessão de medida judicial de urgência; a assistência jurídica internacional e qualquer outra medida judicial ou extrajudicial não proibida pela lei nacional.

3.3.1. Auxílio Direto

O auxílio direto configura um importante instrumento processual de cooperação jurídica internacional. O seu cabimento ocorre nos casos em que a medida não decorrer diretamente de decisão de autoridade jurisdicional estrangeira a ser submetida a juízo de delibação no Brasil. O instituto é disciplinado pelos artigos 28 a 34 do Código de Processo Civil.

A solicitação do auxílio direto deve ser encaminhada pelo órgão estrangeiro interessado à autoridade central brasileira, cabendo ao país requerente garantir a autenticidade e a clareza do requerimento.

O auxílio direito tem por finalidade: a obtenção e prestação de informações sobre o ordenamento jurídico e sobre processos administrativos ou jurisdicionais findos ou em curso; a colheita de provas, salvo se a medida for adotada em processo, em curso no estrangeiro, de competência exclusiva de autoridade judiciária brasileira e qualquer outra medida judicial ou extrajudicial não proibida pela lei brasileira.

3.3.2. *Homologação de Decisão Estrangeira e a Concessão de Exequatur às Cartas Rogatórias*

A homologação de decisão estrangeira configura uma ação judicial cuja finalidade é conferir eficácia no Brasil a um ato proveniente de autoridade estrangeira judicial ou até mesmo não judicial.

Após a Emenda Constitucional n. 45/2004, a competência para a homologação de decisão estrangeira e a concessão de exequatur às cartas rogatórias foi transferida do Supremo Tribunal Federal para o Superior Tribunal de Justiça (art. 105, inciso I, alínea "i", da Constituição).

O procedimento de homologação de decisão estrangeira e de concessão de exequatur às cartas rogatórias é disciplinado pelos artigos 960 a 965 do Código de Processo Civil, observando-se, ainda, o Regimento Interno do Superior Tribunal de Justiça.

A parte interessada na obtenção da eficácia no Brasil de decisão transitada em julgado proferida por autoridade judicial ou não judicial estrangeria deverá ajuizar a ação de homologação de decisão estrangeira, salvo disposição especial em sentido contrário prevista em tratado. As decisões interlocutórias estrangeiras poderão ser executadas no Brasil mediante carta rogatória.

No processo de homologação de decisão estrangeira o Superior Tribunal de Justiça exercerá o juízo de delibação, podendo homologar a decisão totalmente, parcialmente ou não homologar, sem, contudo, alterar o conteúdo meritório da decisão.

No curso do processo de homologação de decisão estrangeira é admitido o deferimento de pedidos de urgência e a realização de atos de execução provisória. Admite-se a homologação de decisão estrangeira proveniente de órgãos judiciais estrangeiros e, inclusive, de órgãos não judiciais como, por exemplo, câmaras arbitrais e instituições administrativas. A homologação de decisão estrangeira para fins de execução fiscal decorrente de previsão em tratado internacional ou compromisso de reciprocidade apresentada à autoridade brasileira também é admitida.

São requisitos indispensáveis à homologação de decisão estrangeira: a prova de que a decisão foi proferida pela autoridade competente; a ocorrência de citação regular, ainda que ocorrida a revelia; a eficácia da decisão no país em que foi proferida; inexistência de ofensa à coisa julgada brasileira; estar acompanhada de tradução oficial, salvo disposição que a dispense prevista em tratado e não conter manifesta ofensa à ordem pública. Esses requisitos também se aplicam à concessão do exequatur às cartas rogatórias.

Para as ações de divórcio consensual proferidas no estrangeiro dispensa-se a homologação pelo STJ. Quando na ação de divórcio estrangeria houver disposição acerca da guarda de filhos, alimentos e/ou partilha de bens é necessária a homologação pelo STJ. De acordo com o Provimento n. 53/2016 do Conselho Nacional de Justiça, a sentença estrangeira de divórcio consensual poderá ser averbada diretamente no Cartório de Registro Civil das Pessoas Naturais.

Decisões estrangeiras concessivas de medidas de urgência poderão ser executadas no Brasil através de carta rogatória. A legislação ressalva que o juízo sobre a urgência da medida cabe unicamente ao órgão jurisdicional prolator da decisão interlocutória estrangeira.

Homologada a decisão estrangeira, o seu cumprimento far-se-á perante o juízo federal competente, a requerimento da parte, conforme as normas estabelecidas para o cumprimento de decisão nacional.

3.4. Convenção da Haia sobre Apostila

A Convenção da Haia de 5 de outubro de 1961, sobre a Eliminação da Exigência da Legalização de Documentos Públicos Estrangeiros, também conhecida como Convenção da Apostila, é um Tratado Internacional que tem por finalidade simplificar o processo de autenticação de documentos a serem utilizados no exterior.

A Convenção da Apostila foi promulgada no Brasil através do Decreto n. 8.666/2016. A partir de 16 de agosto de 2016, data da entrada em vigor da Convenção, os Consulados-Gerais do Brasil no exterior deixaram de legalizar documentos públicos oriundos dos países signatários da Convenção. Os interessados devem buscar nos órgãos competentes do respectivo país a obtenção do selo Apostila para que os documentos por eles portados tenham validade no Brasil.

Da mesma forma, podem receber o selo Apostila no Brasil os documentos a serem apresentados nos países signatários da Convenção que, atualmente, totalizam 112, incluindo o Brasil.

A Convenção é aplicável aos seguintes atos públicos: documentos provenientes de uma autoridade ou de um funcionário dependente de qualquer jurisdição do país, compreendidos os provenientes do Ministério Público, de um escrivão de direito ou de um oficial de diligências; documentos administrativos; atos notariais e declarações oficiais tais como menções de registro, vistos para data determinada e reconhecimento de assinatura, inseridos em atos de natureza privada. A Convenção não se aplica a documentos elaborados pelos agentes diplomáticos ou consulares e a documentos administrativos relacionados diretamente com uma operação comercial ou aduaneira.

3.5. Aspectos Civis do Sequestro Internacional de Crianças

O Brasil é signatário da Convenção da Haia (1980), que regulamenta os aspectos civis do sequestro internacional de crianças, promulgado pelo Decreto n. 3.413, de 14 de abril de 2000.

A convenção tem por finalidade a proteção da criança ilicitamente retirada do seu domicílio habitual por um de seus genitores, sem a autorização do outro, para retornar ao seu país de origem e que nele sejam decididas as controvérsias acerca do exercício da guarda e do direito de visitas.

Ainda que a Convenção da Haia faça referência ao termo "sequestro", não se trata do mesmo sentido aplicado pelo Direito Penal, na medida em que o objetivo da convenção não consiste na imputação de penalidade criminal ao responsável pela subtração ilegal da criança do país do seu domicílio, mas exclusivamente o retorno do infante ao seu país de origem.

A Convenção da Haia é aplicável a qualquer criança que tenha residência habitual em um país signatário, imediatamente antes da violação do direito de guarda ou de visita. A aplicação da Convenção cessa quando a criança atingir a idade de dezesseis anos. Nos termos da Convenção da Haia, quando uma criança tiver sido ilicitamente transferida ou retida e tenha decorrido um período de menos de 1 (um) ano entre a data da transferência ou da retenção indevidas e a data do início do processo perante a autoridade judicial ou administrativa do Estado Contratante onde a criança se encontrar, a autoridade respectiva deverá ordenar o retorno imediato da criança.

A autoridade judicial ou administrativa do Estado requerido não é obrigada a ordenar o retorno da criança se a pessoa, instituição ou organismo que se oponha a seu retorno provar: que o responsável pela criança não exercia efetivamente o direito de guarda na época da transferência ou da retenção ou que havia consentido ou concordado posteriormente com esta transferência ou retenção. A existência de risco grave de a criança, no seu retorno, ficar sujeita a perigos de ordem física ou psíquica, ou, de qualquer outro modo, ficar numa situação intolerável, também é fundamento para impedir o retorno da criança ao país em que foi retirada.

Nos casos em que for solicitado ao Brasil o retorno de criança retirada indevidamente de um país signatário da Convenção da Haia, a Autoridade Central Nacional encaminhará o requerimento à Advocacia-Geral da União para análise jurídica e, se for o caso, promover a ação judicial cabível perante a Justiça Federal.

3.6. Nacionalidade

A nacionalidade configura o vínculo jurídico-político permanente que liga o indivíduo ao Estado. Trata-se de um direito humano (Declaração Universal dos Direitos Humanos, de 1948, art. 15).

No Brasil, a nacionalidade é disciplinada pelo art. 12 da Constituição.

Brasileiros	
Natos	Naturalizados
Nascidos na República Federativa do Brasil, ainda que de pais estrangeiros, desde que estes não estejam a serviço de seu país.	Os que, na forma da lei, adquiram a nacionalidade brasileira, exigidas aos originários de países de língua portuguesa apenas residência por um ano ininterrupto e idoneidade moral.

DIREITO INTERNACIONAL

Nascidos no estrangeiro, de pai brasileiro ou mãe brasileira, desde que qualquer deles esteja a serviço da República Federativa do Brasil.	Os estrangeiros de qualquer nacionalidade, residentes na República Federativa do Brasil há mais de quinze anos ininterruptos e sem condenação penal, desde que requeiram a nacionalidade brasileira.
Nascidos no estrangeiro de pai brasileiro ou de mãe brasileira, desde que sejam registrados em repartição brasileira competente ou venham a residir na República Federativa do Brasil e optem, em qualquer tempo, depois de atingida a maioridade, pela nacionalidade brasileira.	

São considerados privativos de brasileiro nato os cargos de: Presidente e Vice-Presidente da República; Presidente da Câmara dos Deputados; Presidente do Senado Federal; Ministro do Supremo Tribunal Federal; membros da carreira diplomática; oficial das Forças Armadas e Ministro de Estado da Defesa.

Haverá a declaração da perda da nacionalidade do brasileiro que tiver cancelada sua naturalização, por sentença judicial, em virtude de atividade nociva ao interesse nacional ou adquirir outra nacionalidade, salvo nos casos: a) de reconhecimento de nacionalidade originária pela lei estrangeira; b) de imposição de naturalização, pela norma estrangeira, ao brasileiro residente em estado estrangeiro, como condição para permanência em seu território ou para o exercício de direitos civis.

3.7. Lei de Migração

Publicada em 24 de maio de 2017 e com a entrada em vigor em 21 de novembro do mesmo ano, a Lei n. 13.445, também conhecida como Lei de Migração, alterou substancialmente a condição jurídica dos estrangeiros no Brasil. A norma é regulamentada pelo Decreto nº 9.199, de 20 de novembro de 2017, e revogou o Estatuto do Estrangeiro, Lei n. 6.815/80.

A Lei de Migração é considerada um avanço por se orientar pelos direitos humanos e não considerar o imigrante ameaça à segurança nacional. Em relação ao visto, a legislação prescreve ser este o documento que dá a seu titular a expectativa de ingresso em território nacional.

Tipos de Vistos	
Visita	Concedido ao nacional de outro país que viaje ao Brasil para estadas de até noventa dias, sem qualquer intuito imigratório ou de exercício de atividade remunerada, salvo a título de diária, ajuda de custo, cachê, pró-labore ou outras despesas com a viagem. Poderá ser concedido para viagens com fins de turismo, negócios, trânsito, realização de atividades artísticas ou desportivas, estudo, trabalho voluntário, ou para participação em conferências, seminários, congressos ou reuniões, entre outras atividades, – desde que não haja recebimento de remuneração no Brasil.
Temporário	Concedido a estrangeiros para a realização de pesquisa, ensino ou extensão acadêmica, tratamento de saúde, acolhida humanitária, estudo, trabalho, férias-trabalho, prática de atividade religiosa ou serviço voluntário, realização de investimento ou de atividade com relevância econômica, social, científica, tecnológica ou cultural, reunião familiar e atividades artísticas ou desportivas com contrato por prazo determinado.

Diplomático	Concedido a autoridades e funcionários estrangeiros que tenham status diplomático e viajem ao Brasil em missão oficial, de caráter transitório ou permanente, representando governo estrangeiro ou Organismo Internacional reconhecidos pelo Brasil.
Oficial	Concedido a funcionários administrativos estrangeiros que viajem ao Brasil em missão oficial, de caráter transitório ou permanente, representando governo estrangeiro ou Organismo Internacional reconhecidos pelo Governo brasileiro; ou aos estrangeiros que viajem ao Brasil sob chancela oficial de seus Estados.
Cortesia	Concedido a personalidades e autoridades estrangeiras em viagem não oficial ao Brasil; companheiros(as), independentemente do sexo, dependentes e outros familiares que não se beneficiem de Visto Diplomático ou Oficial por reunião familiar; trabalhadores domésticos de Missão estrangeira sediada no Brasil ou do Ministério das Relações Exteriores; artistas e desportistas estrangeiros que viajem ao Brasil para evento de caráter gratuito e eminentemente cultural.

Em relação à retirada compulsória de estrangeiro do território brasileiro, a legislação faz referência à repatriação, deportação e expulsão.

A repatriação consiste em medida administrativa de devolução de pessoa em situação de impedimento ao país de procedência ou de nacionalidade. A legislação proíbe a repatriação de pessoa em situação de refúgio ou de apatridia, de fato ou de direito, ao menor de 18 (dezoito) anos desacompanhado ou separado de sua família, exceto nos casos em que se demonstrar favorável para a garantia de seus direitos ou para a reintegração à sua família de origem, ou a quem necessite de acolhimento humanitário. Também não haverá a repatriação para país ou região que possa apresentar risco à vida, à integridade pessoal ou à liberdade da pessoa.

A deportação configura medida decorrente de procedimento administrativo que consiste na retirada compulsória de pessoa que se encontre em situação migratória irregular no território nacional. A legislação estabelece que deportação seja precedida de notificação pessoal ao deportando, constando, expressamente, as irregularidades verificadas e o prazo para a regularização não inferior a 60 (sessenta) dias, podendo ser prorrogado, por igual período, por despacho fundamentado e mediante compromisso de a pessoa manter atualizadas suas informações domiciliares. É vedada a deportação se a medida configurar extradição não admitida pela legislação brasileira.

A expulsão, por sua vez, consiste na medida administrativa de retirada compulsória de migrante ou visitante do território nacional, conjugada com o impedimento de reingresso por prazo determinado. Poderá dar causa à expulsão a condenação com sentença transitada em julgado relativa à prática de: a) crime de genocídio, crime contra a humanidade, crime de guerra ou crime de agressão, nos termos definidos pelo Estatuto de Roma do Tribunal Penal Internacional, de 1998; b) crime comum doloso passível de pena privativa de liberdade, consideradas a gravidade e as possibilidades de ressocialização em território nacional.

A legislação proíbe a realização da expulsão quanto a medida configurar extradição inadmitida pela legislação brasileira ou quando o expulsando tiver filho brasileiro que esteja sob sua guarda ou dependência econômica ou socioafetiva ou tiver pessoa brasileira sob sua tutela; tiver cônjuge ou companheiro residente no Brasil, sem discriminação alguma, reconhecido judicial ou legalmente; tiver ingressado no Brasil até os 12 (doze) anos de idade, residindo desde então no País ou for pessoa com mais de 70 (setenta) anos que resida no País há mais de 10 (dez) anos, considerados a gravidade e o fundamento da expulsão. A Súmula n. 1 do Supremo Tribunal Federal estatui que "é vedada a expulsão de estrangeiro casado com Brasileira, ou que tenha filho Brasileiro, dependente da economia paterna."

É importante destacar que a legislação proíbe a ocorrência de repatriação, deportação ou expulsão coletivas, caracterizadas pela não individualização da situação migratória irregular de cada pessoa. Do mesmo modo, não será procedida a repatriação, a deportação ou a expulsão de nenhum indivíduo quando houver razões para acreditar que a medida poderá colocar em risco a vida ou a integridade pessoal.

A extradição configura um ato de cooperação jurídica internacional em matéria penal, caracterizado pela entrega de um indivíduo, processado ou condenado pela prática de um ou mais crimes no país que a solicita. A extradição divide-se em duas modalidades: ativa e passiva. A primeira ocorre quando o Brasil solicita a extradição de uma pessoa foragida da justiça nacional e que se encontra em outro país. A segunda acontece quando um país solicita ao Brasil a extradição de uma pessoa foragida que está em solo brasileiro.

A extradição instrutória ocorre quando é requerida durante a investigação criminal ou no curso da ação penal ajuizada contra a pessoa objeto do requerimento. Por sua vez, a extradição executória ocorre quando se busca o cumprimento de uma decisão que já aplicou uma penalidade.

No Brasil, o Decreto nº 11.348/2023 prevê que a tramitação das medidas referentes à extradição e à transferência de condenados compete ao Departamento de Recuperação de Ativos e Cooperação Jurídica Internacional da Secretaria Nacional de Justiça do Ministério da Justiça (DRCI/SNJ). Esse órgão é a Autoridade Central no Brasil para a cooperação jurídica internacional.

No aspecto judicial, compete ao Supremo Tribunal Federal julgar originariamente os pedidos de extradição formulados por Estados estrangeiros. Portanto, nenhuma extradição poderá ocorrer sem prévia decisão do Supremo Tribunal Federal acerca de sua legalidade e procedência, não cabendo recurso da decisão. Julgado procedente o pedido de extradição e autorizada a entrega pelo Poder Executivo, o ato será comunicado por via diplomática ao país solicitador, que, em até 60 (sessenta) dias da comunicação, deverá retirar o extraditando do Brasil. Se o país requerente não retirar o extraditando no prazo descrito, o indivíduo será colocado em liberdade, sem prejuízo da aplicação de outras medidas.

De acordo com a Lei de Migração, a extradição não poderá ser concedida quando: o indivíduo cuja extradição é solicitada ao Brasil for brasileiro nato; o fato que motivar o pedido não for considerado crime no Brasil ou no Estado requerente; o Brasil for competente, segundo suas leis, para julgar o crime imputado ao extraditando; a lei brasileira impuser ao crime pena de prisão inferior a 2 (dois) anos; o extraditando estiver respondendo a processo ou já houver sido condenado ou absolvido no Brasil pelo mesmo fato em que se fundar o pedido; a punibilidade estiver extinta pela prescrição, segundo a lei brasileira ou a do país requerente; o fato constituir crime político ou de opinião; o extraditando tiver de responder, no país requerente, perante tribunal ou juízo de exceção; ou quando o extraditando for beneficiário de refúgio ou de asilo territorial.

Quanto ao brasileiro naturalizado, a Constituição prevê a sua extradição somente quando da prática de crime comum antes da naturalização ou de comprovado envolvimento no tráfico ilícito de entorpecentes e drogas afins, nos termos da lei. Nesse caso, o envolvimento independe de ter ocorrido antes ou após a obtenção da naturalização.

Para concessão da extradição, a legislação determina que o crime seja cometido no território do país requerente ou ser aplicável ao extraditando as leis penais desse país; e que o extraditando deve estar respondendo a processo investigatório ou a processo penal ou ter sido condenado pelas autoridades judiciárias do país requerente a pena privativa de liberdade.

A Lei de Migração proíbe a entrega do extraditando sem que o país requerente assuma o compromisso de: não submeter o extraditando a prisão ou processo por fato anterior ao pedido de extradição; computar o tempo da prisão que, no Brasil, foi imposta por força da extradição; comutar a pena corporal, perpétua ou de morte em pena privativa de liberdade, respeitado o limite máximo de cumprimento de 30 (trinta) anos; não entregar o extraditando, sem consentimento do Brasil, a outro Estado que o reclame; não considerar qualquer motivo político para agravar a pena; e não submeter o extraditando a tortura ou a outros tratamentos ou penas cruéis, desumanos ou degradantes.

A extradição não se restringe aos países que possuem tratado com o Brasil. A extradição poderá ser requerida por qualquer país, independente de tratado internacional prévio. No Brasil, nos casos em que inexistir tratado, o requerimento deverá ser instruído com a documentação comprovando a legitimidade do pedido e basear-se na promessa de reciprocidade de tratamento para casos análogos envolvendo os países.

4. QUESTÕES APLICADAS EM EXAMES ANTERIORES

01. (2018 – FGV – XXVII Exame) Em 14 de dezembro de 2009, o Brasil promulgou a Convenção de Viena sobre o Direito dos Tratados de 1969, por meio do Decreto nº 7.030. A Convenção codificou as principais regras a respeito da conclusão, entrada em vigor, interpretação e extinção de tratados internacionais. Tendo por base os dispositivos da Convenção, assinale a afirmativa correta:

(A) Para os fins da Convenção, "tratado" significa qualquer acordo internacional concluído por escrito entre Estados e/ou organizações internacionais.

(B) Os Estados são soberanos para formular reservas, independentemente do que disponha o tratado.

(C) Um Estado não poderá invocar o seu direito interno para justificar o descumprimento de obrigações assumidas em um tratado internacional devidamente internalizado.

(D) Os tratados que conflitem com uma norma imperativa de Direito Internacional geral têm sua execução suspensa até que norma ulterior de Direito Internacional geral da mesma natureza derrogue a norma imperativa com eles conflitante.

Gabarito C. Comentários: Artigo 27 da CVDT. "Uma parte não pode invocar as disposições de seu direito interno para justificar o inadimplemento de um tratado."

02. (2018 – FGV – XXVI Exame) Um ex-funcionário de uma agência de inteligência israelense está de passagem pelo Brasil e toma conhecimento de que chegou ao Supremo Tribunal Federal um pedido de extradição solicitado pelo governo de Israel, país com o qual o Brasil não possui tratado de extradição. Receoso de ser preso, por estar respondendo em Israel por crime de extorsão, ele pula o muro do consulado da Venezuela no Rio de Janeiro e solicita proteção diplomática a esse país. Nesse caso:

(A) pode pedir asilo diplomático e terá direito a salvo-conduto para o país que o acolheu.

(B) é cabível o asilo territorial, porque o consulado é território do Estado estrangeiro.

(C) não se pode pedir asilo, e o STF não autorizará a extradição, por ausência de tratado.

(D) o asilo diplomático não pode ser concedido, pois não é cabível em consulado.

Gabarito D. Comentários: A concessão de asilo diplomático é possível quando o requerente situado em Estado estrangeiro busca a proteção à Embaixada e não ao Consulado.

DIREITO INTERNACIONAL

03. (2017 – FGV – XXIV Exame) Roger, suíço radicado no Brasil há muitos anos, faleceu em sua casa no Rio Grande do Sul, deixando duas filhas e um filho, todos maiores de idade. Suas filhas residem no Brasil, mas o filho se mudara para a Suíça antes mesmo do falecimento de Roger, lá residindo. Roger possuía diversos bens espalhados pelo sul do Brasil e uma propriedade no norte da Suíça. Com referência à sucessão de Roger, assinale a afirmativa correta.

(A) Se o inventário de Roger for processado no Brasil, sua sucessão deverá ser regulada pela lei suíça, que é a lei de nacionalidade de Roger.

(B) A capacidade do filho de Roger para sucedê-lo será regulada pela lei suíça.

(C) Se Roger tivesse deixado testamento, seria aplicada, quanto à sua forma, a lei da nacionalidade dele, independentemente de onde houvesse sido lavrado.

(D) O inventário de Roger não poderá ser processado no Brasil, em razão de existirem bens no estrangeiro a partilhar.

Gabarito B. Comentários: O art. 7º da LINDB determina que "A lei do país em que domiciliada a pessoa determina as regras sobre o começo e o fim da personalidade, o nome, a capacidade e os direitos de família." (grifamos).

04. (2017 – FGV – XXIV Exame) Henrique e Ruth se casaram no Brasil e se mudaram para a Holanda, onde permaneceram por quase 4 anos. Após um período difícil, o casal, que não tem filhos, nem bens, decide, de comum acordo, se divorciar e Ruth pretende retornar ao Brasil. Com relação à dissolução do casamento, assinale a afirmativa correta.

(A) O divórcio só poderá ser requerido no Brasil, eis que o casamento foi realizado no Brasil.

(B) O divórcio, se efetivado na Holanda, precisa ser reconhecido e homologado perante o STJ para que tenha validade no Brasil.

(C) O divórcio consensual pode ser reconhecido no Brasil sem que seja necessário proceder à homologação.

(D) Para requerer o divórcio no Brasil, o casal deverá, primeiramente, voltar a residir no país.

Gabarito C. Comentários: Art. 961, §5, do CPC: "A sentença estrangeira de divórcio consensual produz efeitos no Brasil, independentemente de homologação pelo Superior Tribunal de Justiça."

05. (2018 – FGV – XXIV Exame) Maria Olímpia é demitida pela Embaixada de um país estrangeiro, em Brasília, por ter se recusado a usar véu como parte do seu uniforme de serviço. Obtève ganho de causa na reclamação trabalhista que moveu, mas, como o Estado não cumpriu espontaneamente a sentença, foi solicitada a penhora de bens da Embaixada. Nesse caso, a penhora de bens do Estado estrangeiro:

(A) somente irá prosperar se o Estado estrangeiro tiver bens que não estejam diretamente vinculados ao funcionamento da sua representação diplomática.

(B) não poderá ser autorizada, face à imunidade absoluta de jurisdição do Estado estrangeiro.

(C) dependerá de um pedido de auxílio direto via Autoridade Central, nos termos dos tratados em vigor.

(D) poderá ser deferida, porque, sendo os contratos de trabalho atos de gestão, os bens que são objeto da penhora autorizam, de imediato, a execução.

Gabarito A. Comentários: De acordo com a jurisprudência do TST "não mais subsiste aquela rigidez que outrora excluía a possibilidade de expropriação de bens" de representação estrangeira. Portanto, é possível a penhora de bens não relacionados à missão diplomática (RR-130500-78.2006.5.02.0030).

06. (2016 – FGV – XX Exame) Uma agricultora japonesa residente no Brasil ingressou com ação perante a autoridade judiciária do Japão para cobrar indenização de seu principal fornecedor de pesticidas, a brasileira Ervas Daninhas S.A., alegando descumprimento dos termos de um contrato de fornecimento celebrado entre as partes. A agricultora recentemente obteve uma decisão interlocutória a seu favor, reconhecendo a Ervas Daninhas S.A. como devedora. Sobre a hipótese, assinale a afirmativa correta.

(A) A decisão da autoridade judiciária japonesa poderá ser executada no Brasil por meio de carta rogatória.

(B) A decisão interlocutória da autoridade judiciária japonesa poderá ser executada no Brasil, depois de homologada pelo Superior Tribunal de Justiça.

(C) A decisão proferida pela autoridade judiciária japonesa não poderá produzir efeitos no Brasil, visto que apenas a autoridade brasileira poderá conhecer de ações relativas a bens situados no Brasil.

(D) A agricultora deverá aguardar o trânsito em julgado da decisão final da autoridade judiciária japonesa, para então proceder à sua homologação no Superior Tribunal de Justiça e execução na Justiça Federal.

Gabarito A. Comentários: O art. 960, §1º, do CPC, prevê: "A decisão interlocutória estrangeira poderá ser executada no Brasil por meio de carta rogatória."

07. (2016 – FGV – XX Exame) Lúcia, brasileira, casou-se com Mauro, argentino, há 10 anos, em elegante cerimônia realizada no Nordeste brasileiro. O casal vive atualmente em Buenos Aires com seus três filhos menores. Por diferenças inconciliáveis, Lúcia pretende se divorciar de Mauro, ajuizando, para tanto, a competente ação de divórcio, a fim de partilhar os bens do casal: um apartamento em Buenos Aires/Argentina e uma casa de praia em Trancoso/Bahia. Mauro não se opõe à ação. Com relação à ação de divórcio, assinale a afirmativa correta.

(A) Ação de divórcio só poderá ser ajuizada no Brasil, eis que o casamento foi realizado em território brasileiro.

(B) Caso Lúcia ingresse com a ação perante a Justiça argentina, não poderá partilhar a casa de praia.

(C) Eventual sentença argentina de divórcio, para produzir efeitos no Brasil, deverá ser primeiramente homologada pelo Superior Tribunal de Justiça.

181

(D) Ação de divórcio, se consensual, poderá ser ajuizada tanto no Brasil quanto na Argentina, sendo ambos os países competentes para decidir acerca da guarda das crianças e da partilha dos bens.

Gabarito B. Comentários: Art. 23, III, do CPC: "Compete à autoridade judiciária brasileira, com exclusão de qualquer outra: (...) III – em divórcio, separação judicial ou dissolução de união estável, proceder à partilha de bens situados no Brasil, ainda que o titular seja de nacionalidade estrangeira ou tenha domicílio fora do território nacional."

08. (2016 – FGV – XX Exame) Em 2013, uma empresa de consultoria brasileira assina, na cidade de Londres, Reino Unido, contrato de prestação de serviços com uma empresa local. As contratantes elegem o foro da comarca do Rio de Janeiro para dirimir eventuais dúvidas, com a exclusão de qualquer outro. Dois anos depois, as partes se desentendem quanto aos critérios técnicos previstos no contrato e não conseguem chegar a uma solução amigável. A empresa de consultoria brasileira decide, então, ajuizar uma ação no Tribunal de Justiça do Estado do Rio de Janeiro para rescindir o contrato. Com relação ao caso narrado acima, assinale a afirmativa correta.

(A) O juiz brasileiro poderá conhecer e julgar a lide, mas deverá basear sua decisão na legislação brasileira, pois um juiz brasileiro não pode ser obrigado a aplicar leis estrangeiras.

(B) O Poder Judiciário brasileiro não é competente para conhecer e julgar a lide, pois o foro para dirimir questões em matéria contratual é necessariamente o do local em que o contrato foi assinado.

(C) O juiz brasileiro poderá conhecer e julgar a lide, mas deverá basear sua decisão na legislação do Reino Unido, pois os contratos se regem pela lei do local de sua assinatura.

(D) O juiz brasileiro poderá conhecer e julgar a lide, mas deverá se basear na legislação brasileira, pois, a litígios envolvendo brasileiros e estrangeiros, aplica-se a *lex fori*.

Gabarito C. Comentários: O Judiciário brasileiro possui competência para julgar a lide com base no art. 22, inc. III, do CPC. A aplicação da legislação de direito material do Reino Unido decorre do art. 9º da LINDB: "para qualificar e reger as obrigações, aplicar-se-á a lei do país em que se constituírem."

09. (2023 – FGV – XXXVII Exame) O veículo de serviço do Consulado de um Estado estrangeiro transgrediu as leis de trânsito brasileiras e causou avarias em uma viatura da Polícia Militar de Estado da Federação brasileira.

A competência para processar e julgar uma eventual ação indenizatória é, originariamente,

(A) do Supremo Tribunal Federal.

(B) do Superior Tribunal de Justiça.

(C) da Justiça Federal de 1ª Instância.

(D) da Justiça Estadual de 1ª Instância.

Gabarito C. Comentários: Artigo 102, inciso I, alínea "e", da Constituição Federal.

10. (2020 – FGV – XXXI Exame) Em função do incremento nas atividades de transporte aéreo no Brasil, a sociedade empresária Fast Plane, sediada no país, resolveu adquirir helicópteros de última geração da pessoa jurídica holandesa Nederland Air Transport, que ficou responsável pela fabricação, montagem e envio da mercadoria. O contrato de compra e venda restou celebrado, presencialmente, nos Estados Unidos da América, restando ajustado que o cumprimento da obrigação se dará no Brasil.

No momento de receber as aeronaves, contudo, a adquirente verificou que o produto enviado era diverso do apontado no instrumento contratual. Decidiu a sociedade empresária Fast Plane, então, buscar auxílio jurídico para resolver a questão, inclusive para a propositura de eventual ação, caso não haja solução consensual.

Considerando-se o enunciado acima, aplicando-se a Lei de Introdução às Normas do Direito Brasileiro (Decreto-lei nº 4.657/42) e o Código de Processo Civil, assinale a afirmativa correta.

(A) A lei aplicável na solução da questão é a holandesa, em razão do local de fabricação e montagem das aeronaves adquiridas.

(B) A autoridade judiciária brasileira será competente para processar e julgar eventual ação proposta pela Fast Plane, mesmo se estabelecida cláusula de eleição de foro exclusivo estrangeiro, em razão do princípio da inafastabilidade da jurisdição.

(C) A autoridade judiciária brasileira tem competência exclusiva para processar e julgar eventual ação a ser proposta pela Fast Plane para resolver a questão.

(D) A autoridade judiciária brasileira tem competência concorrente para processar e julgar eventual ação a ser proposta pela Fast Plane para resolver a questão.

Gabarito D. Comentários: Artigo 21, II, do CPC (competência concorrente).

DIREITO TRIBUTÁRIO

Lílian Souza

1. INTRODUÇÃO

Qual é a estrutura do Direito Tributário e como a disciplina é cobrada no Exame de Ordem pela FGV?

O Direito Tributário é uma das menores disciplinas cobradas no Exame de Ordem, composta, basicamente, por um pequeno grupo de artigos dispostos na Constituição Federal, pelo Código Tributário Nacional e em poucas leis esparsas.

A parte Constitucional da matéria é conhecida como "Sistema Tributário Nacional" e compreende os artigos 145 a 162 da CF/88. A preocupação do texto máximo do nosso ordenamento foi: **i)** outorgar competência tributária – ou seja, delimitar qual ente federativo poderá criar quais tipos de tributos; **ii)** regular as limitações ao poder de tributar – parte da disciplina que compreende os princípios e as imunidades tributárias e, por fim; **iii)** disciplinar a repartição de receitas – momento no qual regras de divisão do produto da arrecadação (sobretudo dos impostos) foram delimitadas. Uma outra importante preocupação da Constituição foi disciplinar os temas relativos à reserva de matéria a lei complementar, isto porque, em Direito Tributário várias situações somente podem ser reguladas pelo uso deste veículo legislativo e é a Constituição Federal que determina em quais situações isto deverá ocorrer. Os assuntos mais cobrados dentro do Sistema Tributário Nacional são, certamente, os princípios e as imunidades.

Já o CTN, é dividido em 02 grandes livros. A preocupação do "Livro Primeiro" foi regular a competência tributária e os tributos em espécie. O "Livro Segundo", por sua vez se divide em 04 importantes títulos: **i)** Legislação Tributária; **ii)** Obrigação Tributária; **iii)** Crédito Tributário e; **iv)** Administração Tributária. O maior foco de atenção da FGV quando o assunto é CTN está contemplado no Livro Segundo deste diploma legal, em especial: obrigação e crédito tributário. Dentro de obrigações, o assunto mais ventilado é o da responsabilidade tributária, e em crédito tributário o tema das causas do crédito, quais sejam: suspensão, extinção e exclusão.

Por fim, dentre as leis reguladas fora da Constituição e do Código Tributário Nacional que denominamos "leis esparsas", a mais importante para a 1ª Fase do Exame de Ordem é a Lei de Execução Fiscal, a famosa LEF, Lei 6.830/80 que regula o processo de execução fiscal e ações a ela relacionadas, **a qual recomendamos a leitura**. Sendo ainda objeto de cobrança temas relacionados à figura dos tributos em espécie, em especial, os impostos. No tocante ao assunto dos tributos em espécie já direcionamos o aluno para a leitura INDISPENSÁVEL dos **Artigos 145, 148, 149, 149-A e 153 a 156, CF.** Feitas estas observações iniciais, podemos iniciar nossos estudos. Ao trabalho!

2. CONCEITO DE TRIBUTO

O primeiro assunto que precisamos abordar é o relativo ao conceito de tributo, pois trata-se do objeto de estudo da nossa disciplina. Para tanto, importante, desde já, compreendermos que o CTN, muito embora seja, formalmente uma lei ordinária – *Lei 5.172/66* – foi recepcionado pela Constituição Federal, com status de Lei Complementar em razão do disposto no **art. 34, §5º, do ADCT.** E a importância desta informação reside no fato que, o **art. 146, III, a, CF,** expressamente determinou que o conceito de tributo deve ser tratado em Lei Complementar, de modo que em atendimento ao comando constitucional, o CTN, em seu **art. 3º** o regulou. Por se tratar de um conceito muito extenso, didaticamente, podemos desmembrá-lo em suas 05 principais características, o que nos auxilia a melhor compreendê-lo.[1]

A) Prestação Pecuniária em moeda ou cujo valor nela se possa exprimir: o tributo deve ser pago em dinheiro, ou seja, em pecúnia. Deste modo, doutrina delimita não ser possível a quitação do tributo em labor ou mediante a entrega de bens. Isto porque, o pagamento em trabalho violaria a necessidade de realização de concurso público, como regra, para contratação de pessoal na Administração Pública, e o pagamento mediante a dação de um determinado bem móvel feriria, por sua vez, o princípio licitatório, de acordo com entendimento exposto pelo STF nas **ADI's 1.917 e 2405-MC.** OBS.: O CTN admite, como causa de extinção do crédito tributário a dação de bens **IMÓVEIS** em pagamento, nos termos da lei do ente federativo – **art. 156, XI, CTN.** A expressão "em moeda ou cujo valor nela se possa exprimir" pode parecer redundante, mas pode ser interpretada como a possibilidade do Estado se valer da utilização de fatores de indexação[2] para a delimitação do valor do tributo, sobretudo em tempos de instabilidade financeira.

B) Prestação compulsória: deriva do Poder de Império do Estado e, uma vez realizado o fato gerador do tributo seu pagamento é OBRIGATÓRIO e deverá ser realizado de forma voluntária ou forçada, mediante a propositura de uma ação executiva ou em razão do protesto da CDA.

C) Cobrado mediante atividade administrativa plenamente vinculada: significa dizer que a cobrança do tributo é obrigatória por parte do Poder Público no caso do fato gerador ter se realizado, não cabendo qualquer tipo de juízo de conveniência e oportunidade por parte do auditor fiscal. Assim, a obrigatoriedade quanto ao adimplemento do tributo existe nos dois lados da relação jurídica obrigacional tributária.

D) É prestação que NÃO constitui sanção de ato ilícito: de acordo com esta característica o fato gerador de um tributo deve SEMPRE se caracterizar como um fato LÍCITO. **Exemplo:** tributação da venda de sapatos. Quando o comerciante vende este item ao consumidor ocorre o fato gerador do ICMS, qual seja, a circulação jurídica de uma mercadoria, sendo possível a cobrança do imposto no exemplo dado uma vez que a venda da sapatos é uma situação lícita em nosso ordenamento. Todavia, caso o mesmo comerciante resolva comercializar cocaína, não mais será possível a incidência

---

1.   ALEXANDRE, Ricardo. Direito Tributário. 11ª ed. rev., atual. e ampl. Salvador: Juspodivm, 2017.

2.   Como por exemplo: UFIR, UFEMG, ORTN, dentre outras.

DIREITO TRIBUTÁRIO

do ICMS na operação, isto porque, muito embora ainda tenhamos a circulação jurídica de uma mercadoria, no segundo caso a mercadoria não é lícita, de modo que não se admite a tributação.

> **ATENÇÃO**: o FATO GERADOR de um tributo jamais poderá recair sobre uma situação ILÍCITA, todavia, as CIRCUNSTÂNCIAS DO FATO GERADOR podem ser lícitas ou ilícitas para fins de tributação do patrimônio ou da renda. Em outras palavras, a renda e o patrimônio, ainda que decorrentes de atos ilícitos serão tributados. Tomemos como exemplo ter patrimônio. Caso um indivíduo adquira um veículo automotor terrestre, esta pessoa deverá recolher o IPVA a ele relativo, pois o fato gerador do tributo é ser proprietário deste veículo situação LÍCITA, pouco importando se o dinheiro para a compra do carro foi decorrente do comércio de sapatos (atividade LÍCITA) ou do comércio de drogas (atividade ILÍCITA), pois este fato é apenas uma CIRCUNSTÂNCIA, um EFEITO do fato gerador, que pode ser lícito ou ilícito. O mesmo raciocínio se aplica para a renda.

RESUMINDO: se o cidadão está traficando drogas (ou realizando qualquer outra atividade ilícita) a operação em si não poderá ser tributada, mas o lucro dela decorrente e o patrimônio por meio dela adquirido poderão ser tributados, como decorrência do princípio da igualdade tributaria, tendo sido esta a conclusão do STF no julgamento do **HC77.530-4/ RS** no qual ainda empregou a lógica trazida no princípio *do pecunia non olet*, que pode ser traduzido como "o dinheiro não tem cheiro", segundo o qual as circunstâncias do fato gerador do tributo são irrelevantes para a tributação da renda e do patrimônio decorrentes de atividades criminosas. Ricardo Alexandre[3] nos conta que tal fato remonta Roma Antiga, quando foi instituído tributo para o uso de banheiros públicos por Vespasiano[4]. Tal princípio foi positivado no CTN, em seu **art. 118.** Para facilitar a assimilação deste entendimento segue analogia com o iceberg que sempre utilizamos em sala de aula:

---

3. ALEXANDRE, Ricardo. Direito Tributário. 11ª ed. rev., atual. e ampl. Salvador: Juspodivm, 2017, p.49.

4. CURIOSIDADE: ainda hoje, na Itália, caso queira saber onde fica o banheiro público mais próximo, basta perguntar "Dove c'è um Vespasiano?" e qualquer italiano, solícitos como são, terá o prazer de te indicar! Interessante como um dos maiores imperadores entrou para a história, não?

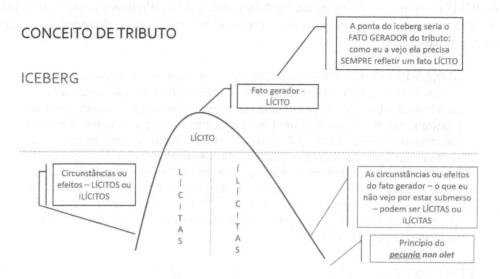

Em outras palavras: o que eu vejo – o fato gerador do tributo – deve ser SEMPRE uma situação lícita, e se previsto em lei: haverá a tributação. Todavia, as circunstâncias do fato gerador – escondidas sob as águas– podem ser lícitas ou ilícitas, de modo que patrimônio e renda decorrentes de atividades criminosas poderão ser tributados.

Por fim, o tributo não poderá ter caráter sancionatório, **sendo esta a única diferença do tributo e da multa tributária**, que se caracteriza como uma sanção aplicada em virtude do cometimento de um ato ilícito. [5]

E) Instituído em lei: a quinta e última característica nos remete à máxima do "*no taxation without representation*", de modo que um tributo deve SEMPRE ser previsto em lei. Tal característica decorre do Princípio da Legalidade Tributária, também conhecido como Princípio da Legalidade Estrita ou ainda, Princípio da Tipicidade Fechada, previsto no **art. 150, I, CF** e representa o princípio democrático, uma vez que o povo escolhe seus representantes que, no Congresso, lhe darão voz, inclusive anuindo com a carga tributária que lhe é imposta.

3. ESPÉCIES TRIBUTÁRIAS

Existem, na doutrina, diversas teorias sobre quantas, e quais, seriam as espécies tributárias. Dentre elas duas chamam mais atenção: a teoria tripartite e a pentapartite (ou quinpartite). O Código Tributário Nacional delimita, em seu **Art. 5º** que apenas seriam 03 as espécies tributárias, a saber: **i)** impostos; **ii)** taxas e; **iii)** contribuições de melhoria. Já a Constituição Federal de 1988, nos trouxe a teoria pentapartite (ou quinpartite) das espécies tributárias, de modo que seriam 05 as espécies autônomas de tributo, a saber: **i)** impostos;

---

5. Em sala de aula, sempre brinco com meus alunos que ninguém respeita um "ai ai ai" e isso acontece com Hans Kelsen, meu gato que adora escalar cortinas. Quando peço gentilmente, ou levemente incomodada para que ele desça, sou ignorada. Mas no primeiro grito doce, ele desce de onde estava, pois entendeu o recado. Com o contribuinte o tratamento é semelhante: enquanto não imposta a multa (correspondente ao grito), dificilmente o ato ilícito deixará de ser praticado.

DIREITO TRIBUTÁRIO

ii) taxas; iii) contribuições de melhoria; iv) empréstimos compulsórios e; v) contribuições especiais. Importante salientar que o STF referendou o entendimento consolidado na Constituição Federal, uma vez que, uma de suas funções é delimitar o alcance das normas constitucionais e zelar pelo respeito à Lei Maior.

A) TAXAS

As taxas são reguladas no **Art. 145, II, CF** e nos **Arts. 77 a 80, CTN**. Trata-se de um tributo de competência COMUM, o que significa que, em abstrato, TODOS os entes federativos (União, Estados, Distrito Federal e Municípios) podem criá-la.

OBS: tributos de competência comum possuem FATO GERADOR VINCULADO. Entende-se por FATO GERADOR VINCULADO aquele que, necessariamente, depende da realização de um determinado ato por parte do Poder Público. No caso das taxas são dois os possíveis fatos geradores: **i)** prestação efetiva do poder de polícia e; **ii)** serviço público específico e divisível realizado ou colocado à disposição do sujeito passivo.

Poder de polícia é a faculdade que o Poder Público tem de regular, limitar, fiscalizar e normatizar os atos do particular, sempre em prol do interesse público, conforme delimita o **Art. 78, CTN**. O fiscalizado é contribuinte da taxa nesse caso. Alguns exemplos de taxas cobradas em razão do exercício do Poder de Polícia são: **i)** Taxa da Vigilância Sanitária; **ii)** TFF: Taxa de Fiscalização e Funcionamento.

> **ATENÇÃO:** a taxa decorrente do poder de polícia pressupõe a prestação EFETIVA de tal atividade. Assim, uma taxa de poder de polícia, como por exemplo a TFF, pode ser cobrada mesmo no caso de não haver fiscalização *in loco* por parte do Poder Público? Sim. Para o STF, considera-se efetivo o poder de polícia se houver um órgão da fiscalização em pleno funcionamento, com agentes com competência administrativa para a realização da atividade fiscalizatória/regulatória nele lotados. Deste modo, mesmo que a fiscalização ocorra por amostragem (em nome do princípio da reserva do possível) a taxa poderá ser cobrada mesmo que não haja fiscalização *in loco* – **RE 588.322– RG – Tema 217**

No tocante à taxa decorrente da prestação de um serviço público, pode ser efetiva ou potencial. Quando o serviço é, ao mesmo tempo, específico e divisível podemos dizer que se trata de um serviço *ut singuli*. As definições de específico e divisível estão no **Art. 79, II e III, CTN**, mas, para simplificar, podemos dizer que um serviço público é *ut singuli* quando puder ser identificado QUEM é o usuário do serviço e QUANTO dele está utilizando.

OBS: os serviços públicos prestados a todos de forma global e indistinta NÃO podem ensejar a cobrança de taxas. Alguns exemplos: **i)** Taxa de segurança pública; **ii)** Taxa de iluminação pública – é ver a **SV 41** e a **súmula 670 do STF** ; **iii)** Taxa de Limpeza Pública, como varrição de ruas, e outras.

187

ATENÇÃO: NÃO CONFUNDA a Taxa de Limpeza Pública (INCONSTITUCIONAL) com a Taxa de Coleta e Tratamento de Lixo (CONSTITUCIONAL) conforme disposto na **SV 19**. A Taxa de Incêndio MUNICIPAL foi considerada INCONSTITUCIONAL pelo STF em sede de Repercussão Geral – **Tema 16 – RE 643.247**, por ausência de competência administrativa (e não tributária) para a realização da atividade relacionada ao combate de incêndios. Posteriormente, várias taxas de incêndio estaduais também foram consideradas inconstitucionais pelo STF que entendeu se tratar de serviço público que não se enquadra como específico e divisível, é ver as ADI's 2.908, 2.424, 4.411 e outras.

Além das acima delimitadas, a cobrança de outras taxas foi apreciada pelo STF e consideradas INCONSTITUCIONAIS, uma vez que o serviço prestado se caracteriza como *ut universi*, são elas:

- Taxa de emissão ou remessa de carnês/guias – RE 789.218 – RG – Tema 721
- Taxa de segurança pública – ADI 2692
- Taxa de limpeza pública – RE 576.321 – RG – Tema 146

O serviço de educação PÚBLICA, por sua vez, não pode ensejar a cobrança de taxa em razão da imunidade conferida no **Art. 206, IV, CF**, nesse sentido é a **SV 12**, razão pela qual as Universidades Federais não mais podem cobrar a chamada "taxa de matrícula". Mas, atenção, de acordo com o **STF – RG – Tema 535 RG**: *"A garantia constitucional da gratuidade de ensino não obsta a cobrança por universidades públicas de mensalidade em cursos de especialização."* Quanto ao aspecto quantitativo desse tributo, importante destacar que a base de cálculo de uma taxa NÃO pode ser idêntica à de um imposto, conforme determina o **Art. 145, §2º, CF** e **Art. 77, pu, CTN**.

No que tange à destinação dos valores arrecadados, como regra, tal valor NÃO é afetado/vinculado a nenhum órgão, fundo ou despesa, logo ele vai para os cofres públicos e serão as leis do Direito Financeiro (PPA, LDO e LOA) e futuras dotações orçamentárias que irão definir onde estes valores serão aplicados. Entretanto, o **Art. 98, §2º, CF** traz uma exceção: as taxas judiciais são destinadas ao Poder Judiciário.

Importante salientar que as taxas – assim como as contribuições de melhoria – são regidas pelo princípio da REFERIBILIDADE, segundo o qual deve haver uma proporção razoável entre o que se gasta para a prestação do serviço público ou do poder de polícia, e o valor arrecadado a título do tributo. É ver a **ADI 2.551**. Exemplo: não se pode gastar cerca de R$ 10 MM para a prestação de um serviço e se arrecadar R$ 100MM com a cobrança da taxa a ele atrelada. A partir dessa justificativa várias taxas foram declaradas inconstitucionais pelo STF, a saber: **i)** TFRH – Taxa de Fiscalização de Recursos Hídricos – **ADI-MC 5.374; ii)** TFGP – Taxa de Fiscalização de Petróleo e Gás – **ADI 5.480; iii)** TFGE – Taxa de Fiscalização de Atividades Energéticas – RJ – **ADI 5489. ENTRETANTO,** na contramão das decisões ora mencionadas e CONTRARIANDO o que determina o princípio da referibilidade, nas **ADI's 4.785, 4.786 e 4.787**, o STF declarou como CONSTITUCIONAL a TFRM – Taxa de Fiscalização de Recursos Minerários, mesmo havendo grande desproporcionalidade entre o custo despendido para as atividades de fiscalização e o arrecadado pelos Estados a título de tal taxa.

Por fim, o valor arrecadado a título das taxas NÃO é afetado/vinculado a nenhum órgão, fundo ou despesa, de modo que será utilizado para a reposição dos valores gastos para a prestação do poder de polícia ou à realização do serviço público, mas caso o Poder Público queira, poderá haver a vinculação do valor arrecadado a alguma despesa diretamente relacionada ao serviço prestado ou ao poder de polícia efetivamente ofertado. **B) CONTRIBUIÇÃO DE MELHORIA**

A contribuição de melhoria é regulada no **Art. 145, III, CF** e nos **Arts. 81 e 82, CTN**. Assim como nas taxas, sua competência é COMUM, tratando-se, portanto, de um tributo de FATO GERADOR VINCULADO, qual seja: a realização de uma obra pública que irá valorizar o imóvel do particular. De acordo com a doutrina há, na contribuição de melhoria, um fundamento ético-jurídico para a sua constituição, e seria ele a vedação ao enriquecimento ilícito, ou ainda, o locupletamento sem causa. A noção deriva do **Betterment Tax**, tributo cobrado pela primeira vez na Inglaterra para a recomposição dos cofres públicos após gastos altíssimos com a alteração do curso do rio Tâmisa. A ideia é que com a realização da obra pública pelo Ente Público, o particular obteve a valorização de seu imóvel.

Não por outra razão, esse tributo possui limites para a sua arrecadação. O LIMITE GLOBAL determina que o ente federativo não pode cobrar mais que o valor total gasto para a realização da obra pública. Já o LIMITE INDIVIDUAL estabelece que o ente federativo somente poderá cobrar do particular o valor exato da valorização de seu imóvel decorrente da obra pública. E, os dois limites devem ser respeitados de forma cumulativa. Ambos estão previstos no **Art. 81, CTN**.

O **Art. 82, CTN** traz os requisitos indispensáveis que precisam ser observados para a criação desse tributo. Conforme entendimento do STF, a contribuição de melhoria não pode ser cobrada de forma antecipada, ou seja, antes da realização da obra pública que valorize o imóvel do particular. Todavia, importante frisar que a conclusão parcial da obra autoriza a cobrança, desde que a parcela finalizada já tenha, efetivamente, valorizado os imóveis dos particulares tributados – entendimento do STF não sumulado.

No tocante à destinação do valor arrecadado, ele NÃO é afetado a nenhum órgão, fundo ou despesa, de modo que será utilizado para a reposição dos valores gastos para a realização da obra.

C) EMPRÉSTIMO COMPULSÓRIO

Regulamentado no **Art. 148, CF** e no **Art. 15, CTN**, trata-se de tributo de COMPETÊNCIA EXCLUSIVA/PRIVATIVA da União, de modo que somente ela, a União, poderá criar o empréstimo compulsório e, quando fizer, deverá, necessariamente, se valer de Lei Complementar. Seu fato gerador NÃO foi delimitado na Constituição e pode ser igual ao de qualquer outro tributo.

OBS: é muito comum o aluno confundir o possível fato gerador do EC com as situações previstas nos **incisos I e II do Art. 148, CF** – QUE SÃO AS CAUSAS JUSTIFICADORAS do tributo e não o seu fato gerador! São conceitos absolutamente distintos! O fato gerador do empréstimo compulsório é "NÃO SEI". Ele será aquele que a Lei Complementar que criar o empréstimo compulsório, delimitar – podendo ser idêntico ao de qualquer outro tributo. Já as suas CAUSAS JUSTIFICADORAS são as situações que precisam estar presentes no mundo concreto para que a União esteja legitimada a criar o tributo são elas: **i)** guerra externa ou sua iminência; **ii)** situação de calamidade pública e; **iii)** necessidade de investimento público de relevante e urgente interesse nacional.

> **ATENÇÃO: o inciso III do Art. 15, CTN** NÃO foi recepcionado pela CF/88, portanto não mais pode ensejar a cobrança do EC.

Os valores arrecadados a título de empréstimo compulsório precisam ser empregados no custeio da situação que deu causa a sua criação. Ou seja, trata-se de tributo FINALÍSTICO, de modo que o **inciso II do Art. 4º, CTN** NÃO se aplica a essa espécie tributária e, diante de qualquer desvio (tredestinação) ou falta de destinação dos recursos (adestinação) dos valores arrecadados, o tributo torna-se inconstitucional.

O empréstimo compulsório somente pode ser criado por Lei Complementar e, caso o tributo tenha sido instituído em razão de guerra externa ou situação de calamidade pública, poderá ser cobrado de forma IMEDIATA, sendo exceção ao princípio da anterioridade do exercício financeiro e a noventena – **Art. 150, §1º, CF**. Entretanto, se criado em razão de investimento público relevante e urgente, as duas anterioridades precisarão ser respeitadas.

OBS: o empréstimo compulsório é a ÚNICA espécie tributária restituível, ou seja, ele será – em algum momento, conforme dispuser a LC que o criou – devolvido ao particular e, nos moldes do entendimento do STF a devolução deve ser feita em dinheiro, não havendo a possibilidade de restituição mediante a entrega de títulos da dívida pública, nesse sentido é o **RE 175.385/CE**

D) CONTRIBUIÇÕES ESPECIAIS

O grupo das chamadas contribuições especiais é bastante diversificado e, de acordo com a classificação do STF – **RE 138.284-8/CE**, temos:

1. CONTRIBUIÇÕES SOCIAIS

    1.1. CONTRIBUIÇÕES SOCIAIS DE SEGURIDADE SOCIAL – Art. 194 e 195, CF

    1.2. CONTRIBUIÇÕES SOCIAIS GERAIS

    1.3. OUTRAS CONTRIBUIÇÕES SOCIAIS

2. CONTRIBUIÇÕES DE INTERVENÇÃO NO DOMÍNIO ECONÔMICO – CIDE'S

3. CONTRIBUIÇÕES CORPORATIVAS

4. CONTRIBUIÇÃO DE ILUMINAÇÃO PÚBLICA – COSIP/CIP

Não há, na classificação do STF menção expressa às contribuições residuais – elas estão inseridas em "outras contribuições sociais", nem tampouco à contribuição previdenciária do servidor público efetivo. Um aspecto comum a todas as contribuições especiais é que, assim como os impostos, trata-se de tributo de fato gerador NÃO VINCULADO. Ou seja, o Poder Público não precisa realizar nenhuma atividade para o contribuinte para instituir o tributo, bastando que o particular manifeste um signo de riqueza para a cobrança do tributo.

DIREITO TRIBUTÁRIO

OBS: o STF possui entendimento que um fato gerador de um imposto pode ser idêntico ao fato gerador de uma contribuição especial – **RE 947.732/SP**. Exemplo: CSLL e ICMS, IRPJ e CSLL.

A competência para criação das contribuições especiais é, em sua maior parte, PRIVATIVA/EXCLUSIVA da União, conforme **Art. 149, CF**. No entanto, no **§1º** do mesmo artigo está prevista determinada contribuição que pode ser criada por todos os entes federativos, trata-se da contribuição previdenciária do servidor público de cargo efetivo, de modo que cada ente irá criar esta contribuição para o seu servidor. Por fim, importante destacar a competência PRIVATIVA/EXCLUSIVA dos Municípios e do DF para a criação da COSIP/CIP – contribuição de iluminação pública, disciplinada no **Art. 149-A, CF**. Em resumo, a competência para criação das contribuições especiais é dita privativa ou exclusiva.

Assim como acontece nos empréstimos compulsórios, as contribuições especiais são tributos FINALÍSTICOS, de modo que quando são instituídas, em tese, já se sabe exatamente onde será empregado o valor arrecadado, por essa razão não se aplica a esses tributos o **Art. 4º, II, CTN**. É a destinação que efetivamente diferencia uma contribuição especial de um imposto, pois como ambas são tributos de fato gerador NÃO VINCULADO, e, como podem ter fato gerador idêntico, somente o critério da destinação conseguirá distinguir uma exação da outra.

De acordo com o §2º do Art. 149, CF, as contribuições sociais e de intervenção no domínio econômico não incidirão sobre as receitas decorrentes de exportação, isso significa que o exportador não se sujeita à tributação de PIS e COFINS, mas o STF determinou que ele deve pagar a CSLL uma vez que ela incide sobre o lucro – e não sobre receita – **RE 474.132/SC**. Além de não recolher PIS e COFINS, o exportador também não paga ISS, ICMS e IPI.

As contribuições mais cobradas nas provas em geral, incluindo a OAB, são as de seguridade social, que são aquelas contidas no **Art. 195, CF** e se destinam ao financiamento da seguridade social composta por: saúde, assistência e previdência, nos termos **do Art. 194**.

ATENÇÃO: as contribuições previdenciárias destinam-se apenas à cobertura da Previdência.

Todas as contribuições de seguridade social, incluindo as residuais que poderão vir a ser criadas pela União, somente se submetem à anterioridade nonagesimal, não tendo que respeitar a anterioridade do exercício financeiro.

OBS: DRU (Desvinculação das Receitas da União), criada no **Art. 76, ADCT**, até 31/12/2024 [6] a receitas de várias contribuições especiais podem ser desvinculadas das despesas inicialmente as quais seriam afetadas, até o patamar de 30%.

Para a prova da OAB, importante um alerta quanto as contribuições corporativas, que são aquelas instituídas no interesse das profissões regulamentadas. Trata-se das anuidades pagas aos conselhos profissionais como a anuidade paga ao CREA pelos engenheiros, ao

---

6. Sempre que a DRU está perto do vencimento do seu prazo de validade ela é prorrogada via Emenda Constitucional, a mais recente foi a EC 126/2022. Já foi levado ao STF se a DRU seria, ou não, constitucional e o STF entendeu na ADI 2.666 que sim, ela é constitucional em razão do seu caráter "transitório". Importante notar que também foram criadas a DRE e a DRM – desvinculação das receitas dos Estados e dos Municípios nos Arts. 76-A e 76-B, do ADCT.

CRM pelos médicos e afins. O ponto importante é que o STF sempre considerou que a anuidade paga para a OAB não teria natureza tributária, mas em 2020 foi proferida decisão no **RE 647.885**, em sede de repercussão geral – **Tema 732** – que considerou que tal anuidade – devida a OAB – também teria natureza tributária. Trata-se de uma IMPORTANTE MUDANÇA NO ENTENDIMENTO DO STF A RESPEITO DO ASSUNTO. Até 2023 o STJ não havia se pronunciado sobre o assunto, já tendo proferido decisões no sentido que a anuidade da OAB não teria natureza tributária

Atenção ainda para os julgados dos Tribunais Superiores – STF e STJ – quanto ao assunto contribuições especiais, sobretudo aos constantes no final desse capítulo.

E) IMPOSTOS

Espécie tributária regulada no **Art. 145, II, CF** e nos **Arts. 16/76, CTN**, os impostos são tributos de competência EXCLUSIVA/PRIVATIVA, tendo os **Arts. 153/156, CF** delimitado qual imposto pode ser cobrado por cada um dos entes federativos[7]. Trata-se de tributo de FATO GERADOR NÃO VINCULADO, conforme **Art. 16, CTN**, de modo que o Poder Público não precisa realizar nenhuma atividade para que possa cobrá-los do sujeito passivo.

No tocante à destinação do valor arrecadado, trata-se de receita NÃO AFETADA ou NÃO VINCULADA a nenhum órgão, fundo ou despesa. Em outras palavras, o dinheiro dos impostos irá formar o cofre público. O Direito Financeiro traz um princípio insculpido no **Art. 167, IV, CF** denominado princípio da não afetação da receita dos impostos. Tal postulado veda a vinculação de receita de impostos a um determinado órgão, fundo ou despesa, exceto aquelas expressamente delimitadas no texto constitucional.

Na prova da OAB a FGV costuma cobrar algumas regras sobre impostos em espécie, de forma randômica. Ainda assim, os que mais aparecem são o ISS e o ICMS, mas qualquer um pode ser objeto de cobrança da banca.

4. SISTEMA TRIBUTÁRIO NACIONAL

Conforme já salientado no tópico introdutório, o Sistema Tributário Nacional é formado, fundamentalmente, por três grandes assuntos: competência tributária, limitações constitucionais ao poder de tributar (princípios e imunidades) e repartição de receitas.

4.1. Competência Tributária

É o poder que um ente federativo tem de criar/instituir um determinado tributo. A Constituição Federal não cria tributo algum, ela apenas outorga competência tributária para que os entes federativos os criem.

A distribuição de competência para a criação dos tributos foi definida da seguinte maneira:

---

7. Veja os comentários acerca da competência tributária, logo abaixo, em que os tributos foram divididos de acordo com esse critério.

DIREITO TRIBUTÁRIO

DISTRIBUIÇÃO DE COMPETÊNCIA TRIBUTÁRIA		
União – Art. 145, 148, 149 e 153, CF	**Estados e DF – Art. 145 e 155, CF**	**Municípios – Art. 145, 149-A e 156, CF**
Taxas	Taxas	Taxas
Contribuições de Melhoria	Contribuições de Melhoria	Contribuições de Melhoria
Impostos ordinários: II, IE, IR, IPI, IOF, ITR e IGF	Impostos: ITCD, ICMS e IPVA	Impostos: IPTU, ITBI e ISS
Impostos residuais e Imposto Extraordinário de Guerra (IEG)	Contribuição previdenciária do servidor público estadual/distrital	Contribuição previdenciária do servidor público municipal
Contribuições Especiais	**DF:** contribuição de iluminação pública	Contribuição de iluminação pública
Empréstimo Compulsório		

OBS.: O **art. 147, CF** traz a denominada competência cumulativa, concedida tanto ao Distrito Federal, quanto à União. De acordo com este artigo, compete cumulativa ao DF instituir além dos impostos estaduais, por força do disposto no **art. 155, CF,** também os municipais, uma vez que, em virtude do **art. 32, CF** ele não pode ser divido em Municípios, de modo que lhe cabem os seguintes impostos: ITCD, IPVA, ICMS, IPTU, ITBI e ISS. Já a União possui competência cumulativa com relação a instituição de impostos, no caso de existência de Territórios Federais (Autarquias Geográficas). Atualmente não existe no Brasil nenhum Território Federal, mas, caso o Território não seja dividido em Municípios, caberá à União arrecadar os impostos federais, estaduais e municipais. Entretanto, caso ele seja divido em Municípios, caberá à União a arrecadação dos impostos federais e estaduais e, aos municípios os impostos municipais.

4.2. Características da Competência Tributária

São 05 características da competência tributária:[8]

A) Indelegabilidade: a competência tributária jamais poderá ser delegada a pessoa diversa daquela delimitada pelo texto constitucional, sendo, portanto, intransferível.

> **ATENÇÃO:** a capacidade tributária ativa pode ser delegada a uma pessoa jurídica de direito público, nos termos do **art. 7º, CTN.** Enquanto competência tributária se caracteriza pelo poder de CRIAR tributos, a capacidade tributária passiva é a possibilidade que uma pessoa jurídica de direito público receba de quem tem competência a chancela para, em seu nome, arrecadar, fiscalizar e executar os seus tributos.

OBS: Segundo o CTN e doutrina majoritária, a capacidade tributária ativa não pode ser delegada a uma pessoa jurídica de direito privado. O STJ entendeu no **REsp 1.619.954** que o Sistema S (pessoas jurídicas de direito privado) não tem legitimidade para figurar

---

8. MINARDI, Josiane. *Manual de Direito Tributário.* Salvador, Juspodivm, 2014.

em ação tributária. O que é diverso do disposto no §3º do Art. 7º do CTN, que pode ser exemplificado como um particular que retem o IRRF do seu empregado para repassar os valores aos cofres públicos – **MAS ATENÇÃO PARA AS PROVAS DA FGV, como a da OAB, pois ESSA BANCA CONSIDERA QUE A CAPACIDADE TRIBUTÁRIA ATIVA PODE SER DELEGADA A PESSOA JURÍDICA DE DIREITO PRIVADO, VALENDO-SE DA DECISÃO PROFERIDA PELO STJ NO RESp 735.278/PR.** Assim, quem tem competência tributária possui capacidade tributária ativa, mas quem possui apenas capacidade tributária ativa (recebida por delegação do ente competente) jamais poderá criar o tributo, mas tão somente: arrecadá-lo, fiscalizá-lo e executá-lo.

A delegação da capacidade ativa recebe o nome de PARAFISCALIDADE para a doutrina clássica. Exemplo: **art.153, § 4º, III, CF**: caso os municípios queiram, poderão celebrar um convênio com a União para, em seu nome, arrecadar, executar e fiscalizar o ITR dos imóveis rurais localizados em seus territórios, como contrapartida, lhes caberá a integralidade deste imposto, ao invés de 50%. Entretanto, doutrina mais moderna entende que a PARAFIS-CALIDADE ocorre independentemente da delegação de capacidade tributária ativa, ela aconteceria toda vez que o valor arrecadado com o tributo é destinado a pessoa diversa daquela que tem competência tributária para a sua instituição, a exemplo do que acontece com as contribuições parafiscais, também denominadas de contribuições corporativas, de competência da União, mas instituídas para o atendimento dos interesses das categorias que regulamentam determinadas profissões, a exemplos dos conselhos profissionais como CRM, CRC, CREA e outros.

B) Inalterabilidade: decorre do fato da competência ser indelegável. Assim, uma Emenda Constitucional não poderia diminuir competência tributária, mas poderia aumentá--la, como por exemplo a **EC39/02** que ampliou a competência dos Municípios e do Distrito Federal ao introduzir o art. 149-A, criando a contribuição de iluminação pública – COSIP.

C) Irrenunciabilidade: o ente federativo que recebeu da Constituição competência tributária não pode, por meio de sua lei, a ela renunciar em abstrato, nem tampouco em favor de outro ente federativo.

D) Facultatividade ou discricionariedade: caso o ente federativo não queira exercer a sua competência tributária ele não será obrigado a tanto e, o Imposto sobre Grandes Fortunas – IGF – é um claro exemplo desta característica, uma vez que desde a promulga-ção da Constituição Federal, em 1988, a União já poderia tê-lo instituído, mas por escolha legislativa ainda não o fez.

OBS.: O Direito Financeiro tenta colocar limites a esta característica da competência tributária, ao estabelecer no **art. 11 da LC101/00** (Lei de Responsabilidade Fiscal) que *"constituem requisitos essenciais da responsabilidade na gestão fiscal a instituição, previsão e efetiva arrecadação de todos os tributos da competência constitucional do ente da Federação"* e, como sanção para o ente que descumprir este comando, a mesma lei estabelece que *"fica vedada a realização de transferências voluntárias para o ente que não observe o disposto no caput, no que se refere aos impostos"*, todavia, como o único imposto ordinário não institu-ído até hoje é o IGF, a sanção não possui aplicabilidade, uma vez que a União não recebe, na prática, transferência voluntária de recursos de nenhum outro ente federativo. O STF

DIREITO TRIBUTÁRIO

julgou diversos dispositivos da LRF na **ADI 2.238**, tendo sido esse dispositivo considerado constitucional.

E) Incaducabilidade: o exercício da competência tributária não se sujeita a prazo de nenhuma natureza:[9] nem decadencial, nem prescricional, de modo que, passados mais de 30 anos da promulgação da Constituição Federal, caso a União queira, hoje, instituir o IGF ela poderá fazê-lo.

4.3. Princípios Tributários

Princípios são limitações constitucionais positivas ao poder de tributar, uma vez que orientam o exercício da competência tributária. Dentre os princípios tributários existem os gerais – previstos nos **arts. 150 a 152, CF** e os específicos, espalhados ao longo do Sistema Tributário Nacional.

4.3.1. Princípios gerais

A) PRINCÍPIO DA LEGALIDADE (estrita) / Tipicidade / LEGALITARIEDADE

Lógica oriunda do Direito Penal, segundo a qual não existe crime sem lei anterior que o preveja. Ao se apropriar dessa lógica o Direito Tributário delimita que não existe tributo sem lei anterior que o preveja. Tal princípio foi insculpido no **art. 150, I, CF** e regulado no **art. 97, CTN**. A sistemática nele contida é bastante simples: é vedado aos entes federados instituir ou majorar um determinado tributo sem o uso de lei em sentido estrito. Considera-se lei em sentido estrito: **i)** lei complementar; **ii)** lei delegada; **iii)** lei ordinária e; **iv)** medida provisória. E, muito embora a Constituição não diga nada a respeito da necessidade de lei para extinguir ou reduzir um tributo, em razão do Princípio da Paridade das Formas: se é necessário lei para criar um tributo, também será necessário lei para extingui-lo. Logo, a regra é que: para criação, aumento, redução, alteração e extinção do tributo: será necessário lei em sentido estrito.

> **ATENÇÃO:** 04 tributos dependem exclusivamente de Lei Complementar para serem criados, de modo que, para os tributos discriminados abaixo somente poderão ser criados/extintos por meio deste veículo normativo: **1)** Imposto sobre grandes fortunas – **art. 153, VII, CF; 2)** Empréstimos compulsórios – **art. 148, CF; 3)** Impostos Residuais – **art. 154, I, CF; 4)** Contribuições de Seguridade Social Residuais – **art. 195, §4º, CF.** Note que todos são de competência privativa da União.

Imposto Residual é um imposto NOVO, diferente dos já discriminados na Constituição. Para a sua criação é indispensável que 03 requisitos cumulativos sejam observados: **i)** utilização de lei complementar; **ii)** que a base de cálculo e o fato gerador do imposto residual sejam diferentes da base de cálculo e do fato gerador dos impostos ordinários (impostos já previstos na CF) e que; **iii)** sejam não cumulativos (respeitem o princípio da não cumulatividade).

---

9. O que não se confunde com os prazos do CRÉDITO TRIBUTÁRIO. Uma vez instituído o tributo e realizado o seu fato gerador o crédito tributário se sujeita aos prazos de decadência (prazo para a sua constituição) e de prescrição (prazo para a sua cobrança).

Os requisitos necessários para a criação de uma contribuição de seguridade social residual são muito semelhantes aos acima delimitados. Para se criar uma contribuição de seguridade social residual é necessário o cumprimento dos seguintes requisitos: **i)** utilização de lei complementar; **ii)** que a base de cálculo e o fato gerador da contribuição residual sejam diferentes da base de cálculo e do fato gerador das contribuições de seguridade social ordinárias (contribuições já previstas na CF) e que; **iii)** sejam não cumulativas.

OBS.: o STF tem entendimento que um imposto residual pode ter base de cálculo/fato gerador idêntico ao de uma contribuição de seguridade social e, uma contribuição residual pode ter fato gerador e base de cálculo idêntico ao de um imposto ordinário. O que não se admite é que um imposto residual tenha base de cálculo/fato gerador idênticos a um imposto ordinário e contribuição residual com base de cálculo/fato gerador idênticos ao de uma contribuição ordinária.

A.1) EXCEÇÕES AO PRINCÍPIO DA LEGALIDADE.

As exceções aos princípios tributários, em geral, é um tema sempre muito cobrado pela FGV na primeira fase do Exame de Ordem, portanto, atenção a elas!

Para a CRIAÇÃO e EXTINÇÃO de tributos NÃO há que se falar em exceção ao princípio da legalidade, de modo que, após a CF/88, as exceções a este princípio restringem-se às alterações das ALÍQUOTAS de alguns deles:

1. II, IE, IPI, IOF: estes impostos são classificados como EXTRAFISCAIS, ou seja, sua principal função NÃO é arrecadar dinheiro para os cofres públicos, mas regular uma determinada situação, por isso são exceção à legalidade, de modo que o PODER EXECUTIVO, possa, nos limites e nas condições da lei, alterar as alíquotas destes impostos, conforme art. 153, §1º, CF, a fim de atingir os objetivos regulatórios de forma mais célere, sem se prender ao moroso processo legislativo;

2. CIDE Combustível art. 177, §4º, I, b, CF: Na CIDE-combustível, o PODER EXECUTIVO pode reduzir e RESTABELECER sua alíquota até o limite da lei. ATENÇÃO: restabelecer é diferente de aumentar, significa subir até o limite contido na lei! Para aumentar, será necessário lei. [10]

3. ICMS Monofásico – art. 155, § 4º, CF: A exceção à legalidade está no momento em que sua alíquota será definida por ato do PODER EXECUTIVO: um convênio irá fixá-la.

OBS.: Esta forma de tributação pelo ICMS foi regulamentada pela **LC 192/2022** que disciplinando quais combustíveis e lubrificantes poderão ser tributados de forma monofásica, disciplinando o **art. 155, §2º, XII, h, CF**. A alíquota então é definida por Convênio[11], editado pelo CONFAZ (Conselho Nacional de Política Fazendária). A partir daí os Estados e o Distrito Federal poderão criá-lo em seus territórios por meio de suas leis estaduais/distrital na qual será utilizada a alíquota estabelecida no Convênio – art. 155, §4º, CF. **DICA:** geralmente, quando a FGV cobra as exceções ao princípio da legalidade ela pergunta se um determinado tributo pode ter suas alíquotas alteradas por um DECRETO.

---

10. NOVAIS, Rafael. Coleção Descomplicando Direito Tributário. 2ª ed. ed. rev., ampl. atual. Recife: Armador, 2016, p. 113.

11. Vide Convênio 01/2022.

OBS2: o STF vem relativizando a aplicação do princípio da legalidade em alguns casos, como: **i)** Algumas pessoas jurídicas pagam contribuições majoradas em razão dos riscos ambientais do trabalho (RAT)– conhecido como Fator Acidentário de Prevenção (FAP). A alíquota da contribuição para o RAT será de 1% se a atividade é de risco mínimo; 2% se de risco médio e de 3% se de risco grave, incidentes sobre o total da remuneração paga, devida ou creditada a qualquer título essas alíquotas têm previsão legal – **Lei 7.787/89 e 8.212/91 – SAT (FAP/RAT)** – mas é um ato infralegal que definirá os critérios do que vem a ser um risco MÍNIMO, MÉDIO e GRAVE e, no **RE 684.261/PR** o STF entendeu que não há ofensa a legalidade no caso. **ii)** Outro exemplo é o caso da ART (Anotação de Responsabilidade Técnica). O STF entendeu que, caso haja previsão do valor máximo que pode vir a ser cobrado na lei, um ato infralegal pode exigir valor entre zero e o limite legal, todavia, reconheceu como inconstitucional o caso em que NÃO há limite (teto) máximo previsto em lei e a cobrança se dá mediante valores previstos em atos infralegais – **RE 704.292/PR e RE 838.284/SC.** Caso mais recente – e mais impactante – foi decidido pelo STJ – **REsp 1.586.950/RS** e pelo STF – **RE 1.043.313 (RG – Tema 939) e ADI 5277** – PIS e COFINS receitas financeiras regime não cumulativo. Nesse caso o **§2º do Art. 27** da Lei **10.865/04** estabeleceu a possibilidade de um ato infralegal reduzir e restabelecer as alíquotas desses tributos incidentes sobre receitas financeiras auferidas por pessoas jurídicas sujeitas ao regime não cumulativo. A lógica seria bem semelhante ao que acontece com a CIDE combustível (que tem previsão constitucional), de modo que um decreto pode alterar as alíquotas dessas exações desde que respeitado o limite máximo previsto na própria lei. Os Tribunais Superiores – ao arrepio da Constituição – entenderam que tal sistemática não feriria o ordenamento jurídico.

OBSERVAÇÕES SOBRE O PRINCÍPIO DA LEGALIDADE

1. A MULTA tributária também precisa de lei em sentido estrito para ser criada, por expressa determinação do **art. 97, V, CTN.**

2. Obrigação Principal e Obrigação Acessória – **art. 113, CTN.** Obrigação Principal é a que está diretamente relacionada a dinheiro. Logo ela é composta pelo tributo e pela multa e depende de **LEI** em sentido estrito, ao passo que a Obrigação Acessória é um dever instrumental, trata-se da incumbência de fazer ou deixar de fazer algo no interesse da fiscalização. Este tipo de obrigação decorre de **legislação tributária** (veículos legislativos que não sejam necessariamente a lei em sentido estrito) para que possa ser criada, tratando-se, portanto, de um conceito mais amplo.

3. Legalidade e Benefícios fiscais – **art. 150 parágrafo 6º, CF:** A regra é que todo benefício fiscal deve ser concedido por meio de lei em sentido estrito e tal lei deve se caracterizar como lei específica, **salvo o ICMS.** Para o STF lei específica é aquela que trata, ao menos, do tributo em questão. O ICMS é o único tributo que NÃO poderá contar com lei específica dos Estados/DF para concessão de benefício fiscal, em virtude da enorme guerra fiscal que o assola. Desta forma, de acordo com o **art. 155, §2º, XII, g, CF** uma Lei Complementar deve definir a forma como estes benefícios devem ser concedidos para este imposto, o que foi feito pela **LC24/75** que expressamente determinou que benefícios fiscais de ICMS devem ser concedidos mediante a celebração de um CONVÊNIO, o qual necessariamente, deve contar com a aprovação unânime de todos os Estados e o Distrito Federal para que possa ser editado. Importante salientar que a aprovação de tal convênio é indispensável para que o benefício fiscal de ICMS seja constitucional, mas ele tem um caráter AUTORIZATIVO, sendo necessário que, após a sua edição, o ente federativo o ratifique – a partir de lei em sentido estrito – de modo que o convênio seja internalizado no ordenamento jurídico daquele ente político, como decidido pelo STF na **ADI 5.929**.

> **ATENÇÃO:** há um único caso que o STF ratificou um benefício fiscal que não foi precedido por convênio autorizativo – julgado na **ADI 3.421/PR**: lei paranaense concedeu isenção de ICMS nas contas de água, luz, telefone e gás utilizados por templos de qualquer culto. Não se tratava de caso de imunidade, uma vez que nesse caso o templo estava na condição de contribuinte de fato. A justificativa do STF para a conclusão de que para tal caso não seria necessária a submissão da matéria ao CONFAZ é que a isenção não teria aptidão para deflagrar guerra fiscal ou risco ao pacto federativo.

4. Determinação para o prazo do pagamento do tributo e atualização monetária: o prazo de vencimento do tributo pode ser definido por legislação, e nos termos do **art. 97, §2º, CTN**, a simples atualização da base de cálculo de um tributo não se caracteriza como majoração, mas para tanto, deverá ser realizado por meio de índices oficiais de correção, conforme súmula **160, STJ**.

B) PRINCÍPIO DA IGUALDADE OU ISONOMIA

Tal princípio, previsto no **art. 150, II, CF,** determina que diante de uma mesma situação fática ou jurídica, deve ser empregado o mesmo tratamento aos contribuintes. A lógica é a decorrente do pensamento Aristotélico – justiça comutativa e justiça distributiva – segundo a qual "os iguais devem ser tratados igualmente e os desiguais de forma desigual, na medida de sua desigualdade".

Tal princípio costuma ser cobrado em forma de casos ou da redação literal do **Art. 150, II, CF**.

Exemplo 1: Custas judiciais são tributos – taxas – e, como vimos, uma vez realizado o seu fato gerador (prestação do exercício da jurisdição) a arrecadação é obrigatória. Neste contexto surge a Lei 1.060/50 (Lei gratuidade de justiça), segundo a qual o jurisdicionado considerado pobre no sentido legal do termo está dispensado do seu pagamento. O que temos no presente caso é uma isenção de tributo para os reconhecidamente pobres, o que implementa o princípio da isonomia, pois caso não existisse tal lei o Poder Judiciário não seria acessível aos que não tem condições de arcar com os custos do procedimento. Logo, tal isenção implementa o princípio da isonomia.

Exemplo 2: Lei do Município de Niterói/RJ delimitava isenção de IPTU para servidores públicos municipais.[12] O STF – **AI 157.871-AgR** não permitiu a aplicação da aludida lei, seja porque o art. 150, II CF expressamente delimita que não pode haver tratamento diferenciado em virtude da ocupação, seja porque neste cenário, não há qualquer justificativa fática ou jurídica para tal tratamento diferenciado, ao contrário, trata-se de um tratamento

---

12. A legislação do Município de Feira de Santana/BA possuía dispositivo semelhante.

DIREITO TRIBUTÁRIO

privilegiado em favor de uma determinada parcela social e que, portanto, viola o princípio da igualdade.

C) PRINCÍPIO DA NÃO SURPRESA

Trata-se de um super princípio tributário, composto pela união dos princípios da Irretroatividade, Anterioridade do Exercício Financeiro e Anterioridade Nonagesimal – **art. 150, III, CF.** A ideia é a da proteção do sujeito passivo frente ao aumento da carga tributária, de modo a se preservar os princípios da segurança jurídica e da confiança do contribuinte[13]. Atenção a esta tríade principiológica, pois ela é **muito cobrada** na primeira fase do Exame de Ordem.

1) IRRETROATIVIDADE – art. 150, III, a, CF: A criação ou majoração de um tributo somente poderá ser exigida a partir da VIGÊNCIA da lei que o instituiu/majorou, não podendo retroagir a lei para momento anterior ao de sua vigência. Tal artigo não comporta exceção. **Exemplo:** O Estado X, em 17/01/2022 instituiu o IPVA em seu território. Assim, o novo tributo somente poderá ser cobrado a partir desta data, não podendo, em hipótese alguma ser exigido IPVA relativo ao exercício de 2021, pois nesta data sequer existia uma lei prevendo a sua hipótese de incidência.

2) ANTERIORIDADES – art. 150, III, b, c, CF: São duas as facetas do princípio da anterioridade: a do exercício financeiro, prevista no **art. 150, III, b, CF**, e a anterioridade nonagesimal, insculpida no **art. 150, III, c, CF.**

De acordo com a Anterioridade do Exercício Financeiro, sempre que houver a criação ou majoração do tributo este tributo novo ou majorado somente poderá ser cobrado no exercício financeiro seguinte à publicação da lei que o institui ou majora. Importante frisar que de acordo com o **Art. 34** da Lei **4.320/64**, o exercício financeiro coincide com o ano civil, ou seja, começa dia 01/01 e termina dia 31/12. Já a anterioridade nonagesimal determina que sempre que houver a criação ou majoração do tributo este tributo novo ou majorado somente poderá ser cobrado após 90 dias – o que é diferente de 03 meses – contados a partir da publicação da lei que o cria ou majora o tributo.

A anterioridade nonagesimal recebe alguns apelidos, como **noventena, noventídeo, princípio da anterioridade tributária qualificada, princípio da carência tributária, princípio da anterioridade mínima, princípio da carência mínima.** A ideia destes dois princípios é possibilitar que o contribuinte se planeje frente ao aumento, da carga tributária.

C.1) EXCEÇÕES AOS PRINCÍPIOS DA ANTERIORIDADE.

As principais exceções a estes princípios estão delimitadas no **art. 150, §1º, CF,** todavia existem outras previstas em artigos espalhados pela Constituição. Abaixo segue quadro esquemático delimitando as exceções a estes tributos. Somente as exceções que não constarem no art. 150, §1º, CF é que terão menção expressa ao artigo no qual ela se encontra.

DICA: estude o quadro abaixo[14] pois trata-se de um assunto MUITO COBRADO pela banca!

---

13. O princípio da confiança do sujeito passivo é brilhantemente trabalhado pela Professora Misabel Derzi em diversas de suas obras.

14. FONTES, Juliana Frederico. *Curso de Direito Tributário*. 1ª ed. Belo Horizonte: Rede Preparatória, 2013, p. 91.

Podem ser cobrados de forma IMEDIATA	Podem ser cobrados após decorridos 90 dias*	Podem ser cobrados após a virada do ano**
Imposto de importação – II	Imposto sobre produtos industrializados – IPI	IR
Imposto de exportação – IE	Contribuições de seguridade social	BASE DE CÁLCULO do IPTU
Imposto sobre operações financeiras – IOF	Restabelecimento da alíquota da CIDE-combustível – **Art. 177, §4º, I, b, CF**	BASE DE CÁLCULO do IPTU
Imposto extraordinário de guerra – IEG	Restabelecimento da alíquota do ICMS-monofásico – **Art. A55, §4º, IV, c, CF**	BASE DE CÁLCULO do IPVA
Empréstimo compulsório **SOMENTE** os decorrentes de guerra externa e/ou calamidade pública***	Restabelecimento da alíquota do ICMS-monofásico – **Art. A55, §4º, IV, c, CF**	BASE DE CÁLCULO do IPVA

*OBS1: se podem ser cobrados após 90 dias é porque respeitam a anterioridade nonagesimal, sendo exceção à do exercício financeiro

**OBS2: se podem ser cobrados após a virada do ano é porque respeitam a anterioridade do exercício financeiro, sendo exceção à nonagesimal

***OBS3: MUITA ATENÇÃO com o empréstimo compulsório! Somente será imediato o empréstimo compulsório criado para atender despesas relacionadas à GUERRA EXTERNA e/ou CALAMIDADE PÚBLICA, o empréstimo compulsório DE INVESTIMENTO PÚBLICO precisa respeitar as duas anterioridades!

OBSERVAÇÕES SOBRE OS PRINCÍPIOS DA ANTERIORIDADE.

1. A anterioridade está relacionada com a ideia de EFICÁCIA da norma tributária, ao passo que a irretroatividade com a VIGÊNCIA.

2. Quando há redução ou extinção de tributo não se aplicam os princípios da anterioridade, pois se trata de uma "surpresa boa", mas a lei pode determinar a partir de quando ocorrerá essa redução. **Exemplo:** Determinado Estado resolve extinguir o ITCD por meio de lei, mas determina que este benefício somente será observado a partir do ano de 2027. A limitação temporal é válida, pois o benefício fiscal é concedido nos termos da lei.

3. Estes princípios NÃO são aplicados para MULTAS tributárias. Multa é sanção, imputada exatamente para coibir a prática do ato ilícito, de modo que criar ou majorar uma multa e determinar que um lapso temporal deva ser observado antes da sua aplicação concederia ao infrator um "salvo-conduto" para que ele pudesse praticar o ato ilícito durante este intervalo temporal. Assim, criação, majoração, redução e extinção de multa será sempre imediata.

4. A noventena inicialmente era aplicada apenas para as contribuições de seguridade social, somente após o advento da EC 42/03 ela passou a ser aplicada a todos os tributos.

5. Norma legal que altera o prazo de antecipação do vencimento do tributo NÃO se sujeita ao princípio da anterioridade-**súmula 669, STF e SV 50** neste sentido. **Exemplo:**

Prazo de vencimento do ICMS alterado do dia 15 de um determinado mês para dia 10 do mesmo mês e para os subsequentes: alteração imediata.

6. Revogação de isenção – tradicionalmente o STF entendia que a revogação de isenção não se caracterizava como aumento de tributo, é ver a sumula **615** e o entendimento do **RE 204.062/ES**. Mas em 2014, a 1ª Turma no **RE 564.225-AgR/RS** entendeu pela necessidade de se respeitar a anterioridade diante de revogação de lei concessiva de redução de base de cálculo. Em 2019 o assunto foi submetido ao Plenário que confirmou a tendência na possível mudança de entendimento do Tribunal. Importante acompanhar, mas os novos julgados já foram cobrados em prova elaborada pela VUNESP em 2021– concurso de Juiz substituto para o Estado de SP e pode aparecer no exame de ordem.

D) PRINCÍPIO DO NÃO CONFISCO

De acordo com este princípio NENHUM tributo poderá ser confiscatório – **art. 150, IV, CF.** A priori não existem elementos objetivos em nosso ordenamento capazes de definir o que vem a ser um tributo confiscatório, é necessária a análise do caso concreto para se aferir, pois trata-se de um conceito jurídico indeterminado que será pautado pelos critérios da **razoabilidade e da proporcionalidade.** Todavia, o STF utiliza alguns limites para a análise do caso concreto, são eles: o limite individual e o global.

O limite individual considera o tributo em si, apenas. **Exemplo:** IR com alíquota de 70%, IPTU com alíquota de 25% são tributos confiscatórios.

Já o limite global considera a totalidade da carga tributária imposta pelo sujeito ativo ao contribuinte. **Exemplo:** A União pretendia aumentar a alíquota da contribuição previdenciária dos servidores públicos federais de forma progressiva para até 25%. O caso foi levado para a apreciação do **STF – ADI 2.010**, que impediu o aumento sob alegação de violação ao princípio do não confisco, uma vez que o servidor público federal (como qualquer outra pessoa física) já está sujeito ao IRPF com alíquota máxima de 27,5% e ao se permitir o aumento da contribuição previdenciária para até 25% mais da metade de toda a renda daquele servidor estaria sendo destinada apenas para o pagamento de dois tributos de competência da União. Assim, o STF entendeu que, de acordo com o limite global, essas duas alíquotas, somadas, revelaram-se como confiscatórias.

O princípio em questão é uma grande garantia para o sujeito passivo, mas também protege o Fisco, pois valida o exercício da tributação conforme a capacidade econômica/contributiva e, ainda em conformidade com a jurisprudência do STF. O princípio é aplicado também para as MULTAS tributárias – **ADI 551, AI 838.302-AgR e RE748.257-AgR.**

E) PRINCÍPIO DA LIBERDADE DE TRÁFEGO

A lógica trazida neste princípio é que a tributação não pode embaraçar o direito de ir e vir do contribuinte, nem de seus bens – **art. 150, V, CF.** Assim, não se admite a apreensão de mercadorias como meio coercitivo para o pagamento de tributos. A banca pode cobrar tal princípio relacionando-o com o tema das sanções políticas.

SANÇÃO POLÍTICA

O poder Público, visando o adimplemento do seu crédito tributário não pode se valer de meios ilegais ou ilegítimos, para coagir o contribuinte a pagar o tributo, tal prática é que se denomina sanção política. Jurisprudência pacífica do STF não admite tal prática, é ver as súmulas 70, 323 e 547 do Tribunal, sendo a 323 a que tem relação direta com o princípio da liberdade de tráfego.

Exemplo: Uma mineradora adquiriu uma mini carregadeira Bobcat[15]no Estado de Minas Gerais para utilização em uma de suas minas no Pará, assim, contratou um caminhoneiro para o transporte do equipamento e, durante o trajeto ele foi parado por um fiscal do Estado de Goiás que exigiu a apresentação do comprovante de pagamento de ICMS do veículo. Como o imposto ainda não havia sido pago o fiscal apreendeu a carregadeira, condicionando a sua liberação à apresentação de comprovantes de pagamento do ICMS. Trata-se de prática ilegal (apesar de corriqueira), uma vez que o procedimento correto seria apreender a mercadoria apenas pelo tempo necessário e suficiente para a lavratura do auto de infração. Após lavrado o auto, o caminhoneiro poderá seguir viagem autuado.

Ainda sobre o tema SANÇÃO POLÍTICA, abaixo alguns julgados importantes dos tribunais superiores sobre o assunto.

1. Exclusão do SIMPLES Nacional em virtude de dívidas – **art. 17, V, da LC123/06.** Os contribuintes que fazem parte do programa do Simples Nacional, caso não adimplam suas dívidas tributárias serão excluídos do Simples. A tese levada à apreciação do STF – **RE 627.543** – é que tal medida se caracterizaria como sanção política, entretanto, segundo o tribunal, a prática é legal, uma vez que a adesão ao SIMPLES NACIONAL é um benefício fiscal para o microempreendedor e não pode servir como um incentivo à inadimplência – RG – Tema 363

2. Protesto da CDA. Em IMPORTANTÍSSIMA decisão – **ADI 5135**, o STF entendeu que o protesto da CDA não se caracteriza como sanção política, sendo uma prática lícita.

3. Em 2020 o STF julgou o **RE 647.885/RS** em sede de **RG – Tema 732** que entendeu ser "inconstitucional a suspensão realizada por conselho de fiscalização profissional do exercício laboral de seus inscritos por inadimplência de anuidades, pois a medida consiste em sanção política em matéria tributária". Em 2023 esse entendimento foi ratificado na **ADI 7020/DF.**

OBS.: Princípio da liberdade de tráfego e o pedágio. A Constituição Federal no **art. 150, V,** determina que o tributo não pode embaraçar o direito de ir e vir do sujeito passivo, *"ressalvada a cobrança de pedágio pela utilização de vias conservadas pelo Poder Público".* Tal assertiva pode nos dar a falsa impressão que, no Brasil, o pedágio terá natureza jurídica de taxa e, neste caso seria uma exceção a este princípio. Ocorre que, em 2014 o STF, na **ADI800/RS,** dirimiu a discussão em torno do tema, salientando que os pedágios instituídos no país possuem natureza jurídica de tarifa.

F) PRINCÍPIO DA UNIFORMIDADE GEOGRÁFICA

Princípio destinado à União, segundo o qual não poderá este ente federativo conceder tratamento diferenciado de seus tributos que implique distinção ou preferência em relação a Estado, Distrito Federal ou Município, em detrimento de outro – **art. 151, I, CF**. Tal princípio protege o Pacto Federativo. **Exemplo**: A União institui o IPI e cria diferentes alíquotas em todo o país: MG- 11%; BA – 12% e SP – 15%. Tal prática é vedada, tendo em vista que no caso de tributo federal, a sua alíquota deve ser uniforme em todo o território nacional.

---

15. Trata-se de um veículo bastante utilizado por mineradoras em seu processo produtivo.

EXCEÇÃO: É admitido tratamento diferenciado sob a forma de concessão de incentivos fiscais objetivando reduzir as desigualdades socioeconômicas, uma vez que este é, inclusive, um dos objetivos da República Federativa do Brasil, nos termos do **art. 3º, IV, CF**.

G) PRINCÍPIO DA NÃO DISCRIMINAÇÃO

Tal princípio pode ser considerado o "irmão gêmeo" da uniformidade geográfica, mas destinado aos Estados, Distrito Federal e Municípios – **art. 152, CF**. A lógica é que é vedado que estes entes federativos estabeleçam diferença tributária entre bens e serviços, de qualquer natureza, em razão da procedência ou destino dos mesmos. **Exemplo 01:** O Município de Belo Horizonte institui por meio de sua lei alíquotas diferentes para o serviço de advocacia dentro de seu território a depender do local em que a sede do prestador está localizada: se no bairro Belvedere 5%; bairro Centro 3%. Prática vedada por este princípio.

H) PRINCÍPIO DA VEDAÇÃO À ISENÇÃO HETERÔNOMA

De acordo com este princípio é vedado que a União institua isenção de tributos que não sejam de sua competência – **art. 151, III, CF**. Muito embora a Constituição diga expressamente que se trata de um princípio voltado para a União, em virtude do princípio da simetria, ele também se aplica aos Estados, Distrito Federal e Municípios. Assim, nenhum ente federativo poderá isentar tributo diverso daquele que recebeu competência para instituir.

I) PRINCÍPIO DA UNIFORMIDADE DA TRIBUTAÇÃO DA RENDA

De acordo com este princípio, direcionado à União, é proibido que ela tribute a renda das obrigações da dívida pública dos Estados, do Distrito Federal e dos Municípios em níveis superiores às suas, bem como que tribute de forma mais gravosa a remuneração e os proventos dos agentes públicos dos demais entes federativos quando comparado aos seus – **art. 151, II, CF**. Trata-se de um óbvio desdobramento do princípio da isonomia. Seu objetivo é vedar a concorrência desleal da União em detrimento aos Estados, DF e Municípios, uma vez que a ela compete a tributação da renda.

Exemplo 01: tributação diferenciada da renda dos servidores públicos: servidor Público Federal: até 22% de tributação e servidores públicos dos Estados, DF e Municípios: até 27,5% de tributação. Prática vedada. **Exemplo 02:** mercado de Títulos da Dívida Pública: quando um particular adquire títulos da dívida pública e depois os regata há ganho de capital, é neste momento que a União não poderá definir uma tributação mais gravosa do IR quando os títulos forem dos Estados, Distrito Federal e Municípios, quando comparado com a tributação relacionada com os títulos federais. Deste modo, independentemente do ganho de capital ser decorrente do resgate de um título federal, estadual, distrital ou municipal, a tributação do IR deve ser a mesma para todos eles – o que não se confunde com a remuneração de cada título.

J) PRINCÍPIO DA CAPACIDADE ECONÔMICA/ CONTRIBUTIVA

Conforme determina a Constituição Federal, sempre que possível, *"os impostos terão caráter pessoal e serão graduados segundo a capacidade econômica do contribuinte, facultado à administração tributária, especialmente para conferir efetividade a esses objetivos, identificar, respeitados os direitos individuais e nos termos da lei, o patrimônio, os rendimentos e as atividades econômicas do contribuinte"*. Tal princípio está relacionado com a ideia de justiça fiscal – **Art. 145, §1º, CF**

> **ATENÇÃO:** A Constituição expressamente determina que ele é aplicável aos IMPOSTOS, mas o STF entende que, sempre que possível, ele deve ser aplicado a todos os TRIBUTOS, assim, atenção ao enunciado!

Possibilita ainda que a administração pública tenha meios de verificar qual é a real capacidade contributiva do contribuinte. Esta redação final do referido artigo serviu como substrato para que o STF entendesse que o Fisco pode ter acesso aos dados bancários do sujeito passivo sem que seja necessária prévia autorização judicial – **ADI 2390/DF, ADI 2386/DF, ADI 2397/DF e ADI 2859/DF e RE 601314/SP.**

4.3.2. Princípios específicos

São os aplicáveis a determinados tributos, apenas.

A) PRINCÍPIO DA PROGRESSIVIDADE

Progressividade é sinônimo de desproporção: bases de cálculo diferentes incidindo sobre alíquotas diferentes. Ela pode ser classificada como fiscal ou extrafiscal.

Fiscal: relacionada à ideia de arrecadação, quanto maior a capacidade econômica do sujeito passivo, maior será a alíquota.

Tributos sujeitos à progressividade fiscal: **i) IPTU:** poderá ser progressivo caso a Lei Municipal assim delimite, a autorização constitucional está no **art. 156, §1º, I, CF; ii) IR:** progressividade obrigatória – **art. 153, §2º, CF; iii) ITCD:** poderá ser progressivo, não há lastro legal, o STF decidiu pela possibilidade de tributação progressiva neste imposto em razão da autorização genérica do **art. 145, §1º, CF,** o que traz a capacidade contributiva do sujeito passivo – **RE 562.045; iv) COSIP:** também poderá ser progressiva, como decidiu o STF no **RE 573.675,** no qual se admitiu a tributação progressiva no consumo da energia elétrica; **v)** ITR em razão do Grau de Utilização do Imóvel (GU) – **RE 1.038.357-AgR.**

Extrafiscal: ideia regulatória da tributação, no caso da progressividade é aplicada nos tributos que incidem sobre bens imóveis: **i) IPTU:** assim como a fiscal, a progressividade extrafiscal deste imposto também é facultativa. Caso o sujeito passivo não esteja cumprindo função social da propriedade, o Município poderá inserir a tributação progressiva, também conhecida como **IPTU-sanção,** ou ainda **progressividade no tempo** – **art. 182, §4º, II, CF.** As regras são delimitadas ainda no **art. 7º do Estatuto da Cidade** – **Lei 10.257/01:** o IPTU progressivo poderá ser aplicado por um prazo máximo de 05 anos, podendo a sua alíquota, no máximo, dobrar de um ano para outro, limitada a alíquota de 15%, para não violar o princípio do não confisco; **ii) ITR:** progressividade obrigatória – **art. 153, §4º, I, CF.** Ela deverá ser implementada quando o imóvel rural for considerado improdutivo.

B) PRINCIPIO DA SELETIVIDADE

De acordo com o princípio da seletividade, tributa-se de forma mais pesada os bens supérfluos quando comparados aos essenciais, que terão uma tributação mais leve. São seletivos: **i) ICMS:** poderá ser seletivo – **art. 155, §2º, III, CF** e; **ii) IPI:** seletividade obrigatória – **art. 153, §3º, I, CF.**

IMPORTANTE: O STF entendeu no **RE 714.139/SC – RG – Tema 754 –** que *"adotada, pelo legislador estadual, a técnica da seletividade em relação ao Imposto sobre Circulação de Mercadorias e Serviços – ICMS, discrepam do figurino constitucional alíquotas sobre as operações de energia elétrica e serviços de telecomunicação em patamar superior ao das operações em geral, considerada a essencialidade dos bens e serviços."*

C) PRINCÍPIO DA NÃO CUMULATIVIDADE

Somente se fala em princípio da não cumulatividade quando os tributos incidem de forma plurifásica, ou seja, ao longo de uma cadeia produtiva. De acordo com este princípio, tudo aquilo que é pago a título de tributo nas etapas anteriores da cadeia, poderá ser utilizado como crédito no momento do pagamento do tributo na etapa posterior. Caso o princípio da não cumulatividade deixe de ser aplicado teremos uma tributação cumulativa, exatamente o princípio visa evitar. É ver o exemplo 1, abaixo, em que NÃO HÁ a aplicação do referido princípio:

Exemplo 1 – SEM A APLICAÇÃO do princípio da não cumulatividade – considere que a alíquota do ICMS em todas as operações é de 10%:

O objetivo do princípio da não cumulatividade é fazer com que a cadeia de produção não se torne excessivamente onerosa, pois perceba que, caso não fosse possível o aproveitamento do crédito de ICMS das operações anteriores teríamos que somar R$10,00 da operação 1, com R$20,00 da operação 2, com R$30,00 da operação 3, totalizando assim R$60,00 de tributo ao longo da cadeia produtiva.

Agora, vejamos o mesmo exemplo COM a aplicação do princípio, considerando a mesma alíquota de 10% de ICMS em cada operação:

Note que, com a aplicação do princípio, todo o valor pago a título de tributo nas etapas anteriores pôde ser utilizado como crédito a ser abatido no momento em que o contribuinte da etapa posterior realizou o pagamento de seu tributo, de modo que, caso o imposto incidisse de forma monofásica, na última operação (operação 3) 10% de R$300,00 totaliza R$30,00 de ICMS, mesma quantia que foi recolhida, de forma pulverizada, ao longo da cadeia com a aplicação do princípio da não cumulatividade.

Sujeitam-se a este princípio: **i) IPI:** obrigatório, será não cumulativo – **art. 153, §3º, II, CF; ii) ICMS:** obrigatório, será não cumulativo – **art. 155, §2º, I, II, CF; iii) Impostos residuais e contribuições de seguridade social residuais:** obrigatório, serão não cumulativos. **art. 154, I, CF e art. 195, §4º, CF; iv) PIS e COFINS:** poderá ser não cumulativo – **art. 195, §12, CF**. OBS.: Atualmente existe no ordenamento tanto o PIS e a COFINS cumulativa, Lei 9.718/98, quanto as versões não cumulativas, Lei 10.833/03 e 10.637/02.

4.4. Imunidades Tributárias

Imunidades são limitações constitucionais negativas ao poder de tributar, uma vez que a Constituição Federal, em abstrato, outorga competência para que cada um dos entes federados possa criar os seus tributos, entretanto, a mesma Constituição delimita situações em que não será possível a sua cobrança, pois há uma norma proibitiva do exercício da competência, a qual chamamos de imunidade. **Exemplo:** em abstrato, os Estados e o Distrito Federal podem instituir o ICMS sempre que realizado o seu fato gerador, por força do **art. 155, II, CF**. Todavia, a Constituição, em seu **art. 155, §2º, X, a**, impossibilita a cobrança do imposto nas operações destinadas ao exterior – trata-se de norma imunizante. A imunidade será SEMPRE prevista no texto constitucional.

IMUNIDADES GERAIS – art. 150, VI, CF

São as MAIS cobradas, **e afastam apenas IMPOSTOS**, são elas: **i)** imunidade recíproca; **ii)** do templo; **iii)** das entidades; **iv)** do livro e; **v)** da música.

DIREITO TRIBUTÁRIO

A) RECÍPROCA/ONTOLÓGICA/INTERGOVERNAMENTAL

Segundo essa imunidade, é vedado que a União, Estados, Distrito Federal e Municípios cobrem IMPOSTOS uns dos outros – **art. 150, VI, a, CF.** Assim, podemos dizer, fazendo um paralelo com o Direito Administrativo, que não pode a ADMINISTRAÇÃO PÚBLICA DIRETA, cobrar impostos de seus pares. O STF, na **ADI 939** entendeu que se trata de cláusula pétrea.

OBS.: A Constituição Federal delimita a impossibilidade de cobrança de impostos que incidam sobre **patrimônio** (IPTU, IPVA e ITR), **renda** (IR) e **serviços** (ISS, ICMS – O ICMS apenas na parte de serviços, quais sejam: serviço de transporte interestadual, transporte intermunicipal e comunicação onerosa). Assim, seguindo esta lógica alguns impostos não teriam sido contemplados, como o ICMS relativo à mercadoria, IPI, IOF e outros. O STF, entretanto, entende que as imunidades gerais não poderão incidir sobre NENHUM IMPOSTO, ainda que não diretamente relacionado a patrimônio, renda ou serviço, uma vez que o pagamento de impostos não diretamente relacionados a estas materialidades, indiretamente, repercutiria na diminuição do patrimônio e da renda das entidades imunes – **RE 186.175-Edv-ED/SP**

Quando o assunto é ADMINISTRAÇÃO PÚBLICA INDIRETA, precisamos fazer uma ressalva, uma vez que ela é composta por: autarquias, fundações públicas, empresas públicas e sociedades de economia mista.

A Constituição Federal, em seu **art. 150, §2º, CF**, estende para as Autarquias e Fundações Públicas a imunidade recíproca. Estas instituições fazem jus à extensão da imunidade desde que invistam o dinheiro em suas finalidades essenciais, para a Administração Pública Direta não existe essa ressalva.

Todavia, quando o assunto é empresa pública e sociedade de economia mista a regra é que elas NÃO tem direito à extensão da imunidade, nos termos do **art. 150, §3º, CF, c/c o art. 173, §2º, CF**. Isto porque, via de regra, as estatais (EP e SEM) são criadas para a exploração da atividade econômica e, ao realizar tal atividade o Poder Público concorre, diretamente, com o particular, e por essa razão, é que, a princípio, não poderão gozar dos benefícios da imunidade recíproca, sob pena de se institucionalizar a concorrência desleal do Poder Público para com o particular.

> **ATENÇÃO:** Todavia, existe exceção a esta regra! Quando as empresas públicas e as sociedades de economia mista são criadas para a EXPLORAÇÃO DE SERVIÇO PÚBLICO, conforme farta jurisprudência do STF.

O primeiro caso emblemático julgado pelo STF – **RE 407.099** – foi o dos correios – Empresa brasileira de Correios e Telégrafos – ECT. Os Correios são, formalmente, uma empresa pública, mas seu objetivo é a prestação de serviço público típico de Estado (atividade postal), razão pela qual pleitearam a extensão de imunidade recíproca. O STF entendeu que os Correios fazem jus a essa extensão pois se pareceriam muito mais com uma autarquia (criada para a exploração de serviços públicos típicos de estado), do que com empresas públicas típicas, criadas para a exploração de atividade econômica, ademais, exploram ati-

207

vidade postal, em regime de monopólio, não havendo qualquer possibilidade de hipótese de concorrência desleal com o particular.

Já em um segundo momento da jurisprudência do STF, em 2013, – **RE 601.392/PR** – os correios passaram a explorar atividade econômica e tal ponto foi levado novamente à discussão no Tribunal, é ver por exemplo os serviços de SEDEX, bancos postais, e outros. Todavia, em sua defesa, a ECT alegou que em virtude do avanço da tecnologia ocorreu um esvaziamento da atividade postal que, não obstante, continua a ser de prestação obrigatória em todo o território nacional, assim, foi necessário valer-se da exploração de atividades econômicas para, com o lucro delas decorrente, custear a atividade postal que é deficitária na maior parte dos Estados. Em apertada decisão, o STF entendeu que mesmo as atividades econômicas dos correios fazem jus à extensão da imunidade dos impostos, porque tais valores são investidos em suas finalidades essenciais, o que ficou conhecido como **política do subsídio cruzado.**

Outro caso famoso é o da INFRAERO, que assim como os Correios, foi constituída como empresa pública, mas volta-se para a exploração de serviço público típico de estado: atividade aeroportuária, de modo que o STF – **RE 638.315 RG/BA** – também reconheceu a sua imunidade. Importante salientar que, a principal diferença entre uma empresa pública e uma sociedade de economia mista é o seu capital social: enquanto na empresa pública o capital social é 100% público, na sociedade de economia mista, como o próprio nome indica, há participação do capital do particular. Assim, poderia haver a extensão da imunidade recíproca também para estas entidades? De acordo com o STF: SIM!

Caso CAERD (Companhia de água e esgoto de Rondônia – sociedade de economia mista): **AC1.550/RO** foi o primeiro a ser analisado pelo STF, posteriormente no caso CODESP – **RE 253.472** – o entendimento do STF foi no sentido de que, se a participação do particular no capital social da empresa for ínfima, não há qualquer problema em se reconhecer a imunidade das sociedades de economia mista, desde que explorem serviços públicos. A análise sobre a participação "ínfima" do capital social na estatal deverá ser analisado caso a caso.

Posteriormente foi analisado o caso SABESP – **RE 600.867/SP**. A Sabesp é uma sociedade de economia de capital aberto na bolsa de valores sendo que, em agosto de 2011 sua composição societária correspondia a: 50,3% ao Estado de SP, 22,6% a investidores privados no mercado nacional e a 27,1% a investidores privados no mercado internacional[16]. O STF concluiu que seu objetivo, portanto, era a remuneração do capital investido, de modo que não poderia fazer jus à imunidade recíproca. O assunto foi decidido com **RG – Tema 508**: "Sociedade de economia mista, cuja participação acionária é negociada em Bolsas de Valores, e que, inequivocamente, está voltada à remuneração do capital de seus controladores ou acionistas, não está abrangida pela regra de imunidade tributária prevista no art. 150, VI, 'a', da Constituição, unicamente em razão das atividades desempenhadas".

Outro caso importante analisado pelo STF foi o do metrô de São Paulo – **RE 1.320.054/ SP – RG – Tema 1.140** – no qual se discutiu a possibilidade de aplicação da imunidade tributária recíproca a uma sociedade de economia mista prestadora de serviço público de

---

16. ALEXANDRE, Ricardo. Direito Tributário. 16ª ed. rev., atual. e ampl. Salvador: Juspodivm, 2022.

transporte de passageiros, considerando-se a regra de livre concorrência, o intuito lucrativo das empresas e a cobrança de tarifa do usuário. A conclusão do Tribunal foi pela manutenção da imunidade, tendo sido fixada a seguinte tese: *"As empresas públicas e as sociedades de economia mista delegatárias de serviços públicos essenciais, que não distribuam lucros a acionistas privados nem ofereçam risco ao equilíbrio concorrencial, são beneficiárias da imunidade tributária recíproca prevista no artigo 150, VI, a, da Constituição Federal, independentemente de cobrança de tarifa como contraprestação do serviço."*

OBS.: OAB. O STF entendeu que a OAB tem direito a extensão a imunidade recíproca, inclusive a Caixa de Assistência ao Advogado – **RE 405.267.** Já os Cartórios também pretenderam o reconhecimento da imunidade recíproca, todavia, o STF entendeu que eles não fariam jus a essa benesse constitucional, uma vez que exploram serviço público (serviço notarial) com intuito de lucro – **ADI 3.089.**

> **ATENÇÃO:** Um outro ponto sempre muito cobrado em provas sobre o assunto das imunidades é o entendimento trazido na Sumula 724, STF e reproduzido na Sumula Vinculante de nº 52, segundo o qual *"Ainda quando alugado a terceiros, permanece imune ao IPTU o imóvel pertencente a qualquer das entidades referidas pelo art. 150, VI, 'c', da Constituição Federal, **desde que** o valor dos aluguéis seja aplicado nas atividades para as quais tais entidades foram constituídas".* Este verbete traz um importante entendimento do STF relacionado ao assunto imunidade tributária, em especial a "imunidade das entidades" prevista no art. 150, VI, c, CF, mas que sempre foi aplicado por analogia à imunidade recíproca e do templo.

O entendimento do Tribunal é que um imóvel pertencente a uma entidade imune permanece imune do IPTU se alugado a um terceiro, **DESDE QUE** o valor dos aluguéis percebido pelas instituições imunes seja aplicado em suas finalidades essenciais. Entretanto, em 2017 foi veiculado o **INFORMATIVO de Jurisprudência de nº 861,** no qual o STF, em sede de repercussão geral (**Tema 437**), fixou a seguinte tese para os imóveis pertencentes à União (e, portanto, relacionados com a imunidade recíproca do art. 150, VI, a, CF): *"Incide o IPTU, considerado imóvel de pessoa jurídica de direito público cedido a pessoa jurídica de direito privado, devedora do tributo".* É ver os **Recursos Extraordinários de nº 594.015/SP e 601.720/RJ,** julgados sob a sistemática da repercussão geral.

Estas decisões são de SUMA IMPORTÂNCIA, uma vez que, por maioria de votos, o STF afastou a imunidade tributária recíproca, de modo a permitir a cobrança do IPTU nos casos de imóvel público (da União) cedido a um terceiro, *in casu* – um particular e uma sociedade de economia mista – **que exploravam atividade econômica**, sob o fundamento que a imunidade recíproca prevista na Constituição Federal tem como objetivo a proteção do pacto federativo, e não o benefício de terceiros que exploram uma determinada atividade visando o lucro, de modo que a impossibilidade de cobrança de impostos não pode alcançar imóveis públicos ocupados por empresas que se encontrem nesta situação.

Assim, cuidado, caso a súmula 724, STF e SV52 sejam cobradas em sua prova, elas continuam válidas, mas importante ter atenção ao julgado acima.

Ainda falando sobre o IPTU, atenção ao teor da Súmula 583, STF, segundo a qual: *"promitente comprador de imóvel residencial transcrito em nome de autarquia é contribuinte do imposto predial territorial urbano".* **Exemplo**: Astolfo compra um imóvel de um ente imune, por exemplo, a UFMG. O imóvel antes da venda era da UFMG, Autarquia Federal. Enquanto o imóvel for da autarquia existe imunidade para o IPTU (art. 150, § 2º, CF), mas quando passar a ser de Astolfo haverá a incidência do imposto. Visando não pagar o tributo, Astolfo resolve celebrar um contrato de promessa de compra e venda com a UFMG, assim, o proprietário continuaria sendo a Autarquia. A CF impede situações como essa em seu **art. 150, § 3º**. Por fim, o **art. 150, § 3º, CF**, também delimita que, caso a pessoa jurídica seja remunerada por tarifa, não há que se falar em imunidade. Porque imunidades não se aplicam a tarifas.

B) IMUNIDADE TEMPLO/RELIGIOSA

De acordo com este dispositivo é proibido cobrar IMPOSTOS sobre templos de qualquer culto, sendo portanto, protegido por cláusula pétrea – **art. 150, VI, b, CF**. Trata-se, de imunidade conferida aos templos de qualquer natureza, de modo que tudo que se encontra em nome da instituição religiosa está imune, como por exemplo, o cemitério da igreja, de acordo com a jurisprudência do STF – **RE 578.562/BA,** a casa paroquial – **RE 325.822/SP**, veículos da instituição utilizados por seus representantes, lotes vagos em nome destas instituições (sendo esta última decisão um pouco mais controversa que as demais), e até mesmo exploração de atividades econômicas pela instituição religiosa, desde que o valor com elas auferido seja investido em suas finalidades essenciais, o caso julgado pelo STF foi o dos estacionamentos das Igrejas – **art. 150, §4º, CF** e **RE144.900/SP,** dentre outros, como se extrai da essência do **RE 325.822/SP.**

Outra decisão bastante interessante do STF tem relação com a maçonaria. A maçonaria não ganhou o direito à extensão da imunidade do templo, uma vez que a há um problema de prova para a verificação que se trataria, ou não, de uma instituição religiosa, uma vez que a sociedade não sabe o que se passa ali dentro, ademais o STF chegou à conclusão que a maçonaria teria um caráter muito mais filosófico do que religioso – **RE 562.351/RS.**

C) IMUNIDADE DAS ENTIDADES OU NÃO AUTO APLICÁVEL

Para que as entidades descritas no texto constitucional possam fazer jus a essa imunidade precisam satisfazer requisitos previstos em lei. As entidades são: **1)** Partidos políticos e suas fundações; **2)** Sindicato dos **Trabalhadores; 3)** Instituições/entidades de educação sem fins lucrativos e; **4)** Instituições de assistência social sem fins lucrativos – **art. 150, VI, c, CF.**

E, para que estas pessoas possam gozar da imunidade de impostos elas precisam cumprir os requisitos estabelecidos em lei. Neste sentido, o **art. 146, II, CF** delimita que cabe à Lei Complementar regular as limitações constitucionais ao poder de tributar. Em 2017, o STF – **RE 566.622/RS**, entendeu que somente a Lei Complementar poderá trazer os requisitos para que essa imunidade possa ser verificada. A Lei Complementar que trouxe tais requisitos foi o CTN em seu **art. 14,** sendo os requisitos os seguintes: **1)** Não distribuir qualquer parcela de seu patrimônio ou de suas rendas a qualquer título;[17] **2)** Aplicar integralmente no país

---

17. É óbvio que as instituições sem fins lucrativos abrangidas por esta imunidade podem ter lucro, devem para que possam continuar o seu funcionamento, assim devem ser superavitárias. O que não se admite é a distribuição deste lucro a qualquer título, ele deve ser investido em suas finalidades essenciais.

os seus recursos na manutenção de seus objetivos institucionais e; **3)** Manter escrituração de suas receitas e despesas em livros revestidos de formalidades capazes de assegurar sua exatidão. Note, portanto, que se trata de uma norma constitucional de eficácia limitada, por depender de regulamentação infraconstitucional.

Tal ponto sempre esteve em discussão na jurisprudência, sobretudo no tocante às entidades de assistência social sem fins lucrativos, uma vez que diversas leis ordinárias traziam outros requisitos, além dos acima delimitados, como condição para a fruição da imunidade, em especial a obtenção do CEBAS – Certificado de Entidade Beneficente de Assistência Social. Com a decisão do STF segundo a qual somente Lei Complementar pode delimitar os requisitos para o gozo da imunidade, o STJ editou a súmula **622**, segundo a qual: "o *certificado de entidade beneficente de assistência social (CEBAS), no prazo de sua validade, possui natureza declaratória para fins tributários, retroagindo seus efeitos à data em que demonstrado o cumprimento dos requisitos estabelecidos por lei complementar para a fruição da imunidade.*" Em 2021 foi editada a **LC 187** que trouxe a regulamentação dessa imunidade ESPECÍFICA de tais entidades.

Outro ponto importante da jurisprudência do STF é que o Tribunal – **RE 470.520/SP**, entendeu que a partir do momento que essas instituições cumprem os requisitos da Lei Complementar e passam a fazer jus a imunidade, há uma presunção relativa de que tais requisitos continuam sendo cumpridos, de modo que, caso o Fisco queira suspender tal imunidade (**art. 14, §1º, CTN**) ele deverá comprovar o descumprimento dos requisitos, e para tanto, seguir as regras trazidas no **art. 32 da Lei 9.430/96**. Obviamente, a instituição que deixar de cumprir os requisitos legais deverá pagar os impostos devidos, entretanto, a partir do momento em que voltar a cumprir os requisitos, ela faz jus à imunidade. Para fins da imunidade do **Art. 195, §7º, CF**, o **Art. 38 da LC 187/21** regulamenta a forma que a suspensão da certificação se dará. As escolas profissionalizantes, como as mantidas pelo Sistema S – SENAC, SENAI, gozam desta imunidade nos termos da jurisprudência do STF – **RE 235.737**.

OBS.: as entidades de assistência social além de gozarem desta imunidade também são imunes às contribuições sociais de seguridade social, por força do **art. 195, §7º, CF – as de educação NÃO!**

D) IMUNIDADE CULTURAL OU DO LIVRO

O seu objetivo é proteger a liberdade de imprensa e não, necessariamente, o acesso à cultura – **RE 221.239/SP**. Assim, de acordo com o entendimento do STF não pode haver qualquer tipo de distinção, para fins de incidência dessa imunidade, com relação ao conteúdo da publicação, sob pena de se institucionalizar a censura. De acordo com esta imunidade – **art. 150, VI, d, CF** – estão imunes de impostos: o livro, o jornal, o periódico e o papel destinado à sua impressão, o STF no **RE 183.403/SP** estendeu esta imunidade também para as apostilas.

OBS.: Com relação aos insumos, o STF entende que somente o papel estaria imune, por exemplo, o maquinário utilizado para a impressão deve pagar impostos. Trata-se de uma decisão questionável pela doutrina, sobretudo se considerada a forma de interpretação do tribunal no tocante às imunidades, que sempre prezou pela sua interpretação teleológica.

LÍLIAN SOUZA

Ainda com relação a esta imunidade e o papel, a súmula 657, STF delimita que *"a imunidade prevista no art. 150, VI, 'd', da Constituição Federal abrange os filmes e papéis fotográficos necessários à publicação de jornais e periódicos"*. Todavia, o tribunal entende que a publicidade encartada nos livros, jornais, periódicos, não estaria imune, a não ser que seja impossível separar a publicidade do conteúdo da publicação – **RE 213.094/ES e RE 199.183/SP.**

> **ATENÇÃO:** Com o avanço da tecnologia, livros eletrônicos são uma realidade bastante presente, assim, o STF ao analisar a possibilidade da extensão da imunidade do livro para estes objetos entendeu, em sede de repercussão geral, que o livro eletrônico e o suporte digital utilizado para sua leitura são imunes de impostos. Porém o tribunal salientou que o suporte imunizado é aquele destinado EXCLUSIVAMENTE para a leitura de livros digitais, como por exemplo kindles, não sendo possível a extensão da imunidade para smartphones, notebooks e outros aparelhos que não tenham como função própria a leitura de livros – **RE 595.676/RJ e RE 330.817/RJ**. Foi ainda editada a **SV 57** com o seguinte teor: *"A imunidade tributária constante do art. 150, VI, d, da CF/88 aplica-se à importação e comercialização, no mercado interno, do livro eletrônico (e-book) e dos suportes exclusivamente utilizados para fixá-los, como leitores de livros eletrônicos (e-readers), ainda que possuam funcionalidades acessórias."*

E) IMUNIDADE DA MÚSICA

Essa imunidade é fruto da EC 75/2013[18]. E, de acordo com a regra trazida na Constituição, é proibida a cobrança de impostos sobre *"fonogramas e videofonogramas musicais produzidos no Brasil contendo obras musicais ou literomusicais de autores brasileiros e/ ou obras em geral interpretadas por artistas brasileiros bem como os suportes materiais ou arquivos digitais que os contenham, salvo na etapa de replicação industrial de mídias ópticas de leitura a laser"* – **Art. 150, VI, e, CF.**

Importante salientar que a imunidade está atrelada a existência de elementos que possuam conexão nacional: **i)** produzidos no Brasil; **ii)** contendo obras musicais ou literomusicais de autores brasileiros e/ou obras em geral produzidas por artista brasileiro. Outro ponto importante é que esta imunidade é aplicada para os objetos destinados à reprodução de música, não sendo abrangidos filmes. Assim, um CD, DVD, blue ray, fita cassete, e outros artigos DE MÚSICA, como ainda aqueles de circulação mediante transferência eletrônica, como os comercializados pela App Store, Google Play, e outros, estão imunes de impostos.

Note que a Constituição traz uma exceção para a aplicação da imunidade quando delimita que ela não será aplicada na etapa de replicação industrial de mídia ótica de leitura a laser. Isso significa que no momento da produção industrial do suporte digital DE LEITURA A LASER[19], apenas – o CD virgem, por exemplo – não há que se falar

---

18. Em virtude da Exposição de Motivos da PEC ela ficou conhecida como a emenda do combate à pirataria, uma vez que seu objetivo foi *"atenuar a sensível barreira econômica que pesa sobre o produto original, tornando-o mais acessível ao consumo".*

19. DVD, CD, blue ray são mídias de leitura a laser que não possuem imunidade na etapa de replicação industrial, contudo o vinil e a fita cassete, por exemplo, possuem imunidade em qualquer etapa, por não se tratarem de mídias óticas de leitura a laser.

em imunidade, sendo devido o pagamento do imposto. Para a doutrina[20] tal exceção foi pensada como uma tentativa de se proteger a zona franca de Manaus, uma vez que a maior parte das indústrias de replicação de mídia ótica de leitura a laser estão localizadas naquela região, exatamente por poderem contar com um tratamento tributário diferenciado (isenção) e, caso o texto constitucional imunizasse estas operações poderia haver uma fuga destas empresas da região.

OBSERVAÇÕES COM RELAÇÃO ÀS IMUNIDADES GERAIS

1. As imunidades recíprocas, do templo e das entidades, podem ser classificadas como imunidades subjetivas, porque destinadas a pessoas jurídicas relacionadas no texto constitucional. Já a imunidade do livro e a da música são consideradas imunidades objetivas, uma vez que voltadas para a impossibilidade de cobrança de impostos de alguns objetos e não das pessoas que os produzem.

2. No tocante aos impostos indiretos, as imunidades somente serão aplicadas quando o ente imune estiver na condição de contribuinte de direito – **RE 186.175/SP** mas não quando estiverem na situação de contribuinte de fato – **RE 202.987/SP**. São considerados impostos indiretos o IPI e o ICMS[21]. Entende-se por imposto (ou tributo) indireto aquele em que ocorre o repasse econômico ou financeiro da tributação para o preço do produto, mercadoria ou serviço. É ver:

Venda de produto industrializado a um consumidor final

Preço de custo + margem de lucro: R$90,00

Valor do IPI incidente na operação: R$10,00

Por ser o IPI um tributo indireto, os R$10,00 pagos a título de imposto poderão ser embutidos no preço final do produto, que será vendido ao consumidor final por R$100,00.

No presente caso, o industrial é o contribuinte do IPI, é ele que deve recolher aos cofres públicos o valor do imposto, assim ele é chamado pelo STJ de **contribuinte de direito,** uma vez que é ele que está na relação jurídica obrigacional tributária. Todavia, como ele repassa este custo para o consumidor final, em nosso exemplo, este será considerado, de acordo com o STJ, **contribuinte de fato**, pois, de fato é ele que irá custear o tributo recolhido, que foi embutido no preço final do produto, é isto que se chama de **repasse ou repercussão do ônus financeiro** nos tributos indiretos.

Diante desta situação, tomemos dois exemplos envolvendo uma entidade social sem fins lucrativos – imune.

Exemplo 01) Entidade vendendo canetas. Quem comercializa mercadorias (como canetas) deve, em tese, recolher o ICMS. Quem vende – contribuinte – figura na relação jurídico obrigacional tributária como **contribuinte de direito,** e do outro lado desta relação, está o Estado, sujeito ativo. Nesse caso, como a entidade está ocupando a posição de contribuinte de direito, ela fará jus ao reconhecimento da imunidade e venderá a caneta sem que seja necessário o pagamento do ICMS.

---

20. ALEXANDRE, Ricardo. Direito Tributário. 11ª ed. rev., atual. e ampl. Salvador: Juspodivm, 2017, p. 237/238.

21. Quanto ao ISS há discussão doutrinária sobre sua classificação em direto ou indireto, entretanto a FGV já considerou o imposto indireto em uma de suas provas, todavia, deixou esta condição clara para o examinando na questão.

Exemplo 02: Agora o ente imune está na situação de **contribuinte de fato** (terceiro que compra o produto). Caso a entidade compre canetas[22] de um particular que não tenha qualquer imunidade, por ser o ICMS um tributo indireto ele irá recolher o tributo e embutir no preço final da mercadoria. Assim, quando a entidade adquirir a caneta não será possível se extirpar o imposto do preço final do produto. Conclusão: quando o ente imune está na situação de contribuinte de fato, não há que se falar em aplicação da imunidade.

As imunidades acima trabalhadas estão todas contidas no Art. 150, VI, CF, e elas afastam apenas a incidência de impostos, o que não significa que imunidades afastam apenas essa espécie tributária. Abaixo, quadro com as imunidades específicas trazidas na Constituição Federal de modo esparso e que também podem ser objeto de prova:

IMUNIDADES ESPECÍFICAS		
Tributo	**Dispositivo CF**	**Explicação**
Taxa	Art. 5º, XXXIV	Obtenção de certidão e exercício do direito de petição
Taxa	Art. 5º, LXXIII	Custas judiciais em ação popular – salvo se comprovada má-fé
Taxa	Art. 5º, LXXIV	Atendimento realizado pelas Defensorias Públicas
Taxa	Art. 5º, LXXVI	Registro civil de nascimento e certidão de óbito para os reconhecidamente pobres
Taxa	Art. 5º, LXXVII	Habeas corpus, Habeas Data e – na forma da lei – atos necessários ao exercício da cidadania
Contribuições sociais e de intervenção no domínio econômico – CIDE's	Art. 149, §2º, I	Receitas decorrentes de exportação
IPI	Art. 153, §3º, III	Exportação de produtos industrializados
ITR	Art. 153, §4º, II	Pequenas glebas rurais, definidas em lei, exploradas pelo proprietário que não possua outro imóvel
Tributos em geral – exceto IOF	Art. 153, §5º c/c Art. 155, §2º, X, c	Ouro definido em lei como ativo financeiro ou instrumento cambial
Tributo	**Dispositivo CF**	**Explicação**
ITCD	Art. 155, §1º, V	Não incidirá sobre as doações destinadas, no âmbito do Poder Executivo da União, a projetos socioambientais ou destinados a mitigar os efeitos das mudanças climáticas e às instituições federais de ensino
ICMS	Art. 155, §2º, X	Exportação de mercadorias e serviços; Operações que destinem a outros Estados petróleo, inclusive lubrificantes, combustíveis líquidos e gasosos dele derivados, e energia elétrica; Prestações de serviço de comunicação nas modalidades de radiodifusão sonora e de sons e imagens de recepção livre e gratuita;

---

22. Ou energia elétrica – veja a questão do IX Exame de Ordem que abordou este ponto da matéria envolvendo a Prefeitura de um Município para entender melhor como o assunto pode ser cobrado pela FGV.

Impostos em geral – exceto II, IE e ICMS	Art. 155, §3º	Operações relativas à energia elétrica, serviços de telecomunicações, derivados de petróleo, combustíveis e minerais do País
ITBI	Art. 156, II	Direitos reais de garantia sobre imóveis, bem como cessão de direitos a sua aquisição
IPTU	Art. 156, §1º-A	Sobre templos de qualquer culto, ainda que as entidades religiosas sejam apenas locatárias do bem imóvel
ITBI	Art. 156, §2º, I	Transmissão de bens ou direitos incorporados ao patrimônio de pessoa jurídica em realização de capital; Transmissão de bens ou direitos decorrente de fusão, incorporação, cisão ou extinção de pessoa jurídica, salvo se, nesses casos, a atividade preponderante do adquirente for a compra e venda desses bens ou direitos, locação de bens imóveis ou arrendamento mercantil
ISS	Art. 156, §3º, II	Exportações de serviços para o exterior **OBS:** parcela da doutrina entende que seria um caso de isenção já que regulado pela LC 116/03
Impostos em geral	Art. 184, §5º	Operações de transferência de imóveis desapropriados para fins de reforma agrária
Contribuição previdenciária	Art. 195, II	Rendimentos relacionados a aposentadoria e pensão concedidas pelo Regime Geral de Previdência Social
Contribuições sociais para a seguridade social	Art. 195, §7º	Entidades beneficentes de assistência social que atendam às exigências estabelecidas em lei
Taxa	Art. 206, IV, CF	Gratuidade do ensino público em estabelecimentos oficiais
Taxa	Art. 226, §1º	Celebração de casamento civil

4.5. Repartição de Receitas

O tema repartição de receitas é encontrado dentro do Sistema Tributário Nacional, previsto no Texto Constitucional, especificamente nos artigos **157 ao 162; 153, §5º, e 153, §4º, III, CF**. Nada mais é do que a divisão do produto da arrecadação tributária, lembrando que a repartição de receitas sempre ocorre sempre do "maior" ente para o "menor". **Exemplo**: União reparte receita com os Estados, Distrito Federal e Municípios; os Estados repartem com Municípios e; os Municípios não repartem nada. O Direito Financeiro trata esta modalidade de repasse de verbas como uma forma de transferência **obrigatória** de receitas.

O ponto mais cobrado sobre o tema é a efetiva repartição do produto da arrecadação, assim, segue quadro com o resumo da repartição dos tributos – em especial, impostos:

UNIÃO			
Dispositivo CF	**Tributo**	**Percentual repartido**	**A quem é entregue**
Art. 153, §5º	IOF-ouro	100%	30% – Estado/DF – operação origem
			70% – Município – operação de origem
Art. 157, I	IRRF	100%	Estados – servidores públicos estaduais
			DF – servidores públicos distritais
Art. 158, I			Municípios – servidores públicos municipais
Art. 157, II	Impostos residuais	20%	Estados e Distrito Federal
Art. 158, II	ITR	50%	Município local do imóvel – regra geral
		100%	Município local do imóvel que arrecadar/fiscalizar ITR via convênio com a União
Art. 159, I	IPI + IR	50%	21,5% –Fundo de participação dos Estados e DF
			22,5% – Fundo de participação dos Municípios
			3% Fundo de participação das regiões N, NE e CO
			1% – Fundo de participação dos Municípios – entregue no primeiro decêndio do mês de dezembro de cada ano
			1% – Fundo de participação dos Municípios – entregue no primeiro decêndio do mês de julho de cada ano
			1% – Fundo de participação dos Municípios – entregue no primeiro decêndio do mês de setembro de cada ano
Art. 159, II, §2ºe §3º	IPI	10%	Estados e DF exportadores
			Do valor que Estados recebem devem repartir com os Municípios 25%, sendo:
			65% – de acordo com o VAF (valor adicionado fiscal) – Municípios exportadores
			Até 35% – de acordo com o que dispuser lei estadual – observada, obrigatoriamente, a distribuição de, no mínimo, 10% com base em indicadores de melhoria nos resultados de aprendizagem e de aumento da equidade, considerado o nível socioeconômico dos educandos de acordo com a lei estadual
			ATENÇÃO: nenhuma unidade federada poderá ser destinada parcela superior a vinte por cento do montante total a ser repartido, devendo o eventual excedente ser distribuído entre os demais participantes, mantido, em relação a esses, o critério de partilha nele estabelecido
Art. 159, III e §4º	CIDE-combustível	29%	Estados e Distrito Federal
			Do valor que Estados recebem devem repartir com os Municípios 25%, na forma da lei

DIREITO TRIBUTÁRIO

ESTADOS			
Dispositivo CF	**Tributo**	**Percentual repartido**	**A quem é entregue**
Art. 158, III	IPVA	50%	Para os municípios do local do emplacamento do veículo
Art. 158, IV e pu	ICMS	25%	**Para os municípios, sendo:**
			65% de acordo com o VAF (valor adicionado fiscal) – Municípios exportadores
			Até 35% de acordo com o que dispuser lei estadual – observada, obrigatoriamente, a distribuição de, no mínimo, 10% com base em indicadores de melhoria nos resultados de aprendizagem e de aumento da equidade, considerado o nível socioeconômico dos educandos de acordo com a lei estadual

O **Art. 160, CF** veda qualquer tipo de condicionamento no repasse das verbas destinadas aos Estados, Distrito Federal e Municípios, pois isto prejudicaria a autonomia dos entes federativos e, em última análise, o próprio pacto federativo. Contudo, o dispositivo traz algumas exceções, são elas: **i)** Quando o ente que for receber a parcela devida a título de repartição de receitas estiver em débito com aquele que irá realizar o repasse, inclusive com suas autarquias; **ii)** se o ente que for receber a parcela devida a título de repartição de receitas não tiver cumprido o investimento mínimo previsto na Constituição (**Art. 198, §2º, II e III**) em SAÚDE. Além disso, a EC113/2021 determinou que os contratos, os acordos, os ajustes, os convênios, os parcelamentos ou as renegociações de débitos de qualquer espécie, inclusive tributários, firmados pela União com os entes federativos conterão cláusulas para autorizar a dedução dos valores devidos dos montantes a serem repassados relacionados às respectivas cotas nos Fundos de Participação ou aos precatórios federais.

5. CÓDIGO TRIBUTÁRIO NACIONAL

Conforme delimitado na introdução deste capítulo, o CTN é dividido em dois grandes livros: o primeiro que trata de competência tributos em espécie e o segundo que trata, fundamentalmente de 04 assuntos: legislação tributária, obrigação, crédito e administração tributária. Dada a importância do livro segundo para a prova da OAB, iniciaremos nossas considerações a partir dele.

5.1. Legislação Tributária – Arts. 96 ao 112, CTN

Para iniciarmos o estudo da legislação tributária, precisamos saber o que compõe este conceito. O **art. 96, CTN** nos traz um rol exemplificativo do que seria legislação tributária, apontando que tal conceito compreende: as leis, os tratados e as convenções internacionais, os decretos e as normas complementares que versem, no todo ou em parte, sobre tributos e relações jurídicas a eles pertinentes. Ocorre que, vários veículos normativos que também estão alocados dentro do conceito de legislação tributária não foram mencionados no referido artigo como, exemplificativamente, as resoluções do Senado Federal, Emendas Constitucionais, medidas provisórias e outros.

217

O **art. 97, CTN** nos traz as principais funções da lei em sentido estrito, sendo chamado por grande parcela doutrinária de PRINCÍPIO DA RESERVA LEGAL. Conforme já estudamos, as leis são necessárias para a criação e extinção de tributos e das multas tributárias; para majoração de tributos (seja base de cálculo, seja alíquotas – consideradas as exceções para as alíquotas de alguns tributos); a definição do fato gerador da obrigação tributária principal, a delimitação das hipóteses de exclusão, suspensão e extinção de créditos tributários, ou de dispensa ou redução de penalidade, concessão de benefícios fiscais (art. 150, §6º, CF) e outras.

> **ATENÇÃO: Art. 146, CF** – este artigo traz uma importante reserva de matéria à LC, de modo que os assuntos por ele delimitados somente poderão ser tratados por este veículo normativo, sendo os principais: **i)** dispor sobre conflitos de competência em matéria tributária; **ii)** regular as limitações constitucionais ao poder de tributar; **iii)** estabelecer normas gerais em direito tributário;[23] **iv)** definição de tratamento diferenciado e favorecido para as microempresas e para as empresas de pequeno porte[24]. Todo assunto reservado à lei complementar JAMAIS poderá ser regulado por Medida Provisória, mesmo que diante de uma situação de relevância e urgência – **art. 62, §1º, III, CF.**

Já o **art. 98, CTN** delimita a utilização e a importância dos Tratados internacionais na seara tributária, tendo como principais funções: evitar bitributação da renda entre nações soberanas, acordos de cooperação para se evitar a evasão fiscal, concessão benefício fiscal.

A) ISENÇÃO HETERÔNOMA E TRATADOS INTERNACIONAIS – Art. 84, VIII, CF

Em nosso sistema, o Presidente da República pode atuar tanto como Chefe de Governo, que trata dos interesses da União – ente federativo, quanto como Chefe de Estado, quando representa os interesses da República Federativa do Brasil. Assim, quando há a celebração de um tratado internacional o Presidente está atuando como Chefe de Estado, representando o Brasil perante outras nações soberanas e organismos internacionais fora do país- **art. 84, VIII, CF.** A dúvida era se ao celebrar um acordo internacional ele poderia isentar qualquer tributo, como por exemplo, o ICMS. De acordo com o entendimento do STF – **ADI 1.600**, sim. O Presidente pode conceder benefícios fiscais relacionados a qualquer tributo (de competência federal, estadual ou municipal), mediante a celebração de tratados internacionais, pois ao fazê-lo, age como Chefe de Estado, representando o Brasil, e não a União ou qualquer outro ente federado e, para o tribunal esta lógica sequer seria uma exceção a este princípio, uma vez que não estaria dentro do âmbito de sua aplicação.

OBS.: Conforme se extrai do **art. 49, I, CF,** a aprovação parlamentar do tratado é realizada por meio de um DECRETO LEGISLATIVO, e trata-se de fase indispensável para que o acordo produza seus efeitos no território nacional.

O **art. 99, CTN,** por sua vez, regula a figura do DECRETO EXECUTIVO que tem como função dar fiel cumprimento às leis. Eles são muito utilizados no Direito Tributário

---

23. O CTN foi a lei que disciplinou a maior parte das normas gerais na disciplina, tendo sido recepcionado com status de lei complementar.
24. Trata-se do SIMPLES NACIONAL, regulado pela LC123/06.

na regulamentação de diversos tributos como o RIPI (Decreto 7.212/2010), RIR (Decreto 9.580/2018), e outros.

Por fim, as Normas complementares do Direito Tributário são delimitadas no **art. 100, CTN**, e compreendem: **1)** Atos normativos: alguns exemplos são as instruções normativas expedidas pela RFB; portarias expedidas por Secretaria de Fazenda Estadual; resoluções expedidas por Administrações Municipais etc.; **2)** Decisões administrativas a que a lei atribua eficácia normativa; **3)** Costumes do Fisco e; **4)** Convênios que celebram entre si celebrem a União, os Estados, o Distrito Federal e os Municípios.

OBS: o pu do Art. 100, CTN determina que a observância das normas complementares impede a imposição de penalidades, a cobrança de juros de mora e a atualização do valor monetário da base de cálculo do tributo, posicionamento ratificado pelo STJ – **RESp 98.703/ SP**. Ocorre que, conforme já salientado, estes artigos regulam apenas uma pequena parte do conceito de legislação tributária, de modo que, abaixo, serão trabalhadas outras ferramentas importantes para a sua prova não constantes no rol exemplificativo do Art. 96, CTN:

As Medidas provisórias – **art. 62, CF** – segundo o STF, tem a mesma força de lei para fins de instituição, extinção e majoração de tributos. Estados e Municípios podem editar medidas provisórias em matéria tributária, DESDE QUE a Constituição Estadual autorize a edição de medidas provisórias e, além disso, especificamente para os Municípios, deve haver ainda previsão de edição de MP em suas respectivas leis orgânicas. As Resoluções do Senado Federal dizem respeito a assuntos estaduais, uma vez que o Senado representa o interesse dos Estados. Assim, são importantes na definição de alíquotas dos seguintes impostos: **1)** ITCD – **art. 155, §1º, IV, CF**: definição de alíquota máxima – **Resolução 9/92** – alíquota de 8%; **2)** ICMS – **art. 155, §2º, IV e V, CF**: alíquotas mínimas e máximas em operações internas para evitar conflitos, alíquotas interestaduais e de exportação – **Resolução 22/89** – alíquotas interestaduais de 7% e 12% e; **3)** IPVA – **art. 155, §6º, I, CF**: alíquota mínima (ainda não editada). Ainda com relação ao ICMS, cabe ao Senado, de forma facultativa: **i)** estabelecer alíquotas mínimas nas operações internas, mediante resolução de iniciativa de um terço e aprovada pela maioria absoluta de seus membros; **ii)** fixar alíquotas máximas nas mesmas operações para resolver conflito específico que envolva interesse de Estados, mediante resolução de iniciativa da maioria absoluta e aprovada por dois terços de seus membros.

B) VIGÊNCIA DA LEGISLAÇÃO TRIBUTÁRIA

Importante analisarmos a vigência da legislação tributária no espaço e no tempo.

Vigência temporal da lei (no tempo) é aquela designada no próprio texto legal, uma vez que é a lei que determina quando ela entrará em vigor, todavia caso ela nada disponha; utiliza-se o disposto na LINDB: **i)** para leis que produzirão seus efeitos internamente, a *vacacio legis* será de 45 dias e; **ii)** para leis que produzirão seus efeitos externamente, a *vacacio legis* de três meses. Já no tocante às normas complementares do Direito Tributário, o **art. 103, CTN** expressamente determina que: **i) os** atos normativos entram em vigor na data de sua publicação; **ii)** as decisões administrativas de eficácia normativa, trinta dias após a sua publicação e; **iii)** os convênios, na data neles previstas.

A vigência territorial (no espaço) da norma é regida pelo princípio da territorialidade: norma federal: todo o território nacional; estadual: vigência em todo o território do Estado que a editou, e municipal: no território do município que a editou. Todavia, existem exceções a esta regra, dispostas nos **arts. 102 e 120, CTN**, de modo que: **i)** as normas dos Estados, Distrito Federal e Municípios vigorarão fora dos respectivos territórios, nos limites em que lhe reconheçam extraterritorialidade os convênios de que participem, ou do que disponham esta ou outras leis de normas gerais expedidas pela União e; **ii)** no caso de desmembramento territorial, onde o novo Estado, por exemplo, mantém a mesma legislação do Estado anterior, até editar normas próprias.

C) APLICAÇÃO DA LEGISLAÇÃO TRIBUTÁRIA

O Código Tributário Nacional delimitou algumas situações em que é possível a retroação da legislação, todavia NENHUMA delas permite que um tributo novo ou majorado seja cobrado antes da vigência da lei que o criou/majorou, de modo que não podem ser consideradas, a rigor, como exceções ao princípio da irretroatividade tributária[25]. Vejamos quais são as situações do CTN de aplicação retroativa da legislação tributária – **Art. 106 e 144, § 1º, CTN**.

Art. 106, I, CTN: Leis expressamente interpretativas: desde que sejam verdadeiramente interpretativas irão retroagir, entretanto, fica excluída a possibilidade de aplicação de penalidade quanto ao dispositivo interpretado. **Exemplo:** É editada a Lei A dispondo sobre tributo Y, e, em virtude de uma má redação legislativa surgem várias possíveis interpretações para esta lei. Para dirimir tal problema é editada a Lei B estabelecendo qual a forma correta de se interpretar a legislação A e esta definição trazida pela nova lei retroage para fins de conferir à lei A sua correta aplicação, vedado, entretanto, qualquer possibilidade de imputação de penalidade quanto aos dispositivos interpretados. Em hermenêutica, tal método interpretativo é denominado interpretação autônoma ou autêntica.

Art. 106, II, CTN: Retroatividade benigna – **assunto MUITO cobrado pela FGV!** Neste caso, a premissa é que o ato não pode se caracterizar como definitivamente julgado, ou seja, necessariamente devemos estar diante de um ato PENDENTE. E são duas as situações possíveis: **i)** quando deixe de tratá-lo como contrário a qualquer exigência de ação ou omissão, **desde que não tenha sido fraudulento e não tenha implicado em falta de pagamento de tributo** e; **ii)** quando há uma situação benéfica relacionada com a MULTA tributária. O primeiro é autoexplicativo, já o segundo merece maior atenção sobretudo em virtude ser um ponto sempre muito explorado pela banca. No segundo caso três são os requisitos CUMULATIVOS que devem ser observados para a retroação da legislação, são eles: **i)** o ato deve estar PENDENTE; **ii)** a alteração da legislação deve ser BENÉFICA e; **iii)** aplica-se apenas para a MULTA TRIBUTÁRIA. Caso os três requisitos tenham sido observados a retroação será OBRIGATÓRIA ainda que a lei não a fixe.

Exemplo: Astolfo realizou o fato gerador de ISS de multa a ele relacionada em 2019, época na qual a alíquota do imposto era de 4% e a da multa de 70% do valor do tributo, contudo, não pagou nem tributo nem multa. Em 2021 houve uma alteração legislativa que reduziu a alíquota do tributo para 3% e a da multa para 50%. Em 2023 ele recebeu intimação relativa à lavratura de um auto de infração no qual o ISS e a multa estavam sendo exigidos nos patamares respectivos de 4% e 70%. Há algum problema com esta cobrança?

---

25. Muito embora parte da doutrina assim as classifique.

DIREITO TRIBUTÁRIO

O primeiro passo para a resolução da questão é analisar separadamente a situação do tributo daquela concernente à multa. **Tributo**: se aplica SEMPRE a lei vigente no momento da ocorrência do fato gerador – **Art. 144 caput do CTN – TEMPUS REGIT ACTUM**: "A lei do tempo rege o ato". Assim, se o fato gerador do ISS aconteceu em 2018 deve ser aplicada a alíquota do tributo vigente naquele momento, qual seja, 4%. Com relação à **multa**: como se trata de MULTA + ato pendente (valores não pagos) + situação que beneficia a condição do sujeito passivo (redução da multa de 70% para 50%) a retroação é obrigatória, ainda que a lei nada diga a esse respeito. Assim, no auto de infração deverá ser exigida a alíquota do ISS de 4% e da multa de 50%.

OBS.: situações exemplificativas que indicam que o ato está pendente: **i)** não pagamento dos valores exigidos; **ii)** discussão na esfera administrativa ou judicial (enquanto perdurar); **iii)** ingresso em eventual programa de parcelamento em curso; **iv)** término da discussão na esfera ADMINISTRATIVA quando ainda cabe discussão na esfera judicial – o enunciado deve deixar isso claro.

Art. 144, §1º, CTN: Aumento dos poderes da fiscalização E outorga de maiores garantias do crédito tributário, exceto para atribuir responsabilidade tributária a terceiros são outras situações que permite a aplicação retroativa da legislação. É ver:

Exemplo 01: Aumento dos poderes da fiscalização. Suponha que em 2019 Astolfo realizou o pagamento de seu IR no importe de R\$10.000,00, mas nesta data o Fisco não tinha acesso às informações de seu cartão de crédito (exemplo hipotético). Em 2021 é criada lei que permite o acesso a tais dados. Com esta lei de 2021 o Fisco poderá ter acesso aos dados do cartão de crédito de Astolfo de 2017? SIM! Pois esta lei aumenta os poderes da fiscalização, não tendo alterado nenhum fator relacionado ao fato gerador do IR de 2015. Deste modo, no momento da fiscalização – 2021 – o Fisco poderá "olhar para trás" com uma lupa maior do que aquela que possuía em 2017. Veja que a lei apenas aumentou os poderes da Fiscalização, ela não alterou nada do fato gerador do IR realizado em 2017.

Exemplo 02: Outorga de garantias ao crédito tributário. O Fisco tem uma gama de privilégios e garantias sobre o crédito tributário em razão do princípio da supremacia do interesse público sobre o privado, tendo em vista que com o dinheiro desse crédito o fisco terá dinheiro para alimentar os cofres públicos e assim realizar as atividades típicas do Direito Financeiro (Receita, Orçamento e Despesa). Assim, tomemos o seguinte exemplo: proposta uma ação de execução fiscal exigindo débitos de COFINS em 2012 e não foram localizados bens do Executado. Consequentemente, o processo foi suspenso por 01 ano e, caso bens não sejam encontrados neste período, a Execução Fiscal será arquivada e, passados 05 anos do despacho que determina o arquivamento, ocorrerá a prescrição intercorrente[26]. Suponha que em 2014 seja implementado o sistema BACEN JUD – hoje chamado de SIS-

---

26. Note que é necessário, no mínimo, 06 anos para que a prescrição intercorrente possa ser aplicada – importante ver as teses fixadas pelo STJ em sede de repetitivo no **Resp 1340553 / RS – Temas 566, 567, 568, 569, 570 e 571**. Ademais, em 2023 o STF, no **RE 636.562/SC**, entendeu que a Lei 6.830/80 (LEF) pode versar sobre prescrição intercorrente no direito tributário e que isso não violaria o Art. 146, III, b, CF, tendo fixado a seguinte tese – **Tema 390** – em sede de repercussão geral: "*É constitucional o art. 40 da Lei nº 6.830/1980 (Lei de Execuções Fiscais LEF), tendo natureza processual o prazo de 1 (um) ano de suspensão da execução fiscal. Após o decurso desse prazo, inicia-se automaticamente a contagem do prazo prescricional tributário de 5 (cinco) anos.*"

BACEN (exemplo hipotético). Pode em 2014 o Procurador requerer a penhora online dos bens do Executado? SIM! Pois esta nova regra é relativa ao aumento de garantia do crédito tributário, podendo retroagir.

OBS.: Essa retroação não pode imputar responsabilidade tributária a terceiros. Exemplo: Lei que determina que empresas de um mesmo grupo econômico serão responsáveis por créditos tributários umas das outras em 2017, este comando não pode retroagir para momentos anteriores a esta data.

D) INTERPRETAÇÃO E INTEGRAÇÃO DA LEGISLAÇÃO TRIBUTÁRIA

Seguindo a ordem dos artigos dispostos no CTN, entramos no assunto relacionado à interpretação e integração da legislação. Somente se fala em interpretação quando há lei, isto é, existe um dispositivo legal a ser aplicado e, no intuito de buscar o seu real (efetivo) alcance haverá a interpretação da norma. Contudo, diante da ausência normativa falamos em integração da legislação, procedimento por meio do qual a lacuna legal deverá ser suprimida.

Iniciemos o estudo da interpretação da legislação tributária. Os **arts. 109 e 110, CTN** devem ser estudados de forma conjunta, e o seu sentido reside no fato que, sempre que a Constituição Federal, as Constituições Estaduais e as Leis Orgânicas se valerem de um determinado conceito de direito civil ou de direito privado, este conceito deverá ser respeitado, para fins de incidência e de competência tributária. Isto porque o Direito Tributário é um direito de sobreposição, que existe para a tributação de situações corriqueiras na vida do particular, sem, contudo, fornecer todos os conceitos básicos e necessários para essa tributação. **Exemplo:** conceito de mercadoria e circulação jurídica para fins de incidência do ICMS, de doação e situação causa mortis para fins de incidência do ITCD, dentre outros.

Com base na utilização desta técnica de interpretação, o STF editou a **SV31**, segundo a qual *"É inconstitucional a incidência do imposto sobre serviços de qualquer natureza – ISS sobre operações de locação de bens móveis"*. E a razão para tanto é que a locação se caracteriza, no direito civil, como uma obrigação de dar, ao passo que serviço seria uma obrigação de fazer, distante, portanto, o conceito de serviço da materialidade do ISS[27].

Já o **art. 111, CTN**, MUITO COBRADO na primeira fase da OAB, traz os casos de interpretação LITERAL da legislação. Assim sendo, o intérprete deverá se valer do método gramatical de hermenêutica, não podendo dizer mais do que o legislador expressamente delimitou. Devem ser interpretados de forma literal: **i)** as causas de suspensão do crédito tributário (moratória, depósito, liminar, tutela, parcelamento e processo administrativo fiscal – todas previstas no art. 151, CTN) e as de exclusão do crédito tributário (isenção e

---

27. **ATENÇÃO:** desde a edição da SV31 a jurisprudência do STF tem passado por uma evolução do conceito de serviços, tendo chegado a definir no **RE nº 651.703** o STF o próprio STF teria admitido uma interpretação mais ampla do texto constitucional quanto ao conceito de "serviços", desvinculado do conceito de "obrigação de fazer". Segundo o novo entendimento, a classificação das obrigações em "obrigação de dar", de "fazer" e "não fazer", teria cunho eminentemente civilista e, portanto, não seria a mais apropriada para o enquadramento dos produtos e serviços resultantes da atividade econômica. Assim, o novo conceito de serviço não teria por premissa a configuração dada pelo Direito Civil, mas relacionado ao **oferecimento de uma utilidade para outrem, a partir de um conjunto de atividades materiais ou imateriais, prestadas com habitualidade e intuito de lucro, podendo estar conjugada ou não com a entrega de bens ao tomador.**

anistia, conforme art. 175, CTN); **ii)** casos de outorga de isenção – novamente o CTN se preocupou em delimitar que a isenção deve ser interpretada de forma literal e; **iii)** os casos de dispensa do cumprimento de obrigações acessórias.

Em razão da interpretação literal o STJ possui entendimento fixado em tese de repetitivos – **Tema 250 – REsp 1.116.620/BA** segundo o qual não são isentos do IR os proventos recebidos por aposentados portadores de moléstias graves não elencadas na lei. Importante frisar que essa isenção abarca apenas rendimentos dos inativos.[28] Outro ponto importante relacionado a essa isenção específica é a trazida na **sumula 627, STJ,** segundo a qual o contribuinte faz jus a concessão ou a manutenção da isenção não lhe sendo exigida a demonstração da contemporaneidade dos sintomas das doenças narradas no rol taxativo da lei, nem da recidiva da enfermidade. Por fim, o último dispositivo do CTN relacionado com interpretação da legislação é o **art. 112,** que traz a máxima do "*In dubio pro* contribuinte", ideia muito semelhante ao *in dubio pro reo,* aplicada no processo penal durante a fase processual de acusação: em caso de dúvida com relação à aplicação legislação relativa a MULTAS tributárias, a norma deve ser interpretada de forma mais favorável ao sujeito passivo.

> **ATENÇÃO:** a máxima do *in dubio pro contribuinte* somente é aplicada para MULTAS, sinônimo de PENALIDADE tributária, não podendo ser aplicada para os tributos.

Superado o estudo da interpretação da legislação, passemos ao estudo do **art. 108, CTN,** única norma atinente à INTEGRAÇÃO da legislação tributária. O CTN determina que, para os casos de ausência de norma legal, sejam aplicadas, **SUCESSIVAMENTE,** as seguintes técnicas de integração:

1. Analogia: deverá o aplicador da lei verificar se no ordenamento jurídico há uma norma que se assemelhe à situação da lacuna legal, não sendo encontrada, ele está autorizado a aplicar a segunda técnica;

2. Princípios do Direito Tributário: não encontrada norma análoga, deverá ser verificado se a aplicação de princípios tributários pode ser utilizada para sanar a lacuna normativa, não sendo possível, aplica-se a próxima regra;

3. Princípios Gerais de Direito Público: não sendo possível o uso da analogia, nem tampouco de princípios do direito tributário, talvez a aplicação de princípios gerais do direito público possa ajudar, entretanto, não sendo o caso, resta somente uma alternativa;

4. Equidade: sinônimo de bom senso, última técnica possível a ser utilizada no caso da integração da legislação tributária.

OBS.: De acordo com os §§ 1º e 2º do art. 108, CTN, é impossível a cobrança de tributo com base em analogia, bem como, não é possível a dispensa do pagamento de tributo previsto em lei por meio de equidade. Tal ressalva nada mais é, do que uma decorrência lógica da observância do Princípio da Legalidade Estrita, contida no **art. 150, I, CF.**

---

28. Tal benefício não vale para os ativos, mas apenas para aposentados e pensionistas – ADI 6025/DF.

5.2. Obrigação Tributária – Arts. 113 ao 138, CTN

O primeiro assunto a ser estudado dentro do tema obrigação tributária é a sua classificação. Nos termos do **art. 113, CTN**, obrigação principal é a que se caracteriza como o dever de PAGAR tributo ou multa e ela deve ser sempre prevista em lei em sentido estrito. Já a obrigação acessória caracteriza-se como um dever INSTRUMENTAL em que o sujeito passivo tem que fazer ou deixar de fazer alguma coisa visando o interesse da arrecadação ou da fiscalização dos tributos e pode ser prevista pela legislação tributária. Apesar do nome principal e acessória, tratam-se de obrigações completamente independentes e autônomas.[29]

A) FATO GERADOR

O fato gerador da obrigação principal é a situação definida em lei como necessária e suficiente para a sua ocorrência – **art. 114, CTN**. Já o fato gerador da obrigação acessória é a situação que, na forma da legislação aplicável, impõe a prática ou a abstenção de ato que não configure obrigação principal – **art. 115, CTN**.

B) SUJEITOS DA RELAÇÃO JURÍDICO-TRIBUTÁRIA

O sujeito passivo da obrigação acessória é a pessoa obrigada às prestações que constituam o seu objeto – **art. 122, CTN**. Já o sujeito ativo da obrigação principal é a pessoa jurídica de direito público, titular da competência para exigir o seu cumprimento – **art. 119, CTN**. Assim, é aquele que irá cobrar o tributo, e que possui ainda capacidade tributária ativa – **art. 7º, CTN**.

Sujeito passivo da obrigação principal é aquele que deverá adimplir com o crédito tributário, podendo ser classificado em: **i)** contribuinte: que tem relação pessoal e direta com a situação que constitua o fato gerador da obrigação ou; **ii)** responsável tributário: um terceiro que, sem que tenha relação pessoal e direta com o fato gerador tem o dever de pagar o crédito tributário em virtude de expressa determinação legal. É o que se extrai do **art. 121, pu, CTN**.

O sujeito passivo precisa possuir capacidade tributária passiva, prevista no **art. 126, CTN**. Importante salientar que, a capacidade tributária passiva independe: **i)** da capacidade civil das pessoas naturais; **ii)** da regular constituição da pessoa jurídica, bem como; **iii)** de achar-se a pessoa natural sujeita a medidas que importem privação ou limitação do exercício de atividades civis, comerciais ou profissionais, ou da administração direta de seus bens ou negócios.

OBS.: o **art. 123, CTN** é MUITO COBRADO pela FGV. De acordo com este dispositivo, salvo disposição de lei em sentido contrário, acordos de vontade firmados por particulares não tem o condão de alterar a sujeição passiva da relação tributária. A banca gosta de utilizar a expressão segundo a qual estes contratos seriam **inoponíveis ao Fisco. Exemplo:** um contrato de aluguel determina que o locatário será responsável pelo pagamento do IPTU do imóvel locado. Tal cláusula é lícita, entretanto não pode ser imposta ao Fisco, que irá exigir o cumprimento da obrigação da pessoa designada em lei como contribuinte do imposto, no caso, o locador, seu proprietário. Assim, o proprietário será

---

29. Muito cuidado! No Direito Civil vigora a máxima segundo a qual o acessório segue o principal. Todavia essa lógica NÃO se aplica ao Direito Tributário!

DIREITO TRIBUTÁRIO

compelido ao pagamento do imposto, entretanto, poderá, na esfera cível, valer-se de ação de regresso contra o locatário. Seguindo esta mesma linha de raciocínio, o STJ editou a súmula **614**, segundo a qual: *"O locatário não possui legitimidade ativa para discutir a relação jurídico-tributária de IPTU e de taxas referentes ao imóvel alugado nem para repetir indébito desses tributos".*

No polo passivo da relação tributária, quando há uma pluralidade de sujeitos estaremos diante do fenômeno da solidariedade, ou seja, aquelas pessoas que possuam interesse comum na situação definida como fato gerador da obrigação e/ou as expressamente designadas em lei serão codevedoras do tributo, conforme delimitado no **art. 124, CTN**. Um ponto importante relativo à solidariedade é que ela não comporta benefício de ordem, ou seja, como todos respondem integralmente pelo crédito tributário o Fisco pode cobrar a dívida integralmente de cada um dos devedores. **Exemplo:** Lílian e Alexandre são irmãos e proprietários de um imóvel localizado na zona urbana do município. Lílian possui 50% do imóvel e Alexandre os outros 50% restantes. Caso o IPTU não seja pago, o Fisco pode cobrar a integralidade da dívida de qualquer um dos dois, ou ainda, poderá cobrar integralmente o valor do tributo de ambos.

Dentre os efeitos da solidariedade, delimitados no **art. 125, CTN,** temos que: **i)** o pagamento efetuado por um dos obrigados aproveita aos demais; **ii)** a isenção ou remissão de crédito exonera todos os obrigados, salvo se outorgada pessoalmente a um deles, subsistindo, nesse caso, a solidariedade quanto aos demais pelo saldo e; **iii)** a interrupção da prescrição, em favor ou contra um dos obrigados, favorece ou prejudica aos demais.

C) DOMICÍLIO TRIBUTÁRIO – Art. 127, CTN

A regra é a eleição, de modo que o sujeito passivo escolhe o seu domicílio tributário, mas caso o Fisco verifique que o intuito da eleição é embaraçar a fiscalização, ele poderá ser recusado e, no caso de recusa, ou ausência de escolha de domicílio por parte do sujeito passivo, devem ser aplicadas as seguintes regras para a definição do domicílio tributário: **i)** no caso da pessoa natural, a sua residência habitual, ou, sendo esta incerta ou desconhecida, o centro habitual de sua atividade; **ii)** quanto às pessoas jurídicas de direito privado ou às firmas individuais, o lugar da sua sede, ou, em relação aos atos ou fatos que derem origem à obrigação, o de cada estabelecimento; **iii)** quanto às pessoas jurídicas de direito público, qualquer de suas repartições no território da entidade tributante. Contudo, caso não seja possível a aplicação das regras acima, será considerado domicílio tributário, o local da situação da ocorrência do Fato Gerador.

D) RESPONSABILIDADE TRIBUTÁRIA

A responsabilidade tributária é um assunto MUITO COBRADO pela FGV na primeira fase do Exame de Ordem. O **art. 128, CTN** deixa claro que existem outros tipos de responsabilidade além daqueles expressamente delimitados no CTN. Entretanto o foco da banca está nas hipóteses narradas neste diploma legal.

IMPORTANTE: Um ente imune ou isento pode ser obrigado ao pagamento de tributo no caso de ser colocado como RESPONSÁVEL tributário. Vejamos os casos de responsabilidade por transferência previstos no CTN.

D.1. Responsabilidade do adquirente de bens imóveis – Art. 130, CTN: Aquele que adquire um imóvel torna-se responsável pelos tributos incidentes sobre ele[30] até a data da aquisição[31]. Trata-se de Obrigação *propter rem*. **Exceções: i)** caso o adquirente tenha apresentado prova da quitação dos tributos incidentes sobre o imóvel na data de sua aquisição (apresentação de uma CND – certidão negativa de débitos) ou; **ii)** em caso de aquisição de imóvel em hasta pública (leilão): neste caso o arrematante responde apenas pelos tributos devidos até o valor da arrematação e eventual valor remanescente a título de tributos deverá ser exigido do antigo proprietário[32] – **Resp 1.059.102/RS.**

ATENÇÃO: nos casos de aquisição originária de propriedade (usucapião, desapropriação) o adquirente não responde. É ver julgado do STJ em que o ente desapropriante não respondeu por tributos cujos fatos geradores ocorreram antes da desapropriação – **Resp 1.668.058/ES.**

D.2. Responsabilidade do adquirente ou remitente de bens móveis – Art. 131, I, CTN: são pessoalmente responsáveis pelos tributos devidos o adquirente ou remitente, pelos tributos relativos aos bens adquiridos ou remidos. Remitente é aquele que resgata o bem, de modo que, quem adquire o bem torna-se responsável pelos tributos que o acompanham. **Sumula 585, STJ.**

Algumas provas cobram a literalidade do dispositivo legal que não traz nenhuma exceção, outras podem cobrar julgado do STJ segundo o qual as exceções do pu do art. 130, CTN também se aplicariam nesse caso – **Resp 905.208/SP** – atenção ao enunciado!**D.3. Responsabilidade na sucessão** *causa mortis* **– Art. 131, II e III, CTN:** neste caso, o espólio responde, a título de responsável tributário, pelos tributos devidos pelo *de cujus* até o momento da abertura da sucessão (evento morte). Após a morte, o espólio assumirá a condição de contribuinte e, neste caso, se realizada partilha ou adjudicação de bens sem o recolhimento dos tributos devidos, são responsáveis tributários os sucessores a qualquer título (cônjuge meeiro, herdeiros, legatários) sempre observado como limite o valor do quinhão recebido. É ver o exemplo abaixo em que Astolfo é o falecido, tendo deixado como patrimônio um imóvel urbano e valor em banco e como herdeiros André e Joana.

---

30. Os tributos seriam, de acordo com expressa redação do CTN: "impostos cujo fato gerador seja a propriedade, o domínio útil ou a posse de bens imóveis, e bem assim os relativos a taxas pela prestação de serviços referentes a tais bens, ou a contribuições de melhoria". As taxas possuem dois fatos geradores: serviços públicos *ut singuli* e realização do poder de polícia, sendo que este último não foi considerado pelo CTN nesse caso de responsabilidade tributária.

31. Note que só há responsabilidade tributária para os fatos geradores ANTERIORES a aquisição, isso porque, após a aquisição o novo proprietário será contribuinte dos tributos devidos.

32. O arrematante somente responderá pelo valor do crédito tributário que eventualmente ultrapassar o valor da arrematação caso essa regra esteja expressa no edital do leilão. Note, portanto, que essa não é uma regra do direito tributário, mas uma imposição feita pelo edital do leilão que determina as suas regras, de modo que cabe ao interessado a elas aderir, ao participar da hasta púbica, ou escolher não participar.

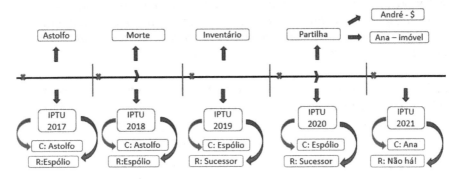

Abertura da sucessão - Astolfo
Bens: casa - R$ 400 K e dinheiro - R$ 400 K
Herdeiros: Ana e André

Em 2017 e 2018 Astolfo estava vivo, portanto, é ele o contribuinte do IPTU cujo fato gerador se realizou nesses exercícios. Como morreu sem quitar o tributo o espólio responde, na figura de responsável tributário, pelo IPTU 2017 e 2018. Já os IPTU's relativos aos exercícios de 2019 e 2020 tem como contribuinte o espólio que realizou o seu fato gerador e, caso o pagamento não seja por ele realizado, respondem, como responsáveis tributários, os seus herdeiros: André e Ana. Em 2020 (após o surgimento do FG do IPTU 2020) a partilha já havia sido realizada, de modo que a André coube a quantia em dinheiro e a Ana o imóvel. Diante deste contexto, Ana é a contribuinte do IPTU 2021, não mais havendo que se falar em responsabilidade tributária do espólio, nem tampouco dos herdeiros após a realização da adjudicação ou partilha. Os responsáveis tributários responderão também pelas multas moratórias, como já decidiu o STJ – **Resp 295.222.**

OBS.: O inventariante, via de regra, não responde pelos tributos do de cujus. Conforme art. 134, IV, do CTN, ele só responderá se cometer infração ou omissão.

D.4. Responsabilidade na sucessão empresarial – Art. 132, CTN: de acordo com este artigo, a pessoa jurídica de direito privado que resultar de fusão, transformação ou incorporação de outra ou em outra será responsável pelos tributos devidos até a data do ato pelas pessoas jurídicas fusionadas, transformadas ou incorporadas, sendo que tal lógica também se aplica aos casos de extinção de pessoas jurídicas de direito privado, quando a exploração da respectiva atividade seja continuada por qualquer sócio remanescente, ou seu espólio, sob a mesma ou outra razão social, ou sob firma individual. A lógica desta responsabilidade foi atribuir à figura remanescente a responsabilidade pelo pagamento das obrigações tributárias. O CTN não disciplinou a cisão pois o instituto só foi disciplinado na Lei 6.404/76, sendo por ela regulado, mas a lógica também se aplica a esses casos.

Exemplo: Fusão: empresa A funde com B e gera C: a empresa C responde pelas dívidas tributárias de A e B. Transformação: empresa A que era Ltda. transforma-se em S/A: A nova empresa S/A responde pelas dívidas tributárias da Ltda. Incorporação: empresa A incorpora a empresa B: A empresa A responde pelas dívidas tributárias de B. Empresa A é extinta e o sócio remanescente abre outra empresa com a mesma atividade da anterior: a nova empresa responde pelos débitos da empresa A.

ATENÇÃO: súmula 554, STJ MUITO COBRADA: *"Na hipótese de sucessão empresarial, a responsabilidade da sucessora abrange não apenas os tributos devidos pela sucedida, mas também as multas moratórias ou punitivas referentes a fatos geradores ocorridos até a data da sucessão".*

D.5. Responsabilidade do adquirente de fundo de comércio ou estabelecimento – Art. 133, CTN: Quem adquire um fundo de comércio ou estabelecimento comercial e CONTINUA a explorar a mesma atividade da empresa anterior, responde pelas dívidas tributárias do fundo de comércio adquirido nos seguintes termos:

- O adquirente responde INTEGRALMENTE pelos débitos no caso do alienante ter encerrado as suas atividades, ou no caso do alienante iniciar a exploração de qualquer outra atividade **APÓS 06 meses** contados da data da alienação.

- O adquirente responde SUBSIDIARIAMENTE com o alienante no caso dele continuar a exploração de quaisquer atividades comerciais **ANTES de decorridos 06 meses** da data da alienação.

Note que, para que haja a atribuição de responsabilidade é indispensável que adquirente e alienante explorem A MESMA ATIVIDADE econômica, uma vez que tal responsabilidade baseia-se na **teoria da aparência**, todavia para se definir como o adquirente irá responder (sozinho ou subsidiariamente com o alienante) pouco importa a natureza do negócio que o alienante irá explorar dentro dos 06 meses subsequentes à venda.

Exemplo 01: a Editora Foco foi comprada e em seu ponto foi aberta uma padaria – não há incidência da responsabilidade do art. 133, CTN – atividades distintas.

Exemplo 02: A Editora Foco foi comprada e em seu ponto foi aberta uma outra editora. A nova editora responderá sozinha pelos eventuais débitos tributários da Foco caso seus sócios encerrem suas atividades ou recomecem qualquer outra (como por exemplo um açougue) APÓS 06 meses da data da venda do estabelecimento, todavia, o adquirente responderá de forma subsidiária (com benefício de ordem) juntamente com os antigos sócios da Foco caso eles iniciem qualquer outra atividade (como o açougue) ANTES de 06 meses da data da alienação do ponto.

ATENÇÃO: a regra de responsabilidade tributária do art. 133, CTN **NÃO** se aplica no caso de aquisição de alienação judicial de estabelecimentos falidos ou unidades em recuperação judicial – **art. 133, §1º, CTN**, e a lógica é simples: caso houvesse responsabilidade tributária na falência não haveriam interessados. **ENTRETANTO**, caso o comprador na falência seja: **i)** sócio do falido ou sociedade por ele controlada; **ii)** parente do falido, consanguíneo ou afim, em linha reta ou colateral até o 4º grau ou; **iii)** agente do falido (laranja), nesse caso haverá responsabilidade, uma vez que o objetivo foi, claramente, fraudar o Fisco.

A súmula 554, STJ se aplica, por analogia, também para o presente caso de responsabilidade tributária.

Caso a empresa Alfa, que explora a mesma atividade da empresa Ômega, vier a se instalar no mesmo prédio comercial no qual funcionava a empresa devedora Ômega SEM QUE TENHA HAVIDO A ALIENAÇÃO DO FUNDO DE COMÉRCIO isso NÃO é suficiente para que Alfa seja responsabilizada pelos débitos tributários de Ômega – **Resp 108.873/SP.   D.6. Responsabilidade de terceiros decorrente de ação regular – Art. 134, CTN:** Tal responsabilidade será atribuída em virtude da atuação regular do terceiro que possui algum vínculo jurídico com o contribuinte[33]. Para que possa ser aplicada é INDISPENSÁVEL que inicialmente o contribuinte tenha sido demandado. Não por outra razão, doutrina e o STJ já delimitaram que se trata de hipótese de responsabilidade subsidiária, por comportar benefício de ordem **MC 15.410 e REsp 446.955/SC.** Todavia, CUIDADO com provas objetivas, pois o CTN expressamente diz se tratar de responsabilidade SOLIDÁRIA, mas melhor interpretação da norma nos leva a crer que ela será solidária entre os responsáveis, ou seja, após o contribuinte ter sido demandado, sem sucesso. Assim, tenha muita atenção ao enunciado da prova e à redação das demais assertivas da questão proposta.

> **ATENÇÃO:** nesta hipótese de responsabilidade, somente são imputadas aos responsáveis as multas de caráter moratório.

D.7. Responsabilidade de terceiros decorrente de atuação irregular – Art. 135, CTN: tal responsabilidade é mais severa que a anterior, uma vez que os imputados responderão de forma PESSOAL. Para que possa ser aplicada é indispensável que o agente tenha agido com: **i)** excesso de poderes ou; **ii)** infração à lei, contrato social ou estatutos. As pessoas que podem ser responsabilizadas de forma pessoal (respondendo com seu patrimônio próprio) são: **1)** as referidas no art. 134, CTN; **2)** os mandatários, prepostos e empregados ou; **3)** os diretores, gerentes ou representantes de pessoas jurídicas de direito privado. A situação mais cobrada em prova é a terceira. A FGV costuma cobrar o inciso III do Art. 135, CTN utilizando as palavras "sócios ou gerentes", mas é importante notar que o CTN em momento algum utiliza a palavra sócio, mas as bancas de concurso público e prova da OAB costumam usar essa terminologia, bem como o STJ.

> **ATENÇÃO:** para que os sócios respondam de forma pessoal (com seu patrimônio próprio) eles devem ter, necessariamente, poder de decisão na empresa pois, somente assim poderão tomar decisões em nome da pessoa jurídica capazes de violar a lei, seus atos constitutivos ou ainda, com excesso de poderes. Assim sendo, o sócio quotista não pode ser responsabilizado nos moldes deste artigo.

Essa responsabilidade é solidária – respondem pelo crédito tributário a pessoa jurídica e a pessoa física – essa de forma ilimitada – com relação as infrações cometidas – **Resp 174.532/PR e Resp 1.455.490/PR.**

OBS.: As **sumulas 430 e 435, STJ** são MUITO COBRADAS na prova. De acordo com a **sumula 430:** *"O inadimplemento da obrigação tributária pela sociedade não gera, por si só, a responsabilidade solidária do sócio-gerente"* e a **sumula 435** delimita que *"Presume-se dissolvida irregularmente a empresa que deixar de funcionar no seu domicílio fiscal, sem*

---

33.   ALEXANDRE, Ricardo. Direito Tributário. 11ª ed. rev., atual. e ampl. Salvador: Juspodivm, 2017, p. 405.

comunicação aos órgãos competentes, legitimando o redirecionamento da execução fiscal para o sócio-gerente.

MUITA ATENÇÃO para os julgados do STJ em sede de repetitivo – **Temas 962 e 981** abrangendo os casos de dissolução irregular da sociedade: a quem não pode ser redirecionada a EF – Tema 962 – e a quem ela deve ser direcionada – Tema 981.

Resp 1.377.019/SP – Tema 962: "O redirecionamento da execução fiscal, quando fundado na dissolução irregular da pessoa jurídica executada ou na presunção de sua ocorrência, não pode ser autorizado contra o sócio ou o terceiro não sócio que, embora exercesse poderes de gerência ao tempo do fato gerador, sem incorrer em prática de atos com excesso de poderes ou infração à lei, ao contrato social ou aos estatutos, dela regularmente se retirou e não deu causa à sua posterior dissolução irregular, conforme art. 135, III, do CTN."

Resp 1.645.333/SP – Tema 981: "O redirecionamento da execução fiscal, quando fundado na dissolução irregular da pessoa jurídica executada ou na presunção de sua ocorrência, pode ser autorizado contra o sócio ou o terceiro não sócio, com poderes de administração na data em que configurada ou presumida a dissolução irregular, ainda que não tenha exercido poderes de gerência quando ocorrido o fato gerador do tributo não adimplido, conforme art. 135, III, do CTN."   **D.8. Responsabilidade por infrações – art. 136 e 137, CTN:** De acordo com o art. 136, CTN, a responsabilidade tributária é, via de regra, objetiva, pouco importante se há, ou não elemento volitivo (dolo ou culpa).

Todavia, para caracterização da responsabilidade do **art. 137, CTN,** será indispensável a vontade de prejudicar, ou seja, o dolo específico da conduta. Havendo a conduta dolosa do agente público, além responder por crime, se for o caso, também responderá pela dívida em conjunto com o contribuinte. **Exemplo**: venda de CPEN para participação em esquema de licitações.

E) RESPONSABILIDADE POR SUBSTITUIÇÃO

Esta hipótese de responsabilidade não está prevista no CTN. Ocorre quando a legislação determina que o responsável tributário assuma o lugar do contribuinte no momento do adimplemento do crédito tributário, substituindo-o. A responsabilidade por substituição pode ser: **i)** para trás ou regressiva; **ii)** concomitante ou; **iii)** para frente ou progressiva. Estudaremos a regressiva e a progressiva, uma vez que são mais importantes para a prova da OAB.

E.1. Para trás ou Regressiva: neste caso o Responsável substitui o contribuinte em um fato gerador que já ocorreu. A lei atribui ao adquirente a responsabilidade pelo recolhimento do tributo que seria devido pelo alienante. Veja o exemplo abaixo em que um produtor rural vende sua mercadoria para a indústria que, posteriormente, a revende para o supermercado.

No exemplo 1, abaixo NÃO será aplicada a substituição tributária regressiva ou para trás

ST PRA TRÁS OU REGRESSIVA – Operação sem ST

No exemplo acima, o produtor de leite é o contribuinte do ICMS 1 incidente quando da venda do leite para a indústria e, como nesse exemplo NÃO há aplicação da responsabilidade por substituição regressiva, o produtor fará normalmente o recolhimento do imposto embutindo o valor no preço final do produto vendido. Assim que a indústria vender o leite já processado para o supermercado temos a incidência do ICMS 2, que será recolhido pela indústria na figura de contribuinte e também embutirá o valor desse ICMS no preço final do produto. Quando o supermercado vender o leite ao consumidor final, haverá a incidência do ICMS 3 que o supermercado recolherá na figura de contribuinte e fará o ajuste do preço final para que nele conste o valor do tributo embutido. Veja que, sem a aplicação da sistemática da substituição tributária, cada contribuinte recolhe o seu ICMS e o embute no preço final do produto vendido, uma vez que o ICMS é um tributo indireto.

No exemplo 2, abaixo APLICAREMOS a lógica da substituição tributária regressiva ou para trás:

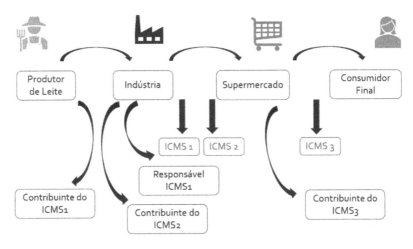

ST PRA TRÁS OU REGRESSIVA – Operação com ST

No exemplo 2, acima, o produtor de leite continua sendo o contribuinte do ICMS 1, mas ele não o recolherá, fará a venda para a indústria sem a incidência do imposto e, somente quando a indústria for vender o leite para o supermercado é que haverá o recolhimento do ICMS 1 e do ICMS 2, de modo que ambos serão recolhidos por ela, sendo que o ICMS 1 a indústria recolherá a título de responsável tributário, e o ICMS 2 a título de contribuinte do imposto e o valor de ambos os ICMS's será embutido no preço final da mercadoria, mas isso não fará com que ela fique mais cara, pois a técnica da não cumulatividade será observada também nessa sistemática. Quando o supermercado vender o leite para o consumidor final ele recolherá, na figura de contribuinte, o ICMS3.

Esta técnica de arrecadação – a aplicação da substituição tributária – é utilizada para facilitar a administração e a cobrança do crédito tributário: aplicação do **princípio da praticidade**[34]: pois facilita "a vida do Fisco", uma vez que o recolhimento do tributo será concentrado em alguém mais fácil de ser fiscalizado, no exemplo a indústria, que deverá recolher o ICMS1 na condição de substituto (responsável tributário) e ainda o ICMS2 na condição de contribuinte. Note-se que o produtor rural nada recolheu, pois foi substituído. O ICMS 1 foi pago posteriormente, é o que se denomina **DIFERIMENTO**.

Assim, concluímos que, na responsabilidade tributária para trás ou regressiva, o FATO GERADOR JÁ OCORREU, por isso é assim denominada. Aquele que paga o ICMS1 pode usar normalmente o crédito do imposto no momento do recolhimento do ICMS2, de modo que, no exemplo, a indústria não sofre nenhum prejuízo, uma vez que a carga tributária da operação não é alterada, pois como o produtor rural não recolhe ICMS ele vende o produto sem embuti-lo no preço final.

E.2. Responsabilidade Progressiva ou para frente – Art. 150, §7º, CF: Também por questões de administração tributária – e aplicação do PRINCÍPIO DA PRATICIDADE – a responsabilidade é concentrada em apenas um dos personagens da cadeia produtiva, no caso na figura do alienante, que substitui o adquirente no momento do recolhimento dos tributos devidos na operação. Todavia, nesta espécie de substituição há outra vantagem: a antecipação do recolhimento do imposto, uma vez que ele é pago ANTES MESMO DA OCORRÊNCIA DO FATO GERADOR. No exemplo 1, abaixo, veremos uma operação SEM a aplicação da responsabilidade por substituição progressiva ou para frente:

---

34. FONTES, Juliana Frederico. *Curso de Direito Tributário*. 1ª ed. Belo Horizonte: Rede Preparatória, 2013, p. 132.

ST PRA FRENTE OU PROGRESSIVA – Operação sem ST

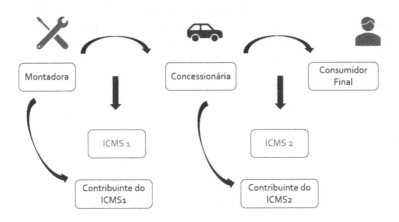

Na operação acima a responsabilidade por substituição progressiva não foi aplicada. Assim, a montadora recolheu apenas o ICMS 1 do qual é contribuinte e o embutiu no preço final do produto vendido para a concessionária e, a concessionária, ao vender o veículo para o consumidor final recolheu o ICMS 2 do qual é contribuinte e também o repassou no preço.

Vejamos agora a mesma operação, mas COM a aplicação da responsabilidade por substituição progressiva ou para frente:

ST PRA FRENTE OU PROGRESSIVA – Operação com ST

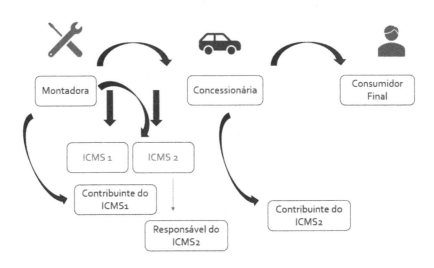

Na operação acima, a Montadora recolhe o ICMS1 por ser contribuinte desse imposto e ainda, ANTECIPA o ICMS2 recolhendo-o na condição de responsável tributário. Importante notar que, caso não houvesse o fenômeno da substituição o ICMS 2 somente seria devido pela concessionária no momento da venda do carro para o consumidor final.

Assim, na substituição progressiva ou para frente, o FATO GERADOR SUBSTITUÍDO AINDA NÃO ACONTECEU. Para burlar o problema da inexistência do fato gerador, foi criada a figura do FATO GERADOR PRESUMIDO, que nada mais é do que uma presunção de que o fato gerador que ainda não aconteceu irá ocorrer em um momento futuro, e em razão desta presunção já se recolhe o tributo de forma antecipada.

Alguns problemas: i) qual será a base de cálculo do ICMS2? Como o fato gerador ainda não ocorreu, como saber por quanto a concessionária irá vender o veículo? Para solucioná-lo: adoção de ficção jurídica: a base de cálculo também será presumida, conforme entendimento do STF. Existem, algumas formas de se operacionalizar isso: **1)** Utilização de uma tabela de preços (pauta fiscal) ou; **2)** Utilização da margem de valor agregado – MVA[35]. Em ambas deve haver previsão legal. A MVA = margem de valor agregado é um método por meio do qual a lei cria um percentual de lucro a incidir no preço da operação seguinte. **Exemplo**: a base de cálculo do ICMS 1 foi R$100.000,00 e a lei determina que a MVA da operação é de 30%, assim, a base de cálculo da operação relativa ao ICMS 2 será R$130.000,00.

Um outro problema é: e se o produto for vendido por um preço acima, ou abaixo, do valor utilizado como base de cálculo presumida? Para respondermos este ponto, indispensável a análise do **RE 593.849 – Tema 201 Repercussão Geral.**

Antes da RE 593. 849: O Fato gerador presumido tornava-se real, assim, recolhido o ICMS de acordo com a base de cálculo presumida ela também se tornava real e, portanto, imutável, não havendo que se falar em complemento do pagamento do imposto no caso de recolhimento a menor, nem tampouco em devolução de valores eventualmente recolhidos a maior por parte do Estado, a não ser que o Estado, por sua liberalidade, expressamente assegurasse o direito a restituição do valor recolhido a maior.

Após RE 593. 849: a responsabilidade é uma mera técnica de arrecadação do tributo e, assim sendo, não pode se sobrepor à ocorrência do fato gerador real. Desde modo, utilizada a base de cálculo presumida para fins de recolhimento antecipado do imposto, caso este fato gerador se realize futuramente em um valor MENOR que o utilizado como base de cálculo presumida: o sujeito passivo pode pedir a diferença do pagamento feito a maior.

> **ATENÇÃO:** caso se torne IMPOSSÍVEL a realização do fato gerador presumido, é assegurada a imediata e preferencial restituição do tributo recolhido antecipadamente, nos termos do **art. 150, §7º, CF**, a ser feita nos moldes do **art. 10 da LC87/96** – a devolução será feita para o contribuinte SUBSTITUÍDO, no caso, a concessionária

F) DENÚNCIA ESPONTÂNEA – Art. 138, CTN

A denúncia espontânea seria a **ponte de ouro do Direito Tributário**[36]: pensada para o sujeito passivo que está delinquindo (sonegando) sendo-lhe assegurado um benefício caso opte por retornar para a legalidade, assim, caso o contribuinte: **1)** confesse o débito tributário; **2)** antes de qualquer procedimento de fiscalização a ele relacionado e; **3)** realize o

---

35. Também pode ser utilizado o PMPF – Preço Médio Ponderado ao Consumidor Final, muito comum na venda de combustíveis.

36. Denominação da doutrina penal em que temos as pontes de ouro, prata e diamante.

pagamento do tributo acompanhado dos juros e de eventual correção monetária, ele estará LIBERADO do pagamento da MULTA tributária.

Quando o valor depender de apuração a autoridade administrativa o arbitrará para que o sujeito passivo o deposite. Uma vez apurado, o valor correto será considerado.

Exemplo: Imaginemos que em 2023 a empresa Lilith esteja passando por um procedimento de fiscalização federal relativo ao IRPJ e CSLL dos exercícios de 2019 a 2021 com o objetivo que a União possa verificar se os recolhimentos desses tributos ocorreram em conformidade com a legislação. Acontece que a empresa sonega ICMS desde o ano de 2018. Diante desse cenário, a empresa pode realizar denúncia espontânea? DEPENDE.

Ela NÃO poderá realizar denúncia espontânea quanto ao IRPJ e CSLL relativo aos exercícios de 2019 a 2021, pois esse é o objeto da fiscalização, o que afasta a espontaneidade do procedimento pretendido.[37]

Todavia, ela poderá realizar a denúncia espontânea relativa ao IRPJ e CSLL dos anos de 2022 e 2023 – uma vez que esses exercícios não estão sob fiscalização, bem como poderá realizar no âmbito estadual denúncia espontânea relativa à integralidade do ICMS sonegado, uma vez que não há qualquer procedimento de fiscalização vinculado a esse tributo.

OBSERVAÇÕES:

1. Sumula 208, TFR: *"A simples confissão da dívida, acompanhada do seu pedido de parcelamento, não configura denúncia espontânea".* De acordo com esta sumula não se aplica a exclusão da multa no caso da confissão vir acompanhada de pedido de parcelamento do crédito tributário. E **Súmula 360 STJ:** *"O benefício da denúncia espontânea não se aplica aos tributos sujeitos a lançamento por homologação regularmente declarados, mas pagos a destempo".*

2. As multas dispensadas pela realização da denúncia espontânea são as que possuem relação com o pagamento do tributo – tanto as de moral, quanto as punitivas – **Resp 957.036/SP** – mas, a multa decorrente da obrigação acessória (multa isolada) não será perdoada, sob pena de se desmoralizar o cumprimento destas obrigações – STJ **REsp 322.505/PR.**

3. A denúncia espontânea deve ser realizada na via administrativa, uma vez que seu objetivo é desonerar o fisco. Ao acionar diretamente o Judiciário para tanto, o sujeito passivo onera o fisco que gasta tempo e recursos financeiros para se defender na ação judicial, de modo que a multa não será perdoada – o STJ nomeou tal entendimento como **teoria da troca dos custos.** É ver trecho do **REsp 1.313.090/RJ:** *"O depósito judicial integral do débito tributário e dos respectivos juros de mora, mesmo antes de qualquer procedimento do Fisco tendente à sua exigência, não configura denúncia espontânea (art. 138 do CTN). O depósito judicial integral não trouxe qualquer vantagem ou redução de custos para a Administração Tributária. Não houve a chamada "relação de troca entre custo de conformidade e custo administrativo" a atrair caracterização da denúncia espontânea (art. 138 do CTN).*

---

37. Essa é uma das razões segundo as quais a legislação tributária exige que a fiscalização seja sempre reduzida a termo, pois ali será delimitado o seu objeto, período fiscalizado, tempo de duração e outros elementos importantes que serão úteis para se afastar a espontaneidade de eventual denúncia.

5.3. Crédito Tributário – Arts. 139 ao 193, CTN

O crédito tributário decore do fato gerador da obrigação. Todavia, para que o fisco possa exigi-lo, a regra é que ele se valha da figura do lançamento. Apesar disso, são várias as formas de constituição do crédito, como, por exemplo, a declaração realizada pelo sujeito passivo, nos termos da **súmula 436, STJ,** o mesmo Tribunal entende que a realização de depósito em seu montante integral constitui o crédito tributário, ademais, uma decisão judicial poderá constituí-lo – o que é muito comum na Justiça do Trabalho.

Parcela da doutrina entende que o lançamento declara a obrigação e constitui o crédito tributário[38]. Seu conceito legal é extraído do art. 142, CTN, segundo o qual o lançamento é um ato administrativo privativo do Fisco por meio do qual, verificada a realização do fato gerador, será determinada a matéria tributável, calculado o montante do tributo devido, identificado o sujeito passivo e, sendo caso, proposta a aplicação da penalidade cabível. São 03 as modalidades de lançamento[39] tributário delimitadas no CTN:

1. Lançamento de ofício, direto ou unilateral – Art. 149, CTN: de acordo com essa modalidade de lançamento o Fisco já possui todas as informações suficientes e necessárias para que o crédito tributário possa ser constituído. **Exemplo:** contribuição de iluminação pública, IPVA, IPTU[40], é ver a súmula 397, STJ. **2. Lançamento por declaração ou misto – Art. 147, CTN:** nesta modalidade, é necessário que o sujeito passivo preste informações iniciais ao Fisco, com base nas quais ele terá condição de, efetivamente, realizar o lançamento tributário. **Exemplo:** o ITCD do Estado de Goiás. E se o sujeito passivo ao ter entregado uma declaração para o Fisco perceba que ela foi transmitida com erro, ele poderá retificá-la? O CTN admite a retificação ainda que seja para reduzir ou excluir tributo desde que seja feita mediante a comprovação do erro em que se funde e antes que ele tenha sido notificado do lançamento – **Art. 147, §1º, CTN.3. Lançamento por homologação ou "autolançamento" – Art. 150, CTN:** nesta modalidade o sujeito passivo – antes da realização de qualquer ato por parte do Fisco – tem a obrigação legal de calcular, declarar e recolher antecipadamente o montante do tributo que ele entende devido. O lançamento será efetivado no momento em que o Fisco homologar tais atos. O princípio da praticidade justifica a escolha dessa modalidade de lançamento para a maioria dos tributos. **Exemplo**: IR, ITR, ICMS.

Duas são as formas por meio das quais o Fisco poderá formas para realizar a homologação do crédito: expressa ou tácita (que ocorre em razão do decurso do tempo).

A homologação funciona como um aval do fisco que ratifica o pagamento realizado pelo contribuinte. A homologação tácita seguirá o disposto no § 4º do art. 150, CTN: contados 05 anos da data do fato gerador do tributo, considera-se homologado o pagamento. Homologado o lançamento o crédito tributário estará extinto, nos termos do **art. 156, VII,**

---

38. ALEXANDRE, Ricardo. Direito Tributário. 16ª ed. rev., atual. e ampl. Salvador: Juspodivm, 2022.

39. FONTES, Juliana Frederico. Curso de Direito Tributário. 1ª ed. Belo Horizonte: Rede Preparatória, 2013, p. 147/148.

40. Importante frisar que é a lei de cada ente federativo que dirá qual será a modalidade de lançamento do tributo, esses exemplos – nas 03 modalidades – representa como a maior parte dessas exações são lançadas, nada impedindo que um determinado ente federativo tenha adotado por meio de sua lei modalidade diversa de lançamento para um desses tributos.

CTN, por isso se diz que o pagamento dos tributos lançados por homologação se submete à condição resolutória do lançamento que então porá fim ao crédito tributário.

Caso o sujeito passivo deixe de cumprir seu dever legal no momento da realização do lançamento, nada impede o Fisco de, ao verificar tal comportamento, lançar de ofício um tributo que, originalmente, seria lançado por declaração ou por homologação, ou mesmo retificar um tributo já constituído por meio de lançamento de ofício, desde que isso seja feito dentro do prazo decadencial. Assim, todo e qualquer tributo poderá ser, supletivamente, lançado de ofício.

OBS.: o **ARBITRAMENTO** não é modalidade de lançamento do crédito tributário, mas um meio a ser utilizado pelo fisco para mensurar os valores devidos a título de tributo quando, por exemplo, as declarações do sujeito passivo não mereçam fé – **Art. 148, CTN.** É mera técnica para se chegar à base de cálculo de um tributo e não possui natureza punitiva.

Quando o valor tributário estiver expresso em moeda estrangeira, o **Art. 143, CTN** salienta que deverá ser realizada a sua conversão em moeda nacional, utilizando-se para tanto a taxa de câmbio vigente na data da realização do fato gerador do tributo.

NOTIFICAÇÃO DO LANÇAMENTO

Não basta haver o lançamento, é indispensável que ocorra a notificação válida do lançamento ao sujeito passivo do crédito tributário constituído em seu desfavor dentro do prazo decadencial, de modo que ele tenha ciência da situação e com ela, a possibilidade de se defender – seja na via administrativa ou judicial. Após formalizado o lançamento, ele somente poderá ser alterado nos casos previstos no art. 145, CTN: **i)** impugnação do sujeito passivo; **ii)** recurso de ofício (ou voluntário) e; **iii)** iniciativa de ofício da autoridade administrativa (poder de autotutela). Não sendo esse o caso, ou após tais situações terem ocorrido, o lançamento somente poderá ser alterado na esfera judicial – Princípio da imutabilidade do lançamento.

A) CAUSAS DE SUSPENSÃO DA EXIGIBILIDADE DO CRÉDITO TRIBUTÁRIO

Trata-se de um dos ASSUNTOS MAIS COBRADOS pela FGV dentro de "crédito tributário". O rol de causas de suspensão da exigibilidade do crédito previsto no art. 151, CTN é, segundo o Art. 141, CTN, taxativo, mas de acordo com entendimento do STF ele seria exemplificativo[41]. São listadas como causas de suspensão da exigibilidade do crédito tributário as seguintes situações **i)** moratória; **ii)** depósito; **iii)** liminar; **iv)** tutela; **v)** parcelamento e; **vi)** processo administrativo fiscal – PAF. Para se memorizar as 06 causas suspensivas há um método mnemônico que auxilia: **"Suspenda o carboidrato, para entrar no MODE-LITUPP",** em que MO corresponde a moratória, DE ao depósito, LI à liminar, TU à tutela, P ao parcelamento e, novamente P ao processo administrativo fiscal.[42]

---

41. O STF, ao aplicar a lógica do "quem pode mais, pode menos" no julgamento da **ADI 2.405/RS** entendeu que se os entes federativos podem dispensar o cumprimento da obrigação acessória, eles também poderiam prever outras **causas de suspensão e de extinção** do crédito tributário diversas das contidas no CTN. Atenção ao enunciado da questão. O CESPE já cobrou esse entendimento em uma de suas provas. Mas tudo dependerá do enunciado, pois a literalidade do Art. 141, CTN também poderá ser objeto de prova.

42. Tal método mnemônico foi desenvolvido pela professora Juliana Frederico Fontes – FONTES, Juliana Frederico. *Curso de Direito Tributário.* 1ª ed. Belo Horizonte: Rede Preparatória, 2013.

ATENÇÃO: Nenhuma das causas de suspensão impede o lançamento do crédito tributário, contudo impedem o ajuizamento da ação execução fiscal ou determinam a sua suspensão caso a EF já esteja em curso, bem como impedem quaisquer atos de constrição patrimonial, como penhora de ativos e outros.

1. Moratória – Arts. 152 ao 155, CTN: é a prorrogação de prazo para pagamento de tributo.. Pode ser concedida de forma integral ou parcial. Quem concede a moratória é via de regra, o ente federativo que tem competência para instituir o tributo. Todavia, o **art. 152, I, b, CTN** delimita que a União poderá conceder moratória *"quanto a tributos de competência dos Estados, do Distrito Federal ou dos Municípios, quando simultaneamente concedida quanto aos tributos de competência federal e às obrigações de direito privado"*. Parte da doutrina entende que este dispositivo não teria sido recepcionado pela Constituição Federal, mas não há um consenso quanto a este ponto.[43]

Pode ser concedida em caráter geral ou individual, neste último caso o particular precisa cumprir determinadas condições estabelecidas em lei para fazer jus a ela. **OBS.:** Nada impede que, após a concessão da moratória ela possa ser revogada caso o Fisco verifique que o sujeito passivo deixou de cumprir, ou que não cumpria, os requisitos indispensáveis para a sua fruição, uma vez que o despacho que a concede NÃO GERA DIREITO ADQUIRIDO. Neste caso, a boa-fé do sujeito passivo será fundamental para se verificar os efeitos desta revogação, nos moldes do **art. 155, CTN.**

Se o contribuinte tiver agido de **BOA-FÉ:** A revogação somente poderá ser realizada caso não tenha ocorrido o prazo de prescrição, e caso a prescrição ainda não tenha se operacionalizado, o tempo que a moratória esteve em vigor será computado para fins de sua contagem, sendo cobrado o tributo acrescido dos juros de mora. Contudo, caso o sujeito passivo tenha agido de **MÁ-FÉ:** o prazo em que a moratória vigorou será desconsiderado para fins de contagem do prazo de prescrição e, além da cobrança do tributo acompanhado dos juros de mora, o sujeito passivo ainda deverá arcar com a penalidade cabível.

Exemplo: o crédito foi constituído definitivamente em 09/02/2012. Em 10/2012, foi concedida a moratória em caráter individual que perdurou de 10/2012 até 10/2014, data na qual ela foi revogada. Como fica a prescrição? Depende.

• **Com boa-fé:** no dia 09/02/2017 estaria prescrito e, durante 02 anos, de 10/2012 até 10/2014, a moratória esteve em vigor, ainda que indevidamente, mas o contribuinte estava de boa-fé. Assim, ao ser revogada a moratória o tributo e os juros deverão ser pagos pelo contribuinte, mas isso não afetará a prescrição que ocorrerá normalmente no dia 09/02/2017 – ou seja: será computado o período em que a moratória esteve em vigor na contagem do prazo prescricional, mesmo que a moratória tenha sido concedida de forma indevida.

• **Com má-fé:** considerando as mesmas datas, a prescrição somente ocorrerá em 09/02/2019, pois os 02 anos em que a moratória vigorou indevidamente NÃO serão aproveitados para fins de contagem do prazo prescricional, e além disso, deverá ser recolhido o tributo acompanhado de juros e multa.

---

43. ALEXANDRE, Ricardo. Direito Tributário. 11ª ed. rev., atual. e ampl. Salvador: Juspodivm, 2017, p. 479.

DIREITO TRIBUTÁRIO

OBS.: o art. 155, CTN é aplicado, por analogia, a revogação de vários outros institutos como, por exemplo, parcelamento, isenção, anistia, portanto, atenção a ele!

2. Depósito: em regra, o depósito é sempre facultativo, sua vantagem em relação às demais causas suspensivas é estancar os efeitos da mora[44]. De acordo com a súmula **112, STJ,** somente o depósito em dinheiro e realizado no seu valor integral é que suspende a exigibilidade do crédito tributário, não sendo possível o oferecimento de precatório para tal fim.

Caso o sujeito passivo deposite valores no bojo de uma ação judicial por ele ajuizada o STJ entende que em se tratando de tributo sujeito a lançamento por homologação, o depósito do valor integral constitui o crédito tributário – **EREsp 767.328/RS**, dispensando o Fisco de qualquer outra providência para fins de constituição dos valores depositados. No caso da mencionada ação ser julgada improcedente o valor será convertido em renda para a Fazenda Pública e extinto o crédito tributário – ainda que essa ação judicial extinga o processo sem julgamento de mérito, o Tribunal entende que a quantia depositada deve ser convertida em renda – **EREsp 215.589/RJ**. Ao contrário, caso a ação proposta seja julgada procedente o valor deverá ser levantado pelo sujeito passivo, ainda que ele possua outros débitos para com o mesmo ente federativo (ou outros) – **REsp 297.115/SP**.

> **ATENÇÃO:** de acordo com a **SV 21** e **SV 28**[45] o depósito não pode ser exigido do sujeito passivo nem na via judicial, nem tampouco, na via administrativa, como condição para admissibilidade da ação/recurso nas duas esferas. No mesmo sentido é a **súmula 373, STJ.**

3 e 4. Liminar e Tutela: a concessão de qualquer uma das duas medidas de urgência (ou evidência no caso da tutela), proporcionam a suspensão da exigibilidade do crédito tributário. Diante dessas situações a decisão não pode impedir que o crédito tributário seja lançado pela Fazenda Pública, sob pena de se operar a decadência – causa de extinção do crédito tributário. Entretanto, algumas decisões insistem nesse erro, o que é facilmente corrigido no âmbito do STJ que tem entendimento segundo o qual não se pode reconhecer a decadência quando o Fisco foi impedido de constituir o crédito em razão da decisão equivocada – **REsp 849.273/RS e AREsp 930.915-AgInt/MG.**

5. Parcelamento: deve ser concedido por meio de lei específica e, salvo disposição legal em sentido contrário, não importa automaticamente na exclusão de juros e multa. Ademais, todas as regras aplicáveis à moratória – com as devidas adaptações – são aplicáveis ao parcelamento, que deve ser regulado de acordo com a lei específica de cada ente e, salvo disposição legal em sentido contrário, não importa automaticamente na exclusão de juros e multa. O CTN determina ainda que deve ser editada lei específica para dispor sobre as condições de parcelamento dos créditos tributários do devedor em recuperação judicial e, caso ela não seja editada a lei "geral" do parcelamento daquele ente federativo deverá ser

---

44. FONTES, Juliana Frederico. *Curso de Direito Tributário*. 1ª ed. Belo Horizonte: Rede Preparatória, 2013, p. 147/151.

45. Tal súmula não se aplica para as ações de Embargos à Execução Fiscal, pois nos moldes do Art. 16, §2º da LEF o depósito é uma das possíveis garantias do feito executivo, nem tampouco à Ação de Consignação em pagamento, na qual o depósito é obrigatório, uma vez que o que será consignado é o crédito tributário, que somente pode ser pago em pecúnia.

aplicada para esses casos, não podendo, todavia, ser o prazo de parcelamento inferior ao concedido pela lei federal específica. De acordo com o **Art. 83 da Lei 9.430/96** a concessão de parcelamento impede o encaminhamento ao Ministério Público de representação fiscal para fins penais.**6. Reclamações e recursos administrativos** – processo administrativo fiscal: enquanto tramitar o PAF (processo administrativo fiscal) estaremos diante de uma causa de suspensão da exigibilidade do crédito tributário. A ideia é assegurar o cumprimento da ampla defesa e do contraditório – Art. 5º, LV, CF – também na via administrativa.

IMPORTANTE: cada ente federativo terá as suas leis para a regulação do processo administrativo fiscal e um dos requisitos nelas previsto costuma ser o da tempestividade. Assim, caso um recurso seja protocolado de forma intempestiva, ou sem que haja previsão legal para a sua propositura, ele terá o condão de suspender a exigibilidade do crédito tributário? A literalidade do Art. 151, III, CTN determina que eles devem ser apresentados "nos termos das leis reguladoras do processo tributário administrativo" mas o STJ entende que em razão do direito de petição e o dever do Poder Público se manifestar quanto a pretensão do sujeito passivo fazem com que um recurso – ou defesa – protocolado de forma intempestiva ou sem cumprir os requisitos legais suspenderá a exigibilidade do crédito tributário enquanto a resposta do Estado estiver pendente – **EDcl no AgRg no REsp 1.401.122/PE e AgRg no Ag 1.094.144/SP**[46].

Mas, se a defesa administrativa for apresentada para discutir situações diversas do lançamento tributário ele não irá suspender a exigibilidade do crédito tributário. No caso apreciado pelo STJ o sujeito passivo apresentou reclamação administrativa questionando a legalidade do ato que o excluiu de programa de parcelamento (Refis) – **REsp 1.372.368/PR**.

Por fim, vale a pena salientar que as defesas administrativas podem resultar no agravamento da situação do sujeito passivo, uma vez que não há proibição da aplicação do reformatio in pejus, ao contrário, no processo administrativo impera a aplicação do princípio da verdade material, podendo, por exemplo ser realizado um lançamento suplementar para se majorar a autuação – nesse caso deverá ser reaberto prazo de defesa para que o contribuinte se defenda das novas alegações.

> **ATENÇÃO:** As causas suspensivas da exigibilidade do crédito NÃO desobrigam o sujeito passivo do cumprimento de suas obrigações acessórias e, todas devem ser interpretadas literalmente, nem tampouco impedem o lançamento do crédito tributário, o que acontece é que o crédito ao ser constituído não poderá ser exigido, uma vez que conta com uma causa de suspensão da sua exigibilidade.

B) CAUSAS DE EXTINÇÃO DO CRÉDITO TRIBUTÁRIO – Art. 156, CTN

Para as causas de extinção do crédito tributário valem as mesmas observações feitas anteriormente quanto a sua taxatividade para as causas de suspensão[47]. O Art. 156, CTN delimita 11 causas de extinção do crédito. Passemos ao estudo de cada uma delas.

---

46. Esse entendimento já foi abordado em prova elaborada pelo Cespe.
47. Vide nota de rodapé de nº 75 - ADI 2.405/RS.

1. Pagamento: Aplica-se para os tributos lançados de ofício e por declaração, uma vez que o **inciso VII do art. 156, CTN** é específico para a quitação dos tributos sujeitos a lançamento por homologação O **Art. 158, CTN** é claro ao dispor que o pagamento parcial não importa em presunção das demais prestações, e o total igualmente não importa em presunção de pagamento de outros tributos ou créditos.

Quando a legislação não dispuser em sentido contrário, devem ser observadas as seguintes regras: **i)** o local do pagamento será o do domicílio tributário do sujeito passivo – **Art. 159, CTN; ii)** o seu vencimento ocorrerá em 30 dias após a notificação válida do sujeito passivo – **Art. 160, CTN** e; **iii)** os juros serão devidos no importe de 1% ao mês – **Art. 161, CTN.** Por fim, salvo disposição de lei em contrário, quando o valor tributário esteja expresso em moeda estrangeira, no lançamento far-se-á sua conversão em moeda nacional ao câmbio do dia da ocorrência do fato gerador da obrigação – **Art. 143, CTN.** O pagamento será realizado em dinheiro – o **Art. 162, CTN** fala em: moeda corrente, cheque, vale postal ou estampilha e papel selado.

Caso haja mais de um tributo em aberto e o sujeito passivo realize o pagamento de um montante global, o **art. 163, CTN** define as regras para imputação do pagamento, sendo as seguintes: **1º)** pagam-se inicialmente os débitos próprios, depois aqueles que o sujeito passivo tem na qualidade de responsável tributário; **2º)** pagam-se primeiro as contribuições de melhoria, seguidas das taxas e depois os impostos; **3º)** pagam-se os preferencialmente os créditos que irão prescrever antes e; **4º)** pagam-se os créditos de maior valor. Esta ordem sucessiva deve ser observada para fins de imputação de pagamento.

E caso o pagamento seja realizado de forma equivocada? O sujeito passivo terá direito à repetição do indébito, nos termos do art. 165, CTN, que pode ser lido da seguinte forma: **i)** quando o sujeito passivo realizar pagamento indevido por qualquer razão e; **ii)** quando houver alteração de decisão que anteriormente o condenou a pagar o tributo. A restituição independe de prévio protesto. No caso dos tributos indiretos ela somente poderá ser realizada nos moldes do **Art. 166, CTN: i)** se o contribuinte de direito provar que não transferiu o encargo financeiro ao contribuinte de fato ou; **ii)** no caso de tê-lo transferido, desde que esteja expressamente autorizado pelo contribuinte de fato a reaver os valores indevidamente recolhidos, sob pena de acontecer o enriquecimento ilícito do contribuinte de direito. Tal entendimento é exposto na **sumula 546, STF.**

ATENÇÃO: o contribuinte de fato não pode pleitear a restituição pois não é parte na relação jurídica tributária, ele apenas arca com os custos do tributo embutido no preço final do produto, serviço ou mercadoria, todavia, em UM ÚNICO CASO, o STJ permite que o contribuinte de fato possa propor ação de repetição de indébito no caso de recolhimento a maior de tributos: o consumidor nas situações que envolverem concessionárias de serviço público. O caso apreciado foi do consumidor de energia elétrica que ingressou com ação para reaver o ICMS incidente sobre demanda contratada não utilizada – **REsp 1.299.303/ SC** – em razão da particularidade da relação entre concessionária e poder público, já que aquela é submissa a este.

Nos casos de restituição também deve ser restituído além do tributo, os juros e as multas proporcionais. No caso das multas somente as que tem relação com o tributo (as multas isoladas não são restituídas – decorrentes do descumprimento de obrigações acessórias)

LÍLIAN SOUZA

– **Art. 167, CTN**, que também determina que a restituição vence juros não capitalizáveis a partir do trânsito em julgado da decisão. No mesmo sentido é **a sumula 188, STJ**, já a correção monetária é devida desde a data do pagamento indevido – **sumula 162, STJ**. Sobre a taxa de juros incidente na repetição dos tributos estaduais, vide **sumula 563, STJ**. Quando o recebimento se der por meio de precatórios, importante observar o disposto na **sumula vinculante 17**. O sujeito passivo tem prazo de 05 anos – contados da data do pagamento indevido – para pleitear a restituição – **Art. 168, CTN**.

> **ATENÇÃO:** a restituição pode ser solicitada diretamente na via judicial por meio da propositura de ação de repetição de indébito no prazo de 05 anos contados da data do pagamento indevido. Todavia, o sujeito passivo também poderá – no mesmo prazo – ingressar com pedido administrativo de repetição. Nesse caso, se o pleito for indeferido, ele terá mais 02 anos, contados da ciência da decisão administrativa que indefere a restituição, para ingressar com ação anulatória no Poder Judiciário a fim de reaver esses valores – **Art. 169, CTN**.[48] Veja ainda o teor da **sumula 625, STJ.2. Compensação:** ocorre quando as partes da operação são, ao mesmo tempo, credores e devedores recíprocos. Somente pode ser realizada nos termos da lei do ente federativo e sempre após o trânsito em julgado – **Arts. 170 e 170 –A, CTN**[49]. A **sumula 212, STJ** ratifica esse posicionamento. Nos casos de repetição de indébito, a **sumula 461, STJ** deixa claro que o sujeito passivo pode optar por receber via precatório ou por compensação. Especificamente com relação ao Mandado de Segurança, a **sumula 213, STJ** deixa claro que não é permitido se realizar compensação no bojo do MS, mas tal ação é apta para convalidar uma compensação tributária já realizada – **sumula 460, STJ**.

3. Transação: é sinônimo de acordo – **Art. 840, CC**. Somente pode ser realizado se houver respaldo legal, regulada pelo **art. 171, CTN,** pressupõe um litígio e concessões mútuas das partes. Em 2020 foi publicada a "Lei da Transação Tributária" – **Lei 13.988/20**.

4. Remissão: é a liberação da obrigação do devedor por ato voluntário do credor, em outras palavras, é o perdão do crédito tributário, concedida APÓS o lançamento do tributo[50]. Difere da isenção e anistia que são causas de exclusão do crédito tributário. Poderá ser concedida de forma total ou parcial, mediante despacho da autoridade administrativa, atendendo: **i)** à situação econômica do sujeito passivo; **ii)** ao erro ou ignorância escusáveis do sujeito passivo quanto à matéria de fato; **iii)** dada a diminuta importância do crédito; **iv)** a considerações de equidade, em relação às características pessoais ou materiais do caso e; **v)** em razão de condições peculiares de determinadas regiões do território da entidade tributante. Pode ser revogada a qualquer tempo, aplicando-se as regras da moratória, sempre que possível. Somente pode ser realizada nos termos de lei específica.

---

48. Fiquem muito atentos a esse prazo, pois é o ÚNICO prazo de 02 anos previsto no CTN e muito cobrado nas provas.

49. Sumula 464, STJ deixa claro a separação do civil e do tributário.

50. FONTES, Juliana Frederico. *Curso de Direito Tributário*. 1ª ed. Belo Horizonte: Rede Preparatória, 2013, p. 155.

DIREITO TRIBUTÁRIO

5. Prescrição e Decadência: DECADÊNCIA é a perda do prazo para lançar o tributo, é a perda do prazo para a sua constituição, ao passo que PRESCRIÇÃO, é a perda do prazo para a cobrança do crédito tributário definitivamente constituído.

Iniciemos com o estudo da DECADÊNCIA. Nos tributos sujeitos a lançamento POR HOMOLOGAÇÃO, o prazo para a constituição do crédito tributário(caso não haja homologação expressa) será de 05 anos, a contar da data do fato gerador do tributo, nos termos do **art. 150, §4º, CTN.**

Exemplo 01: Suponhamos que o fato gerador do tributo aconteceu no dia 17/12/2081 e, naquela oportunidade o sujeito passivo calculou, declarou e recolheu aos cofres públicos o montante de R$50.000,00. Decorridos 05 anos, contados da data do fato gerador, no dia 17/12/2023, o valor pago pelo contribuinte estará homologado tacitamente. Logo, caso o Fisco perceba qualquer equívoco na declaração e no recolhimento realizado pelo sujeito passivo, como por exemplo, o valor correto seria R$55.000,00, havendo uma diferença de R$5.000,00 não recolhida, ele teria até o 16/12/2023 para lançar a diferença de R$5.000,00 e notificar, dentro do mesmo prazo, validamente o sujeito passivo do lançamento realizado, pois no dia 17/12/2023 nenhum valor adicional poderá ser cobrando, uma vez que nesse dia terá se passado 05 anos da data do fato gerador e a diferença de R$ 5.000,00 estará extinta em razão da ocorrência da decadência.

TODAVIA, mesmo nos casos de tributos sujeitos a lançamento por homologação, caso ocorra uma das seguintes situações: DOLO, FRAUDE, SIMULAÇÃO OU AUSÊNCIA DE DECLARAÇÃO, os 05 anos NÃO MAIS serão contados da data do fato gerador, devendo ser aplicada a REGRA GERAL da decadência, disposta no **art. 173, I, CTN**, segundo a qual os 05 anos são contados a partir do primeiro dia do exercício financeiro seguinte ao qual o tributo poderia ter sido lançado. Neste sentido, **súmula 555, STJ.**

Exemplo 02: Data da ocorrência do fato gerador do tributo: 17/12/2018. Trata-se de tributo sujeito a lançamento por homologação em que o sujeito passivo não entregou a declaração que era obrigado, nem tampouco realizou o pagamento antecipado exigido por lei.. O prazo decadencial de 05 anos será contado a partir do primeiro dia do exercício financeiro seguinte ao qual o tributo poderia ter sido lançado, qual seja, a partir de 01/01/2019, de modo que, no dia 01/01/2024, o Fisco não mais poderá lançar, em virtude da ocorrência da decadência, sendo o dia 31/12/2023 o último dia válido para lançar e notificar validamente o sujeito passivo do lançamento realizado.

A regra acima descrita, prevista no **Art. 173, I, CTN** é denominada REGRA GERAL DA DECADÊNCIA e aplica-se aos tributos sujeitos a lançamento de ofício, por declaração e nos sujeitos a lançamento por homologação quando nesse último caso acontecer uma situação de má-fé ou que envolva sonegação (ausência de declaração). Veja o quadro resumo abaixo:

> Nos tributos sujeitos a lançamento DE OFÍCIO, POR DECLARAÇÃO e por homologação – neste último caso, SOMENTE QUANDO HOUVER: dolo, fraude, simulação ou ausência de declaração, contam-se os 05 anos: a partir do primeiro dia do exercício financeiro seguinte ao qual o tributo poderia ter sido lançado, sendo esta a REGRA GERAL DA DECADÊNCIA prevista no **Art. 173, I, CTN**. Entretanto, nos tributos sujeitos a lançamento por HOMOLOGAÇÃO não enquadradas as hipóteses acima descritas, conta-se o prazo de 05 anos a partir da data da realização do fato gerador do tributo, nos termos do **Art. 150, §4º, CTN.**

LÍLIAN SOUZA

> **ATENÇÃO:** caso uma decisão anule um lançamento já realizado por VÍCIO FORMAL, o Fisco ganha mais 05 anos, contados da data em que se tornar definitiva tal decisão para realizar um novo lançamento – **Art. 173, II, CTN.**

Já a para a PRESCRIÇÃO, a regra é única: o crédito prescreve em 05 anos, contados a partir da data de sua constituição definitiva. Duas situações tem o condão de constituir definitivamente o crédito tributário: **i)** o seu vencimento e; **ii)** o final da discussão na esfera administrativa (PAF – Processo Administrativo Fiscal). A recente **súmula 622 do STJ** esclarece estes pontos.

> **ATENÇÃO:** a data de inscrição do crédito tributário em dívida ativa não tem qualquer relação com a contagem, suspensão ou interrupção do prazo de prescrição nos débitos de natureza tributária, de modo que a parte final do **art. 2º, §3º da Lei 6.830/80 (LEF)**[51] não se aplica para os créditos tributários, uma vez que tal assunto foi reservado à Lei Complementar e a LEF é lei ordinária. Pela mesma razão foi editada a **SV 8.**

O **art. 174, pu, CTN** traz as causas de interrupção da prescrição, a saber: **i)** despacho do juiz que ordenar a citação em execução fiscal[52]; **ii)** o protesto judicial[53]; **iii)** qualquer ato judicial que constitua em mora o devedor e; **iv)** qualquer ato inequívoco ainda que extrajudicial, que importe em reconhecimento do débito pelo devedor. No tocante ao despacho que ordena a citação, o STJ entende que, mesmo que ele ocorra em momento posterior a 05 anos da data da constituição definitiva, caso o Fisco tenha ajuizado a ação de execução fiscal antes de decorrido este prazo, por ficção jurídica, a ação não estará prescrita, é ver o exemplo abaixo.

Exemplo: uma pessoa realizou o fato gerador de IPI no dia 05/06/2016. Imediatamente após a notificação do lançamento o contribuinte se defendeu na esfera administrativa, tendo o processo chegado ao fim no dia 23/04/2020 (dia da constituição definitiva do crédito). O crédito foi inscrito em dívida ativa no dia 18/03/2021 (essa data não tem nenhuma relevância para fins de prescrição). No dia 21/04/2025, foi proposta ação de execução fiscal. O despacho que ordenou a citação foi dado no dia 12/08/2025 (interrompendo a prescrição). A ação está prescrita? **NÃO!**

Isto porque, dois dias antes de se operacionalizar a prescrição a ação foi proposta e, de acordo com o STJ, a data da interrupção da prescrição retroage à data da propositura do feito, sendo este também o conteúdo da súmula **106, STJ,** segundo a qual: "*proposta a ação*

---

51. Art. 2º (...) § 3º A inscrição, que se constitui no ato de controle administrativo da legalidade, será feita pelo órgão competente para apurar a liquidez e certeza do crédito e suspenderá a prescrição, para todos os efeitos de direito, por 180 dias, ou até a distribuição da execução fiscal, se esta ocorrer antes de findo aquele prazo. A parte riscada não se aplica para o crédito tributário, mas o dispositivo não está revogado e se aplica para créditos de outras naturezas.

52. Antes do advento da LC118/05 o que interrompia a prescrição era a citação pessoal do Executado, assim, o sujeito passivo se esquivava da citação para ver caracterizada a prescrição, alterada a regra a interrupção da prescrição não mais depende de sua vontade.

53. **ATENÇÃO: o protesto extrajudicial da CDA – declarado constitucional pelo STF – ADI 5135 – NÃO interrompe a prescrição!**

no prazo fixado para o seu exercício, a demora na citação, por motivos inerentes ao mecanismo da justiça, não justifica o acolhimento da arguição de prescrição ou decadência". Logo, basta que o Fisco entre com a ação dentro do prazo de 05 anos, contados de sua constituição definitiva. Ver ainda **sumula 409, STJ.**

Com relação a ato que importe em confissão de dívida, inciso IV do pu do art. 174, CTN, importante frisar que o simples pedido de parcelamento – ainda que ele seja indeferido – é suficiente para interromper a prescrição – **sumula 653, STJ.**

OBS.: PRESCRIÇÃO INTERCORRENTE – Art. 40 da Lei 6.830/80 (LEF)

Prescrição intercorrente é aquela que acontece no curso da ação de cobrança. Nos termos do **art. 40 da LEF**, se não localizado o devedor para citação ou, não localizados bens seus passíveis de penhora, o processo será suspenso pelo prazo máximo de 01 ano. Expirado este prazo, inicia-se a contagem do prazo quinquenal da prescrição intercorrente, de modo que, se passado este prazo e o devedor não tiver sido citado, ou não tiverem sido localizados bens seus passíveis de constrição, o processo estará extinto, em virtude da ocorrência da prescrição intercorrente que poderá ser declarada de ofício pelo juiz.

> **ATENÇÃO:** No final de 2018 o STJ julgou, sob o rito dos recursos repetitivos, o **RESP 1.340.553/RS**, segundo o qual a suspensão da execução fiscal será decretada pelo juiz após a primeira tentativa frustrada de citação ou após a primeira tentativa infrutífera de localização de bens penhoráveis do Executado. Findo o prazo de 01 ano, havendo ou não manifestação da Fazenda Pública nos autos, inicia-se automaticamente o prazo prescricional aplicável, reiterando, assim, o disposto na súmula **314, STJ**. Ademais, a Fazenda Pública, em sua primeira oportunidade de falar nos autos – **Art. 278 do CPC/15** – ao alegar nulidade pela falta de qualquer intimação dentro do procedimento do art. 40 da LEF, deverá demonstrar o prejuízo sofrido.

Em 2023 o STF julgou o **RE 636.562/SC - Tema 390 RG**, e entendeu que é constitucional o **Art. 40 da Lei 6.830/1980**, uma vez que o prazo de suspensão da EF nele prescrito teria natureza processual, não havendo assim ofensa à reserva de matéria destinada a lei complementar prevista no **Art. 146, III, b, CF. OBS.:** Caso um crédito tributário prescrito ou decaído seja pago pelo sujeito passivo, ele poderá manejar ação/pedido administrativo de repetição de indébito, uma vez que por se caracterizarem como causas de extinção do crédito tributário, o pagamento realizado foi indevido.

6. Conversão de depósito em renda: o depósito é causa de suspensão da exigibilidade do crédito, assim se realizado no bojo de uma ação judicial na qual o contribuinte, ao final, sucumbiu, os valores depositados serão convertidos em renda para a Fazenda Pública, extinguindo o crédito tributário.

7. Pagamento antecipado e homologação do lançamento: causa de extinção própria para os tributos sujeitos a lançamento por homologação.

8. Consignação em pagamento: caso a ação consignatória seja provida, nos termos do **Art. 164, CTN,** o crédito estará extinto. A ação de consignação em pagamento é proposta quando o contribuinte pretende pagar o crédito tributário, mas, por alguma razão, não consegue, seja porque: **i)** há recusa por parte do Fisco no momento do recebimento; **ii)** há subordinação do pagamento ao cumprimento de outra obrigação (pagamento de tributo devido ou não, obrigação acessória, exigência administrativa ilegal); ou **iii)** nos casos de bitributação. **OBS:** não é a propositura da ação de consignação em pagamento que extingue o crédito tributário, mas a consignatória julgada procedente, uma vez que nessa ação o depósito é indispensável (a coisa consignada no Direito Tributário é o dinheiro) de modo que, sendo julgada procedente a ação o valor depositado será convertido em renda para o Fisco.

9. Decisão administrativa irreformável que não possa ser objeto de ação anulatória: ocorre quando o sujeito passivo ganha a discussão no âmbito administrativo.

10. Decisão judicial passada em julgado: por óbvio a decisão judicial que coloca fim ao crédito tributário é a favorável ao sujeito passivo.

11. Dação em pagamento de bem imóvel: o STF somente admite a dação de bem imóvel, bens móveis, não. Como já estudado. Importante frisar que, para que a dação em pagamento de bem imóvel seja aceita como causa extintiva ela deve ter previsão expressa nesse sentido na lei do ente federativo que possui competência para a instituição do tributo que se pretende quitar e, além disso, é indispensável que a lei preveja os procedimentos para que sejam aferidas a conveniência e a oportunidade de incorporação ao patrimônio público do bem imóvel oferecido. Se não for conveniente para o poder público a aceitação do imóvel o crédito tributário não poderá ser extinto a partir dessa modalidade de extinção.

C) CAUSAS DE EXCLUSÃO DO CRÉDITO TRIBUTÁRIO – Art. 175, CTN

As causas de exclusão impedem a constituição do crédito tributário. São elas: a isenção – dispensa legal do pagamento do tributo – e a anistia – dispensa legal do pagamento da multa tributária. Nenhuma das duas desonera o sujeito passivo do cumprimento de obrigações acessórias.

1. Isenção – Arts. 176 ao 179, CTN: deve ser concedida por lei específica e dispensa o sujeito passivo do pagamento do TRIBUTO. Nos termos do CTN ela não é extensiva às taxas e às contribuições de melhoria, nem tampouco aos tributos instituídos posteriormente à sua concessão, salvo disposição de lei em sentido contrário.

Pode ser concedida em caráter geral ou individual, e neste ponto, segue as regras da moratória. Via de regra, as isenções podem ser revogadas a qualquer tempo. Exceto as concedidas sob condições onerosas e concedidas por um prazo certo, uma vez que se tornam direito adquirido – Art. 5º, XXXVI, CF, Art. 178, CTN e Súmula 544, STF. ATENÇÃO: não se pode revogar a isenção onerosa já concedida, de modo que o sujeito passivo já tenha cumprido os requisitos necessários para a sua fruição. Mas é plenamente possível se revogar a lei concessória da isenção, de modo que aqueles sujeitos passivos que ainda não tenham conseguido cumprir os requisitos legais, mas que estavam se preparando para tanto – não terão direito à isenção – pois não há proteção de isenção futura.

Exemplo: Suponhamos que a Prefeitura X, em 2018, concedeu isenção de ISS, pelo prazo de 10 anos, para as empresas de ônibus de transporte de passageiros, DESDE QUE ela: **i)** renove sua frota de veículos; **ii)** adquira ônibus com elevador, com maior acessibilidade e; **iii)** volte com o profissional responsável por controlar os bilhetes e o troco[54] a bordo.

---

54. Comumente conhecido como trocador ou cobrador.

DIREITO TRIBUTÁRIO

Note que as condições impostas para que o sujeito passivo possa gozar da imunidade são onerosas (custam dinheiro). Assim, imagine que a empresa A em 2018 cumpriu todas as condições previstas na lei e em 2021 a empresa B começou os procedimentos para que possa cumpri-los, ambas visando o não recolhimento de ISS pelo prazo de 10 anos. Em 2022 a lei é revogada. A empresa A, que já havia cumprido os requisitos enquanto a lei isentiva estava em vigor fará jus ao não recolhimento do ISS até 2028. Já a empresa B que, em 2022 ainda não havia concluído os procedimentos para gozar da isenção não terá direito a isenção uma vez que a lei foi revogada antes que ela tivesse atendido os requisitos legais estabelecidos para a fruição do benefício.

2. Anistia – Arts. 180 a 182, CTN: é a dispensa legal da multa tributária e é aplicada exclusivamente as infrações cometidas anteriormente à vigência da lei que a concede, do contrário funcionaria como um salvo-conduto estimulando a prática de ilícitos tributários. Também não pode ser concedida se o ato que deu ensejo à aplicação da multa for, ao mesmo tempo, caracterizado como ilícito penal, ou ainda, mesmo que sem esta qualificação tenha sido praticado com dolo, fraude ou simulação pelo sujeito passivo ou por terceiro em benefício daquele. E, no caso de ter sido praticado mediante conluio, a princípio, também não poderá ser concedida a anistia, porém, neste último caso a lei tributária pode abrir uma exceção, nos anteriores não. Também pode ser concedida em caráter geral ou individual e quanto ao tema, aplicam-se as regras da moratória.

> **ATENÇÃO:** se o lançamento – seja do tributo, ou da multa, já tiver sido realizado não é o caso de hipótese de exclusão do crédito tributário, mas sim de possível remissão – causa de exclusão.

D) GARANTIAS E PRIVILÉGIOS DO CRÉDITO TRIBUTÁRIO – Arts. 183 a 193, CTN

O **art. 183, CTN** que inaugura esse tema relativo ao crédito tributário, trouxe um rol meramente exemplificativo das garantias do crédito tributário. Por garantias e privilégios do crédito entende-se as ferramentas que o Fisco pode se valer para ver adimplido o seu crédito. As garantias aumentam a possibilidade de adimplemento do crédito tributário e os privilégios o colocam em posição de vantagem Nos termos do **art. 184, CTN,** Todo o patrimônio do devedor é garantia da dívida tributária e não somente aquele relacionado com o fato gerador do tributo. Entretanto, os bens declarados absolutamente impenhoráveis pela LEI não poderão responder pelo crédito tributário, como por exemplo, os contidos no **art. 833, CPC** e na **Lei 8.009/90** (bem de família).

> **ATENÇÃO:** mesmo o bem de família legal, o disciplinado na **Lei 8.009/90,** utilizado como única residência poderá ser penhorado em virtude de débito tributário relacionado ao próprio imóvel, nos ditames do **art. 3º, IV, da Lei 8.009/90.** Assim eventual débito de IPTU ou ITR, contribuição de melhoria, taxas ligadas ao imóvel considerado "bem de família" podem levar à sua penhora, mas eventual débito de IR da pessoa física, não, por exemplo, por não ter tal débito nenhuma relação direta com o imóvel.

O **art. 185, CTN** delimita a importantíssima figura da FRAUDE CONTRA A FAZENDA PÚBLICA. Caso o sujeito passivo em débito com o fisco por crédito tributário regularmente inscrito em dívida ativa desfaça-se de seu patrimônio **sem reservar bens suficientes para a quitação do crédito tributário**, a operação presume-se ABSOLUTAMENTE fraudulenta, podendo o Fisco desconstituí-la e não se admitindo prova em sentido contrário, uma vez que se trata de presunção absoluta.

Assim, para a caracterização da fraude é necessária a observância de 03 requisitos CUMULATIVOS: **1)** o sujeito passivo dissipa, ou inicia atos para dissipar seu patrimônio; **2)** não reserva patrimônio/bens suficientes para o pagamento do crédito tributário que, necessariamente; **3)** deverá estar inscrito em dívida ativa em data anterior à alienação de seu patrimônio. Isto porque a inscrição em dívida ativa torna o crédito tributário público (fim do sigilo fiscal), de modo que o terceiro, ainda que de boa-fé, poderia ter checado a existência de débitos tributários em aberto antes da realização do negócio. Entretanto, caso a compra dos bens do devedor ocorra ANTES da data de inscrição em dívida ativa, não há que se falar em presunção de fraude, cabendo ao Fisco o ônus da prova de que teria havido fraude.

> **ATENÇÃO: A súmula 375, STJ** delimita que: *"o reconhecimento da fraude à execução depende do registro da penhora do bem alienado ou da prova de má-fé do terceiro adquirente"*, contudo o próprio STJ possui entendimento segundo o qual o verbete aplica-se no âmbito civil, mas não no tributário – **REsp 1.341.624-SC**.

Por fim, quanto às garantias diretas, o **art. 185-A, CTN** traz a ferramenta de indisponibilidade dos bens do sujeito passivo. Essa indisponibilidade pode ser presente ou futura. O que NÃO é sinônimo de BACENJUD (SISBACEN), RENAJUD e afins, como comprova a **súmula 560, STJ**. Ainda de acordo com o STJ essa regra se aplica apenas para os créditos de natureza tributária – **REsp 1.073.094/PR.**

Os artigos **191 a 193, CTN** trazem as chamadas garantias indiretas: situações que dependerão da apresentação de certidões de regularidade fiscal do sujeito passivo para a prática de determinados atos. O **Art. 191, CTN** delimita que a extinção das obrigações do falido requer prova de quitação de todos os tributos, o que inclui os que não tem relação com a atividade mercantil.

Por sua vez, o **Art. 191-A, CTN**[55] salienta que a concessão de recuperação judicial também depende da apresentação da prova de quitação de todos os tributos, o que poderá ser feito mediante a apresentação de certidões de regularidade fiscal: CND – certidão negativa de débitos – Art. 205, CTN, ou mediante a expedição de CPEN – certidão positiva com efeitos de negativa – Art. 206, CTN. Importante salientar que o STJ – **REsp 1.864.625/SP** – tem dispensado a apresentação de tais certidões em razão do entendimento que a finalidade da recuperação judicial é, efetivamente, a superação do momento de crise, o que poderia ser inviabilizado pela exigência das certidões.[56]

---

55. A mesma regra é prevista no art. 57 da Lei 11.101/05.
56. ALEXANDRE, Ricardo. Direito Tributário. 16ª ed. rev., atual. e ampl. Salvador: Juspodivm, 2022.

No tocante a partilha ou adjudicação, ela não será proferida sem a prova da quitação de todos os tributos relativos aos bens do espólio, ou às suas rendas, o que, mais uma vez se comprova mediante a apresentação de certidões de regularidade fiscal[57]. Por fim, o **Art. 193, CTN** condiciona a possibilidade de contratação com o Poder Público à capacidade do sujeito passivo comprovar que não possui nenhum débito exigível para com a Fazenda Pública.

E) CONCURSO DE CREDORES

O caput do **Art. 186, CTN** define a regra de preferência de recebimento de valores quando o Fisco concorre com outros credores, a saber: em primeiro lugar, paga-se o crédito trabalhista e, em segundo, o tributário. ENTRETANTO, no caso de FALÊNCIA a regra é alterada – **Art. 186, pu, CTN c/c art. 83 da Lei 11.101/05.**

Na falência, antes mesmo de se falar em concurso de credores, importante salientar que existem os chamados créditos EXTRACONCURSAIS que são pagos antes de se iniciar o concurso dos créditos delimitados no **Art. 83 da Lei de Falências**. Créditos extraconcursais são as dívidas da massa falida, como por exemplo, o crédito tributário cujo fato gerador tenha ocorrido APÓS a decretação da falência, nos termos do **Art. 188, CTN e Art. 84, V, da Lei 11.101/05**. Os bens passíveis de restituição regulados no **Art. 85 da Lei de Falências** obviamente precisam ser devolvidos aos seus proprietários e não integram o conjunto de bens da massa falida – é ver **sumula 307, STJ** nesse sentido. Raciocínio semelhante foi adotado pelo STJ – **REsp 1.183.383/RS** – ao decidir que contribuições previdenciárias descontadas dos funcionários e não repassadas aos cofres públicos devem ser imediatamente restituídas antes do pagamento de qualquer crédito – aplicação por analogia da sumula **417, STF**. Assim, após o pagamento dos créditos extraconcursais inicia-se o concurso de credores na falência e os créditos serão pagos na seguinte ordem:

1º Crédito trabalhista, limitado a 150 salários mínimos por credor e valores relacionados com acidente de trabalho, este último, sem limite de valor;

2º Credor com garantia real (Bancos, Instituições Financeiras) – até limite do bem gravado – e NÃO até o limite da dívida;

3º **Crédito tributário, cujo fato gerador tenha ocorrido ANTES da falência[58] e que não abranja a multa;**

4º Créditos quirografários;

5º Multas: incluindo as tributárias;

6º Créditos subordinados e;

7º Os juros vencidos após a decretação da falência.[59]

Ainda sobre a falência, o **art. 187, CTN** traz uma regra de natureza processual, segundo a qual não será necessário que os feitos tributários sejam direcionados para o Juízo Universal

---

57. Repare que, dificilmente um juiz ou um tabelião realizarão qualquer partilha ou adjudicação sem a comprovação de pagamento de todos os tributos. Inicialmente, por respeito à lei e, em segundo por determinação expressa do art. 134, VI, CTN que, expressamente delimitam a sua responsabilidade tributária caso o ato não seja realizado em conformidade com a lei, ou seja, com a prova da quitação de todos os tributos da operação.

58. Pois como já visto, após ele será dívida da massa, e, portanto, extraconcursal.

59. Nova classificação de acordo com a redação da Lei 14.112/2020.

da Falência – princípio da autonomia do executivo fiscal – bastando que o proveito econômico da ação de Execução Fiscal seja direcionado para o Juízo onde se encontra o processo falimentar – regra material. Mas, pode haver a EF em curso e ainda assim o fisco habilitar o crédito tributário no processo falimentar? Em 2021, sob a sistemática dos repetitivos – **Tema 1.092** – o STJ entendeu que sim: "*é possível a Fazenda Pública habilitar, em processo de falência, crédito objeto de execução fiscal em curso, mesmo antes da Lei 14.112/2020, desde que não haja pedido de constrição no juízo executivo*". Assim, pode haver, concomitantemente, a execução fiscal em curso e a habilitação do crédito tributário no processo falimentar, desde que não haja dupla garantia.

Também em 2021 o STF entendeu que o **pu, do art. 187, CTN** não havia sido recepcionado pela CF – **ADPF 357/DF**. O aludido artigo trazia o concurso de credores fiscais, com as regras relacionadas ao recebimento dos entes federativos, caso eles concorressem entre si, de modo que em: **1º)** receberia a União; em **2º)** os Estados e o Distrito Federal, pro rata e; em **3º)** os Municípios, pro rata. Regra semelhante foi insculpida no **pu do Art. 29 da lei 6.830/80 (LEF)** que também não foi recepcionado pelo texto constitucional. Os motivos da não recepção seriam a violação do pacto federativo e do **Art. 19, III, CF** que proíbe distinção de tratamento entre os entes federados. Em razão do novo entendimento, a **sumula 563, STF** que reconhecia a constitucionalidade desta regra FOI CANCELADA, assim como a **sumula 497, STJ**.

De acordo com o **Art. 190, CTN,** são pagos preferencialmente a quaisquer outros os créditos tributários vencidos ou vincendos, a cargo de pessoas jurídicas de direito privado em liquidação judicial ou voluntária, exigíveis no decurso da liquidação. Na liquidação a preferência é absoluta do crédito tributário, o que não gera prejuízo aos demais credores uma vez que, em tese, na liquidação presume-se que o devedor seja solvente.

5.4. Administração Tributária – Arts. 194 a 208, CTN

Os principais assuntos do capítulo final do CTN são: fiscalização, certidões e dívida ativa e, a maior parte destes assuntos foi trabalhada, de forma pulverizada, ao longo desse capítulo. Entretanto, seguem as principais explicações sobre o assunto.

A) FISCALIZAÇÃO

Em conformidade com a legislação tributária, todos os contribuintes podem e devem ser fiscalizados, não podendo o particular limitar ou embaraçar a fiscalização. No tocante aos livros fiscais, o **art. 195, CTN** determina que os mesmos devem ser conservados até que ocorra a prescrição dos créditos tributários decorrentes das operações a que se refiram e, no momento da análise de tais documentos a fiscalização deve se imitar ao objeto de seu procedimento – súmula **439, STF**.

O art. 196, CTN traz a obrigatoriedade da fiscalização ser reduzida a termo[60], no qual deverá conter todas as informações a ela relativas, bem como o prazo máximo para a sua duração. A redução a termo do início do procedimento fiscal tem o condão de afastar a "espontaneidade" de eventual denúncia espontânea. Já o **art. 197, CTN** traz a necessidade

---

60. É o que, na prática, costumamos chamar de TIAF – Termo de Início de Ação Fiscal ou AIAF – Auto de Início de Ação Fiscal.

do fiscalizado cooperar com a administração pública, fornecendo, quando solicitado, informações do interesse do Fisco. Todavia, esta obrigação, por óbvio, não abrange a prestação de informações relacionada a fatos sobre os quais o informante esteja legalmente obrigado a observar segredo em razão de cargo, ofício, função, ministério, atividade ou profissão, como o padre, o advogado e outros, no exercício de seus ministérios.

> **ATENÇÃO:** Caso o Fisco encontre resistência do sujeito passivo no momento da atividade de fiscalização, ou ainda, seja a autoridade fiscal vítima de embaraço ou desacato no exercício de suas funções, ou quando necessário à efetivação de medida prevista na legislação tributária, mesmo que o ato não se configure como crime ou contravenção penal, ela poderá requisitar auxílio à força policial – **art. 200, CTN**. Contudo, há que se salientar que o conceito de casa, para fins de proteção constitucional, inclui qualquer tipo de domicílio, inclusive o empresarial, conforme entendimento pacificado do STF. Assim, caso o sujeito passivo não permita a entrada do fiscal em seu estabelecimento não pode a força policial adentrar no estabelecimento sem autorização judicial. O estabelecimento poderá ser lacrado até que seja expedido o mandado e, neste lapso temporal, o contribuinte não poderá remover ou alterar os documentos que serão objeto da fiscalização.

Para conferir maior efetividade à fiscalização, o **art. 199, CTN** estabelece que os entes federativos poderão, mediante a celebração de convênio, prestar-se assistência mútua. Exemplo muito comum são os convênios firmados entre os Estados da federação e a União para que esta última os forneça, por intermédio da Receita Federal do Brasil, cópia de todas as DIRPF (Declarações de Imposto de Renda da Pessoa Física) em que o contribuinte tenha, por exemplo, declarado a realização de uma operação de doação, de modo que os Estados possam verificar se o ITCD a ela relativo foi, ou não, pago. [61]

Dentre os deveres da fiscalização, podemos destacar o **sigilo fiscal,** disciplinado no **art. 198, CTN**, segundo o qual, é vedada a divulgação, por parte da Fazenda Pública ou de seus servidores, de informação obtida em razão do ofício sobre a situação econômica ou financeira do sujeito passivo ou de terceiros e sobre a natureza e o estado de seus negócios ou atividades. Mas existem algumas situações em que, mesmo sob sigilo, a informação poderá ser compartilhada, são elas: **i)** a requisição de autoridade judiciária no interesse da justiça[62]. **Exemplo:** processo cível de reparação de danos em o Autor pede em Juízo que seja oficiada a RFB para fornecimento das declarações de imposto de renda do Réu para descobrir sua renda e, consequentemente verificar se suas alegações de insolvência são verídicas – a partir da juntada destes documentos aos autos, o processo tramitará em segredo de justiça;

ii) solicitações de autoridade administrativa no interesse da Administração Pública, desde que seja comprovada a instauração regular de processo administrativo, no órgão

---

61. Diariamente, o CCMG, órgão administrativo de julgamento das demandas do Estado de Minas Gerais enfrenta tal tema. É ver alguns acórdãos neste sentido da 3ª Câmara de Julgamento – a qual integrei, para os que tiverem curiosidade: 23.045/18/3ª e 23.022/18/3ª..

62. ATENÇÃO: o STF tem entendimento que as CPI's possuem poderes de investigação próprios das autoridades judiciais, podendo determinar a quebra do sigilo fiscal – dentre outros – MS 24.749.

ou na entidade respectiva, com o objetivo de investigar o sujeito passivo a que se refere a informação, por prática de infração administrativa.

Nos casos acima narrados, a informação não deixa de ser sigilosa, ela é transferida dentro do âmbito da administração pública e deve ser mantida em sigilo, tanto que, no momento do seu compartilhamento deve a Administração Pública ser zelosa no momento do envio de tais dados, devendo realizar o intercâmbio de tais informações mediante processo regularmente instaurado, e assegurar-se que a sua entrega seja realizada pessoalmente à autoridade solicitante, mediante recibo que formalize a transferência e assegure a preservação do sigilo.

Em outras palavras, nas situações acima delimitadas ainda impera o sigilo fiscal, e por esta razão a troca de informações deve ocorrer de acordo com as diretrizes pautadas, para se assegurar a sua manutenção.

Por fim, as situações que seguem colocam fim ao sigilo fiscal: **i)** representações fiscais para fins penais; **ii)** a inscrição em Dívida Ativa da Fazenda Pública; **iii)** o parcelamento ou a moratória, e; **iv)** o incentivo, renúncia, benefício ou imunidade de natureza tributária cujo beneficiário seja pessoa jurídica – esse último incluído pela **LC 187/2021**.

No tocante a representação fiscal para fins penais, a íntegra do procedimento de fiscalização poderá ser compartilhada com o Ministério Público, mas essas informações não poderão ser divulgadas a terceiros – **RE 1.055.941/SP**. E para se definir o momento da comunicação importante a identificação do ilícito penal: **i)** se crime contra a administração pública a representação pode ser feita de imediato; **ii)** se crime contra a ordem tributária[63], apropriação previdenciária indébita[64] ou sonegação de contribuição previdenciária[65] o **Art. 83 da Lei 9.430/96** diz que para todos esses casos a representação somente deve ser encaminhada ao MP após o término da discussão tributária na via administrativa[66], entretanto a **SV 24** expressamente entende que não se tipifica crime material contra a ordem tributária – **Art. 1º, I a IV, da Lei 8.137/90** – antes do lançamento definitivo do tributo.

B) DÍVIDA ATIVA

Trata-se de cadastro de devedores do Fisco, no qual são inscritos tanto débitos de natureza tributária, quanto não tributária. O **art. 202, CTN** determina os requisitos essenciais que nela devem constar sob pena de nulidade. A partir do momento da inscrição do crédito em dívida ativa, ele passa a gozar de presunção relativa de certeza e liquidez, tendo o efeito de prova pré-constituída, todavia, caso se verifique qualquer situação capaz de invalidar a CDA, a Fazenda Pública poderá substituí-la até a prolação da sentença de embargos à execução fiscal, quando se tratar de correção de erro material ou formal, sendo vedada a modificação do sujeito passivo da execução, nos termos da súmula **392, STJ**.

---

63. Arts. 1º e 2º da Lei 8.137/90.

64. Art. 168-A, CP.

65. Art. 337-A, CP.

66. O STF entende que independente disso o MP pode oferecer denúncia antes do envio da representação fiscal para fins penais mas, o mesmo STF entende que não há que se falar em justa causa para a ação penal no caso de crimes materiais enquanto o crédito tributário não tiver sido definitivamente constituído – ADI 1.571.

DIREITO TRIBUTÁRIO

C) CERTIDÕES

As certidões aqui destacadas são que comprovam a regularidade ou a irregularidade fiscal do sujeito passivo.

As certidões fiscais pode ser: **i)** positivas; **ii)** negativas ou; **iii)** positivas com efeito de negativa. A certidão positiva atesta a existência de créditos tributários exigíveis e NÃO comprova a regularidade fiscal do sujeito passivo. Já a certidão negativa de débitos (CND), regulada no **art. 205, CTN,** atesta a inexistência de débitos e, por óbvio, comprova a regularidade fiscal do sujeito passivo. Por fim, a certidão positiva com efeitos de negativa (CPEN), prevista no **art. 206, CTN,** comprova a regularidade fiscal do sujeito passivo assim como a CND e será emitida diante de 03 situações: **1)** quando o crédito tributário contar com uma causa de suspensão de sua exigibilidade, prevista no art. 151, CTN; **2)** quando o crédito tributário ainda não estiver vencido e; **3)** quando o crédito tributário contar com uma forma de garantia aceita pelo credor, como, por exemplo, o oferecimento de uma apólice de seguro garantia, carta de fiança bancária ou outro bem/ativo.

> **ATENÇÃO:** O STJ vem admitindo que a certidão de regularidade fiscal seja indeferida nos casos em que haja descumprimento de obrigação acessória DESDE QUE tal consequência seja expressamente prevista em lei[67], a exemplo da guia de recolhimento do FGTS e as informações à Previdência Social – GFIP – **RESp 1.042.585/RJ.**

6. JULGADOS RELEVANTES TRIBUNAIS SUPERIORES

ICMS e a base de cálculo do PIS e da COFINS – RE 574.706/PR – RG – Tema 69

O PIS e a Cofins são contribuições sociais que incidem sobre a receita ou o faturamento das empresas, nos termos do **Art. 195, I, "b", CF,** podendo ser cobradas sob sua sistemática cumulativa, principalmente com base **na Lei 9.718/98,** ou sob o seu regime não cumulativo, conforme as **Leis 10.637/2002** e **10.833/2003.**

O ICMS, por sua vez, é um imposto de competência dos Estados e do Distrito Federal, previsto no **Art. 155, II, CF,** e incide na circulação jurídica de mercadorias[68]. Ocorre que, por ser o ICMS um tributo indireto, o valor recolhido a título do tributo será embutido no preço final da mercadoria. Assim, se o produto for vendido por, por exemplo, R$100,00 – sendo R$10,00 a título de ICMS embutido, o PIS e a COFINS, por incidirem sobre a receita ou o faturamento da pessoa jurídica seria cobrado considerando os R$100,00 – de modo que o ICMS compunha a base de cálculo dessas contribuições.

A tese levada ao STF pelo contribuinte é que o ICMS, por se tratar de receita de terceiro – valor devido ao Estado – não poderia ser considerado para fins da composição da base de cálculo do PIS e da COFINS, pois não seria o ICMS uma receita própria da empresa, mas sim uma receita transitória. O STF, ao julgar o **RE nº 574.706/PR** em 15 de março de 2017, concluiu pela inconstitucionalidade da inclusão do ICMS na base de cálculo do PIS

---

67. É ver o Art. 32, IV e §10 da Lei 8.212/91.

68. Incide ainda na prestação dos serviços de transporte interestadual, transporte intermunicipal e serviço de comunicação.

253

e da Cofins, fixando a tese de que "*o ICMS não compõe a base de cálculo para fins de incidência do PIS e da Cofins*", acatando, assim a tese dos contribuintes. A Corte entendeu, em brevíssima síntese, que o ICMS representa uma receita transitória nos cofres das empresas que, ao final, repassam estes valores para o estado arrecadador. Logo, a parcela do ICMS não poderia ser compreendida como faturamento ou receita bruta e, portanto, não poderia se sujeitar à incidência do PIS e da Cofins. Ou seja, segundo o entendimento adotado pelo STF, o ICMS é receita do estado, e não dos contribuintes.

Esse julgado, que ficou conhecido como "a tese do século" e, os fundamentos utilizados pelo STF no julgamento do caso impulsionaram outras teses, novas ou já em andamento no Judiciário – as chamadas "teses filhotes". Veremos algumas a seguir.

Inclusão do ICMS na BC da CPRB – RE 1.187.264/SP – RG – Tema 1048

A sigla CPRB corresponde à Contribuição Previdenciária sobre a Receita Bruta.

A **EC 42/2003** inaugurando nova ordem previdenciária, ao inserir o **§ 13 ao Art.195 da CF,** permitiu a instituição de contribuição previdenciária substitutiva daquela incidente sobre a folha de salários e pagamentos. Diante da autorização constitucional, foi editada a **Lei 12.546/2011** (objeto de conversão da Medida Provisória 540/2011), instituindo contribuição substitutiva (CPRB), com o escopo de desonerar a folha de salários/pagamentos e reduzir a carga tributária.

Quando de sua instituição, era obrigatória às empresas listadas nos artigos **7º e 8º da Lei 12.546/2011**; todavia, após alterações promovidas pela **Lei 13.161/2015**, o novo regime passou a ser FACULTATIVO, de modo que as empresas listadas nos artigos **7º e 8º da Lei 12.546/2011** têm a faculdade de aderir ao novo sistema, caso concluam que a sistemática da CPRB é, no seu contexto, mais benéfica do que a contribuição sobre a folha de pagamentos, prevista no **Art. 195, I, a, CF.**

Após o julgamento da "tese do século" foi levado ao STF a análise acerca da impossibilidade do ICMS compor a base de cálculo da CPRB, uma vez que tal contribuição incide sobre a receita bruta da empresa. Todavia, o STF entendeu pela INCLUSÃO do ICMS na base de cálculo da CPRB. E, o principal ponto para essa conclusão adotada pelo STF é o caráter facultativo da CPRB.

O Tribunal entendeu ser impossível a "junção" da exclusão do ICMS da base de cálculo da CPRB e a adoção do regime facultativo de desoneração da folha. A linha de raciocínio empregada foi que como a empresa pode optar pelo novo regime de contribuição – CPRB, mais benéfico – por livre e espontânea vontade, ela não poderia, ao mesmo tempo, se beneficiar de regras que não lhe sejam aplicáveis, no caso a exclusão da base de cálculo do ICMS da CPRB. Assim, seria impossível a adesão ao novo regime, abatendo do cálculo da CPRB o ICMS sobre ela incidente, pois ampliaria demasiadamente o benefício fiscal, pautado em amplo debate de políticas públicas tributárias, em grave violação ao **Art. 155, § 6º, da CF/1988**, que determina a edição de lei específica para tratar sobre redução de base de cálculo de tributo.

Foi fixada a seguinte tese de repercussão geral: "*É constitucional a inclusão do Imposto Sobre Circulação de Mercadorias e Serviços – ICMS na base de cálculo da Contribuição Previdenciária sobre a Receita Bruta - CPRB*".

Inclusão do ISS na BC da CPRB – RE 1.285.845/RS – RG – Tema 1135

A partir do mesmo raciocínio adotado para a impossibilidade de exclusão do ICMS na base de cálculo da CPRB, o STF entendeu que o ISS também não pode ser excluído da base de cálculo da referida contribuição, tendo fixado a seguinte tese: "*É constitucional a inclusão do Imposto Sobre Serviços de Qualquer Natureza -ISS na base de cálculo da Contribuição Previdenciária sobre a Receita Bruta – CPRB.*"

Inclusão do ICMS na base de cálculo do IRPJ e da CSLL quando apurados pela sistemática do lucro presumido - REsp 1.767.631/SC – Repetitivos – Tema 1008

O lucro presumido constitui modalidade de tributação do Imposto sobre a renda de pessoa jurídica (IRPJ) e da Contribuição social sobre o lucro líquido (CSLL) que envolve presunções em matéria tributária. Utiliza-se a receita bruta como parâmetro a ser considerado para aplicação do percentual destinado à apuração do lucro presumido, que é a base de cálculo sobre o qual incidirá a alíquota, alcançando-se, assim, o valor devido a título dos mencionados tributos.

Nesse caso também se pretendia a exclusão do ICMS da base de cálculo do IRPJ e da CPRB quando apurados pela sistemática do lucro presumido, uma vez que essa modalidade considera a receita bruta das empresas para a aferição dos tributos.

Ocorre que, em raciocínio semelhante ao do STF nos casos anteriores, o STJ entendeu que é indevida a exclusão do ICMS da base de cálculo do IRPJ e da CSLL se apurados no lucro presumido. Segundo raciocínio do STJ, o STF, ao julgar o Tema 1048/STF, tratou a CPRB como benefício fiscal, notadamente quando passou a ser modalidade facultativa de tributação. A *ratio decidendi* do mencionado caso paradigma traz consigo uma relevante peculiaridade: para o STF, a facultatividade do regime impede a aplicação pura e simples da tese fixada no julgamento do Tema 69/STF da repercussão geral, porquanto caracterizaria a criação incabível de um terceiro gênero de tributação mais benéfico.

A Corte ressaltou ainda que, para a Contribuição ao PIS e a COFINS, a receita constitui a própria base de cálculo, enquanto para o IRPJ e a CSLL, apurados na sistemática do lucro presumido, representa apenas parâmetro de tributação, sendo essa outra distinção relevante. Por conseguinte, não haveria qualquer irregularidade na circunstância de o ICMS integrar a receita como base imponível das demais exações.

Tese fixada pelo STJ: "*O ICMS compõe a base de cálculo do Imposto de Renda da Pessoa Jurídica (IRPJ) e da Contribuição Social sobre o Lucro Líquido (CSLL), quando apurados na sistemática do lucro presumido.*"

Regime não cumulativo da contribuição ao PIS/Pasep e da Cofins – RE 841.979/PE – Tema 756 RG

O julgamento se debruçou quanto ao alcance da não cumulatividade no Pis e na Cofins. O STF entendeu que não se depreende diretamente do texto constitucional o que se deve entender pelo vocábulo "insumo" para fins da não cumulatividade da dessas contribuições, cabendo à legislação infraconstitucional dispor sobre o assunto. Em outras palavras, a lei pode limitar o que pode e o que não pode ser aproveitado como crédito.

Teses fixadas:

1. O legislador ordinário possui autonomia para disciplinar a não cumulatividade a que se refere o **art. 195, § 12, da CF/1988**, respeitados os demais preceitos constitucionais, como a matriz constitucional das contribuições ao PIS e Cofins e os princípios da razoabilidade, da isonomia, da livre concorrência e da proteção à confiança;

2. É infraconstitucional, a ela se aplicando os efeitos da ausência de repercussão geral, a discussão sobre a expressão 'insumo' presente no **art. 3º, II, das Leis 10.637/2002** e **10.833/2003** e sobre a compatibilidade, com essas leis, das IN/SRF 247/2002 (considerada a atualização pela IN/SRF 358/2003) e 404/2004;

3. É constitucional o § 3º do **art. 31 da Lei 10.865/2004**."

PIS/PASEP e COFINS: majoração indireta da carga tributária e imposição de observância da regra da anterioridade nonagesimal - RE 1.390.517/PE – Tema 1.247 RG

No caso em questão decreto regulamentar elevou o percentual da alíquota da contribuição para o PIS/PASEP e da COFINS, o que configura aumento indireto tributo, como na redução de benefício fiscal, situação suficiente para atrair a aplicação do princípio da anterioridade tributária. Por se tratar de contribuição de seguridade social, somente a noventena deve ser aplicada.

Tese fixada pelo STF: "*As modificações promovidas pelos Decretos 9.101/2017 e 9.112/2017, ao minorarem os coeficientes de redução das alíquotas da contribuição para o PIS/PASEP e da COFINS incidentes sobre a importação e comercialização de combustíveis, ainda que nos limites autorizados por lei, implicaram verdadeira majoração indireta da carga tributária e devem observar a regra da anterioridade nonagesimal, prevista no art. 195, § 6º, da Constituição Federal.*"

Pensão alimentícia e incidência do imposto de renda - ADI 5422/DF

É inconstitucional norma que prevê a incidência do imposto de renda sobre valores percebidos pelo alimentado a título de alimentos ou pensão alimentícia. Isso porque, a materialidade do imposto de renda (IR) está necessariamente ligada à existência de acréscimo patrimonial. Nesse contexto, os alimentos ou pensão alimentícia oriundos do direito de família representam, para os alimentados, apenas entrada de valores, pois se revelam como montantes retirados dos acréscimos patrimoniais auferidos pelo alimentante. Assim, o recebimento de renda ou provento de qualquer natureza pelo alimentante – de onde ele retira a parcela a ser paga ao credor dos alimentos – já configura, por si só, fato gerador do IR. Por isso, submeter também os valores recebidos pelo alimentado representa nova incidência do mesmo tributo sobre a mesma realidade, configurando bis in idem camuflado e sem justificação legítima, em evidente violação ao texto constitucional.

IRPF: remuneração por exercício de emprego, cargo ou função e juros de mora - RE 855.091/RS – RG – Tema 808

Foi discutida a possibilidade de incidência de IR sobre juros de mora devidos em razão do atraso no pagamento de remuneração por exercício de emprego, cargo ou função recebidos por pessoa física.

Segundo o STF, e a partir do disposto no **Art. 43, CTN**, a materialidade do imposto de renda está relacionada com a existência de acréscimo patrimonial, de modo que quando ocorre o pagamento em razão de uma indenização não há que se falar em acréscimo patrimonial, mas em mera recomposição decorrente de um dano sofrido. Ocorre que, no entendimento do Tribunal, a palavra indenização abrange os valores relativos a danos emergentes e os concernentes a lucros cessantes. Os primeiros, correspondendo ao que efetivamente se perdeu, não incrementam o patrimônio de quem os recebe e, assim, não se amoldam ao conteúdo mínimo da materialidade do imposto de renda prevista no **Art. 153, III, CF**. Os segundos, desde que caracterizado o acréscimo patrimonial, podem, em tese, ser tributados pelo imposto de renda. Os juros de mora devidos em razão do atraso no pagamento de remuneração por exercício de emprego, cargo ou função visam, precipuamente, a recompor efetivas perdas (danos emergentes). Esse atraso faz com que o credor busque meios alternativos ou mesmo heterodoxos, que atraem juros, multas e outros passivos ou outras despesas ou mesmo preços mais elevados, para atender a suas necessidades básicas e às de sua família. Assim, foi fixada a seguinte tese para o Tema nº 808 da Repercussão Geral: "*Não incide imposto de renda sobre os juros de mora devidos pelo atraso no pagamento de remuneração por exercício de emprego, cargo ou função*".

Juros recebidos na repetição de indébito tributário: não incidência de IRPJ e CSLL - RE 1.063.187/SC – RG – Tema 962

Discute-se a incidência do Imposto de renda - Pessoa Jurídica (IRPJ) e da Contribuição Social sobre o Lucro Líquido (CSLL) sobre a taxa Selic (juros de mora e correção monetária) recebida pelo contribuinte na repetição do indébito.

Em raciocínio muito semelhante ao caso anterior, o STF entendeu que os valores atinentes à taxa Selic recebidos em razão de repetição de indébito tributário visam, precipuamente, a recompor efetivas perdas (danos emergentes), de modo que a demora na restituição do indébito tributário faz com que o credor busque meios alternativos ou mesmo heterodoxos para atender às suas necessidades, os quais atraem juros, multas, outros passivos, outras despesas ou mesmo preços mais elevados. Deste modo foi fixada a seguinte tese para o Tema nº 962 de repercussão geral: "*É inconstitucional a incidência do IRPJ e da CSLL sobre os valores atinentes à taxa Selic recebidos em razão de repetição de indébito tributário*".

Depósitos bancários de origem não comprovada e incidência de imposto de renda - RE 855.649/RS – RG – Tema 842

Nesse julgado se discutiu a incidência de IR sobre os depósitos bancários considerados como omissão de receita ou de rendimento, em face da previsão contida no **art. 42 da Lei 9.430/1996**.

De acordo com o mencionado artigo, caracteriza-se como omissão de receita ou de rendimento os valores creditados em conta de depósito ou de investimento mantida junto a instituição financeira, em relação aos quais o titular, pessoa física ou jurídica, regularmente intimado, não comprove, mediante documentação hábil e idônea, a origem dos recursos utilizados nessas operações. Assim, de acordo com tal regra haverá a incidência do imposto de renda.

Os contribuintes alegaram que o referido dispositivo legal teria ampliado o fato gerador do IR, uma vez que o fato gerador do imposto seria, nos termos do **Art. 43, CTN** a disponibilidade econômica ou jurídica de renda e de proventos de qualquer natureza.

Ocorre que o STF concluiu que não há qualquer ilegalidade no **artigo 42 da Lei 9.430/1996** e que ele não teria ampliado o fato gerador do tributo, ao contrário, teria apenas trazido a possibilidade de se impor a exação quando o contribuinte, embora intimado, não consegue comprovar a origem de seus rendimentos. O Tribunal entendeu que para se furtar da obrigação de pagar o tributo e impedir que o Fisco procedesse ao lançamento tributário, bastaria que o contribuinte fizesse mera alegação de que os depósitos efetuados em sua conta corrente pertencem a terceiros, sem se desincumbir do ônus de comprovar a veracidade de sua declaração. Isso impediria a tributação de rendas auferidas, cuja origem não foi comprovada, na contramão de todo o sistema tributário nacional, em violação, ainda, aos princípios da igualdade e da isonomia, de modo que a omissão de receitas resulta na dificuldade de o Fisco auferir a origem dos depósitos efetuados na conta corrente do contribuinte, bem como o valor exato das receitas/rendimentos tributáveis, o que também justifica atribuir o ônus da prova ao correntista omisso. Assim, foi considerado constitucional a tributação de todas as receitas depositadas em conta, cuja origem não foi comprovada pelo titular, tendo sido fixada a seguinte tese de repercussão geral: *"O artigo 42 da Lei 9.430/1996 é constitucional".*

ICMS e DIFAL – consumidor final não contribuinte – Convênio 93/2015 – ADI 5469/ DF e RE 1.287.019/DF – RG – Tema 1093

O tema em questão é relativo à necessidade de edição de Lei Complementar visando a cobrança da Diferença de Alíquotas do ICMS – DIFAL nas operações interestaduais envolvendo consumidores finais não contribuintes do imposto, nos termos da **EC nº 87/2015**. Assim, importante estudarmos como era a sistemática das alíquotas interestaduais antes e depois da mencionada emenda.

OPERAÇÕES INTERESTADUAIS - PANORAMA ANTES DA EC 87/15

Antes da **EC87/15**, não bastava mais de um Estado envolvido na operação para que fosse aplicada a alíquota interestadual. Além disso, a venda deveria ocorrer para um contribuinte habitual de ICMS.

O Senado fixou as alíquotas interestaduais, sendo 7% ou 12% devidas ao Estado de origem da operação. De modo que:

• Se a operação for destinada para um Estado das regiões Norte, Nordeste, Centro-Oeste ou para o Estado do Espírito Santo: aplica-se a alíquota de 7% na origem;

• Caso a operação seja destinada para algum Estado da região Sul e Sudeste (exceto Espírito Santo): aplica-se a alíquota de 12% na origem;

A aplicação de alíquota interestadual é necessária para que os Estados envolvidos dividam o valor de ICMS incidente na operação, de modo que tenhamos a equalização e distribuição da carga tributária incidente.

Exemplo 01: Loja de brinquedos localizada em Minas Gerais vende mercadoria para uma outra Loja de brinquedo localizada na Bahia – operação entre contribuintes.

Como a venda é para um estado do Nordeste, aplica-se a alíquota de 7% na origem, cabendo 7% dessa operação ao Estado de Minas Gerais a título de alíquota interestadual. Ocorre que, ao chegar no estado de destino – Bahia – será necessário recolher o Difal.

DIFAL: Diferencial de Alíquotas – é a alíquota do Estado de destino - alíquota interestadual que já foi recolhida na origem. De acordo com o exemplo mencionado: se a alíquota do Estado de destino, que é a Bahia for 18%, este será abatido o valor da alíquota da interestadual que foi recolhida para o Estado de Minas Gerais, no caso 7%. Logo, será devido o Difal na importância de 11% para o Estado da a Bahia.

Exemplo 02: Loja de brinquedo localizada em Minas Gerais vende mercadoria para outra loja de brinquedos localizada no Estado do Paraná – operação entre contribuintes.

Será aplicada a alíquota Interestadual de 12% na origem – MG, sendo devido o difal ao estado de destino – PR. DIFAL: alíquota interna do Estado de destino (PR) – alíquota interestadual que foi recolhida para origem. (MG): 20% - 12% = 8% a título de Difal para o Estado do Paraná

O objetivo do Senado, ao implementar essas alíquotas diferentes em razão do Estado de destino foi aumentar o DIFAL para um Estado considerado pobre (situação econômica APENAS), em uma tentativa de diminuir as desigualdades econômicas e sociais entre as regiões do país.

Assim, conclui-se que, ANTES da edição da EC 87/15, somente se aplicava a alíquota interestadual quando:

• Havia mais de um Estado envolvido na operação;

• A operação deveria ser realizada para um contribuinte habitual do ICMS, pois a ideia é que somente o contribuinte habitual teria condições e suporte para realizar o recolhimento do DIFAL.

Se a venda fosse realizada para um não contribuinte do ICMS, como por exemplo, para um consumidor final, não se aplicava a alíquota interestadual, mas a alíquota interna do Estado de origem - Entenda a sistemática através do exemplo abaixo:

Exemplo 01: Loja de brinquedo localizada em MG vende mercadoria para consumidor final localizado em Goiás. Neste caso aplicava-se a alíquota interna da origem, no caso no Estado de Minas Gerais, de modo que todo o imposto ficava no estado de origem.

Entretanto, surgiu uma nova problemática a ser dirimida: As vendas ONLINE. Com o advento das compras ONLINE, a maioria das operações eram realizadas em sites que, em sua grande parte, estavam hospedados nos estados do Sul/Sudeste. Este caso, não se aplicava a alíquota interestadual, mas a alíquota interna do estado de origem, de modo que todo o ICMS era destinado ao Estado de Origem, e não para os estados em que as compras eram realizadas.

Problema: insatisfação destes Estados com a perda de receita. Em razão desta discussão alguns Protocolos de ICMS tentaram alterar a sistemática das alíquotas de ICMS para as alíquotas interestaduais e, obviamente o STF considerou tais protocolos inconstitucionais, entretanto, o anseio destes estados resultou na Emenda Constitucional 87/2015 que alterou RADICALMENTE, as regras relativas às operações interestaduais envolvendo o ICMS.

ATUALMENTE A DINÂMICA DAS ALÍQUOTAS INTERESTADUAIS APÓS A EC 87/15

Hoje, aplica-se as alíquotas interestaduais (7% ou 12% devidas na origem) em qualquer operação que envolva mais de 1 Estado, sendo a operação destinada a um contribuinte habitual do ICMS ou não (consumidor final). A lógica da aplicação das alíquotas interestaduais na origem é **a mesma da anterior:**

• Se a venda for para um Estado localizado nas regiões Norte, Nordeste, Centro- Oeste e Espírito Santo: aplica-se 7% na Origem;

• Se a venda for para o Estado nas regiões Sul e Sudeste (exceto Espírito Santo), aplica-se a alíquota de 12% na origem;

A alteração significativa é que, atualmente, basta haver mais de um Estado na operação para que o ICMS seja dividido entre eles, e assim, para que fosse possível o recolhimento do DIFAL, foi atribuída responsabilidade tributária para o remetente quando a venda for direcionada para um não contribuinte do imposto. Mas, caso a venda seja realizada para um contribuinte habitual, o DIFAL vai ser recolhido por ele, destinatário.

Assim, após a edição da referida emenda constitucional, sempre que houver dois Estados envolvidos em uma operação de ICMS será aplicada a alíquota interestadual na origem, sendo devido o difal ao estado de destino.

A partir dessa nova sistemática foi levado ao STF a discussão relativa à necessidade de edição de lei complementar visando a cobrança da Diferença de Alíquotas do ICMS – DIFAL nas operações interestaduais envolvendo consumidores finais não contribuintes do imposto, nos termos da Emenda Constitucional nº 87/2015.

O STF entendeu que a EC nº 87/15 criou nova relação jurídico-tributária entre o remetente do bem ou serviço (contribuinte) e o estado de destino nas operações com bens e serviços destinados a consumidor final não contribuinte do ICMS, pois o imposto incidente nessas operações e prestações, que antes era devido totalmente ao estado de origem, passou a ser dividido entre dois sujeitos ativos, cabendo ao estado de origem o ICMS calculado com base na alíquota interestadual e ao estado de destino, o diferencial entre a alíquota interestadual e sua alíquota interna e, a partir dessa lógica concluiu que seria necessária a edição de Lei Complementar regulamentando o assunto, de modo que foi fixada a seguinte tese em sede de repercussão geral: "*A cobrança do diferencial de alíquota alusivo ao ICMS, conforme introduzido pela Emenda Constitucional nº 87/2015, pressupõe edição de lei complementar veiculando normas gerais*".

Ocorre que esse julgamento aconteceu em 2021 e, ao modular os efeitos dessa decisão, o STF delimitou que, para que o difal pudesse ser normalmente cobrado, a LC deveria ser editada até 1º de janeiro de 2022. No entanto, a **LC 190/22** somente foi publicada em 05 de janeiro de 2022, o que gerou discussões com relação à necessidade de aplicação do princípio da anterioridade anual e da noventena, o que geraria enorme rombo aos cofres públicos.

> **ATENÇÃO**: a necessidade, ou não, de atendimento aos princípios da anterioridade está em análise no STF, mas as **ADIs 7066, 7070 e 7078** ainda não foram apreciadas – importante acompanhar o seu desfecho.

DIREITO TRIBUTÁRIO

ICMS – Difal e empresas optantes pelo Simples Nacional – RE 970.821/RS – RG – Tema 517

O SIMPLES é um regime especial unificado de arrecadação de tributos, regulado pela **LC 123/06** destinados às microempresas e às empresas de pequeno porte.

Assim, via de regra, os tributos devidos pelos optantes do Simples são recolhidos em uma guia única de arrecadação denominada DAS – Documento de Arrecadação do Simples Nacional. Entretanto, existem algumas situações, previstas na própria lei do simples, em que existe a necessidade de se realizar um recolhimento apartado, é o que acontece com os casos que envolvem o difal nas operações interestaduais de ICMS, nos termos do **Art. 13, §1º, XIII, "g", 2, e "h", da LC 123/06**. Ocorre que o **Art. 23** da mesma lei expressamente estabelece que as microempresas e as empresas de pequeno porte optantes pelo Simples Nacional não farão jus à apropriação nem transferirão créditos relativos a impostos ou contribuições abrangidos pelo Simples Nacional.

Assim, foi questionado pelos contribuintes que o recolhimento do difal sem a possibilidade de creditamento do imposto pago violaria o princípio da não cumulatividade, tese com a qual o STF não concordou.

O Tribunal entendeu que não ofende a técnica da não cumulatividade a vedação à apropriação, transferência ou compensação de créditos relativos a impostos ou contribuições abrangidos pelo Simples Nacional, inclusive o diferencial de alíquotas, e que o recolhimento do difal respeitaria o ideal regulatório do tratamento favorecido para as microempresas e empresas de pequeno porte, uma vez que seria inviável adesão parcial ao regime simplificado, adimplindo-se obrigação tributária de forma centralizada e com carga menor, e, simultaneamente haver a possibilidade do não recolhimento de diferencial de alíquota nas operações interestaduais.

Mais uma vez, a facultatividade do regime foi fundamental para que o STF firmasse seu posicionamento. A ideia é que a opção pelo Simples Nacional é facultativa e tomada no âmbito da livre conformação do planejamento tributário, devendo-se arcar com o bônus e o ônus dessa escolha empresarial, de modo que à luz da separação dos poderes, não é dado ao Poder Judiciário mesclar as parcelas mais favoráveis de regimes tributários distintos, culminando em um modelo híbrido, sem o devido amparo legal.

Assim, foi fixada a seguinte tese em sede de repercussão geral: *"É constitucional a imposição tributária de diferencial de alíquota do ICMS pelo Estado de destino na entrada de mercadoria em seu território devido por sociedade empresária aderente ao Simples Nacional, independentemente da posição desta na cadeia produtiva ou da possibilidade de compensação dos créditos."*

ICMS - fato gerador e transferência interestadual de mercadorias – ADC 49/RN

O assunto não é novo e diz respeito ao fato gerador do ICMS na circulação de mercadorias. De acordo com a **sumula 166, STJ**, o ICMS somente incide quando houver a circulação jurídica da mercadoria, ou seja, quando há troca de titularidade da mercadoria, de modo que o simples deslocamento físico da mercadoria não é suficiente para a cobrança do imposto.

Exemplo: um carro é transferido fisicamente do estabelecimento matriz para o estabelecimento filial da mesma empresa – não há, nesse caso, transferência da titularidade, apenas

LÍLIAN SOUZA

o deslocamento físico do veículo, de modo que não é devido o ICMS. Ao contrário, quando eu vou à concessionária e compro o veículo, há transferência jurídica da mercadoria – ele deixa de ser da concessionária e passa a ser meu, de modo que é devido o ICMS.

Acontece que alguns dispositivos da **LC 87/96** – também conhecida como Lei Kandir – a norma geral de ICMS – expressamente determina a incidência do imposto em casos de circulação física de mercadorias, o que levou o Estado do Rio Grande do Norte a entrar com a ADC 49 que tinha como objetivo a declaração da constitucionalidade desses dispositivos, ocorre que o tiro saiu pela culatra, pois o STF os declarou inconstitucionais, é ver a ementa do julgado:

DIREITO CONSTITUCIONAL E TRIBUTÁRIO. AÇÃO DECLARATÓRIA DE CONSTITUCIONALIDADE. ICMS. DESLOCAMENTO FÍSICO DE BENS DE UM ESTABELECIMENTO PARA OUTRO DE MESMA TITULARIDADE. INEXISTÊNCIA DE FATO GERADOR. PRECEDENTES DA CORTE. NECESSIDADE DE OPERAÇÃO JURÍDICA COM TRAMITAÇÃO DE POSSE E PROPRIDADE DE BENS. AÇÃO JULGADA IMPROCEDENTE. 1. Enquanto o diploma em análise dispõe que incide o ICMS na saída de mercadoria para estabelecimento localizado em outro Estado, pertencente ao mesmo titular, o Judiciário possui entendimento no sentido de não incidência, situação esta que exemplifica, de pronto, evidente insegurança jurídica na seara tributária. Estão cumpridas, portanto, as exigências previstas pela Lei n. 9.868/1999 para processamento e julgamento da presente ADC. 2. O deslocamento de mercadorias entre estabelecimentos do mesmo titular não configura fato gerador da incidência de ICMS, ainda que se trate de circulação interestadual. Precedentes. 3. A hipótese de incidência do tributo é a operação jurídica praticada por comerciante que acarrete circulação de mercadoria e transmissão de sua titularidade ao consumidor final. 4. Ação declaratória julgada improcedente, declarando a inconstitucionalidade dos artigos 11, §3º, II, 12, I, no trecho "ainda que para outro estabelecimento do mesmo titular", e 13, §4º, da Lei Complementar Federal n. 87, de 13 de setembro de 1996.

ICMS: fixação de alíquotas sobre operações com energia elétrica e serviços de comunicação superiores às das operações em geral - ADI 7117/SC e ADI 7123/DF

Na linha da jurisprudência do STF, a Constituição Federal não obriga os entes competentes a adotarem a seletividade no ICMS. Entretanto, se houver essa adoção, caberá ao legislador realizar uma ponderação criteriosa das características intrínsecas do bem ou serviço em razão de sua essencialidade com outros elementos, como a capacidade econômica do consumidor final, a destinação do bem ou serviço, e a justiça fiscal, tendente à menor regressividade desse tributo indireto. Assim, o ente federado que efetivamente adotar a seletividade para disciplinar o referido imposto deverá conferir efetividade a esse preceito em sua eficácia positiva, sem deixar de observar a sua eficácia negativa.

Assim, é inconstitucional norma distrital ou estadual que, mesmo adotando a técnica da seletividade, prevê alíquota de ICMS sobre energia elétrica e serviços de comunicação – os quais consistem sempre em itens essenciais – mais elevada do que a incidente sobre as operações em geral.

DIREITO TRIBUTÁRIO

ICMS comunicação e inadimplência do consumidor final - RE 1.003.758/RO – RG – Tema 705

A discussão gira em torno da possibilidade do contribuinte de direito compensar o ICMS recolhido sobre prestações de serviço de telecomunicação efetivamente prestados, cujos valores não foram vertidos à empresa prestadora (contribuinte de direito) em razão da inadimplência do usuário (contribuinte de fato). A tese não foi aceita pelo STF.

Relativamente aos encargos tributários suportados pelas empresas em face da inadimplência do consumidor final, o STF já fixou tese, sob a sistemática da repercussão geral, no julgamento do RE 586.482-RG (Tema 87), no sentido de que: *As vendas inadimplidas não podem ser excluídas da base de cálculo da contribuição ao PIS e da COFINS, visto que integram a receita da pessoa jurídica.* O tribunal concluiu que, embora o precedente verse sobre tributo distinto (PIS/COFINS), com base de cálculo diversa (receita bruta das empresas), o raciocínio desenvolvido no referido julgado, no sentido de que as vendas inadimplidas não podem ser excluídas da base de cálculo do tributo , aplica-se igualmente ao presente caso, tendo em vista que a inadimplência do consumidor final não obsta a ocorrência do fato gerador do tributo , por se tratar de evento posterior e alheio ao fato gerador do imposto e o risco da atividade não pode ser compartilhado com o Poder Público.

Conforme previsto no inciso **III do art. 2º da Lei Complementar 87/96**, o ICMS-comunicação incide sobre a prestação onerosa de serviços de comunicação (por qualquer meio, inclusive a geração, a emissão, a recepção, a transmissão, a retransmissão, a repetição e a ampliação de comunicação de qualquer natureza), assim, uma vez prestado o serviço ao consumidor, de forma onerosa, incidirá necessariamente o imposto, independentemente de a empresa ter efetivamente auferido receita com a prestação do serviço. Segundo o raciocínio do STF o objetivo do contribuinte de direito seria - a pretexto de fazer valer os princípios da não-cumulatividade, da capacidade contributiva e vedação ao confisco - repassar ao Erário os riscos próprios de sua atividade econômica, face a eventual inadimplemento de seus consumidores/usuários, o que não possui qualquer respaldo constitucional, e ainda, que caso a demanda fosse atendida, o STF estaria atuando como legislador positivo, modificando as normas tributárias inerentes ao ICMS para instituir benefício fiscal em favor dos contribuintes, o que ensejaria violação também ao princípio da separação dos Poderes (**art. 2º da Carta Magna**) e ao princípio da legalidade. Foi fixada a seguinte tese de repercussão geral: *"A inadimplência do usuário não afasta a incidência ou a exigibilidade do ICMS sobre serviços de telecomunicações".*

Incidência de ITCMD em relação a inventários e arrolamentos processados no exterior - ADI 6828/AL e RE 851.108 - Tema 825 RG

É vedado aos estados e ao Distrito Federal instituir o Imposto sobre Transmissão Causa Mortis e Doação (ITCMD) nas hipóteses dispostas no **Art. 155, § 1º, III, da Constituição Federal**, sem a edição da lei complementar federal exigida pelo referido dispositivo constitucional.

O STF, diante da omissão do legislador nacional em estabelecer normas gerais pertinentes à competência para instituir o ITCMD, tem reconhecido, reiteradamente, a inconstitucionalidade de leis ou decretos estaduais sobre o tema, haja vista a necessidade da edição de lei complementar para fins de instituição do imposto sobre transmissão causa mortis e doação pelos estados e DF, nas situações especificamente ressalvadas na Constituição Federal – quais sejam, quando envolverem o exterior.

Incidência de ISS sobre cessão de direito de uso de espaços em cemitérios para sepultamento – ADI 5.869/DF

O STF entendeu ser constitucional a incidência de ISS sobre a cessão de direito de uso de espaços em cemitérios para sepultamento, pois configura operação mista que, como tal, engloba a prestação de serviço consistente na guarda e conservação de restos mortais inumados.

O conceito mais recente adotado pelo tribunal de serviço seria o oferecimento de utilidade a outrem, podendo se realizar, ou não, com "obrigação de dar" e não mais a classificação eminentemente civilista de mera obrigação de fazer. Na espécie, a inclusão da atividade de "cessão de uso de espaços em cemitérios para sepultamento" não se restringe a uma mera obrigação de dar, no sentido de locação do espaço físico pura e simples, visto que também abrange a prestação de serviços relativos à guarda ou à custódia de cadáveres ou restos mortais, os quais se enquadram no conceito tradicional de serviços.

E, como se trata de obrigação mista (fornecimento de mercadoria conjunto com prestação de serviços) encontra-se sujeita ao ISS, desde que previstas em lei complementar. A previsão para tal serviço, de acordo com o Supremo, estaria prevista no subitem **25.05 da lista de serviços anexa à Lei Complementar 116/2003,** o qual prevê a incidência do ISS sobre a cessão de uso de espaços em cemitérios para sepultamento.

ISS – licenciamento ou cessão de direito de uso de programas de computador – ADI 1.945/MT, ADI 5.659/MG e RE RE 688.223/PR – RG – Tema 590

Trata-se de julgamento bastante importante pois ele alterou o entendimento anterior do STF quanto aos tributos incidentes nas operações envolvendo a comercialização de softwares.

Em seu posicionamento mais recente, o STF entendeu ser constitucional a incidência apenas do ISS no licenciamento ou na cessão de direito de uso de programas de computação – softwares – desenvolvidos para clientes tanto de forma padronizada, quanto para aqueles produzidos por encomenda, e independentemente do meio utilizado para a transferência, seja por meio de download ou por acesso em nuvem.

Em seu posicionamento anterior o STF fazia uma distinção entre os "softwares de prateleira" e os "softwares sob encomenda" de modo que, no tocante aos primeiros, comercializados com uma padronização pré-definida, incidiria o ICMS, por se tratar de produto que se assemelharia a uma mercadoria, ao contrário, para os segundos, o imposto devido seria o ISS por se tratar de situação em que haveria uma personalização do bem a ser entregue, havendo, assim, a prestação de um serviço na entrega do produto personalizado, mas como já salientado, tal entendimento foi superado em 2021.

A decisão do STF que definiu a incidência de ISS em todas as operações envolvendo softwares teve modulação de efeitos um pouco particular. O Tribunal entendeu que aqueles contribuintes que recolheram ICMS nessas operações até 2 de março de 2021 – dia anterior à publicação das atas de julgamento das ADI's que apreciaram o assunto – não terão direito à restituição do tributo. Além disso, os Municípios não poderão cobrar o ISS de tais operações, sob pena de bitributação, e igualmente, os Estados não poderão cobrar ICMS em relação aos fatos geradores ocorridos até tal data, ressalvadas as ações já interpostas.

Cobrança de taxa de segurança para eventos - ADI 2692/DF

É inconstitucional a cobrança de taxa de segurança para eventos, visto que a segurança pública deve ser remunerada por meio de impostos, já que constitui serviço geral e indivisível, devido a todos os cidadãos, independentemente de contraprestação.

O serviço de segurança pública tem natureza universal e é prestado a toda a coletividade, mesmo na hipótese de o Estado se ver na contingência de fornecer condições específicas de segurança a certo grupo. Como a sua finalidade é a preservação da ordem pública e da incolumidade pessoal e patrimonial (**CF/1988, art. 144**), é dever do Estado atuar com os seus próprios recursos, ou seja, sem exigir contraprestação específica dos cidadãos.

Nesse contexto, é inviável remunerá-lo mediante taxa, sob pena de violar disposição constitucional expressa que preceitua a possibilidade desse tributo ser cobrado em virtude do exercício do poder de polícia ou da utilização, efetiva ou potencial, de serviços públicos específicos e divisíveis, prestados ao contribuinte ou postos a sua disposição (CF/1988, art. 145, II).

Coisa julgada em matéria tributária: limites de sua eficácia temporal quando derivada de relação jurídica de trato continuado - RE 955.227/BA - Tema 885 RG e RE 949.297/CE – Tema 881 RG

O caso discutiu a validade da coisa julgada em matéria tributária e envolvia a CSLL. Uma determinada empresa havia discutido em juízo a constitucionalidade desse tributo instituído pela **Lei nº 7.689/88** – alegando a necessidade de lei complementar para tanto – e, em maio 1992 conseguiu uma decisão transitada em julgado que concluiu pela não exigência da contribuição e a União não ajuizou rescisória. Em julho de 1992 o STF entendeu, em um RE, que o mesmo tributo seria constitucional (desnecessidade da lei complementar) e, em 2007 o STF entendeu na **ADI 15** que a CSLL seria constitucional.

Ocorre que desde 1994 a União passou a cobrar o tributo da referida empresa que ajuizou ação alegando o descumprimento da coisa julgada, obtida em 1992. Em 2023 o STF entendeu pela possibilidade de se cobrar a CSLL da empresa desde 2007, data na qual foi proferida decisão pela constitucionalidade do tributo em controle concentrado de constitucionalidade. Uma das alegações do STF diz respeito à livre concorrência, tendo em vista que as demais pessoas jurídicas recolhem o tributo, e a empresa em questão não, em razão da coisa julgada – que foi relativizada nesse julgado. Não houve modulação de efeitos.

Tese fixada pelo STF

1. As decisões do STF em controle incidental de constitucionalidade, anteriores à instituição do regime de repercussão geral, não impactam automaticamente a coisa julgada que se tenha formado, mesmo nas relações jurídicas tributárias de trato sucessivo.

2. Já as decisões proferidas em ação direta ou em sede de repercussão geral interrompem automaticamente os efeitos temporais das decisões transitadas em julgado nas referidas relações, respeitadas a irretroatividade, a anterioridade anual e a noventena ou a anterioridade nonagesimal, conforme a natureza do tributo.

Débito tributário: multa isolada pela não homologação de declaração de compensação – ADI 4.905/DF – Multa automática pela simples negativa do pedido de compensação tributária – RE 796.939/RS - Tema 736 RG

O §17 do Art. 74 da Lei 9.430/96 previa a imposição de multa isolada de 50% (cinquenta por cento) sobre o valor do débito objeto de declaração de compensação não homologada pela autoridade fiscal, salvo no caso de falsidade da declaração apresentada pelo sujeito passivo.

Em outras palavras, o sujeito passivo realizava pedido de compensação na via federal (PER/DCOMP) e caso ele não fosse homologado, automaticamente, era imposta multa de 50% do valor do pedido de compensação.

Tal multa foi considerada inconstitucional pelo STF uma vez que o pedido de compensação tributária não homologado, ao invés de configurar ato ilícito apto a ensejar sanção tributária automática (**Lei 9.430/1996, art. 74, § 17**), configura legítimo exercício do direito de petição do contribuinte (**CF/1988, art. 5º, XXXIV**) e, portanto, seria inconstitucional — por violar o direito fundamental de petição e o princípio da proporcionalidade.

Constitucionalidade da chamada "norma geral antielisão" – ADI 2446/DF

De acordo com o parágrafo único do **Art. 116 do CTN**, "a autoridade administrativa poderá desconsiderar atos ou negócios jurídicos praticados com a finalidade de dissimular a ocorrência do fato gerador do tributo ou a natureza dos elementos constitutivos da obrigação tributária, observados os procedimentos a serem estabelecidos em lei ordinária".

Tal norma foi julgada constitucional pelo STF que entendeu não haver ofensa aos princípios constitucionais da legalidade, da estrita legalidade e da tipicidade tributária, e da separação dos Poderes.

Ao contrário, entendeu o STF, que ela confere máxima efetividade a esses preceitos, objetivando, primordialmente, combater a evasão fiscal, sem que isso represente permissão para a autoridade fiscal de cobrar tributo por analogia ou fora das hipóteses descritas em lei, mediante interpretação econômica. Nesse contexto, apenas viabilizaria que a autoridade tributária aplique base de cálculo e alíquota a uma hipótese de incidência estabelecida em lei e que tenha efetivamente se realizado.

DIREITO TRIBUTÁRIO

7. QUESTÕES APLICADAS EM EXAMES ANTERIORES

01. (2018 – FGV – XXVII Exame) O Município M resolve ele mesmo fiscalizar e cobrar o Imposto sobre a Propriedade Territorial Rural (ITR) dos imóveis rurais localizados em seu território. Acerca desse cenário, assinale a afirmativa correta.

(A) O ITR não pode ser fiscalizado e cobrado pelo Município M, por se tratar de tributo de competência da União.

(B) O Município M poderá optar, na forma da lei, por fiscalizar e cobrar diretamente o ITR.

(C) A fiscalização e a cobrança do ITR pelo Município M autorizam-no a reter 50% do produto da arrecadação do imposto, como contraprestação pela fiscalização e cobrança no lugar da União.

(D) A partir da opção por fiscalizar e cobrar o ITR, o Município M passa a ter competência para alterar as alíquotas do imposto, inclusive para sua redução.

GABARITO B. COMENTÁRIOS: A questão envolve dois temas do Direito Tributário: a delegação de capacidade tributária ativa e repartição de receitas. Competência tributária é o poder de criar tributos e é indelegável, ao contrário do que ocorre que com a capacidade tributária ativa que se caracteriza pela possibilidade de uma pessoa jurídica de direito público arrecadar, fiscalizar e executar um determinado tributo em nome do ente federativo que possui competência para instituí-lo, sendo, portanto, delegável. No caso do ITR, o art. 153, §4°, III, CF delimita expressamente que o Município, poderá, se quiser firmar convênio com a União para fiscalizar e cobrar o ITR dos imóveis rurais localizados em seu território em nome desta. Em contrapartida, o art. 158, II, CF expressamente delimita que, diante desta hipótese caberá ao Município 100% do ITR arrecadado, ao invés da quota ordinária de 50%. Por fim, importante frisar que a delegação de capacidade tributária ativa não confere ao Município competência tributária, nem tampouco legislativa para legislar sobre o ITR.

02. (2018 – FGV – XXVII Exame) A pessoa jurídica Sigma teve lavrado contra si um auto de infração. A autuação fiscal lhe impôs multa pela falta de exibição de notas fiscais durante um determinado período. Após ser citada em sede de execução fiscal, a pessoa jurídica Sigma alegou, em embargos à execução, que não apresentou as notas fiscais porque elas haviam sido furtadas por seu antigo gerente geral, que, com elas, praticara ilícito criminal, tendo sido, por isso, condenado na esfera penal por sonegação fiscal e furto daquelas notas. Com base nessa narrativa, no que tange ao pagamento da multa tributária, assinale a afirmativa correta.

(A) A responsabilidade é pessoal do antigo gerente por ter cometido infração conceituada na lei como crime.

(B) A empresa deve arcar com o pagamento da multa, sendo possível, posteriormente, uma ação de regresso em face do antigo gerente geral.

(C) O antigo gerente não pode ser responsabilizado na esfera cível/tributária, por já ter sido condenado na esfera penal.

(D) O caso é de responsabilidade solidária, por ter a empresa nomeado o antigo gerente para cargo de tamanha confiança.

GABARITO A. COMENTÁRIOS: A questão versa sobre responsabilidade tributária, especificamente, a do art. 135, III, CTN, segundo a qual o sócio ou funcionário (gerente) com poder de gestão poderá ser responsabilizado PESSOALMENTE caso cometa atos que contrariem a lei, contrato social ou estatuto. No presente caso, houve crime de sonegação fiscal e furto das notas fiscais que, por não terem sido apresentadas, levaram à autuação. Assim, presentes os pressupostos de aplicação da responsabilidade tributária delimitada no art. 135, III, CTN.

03. (2018 – FGV – XXVI Exame) João, empresário, inconformado com a notificação de que a Administração Pública Fazendária teria acesso às informações de sua movimentação bancária para instruir processo administrativo fiscal, decidiu procurar o Escritório Alfa de advocacia para uma consulta a respeito do caso. João busca saber se a medida configura quebra de sigilo fiscal e se o procedimento da Administração Pública está correto. Com base na hipótese apresentada, assinale a opção que indica a orientação a ser dada pelo Escritório Alfa, considerando a jurisprudência do Supremo Tribunal Federal (STF) acerca do acesso a dados bancários sigilosos pela Administração Pública Fazendária.

(A) Não se trata de quebra de sigilo, mas de transferência de sigilo para finalidades de natureza eminentemente fiscal, pois a legislação aplicável garante a preservação da confidencialidade dos dados, vedado seu repasse a terceiros estranhos ao próprio Estado, sob pena de responsabilização dos agentes que eventualmente pratiquem essa infração.

(B) A imediata notificação do contribuinte é mera liberalidade da Administração Fazendária, sendo ao contribuinte facultada, tão somente, a extração da decisão final da Administração Fazendária.

(C) Tal uso de dados ofende o direito ao sigilo bancário, porque macula o princípio da igualdade e o princípio da capacidade contributiva.

(D) É inconstitucional a quebra de sigilo, pois a legislação aplicável garante a preservação da confidencialidade dos dados, vedado seu repasse a terceiros, inclusive aos integrantes da Administração Pública Fazendária.

GABARITO A. COMENTÁRIOS: Foi cobrado o recente entendimento do STF segundo o qual não há necessidade de autorização judicial prévia para que o Fisco possa ter acesso a informações bancárias do sujeito passivo, desde que respeitado o trâmite legal previsto no art. 6° da LC105/01, qual seja, a existência de processo administrativo e desde que o acesso a tais informações seja indispensável para o deslinde do feito. Nos termos da decisão proferida pelo STF não

267

haverá qualquer quebra de sigilo bancário, mas tão somente "troca de sigilo" do bancário para o fiscal, uma vez que o Poder Público é obrigado a conservar tais informações, que somente serão utilizadas para fins de efetivação da fiscalização e administração tributária, tal como delimitado no art. 145, §1º, CF.

04. (2018 – FGV – XXVI Exame) Em março de 2016, o Município X publicou lei instituindo novos critérios de apuração e ampliando os poderes de investigação das autoridades administrativas. Com base nessa nova orientação, em outubro do mesmo ano, o fisco municipal verificou a ausência de declaração e recolhimento de valores do Imposto Sobre Serviços de Qualquer Natureza – ISSQN devidos pela pessoa jurídica Y, referentes ao ano-calendário 2014; diante dessa constatação, lavrou auto de infração para cobrança dos valores inadimplidos. No que tange à possibilidade de aplicação da nova legislação ao presente caso, assinale a afirmativa correta.

(A) É inaplicável, pois não respeitou o princípio da anterioridade anual.

(B) É inaplicável, pois o fisco somente poderia lavrar o auto de infração com base nos critérios de apuração previstos em lei vigente no momento da ocorrência do fato gerador.

(C) É aplicável, pois a legislação que institui novos critérios de apuração e amplia poderes de investigação das autoridades administrativas aplica-se aos lançamentos referentes a fatos geradores ocorridos antes de sua vigência.

(D) É aplicável, pois foi observado o princípio da anterioridade nonagesimal.

GABARITO C. COMENTÁRIOS: Conforme estudado no princípio da irretroatividade tributária, norma legal que aumenta os poderes da fiscalização retroage para abarcar situações anteriores à sua edição, nos termos do art. 144, §1º, CTN, tal como ocorreu no caso em análise. Ademais, não há que se falar em respeito a qualquer uma das facetas do princípio da anterioridade tributária, uma vez que tal princípio será aplicado, como uma proteção do sujeito passivo, quando houver a majoração da carga tributária (criação ou aumento de tributo), o que não se verificou.

5. (2018 – FGV – XXV Exame) João, no final de janeiro de 2016, foi citado em execução fiscal, proposta no início do mesmo mês, para pagamento de valores do Imposto sobre a Propriedade Predial e Territorial Urbana (IPTU) referente aos anos de 2009 e 2010. Sabe-se que o IPTU em referência aos dois exercícios foi lançado e notificado ao sujeito passivo, respectivamente, em janeiro de 2009 e em janeiro de 2010. Após a ciência dos lançamentos, João não tomou qualquer providência em relação aos débitos. O município não adotou qualquer medida judicial entre a notificação dos lançamentos ao sujeito passivo e o ajuizamento da execução fiscal. Com base na hipótese apresentada, assinale a opção que indica o argumento apto a afastar a exigência fiscal.

(A) O crédito tributário está extinto em virtude de decadência.

(B) O crédito tributário está extinto em virtude de parcelamento.

(C) A exigibilidade do crédito tributário está suspensa em virtude de compensação.

(D) O crédito tributário está extinto em virtude de prescrição.

GABARITO D. COMENTÁRIOS: Decadência é a perda do direito de constituir o crédito tributário, não sendo aplicável ao caso narrado, uma vez que os tributos foram constituídos em janeiro de 2009 e janeiro de 2010. Também não se trata de parcelamento, que se caracteriza como causa de suspensão da exigibilidade do crédito tributário, e não de extinção e, também não havendo que se falar em extinção do crédito por meio de compensação, uma vez que não há encontro de contas na situação apresentada. Ocorreu a prescrição, perda do direito do Fisco cobrar um crédito tributário definitivamente constituído, conforme art. 174, CTN: prescreve em 05 anos, a contar da data de constituição definitiva do crédito tributário a ação para a sua cobrança. Como os créditos foram constituídos definitivamente em janeiro de 2009 e janeiro de 2010, o prazo para a propositura da ação executiva se encerrou, respectivamente em janeiro de 2014 e janeiro de 2015. Como a ação foi proposta em janeiro de 2016, o crédito tributário está extinto em virtude da ocorrência da prescrição, conforme art. 156, V, CTN.

Direito Administrativo

Flávia Campos

1. REGIME JURÍDICO ADMINISTRATIVO

O regime jurídico-administrativo é o conjunto de regras e princípios que regulam a atuação da Administração Pública, baseado no direito público. São vários os princípios aplicáveis à Administração Pública em sua atuação, dentre eles, destacam-se os seguintes:

1.1. Princípio da Supremacia do Interesse Público sobre o Interesse Particular

Toda a atuação da Administração Pública deve se pautar na busca do interesse público, interesse da coletividade. Em virtude disso, o ordenamento jurídico confere aos integrantes da Administração várias prerrogativas, ou seja, vários poderes a mais que um simples particular, quando estiverem no exercício da função administrativa. Por exemplo, cláusulas exorbitantes em um contrato administrativo[1].

1.2. Princípio da Indisponibilidade do Interesse Público

Se de um lado a Administração recebe prerrogativas, em virtude do princípio da supremacia do interesse público sobre o particular, por outro lado o ordenamento jurídico atribuiu limitações em sua atuação, justamente como forma de garantir que a finalidade de toda atuação será sempre o interesse público. Tais limitações se fundamentam no princípio da indisponibilidade do interesse público. É exemplo de limitação a necessidade de licitação para firmar um contrato administrativo[2].

1.3. Princípios Expressos no art. 37, caput, CF/88

A Constituição Federal estabelece, no caput do art. 37, cinco princípios que são aplicáveis para a Administração Direta e Indireta, de qualquer dos Poderes da União, Estados, Distrito Federal e Municípios. São eles:

LEGALIDADE	A Administração Pública só pode atuar quando o ordenamento jurídico determinar que ela atue.
IMPESSOALIDADE	Estabelece que a atuação do agente público deve ser sempre impessoal, ou seja, não pode buscar interesses privados, devendo tratar todos de forma igual. Ainda, o art. 37, §1º, CF/88 estabelece que é proibida a promoção pessoal do agente público.
MORALIDADE	A atuação da Administração Pública deve ser moral, ética, com boa-fé, com probidade.

---

1. Vide item 11.2. Cláusulas exorbitantes.
2. Vide item 10. Licitações.

PUBLICIDADE	Em regra, as atuações da Administração Pública devem ser públicas, ou seja, acessíveis a todos. Vale ressaltar que existem exceções, como nas hipóteses do art. 5º, incisos X e XXXIII da CF/88.
EFICIÊNCIA	A atuação da Administração Pública deve ser célere, eficiente, com rendimento funcional.

1.4. Outros Princípios Aplicáveis à Administração Pública

Além dos princípios já trabalhados, é possível citar vários outros:

A) AUTOTUTELA: estabelece que a Administração Pública tem o poder de controlar seus próprios atos, podendo anulá-los, quando eivados de ilegalidade, ou revogá-los, quando inconvenientes e/ou inoportunos (art. 53, Lei 9.784/99 e Súmulas 346 e 473, STF).

B) SEGURANÇA JURÍDICA: a atuação da Administração Púbica deve ser estável, devendo respeitar o direito adquirido, o ato jurídico perfeito e a coisa julgada (art. 5º, XXXVI, CF/88).

C) RAZOABILIDADE E PROPORCIONALIDADE: a administração deve ter uma atuação equilibrada, como forma de evitar uma atuação abusiva ou desnecessária, deve-se buscar uma atuação sem excessos. O princípio da proporcionalidade pode ser dividido em:

* Adequação: a medida adotada deve levar ao fim pretendido;
* Necessidade: deve-se adotar a medida menos restritiva;
* Proporcionalidade em sentido estrito: deve-se realizar uma ponderação entre o ônus da atuação estatal e os benefícios que esta venha a gerar.

2. ORGANIZAÇÃO ADMINISTRATIVA

A Administração Pública pode se organizar de duas maneiras: através da desconcentração e da descentralização.

A desconcentração ocorre quando a Administração Pública se divide internamente, em órgãos, distribuindo, entre eles, as suas competências. Por exemplo: criação de um novo Ministério na União.

Já a descentralização ocorre quando a pessoa jurídica transfere uma determinada atividade para outras entidades (pessoas jurídicas). Por exemplo: criação de uma autarquia.

2.1. Administração Direta e Indireta

Existem várias formas de classificar a Administração Pública, dentre elas a divisão entre Administração Pública Direta e Administração Pública Indireta.

A) ADMINISTRAÇÃO DIRETA: É composta pela União, Estados, Distrito Federal e Municípios, bem como seus órgãos públicos. Aqui tem a atividade administrativa prestada de forma direta e centralizada.

B) ADMINISTRAÇÃO INDIRETA: É integrada por pessoas jurídicas criadas pela Administração Direta para o exercício de atividades previstas em lei. Integram a Administração Indireta: Autarquias; Empresas Públicas;

Sociedades de Economia Mista e Fundações Públicas.

DIREITO ADMINISTRATIVO

2.2. Órgãos Públicos

Os órgãos públicos são divisões internas de competência dentro de uma mesma pessoa jurídica, organizando internamente o exercício de todas as atividades administrativas. Devem ser criados e extintos por lei (art. 48, XI e art. 84, VI, a, CF/88).

Os órgãos públicos não possuem personalidade jurídica, pois são apenas uma divisão interna da pessoa jurídica da qual faz parte, por exemplo, o Congresso Nacional é um órgão que integra a pessoa jurídica União.

3. ADMINISTRAÇÃO PÚBLICA INDIRETA

As entidades que integram a Administração Indireta são criadas pela descentralização, para o exercício de determinadas atividades previstas em lei. Assim, cada uma das pessoas jurídicas criadas pela Administração Direta recebe determinada especialidade, ou seja, qual a atividade que deverá exercer. Integram a Administração Indireta: autarquias, empresas públicas, sociedades de economia mista e fundações públicas.

3.1. Autarquias

São pessoas jurídicas de direito público, de acordo com o art. 41, IV, do Código Civil. Exemplos de autarquias: INSS, Banco Central, Anatel, conselhos profissionais, entre outras.

Atividade: são criadas para o exercício de atividades típicas de Estado (art. 5º, I, Decreto-Lei 200/67).

Criação: por serem pessoas jurídicas de direito público, as autarquias são <u>criadas</u> por lei específica, conforme estabelece o art. 37, XIX, CF/88.

Regime de pessoal: atualmente, o regime de pessoal aplicável aos servidores de uma autarquia deve ser o mesmo regime seguido pela Administração Direta que a criou. Em âmbito federal, como a União possui servidores estatutários, as autarquias criadas pela União devem ter, também, servidores estatutários[3].

Regime de bens: possui bens públicos, pois é uma pessoa jurídica de direito público[4].

Prerrogativas processuais: possui as mesmas prerrogativas processuais atribuídas à Fazenda Pública: prazo em dobro para se manifestar (art. 183, CPC) e duplo grau de jurisdição (art. 496, CPC).

Espécies de autarquias: existem diversas espécies de autarquias, sendo algumas importantes:

<u>Conselhos profissionais:</u> por exercerem atividades típicas de Estado, foram consideradas pelo STF[5] como espécies de autarquias. Exemplo: Conselho Regional de Medicina.

<u>Agências executivas:</u> as autarquias ou fundações públicas que firmam com a Administração um contrato de gestão, em que são estabelecidas metas de desempenho, conforme determinado o art. 37, §8º, CF/88.

---

3. Vide item 5.1. Classificação de agentes públicos.

4. Vide item 14. Bens públicos.

5. STF, ADI 1.1717/DF, rel. Min. Sydney Sanches, 07.11.2002.

271

FLÁVIA CAMPOS

Agências reguladoras: são autarquias em regime especial, que são criadas para regulamentar/ fiscalizar o exercício de determinados serviços públicos ou de interesse público. São exemplos: ANATEL, ANEEL, ANTT etc. Possui algumas características especiais:

– os dirigentes das agências reguladoras são nomeados pelo chefe do Executivo, mas a nomeação depende de aprovação do Poder Legislativo.

– depois de nomeados, os dirigentes não podem ser exonerados a qualquer momento, visto que passam a exercer um "mandato fixo", só podendo perder o cargo no caso de renúncia, condenação judicial transitada em julgado ou processo administrativo (art. 9º, Lei 9.986/00);

– depois de terminado o prazo do mandato, devem ficar durante determinado período previsto em lei impedido de exercer função na área de atuação da autarquia. É a chamada "quarentena", que tem o prazo de 6 meses, nos termos do art. 8º da Lei 9.986/00.

3.2. Empresas Públicas e Sociedades de Economia Mista

Tanto as empresas públicas quanto as sociedades de economia mista são pessoas jurídicas de direito privado, que integram a Administração Indireta. Exemplos de empresas públicas: Caixa Econômica Federal, Correios, entre outras. Exemplos de sociedades de economia mista: Banco do Brasil, Petrobrás etc. São regulamentadas pela Lei 13.303/16, que é o Estatuto das Empresas Públicas e Sociedades de Economia Mista.

Tais entidades possuem várias características em comum e algumas diferenças entre elas.

A) SEMELHANÇAS ENTRE EMPRESA PÚBLICA E SOCIEDADE DE ECONOMIA MISTA

Atividade: podem ser criadas para duas espécies de atividades: prestação de serviços públicos ou exploração de atividade econômica.

Criação: por serem pessoas jurídicas de direito privado, são autorizadas por lei específica, nos termos do art. 37, XIX, CF/88, devendo ser realizado, depois, o registro do seu ato constitutivo no cartório de pessoas jurídicas, conforme estabelece o Código Civil em seu art. 45.

Regime de pessoal: possui o regime celetista, ou seja, os seus servidores se submetem, em regra, à CLT. No entanto, vale ressaltar que se aplica a esses servidores celetistas algumas normas de direito público, como a necessidade de se submeter ao concurso público, a proibição à acumulação de empregos públicos etc.[6].

Regime de bens: de acordo com a maioria da doutrina, possuem bens privados. No entanto, por integrarem a Administração Pública Indireta, alguns de seus bens podem receber um tratamento especial, como será analisado ao se tratar de bens públicos[7].

Prerrogativas processuais: não possuem prerrogativas processuais, por serem pessoas jurídicas de direito privado.

B) DIFERENÇAS ENTRE EMPRESA PÚBLICA E SOCIEDADE DE ECONOMIA MISTA

---

6. Vide item 5.1. Classificação de agentes públicos.

7. Vide item 14. Bens públicos

DIREITO ADMINISTRATIVO

Forma societária: de acordo com o art. 4º da Lei 13.303/16, as sociedades de economia mista devem, necessariamente, ter a forma societária de sociedade anônima. Já a empresa pública, no art. 3º, Lei 13.303/16, não tem uma forma societária específica.

Formação do capital: a empresa pública tem o capital social integralmente detido pela União, Estados, DF ou Municípios, podendo, ainda, ter a participação de outras pessoas jurídicas de direito público ou da Administração Indireta, desde que a maioria do capital votante permaneça em propriedade da Administração Direta. Por outro lado, a sociedade de economia mista possui a maioria do capital com direito a voto com a União, Estados, DF, Municípios ou entidades de administração indireta, não impedindo, no entanto, a participação de particulares no capital social.

Foro processual: a justiça competente para julgar as ações do procedimento comum da qual seja parte uma empresa pública federal, será a justiça federal (art. 109, I, CF/88); caso seja empresa pública estadual, municipal ou distrital, a competência é da justiça estadual. No entanto, mesmo quando se tratar de sociedade de economia mista federal, a competência será da justiça estadual. É o que prevê a Súmula 42 do STJ. Vale ressaltar que quando a União intervém na ação, a justiça competente passa a ser a justiça federal, em virtude da presença da União na ação, nos termos da Súmula 517 do STF. Por fim, a competência para julgar ações constitucionais, como o mandado de segurança e habeas data, são diferentes dos analisados aqui.

3.3. Fundações Públicas

De acordo com o STF, as fundações públicas podem receber a natureza jurídica de pessoa jurídica de direito público ou de pessoa jurídica de direito privado. São exemplos de fundações públicas: FUNAI, IBGE, entre outras[8].

Atividade: devem ser criadas para exercer atividades de interesse social.

Criação: a Constituição Federal estabelece, em seu art. 37, XIX, que as fundações serão autorizadas por lei específica. No entanto, caso se trate de fundação pública de direito público, a sua criação deve ser a mesma da autarquia, ou seja, deverá ser criada por lei específica.

Regime de pessoal: caso seja pessoa jurídica de direito público, a fundação pública possuirá regime jurídico estatutário, tal qual a Administração Direta; caso seja pessoa jurídica de direito privado, terá servidores celetistas, da mesma maneira que as empresas públicas.

Regime de bens: as fundações públicas de direito público possuem bens públicos; as fundações públicas de direito privado, possuem bens privados.

Prerrogativas processuais: apenas as fundações públicas de direito público possuem as prerrogativas processuais previstas nos arts. 183 e 496 do CPC.

4. TERCEIRO SETOR

O chamado terceiro setor é formado por pessoas jurídicas de direito privado, sem fins lucrativos, que desempenham alguma atividade de interesse social e, por isso, recebem algum tipo de fomento (incentivo) da Administração Pública. São entidades

---

8.   STF, RE 101.126/RJ, rel. Min. Moreira Alves, j. 24.10.1984.

do terceiro setor: serviços sociais autônomos, entidades de apoio, organizações sociais, organizações da sociedade civil de interesse público, organizações da sociedade civil, dentre outras.

Vale ressaltar que as entidades do terceiro setor não integram a Administração Direta nem a Administração Indireta.

4.1. Serviços Sociais Autônomos

Também são chamados de Sistema S ou Entidades de cooperação governamental, são pessoas jurídicas de direito privado sem fins lucrativos, criadas para prestar algum tipo de amparo a determinadas categorias sociais ou profissionais. São exemplos de entidades do Sistema S: SENAI, SENAC, SESC, SESI etc. Para a criação de tais entidades é necessária uma autorização legislativa, pois é possível o recebimento de contribuições compulsórias, o que só pode ser feito após autorização legal, em virtude da natureza de tributo.

4.2. Organizações Sociais (Os)

São pessoas jurídicas de direito privado, sem fins lucrativos, criadas para exercer uma das atividades previstas no art. 1º da Lei 9.637/98, que firmam com a Administração Pública um contrato de gestão. Em virtude do contrato de gestão firmado, a entidade pode receber diversos incentivos previstos em lei, como repasse de verbas orçamentárias, permissão de uso de bem público ou cessão de servidores. A "OS" está regulamentada na Lei 9.637/98.

4.3. Organizações da Sociedade Civil de Interesse Público (OSCIP)

São pessoas jurídicas de direito privado, sem fins lucrativos, criadas para exercer uma das atividades previstas no art. 3º da Lei 9.790/99, que firmam com a Administração Pública um termo de parceria. Em virtude do contrato de gestão firmado, a entidade pode receber diversos incentivos previstos em lei, como repasse de verbas orçamentárias ou permissão de uso de bem público. A "OSCIP" está regulamentada na Lei 9.790/99.

4.4. Organizações da Sociedade Civil (OSC)

As organizações da sociedade civil (OSCs) também são pessoas jurídicas de direito privado sem fins lucrativos que são criadas para o exercício de atividades de função social, e são regulamentadas pela Lei 13.019/14. Tais entidades podem, de acordo com a lei, firmar um termo de colaboração (art. 16, Lei 13.019/14), um termo de fomento (art. 17, Lei 13.019/14) ou um acordo de cooperação (art. 2º, VIII-A, Lei 13.019/14). Além desses instrumentos, a Lei traz vários institutos que devem ser seguidos para a elaboração da parceria com a OSC.

5. AGENTES PÚBLICOS

O conceito de agentes públicos é um conceito amplo, que abarca todas as pessoas que exercem função pública, seja de que maneira for, ainda que sem remuneração ou de forma temporária.

5.1. Classificação de Agentes Públicos

Esse conceito amplo de agentes públicos é classificado pela doutrina em diversas espécies. São elas:

A) AGENTE PÚBLICO DE FATO: São aquelas pessoas que exercem função pública, de boa-fé, no entanto, não possuem vínculo jurídico e válido com a Administração Pública. O agente de fato pode ser dividido em duas espécies:

Agente de fato necessário: a pessoa exerce função pública em uma situação de necessidade, em uma situação excepcional. Ex.: particular que ajuda em uma enchente.

Agente de fato putativo: a pessoa exerce função pública em uma situação de normalidade, com aparência de agente público, mas que não possui investidura ou sua investidura teve algum vício. Ex.: aprovado em um concurso público que foi anulado.

B) AGENTE PÚBLICO DE DIREITO: São aquelas pessoas que exercem função pública em virtude de um vínculo jurídico e válido com a Administração Pública. Podem ser divididos em:

• **Particulares em colaboração (ou honoríficos):** exercem, em determinadas situações, a função pública, mas não perdem o caráter de particular. São exemplos: jurados, mesários, titulares de cartório, entre outros.

• **Agentes políticos:** são aqueles agentes que exercem a função política. Para a maioria da doutrina[9] são considerados agentes políticos:

• Chefes do Poder Executivo (Presidente da República, Governador, Prefeito)

• Auxiliares do chefe do Executivo (Ministros de Estado, Secretários Estaduais e Secretários Municipais)

• Membros do Poder Legislativo (Senadores, Deputados Federais, Deputados Estaduais, Vereadores)

---

9. Por exemplo, DI PIETRO, Maria Sylvia Zanella. *Direito Administrativo*. Rio de Janeiro: Forense, 2017, p. 678, MELLO, Celso Antônio Bandeira de. *Curso de Direito Administrativo*. São Paulo: Malheiros, 2015, p. 254, e CARVALHO FILHO, José dos Santos. *Manual de Direito Administrativo*. São Paulo: Atlas, 2018, p. 628.

- **Militares:** podem ser considerados uma espécie autônoma de agentes públicos de direito ou uma espécie de servidores públicos. Estão tratados no art. 42 e no art. 142 da CF/88.

- **Servidores públicos em sentido amplo (ou agentes administrativos):** são aquelas pessoas que possuem uma relação de trabalho com a Administração Pública, podendo ser: servidores temporários, servidores celetistas e servidores estatutários.

b.1) Servidores públicos temporários: os servidores temporários estão previstos no art. 37, IX, da CF/88, que traz a possibilidade de contratação por prazo determinado para atender necessidade temporária de excepcional interesse público. Não ocupem nem cargo e nem emprego públicos, apenas exercem uma função pública em virtude de um contrato firmado com a Administração. Não precisam fazer concurso público, devendo, no entanto, se submeter a um processo seletivo objetivo.

b.2) Servidores públicos celetistas: os servidores celetistas ocupam emprego público, por isso são chamados de empregados públicos. Em regra, o servidor celetista se submete à CLT, no entanto, algumas normas de direito público deverão ser aplicadas neste regime jurídico celetista. Por exemplo:

Deve se submeter ao concurso público (art. 37, II, CF/88).

Deve respeitar a regra da não acumulação, só podendo acumular cargo, emprego ou função pública nas hipóteses previstas na Constituição (art. 37, XVI e XVII, CF/88).

De acordo com ao art. 37, §9º da CF/88, as empresas públicas e as sociedades de economia mista devem respeitar o teto remuneratório (previsto no art. 37, XI, CF/88) quando receberem recursos da Administração Direta para pagamento de pessoal ou de custeio em geral. Assim, caso a entidade se enquadre nessa situação, o servidor celetista deverá respeitar o teto remuneratório; caso contrário, o servidor celetista poderá receber além do teto.

A justiça competente para dirimir conflitos entre o empregado público e a Administração é a Justiça do Trabalho (art. 114, I, CF/88).

b.3) Servidores públicos estatutários: os servidores estatutários são aqueles que ocupam cargos públicos nos entes federativos e nas pessoas jurídicas de direito público. São chamados servidores públicos em sentido estrito ou servidores estatutários, pois se submetem a um estatuto próprio, editado por lei. Cada ente federado tem competência para legislar sobre o estatuto dos seus servidores. Em âmbito federal, aplica-se a Lei 8.112/90. A justiça competente para processo e julgamento das causas relativas a servidores estatutários é Justiça comum (federal ou estadual), e não a Justiça do Trabalho.

5.2. Cargos Públicos

O cargo público é aquele que vai ser ocupado por um servidor estatutário, dentro da organização da Administração Direta, autarquias e fundações públicas de direito público. Com relação aos cargos, é necessário se fazer algumas considerações:

Criação e extinção dos cargos públicos: em regra, devem ser criados e extintos por lei (art. 48, X, CF/88).

Iniciativa de lei para criação de cargos públicos: art. 61, §1º, II, a, CF/88 (Chefe do Executivo); art. 96, II, b (Presidente do Tribunal); art. 127, §2º (Procurador-Geral do MP).

DIREITO ADMINISTRATIVO

Obs. 1: a criação dos cargos da Câmara de Deputados e Senado Federal se dá por resolução, ou seja, ato administrativo (art. 51, IV e art. 52, XIII).

Obs. 2: em regra, se o cargo é criado por lei, também vai ser extinto por lei. Mas o art. 84, VI, b, traz a possibilidade de <u>extinção dos cargos vagos através de decreto</u> (ato administrativo) do Chefe do Executivo.

Classificação dos cargos: os cargos públicos podem ser classificados de diversas formas:

a) Quanto à posição que ocupam no quadro funcional:

• Cargo de carreira: dividido em classes, possibilitando a progressão na carreira. Ex.: Delegado Classe I, Delegado Classe II, Delegado Classe III...

• Cargo isolado: cargo único, que não tem divisão de classes, não sendo possível a progressão funcional. Ex.: Ministro de Estado.

b) Quanto às garantias dos seus ocupantes:

• Cargo vitalício: tem uma garantia maior para o servidor. Depois de reconhecida a vitaliciedade, só pode perder o cargo por sentença judicial transitada em julgado. São cargos vitalícios previstos na Constituição: magistrados (art. 95, I), Ministros e Conselheiros do Tribunal de Contas (art. 73, §3º) e membros do MP (art. 128, §5º, I, a).

• Cargo efetivo: dá uma garantia ao servidor no serviço público, fazendo com que ele só perca o cargo em 4 situações: sentença judicial transitada em julgado, processo administrativo garantida ampla defesa, avaliação periódica de desempenho (previstos no art. 41, §1º, CF/88) e excesso no limite de despesas com pessoal (art. 169, §4º, CF/88)[10].

• Cargo em comissão: cargo de livre nomeação e exoneração (exoneração *ad nutum*), devendo, no entanto, respeitar a Súmula Vinculante n.º 13.

5.3. Normas Constitucionais

A Constituição trata dos servidores públicos, basicamente, dos arts. 37 a 41. Abaixo, passa-se à análise dos principais pontos:

A) CONCURSO PÚBLICO – ART. 37, II E III, CF/88: Serve para selecionar os melhores candidatos para ingresso em cargos ou empregos públicos. Apesar de a regra ser a realização de concurso público, existem exceções previstas na CF/88: Cargo em comissão (art. 37, II, CF/88); Ministros do STF e de Tribunais Superiores (art. 101, p. único; art. 104, p. único; art. 111-A; art. 119, II; art. 123, p. único, da CF/88); Ministros e Conselheiros dos Tribunais de Contas (art. 73, §§1º e 2º e art. 75, CF/88); quinto constitucional (art. 94, CF/88); agentes comunitários de saúde e endemias (art. 198, §4º, CF/88); e ex-combatentes da II Guerra Mundial (art. 53, I, ADCT).

O concurso público pode ser de provas ou de provas e títulos, que é quando, além das provas, o candidato tem análise dos seus títulos (como pós-graduação, mestrado etc.).

A.1) Prazo de validade: o prazo de validade é o período que a Administração tem para nomear os aprovados no concurso público, é de até 2 anos, prorrogável uma vez, por igual

---

10. Vide item 5.3. Normas constitucionais.

período. O prazo se inicia com a homologação do concurso e sua prorrogação é uma atuação discricionária da Administração, ou seja, a ela decide se quer ou não prorrogar.

A.2) Aprovação e direito à nomeação: Em regra, a aprovação no concurso público não significa que o candidato tem direito subjetivo à nomeação, isto porque a aprovação gera apenas a expectativa de direito à nomeação. No entanto, em determinadas situações, de acordo com a jurisprudência e doutrina, o candidato aprovado passa a ter direito subjetivo à nomeação. Vejamos:

• – quando o candidato é aprovado dentro do número de vagas previsto no edital, visto que a Administração Pública se vincula à quantidade de vagas prevista no edital;

• – quando o candidato é preterido na ordem classificatória (Súmula 15, STF), ou seja, a Administração nomeia alguém que está atrás dele na ordem de classificação no concurso;

• – quando ocorre uma nomeação precária (temporária) para o mesmo cargo que o candidato foi aprovado.

Obs. importante: o surgimento de novas vagas ou a abertura de novo concurso público não gera, por si só, o direito subjetivo à nomeação. Só haverá que se falar em direito subjetivo à nomeação por surgimento de novas vagas ou novo concurso público se ficar comprovado que a Administração não nomeou os aprovados no concurso anterior de forma imotivada e arbitrária.

B) ESTABILIDADE – ART. 41, CF/88: Está prevista no art. 41 da CF/88 e é a garantia que o titular de cargo efetivo pode adquirir de permanência no serviço público. É adquirida com o cumprimento de dois requisitos:

Obs.: a Lei 8.112/90 fala no art. 21, que o prazo do estágio probatório é de 2 anos; e fala em 24 meses no art. 20. No entanto, não existe dúvida, de acordo com o STF[11] e o STJ[12], que o prazo do estágio probatório é de 3 anos.

Depois que o servidor, ocupante de cargo efetivo, adquire a estabilidade, só poderá perder o cargo nas seguintes situações:

1. Sentença judicial transitado em julgado (art. 41, §1º, I, CF/88 e art. 22, Lei 8.112/90)
2. Processo administrativo disciplinar, garantido ampla defesa (art. 41, §1º, II, CF/88 e art. 22, Lei 8.112/90)
3. Reprovação em avaliação periódica de desempenho (art. 41, §1º, III, CF/88)
4. Excesso de limites de gasto com pessoal (art. 169, §4º, CF/88 e art. 19, Lei Complementar 101/00)

---

11. STF, AI 754.802 AgR-ED/DF, rel. Min. Gilmar Mendes, 07.06.2011.
12. STJ, MS 12.523/DF, rel. Min. Felix Fischer, 22.04.2009.

DIREITO ADMINISTRATIVO

C) REMUNERAÇÃO DO SERVIDOR PÚBLICO: A remuneração é a contraprestação dada pelo Estado pela prestação do serviço público. O termo "remuneração" abarca a soma do vencimento básico e das vantagens pecuniárias do servidor.

> **REMUNERAÇÃO = VENCIMENTO + VANTAGENS PECUNIÁRIAS**

As vantagens, de acordo com o art. 49 e seguintes da Lei 8.112/90, podem ser de três espécies: gratificações, adicionais e as indenizações.

A maioria dos ocupantes de cargos públicos é remunerada através dessa soma de valores, no entanto, a CF/88 prevê uma outra forma de remuneração, que é através do subsídio, que é o pagamento em parcela única, sem receber outras vantagens, gratificações. No entanto, ainda no caso de subsídio, é possível a soma das parcelas indenizatórias previstas em lei, por exemplo, auxílio-moradia, diárias, ajuda de custo (art. 51, Lei 8.112/90) etc.

D) TETO REMUNERATÓRIO: O teto remuneratório é o limite previsto na Constituição para a remuneração dos servidores públicos e está previsto no art. 37, XI. O teto geral, que deve ser respeitado por todos os servidores, é o subsídio do Ministro STF. Além disso, prevê tetos específicos. No caso dos servidores municipais, estabelece-se como teto o subsídio do Prefeito; em âmbito estadual, o teto dos servidores do Poder Executivo será o subsídio do Governador, o teto dos servidores do Poder Legislativo, será o subsídio do Deputado Estadual, e para os servidores do Poder Judiciário, membros MP, Procuradores (Estaduais e Municipais) e Defensores Públicos, o teto será o subsídio do Desembargador do Tribunal de Justiça.

Obs. 1: De acordo com o art. 37, §12, CF/88, os Estados e o DF podem fixar como limite único o subsídio dos Desembargadores do TJ, desde que previsto na Constituição do Estado ou na Lei Orgânica do DF, mas os Deputados Estaduais e Vereadores não se submetem a esse teto.

Obs. 2: Apesar de a remuneração dos servidores terem que respeitar o teto remuneratório, as verbas indenizatórias não precisam respeitar esse limite, conforme art. 37, §11, CF/88, pois têm caráter de reembolso, podendo ultrapassar o limite do teto.

E) GREVE: O art. 37, inciso VII, da CF/88, determina que o servidor público tem o direito de greve, enquanto a lei específica sobre greve dos servidores não for editada, aplica-se a Lei 7.783/89[13] que é a lei de greve dos trabalhadores em geral.

Ainda de acordo com o STF[14], os dias não trabalhados podem ser descontados do servidor, a não ser que a greve tenha sido causada por uma atuação ilícita da Administração. É razoável que o desconto seja feito de forma parcelada[15].

Obs.: o art. 142, §3º, IV, da CF/88 veda o direito de greve para os militares. Além disso, o STF[16] decidiu que o direito de greve é vedado para todos os ocupantes de cargos policiais.

---

13. STF, MI 670/ES, rel. Min. Maurício Corrêa, 25.10.2007; MI 708/DF, rel. Min. Gilmar Mendes, 25.10.2007; MI 712/PA, rel. Min. Eros Grau, 25.10.2007.

14. STF, RE 693.456/RJ, rel. Min. Dias Toffoli, 27.10.2016.

15. STJ, RMS 49.339/SP, rel. Min. Francisco Falcão, 06.10.2016.

16. STF, ARE 654.432/GO, rel. Min. Alexandre de Moraes, 05.04.2017.

FLÁVIA CAMPOS

F) DISPONIBILIDADE: No caso em que o cargo público é extinto ou declarado desnecessário, o servidor estável ficará em disponibilidade, recebendo de forma proporcional ao tempo de serviço, até ser aproveitado em outro cargo (art. 41, §3º, CF/88).

G) ACUMULAÇÃO DE CARGO, EMPREGO E FUNÇÃO: A Constituição, no art. 37, XVI e XVII, em regra, veda a acumulação remunerada de cargo, emprego e função pública. No entanto, o inciso XVI traz exceções, desde que preenchidos os seguintes requisitos:

COMPATIBILIDADE DE HORÁRIOS	RESPEITO AO TETO REMUNE-RATÓRIO (para cada cargo)	A ACUMULAÇÃO SEJA DE: . dois cargos de professor . um cargo de professor com outro técnico ou científico . dois cargos privativos de profissional da saúde, com profissão regulamentada

Obs.: o art. 132, XII, da Lei 8.112/90 prevê que a acumulação de cargos ensejará a penalidade de demissão. Para a aplicação de tal penalidade, deve ser instaurado o processo administrativo disciplinar sumário, previsto no art. 133 da Lei 8.112/90

H) ACUMULAÇÃO DE CARGO PÚBLICO COM CARGO ELETIVO: O art. 38 da CF/88 trata a possibilidade de um ocupante de cargo público ser eleito para um cargo eletivo. A depender do cargo eletivo a ser ocupado, o servidor poderá ou não continuar com seu cargo público.

Se eleito para cargo eletivo federal, distrital ou estadual:	O servidor se afasta do cargo público e recebe o subsídio do cargo eletivo.
Se eleito para o cargo de prefeito:	O servidor se afasta do cargo público, mas pode optar pela remuneração do cargo público ou pelo subsídio do cargo eletivo.
Se eleito para o cargo de vereador:	Se houver compatibilidade de horários, acumula o cargo público e o cargo eletivo, recebendo as vantagens do cargo e a remuneração do cargo eletivo.
	Se não houver compatibilidade de horários, aplica-se a regra do Prefeito.

5.4. Lei 8.112/90

A Lei 8.112/90 é o Estatuto do servidor público civil federal, e tem grande incidência no Exame de Ordem.

São formas de provimento as hipóteses previstas no art. 8º da Lei 8.112/90, que são as formas de entrada em um cargo público. Já o art. 33 estabelece as formas de vacância, ou seja, as hipóteses de saída de um cargo público.

O vencimento e a remuneração dos servidores estão disponíveis entre os arts. 40 e 76-A. Depois, as licenças e afastamentos, nos arts. 81 a 96-A.

Outros pontos importantes são o regime disciplinar (arts. 116 a 142) e o processo administrativo disciplinar (arts. 143 a 182).

A) SINDICÂNCIA E PROCESSO ADMINISTRATIVO: Os arts. 143 a 182 tratam do processo administrativo disciplinar, disciplinando tanto a sindicância quanto o processo administrativo disciplinar. A sindicância poderá resultar em: arquivamento do processo; aplicação de penalidade de advertência ou suspensão de até 30 (trinta) dias; ou instauração de processo disciplinar. Nos casos em que devem ser aplicadas as demais penalidades, deve ser instaurado o processo administrativo disciplinar, Tanto na sindicância quanto no processo administrativo disciplinar devem ser garantidos o contraditório e a ampla defesa.

6. ATOS ADMINISTRATIVOS

É a manifestação unilateral de vontade da Administração Pública e de quem atua em seu nome, sob regime jurídico de direito público, no exercício da função administrativa.

6.1. Elementos / Requisitos do Ato Administrativo

São elementos ou requisitos do ato administrativo:

CO	mpetência
FI	nalidade
FO	rma
MO	tivo
OB	jeto

A) COMPETÊNCIA: é o limite de atribuições previsto em lei para um determinado órgão público e seus agentes públicos. Em regra, é irrenunciável (art. 11, Lei 9.784/99), no entanto, a própria lei estabelece a possibilidade de modificações temporárias de competência: a delegação e a revogação.

Delegação (art. 12, Lei 9.784/99): ocorre quando um determinado órgão ou agente transfere, temporariamente, sua competência para outra pessoa, ainda que não lhe seja hierarquicamente subordinado. (Cuidado com o art. 13 da Lei 9.784/99, que traz hipóteses em que a delegação é vedada).

Avocação (art. 15, Lei 9.784/99): ocorre quando um determinado órgão ou agente público toma, temporariamente, a competência atribuída a órgão hierarquicamente inferior.

A competência sempre estar prevista em lei ou no ordenamento jurídico.

B) FINALIDADE: é o resultado do ato administrativo, que pode ser específica (aquela prevista em lei) ou genérica (sempre o interesse público).

Não existe liberdade para o agente público na escolha da finalidade.

C) FORMA: A forma é a exteriorização do ato administrativo. Em regra, o ato administrativo deve ter a forma escrita, salvo outras formas previstas em lei, como oralmente, sinais ou sons.

A forma devendo estar prevista em lei ou no ordenamento jurídico.

D) MOTIVO: O motivo é a situação de fato e de direito que levou à edição do ato administrativo. São as razoes que justificam o ato administrativo.

O motivo pode estar previsto em lei ou existir uma margem de liberdade para o agente público escolher o motivo do seu ato.

FLÁVIA CAMPOS

Com relação ao motivo, é importante se analisar a motivação e a teoria dos motivos determinantes.

Motivação: a motivação é a exposição dos motivos, a explicitação dos motivos. O art. 93, X, CF/88 e o art. 50, Lei 9.784/99, trazem situações em que o ato deves ser motivado.

Teoria dos motivos determinantes: os motivos do ato administrativo devem ser verdadeiros para que o ato administrativo seja válido.

E) OBJETO: O objeto é o conteúdo do ato, é o efeito jurídico imediato e material que o ato vai produzir. É a alteração no mundo fático.

O objeto do ato pode estar previsto em lei ou pode existir uma margem de liberdade da sua escolha.

6.2. Mérito Administrativo

Os atos administrativos podem ser divididos em atos vinculados e atos discricionários. Os atos vinculados são aqueles em que todos os elementos do ato administrativo estão previstos em lei, assim, não existe margem de liberdade para os agentes públicos. Já o ato administrativo discricionário é aquele em que existe uma margem de liberdade para o agente público analisar a conveniência e oportunidade do ato administrativo.

Essa margem de liberdade é o chamado mérito administrativo, que é encontrado nos elementos do ato em que existe uma possibilidade de escolha. Os elementos do ato administrativo que admitem essa escolha são, como visto acima, o motivo e/ou o objeto.

6.3. Atributos do Ato Administrativo

São as características que o ato administrativo possui. São atributos do ato administrativo:

P	resunção de legitimidade
A	utoexecutoriedade
T	ipicidade
I	mperatividade

A) PRESUNÇÃO DE LEGITIMIDADE: Em regra, presume-se que o ato administrativo foi editado de forma legítima, ou seja, de acordo com a lei e que todas as informações são verdadeiras. Vale ressaltar, no entanto, que essa presunção é uma presunção *juris tantum*, ou seja, admite prova em contrário.

B) AUTOEXECUTORIEDADE: A autoexecutoriedade determina que a Administração tem capacidade de executar seus atos, independente da participação do Poder Judiciário. Existe exceção à autoexecutoriedade, como o caso da multa, pois para executar a multa é necessária uma ação de execução.

No entanto, a autoexecutoriedade é dividida, por alguns autores[17], em executoriedade e da exigibilidade. A executoriedade é a possibilidade de a Administração se utilizar de meios diretos de coerção, sem precisar do Poder Judiciário. Já a exigibilidade é a possibilidade de utilização de meios indiretos de coerção. A multa, apesar de não possuir executoriedade, possui exigibilidade.

---

17. MELLO, Celso Antônio Bandeira de. *Curso de Direito Administrativo*. São Paulo: Malheiros, 2015, p. 428.

DIREITO ADMINISTRATIVO

C) TIPICIDADE: Estabelece que todos os atos administrativos devem estar sempre previstos em lei. Esse atributo possui ligação direta com o princípio da legalidade.

D) IMPERATIVIDADE: Os atos administrativos são, em regra, imperativos ou coercitivos, ou seja, a Administração impõe seus atos aos particulares sem se preocupar com a vontade desses. Assim, ainda que o particular não concorde, a Administração impões o ato administrativo. Existe exceção à imperatividade, quando a Administração apenas concorda com um pedido feito por um particular ou apenas emite uma opinião ou situação. Ex.: permissão de uso de bem público, certidão, parecer.

6.4. Extinção do Ato Administrativo

O ato administrativo pode ser extinto de diversas maneiras, algumas delas são:

A) EXTINÇÃO NATURAL: Decorre do cumprimento normal do ato administrativo ou quando o prazo expira. Ex.: um ato que concede férias para o servidor público. Depois que termina o período de férias, o ato concessivo de férias é extinto.

B) EXTINÇÃO SUBJETIVA: Ocorre com o desaparecimento do sujeito que se beneficiou do ato. Ex.: ato de nomeação de um servidor público. O servidor falece, extingue o ato.

C) EXTINÇÃO OBJETIVA: O ato se extingue quando seu objeto desaparece. Ex.: ato que determina o tombamento de uma casa e a casa cai.

D) EXTINÇÃO POR VONTADE DO PARTICULAR: A extinção por vontade do particular acontece quando o próprio beneficiário do ato decide que não quer mais o ato administrativo, pedindo a extinção do ato. Pode ocorrer através de: renúncia e recusa.

Recusa: o particular pede a extinção do ato antes mesmo de começar a se beneficiar por ele. Ex.: pede a extinção do ato de autorização de uso de bem público antes mesmo de usar o bem.

Renúncia: ocorre quando o particular começa a se beneficiar do ato, mas, depois que já está se beneficiando, pede a sua extinção. Ex.: pede a extinção da licença para dirigir depois que já começou a se aproveitar dela.

E) CASSAÇÃO: É a extinção do ato que ocorre por conta de uma ilegalidade atribuída ao beneficiário. Ex.: licença para dirigir cassada quando o motorista está alcoolizado.

F) CONTRAPOSIÇÃO: Ocorre quando um ato administrativo novo se contrapõe a um anterior, fazendo com que o anterior seja extinto. Ex.: ato de exoneração, que se contrapõe ao ato de nomeação de um servidor.

G) CADUCIDADE: É a extinção do ato quando em virtude de uma lei nova. O ato, quando é editado, é legal, mas depois surge uma nova lei, que não tolera mais aquela situação. Ex.: ato de autorização para utilizar a calçada para colocar mesas e cadeiras de um restaurante. Depois é editada uma nova lei, que proíbe mesas e cadeiras na calçada.

> **Atenção:** não confundir a caducidade do ato administrativo com a caducidade do contrato de concessão de serviço público[18].

---

18. Vide item 13.6. Lei 8.987/95: Concessão de serviço público comum e concessão de serviço público precedida de obra pública.

H) ANULAÇÃO: É a extinção do ato que foi editado de forma ilegal. É o disposto nas Súmulas 346 e 473 do STF, assim como no art. 53 da Lei 9.784/99. Em regra, a anulação do ato tem efeitos *ex tunc*, ou seja, retroativo, como se o ato nunca tivesse existido.

Decadência administrativa: a Lei 9.784/99 estabelece, em seu art. 54, que a Administração perde o direito de anular os seus atos ilegais, quando forem atos que criem efeitos favoráveis para os destinatários, depois de passados 5 anos da prática do ato, desde que o destinatário esteja de boa-fé.

I) REVOGAÇÃO: Ocorre quando o ato administrativo é legal, mas se tornou inconveniente ou inoportuno para a Administração. Em regra, a revogação tem efeitos *ex nunc*, ou seja, não retroagem.

Alguns atos administrativos não podem ser revogados: atos vinculados, atos que já exauriram seus efeitos, atos que geraram direito adquirido, atos que foram objeto de preclusão em processo administrativo.

6.5. Convalidação do Ato Administrativo

A convalidação acontece quando a Administração Pública conserta o vício do ato administrativo, fazendo com que ele se torne válido. São formas de convalidação:

A) RATIFICAÇÃO: É a forma de convalidar um ato que possui vício na <u>competência</u> ou na <u>forma</u>. Quando o ato é editado por um agente incompetente, pode ser ratificado quando o agente competente convalida o ato. Quando o ato é editado com vício de forma, a ratificação através da forma prevista em lei também faz com que o ato se convalide.

B) REFORMA: Ocorre quando o ato tem dois ou mais objetos e um destes está com defeito. Para convalidar o ato através da reforma, basta retirar o objeto viciado, mantendo os demais. Ex.: ato administrativo com dois objetos: a promoção de Maria e de José. Percebe-se que a promoção de José não poderia ocorrer. Na reforma, retira a promoção do José, e deixa só a promoção da Maria. Tira o objeto viciado, deixa o outro objeto válido.

C) CONVERSÃO: Também ocorre quando o ato tem dois ou mais objetos, e um está com vício. Para convalidar, no caso da conversão, retira-se o objeto viciado e coloca outro objeto válido. Ex.: ato administrativo com dois objetos: a promoção de Maria e de José. Percebe-se que a promoção de José não poderia ocorrer. Na conversão, retira a promoção do José, e inclui a promoção de Antônio. Tira o objeto viciado, inclui outro, válido.

7. PODERES ADMINISTRATIVOS

Os poderes administrativos são prerrogativas conferidas à Administração Pública para que ela consiga desempenhar suas atividades e alcançar o interesse público.

7.1. Abuso de Poder

Em determinadas situações, o agente público abusa do poder administrativo recebido, caracterizando o abuso de poder. São duas as espécies de abuso de poder:

Excesso de poder: a atuação do agente público possui um vício na competência, ou seja, o agente atuou fora da competência que recebeu. Ex.: agente da vigilância sanitária aplica multa a alguém que estacionou o carro em local proibido.

DIREITO ADMINISTRATIVO

Desvio de poder (ou desvio de finalidade): a atuação possui um vício na finalidade, ou seja, o agente atuou buscando uma finalidade que não a prevista em lei. Ex.: remoção de servidor público, alegando necessidade do serviço, mas que na verdade é uma forma de vingança pessoal.

O ordenamento jurídico traz consequências para o abuso de autoridade na Lei 4.898/65.

7.2. Espécies de Poderes Administrativos

Existem 4 espécies de poder administrativo: poder regulamentar (normativo); poder hierárquico; poder disciplinar; e poder de polícia.

Observação: alguns autores[19] citam, ainda, o poder vinculado e o poder discricionário. O poder vinculado seria exercido na edição de atos vinculados, e o poder discricionário, na edição de atos discricionários[20].

A) PODER REGULAMENTAR: é a prerrogativa conferida à Administração Pública para a edição de atos administrativos normativos, gerais e abstratos, para fiel execução de lei. Ocorre, por exemplo, com a edição do chamado decreto executivo (ou regulamento executivo). Tal decreto está previsto no art. 84, IV, CF/88, editado pelo Presidente da República.

B) PODER HIERÁRQUICO: é a prerrogativa conferida à Administração para escalonar funções, criando relações de hierarquia e subordinação dentro de uma mesma pessoa jurídica.

O poder hierárquico só se manifesta dentro de uma mesma pessoa jurídica, pois não existe hierarquia entre pessoas jurídicas diferentes. Assim, entre as entidades que integram a Administração Direta e Indireta, não existe hierarquia, o que existe é uma relação de vinculação, supervisão ministerial ou controle finalístico, que é diferente de subordinação e hierarquia.

C) PODER DISCIPLINAR: é a prerrogativa conferida à Administração para apurar irregularidades e aplicar sanções a pessoas que possuam relação especial com o Estado. São exemplos: os particulares que firmam um contrato administrativo, os alunos de uma escola pública ou de uma universidade pública, os usuários de uma biblioteca pública, os servidores públicos etc.

Por fim, a aplicação de sanções pela Administração Pública deve ser precedida de contraditório e ampla defesa.

D) PODER DE POLÍCIA: é a prerrogativa conferida à Administração para condicionar ou restringir interesses ou direitos de particulares, como forma de se alcançar o interesse público. Como o poder de polícia pode ser remunerado através de taxa, o art. 78 do Código Tributário Nacional traz um conceito desse poder.

Características do poder de polícia: são três as características do poder de polícia: discricionariedade, coercibilidade e autoexecutoriedade.

---

19. ALEXANDRINO, Marcelo e PAULO, Vicente. Direito Administrativo Descomplicado. Rio de Janeiro: Forense, São Paulo: Método. 2017, p. 271-276.

20. Vide item 6.2. Mérito administrativo.

Discricionariedade: em regra, o administrador tem uma margem de liberdade na sua atuação com base no poder de polícia. No entanto, em determinadas situações, não existe a menor margem de liberdade, como, por exemplo, na concessão de licenças.

Coercibilidade: a Administração impõe seus atos decorrentes do poder de polícia independentemente da vontade do Administrador, ou seja, estes atos são coercitivos. No entanto, nem todos os atos são coercitivos, pois, em alguns, a Administração simplesmente concorda com o particular, não impondo a sua vontade.

Autoexecutoriedade: a Administração executa seus atos de polícia sem precisar de manifestação do Poder Judiciário. No entanto, como visto ao tratar da autoexecutoriedade dos atos administrativos, existe exceção à regra da autoexecutoriedade, como, por exemplo, nas multas[21].

Delegação do poder de polícia para pessoa jurídica de direito privado: De acordo com o STF, o poder de polícia deve ser exercido, em regra, por pessoa jurídica de direito público. No entanto, é possível a sua delegação, por lei, para pessoa jurídica de direito privado integrante da Administração Indireta, cujo capital social seja majoritariamente público, que preste exclusivamente serviço público próprio de Estado, em regime não concorrencial[22].

8. RESPONSABILIDADE CIVIL DO ESTADO

Trata-se do dever do Estado de indenizar os danos causados por um agente público, em virtude de uma relação extracontratual. A responsabilidade civil do Estado está prevista no art. 37, §6º, da CF/88.

A responsabilidade civil do Estado se caracteriza por ser uma responsabilidade objetiva, ou seja, não depende que se comprove que o agente público atuou com dolo ou com culpa para que o Estado tenha o dever de indenizar. Assim, para que exista o dever de indenização, deve-se comprovar 3 elementos:

8.1. Fundamentos da Responsabilidade Civil Objetiva

A responsabilidade civil do Estado possui dois fundamentos no Direito Administrativo: princípio da repartição dos encargos e teoria do risco administrativo.

A) PRINCÍPIO DA REPARTIÇÃO DOS ENCARGOS: A Administração Pública desempenha sua atividade como forma de garantir o interesse público, por isso, a partir do momento em que uma pessoa, ou um grupo de pessoas, é prejudicada pela atuação administrativa, toda a coletividade deve repartir esse prejuízo. Esta repartição dos encargos se dará através da indenização paga pelo erário.

B) TEORIA DO RISCO ADMINISTRATIVO: Quando a Administração Pública assume a atividade administrativa, assume também o risco que deriva desta atividade. Assim, se alguém sofre um dano em virtude da função administrativa, o Estado deve ser responsabilizado.

---

21. Vide item 6.3. Atributos do ato administrativo.
22. Informativo 996, STF.

DIREITO ADMINISTRATIVO

A teoria do risco administrativo é a regra no Brasil, pois admite excludentes de responsabilidade, situações em que não haverá responsabilidade civil do Estado. Tais excludentes de responsabilidade serão analisados a seguir, no entanto, é importante diferenciar a teoria do risco administrativo e a teoria do risco integral.

Como visto, a teoria do risco administrativo admite os chamados excludentes de responsabilidade. Por outro lado, a teoria do risco integral não admite excludente de responsabilidade. Para o STF[23], só seria possível se falar em teoria do risco integral nas hipóteses de: danos ambientais, danos nucleares e atos terroristas (ou atos de guerra) em aeronaves brasileiras.

Já que a regra, no Brasil, é a teoria do risco administrativo, passe-se à análise dos excludentes de responsabilidade.

8.2. Excludentes de Responsabilidade

Fato exclusivo da vítima: ocorre quando o dano é causado exclusivamente por atuação da vítima, sem qualquer participação do Estado. Neste caso, o Estado não vai ser responsabilizado, porque o acidente aconteceu por culpa exclusiva da vítima.

Fato exclusivo de terceiro: ocorre quando um terceiro, estranho aos quadros da Administração Pública, é quem causa o prejuízo a outra pessoa. Nesse caso, o Estado não tem que se responsabilizar, pois não existe nexo causal entre a conduta do seu agente público e o resultado danoso.

Caso fortuito e força maior: existe uma grande divergência doutrinária com relação à diferença entre força maior e caso fortuito. Para a prova da OAB, deve-se levar em consideração um fato imprevisível e inevitável da natureza, em que não há que se falar em responsabilidade civil do Estado)[24].

Obs.: causas atenuantes de responsabilidade são aquelas situações em que tanto a atuação da vítima quanto a atuação do agente público levaram ao dano. Nesse caso, temos concausas ou causas concorrentes, não se excluindo a responsabilidade, mas apenas a atenuando.

Obs. 2: relações de custódia são aquelas situações em que o Estado assume a integridade de pessoas ou coisas. Se, dentro desta relação de custódia, ocorre um dano a esta pessoa ou coisa custodiada, o Estado responderá, ainda que seja hipótese de um excludente de responsabilidade. Por isso, caso um preso sofra um dano no presídio, ainda que por atuação de terceiro ou própria, o Estado responderá[25]. O Estado responde, assim, no caso de suicídio ou homicídio de preso, a não ser que se comprove que não existe nenhuma relação de causalidade entre a situação e a relação de custódia.

Obs. 3: de acordo com o STF, o Estado só responde por danos causados por preso que fugiu da prisão se ficar comprovado um <u>nexo direto</u> entre o momento da fuga e a conduta praticada.[26]

---

23. STF, ADI 4.976/DF, rel. Min. Ricardo Lewandowski, 07.05.2014.
24. Conforme entendimento do José dos Santos Carvalho Filho (p. 602).
25. STF, RE 841.526/RS, rel. Min. Luiz Fux, 30.03.2016.
26. Informativo 992, STF.

8.3. Art. 37, §6º, CF/88

O art. 37, §6º, da Constituição, estabelece que as pessoas jurídicas de direito público e as pessoas jurídicas de direito privado prestadoras de serviço público responderão pelos danos que seus agentes, nessa qualidade, causarem a terceiros, sendo assegurado o direito de regresso contra o responsável nos casos de dolo ou culpa. Com relação ao texto constitucional, é importante analisar alguns elementos:

Pessoas jurídicas de direito público e pessoas jurídicas de direito privado que prestam serviço público: têm responsabilidade civil objetiva as pessoas jurídicas de direito público (entes federativos, autarquias e fundações públicas de direito público); além das pessoas jurídicas de direito privado que prestarem serviços públicos (empresas públicas, sociedades de economia mista, fundações públicas de direito privado e delegatárias de serviço público). Vale ressaltar que, no caso de empresas públicas e sociedades de economia mista que explorem atividade econômica, não se aplica o art. 37, §6º, CF/88, pois não são prestadoras de serviços públicos.

Danos: São danos indenizáveis qualquer tipo de dano, seja patrimonial, moral ou estético, desde que o dano seja anormal e específico. Ou seja, deve ultrapassar os limites de mero inconveniente decorrente da vida em sociedade e atingir pessoas determinadas, porque se o dano é geral, não tem deve existir o dever de indenizar. Assim, o Estado tem o dever de indenizar os danos morais causados ao preso em situação degradante, por existir a possibilidade de indenização exclusivamente por danos morais[27].

Agentes, nessa qualidade: o Estado (ou a PJ de direito privado prestadora de serviço público) só pode ser responsabilizado se o seu agente estiver no exercício de suas funções ou, ao menos, esteja a pretexto deste exercício. Assim, atuações com fundamento em sentimentos pessoais não justificam a responsabilidade civil objetiva.

Terceiros: existe a responsabilidade objetiva tanto para usuário quanto para não usuário do serviço prestado.

Direito de regresso contra o responsável, nos casos de dolo ou culpa: enquanto a responsabilidade da pessoa jurídica é objetiva (ou seja, não depende de dolo ou culpa), o seu agente público só responde na ação de regresso, em que deve ser comprovado o dolo ou a culpa. Assim, o agente público responde de forma subjetiva, apenas depois que a pessoa jurídica já indenizou o terceiro.

8.4. Responsabilidade Civil por Omissão

Em determinadas situações, o dano causado ao particular não se dá em virtude de uma conduta do particular, e sim de uma falta de conduta, ou seja, de uma omissão. Nesses casos, são quatro os elementos que devem ser demonstrados para que o terceiro tenha direito à indenização.

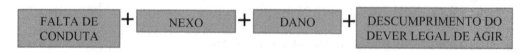

---

27. STF, RE 580.252/MS, rel. Min. Teori Zavascki, 16.02.2017.

9. IMPROBIDADE ADMINISTRATIVA

É a atuação do agente público (com ou sem o conluio de particulares) contra as entidades da Administração Pública ou entidades que recebem algum tipo de ajuda da Administração. Está tratada no art. 37, §4º, da CF/88, que estabelece sanções aplicáveis, sem prejuízo da ação penal cabível. Além do texto constitucional, a lei que regulamenta a Improbidade Administrativa é a Lei 8.429/92, que sofreu importantes alterações com a Lei 14.230/2021.

9.1. Sistema de responsabilização por atos de improbidade

O art. 1º, §1º da Lei 8.429/92 estabelece que são atos de improbidade as condutas dolosas tipificadas nos arts. 9º, 10 e 11 da lei, ressalvados tipos previstos em leis especiais. A lei deixa claro que a conduta deve ser dolosa, considerando o dolo como a vontade livre e consciente de alcançar o resultado ilícito (art. 1º, §2º).

9.2. Sujeitos que Sofrem os Atos de Improbidade Administrativa

Estão sujeitos às sanções da lei os atos praticados contra patrimônio de entidade privada que receba subvenção, benefício ou incentivo (art. 1º, §6º). Além disso, os atos contra o patrimônio de entidade privada para cuja criação ou custeio o erário haja concorrido ou concorra para seu patrimônio ou receita anual também se submetem à lei, nesse caso, o ressarcimento de prejuízos fica limitado à repercussão do ilícito sobre a contribuição dos cofres públicos (§7º).

9.3. Sujeitos que Praticam os Atos de Improbidade Administrativa

Praticam o ato de improbidade aqueles previstos nos artigos 2º e 3º da Lei 8.429/92.

A) AGENTE PÚBLICO – ART. 2º: agente político, o servidor público e todo aquele que exerce, ainda que transitoriamente ou sem remuneração, por eleição, nomeação, designação, contratação ou qualquer outra forma de investidura ou vínculo, mandato, cargo, emprego ou função nas entidades do art. 1º

B) TERCEIRO – ART. 3º: pode responder, no que couber, aquele que, mesmo não sendo agente público, induz ou concorre dolosamente para a prática do ato de improbidade.

Obs.: o terceiro não pode responder sozinho em uma ação de improbidade administrativa, sendo necessária a participação também do agente público.

9.4. Atos de Improbidade Administrativa

A Lei 8.429/92 traz três espécies de atos de improbidade administrativa.

A) ATOS QUE CAUSAM ENRIQUECIMENTO ILÍCITO (art. 9º): auferir, mediante prática de ato doloso, qualquer tipo de vantagem patrimonial indevida. O rol do art. 9º é exemplificativo.

B) ATOS QUE CAUSAM PREJUÍZO AO ERÁRIO (art. 10): qualquer ação ou omissão dolosa, que enseje, efetiva e comprovadamente, perda patrimonial, ou outro prejuízo. O rol do art. 10 é exemplificativo.

C) ATOS QUE ATENTEM CONTRA PRINCÍPIOS DA ADMINISTRAÇÃO PÚBLICA

(art. 11): ação ou omissão dolosa que viole os deveres de honestidade, imparcialidade e legalidade, e que se enquadre em uma das condutas do art. 11, que traz um rol taxativo.

9.5. Sanções Aplicáveis dos Atos de Improbidade Administrativa

As sanções, de natureza civil, aplicadas aos atos de improbidade estão no art. 12 da Lei de Improbidade:

	ART. 12, I	ART. 12, II	ART. 12, III
Espécie de ato de improbidade	**Enriquecimento ilícito** (art. 9º)	**Prejuízo ao erário** (art. 10)	**Princípios da Administração** (art. 11)
Perda dos bens ou valores acrescidos	SIM	SIM, SE CONCORRER ESTA CIRCUNSTÂNCIA	-----
Ressarcimento integral do dano	SIM, QUANDO DANO EFETIVO	SIM, QUANDO DANO EFETIVO	SIM, QUANDO DANO EFETIVO
Perda da função pública	SIM	SIM	-----
Suspensão dos direitos políticos	ATÉ 14 ANOS	ATÉ 12 ANOS	-----
Multa civil	EQUIVALENTE AO ACRÉSCIMO PATRIMONIAL	EQUIVALENTE AO VALOR DO DANO	ATÉ 24 VEZES A REMUNERAÇÃO DO AGENTE
Suspensão de contratar ou receber benefícios	PRAZO NÃO SUPERIOR A 14 ANOS	PRAZO NÃO SUPERIOR A 12 ANOS	PRAZO NÃO SUPERIOR A 4 ANOS

Obs.: Os parágrafos do art. 12 trazem importantes informações sobre as sanções, sendo que alguns dispositivos são objeto de análise pelo STF na ADI 7236, em que foram suspensas a aplicação de alguns parágrafos.

9.6. Procedimento Administrativo e Processo Judicial

A Lei 8.429/92 regulamenta tanto o procedimento administrativo que deve ser instaurado quando necessário se juntar indícios de que o ato de improbidade ocorreu, quanto o processo judicial, chamado de "ação civil de improbidade administrativa".

A) PROCEDIMENTO ADMINISTRATIVO – ARTs. 14 A 16: O art. 14 estabelece que qualquer pessoa pode representar à Administração sobre um ato de improbidade, dando-se início a um processo administrativo para apurar a prática do ato.

B) INDISPONIBILIDADE DE BENS – ART. 16: é possível, nos termos da lei, o pedido de indisponibilidade de bens, para garantir a integral recomposição do erário ou do acréscimo patrimonial resultante de enriquecimento ilícito.

C) PROCESSO JUDICIAL – ARTs. 17: É a ação de improbidade administrativa, que é a via judicial através da qual se pede a aplicação das penalidades do art. 12. Nos termos do caput do art. 17, a ação deverá ser proposta pelo Ministério Público, no entanto, o STF, ao julgar as ADIs 7042 e 7043, entendeu que os entes públicos que sofreram atos de improbidade administrativa também estão autorizados, de forma concorrente com o MP, a propor a ação e celebrar acordos de não persecução cível.

D) ACORDO DE NÃO PERSECUÇÃO CÍVEL: ART. 17-B: Pode ser celebrado para garantir o integral ressarcimento do dano e a reversão à pessoa jurídica lesada da vantagem obtida, ainda que oriunda de agentes privados.

9.7. Prescrição

O art. 23 estabelece que a ação para aplicação das sanções da lei prescreve em 8 (oito) anos, contados a partir da ocorrência do fato ou, no caso de infrações permanentes, do dia em que cessou a permanência.

> **ATENÇÃO:** de acordo com o STF e com o art. 37, §5º, CF/88, o ressarcimento ao erário, no caso de atos de improbidade administrativa que causam prejuízo ao erário de forma DOLOSA vai ser imprescritível.

10. LICITAÇÕES

A licitação é o procedimento administrativo previsto na Constituição Federal que deve ser seguido para selecionar a proposta mais vantajosa para se firmar contratos administrativos de compra, serviços, obras, alienações etc., conforme art. 37, XXI, CF/88.

São vários os dispositivos legais que tratam do tema licitações, dentre eles, a Lei 8.666/93, que regulava as licitações e os contratos administrativos, e a nova Lei de Licitações e Contratos Administrativos, Lei 14.133/21. Com a edição da nova lei de licitações, a lei 8.666/93 será revogada em 30 de dezembro de 2023. Por isso, o presente capítulo dará ênfase à Lei 14.133/21, mas é importante que até essa data, a Lei 8.666/93 também seja estudada, pois pode ser cobrada em prova.

Além dessas duas normas, outros dispositivos podem ser cobrados:

• **Art. 22, XXVII, CF/88:** competência privativa da União para estabelecer normas gerais sobre licitações e contratos. Os demais entes federativos podem editar normas específicas, desde que respeitadas as normas gerais.

• **Art. 37, XXI, CF/88:** regra constitucional de licitação para as compras, serviços, obras e alienações.

• **Art. 173, §1º, III, CF/88:** as empresas estatais devem ter regras próprias de licitação, prevendo a edição de um estatuto jurídico próprio para essas entidades. Trata-se da Lei 13.303/16.

• **Lei 8.666/93:** regras gerais de licitação e contratos (que, como visto, será revogada em 30 de dezembro de 2023).

• **Lei 10.520/02:** regulamenta a modalidade de licitação pregão (também será revogada em 30 de dezembro de 2023).

FLÁVIA CAMPOS

- **Lei Complementar 123/06 (arts. 42 a 49):** estabelece um tratamento diferenciado quando as microempresas e empresas de pequeno porte participarem de um procedimento licitatório.

- **Lei 12.462/11:** cria o Regime Diferenciado de Contratação (RDC), aplicado em diversas contratações previstas em seu art. 1º (cujos arts. 1º a 47-A também serão revogados em 30 de dezembro de 2023).

- **Lei 13.303/16:** Estatuto das Empresas Públicas e Sociedades de Economia Mista e trata, a partir do art. 28, da licitação realizada por essas entidades.

10.1. Princípios

De acordo com o art. 1 da Lei 14.133/21, a licitação tem por objetivos assegurar a seleção da proposta apta a gerar o resultado de contratação mais vantajoso para a Administração Pública, inclusive no que se refere ao ciclo de vida do objeto; assegurar tratamento isonômico entre os licitantes, bem como a justa competição; evitar contratações com sobrepreço ou com preços manifestamente inexequíveis e superfaturamento na execução dos contratos; incentivar a inovação e o desenvolvimento nacional sustentável. A garantia do desenvolvimento nacional sustentável justifica a chamada "margem de preferência" prevista no art. 26 da Lei 14.133/21.

Além desses objetivos, as licitações devem seguir diversos princípios, além dos princípios gerais[28] que a Administração Pública deve respeitar:

A) PLANEJAMENTO: as licitações e contratações devem ser planejadas, para garantir uma atuação organizada da Administração. Para garantir esse planejamento, a lei cria alguns instrumentos, como o estudo técnico preliminar (art. 6º, XX) e o plano de contratação anual (art. 12, VII).

B) TRANSPARÊNCIA: além de citar o princípio da publicidade, a lei também fala da transparência, pois não basta que os atos sejam públicos, eles devem ser passíveis de compreensão, ser transparentes. As divulgações dos editais de licitações do Portal Nacional de Contratações Públicas (PNCP) prevista no art. 54 é uma forma de garantir a transparência e a publicidade.

C) SEGREGAÇÃO DE FUNÇÕES: o art. 7º, §1º veda a designação do mesmo agente público para atuação simultânea, na licitação, em funções mais suscetíveis a riscos, de modo a reduzir a possibilidade de ocultação de erros e de ocorrência de fraudes na contratação.

D) VINCULAÇÃO AO EDITAL: Tanto a Administração Pública quanto os licitantes devem respeitar as regras previstas no edital .

D) PROCEDIMENTO FORMAL (OU FORMALISMO): O procedimento licitatório deve seguir as regras formais previstas em lei, no entanto, esse formalismo deve ser um formalismo moderado, pois certos procedimentos podem ser relativizados.

E) JULGAMENTO OBJETIVO: os critérios para escolher o licitante vencedor (chamados de critérios de julgamento) devem ser objetivos e impessoais, e devem sempre estar previamente estabelecidos em lei[29].

---

28. Vide item 1. Regime jurídico-administrativo.
29. Vide item 10.3. Tipos de licitação.

DIREITO ADMINISTRATIVO

F) COMPETITIVIDADE: A Administração deve garantir a participação do maior número de licitantes, não podendo adotar medidas anticompetitivas ou restritivas. Não é possível a utilização das chamadas regras de direcionamento.

G) ISONOMIA: Como já analisado, em princípio, a Administração deve tratar todos os licitantes de maneira igual, desde que eles estejam na mesma situação. Se eles se encontram em situação de desigualdade, é possível o tratamento diferenciado.

Uma das aplicações da isonomia, concedendo tratamento diferenciado a determinado grupo de licitantes, ocorre com as microempresas e empresas de pequeno porte: a Lei Complementar 123/06 (arts. 42 a 49) traz um tratamento diferente para as microempresas e empresas de pequeno porte, através do chamado "empate ficto" (ou "empate presumido"), dentre outros.

10.2. Modalidades de Licitação

As modalidades são os procedimentos que devem ser observados na realização da licitação, previstas no art. 28 da Lei 14.133/21. Devem sempre estar previstas em lei, não podendo o administrador público criar novas modalidades ou combiná-las entre si (art. 28, §2º, Lei 14.133/21). São modalidades de licitação: concorrência, pregão, concurso, leilão, e diálogo competitivo.

A) CONCORRÊNCIA utilizada para contratação de bens e serviços especiais e de obras e serviços comuns e especiais de engenharia (art. 6º, XXXVIII). O art. 6º, XII, conceitua que seria obra para a lei, e o art. 6º, XXI, o conceito de serviço de engenharia. Além disso, são considerados bens e serviços especiais, nos termos do art. 6º, XIV, aqueles que, por sua alta heterogeneidade ou complexidade, não podem ser definidos no edital.

De acordo com o art. 29, a concorrência segue o rito do procedimento comum a que se refere o art. 17, da mesma maneira que o pregão. O dito procedimento será analisado posteriormente.

Ainda, o art. 6º, XXXVIII, afirma que a concorrência pode adotar os seguintes critérios de julgamento: menor preço; melhor técnica ou conteúdo artístico; técnica e preço; maior retorno econômico ou maior desconto.

B) PREGÃO: modalidade de licitação obrigatória para aquisição de bens e serviços comuns (art. 6º, XLI). São considerados bens e serviços comuns aqueles cujos padrões de desempenho e qualidade podem ser objetivamente definidos pelo edital, por meio de especificações usuais de mercado (art. 6º, XIII).

Importante ressaltar que o art. 29, parágrafo único afirma que não poderá ser aplicado o pregão:

• às contratações de serviços técnicos especializados de natureza predominantemente intelectual (que são aqueles previstos expressamente no art. 6º, XVIII da lei);

• às contratações de obras e serviços de engenharia, salvo os serviços comuns de engenharia.

Nos termos do art. 29, a concorrência e o pregão seguem o mesmo rito procedimental, previsto no art. 17.

Por fim, o pregão poderá adotar, nos termos da lei 14.133/2021, o critério de julgamento de menor preço ou de maior desconto.

293

C) CONCURSO: utilizado para escolha de trabalho técnico, científico ou artístico (art. 6º, XXXIX), em que será concedido prêmio ou remuneração para o vencedor.

O art. 30 estabelece as regras para o concurso, e deverá ser adotado o critério julgamento de melhor técnica ou conteúdo artístico.

D) LEILÃO: modalidade utilizada para alienação de bens imóveis ou de bens móveis inservíveis ou legalmente apreendidos (art. 6º, XL). O art. 31 estabelece o procedimento do leilão, que poderá ser cometido a leiloeiro oficial ou a servidor designado pela autoridade competente da Administração, e regulamento deverá dispor sobre seus procedimentos operacionais. Nos termos da lei, o leilão adotará o critério de julgamento maior lance.

E) DIÁLOGO COMPETITIVO: nova modalidade de licitação da lei, utilizada para contratação de obras, serviços e compras em que a Administração Pública realiza diálogos com licitantes previamente selecionados mediante critérios objetivos, com o intuito de desenvolver uma ou mais alternativas capazes de atender às suas necessidades, devendo os licitantes apresentar proposta final após o encerramento dos diálogos (art. 6º, XLII). O art. 32, *caput*, estabelece quais as hipóteses de utilização do diálogo competitivo, e o §1º estabelece o procedimento que deve ser adotado.

10.3. Critérios de julgamento

Os critérios de julgamento são os critérios utilizados para a seleção do licitante vencedor. Deve sempre estar previsto no edital e corresponder a uma hipótese prevista em lei. A Lei 14.133/21 prevê os critérios de julgamento no art. 33.

São eles: menor preço, maior desconto, melhor técnica ou conteúdo artístico, técnica e preço, maior lance e maior retorno econômico.

Além destes, existem outros critérios em outras leis, como na Lei 8.987/95 (art. 15) e na Lei 11.079/04 (art. 12, II), que trazem outros critérios de julgamento, como menor tarifa para o usuário etc. Ainda, a Lei 13.303/16 prevê os tipos de licitação adotados pelas empresas públicas e sociedades de economia mista no art. 54.

10.4. Fases da Licitação

O art. 29 da Lei 14.133/21 estabelece que a concorrência e o pregão deverão seguir o rito procedimental comum do art. 17, que estabelece que são fases da licitação: fase preparatória; divulgação do edital de licitação; apresentação de propostas e lances, quando for o caso; julgamento; habilitação; fase recursal; e homologação. Essas fases serão analisadas a seguir. No entanto, é importante lembrar que as demais modalidades podem ter procedimentos diferentes em virtude do seu objeto.

A) FASE PREPARATÓRIA: Arts. 18 a 52: deve ser realizado todo o planejamento da licitação, sendo tomadas todas as decisões importantes com relação ao processo licitatório, a modalidade de licitação, o critério de julgamento, a elaboração da minuta do edital e do contrato etc.

B) DIVULGAÇÃO DO EDITAL: Arts. 53 e 54: depois de analisada a legalidade do edital, ele será divulgado. A publicidade do edital de licitação será realizada mediante a divulgação e manutenção do inteiro teor do ato convocatório e seus anexos no Portal Nacional de Contratações Públicas (PNCP), além da divulgação do extrato no diário oficial do ente federativo e a divulgação facultativa no sítio eletrônico oficial do ente federativo.

C) APRESENTAÇÃO DE PROPOSTAS E LANCES, QUANDO FOR O CASO: Arts. 55 a 58: Diferente da Lei 8.666/93, na nova lei primeiro é realizada a apresentação e julgamento das propostas, para depois ser realizada a habilitação. Apenas excepcionalmente, na hipótese do §1º do art. 17, é possível que primeiro ocorra a habilitação, para depois ser realizado do julgamento das propostas (ou lances, no caso do leilão).

D) JULGAMENTO: Arts. 59 a 61: Depois que todos os licitantes apresentam suas propostas, será realizado o julgamento das propostas, com base no critério de julgamento previsto em lei e definido no edital. A proposta será desclassificada nas hipóteses do art. 59, e o licitante não continuará na licitação. Definido o resultado do julgamento, a Administração poderá negociar condições mais vantajosas com o primeiro colocado.

E) HABILITAÇÃO: Arts. 62 a 70: Depois do julgamento das propostas, o licitante vencedor será convocado para apresentar sua documentação, conforme previsto nos arts. 62 a 70. Caso o primeiro colocado seja declarado inabilitado, por ter uma documentação com problema, será chamado o segundo colocado, e assim sucessivamente, até um licitante estar na lista de classificação e ser considerado habilitado.

F) FASE RECURSAL: Arts. 164 a 168: Diferente da Lei 8.666/93, a fase recursal com relação a habilitação, inabilitação e desclassificação deve ocorrer em fase única, nos termos do art. 165, §1º. Assim, caso um licitante queira recorrer durante essas fases, ele deverá manifestar imediatamente sua intenção de recorrer, sob pena de preclusão, no entanto, as razões do recurso e sua decisão só ocorrerão na fase recursal única.

G) HOMOLOGAÇÃO (ENCERRAMENTO DA LICITAÇÃO): Art. 71: Ao fim, a autoridade competente analisa o processo licitatório, conforme o art. 71. Nessa fase, a autoridade poderá:

- determinar o retorno dos autos para saneamento de irregularidades;
- revogar a licitação por motivo de conveniência e oportunidade;
- proceder à anulação da licitação, de ofício ou mediante provocação de terceiros, sempre que presente ilegalidade insanável;
- adjudicar o objeto e homologar a licitação.

Importante ressaltar que a revogação ocorrerá por motivos de conveniência e oportunidade, que deverá ser resultante de fato superveniente devidamente comprovado. Já a anulação ocorrerá, de ofício ou por provocação de terceiro, sempre que presente ilegalidade insanável, tornando sem efeito todos os atos subsequentes que dele dependam, e dará ensejo à apuração de responsabilidade de quem lhes tenha dado causa.

10.5. Contratação Direta

As hipóteses de contratação direta são aquelas em que é possível a contratação pela Administração Pública sem a necessidade de licitação.

A) LICITAÇÃO DISPENSADA: a alienação dispensada tem ligação com a alienação de bens da Administração, estando prevista no art. 75. A regra, para alienação de bens da

Administração, é que deve ser realizada a licitação, no entanto, as alíneas dos incisos I e II do artigo estabelecem situações em que a licitação será dispensada.

B) LICITAÇÃO DISPENSÁVEL: As hipóteses de licitação dispensável estão previstas no art. 75 da nova lei, sendo um rol taxativo.

Vale chamar atenção aos principais (lembrando que a prova pode cobrar qualquer um dos incisos):

Inciso I e II: dispensa em virtude do valor: será dispensável a licitação no caso de obras e serviços de engenharia ou de serviços de manutenção de veículos automotores com valor de até R$114.416,65 (valor atualizado pelo Decreto 11.317/2022); e no caso de outros serviços e compras, de até R$57.208,33 (valor atualizado pelo Decreto 11.317/2022).

O §2º estabelece que esses valores devem ser duplicados quando se tratar de compras, obras e serviços contratados por consórcio público ou por autarquia ou fundação qualificadas como agências executivas na forma da lei.

Inciso III: licitação deserta ou fracassada: ocorre quando não surgiram interessados ou quando não forem apresentadas propostas válidas, ou quando as propostas tiverem preços acima do valor de mercado. No entanto, é importante salientar que devem ser mantidas todas as condições do edital realizado há menos de 1 ano.

Inciso IV: em virtude do objeto: o inciso IV traz diversas alíneas com hipóteses de licitação dispensável em virtude do objeto.

Inciso VIII: emergência ou calamidade: a situação de emergência ou calamidade também é hipótese de licitação dispensável na nova lei, no entanto, vale ressaltar que a nova lei exige que o contrato seja executado no prazo de 1 ano, contado da situação de emergência ou calamidade.

C) LICITAÇÃO INEXIGÍVEL: A inexigibilidade de licitação ocorrerá nos casos de inviabilidade de competição, estando o rol exemplificativo previsto no art. 74.

Inciso I: Fornecedor exclusivo: vedada a preferência por marca específica, nos termos do art. 74, §1º.

Inciso II. Contratação de profissional do setor artístico: diretamente ou por empresário exclusivo, consagrado pela crítica especializada ou opinião pública.

Inciso III. Contratação de serviços técnicos, especializados, de natureza predominantemente intelectual: o próprio inciso elenca quais são os serviços que se enquadram no conceito.

Inciso IV: objetos que devam ou possam ser contratados por meio de credenciamento: o credenciamento é um dos procedimentos auxiliares previstos no art. 78, sendo o credenciamento tratado no art. 79. Nesses casos, não é necessário criar uma competição entre licitantes, por isso elencada como hipótese de licitação inexigível.

Inciso V: aquisição ou locação de imóvel cujas características de instalações e de localização tornem necessária a sua escolha. ATENÇÃO: essa hipótese, na lei 8.666/93, era tratada com hipótese de licitação dispensável, e agora, na nova lei, é licitação inexigível.

10.6. Lei 13.303/16

A Lei n.º 13.303/16 foi editada para regulamentar as empresas públicas e sociedades de economia mista, tanto as que prestam serviço público quanto as que exploram atividade econômica (art. 1º). A partir do art. 29, ela regulamenta as licitações destas estatais.

11. CONTRATOS ADMINISTRATIVOS

Os contratos administrativos são firmados entre a Administração Pública e um particulares através de uma relação de verticalidade, diferente dos contratos privados entre particulares.

11.1. Características do Contrato Administrativo

Os contratos administrativos são firmados entre a Administração Pública e um particular através de uma relação de verticalidade, diferente dos contratos privados entre particulares. Estes contratos têm algumas características que devem ser analisadas:

A) FORMALISMO MODERADO: A formalização do contrato administrativo é a regra, exigindo-se determinadas formalidades previstas em lei. O art. 92 da Lei 14.133/21 prevê as cláusulas necessárias do contrato. No entanto, esse formalismo não pode ser desarrazoado, podendo ser relativizado na forma da lei.

B) BILATERALIDADE: todo contrato precisa da manifestação de vontade de ao menos duas partes, a Administração e o particular.

C) COMUTATIVIDADE: as obrigações dos contratantes são previamente estabelecidas.

D) PERSONALÍSSIMO (*INTUITO PERSONAE*): O contrato é celebrado com o caráter personalíssimo, assim, se não for executado por quem venceu o contrato, fere-se o princípio da impessoalidade e da moralidade. Atenção para o art. 122, Lei 14.133/2021, que possibilita a alteração subjetiva do contrato e a subcontratação parcial, desde que previsto no edital e no contrato.

E) DESEQUILÍBRIO: o contrato administrativo se caracteriza pela verticalidade, com desequilíbrio entre as partes.

F) INSTABILIDADE: o contrato administrativo é instável, tendo em vista que existe, dentre as cláusulas exorbitantes, a possibilidade de alteração unilateral do contrato por parte da Administração, assim com a possibilidade de se rescindir o contrato unilateralmente.

G) POSSIBILIDADE DE EXIGÊNCIA DE GARANTIA: Os arts. 96 a 102 da Lei 14.133/21 prevê que é possível no contrato administrativo a exigência de garantia, que pode se dar por caução em dinheiro, seguro-garantia ou fiança bancária. Em regra, a garantia poderá ser de até 5% do valor inicial do contrato, autorizada a majoração desse percentual para até 10%, desde que justificada mediante análise da complexidade técnica e dos riscos envolvidos.

Nas contratações de obras e serviços de engenharia de grande vulto, poderá ser exigido o seguro-garantia de até 30% do valor inicial do contrato.

11.2. Cláusulas Exorbitantes

O art. 104 da Lei 14.133/2021 traz as cláusulas exorbitantes, que conferem vantagens para a Administração que não são atribuídas ao particular.

A) ALTERAÇÃO UNILATERAL: As hipóteses de alteração unilateral do contrato pela Administração Pública estão no art. 124, I, da Lei 14.133/2021. Vale ressaltar que, de acordo com o §1º, as cláusulas econômico-financeiras e monetárias dos contratos não poderão ser alteradas sem prévia concordância do contratado. Essas cláusulas econômico-financeiras, no entanto, deverão ser revistas, quando o objeto do contrato for alterado, para que se mantenha o equilíbrio contratual (§2º).

O art. 125 estabelece limites para a alteração unilateral: no caso de obras, serviços e compras, são possíveis acréscimos ou supressões de até 25%, e, no caso de reforma, os acréscimos pode ser de até 50%.

B) EXTINÇÃO UNILATERAL: O art. 138, *caput*, estabelece que a extinção do contrato poderá ocorrer:

• determinada por ato unilateral e escrito da Administração, exceto no caso de descumprimento decorrente de sua própria conduta;

• consensual, por acordo entre as partes, por conciliação, por mediação ou por comitê de resolução de disputas, desde que haja interesse da Administração;

• determinada por decisão arbitral, em decorrência de cláusula compromissória ou compromisso arbitral, ou por decisão judicial.

As hipóteses de extinção unilateral do contrato estão previstas no art. 137, *caput*, devendo ser assegurados o contraditório e a ampla defesa.

É diferente do §2º do mesmo art. 137, que prevê as hipóteses em que o contratado tem direito à extinção do contrato, no entanto, nessas situações o contratado deve pedir a rescisão do contrato, já que não pode extingui-lo unilateralmente.

C) FISCALIZAÇÃO: A execução do contrato deve ser fiscalizada por 1 (um) ou mais fiscais do contrato, representantes da Administração, nos termos do art. 117.

D) SANÇÕES: As sanções, que podem ser aplicadas pela Administração quando o contratado descumprir as regras do contrato, estão previstas no art. 156. De acordo com a lei, serão aplicadas ao responsável pelas infrações administrativas previstas nesta Lei as seguintes sanções: advertência; multa; impedimento de licitar e contratar; ou declaração de inidoneidade para licitar ou contratar.

E) OCUPAÇÃO PROVISÓRIA: O art. 104, V, possibilita que a Administração ocupe provisoriamente bens móveis e imóveis e utilizar pessoal e serviços vinculados ao objeto do contrato nas hipóteses de: risco à prestação de serviços essenciais; ou necessidade de acautelar apuração administrativa de faltas contratuais pelo contratado, inclusive após extinção do contrato.

11.3. Duração do Contrato

A nova lei de licitações traz diversas regras relativas à duração do contrato administrativo, nos arts. 105 a 114. A regra, nos termos do art. 105, é que o contrato deverá ter um prazo determinado, que estará previsto no edital e no próprio contrato, devendo ser observada a disponibilidade de créditos orçamentários, bem com a previsão do plano plurianual, quando o contrato ultrapassar 1 exercício financeiro.

No entanto, a nova lei, nos artigos seguintes, estabelece diversos prazos diferenciados, a depender do objeto do contrato, nos arts. 106 a 114.

12. CONSÓRCIOS PÚBLICOS

Os consórcios públicos são criados através da união de entes federativos que buscarão um interesse em comum, através da gestão associada de serviços públicos. Está previsto no art. 241 da CF/88 e regulamentado pela Lei 11.107/05.

O art. 6º dispõe que será criada uma nova pessoa jurídica, que poderá ter natureza de direito público ou de direito privado. Se pessoa jurídica de direito público, será denominada "associação pública" e passará a integrar a Administração Indireta de todos os entes consorciados. Em 2019, o art. 6º, §2º foi alterado para prever que tanto o consórcio público de direito público quanto o de direito privado se submeterão às normas de direito público com relação à licitação, celebração de contratos, prestação de contas e admissão de pessoal, mas que seus servidores serão celetistas.

A União, de acordo com o art. 1º, pode integrar os consórcios públicos. No entanto, vale ressaltar que a União só pode participar de consórcio com Municípios quando o Estado do qual o Município faz parte também integre.

12.1. Procedimento

A formação do consórcio público depende do cumprimento de determinados procedimentos previstos em lei. Neste procedimento, temos:

> PROTOCOLO DE INTENÇÕES
>
> AUTORIZAÇÃO LEGISLATIVA
>
> CONTRATO DE CONSÓRCIO
>
> CONTRATO DE RATEIO
>
> CONTRATO DE PROGRAMA

A) PROTOCOLO DE INTENÇÕES: deve ser formalizado pelos entes que desejam firmar o consórcio, sendo uma espécie de "minuta" do contrato de consórcio, conforme determina os arts. 3º e 4º da Lei 11.107/05.

B) AUTORIZAÇÃO LEGISLATIVA: depois de firmado o protocolo de intenções, ele deve ser ratificado, por lei, por cada ente federativo que vai participar do consórcio público. Conforme art. 5º, caput e §4º, da Lei 11.107/05.

C) CONTRATO DE CONSÓRCIO: depois da ratificação do protocolo de intenções pela lei de cada ente federativo, será assinado, de acordo com o art. 5º, o contrato de consórcio.

D) CONTRATO DE RATEIO: é o instrumento pelo qual os entes integrantes do consórcio repassam os recursos financeiros para o consórcio público (art. 8º). O contrato de rateio, de acordo com o §1º, terá o prazo máximo de 1 ano, salvo as exceções previstas em lei.

E) CONTRATO DE PROGRAMA: consiste na constituição e regulamentação que um ente federativo terá com outro ente da federação integrante do consórcio público, na gestão associada de serviços públicos (art. 13).

13. SERVIÇOS PÚBLICOS

Serviço público é toda atividade prestada pelo Estado ou por seus delegatários como forma de atender as necessidades essenciais e secundárias da coletividade.

13.1. Princípios

Além dos princípios aplicáveis a toda a Administração Pública, que também são aplicados à prestação dos serviços públicos, podemos citar outros:

A) PRINCÍPIO DA GENERALIDADE (OU UNIVERSALIDADE): o serviço público deve beneficiar o maior número de pessoas.

B) PRINCÍPIO DA ISONOMIA (IGUALDADE ENTRE OS USUÁRIOS OU IMPESSOALIDADE): o serviço público deve ser disponibilizado de maneira isonômica, sem discriminação. No entanto, é possível que pessoas que se encontrem em situação de desigualdade recebam um tratamento desigual, como forma de se respeitar o princípio da isonomia. Por exemplo, a gratuidade de transporte público para os maiores de 65 anos (art. 230, §2º). Outro exemplo é a previsão da Lei 8987/95, no art. 13, da possibilidade de tarifas diferenciadas.

C) PRINCÍPIO DA ATUALIDADE: o Estado, ao prestar o serviço público, deve sempre se adaptar às evoluções sociais e tecnológicas.

D) PRINCÍPIO DA SEGURANÇA DOS USUÁRIO: o serviço público deve ser prestado observando a segurança dos usuários.

E) PRINCÍPIO DA CORTESIA: o prestador do serviço deve tratar o usuário de forma cortês, de forma educada.

F) PRINCÍPIO DA MODICIDADE: o valor da tarifa para a prestação do serviço deve ser o mais baixo possível, não podendo ser alto o suficiente para impedir que as pessoas se utilizem do serviço. Como forma de garantir o princípio da modicidade, o art. 11 da Lei 8.987/95 possibilita as chamadas "receitas alternativas", criando outras fontes de renda para a prestadora do serviço, fazendo com que ela tenha condições de baixar as tarifas. Por exemplo, a publicidade em ônibus de transporte público.

G) PRINCÍPIO DA CONTINUIDADE: a prestação do serviço público deve ser contínua, ou seja, sem interrupções. Apesar de regra da continuidade, a Lei 8.987/95, no art. 6º, §3º, Lei 8.987/95 possibilita a interrupção do serviço em determinadas situações. Importante ressaltar que no caso de emergência a lei não exige que se avise previamente os usuários, já nos demais casos, é necessário o prévio aviso.

13.2. Execução do Serviço Público

Os serviços públicos podem ser prestados diretamente pelo poder público, seja através da Administração Direta (por seus órgãos públicos) quanto pela Administração Indireta. No entanto, é possível que a Administração opte por delegar a prestação do serviço para a iniciativa privada, através da concessão, permissão ou autorização de serviços públicos (art. 21, incisos XI e XII e art. 175, CF/88).

13.3. Autorização de Serviço Público

Trata-se de ato administrativo, discricionário e precário, que autoriza a execução de um serviço público para atender o interesse do próprio particular, ou seja, do próprio autorizatário.

13.4. Permissão de Serviço Público

É o contrato administrativo, com caráter de contrato de adesão, que transfere a execução de um serviço público, de forma precária, para pessoa física ou pessoa jurídica, que vai executá-lo por sua conta e risco. É o que se depreende dos arts. 2º, IV e 40 da Lei 8.987/95.

Cuidado para não confundir a permissão de serviço público com a permissão do bem público[30], pois enquanto a permissão do serviço público se dá por contrato administrativo, a permissão de uso de bem público se dá por ato administrativo.

13.5. Concessão de Serviço Público

Ocorre através de contrato administrativo, precedido de licitação na modalidade concorrência, que concede a prestação de um serviço público para pessoa jurídica ou consórcio de empresas. Os contratos de concessão de serviço público são regulamentados por duas normas: Lei 8.987/95 e Lei 11.079/04.

13.6. Lei 8.987/95

A Lei 8.987/95 prevê duas espécies de contratos de concessão:

Concessão de serviço público (art. 2º, II): a delegação, feita pelo poder concedente, mediante licitação, na modalidade de concorrência, à pessoa jurídica ou consórcio de

---

30. Vide item 14.3. Formas de uso do bem público.

empresas que demonstre capacidade para seu desempenho, por sua conta e risco e por prazo determinado.

Concessão de serviço público precedida da execução de obra pública (art. 2º, III): a construção, total ou parcial, conservação, reforma, ampliação ou melhoramento de quaisquer obras de interesse público, delegada pelo poder concedente, mediante licitação, na modalidade de concorrência, à pessoa jurídica ou consórcio de empresas que demonstre capacidade para a sua realização, por sua conta e risco, de forma que o investimento da concessionária seja remunerado e amortizado mediante a exploração do serviço ou da obra por prazo determinado.

Nas hipóteses acima, a concessionária de serviço público assume a prestação do serviço por sua conta e risco, arcando com eventuais prejuízos.

A Lei 8.987/95 traz as regras aplicáveis aos dois primeiros contratos de concessão de serviço público, com algumas principais características.

A) PODER CONCEDENTE: os arts. 29 e 30 estabelecem os encargos do poder concedente, ou seja, os seus deveres. Ainda, o art. 32 traz a possibilidade de o poder concedente intervir na concessionária, quando for necessário para assegurar o cumprimento das obrigações pela concessionária.

B) CONCESSIONÁRIA E PERMISSIONÁRIA: o art. 31 estabelece os encargos da concessionária (e permissionária).

C) LICITAÇÃO: é necessário que seja realizada licitação, na modalidade concorrência, com diversas características especiais, como nos arts. 15 a 22[31].

D) PRAZO DA CONCESSÃO: a concessão deve ter prazo determinado de duração. No entanto, a lei não estabelece qual seria o prazo mínimo ou máximo.

E) REMUNERAÇÃO: em regra, vai ser feita através de tarifa paga pelo usuário.

F) FORMAS DE EXTINÇÃO: são várias as formas de extinção do contrato de concessão, previstas no art. 35 da Lei 8.987/95.

Advento do termo contratual: ocorre com o fim do prazo do contrato.

Encampação (ou resgate): é a extinção do contrato em virtude do interesse público (art. 37). É necessária autorização em lei específica e indenização prévia.

Caducidade: extinção por inexecução por parte da concessionária (art. 38).

Rescisão: extinção do contrato de concessão por culpa do poder concedente (art. 39).

Anulação: ocorre quando a licitação ou o contrato de concessão apresentam uma ilegalidade. **Falência ou extinção da empresa concessionária/ falecimento ou incapacidade do titular de empresa individual:** se a empresa concessionária não existe mais, extingue-se o contrato de concessão, pois tem caráter personalíssimo.

G) REVERSÃO DE BENS: é a transferência ao poder concedente dos bens que estão afetados ao serviço público, como forma de garantir a continuidade da prestação do serviço quando o contrato acabar. Os bens reversíveis devem ser indenizados, conforme art. 36 da lei 8987, desde que não tenham sido amortizados e não estejam deteriorados.

---

31. Salvo previsão da Lei 9.074/95, que prevê a possibilidade de concorrência ou leilão.

13.7. Lei 11.079/04

A Lei 11.079/04 regulamenta as chamadas Parcerias Público Privadas, também conhecidas como PPP, que são espécies de contratos de concessão de serviço público, com algumas peculiaridades a serem analisadas na lei.

A) ESPÉCIES DE PARCERIA PÚBLICO-PRIVADA

Concessão patrocinada (art. 2º, §1º): é a concessão de serviços públicos ou de obras públicas quando envolver, além da tarifa paga pelo usuário, uma contraprestação do poder público.

Concessão administrativa (art. 2º, §1º): o usuário direto ou indireto é a própria Administração Pública, assim, a remuneração dos recursos virá da própria Administração Pública, ou seja, por recursos públicos.

B) CARACTERÍSTICAS: a Lei 11.079/04 estabelece para os seus contratos de concessão algumas características diferentes dos contratos de concessão da Lei 8.987/95. Algumas delas:

Repartição objetiva de riscos (art. 4º, VI c/c art. 5º, III): a lei determina que deve existir uma divisão objetiva dos riscos, tanto os riscos ordinários quanto os extraordinários, previstos no edital.

Valor mínimo para o contrato (art. 2º, §4º, I): o contrato de PPP deve ter o valor mínimo de 10 milhões de reais.

Prazo contratual (art. 2º, §4º, II c/c art. 5º, I): o contrato de parceria público-privada deve ter o prazo mínimo de 5 anos e o prazo máximo de 35 anos.

14. BENS PÚBLICOS

O Código Civil estabelece, em seu art. 98, que é considerado bem público o bem pertencente às pessoas jurídicas de direito público; por outro lado, será considerado bem privado os bens pertencentes às pessoas jurídicas de direito privado.

14.1. Características

O regime jurídico dos bens públicos é diferente dos bens privados, sendo destacadas quatro características especiais:

A) ALIENAÇÃO CONDICIONADA (OU INALIENABILIDADE): os bens públicos não podem ser livremente alienados, devendo seguir as condições previstas no ordenamento jurídico, nos arts. 100 e 101 do Código Civil e art. 17 da Lei 8.666/93, conforme é analisado a seguir:

Desafetação: de acordo com o art. 100 do Código Civil, os bens de uso comum do povo e os bens de uso especial não podem ser alienados, ao passo que o art. 101 estabelece que os bens dominicais podem ser alienados.

Justificativa: para que o poder público possa alienar um bem público, ele precisa motivar, apresentar as razões para alienação do bem público.

Avaliação prévia: o poder público deve fazer uma pesquisa do valor do bem no mercado.

Licitação: a alienação de bens da Administração Pública deve ser, em regra, precedida de licitação. Em regra, para os bens móveis, deve se aplicar a modalidade leilão. Já com relação aos bens imóveis, a regra é a licitação na modalidade concorrência. No entanto, a lei 8.666/93 traz duas exceções, em que, ainda que imóvel, vai ser realizada a modalidade leilão: bens imóveis adquiridos por meio de dação em pagamento ou por meio de processo judicial.

Apesar de a regra ser a licitação, a lei estabelece, nas alíneas dos incisos I e II, hipóteses de licitação dispensada.

Autorização legislativa: o quinto e último requisito é apenas para os bens imóveis da Administração Direta, que dependem de autorização legislativa.

B) IMPENHORABILIDADE: o bem público não pode ser penhorado. Vale ressaltar que esta característica da impenhorabilidade é estendida para os bens privados afetados ao serviço público, como forma de se garantir o princípio da continuidade do serviço público.

C) IMPRESCRITIBILIDADE: o bem público não pode ser adquirido por usucapião.

São vários os dispositivos legais que tratam da imprescritibilidade: art. 183, §3º, CF/88; art. 191, p. único, CF/88; art. 102, Código Civil; art. 200, Decreto-Lei 9760/46; Súmula 340, STF.

D) NÃO ONERABILIDADE: os bens públicos não podem ser dados em garantia real. Ou seja, o poder público não pode dar um bem público como hipoteca, penhor ou anticrese.

14.2. Formas de Uso do Bem Público

É possível que um bem público seja utilizado de diversas maneiras:

A) USO COMUM: é o uso garantido a qualquer pessoa. A rua, a praia, as estradas, todos são bens que podem ser utilizados por qualquer pessoa. São os bens públicos de uso comum do povo em geral.

B) USO ESPECIAL: é a utilização pela Administração ou por determinados indivíduos que preencham requisitos especiais previstos na legislação. Em regra, é a utilização dos bens públicos especiais.

C) USO PRIVATIVO: ocorre quando um particular utiliza um bem público privativamente, em detrimento das demais pessoas, em virtude de um vínculo jurídico especial. Para que haja esse uso privativo, é necessário o preenchimento de determinados requisitos. Os principais instrumentos que possibilitam o uso privativo dos bens públicos por particulares são:

Autorização de uso de bem público: ato administrativo, discricionário e precário, que viabiliza o uso privativo do bem público para atender interesse do particular. São exemplos de autorização a autorização de fechamento de uma rua para e realização de uma festa, a autorização para colocar uma rede de vôlei na praia.

Permissão de uso dos bens públicos: ato administrativo, discricionário e precário, que permite a utilização privativa de bem público por um particular para atender o interesse do particular e também o interesse público. Por exemplo, a permissão de instalação de barracas em feiras públicas

Concessão de uso de bem público: contrato administrativo, precedido de licitação, que concede o uso privativo de um bem público a um particular por tempo determinado.

DIREITO ADMINISTRATIVO

Cessão de uso: para a doutrina majoritária, a cessão de uso ocorre quando o uso do bem é transferido para outra pessoa administrativa, para o Estado, ou para pessoa privada sem fins lucrativos.

15. INTERVENÇÃO DO ESTADO NA PROPRIEDADE

Ocorre quando o Estado impõe restrições ou condições à propriedade do particular. O direito de propriedade está assegurado pelo art. 5º, XXII da CF/88, no entanto, é possível que esse direito da propriedade seja suprimido ou restringido pelo Estado, com base no princípio da supremacia do interesse público sobre o interesse privado.

15.1. Intervenção Restritiva x Intervenção Supressiva

A intervenção supressiva (também chamada de intervenção drástica) ocorre quando a Administração transfere o patrimônio privado para o patrimônio público. Ocorre com a desapropriação.

Já a intervenção restritiva (ou branda) ocorre quando a propriedade continua com o particular, mas a Administração impõe algum tipo de restrição. Ocorrem com o tombamento, servidão administrativa, requisição administrativa, ocupação temporária e limitação administrativa.

15.2. Tombamento

O tombamento é a intervenção por meio da qual o poder público protege o patrimônio histórico e cultural, com base no art. 216 da CF/88 e regulamentado pelo Decreto-Lei 25/37. O tombamento pode ter como objeto bens móveis e imóveis, podendo incidir, inclusive, sobre bens públicos (art. 5º, Decreto-Lei 25/37).

15.3. Servidão Administrativa

A servidão administrativa é um direito real público que permite a utilização de propriedade alheia para garantia do interesse público. A possibilidade está prevista no art. 40 do Decreto-Lei 3.365/41. Além disso, existe a possibilidade de servidões instituídas por concessionárias de serviço público, desde que autorizadas (art. 29, IX e art. 31, VI, Lei 8.987/95), da mesma maneira, os consórcios públicos podem instituir servidão (art. 2º, §1º, II, Lei 11.107/05). Caberá indenização apenas se o proprietário comprovar algum dano

15.4. Requisição Administrativa

É a intervenção autoexecutória, em que o poder público se utiliza de bens móveis, imóveis ou serviços particulares, em situação de iminente perigo público. Tem previsão constitucional, no art. 5º, XXV, CF/88. Pode incidir sobre bens móveis, imóveis e serviços e a indenização será ulterior, se houver dano

15.5. Ocupação Temporária

É a intervenção por meio da qual o poder público ocupa, temporariamente, em situação de normalidade, a propriedade de um particular para execução de uma obra pública ou um

305

FLÁVIA CAMPOS

serviço público, como previsto no art. 36, do Decreto-lei 3.365/41. Tem prazo determinado, e expirado o prazo, a intervenção termina. A indenização ocorre quando houver dano.

15.6. Limitação Administrativa

As limitações administrativas são intervenções impostas por atos normativos, que impõem obrigações positivas ou negativas a proprietários indeterminados. A limitação pode ter como objeto bens móveis, imóveis e serviços. Pode ser instituída por lei ou por ato administrativo normativo, pois têm caráter geral e abstrato, atuando sobre proprietários indeterminados.

Em regra, a limitação não gera o dever de indenizar, pois tem caráter geral e abstrato. No entanto, é possível se falar em indenização caso uma pessoa (o um grupo de pessoas) sofra um dano desproporcional (em virtude do princípio da repartição dos encargos).

15.7. Desapropriação

A desapropriação é a intervenção supressiva (ou drástica) na propriedade, em que o Estado retira o bem do proprietário, independentemente da sua vontade. Existem diversas formas de desapropriação: por utilidade pública/necessidade pública/interesse social; urbanística; rural; e expropriação confiscatória.

A) DESAPROPRIAÇÃO URBANÍSTICA: desapropriação de bens imóveis urbanos que não cumprem sua função social, considerando os imóveis não edificados, subutilizados e não utilizados). Está prevista no art. 182, §4º, III da CF/88 e na Lei 10.257/01 (Estatuto da Cidade). A desapropriação urbanística tem caráter sancionatório, e só será aplicada depois de seguidos os requisitos previstos no §4º da CF/88. A indenização, no caso da desapropriação urbanística, será em títulos da dívida pública resgatáveis em 10 anos.

B) DESAPROPRIAÇÃO RURAL: é a desapropriação de imóvel rural que não atende a sua função social. Está prevista no art. 184 da CF/88, regulamentada pela Lei 8.629/93 e na Lei Complementar 76/93. O art. 186 da Constituição traz as condições para o cumprimento da função social da propriedade rural. Tem caráter sancionatório, por isso a indenização será em títulos da dívida agrária, resgatáveis em até 20 anos, a partir do 2º ano. O art. 185 traz vedações à desapropriação rural para determinados bens.

C) DESAPROPRIAÇÃO CONFISCO OU EXPROPRIAÇÃO: está prevista no art. 243 da CF/88, e é regulamentada pela Lei 8.257/91. É a expropriação de bens rurais ou urbanos utilizados para o plantio ilegal de plantas psicotrópicas ou exploração de trabalho escravo. A propriedade, neste caso, será retirada sem nenhuma indenização, perdendo toda a propriedade. Não haverá, neste caso, nenhum tipo de indenização.

D) DESAPROPRIAÇÃO POR NECESSIDADE PÚBLICA, UTILIDADE PÚBLICA E INTERESSE SOCIAL: está prevista no art. 5º, XXIV, da CF/88, podendo ser realizado por qualquer ente federativo. São regulamentadas pelo Decreto-Lei 3.365/41 e pela Lei 4.132/62. Pode recair sobre bens móveis, imóveis ou direitos, inclusive bens públicos (art. 2º, §2º, Decreto-Lei 3.365/41), desde que tenha autorização legislativa; só podendo a União desapropriar bens dos Estados, dos Municípios e do DF; e os Estados podendo desapropriar bens dos Municípios. O contrário não pode ocorrer. A indenização deve ser prévia, justa e

DIREITO ADMINISTRATIVO

em dinheiro, abrangendo os danos emergentes, os lucros cessantes, as despesas processuais, os juros, a correção monetária e os honorários advocatícios.

Imissão provisória na posse (art. 15, Decreto-Lei 3.365/41): ocorre quando for declarada a urgência na posse do bem e o for depositado previamente o valor incontroverso. De acordo com o art. 15, §2º, depois de declarada a urgência, o poder público tem 120 dias para requerer a imissão provisória na posse. Se não o faz neste período, não pode mais pedir a imissão (art. 15, §3º). Com relação ao depósito prévio, o expropriado poderá levantar (ou seja, pegar) 80% do valor depositado, conforme art. 33, §2º.

Direito de extensão: é o direito que o proprietário tem de exigir a desapropriação total, quando o poder público desapropria parte do seu bem e o deixa com uma parcela remanescente inaproveitável.

Desistência da desapropriação: durante a ação de desapropriação, o poder público pode desistir da desapropriação até o momento da indenização.

Retrocessão e tredestinação: a tredestinação ocorre quando se dá uma finalidade diferente para o bem desapropriado do que a prevista no decreto expropriatório. A tredestinação será lícita quando não se dá a destinação inicial ao bem, mas ainda se busca o interesse público. Já a tredestinação ilícita ocorrerá quando o poder público desapropria o bem e o utiliza para uma destinação privada. Neste caso, surge o direito de retrocessão, podendo o particular exigir que o bem seja devolvido (desde que ele devolva, é claro, a indenização).

Desapropriação indireta: ocorre quando a desapropriação não segue o devido processo legal. De acordo com o art. 35 do Decreto-Lei 3.365/41, ainda que o bem tenha sido expropriado sem o devido processo legal, depois que ele é incorporado ao patrimônio público não há mais a possibilidade de reivindicá-lo, restando ao expropriado apenas pedir indenização.

16. CONTROLE DA ADMINISTRAÇÃO PÚBLICA

A atuação da Administração Pública se submete a várias formas de controle, seja pela própria Administração, seja por outros órgãos e/ou pessoas.

Levando em consideração a função exercida para a efetivação do controle dos atos da Administração, o controle pode ser classificado em administrativo, legislativo e jurisdicional.

A) CONTROLE ADMINISTRATIVO: é o controle exercido pela própria Administração, no âmbito da função administrativa, controlando seus próprios atos, seja analisando a legalidade quanto o mérito.

Importante destacar que quando se fala que esse controle é exercido pela Administração, no exercício da função administrativa, não está se restringindo ao Poder Executivo. Isso porque se sabe que todos os Poderes, inclusive Legislativo e Judiciário, exercem a função administrativa, ainda que de forma atípica.

A Lei 9.784/99 prevê as regras do processo administrativo federal, que deve ser seguido pelas entidades da Administração Direta e Indireta de âmbito federal.

B) CONTROLE LEGISLATIVO: É o controle exercido pelas Casas Legislativas sobre a atuação da Administração Pública, com base no exercício das funções típicas do Legislativo. São exemplos: a possibilidade de o Congresso Nacional sustar os atos do Poder Executivo que

FLÁVIA CAMPOS

exorbitem o poder regulamentar (art. 49, V, CR/88); a possibilidade de as Casas Legislativas requisitarem informações a Ministros de Estado e demais autoridades (art. 50, CR/88); a necessidade de autorização, pelo Poder Legislativo, de determinados atos administrativos, como o preenchimento do cargo de Procurador-Geral da República (art. 52, III, e, CR/88); Comissões Parlamentares de Inquérito (art. 58, §3º, CR/88); o Senado Federal processando e julgando crimes de responsabilidade praticados por determinadas entidades (art. 52, I e II) ou o controle de contas, com o auxílio do Tribunal de Contas.

C) CONTROLE JURISDICIONAL: É o controle exercido pelo Poder Judiciário sobre a atuação administrativa, no exercício da sua função típica, que é a função jurisdicional.

O controle jurisdicional se dá através de ações de procedimento comum e remédios constitucionais.

C.1) Controle de mérito: como dito, surge, ao se analisar o controle jurisdicional, a discussão se o Poder Judiciário pode ou não controlar o mérito administrativo.

O controle de legalidade, em que o Poder Judiciário analisa se o ato está de acordo com a lei e com o ordenamento jurídico, pode ser realizado em qualquer ato, pois todos os atos (mesmo os discricionários) possuem elementos previstos em lei. Assim, tanto os atos vinculados quanto os discricionários podem sofrer controle de legalidade. Se estiver em desacordo com a lei, o ato deve ser anulado, seja ele vinculado ou discricionário.

Já o controle de mérito, que é a análise da conveniência e oportunidade dos atos discricionários, só pode ser feito por quem editou o ato administrativo. Se o Poder Executivo, no exercício da função administrativa, edita um ato discricionário, só ele pode controlar o mérito do ato, pois só ele pode analisar sua conveniência e/ou oportunidade. Se o ato se torna inconveniente ou inoportuno, ele deve ser revogado. Assim, o Poder Judiciário não pode controlar o mérito dos atos de outros poderes, pois fere o princípio da separação dos poderes.

No entanto, devemos lembrar que o Poder Judiciário também edita atos administrativos, no exercício da função administração de forma atípica, que pode, a depender do ato, ser discricionário. Se o próprio Poder Judiciário edita um ato administrativo discricionário, nada impede que ele mesmo realize o controle de mérito, pois ele tem o poder de autotutela, de analisar conveniência e/ou oportunidade do seu próprio ato.

Assim, cuidado com qualquer questão que fale de revogação do ato administrativo discricionário, pois se for um ato do próprio Poder Judiciário (no exercício da função administrativa), nada impede que o próprio Judiciário realize o controle de mérito do ato e o revogue. O que não pode acontecer é o Poder Judiciário revogar atos administrativos de outros poderes, pois não foi ele que editou.

DIREITO ADMINISTRATIVO

17. QUESTÕES APLICADAS EM EXAMES ANTERIORES

01. (2017 – FGV – XXIV Exame) Um fiscal de posturas públicas municipais verifica que um restaurante continua colocando, de forma irregular, mesas para os seus clientes na calçada. Depois de lavrar autos de infração com aplicação de multa por duas vezes, sem que a sociedade empresária tenha interposto recurso administrativo, o fiscal, ao verificar a situação, interdita o estabelecimento e apreende as mesas e cadeiras colocadas de forma irregular, com base na lei que regula o exercício do poder de polícia correspondente. A partir da situação acima, assinale a afirmativa correta.

(A) O fiscal atuou com desvio de poder, uma vez que o direito da sociedade empresária de continuar funcionando é emanação do direito de liberdade constitucional, que só pode ser contrastado a partir de um provimento jurisdicional.

(B) A prática irregular de ato autoexecutório pelo fiscal é clara, porque não homenageou o princípio do contraditório e da ampla defesa ao não permitir à sociedade empresária, antes da apreensão, a possibilidade de produzir, em processo administrativo específico, fatos e provas em seu favor.

(C) O ato praticado pelo fiscal está dentro da visão tradicional do exercício da polícia administrativa pelo Estado, que pode, em situações extremas, dentro dos limites da razoabilidade e da proporcionalidade, atuar de forma autoexecutória.

D) A atuação do fiscal é ilícita, porque os atos administrativos autoexecutórios, como mencionado acima, exigem, necessariamente, autorização judicial prévia.

Comentário: Gabarito C. A atuação do fiscal se baseia no exercício do poder de polícia e possui, em regra, autoexecutoriedade, que possibilita a execução do ato derivado do poder de polícia sem precisar do Poder Judiciário. Percebe-se, ainda, a manifestação da coercibilidade, que impõe os atos do poder de polícia independentemente da vontade do particular.

02. (2014 – FGV – XIII Exame) A União licitou, mediante concorrência, uma obra de engenharia para construir um hospital público. Depois de realizadas todas as etapas previstas na Lei n. 8.666/93, sagrou-se vencedora a Companhia X. No entanto, antes de se outorgar o contrato para a Companhia X, a Administração Pública resolveu revogar a licitação. Acerca do tema, assinale a afirmativa correta.

(A) A Administração Pública pode revogar a licitação, por qualquer motivo, principalmente por ilegalidade, não havendo direito subjetivo da Companhia X ao contrato.

(B) A revogação depende da constatação de ilegalidade no curso do procedimento e, nesse caso, não pode ser decretada em prejuízo da Companhia X, que já se sagrou vencedora.

(C) A revogação, fundada na conveniência e na oportunidade da Administração Pública, deverá sempre ser motivada e baseada em fato superveniente ao início da licitação.

(D) Quando a Administração lança um edital e a ele se vincula, somente será possível a anulação do certame em caso de ilegalidade, sendo-lhe vedado, pois, revogar a licitação.

Comentário: Gabarito C. A revogação da licitação pode ocorrer quando um motivo superveniente, devidamente comprovado, faz com que a licitação se torne inconveniente ou inoportuna (art. 49, Lei 8.666/93). A revogação não tem ligação com a ilegalidade, pois a ilegalidade faz com que o ato seja ilegal.

03. (2018 – FGV – XXVII Exame) A sociedade empresária Beta assinou, na década de 1990, contrato de concessão de serviço de transporte público. Desde então, vem utilizando os mesmos ônibus no transporte de passageiros, não se preocupando com a renovação da frota, tampouco com o conforto dos usuários ou com o nível de emissão de poluentes. Em paralelo, com a natural evolução tecnológica, sabe-se que os veículos atualmente estão mais bem equipados, são mais seguros e, naturalmente, emitem menos poluentes.

Com base no caso narrado, assinale a afirmativa correta.

(A) A renovação da frota visa a atender ao princípio da atualidade, que exige das concessionárias o emprego de equipamentos modernos.

(B) Constitui interesse público a utilização de ônibus novos, mais econômicos, eficientes e confortáveis; por isso, independentemente de lei autorizativa, pode o poder concedente encampar o contrato de concessão, retomando o serviço público.

(C) Se a concessionária desrespeitar os parâmetros de qualidade do serviço estabelecidos no contrato, a concessão poderá ser extinta unilateralmente pelo poder concedente, aplicando-se o instituto da rescisão.

(D) Ao fim da concessão, os veículos utilizados retornam ao poder concedente, independentemente de expressa previsão no edital e no contrato.

Comentário: Gabarito A. O princípio da atualidade determina que a prestadora do serviço deve sempre se manter atualizada com inovações, inclusive quanto à modernidade dos seus equipamentos (art. 6º, §2º, Lei 8.987/95). A encampação, que é a extinção do contrato por interesse público, depende de lei autorizativa e indenização prévia (art. 37, Lei 8.987/95). Se a extinção do contrato de concessão de serviço público se dá por culpa da concessionária, a forma de extinção é a caducidade (art. 38, Lei 8.987/95). Por fim, os bens podem retornar ao poder concedente, que é a reversão de bens, desde que previsto no edital e no contrato (art. 35, §1º, Lei 8.987/95).

04. (2015 – FGV – XVI Exame) O prédio que abrigada a Biblioteca Pública Municipal de Molhadinho foi parcialmente destruído em um incêndio, que arruinou quase metade do acervo e prejudicou gravemente a estrutura do prédio. Os livros restantes já foram transferidos para uma nova sede. O Prefeito de Molhadinho pretende alienar

309

FLÁVIA CAMPOS

o prédio antigo, ainda cheio de entulho e escombros.

Sobre o caso descrito, assinale a afirmativa correta.

(A) Não é possível, no ordenamento jurídico atual, a alienação de bens públicos.

(B) O antigo prédio da biblioteca, bem público de uso especial, somente pode ser alienado após ato formal de desafetação.

(C) É possível a alienação do antigo prédio da biblioteca, por se tratar de bem público dominical.

(D) Por se tratar de prédio com livre acesso do público em geral, trata-se de bem público de uso comum do povo, insuscetível de alienação.

Comentário: Gabarito C. Enquanto funcionava a biblioteca pública, tratava-se de um bem de uso especial, pois era usado para a prestação de um serviço público (art. 99, CC). Após o incêndio, o bem deixou de ter afetação em virtude de um fato administrativo, fazendo com que ele possa ser alienado. Não é necessário o ato formal de desafetação, já que ele deixou de ser afetado depois que não abriga mais a biblioteca.

05. (2017 – FGV – XXIII Exame) O Estado "X" pretende fazer uma reforma administrativa para cortar gastos. Com esse intuito, espera concentrar diversas secretarias estaduais em um mesmo prédio, mas não dispõe de um imóvel com a área necessária. Após várias reuniões com a equipe de governo, o governador decidiu desapropriar, por utilidade pública, um enorme terreno de propriedade da União para construir o edifício desejado.

Sobre a questão apresentada, assinale a afirmativa correta.

(A) A União pode desapropriar imóveis dos Estados, atendidos os requisitos previstos em lei, mas os Estados não podem desapropriar imóveis da União.

(B) Para que haja a desapropriação pelo Estado "X", é imprescindível que este ente federado demonstre, em ação judicial, estar presente o interesse público.

(C) A desapropriação é possível, mas deve ser precedida de autorização legislativa dada pela Assembleia Legislativa.

(D) A desapropriação é possível, mas deve ser precedida de autorização legislativa dada pelo Congresso Nacional.

Comentário: Gabarito A. De acordo com o art. 2º, §2º, Decreto-Lei 3.365/41, os bens do domínio dos Estados, Municípios, Distrito Federal e Territórios poderão ser desapropriados pela União, e os dos Municípios pelos Estados, mas, em qualquer caso, ao ato deverá preceder autorização legislativa. Assim, os Estados não podem desapropriar bens dos Municípios.

06. (2016 – FGV – XXI Exame) José, acusado por estupro de menores, foi condenado e preso em decorrência da execução de sentença penal transitada em julgado. Logo após seu recolhimento ao estabelecimento prisional, porém, foi assassinado por um colega de cela.

Acerca da responsabilidade civil do Estado pelo fato ocorrido no estabelecimento prisional, assinale a afirmativa correta.

(A) Não estão presentes os elementos configuradores da responsabilidade civil do Estado, porque está presente o fato exclusivo de terceiro, que rompe o nexo de causalidade, independentemente da possibilidade de o Estado atuar para evitar o dano.

(B) Não estão presentes os elementos configuradores da responsabilidade civil do Estado, porque não existe a causalidade necessária entre a conduta de agentes do Estado e o dano ocorrido no estabelecimento estatal.

(C) Estão presentes os elementos configuradores da responsabilidade civil do Estado, porque o ordenamento jurídico brasileiro adota, na matéria, a teoria do risco integral.

(D) Estão presentes os elementos configuradores da responsabilidade civil do Estado, porque o poder público tem o dever jurídico de proteger as pessoas submetidas à custódia de seus agentes e estabelecimentos.

Comentário: Gabarito D. De acordo com o STF, o Estado responde objetivamente pela morte do preso em presídio, em virtude da relação de custódia. Tal responsabilidade se baseia na teoria do risco administrativo, e não na teoria do risco integral.

Direito Ambiental

Anna Sílvia Scofield

1. NOÇÕES GERAIS

O Direito Ambiental tem como finalidade firmar o equilíbrio entre a pretensão da sociedade de evoluir economicamente e a necessidade de garantir a preservação do equilíbrio ambiental. Assim, em síntese, temos que o Direito Ambiental regula a atividade humana e o meio ambiente, trazendo como caraterística o fato de tratar-se de uma matéria interdisciplinar, ou seja, apresenta ligação com outros ramos do direito, como exemplo, os direitos penal, civil, administrativo e constitucional.

2. PRINCÍPIOS NORTEADORES DO DIREITO AMBIENTAL

No Direito Ambiental, os princípios se destacam por ocuparem a função de orientar o desenvolvimento e a aplicação de políticas públicas, sendo, portanto, fundamentais instrumentos na proteção ao meio ambiente. Estão implicitamente consagrados na Constituição Federal de 1988 e expressamente em diversas leis sobre o Direito Ambiental.

Princípios mais destacados pelas doutrinas.

A) Princípio do Desenvolvimento Sustentável: Através deste princípio, a geração presente deve buscar atender suas necessidades sem comprometer a capacidade de crescimento das futuras gerações. Encontra-se inserido no art. 225 da CF/88, bem como, no art. 170, incisos III e VI da CF/88. Tem como base a <u>conciliação de três pilares</u>:

B) Princípio do Meio Ambiente Ecologicamente Equilibrado Como Direito Fundamental da Pessoa Humana: Deve ser interpretado como a necessidade do Estado focar suas ações em medidas de preservação, apenas acolhendo subsidiariamente outras medidas de repressão ou de recomposição dos prejuízos ambientais. Em suma, tal princípio preceitua que o meio ambiente ecologicamente equilibrado é um direito fundamental de terceira geração, tendo como principal base normativa o art. 225, caput e §1º, VII da CF, bem como nos arts. 2º e 4º da Lei 6.938/81[1].

C) Princípio da Prevenção: Apoia-se na adoção de medidas que previnam, mitiguem ou eliminem os danos ambientais já conhecidos de determinada atividade. Podemos citar

---

1. Lei que dispõe sobre a Política Nacional do Meio Ambiente.

como exemplo de aplicação deste princípio o Estudo Prévio de Impacto Ambiental – EIA/RIMA disposto no art. 225, §1º, IV da CF/88.

D) Princípio da Precaução: Apresenta-se como uma garantia contra os riscos desconhecidos, incertos, abstratos, potenciais que, de acordo com o estágio atual do conhecimento científico, não podem ainda ser identificados. Assim, na dúvida quanto à potencialidade de dano de uma intervenção no meio ambiente, deve-se adotar uma postura mais conservadora em prol da conservação do meio ambiente adotando, inclusive, a inversão do ônus da prova, ocasião em que o interessado provará que sua intervenção não prejudicará o meio ambiente.

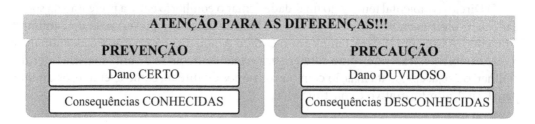

E) Princípio do Poluidor-Pagador: Neste princípio, a pessoa física ou jurídica que cause direta ou indiretamente o dano ambiental, ou seja, o poluidor propriamente dito, deve arcar com as despesas de prevenção, reparação e repressão dos danos causados. Surge daí a expressão "internalização das externalidades negativas".

F) Princípio do Usuário-Pagador: Dispõe que, devido ao fato dos recursos naturais serem escassos e passíveis de valoração econômica, os usuários devem pagar por usa utilização independentemente da ocorrência da poluição. Visa racionalizar o uso dos recursos naturais, evitar o desperdício de tais, além de coibir o enriquecimento ilícito de quem se utiliza deles imoderadamente. Encontra sua previsão legal no art. 4º, inciso VII, da Lei 6.938/81.

G) Princípio do Limite: Princípio destinado, essencialmente, para a Administração Pública que, munida do poder de polícia, deve editar padrões máximos de poluição, a fim de manter o equilíbrio ambiental. Destacamos como principais fundamentos para este princípio o art. 225, §1º, III e V da CF/88, assim como, o art. 4º, III, da Lei 6.938/81.

H) Princípio da Informação Ambiental: Qualquer indivíduo terá acesso às informações dos órgãos ambientais, independentemente, de interesse específico, todavia, ressalvado os casos de sigilo industrial e os que envolva direitos autorais.

I) Princípio da Participação Comunitária: Prevê o direito da participação da comunidade na formação de decisões ambientais através de audiências públicas, ações judiciais, pelos meios previstos no art. 14 da CF/88.

L) Princípio da Educação Ambiental: A educação ambiental deve estar presente em todos os níveis de ensino e que, além disso, incumbe ao Poder Público promover políticas de conscientização da população para proteção contínua e permanente do meio ambiente.

M) Princípio da Cooperação: Ensina que todos os Estados, no âmbito internacional, devem atuar conjuntamente em prol da preservação do meio ambiente.

DIREITO AMBIENTAL

| **DICA PARA PROVA:** |
| É possível a correlação de mais de um princípio na análise de um determinado caso concreto. |

3. CONCEITO E CLASSIFICAÇÕES DO MEIO AMBIENTE

3.1. Conceito

Dentre outros, destacamos o disposto na Resolução CONAMA 306/2002, segundo o qual "meio ambiente é o conjunto de condições, leis, influência e interações de ordem física, química, biológica, social, cultural e urbanística, que permite, abriga e rege a vida em todas as suas formas".

3.2. Classificações de Meio Ambiente

Classifica-se em quatro categorias, quais sejam:

A) MEIO AMBIENTE NATURAL: aquele que engloba todos os elementos que possuem vida (bióticos) e também os que não possuem (abióticos).

B) MEIO AMBIENTE CULTURAL: compreendido pelo patrimônio cultural, ou seja, o conjunto de bens, materiais ou imateriais que traduzem a história, a formação e a cultura de um povo, de uma comunidade, cuja proteção está prevista nos arts. 215, 2016 e 216-A da CF/88.

C) MEIO AMBIENTE ARTIFICIAL: espaço urbano construído, formado pelo conjunto de edificações (espaço urbano fechado) e pelos equipamentos públicos (ruas, praças, áreas verdes, espaços livres em geral: espaço urbano aberto)[2], podendo ser visto nos arts. 182 e 183 da CF/88.

D) MEIO AMBIENTE DO TRABALHO: também conhecido como meio ambiente laboral, é aquele que, diante do foco preventivo em face da proteção da saúde da pessoa humana, encontra-se relacionado com a sadia qualidade do local onde o trabalhador exercerá seu ofício, tendo como previsão legal os arts. 7º, XXII e 200, VIII da CF/88.

4. PROTEÇÃO CONSTITUCIONAL AO MEIO AMBIENTE

A Constituição Federal de 1988 foi a primeira a dispensar um capítulo voltado à tutela do meio ambiente, capítulo este compreendido pelo art. 225.

Diante da sua complexidade e importância, dividiremos o estudo deste artigo em três etapas: a primeira etapa, composta pela norma geral trazida no *caput*; a segunda etapa ficará destinada à análise do **parágrafo primeiro,** que versa sobre as obrigações específicas em matéria ambiental, e, por último, a terceira etapa, compreendida pelos **parágrafos segundo ao sexto** que destinam atenção para áreas de grande relevância ecológica. Vejamos:

---

2.   A partir desse preceito e do art.183 da CF, foi estruturada a Lei 10.257/2001, denominada Estatuto da Cidade, que estabelece "normas de ordem pública e interesse social que regulam o uso da propriedade urbana em prol do bem coletivo, da segurança e do bem-estar dos cidadãos, bem como do equilíbrio ambiental".

PRIMEIRA ETAPA DO ART. 225: *CAPUT*
Art. 225. Todos têm direito ao meio ambiente ecologicamente equilibrado, **bem de uso comum do povo** e essencial à sadia qualidade de vida, **impondo-se ao Poder Público e à coletividade o dever** de defendê-lo e preservá-lo **para as presentes e futuras gerações.**

O *caput* acima nos traz que o meio ambiente sadio é direito de todos, assim, de **interesse difuso**, tratando-se de direito **de terceira geração, fundamental e indisponível**.

Pode-se observar que não só o Poder Público, mas também a coletividade tem o dever de defender e preservar o meio ambiente de modo que não afete ou comprometa as futuras gerações. Note-se, ainda, que o texto constitucional não apresenta a faculdade de proteção ao meio ambiente, mas sim, afirma o **dever de defesa e preservação**. Criando com isso para o Poder Público **deveres constitucionais**, representados por obrigações de fazer.

O parágrafo primeiro do art. 225 da CF/88, traz para o Poder Público uma série destas obrigações que têm por objetivo assegurar a efetividade do direito ao meio ambiente ecologicamente equilibrado.

Perceba-se, abaixo, que todos os incisos são iniciados com uma ação **a ser cumprida pelo Poder Público**.

SEGUNDA ETAPA DO ART. 225: §1º – DEVERES CONSTITUCIONAIS
I – **preservar e restaurar** os processos ecológicos essenciais e prover o manejo ecológico das espécies e ecossistemas;   II – **preservar a diversidade e a integridade do patrimônio genético** do País e **fiscalizar** as entidades dedicadas à pesquisa e manipulação de material genético[3];   III – **definir, em todas as unidades da Federação, espaços territoriais e seus componentes** a serem especialmente protegidos, sendo a alteração e a supressão permitidas somente através de lei, vedada qualquer utilização que comprometa a integridade dos atributos que justifiquem sua proteção;   IV – **exigir, na forma da lei, para instalação de obra ou atividade potencialmente causadora de significativa degradação do meio ambiente, estudo prévio de impacto ambiental**, a que se dará publicidade;   V – **controlar a produção, a comercialização e o emprego de técnicas, métodos e substâncias que comportem risco para a vida**, a qualidade de vida e o meio ambiente;   VI – **promover a educação ambiental** em todos os níveis de ensino e a conscientização pública para a preservação do meio ambiente;   VII – **proteger a fauna e a flora**, vedadas, na forma da lei, as práticas que coloquem em risco sua função ecológica, provoquem a extinção de espécies ou submetam os animais a crueldade[4].

Já os parágrafos segundo ao sexto tratam de áreas de grande relevância ecológica, temas que, por tamanha importância, mereceram destaque e previsão constitucional. São eles:

---

3.   Tema regulamentado pela Lei 11.105/05.

4.   A Emenda Constitucional nº 96, de 2017 inseriu o § 7º no art. 225 que prevê "Para fins do disposto na parte final do inciso VII do 1º deste artigo, não se consideram cruéis as práticas desportivas que utilizem animais, desde que sejam manifestações culturais, conforme o § 1º do art. 215 desta Constituição Federal, registradas como bem de natureza imaterial integrante do patrimônio cultural brasileiro, devendo ser regulamentadas por lei específica que assegure o bem-estar dos animais envolvidos".

DIREITO AMBIENTAL

TERCEIRA ETAPA DO ART. 225: §§ 2º a 6º – RELEVÂNCIA ECOLÓGICA

§ 2º Aquele que explorar **recursos minerais** fica obrigado a recuperar o meio ambiente degradado, de acordo com solução técnica exigida pelo órgão público competente, na forma da lei.

§ 3º As **condutas e atividades consideradas lesivas ao meio ambiente** sujeitarão os infratores, **pessoas físicas ou jurídicas, a sanções penais e administrativas, independentemente da obrigação de reparar os danos causado**s.

§ 4º **A Floresta Amazônica brasileira**, a **Mata Atlântica**, a **Serra do Mar**, o **Pantanal Mato-Grossense e a Zona Costeira** são **patrimônio nacional**, e sua utilização far-se-á, na forma da lei, dentro de condições que assegurem a preservação do meio ambiente, inclusive quanto ao uso dos recursos naturais.

§ 5º **São indisponíveis as terras devolutas ou arrecadadas pelos Estados**, por ações discriminatórias, necessárias à proteção dos ecossistemas naturais.

§ 6º **As usinas que operem com reator nuclear** deverão ter sua localização definida em **lei federal**, sem o que não poderão ser instaladas.

DICAS PARA PROVA:

DICA Nº 1 – Questões sobre esse tema costumam cobrar do examinando o conhecimento literal do art. 225, portanto, o ideal é memorizá-lo.

DICA Nº 2 – A respeito do §4º, é importante saber que as áreas inseridas nessas cinco microrregiões <u>não são necessariamente públicas</u>, ou seja, bens da União. Assim, é possível a existências de propriedades particulares em tais microrregiões.

LEITURA OBRIGATÓRIA:

Os **índios** são especialmente protegidos pela nossa Constituição Federal, que reserva um capítulo próprio – Capítulo VIII – para tratar sobre os **direitos indígenas.** Recomendamos a leitura dos artigos 231 e 232 da CF/88, pois neles estão contidos tais direitos.

---

5. COMPETÊNCIAS CONSTITUCIONAIS EM MATÉRIA AMBIENTAL

5.1. Noções

A Constituição Federal, ao adotar o **federalismo cooperativo**, demonstrou a importância da atuação conjunta dos entes federativos na proteção ambiental. Repartiu competências de maneira que todos eles possuam, de alguma forma, competência para legislar sobre o meio ambiente e atuar, através do poder de polícia, buscando sua efetiva proteção.

Encontram-se previstas nos arts. 21 a 25 e 30 da CF/88 sendo divididas entre <u>competência legislativa</u> e <u>competência material</u>, também conhecida como administrativa ou executiva.

5.2. Diferenciação das Competências

A) Competência legislativa: é aquela vista no poder outorgado a cada ente federativo para a produção de leis e atos normativos. Tem como critério norteador **o princípio da predominância do interesse**, assim, caberá a União legislar sobre as matérias de predominante interesse nacional, aos Estados matérias de interesse regional e aos Municípios de interesse local.

ANNA SÍLVIA SCOFIELD

COMPETÊNCIA LEGISLATIVA
PRIVATIVA DA UNIÃO **Art. 22, IV, XII, XIV, XVIII e XXVI** À União compete legislar sobre os assuntos previstos no art. 22 da CF/88, cabendo delegação **aos Estados através de lei complementar.**
PRÓPRIA DOS ESTADOS E DISTRITO FEDERAL Exclusiva – art. 25, §§2º e 3º: caberá somente aos Estados legislar, sem a possibilidade de delegação. Suplementar – art. 24, §2º: os Estados poderão complementar a legislação ambiental existente. Remanescente – art. 25, §1º: reserva aos Estados a competência de legislar em matéria ambiental que não lhes sejam vedadas pela Constituição.
CONCORRENTE DA UNIÃO, ESTADOS E DISTRITO FEDERAL **Art. 24, I, VI, VII e VIII** As normas gerais serão fixadas pela União e, a partir de tais normas, os Estados e Distrito Federal poderão apresentar legislações mais restritivas sobre a proteção ambiental. Caso a União não legisle, os Estados/DF poderão disciplinar sobre a matéria. Todavia, em caso de superveniência de lei federal sobre normas gerais, as leis estatuais perderão sua eficácia no que lhe for contrário, conforme dispõe os parágrafos primeiro ao quarto do art. 24.
DOS MUNICÍPIOS **Art. 30, VIII e IV** Poderão legislar em assuntos de interesse local e suplementar à legislação da União e Estados.

B) Competência material, administrativa ou executiva: é aquela que atribui aos entes federativos a atuação concreta através do poder de polícia.

COMPETÊNCIA MATERIAL
EXCLUSIVA DA UNIÃO **Art. 21** Diz respeito a temas de interesse nacional não cabendo à União delegar sua atuação a nenhum outro ente federativo.
COMUM DA UNIÃO, ESTADOS/DF E MUNICÍPIOS **Art. 23** Todos os entes federativos se unem na defesa do meio ambiente e no exercício do poder de polícia.

DICAS PARA PROVA:
DICA Nº 1 – Este tema é muito recorrente nos Exames de Ordem, portanto, leia com bastante atenção os artigos que compõem cada competência, assimilando, ao máximo, os que dizem respeito à competência legislativa e competência material. **DICA Nº 2** – Competência Privativa – PODE SER DELEGADA, já a Competência Exclusiva – NÃO PODE SER DELEGADA. **DICA Nº 3** – No que diz respeito à Competência Concorrente, a edição de norma geral pela União NÃO REVOGARÁ lei estadual já existente, mas somente perderá o valor a parte que, porventura, contrariar a normal geral. **DICA Nº 4** – Sobre a Competência Material Comum foi editada a Lei Complementar 140/2011, que fixou normas, nos termos do art. 23, III, VI e VII e parágrafo único da CF/88, para cooperação entre a União, Estados/DF e os Municípios.

> **LEITURA OBRIGATÓRIA:**
>
> Arts. 4º e 5º da Lei Complementar 140/2011 que tratam sobre os instrumentos de cooperação institucional, bem como, os arts. 7º a 10 que versam sobre as competências de cada ente federativo.

6. POLÍTICA NACIONAL DO MEIO AMBIENTE

6.1. Noções Gerais

A Lei nº 6.938/81 dispõe sobre a Política Nacional do Meio Ambiente e aponta uma séria de medidas de ordem administrativa e civil necessárias à tutela do meio ambiente.

A fim de traçar um marco eficaz de atuação da Administração Pública e dos particulares na proteção do meio ambiente, a Lei nº 6.938/81, além de apontar a estrutura de alguns órgãos públicos voltados à tutela do meio ambiente, trouxe, ainda, objetivos, princípios e os denominados instrumentos de política ambiental.

6.2. Conceitos

A Lei de Política Nacional do Meio Ambiente traz em seu texto, mais precisamente em seu artigo 3º, conceitos de extrema relevância e valia para o estudo e entendimento do Direito Ambiental e que, por tamanha importância, merecem destaque. São eles:

A) MEIO AMBIENTE: o conjunto de condições, leis, influências e interações de ordem física, química e biológica, que permite, abriga e rege a vida em todas as suas formas;

B) DEGRADAÇÃO DA QUALIDADE AMBIENTAL: a alteração adversa das características do meio ambiente;

C) POLUIÇÃO: a degradação da qualidade ambiental resultante de atividades que direta ou indiretamente prejudiquem a saúde, a segurança e o bem-estar da população; criem condições adversas às atividades sociais e econômicas; afetem desfavoravelmente a biota; afetem as condições estéticas ou sanitárias do meio ambiente e lancem matérias ou energia em desacordo com os padrões ambientais estabelecidos;

D) POLUIDOR: a pessoa física ou jurídica, de direito público ou privado, responsável, direta ou indiretamente, por atividade causadora de degradação ambiental;

E) RECURSOS AMBIENTAIS: a atmosfera, as águas interiores, superficiais e subterrâneas, os estuários, o mar territorial, o solo, o subsolo, os elementos da biosfera, a fauna e a flora.

6.3. Sistema Nacional do Meio Ambiente – SISNAMA

O SISNAMA é a estrutura adotada para a gestão ambiental no Brasil. Formado pelos órgãos e entidades da União, dos Estados, do Distrito Federal e dos Municípios responsáveis pela proteção, melhoria e recuperação da qualidade ambiental no Brasil, tem a sua estrutura disposta no art. 6º da referida lei.

ÓRGÃO SUPERIOR: <u>Conselho de Governo</u>, com a função de assessorar o Presidente da República na formulação da política nacional e nas diretrizes governamentais para o meio ambiente e os recursos ambientais;

ÓRGÃO CONSULTIVO E DELIBERATIVO: Conselho Nacional do Meio Ambiente (CONAMA), com a finalidade de assessorar, estudar e propor ao Conselho de Governo, diretrizes de políticas governamentais para o meio ambiente e os recursos naturais e deliberar, no âmbito de sua competência, sobre normas e padrões compatíveis com o meio ambiente ecologicamente equilibrado e essencial à sadia qualidade de vida;

ÓRGÃO CENTRAL: Ministério do Meio Ambiente, que substituiu a Secretaria do Meio Ambiente da Presidência da República, com a finalidade de planejar, coordenar, supervisionar e controlar, como órgão federal, a política nacional e as diretrizes governamentais fixadas para o meio ambiente;

ÓRGÃOS EXECUTORES: Instituto Brasileiro do Meio Ambiente e dos Recursos Naturais Renováveis – IBAMA e o Instituto Chico Mendes de Conservação da Biodiversidade – Instituto Chico Mendes, com a finalidade de executar e fazer executar a política e as diretrizes governamentais fixadas para o meio ambiente, de acordo com as respectivas competências:

ÓRGÃOS SECCIONAIS: órgãos ou entidades estaduais responsáveis pela execução de programas, projetos e pelo controle e fiscalização de atividades capazes de provocar a degradação ambiental;

ÓRGÃOS LOCAIS: órgãos ou entidades municipais, responsáveis pelo controle e fiscalização dessas atividades, nas suas respectivas jurisdições.

PARA GRAVAR A COMPOSIÇÃO DO SISNAMA	
ÓRGÃO SUPERIOR	Conselho de Governo
ÓRGÃO CONSULTIVO E DELIBERATIVO	CONAMA
ÓRGÃO CENTRAL	Ministério do Meio Ambiente
ÓRGÃOS EXECUTORES	IBAMA e ICMbio
ÓRGÃOS SECCIONAIS	Órgãos ambientais estaduais
ÓRGÃO LOCAL	Órgão ambiental municipal

6.4. Competências Específicas do CONAMA

Merece destaque em nossos estudos o art. 8º da Lei 6.938/1981, uma vez que, neste artigo, estão listadas as competências específicas do Conselho Nacional do Meio Ambiente – CONAMA. Assim, recomendamos a leitura do referido artigo.

LEITURA OBRIGATÓRIA:
Decretos 99.274/90 e 11.417/23 que versam acerca da composição e funcionamento do CONAMA.

6.5. Instrumentos da Política Nacional do Meio Ambiente

São mecanismos criados pela Lei 6.938/81 como ferramentas de colocar em prática os objetivos da referida Política. Trata-se de uma série de instrumentos de proteção (técnicos e econômicos) previstos no art. 9º da lei em estudo.

DIREITO AMBIENTAL

> **INTERESSANTE SABER:** As questões no Exame de Ordem relativas a este tema vêm, na sua maioria, cobrando o conhecimento fiel ao texto do art. 9º, por isso, a dica é memorizar todas os incisos que compõem tal artigo.

Todavia, alguns instrumentos merecem estudo detalhado por serem temas recorrentes nas provas. Sendo eles:

6.5.1. A Avaliação de Impactos Ambientais (art. 9º, III)

Diante de empreendimento que de alguma forma (efetiva ou potencialmente) venha causar impacto ao meio ambiente, este dependerá, para sua implementação, de uma Avaliação de Impacto Ambiental – AIA. Instrumento que servirá como base para a análise do Licenciamento Ambiental, que veremos logo mais.

Assim, no gênero Avaliação de Impactos Ambientais – AIA estão as espécies específicas de avaliações que serão utilizadas a depender do caso específico.

Podemos citar como espécies de Avaliação de Impactos Ambientais – AIA o Estudo Prévio de Impacto Ambiental (EIA/RIMA) e Estudo de Impacto de Vizinhança (EIV).

PRINCIPAIS PONTOS SOBRE EIA/RIMA E EIV
ESTUDO PRÉVIO DE IMPACTO AMBIENTAL (EIA) e RELATÓRIO DE IMPACTO AMBIENTAL (RIMA)
- Previsto no art. 225, §1º, IV da CF/88 e regulamentado pela Resolução CONAMA 01/86. - Estudo obrigatório em casos de atividade causadora de significativa degradação ambiental. - O EIA consiste no conjunto de estudos realizados, previamente, por especialistas de diversas áreas, com dados técnicos detalhados, com o objetivo de apontar as consequências ambientais do empreendimento, apontando, inclusive, as medidas necessárias para se evitar ou diminuir os impactos ambientais. - Já o RIMA é um relatório em linguagem não técnica, ou seja, que pode ser assimilado por qualquer interessado, das conclusões do EIA. - A equipe multidisciplinar que realizará os estudos deverá estar cadastrada junto ao IBAMA. - Há a possibilidade de realização de audiência pública para expor as conclusões do estudo.
ESTUDO DE IMPACTO DE VIZINHANÇA (EIV)
- Previsto no art. 4º, VI da Lei 10.257/01 como instrumento de política urbana. - A lei municipal definirá as atividades e os empreendimentos, privados ou públicos, em área urbana, que dependerão de elaboração deste estudo para obtenção das licenças ou autorizações de construção, ampliação ou funcionamento. - O EIV será executado de forma a contemplar os efeitos positivos e negativos do empreendimento ou atividade quanto à qualidade de vida da população residente na área e suas proximidades, incluindo a análise do que dispõe o art. 37 da Lei 10.257/01.

DICAS PARA PROVA:
DICA Nº 1 – Os profissionais responsáveis pelo EIA/RIMA poderão responder civilmente pelas conclusões do estudo. **DICA Nº 2** – As despesas para elaboração do EIA/RIMA serão do empreendedor da atividade. **DICA Nº 3** – A realização no Estudo de Impacto de Vizinhança **NÃO EXCLUI** a necessidade de elaboração do Estudo Prévio de Impacto Ambiental.

6.5.2. O Licenciamento e a Revisão de Atividades Efetiva ou Potencialmente Poluidoras (art. 9º, IV)

A) Conceito de Licenciamento: Procedimento administrativo pelo qual o órgão ambiental competente licencia a localização, instalação, ampliação e a operação de empreendimentos e atividades utilizadoras de recursos ambientais, consideradas efetiva ou potencialmente poluidoras ou daquelas que, sob qualquer forma, possam causar degradação ambiental, considerando as disposições legais e regulamentares e as normas técnicas aplicáveis ao caso. Tem como norma geral a Resolução CONAMA 237/97.

B) Espécies de Licença Ambiental: O Poder Público, no exercício de sua competência de controle, expedirá as licenças de acordo com o disposto no art. 8º Resolução CONAMA 237/97. Importante saber que as **licenças ambientais poderão ser expedidas isolada ou sucessivamente**, de acordo com a natureza, características e fase do empreendimento ou atividade. São elas:

ESPÉCIES DE LICENÇA AMBIENTAL		
PRÉVIA – LP	**DE INSTALAÇÃO – LI**	**DE OPERAÇÃO – LO**
É a licença concedida na fase **preliminar do planejamento** do empreendimento ou atividade, aprovando sua **localização e concepção, atestando a viabilidade ambiental e estabelecendo os requisitos básicos e condicionantes a** serem atendidos nas próximas fases de sua implementação.	É a que autoriza a **instalação do empreendimento** ou atividade de acordo com as especificações constantes dos planos, programas e projetos aprovados, incluindo as medidas de controle ambiental e demais condicionantes, da qual constituem motivo determinante.	É a que **autoriza a operação da atividade** ou empreendimento, após a verificação do efetivo cumprimento do que consta das licenças anteriores, com as medidas de controle ambiental e condicionantes determinados para a operação.
PRAZO DE VALIDADE: Máximo: 5 anos Mínimo: tempo estabelecido no cronograma de elaboração dos planos.	**PRAZO DE VALIDADE:** Máximo: 6 anos Mínimo: tempo estabelecido no cronograma de instalação.	**PRAZO DE VALIDADE:** Máximo: 10 Mínimo: 4 anos

C) Informações importantes sobre o licenciamento ambiental dispostas na Resolução CONAMA 237/97:

PRAZO DE ANÁLISE PARA CONCESSÃO	Máximo de 6 (seis) meses a contar do ato de protocolar o requerimento até seu deferimento ou indeferimento, ressalvados os casos em que houver EIA/RIMA e/ou audiência pública, quando o prazo será de até 12 (doze) meses conforme disposto no art. 14
EIA/RIMA	Nos termos do art. 3º, somente será exigido no licenciamento ambiental para as atividades consideradas efetiva ou potencialmente causadoras de significativa degradação ao meio ambiente.
PROCEDIMENTO	Obedecerá as etapas previstas no art. 10.

DIREITO AMBIENTAL

SUSPENSÃO, CANCELAMENTO OU REVOGAÇÃO	O órgão ambiental competente, mediante decisão motivada, poderá modificar os condicionantes e as medidas de controle e adequação, suspender ou cancelar uma licença expedida nos termos do art. 19.
RENOVAÇÃO	Deverá ser requerida com antecedência mínima de 120 (cento e vinte) dias da expiração de seu prazo de validade, conforme o §4º do art. 18.

D) Competência para licenciar: Os empreendimentos e atividades são licenciados ou autorizados, ambientalmente, por um único ente federativo, em conformidade com as atribuições estabelecidas nos termos da Lei Complementar 140/11, esta trouxe em seu texto algumas normas definidoras para o licenciamento.

COMPETÊNCIA PARA LICENCIAR SEGUNDO A LC 140/11		
UNIÃO Art. 7º, XIV	**ESTADOS** Art. 8º, XIV e XV	**MUNICÍPIOS** Art. 9º, XIV

7. ESPAÇOS TERRITORIAIS ESPECIALMENTE PROTEGIDOS

7.1. Noções Gerais

O art. 225, § 1º, inciso III, da Constituição Federal, conforme visto, incumbiu ao Poder Público o dever de definir, em todas as unidades da federação, espaços territoriais e seus componentes a serem especialmente protegidos, a fim de assegurar a efetividade do direito ao meio ambiente ecologicamente equilibrado.

Podemos entender por **espaços territoriais especialmente protegidos** como sendo áreas geográficas públicas ou privadas dotadas de atributos ambientais que por tamanha relevância merecem uma proteção especial dada por lei. Buscando a preservação e a proteção da integridade de amostras de toda a diversidade de ecossistemas, a proteção ao processo evolutivo das espécies, a preservação e a proteção dos recursos naturais.

Destacaremos, a seguir, os aspectos mais importantes de três espaços especialmente protegidos: a área de preservação permanente, a reserva legal e as unidades de conservação.

7.2. Áreas de Preservação Permanente – APP

A) Definição: A Lei 12.651/2012, conhecida como "Novo Código Florestal", em seu art. 3º, inciso II, traz que Área de Preservação Permanente – APP é a "área protegida, **coberta ou não por vegetação nativa, com a função ambiental de preservar os recursos hídricos, a paisagem, a estabilidade geológica e a biodiversidade, facilitar o fluxo gênico de fauna e flora, proteger o solo e assegurar o bem-estar das populações humanas.**

B) Classificação

APP por IMPOSIÇÃO LEGAL	APP instituídas POR ATO DO PODER PÚBLICO
•São as áreas situadas em **zonas urbanas ou rurais,** elencadas no art. 4º da Lei 12.651/2012.	• São as **áreas cobertas com florestas ou outras formas de vegetação quando declaradas de interesse social** por ato do Chefe do Poder Executivo, via Decreto, destinadas a uma ou mais das finalidades previstas no art. 6º 12.651/2012.

C) Intervenção ou supressão de vegetação nativa em APP: Em regra, NÃO É POSSÍVEL a supressão da vegetação nessas áreas, assim, a vegetação situada em Área de Preservação Permanente deverá ser mantida pelo proprietário desta, possuidor ou ocupante a qualquer título, pessoa física ou jurídica, de direito público ou privado.

A intervenção ou a supressão de vegetação nativa em Área de Preservação Permanente somente ocorrerá nas hipóteses de utilidade pública, de interesse social ou de baixo impacto ambiental, mediante prévia autorização do órgão ambiental competente.

Caso ocorra a supressão da vegetação de forma ilegal, nasce para aquele que suprimiu a obrigação de promover sua recomposição. Atentando-se ao fato que tal obrigação possui natureza *propter rem.*

7.3. Reserva Legal – RL

A) Definição: O Código Florestal conceitua Reserva Legal como "**área localizada no interior de uma propriedade ou posse rural**, delimitada nos termos do art. 12, com a função de assegurar o uso econômico de modo sustentável dos recursos naturais do imóvel rural, auxiliar a conservação e a reabilitação dos processos ecológicos e promover a conservação da biodiversidade, bem como o abrigo e a proteção de fauna silvestre e da flora nativa".

B) Extensão da Reserva Legal – Conforme previsto no art. 12

I – localizado na Amazônia Legal:

a) 80% (oitenta por cento), no imóvel situado em área de florestas;

b) 35% (trinta e cinco por cento), no imóvel situado em área de cerrado;

c) 20% (vinte por cento), no imóvel situado em área de campos gerais;

II – localizado nas demais regiões do País: 20% (vinte por cento).

C) Critérios para localização da Reserva Legal – Art. 14: A localização da área de Reserva Legal no imóvel rural deverá levar em consideração os seguintes estudos e critérios:

I – o plano de bacia hidrográfica;

II – o Zoneamento Ecológico-Econômico

III – a formação de corredores ecológicos com outra Reserva Legal, com Área de Preservação Permanente, com Unidade de Conservação ou com outra área legalmente protegida;

IV – as áreas de maior importância para a conservação da biodiversidade; e

V – as áreas de maior fragilidade ambiental.

D) Cadastro Ambiental Rural – CAR: Criado pela Lei 12.651/12[5], no âmbito do Sistema Nacional de Informação sobre Meio Ambiente – SINIMA, registro público eletrônico de âmbito nacional, <u>obrigatório para todos os imóveis rurais</u>, com a finalidade de integrar as informações ambientais das propriedades e posses rurais, compondo base de dados para controle, monitoramento, planejamento ambiental e econômico e combate ao desmatamento.

DIFERENÇAS A SEREM FIXADAS LEI 12.651/12		
	APP	**RL**
Propriedades	Rurais e urbanas – art. 4º, *caput*	Rurais – art. 12, *caput*
Instituição	Por lei (art. 4º) ou por ato do Poder Público (art. 6º)	Por lei (art. 12)
Função	Proteção da vegetação situada na área de proteção, sendo, em regra geral, vedado o seu uso econômico.	Assegurar o uso econômico de modo sustentável dos recursos naturais do imóvel rural, auxiliar a conservação e a reabilitação dos processos ecológicos e promover a conservação da biodiversidade, bem como o abrigo e a proteção de fauna silvestre e da flora nativa.
Supressão da vegetação	Somente ocorrerá nas hipóteses de utilidade pública, de interesse social ou de baixo impacto ambiental.	Admite-se a exploração econômica da Reserva Legal mediante manejo sustentável, previamente aprovado pelo órgão competente do Sisnama, de acordo com as modalidades: manejo sustentável sem propósito comercial para consumo na propriedade e manejo sustentável para exploração florestal com propósito comercial.
ITR	Sem incidência.	Sem incidência.
IPTU	Com incidência em áreas urbanas.	Sem incidência.

7.4. Unidades de Conservação – UC

A) Sistema Nacional de Unidades de Conservação – SNUC: É constituído pelo conjunto das unidades de conservação federais, estaduais e municipais, regido pela Lei 9.985/00 que tratou de regulamentar o art. 225, §1º, I, II, III e VI da CF/88. Sobre o SNUC destacamos:

---

5. Acerca do CAR, merece destaque, a Lei º 13.887, de 17 de outubro de 2019, que alterou a Lei nº 12.651/2012. Uma das alterações é tornar a inscrição do Cadastro Rural Ambiental – CAR obrigatória e por prazo indeterminado.

OBJETIVOS – art. 4º da Lei 9.985/00
- contribuir para a manutenção da diversidade biológica e dos recursos genéticos no território nacional e nas águas jurisdicionais; - proteger as espécies ameaçadas de extinção no âmbito regional e nacional; - contribuir para a preservação e a restauração da diversidade de ecossistemas naturais; - promover o desenvolvimento sustentável a partir dos recursos naturais; - promover a utilização dos princípios e práticas de conservação da natureza no processo de desenvolvimento; - proteger paisagens naturais e pouco alteradas de notável beleza cênica; - proteger as características relevantes de natureza geológica, geomorfológica, espeleológica, arqueológica, paleontológica e cultural; - proteger e recuperar recursos hídricos e edáficos; - recuperar ou restaurar ecossistemas degradados; - proporcionar meios e incentivos para atividades de pesquisa científica, estudos e monitoramento ambiental; - valorizar econômica e socialmente a diversidade biológica; - favorecer condições e promover a educação e interpretação ambiental, a recreação em contato com a natureza e o turismo ecológico e - proteger os recursos naturais necessários à subsistência de populações tradicionais, respeitando e valorizando seu conhecimento e sua cultura e promovendo-as social e economicamente.
GERÊNCIA DO SNUC – art. 6º da Lei 9.985/00
Será gerido pelos seguintes órgãos, com as respectivas atribuições: - **Órgão consultivo e deliberativo**: Conselho Nacional do Meio Ambiente – Conama, com as atribuições de acompanhar a implementação do Sistema; - **Órgão central:** Ministério do Meio Ambiente, com a finalidade de coordenar o Sistema; e - **Órgãos executores:** Instituto Chico Mendes e o Ibama, em caráter supletivo, os órgãos estaduais e municipais, com a função de implementar o SNUC, subsidiar as propostas de criação e administrar as unidades de conservação federais, estaduais e municipais, nas respectivas esferas de atuação.
OBSERVAÇÃO:
Podem integrar o SNUC, excepcionalmente e a critério do Conama, unidades de conservação estaduais e municipais que, concebidas para atender as peculiaridades regionais ou locais, possuam objetivos de manejo que não possam ser satisfatoriamente atendidos por nenhuma categoria prevista nesta Lei e cujas características permitam, em relação a estas, uma clara distinção.

B) Conceito de Unidade de Conservação – UC: O art. 2º da Lei do SNUC conceitua Unidade de Conservação como sendo o "espaço territorial e seus recursos ambientais, incluindo as águas jurisdicionais, com características naturais relevantes, legalmente instituído pelo Poder Público, com objetivos de conservação e limites definidos, sob regime especial de administração, ao qual se aplicam garantias adequadas de proteção".

C) Regras para a criação: As Unidades de Conservação poderão ser criadas, conforme o art. 22 da Lei do SNUC, por lei ou decreto do Chefe do Poder Executivo Federal, Estadual ou Municipal. Este tema encontra-se regulamentado pelo Decreto 4.340/02. Chamamos a atenção para aspectos relevantes acerca da criação destas unidades.

DIREITO AMBIENTAL

OBSERVAÇÕES QUANTO A CRIAÇÃO DA UC
- A criação de uma Unidade de Conservação deve ser precedida de estudos técnicos e de consulta pública que permitam identificar a localização, a dimensão e os limites mais adequados para a unidade, conforme se dispuser em regulamento.
- Mas atenção! Na criação de Estação Ecológica ou Reserva Biológica não é obrigatória a referida consulta.
- As Unidades de Conservação do grupo de Uso Sustentável podem ser transformadas total ou parcialmente em Unidades do grupo de Proteção Integral, por instrumento normativo do mesmo nível hierárquico do que criou a Unidade, desde que obedecidos os procedimentos de consulta pública.
- A ampliação dos limites de uma Unidade de Conservação, sem modificação dos seus limites originais, exceto pelo acréscimo proposto, pode ser feita por instrumento normativo do mesmo nível hierárquico do que criou a unidade, desde que obedecidos os procedimentos de consulta pública.
- A desafetação ou redução dos limites de uma unidade de conservação só pode ser feita mediante lei específica.

D) Classificação: Baseando-se no princípio de intensidade de proteção, a Lei do SNUC classifica as Unidades de Conservação em dois grandes grupos: as Unidades de Proteção Integral e as Unidades de Uso Sustentável.

UNIDADES DE PROTEÇÃO INTEGRAL	UNIDADES DE USO SUSTENTÁVEL
Tem como objetivo preservar a natureza, sendo admitido apenas o uso indireto dos seus recursos naturais, com exceção dos casos previstos em lei.	Tem como objetivo compatibilizar a conservação da natureza com o uso sustentável de parcela dos seus recursos naturais.
Compõe-se das seguintes categorias de Unidades de Proteção: - Estação Ecológica, art.9º; - Reserva Biológica, art. 10; - Parque Nacional, art. 11; - Monumento Natural, art. 12 e - Refúgio de Vida Silvestre, art. 13.	Compõe-se das seguintes categoriais de Unidade de Proteção: - Área de Proteção Ambiental, art. 15; - Área de Relevante Interesse Ecológico, art. 16; - Floresta Nacional, art. 17; - Reserva Extrativista, art. 18; - Reserva de Fauna, art. 19; - Reserva de Desenvolvimento Sustentável, art. 20 e - Reserva Particular do Patrimônio Natural, art. 21.

8. RESPONSABILIDADE POR DANO AMBIENTAL

8.1. Noções Gerais

O art. 225 da CF/88, em seu §3º prevê a possibilidade de responsabilização da PESSOA FÍSICA e JURÍDICA pelas atividades lesivas e condutas que causem dano ao meio ambiente, concomitantemente, nas esferas PENAL, CIVIL e ADMINISTRATIVA

A Lei 9.605/98, de estudo obrigatório para o Exame da Ordem, regulamenta a norma constitucional e dispõe sobre os crimes ambientais e as infrações administrativas. Aplicam-se subsidiariamente a esta lei as disposições do Código Penal e do Código de Processo Penal.

8.2. Responsabilidades e suas Principais Informações[6]

RESPONSABILIDADE PENAL

a – A responsabilidade penal é SUBJETIVA: imprescindível a comprovação do elemento subjetivo dolo ou culpa.

b – A Lei 9.605/98 disciplina os crimes ambientais e prevê as regras relativas à aplicação da pena, à apreensão dos produtos e instrumentos da infração, à ação e ao processo penal, entre outros aspectos.

c – Os crimes[5] contra o meio ambiente são divididos em: contra a fauna; a flora; poluição e outros crimes ambientais; contra o ordenamento urbano e o patrimônio cultural e contra a administração ambiental.

d – Responsabilidade Penal da Pessoa Jurídica: para que ocorra tal responsabilização, o crime deverá ser cometido no interesse ou benefício da entidade <u>E</u> por decisão de seu representante legal ou contratual ou de seu órgão colegiado. O art. 3º da Lei 9.605/98 deixa claro a necessidade da presença dessas duas condicionantes para que a pessoa jurídica seja responsabilizada.

e – O parágrafo único do art. 3º prevê que "a responsabilidade das pessoas jurídicas não exclui a das pessoas físicas, autoras, coautoras ou partícipes do mesmo fato". Sobre o tema, o STF tem admitido a responsabilização penal da pessoa jurídica independente da responsabilização da pessoa física que agia em seu nome.

f – A desconsideração da pessoa jurídica: nos moldes do art. 4º da lei em comento, a pessoa jurídica poderá ser desconsiderada sempre que sua personalidade for obstáculo ao ressarcimento de prejuízos causados à qualidade do meio ambiente.

g – Princípio da Insignificância: em que pese a aplicação deste princípio nos crimes ambientais ser tema controvertido na esfera doutrinária, o STF vem posicionando-se favoravelmente quanto a possível aplicação do princípio da insignificância na esfera ambiental.

RESPONSABILIDADE CIVIL

a – A responsabilidade civil é OBJETIVA: desnecessário comprovar o dolo ou a culpa do infrator.

b – Podendo ser vista no art. 14, §4º, da Lei 6.938/81, que dispõe: "o poluidor obrigado, independentemente da existência de culpa, a indenizar ou reparar os danos causados ao meio ambiente e a terceiros, afetados por sua atividade."

c – A doutrina e jurisprudência adotam a TEORIA DO RISCO INTEGRAL para nortear a responsabilidade civil, não cabendo ao causador do dano valer-se da existência das excludentes de ilicitude.

d – Os danos ambientais podem ser classificados: quanto aos sujeitos prejudicados (assim o dano poderá ser considerado em <u>sentido amplo</u> ou em sentido <u>individual</u>) e quanto à extensão (quando poderá ser considerado dano <u>patrimonial</u> ou <u>extrapatrimonial</u>).

c – Quanto à reparação do dano é admissível, a condenação simultânea e cumulativa das obrigações de fazer, de não fazer e de indenizar na reparação integral do meio ambiente.

d – Importante saber que a ação de reparação de danos ambientais é <u>imprescritível.</u>

e – Existindo um dano ambiental e vários infratores que contribuíram direta ou indiretamente para o mesmo, todos serão <u>solidariamente responsáveis pela reparação.</u>

f – Admite-se a inversão do ônus da prova nas ações de reparação dos danos ambientais, assim, poderá recair sobre o poluidor o ônus de provar a inexistência do dano ou a sua não autoria.

---

6. Os crimes contra o meio ambiente encontram-se dispostos no Capítulo V da Lei 9.605/98 nos arts. 29 a 69-A.

DIREITO AMBIENTAL

g – É possível a fixação de dano moral coletivo.

h – Haverá responsabilidade civil do Estado quando a omissão de cumprimento adequado de seu dever de fiscalizar for determinante para a concretização ou agravamento do dano causado.

RESPONSABILIDADE ADMINISTRATIVA

a – A responsabilidade administrativa é, segundo entendimento do STJ, SUBJETIVA.

b – As infrações administrativas ambientais estão previstas na Lei 9.605/98 e são regulamentadas pelo Decreto 6.514/08.

c – Considera-se infração administrativa ambiental, segundo o art. 70 da Lei 9.605/98, toda ação ou omissão que viole as regras jurídicas de uso, gozo, promoção, proteção e recuperação do meio ambiente.

d – O infrator estará sujeito a sanções de natureza administrativas impostas pelo Poder Público, oriundas do exercício do poder de polícia ambiental.

e – Compete aos órgãos ambientais integrantes do SISNAMA fiscalizar e aplicar sanções administrativas, no entanto, por se tratar de competência material comum, esta atribuição é prevista aos órgãos da União, dos Estados, do Distrito Federal e Municípios de acordo com as suas competências.

f – Importante destacar o art. 17 da Lei Complementar 140/2011, segundo o qual: "Compete ao órgão responsável pelo licenciamento ou autorização, conforme o caso, de um empreendimento ou atividade, lavrar auto de infração ambiental e instaurar processo administrativo para a apuração de infrações à legislação ambiental cometidas pelo empreendimento ou atividade licenciada ou autorizada".

g – Qualquer pessoa pode representar a autoridades competentes que deverão, sob pena de corresponsabilidade, promover a apuração da possível infração administrativa.

h – As sanções administrativas são dispostas no art. 72 da Lei 9.605/98.

i – Conforme a súmula 467 do STJ, "prescreve em cinco anos, contados do término do processo administrativo, a pretensão da Administração Pública de promover a execução da multa por infração ambiental".

j – O dano ambiental não é por si só gerador de responsabilidade administrativa, mas apenas o que é previsto como infração administrativa.

LEITURA OBRIGATÓRIA:

Decreto nº 11.373/23 que trouxe inovações importantes ao alterar dispositivos do Decreto nº 6.514/2008 que dispõe sobre as infrações e sanções administrativas ao meio ambiente e estabelece processo administrativo federal para apuração destas infrações.

---

9. LEIS ESPECÍFICAS E SÚMULAS DO STJ

Para complementar o estudo do Direito Ambiental, indicamos a leitura:

Lei 11.428/06 – Dispõe sobre a utilização e proteção do Bioma Mata Atlântica.

Lei 11.445/07 – Estabelece diretrizes nacionais para o Saneamento Básico.

Lei 12.305/10 – Instituiu a Política Nacional de Resíduos Sólidos (PNRS).

Lei 12.334/10 – Estabelece a Política Nacional de Segurança de Barragens.

Lei 13.576/17 – Dispõe sobre a Política Nacional de Biocombustíveis (RenovaBio).

Súmula 623 – As obrigações ambientais possuem natureza propter rem, sendo admissível cobrá-las do proprietário ou possuidor atual e/ou dos anteriores, à escolha do credor.

ANNA SÍLVIA SCOFIELD

Súmula 613 – Não se admite a aplicação do fato consumado em tema de direito ambiental.

Súmula 618 – A inversão do ônus da prova aplica-se às ações de degradação ambiental.

Súmula 629 – Quanto ao dano ambiental, é admitida a condenação do réu à obrigação de fazer ou à de não fazer cumulada com a de indenizar.

10. QUESTÕES APLICADAS EM EXAMES ANTERIORES

01. (2018 – FGV – XXVII Exame) A União construiu uma usina nuclear para fins de geração de energia elétrica. A fim de minimizar os riscos de acidentes relacionados à utilização do urânio, foram empregados, no empreendimento, os mais modernos e seguros equipamentos. Do mesmo modo, o pessoal designado para trabalhar na usina recebeu todos os treinamentos exigidos nas legislações brasileira e internacional. Entretanto, em decorrência de uma intensa, imprevisível e excepcional chuva que caiu na região, parte da usina ficou alagada. Isso gerou superaquecimento nas instalações, fato que culminou na liberação de um pequeno volume de gases radioativos armazenados, causando náuseas e vômitos na população que mora próxima à usina. Com base na situação narrada, assinale a afirmativa correta.

(a) A União não pode ser responsabilizada pelos danos causados à população, tendo em vista a ausência de culpa (responsabilidade subjetiva) por parte do Poder Público.

(b) Em razão de as chuvas constituírem um evento imprevisível e excepcional, não se cogita a responsabilidade da União pelos danos causados à população.

(c) A União pode ser responsabilizada pelas consequências advindas do vazamento de gases radioativos, independentemente de culpa, pois a responsabilidade é objetiva.

(d) A União não pode ser responsabilizada pelos danos causados à população, dado competir aos Estados a exploração dos serviços e das instalações nucleares, cabendo a eles a responsabilidade pelos danos.

Gabarito C. Comentários: A Constituição Federal estabelece que a responsabilidade civil por danos nucleares independe da existência de culpa (art. 21, XXIII, "d", CF/88). Neste caso, aplica-se a teoria do risco integral, na qual a responsabilidade do Estado é objetiva, de modo que a União deve se responsabilizar pelos danos causados, independentemente de culpa da vítima ou de fatos imprevisíveis.

02. (FGV – 2018 – XXVI Exame) Gabriela, pequena produtora rural que desenvolve atividade pecuária, é avisada por seu vizinho sobre necessidade de registrar seu imóvel rural no Cadastro Ambiental Rural (CAR), sob pena de perder a propriedade do bem. Sobre a hipótese, assinale a afirmativa correta.

(a) Gabriela não tem a obrigação de registrar o imóvel no CAR por ser pequena produtora rural.

(b) Gabriela tem a obrigação de registrar o imóvel no CAR, sob pena de perder a propriedade do bem, que apenas poderá ser reavida por ação judicial.

(c) Gabriela tem a obrigação de registrar o imóvel no CAR; o registro não será considerado título para fins de reconhecimento do direito de propriedade ou posse.

(d) Gabriela tem a obrigação de registrar o imóvel no CAR; o registro autoriza procedimento simplificado para concessão de licença ambiental.

Gabarito C. Comentários: De acordo com o Código Florestal, o CAR é obrigatório para todos os imóveis rurais, não sendo considerado título de reconhecimento do direito de propriedade ou posse. É o que dispõe o art. 29, §2°, da Lei 12.651/2012.

03. (FGV – 2017 – XXII Exame de Ordem) A sociedade empresária Asfalto Joia S/A, vencedora de licitação realizada pela União, irá construir uma rodovia com quatro pistas de rolamento, ligando cinco estados da Federação. Sobre o licenciamento ambiental e o estudo de impacto ambiental dessa obra, assinale a afirmativa correta.

(a) Em caso de instalação de obra ou atividade potencialmente causadora de significativa degradação do meio ambiente, é exigível a realização de Estudo prévio de Impacto Ambiental (EIA), sem o qual não é possível se licenciar nesta hipótese.

(b) O licenciamento ambiental dessa obra é facultativo, podendo ser realizado com outros estudos ambientais diferentes do Estudo prévio de Impacto Ambiental (EIA), visto que ela se realiza em mais de uma unidade da Federação.

(c) O Relatório de Impacto Ambiental (RIMA), gerado no âmbito do Estudo prévio de Impacto Ambiental (EIA), deve ser apresentado com rigor científico e linguagem técnica, a fim de permitir, quando da sua divulgação, a informação adequada para o público externo.

(d) Qualquer atividade ou obra, para ser instalada, dependerá da realização de Estudo prévio de Impacto Ambiental (EIA), ainda que não seja potencialmente causadora de significativa degradação ambiental.

Gabarito A. Comentários: Nos casos de instalação de obra e atividades potencialmente degradadoras, a realização do Estudo Prévio de Impacto Ambiental – EIA antecede o licenciamento. Como a Constituição Federal exige a publicidade do estudo, ele será acompanhado pelo Relatório de Impacto ao Meio Ambiente-RIMA, com todo o conteúdo do EIA, mas em linguagem simples, de fácil compreensão.

DIREITO AMBIENTAL

04. (FGV – 2016 – XIX Exame) Pedro, em visita a determinado Município do interior do Estado do Rio de Janeiro, decide pichar e deteriorar a fachada de uma Igreja local tombada, por seu valor histórico e cultural, pelo Instituto Estadual do Patrimônio Histórico-Cultural – INEPAC, autarquia estadual. Considerando o caso em tela, assinale a afirmativa correta.

(a) Pedro será responsabilizado apenas administrativamente, com pena de multa, uma vez que os bens integrantes do patrimônio cultural brasileiro não se sujeitam, para fins de tutela, ao regime de responsabilidade civil ambiental, que trata somente do meio ambiente natural.

(b) Pedro será responsabilizado administrativa e penalmente, não podendo ser responsabilizado civilmente, pois o dano, além de não poder ser considerado de natureza ambiental, não pode ser objeto de simultânea recuperação e indenização.

(c) Pedro, por ter causado danos ao meio ambiente cultural, poderá ser responsabilizado administrativa, penal e civilmente, sendo admissível o manejo de ação civil pública pelo Ministério Público, demandando a condenação em dinheiro e o cumprimento de obrigação de fazer.

(d) Pedro, além de responder administrativa e penalmente, será solidariamente responsável com o INEPAC pela recuperação e indenização do dano, sendo certo que ambos responderão de forma subjetiva, havendo necessidade de inequívoca demonstração de dolo ou culpa por parte de Pedro e dos servidores públicos responsáveis.

Gabarito C. Comentários: A conduta de Pedro configura crime ambiental e infração administrativa contra o Ordenamento Urbano e o Patrimônio Cultural. Conforme dispõe o artigo 65, da Lei 9.605/98, é crime pichar ou por outro meio conspurcar edificação ou monumento urbano. Importante lembrar que o causador de dano ambiental poderá ser responsabilizado em três esferas (tríplice responsabilização).

05. (FGV – 2015 – XVIII Exame) João acaba de adquirir dois imóveis, sendo um localizado em área urbana e outro, em área rural. Por ocasião da aquisição de ambos os imóveis, João foi alertado pelos alienantes de que os imóveis contemplavam Áreas de Preservação Permanente (APP) e de que, por tal razão, ele deveria buscar uma orientação mais especializada, caso desejasse nelas intervir. Considerando a disciplina legal das Áreas de Preservação Permanente (APP), bem como as possíveis preocupações gerais de João, assinale a afirmativa correta.

(a) As APPs não são passíveis de intervenção e utilização, salvo decisão administrativa em sentido contrário de órgão estadual integrante do Sistema Nacional de Meio Ambiente – SISNAMA, uma vez que não há

preceitos legais abstratamente prevendo exceções à sua preservação absoluta e integral.

(b) As hipóteses legais de APP, com o advento do denominado "Novo Código Florestal" – Lei nº 12.651/2012 –, foram abolidas em âmbito federal, subsistindo apenas nos casos em que os Estados e Municípios assim as exijam legalmente.

(c) As APPs são espaços territoriais especialmente protegidos, comportando exceções legais para fins de intervenção, sendo certo que os Estados e os Municípios podem prever outras hipóteses de APP além daquelas dispostas em normas gerais, inclusive em suas Constituições Estaduais e Leis Orgânicas, sendo que a supressão irregular da vegetação nela situada gera a obrigação do proprietário, possuidor ou ocupante a qualquer título de promover a sua recomposição, obrigação esta de natureza *propter rem*.

(d) As APPs, assim como as reservas legais, não se aplicam às áreas urbanas, sendo certo que a Lei Federal nº 12.651/2012 ("Novo Código Florestal"), apesar de ter trazido significativas mudanças no seu regime, garantiu as APPs para os imóveis rurais com mais de 100 hectares.

Gabarito C. Comentários: A questão busca do examinando o conhecimento do art. 7º, §§ 1º e 2º do Código Florestal.

06. (FGV – 2015 – XVII Exame) O Município Z deseja implementar política pública ambiental, no sentido de combater a poluição das vias públicas. Sobre as competências ambientais distribuídas pela Constituição, assinale a afirmativa correta.

(a) União, Estados, Distrito Federal e Municípios têm competência material ambiental comum, devendo leis complementares fixar normas de cooperação entre os entes.

(b) Em relação à competência material ambiental, em não sendo exercida pela União e nem pelo Estado, o Município pode exercê-la plenamente.

(c) O Município só pode exercer sua competência material ambiental nos limites das normas estaduais sobre o tema.

(d) O Município não tem competência material em direito ambiental, por falta de previsão constitucional, podendo, porém, praticar atos por delegação da União ou do Estado.

Gabarito A. Comentários: É competência material comum da União, Estados, Distrito Federal e Municípios proteger o meio ambiente e combater a poluição em todas as suas formas nos termos do art. 23, incido VI, da CF/88. Nesse sentido, foi aprovada a LC 140/2011 que fixa normas para a cooperação entre os entes federados.

329

DIREITO CIVIL

Núbia de Paula e Reyvani Jabour

1. PARTE GERAL

1.1. Sujeitos do Direito

Toda pessoa (natural ou jurídica) é dotada de aptidão para titularizar direitos e contrair obrigações (capacidade de direito).

1.1.1. Pessoa natural

A expressão Pessoa Natural corresponde ao ser humano, sendo indiferente a raça, a idade, o credo ou o sexo do indivíduo.

A) Início da Personalidade

Doutrinariamente existem três correntes acerca do início da personalidade jurídica, a saber:

- **Teoria Natalista:** Para os adeptos de tal teoria, a personalidade do indivíduo tem início a partir do nascimento com vida. Verifica-se o nascimento com vida por meio da respiração. A prova inequívoca de o ser ter respirado pertence à medicina, através da realização do exame chamado *docimasia hidrostática de Galeno*. Ou seja, é a presença de ar nos pulmões que determina o início da personalidade. Assim, respirou, nasceu com vida, adquiriu todos os atributos da personalidade civil.

Essa teoria é adotada pelo nosso Código Civil, o artigo 2º do CC/2002 assim dispõe:

> Art. 2º – <u>A personalidade civil da pessoa começa do nascimento com vida</u>, mas a lei põe a salvo, desde a concepção, os direitos do nascituro. *(Grifo Nosso)*.

O nascituro apesar de não possuir personalidade civil, tem seus direitos garantidos por lei, como é o caso do Direito ao feto de nascer – sendo à gestante vedado o aborto, salvo em alguns casos taxativos da lei penal.

- **Teoria da Personalidade Condicional:** Para os adeptos desta teoria, o nascituro possui uma personalidade jurídica formal e ao nascer com vida ele passaria a titularizar uma personalidade jurídica material. Para os que defendem a tese o nascituro possui os seus direitos de personalidade sob a condição suspensiva do seu nascimento, apesar de não ser uma pessoa completamente formada, mesmo assim pode ser titular de direitos.

- **Teoria Concepcionista:** Essa teoria defende que o nascituro já possui personalidade jurídica.

B) Capacidade Civil

Toda pessoa tem capacidade jurídica para ser titular de direitos e obrigações.

No entanto, nem todos têm CAPACIDADE DE FATO que é a que permite a pessoa exercer pessoalmente os autos da vida civil.

C) Incapacidade

a) Absoluta: Tolhe completamente a pessoa de exercer por si os atos da vida civil.

Menores de 16 anos: o código estabeleceu que os menores de 16 anos são absolutamente incapazes, sendo detentores apenas da capacidade de direito; não possuem a de fato. Esses menores, portanto, não podem, por si mesmos, exercer os atos da vida civil, senão quando representados legalmente, por faltar-lhes maturidade suficiente.

b) Relativa: Essa forma de incapacidade mitigada atinge determinadas pessoas que podem praticar por si atos da vida civil, desde que assistidas por outrem legalmente autorizado. Art. 4o do CC. Já a capacidade dos indígenas será regulada por legislação especial.

A capacidade plena será atingida através da maioridade ou emancipação.

D) Maioridade

O CC reconhece a maioridade aos 18 anos completos. Nessa idade, em tese, o convívio social e familiar já proporcionou ao indivíduo certo amadurecimento, podendo compreender o alcance dos atos que pratica.

E) Emancipação

É a aquisição da capacidade de fato antes da idade legal. A emancipação pode ser voluntária, judicial ou legal:

> - Emancipação **voluntária** é aquela concedida por ambos os pais, e na falta de um, pelo outro, mediante escritura pública, independente de homologação judicial – artigo 5º, § único, inciso I (1ª parte).
> - Emancipação **judicial**, para os maiores de 16 anos que estão fora do poder familiar, quando, então, será concedida pelo Juiz, não sem antes ouvir o tutor – artigo 5º, § único, inciso I (2ª parte).
> - Emancipação **legal** nas demais hipóteses do artigo 5º, § único, incisos II, III, IV e V, ou seja, pelo casamento, pelo exercício de emprego público efetivo, pela colação de grau em curso de ensino superior e pelo estabelecimento civil ou comercial, ou pela existência de relação de emprego, desde que, em função deles, o menor com 16 anos completos tenha economia própria.

F) Fim da personalidade

A morte do ser humano conclui a sua existência e, por sua vez, extingue sua personalidade jurídica (artigo 6º do CC/2002).

Ao ser detectada a morte do indivíduo desaparece para ele os vínculos matrimoniais, as relações de parentesco e etc. Por esse motivo, uma análise jurídica sobre a morte é de vital importância.

Morte Real

A Morte real é determinada pelo fim das atividades vitais do corpo humano.

Morte Presumida

a) Morte presumida sem decretação de ausência

Prevista no Código Civil em duas hipóteses:

a) quando for extremamente provável a morte de quem estava em **perigo de vida** ou;

b) em **caso de guerra**, quando alguém **desaparecido em campanha ou feito prisioneiro, não for encontrado até dois anos após o término da guerra.**

Segundo artigo 7º do CC a declaração de morte presumida, nesses casos, somente poderá ser requerida depois de esgotada as buscas e averiguações, devendo a sentença fixar a data provável do falecimento.

DIREITO CIVIL

b) Morte presumida com decretação de ausência

A ausência ocorre quando uma pessoa desaparece do seu domicílio sem deixar informações sobre seu paradeiro. Ocorrendo tal fato, qualquer interessado ou o Ministério Público, poderá requerer em juízo, que seja a ausência declarada e, no mesmo ato, seja nomeado curador capaz de administrar os bens do ausente. Esse curador também será responsável pelos bens do ausente (art. 22, CC).

Também será declarada a ausência caso o representante ou procurador que o ausente tenha deixado não quiser, não puder ou não tiver poderes suficientes para gerir os bens. (art. 23, CC)

A declaração de ausência tem como objetivo principal, proteger eventuais bens deixados pelo ausente, a fim de assegurar que herdeiros, terceiros interessados e o próprio ausente não sofram danos decorrentes de uma possível dilapidação de tais bens.

Sucessão provisória

Passado um ano da arrecadação dos bens do ausente, qualquer interessado poderá requerer a abertura provisória da sucessão. No caso do ausente ter deixado representante ou procurador o prazo para requerer a sucessão provisória se estende para três anos.

Sucessão definitiva

São requisitos não cumulativos para a abertura da sucessão definitiva:

- Se decorridos 10 anos do trânsito em julgado da sentença de abertura da sucessão provisória;
- Se houver certeza da morte do ausente;
- Se o ausente contar com mais de 80 anos de idade e não houver notícias suas nos últimos cinco anos.

1.1.2. Pessoas jurídicas

O ser humano, é dotado de capacidade jurídica. No entanto, é pequeno demais para a realização de grandes empreendimentos. Desde cedo percebeu a necessidade de conjugar esforços, de unir-se a outros homens, para realizar determinados empreendimentos, conseguindo, por meio dessa união, uma polarização de atividades em torno do grupo reunido.

Daí decorre a atribuição de capacidade jurídica aos entes abstratos assim constituídos, gerados pela vontade e necessidade do homem. As pessoas jurídicas podem ser **intersubjetivas,** quando decorrerem da união de várias pessoas, na forma da lei, com o escopo de atingirem finalidades específicas, como podem ser **patrimoniais**, quando resultarem de um patrimônio afetado e destinado a um fim.

Podem ser, quanto as atividades que irão desempenhar: a) De direito público interno (artigo 41); b) De direito público externo (artigo 42); c) De direito privado (artigo 44).

A) Começo da existência da pessoa jurídica:

O começo da existência da pessoa jurídica de direito privado tem início com o registro do ato constitutivo no cartório competente, (artigo 45, CC)

B) Desconsideração da pessoa jurídica

Em caso de abuso da personalidade, caracterizado pelo desvio da finalidade ou pela confusão patrimonial, a personalidade da pessoa jurídica poderá ser **desconsiderada**, isto é, superada episodicamente (art. 50, CC), para que os sócios ou administradores possam

333

ser responsabilizados pessoalmente pelos atos praticados por ela, desde que tenham se beneficiado direta ou indiretamente pelo abuso.

1.2. Fatos Jurídicos

Fatos jurídicos são todos os acontecimentos naturais ou decorrentes de condutas humanas que produzem efeitos consistentes na criação, modificação ou extinção de situações jurídicas. São:

Fatos Naturais – quando não dependem da intervenção humana, mas produzem efeitos. São os fatos jurídicos em sentido estrito, tais como a chuva, o nascimento de uma pessoa (a partir dela, a pessoa constituirá a capacidade de direito), a morte (a partir dela, os sucessores do falecido vão adquirir a herança), o decurso do tempo (serve para a usucapião, modifica a capacidade de fato, a prescrição e a decadência – limite ou exercício da exigibilidade de um direito no tempo).

Fatos Humanos – quando decorrem de condutas pessoais positivas ou omissivas deflagradoras de efeitos, os quais podem ser lícitos (atos jurídicos) ou ilícitos.

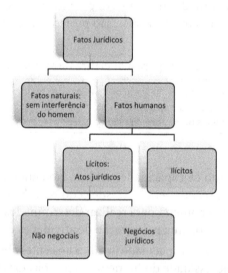

1.2.1. Atos Jurídicos Lícitos

Os atos jurídicos lícitos podem ser:

a) **Não Negociais ou Atos Jurídicos em Sentido Estrito** – produzem efeitos previamente estabelecidos por lei (ex lege), como por exemplo, o reconhecimento de um filho, a fixação do domicílio, o registro do estatuto de uma associação. Neles a vontade é **desprestigiada**.

b) **Negócios Jurídicos** – produzem efeitos admitidos por lei que resultarão da vontade (ex voluntae), como por exemplo, o testamento, contratos, o pacto antenupcial, dentre outros. Neles a vontade é **qualificada**.

DIREITO CIVIL

1.2.2. Negócios Jurídicos

São, pois, os fatos jurídicos que decorrem do comportamento humano, que têm por fim imediato adquirir, resguardar, transferir, modificar ou extinguir direitos.

É a declaração de vontade, emitida com o propósito direto de produzir efeitos admitidos pelo ordenamento jurídico.

A) Elementos essenciais para a existência

> **1) Vontade:** é elemento essencial do negócio jurídico.
> **2) Agente:** sujeito emissor da vontade.
> **3) Forma:** maneira pela qual o agente vai manifestar sua vontade. Pode ser explícita ou tácita, podendo, inclusive, resultar do próprio silêncio, quando as circunstâncias ou a lei assim determinarem:
> **4) Objeto:** fim ideal visado. Efeito que se pretende produzir.

B) Requisitos de Validade

O CC/02 enumera, em seu artigo 104, os pressupostos legais de validade do negócio jurídico, não, porém de forma exaustiva, já que é insuficiente e incompleto.

C) Elementos Acidentais

A princípio, quando o negócio jurídico existe e é valido, está pronto para produzir seus efeitos. Ocorre que há elementos acidentais que podem comprometer o plano da eficácia dos negócios jurídicos. São elementos acidentais:

Condição – evento futuro e incerto:	**Termo** – evento futuro e certo	**Encargo** – não impede a aquisição do direito, nem suspende seu exercício.
a) suspensiva – o negócio jurídico existe e é válido, contudo, não produz efeitos. Se a condição se frustrar o negócio será extinto sem nunca ter sido eficaz. Ex. pacto pré-nupcial (o casamento é condição suspensiva do pacto). b) resolutiva – quando inserida na negociação para extinguir os efeitos do negócio jurídico. Art. 127, CC.	a) **inicial** – para início dos efeitos do negócio jurídico *Art. 131. O termo inicial suspende o exercício, mas não a aquisição do direito.* b) **final** – para a cessação dos efeitos do negócio jurídico.	É um ônus estabelecido no negócio jurídico como forma de restrição das vantagens do beneficiário. Se o encargo for ilícito ou impossível é considerado como não escrito.

D) Defeitos dos negócios jurídicos

ERRO	Art. 138 ao artigo 144, CC
DOLO	Art. 145 ao artigo 149, CC
COAÇÃO	Art. 151 ao artigo155, CC
ESTADO DE PERIGO	Art. 156, CC
LESÃO	Art. 157, CC
FRAUDE CONTRA CREDORES	Art. 158 e art. 159, CC

E) Teoria das Invalidades do Negócio Jurídico

Invalidade é o reconhecimento judicial da nulidade absoluta ou relativa, como forma de proteção do ordenamento jurídico.

NULIDADE ABSOLUTA	NULIDADE RELATIVA
O negócio jurídico é nulo.	O negócio jurídico é anulável.
O defeito é mais grave.	O defeito é leve.
Viola normas de interesse público.	Viola normas de interesses particulares legalmente tutelados.
Art. 166, CC e Art.167, CC.	Art. 171, CC.
Qualquer interessado pode arguir a nulidade, o Ministério Público e o Juiz (de ofício).	Somente os interessados podem arguir.
Não admite confirmação	Admite confirmação.
Não convalesce com o decurso do tempo.	Convalesce com o decurso do tempo. Prazo decadencial – 4 anos ou 2 anos quando a lei não estabelecer prazo – Art. 178 e 179, CC.
O pronunciamento judicial é através de sentença declaratória, portanto, com efeitos "ex tunc".	O pronunciamento judicial é por meio de sentença constitutiva negativa, porém, com efeitos "ex tunc". Art. 182, CC.
Princípio da Conversão: aproveita-se os elementos materiais do negócio jurídico nulo, o qual não pode ser convalidado, para convertê-lo em negócio jurídico válido. Art. 170, CC.	

1.3. Prescrição e Decadência

PRESCRIÇÃO	DECADÊNCIA
Limita no tempo a exigibilidade do direito.	Limita o exercício do direito potestativo.
Extinção da pretensão condenatória	Extinção do direito potestativo.
Os prazos prescricionais nascem com a violação do direito.	O prazo decadencial nasce com o próprio direito.
O prazo prescricional é sempre legal. Art. 205 e 206, CC.	Tanto podem estar na lei, como podem resultar da manifestação de vontade (convenção).
Os prazos prescricionais admitem renúncia (expressa ou tácita), desde que já consumada.	Não admite renúncia, quando legal.
O juiz pode pronunciar-se independente de provocação.	O juiz pode conhecer de ofício, se a decadência for legal.
Os prazos prescricionais podem ser impedidos ou suspensos. Art. 197 a 199, CC. Tudo o que serve para impedir, também servirá para suspender.	Os prazos decadenciais não podem ser impedidos ou suspensos, salvo disposição legal, como, por exemplo, contra absolutamente incapazes.
Os prazos prescricionais podem ser interrompidos uma única vez. Art. 202, CC.	Salvo disposição legal, os prazos decadenciais não são interrompidos. Art. 207, CC.

DIREITO CIVIL

2. DIREITO DAS OBRIGAÇÕES

2.1. Introdução ao Direito das Obrigações

2.1.1. Conceito, Elementos das Obrigações

A teoria geral das obrigações é o primeiro tema a ser tratado pela parte especial do Código Civil entre os artigos **233 a 420**.

> **CONCEITO DE OBRIGAÇÃO:** em uma visão tradicional é a relação jurídica transitória, existente entre um sujeito ativo (credor – *accipiens*), e outro sujeito passivo (devedor – *solvens*), e cujo objeto consiste em uma prestação situada no âmbito dos direitos pessoais ou obrigacionais, positiva ou negativa. E havendo o descumprimento ou inadimplemento obrigacional, poderá o credor satisfazer-se no patrimônio do devedor.

Na obrigação existe um **vínculo jurídico/relação jurídica** que une **credor** e **devedor** em torno de **prestações** pessoais de conteúdo patrimonial, **estático e abstrato**, com o **objetivo** do adimplemento.

São elementos constitutivos da obrigação:

A) Elementos subjetivos: os <u>sujeitos/pessoas</u> envolvidas na relação jurídica obrigacional. Credor (sujeito ativo) e devedor (sujeito passivo), que podem ser pessoas físicas, jurídicas e até entes despersonalizados, como *por exemplo: condomínio edilício; nascituro como credor de alimentos gravídicos etc.*

B) Elementos objetivos

B.1) OBJETO – elemento IMEDIATO ou material da obrigação: é <u>a prestação</u>. Sempre uma conduta ou ato humano, do devedor em favor do credor, que pode ser positiva ou negativa. Logo, **prestação é conduta** → não é coisa, carro, casa ou dinheiro.

<u>IMPORTANTE</u>: para obrigação seja válida no âmbito jurídico, todos os elementos mencionados, incluindo a prestação e seu objeto devem ser lícitos (art. 104, CC).

B.2) OBJETIVO/FIM – é o elemento MEDIATO ou resultado prático da obrigação: a transferência do dinheiro ou acesso à casa/carro: o resultado prático do serviço. É o resultado consequente → portanto, mediato.

C) Estático e abstrato: <u>Estático</u>: uma vez estabelecido o vínculo entre as partes, qualquer alteração nesse vínculo depende de novo acordo, já que deve ser observado o que se estabeleceu no momento da vinculação. E <u>abstrato</u>: paradigma a ótica de posturas de credor e devedor médios. É a lógica do bom pagador; da solução que seria igual para todos; ou que se pretenderia igual para todos.

D) Elemento imaterial, virtual ou espiritual: o <u>vínculo existente entre as partes</u> → há o elo que sujeita o devedor à determinada prestação – positiva ou negativa – em favor do credor. Nasce das fontes das obrigações, que serão estudadas a seguir.

2.2. Fontes e Estrutura das Obrigações – Obrigação como um Processo

Sugere-se que para que seja melhor compreendida, a relação jurídica obrigacional deve ser estudada como um processo, composto de 04 fases: origem, início, meio e fim/objetivo.

337

> **Obrigação como um processo**: a obrigação deve ser encarada como um conjunto de atos:
> 1. ORIGEM – Fontes
> 2. INÍCIO – Formas/Modalidades das obrigações
> 3. MEIO – Transmissão das obrigações
> 4. FIM/OBJETIVO – Adimplemento (fim normal) e Inadimplemento (fim anormal).

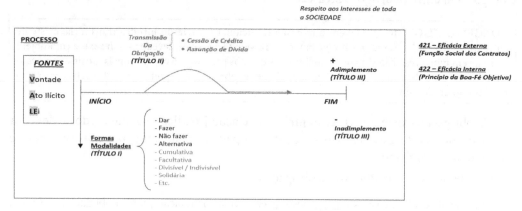

Como todo processo que se inicia busca atingir determinado fim, também o processo obrigacional também tem o seu fim que é o adimplemento, como ilustrado acima.

O processo deverá ainda, respeitar os interesses da coletividade (função social – art. 421, CC), devendo o alcance do adimplemento observar a forma mais proveitosa ao credor e menos onerosa ao devedor (respeito ao princípio da boa-fé objetiva – art. 422, CC).

2.3. Das Modalidades de Obrigações

2.3.1. *Dos Atos Unilaterais como Fontes do Direito Obrigacional*

Nas declarações unilaterais de vontade a obrigação nasce da simples declaração de uma única parte, **formando-se no instante em que o agente se manifesta com a intenção de assumir um dever obrigacional.** Principais atos unilaterais cobrados em prova:

A) Promessa de Recompensa – (Arts. 854 a 860, CC)

Toda pessoa que publicamente se comprometer a gratificar quem desempenhar certo serviço, contrai obrigação de fazer o prometido. *Ex.: recompensa para quem encontrar uma cadelinha perdida, para quem denunciar um criminoso etc.).*

A confirmação de que a obrigação é mesmo unilateral, é que **mesmo que a pessoa que preste o serviço não tenha conhecimento da recompensa**, fará jus à gratificação (art. 855). São requisitos para a promessa de recompensa:

> a) o promitente tem que ter **capacidade** e **a tarefa tem que ser lícita** conforme art. 104, CC.
> b) **a publicidade do ato:** A promessa exige publicidade (ex.: imprensa, carro de som, panfletos, cartazes);
> c) **indicação dos destinatários:** (toda a sociedade ou certo grupo);
> d) **tarefa a ser cumprida;**
> e) **recompensa prometida.**

DIREITO CIVIL

A promessa é feita a qualquer pessoa, ou a determinando grupo social, **pois se feita a pessoa certa não é ato unilateral, mas contrato de prestação de serviço.** *(Ex.: pago R$300,00 a Pedro para procurar meu cachorro perdido, neste caso **não é ato unilateral, mas bilateral,** um contrato).*

> PROMESSA DE RECOMPENSA – feita a qualquer pessoa ou determinado grupo.
> PRESTAÇÃO DE SERVIÇOS – feita **a pessoa certa** (não é ato unilateral)

A **revogação** da promessa de recompensa está prevista no **art. 856**, sendo possível antes de prestado o serviço ou preenchida a condição, e desde que seja feita com a mesma publicidade da declaração. Cabendo direito a recompensa ao candidato que tiver executado a tarefa de boa-fé, ou seja, que desconhecia a revogação.

> PONTOS IMPORTANTE PARA A PROVA:
> • Qual o **valor da recompensa**? Isso vai depender do promitente. Contudo se fixado um valor muito baixo, o juiz pode aumentá-lo.
> • E se mais de uma pessoa fizer o serviço (execução plúrima), quem fica com a recompensa? A resposta está nos arts. **857 e 858.**
> • A **morte do promitente** não revoga a promessa, respondendo os bens do falecido pela recompensa.

B) Da Gestão de Negócios – (Arts. 861 a 875, CC)

Conceito: é a atuação de uma pessoa que, **espontaneamente e sem mandato, administra negócio alheio,** presumindo o interesse do próximo (art. 861). *Ex.: Providenciar um guincho para remover o carro de alguém estacionado na frente de uma casa em chamas (art. 869).*

O gestor age de improviso numa emergência por puro altruísmo, sendo equiparado a um mandatário sem procuração (art. 873), visto que não tem autorização e nem obrigação de agir, o fazendo por solidariedade, garantindo a lei o reembolso das despesas feitas.

Em regra, o gestor somente deve ser responsabilizado se tiver agido com culpa, havendo **responsabilidade subjetiva** (art. 866).

Mas se na **atuação o gestor se fizer substituir por outrem**, responderá pelas faltas do substituto, nesse caso **a responsabilidade do gestor por ato de terceiro é objetiva e solidária,** aplicando-se os arts. 932, III e 933 e 942, parágrafo único do CC. E se a **gestão for conjunta,** prestada por várias pessoas, há regra específica prevendo a **responsabilidade solidária entre todos os gestores** (art. 867, parágrafo único).

Em resumo assim será a responsabilidade do gestor de negócios:

> Gestor agindo **SOZINHO** – responsabilidade **SUBJETIVA** (866)
> Ato de **TERCEIRO** – responsabilidade **OBJETIVA/SOLIDÁRIA** (932, 933)
> Gestão **CONJUNTA** – responsabilidade **SOLIDÁRIA** (867)

C) Do Pagamento Indevido – (Arts. 876 a 883, CC)

O pagamento indevido consiste em um dos **modos de enriquecimento sem causa.** Sendo que aquele que recebeu o que não lhe era devido, fica obrigado a restituir (art. 876). Desta forma, com base na tese de que o pagamento devido extingue a obrigação, **o pagamento**

indevido cria uma nova obrigação, a obrigação de restituir, e isso será possível através da possibilidade de propositura de uma **ação de repetição do indébito.**

O pagamento indevido pode ser feito por erro: a) Quando a **existência e extensão** da obrigação (*ex re* **ou indébito objetivo**) ou; b) Quanto a **pessoa que se paga** (*ex persona* **ou indébito subjetivo**).

Quem paga indevidamente pode pedir restituição desde que prove que pagou por **ERRO** – (Art. 877). Sendo cabível nesse caso a **ação de repetição de indébito.**

Entretanto como exceção à regra de prova de erro, o STJ editou **Súmula 322**[1].

> *Súmula 322, STJ:* Para a repetição de indébito, nos contratos de abertura de crédito em contracorrente, não se exige a prova do erro.

E ao contrário do que alguns possam pensar, no caso de **pagamento indevido não cabe repetição em dobro do valor pago.** Entretanto a lei consagra **duas situações** que cabe pleitear o **valor em dobro**:

> • Art. 940 – Aquele que demandar por **Dívida já paga.**
> • Art. 42, CDC – **Taxas abusivas** sem fundamento para tais cobranças, geralmente por incorporadoras imobiliárias.

E ainda há que se ressaltar as **obrigações que não se repetem** → à ainda que pagas por erro, **não cabem propositura de ação de repetição de indébito**. São elas:

> • **Obrigação natural** (obrigação incompleta) – (Art. 882, CC). *Ex.: dívida prescrita ou obrigação judicialmente inexigível;*
> • Aquele que **tem coisa para obter fim ilícito**, imoral ou proibido por lei. (Art. 883, CC). *Ex.: recompensa paga a um matador de aluguel.*
> • **Empréstimo para jogo** / aposta feito no ato de se apostar (Art. 815);
> • **Mútuo feito a menor** (Art. 588, CC);
> • **Juros não estipulados** (Art. 591, CC).

2.3.2. Obrigação de Dar

Consiste no dever de entrega ou restituição de coisas. Espécies:

a) De Dar Coisa Certa – Art. 233 a 242, CC (obrigação específica) → à ocorre quando o objeto for completamente determinado, quanto ao seu gênero, quantidade e qualidade. O credor não é obrigado a receber outra coisa ainda que mais valiosa conforme prevê o art. 313, CC. Neste sentido, também o Enunciado 465 do STJ.

> **Obs.:** Subespécies da obrigação de dar coisa certa são a obrigação de dar quantia certa e obrigação de restituir, que seguirão as esmas regras aqui contempladas. Nas obrigações de restituir haverá apenas a restituição da posse de um bem, sem que haja a transmissão da propriedade. *Exemplos: locação, comodato, arrendamento, depósito.*

b) De Dar Coisa Incerta – Art. 243 a 246, CC – (obrigação genérica ou dívida de gênero) – indica que a obrigação tem por objeto uma coisa indeterminada, pelo menos inicialmente, sendo ela somente **delimitada apenas pelo gênero e pela quantidade**, não estará especificada a qualidade da coisa.

---

1. A Súmula tem razão diante da boa-fé objetiva do consumidor (Art. 4°, III, CDC). Portanto, neste caso não é preciso provar erro para fazer jus ao direito da ação de repetição de indébito.

DIREITO CIVIL

Obs.: A escolha da qualidade a ser adimplida ficará a cargo do devedor (art. 244, do CC – norma meramente dispositiva).

IMPORTANTE PARA A PROVA: Quando a obrigação é cobrada em prova são cobrados os **efeitos quando ocorrer a perda do objeto da obrigação** (art. 234 a 240, CC).

Neste sentido o organograma a seguir será muito útil.

Perda do Objeto:

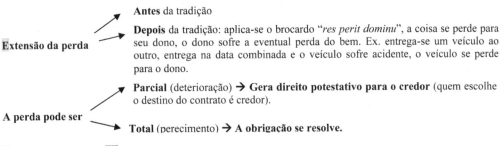

Responsabilidade por Danos – (arts. 234 a 236, CC)

Analisa-se a culpa do devedor:

- **Com** culpa do devedor à → O devedor **é responsável** pelas perdas e danos.
- **Sem** culpa do devedor à → **Não há** perdas e danos.

PONTOS IMPORTANTES PARA A PROVA:
- Na **obrigação de restituir** o credor já é dono da coisa → à só haverá indenização se o devedor foi culpado (Art. 238 a 240, CC).
- Sobre a **obrigação de dar coisa incerta** enquanto permanecer incerta a obrigação (antes da concentração), vigorará a seguinte regra: o gênero nunca perece (*genus non perit*).
- Essa máxima *genus non perit* é aplicável apenas às coisas pertencentes a gênero ilimitado. *Ex.: dinheiro, café, açúcar etc.*
- Se a coisa pertencer a gênero limitado, o perecimento de todas as espécies que a componham acarretará a extinção da obrigação, responsabilizando-se o devedor pelas perdas e danos, apenas na hipótese de ter procedido com culpa. Nesses casos, aplicam-se as regras dos artigos 234 a 236, do Código Civil, referentes à obrigação de dar coisa certa (acima estudadas).

2.3.3. Obrigação Positiva de Fazer (Art. 247 a 249, CC)

Consiste no compromisso do devedor em realizar uma atividade ou um serviço em prol do credor. Espécies:

---
a) Fungível – É aquela que **ainda pode ser cumprida por outra pessoa**. Se o devedor contratado não realizar a atividade ou serviço, outro poderá o fazer, sendo inclusive custeada pelo devedor inadimplente (Arts. 816 e 817 do CPC/15).
b) Infungível – Aquela que **só pode ser executada pelo devedor contratado**, quer seja em razão de sua própria natureza, quer seja em razão do contrato celebrado. Chamada obrigação personalíssima ou *intuitu personae*). Negando-se o devedor ao cumprimento, a obrigação de fazer converte-se em obrigação de dar, devendo o sujeito passivo arcar com as perdas e danos.

> IMPORTANTES PARA A PROVA: antes de pleitear a indenização o credor poderá requerer o cumprimento da obrigação de fazer nas suas duas modalidades → por meio de **ação específica**, com fixação de multa ou *astreintes*, pelo juiz conforme os arts. 497, CPC/15 e 84 do CDC. Neste sentido, Enunciado 22, CJF e Informativo 356, STJ.

2.3.4. Obrigação de Não Fazer (Art. 250 e 251, CC)

É a única obrigação negativa admitida no direito privado brasileiro, tendo como objeto a abstenção de uma conduta. Tem origem:

Legal *(Ex.: arts.1301 a 1303 – dever de não construir até certa distância do imóvel vizinho)* e; b) Convencional *(Ex.: contrato de sigilo industrial)*.

Características IMPORTANTES PARA A PROVA:

> • **Personalíssima / Infungível / Indivisível:** O credor só poderá exigir a abstenção da pessoa que por ela se obrigou. A infungibilidade da obrigação de fazer deriva de características especiais encontradas no devedor ou de disposição contratual. Será também predominantemente indivisível, pela sua natureza (não há como fracionar o adimplemento), nos termos do art. 258, CC.
> • **Inércia é adimplemento:** Nas obrigações negativas (obrigações de não fazer) a inércia surgirá justamente como forma de adimplemento.
> • **Não se fala em mora nas obrigações de não fazer:** A simples realização da atividade vedada já configurará inadimplemento absoluto (art. 390, CC).

Assim, como ocorre na obrigação de fazer, poderá ingressar com ação de obrigação de não fazer, requerendo a cominação de preceito cominatório (*astreintes*), conforme os arts. 497, CPC/15 e 84 do CDC. Contudo, é preciso ter cuidado com os efeitos de descumprimento nos dois tipos de obrigações de não fazer, conforme possam ser reversíveis ou não:

• TRANSEUNTES (instantâneas)	• São irreversíveis	• Só cabe ao credor exigir **perdas e danos.**
• PERMANENTES	• Podem ser desfeitas	• O credor pode exigir o **desfazimento do ato** (que pode ser desfeito por terceiro ou pelo próprio credor – Art. 820, CPC/15) + **perdas e danos**.

2.3.5. Outras Modalidades Obrigacionais

Para o entendimento das demais modalidades obrigacionais adota-se a seguinte divisão:

Obrigação simples	Unicidade de sujeitos ou de objetos.
Obrigação composta	Multiplicidade de sujeitos ou de objetos.
Objetivamente Compostas: as que apresentam duas ou mais prestações → **CAF** 1) Cumulativas (conjuntivas); 2) Alternativas (disjuntivas); 3) Facultativas;	**Subjetivamente Compostas**: as que apresentam dois ou mais sujeitos → **DIS** 1) Divisíveis (obrigações fracionárias) 2) Indivisíveis 3) Solidárias

DIREITO CIVIL

A) Obrigações Alternativas: (Art. 252 a 256, CC / Art. 800, CPC/15)

Características:

- Alternatividade de objetos;
- Duas ou mais prestações devendo uma delas alternativamente ser cumprida pelo devedor;
- O devedor se desincumbe pagando **qualquer uma das prestações** ajustadas.

A previsão de mais de um objeto facilita o adimplemento, em razão disso, a regra legal concede **ao devedor a escolha no momento do adimplemento**.

OBRIGAÇÃO ALTERNATIVA X OBRIGAÇÃO DE DAR COISA INCERTA	
É uma **obrigação composta** (duas ou mais prestações);	É uma **obrigação simples** (com apenas uma prestação – objeto determinável)

Fórmulas necessárias quanto a perda da possibilidade da prestação.

Escolha cabe ao devedor	**Culpa do devedor** + impossibilidade **de todas as prestações.**	Valor da prestação que por último se impossibilitou + perdas e danos. (Art. 254)
	Culpa do devedor + impossibilidade de **uma das prestações.**	Prestação subsistente ou valor da prestação que se perdeu + perdas e danos. (Art. 255)
Escolha cabe ao credor	**Culpa do devedor** + impossibilidade de **todas as prestações.**	Valor de qualquer uma das prestações + perdas e danos. (Art. 256)
	Sem culpa do devedor + impossibilidade de **todas as prestações**	Resolve-se a obrigação. (Art. 256)

B) Obrigação Cumulativa (Conjuntiva)

É uma obrigação de dar com multiplicidade de objetos → todos eles deverão ser pagos para que ocorra o adimplemento. Haverá inadimplemento parcial na hipótese de **algum dos objetos não ser pago**.

Não é tratado tipicamente pelo código civil e sim pela doutrina e jurisprudência.

Ex.: *locação de imóvel urbano – obrigações cumulativas de locador e locatário – art. 22 e 23 Lei 8.245/91)*

A **perda do objeto** na obrigação cumulativa será tratada exatamente à forma da **obrigação de dar**, aplicando-se o regramento previsto nos artigos **234 a 240**, do Código Civil.

C) Obrigação Facultativa

Na obrigação facultativa o **devedor se desobrigará pagando o objeto principal ou o subsidiário**, à sua escolha. Porém, **diante do descumprimento por parte do devedor, ao credor só restará o direito de exigir o objeto principal**.

Exemplo de obrigação facultativa é o **contrato estimatório**, ou **contrato de consignação** (art.534, CC).

IMPORTANTE PARA A PROVA: Para o devedor consignatário a obrigação é múltipla; mas para o credor consignante a obrigação é simples.

O consignatário não se exonera da obrigação de pagar o preço, havendo perda do objeto principal ainda que a ele não imputável, como roubo da coisa (art. 535, CC).

D) Obrigação Divisível ou fracionária: (Art. 257 a 263, CC)

Constituem a regra geral em se tratando de obrigações subjetivamente compostas: o objeto da obrigação será dividido segundo o número de credores ou credores – (Art.257, CC).

Em caso de dúvida, deve-se optar pela divisibilidade da obrigação → **a indivisibilidade e a solidariedade são excepcionais**. Não se podendo presumir hipóteses excepcionais. **Portanto → indivisibilidade e a solidariedade jamais serão presumidas.**

D.1) Obrigação Indivisível – (Art. 87, 88 e 258, CC)

Como dito, a indivisibilidade do objeto da obrigação é excepcional. Assim, a indivisibilidade deve ser analisada não em relação às pessoas, mas em **relação ao objeto da obrigação**. Quatro são as razões (ou fatores) que conduzem à indivisibilidade tem-se:

> **a) Natureza** (indivisibilidade física) – o fracionamento do objeto ocasiona a perda de sua essência;
> **b) Contrato** (indivisibilidade convencional) – bens divisíveis podem se tornar indivisíveis por acordo de vontades entre as partes;
> **c) Lei** (indivisibilidade jurídica) – por interesses de ordem pública, alguns dispositivos legais estabelecem hipóteses de indivisibilidade de certos bens.
> **d) Ordem econômica**: ainda que divisível, o bem considera-se indivisível em razão da perda econômica que adviria da sua divisão (*Ex.: pedras preciosas*).

O grande problema nas obrigações indivisíveis surge quando vários devedores ou vários credores forem obrigados ou tiverem direito respectivamente ao objeto insusceptível de divisão. Portanto, veja os principais pontos que são cobrados em prova.

PONTOS IMPORTANTE PARA A PROVA:

• **Pluralidade de <u>Devedores</u> na Obrigação Indivisível**: Havendo dois ou mais devedores, qualquer um deles poderá ser demandado ao pagamento da dívida por inteiro. Aquele que pagar irá se sub-rogar nos direitos do credor, podendo cobrar então do outro devedor a quantia equivalente ao seu quinhão na obrigação (art. 259, CC). Trata-se de sub-rogação legal, enquadrada no art. 346, III, CC.

• Se a obrigação indivisível se **converter em perdas e danos** na hipótese de perda do objeto, **ocorrerá a extinção do caráter da indivisibilidade** e a **obrigação passará a ser tida como divisível** (art. 263, caput, CC). OBS:

> Todos os devedores culpados pelas perdas e danos → responderão igualmente pelas perdas e danos (art. 263, CC).
> Apenas um dos devedores → apenas este responderá pelas perdas e danos, mas todos respondem pelo equivalente (§ 2º, do art. 263, CC).

DIREITO CIVIL

RESUMINDO:

Ex.: Entrega de um touro por 04 devedores a um credor.
Hipótese do § 1º, 263, CC: **culpa de TODOS os devedores**

Assim, seria feito: equivalente ao touro + perdas e danos (todos – divisão pra rata).

Hipótese do §2 º, 263, CC: **culpa de apenas UM dos devedores**

Assim, seria feito: equivalente ao touro (todos) + perdas e danos (apenas do culpado).

• **Pluralidade de Credores na Obrigação Indivisível:** O devedor poderá se desobrigar pagando simultaneamente a todos os credores ou a apenas um deles, desde que este preste **caução de ratificação** (documento de forma livre) dos outros credores (art. 260, CC).

• Efeitos da **REMISSÃO da dívida** na obrigação indivisível (art. 262, CC):

Ex.: A, B e C são credores de D, quanto a entrega de um touro reprodutor, que vale R$30.000,00. A remite (perdoa) a sua parte na dívida correspondente a R$10.000,00. B e C podem ainda exigirem o touro reprodutor, desde que paguem a D os R$10.000,00 que foram perdoados.

E) Obrigação Solidária (art. 264 a 285, CC)

PONTOS IMPORTANTE PARA A PROVA:

> • Solidariedade passiva envolvendo contas conjuntas → **somente serão solidárias se houver previsão neste sentido.**
> • A solidariedade convencional → **não alcança terceiros estranhos à relação jurídica.**

• A solidariedade **não pode ser presumida**, deve decorrer expressamente de norma jurídica, seja legal, seja contratual → lei ou Vontade (art. 265, CC);

• A solidariedade se manifesta apenas nas **relações externas**, eis que internamente (entre os cocredores ou codevedores) a obrigação continuará sendo considerada fracionável;

• É uma **relação unitária** → havendo adimplemento, ocorrerá a extinção da solidariedade (Visto que a solidariedade se dá em relação às pessoas);

• **A morte extingue a solidariedade em relação aos herdeiros**, que só poderão ser obrigados a pagar (ou só poderão exigir) o seu respectivo quinhão.

• **Exceção: SOLIDÁRIA + INDIVISÍVEL** → O herdeiro do devedor estará obrigado a pagar (ou o herdeiro do credor poderá exigir) a dívida por inteiro (art. 270 e 276, CC).

• Se a obrigação solidária se **converter em perdas e danos, mantida estará a solidariedade,** mas pelas perdas e danos, somente responde o culpado (art. 271, 279, CC). Atenção:

OBRIGAÇÃO SOLIDÁRIA	OBRIGAÇÃO INDIVISÍVEL
Convertida em perdas e danos é mantida a SOLIDARIEDADE	Convertida em perdas e danos é extinta a INDIVISIBILIDADE

345

NÚBIA DE PAULA E REYVANI JABOUR

Ex.: *Pagamento do valor de R$30.000,00, devedores B, C e D são devedores solidários. Houve o inadimplemento da obrigação por culpa de C: Assim ficará:*

A: R$30.000,00 – ou / B: R$30.000,00 – ou / C: R$30.000,00 + **Perdas e Danos**

• Impossibilidade **de oposição de exceções pessoais** de um credor a outro.

• A **SUSPENSÃO** da prescrição em favor de um dos credores solidários → só aproveitará aos demais se a obrigação for indivisível. Já a **INTERRUPÇÃO** da prescrição em favor de um dos credores → não aproveita aos outros.

• **EXONERAÇÃO** x **REMISSÃO**:

• **A exoneração (ou renúncia)** em favor de um devedor solidário não retira deste a condição de devedor → **passará a ser devedor fracionário** (somente referente a quota parte) (art. 282, CC).

• Já **na remissão**, o devedor solidário → deixará de ser devedor, subsistindo a solidariedade quanto aos demais. A quota parte remitida em favor de um dos devedores deverá ser abatida do total da dívida (art. 388, CC).

• Caso um dos devedores solidários venha a ser declarado <u>insolvente</u>, a sua cota deverá ser dividida entre os devedores restantes.

---

1) **O devedor exonerado participa do rateio da quota do devedor insolvente?** SIM. Isso porque a exoneração é apenas da solidariedade não retira deste a condição de devedor (art. 284, CC).
2) **E o remitido?** NÃO. o devedor remitido não participará do rateio da quota parte do devedor declarado insolvente (o remitido deixou de ser devedor para todos os fins).

• Ação de regresso → só poderá cobrar somente a cota dos demais *(pro rata)*, ocorrendo sub-rogação legal (art. 346, III, CC).

Ex.: A é credor de B, C e D, devedores solidários, por uma dívida de R$30.000,00. Se B paga a mesma integralmente, poderá cobrar de C e D apenas os R$10.000,00 de cada um, valor correspondente às suas cotas.

2.4. Transmissão das Obrigações

2.4.1. Cessão de Crédito (Art. 286 a 298, CC)

Aquele que **realiza a cessão** a outrem é chamado *cedente*. A pessoa que **recebe o direito** de credor é *cessionário*, enquanto o **devedor** é o denominado *cedido*.

Algumas considerações IMPORTANTES PARA A PROVA:

• O devedor não é parte na cessão de crédito → a cessão **ocorre independentemente da manifestação de vontade do devedor**. Contudo deverá ser notificado/ter ciência para a eficácia da cessão (art.290, CC).

• Espécies de cessão → IMPORTANTES PARA A PROVA:

PRO SOLUTO (Art.295, CC)	Credor garante a existência do **CRÉDITO**	Cedente **NÃO PODE SER DEMANDADO** em caso de inadimplemento.
PRO SOLVENDO (Art. 296, CC)	Credor garante a existência do **CRÉDITO + SOLVÊNCIA** DA OBRIGAÇÃO	Cedente **PODE SER DEMANDADO** em caso de inadimplemento. (Art. 297, CC)

DIREITO CIVIL

2.4.2. Cessão de Débito ou Assunção de Dívida (Art. 299 a 303, CC)

É o negócio jurídico bilateral, no qual o devedor **com a anuência do credor** e de forma expressa ou tácita, transfere a um terceiro a posição de sujeito passivo da relação obrigacional (art. 299, CC).

Como partes da assunção temos: *cedente* (antigo devedor); *cessionário* (o novo devedor); e *cedido* (credor). Esse **novo devedor também é chamado** *terceiro assuntor*.

Aqui diferentemente da cessão de crédito, o **consentimento do credor será fundamental para a concretização do negócio**. Já o consentimento do devedor originário não será fundamental para a ocorrência da assunção de dívida.

Invalidada a assunção o devedor voltara à responsabilidade (art. 301, CC).

2.5. Regras Especiais de Pagamento / Pagamento Indireto: satisfação mediata (indireta) dos interesses do credor – (Art. 334 a 359, CC)

PONTOS IMPORTANTES PARA A PROVA:

Sub-rogação (Arts. 346 a 351, CC)	Consignação (Art. 334 a 345, CC e 539 a 549, CPC/15)	Imputação (Art. 352 a 355, CC)
Somente devida pelo: **Terceiro interessado**. (Art. 346, III, CC); Aquele que **representa o credor**. (Art. 311, CC); **Credor putativo** (de boa-fé). (Art. 309, CC)	Devida: **Qualquer interessado**. (Art. 304, CC); **Hipóteses de cabimento** (art. 335, CC; **Contestação** do credor: Apenas hipóteses do Art. 544, CPC/15; **Prestações Sucessivas**: até 5 dias contados da data do vencimento. (Art. 541, CPC/15)	Elementos: a) **Identidade de credor** e de devedor; b) Existência de **dois ou mais débitos da mesma natureza**; c) **Dívidas líquidas e vencidas**; **Regrinha de ordem**: dívidas mais antigas e mais onerosas; Em havendo capital e juros $\rightarrow$ juros vencidos depois no capital.

2.6. Do Inadimplemento Obrigacional

O inadimplemento inaugura a chamada **responsabilidade civil contratual**.

O inadimplemento é o não cumprimento **culposo** da prestação ajustada. Quando o devedor não cumprir a obrigação por fato alheio à sua vontade, não haverá que se falar na deflagração dos efeitos do inadimplemento (art. 396, CC).

Comprovada a culpa do devedor inadimplente, este deverá arcar com perdas e danos, juros moratórios, correção monetária e, se for o caso, honorários advocatícios. Esses efeitos terão lugar tanto na hipótese de inadimplemento absoluto, quanto no inadimplemento relativo (art. 389 e 395, CC).

2.6.1. Inadimplemento Total ou Absoluto

É a hipótese em que a obrigação não pode mais ser cumprida, tornando-se **inútil ao credor** (art. 389 a 393, CC).

347

Não cumprido o objeto pelo sujeito passivo da obrigação, passa ele a responder pelo valor correspondente ao objeto obrigacional, acrescido das demais perdas e danos, mais juros compensatórios, cláusula penal, atualização monetária, custas e honorários de advogado.

Modalidades de inadimplemento absoluto →IMPORTANTE PARA A PROVA:

A) Recusa voluntária do devedor em cumprir a prestação:

O credor deverá exigir o cumprimento específico da obrigação (art. 475, CC). Não surtindo efeitos, o credor poderá buscar a extinção do contrato (resolução com efeitos patrimoniais). Em resumo:

> Exigir o cumprimento específico da obrigação + perdas e danos
> **Ou**
> Extinção do contrato + perdas e danos

B) Perda total do objeto da obrigação com culpa do devedor:

A prestação se perde totalmente, não podendo mais ser cumprida, restando ao credor solicitar a resolução também com efeitos patrimoniais.

> Extinção do contrato + perdas e danos

C) Caráter transformista da mora (perda da utilidade da prestação).

Segundo um interesse objetivo do credor, se a obrigação perde a sua utilidade não se fala em mora e sim de inadimplemento absoluto, implicando em resolução do contrato com efeitos patrimoniais.

> Extinção do contrato + perdas e danos

OBS: Essas perdas e danos, inclui-se danos morais → Informativo STJ n. 428 e CJF, Enunciado 411.

2.6.2. Inadimplemento relativo, parcial, atraso ou MORA

Mora é o cumprimento imperfeito da obrigação em razão do tempo, do lugar ou da forma pactuada. Para que exista mora, a causa deverá ser imputada culposamente/dolosamente ao devedor, ou seja, não poderá decorrer de caso fortuito ou força maior.

Para falar em **mora**, há que se verificar utilidade objetiva da prestação para o credor; diante da perda da utilidade da prestação para o credor, a hipóteses será de **inadimplemento absoluto**.

> O inadimplemento absoluto é figura exclusiva do devedor. Mas a mora pode derivar tanto de ato do devedor, quanto de ato do credor.

2.7. Cláusula Penal ou Multa

A multa prevista contratualmente para fins de inadimplemento absoluto tem por finalidade substituir a própria prestação ajustada (multa contratual, cláusula penal ou penalidade); visa combater os efeitos do inadimplemento absoluto e tem caráter substitutivo (art. 408, CC).

> Inadimplemento Parcial → **Multa Moratória.**
> Inadimplemento Total → **Multa Compensatória.** (Art. 409, CC).

Trata-se de uma **prefixação pelas partes das perdas e danos**. Vantagem será que o **credor não precisará comprovar qualquer prejuízo**. Bastará provar o comportamento negligente por parte do devedor e o não cumprimento da obrigação ajustada (art. 416, CC).

E a INDENIZAÇÃO SUPLEMENTAR?

Executar a cláusula penal compensatória é uma faculdade que o credor exercerá se quiser. Não obstante, verificando um prejuízo maior do que aquele previsto na cláusula penal o credor poderá buscar comprovar em juízo o valor do verdadeiro prejuízo experimentado, discutindo as perdas e danos.

Neste sentido, o contrato pode ainda prever a denominada **indenização suplementar**, onde o credor poderá cumular a indenização prevista na clausula penal (hipótese em que o credor não precisará provar o prejuízo) com a indenização suplementar (onde deverá comprovar o prejuízo excedente (art. 416, parágrafo único, CC). Observar também o Enunciado n. 429, da V Jornada de Direito Civil do CJF.

SUPER IMPORTANTE PARA A PROVA:

> **CLÁUSULA PENAL + INDENIZAÇÃO SUPLEMENTAR** → Desde que haja previsão no contrato + provar o prejuízo excedente.
> *OBS: Caso o contrato seja de adesão independe de previsão contratual.*

2.8. Arras ou Sinal

Pode ser conceituada como o valor dado em dinheiro ou o bem móvel entregue por uma parte à outra, quando do **contrato preliminar**, visando a trazer a presunção do contrato definitivo. Em resumo, temos duas modalidades → IMPORTANTE PARA A PROVA:

ARRAS CONFIRMATÓRIAS	ARRAS PENITENCIAIS
Não consta possibilidade de arrependimento. (Art. 419)	**Consta** possibilidade de arrependimento. (Art. 420)
Dupla função: Confirmação do contrato definitivo + Indenização).	Somente função indenizatória
Credor pode **RETER AS ARRAS** (valem como mínimo de indenização) + **PERDAS E DANOS** (indenização suplementar → se provar prejuízo maior).	**SOMENTE RETER AS ARRAS** → Não há direito a perdas e danos (não há direito a indenização suplementar ainda que se prove prejuízo maior).

3. RESPONSABILIDADE CIVIL

3.1. Introdução a Responsabilidade Civil

A responsabilidade civil surge em face do **descumprimento obrigacional**, pela desobediência de uma regra estabelecida em um contrato (responsabilidade civil contratual ou negocial), ou por deixar determinada pessoa de observar um **preceito normativo que regula a vida** (responsabilidade civil extracontratual ou aquiliana).

A vítima é a personagem principal na responsabilidade civil, visto a preocupação em protegê-la. Fatos que corroboram a isso é a previsão da responsabilidade civil independente de culpa, responsabilidade civil indireta, dentre outros.

3.1.1. Princípios da Responsabilidade Civil

A) PRINCÍPIO DA REPARAÇÃO INTEGRAL: Princípio base da responsabilidade civil. Por meio deste, todo e qualquer dano praticado contra uma vítima deve ser reparado, podendo inclusive serem cumulados.

B) PRINCÍPIO DA PREVENÇÃO: A responsabilidade civil não se resume a ressarcir o dano, mas também agir com prevenção **(saber como evitar o dano)**. E isso ocorre de duas formas: atividades de Fiscalização *(Ex.: DETRAN) e pedido de Tutela Inibitória.*

3.2. Responsabilidade Civil Contratual e Extracontratual

Para entender o traço distintivo das figuras é essencial a visualização das relações jurídicas que são formadas em cada uma delas:

3.2.1. Responsabilidade Civil Contratual

A relação jurídica ocorre entre sujeitos determinados:

No âmbito de uma relação contratual, quando uma das partes não cumprir as prestações existentes no âmbito do contrato, vai haver inadimplemento ou ilícito contratual. **A ideia de ilícito vem da contrariedade àquilo que se esperava.**

E é justamente o inadimplemento que irá gerar a **chamada responsabilidade civil contratual**, fundados nos artigos 389, 390 e 391 do Código Civil.

3.2.2. Responsabilidade Civil Extracontratual ou Aquiliana

A relação jurídica ocorre entre um sujeito determinado e sujeitos indeterminados. Nessa relação temos, para toda a coletividade, um dever genérico imposto pela lei, que é aquele **dever genérico de abstenção** *(neminem laedere).*

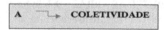

Todos os membros da coletividade devem se abster da prática de atos que venham a lesar o patrimônio ou a personalidade alheia. O inadimplemento não foi uma norma decorrente de contrato e sim da própria **norma legal,** que impõe sanção ao causador de dano alheio.

DIREITO CIVIL

A responsabilidade civil extracontratual é a obrigação legal que se estabelece para quem provoca dano a outrem, de repará-lo (art. 927, CC). Está baseada em dois alicerces: o ato ilícito subjetivo (art. 186) e o ato ilícito objetivo – o abuso de direito (art. 187). E ainda no art. 927, parágrafo único, do CC. e Enunciado 448, CJF (responsabilidade civil objetiva).

E qual a diferença do Ato Ilícito Subjetivo e o Ato Ilícito Objetivo?

A) Ilícito Subjetivo (art. 186, CC): há uma conduta culposa/dolosa + violação de direito alheio/norma + dano (art. 186, CC).

- Se não houver dano, não há ato ilícito, e, consequentemente, não surgirá o dever de reparação. (Informativo. 504 STJ);
- A configuração do ilícito no direito penal e no direito administrativo, não depende de um dano (art. 935, CC).

B) Ilícito Objetivo / Abuso de Direito (art. 187, CC): é lícito quanto ao conteúdo, porém, será ilegítimo pelas consequências que provoca, visto que ultrapassa os limites impostos pela lei. *Ex.: fazer testamento (lícito quanto ao conteúdo). Contudo se este testamento deixa 70% do patrimônio para apenas um dos herdeiros legítimos, isto é ilegítimo quanto as consequências.*

- A responsabilidade civil pelo abuso do direito (187) será **objetiva** ou pelo viés objetivo/finalístico. (Ou seja, **aqui não se fala em culpa/dolo como no ilícito subjetivo**) → (Enunciado 37, CJF).
- A configuração do ilícito **não exige a ocorrência de dano**. (Enunciado 539, CJF).

IMPORTANTE PARA A PROVA:

O abuso do direito, apesar de ser considerado ato ilícito, pode acarretar situações que não trazem danos à contraparte. Quando isto ocorrer, é possível falar em uma responsabilidade civil independente de dano, quando, então, **não será possível se falar em dever de reparação.** O melhor exemplo disso, e já cobrado em alguns exames da OAB, é o **adimplemento substancial** ou **inadimplemento mínimo**. (Informativo 480 do STJ).

3.3. Das Excludentes de Ilicitude

Quando uma pessoa pratica uma conduta amparada por uma excludente de ilicitude, ela viola a norma → causa um dano → mas não merece a reprovação do ordenamento jurídico apto a deflagrar a reparação do dano. Essas situações estão elencadas no art. 188, CC.

LEGÍTIMA DEFESA Art. 188, I	EXERCÍCIO REGULAR DE UM DIREITO Art. 188, I	ESTADO DE NECESSIDADE – Art. 188, II c/c Art. 929 /930, CC. (conjugação obrigatória)
Exclui a responsabilidade penal e também, a responsabilidade civil.	Só pode arguir exercício regular de um direito quem for, legitimamente, titular daquele direito.	É violar um bem de menor valor para salvaguardar um bem de maior valor (Teoria justificante do direito penal).

IMPORTANTE PARA A PROVA: Contra o próprio agressor → Não há dever de indenizar. Contra terceiro ou seus bens → Indenizar o terceiro, cabendo ação regressiva (art. 930, § único, CC). Putativa → Deve indenizar. Com excesso → Deve indenizar, porém de forma proporcional, pois subsiste a ilicitude em parte da conduta.	IMPORTANTE PARA A PROVA: (Informativos 371, 499, STJ) e Enunciado 553, CJF.	IMPORTANTE PARA A PROVA: Não haverá ilícito (excludente de ilicitude) → mas permanece o dever de indenizar a vítima (não exclui o dever de indenizar). Quando que também exclui o dever de indenizar? Quando houver culpa exclusiva da vítima. Indenização → o juiz deverá fixar uma indenização que leve em conta a extensão do dano e também o grau de culpa (Informativo 513, STJ).

OBS: Em que pese o Código Civil não prever, a **doutrina admite que o estrito cumprimento do dever legal e o consentimento do ofendido também sejam excludentes de ilicitude civil.**

3.4. Elementos da Responsabilidade Civil

Hoje, muitos autores elencam apenas três elementos da responsabilidade civil, não indiciando a culpa entre eles. Para fins didáticos, serão elencados 04 elementos: **Conduta humana, Culpa, Nexo de causalidade e Dano.**

CAUSA → LIGAÇÃO → CONSEQUÊNCIA. Ausente um desses elementos não há que se falar, em regra, em responsabilidade civil.

3.4.1. Conduta Humana

É necessária a conduta humana para que haja responsabilidade civil. Ou seja, se tivermos apenas um fato da natureza, não teremos responsabilidade civil.

A) Responsabilidade civil direta:

> • Se dá por atos próprios. *No direito penal, se traduz no Princípio da Intranscendência das Penas (a pena não pode passar da pessoa do ofendido).*
> Pergunta-se: é possível ter responsabilidade civil quando você não praticou ato e, portanto, não provocou dano nenhum? **Não, na responsabilidade civil direta**, mas, **sim na responsabilidade civil indireta.**

B) Responsabilidade civil indireta:

> • A finalidade é proteger os interesses da vítima – aumento de possibilidades de ressarcimento.
>
>> IMPORTANTE PARA A PROVA: A responsabilidade civil por fato de terceiro **é SOMADA à responsabilidade do autor**, portanto, a responsabilidade **será SOLIDÁRIA entre o autor e o responsável** → respondendo ambos de **forma OBJETIVA** (art. 942, parágrafo único, CC) e (art. 933, CC).

DIREITO CIVIL

Acerca da responsabilidade civil indireta existem algumas observações muito importantes, que despencam nos exames da OAB:

1ª Consideração: <u>RESPONSABILIDADE INDIRETA – MENOR</u> – Art. 932, I, CC.

• **REGRA** → **Responsabilidade SOLIDÁRIA dos pais no exercício do poder familiar independente de quem detenha a guarda** (art. 932, I, CC e Enunciados 450, 558, CJF).

> **IMPORTANTE PARA A PROVA:** Se o ilícito praticado pelo menor tiver relação direta com a conduta de apenas um dos pais, somente este deve ser responsabilizado (Informativo 575, STJ).

Pergunta-se: no Brasil, existe responsabilidade civil do incapaz? SIM, excepcionalmente.

• **EXCEÇÕES** → Aqui tem-se duas hipóteses:

1) Responsabilidade SUBSIDIÁRIA do incapaz:

A) Quando os responsáveis não tiverem obrigação de fazê-lo; ou

Situação prevista no Estatuto da Criança e Adolescente (ECA), que, em seu art. 112, II, prevê a possibilidade de aplicação como medida socioeducativa, ao adolescente que tenha praticado ato infracional, a obrigação de reparar o dano (art. 116, parágrafo único, ECA e Enunciado 40, CJF).

B) Não dispuserem de meios suficientes.

Será um litisconsórcio sucessivo →à responsabilidade mitigada do menor (art. 928, CC) → o juiz poderá utilizar a equidade quanto a fixação do valor ((Informativo 599, STJ).

2) SOLIDÁRIA (menor + pais): Quando houver EMANCIPAÇÃO voluntária.

A emancipação voluntária NÃO retira dos pais a responsabilidade civil sobre seus filhos emancipados, sendo inoponível à vítima. (Enunciado 41, CJF).

> IMPORTANTE PARA A PROVA:
> O responsável pelo fato de terceiro terá **ação autônoma de regresso** contra o causador do dano → O prazo prescricional é de **3 anos**.
> **Exceç**ão: Na responsabilidade civil por fato do filho incapaz → **pais não tem direito de regresso**.

2ª Consideração: <u>RESPONSABILIDADE CIVIL DO EMPREGADOR</u> – Art. 932, III, CC.

REGRA → **O empregador é responsável por ato praticado por seu empregado** no EXERCÍCIO DO TRABALHO ou EM FUNÇÃO DESTE.

3.4.2. Culpa

Para o direito civil não importa se o sujeito agiu com dolo (culpa genérica ou *lato sensu*) ou culpa (estrita ou *stricto sensu*), sendo a consequência inicial a mesma, de imputação do dever de reparação do dano ou indenização dos prejuízos.

353

Todavia, os critérios para fixação da indenização são diferentes, eis que os arts. 944, CC e 945, CC trazem a chamada redução equitativa da indenização por equidade, consagrando a TEORIA DA CAUSALIDADE ADEQUADA.

Ponto importante a ser destacado é que não se pode mais falar em culpa presumida em relação à custodia de animais (art. 936, CC) ou de coisas (art. 937/938, CC) e conforme Enunciado 452, CJF).

> IMPORTANTE PARA A PROVA: Se não houver como prov**ar de onde vieram as coisas, a responsabilidade será do condomínio**.
> *Exceção*: condomínio em blocos/prova de impossibilidade. Reclamação ocorrerá por uma *actio de effusis et dejectis*.

Dúvida comum entre os alunos é sobre a diferença prática entre CULPA PRESUMIDA e RESPONSABILIDADE OBJETIVA:

> De COMUM, tanto na culpa presumida como na responsabilidade objetiva inverte-se o ônus da prova, ou seja, o autor da ação não necessita provar a culpa do réu.
> Todavia a DIFERENÇA é que **na culpa presumida** (hipótese de responsabilidade subjetiva) → se o réu provar que não teve culpa → não responderá. Por seu turno, **na responsabilidade objetiva** → somente será afastado se comprovada uma das excludentes de nexo de causalidade.

Há duas hipóteses em que o grau de culpa será levado em consideração:

1) **Art. 944, parágrafo único: desproporção manifesta entre o grau da culpa e o dano causado**. Nesse caso, o juiz poderá reduzir o valor da indenização equitativamente.

Esse artigo pode ser aplicado a uma hipótese de responsabilidade civil objetiva? Sim, porque, a responsabilidade objetiva não é aquela sem culpa, mas sem dilação probatória/discussão sobre a culpa. (Enunciados 46 e 380, CJF e Informativo 501, STJ).

2) **Art. 945: culpa concorrente**.

CUIDADO! Quando houver culpa concorrente, não há exclusão do dever de indenizar, mas uma **redução do quantum indenizatório**.

3.4.3. Nexo de Causalidade

Nexo causal é a ligação jurídica entre a conduta (humana) e o dano para fins de imputação do dever de reparar. Ou seja, é a relação de causa e efeito entre a **conduta do agente** e o **dano sofrido pela vítima**.

As teorias justificadoras do nexo de causalidade adotadas pelo Código Civil são: Teoria da causalidade adequada e Teoria do dano direto e imediato (art. 403, CC e Enunciado 47 da CJF).

A) Excludentes do nexo causal

1. CULPA EXCLUSIVA DA VÍTIMA	2. CASO FORTUITO / FORÇA MAIOR
A causa do dano foi **exclusivamente o comportamento da vítima**. O comportamento do autor do dano é um mero instrumento para a ocorrência do dano. *Ex.: Surfe em linha férrea.*	Caso fortuito (evento totalmente imprevisível) ou Força maior (previsível, mas inevitável → Aqui trabalha-se o conceito de inevitabilidade do evento (art. 393, CC). IMPORTANTE PARA A PROVA: Tratando-se de **responsabilidade subjetiva contratual**, a responsabilidade do agente pode subsistir mesmo nos casos de força maior e de caso fortuito (art. 399, CC).

3. FATO DE TERCEIRO (O mais cobrado em provas da OAB)

Terceiro seria aquele sujeito estranho ao causador do dano e à vítima, ou seja, um sujeito que, aparentemente, não tem qualquer ligação com o autor do dano ou com a vítima. Caberá a autor do dano demonstrar que o dano foi proveniente de conduta de um terceiro (fator determinante), afim de **excluir a responsabilidade do autor e imputá-la a terceiro**.

IMPORTANTE PARA A PROVA: **Quando a hipótese é de fato de terceiro equiparado a fortuito externo → não há dever de indenizar (exclusão do nexo causal).**

Exceção: não admitem a exclusão da responsabilidade por fato de terceiro, ainda que este se equipare a um fortuito externo → Teoria do risco do empreendimento (risco proveito). (Súmula, 479, STJ).

3.4.4. Dano

Nossa lei não conceitua o DANO. Por isso, trabalha-se com um conceito doutrinário: *dano é a redução ou subtração de um bem jurídico que poderá afetar o patrimônio e/ou direitos da personalidade de um indivíduo → é uma **lesão a bens jurídicos**, sejam eles de natureza patrimonial, sejam eles de natureza existencial.*

Portanto, <u>em regra</u>, não há responsabilidade civil sem dano, cabendo o ônus da prova ao autor da demanda (art. 373, CC) ou a inversão do ônus para qualquer hipótese em que houver dificuldade probatória tratando-se de carga dinâmica da prova (art. 373, §1°, CC).

3.4.4.1.Espécies de danos

A) Dano Material ou Patrimonial

Corresponde ao desfalque sofrido pelo indivíduo no seu patrimônio → **é a diminuição do patrimônio da vítima,** podendo ser avaliado através de critérios pecuniários. Modalidades à IMPORTANTE PARA A PROVA (art. 402 e 948, CC):

> A) DANO EMERGENTE (ou danos positivos) → **análise retrospectiva** (voltada para o passado). Será analisado o patrimônio da vítima antes e depois da lesão sofrida.
> *Exemplo: o patrimônio da vítima era composto por um veículo, avaliado em R$30 mil. Após a lesão, que ocasionou a perda total do veículo, verificamos que o dano emergente foi de R$30 mil.*
>
> B) LUCRO CESSANTE (ou danos negativos) → **análise prospectiva** (é para o futuro). Os lucros cessantes serão os ganhos, os proveitos que a vítima razoavelmente deixou de obter em virtude da lesão.
> *Exemplo: você bate o seu carro em um motoboy. Ele fica três meses sem conseguir trabalhar. Então, nesse caso, você vai ter que pagar o reparo da moto e o valor referente àquilo que ele deixou de auferir em virtude do acidente.*
> **ATENÇÃO**: meras probabilidades não vão ser indenizadas a título de lucros cessantes.

B) Dano Moral ou Extrapatrimonial

Pode ser resumido como a violação a um dos direitos da personalidade. Todavia, é imprescindível que estejamos diante de um **dano injusto**. Isso porque, em um caso concreto, é possível que estejamos diante de danos justos, que não serão passíveis de indenização.

Esse dano injusto pode configurar um **dano moral direto** (atinge a própria pessoa) ou ainda **dano moral indireto** → **ricochete** (atinge pessoa de forma reflexa, como nos casos de morte de uma pessoa da família).

Pontos IMPORTANTES PARA A PROVA:

• Meros aborrecimentos da sociedade moderna não irão necessariamente ensejar o pagamento de dano moral. (Enunciado 159 do CJF);

• Não há no dano moral uma finalidade de acréscimo patrimonial para a vítima, mas uma compensação pelos males suportados. (Súmula 498 do STJ).

• Via de regra, o **dano moral é fruto da responsabilidade civil** aquiliana ou **extracontratual**. Isso significa que, via de regra, o **inadimplemento contratual não enseja responsabilidade por dano moral.**

EXCEÇÃO: O STJ → admite que o inadimplemento acarrete dano moral, especialmente quando o objeto do contrato tiver ligação com aspectos ligados ao ser humano. (Enunciado 411, CJF) – *Exemplos do STJ: atraso na entrega de obra de imóvel residencial e descumprimento de contrato de plano de saúde.*

Quanto a necessidade de prova o dano moral pode ser classificado em:

> A) DANO MORAL PROVADO ou DANO MORAL SUBJETIVO: Constituindo regra geral segundo o estágio da jurisprudência nacional, é aquele que necessita ser comprovado pelo autor da demanda.
> B) DANO MORAL OBJETIVO ou PRESUMIDO (*in re ipsa*): Não necessita de prova pelo autor da demanda. Isso porque certas situações geram um abalo tão evidente ao indivíduo que ele não precisa comprovar esse abalo, ou seja, a jurisprudência passa a desprezar prova desse abalo.
> *Ex.: os casos de abalo de crédito; protesto indevido de títulos; envio do nome de pessoa natural ou jurídica para o rol dos inadimplentes (SERASA e SPC); uso indevido de imagem; morte de pessoa da família; perda de órgão ou parte do corpo.*

QUANTO À NATUREZA JURÍDICA DA INDENIZAÇÃO POR DANOS MORAIS tem prevalecido na jurisprudência a tese de que a indenização por dano moral está revestida de um caráter *principal reparatório* e de um *caráter pedagógico ou disciplinador acessório,*

DIREITO CIVIL

visando a coibir novas condutas. Mas esse caráter acessório sempre existirá se estiver acompanhado do principal e a ele nunca sobreporá valorativamente.

A doutrina e jurisprudências são unânimes em relação aos critérios que devem ser utilizados pelo juiz da causa e que podem ser retirados dos arts. 944 e 945 do CC, devendo ser analisado:

A extensão do dano → As condições socioeconômicas e culturais dos envolvidos → As condições psicológicas das partes → O grau de culpa do agente, de terceiro ou da vítima.

DISPOSITIVOS IMPORTANTES PARA A PROVA:

STJ Súmula 385 – *Da anotação irregular em cadastro de proteção ao crédito, não cabe indenização por dano moral, quando preexistente legítima inscrição, ressalvado o direito ao cancelamento.*

STJ Súmula 388 – *A simples devolução indevida de cheque caracteriza dano moral.*

STJ Súmula 360 – *Caracteriza dano moral a apresentação antecipada de cheque pré-datado.*

STJ Súmula: 227 – *A pessoa jurídica pode sofrer dano moral. E ainda art. 52, CC, pelo qual se aplica a pessoa jurídica, no que couber, o disposto quanto aos direitos de personalidade.*

STJ Súmula 403 – *Independe de prova do prejuízo a indenização pela publicação não autorizada de imagem de pessoa com fins econômicos ou comerciais.*

> *STJ – Informativo 546, confirmado no Informativo 549 → houve extensão do conteúdo da Súmula 403 e agora admite o dano moral presumido, ainda que a violação ao direito de imagem não tenha finalidade econômica. Basta, portanto, para a vítima fazer jus ao dano moral, comprovar a violação do seu direito da personalidade.*

ENUNCIADO 587, CJF – *O dano à imagem restará configurado quando presente a utilização indevida desse bem jurídico, independentemente da concomitante lesão a outro direito da personalidade, sendo dispensável a prova do prejuízo do lesado ou do lucro do ofensor para a caracterização do referido dano, por se tratar de modalidade de dano in re ipsa.*

C) Novos Danos

C.1) Danos Estéticos

O dano estético é aquele que provoca na vítima algum tipo de complexo de inferioridade em virtude de uma alteração produzida em sua morfologia corporal. *Ex.: feridas, cicatrizes, cortes superficiais ou profundos na pele, lesão ou perda de órgãos interno/externos etc.*

Esse dano, nos casos em questão, será também presumido (*in re ipsa*) como ocorre no dano moral objetivo.

IMPORTANTE PARA A PROVA: **O dano estético seria uma subespécie do dano moral ou uma espécie autônoma de dano?** Segundo o STJ, o dano estético não se confunde com o dano moral, sendo passível, portanto, de indenização autônoma, apartada e podendo, também, ser cumulado com o dano moral → *STJ Súmula 387* – *É lícita a cumulação das indenizações de dano estético e dano moral.*

DANO MORAL	DANO ESTÉTICO
é um sofrimento psíquico "sofrimento mental", pertencente ao foro íntimo.	é um sofrimento psíquico "sofrimento mental", pertencente ao foro íntimo.

357

C.2) Danos por Perda de Chance

É frustrar a expectativa de alguém que está diante da **chance concreta** de realizar algo. É oportuno salientar que não se indeniza o dano eventual / hipotético / remoto. O dano indenizável na perda de chance é o **dano potencial** → aquele que esteja na linha de desdobramento de acontecimentos do sujeito.

Na responsabilidade civil pela perda de uma chance, o que é indenizável é a **probabilidade séria de obtenção de um resultado legitimamente esperado** e impedido por ato ilícito do ofensor. Ou seja, **o dano se concretiza** na frustração de uma esperança, **na perda de uma oportunidade viável e real que a vítima esperava**, já que a conduta ilícita interrompeu o curso normal dos acontecimentos antes que a oportunidade se concretizasse.

Reconhece-se a sua ampla reparação, como dano material ou imaterial:

ENUNCIADO 444, CJF – *Art. 927.* **A responsabilidade civil pela perda de chance não se limita** *categoria de danos* **extrapatrimoniais***, pois, conforme as circunstâncias do caso concreto, a chance perdida pode apresentar também a natureza jurídica de dano patrimonial. A chance deve ser séria e real, não ficando adstrita a percentuais aprioristicos.*

IMPORTANTE PARA A PROVA:

DANO POR PERDA DE CHANCE	LUCRO CESSANTE
Danos patrimoniais ou extrapatrimoniais.	Danos patrimoniais.
Chance SÉRIA perdida. (aqui não se sabe se ganharia ou não → indenização abarca apenas a chance).	O que deixou de ganhar (aqui já era certo que ganharia → indenização abarca o montante de deixou de ganhar.

3.4.5. Responsabilidade Civil no Código de Defesa Do Consumidor – CDC.

Há dois principais tipos de responsabilidade previstos no CDC. Far-se-á aqui um resumo esquemático para garantir o seu sucesso na prova:

1. Responsabilidade civil pelo VÍCIO DO PRODUTO → Defeito relacionado com a segurança que dele legitimamente se espera.

SEIS pontos principais – IMPORTANTES PARA A PROVA:

1) Valor da **indenização** → **valor do bem**
2) **Tipo de responsabilidade** → **SOLIDÁRIA** (vício de quantidade e qualidade) – Art. 18, 19 e 20, CDC;
3) Exceções *à responsabilidade solidária* → **apenas o comerciante** *(fornecedor direto)* **responde:**
   • 18, §5º – Produtos in natura
   Exceção da exceção (volta à regra): quando houver identificação claramente seu produtor.
IMPORTANTE → Isenta da responsabilidade exclusiva, mas permanece a solidariedade.
• **19, § 2º do CDC** – Pesagem ou a medição feita pelo comerciante.
4) **Prazo para o fornecedor solucionar o vício do** produto/serviço → **30 dias** – Art. 18, § 1º do CDC.
5) **Prazo para consumidor reclamar o vício** do produto/serviço – Art. 26, CDC: **30 dias** → **Produtos não duráveis / 90 dias** → **Produtos duráveis.**
6) **Responsabilidade** → A responsabilidade civil solidária dos fornecedores abrange **somente a garantia legal.**

DIREITO CIVIL

2. Responsabilidade civil pelo fato do produto → Ocorre um problema que transpõe os limites do produto, ocasionando prejuízos colaterais, como danos materiais, morais, estético e dano por perda de chance.

Três pontos principais – IMPORTANTES PARA A PROVA:

---

1) Tipo de responsabilidade → **SOLIDÁRIA** – Art. 12. CDC – com exceção para o comerciante que só responde nas hipóteses do art. 13, CDC.
2) Exceções à responsabilidade solidária → ***APENAS O COMERCIANTE** (fornecedor direto) responde:*
• **Art. 13, CDC** – (Todavia conserva ação regressiva contra os demais – art. 13 § único).
Exceção da exceção (volta à regra): quando houver identificação claramente seu produtor.
3) Prazo Prescricional para buscar a indenização → **05 anos** – Art. 27, CDC.

PONTO IMPORTANTE PARA A PROVA:

• **Responsabilidade civil por DANO MÉDICO** (Trata tanto dos médicos quanto das profissões equiparadas, como advogados → Art. 32, Estatuto da OAB) – Art. 951, CC.
REGRA GERAL: Responsabilidade médica é **SUBJETIVA** e baseada na culpa profissional.
A relação médico-paciente é considerada, em regra, como uma relação de consumo, mas o próprio CDC em seu art. 14, parágrafo 4º, abre exceção, determinando que os profissionais liberais (toda pessoa física que presta um serviço técnico ou científico de forma autônoma) respondem com base na culpa profissional (negligência, imprudência e imperícia).
Há uma especialidade médica que recebe tratamento muito mais rígido: Cirurgião Plástico. Há dois tipos de cirurgia plástica:
A) Cirurgia Plástica Reparadora – aquela em que o médico luta contra uma patologia ou defeito – Gera OBRIGAÇÃO DE MEIO (Não há como garantir o resultado) → **RESPONSABILIDADE SUBJETIVA.**
B) Cirurgia Plástica Estética – A cirurgia plástica estética ou embelezadora tem projeção de resultado, o qual é escolhido pelo paciente – STJ entende que nesse caso há OBRIGAÇÃO DE RESULTADO → **RESPONSABILIDADE OBJETIVA.**

---

4. TEORIA GERAL DOS CONTRATOS

CONCEITO	NATUREZA JURÍDICA
É um negócio jurídico bilateral ou plurilateral que visa à criação, modificação ou extinção de direitos e deveres com conteúdo patrimonial.	É **negócio jurídico** porque é possível escolher os efeitos que serão produzidos, diferente do ato jurídico *strictu sensu*, que em que pese haver vontade, não é possível a escolha dos efeitos.

359

BILATERAL X UNILATERAL

Bilateral → Tem **duas vontades** e tem **prestação para ambas as partes**. *Ex.: contrato de compra e venda.*
Unilateral à Se é contrato também se tem **duas vontades**, mas se é unilateral tem-se **obrigação apenas para uma das partes**. *Ex.: contrato de doação.*
IMPORTANTE PARA A PROVA:

<table>
<tr><td rowspan="7">EFEITOS DOS CONTRATOS</td><td align="center">UNILATERAIS</td><td align="center">BILATERAL</td></tr>
<tr><td>Não aplicação do *Exceptio non adimpleti contractus* aos contratos UNILATERAIS.</td><td>O contrato BILATERAL tem uma **Cláusula Resolutória Tácita** (implícita) → diante do inadimplemento da outra parte é possível pedir a resolução do contrato.</td></tr>
<tr><td>Todo contrato unilateral é **presumidamente gratuito**. *Exemplo de um contrato unilateral e oneroso: mútuo feneratício.*</td><td>Todo contrato **bilateral é oneroso**.</td></tr>
<tr><td>Quando o negócio é **gratuito** deve-se adotar uma **interpretação mais restrita**.</td><td>No negócio jurídico **oneroso** comporta uma **interpretação mais extensiva**.</td></tr>
<tr><td>No negócio **gratuito** o alienante **não responde pela evicção e pelo vício redibitório**. (Art. 552, CC).

Vício Redibitório → defeito material. *Ex. compra de um carro com defeito.*
Evicção → defeito jurídico. *Ex. venda de um terreno que não lhe pertence.*</td><td>No negócio **oneroso** o alienante **responde pela evicção e pelo vício redibitório**.
OBS: Para que haja a responsabilidade pela evicção ou vício redibitório, não basta o contrato ser **oneroso**, ele deve ser **comutativo**.</td></tr>
<tr><td colspan="2">Tanto nos negócios jurídicos **onerosos** quanto **gratuitos** os credores quirografários poderão propor **Ação Pauliana** pedindo a **anulação do ato jurídico pedindo a fraude contra credores**. Contudo:</td></tr>
<tr><td>Nos negócios **gratuitos não é necessário ao credor provar o *consilius fraudes*** (má-fé) do terceiro/adquirente. (Art. 158, CC)</td><td>Se o negócio jurídico é **oneroso**, só é possível a anulação **provando o *consilius fraudes*** (má-fé) do terceiro/adquirente. (Art. 159, CC
OBS: Em dois casos se presume a má-fé (não cabe prova em contrário): a) Insolvência notória; b) Houver motivos para saber (mãe, esposa etc.)</td></tr>
<tr><td colspan="2">O contrato **real é unilateral**</td></tr>
</table>

4.1. Formação dos Contratos Consensuais

O contrato em regra se forma quando se uma proposta de seguir uma aceitação.

Proponente (policitante) → faz a proposta + aceitante (oblato) aceita a proposta = formação do contrato. POLICITAÇÃO ou OBLAÇÃO → Propostas e contrapropostas.

O importante a saber sobre o tema é que a proposta obriga o proponente (art. 427, CC). Mas a proposta sempre obriga o proponente? **NÃO. Existem exceções** – IMPORTANTE PARA A PROVA:

DIREITO CIVIL

- Se vier expressa a não obrigatoriedade na proposta (apenas sondagem);
- Venda com quantidade limitada em estoque;
- A depender das circunstâncias – **Art. 428, CC:**

> **Pontos importantes a ressaltar:**
> - No **contrato entre presentes** e não havendo prazo → Proposta deixa de ser obrigatória se não houver a aceitação imediata.
> - No **contrato entre ausentes** não havendo prazo → Proposta deixa de ser obrigatória se passar tempo suficiente para a proposta ir e voltar.
> - No **contrato entre ausentes havendo prazo** → Proposta deixa de ser obrigatória se passado o prazo de expedição.
> - No **contrato entre ausentes** → Proposta deixa de ser obrigatória se fizer chegar antes ou simultaneamente a retratação – Evitando-se assim a configuração do *venire contra factum proprium*.

QUESTIONAMENTOS IMPORTANTES PARA A PROVA:

1) Todo contrato sujeita-se à Teoria da Imprevisão?

NÃO. A teoria da imprevisão não se aplica aos contratos de execução instantânea (cumpro no momento da conclusão do contrato).

TEORIA DA IMPREVISÃO	LESÃO OU ESTADO DE PERIGO
O contrato nasce perfeito, mas vicia-se por um fato superveniente.	O contrato já nasce viciado
Efeito → resolução do contrato – O Contrato é válido, portanto, ele produz efeitos, apenas é resolvido diante do vício (*retroage apenas a partir da data da citação válida por lei*).	**Efeito → invalidade do contrato** (art. 178, CC – prazo de 04 anos) – *Nenhum efeito é produzido. Tudo é desfeito.*

2) Princípio da Boa-fé Objetiva ou Subjetiva?

PRINCÍPIO DA BOA-FÉ OBEJTIVA (art. 422, CC e Enunciado 26, CJF).

A boa-fé Subjetiva → Também é chamada de boa-fé psicológica. É fonte de interpretação de atos e negócios jurídicos (arts. 112 e 113 do CC).

A boa-fé Objetiva → Comportamento ético – Em nada tem a ver com o estado de ignorância do sujeito, trata-se de um verdadeiro comportamento que a lei espera que as partes tenham (art. 113, CC e Enunciado 24, CJF).

IMPORTANTE: boa-fé subjetiva é uma REGRA. A boa-fé objetiva é PRINCÍPIO.

3) Quais são as opções do adquirente em caso de vícios redibitórios?

ACÕES EDILÍCIAS: Ações Redibitórias e Estimatórias. *A escolha compete ao adquirente.*

Prazos: Bens MÓVEIS: 30 dias / Bens IMÓVEIS: 01 ano.

a) Ação Redibitória → **Rescisão do contrato** – desfazer o negócio (art. 421, CC).

b) Ação Estimatória → **Conservação do negócio jurídico com o devido abatimento no valor** – Ação *quanti minoris* – (Art. 422, CC).

4.2. Contratos em Espécie

Os contratos em espécie são trabalhados pelo Código Civil entre os arts. 481 a 853.

Vale salientar que não é somente o Código Civil que trata de contratos típicos, estes também são encontrados na legislação extravagante. Sendo ainda possível que sejam celebrados contratos atípicos, possibilidade está consagrada pelo art. 425 do CC.

Em que pese a quantidade de contratos tipicamente previstos e a gama de contratos atípicos que possam ser constituídos, serão trazidos aqui, alguns dos principais contratos em espécie, aqueles com maior incidência em exames, de modo a operacionalizar o estudo.

4.2.1. Contrato de Compra e Venda

A compra e venda pode ser definida **como troca de uma coisa por dinheiro**.

É um contrato → bilateral; oneroso; comutativo ou aleatório; consensual ou solene; execução simultânea ou diferida.

IMPORTANTE PARA A PROVA:

> **Bens incorpóreos e inalienáveis podem ser objeto de compra e venda?**
> No que se refere ao caráter de incorpóreo para a doutrina → **NÃO. Apenas bens corpóreos** podem ser considerados objetos do contrato de compra e venda. Bens incorpóreos → serão objeto do contrato de CESSÃO. No que se refere a inalienabilidade → **Regra geral, NÃO**. Contudo, **excepcionalmente** → desde que haja a devida autorização judicial – (Não existe inalienabilidade absoluta, toda inalienabilidade poderá ser relativizada por uma decisão judicial).

A) Limitações à compra e venda

COMPRA E VENDA DE ASCENDENTE A DESCENDENTE	COMPRA E VENDA ENTRE CONDÔMINOS
Art. 496, CC → **É anulável a venda de ascendente a descendente** → salvo consentimento dos outros descendentes e cônjuge → dispensado o do cônjuge no regime de separação obrigatória.	A lei estabelece o **direito de preferência** entre condôminos caso um deles tenha a intenção de alienar a sua fração ideal. (Art. 504, CC).
A regra do art. 496 do CC **só se aplica à linha descendente**, e não para venda de descendente a ascendente.	Efetivada a venda em desrespeito ao direito de preferência → os condôminos preteridos poderão **depositar em juízo o preço pago na venda** e haver a coisa para si → no **prazo decadencial de 180 dias**.
Consequências: • É possível **ratificação ulterior** dos demais descendentes e cônjuge. • **Somente os interessados são legitimados para requerer a anulação** → e a comprovação do prejuízo (STJ). • **O prazo decadencial é de 02 anos** contados da conclusão do ato (art. 179, CC).	IMPORTANTE: • Esta regra de preferência **só se aplica as alienações onerosas**. Ou seja, nas alienações gratuitas, como exemplo a doação, NÃO há que se falar em direito de preferência. • Só se aplica ao condomínio tradicional (ou geral) regulamentado entre os art.1.314 a 1.330 do CC, e não ao condomínio edilício.
COMPRA E VENDA ENTRE CÔNJUGES	Somente os **bens que estejam excluídos da comunhão**, ou seja, os bens que **NÃO integram os aquestos** pode ser objeto desta compra e venda entre cônjuge (art. 499, CC).

DIREITO CIVIL

B) Vendas especiais – Art. 500, CC.

AD MENSURAM	• É a **compra e venda conforme a medida. Só se aplica a bens imóveis**. A venda é de uma área. • Se o imóvel na prática tiver uma metragem inferior àquela que enunciada → o comprador poderá exigir do vendedor um complemento de área. a) **Vendedor não realiza complemento de área** → será preciso **o ajuizamento** de uma ação judicial denominada **ação *ex empto (ou ex vendito)*.** b) Não **é possível o complemento de área** → o legislador irá trabalhar como se houvesse um vício redibitório. Assim, em caráter subsidiário, será possível **o ajuizamento das ações edilícias (ação redibitória ou ação estimatória).** (Art. 500, caput e §1°, CC). • Prazo para manejo das ações → **01 ano contado da data do registro.** (Art. 501, CC).
VENDA AD CORPUS	• A **metragem do imóvel é meramente anunciativa,** não havendo, portanto, razões para se exigir complemento de área ou devolução de excesso Porém se ficar provado um prejuízo é possível ao adquirente requerer perdas e danos (art. 500, §3°, CC).

C) CLÁUSULAS ESPECIAIS À COMPRA E VENDA.

IMPORTANTE PARA A PROVA:

RETROVENDA Art. 505/508, CC	PREEMPÇÃO / PREFERÊNCIA Art. 513/520, CC	
Direito potestativo do vendedor → pode reaver o IMÓVEL que vendeu, restituindo o preço + despesas → desde que exerça o seu direito de recompra no **prazo** máximo e **decadencial de 03 anos.** (*Ainda que o proprietário não queira vender*).	Pelo direito de preferência, o comprador, ao vender o bem adquirido, obriga-se a oferecê-lo ao primitivo vendedor para que este adquira a coisa se assim desejar, tanto por tanto. **É de iniciativa do comprador.** O vendedor só exercerá seu direito de preferência, SE o comprador vier a vender a coisa (móvel, imóvel, semovente).	
	Prazo estipulado – Art. 513, CC	**Sem prazo estipulado – Art. 516, CC**
	Imóvel Máximo de 02 anos	Até 03 dias
	Móvel Máximo de 180 dias	Até 60 dias
• Só se aplica a **IMÓVEIS.** • Deve constar do mesmo instrumento da venda. • Deve constar da escritura e do registro imobiliário. • Transmite-se aos herdeiros (art. 507, CC).	• Se aplica a qualquer bem (móveis, imóveis). • Pode constar de instrumento autônomo. • Não precisa de registro em Cartório de Imóveis. • O direito de preferência convencional → de natureza pessoal – Não se pode ceder nem passa a herdeiros (art. 520, CC).	

4.2.2. Contrato de Transporte

Trata-se de um típico contrato de responsabilidade civil → É aquele pelo qual alguém se obriga, mediante retribuição, a transportar, de um lugar para outro, pessoas ou coisas (art. 730, CC).

É um contrato → bilateral; bifronte (admite tanto a forma onerosa quanto gratuita); não solene; paritário ou de adesão.

PONTOS IMPORTANTE PARA A PROVA:

1. CLÁUSULA DE INCOLUMIDADE

A obrigação do transportador é de transportar o passageiro "são e salvo". Tal obrigação será de RESULTADO.

A responsabilidade civil pode se dar quanto ao desrespeito ao local contratado, danos ao passageiro, desrespeito de horários, danos às bagagens, danos às encomendas, sendo nula qualquer tentativa de exclusão da responsabilidade do transportador (art. 734, CC)

2. TRANSPORTE GRATUITO

A doutrina faz distinção entre o chamado "transporte aparentemente gratuito" e "o puramente gratuito".

Aparentemente gratuito	Puramente gratuito
O transportador tem algum interesse patrimonial para levar o passageiro. *Ex.: corretor de imóveis que transporta comprador interessado no carro da imobiliária.* **Deve ser tratado como verdadeiro contrato de transporte.**	Não há qualquer interesse patrimonial. **Não se subordina às regras do contrato de transporte** (art. 736, CC).
	Atenção! Aquele que dá **"carona"** e provoca danos **responde subjetivamente**. Trata-se de uma responsabilidade extracontratual (aquiliana).

PERGUNTAS IMPORTANTES:

a) Pode o transportador se recusar a transportar passageiro? (Art. 739, CC). NÃO → Salvo os casos previstos nos regulamentos, ou se as condições de higiene ou de saúde do interessado o justificarem.

b) Pode o passageiro resilir antecipadamente o contrato de transporte? (Art. 740, CC). SIM → Antes de iniciada a viagem e a tempo de ser renegociada a passagem.

c) Existe o direito de retenção das bagagens? (Art. 742, CC). SIM → Autotutela do transportador.

4.2.3. Contrato de Doação

É o contrato pelo qual uma pessoa (física ou jurídica), por vontade própria, transfere do seu patrimônio bens ou vantagens para o de outra pessoa (também física ou jurídica), que os aceita (art. 538 do CC).

A doação possui 04 elementos fundamentais: Contratualidade + Ânimo do doador em fazer a doção + Transferência de bens ou de direitos do doador ao donatário + Aceitação do donatário (art. 539, 543 e 546, CC).

DIREITO CIVIL

PONTOS IMPORTANTES PARA A PROVA:

• A doação de cônjuge adúltero ao seu cúmplice é proibida, podendo ser anulada pelo outro cônjuge até dois anos depois de dissolvida a sociedade conjugal (art. 550, CC).

• É via de regra é um **contrato** formal, devendo ser feito por escrito (art. 541, CC)

Exceção: doação verbal → bem móvel + pequeno valor + tradição imediata.

• **Cláusula de Reversão** → determina que falecendo o donatário o bem doado reverterá (voltará) ao patrimônio do doador, se este se sobreviver ao donatário.

   • *Deve expressamente estar previsto no contrato;*

   • *Não é possível convencioná-la em favor de terceiro (§ único do art. 547, CC);*

   • *Só terá eficácia se o doador sobreviver ao donatário. Se morrer antes, deixa de ocorrer a condição e os bens doados incorporam-se definitivamente ao patrimônio do beneficiário, transmitindo-se por sua morte aos seus próprios herdeiros.*

• **Doação Inoficiosa** → a doação que ultrapassa o limite disponível de patrimônio do doador (além de 50% da legítima).

   • *Questiona-se: E se o doador doa mais do que a lei lhe permitia, ou seja, a legítima não foi respeitada. Haverá nulidade? A doação será toda nula ou só no que excede? Se o **bem doado for divisível** e **vier a exceder a legítima**, a **nulidade deverá alcançar apenas a parte excedente**. Porém, se o **bem for indivisível**, a **invalidade deverá recair sobre toda a doação feita**. (Ar. 549, CC).*

   • *Os herdeiros necessários prejudicados promoverão a **denominada AÇÃO DE REDUÇÃO**, que está prevista, juntamente com a doação inoficiosa, dentro do procedimento de inventário no art. 5640, CPC/15.*

• **Revogação da doação**→ Além da revogação por inexecução do encargo (art. 555, CC), a doação também se revoga por ingratidão do donatário – quando donatário praticar um ato nocivo contra o doador ou pessoa próxima a este, poderá o doador revogar a doação feita – configurando-se como um direito potestativo (art. 557, CC e Enunciado 33, CJF).

   • *DOAÇÕES QUE NÃO ADMITEM REVOGAÇÃO → Art. 564, CC.*

   O direito de revogar a doação será exercido por meio de ação judicial – **ação revocatória** → prazo decadencial de **1 ano a contar de quando chegue ao conhecimento do doador o fato que autorizar e ter sido o donatário o seu autor** (art. 559, CC).

• **Doação por procuração** → a doutrina e jurisprudência tem admitido, desde que especificado o objeto da doação.

4.2.4. *Contrato de Locação*

É o contrato pelo qual uma pessoa se obriga a ceder temporariamente o uso e gozo de uma coisa não fungível, mediante certa remuneração (art. 565, CC).

IMPORTANTE PARA A PROVA:

CÓDIGO CIVIL -Regula as locações de (expressamente excluídas pela lei de Locação – 8.245/91 – art. 1°):
• imóveis de propriedade da União, dos Estados e dos Municípios, de suas autarquias e fundações públicas;
• de vagas autônomas de garagem ou de espaços para estacionamento de veículos;
• de espaços destinados à publicidade;
• apart-hotéis, hotéis-residência ou equiparados, assim considerados aqueles que prestam serviços regulares a seus usuários e como tais sejam autorizados a funcionar.

ESTATUTO DA TERRA – Regula a locação de imóveis rurais destinados a exploração da terra e da pecuária, independentemente de sua localização, aplicando-se subsidiariamente as disposições do Código Civil.

LEI DO INQUILINATO (Lei n° 8.245/91) – regula a locação de imóveis urbanos.

O contrato de locação é essencialmente temporário, podendo ser pactuado a prazo determinado ou indeterminado (art. 573/574, CC e art. 6º da Lei 8.245/91). Sendo que o objeto é coisa móvel ou imóvel, desde que infungíveis, não precisando ser necessariamente de propriedade do locador.

É essencialmente oneroso, sendo a retribuição chamada preço, aluguel ou renda. Podendo ser pedida a sua revisão conforme previsão do art. 19 da Lei de Locação.

Algumas considerações relevantes:

a) Haverá indenização por benfeitorias necessárias e úteis, essas últimas, se autorizadas (art. 578, CC). Havendo direito de retenção caso essas não sejam pagas (art. 571, § único, CC);

b) Da Denúncia ao contrato:

Denúncia cheia → Aquela em que o locador deseja dar fim ao contrato de aluguel com apresentação de justificativa → contrato com **prazo inferior a 30 meses** (art. 47, Lei 8.245/91).

Denúncia vazia → É a quebra do contrato de locação sem justificativa alguma (art. 46, Lei 8.245/91).

QUESTIONAMENTOS IMPORTANTES PARA A PROVA:

1) Tanto as benfeitorias úteis quanto as necessárias serão indenizadas pelo locador, ainda que ele não tenha autorizado? Não. Art. 35, Lei de Locação.

2) A locação para temporada é destinada à residência temporária do locatário, não superior a sessenta dias, para a prática de lazer ou para a realização de cursos? Diz o art. 48 da lei 8.245/91 que locação para temporada é aquela destinada à residência temporária do locatário, para prática de lazer, realização de cursos, tratamento de saúde, feitura de obras em seu imóvel, e outros fatos que decorram tão somente de determinado tempo, e **contratada por prazo não superior a noventa dias.**

3) No caso de um imóvel alugado que precise de reparos urgentes, cuja realização seja obrigação do locador, se os reparos durarem mais de quinze dias, o locatário poderá pedir o abatimento do aluguel ou resilir o contrato? Art. 26. Necessitando o imóvel de reparos urgentes, cuja realização incumba ao locador, o locatário é obrigado a consenti-los.

Durarem + de 10 dias → *o locatário terá direito ao abatimento do aluguel, proporcional ao período excedente;*

Durarem + de 30 dias → *locatário poderá resilir o contrato.*

4) Na hipótese de haver condomínio, o condômino terá prioridade no seu direito de preferência em detrimento do locatário? A preferência do condômino terá prioridade sobre a do locatário. (Art. 34 da Lei da Locação).

4.2.5. Contrato de Fiança

É uma garantia de natureza pessoal, em que determinada se compromete a, na falta de um devedor principal, suportar a dívida assumida pelo devedor caso este não a cumpra (art. 818, CC).

Alguns PONTOS IMPORTANTES PARA A PROVA:

1) A fiança é um **contrato firmado entre credor e fiador**, podendo ser firmado se o consentimento do devedor ou contra a sua vontade (art. 820, CC);

2) A fiança é uma **exceção à liberdade da forma** (art. 107, CC), sendo exigido instrumento escrito – não de admitindo interpretação extensiva (art. 819, CC).

3) **Transmite-se *mortis causa*,** até os limites das forças da herança (art. 836, CC).

4) **A penhorabilidade do imóvel do fiador é admitida** em contrapartida, do afiançado não o será.

5) **Obrigações nulas são insuscetíveis de fiança,** exceto se a nulidade resultar apenas da incapacidade pessoal do devedor (art. 824, CC). *Contudo essa exceção não abrange o mútuo feito a menor (art. 588, CC).*

6) **O fiador pode ser valer da excussão (benefício de ordem)** → prerrogativa de defesa patrimonial que dispõe o fiador, demandado pelo credor de apontar bens destes – livres e desembaraçados – para que possam ser acionados em primeiro lugar (art. 827, CC).

Contudo não é sempre que este benefício pode ser invocado: art. 828, CC → *hipóteses que o benefício de ordem não aproveita ao fiador.*

7) **Prestada a fiança sem limitação de tempo** → **poderá o fiador exonerar-se da fiança** (resilição unilateral do contrato) – **remanescendo a sua obrigação durante 60 dias após a notificação do credor** (art. 835, CC).

8) Apenas se adotado o regime da **separação convencional de bens** é dispensável a outorga uxória para a prestação de fiança (art. 1647, CC e Súmula 322, STJ).

5. DIREITO DAS COISAS

No livro III da parte especial do Código Civil de 2002 encontram-se disciplinadas as relações jurídicas que envolvem a pessoa e coisa. Não só as relações de fato (Posse), como também as relações de direito (Direitos Reais).

5.1. Da Posse

5.1.1. Teorias

a) Subjetiva: Savigny: posse é a soma dos elementos *"corpus + animus"*.

Corpus – elemento de ordem material – é o poder de disposição física que alguém tem sobre a coisa. O corpus não é apenas a mera apreensão física, mas a disposição física (mesmo que não se tenha poder direto sobre a coisa, o corpus pode ser o poder de a qualquer momento ter a coisa consigo).

Animus – elemento psíquico/ intencional – é a vontade de possuir a coisa com a intenção de ser o proprietário (é o *animus domini*).

b) Objetiva: Ihering: a posse se vincula apenas ao elemento material. Para Ihering, o elemento anímico não seria essencial para definição do possuidor, bastando a verificação de como a pessoa se comportaria em relação à determinada coisa. Isto porque, para a teoria objetiva, possuidor não é aquele que quer ser o proprietário, mas sim aquele que aparentar ser, exatamente porque se comportar com a coisa como agiria o proprietário dela.

A nossa codificação civil acolheu a Teoria Objetiva ao definir o possuidor, consoante se vê do disposto do artigo 1196 do Código Civil. Para ser possuidor basta aparentar ser proprietário, exercendo de fato sobre a coisa, um ou alguns dos poderes inerentes a propriedade.

Nos termos do referido artigo, <u>possuidor é aquele que, ao exercer de fato poderes inerentes à propriedade (usar, gozar e dispor), aparenta ser proprietário.</u>

5.1.2. Diferença entre Posse e Detenção

Cumpre esclarecer que nem todas as pessoas que de fato se relacionam com determinada coisa são tidas como possuidores.

Nos termos do artigo 1198 do CC/02, **detentor** é aquele que conservar a coisa em nome e por conta de outrem, por estar em relação de dependência com este, seguindo suas ordens e instruções. É aquele que não consegue auferir as vantagens econômicas da coisa, porque somente está com ela para servir outra pessoa. Exemplo: o caseiro do sítio.

Também não induzem posse, senão mera detenção, nos termos do artigo 1208 do Código Civil/02 os atos de mera permissão ou tolerância, assim como não autorizam a aquisição dela os atos violentos enquanto não cessar a violência ou clandestinidade.

5.1.3. Classificação da Posse

A) Posse direta e indireta

Tal classificação pressupõe prévia relação jurídica (pessoal ou real) por meio da qual alguém irá transferir a um terceiro o poder de fato sobre a coisa. Vejamos:

Posse direta é aquela exercida por quem tem o poder de disposição física sobre a coisa.

Posse indireta é aquela que remanesce nas mãos de quem, mediante uma obrigação ou direito, transferiu ao possuidor direto o poder de disposição física sobre a coisa.

Exemplo: contrato de locação: é uma relação jurídica pessoal por meio da qual o locador (possuidor indireto) transfere ao locatário (possuidor direto) o poder de fato sobre a coisa.

B) Posse justa e injusta

Posse injusta é aquela adquirida mediante violência, clandestinidade ou de maneira precária. Posse justa, ao contrário, é aquela que não padece dos vícios da violência, clandestinidade ou precariedade, nos termos do artigo 1200 do NCC.

Posse violenta: é aquela que o possuidor só consegue exercer de fato poderes inerentes à propriedade sobre a coisa em função de uma violência praticada.

Posse clandestina: é aquela que é realizada às ocultas, isto é, às escondidas.

Posse precária: é aquela obtida por abuso de confiança, ou seja, por aquele que deveria restituir a coisa e se nega a fazer (ex. locatário findo o contrato de locação).

C) Posse de boa-fé e má-fé

Posse de boa-fé é aquela exercida por quem desconhece os vícios que maculam a sua posse ou impedimentos para aquisição da coisa possuída. É a exercida por quem tem a certeza inabalável de que a coisa possuída lhe pertence (art. 1201, CC).

Possuidor de má-fé, ao contrário, é aquele que exerce a posse sabendo dos vícios que a maculam ou sabe não ter o direito de possuir.

5.1.4. Efeitos da posse

A) Proteção Possessória

Diante das possíveis ofensas a que o possuidor está sujeito a sofrer no exercício da sua posse (turbação ou esbulho), o ordenamento jurídico lhe confere dois mecanismos de proteção:

DEFESA DIRETA	A defesa direta permite ao possuidor utilizar a sua própria força para manter-se na posse nos casos de turbação ou restituir a sua posse, nos casos de esbulho. Poderá ele, inclusive, contar com o auxílio de terceiros, mas para que sua defesa seja legítima deverá observar dois critérios: imediatidade e proporcionalidade (artigo 1210, § 1º do CC/02).
AÇÕES POSSESSÓRIAS	Ações Possessórias também poderão ser propostas com o objetivo específico de propiciar ao possuidor proteção a sua posse. São três os interditos possessórios: Ação de Manutenção de Posse: possibilita ao possuidor afastar a turbação existente e manter-se na sua posse. Ação de Reintegração de Posse (ou ação de interdito recuperatório): possibilita ao possuidor desconstituir o esbulho que sofreu e ser reintegrado na sua posse, que foi ilegalmente afastada. Interdito Proibitório (ou ação de força iminente ou embargos à primeira): o possuidor não precisa esperar que a turbação ou esbulho ocorra para proteger sua posse. Caberá Interdito Proibitório sempre que o possuidor tiver justo receio de ser molestado na sua posse, requerendo ao juiz que estabeleça uma sanção, cominando multa em face daquela pessoa que, eventualmente, turbe ou esbulhe a sua posse.

B) Indenização pelas benfeitorias (art. 1219 a 1222)

Caso o proprietário reivindique a coisa do possuidor para reavê-la coisa, o possuidor terá, conforme a natureza/ características da sua posse, direito à indenização e/ou retenção pelas benfeitorias que porventura realizara.

Benfeitorias são obras ou serviços realizados na coisa com o fito de conservação (necessárias), melhoramento que propicie maior utilidade à coisa (úteis) ou embelezamento (voluptuárias).

POSSUIDOR DE BOA-FÉ	Tem direito a indenização de todas as despesas para melhoramento ou manutenção da coisa, ou seja, pelas benfeitorias necessárias e úteis. Poderá ainda levantar as benfeitorias voluptuárias se não danificar a coisa. O possuidor de boa-fé pode exercer o direito de retenção da coisa enquanto não for indenizado pelas benfeitorias úteis e necessárias.
POSSUIDOR DE MÁ-FÉ	Tem direito a indenização apenas das despesas de conservação da coisa (benfeitorias necessárias). Com efeito, não será indenizado pelas benfeitorias úteis, não poderá levantar as benfeitorias voluptuárias e não tem direito de retenção.

C) Percepção de frutos

Frutos são todas as coisas produzidas por uma coisa, sem que haja alteração na sua substância. São considerados frutos os rendimentos que decorrem da coisa, sejam eles naturais, industriais ou civis.

POSSUIDOR DE BOA-FÉ	Art. 1214: enquanto durar a boa-fé, terá o possuidor direito aos frutos percebidos (ou colhidos). Cessada a boa-fé, deverá restituir o bem com os frutos pendentes e, também, indenizar o reivindicante pelos frutos percebidos por antecipação, tendo o direito apenas de ser reembolsado pelas despesas de produção e custeio.
POSSUIDOR DE MÁ-FÉ	Art. 1216: deverá restituir a coisa ao reivindicante com todos os frutos pendentes, mais os colhidos devendo, ainda, indenizar o reivindicante por todos os frutos que por sua culpa deixou de colher. No entanto, mesmo sendo possuidor de má-fé, terá direito a ser indenizado pelas despesas de produção e custeio, porquanto o nosso ordenamento jurídico não admitirá enriquecimento sem causa.

D) Responsabilidade pelos danos

É auferível quando o possuidor deve devolver a coisa ao reivindicante, mas esta coisa encontra-se em pior estado (houve deterioração da coisa).

POSSUIDOR DE BOA-FÉ	Art. 1217: não responde por danos acidentais, mas somente aos que der causa por culpa ou dolo (os danos acidentais ou causados por força maior ou caso fortuito não serão indenizados pelo possuidor de boa-fé).
POSSUIDOR DE MÁ-FÉ	Art. 1216: responde tanto pelos danos acidentais quanto pelos danos que causar por dolo ou culpa, exceto se o possuidor de má-fé demonstrar que se coisa estivesse nas mãos do reivindicante os danos ocorreriam de qualquer forma (importante destacar que o ônus desta prova cabe ao possuidor de má-fé. (Ver artigo 399 CC/02).

E) Usucapião

A posse também tem o condão de servir de base para a aquisição da propriedade através da Usucapião. Assim, usucapião, é uma das formas de aquisição da propriedade, através da transformação da posse de fato (*jus possessionis)* em posse de direito/ propriedade (*jus possidendi)*, desde que presentes os requisitos legais.

A usucapião é um efeito eventual da posse, pois nem toda posse servirá de base para a aquisição da propriedade. A posse que tem o efeito de gerar a usucapião é a denominada posse *ad usucapionem* = POSSE EXERCIDA DE FORMA MANSA, PACÍFICA E ININTERRUPTA POR UM LAPSO TEMPORAL (que variará conforme a espécie de usucapião), EXERCIDA SOBRE UMA COISA HÁBIL[2].

5.2. Dos Direitos Reais

5.2.1. Da propriedade

A propriedade é o mais amplo de todos os direitos reais, pois propiciará ao seu titular maiores poderes sobre a coisa. O proprietário dispõe da faculdade de uso, gozo, disposição e reivindicação, conforme se depreende do disposto no artigo 1228 do CC/02.

A) Classificação da propriedade

Principais classificações:

- **Propriedade plena** (ou alodial): quando todos os poderes inerentes a propriedades estão reunidos nas mãos de um único titular
- **Propriedade limitada**: é aquela gravada com ônus reais ou aquela que for resolúvel. Será gravada com ônus real quando um ou alguns dos poderes inerentes à propriedade for destacado e transferido a outra pessoa (mediante a instituição de um direito real sobre coisas alheias, v.g. no usufruto em que se transfere os direitos de uso e gozo, surgindo a figura do usufrutuário e do nu-proprietário).
- **A propriedade é resolúvel** quando sofrer limitação num aspecto temporal (v.g. transferência de propriedade resolúvel mediante alienação fiduciária; ou aquisição de cota-parte de um dos condôminos de uma coisa indivisível, sem que tenha sido dado direito de preferência aos outros condôminos).

---

2. Os bens públicos são insuscetíveis de serem usucapidos.

DIREITO CIVIL

OBS: Toda propriedade presume-se ser plena (ou alodial), pois a limitação ou decorrerá da constituição de um ônus real ou decorrerá da própria origem da propriedade.

B) Modos de aquisição da propriedade imóvel

a) Registro

Registro é a forma ordinária de aquisição da propriedade imóvel [3], pois a simples manifestação de vontade não tem o condão de, por si só, propiciar a aquisição dela. Mas quando o título translativo for transcrito na matrícula do imóvel, constante do Cartório Imobiliário, o adquirente-apresentante será considerado proprietário desde a data em que os documentos foram apresentados para registro (data da prenotação [4]). (artigo 1246 do CC)

O registro tem presunção legal de veracidade e validade (§§1º e 2º do artigo 1245), mas esta presunção não é absoluta (artigo 1247 e § único), podendo ser questionada por uma ação anulatória ou de retificação do registro.

b) Acessão

Forma de aquisição <u>originária</u> da propriedade, onde alguém que já sendo proprietário do principal, passa a ser, também, proprietário do acessório que ao seu veio unir/ aderir. Com efeito, para haver acessão é preciso a união de duas coisas, de proprietários diversos.

As acessões podem se manifestar por cinco formas: formação de ilhas, aluvião, avulsão, álveo abandonado e plantações e construções (as quatro primeiras decorrem de ação da natureza e a última decorre de ações humanas) (artigo 1.249 ao 1.257)

c) Usucapião

Forma originária [5] de aquisição da propriedade, mediante a transformação da posse em propriedade. A aquisição da propriedade pela usucapião se revela como um dos efeitos gerados pela posse exercida por um lapso de tempo mais ou menos prolongado.

Espécies:

Extraordinário: artigo 1238, CC.	independe de justo título e boa fé; requer posse mansa e pacífica por 15 anos ininterruptos sobre um imóvel.
Extraordinário qualificado: artigo 1238, § único, CC.	Também independe de justo título e boa-fé, desde que o imóvel seja utilizado como moradia habitual ou nele tenha sido realizadas obras ou serviços de caráter produtivo; requer posse mansa e pacífica por 10 anos ininterruptos.
Ordinário: artigo 1242, CC	Depende de boa-fé e justo título (há o título, mas em decorrência de vícios o mesmo não pode ser registrado/ transcrito); requer posse mansa e pacífica por 10 anos ininterruptos.

---

3. Ordinariamente, a propriedade móvel é adquirida pela tradição.

4. A prenotação além de determinar a ordem de prioridade dos registros, também indica o marco inicial (termo *a quo*) de aquisição da propriedade – ver artigo 1246.

5. Ainda há divergências, mas prevalece majoritariamente que a usucapião é forma originária de aquisição da propriedade, especialmente porque dependerá única e exclusivamente da conduta do possuidor usucapiente.

Ordinário qualificado: artigo 1242, § único, CC	Também depende de justo título e boa-fé, mas se aplica ao caso em que o título chegou a ser transcrito (registrado) e fora cancelado posteriormente. Tal modalidade de usucapião só poderá ser invocada em favor de quem adquiriu um imóvel onerosamente e o utilize para fins de moradia ou que nele haja realizado investimentos de interesse social e econômico; posse mansa e pacífica por 05 anos ininterruptos.
Especial urbano: art. 1240, CC e artigo 183 CF	Independe de justo título e boa-fé; aplica-se a área urbana com até 250m2, desde que o imóvel seja utilizado como moradia do possuidor ou de sua família, não sendo ele proprietário de outro imóvel urbano ou rural; requer posse mansa e pacífica por 05 anos ininterruptos. Tal modalidade de usucapião somente será reconhecida ao mesmo possuidor uma única vez.
Especial rural: art. 1239, CC e artigo 191 CF	Independe de justo título e boa-fé; aplica-se a área rural com até 50 hectares, desde que o possuidor atenda função social, tendo no imóvel moradia sua ou de sua família e o tornando produtivo com o seu trabalho e de sua família, não sendo proprietário de outro imóvel urbano ou rural; posse mansa e pacífica por 05 anos ininterruptos.
Usucapião Familiar. artigo 1240-A, CC	Cuida de um desdobramento de usucapião urbano que poderá ser manejado apenas pelo ex-cônjuge ou ex- companheiro que teria sido abandonado pelo outro, permanecendo morando no imóvel de ambos há mais de dois anos. São requisitos para esta modalidade de usucapião: posse, tempo (dois anos), moradia, limite de área, que não poderá exceder a 250m2, não ser o possuidor proprietário de outro imóvel urbano ou rural, nem ter sido beneficiado antes por igual direito, eis que esta modalidade de usucapião somente será reconhecida ao mesmo possuidor uma única vez e o ABANDONO.

5.2.2. Direito de Superfície

Caracteriza-se a superfície quando o proprietário do solo, mediante escritura pública devidamente registrada no Cartório Imobiliário concede a outrem o direito de plantar ou construir no seu terreno, por prazo determinado.

Na vigência da concessão, teremos o desmembramento da propriedade nas mãos de dois titulares: um, o concedente, que será o proprietário do solo; outro, o superficiário, que será o proprietário do implante.

Tanto é verdade, que se porventura ocorrer a desapropriação, a indenização será devida ao proprietário e ao superficiário, no valor correspondente ao direito real de cada um. (artigo 1376, CC)

No entanto, a propriedade do superficiário sobre o implante vai ser limitada, posto ser resolúvel, já que com o término do contrato de concessão, ela se resolverá em favor do concedente, que voltará, então, a ter propriedade plena sobre o terreno, construção ou plantação, independentemente de indenização, se as partes não houverem estipulado o contrário. (artigo 1375, CC)

O objeto da concessão da superfície será o solo, podendo eventualmente atingir o subsolo, salvo se for inerente ao objeto da concessão. (artigo 1369, § único, CC).

A concessão da superfície poderá ser gratuita ou onerosa. Se onerosa, as partes poderão deliberar a forma de pagamento, que se denominará "solarium" ou cânon superficiário, estabelecendo se deverá ser ele feito de uma só vez, ou parceladamente. (artigo 1370, CC)

DIREITO CIVIL

O superficiário responderá pelos encargos e tributos que incidirem sobre o imóvel. (artigo 1371, CC)

Tanto o concedente, quanto o superficiário vão poder alienar seus direitos, conquanto um dê ao outro o direito de preferência, em igualdades de condições.

Podem as partes deliberar o direito de a concessão ser transferida a terceiros e, por morte do superficiário, aos seus herdeiros, não podendo, no entanto, ser estipulado, a nenhum título, qualquer pagamento pela transferência, conforme se depreende do artigo 1372, CC.

5.2.3. Servidões

Constituem restrições impostas a um prédio para uso e utilidade de outro prédio, pertencente a proprietário diverso. Aqui, teremos o envolvimento entre duas coisas na verdade, entre dois imóveis, de um lado o serviente e de outro o dominante. O primeiro é aquele que sofre as restrições em benefício do segundo. Priva-se o proprietário daquele de certos poderes inerentes ao domínio, em proveito deste. Daí, para que se constitua servidão, é essencial que os prédios pertençam a donos diferentes.

A) Modos de constituição

CONTRATO	TESTAMENTO	USUCAPIÃO
Quando constituída por contrato, depende obrigatoriamente de escritura pública, se de valor superior ao legal, e subsequente registro no Cartório de Registro de Imóveis;	E subsequente registro no Cartório de Registro de Imóveis;	no artigo 1379, concede ação de usucapião ao possuidor de servidão que, preenchendo os requisitos legais, quiser transcrevê-la no registro de imóveis. Porém, não se adquire por usucapião, servidão não aparente. Falta-lhe a visibilidade e sem esse ponto de referência, não pode ter início o transcurso do prazo prescritivo.

B) Extinção das servidões

Pelo cancelamento da sua transcrição no registro de imóveis: O cancelamento pode ser deferido judicialmente, a pedido do dono do prédio serviente, embora haja impugnação do dono do prédio dominante, nas hipóteses mencionadas no artigo 1388: a) quando o titular houver renunciado a sua servidão; b) quando a servidão for de passagem, que tenha cessado pela abertura de estrada pública acessível ao prédio dominante; c) quando o dono do prédio serviente resgatar a servidão.

Extinguem-se, ainda, as servidões, nos termos do artigo 1389, CC:

a) Pela reunião de dois prédios no domínio da mesma pessoa;

b) Pela supressão das respectivas obras por efeito do contrato, ou de outro título expresso.

c) Pelo não uso, durante 10 anos contínuos.

Se o prédio dominante estiver hipotecado, e a servidão se mencionar ao título hipotecário, será também preciso, para a cancelar, o consentimento do credor (art. 1387, parágrafo único).

5.2.4. Usufruto

É um direito real de fruir as utilidades e frutos de uma coisa, enquanto temporariamente destacado da propriedade. Garante ao usufrutuário (titular do direito de usufruto) a faculdade de usar e gozar da coisa. Em outras palavras, usufruto vem a ser o direito real conferido a uma pessoa, durante certo tempo, que a autoriza a retirar da coisa alheia os frutos e utilidades que ela produz.

Vê-se, por essa definição, que o usufruto pressupõe coexistência de dois sujeitos:

O usufrutuário, a quem se confere o uso e gozo da coisa;

O nu-proprietário, que pertence a substância. Tem este a nua propriedade, o domínio despojado de seus elementos vivos, os quais se atribui ao primeiro, o usufrutuário.

A) Espécies:

a) Quanto à causa

- Legal: Quando estabelecido pela própria lei em favor de certas pessoas;

- Convencional: Quando estabelecido mediante contrato ou testamento.

b) Quanto ao objeto

- Geral ou universal: quando recai sobre universalidade de bens, como a herança, o patrimônio, o fundo de comércio, ou a parte alíquota desses valores;

- Particular: Quando recai sobre determinado objeto, uma casa, uma fazenda, um direito ou certo número de ações.

c) Quanto à extensão

- Pleno, quando compreende todos os frutos e utilidades que a coisa produz, sem exclusão de nenhum;

- Restrito, quando do gozo da coisa se excluem algumas de suas utilidades.

d) Quanto à duração

- Vitalício, o que perdura enquanto viver o usufrutuário, ou enquanto não ocorrer causa legal de extinção;

- Temporário, aquele cuja duração se submete a termo preestabelecido, extinguindo-se com a sua verificação.

B) Inalienabilidade do usufruto

No artigo 1393 consagra o código o principio da inalienabilidade do usufruto: *"Não se pode transferir o usufruto por alienação; mas o seu exercício pode ceder-se por título gratuito ou oneroso"*.

Usufruto é geralmente ato benefício, tendo por objeto favorecer alguém. Torná-lo alienável é despi-lo dessa vantagem, que representa sua razão de ser.

Entretanto, seu exercício pode ser cedido a título gratuito ou oneroso. Nada impede assim que o usufrutuário, em vez de se utilizar pessoalmente da coisa frutuária, a alugue ou a empreste a alguém.

DIREITO CIVIL

Da inalienabilidade resulta a impenhorabilidade do usufruto. O direito não pode, portanto, ser penhorado em ação executiva movida contra o usufrutuário: apenas seu exercício pode ser objeto de penhora, desde que tenha expressão econômica.

C) Usufruto simultâneo e Direito de Acrescer

"Constituído o usufruto em favor de dois ou mais indivíduos, extinguir-se-á parte a parte, em relação a cada um dos que falecerem, salvo se, por estipulação expressa, o quinhão desses couber aos sobreviventes" (art. 1411, CC).

Autorizado pelo dispositivo em questão pode o instituidor determinar que a parte do usufruto, relativa ao usufrutuário falecido, acresça à dos sobreviventes.

Quando o usufruto é instituído por testamento, o direito de acrescer será, no entanto, a regra geral, por força do artigo 1946, CC.)

D) Usufruto em favor de pessoa Jurídica

O usufruto constituído em favor da pessoa jurídica extingue-se com esta, ou, se ela perdurar, aos 30 anos da data em que começou a exercer.

E) Extinção do Usufruto

São as seguintes formas de extinção:

---

a) Pela renúncia ou morte do usufrutuário (art. 1410, I): Como servidão pessoal, inerente à pessoa do usufrutuário, extingue-se necessariamente com o óbito deste. Nosso direito não admite o usufruto sucessivo, que é instituído em favor de uma pessoa, para depois de sua morte transmitir-se a terceiro.

b) Pelo termo de sua duração (art. 1410, II): Com o advento do dies ad quem, prefixado no título constitutivo, desaparece o direito real, o mesmo sucedendo, por idêntica razão, com o implemento da condição estabelecida pelo instituidor.

c) Pela cessação da causa de que se origina (art. 1410, IV): Exemplo, institui-se usufruto para que o usufrutuário possa concluir seus estudos. Terminados estes, cessa a causa que havia determinado a instituição do direito real, extinguindo-se o mesmo.

d) Pela destruição da coisa, não sendo fungível, guardadas as disposições dos artigos 1407, 1408, 2ª parte e 1409 (art. 1410, V): Se um prédio vem a ser destruído, desaparecerá, obviamente, por força do citado dispositivo, usufruto que o grava, salvo as hipóteses de seguro, reconstrução do prédio ou indenização pagos por terceiros.

e) Pela consolidação (art. 1410, VI): Implica na confusão, ou seja, reunião na mesma pessoa das duas qualidades, usufrutuário e nu-proprietário. É o que a doutrina chama de Elasticidade do domínio.

f) Por culpa do usufrutuário, quando aliena, deteriora, ou deixa arruinar os bens, não lhes aludindo com os reparos da conservação (art. 1410, VII): Conforme dito antes, obriga-se o usufrutuário a conservar a coisa, a fim de transmiti-la ao nu-proprietário, cessado o usufruto. Se ele viola, entretanto, essa obrigação legal, dá lugar a que o nu-proprietário reclame a extinção do usufruto. É claro, porém, que esse modo extintivo não opera de pleno direito, exigindo-se decisão judicial, que reconheça a existência da causa e decrete a extinção para fins legais.

g) Pelo não uso, ou não fruição, da coisa em que o usufruto recai (art. 1410, VIII): resulta de seu não uso durante determinado lapso de tempo. Olvidou-se o legislador, porém, de mencionar o prazo em que ocorre. Prevalece o entendimento de que o prazo deve ser de 10 anos, segundo a regra do art. 205 do NCC.

5.2.5. Uso

No direito real de uso, o usuário vai se utilizar da coisa nos limites para atender às suas necessidades pessoais e de sua família.

375

USO é usufruto restrito, e como este, ostenta as mesmas características, quais sejam:

a) Direito real → porque incide diretamente sobre a coisa;

b) Direito temporário → visto a duração.

c) Desmembramento da propriedade → poderes repartidos.

Mas, por outro lado, tem predicados exclusivos, porquanto, ao contrário do usufruto, é indivisível e incessível. Nem seu exercício pode ceder-se. Tanto o usufrutuário como o usuário gozam de coisa alheia, porém, enquanto o gozo do primeiro se reveste de amplitude, o do segundo sofre restrições.

A) Limites do uso (Extensão)

"O usuário usará da coisa e perceberá os seus frutos, quanto o exigirem as necessidades pessoais suas e de sua família". (Art. 141, CC)

Por outras palavras, o usuário serve-se da coisa na medida de suas necessidades, próprias e de sua família.

O usufrutuário, ao inverso, retira da coisa todas as utilidades que ela pode produzir, ainda que excedam a essas necessidades.

As necessidades pessoais do usuário serão avaliadas conforme a sua condição social e o lugar onde viver (art. 1412, § 1º).

As necessidades da família do usuário compreendem as de seu cônjuge, a dos filhos solteiros, bem como as das pessoas de seu serviço doméstico (art. 1412, parágrafo 2º).

Como se vê, questionado dispositivo atribui à expressão família, conceito bem mais amplo do que o constante do direito de família, pois abrange, além do cônjuge e filhos, os domésticos a seu serviço.

Para Darcy Bessone, a diferença fundamental entre o uso e o usufruto é apenas quantitativa. É que, o uso não autoriza o uso e gozo ilimitados ou irrestritos, mas apenas na medida das necessidades do usuário e respectiva família.

5.2.6. Habitação

Do mesmo tronco do usufruto, desprendeu-se o direito real de habitação, consistente na faculdade de residir ou de abrigar-se gratuitamente em casa alheia,

É o mesmo direito de uso, restrito, porém, à casa de moradia. Constitui assim espécie dentro do gênero, o uso.

"Quando o uso consistir no direito da habitar gratuitamente casa alheia, o titular deste direito não a pode alugar, nem emprestar, mas simplesmente ocupá-la com sua família". (Art. 1414)

"Se o direito real de habitação for conferido a mais de uma pessoa, qualquer delas, que habite sozinha habite a casa, não terá de pagar aluguel à outra, ou às outras, mas não as pode inibir de exercerem, querendo, o direito, que também lhes compete, de habitá-la. (Art. 1415).

São aplicáveis à habitação, naquilo em que lhe não contrariarem a natureza, as disposições concernentes ao usufruto (art.1416, CC).

DIREITO CIVIL

5.2.7. *Promessa Irretratável de Compra e Venda*

A promessa de compra e venda é um contrato preliminar que antecede a escritura definitiva de compra e venda. Pela promessa, o promitente-vendedor se obriga, de forma irretratável, a obrigação futura de lavrar em favor do promitente-comprador a escritura definitiva de compra e venda.

Essa promessa irretratável é, em princípio, um contrato delineado pelo direito pessoal, mas a partir do momento em for registrado no Cartório Imobiliário constitui um direito real de aquisição do imóvel pretendido, podendo o promitente comprador, em caso de recusa do promitente vendedor ou de terceiros a quem os direitos destes forem cedidos, buscar compulsoriamente a outorga da escritura definitiva ou adjudicação judicial (artigo 1418 e artigo 1.418, CC)

5.2.8. *Direito de Laje*

Este novo tipo de **direito real**, que recebeu a denominação de **Direito de Laje**, está relacionado a um bem imóvel e ao uso do espaço aéreo sobre ele. De fato, este novo direito sobre imóvel, de modo algum se confunde com qualquer outro tipo, principalmente com o maior de todos: a propriedade plena.

O direito de laje é menos do que o direito de propriedade, mas, inevitavelmente, dele não se pode dissociar. O proprietário pode usar e dispor do direito que a lei lhe garante sobre o espaço aéreo e o subsolo de sua propriedade e, somente porque existe tal garantia legal, é que se torna possível conceber a existência deste novo tipo de direito – o *direito de laje*.

O **proprietário**, *ao realizar o* **desdobramento de sua propriedade**, *com a constituição de um* **direito de laje**, deverá transmitir para terceiro, seus direitos de uso (e também o de fruição e disposição) sobre parte ou a totalidade do espaço aéreo existente sobre sua propriedade imóvel, mas a uma altura que ainda lhe permita a utilização do solo e/ou do subsolo.

Com a entrada em vigor da Lei nº 13.465/2017, o Código Civil foi acrescido do artigo nº 1510-A, que em sua cabeça e parágrafos enumerados de 1º a 8º fornece a definição e um regulamento elementar deste novo direito real.

5.3. Dos Direitos Reais de Garantia

5.3.1. *Introdução*

Sabe-se, conforme determina a regra básica do Direito das Obrigações, que é o patrimônio do devedor que garantirá a seu credor sua integral satisfação.

No entanto, essa responsabilidade patrimonial, embora juridicamente efetiva, pode ser ineficaz na prática. É que, se os débitos do devedor, em mãos de seus vários credores, excederem o seu patrimônio, este será insuficiente para o resgate daqueles; e no processo de execução, onde se recorrerá a rateio, cada um dos credores receberá apenas uma percentagem de seu crédito.

Para evitar tamanho inconveniente, busca o credor maiores garantias, que podem ser pessoais ou fidejussórias, como também podem ser reais.

A garantia real se apresenta quando o devedor afeta de seu patrimônio um bem e o destina, primordialmente, ao resgate de uma obrigação.

5.3.2. Capacidade para Gravar Ônus Reais

"Só aquele que pode alienar poderá empenhar, hipotecar ou dar em anticrese; só os bens que se podem alienar poderão ser dados em penhor; anticrese ou hipoteca". (artigo 1420, CC)

§ 2º A coisa comum a dois ou mais proprietários não pode ser dada em garantia real, na sua totalidade, sem o consentimento de todos; mas cada um pode individualmente dar em garantia real a parte que tiver."

5.3.3. Requisitos para Eficácia Real das Garantias

A) Especialização: é a descrição pormenorizada da obrigação principal, com seu prazo para pagamento, a taxa de juros, se houver e o bem dado em garantia com as suas especificações; (artigo 1424).

B) Publicidade: é o registro no cartório competente.

5.3.4. Espécies de Garantias Reais

A) Penhor

O devedor irá disponibilizar para seu credor um bem, via de regra móvel, cuja posse será transferida a ele, como forma de garantia de cumprimento de uma obrigação principal.

Nos penhores especiais, quais sejam, penhor rural, industrial, mercantil e de veículos, as coisas empenhadas continuam em poder do devedor, que as deve guardar e conservar.

Para a publicidade devida, o instrumento do penhor deverá ser levado a registro perante o Cartório de Títulos e Documentos, exceto nos penhores rural, industrial e mercantil, que o cartório é o de Registro de Imóveis; e no penhor de veículos, que haverá necessidade de anotação também no certificado de propriedade do veículo.

B) Hipoteca

Consiste no direito real no qual o devedor destaca bem imóvel, domínio útil, domínio direto, estradas de ferro, recursos naturais, navios ou aeronaves de sua propriedade ou de propriedade de terceiro, sem transferência de posse ao credor, providenciando o registro imobiliário.

É nula a cláusula que proíbe o proprietário alienar o imóvel hipotecado, permitindo convencionar que haverá vencimento antecipado da dívida se o imóvel for alienado, conforme se vê do artigo 1475.

Há possibilidade de constituição de nova hipoteca sobre um mesmo imóvel, mediante novo título, em favor do mesmo ou outro credor. (artigo 1476). Neste caso, salvo o caso de insolvência do devedor. O credor da segunda hipoteca, embora vencida, não poderá executar o imóvel antes de vencida a primeira. (artigo 1477)

C) Anticrese

De pouca utilidade na prática, a anticrese consiste no fato do devedor destacar bem imóvel de sua propriedade, entregando a posse do mesmo a seu devedor, para que ele, utilizando-se de frutos e rendimentos extraídos do bem, sirvam-lhe como abatimento da dívida.

DIREITO CIVIL

6. DIREITO DE FAMÍLIA

6.1. Introdução

Para compreendermos a nova concepção de Direito de família, faz-se necessário romper com preconceitos e quebrarmos as nossas hipocrisias. Diz-se isso, pois nenhum outro ramo do Direito foi tão sensível às mutações sociais, vivenciando uma evolução legislativa tão significativa, como essa. Na versão original do CC/1916, havia um único modo de constituição de família, que se dava através do casamento.

Foi a CF/88 que reconheceu expressamente como entidade familiar – não só aquela havida por casamento – a união estável (convivência de fato com objetivo de constituir uma família) e a família monoparental (convivência entre um dos pais e seus filhos).

6.2. Casamento

O casamento é uma união formal entre pessoas que tenham o objetivo de estabelecer uma comunhão plena de vida.

6.2.1. Natureza Jurídica do Casamento

Há três teorias que tratam a natureza jurídica, sendo elas:

> **A) Clássica:** o casamento tem natureza jurídica negocial. Isso porque, referida teoria defende que se celebra um contrato, pois constitui relações de obrigações recíprocas. (Vontades)
>
> **B) Supraindividualista:** o casamento não é contrato, pois não são as pessoas que se casam, mas o Estado que as casam. Trata, pois, de uma grande instituição. Quando os noivos dizem "sim", estão manifestando vontade de fazer parte desta instituição, sendo um ato administrativo, exigindo-se a presença do Estado.
>
> **C) Eclética:** Não despreza os elementos sustentados nas teorias anteriores. Defende que o casamento é um ato complexo, pois para existir precisará da manifestação de vontade dos noivos em constituir o vínculo conjugal + a celebração legal. Não basta o "sim" dos noivos, exige-se a presença do juiz de paz, tal como dispõe o art. 1535 do CC.

Das três teorias, qual adotamos? Qual o momento consumativo do casamento?

Consoante consta no art. 1514 do CC, "o casamento se realiza no momento em que as pessoas manifestam, perante a autoridade celebrante, a sua vontade de estabelecer vínculo conjugal e a autoridade os declara casados". (Existência, validade e eficácia)

O casamento é um ato jurídico especial, já que depende de conduta voluntária das pessoas. Ato jurídico, pois constitui relação jurídica familiar. E especial, porque tem regramento próprio, sendo regido pelo livro de Direito de Família (não se aplica a parte geral do código civil).

6.2.2. Requisitos para Validade

A) Idade núbil: idade mínima que as pessoas precisam ter: 16 anos tal como prevê o art. 1517 do CC. O art. 1520 do CC foi alterado, em 2019, para determinar que não será permitido, em qualquer caso, o casamento de quem não atingiu a idade núbil.

B) Legitimação: É a ausência de impedimentos matrimoniais e estão previstos no art. 1521 do CC. As causas de impedimentos não se confundem com as causas de suspensão do casamento trazidos pelo art. 1523 do CC. Diz-se isso, pois impedimento implica em "não poder", tornando-o nulo. Lado outro, as causas de suspensão sugerem que "não devem se casar", ensejando em uma sanção civil. Confira-se:

Para conferir se os noivos estão aptos a se casarem, faz-se necessário o cumprimento de providências preliminares. Isso porque são essenciais para certificar se eles estão habilitados a se casarem, ou não, e deverão ser tomadas no processo de habilitação do casamento.

Referido processo de habilitação é um processo administrativo, eis que tramita perante o oficial do Cartório de Registro Civil das Pessoas Naturais. Inicia-se por requerimento, que pode ser assinado de próprio punho pelos noivos ou por procurador com poderes. Não é exigível que seja formulado por advogado, não possuindo capacidade postulatória. Deve-se, todavia, se instruir nos termos do art. 1525 do CC. Nesse processo administrativo, busca-se um certificado de habilitação.

Assim, conferida a inexistência de fato obstativo, o oficial de registro extrairá a habilitação para o casamento, conforme art. 1531 do CC, possuindo eficácia por 90 dias – a contar da data da extração do certificado.

6.2.3. Celebração do Casamento

Via de regra, o casamento será realizado na própria sede do cartório, nada impedindo que seja realizado em outro edifício – público ou particular – desde que no momento da celebração as portas estejam abertas. Isso para permitir acesso de alguém que venha se opor ou apresentar razões de impedimentos matrimoniais.

Nossa lei admite casamento por procuração, qualquer um dos noivos querendo poderá outorgar poderes a terceiros para permitir que ele compareça na cerimônia de celebração casamento e manifeste, em seu nome, a vontade de constituir um vínculo matrimonial/sociedade conjugal. Os poderes que o mandatário recebe são restritos, vez que o casamento possui caráter personalíssimo. Requer seja realizado por instrumento público.

Normalmente, exige-se a presença de pelo menos duas testemunhas – parentes ou não -, sendo necessário quatro testemunhas quando um dos noivos não souber ou puder escrever, ou casamento realizado em edifício particular.

Estando todos presentes, o presidente do ato indagará dos nubentes se é de livre espontânea vontade que compareçam e se estão firmes no propósito de se casarem, tal como dispõe o art. 1535 do CC.

6.2.4. Invalidade do Casamento

Nem sempre as pessoas se casam validamente, pois nem sempre estão aptas a fazê-lo. Invalidade de casamento, nada mais é do que o reconhecimento judicial de que o casamento apresenta uma manifestação de nulidade, seja ela absoluta ou relativa:

A) Nulidade absoluta: Há um interesse social de que o casamento seja invalidade, motivo pelo qual o casamento será nulo. Tem previsão no art. 1548 do CC e, atualmente, somente será nulo quando houver sido contraído por alguém que não podia ter se casado, vez que estava impedido.

B) Nulidade relativa: Casamento meramente anulável, dependendo da iniciativa do interessado. Exige-se a propositura de uma ação anulatória do casamento, somente podendo ser proposta pelo interessado, não tenho o MP legitimidade para tanto. Deve-se observar o prazo decadencial do art. 1560 do CC.

6.2.5. Eficácia do Casamento

A eficácia do casamento pressupõe a validade. Isso porque se um casamento for declarado nulo – ou vir a ser anulado, – nós iremos, como regra, voltar as pessoas ao estado civil em que antes se encontravam como se nunca tivessem se casado, nos termos do art. 1563, CC.

Assim, toda sentença que reconhecer nulidade de um casamento – seja ela absoluta ou relativa -, terá efeito Ex tunc (retroativos) voltando ao status original. Porém, há exceções, conforme se extrai do art. 1561 que trata do casamento putativo, qual seja, aquele contraído de boa-fé – só casou porque estava enganada.

6.2.6. Efeitos Pessoais do Casamento

Estão disciplinados, na própria lei, a partir do art. 1565, que dispõe "pelo casamento, homem e mulher assumem mutuamente a condição de consortes, companheiros e

O parágrafo primeiro desse dispositivo, traz um permissivo quanto a alteração do nome, de modo que se viabilize aos cônjuges acrescer o sobrenome do outro.

O parágrafo segundo, de seu turno, trata do planejamento familiar, estabelecendo um conjunto de regras que irão regular a fecundidade do casal. As pessoas têm a liberdade de escolher se terão filhos ou não, e quantos terão. É de livre decisão do casal, cabendo o estado apenas providenciar mecanismos educacionais e financeiros para viabilizar essa liberdade.

A direção da sociedade conjugal é exercida em colaboração por ambos.

São deveres de ambos os cônjuges: I – fidelidade recíproca; II – vida em comum, no domicílio conjugal; III – mútua assistência; IV – sustento, guarda e educação dos filhos; V – respeito e consideração mútuos (art. 1.566, CC)

6.2.7. Efeitos Patrimoniais do Casamento

Via de regra, os noivos são livres para escolher o regime de bens que melhor lhes convier, sendo realizado por meio de pacto antenupcial.

Referido pacto possui natureza negocial, se apresentando como verdadeiro negócio jurídico vez que os noivos escolhem o regime de bens. É preliminar, pois antecede ao casamento, tratando das providências iniciais na fase do processo de habilitação. Trata, pois, de negócio de jurídico solene, sendo que a lei exige forma, qual seja, escritura pública. Possui, ainda, natureza condicional, já que os efeitos patrimoniais só serão produzidos durante a convivência conjugal, logo, após a ocorrência do casamento.

O regime de bens pode ser voluntário ou legal, quando: resultante da vontade dos noivos ou quando determinado pelo legislador.

Excepcionalmente, algumas pessoas não têm a faculdade de escolher o regime, sendo submetida à determinação do legislador, sendo obrigatório o regime de separação de bens. Estão sujeitos a essa limitação as pessoas que se enquadrem nas hipóteses do art. 1641 do CC.

OBS.: Possibilidade de alteração de regime. O CC/02 trouxe um permissivo de alteração, conforme se verifica no § 2º do art. 1639.

6.2.8. Dissolução da Sociedade Conjugal

O casamento não é mais indissolúvel, como já foi um dia. As maneiras de dissolução estão previstas no art. 1571 do CC.

6.3. União Estável

Toda união estável resulta de uma simples convivência de fato entre as pessoas. Porém, nem toda convivência de fato é união estável, sendo meramente concubinária, conforme art. 1727 do CC.

O art. 1723 do CC, estabelece os elementos para a caracterização da união estável, entidade familiar equiparada ao casamento.

Lembre-se: o STF mandou que se estendesse às uniões homoafetivas as mesmas regras que a união estável.

A união estável não se constituirá se ocorrerem os impedimentos do art. 1.521; não se aplicando a incidência do inciso VI no caso de a pessoa casada se achar separada de fato ou judicialmente.

O art. 1724 disciplina os efeitos pessoais da convivência em união estável, de modo que estabelece direitos e deveres dos companheiros durante a relação.

Já o art. 1725, do CC, disciplina seus efeitos patrimoniais., determinando que, na união estável, salvo contrato escrito entre os companheiros, aplica-se às relações patrimoniais, no que couber, o regime da comunhão parcial de bens.

Por último, o art. 1726 – disciplina a conversão da união estável em casamento. Consolidando uma situação de fato em situação de direito – jurídica.

6.4. Parentesco

As famílias se constituem pelo casamento, união estável ou em razão da relação de parentalidade que pode existir entre as pessoas. O parentesco pode ser natural ou civil.

A) **Natural:** decorre dos laços de consanguinidade, se subdividindo em linha reta ou transversal.

Linha reta: existente entre os ascendentes ou descendentes, não há limitação de grau.

Linha transversal (colateral): existente entre duas pessoas que, embora não sejam ascendentes ou descentes uma da outra, descendem de um mesmo tronco. Possuem uma origem em comum!

Há como calcular o distanciamento entre os parentes por meio de contagem do grau de parentesco, de modo que, quanto menor o grau, mais próximo o parentesco. Assim, na medida em que o grau vai aumentando, o parentesco vai distanciando.

Veja-se, aliás, tabelas exemplificativas da contagem de graus nas relações de parentesco natural, tanto em linha reta, quanto em linha colateral:

DIREITO CIVIL

PARENTESCO NATURAL EM LINHA RETA

	1º grau	2º grau	3º grau
Ascendentes	Pais	Avós	Bisavós
Descendentes	Filhos	Netos	Bisnetos

PARENTESCO NATURAL EM LINHA COLATERAL

Ascendente comum	2º grau	3º grau	4º grau
Pais	Irmãos	Sobrinhos	Sobrinhos netos
Avós		Tios	Primos
Bisavós			Tios avós

B) Civil: surge por afinidade ou afetividade.

O parentesco civil por afinidade é aquele que se constitui pela União Estável ou pelo casamento, ligando os parentes de um dos cônjuges ao outro. Este se dá na linha reta (ascendentes/descendentes) e na linha colateral até o 2º grau (irmãos). Se o casamento ou união acabar, o parentesco da linha colateral acabará junto com a dissolução, mas o em linha reta prevalecerá.

O parentesco civil por afetividade, de seu turno, ocorre, exemplificativamente, na adoção.

6.5. Da Filiação

É a relação existente entre os pais e a sua prole.

Existem dois critérios que são determinantes do vínculo jurídico de filiação, que nos permitem concluir que duas pessoas são pai e filho.

a) Biológico: resulta da relação de consanguinidade.

b) Socioafetivo: se fundamenta nos laços de afeto. Constitui um vínculo de parentalidade por critério puramente da afetividade. Se assenta na posse do estado de filho, em que, embora não tenha consanguinidade, vivem como se fossem pais e filhos. *Ex: adoção.*

a) filhos concebidos na constância do casamento – (Art. 1597, CC) (presunção de paternidade)

b) filhos havidos fora do casamento – (Art. 1607 e seguintes, CC)

c) adoção – Regida pelo Estatuto da Criança e do Adolescente.

Cabe ao marido o direito de contestar a paternidade dos filhos nascidos de sua mulher, sendo tal ação imprescritível. Contestada a filiação, os herdeiros do impugnante têm direito de prosseguir na ação. (Caso o marido faleça no curso da ação, pode os herdeiros prosseguir com a demanda).

Lado outro, se os filhos forem concebidos fora do casamento, não há que se falar em presunção de paternidade. Assim, referido reconhecimento poderá ocorrer de maneira

383

voluntária ou forçada – através da propositura de uma ação de investigação de paternidade, sendo de natureza declaratória e imprescritível.

6.5.1. Reconhecimento Voluntário

Decorre da conduta voluntária do pai, da vontade dele admitir um filho como seu. Não é exigível que seja espontânea, pois pode ser que o faça em razão de ter sido chamado para reconhecimento em cartório ou perante o juiz para ver se deseja reconhecer a criança. Trata, pois, de um ato jurídico!

Constituirá uma vinculo jurídico familiar. É não negocial, eis que produzirá efeitos da lei e não diretamente de sua vontade – "*ex lege*". Todos os direitos e deveres que decorrem do reconhecimento, são antevistos pelo legislador em comum a todos os pais, não lhe sendo facultado negociá-lo. Ademais, é um ato personalíssimo, vez que só pode ser praticado pelo próprio pai, realizado de forma pura e simples. Ainda, é um ato solene, pois para ser válido faz-se necessário assumir a forma prescrita em lei, qual seja, conforme art. 1609 do Código Civil. Por fim, o reconhecimento é irrevogável, não se admitindo retratação e arrependimento.

Não bastasse, no ato de reconhecimento voluntário, os filhos maiores não poderão ser reconhecidos sem o seu consentimento. Quanto aos menores, poderão impugnar a paternidade até quatro anos após alcançada a maioridade ou emancipação.

6.5.2. Reconhecimento Forçado

Resulta da declaração do juiz, devendo ser feito judicialmente por meio de propositura de ação de investigação da paternidade (perfilhação compulsória). Tramita em uma vara de família, pois visa reconhecer a preexistência de uma relação jurídica familiar, ou seja, um vínculo de filiação.

Pode ser proposta tanto com fundamento no critério biológico – comprovando-se a existência de laços de consanguinidade, por DNA ou relações sexuais havidas com a mãe; como no critério socioafetivo – evidenciando-se a posse do estado de filho, à luz do amor e carinho existente entre o autor e réu como se fossem pai e filho.

6.5.3. Adoção

É uma forma de colocação em família substituta, somente sendo deferida se trouxer benefícios a quem se pretende adotar.

Possui natureza constitutiva, positiva/negativa: Via de regra, a partir da sentença (proferida na ação de adoção) constitui-se um vínculo jurídico de filiação novo, por critério socioafetivo e, ao mesmo tempo, desconstitui o vínculo de filiação antigo, determinado pelo critério biológico. Assim, o adotado passaria a ser filho do adotante e deixaria de ser filho dos pais biológicos. (Porém, agora, em virtude da multiparentalidade, é possível constituir o vínculo novo sem desconstituir o antigo.).

Caso o adotante seja cônjuge, ou companheiro, de um dos pais biológicos não é necessário que se desconstitua as duas linhas, podendo desconstituir apenas uma delas – é a chamada adoção unilateral.

É possível requerer a adoção junto com outra pessoa? A lei diz que sim, desde que seja cônjuge ou companheiro, já que se faz necessário a constituição de uma família. Porém, o STF entendeu que o mesmo se estende aos conviventes homoafetivos, não havendo nenhum problema com o registro de nascimento, eis que o campo de registro de filiação suporta a colocação de duas pessoas do mesmo sexo.

É exigível, no entanto, que o adotante seja maior de idade e que haja uma diferença mínima de 16 anos entre o adotante e adotado.

Os efeitos da sentença constitutiva são "ex nunc" – a partir de então. Excepcionalmente, é possível que sofra efeitos "ex tunc", ou seja, retroativo. Referida exceção ocorrerá quando o adotante falecer no curso do processo, não inviabilizando o prosseguimento da ação de adoção, nem perda do objeto. Se o adotante já requereu a adoção, o processo de adoção vai seguir, podendo, inclusive, o juiz deferir o pedido, retroagindo à data do óbito. Assim, viabiliza-se que o adotado figure como herdeiro.

6.6. Alimentos

Nem todos os alimentos interessam ao Direito de Família, interessando tão somente à responsabilidade civil, como em caso de prática de ato ilícito onde sua fixação visa a reparação do dano. Esses alimentos de natureza indenizatória deverão ser ajuizados na vara cível, analisando toda a extensão do dano, cujo valor arbitrado será dado como coisa julgada material.

Assim, os alimentos somente interessarão ao Direito de família quando tiver fundamento: I) no poder familiar, que os pais exercem sobre seus filhos menores; II) quando resulta da mutua assistência, que os cônjuges possuem em decorrência da relação ou III) em virtude de uma relação de parentesco.

No primeiro caso, os pais são compelidos a pagar alimentos aos filhos menores. Existe uma presunção da necessidade do filho menor, não sendo necessário prová-la eis que os pais têm o dever de sustentá-los.

No segundo, a assistência obriga um parente ao outro que necessita. Faz-se necessário comprovar necessidade, eis que somente será fixado se o que pleiteia não tiver condição de garantir sua própria subsistência. Nesse caso haverá reciprocidade, tendo como regra o chamamento do mais próximo em primeiro lugar, somente podendo pleitear para os seguintes se não houver ou se este não tiver condições para tanto

7. SUCESSÕES

7.1. Formas

A sucessão legitima é aquela que se dará em virtude de lei, o próprio legislador determina quem serão os herdeiros, de acordo com uma ordem de vocação hereditária.

Na sucessão testamentária faremos cumprir a vontade do autor da herança que pode inclusive dizer a forma de rateio da herança dentre os herdeiros que nomear.

7.2. Aceitação e Renúncia – Art. 1.804 A 1.813, CC

Ninguém é obrigado a herdar, eis que a qualidade de herdeiro está condicionada à aceitação da herança, que pode ser expressa (por escrito), tácita (ato compatível com a qualidade de quem quer herdar – cessão, constituição de advogado nos autos) ou presumida (silêncio – se, provocado o herdeiro para dizer se aceita ou não a herança, no silêncio, presume-se a aceitação).

A aceitação tem que ser pura e simples, não podendo o herdeiro aceitá-la em parte, sob condição ou a termo (art. 1.808, CC).

A renúncia, ao contrário, é ato solene, sendo que somente será válida se for expressa, ou por termo nos autos de inventário, ou por ato de escritura pública, após a abertura da sucessão.

O herdeiro adquire a herança no instante da morte, razão pela qual tanto a aceitação quanto a renúncia têm efeitos ex tunc (condição resolutiva, retroagem).

Os filhos do herdeiro renunciante não herdarão por representação, porque seu pai, que renuncia, é considerado como não existente. Quando muito, pode herdar por direito próprio, se o pai era filho único ou se os tios também tivessem renunciado.

Se um herdeiro renuncia causando fraude a credores, nem precisa de ação pauliana; os credores podem buscar, nos próprios autos de inventário, através de habilitação, a percepção do crédito.

7.3. Sucessão Legítima – Ordem de Vocação Hereditária – Art. 1.829, CC

A ordem de vocação hereditária é a ordem preferencial daqueles chamados a suceder estabelecida pela lei.

a) Descendentes – os filhos herdarão sempre por direito próprio, enquanto que os demais descendentes que não os filhos, ora herdarão por direito próprio, ora herdarão por representação, dependendo da verificação de com quem eles estão concorrendo pela herança. Se for do mesmo grau, todos recebem por direito próprio, se for de grau diferente, o de grau mais próximo recebe por direito próprio e o de grau mais remoto herda por representação. Para os que herdarem por direito próprio, a partilha será feita por cabeça e os que herdam por representação terão sua partilha feita por estirpe.

Se o falecido tiver deixado descendentes, não excluirá da sucessão o cônjuge sobrevivente, pois os descendentes concorrerão com ele na maioria dos casos. A regra é a concorrência, as exceções estão relacionadas ao regime de bens.

O cônjuge sobrevivente não concorrerá com os descendentes quando:

1) casado no regime da comunhão universal de bens, visto que de todo o patrimônio que o falecido houver deixado lhe será assegurada a meação,

2) casado no regime da separação obrigatória de bens, porque imposto pelo legislador nas situações que quis que os patrimônios não se confundissem nem em vida e após a morte,

3) e no regime da comunhão parcial de bens, quando não existirem bens particulares, pois quanto ao patrimônio comum já lhe é assegurada a meação.

Quando o cônjuge concorrer com descendentes do falecido a ele será assegurado o mesmo quinhão que couber a cada descendente. Se concorrer com filhos comuns, a ele será assegurada a quarta parte da herança, no mínimo (art. 1.832, CC).

b) Ascendentes – Nesta classe, os parentes mais próximos excluem os mais remotos, sendo assim, na classe dos ascendentes não haverá direito de representação (art. 1.852, CC). Todos os ancestrais do falecido são convocados por direito próprio. Contudo, a partilha entre eles será feita por linhas. Havendo igualdade de graus, porém diversidade de linhas, a herança será dividida em partes iguais.

O cônjuge vai concorrer com os ascendentes qualquer que seja o regime de bens. Nesse caso, se for concorrer com pai e mãe, vai receber um terço da herança. Se o cônjuge for concorrer somente com o pai ou somente com a mãe, terá metade da herança. Se for concorrer com avós somente do pai ou da mãe, o cônjuge receberá metade e a outra metade será dividida em linhas (art. 1.837, CC).

c) Cônjuge –Herdará sozinho, na qualidade de herdeiro universal, quando o falecido não tiver deixados sobreviventes descendentes ou ascendentes, independente do regime de bens, ainda que seja o da separação absoluta.

d) Colaterais até o quarto grau – somente serão chamados à sucessão na falta de ascendentes, descendentes e cônjuge sobrevivente. Para a classe dos colaterais a regra é que os colaterais mais próximos irão afastar os mais remotos. A essa regra iremos admitir uma exceção, pois os sobrinhos podem herdar por representação aquilo que o pai herdaria se vivo fosse.

2º grau – irmãos – herdam por direito próprio, mas nem sempre a partilha será feita por cabeça, pois o quinhão do irmão unilateral terá a metade do quinhão bilateral (germano

3º grau – tios e sobrinhos. Os sobrinhos herdam por representação quando concorrerem com irmãos do falecido. Se o falecido não tiver deixado nenhum irmão na condição de herdeiro, o sobrinho será chamado a suceder por direito próprio. Há uma preferência dos sobrinhos em relação aos tios feita pelo legislador.

4º grau – tios avós e sobrinhos netos. Herdam juntos com os primos.

e) Companheiro – Art. 1.790, CC – O companheiro somente participará da herança quanto aos bens adquiridos onerosamente na constância da união estável. A princípio, o companheiro será herdeiro quando for meeiro, ou seja, quando tiver direito à meação.

Se o companheiro sobrevivente concorrer com filhos comuns, terá direito a quinhão igual ao dos filhos (não tem reserva de quarta parte como o cônjuge). Se concorrer com descendentes exclusivos do autor da herança, terá direito à metade do que couber a eles. Se concorrer com outros parentes terá direito a um terço.

Na falta de outros herdeiros, caberá ao companheiro a totalidade da herança.

Nota: Em recente julgamento, o STF decidiu que o Código Civil desequiparou, para fins de sucessão, o casamento e as uniões estáveis. Dessa forma, promoveu retrocesso e hierarquização entre as famílias, o que não é admitido pela Constituição, que trata todas as famílias com o mesmo grau de valia, respeito e consideração. Assim, considerou o art. 1.790 do mencionado código inconstitucional, porque viola os princípios constitucionais da igualdade, da dignidade da pessoa humana, da proporcionalidade na modalidade de proibição à proteção deficiente e da vedação ao retrocesso.

7.4. Herança Jacente (arts. 1.819 a 1.823, CC) e Vacante

A herança será jacente quando não houver herdeiros legítimos ou testamentários conhecidos.

Nessa hipótese, o juiz adotará uma série de procedimentos, pois cabe ao Estado impedir o perecimento do acervo hereditário. A primeira providência a ser tomada pelo juiz é a arrecadação dos bens a herança entregando-os à administração de um curador especial, na forma dos artigos 1.142 a 1.158 do Código de Processo Civil. A segunda providência é a busca por herdeiros, com publicação de editais, inquirição de vizinhos, moradores da residência do de cujos. Descobrindo bens em outra comarca, o juiz determinará seja expedida carta precatória, para sua arrecadação.

Sendo encontrados herdeiros do autor da herança, estes deverão habilitar-se no processo de arrecadação por meio de processo próprio (arts. 1.055 a 1.062, CPC). Sendo julgada procedente a habilitação a arrecadação converter-se-á em inventário (art. 1.153, CPC).

Decorrido um ano após a primeira publicação de editais e não existindo herdeiro habilitado ou com processo de habilitação pendente de julgamento, os bens serão declarados vacantes.

A ordem cronológica até a herança se tornar patrimônio publico é assim representada.

Se nesse período aparecerem herdeiros:

a) Colaterais – somente terão direito de retomar os bens até a declaração de vacância;

b) Ascendentes, descendentes e cônjuge – poderão retomar os bens durante o período de 05 anos, contados da abertura da sucessão, entretanto, após a declaração de vacância não receberão os mesmos bens, mas seu valor, por meio de precatório.

É possível que exista declaração de vacância sem declaração de jacência quando todos os herdeiros forem conhecidos e renunciarem à herança.

7.5. Sucessão Testamentária

Far-se-á cumprir a vontade do autor da herança, o qual pode, inclusive, determinar a forma de rateio da herança, assim como quais serão seus herdeiros (art. 1.857 e ss.). Entretanto, o testador que deixar herdeiros necessários (ascendente, descendente e cônjuge sobrevivente – Art. 1.845, CC), deverá respeitar a legítima (art. 1.789, CC).

O testamento é o ato de última vontade do autor da herança a ser cumprido após a abertura da sucessão, ou seja, "causa mortis". É um negócio jurídico unilateral, solene possuindo requisitos essenciais que se não observados importam na invalidade do mesmo e revogável, exceto quando contiver o reconhecimento de um filho (art. 1.858, CC). O testamento é consequência do direito de propriedade por meio do qual o autor da herança defere seu patrimônio após a sua morte, podendo conter também disposições de cunho extrapatrimonial.

O testamento é ato personalíssimo, sendo vedado o testamento conjuntivo (realizado por mais de uma pessoa) em qualquer de suas formas (art. 1.863, CC): simultâneo (dois ou mais testadores beneficiam terceiro), recíproco (dois ou mais testadores se beneficiam mutuamente) ou correspectivo (dois ou mais testadores fazem disposições que retribuem outras correspondentes).

DIREITO CIVIL

7.6. Espécies Ordinárias de Testamento

a) Público – art. 1.864 a 1.867, CC

b) Cerrado/Secreto – art. 1.868 a 1.875, CC

c) Particular – art. 1.876 a 1.880, CC

d) Codicilos – arts. 1.881 a 1.885, CC

Segundo o Professor Salomão de Araújo Cateb

"codicilo é um pequeno testamento, um esboço, sempre escrito de próprio punho do testador, datado e assinado por ele. Não requer testemunhas, como não requer formalidades. Toda pessoa capas de testar poderá, mediante escrito particular seu, datado e assinado, fazer disposições especiais sobre seu enterro, sobre esmolas de pouco valor a certas e determinadas pessoas, ou, indeterminadamente, aos pobres de certo lugar, assim como legar móveis, roupas ou joias, não mui valiosas, de seu uso pessoal (art. 1.881)." (CATEB, Salomão de Araújo, Direito das Sucessões, p.146).

7.7. Formas Especiais de Testamento

Art. 1.866 a 1.896, CC

- Marítimo

- Aeronáutico

- Militar

- Testamento Nuncupativo – Art. 1.896, CC

- Testamento de Emergência – Art. 1.879, CC

7.8. Capacidade para Testar: art. 1.857, CC e art. 1.860, CC

A princípio, todas as pessoas naturais podem testar, salvo aquelas impedidas pelo artigo 1.860 do Código Civil.

7.9. Capacidade para Adquirir por Testamento

Na sucessão legítima, legitimam-se a suceder aqueles que já nasceram ou que foram, pelo menos, concebidos no momento da abertura da sucessão (art. 1.798, CC).

Na sucessão testamentária, além dos já nascidos ou concebidos no momento da abertura da sucessão, também podem ser chamados a suceder os filhos ainda não concebidos (prole eventual de alguém), desde que venham a ser concebidos no prazo de 2 (dois) anos a contar da abertura da sucessão. Caso contrário, a cláusula testamentária caducará. Podem também serem chamadas a suceder, na sucessão testamentária, as pessoas jurídicas.

Pessoas que não podem ser herdeiras ou legatárias (Art. 1801 e Art. 1802, CC):

a) a pessoa que, a rogo, escreveu o testamento, nem o seu cônjuge ou companheiro, ou os seus ascendentes e irmãos;

b) as testemunhas do testamento;

c) o concubino do testador casado, salvo se este, sem culpa sua, estiver separado de fato do cônjuge há mais de cinco anos;

d) o tabelião, civil ou militar, ou o comandante ou escrivão, perante quem se fizer, assim como o que fizer ou aprovar o testamento.

A nomeação de herdeiro ou legatário pode ser feita pura e simplesmente ou com a presença de elemento acidental (condição). Pode também ser feita restrição à liberalidade (encargo) – Art. 1.897, CC.

O testador não pode nomear herdeiro a termo, pois aberta a sucessão, os bens transmitem-se imediatamente, se fizer, a disposição se haverá como não escrita – Art. 1.898, CC.

7.10. Rateio da Herança – Art. 1904 e ss., CC

Somente terão de ser observadas regras para o rateio se o testador nomear dois ou mais herdeiros sem especificar o quinhão de cada um deles:

1ª regra: presume-se que o testador quis dar quinhão igual a cada um deles.

2ª regra: se o testador nomear herdeiros individualmente e coletivamente, assim será dividida a herança em tantas partes quanto for o número de indivíduos e de grupos.

3ª regra: se o testador indica o quinhão de alguns, mas não indica o de outros, cumpre-se os que ele indicou e aqueles que não forem indicados receberão quinhões iguais do montante que restou.

4ª regra: se o testador não testar todo o patrimônio e o que restar, vai para a legítima.

Renunciando um dos herdeiros a seu quinhão, acrescerão os demais em proporções iguais. São requisitos do **direito de acrescer** – Art. 1941, CC:

a) dois ou mais herdeiros nomeados na mesma cláusula testamentária;

b) quinhões não são determinados;

c) um dos herdeiros não pode ou não quer aceitar a herança;

d) não tenha sido indicado substituto para aquele que não quer ou não pode herdar.

Caso não haja o direito de acrescer, a quota-parte vai para a legítima.

7.11. Substituição Testamentária Vulgar

O testador nomeia um herdeiro para receber a herança caso outro não queira ou não possa receber.

7.12. Substituição Fideicomissária – Art. 1.951 a 1.960, CC

Poderá o testador nomear um herdeiro para herdar depois do outro. Os dois herdam, o substituído e o substituto. A substituição fideicomissária somente pode ser feita se o fideicomissário não houver sido concebido até o momento da morte do testador. Se ele já nasceu, a propriedade se transmite imediatamente a ele e o fiduciário terá direito apenas ao usufruto.

De acordo com o artigo 1.954, do Código Civil, salvo disposição em contrário do testador, se o fiduciário renunciar à herança ou legado, deferir-se-á ao fideicomissário o poder de aceitar. Se o fideicomissário renunciar, o fideicomisso caducará, deixando de ser resolúvel a propriedade do fiduciário, salvo disposição contrária do testador (art. 1.955, CC).

DIREITO CIVIL

7.13. Revogação De Testamento – Art. 1.969 a 1.972, CC

Ocorre pelo mesmo modo e forma como é feito o testamento, ou seja, pela feitura de outro. A revogação pode ser total ou parcial, expressa (quando o testamento posterior tem cláusula de revogação do anterior), tácita (quando o testamento posterior for incompatível com o anterior) ou presumida (rompimento do testamento).

7.14. Rompimento do testamento – Art. 1.973 a 1.975, CC

Rompem-se todas as cláusulas testamentárias se após a feitura do testamento, sobrevém um descendente sucessível do qual o testador não tinha conhecimento ou que ainda não havia nascido quando testou. O legislador presume que o testador não teria testado como testou se possuísse ou conhecesse descendente seu, ou o teria contemplado naquele. Rompe-se também o testamento quando o testador, no momento em que testou, não sabia da existência de outros herdeiros necessários.

7.15. Regras de Nulidade dos Testamentos:

Por seu um negócio jurídico segue as regras de nulidade dos negócios jurídicos. Ver art. 1.859 e 1.909, CC.

8. QUESTÕES APLICADAS EM EXAMES ANTERIORES

01. (FGV – 2018 – OAB – Exame de Ordem Unificado – XXVI – Primeira Fase) Paula é credora de uma dívida de R$ 900.000,00 assumida solidariamente por Marcos, Vera, Teresa, Mirna, Júlio, Simone, Úrsula, Nestor e Pedro, em razão de mútuo que a todos aproveita. Antes do vencimento da dívida, Paula exonera Vera e Mirna da solidariedade, por serem amigas de longa data. Dois meses antes da data de vencimento, Júlio, em razão da perda de seu emprego, de onde provinha todo o sustento de sua família, cai em insolvência. Ultrapassada a data de vencimento, Paula decide cobrar a dívida. Sobre a hipótese apresentada, assinale a afirmativa correta.

(A) Vera e Mirna não podem ser exoneradas da solidariedade, eis que o nosso ordenamento jurídico não permite renunciar a solidariedade de somente alguns dos devedores.

(B) Se Marcos for cobrado por Paula, deverá efetuar o pagamento integral da dívida e, posteriormente, poderá cobrar dos demais as suas quotas-partes. A parte de Júlio será rateada entre todos os devedores solidários, inclusive Vera e Mirna.

(C) Se Simone for cobrada por Paula deverá efetuar o pagamento integral da dívida e, posteriormente, poderá cobrar dos demais as suas quotas-partes, inclusive Júlio.

(D) Se Mirna for cobrada por Paula, deverá efetuar o pagamento integral da dívida e, posteriormente, poderá cobrar as quotas-partes dos demais. A parte de Júlio será rateada entre todos os devedores solidários, com exceção de Vera.

GABARITO: B. COMENTÁRIOS:
Questão muito interessante: ASSERTIVA CORRETA – LETRA B
• A **letra "A"** está **errada** ⟶ o legislador expressamente autoriza a renúncia da solidariedade em favor de um, de alguns ou de todos os devedores (art. 282, CC).
• A **letra "C"** está **errada** ⟶ Júlio é insolvente e, assim sendo, a sua quota será rateada entre os demais codevedores solidários, inclusive com aqueles que foram exonerados da solidariedade (art. 283 e 284, CC).
• A **letra "D"** está **errada** ⟶ porque, após ter sido exonerada da solidariedade, Mirna só poderá ser cobrada pela sua quota-parte. Destaca-se que esta é a grande diferença entre Renúncia e Remissão. Na renúncia, o devedor continua devedor, mas passa a responder exclusivamente por sua quota-parte. Já na remissão, o devedor é perdoado, desvinculando-se da obrigação.
IMPORTANTE: A FGV segue cobrando o que é MINORITÁRIO e que é cobrado diversamente em todos os outros concursos. De acordo com o **Enunciado 349 do CJF:**
"Com a renúncia da solidariedade quanto a apenas um dos devedores solidários, o credor só poderá cobrar do beneficiado a sua quota na dívida; permanecendo a solidariedade quanto aos demais devedores, abatida do débito a parte correspondente aos beneficiados pela renúncia".
Isso porque Marcos NÃO PODERIA ser cobrado pelo valor integral da dívida, já que após a exoneração de um ou alguns, os demais devedores continuam solidários pelo remanescente, ABATIDA do débito a parte dos beneficiados pela renúncia.

02. (FGV – 2018 – OAB – Exame de Ordem Unificado – XXV – Primeira Fase) Marcos caminhava na rua em frente ao Edifício Roma quando, da janela de um dos apartamentos da frente do edifício, caiu uma torradeira elétrica, que o atingiu quando passava. Marcos sofreu fratura do braço direito, que foi diretamente atingido pelo objeto, e permaneceu seis semanas com o membro imobilizado, impossibilitado de trabalhar, até se recuperar plenamente do acidente. À luz do caso narrado, assinale a afirmativa correta.

(A) O condomínio do Edifício Roma poderá vir a ser responsabilizado pelos danos causados a Marcos, com base na teoria da causalidade alternativa.

(B) Marcos apenas poderá cobrar indenização por danos materiais e morais do morador do apartamento do qual caiu o objeto, tendo que comprovar tal fato.

(C) Marcos não poderá cobrar nenhuma indenização a título de danos materiais pelo acidente sofrido, pois não permaneceu com nenhuma incapacidade permanente.

(D) Caso Marcos consiga identificar de qual janela caiu o objeto, o respectivo morador poderá alegar ausência de culpa ou dolo para se eximir de pagar qualquer indenização a ele.

GABARITO: A. COMENTÁRIOS:
A **letra "A"** está **correta** ⟶ Havendo responsabilidade objetiva no caso do art. 938: "Aquele que habitar prédio, ou parte dele, responde pelo dano proveniente das coisas que dele caírem ou forem lançadas em lugar indevido".
Segundo a doutrina a teoria da causalidade alternativa, prevê a responsabilização solidária por objetos caídos ou jogados de um prédio "pela qual todos os autores possíveis – isto é, os que se encontravam no grupo – serão considerados, de forma solidária, responsáveis pelo evento, em face da ofensa perpetrada à vítima por um ou mais deles, ignorado o verdadeiro autor, ou autores." (CAVALIERI FILHO, Sergio. Programa de responsabilidade civil. 6ª edição. São Paulo: Malheiros, 2006, pág. 246.)
A **letra "B"** está **errada** ⟶ A despeito da literalidade do art. 938, há responsabilidade do condomínio no caso em que não é possível indicar com precisão o morador que causou o dano, segundo o STJ.
A **letra "C"** está **errada** ⟶ A despeito de não haver dano permanente, houve dano, e a vítima deve ser indenizada (art. 927, CC).
A **letra "D"** está **errada** ⟶ A responsabilidade civil é objetiva, nesse caso. Veja que o art. 938, em momento algum menciona a necessidade de comprovação e culpa ou dolo.

03. (FGV – 2012 – OAB – Exame de Ordem Unificado – VI – Primeira Fase) Marcelo, brasileiro, solteiro, advogado, sem que tenha qualquer impedimento para doar a casa de campo de sua livre propriedade, resolve fazê-lo, sem quaisquer ônus ou encargos, em benefício de Marina, sua amiga, também absolutamente capaz. Todavia, no âmbito do contrato de doação, Marcelo estipula cláusula de reversão por meio da qual o bem doado deverá se destinar ao patrimônio de Rômulo, irmão de Marcelo, caso Rômulo sobreviva à donatária. A respeito dessa situação, é correto afirmar que

(A) diante de expressa previsão legal, não prevalece a cláusula de reversão estipulada em favor de Rômulo.

(B) no caso, em razão de o contrato de doação, por ser gratuito, comportar interpretação extensiva, a cláusula de reversão em favor de terceiro é válida.

(C) a cláusula em exame não é válida em razão da relação de parentesco entre o doador, Marcelo, e o terceiro beneficiário, Rômulo.

(D) diante de expressa previsão legal, a cláusula de reversão pode ser estipulada em favor do próprio doador ou de terceiro beneficiário por aquele designado, caso qualquer deles, nessa ordem, sobreviva ao donatário.

GABARITO: A. COMENTÁRIOS:
A **letra "A"** está **correta** ⟶ literalidade do dispositivo legal – Art. 547 CC parágrafo único: "Não prevalece cláusula de reversão em favor de terceiro".
A **letra "B"** está **errada** ⟶ artigo 547 CC parágrafo único.
A **letra "C"** está **errada** ⟶ Não há nenhum óbice na lei, doutrina ou jurisprudência.
A **letra "D"** está **errada** ⟶ Artigo 547 CC: "O doador pode estipular que os bens doados voltem ao seu patrimônio, se sobreviver ao donatário."

04. (2018 – FGV – XXVI EXAME) A cidade de Asa Branca foi atingida por uma tempestade de grandes proporções. As ruas ficaram alagadas e a população sofreu com a inundação de suas casas e seus locais de trabalho. Antônio, que tinha uma pequena barcaça, aproveitou a ocasião para realizar o transporte dos moradores pelo triplo do preço que normalmente seria cobrado, tendo em vista a premente necessidade dos moradores de recorrer a esse tipo de transporte. Nesse caso, em relação ao citado negócio jurídico, ocorreu:

(A) estado de perigo.

(B) dolo.

(C) lesão.

(D) erro.

GABARITO: A. COMENTÁRIOS: Art. 156. Configura-se o estado de perigo quando alguém, premido da necessidade de salvar-se, ou a pessoa de sua família, de grave dano conhecido pela outra parte, assume obrigação excessivamente onerosa.

05. (2017 – FGV – XXIV EXAME) João e Carla foram casados por cinco anos, mas, com o passar dos anos, o casamento se desgastou e eles se divorciaram. As três filhas do casal, menores impúberes, ficaram sob a guarda exclusiva da mãe, que trabalha em uma escola como professora, mas que está com os salários atrasados há quatro meses, sem previsão de recebimento. João vinha contribuindo para o sustento das crianças, mas, estranhamente, deixou de fazê-lo no último mês. Carla, ao procurá-lo, foi informada pelos pais de João que ele sofreu um atropelamento e está em estado grave na UTI do Hospital Boa Sorte. Como João é autônomo, não pode contribuir, justificadamente, com o sustento das filhas. Sobre a possibilidade de os avós participarem do sustento das crianças, assinale a afirmativa correta.

DIREITO CIVIL

(A) Em razão do divórcio, os sogros de Carla são ex--sogros, não são mais parentes, não podendo ser compelidos judicialmente a contribuir com o pagamento de alimentos para o sustento das netas.

(B) As filhas podem requerer alimentos avoengos, se comprovada a impossibilidade de Carla e de João garantirem o sustento das filhas.

(C) Os alimentos avoengos não podem ser requeridos, porque os avós só podem ser réus em ação de alimentos no caso de falecimento dos responsáveis pelo sustento das filhas.

(D) Carla não pode representar as filhas em ação de alimentos avoengos, porque apenas os genitores são responsáveis pelo sustento dos filhos.

GABARITO: B. COMENTÁRIOS: Art. 1.698. Se o parente, que deve alimentos em primeiro lugar, não estiver em condições de suportar totalmente o encargo, serão chamados a concorrer os de grau imediato; sendo várias as pessoas obrigadas a prestar alimentos, todas devem concorrer na proporção dos respectivos recursos, e, intentada ação contra uma delas, poderão as demais ser chamadas a integrar a lide.

Estatuto da Criança e do Adolescente

Reyvani Jabour

1. EVOLUÇÃO HISTÓRICA

DA DOUTRINA DA SITUAÇÃO IRREGULAR PARA A DOUTRINA DA PROTEÇÃO INTEGRAL E PRINCÍPIOS DO INTERESSE MAIOR DO MENOR E DA PRIORIDADE ABSOLUTA

A Constituição Federal de 1988 impõe a fase atual de desenvolvimento dos Direitos da Criança e do Adolescente denominada **"fase da proteção integral"**, que se caracteriza pela superação da doutrina da situação irregular. É o reconhecimento das crianças e dos adolescentes como sujeitos de direitos protegidos pela lei.

Historicamente, a aplicação do Código de Menores restringia-se ao "binômio carência-delinquência", agindo na consequência e não nas causas que levavam à carência ou à delinquência. Ademais, havia uma concentração das atividades na figura do "Juiz de Menores".

O resultado daquela sistemática levou a uma prática segregatória, com a condução de crianças e adolescentes para internatos no caso de menores abandonados e para os institutos de detenção sob o controle da FEBEM –Fundação Estadual do Bem-estar do Menor, nas hipóteses de delinquência.

Naquele contexto, não havia nenhuma preocupação com a manutenção de vínculos familiares. O que se pensava era no sentido de que as crianças e adolescentes que necessitavam de proteção do Código de Menores chegaram a tal ponto devido à falência da família, de forma que não se perquiria a questão dos vínculos consanguíneos para a colocação da criança em família substituta. Como consequência, havia uma dificuldade muito grande no desenvolvimento de políticas públicas na doutrina da situação irregular.

Na Constituição de 1988 há um rompimento de paradigma, pois as crianças e os adolescentes passam a serem **titulares de direitos fundamentais**, tal como prenuncia a Convenção dos Direitos da Criança, da ONU.

A Constituição Federal estabeleceu a família, a sociedade e o Estado como responsáveis pela formação e estruturação dos indivíduos, conforme dispõe o artigo 227:

> É dever da família, da sociedade e do Estado assegurar à criança, ao adolescente e ao jovem, com absoluta prioridade, o direito à vida, à saúde, à alimentação, à educação, ao lazer, à profissionalização, à cultura, à dignidade, ao respeito, à liberdade e à convivência familiar e comunitária, além de colocá-los a salvo de toda forma de negligência, discriminação, exploração, violência, crueldade e opressão.

Portanto, o ECA veio para concretizar preceito da Constituição Federal, por meio da promoção de programas pelo Estado de assistência integral à saúde da criança, do adolescente e do jovem, sendo também admitida a participação de entidades não governamentais, mediante políticas específicas.

Com o advento do Estatuto, crianças e adolescentes brasileiros, sem distinção de raça, cor ou classe social, passaram a ser reconhecidos como sujeitos de direitos e deveres, considerados como pessoas em desenvolvimento a quem se deve prioridade absoluta do Estado.

2. O ESTATUTO DA CRIANÇA E DO ADOLESCENTE

O ECA (Estatuto da Criança e do Adolescente) é o texto normativo que prestigia a Doutrina da Proteção Integral dos Direitos da Criança, colocando a criança e o adolescente como sujeitos de direito com proteção e garantias específicas. Trata-se de uma lei federal (8.069 promulgada em julho de 1990), que disciplina os direitos das crianças e adolescentes em todo o Brasil.

Cuida-se de um microssistema legislativo, dividido em partes geral e especial, onde a primeira traça acerca dos princípios norteadores do Estatuto. Já a segunda parte estrutura a política de atendimento, medidas, conselho tutelar, acesso jurisdicional e apuração de atos infracionais.

O objetivo do Estatuto é a proteção dos menores de 18 anos, proporcionando a eles um desenvolvimento físico, mental, moral e social condizentes com os princípios constitucionais da liberdade e da dignidade, preparando para a vida adulta em sociedade

O ECA estabelece direitos à vida, à saúde, à alimentação, à educação, ao lazer, à profissionalização, à cultura, à dignidade, ao respeito, à liberdade, à convivência familiar e comunitária para meninos e meninas, e também aborda questões de políticas de atendimento, medidas protetivas ou medidas socioeducativas, entre outras providências.

2.1. Princípios Fundamentais do ECA

Garantir a proteção integral é garantir, para a população infanto-juvenil:

a) A sobrevivência;

b) O desenvolvimento pessoal e social;

c) A integridade física, psicológica e moral.

O ECA estruturou-se em **dois princípios fundamentais**:

Princípio do Interesse do Menor: Todas as ações do Estado, assim como as decisões que dizem respeito ao menor devem levar em conta seu interesse maior, garantindo que a criança ou o adolescente tenham os cuidados adequados quando pais ou responsáveis não são capazes de realizá-los;

Princípio da Prioridade Absoluta: contido na norma constitucional (artigo 227), tal princípio estabelece que os direitos das crianças e dos adolescentes devem ser tutelados com absoluta prioridade.

ESTATUTO DA CRIANÇA E DO ADOLESCENTE

> A garantia de prioridade compreende:
> a) primazia de receber proteção e socorro em quaisquer circunstâncias;
> b) precedência de atendimento nos serviços públicos ou de relevância pública;
> c) preferência na formulação e na execução das políticas sociais públicas;
> d) destinação privilegiada de recursos públicos nas áreas relacionadas com a proteção à infância e à juventude.

Considerando tais princípios, o ECA objetiva garantir aos menores os direitos fundamentais que todo sujeito possui: vida, saúde, liberdade, respeito, dignidade, convivência familiar e comunitária, educação, cultura, esporte, lazer, profissionalização e proteção no trabalho. Enfim, tudo para que possam exercer a cidadania plena.

O ECA dispõe, ainda, que nenhuma criança ou adolescente será objeto de qualquer forma de negligência, discriminação, exploração, violência, crueldade e opressão, por qualquer pessoa que seja, devendo ser punido qualquer ação ou omissão que atente aos seus direitos fundamentais.

2.2. Protagonistas

Considera-se **criança**, para os efeitos do Estatuto da Criança e do Adolescente, a pessoa até doze anos de idade incompletos, e **adolescente** aquela entre doze e dezoito anos de idade.

Nos casos expressos em lei, aplica-se excepcionalmente este Estatuto às pessoas entre dezoito e vinte e um anos de idade.

> Art. 98. As medidas de proteção à criança e ao adolescente são aplicáveis sempre que os direitos reconhecidos nesta Lei forem ameaçados ou violados:
> I – por ação ou omissão da sociedade ou do Estado;
> II – por falta, omissão ou abuso dos pais ou responsável;
> III – em razão de sua conduta.

2.3. Políticas de Atendimento

Para viabilizar a proteção integral, isto é, para garantia da sobrevivência, do desenvolvimento e da integridade de todas as crianças e adolescentes, sem exceção alguma, deverá ser adotada uma política de atendimento.

> Como o ECA define a política de atendimento?
> A política de atendimento dos direitos da criança e do adolescente far-se-á através de um conjunto articulado de ações governamentais e não governamentais, da União, dos Estados, do Distrito Federal e dos Municípios". (art. 86 ECA)

Como se pode ver, **a articulação** é um elemento constitutivo da definição da política de atendimento à criança e ao adolescente. Articulação é uma forma de atuação conjunta entre pessoas, grupos e organizações que se dispõem a trabalhar de forma convergente e complementar em função de propósitos comuns, colocados acima de suas eventuais divergências.

Os outros grandes princípios estruturadores da política de atendimento estão elencados no **Art. 88** do ECA e são os seguintes:

A) Descentralização: A descentralização realizar-se-á da municipalização das ações, como consequência de uma nova divisão do trabalho social entre a União, os Estados e os Municípios.

397

B) Participação: A participação ocorre pelo envolvimento da população, através de suas organizações representativas e de sua participação direta, na formulação das políticas públicas e no controle das ações em todos os níveis. Essa participação se materializa, principalmente, através dos Conselhos de Direitos e dos Conselhos Tutelares.

C) Sustentabilidade: Este princípio se concretiza pela criação e manutenção de fundos constituídos por recursos orçamentários, transferências e doações de pessoas físicas e jurídicas dedutíveis do Imposto de Renda. Estes fundos são geridos pelos Conselhos Nacional, Estaduais e Municipais dos Direitos da Criança e do Adolescente.

D) Mobilização: Este princípio estabelece a mobilização da opinião pública no sentido de assegurar a participação dos diversos segmentos da sociedade na política de atendimento (Art. 88 inciso VI do ECA).

2.4. Conselho Tutelar

Conselho Tutelar é uma das entidades públicas competentes a salvaguardar os direitos das crianças e dos adolescentes nas hipóteses em que haja desrespeito, inclusive com relação a seus pais e responsáveis, bem como aos direitos e deveres previstos na legislação do ECA e na Constituição.

Cada município deverá haver, no mínimo, um Conselho Tutelar composto de cinco membros, escolhidos pela comunidade local, regularmente eleitos e empossados, encarregado pela sociedade de zelar pelo cumprimento dos direitos da criança e do adolescente.

São deveres dos Conselheiros Tutelares:

1. Atender crianças e adolescentes e aplicar medidas de proteção.
2. Atender e aconselhar os pais ou responsável e aplicar medidas pertinentes previstas no Estatuto da Criança e do Adolescente.
3. Promover a execução de suas decisões, podendo requisitar serviços públicos e entrar na Justiça quando alguém, injustificadamente, descumprir suas decisões.
4. Levar ao conhecimento do Ministério Público fatos que o Estatuto tenha como infração administrativa ou penal.
5. Encaminhar à Justiça os casos que a ela são pertinentes.
6. Tomar providências para que sejam cumpridas as medidas socioeducativas aplicadas pela Justiça a adolescentes infratores.
7. Expedir notificações em casos de sua competência.
8. Requisitar certidões de nascimento e de óbito de crianças e adolescentes, quando necessário.
9. Assessorar o Poder Executivo local na elaboração da proposta orçamentaria para planos e programas de atendimento dos direitos da criança e do adolescente.
10. Entrar na Justiça, em nome das pessoas e das famílias, para que estas se defendam de programas de rádio e televisão que contrariem princípios constitucionais bem como de propaganda de produtos, práticas e serviços que possam ser nocivos à saúde e ao meio ambiente.
11. Levar ao Ministério Público casos que demandam ações judiciais de perda ou suspensão do pátrio poder.
12. Fiscalizar as entidades governamentais e não governamentais que executem programas de proteção e socioeducativos.

Considerando que todos têm o dever de zelar pela dignidade da criança e do adolescente, pondo-os a salvo de qualquer tratamento desumano, violento, aterrorizante, vexatório ou constrangedor, havendo suspeita ou confirmação de maus-tratos contra alguma criança ou adolescente, serão obrigatoriamente comunicados ao Conselho Tutelar para providências cabíveis.

2.5. Do Direito à Convivência Familiar

A convivência familiar e comunitária é um direito fundamental de crianças e adolescentes garantido pela Constituição Federal (artigo 227) e pelo Estatuto da Criança e do Adolescente (ECA).

A convivência familiar e comunitária é um direito reservado a toda criança e adolescente de ser criado e educado no seio de sua família original, e excepcionalmente se necessário, em família substituta, conforme **artigo 19** do Estatuto da Criança e do Adolescente.

A família natural tem prioridade, entidade em que a criança e o adolescente devem permanecer, salvo impossibilidade absoluta, quando se coloca o menor em família substituta.

Assim, excepcionalmente, quando necessário, a criança e o adolescente serão criados e educados por família substituta, sendo dever destas famílias concretizar todos os direitos previstos no artigo 227 da Constituição Federal.

Por sua vez, o direito à convivência comunitária é aquele que preconiza o direito fundamental da criança e do adolescente a estar incluído no âmbito da coletividade e comunidade, para que possam se desenvolver adequadamente e aprendam a conviver em sociedade.

O direito à convivência familiar e comunitária é tão importante quanto o direito à vida, à saúde, à alimentação, à educação, ao lazer, à profissionalização, à cultura, à dignidade, ao respeito e à liberdade. A nossa constituição diz que a "família é a base da sociedade" (art. 226) e que compete a ela, ao Estado, à sociedade em geral e às comunidades "assegurar à criança e ao adolescente o exercício de seus direitos fundamentais" (art. 227).

Dessa forma, se prioriza que a criança permaneça em sua família original, diferentemente de antigamente, onde ao perceber a família "desestruturada" que se encontrava tal criança, o estado remetia a instituições de caridade, não se preocupando com os traumas e possíveis consequências acarretados a elas.

A família sendo um dos sustentáculos para efetivação de direitos das crianças e adolescentes, quando não puder por seus próprios meios concretizar tais direitos, deve recorrer ao poder público, sendo dever deste disponibilizar todos recursos necessários para garantir a convivência digna de crianças e adolescentes junto às suas famílias.

Não se trata de um favor do estado, mas de um dever de concretização de direitos da criança e do adolescente que se violado deve ser comunicado ao Conselho Tutelar. O Conselho Tutelar, não tem a função de retirar a criança do âmbito familiar, prerrogativa esta do poder judiciário, mas de fiscalizar se seus direitos fundamentais não estão sendo violados

Enfim, para que crianças e adolescentes possam desfrutar da fase de desenvolvimento, nada mais sensato que permaneçam perto daqueles que estas possuem um vínculo de afetividade e carinho, onde cabe a família, sociedade e Estado proporcionar tal direito.

2.6. Medidas Específicas de Proteção (Acolhimento Institucional)

Quando a família, em vez de proteger a criança e o adolescente, viola seus direitos, uma das medidas previstas no Estatuto da Criança e do Adolescente (artigo 101) para impedir a violência e a negligência contra eles é **o acolhimento institucional**.

De acordo com os artigos 22 e 24 do Estatuto, a medida extrema de suspensão do poder familiar deve ser aplicada apenas nos casos em que, injustificadamente, os pais ou responsáveis deixarem de cumprir os deveres de sustentar e proteger seus filhos, em que as crianças e adolescentes forem submetidos a abusos ou maus tratos ou devido ao descumprimento de determinações judiciais.

O acolhimento institucional deve ser uma medida **excepcional e provisória** e o ECA obriga que se assegure a "preservação dos vínculos familiares e a integração em família substituta quando esgotados os recursos de manutenção na família de origem" (artigos 92 e 100). Nessa hipótese, a lei manda que a colocação em família substituta se dê em definitivo, por meio da adoção ou, provisoriamente, via tutela ou guarda (artigos 28 a 52 do ECA), sempre por decisão judicial.

> Art. 98. As medidas de proteção à criança e ao adolescente são aplicáveis sempre que os direitos reconhecidos nesta Lei forem ameaçados ou violados:
> I – por ação ou omissão da sociedade ou do Estado;
> II – por falta, omissão ou abuso dos pais ou responsável;
> III – em razão de sua conduta.

> **Art. 101.** Verificada qualquer das hipóteses previstas no art. 98, a autoridade competente poderá determinar, dentre outras, as seguintes **medidas**:
> I – encaminhamento aos pais ou responsável, mediante termo de responsabilidade;
> II – orientação, apoio e acompanhamento temporários;
> III – matrícula e frequência obrigatórias em estabelecimento oficial de ensino fundamental;
> IV – inclusão em serviços e programas oficiais ou comunitários de proteção, apoio e promoção da família, da criança e do adolescente; (Redação dada pela Lei nº 13.257, de 2016)
> V – requisição de tratamento médico, psicológico ou psiquiátrico, em regime hospitalar ou ambulatorial;
> VI – inclusão em programa oficial ou comunitário de auxílio, orientação e tratamento a alcoólatras e toxicômanos;
> VII – acolhimento institucional; (Redação dada pela Lei nº 12.010, de 2009) Vigência
> VIII – inclusão em programa de acolhimento familiar; (Redação dada pela Lei nº 12.010, de 2009) Vigência
> IX – colocação em família substituta.

O acolhimento institucional está previsto no art. 101, inciso VII, do ECA, sendo medida de proteção para as crianças e adolescentes cujos direitos estão sendo ameaçados ou violados. Antes da lei nº 12.010 de 2009, era chamado de abrigamento e a mudança mais significativa com o advento dessa Lei foi a determinação da competência do juiz de direito para aplicar tal medida, ressalvado em casos excepcionais, em que o Conselho Tutelar tem como atribuição aplicar medidas de proteção, inclusive o acolhimento institucional, conforme artigo 93, da Lei 12.010 de 2009:

> Art. 93 – As entidades que mantenham programa de acolhimento institucional poderão, em caráter excepcional e de urgência, acolher crianças e adolescentes sem prévia determinação da autoridade competente, fazendo comunicação do fato em até 24 (vinte e quatro) horas ao Juiz da Infância e da Juventude, sob pena de responsabilidade.

ESTATUTO DA CRIANÇA E DO ADOLESCENTE

Assim, nas situações em que não for possível aguardar a determinação judicial, entende-se que o acolhimento institucional poderá ser realizado sem ordem judicial pelo Conselho Tutelar, que deverá comunicar a aplicação da medida ao juiz dentro do prazo de 24 horas.

O acolhimento institucional é caracterizado pela permanência da criança ou do adolescente junto a uma entidade de assistência e atendimento, que pode ser governamental ou não. Essa medida é utilizada como forma de transição para reintegração familiar ou, caso essa hipótese não seja possível, para a colocação da criança ou do adolescente em família substituta.

Após o acolhimento institucional, a entidade responsável deverá elaborar um plano individual de atendimento, visando à reintegração familiar, salvo quando há existência de ordem escrita e fundamentada em outro sentido emanada de autoridade competente.

Por esse motivo, a criança ou adolescente devem ser acolhidos no local mais próximo à residência dos pais ou do responsável e, quando for identificada a necessidade, a família de origem será incluída em programas oficiais de orientação, de apoio e de promoção social, com o objetivo de efetivar a reintegração familiar, conforme legislação vigente.

Porém, quando identificada a impossibilidade de reintegração da criança ou do adolescente à família de origem, deverá ser enviado relatório fundamentado ao Ministério Público, escrita pelos técnicos da entidade ou responsáveis pela execução da garantia do direito à convivência familiar, no sentido de destituir o poder familiar ou destituir a tutela ou guarda.

Existem outras formas de acolhimento, como em famílias-guardiãs, acolhedoras ou solidárias, mas é necessário observar que o encaminhamento da criança para essa família deve ser feito também mediante estudo elaborado por equipe preparada tecnicamente, analisando o perfil da criança suas condições de adequação ao grupo familiar. Será feito um termo de guarda provisória expedido pela autoridade judiciária.

2.7. Das Medidas Pertinentes aos Pais ou Responsável

Acerca do instituto do poder familiar, a nossa Codificação Civil, em seu artigo 1.634, direciona o real papel deste poder exercido pelos pais, elucidando que tais pormenores sejam respeitados e reconhecidos na relação entre pais e filhos, para que não seja necessária nenhuma intervenção do judiciário quanto ao seu não cumprimento:

> Art. 1.634. Compete aos pais, quanto à pessoa dos filhos menores:
> I – dirigir-lhes a criação e educação;
> II – tê-los em sua companhia e guarda;
> III – conceder-lhes ou negar-lhes consentimento para casarem;
> IV – nomear-lhes tutor por testamento ou documento autêntico, se o outro dos pais não lhe sobreviver, ou o sobrevivo não puder exercer o poder familiar;
> V – representá-los, até aos dezesseis anos, nos atos da vida civil, e assisti-los, após essa idade, nos atos em que forem partes, suprindo-lhes o consentimento;
> VI – reclamá-los de quem ilegalmente os detenha;
> VII – exigir que lhes prestem obediência, respeito e os serviços próprios de sua idade e condição.

Vê-se, pois, que cabe ao detentor do poder familiar cumprir ao menos o disposto no supracitado artigo 1.634 do Código de Direito civil, sem deixar de dar atenção especial a nossa Carta Magna, que em seu artigo 229 prevê que "os pais têm o dever de assistir, criar e educar os filhos menores, e os filhos maiores têm o dever de ajudar e amparar os pais na velhice, carência ou enfermidade".

Ter o poder familiar não significa apenas o dever de proteger, mas também assistir na criação filhos, para proporcionar-lhes um bom desenvolvimento,

O **Conselho Tutelar** tem como uma de suas atribuições, que se encontra no artigo 136 do ECA, a aplicação de medidas de proteção quando se trata de crianças ou adolescentes, porém, qualquer criança origina-se dentro de uma família e muitas vezes para assegurar o direito da criança ou adolescente é necessário que o Conselho Tutelar também aplique medidas aos pais ou responsáveis.

A aplicação destas medidas está descrita no artigo 129 e a finalidade é fazer com que a família, que é responsável pela criança, cumpra sua função social de cuidar e educar os próprios filhos.

O Estatuto da Criança e do Adolescente institui medidas aplicáveis aos pais ou responsáveis de encaminhamento a programa de proteção a família, inclusão em programa de orientação a alcoólatras e toxicômanos, encaminhamento a tratamento psicológico ou psiquiátrico, encaminhamento a cursos ou programas de orientação, obrigação de matricular e acompanhar o aproveitamento escolar do menor, advertência, perda da guarda, destituição da tutela e até suspensão ou destituição do pátrio poder.

De fato, dispõe o artigo 129:

Art. 129. São medidas aplicáveis aos pais ou responsável:
I – encaminhamento a serviços e programas oficiais ou comunitários de proteção, apoio e promoção da família;
II – inclusão em programa oficial ou comunitário de auxílio, orientação e tratamento a alcoólatras e toxicômanos;
III – encaminhamento a tratamento psicológico ou psiquiátrico;
IV – encaminhamento a cursos ou programas de orientação;
V – obrigação de matricular o filho ou pupilo e acompanhar sua frequência e aproveitamento escolar;
VI – obrigação de encaminhar a criança ou adolescente a tratamento especializado;
VII – advertência;
VIII – perda da guarda;
IX – destituição da tutela;
X – suspensão ou destituição do poder familiar
Parágrafo único. Na aplicação das medidas previstas nos incisos IX e X deste artigo, observar-se-á o disposto nos arts. 23 e 24.

E ainda:

Art. 130. Verificada a hipótese de maus-tratos, opressão ou abuso sexual impostos pelos pais ou responsável, a autoridade judiciária poderá determinar, como medida cautelar, o afastamento do agressor da moradia comum.
Parágrafo único. Da medida cautelar constará, ainda, a fixação provisória dos alimentos de que necessitem a criança ou o adolescente dependentes do agressor.

O ideal é não retirar a criança da família, porque a mãe ou responsáveis não está sabendo cuidar, mas ao contrário, o Estado deve fortalecer e educar essa mãe através do oferecimento de políticas públicas para que ela mesma cuide e eduque seu próprio filho.

ESTATUTO DA CRIANÇA E DO ADOLESCENTE

A **suspensão do poder familiar** é uma restrição no exercício da função dos pais, estabelecida por decisão judicial e que perdura enquanto for necessária aos interesses do filho. De acordo com o artigo 1.637 do Código Civil, *"se o pai ou a mãe abusar de sua autoridade, faltando aos deveres a ele inerentes ou arruinando os bens dos filhos, cabe ao juiz, requerendo algum parente, ou o Ministério Público, adotar a medida que lhe pareça reclamada pela segurança do menor e seus haveres, até suspendendo o poder familiar, quando convenha.".*

A suspensão pode ser decretada em relação a um único filho ou todos os filhos de um casal. Uma possibilidade de suspensão, por exemplo, é quando constatado o emprego do filho em ocupação proibida ou contrária à moral e aos bons costumes, ou que coloquem em risco a sua saúde. Outra possibilidade para suspensão é a condenação dos pais, em virtude de crime, cuja pena exceda a dois anos de prisão. A suspensão pode ser revista e modificada pelo magistrado sempre que se alterarem o cenário e os fatos que a provocaram.

De acordo com este artigo, "se o pai, ou a mãe, abusar de sua autoridade, faltando aos deveres a eles inerentes ou arruinando os bens dos filhos, cabe ao juiz, requerendo algum parente, ou o Ministério Público, adotar a medida que lhe pareça reclamada pela segurança do menor e seus haveres, até suspendendo o poder familiar, quando convenha".

Já **perda do poder familiar** é a forma mais grave de destituição do poder familiar e se dá por ato judicial quando o pai ou mãe castigar imoderadamente o filho, deixá-lo em abandono, praticar atos contrários à moral e aos bons costumes ou incidir de forma reiterada no abuso de sua autoridade, faltando aos deveres a eles inerentes ou arruinando os bens do filho menor, entregar de forma irregular o filho a terceiros para fins de adoção.

Nos casos em que há possibilidade de recomposição dos laços de afetividade entre pais e filhos, a suspensão do poder familiar deve ser preferida à perda.

Outro ponto que merece destaque, estabelecido pelo artigo 23 do ECA, é que a **falta ou a carência de recursos materiais** não constitui motivo suficiente para a perda ou a suspensão do poder familiar.

Da mesma forma, a presença de deficiência, transtorno mental ou outras doenças dos pais ou responsáveis também não deve, por si só, impedir o convívio familiar ou provocar o acolhimento dos filhos em instituições.

Já a **extinção do poder familiar** é um termo jurídico que se aplica a situações em que há interrupção definitiva do poder familiar, como, por exemplo, pela morte de um dos pais ou do filho ou emancipação do filho. A extinção também pode ocorrer em caso de maioridade do filho, adoção da criança ou do adolescente ou ainda a perda em virtude de uma decisão judicial.

Em relação ao procedimento para que seja determinada a suspensão ou perda do poder familiar, o ECA estabelece que deve ser provocado pelo Ministério Público ou pela parte interessada, por meio de uma petição inicial que informe, entre outros aspectos, as provas que serão produzidas e contenha a exposição sumária do fato. Caso exista um motivo grave, o juiz poderá determinar a suspensão do poder familiar por meio de uma medida liminar até o julgamento definitivo da causa, confiando a criança ou adolescente a uma pessoa idônea ou a uma casa de acolhimento. Os pais serão ouvidos e poderão defender-se perante a Justiça. Nesse caso, o juiz deve determinar a realização de estudo social da família envolvida, ou perícia por equipe interprofissional. Na audiência, são ouvidas as testemunhas e o juiz tem o prazo máximo de 120 dias para proferir a sentença.

2.8. Ato Infracional e Medidas Socioeducativas

Ainda com toda proteção às crianças e aos adolescentes, a delinquência é uma realidade social, principalmente nas grandes cidades, sem previsão de término, fazendo com que tenha tratamento diferenciado dos crimes praticados por agentes imputáveis.

O ECA trata do ato infracional, conceituando-o em seu artigo 103 senão vejamos: "Art. 103. **Considera-se ato infracional a conduta descrita como crime ou contravenção penal**".

Segundo o ECA (art. 103) o ato infracional é a conduta da criança e do adolescente que pode ser descrita como crime ou contravenção penal. Se o infrator for pessoa com mais de 18 anos, o termo adotado é crime, delito ou contravenção penal.

No caso do art. 103, embora a prática do ato seja descrita como criminosa, o fato de não existir a culpa, em razão da imputabilidade penal, a qual somente se inicia aos 18 anos, não será aplicada a pena às crianças e aos adolescentes, mas apenas **medidas socioeducativas**. Dessa forma, a conduta delituosa da criança ou adolescente será denominada tecnicamente de ato infracional, abrangendo tanto o crime como as contravenções penais

Nas hipóteses do menor cometer ato infracional, cuja conduta sempre estará descrita como crime ou contravenção penal para os imputáveis, poderão sofrer sanções específicas aquelas descritas no estatuto como **medidas socioeducativas**.

> Art. 104. São penalmente inimputáveis os menores de dezoito anos, sujeitos às medidas previstas nesta Lei. Parágrafo único. Para os efeitos desta Lei, deve ser considerada a idade do adolescente à data do fato.

Os menores de 18 anos são penalmente inimputáveis, mas respondem pela prática de **ato infracional** cuja sanção será desde a adoção de medida protetiva de encaminhamento aos pais ou responsável, orientação, apoio e acompanhamento, matricula e frequência em estabelecimento de ensino, inclusão em programa de auxílio à família, encaminhamento a tratamento médico, psicológico ou psiquiátrico, abrigo, tratamento toxicológico e, até, colocação em família substituta.

Assim, a criança (pessoa até 12 anos incompletos), se praticar algum ato infracional, será encaminhada ao Conselho Tutelar e estará sujeita **às medidas de proteção** previstas no art. 101; o adolescente (entre 12 de 18 anos), ao praticar ato infracional, estará sujeito a processo contraditório, com ampla defesa. Após o devido processo legal, receberá ou não uma "sanção", denominada **medida socioeducativa**, prevista no art. 112, do ECA.

As medidas socioeducativas constituem na resposta estatal, aplicada pela autoridade judiciária, ao adolescente que cometeu ato infracional. Embora possuam aspectos sancionatórios e coercitivos, não se trata de *penas* ou *castigos*, mas de oportunidades de inserção em processos educativos (não obstante, compulsórios) que, se bem-sucedidos, resultarão na construção ou reconstrução de projetos de vida desatrelados da prática de atos infracionais e, simultaneamente, na inclusão social plena.

Assim, o adolescente entre 12 e 18 anos incompletos (inimputáveis) que pratica algum ato infracional, além das medidas protetivas já descritas, a autoridade competente poderá

ESTATUTO DA CRIANÇA E DO ADOLESCENTE

aplicar medida socioeducativa de acordo com a capacidade do ofensor, circunstâncias do fato e a gravidade da **infração, são elas:**

A) Advertências – admoestação verbal, reduzida a termo e assinada pelos adolescentes e genitores sob os riscos do envolvimento em atos infracionais e sua reiteração. Seu propósito é evidente: alertar o adolescente e seus genitores ou responsáveis para os riscos do envolvimento no ato infracional. Para ser aplicada tal medida é preciso prova da materialidade da infração e indícios suficientes de autoria (art. 114, § único).

B) Obrigação de reparar o dano – Em se tratando de ato infracional com reflexos patrimoniais, a autoridade judiciária poderá aplicar a medida prevista no art. 116 do ECA, determinando que o adolescente restitua a coisa, promova o ressarcimento do dano, ou por outra forma compense o prejuízo da vítima. Ocorrendo manifesta impossibilidade, a medida poderá ser substituída por outra mais adequada, para evitar que não sejam os pais do adolescente os verdadeiros responsáveis pelo seu cumprimento, pois em caso contrário como aponta os Profs. Eduardo Roberto de Alcântra Del-Campo e Thales César de Oliveira, "a *reprimenda* acabaria fugindo da pessoa do infrator, perdendo seu caráter educativo".

C) Prestação de serviços à comunidade –A medida socioeducativa, prevista no art. 112, III, e disciplinada no art. 117 e seu § único, do ECA, consiste na prestação de serviços comunitários, por período não excedente a seis meses, junto a entidades assistenciais, hospitais, escolas e outros estabelecimentos congêneres, bem como programas comunitários ou governamentais e não governamentais. Tem por objetivo conscientizar o menor infrator sobre valores e solidariedade social.

D) Liberdade assistida – Esta medida destina-se a acompanhar, auxiliar e orientar o adolescente. O caso será acompanhado por pessoa capacitada, designada pela autoridade. Deverá ser nomeado um orientador, a quem incumbirá promover socialmente o adolescente e sua família, supervisionar a frequência escolar, diligenciar a profissionalização. Medida de grande eficácia para o enfretamento da prática de atos infracionais, na medida em que atua juntamente com a família e o controle por profissionais (psicólogos e assistentes sociais) do Juizado da Infância e Juventude. Caso se mostre inadequada ao caso concreto, a medida de liberdade assistida poderá ser substituída por outra a qualquer tempo (arts. 99 e 113 do ECA).

A ideia desta medida é manter o infrator no seio familiar de forma que fique integrado na sociedade e com apoio de seus entes queridos e sobre a supervisão da autoridade judiciária, a quem cabe determinar o cumprimento e cessação da medida (art. 118, § 2º e 181, § 1º do ECA).

E) Semiliberdade – medida de média extremidade, uma vez que exigem dos adolescentes infratores o trabalho e estudo durante o dia, mas restringe sua liberdade no período noturno, mediante recolhimento em entidade especializada. É admissível como início ou como forma de progressão para o meio aberto. Comporta o exercício de atividades externas, independentemente de autorização judicial. É obrigatória a escolarização e a profissionalização. Não comporta prazo determinado, devendo ser aplicadas as disposições a respeito da internação, no que couber. Deverá ser revista a cada 6 meses (art. 121, § 2º, subsidiariamente).

Com o fito de preservar os vínculos familiares e sociais, o ECA inovou ao permitir a sua aplicação desde o início do atendimento, possibilitada a realização de atividades externas, independentemente de autorização judicial (arts. 112, inciso V, e 120, §§1º e 2º do ECA).

Sendo obrigatória a escolarização e a profissionalização, não comportando prazo determinado, aplicando-se, no que couber, as disposições relativas à internação.

F) Internação por tempo indeterminado – medida mais extrema do Estatuto da Criança e do Adolescente devido à privação total da liberdade. Aplicada em casos mais graves e em caráter excepcional. É medida privativa de liberdade, sujeita aos princípios da brevidade, excepcionalidade e respeito à condição peculiar de pessoas em desenvolvimento. Esta medida é a mais severa de todas as medidas previstas no ECA, por privar o adolescente de sua liberdade. Deve ser aplicada somente aos casos mais graves, em caráter excepcional e com a observância do devido processo legal, conforme prescreve o ditame constitucional e o ECA.

Antes da sentença, a internação somente pode ser determinada pelo prazo máximo de 45 dias, mediante decisão fundamentada baseada em fortes indícios de autoria e materialidade do ato infracional.

Uma vez aplicada as medidas socioeducativas podem ser implementadas até que sejam completados 18 anos de idade. Contudo, o cumprimento pode chegar aos 21 anos de idade nos casos de internação, nos termos do art. 121, §5º do ECA.

Assim como no sistema penal tradicional, as sanções previstas no Estatuto da Criança e do Adolescente apresentam preocupação com a **reeducação e a ressocialização dos menores infratores**. Portanto, devem ser aplicadas levando-se em consideração as características do ato infracional cometido (circunstâncias e gravidade), as peculiaridades do adolescente que o cometeu (inclusive a sua capacidade de compreender e de cumprir as medidas que lhe serão impostas) e suas necessidades pedagógicas (nos requisitos mencionados, sobressai a relevância do trabalho da equipe interprofissional – formada por, minimamente, pedagogo, psicólogo e assistente social – prevista nos artigos 150 e 151 do ECA que, entre outras atribuições, deve assessorar a Justiça da Infância e da Juventude nas decisões afetas à aplicação das medidas socioeducativas, apontando as necessidades pedagógicas específicas em função das peculiaridades de cada adolescente e sugerindo, a partir disso, as medidas socioeducativas e/ou de proteção mais adequadas a cada caso), dando-se preferência àquelas medidas que visem ao fortalecimento dos vínculos familiares e comunitários (ECA, artigos 112 e 113, combinados com o artigo 100). Convém assinalar que a autoridade judiciária também pode aplicar (cumulativamente ou não) as medidas específicas de proteção que pertencem ao rol das medidas socioeducativas (*ECA, artigo 112, inciso VII*).

2.9. Da Remissão

A Remissão é uma espécie de perdão concedido pelo Promotor de Justiça ou pelo Juiz de Direito. Trata-se de ato bilateral, onde o adolescente, juntamente com seus pais troca o processo por uma medida antecipada.

ESTATUTO DA CRIANÇA E DO ADOLESCENTE

2.9.1. Espécies

A) Remissão Ministerial: é concedida pelo promotor de justiça como forma de exclusão do processo (antes de **se iniciar o processo socioeducativo).**

B) Remissão Judicial: concedida pelo Juiz, após o início do processo. Ela suspende ou extingue o processo.

Em qualquer caso ela pode ser pura (perdão) ou cumulada com uma medida socioeducativa.

Existe um entendimento, com base na Súmula 108 do STJ segundo o qual o representante do Ministério Público somente pode conceder a remissão pura, sendo-lhe vedada a aplicação cumulada de qualquer medida socioeducativa.

A remissão não implica em reconhecimento de culpa e nem prevalece para efeitos de antecedentes.

3. QUESTÕES APLICADAS EM EXAMES ANTERIORES

01. (2018 – FGV – XXVII EXAME) Joaquim, adolescente com 15 anos de idade, sofre repetidas agressões verbais por parte de seu pai, José, pessoa rude que nunca se conformou com o fato de Joaquim não se identificar com seu sexo biológico. Os atentados verbais chegaram ao ponto de lançar Joaquim em estado de depressão profunda, inclusive sendo essa clinicamente diagnosticada.

Constatada a realidade dos fatos acima narrados, assinale a afirmativa correta.

(A) Os fatos descritos revelam circunstância de mero desajuste de convívio familiar, não despertando relevância criminal ou de tutela de direitos individuais do adolescente, refugindo do alcance da Lei nº 8.069/90 (ECA).

(B) O juízo competente poderá determinar o afastamento de José da residência em que vive com Joaquim, como medida cautelar para evitar o agravamento do dano psicológico do adolescente, podendo, inclusive, fixar pensão alimentícia provisória para o suporte de Joaquim.

(C) O juiz poderá afastar cautelarmente José da moradia comum com Joaquim, sem que isso implique juízo definitivo de valor sobre os fatos – razão pela qual não é viável a estipulação de alimentos ao adolescente, eis que irreversíveis.

(D) A situação descrita não revela motivação legalmente reconhecida como suficiente a determinar o afastamento de José da moradia comum, recomendando somente o aconselhamento educacional do pai.

GABARITO: B. COMENTÁRIOS: Art. 130. Verificada a hipótese de maus-tratos, opressão ou abuso sexual impostos pelos pais ou responsável, a autoridade judiciária poderá determinar, como medida cautelar, o afastamento do agressor da moradia comum.

Parágrafo único. Da medida cautelar constará, ainda, a fixação provisória dos alimentos de que necessitem a criança ou o adolescente dependentes do agressor.

02. (2018 – FGV – XXVII EXAME) Os irmãos João, 12 anos, Jair, 14 anos, e José, 16 anos, chegam do interior com os pais, em busca de melhores condições de vida para a família. Os três estão matriculados regularmente em estabelecimento de ensino e gostariam de trabalhar para ajudar na renda da casa.

Sobre as condições em que os três irmãos conseguirão trabalhar formalmente, considerando os Direitos da Criança e do Adolescente, assinale a afirmativa correta.

(A) João: não; Jair: contrato de aprendizagem; José: contrato de trabalho especial, salvo atividades noturnas, perigosas ou insalubres.

(B) João: contrato de aprendizagem; Jair: contrato de trabalho especial, salvo atividades noturnas, perigosas ou insalubres; José: contrato de trabalho.

(C) João: não; Jair e José: contrato especial de trabalho, salvo atividades noturnas, perigosas ou insalubres

(D) João: contrato de aprendizagem; Jair: contrato de aprendizagem; José: contrato de aprendizagem.

GABARITO: B. COMENTÁRIOS: Art. 60. É proibido qualquer trabalho a menores de quatorze anos de idade, salvo na condição de aprendiz.

03. (2018 – FGV – Unificado – XXVII EXAME) Ana, que sofre de grave doença, possui um filho, Davi, com 11 anos de idade. Ante o falecimento precoce de seu pai, Davi apenas possui Ana como sua representante legal.

De forma a prevenir o amparo de Davi em razão de seu eventual falecimento, Ana pretende que, na sua ausência, seu irmão, João, seja o tutor da criança.

Para tanto, Ana, em vida, poderá nomear João por meio de

(A) escritura pública de constituição de tutela.

(B) testamento ou qualquer outro documento autêntico.

(C) ajuizamento de ação de tutela.

(D) diretiva antecipada de vontade.

GABARITO B. COMENTÁRIOS: Art. 37. O tutor nomeado por testamento ou qualquer documento autêntico, conforme previsto no parágrafo único do art. 1.729 da Lei no 10.406, de 10 de janeiro de 2002 – Código Civil, deverá, no prazo de 30 (trinta) dias após a abertura da sucessão, ingressar com pedido destinado ao controle judicial do ato, observando o procedimento previsto nos arts. 165 a 170 desta Lei.

04. (2018 – FGV – XXVII EXAME) Perpétua e Joaquim resolveram mover ação de indenização por danos morais contra um jornal de grande circulação. Eles argumentam que o jornal, ao noticiar que o filho dos autores da ação fora morto em confronto com policiais militares, em 21/01/2015, publicou o nome completo do menor e sua foto sem a tarja preta nos olhos, o que caracteriza afronta aos artigos 17, 18, 143 e 247 do Estatuto da Criança e do Adolescente. Esses artigos do ECA proíbem a divulgação da imagem e da identidade de menor envolvido em ato infracional.

Diante dos fatos narrados, assinale a afirmativa correta.

(A) O jornal agiu com abuso no direito de informar e deve indenizar pelos danos causados.

(B) O jornal não incorreu em ilícito, pois pode divulgar a imagem de pessoa suspeita da prática de crime.

(C) Restou caracterizado o ilícito, mas, tratando-se de estado de emergência, não há indenização de danos.

(D) Não houve abuso do direito ante a absoluta liberdade de expressão do jornal noticiante.

GABARITO A. COMENTÁRIOS: Art. 143. É vedada a divulgação de atos judiciais, policiais e administrativos que digam respeito a crianças e adolescentes a que se atribua autoria de ato infracional.

DIREITO DO CONSUMIDOR

Reyvani Jabour

1. DIREITO DO CONSUMIDOR

A Constituição de 1988, em seu artigo 170, inciso V, prevê a defesa do consumidor como um dos princípios gerais da atividade econômica, visto que o consumidor é um dos responsáveis pelo desenvolvimento econômico de um país.

O Código de Proteção e Defesa do Consumidor foi editado segundo os Princípios de um Estado Democrático de Direito aliado à Dignidade da Pessoa Humana. Para tanto, o artigo 5º, inciso XXXII, da Carta Magna, reza que o Estado promoverá, na forma da lei, a defesa do consumidor, como meio de garantia aos direitos à vida, liberdade, segurança e propriedade, os quais têm ligação direta com o consumo.

Para a implementação da defesa do consumidor mister se fez a criação de um conjunto de normas para regê-la. Sendo assim, o artigo 4º do Código de Defesa do Consumidor trata acerca da **Política Nacional das Relações de Consumo,** com vistas a atender às necessidades dos consumidores, respeitando a saúde, dignidade, segurança, proteção dos interesses econômicos, melhoria da qualidade de vida, visando a transparência e harmonia das relações de consumo.

Sua <u>função</u> é **padronizar a atuação do Estado, dos órgãos administrativos e das entidades civis e inspirar a interpretação e aplicação das normas.**

1.1. Princípios Fundamentais do CDC

O estudo dos princípios consagrados pelo CDC é um dos pontos de partida para a compreensão do sistema adotado pela Lei Consumerista como norma protetiva dos vulneráveis negociais.

A) Princípio da defesa do consumidor pelo Estado

Previsto no art. 4º, II, do CDC:

II – ação governamental no sentido de proteger efetivamente o consumidor:

a) por iniciativa direta [**Procons**];

b) por incentivos à criação e desenvolvimento de associações representativas [**IDEC**];

c) pela presença do Estado no mercado de consumo[**produção e fornecimento de medicamentos**];

d) pela garantia dos produtos e serviços com padrões adequados de qualidade, segurança, durabilidade e desempenho [**INMETRO**].

A intervenção estatal é necessária para buscar o reequilíbrio das relações de consumo que são, por essência, desiguais.

B) Princípio do protecionismo do consumidor

Implícito no art. 6º do CDC, o princípio da proteção consagra a proteção básica aos bens jurídicos mais relevantes, a saber:

Incolumidade física (inciso I)

Refere-se ao direito à vida, à saúde e segurança do consumidor em relação aos riscos oferecidos por produtos e serviços considerados perigosos ou nocivos;

Incolumidade psíquica (inciso II)

Diz respeito à liberdade de escolha e igualdade nas contratações;

Incolumidade econômica (incisos III e IV)

Relaciona-se aos riscos de lesão econômica afetos a preço, características dos produtos e serviços, práticas abusivas etc.

C) Da Vulnerabilidade – (Artigo 4º, inciso I do CDC)

Por esse princípio reconhece-se que na relação de consumo há sempre uma parte mais fraca, vulnerável. Essa parte necessita de proteção especial para que haja o reequilíbrio das relações de consumo (é um dos objetivos do CDC).

A vulnerabilidade pode ser:

a) Técnica: falta de conhecimentos específicos sobre o objeto;

b) Jurídica ou científica: ausência de conhecimento normativo, contábil, econômico ou profissional;

c) Fática: por disparidade de forças, física, intelectual ou socioeconômica.

d) Informacional: for omissão ou manipulação de informação por parte do fornecedor.

> **Vulnerabilidade possui o mesmo significado que hipossuficiência?** Os dois conceitos envolvem a fragilidade do consumidor, porém são institutos diferentes. Vulnerabilidade é um conceito material, portanto, presumido. Presume-se que o consumidor é a parte mais fraca da relação jurídica de consumo. Já a hipossuficiência é um fenômeno de direito processual, que precisa ser comprovado no caso concreto. O consumidor é sempre vulnerável, mas a hipossuficiência deve ser comprovada no caso concreto, ou seja, nem todo consumidor é hipossuficiente, conforme art. 6º, VIII, do CDC.

Vê-se, pois que o conceito de vulnerabilidade é diverso de hipossuficiência. Todo consumidor é sempre vulnerável, característica intrínseca à própria condição de destinatário final do produto ou serviço, mas nem sempre será hipossuficiente.

D) Princípio da hipossuficiência do Consumidor (Art. 6º, VIII)

A hipossuficiência é um conceito fático e não jurídico, fundando em uma disparidade ou discrepância notada no caso concreto. Seu conceito vai além do sentido literal das expressões pobre ou sem recursos.

E) Da Boa-fé Objetiva (Artigo 4º, inciso III CDC)

A Boa-fé é um princípio orientador, no qual as partes de uma relação jurídica devem se pautar, ou seja, é o dever conduta que razoavelmente se espera das partes com vistas a impedir qualquer conduta abusiva. Não está no plano intencional, mas sim comportamental.

DIREITO DO CONSUMIDOR

A Boa-fé corresponde à lealdade e cooperação nas relações entre consumidor e fornecedor, com vistas a combater os abusos praticados no mercado, evitando que interesses particulares sobreponham-se aos interesses sociais.

A intenção do legislador foi a de harmonizar os interesses de consumidores e fornecedores, porquanto a harmonia e o equilíbrio são fatores indispensáveis para que haja a tão esperada justiça.

É no campo dos contratos que se torna ainda mais evidente a aplicação desse princípio, pois a cláusula geral de boa-fé foi adotada implicitamente pelo Código do Consumidor, devendo reputar-se inserida e existente em todas as relações jurídicas de consumo, mesmo que não inserida de forma expressa nos contratos de consumo. Nesse sentido, vale aqui citar o art. 51, inciso IV do diploma legal acima referido, que diz *in verbis*:

> Art. 51 – São nulas de pleno direito, entre outras, as cláusulas contratuais relativas ao fornecimento de produtos e serviços que:
> IV – estabeleçam obrigações consideradas iníquas, abusivas, que coloquem o consumidor em desvantagem exagerada, ou sejam incompatíveis com **a boa-fé** ou a equidade.

F) Princípio da transparência ou da confiança (art. 4º, caput, e 6º, III)

> Art. 6º São direitos básicos do consumidor:
> III – a informação adequada e clara sobre os diferentes produtos e serviços, com especificação correta de quantidade, características, composição, qualidade, tributos incidentes e preço, bem como sobre os riscos que apresentem.
> Parágrafo único. A informação de que trata o inciso III do caput deste artigo deve ser acessível à pessoa com deficiência, observado o disposto em regulamento. (Incluído pela Lei nº 13.146, de 2015)

G) Princípio da equivalência negocial (Art. 6º, II)

De acordo com inciso II, artigo 6º, fica estabelecido o compromisso de tratamento igual a todos os consumidores, consagrada a igualdade nas contratações.

H) Princípio da reparação integral dos danos (Art. 6º, IV)

Assegura aos consumidores as efetivas prevenção e reparação de danos patrimoniais e morais, individuais, coletivos e difusos;

O **dano moral coletivo** é modalidade de dano que atinge, ao mesmo tempo, vários direitos de personalidade de pessoas determinas ou determináveis. A indenização é destinada às próprias vítimas

O **dano difuso** é o dano social, pois envolvem situações em que as vítimas são indeterminadas ou indetermináveis. A indenização é para um fundo de proteção ou instituição de caridade.

I) Da Garantia de Adequação – (artigo 4º, inciso II, alínea "d" e inciso V do CDC)

Corresponde à plena adequação dos produtos e serviços ao binômio da segurança/qualidade que é o fim ideal colimado pelo sistema protetivo do consumidor, respeitando seus interesses econômicos e buscando a melhoria de sua qualidade de vida.

J) Do Acesso à Justiça – (artigo 6º, incisos VII e VIII CDC)

Todos têm direito do acesso à justiça para invocar perante o Estado qualquer que seja o seu direito. Assim, teve o legislador a preocupação de fornecer subsídios, que pudessem facilitar ainda mais o acesso a todos os cidadãos à justiça, como um meio de defesa de seus direitos como forma de reequilibrar ou reduzir a distância na qual se evoluiu entre o consumidor e o fornecedor.

2. MEIOS DE EXECUÇÃO DA POLÍTICA NACIONAL DAS RELAÇÕES DE CONSUMO

Para a execução da Política Nacional das Relações de Consumo, o Poder Executivo conta com os alguns instrumentos colocados à sua disposição para fazer valer os direitos estampados no Código de Defesa do Consumidor.

Referidos instrumentos estão elencados no artigo 5º, incisos I a V, do CDC, a saber:

I – manutenção de assistência jurídica, integral e gratuita para o consumidor carente;
II – instituição de Promotorias de Justiça de Defesa do Consumidor, no âmbito do Ministério Público;
III – criação de delegacias de polícia especializadas no atendimento de consumidores vítimas de infrações penais de consumo;
IV – criação de Juizados Especiais de Pequenas Causas e Varas Especializadas para a solução de litígios de consumo;
V – concessão de estímulos à criação e desenvolvimento das Associações de Defesa do Consumidor.

3. CONCEITOS FUNDAMENTAIS CONSTANTES DO CDC

O Código de Defesa do Consumidor, nos artigos 2º e 3º e parágrafos, apresentou os principais conceitos que regem a relação de consumo.

Consoante o artigo 2º da Lei nº 8.090/90 (CDC):

CONSUMIDOR é toda pessoa física ou jurídica que adquire ou utiliza produto ou serviço como destinatário final, ou seja, é qualquer pessoa que compra um produto ou que contrata um serviço, para satisfazer suas necessidades pessoais ou familiares.

O principal qualificador da condição de consumidor é que deve ele ser **destinatário final** do produto ou serviço.

CONSUMIDOR EQUIPARADO (BYSTANDER): Equipara-se a consumidor a coletividade de pessoas, ainda que indetermináveis, que haja intervindo nas relações de consumo.

Art. 17. Para os efeitos desta Seção, equiparam-se aos consumidores todas as vítimas do evento. Ou seja, estranhos à relação consumeirista que experimenta prejuízos decorrentes do produto ou serviço vinculado à mencionada relação.

Art. 29. Para os fins deste Capítulo e do seguinte, equiparam-se aos consumidores todas as pessoas determináveis ou não, expostas às práticas nele previstas.

FORNECEDOR, de acordo com o artigo 3º da mesma Lei, é toda pessoa física ou jurídica, pública ou privada, nacional ou estrangeira, bem como os entes despersonalizados, que desenvolvem atividade de produção, montagem, criação, construção, transformação, importação, exportação, distribuição ou comercialização de produtos ou prestação de serviços.

DIREITO DO CONSUMIDOR

Aqui a palavra fornecedor está em sentido amplo, a englobar o fornecedor de produtos em sentido estrito e o prestador de serviços.

Na verdade, o que interessa mesmo na caracterização do fornecedor ou prestador é o fato de ele desenvolver uma **atividade,** que vem a ser uma soma de atos coordenados para uma finalidade específica.

Ato contínuo, a atividade desenvolvida deve ser tipicamente **profissional,** com o intuito de lucro direto ou vantagem indireta.

> <u>FORNECEDOR EQUIPARADO</u>: Intermediário na relação de consumo, com posição de auxílio ao lado do fornecedor de produtos ou prestador de serviços.

No § 1º do artigo 3º, tem-se que

> <u>PRODUTO</u> é qualquer bem, móvel ou imóvel, material ou imaterial.

Destacando que os produtos podem ser de dois tipos: durável e não durável. Esse corresponde ao produto que acaba logo após o uso, como por exemplo, os alimentos, um sabonete, uma pasta de dentes; já o durável é o que não desaparece com o seu uso, por exemplo, um carro, uma geladeira, uma casa.

> Em contrapartida, <u>**SERVIÇO**</u> é qualquer atividade fornecida no mercado de consumo, mediante remuneração ou vantagens indiretas, inclusive as de natureza bancária, financeira, de crédito e securitária, salvo as decorrentes das relações de caráter trabalhista, como exposto no § 2º, artigo 3º, CDC.

Assim, tudo o que você paga para ser feito é considerado serviço, exemplo corte de cabelo, conserto de carro, de eletrodoméstico, serviço bancário, serviço de seguros, serviços públicos.

Tal como os produtos, os serviços podem ser duráveis e não duráveis. Serviço durável é aquele que custa a desaparecer com o uso. A pintura ou construção de uma casa ou uma prótese dentária são produtos duráveis. Serviço não durável é aquele que acaba depressa. A lavagem de uma roupa na lavanderia é um serviço não durável, pois a roupa suja logo após o uso. Outros exemplos são os serviços de jardinagem e faxina, que precisam ser feitos constantemente.

4. DIREITOS BÁSICOS DO CONSUMIDOR

Os direitos básicos do consumidor, constantes do **artigo 6º do Código de Defesa do Consumidor**, foram editados segundo os Princípios que regem a Política Nacional das Relações de Consumo.

a) O artigo 6º, inciso I do CDC, prescreve acerca da **proteção da vida, saúde e segurança contra os riscos provocados por práticas no fornecimento de produtos e serviços considerados perigosos ou nocivos** – corresponde ao <u>dever do fornecedor de informar os possíveis riscos que o produto/serviço oferece à vida, saúde, segurança e patrimônio do consumidor,</u> por exemplo, um **alimento não pode conter uma substância que pode fazer mal à saúde.**

O **artigo 8º do CDC** prescreve que os produtos e serviços colocados no mercado de consumo não acarretarão riscos à saúde ou segurança dos consumidores, exceto os consi-

413

derados normais e previsíveis em decorrência de sua natureza e fruição, obrigando-se os fornecedores, em qualquer hipótese, a dar as informações necessárias e adequadas a seu respeito. O fornecedor dos produtos e serviços que forem nocivos ou perigosos à saúde ou segurança deverá informar de maneira clara acerca dos riscos que podem causar à saúde e à vida do consumidor. Referida informação deverá ocorrer por meio de anúncios publicitários através dos meios de comunicação (imprensa, rádio e televisão), com vistas a evitar danos ao maior bem do ser humano – vida.

b) Educação e divulgação sobre o consumo adequado dos produtos e serviços, asseguradas a liberdade de escolha e a igualdade nas contratações - diz respeito ao direito de o consumidor receber orientação acerca do consumo adequado e correto dos produtos e serviços colocados à disposição no mercado de consumo. Pois assim, pode optar, decidir e escolher o produto ou serviço existente no mercado, que atenda sua necessidade.

c) Informação adequada e clara sobre os diferentes produtos e serviços, com especificação correta de quantidade, características, composição, qualidade e preço, bem como sobre os riscos que apresentem – a informação deve ser adequada e clara, não deixando dúvidas acerca do produto. Referida informação engloba a especificação correta da quantidade, características, composição, qualidade e preço do produto, assim como dos riscos que o produto possa oferecer. Importante destacar que a informação se limita aos compostos e se apresentam alguma contra indicação, não englobando o segredo industrial, que é direito do produtor.

d) Proteção contra a publicidade enganosa e abusiva, métodos comerciais coercitivos ou desleais, bem como contra práticas e cláusulas abusivas ou impostas no fornecimento de produtos e serviços - correspondem ao dever do fornecedor de publicar de modo exato, a oferta do produto oferecido, com vistas a evitar que o consumidor seja induzido a erro.

> A publicidade é **enganosa** quando contenha qualquer informação/comunicação publicitária falsa, no todo ou em parte, ou que de qualquer modo, induza o consumidor em erro, acerca da sua natureza, características, qualidade, quantidade, propriedades, origem, preço e quaisquer outros dados sobre produtos e serviços.
> É **abusiva,** a publicidade discriminatória de qualquer natureza, a que incite à violência, explore o medo ou a superstição, se aproveite da deficiência de julgamento e experiência da criança, desrespeita valores ambientais, ou que seja capaz de induzir o consumidor a se comportar de forma prejudicial ou perigosa à sua saúde ou segurança.

e) Modificação das cláusulas contratuais que estabeleçam prestações desproporcionais ou sua revisão em razão de fatos supervenientes que as tornem excessivamente onerosas – O artigo 47 do CDC prevê que as cláusulas contratuais serão interpretadas de maneira mais favorável ao consumidor. Assim, o consumidor pode requer que tais cláusulas sejam modificadas ou anuladas pelo juiz.

f) Efetiva prevenção e reparação de danos patrimoniais e morais, individuais, coletivos e difusos – a modificação das cláusulas contratuais que estabeleçam prestações desproporcionais ou sua revisão em razão de fatos supervenientes que as tornem excessivamente onerosas refere-se à comunicação, pelo consumidor, à autoridade competente, acerca da descoberta de algum vício em potencial no produto adquirido, visando a troca do produto ou devolução do valor pago. Destaca-se que a reparação pode ocorrer na esfera administrativa ou judicial.

g) Acesso aos órgãos judiciários e administrativos com vistas à prevenção ou reparação de danos patrimoniais e morais, individuais, coletivos ou difusos, assegurada a proteção Jurídica, administrativa e técnica aos necessitados – com vistas a auxiliar o consumidor, parte frágil na relação de consumo, a ter acesso ao Judiciário em busca da defesa de seus direitos devidamente assegurados no CDC. Um instrumento de destaque na execução deste direito é a inversão do ônus da prova, que corresponde à transferência ao responsável pelo dano, do ônus de provar que não houve culpa de sua parte, que a mesma é exclusiva da vítima ou que houve fato superveniente.

h) Facilitação da defesa de seus direitos, inclusive com a inversão do ônus da prova, a seu favor, no processo civil, quando, a critério do juiz, for verossímil a alegação ou quando for ele hipossuficiente, segundo as regras ordinárias de experiências – já que o fornecedor é a parte que detém o poder econômico e financeiro na relação consumerista, nada mais justo que a prova dos fatos seja de sua responsabilidade, por isso a inversão do ônus da prova, com vistas a facilitar o acesso do consumidor à Justiça, para ver/ter seus direitos garantidos.

i) Adequada e eficaz prestação dos serviços públicos em geral – os serviços públicos, como por exemplo, o transporte coletivo, o fornecimento de água e energia, são fornecidos por particulares, mas com a concessão do poder público estatal, por isso devem ser prestados de forma adequada e eficaz, consoante determina o artigo 22 da Lei nº 8.078/90 (CDC).

5. SANÇÕES CONSTANTES DO CDC PARA O FORNECEDOR QUE DESRESPEITAR SUAS REGRAS

No Código de Defesa do Consumidor existem penalidades para aquele fornecedor que não obedecer suas regras. Referidas penas são chamadas <u>sanções administrativas</u>, encontram-se listadas no **artigo 56, incisos I ao XII**, a saber:

a) multa; b) apreensão do produto; c) inutilização do produto; d) cassação do registro do produto junto ao órgão competente; e) proibição de fabricação do produto; f) suspensão de fornecimento de produtos e serviços; g) suspensão temporária da atividade; h) revogação de concessão ou permissão de uso; i) cassação de licença do estabelecimento ou da atividade; j) interdição total ou parcial, de estabelecimento, de obra ou de atividade; k) intervenção administrativa; l) imposição de contrapropaganda.

Referidas sanções podem ser aplicadas cumulativamente.

Importante destacar que além das sanções administrativas retromencionadas, há também as de natureza civil penal e das definidas em normas específicas, como prescreve o *caput* do artigo 56 do CDC.

6. RESPONSABILIDADE CIVIL NO CDC

O CDC consagra como regra a **responsabilidade objetiva e solidária d**os fornecedores de produtos e prestadores de serviços frente aos consumidores. Em verdade, o CDC adotou a teoria do risco-proveito, aquele que gera a responsabilidade sem culpa justamente por trazer benefícios, ganhos ou vantagens.

Tal opção visa facilitar a tutela dos direitos dos consumidores, em prol da reparação integral dos danos.

Exceção: responsabilidade dos profissionais liberais (art. 14, parágrafo 4º.

Casos específicos de responsabilidade no CDC

a) **Responsabilidade pelo vício do produto;**

b) **Responsabilidade pelo fato do produto (defeito)**

c) **Responsabilidade pelo vício do serviço**

d) **Responsabilidade pelo fato do serviço (defeito)**

Antes de tudo, calha distinguir o vício do fato (ou defeito).

No **vício** – seja do produto ou serviço-, o problema fica adstrito aos limites do bem de consumo, sem outras repercussões.
Já no **fato ou defeito** – seja do produto ou serviço-, há outras decorrências, como é o caso de outros danos materiais, morais e estéticos.

6.1. Responsabilidade pelo Vício do Produto ou Serviço

Art. 18. Os fornecedores de produtos de consumo duráveis ou não duráveis respondem solidariamente pelos vícios de qualidade ou quantidade que **os tornem impróprios ou inadequados ao consumo a que se destinam ou lhes diminuam o valor, assim como por aqueles decorrentes da disparidade, com a indicação constantes do recipiente, da embalagem, rotulagem ou mensagem publicitária, respeitadas as variações decorrentes de sua natureza, podendo o consumidor exigir a substituição das partes viciadas.**

§ 6º **São impróprios ao uso e consumo:** I – os produtos cujos prazos de validade estejam vencidos; II – os produtos deteriorados, alterados, adulterados, avariados, falsificados, corrompidos, fraudados, nocivos à vida ou à saúde, perigosos ou, ainda, aqueles em desacordo com as normas regulamentares de fabricação, distribuição ou apresentação; III – os produtos que, por qualquer motivo, se revelem inadequados ao fim a que se destinam

Nos casos de vício de qualidade, prevê o § 1º Não sendo o vício sanado no prazo máximo de **trinta dias,** pode o consumidor exigir, alternativamente e à sua escolha: I – a substituição do produto por outro da mesma espécie, em perfeitas condições de uso; II – a restituição imediata da quantia paga, monetariamente atualizada, sem prejuízo de eventuais perdas e danos; III – o abatimento proporcional do preço.

DIREITO DO CONSUMIDOR

§2º Poderão as partes convencionar a redução ou ampliação do prazo previsto no parágrafo anterior, não podendo ser inferior a sete nem superior a cento e oitenta dias. Nos contratos de adesão, a cláusula de prazo deverá ser convencionada em separado, por meio de manifestação expressa do consumidor.

§3º O consumidor poderá fazer uso imediato das alternativas do § 1º deste artigo sempre que, **em razão da extensão do vício,** a substituição das partes viciadas puder comprometer a qualidade ou características do produto, diminuir-lhe o valor ou se tratar de produto essencial.

§4º Tendo o consumidor optado pela alternativa do inciso I do § 1º deste artigo, **e não sendo possível a substituição do bem,** poderá haver substituição por outro de espécie, marca ou modelo diversos, mediante complementação ou restituição de eventual diferença de preço, sem prejuízo do disposto nos incisos II e III do § 1º deste artigo.

§5º No caso de fornecimento de produtos in natura, será responsável perante o consumidor o fornecedor imediato, exceto quando identificado claramente seu produtor.

Se o vício for na **quantidade,** Os fornecedores respondem solidariamente pelos vícios de quantidade do produto sempre que, respeitadas as variações decorrentes de sua natureza, seu conteúdo líquido for inferior às indicações constantes do recipiente, da embalagem, rotulagem ou de mensagem publicitária, podendo o consumidor exigir, alternativamente e à sua escolha: I – o abatimento proporcional do preço; II – complementação do peso ou medida; III – a substituição do produto por outro da mesma espécie, marca ou modelo, sem os aludidos vícios; IV – a restituição imediata da quantia paga, monetariamente atualizada, sem prejuízo de eventuais perdas e danos.

§1º Aplica-se a este artigo o disposto no § 4º do artigo anterior.

§2º O fornecedor imediato será responsável quando fizer a pesagem ou a medição e o instrumento utilizado não estiver aferido segundo os padrões oficiais.

Os **prazos** para reclamar o vício do produto – seja ele de qualidade ou quantidade – são **decadenciais**

Art. 26. O direito de reclamar pelos vícios aparentes ou de fácil constatação caduca em: I – trinta dias, tratando-se de fornecimento de serviço e de produtos não duráveis; II – noventa dias, tratando-se de fornecimento de serviço e de produtos duráveis. § 1º Inicia-se a contagem do prazo decadencial a partir da entrega efetiva do produto ou do término da execução dos serviços.

§ 2º Obstam a decadência: I – a reclamação comprovadamente formulada pelo consumidor perante o fornecedor de produtos e serviços até a resposta negativa correspondente, que deve ser transmitida de forma inequívoca; III – a instauração de inquérito civil, até seu encerramento.

§ 3º Tratando-se de **vício oculto,** o prazo decadencial inicia-se no momento em que ficar evidenciado o defeito.

6.2. Responsabilidade pelo Fato do Produto (Defeito)

Como dito, no fato do produto ou defeito estão presentes outras consequências além do próprio produto, outros danos suportados pelo consumidor a gerar responsabilidade civil objetiva e direta do fabricante (art. 12) e subsidiária do comerciante ou quem o substitua (art. 13).

> Parágrafo único. Aquele que efetivar o pagamento ao prejudicado poderá exercer o **direito de regresso** contra os demais responsáveis, segundo sua participação na causação do evento danoso.

> Art. 88. Na hipótese do art. 13, parágrafo único deste código, **a ação de regresso poderá ser ajuizada em processo autônomo, facultada a possibilidade de prosseguir-se nos mesmos autos, vedada a denunciação da lide.**

> Art. 12, §1° O **produto é defeituoso** quando não oferece a segurança que dele legitimamente se espera, levando-se em consideração as circunstâncias relevantes, entre as quais: I – sua apresentação; II – o uso e os riscos que razoavelmente dele se esperam; III – a época em que foi colocado em circulação.
> §2° O produto não é considerado defeituoso pelo fato de outro de melhor qualidade ter sido colocado no mercado.

Evidenciado o fato do produto ou defeito, o consumidor prejudicado pode manejar uma **ação de reparação de danos** contra o agente causador do prejuízo, o que é decorrência do princípio da reparação integral.

> Art. 27. **Prescreve em cinco anos a pretensão à reparação p**elos danos causados por fato do produto ou do serviço prevista na Seção II deste Capítulo, iniciando-se a contagem do prazo a partir do conhecimento do dano e de sua autoria. (ACTIO NATA)

6.3. Responsabilidade pelo Vício do Serviço

Nos termos do § 2° do artigo 20 do CDC:

> São impróprios os serviços que se mostrem inadequados para os fins que razoavelmente deles se esperam, bem como aqueles que não atendam as normas regulamentares de prestabilidade.

Em tal caso dispõe o caput do artigo 20: O fornecedor de serviços responde pelos vícios de qualidade que os tornem impróprios ao consumo ou lhes diminuam o valor, assim como por aqueles decorrentes da disparidade com as indicações constantes da oferta ou mensagem publicitária, podendo o consumidor exigir, **alternativamente** e à sua escolha:

I – a reexecução dos serviços, sem custo adicional e quando cabível;

II – a restituição imediata da quantia paga, monetariamente atualizada, sem prejuízo de eventuais perdas e danos;

III – o abatimento proporcional do preço

Frise-se a premissa **da solidariedade passiva**, no vício do serviço, respondendo todos os envolvidos com a prestação

> Art. 21. No fornecimento de serviços que tenham por objetivo a reparação de qualquer produto considerar- -se-á implícita a obrigação do fornecedor de empregar componentes de reposição originais adequados e novos, ou que mantenham as especificações técnicas do fabricante, salvo, quanto a estes últimos, autorização em contrário do consumidor.

> Art. 23. A **ignorância do fornecedor** sobre os vícios de qualidade por inadequação dos produtos e serviços não o exime de responsabilidade.
> Art. 24. A garantia legal de adequação do produto ou serviço independe de termo expresso, vedada a exo- neração contratual do fornecedor.
> Art. 25. É vedada a estipulação contratual de cláusula que impossibilite, exonere ou atenue a obrigação de indenizar prevista nesta e nas seções anteriores.

Os **prazos** para reclamação dos vícios dos serviços são aqueles decadenciais do artigo 26. Desse modo, os prazos são de 30 dias em tratando de serviços não duráveis e de 90 dias serviços duráveis, contatos da execução do serviço (aparentes) ou da constatação (não aparentes)

6.4. Responsabilidade pelo Fato do Serviço ou Defeito

O fato do serviço ou defeito está tratado pelo art. 14 do CDC, gerando a **responsabilidade objetiva e solidária** entre todos os envolvidos com a prestação, pela presença de outros danos, além do próprio serviço.

> § 1º O **serviço é defeituoso** quando não fornece a segurança que o consumidor dele pode esperar, levando-se em consideração as circunstâncias relevantes, entre as quais: I – o modo de seu fornecimento; II – o resultado e os riscos que razoavelmente dele se esperam; III – a época em que foi fornecido.
> § 2º O serviço não é considerado defeituoso pela adoção de novas técnicas.

6.5. Excludentes de Responsabilidade Civil pelo CDC

O CDC consagra **excludentes** próprias de responsabilidade civil nos artigos 12, §3º e 14, §3º, que, para afastar dever de indenizar devem ser provadas pelos fornecedores e prestadores de serviços.

> Art. 12, §3º. O fabricante, o construtor, o produtor ou importador só não será responsabilizado quando provar:
> I – que não colocou o produto no mercado;
> II – que, embora haja colocado o produto no mercado, o defeito inexiste;
> III – a culpa exclusiva do consumidor ou de terceiro.
>
> Art.14, §3º. O fornecedor de serviços só não será responsabilizado quando provar:
> I – que, tendo prestado o serviço, o defeito inexiste;
> II – a culpa exclusiva do consumidor ou de terceiro.

Questão tormentosa refere-se a saber se o **caso fortuito e força maior** são excludentes da responsabilidade civil no CDC, uma vez que a lei não trouxe previsão expressa quanto a tais eventos.

Fortuito externo: casos de evento da natureza sem relação com o objetivo do fornecimento ou prestação de serviços: Afasta o dever de reparar

Fortuito interno: tem relação com o fornecimento do produto ou prestação de serviços. não afasta o dever de reparar

7. PROTEÇÃO CONTRATUAL PELO CDC

<u>Contratos de consumo</u> são os que os fornecedores de produtos ou prestadores de serviços celebram com os consumidores.

A) REVISÃO CONTRATUAL POR FATO SUPERVENIENTE

O CDC disciplina a **revisão contratual no artigo 6º, inciso V**, não se exigindo o fator imprevisibilidade, bastando que o desequilíbrio negocial ou a onerosidade excessiva decorra de um fato superveniente, ou seja, um fato novo não existente quando da contratação original. Basta a quebra da base econômica objetiva do contrato.

B) FUNÇÃO SOCIAL DO CONTRATO E A NÃO VINCULAÇÃO DAS CLÁUSULAS DESCONHECIDAS E INCOMPREENSÍVEIS.

O contrato não pode ser concebido mais como uma relação jurídica que só interessa às partes contratantes, impermeável às condicionantes que o cercam e que são por ele próprio afetadas. Do ponto de vista prático, **a função social** do contrato constitui um regramento que tem tanto eficácia interna quanto uma eficácia externa (para além dos contratantes).

> **Art. 46**. Os contratos que regulam as relações de consumo não obrigarão os consumidores, se não lhes for dada a oportunidade de tomar conhecimento prévio de seu conteúdo, ou se os respectivos instrumentos forem redigidos de modo a dificultar a compreensão de seu sentido e alcance.
>
> **Art. 47**. As cláusulas contratuais serão interpretadas de maneira mais favorável ao consumidor.

C) FORÇA VINCULATIVA DOS ESCRITOS E A BOA-FÉ OBJETIVA

A força vinculativa da boa-fé é marcante, uma vez que não sendo respeitado o que se espera do negócio celebrado, caberão as medidas de tutela específica tratados no artigo 84.

D) DIREITO DE ARREPENDIMENTO

> **Art. 49**. O consumidor pode **desistir do contrato**, no prazo de 7 dias a contar de sua assinatura ou do ato de recebimento do produto ou serviço, sempre que a contratação de fornecimento de produtos e serviços ocorrer fora do estabelecimento comercial, especialmente por telefone ou a domicílio.
>
> Parágrafo único. Se o consumidor exercitar o direito de arrependimento previsto neste artigo, os valores eventualmente pagos, a qualquer título, durante o prazo de reflexão, serão devolvidos, de imediato, monetariamente atualizados.

Esse direito de arrependimento, relativo ao período de reflexão de sete dias, constitui direito potestativo colocado à disposição do consumidor.

E) GARANTIA CONTRATUAL

> **Art. 50**. A garantia contratual é complementar à legal e será conferida mediante termo escrito.
>
> Parágrafo único. O termo de garantia ou equivalente deve ser padronizado e esclarecer, de maneira adequada em que consiste a mesma garantia, bem como a forma, o prazo e o lugar em que pode ser exercitada e os ônus a cargo do consumidor, devendo ser-lhe entregue, devidamente preenchido pelo fornecedor, no ato do fornecimento, acompanhado de manual de instrução, de instalação e uso do produto em linguagem didática, com ilustrações.

É a chamada **garantia estendida** ou complementar

F) DAS CLÁUSULAS ABUSIVAS.

Em harmonia com a função social e a boa-fé objetiva, o artigo 51 consagra um **rol exemplificativo** de cláusulas abusivas, consideradas nulas de pleno direito nos contratos de consumo.

DIREITO DO CONSUMIDOR

Art. 51. São nulas de pleno direito, **entre outras**, as cláusulas contratuais relativas ao fornecimento de produtos e serviços que:

I – impossibilitem, exonerem ou atenuem a responsabilidade do fornecedor por vícios de qualquer natureza dos produtos e serviços ou impliquem renúncia ou disposição de direitos. Nas relações de consumo entre o fornecedor e o consumidor pessoa jurídica, a indenização poderá ser limitada, em situações justificáveis;

II – subtraiam ao consumidor a opção de reembolso da quantia já paga, nos casos previstos neste código;

III – transfiram responsabilidades a terceiros;

IV – estabeleçam obrigações consideradas iníquas, abusivas, que coloquem o consumidor em desvantagem exagerada, ou sejam incompatíveis com a boa-fé ou a equidade;

§ 1º Presume-se exagerada, entre outros casos, a vantagem que:

I – ofende os princípios fundamentais do sistema jurídico a que pertence;

II – restringe direitos ou obrigações fundamentais inerentes à natureza do contrato, de tal modo a ameaçar seu objeto ou equilíbrio contratual;

III – se mostra excessivamente onerosa para o consumidor, considerando-se a natureza e conteúdo do contrato, o interesse das partes e outras circunstâncias peculiares ao caso.

V – (Vetado);

VI – estabeleçam inversão do ônus da prova em prejuízo do consumidor;

VII – determinem a utilização compulsória de arbitragem;

VIII – imponham representante para concluir ou realizar outro negócio jurídico pelo consumidor;

IX – deixem ao fornecedor a opção de concluir ou não o contrato, embora obrigando o consumidor;

X – permitam ao fornecedor, direta ou indiretamente, variação do preço de maneira unilateral;

XI – autorizem o fornecedor a cancelar o contrato unilateralmente, sem que igual direito seja conferido ao consumidor;

XII – obriguem o consumidor a ressarcir os custos de cobrança de sua obrigação, sem que igual direito lhe seja conferido contra o fornecedor;

XIII – autorizem o fornecedor a modificar unilateralmente o conteúdo ou a qualidade do contrato, após sua celebração;

XIV – infrinjam ou possibilitem a violação de normas ambientais;

XV – estejam em desacordo com o sistema de proteção ao consumidor;

XVI – possibilitem a renúncia do direito de indenização por benfeitorias necessárias.

§ 2º A nulidade de uma cláusula contratual abusiva não invalida o contrato, exceto quando de sua ausência, apesar dos esforços de integração, decorrer ônus excessivo a qualquer das partes.

§ 3º (Vetado).

§ 4º É facultado a qualquer consumidor ou entidade que o represente requerer ao Ministério Público que ajuíze a competente ação para ser declarada a nulidade de cláusula contratual que contrarie o disposto neste código ou de qualquer forma não assegure o justo equilíbrio entre direitos e obrigações das partes.

8. DAS PRÁTICAS ABUSIVAS

O artigo 39 tipifica, em rol exemplificativo, uma série de situações tidas como ensejadoras do abuso de direito consumerista.

Deve-se compreender o artigo 39 como diálogo de complementariedade ao artigo 51. Nesse contexto de conclusão, se uma das situações descritas no artigo 51 ocorrer fora do âmbito contratual, presente estará uma prática abusiva.

> Art. 39. É vedado ao fornecedor de produtos ou serviços, dentre outras práticas abusivas:
>
> I – condicionar o fornecimento de produto ou de serviço ao fornecimento de outro produto ou serviço, bem como, sem justa causa, a limites quantitativos;
>
> II – recusar atendimento às demandas dos consumidores, na exata medida de suas disponibilidades de estoque, e, ainda, de conformidade com os usos e costumes;
>
> III – enviar ou entregar ao consumidor, sem solicitação prévia, qualquer produto, ou fornecer qualquer serviço;
>
> Parágrafo único. Os serviços prestados e os produtos remetidos ou entregues ao consumidor, na hipótese prevista no inciso III, equiparam-se às amostras grátis, inexistindo obrigação de pagamento.
>
> IV – prevalecer-se da fraqueza ou ignorância do consumidor, tendo em vista sua idade, saúde, conhecimento ou condição social, para impingir-lhe seus produtos ou serviços;
>
> V – exigir do consumidor vantagem manifestamente excessiva;
>
> VI – executar serviços sem a prévia elaboração de orçamento e autorização expressa do consumidor, ressalvadas as decorrentes de práticas anteriores entre as partes;

De acordo com o **Art. 40**. O fornecedor de serviço será obrigado a entregar ao consumidor orçamento prévio discriminando o valor da mão-de-obra, dos materiais e equipamentos a serem empregados, as condições de pagamento, bem como as datas de início e término dos serviços.

§1º Salvo estipulação em contrário, o valor orçado terá validade pelo prazo de dez dias, contado de seu recebimento pelo consumidor.

§2º Uma vez aprovado pelo consumidor, o orçamento obriga os contraentes e somente pode ser alterado mediante livre negociação das partes

> VII – repassar informação depreciativa, referente a ato praticado pelo consumidor no exercício de seus direitos;
>
> VIII – colocar, no mercado de consumo, qualquer produto ou serviço em desacordo com as normas expedidas pelos órgãos oficiais competentes ou, se normas específicas não existirem, pela Associação Brasileira de Normas Técnicas ou outra entidade credenciada pelo Conselho Nacional de Metrologia, Normalização e Qualidade Industrial (Conmetro);
>
> IX – recusar a venda de bens ou a prestação de serviços, diretamente a quem se disponha a adquiri-los mediante pronto pagamento, ressalvados os casos de intermediação regulados em leis especiais
>
> X – elevar sem justa causa o preço de produtos ou serviços
>
> XI – Dispositivo incluído pela MPV nº 1.890-67, de 22.10.1999, transformado em inciso XIII, quando da conversão na Lei nº 9.870, de 23.11.1999
>
> XII – deixar de estipular prazo para o cumprimento de sua obrigação ou deixar a fixação de seu termo inicial a seu exclusivo critério.
>
> XIII – aplicar fórmula ou índice de reajuste diverso do legal ou contratualmente estabelecido
>
> XIV – permitir o ingresso em estabelecimentos comerciais ou de serviços de um número maior de consumidores que o fixado pela autoridade administrativa como máximo.

9. O ABUSO DO DIREITO NA COBRANÇA DE DÍVIDAS

> Art. 42. Na cobrança de débitos, o consumidor inadimplente não será exposto a ridículo, nem será submetido a qualquer tipo de constrangimento ou ameaça.
>
> Parágrafo único. O consumidor cobrado em quantia indevida tem direito à repetição do indébito, por valor igual ao dobro do que pagou em excesso, acrescido de correção monetária e juros legais, salvo hipótese de engano justificável. (REPETIÇÃO DE INDÉBITO)
>
> Art. 42-A. Em todos os documentos de cobrança de débitos apresentados ao consumidor, deverão constar o nome, o endereço e o número de inscrição no Cadastro de Pessoas Físicas – CPF ou no Cadastro Nacional de Pessoa Jurídica – CNPJ do fornecedor do produto ou serviço correspondente

DIREITO DO CONSUMIDOR

10. QUESTÕES APLICADAS EM EXAMES ANTERIORES

01. (2018 – FGV – XXVII EXAME) O posto de gasolina X foi demandado pelo Ministério Público devido à venda de óleo diesel com adulterações em sua fórmula, em desacordo com as especificações da Agência Nacional de Petróleo (ANP). Trata-se de relação de consumo e de dano coletivo, que gerou sentença condenatória.

Você foi procurado(a), como advogado(a), por um consumidor que adquiriu óleo diesel adulterado no posto de gasolina X, para orientá-lo.

Assinale a opção que contém a correta orientação a ser prestada ao cliente.

(A) Cuida-se de interesse individual homogêneo, bastando que, diante da sentença condenatória genérica, o consumidor liquide e execute individualmente, ou, ainda, habilite-se em execução coletiva, para definir o quantum debeatur.

(B) Deverá o consumidor se habilitar no processo de conhecimento nessa qualidade, sendo esse requisito indispensável para fazer jus ao recebimento de indenização, de caráter condenatória a decisão judicial.

(C) Cuida-se de interesse difuso, afastando a possibilidade de o consumidor ter atuado como litisconsorte e sendo permitida apenas a execução coletiva.

(D) Deverão os consumidores individuais ingressar com medidas autônomas, distribuídas por conexão à ação civil pública originária, na medida em que o montante indenizatório da sentença condenatória da ação coletiva será integralmente revertido em favor do Fundo de Reconstituição de Bens Lesados.

GABARITO: A. COMENTÁRIOS: Art. 94. Proposta a ação, será publicado edital no órgão oficial, a fim de que os interessados possam intervir no processo como litisconsortes, sem prejuízo de ampla divulgação pelos meios de comunicação social por parte dos órgãos de defesa do consumidor.
Art. 95. Em caso de procedência do pedido, a condenação será genérica, fixando a responsabilidade do réu pelos danos causados.

Art. 97. A liquidação e a execução de sentença poderão ser promovidas pela vítima e seus sucessores, assim como pelos legitimados de que trata o art. 82.

02. (2018 – FGV – XXVI EXAME) A Construtora X instalou um estande de vendas em um shopping center da cidade, apresentando folder de empreendimento imobiliário de dez edifícios residenciais com área comum que incluía churrasqueira, espaço gourmet, salão de festas, parquinho infantil, academia e piscina. A proposta fez tanto sucesso que, em apenas um mês, foram firmados contratos de compra e venda da integralidade das unidades. A Construtora X somente realizou a entrega dois anos após o prazo originário de entrega dos imóveis e sem pagamento de qualquer verba pela mora, visto que o contrato previa exclusão de cláusula penal, e também deixou de entregar a área comum de lazer que constava do folder.

Nesse caso, à luz do Código de Defesa do Consumidor, cabe

(A) ação individual ou coletiva, em razão da propaganda enganosa evidenciada pela ausência da entrega da parte comum indicada no folder de venda.

(B) ação individual ou coletiva, em busca de ressarcimento decorrente da demora na entrega; contudo, não se configura, na hipótese, propaganda enganosa, mas apenas inadimplemento contratual, sendo viável a exclusão da cláusula penal.

(C) ação coletiva, somente, haja vista que cada adquirente, individualmente, não possui interesse processual decorrente da propaganda enganosa.

(D) ação individual ou coletiva, a fim de buscar tutela declaratória de nulidade do contrato, inválido de pleno direito por conter cláusula abusiva que fixou impedimento de qualquer cláusula penal.

GABARITO: A. COMENTÁRIOS: Ação individual ou coletiva, em razão da propaganda enganosa evidenciada pela ausência da entrega da parte comum indicada no folder de venda.

Direito Empresarial

José Humberto Souto Júnior

1. REGRAS GERAIS DO DIREITO EMPRESARIAL NO CÓDIGO CIVIL

O direito empresarial é um ramo do direito privado, com normas que disciplinam a atividade empresarial. Não obstante se encontrar em vigor o Código Comercial de 1850 na segunda parte (do comércio marítimo), é no Código Civil que estão as suas regras básicas, não obstante leis específicas, como falência e recuperação judicial, sociedade anônima, propriedade industrial dentre outros.

Nesse estudo iremos trabalhar os principais pontos desse ramo do direito, com foco nas provas do exame de ordem, especialmente a legislação propriamente dita e de maior relevância em cada um dos temas. Não iremos exaurir cada conteúdo, sendo necessário ao estudante a leitura dos dispositivos legais citados para maior compreensão e familiaridade com as normas, bem como a resolução das questões de cada tópico. Tenha um ótimo estudo.

1.1. Empresário

O Código Civil adotou a teoria da empresa em substituição a antiga teoria dos atos de comércio. O empresário é conceituado no artigo 966, como aquele sujeito que **exerce profissionalmente atividade econômica organizada para a produção ou a circulação de bens ou de serviços.** São cinco elementos de extrema importância e corriqueiramente abordado em diversas provas, quais sejam:

→ Profissionalmente, atividade econômica, organizada, produção ou a circulação, de bens ou serviços.

Válido observar que empresário será a pessoa natural, sempre individual, conforme o próprio singular do nome, sem ser considerado pessoa jurídica, não obstante possuir CNPJ para fins de tratamento tributário. Tanto que inexiste a desconsideração da personalidade jurídica (art. 50 do CC) do empresário individual, justamente por não existir a figura da pessoa jurídica nesse sujeito.

O empresário individual terá sua responsabilidade ilimitada, respondendo seus bens pessoais pelas obrigações sociais. Caso venha a admitir sócios, o empresário individual poderá solicitar ao Registro Público de Empresas Mercantis a transformação de seu registro de empresário para registro de sociedade empresária (Art. 968 §3º)

Já o *"empresário coletivo"* é a sociedade empresária, ora pessoa jurídica, como a sociedade limitada, sociedade anônima, dentre outras, tendo, nesses tipos societários, sócios que compõem o quadro societário da sociedade. Também são pessoas de direito privado, segundo o código civil (art. 44), as associações, as fundações, as organizações religiosas e os partidos políticos.

Assim, o conceito do empresário está atrelado aos elementos do artigo 966 do Código Civil, como atuar de forma profissional (habitualidade), atividade econômica (fins lucrativos), organizada (capital, insumos, mão de obra e tecnologia), para produção ou circulação de bens ou de serviços.

Várias atividades se enquadram no perfil do empresário, como padaria, compra e venda de veículos, restaurante, agência de turismo, supermercado, farmácia, açougue, lavanderia, dentre outras.

O supermercado, como citado, pode tanto circular diversos bens (limpeza, alimentação) como também exercer a produção de bens (pães).

Temos então o empresário como individual, a sociedade empresária como pessoa jurídica que possui, em seu quadro, sócios e a empresa como atividade econômica organizada para a produção ou circulação de bens ou de serviços.

Por outro lado, o citado artigo 966 que em seu caput define a figura do empresário, traz no seu parágrafo único aquele que não se considera empresário, qual seja, *"não se considera empresário quem exerce profissão intelectual, de natureza científica, literária ou artística, ainda com o concurso de auxiliares ou colaboradores, salvo se o exercício da profissão constituir elemento de empresa".*

Não será empresário aquele que exercer profissão intelectual em três naturezas, quais sejam, **científica** (médicos, advogados, médicos veterinários, dentistas), **artística** (artista plástico, ator, escultor, desenhista) e **literária** (jornalista, redator, escritor), profissões essas que em regra são exercidas pessoalmente e sem organização.

Estes profissionais intelectuais, mesmo possuindo o concurso de auxiliares ou colaboradores no exercício da profissão não serão considerados empresários, como o dentista que possui ajudante ou secretária.

Entretanto, chama atenção a parte final do parágrafo único do artigo 966, *"salvo se o exercício da profissão constituir elemento de empresa"*. Este elemento de empresa se encontra presente quando a atividade intelectual estiver integrada em um objeto mais complexo, próprio da atividade empresarial, como a clínica veterinária que possui petshop, hotel e SPA para cachorro, além da venda de ração animal. Aqui, a parte clínica é somente uma parte integrante do completo empresarial formado, perdendo o profissional intelectual, nesse caso, a pessoalidade.

Importante pontuar que a exceção da figura do empresário aos profissionais intelectuais, ora individuais, também se estende para a sociedade, conforme prevê o artigo 982 do Código

Civil "*Salvo as exceções expressas, considera-se empresária a sociedade que tem por objeto o exercício de atividade própria de empresário sujeito a registro (art. 967); e, simples, as demais*".

Daí, quando se trata de sociedade, ou ela será sociedade empresária (se exerce atividade de empresário) ou será sociedade simples, ora as demais.

1.2. Requisitos para ser Empresário Individual

O artigo 972 do Código Civil cita os dois requisitos para exercer a atividade empresarial, sendo cumulativos:

Pleno gozo da capacidade civil ↔ não ser legalmente impedido

Com isso, estar em pleno gozo da capacidade civil e não ter impedimento legal são essenciais para o exercício da atividade empresarial. A capacidade civil é adquirida aos 18 anos ou pela emancipação. O menor, a propósito, ao emancipar poderá exercer a atividade empresarial. Do contrário, não poderá **iniciar** a atividade de empresário, mas poderá dar continuidade, conforme prevê o artigo 974 do Código Civil *"poderá o incapaz, por meio de representante ou devidamente assistido, continuar a empresa antes exercida por ele enquanto capaz, por seus pais ou pelo autor de herança"*.

Veja que o menor poderá continuar a atividade empresarial desde que devidamente assistido ou representado e **mediante autorização judicial**. Essa mesma regra será aplicada no caso do empresário que teve sua **incapacidade superveniente**, ou seja, era plenamente capaz e se tornou incapaz. Este poderá continuar a atividade empresarial nos mesmos moldes do artigo 974 citado.

Interessante observar que, em se tratando de sociedade, poderão compor o seu quadro sócio incapaz (como o menor), desde que não seja este o administrador e o capital social esteja totalmente integralizado.

O segundo requisito para ser empresário é não possuir impedimento legal, ou seja, ser impedido pela lei, como os magistrados, representantes do ministério público, delegados de polícia, enfim, os servidores públicos em geral. Entretanto, tais impedidos podem, em regra, ser sócios de sociedade, desde que não exerçam a administração.

Por fim, válido ressaltar uma situação peculiar, qual seja, no caso do menor dar continuidade na atividade empresarial e seu representante ou assistente ser impedido por lei de exercer essa atividade, como o Delegado de Polícia Federal. Nesse caso, o representante ou assistente nomeará, com a aprovação do juiz, um ou mais gerentes, nos termos do artigo 975 do Código Civil.

1.3. Obrigações do Empresário

O empresário é obrigado a proceder a sua inscrição (registro), escriturar os seus livros e elaborar os balanços.

Conforme o artigo 967 do Código Civil, deve o empresário fazer a sua inscrição no Registro Público de Empresas Mercantis (Junta Comercial de cada Estado da Federação) antes do início das suas atividades.

Foge a essa regra de obrigatoriedade do registro o empresário que exerce predominantemente atividade rural, ou melhor, o empresário rural, lhe sendo **facultado** o ato. Dessa forma, o empresário rural se inscreverá se quiser, já que é uma faculdade. Não se inscrevendo, o empresário rural, nos termos da lei 11.101/2005 que trata da falência e recuperação judicial/extrajudicial, não poderá requerer a falência de outrem (art. 97 §1º), tampouco fazer o pedido de recuperação judicial (art. 48).

Havendo a inscrição do empresário Rural no Registro Público de Empresas Mercantis da respectiva sede, ficará equiparado, para todos os efeitos, ao empresário sujeito a registro.

Também é uma das obrigações do empresário a escrituração dos seus livros comerciais. O livro obrigatório e comum aos empresários é o Diário, nos termos do artigo 1.080 do Código Civil, podendo haver livros obrigatórios especiais excepcionais, como o de registro de duplicatas, de ações, dentre outros.

A escrituração possui a segurança do sigilo, garantindo ao empresário privacidade nas suas transcrições e registros empresariais. O artigo 1190 do Código Civil prevê que *"nenhuma autoridade, juiz ou tribunal, sob qualquer pretexto, poderá fazer ou ordenar diligência para verificar se o empresário ou a sociedade empresária observam, ou não, em seus livros e fichas, as formalidades prescritas em lei".*

O sigilo, todavia, não é absoluto, cabendo exceções. A exibição **total** dos livros está prevista no artigo 1.191 para os casos de **sucessão, comunhão ou sociedade, administração ou gestão à conta de outrem, ou em caso de falência**. São unicamente essas quatro hipóteses. Já a exibição **parcial** é admitida judicialmente, *"limitado às transações entre os litigantes"*, nos termos da súmula 260 do STF. Também, a exibição parcial é cabível às autoridades fazendárias no exercício da fiscalização do pagamento de impostos, face a previsão do artigo 1.193 do CC, ratificado pela súmula 439 do STF.

A ausência de escrituração não traz consequências significativas na esfera empresarial ao seu responsável, mas será caso de crime falimentar na hipótese do artigo 178 da lei de falência 11.101/2005. Entretanto, o pequeno empresário é dispensado da escrituração dos livros, conforme artigo 1.179 do CC.

Como terceira obrigação do empresário está a realização de demonstrativos contábeis de forma periódica, através do balanço patrimonial (art. 1.188 CC) que apura o ativo e passivo do empresário e balanço de resultado econômico (art. 1.189 CC) que apura se houve lucros ou perdas.

Por fim, importante citar a responsabilidade do empresário em conservar em boa guarda toda a escrituração enquanto não ocorrer a prescrição ou decadência aos atos neles consignados, como dispõe o artigo 1.194 do CC.

1.4. Empresário Individual Casado e Alienação do Imóvel Empresarial

Interessante previsão legal trouxe o artigo 978 do Código Civil caso o empresário individual queira alienar os imóveis que integrem o patrimônio da empresa ou mesmo gravá-los de ônus real. Isso porque se torna desnecessária a outorga conjugal, qualquer que seja o regime de bens:

Alienação → Desnecessidade outorga conjugal. Independe regime de bens.

Dessa forma, caso o empresário individual casado queira vender um imóvel que integra o patrimônio da empresa, desnecessário o consentimento conjugal, independentemente do regime de bens.

Não obstante a previsão do artigo 978, além de no Registro Civil, serão arquivados e averbados, no Registro Público de Empresas Mercantis, os pactos e declarações antenupciais do empresário, o título de doação, herança, ou legado, de bens clausulados de incomunicabilidade ou inalienabilidade.

2. ESTABELECIMENTO EMPRESARIAL

Estabelecimento empresarial possui tratamento legal no Código Civil, entre os artigos 1.142 a 1.149, conceituado como **complexo de bens** organizado, para o exercício da empresa, por empresário ou sociedade empresária. São os bens **materiais** (móveis, equipamentos, estoque, mercadoria, imóvel integrante do estabelecimento, etc.) e **imateriais** (marca, patente, invenção, desenho industrial etc.), reunidos para o exercício direto da atividade empresarial.

O estabelecimento não se confunde com o local onde se exerce a atividade empresarial, que poderá ser físico ou virtual. Quando o local onde se exerce a atividade empresarial for virtual, o endereço informado para fins de registro poderá ser, conforme o caso, o endereço do empresário individual ou o de um dos sócios da sociedade empresária.

Agregado ao estabelecimento empresarial há o aviamento ou goodwill, que nada mais é que o **potencial de lucro do negócio**.

Exemplo de estabelecimento empresarial é a concessionária de veículos, tendo seu estoque de veículos, equipamentos para manutenção desses bens, o ponto comercial, além de utilizar da marca como símbolo de referência no mercado comercial.

Importante não confundir estabelecimento empresarial com empresário ou sociedade empresária. Estes são os sujeitos de direito, possuem seus CNPJs, já o estabelecimento é objeto de direito, podendo ser vencido, alienado, objeto de usufruto, sendo considerado pela doutrina majoritária como **universalidade** (união de bens) **de fato e não de direito**, já que a reunião de bens não ocorre por vontade da lei, mas sim pela vontade do empresário. Pode inclusive a sede do estabelecimento ser objeto de penhora, conforme prevê a súmula 451 do Superior Tribunal de Justiça.

Como citado, o estabelecimento empresarial pode ser alienado, ou seja, fazer parte de um contrato de compra e venda, o que é denominado de **trespass**e, conforme prevê o artigo 1.143. Nessa relação há a figura do alienante (aquele que vende o estabelecimento) e o adquirente (aquele que compra o estabelecimento). Não se deve confundir o trespasse com cessão de quotas, pois, nesse caso, somente ocorrerá a alteração do quadro societário mediante a transferência de quotas, não transferindo o conjunto de bens, mas modificando o quadro societário.

O trespasse, para produzir efeitos quanto a terceiros, exige a **averbação à margem da inscrição do empresário**, ou da sociedade empresária, no Registro Público de Empresas Mercantis, e de publicação na imprensa oficial, conforme prevê o artigo 1.144 do CC. Caso não cumpra essa determinação, o contrato de trespasse terá plena validade entre os contratantes.

Vale pontuar que a eficácia da alienação do estabelecimento depende do pagamento de todos os credores, ou do consentimento destes, de modo expresso ou tácito, em trinta dias a partir de sua notificação, desde que ao alienante **não restem bens suficientes para solver o seu passivo**. Havendo bens suficientes a quitação do passivo, desnecessário o consentimento dos credores. Do contrário, deverá ocorrer a notificação prévia dos credores, sob pena de ineficácia, até mesmo pedido de falência com base no artigo 94, III, c da Lei falimentar.

Com a efetivação do trespasse e nos termos do artigo 1.147 do CC, o alienante, salvo autorização expressa, não pode fazer concorrência com o adquirente, nos cinco anos subsequentes à transferência.

Quanto aos contratos para exploração do estabelecimento, o trespasse importa na **sub-rogação** do adquirente, salvo se tiverem caráter pessoal, nos termos do artigo 1.148 do CC. Dessa forma, o adquirente deverá cumprir os contratos até então firmados e transferidos com o trespasse, salvo aqueles de caráter pessoal. Também não ocorrerá transferência automática no contrato de locação, haja vista necessária autorização prévia e por escrito do locador, conforme previsto no artigo 13 da lei 8.245/91 e enunciado 234 da III Jornada de Direito Civil que prevê *"Quando do trespasse do estabelecimento empresarial, o contrato de locação do respectivo ponto não se transmite automaticamente ao adquirente"*.

Os contratos que foram sub-rogados poderão ser rescindidos em noventa dias a contar da publicação da transferência se houver justa causa.

Por fim, o trespasse traz responsabilidade tanto ao alienante quanto ao adquirente. Daí a relevância do artigo 1.146 que prevê *"O adquirente do estabelecimento responde pelo pagamento dos débitos anteriores à transferência, desde que regularmente contabilizados, continuando o devedor primitivo solidariamente obrigado pelo prazo de um ano, a partir, quanto aos créditos vencidos, da publicação, e, quanto aos outros, da data do vencimento"*.

O adquirente responderá pelo pagamento dos débitos anteriores à transferência desde que regularmente contabilizados, não se aplicando aqui para dívidas trabalhistas (artigos 10 e 448 da CLT) e tributárias (artigo 133 do CTN) que possuem regramento legal específico. Valerá então para as dívidas cíveis e comerciais.

Ressalte-se que na aquisição do estabelecimento empresarial por leilão no processo falimentar não enseja sucessão (artigo 141, II, LF) *"o objeto da alienação estará livre de qualquer ônus e não haverá sucessão do arrematante nas obrigações do devedor, inclusive as de natureza tributária, as derivadas da legislação do trabalho e as decorrentes de acidentes de trabalho"*.

Como as dívidas serão transferidas ao adquirente, também o serão os créditos (exemplo: títulos ainda pendentes de pagamento), nos termos do artigo 1.149 do CC.

Como o adquirente, o alienante também terá responsabilidades no trespasse, continuando solidariamente obrigado pelo prazo de 1 (um) ano, a partir, quanto aos créditos vencidos, da publicação, e, quanto aos outros, da data do vencimento. Essa é a previsão final do artigo 1.146 que prevê, em suma, responsabilidade solidária do alienante pelo prazo de um ano. Este prazo será contado nos seguintes termos: Dívida vencida → (publicação do trespasse). dívida vincenda → (data de vencimento da dívida).

Por fim, não confundir a responsabilidade do alienante no trespasse com a do cedente no contrato de cessão de cotas. Nesse caso, aplica-se o artigo 1.003, parágrafo único do Código Civil, que prevê a responsabilidade solidária do cedente com o cessionário, perante a sociedade e terceiros, pelas obrigações que tinha como sócio e pelo prazo de até dois anos depois de averbada a modificação do contrato.

3. DIREITO SOCIETÁRIO

As sociedades estão conceituadas pelo Código Civil em **personificadas e não personificadas**.

> A – Sociedade não personificada → Aquela que não possui personalidade jurídica.
> **A.1 – Sociedade em Comum;**
> **A.2 – Sociedade em Conta de participação.**

> B – Sociedade Personificada → Aquela que possui personalidade jurídica.
> **B.1 – Sociedade Empresária;**
> **B.2 – Sociedade Simples.**

O início da personalidade jurídica da sociedade se dá com a sua inscrição no registro competente, nos termos estabelecidos pelo artigo 985 do CC *"A sociedade adquire personalidade jurídica com a inscrição, no registro próprio e na forma da lei, dos seus atos constitutivos"*. Com a sua inscrição (registro) no órgão competente (Junta Comercial ou Cartório Civil das Pessoas Jurídicas), haverá aquisição da personalidade jurídica da sociedade, ou seja, se tornará a sociedade uma pessoa jurídica, implicando em titularidade processual (sendo o polo ativo ou passivo de demandas judiciais), titularidade negocial (a sociedade é a responsável pelos negócios firmados) e a autonomia patrimonial (patrimônio autônomo e distinto dos seus sócios).

Vale ressaltar a faculdade legal de constituição de sociedade por cônjuges, entre si ou com terceiros, desde que não tenham casado no regime da **comunhão universal de bens, ou no da separação obrigatória**, conforme artigo 977 do CC.

Outrossim, em caso de abuso da personalidade jurídica pelos sócios, poderá ensejar na sua desconsideração, conforme a disposição do artigo 50 do CC *"Em caso de abuso da personalidade jurídica, caracterizado pelo desvio de finalidade ou pela confusão patrimonial, pode o juiz, a requerimento da parte, ou do Ministério Público quando lhe couber intervir no processo, desconsiderá-la para que os efeitos de certas e determinadas relações de obrigações sejam estendidos aos bens particulares de administradores ou de sócios da pessoa jurídica beneficiados direta ou indiretamente pelo abuso."* Essencial a leitura da íntegra deste citado artigo, pois cuidou o legislador de conceituar confusão patrimonial e desvio de finalidade, além de esclarecer que a mera existência de grupo econômico não basta para a desconsideração.

Com a desconsideração da personalidade jurídica, os efeitos das obrigações serão estendidos aos bens particulares dos administradores ou sócios da pessoa jurídica, podendo ocorrer de forma inversa, sendo cabível em todas as fases do processo de conhecimento, no cumprimento de sentença e na execução fundada em título executivo extrajudicial. (artigos 133 e 134 do Código de Processo Civil).

3.1. Sociedades Não Personificadas

As sociedades não personificadas são aquelas que não possuem personalidade jurídica, sendo **a sociedade em comum e a sociedade em conta de participação**, previstas entre os artigos 986 a 996 do CC.

3.1.1. Sociedade em Comum

A sociedade em comum está prevista nos artigos 986 ao 990 do CC, inexistindo sua personalidade jurídica, já que não houve a sua inscrição no órgão competente. Como exemplo, imagine cinco pessoas que decidem se unir para constituir um empreendimento em comum, como uma clínica de beleza. Serão cinco sócios (A – E) que constituirão este empreendimento, sendo o sócio A o administrador/contratante, adquirindo bens, alugando espaço para instalação, terá estoque, auxiliares, enfim, praticando todos os serviços inerentes a essa atividade. Todavia, tais sócios não procederam a inscrição da sociedade e, neste caso, será considerada uma sociedade em comum.

Importante ressaltar que, na eventualidade de inscrição da sociedade em comum, esta adquirirá personalidade jurídica em uma das formas societárias legalmente previstas. (limitada, anônima, em nome coletivo, dentre outros).

Diante da ausência de inscrição da sociedade nos órgãos competentes, o CC previu duas formas de ser provada a existência dessa sociedade, qual seja, *"Os sócios, nas relações entre si ou com terceiros, somente por escrito podem provar a existência da sociedade, mas os terceiros podem prová-la de qualquer modo"*.

> Prova da existência:
> Sócios → por escrito.
> Terceiros → por qualquer meio.

O patrimônio, por sua vez, não é autônomo (distinto dos sócios), como nas sociedades personificadas, mas sim patrimônio especial. O artigo 988 do CC prevê que *"Os bens e dívidas sociais constituem patrimônio especial, do qual os sócios são titulares em comum"*. Os sócios, nesse caso, serão cotitulares do patrimônio.

Ponto demasiadamente importante na sociedade em comum é a responsabilidade dos sócios, cujo artigo 990 afirma categoricamente que *"todos os sócios respondem solidária e ilimitadamente pelas obrigações sociais"*, vejamos:

Art. 990. Todos os sócios respondem solidária e ilimitadamente pelas obrigações sociais, excluído do benefício de ordem, previsto no art. 1.024, aquele que contratou pela sociedade.

Dessa forma, a responsabilidade dos sócios será **ilimitada**, respondendo os sócios com os seus bens sociais pelas dívidas da sociedade, bem como **solidária**, cuja totalidade

DIREITO EMPRESARIAL

da dívida poderá ser cobrada de qualquer dos sócios, independentemente da participação societária existente.

Todavia, necessário ter atenção a parte final do artigo 990 que prevê *"excluído do benefício de ordem, previsto no art. 1.024, aquele que contratou pela sociedade"*. Isso significa que todos os sócios da sociedade em comum possuem o benefício de ordem do artigo 1.024 do CC, cujos **bens particulares dos sócios não podem ser executados por dívidas da sociedade, senão depois de executados os bens sociais**. Dessa forma, os bens sociais da sociedade (patrimônio especial da sociedade) deverão ser primeiramente executados para então atingir os bens particulares dos sócios. Por essa razão, a responsabilidade dos sócios será **subsidiária perante a sociedade**, uma vez que primeiramente serão executados os bens sociais e, posteriormente, se o caso, os bens pessoais. Ademais, vale pontuar que o sócio que **contratou** pela sociedade (aquele que firmou o compromisso) não terá o benefício de ordem indicado, podendo ser executado de imediato quanto aos seus bens pessoais.

3.1.2. Sociedade em Conta de Participação

A sociedade em conta de participação tem previsão nos artigos 991 a 996 do CC, também não personificada, sem personalidade jurídica. Diferentemente da sociedade em comum, *"o contrato social produz efeito somente entre os sócios, e a eventual inscrição de seu instrumento em qualquer registro não confere personalidade jurídica à sociedade"*, inclusive não poderá ter firma ou denominação no nome empresarial (vide artigo 1.162 CC).

Conforme artigo 991 do CC *"Na sociedade em conta de participação, a atividade constitutiva do objeto social é exercida unicamente pelo sócio ostensivo, em seu nome individual e sob sua própria e exclusiva responsabilidade, participando os demais dos resultados correspondentes"*.

Há na SCP duas categorias de sócios, um chamado ostensivo (s) e outro oculto/participante (s). O ostensivo exerce o objeto social, com **inteira responsabilidade**, agindo em nome individual. Já o sócio participante participará dos resultados correspondentes. Esse tipo societário pode ser constituído para diversas finalidades, sendo muito comum na construção civil. A Construtora será a sócia ostensiva e os investidores sócios participantes. A responsabilidade pela obra, construção, contratação de funcionários etc. será inteiramente da Construtora e os investidores aguardarão o resultado (apartamento) que lhe compete.

3.2. Sociedades Personificadas

A personalidade jurídica das sociedades se adquire com a sua inscrição no órgão competente, conforme previsto no artigo 985 do CC e, assim o fazendo, será a sociedade simples ou empresária, nos termos do artigo 982 do CC, vejamos:

Art. 982. Salvo as exceções expressas, considera-se empresária a sociedade que tem por objeto o exercício de atividade própria de empresário sujeito a registro (art. 967); e, simples, as demais.

Parágrafo único. Independentemente de seu objeto, considera-se empresária a sociedade por ações; e, simples, a cooperativa.

Então é bem simples. Sendo sociedade, ou será simples ou empresária. A empresária terá objeto atividade própria de empresário (artigo 966, CC) e a simples atividade intelectual de natureza artística, científica ou literária (artigo 966, parágrafo único, CC ou empresarial sem organização).

Quanto ao tipo, a sociedade deve observar o artigo 983 do CC. Se empresária, poderá optar por ser dos seguintes tipos: Sociedade em nome coletivo, em comandita simples, limitada e, também, sociedade por ações, esta obrigatoriamente do tipo empresária. A inscrição da sociedade empresária será no Registro Público de Empresas Mercantis (Junta Comercial).

Já se sociedade simples, a sociedade será constituída por qualquer dos tipos da empresária ora citadas, salvo por sociedade por ações. Ademais, a sociedade do tipo **cooperativa é sempre simples**, não obstante a sua inscrição seja no Registro Público de Empresas Mercantis (Junta Comercial). A inscrição da sociedade simples será no Cartório de Registro Civil das Pessoas Jurídicas[1], conforme previsto no artigo 1.150 do CC.

3.2.1. Sociedade Nacional ou Estrangeira

A sociedade pode ser nacional ou estrangeira, sendo a distinção nos termos do artigo 1.126 do CC, qual seja, *"É nacional a sociedade organizada de conformidade com a lei brasileira e que tenha no País a sede de sua administração"*.

Assim, a sociedade nacional exige dois requisitos cumulativos, sendo organização nos termos da lei brasileira e a sede de administração no Brasil (exemplo Petrobrás). Já a sociedade estrangeira não apresenta tais requisitos cumulativos, como a American Airlines, dentre outras. A sociedade estrangeira para funcionar no Brasil depende de autorização do Poder Executivo, como prevê o artigo 1.134 do CC *"A sociedade estrangeira, qualquer que seja o seu objeto, não pode, sem autorização do Poder Executivo, funcionar no País, ainda que por estabelecimentos subordinados, podendo, todavia, ressalvados os casos expressos em lei, ser acionista de sociedade anônima brasileira"*.

3.2.2. Sociedades Contratuais

A constituição das sociedades contratuais se dá mediante elaboração e assinatura de um contrato, seja particular ou escritura pública, ora contrato social, cujas pessoas naturais ou jurídicas podem ser sócios da sociedade e esta ter objeto lícito para a sua exploração.

Em regra, a sociedade requer a pluralidade de sócios no momento da constituição, não obstante a viabilidade de, em alguns casos, ser também unipessoal, como a sociedade limitada.

Outra característica das sociedades contratuais é a contribuição dos sócios na formação do capital social. Aquele que pretende ser sócio da sociedade deve inicialmente subscrever (se comprometer) e então integralizar (pagar) as quotas adquiridas. Exemplo: Bruno Delta e Frederico Altura decidem constituir sociedade, cada qual com metade do capital social, este totalizando R$ 250.000,00 (duzentos e cinquenta mil reais). Nesse caso ambos irão subscrever (comprometer) e então integralizar (pagar) as suas quotas. Caso algum desses

---

1. OBS.: A sociedade de advogados adquire sua personalidade jurídica com sua inscrição na Ordem dos Advogados do Brasil da sua respectiva sede.

DIREITO EMPRESARIAL

sócios não integralize o capital social, serão considerados devedores, chamados de remissos, podendo sofrer as penalidades do artigo 1.004 do CC, como redução da cota, execução ou até mesmo exclusão:

Outrossim, os sócios possuem direito em participar dos lucros da sociedade, proporcionalmente a quota possuída ou de forma diversa, sendo nula a estipulação contratual que exclua qualquer sócio da participação nos lucros (artigo 1.008 CC).

3.2.3. *Sociedade Simples*

A sociedade simples é um dos tipos societários mais comuns no âmbito societário, especialmente por ser utilizada como regra subsidiária de outras sociedades. Será constituída mediante contrato escrito, particular ou público, que, além de cláusulas estipuladas pelas partes deverá obedecer aos requisitos do artigo 997 do CC, cuja inscrição deverá ocorrer nos trinta dias subsequentes à sua constituição perante o Registro Civil das Pessoas Jurídicas.

Deve constar a qualidade dos sócios, se sócio pessoa física ou jurídica, a quota de cada sócio e o modo de realizá-la (**bens móveis ou imóveis, capital, crédito, serviços**), o direito de participação nos lucros e nas perdas, e se respondem ou não, subsidiariamente, pelas obrigações sociais. Pode ser estabelecido no contrato o **pro labore** dos sócios que consiste em valor pelo trabalho realizado pelo sócio em prol da sociedade.

> Art. 997. A sociedade constitui-se mediante contrato escrito, particular ou público, que, além de cláusulas estipuladas pelas partes, mencionará:
>
> I – nome, nacionalidade, estado civil, profissão e residência dos sócios, se pessoas naturais, e a firma ou a denominação, nacionalidade e sede dos sócios, se jurídicas;
>
> II – denominação, objeto, sede e prazo da sociedade;
>
> III – capital da sociedade, expresso em moeda corrente, podendo compreender qualquer espécie de bens, suscetíveis de avaliação pecuniária;
>
> IV – a quota de cada sócio no capital social, e o modo de realizá-la;
>
> V – as prestações a que se obriga o sócio, cuja contribuição consiste em serviços;
>
> VI – as pessoas naturais incumbidas da administração da sociedade, e seus poderes e atribuições;
>
> VII – a participação de cada sócio nos lucros e nas perdas;
>
> VIII – se os sócios respondem, ou não, subsidiariamente, pelas obrigações sociais.
>
> Parágrafo único. É ineficaz em relação a terceiros qualquer pacto separado, contrário ao disposto no instrumento do contrato.

É viável a cessão de cotas nas sociedades simples, desde que ocorra a modificação do contrato social e autorização pela unanimidade dos demais sócios, nos termos do artigo 1.003 do CC, ficando o sócio cedente solidariamente com o cessionário, perante a sociedade e terceiros, pelas obrigações que tinha como sócio, até dois anos depois de averbada a modificação do contrato.

A responsabilidade dos sócios na sociedade simples deve estar prevista no contrato social, conforme artigo 997, VIII, que deverá prever se os sócios respondem, ou não, subsidiariamente, pelas obrigações sociais. Com isso, de acordo com o contrato, a responsabilidade dos sócios pode ser solidária ou subsidiária, limitada ou ilimitada. No caso de omissão do contrato social, será a responsabilidade dos sócios subsidiária, diante do artigo 1.023 *"Se os bens da sociedade não lhe cobrirem as dívidas, respondem os sócios pelo saldo, na proporção em que participem das perdas sociais, salvo cláusula de responsabilidade solidária"*.

Ainda nesse tipo societário, os sócios possuem direitos e obrigações específicos (artigos 1.001 a 1.009 do CC), e podem assim ser elencados:

> A. Obrigações começam com o contrato ou outra data fixada no contrato e terminam quando liquidada a sociedade;
> B. O sócio não pode ser substituído no exercício de suas funções, sem o consentimento dos demais sócios;
> C. Os sócios são obrigados às contribuições previstas no contrato social;
> D. O sócio, cuja contribuição consista em serviços, não pode, salvo convenção em contrário, empregar-se em atividade estranha à sociedade;

Há também o direito do sócio em se retirar da sociedade (artigo 1.029 do CC). Essa é a hipótese que o sócio não quer mais se manter vinculado a sociedade. Quer sair!!! Se for por prazo indeterminado, mediante notificação dos demais sócios, com antecedência mínima de sessenta dias e, se por prazo determinado, provando judicialmente a justa causa.

Outrossim, poderá na sociedade simples ocorrer a exclusão do sócio. Aqui o sócio será expulso do quadro societário. Esse é o caso do sócio remisso (artigo 1.004 do CC), já citado, bem como pela previsão do artigo 1.030 do CC, cuja exclusão deverá ocorrer por **falta grave** no cumprimento de suas obrigações ou **incapacidade superveniente**, devendo ocorrer por meio judicial e iniciativa da maioria dos demais sócios. Importante esclarecer que será de pleno direito excluído da sociedade o sócio declarado falido ou cuja quota tenha sido liquidada nos termos do parágrafo único do artigo 1.026 do CC.

No caso de saída do sócio da sociedade, este terá direito ao recebimento das quotas previamente integralizadas, denominada **apuração dos haveres** (art. 1.031), cuja base deverá ser a situação patrimonial da sociedade, à data da resolução, verificada em balanço especialmente levantado, ou seja, o valor real patrimonial da quota.

A administração da sociedade simples poderá ser tanto por sócio como por terceiro não sócio, tanto pessoa natural, vedada por pessoa jurídica, com nomeação no contrato social ou em ato separado (procuração, ata de deliberação). Quando administrada por sócio, nada dispondo o contrato social, compete separadamente a cada um dos sócios (art. 1.013 do CC).

O sócio-administrador não pode fazer-se substituir no exercício de suas funções. Os poderes do sócio investido na administração por cláusula expressa no contrato social são irrevogáveis, salvo justa causa, reconhecida judicialmente, a pedido de qualquer dos sócios (artigos 1.018 e 1.019 do CC). Já o não sócio os poderes são plenamente revogáveis.

Por fim, no silêncio do contrato, os administradores podem praticar todos os atos pertinentes à gestão da sociedade. Não constituindo objeto social, a oneração ou a venda de bens imóveis depende do que a maioria dos sócios decidir (art. 1.015 do CC).

DIREITO EMPRESARIAL

3.2.4. Sociedade Limitada

A sociedade limitada é um dos tipos societários mais comuns no Brasil. Pode ser uma sociedade simples ou empresária e é contratual, cuja constituição se dá através de um contrato social.

Seu tratamento legal está nos artigos 1.052 a 1.087 do Código Civil, tendo legislação própria, cuja regência supletiva será pela sociedade simples, caso omisso o contrato social ou das sociedades anônimas, desde que expressamente convencionado, de acordo com o artigo 1.053 do CC e seu parágrafo único.

Para a constituição da sociedade limitada, tanto é viável a presença de apenas um sócio como pluralidade. Importante não confundir a sociedade limitada unipessoal (com apenas um sócio) com a extinta EIRELI (empresa **individual** de responsabilidade limitada), que estava prevista no revogado artigo 980-A do CC.

O capital social da sociedade divide-se em quotas, iguais ou desiguais, cabendo uma ou diversas a cada sócio (art. 1.055 CC). Cada sócio deverá inicialmente se comprometer com a aquisição das quotas, ora ato de subscrição e, posteriormente, pagar essas quotas, ora denominada **integralização**.

A integralização (pagamento) das quotas societárias pode se dá através de **dinheiro, bens móveis ou imóveis, créditos**, sendo vedada a integralização com a prestação de serviços, obedecendo a previsão do artigo 1.055, § 2º do CC.

As quotas sociais podem ser transferidas pelos seus sócios, cuja previsão e forma geralmente está definida no contrato social. Na omissão, utiliza-se a regra do artigo 1.057 do CC cujo *"sócio pode ceder sua quota, total ou parcialmente, a quem seja sócio, independentemente de audiência dos outros, ou a estranho, se não houver oposição de titulares de mais de um quarto do capital social"*. Dessa forma, o sócio pode ceder as suas cotas obedecendo a previsão do contrato social. Este sendo omisso, o sócio pode ceder sua quota a outro sócio sem permissão dos demais ou a estranho, desde que não exista oposição de titulares de mais de um quarto do capital social.

A responsabilidade da sociedade limitada é ilimitada, respondendo com os seus bens pelas obrigações sociais. A responsabilidade dos sócios, por sua vez, é restrita ao valor de suas quotas, mas todos respondem solidariamente pela integralização do capital social (artigo 1.052 do CC). Nesse caso, o sócio somente responde pelo valor das suas quotas e todos os sócios, de forma solidária, respondem pelo que falta integralizar no capital da sociedade.

Todavia, há exceções a limitação de responsabilidade dos sócios, como por débitos **trabalhistas** ou por **dívidas tributárias** (artigo 135, III, do Código Tributário Nacional), cada qual com suas especificidades e que aqui não nos cabe debater. Outra exceção é a do artigo 1.080 do CC que aponta como **ilimitada a responsabilidade do sócio que deliberar de forma infringente ao contrato ou a lei**. Dessa forma, a regra é a limitação da responsabilidade dos sócios na sociedade limitada e a exceção nas três hipóteses citadas, sendo nelas a responsabilidade ilimitada.

Os sócios possuem direitos na sociedade limitada, como ao lucro (artigo 1.008 CC), de se retirar da sociedade (artigo 1.029 do CC), fiscalizar os atos praticados pelos administradores (artigo 1.066 do CC), direito de preferência (artigo 1.081 do CC) e participar das deliberações (artigo 1.072 do CC). Casa um desses direitos possui sua relevância na atuação do sócio perante a sociedade, vejamos:

A. A participação nos lucros e perdas está prevista no artigo 1.008 do CC, sendo nula a estipulação contratual em contrário;

B. O direito de se retirar da sociedade (direito de recesso) também é garantido pelo artigo 1.029 do CC. Se a sociedade limitada. Se de prazo indeterminado, mediante notificação aos demais sócios, com antecedência mínima de sessenta dias; se de prazo determinado, provando judicialmente justa causa.

C. A fiscalização dos atos dos administradores também é um direito relevante, cujas regras podem ser definidas no contrato social. Também é viável a **faculdade** de constituir conselho fiscal (artigo 1.066 CC) composto de três ou mais membros e respectivos suplentes, sócios ou não, residentes no país, eleitos na assembleia anual prevista no art. 1.078.

D. O sócio também possui o direito de preferência em participar do aumento de quotas (artigo 1.081 do CC), na proporção das quotas de que sejam titulares. Isso significa que novas quotas, preferência de aquisição aos já sócios.

E. As deliberações dos sócios serão tomadas em reunião ou assembleia, sendo esta obrigatória se o número de sócios for superior a dez. A reunião ou assembleia se tornará dispensável quando todos os sócios decidirem, por escrito, sobre a matéria que seria objeto delas e a matéria deliberada em conformidade com a lei e o contrato vinculam todos os sócios, ainda que ausentes ou dissidentes.

A administração da sociedade limitada será feita por uma ou mais pessoas designadas no contrato social ou em ato separado (procuração, ata de reunião), no teor do artigo 1.060 do CC. Caso o contrato social permita administração da sociedade por não sócios, a designação de administradores não sócios dependerá da aprovação de, no mínimo, 2/3 (dois terços) dos sócios, enquanto o capital não estiver integralizado, e da aprovação de titulares de quotas correspondentes a mais da metade do capital social, após a integralização (artigo 1.061 do CC).

Administrador sócio ou não sócio ↔ Administração ↔ Nomeação contrato social ou ato separado

Segundo o artigo 1.063 do CC, o exercício do cargo de administrador cessa pela destituição, em qualquer tempo, do titular, ou pelo término do prazo se, fixado no contrato ou em ato separador, não houver recondução. Sendo sócio nomeado no contrato, sua destituição somente se opera pela aprovação de titulares de quotas correspondentes a mais da metade do capital social, salvo disposição contratual diversa.

Os atos praticados pelos administradores em nome da sociedade limitada são de responsabilidade da própria sociedade. Esta que responderá pelos atos praticados pelos administradores. Entretanto, os administradores respondem solidariamente perante a sociedade e terceiros prejudicados, por <u>culpa</u> no desempenho de suas funções (art. 1.016 do CC).

Por outro lado, caso o administrador extrapole os poderes que possui, responderá pessoalmente pelas obrigações contraídas (art. 1.015 do CC), o que a doutrina denomina **teoria ultra vires,** vejamos:

Art. 1.015. No silêncio do contrato, os administradores podem praticar todos os atos pertinentes à gestão da sociedade; não constituindo objeto social, a oneração ou a venda de bens imóveis depende do que a maioria dos sócios decidir.

DIREITO EMPRESARIAL

Parágrafo único. O excesso por parte dos administradores somente pode ser oposto a terceiros se ocorrer pelo menos uma das seguintes hipóteses:

I – se a limitação de poderes estiver inscrita ou averbada no registro próprio da sociedade;

II – provando-se que era conhecida do terceiro;

III – tratando-se de operação evidentemente estranha aos negócios da sociedade.

Não obstante a previsão legal da *teoria ultra vires* adotada pelo Código Civil, os nossos Tribunais têm adotado a teoria da aparência, ou seja, tendo o administrador agido em nome da sociedade, aparentemente ele possui os poderes para o respectivo ato, ensejando responsabilidade da sociedade e não do administrador.

3.2.5. Sociedade em Nome Coletivo

A sociedade em nome coletivo é outro tipo societário previsto no Código Civil, presente nos artigos 1.039 a 1.044. Nessa modalidade societária, somente **pessoas físicas** podem compor o quadro societário, respondendo todos os sócios, **solidária e ilimitadamente** pelas obrigações sociais. Percebe-se assim que os sócios respondem com o patrimônio pessoal pelas obrigações sociais, o que torna essa sociedade pouco usual no país.

Não obstante a responsabilidade ilimitada dos sócios, estes podem, no ato constitutivo, ou por unânime convenção posterior, limitar entre si a responsabilidade de cada um, o que não ensejará em prejuízo a terceiros. A administração, por sua vez, compete exclusivamente a sócios.

3.2.6. Sociedade em Comandita Simples

Outro tipo societário é a sociedade em comandita simples. Nessa modalidade societária há duas categorias de sócios: **os comanditados**, pessoas físicas, responsáveis solidária e ilimitadamente pelas obrigações sociais; e **os comanditários**, obrigados somente pelo valor de sua quota.

> Sócio **COMANDITADO** → Pessoa física, responsabilidade ilimitada e solidária.
> Sócio **COMANDITÁRIO** → Pessoa física ou Pessoa jurídica, responsabilidade limitada, vedado praticar atos de gestão, nem ter o nome na firma social.

3.2.7. Sociedade Anônima

A sociedade anônima está prevista na lei 6.404/76, sendo o seu capital dividido em ações. Sempre será uma sociedade empresária e institucional (estatuto social). Pode ser aberta ou fechada (art. 4º), conforme os valores mobiliários (ex: ações) de sua emissão estejam ou não admitidos à negociação no mercado de valores mobiliários. A sua constituição deve observar o artigo 80 da LSA:

> ✓ subscrição, pelo menos por 2 (duas) pessoas, de todas as ações em que se divide o capital social fixado no estatuto;
>
> ✓ realização, como entrada, de 10% (dez por cento), no mínimo, do preço de emissão das ações subscritas em dinheiro;

Obs.: **Subsidiária integral**: Sociedade anônima constituída por apenas um acionista – art. 251 → A companhia pode ser constituída, mediante escritura pública, tendo como único acionista sociedade brasileira.

Dentre seus valores mobiliários temos as ações que são frações do capital social que conferem ao seu titular a qualidade e direito de ser acionista da sociedade anônima. Estas ações podem ser integralizadas em **dinheiro, bens móveis ou imóveis, crédito**, vedada a integralização em prestação de serviço

As ações podem ser ordinárias (direito a voto) ou preferenciais (preferências políticas e econômicas).

Outro valor mobiliário são as debêntures que, uma vez emitidas pela sociedade anônima, conferirão aos seus titulares direito de crédito contra a sociedade, nas condições constantes da escritura de emissão (art. 52). É um empréstimo feito pela sociedade. O debenturista adquire a debênture e, futuramente a resgata em uma condição mais vantajosa.

O administrador da sociedade anônima não será responsável pelas obrigações que contrair em nome da sociedade e em virtude de ato de regular gestão. Todavia, responderá civilmente pelos prejuízos que causar quando proceder com violação da lei ou do estatuto e se, dentro das suas atribuições ou poderes, com culpa ou dolo (art. 158).

3.3. Reorganizações Societárias

São operações realizadas entre as próprias sociedades e nas mais diversas formas, vejamos:

A. Transformação: uma sociedade muda de tipo societário. De limitada para anônima, por exemplo.
B. Fusão: A fusão determina a extinção das sociedades que se unem, para formar sociedade nova, que a elas sucederá nos direitos e obrigações (art. 1.119 CC).
C. Incorporação: Na incorporação, uma ou várias sociedades são absorvidas por outra, que lhes sucede em todos os direitos e obrigações, devendo todas aprová-la, na forma estabelecida para os respectivos tipos (art. 1.116).
D. Cisão: A cisão é a operação pela qual a companhia transfere parcelas do seu patrimônio para uma ou mais sociedades, constituídas para esse fim ou já existentes, extinguindo-se a companhia cindida, se houver versão de todo o seu patrimônio, ou dividindo-se o seu capital, se parcial a versão.

E também podemos citar.

Sociedade Controlada → a sociedade de cujo capital outra sociedade possua a maioria dos votos nas deliberações dos quotistas ou da assembleia geral e o poder de eleger a maioria dos administradores (art. 1.098 do CC).
Sociedade Coligada → a sociedade de cujo capital outra sociedade participa com dez por cento ou mais, do capital da outra, sem controlá-la (art. 1.099 do CC).
Sociedade de Simples Participação → a sociedade de cujo capital outra sociedade possua menos de dez por cento do capital com direito de voto (art. 1.100 do CC).

3.4. Dissolução da Sociedade

A dissolução da sociedade pode ser **total** (fim da sociedade) ou **parcial** (manutenção da sociedade).

A dissolução parcial poderá ocorrer com o falecimento do sócio, sua retirada, sócio remisso, incapacidade superveniente, dentre outros. Já a dissolução total poderá ocorrer nas hipóteses do artigo 1.033 do CC, vejamos:

I – o vencimento do prazo de duração, salvo se, vencido este e sem oposição de sócio, não entrar a sociedade em liquidação, caso em que se prorrogará por tempo indeterminado;

II – o consenso unânime dos sócios;

III – a deliberação dos sócios, por maioria absoluta, na sociedade de prazo indeterminado;

V – a extinção, na forma da lei, de autorização para funcionar.

4. FALÊNCIA, RECUPERAÇÃO JUDICIAL E EXTRAJUDICIAL

A falência, recuperação judicial e extrajudicial estão previstas na lei 11.101/2005, cujas disposições gerais aos três institutos são as seguintes:

> A. Somente se aplica ao empresário (individual) ou a sociedade empresária (art.1º), ora denominados pela lei como *"devedor"*;
> B. São excluídos desta lei (artigo 2º): **I** – Empresa pública e sociedade de economia mista; **II** – Instituição financeira pública ou privada, cooperativa de crédito, consórcio, entidade de previdência complementar, sociedade operadora de plano de assistência à saúde, sociedade seguradora, sociedade de capitalização e outras entidades legalmente equiparadas às anteriores.
> C. O juízo competente é o local do **principal estabelecimento** (principal atividade), qual seja, justiça estadual e, caso sede do devedor fora do Brasil, onde se situe a sua filial (art. 3º).

4.1. Falência

A falência é a modalidade de execução concursal dos credores em face do devedor empresário ou sociedade empresária, sendo consequência de atos indevidamente praticados ou obrigações não honradas que ensejaram na *"quebra"* do devedor. No caso falimentar, o devedor será afastado de suas atividades para preservar e otimizar a utilização eficaz dos bens, ativos e recursos produtivos, inclusive os intangíveis da empresa (art. 75).

Como já citado, a falência deve atingir o devedor (legitimidade passiva), ora empresário ou sociedade empresária. Já o pedido falimentar (legitimidade ativa) pode ser:

> A. Do **próprio devedor** (autofalência), conforme artigo 105 da LF.
> **B. Credores do empresário**. Caso credor domiciliado no exterior deverá prestar caução (art. 97 § 2º da LF). Se credor **empresário/sociedade empresária** deverá comprovar a regularidade (art. 97 § 1º da LF), ou seja, está com o seu registro ativo e regular perante a Junta Comercial.
> C. Sócio ou acionista da Sociedade, nos termos legais.
> D. O herdeiro, inventariante ou cônjuge sobrevivente no caso de empresário individual.

Não é qualquer motivo que viabiliza o pedido de falência do devedor, mas sim aqueles previstos no artigo 94 da Lei Falimentar, vejamos:

> I – sem relevante razão de direito, não paga, no vencimento, obrigação líquida materializada em **título ou títulos executivos protestados** cuja soma **ultrapasse o equivalente a 40 (quarenta) salários-mínimos** na data do pedido de falência. Aqui são três elementos cumulativos, admitindo o litisconsórcio ativo.
> II – **executado** por qualquer quantia líquida, não paga, não deposita e não nomeia à penhora bens suficientes dentro do prazo legal. Nesse caso, o valor é irrelevante, sendo necessário que o credor comprove que o processo executivo se trata de execução frustrada (certidão do cartório);
> III – Devedor que pratica atos de falência ali arrolados das letras A/G. Caso praticados, haverá presunção de insolvência, salvo se o devedor se fizer parte de plano de recuperação judicial.

Com base em um dos três incisos do artigo 94 citado, o pedido falimentar poderá ser requerido no local do principal estabelecimento do devedor. Este, por sua vez, poderá apresentar sua **defesa** nos autos (contestação) no prazo de dez dias, como prevê o artigo 98 da LF. Também terá o devedor, no prazo da contestação, a <u>faculdade</u> de depositar o valor correspondente ao total do crédito, acrescido de correção monetária, juros e honorários advocatícios, hipótese em que a falência não será decretada.

Também é facultado ao devedor, no prazo para a contestação, pleitear a recuperação judicial, como prevê o artigo 95 da LF.

Ao sentenciar o feito, o magistrado poderá decretar a falência do devedor, como julgar improcedente o pedido do credor. No caso de procedência do pedido falimentar, caberá recurso de agravo de instrumento e, na improcedência do pedido, recurso de apelação (art. 100 LF), ambos obedecendo os prazos do Código de Processo Civil, qual seja, quinze dias (art. 189 LF).

┼ – Falência decretada → Recurso de Agravo de Instrumento.

— – Improcedência do Pedido → Recurso de Apelação.

Analisaremos nesse estudo as diversas <u>consequências</u> da decretação da falência.

Com a decretação da sua falência, o devedor (empresário ou sociedade empresária) ficará **inabilitado** para exercer qualquer atividade empresarial a partir da decretação da falência e até a sentença que extingue suas obrigações (arts. 102 e 158 da LF). Findo o período de inabilitação, poderá o falido requer ao juiz da falência que proceda a respectiva anotação em seu registro.

Importante destacar que a falência da sociedade empresária não enseja a falência os seus sócios, salvo na hipótese do artigo 81 da LF *"A decisão que decreta a falência da sociedade com sócios ilimitadamente responsáveis também acarreta a falência destes, que ficam sujeitos aos mesmos efeitos jurídicos produzidos em relação à sociedade falida e, por isso, deverão ser citados para apresentar contestação, se assim o desejarem"*.

Nessa mesma linha, conforme artigo 82-A, é vedada a extensão da falência ou de seus efeitos, no todo ou em parte, aos sócios de responsabilidade limitada, aos controladores e aos administradores da sociedade falida, admitida, contudo, a desconsideração da personalidade jurídica.

Já na decretação falimentar de concessionária de serviço público, implicará na extinção da concessão, nos termos do artigo 195 da LF. O mesmo não se poderá dizer dos contratos bilaterais, cuja regra do artigo 117 é *"Os contratos bilaterais não se resolvem pela falência*

DIREITO EMPRESARIAL

*e **podem ser cumpridos pelo administrador judicial** se o cumprimento reduzir ou evitar o aumento do passivo da massa falida ou for necessário à manutenção e preservação de seus ativos, mediante autorização do Comitê".*

Outrossim, a sentença que decretar a falência do devedor deverá fixar o termo legal da falência, sem poder retrotraí-lo por mais de 90 (noventa) dias contados do pedido de falência, do pedido de recuperação judicial ou do primeiro protesto por falta de pagamento. Esse termo legal é um momento anterior a falência, cujo devedor poderá ter praticado atos fraudulentos para prejudicar os credores. Nesse termo legal, caso o devedor pratique os atos praticados no artigo 129 da LF, estes serão **ineficazes**, devendo retornar ao *status* anterior. A ineficácia poderá ser declarada de ofício pelo juiz, alegada em defesa ou pleiteada mediante ação própria ou incidentalmente no curso do processo.

Os demais atos praticados com a intenção de prejudicar credores, provando-se o conluio fraudulento entre o devedor e o terceiro que com ele contratar e o efetivo prejuízo sofrido pela massa falida serão **revogáveis** (art. 130 da LF).

Outra consequência da decretação da falência é a **nomeação do administrador judicial**, ato privativo do juiz, inclusive eventual destituição deste profissional. O administrador será profissional idôneo, preferencialmente advogado, economista, administrador de empresas ou contador, ou pessoa jurídica especializada. Será esse profissional o verdadeiro auxiliar do juiz no processo falimentar, além de trabalhar em prol do andamento efetivo e eficaz do processo. A **remuneração** do administrador judicial é fixada pelo juiz, não podendo exceder a 5% (cinco por cento) do valor devido aos credores submetidos à recuperação judicial ou do valor de venda dos bens na falência, podendo ser reduzida ao limite de 2% (dois por cento) no caso de microempresas e empresas de pequeno porte.

O administrador judicial deverá arrecadar os bens na posse do falido. Em caso de terceiro proprietário de bem arrecadado no processo de falência ou que se encontre em poder do devedor na data da decretação da falência poderá pedir sua **restituição**, via ação autônoma denominada ação de restituição (art. 85 LF). Já nos casos em que não couber pedido de restituição, fica resguardado o direito dos credores de propor **embargos de terceiros**, observada a legislação processual civil (art. 93 LF).

Com a arrecadação dos bens, o administrador judicial irá determinar a avaliação e realização desse ativo na ordem do artigo 140 da LF, seja por **leilão, proposta fechada ou pregão**, sempre observando a necessidade de prévia intimação pessoal do representante do Ministério Público, sob pena de nulidade. Importante ressaltar que o objeto da alienação estará livre de qualquer ônus e não haverá sucessão do arrematante nas obrigações do devedor, inclusive as de natureza tributária, as derivadas da legislação do trabalho e as decorrentes de acidentes de trabalho (art. 141, I da LF)

Já quanto aos credores, a decretação falimentar implicará no vencimento antecipado das dívidas do falido, constituição da massa falida, reunião dos credores e dos bens do falido. Nesse caso, haverá a formação do juízo universal falimentar, atraindo todas as ações e execuções que envolvam os interesses do falido e, consequentemente, o juiz determinará a **suspensão de todas as ações e execuções** em face do falido. Vale observar que há exceções à regra suspensiva citada, nos termos do artigo 76 da LF *"O juízo da falência é indivisível e* *competente para conhecer todas as ações sobre bens, interesses e negócios do falido, ressalvadas as causas trabalhistas, fiscais e aquelas não reguladas nesta Lei em que o falido figurar como autor ou litisconsorte ativo",* inclusive as ações que demandarem quantia ilíquida até apuração do valor.

Além disso, ficará suspenso o curso da prescrição relativa as obrigações do falido, recomeçando a correr a partir do dia em que transitar em julgado a sentença do encerramento da falência. A fluência dos juros, por sua vez, ficará suspensa.

Com a realização do ativo deverá ocorrer o **PAGAMENTO** dos credores, cuja ordem legal deve ser observada na ordem dos artigos citados, vejamos:

Créditos Preferenciais	Crédito Extraconcursal – 84	Crédito Concursal- 83
As despesas indispensáveis à administração da falência – art. 150	I – ao valor efetivamente entregue ao devedor em recuperação judicial pelo financiador I – aos créditos em dinheiro objeto de restituição I – remuneração administrador e trabalhista pós-falência	I – Trabalhista pré-falência;
Crédito Trabalhista 3 (três) últimos salários – art. 151	II – Empréstimo do credor à massa falida;	II – Garantia Real
	III – Despesas com administração da falência;	III – Tributário
	IV – Custas judiciais massa vencida;	
	V – Tributos pós-falência	
		VI – Quirografário;
		VII – Multas
		VIII – Subordinados

Obs.: leitura obrigatória dos dispositivos em virtude das peculiaridades de cada crédito.

Passadas as fases falimentares, o Juiz sentenciará pelo encerramento da falência, independentemente do pagamento integral ou não dos credores. Será ainda proferida a sentença de extinção das obrigações do falido nas hipóteses do artigo 158 da LF, momento no qual estará o falido reabilitado para exercer atividades empresariais novamente.

> Art. 158. Extingue as obrigações do falido:
> I – o pagamento de todos os créditos;
> II – o pagamento, após realizado todo o ativo, de mais de 25% (vinte e cinco por cento) dos créditos quirografários;
> V – o decurso do prazo de 3 (três) anos, contado da decretação da falência, ressalvada a utilização dos bens arrecadados anteriormente, que serão destinados à liquidação para a satisfação dos credores habilitados ou com pedido de reserva realizado;
> VI – o encerramento da falência nos termos dos arts. 114-A ou 156 desta Lei

4.2. Recuperação Judicial

A recuperação judicial tem por objetivo viabilizar a superação da situação de crise econômico-financeira do devedor, a fim de permitir a manutenção da fonte produtora, do emprego dos trabalhadores e dos interesses dos credores, promovendo, assim, a preservação da empresa, sua função social e o estímulo à atividade econômica. É a essência da lei.

A legitimidade ativa está prevista no artigo 48 da LF, quais sejam:

> ▶ Devedor regular há mais de dois anos;
> ▶ Não ser falido;
> ▶ Não ter há menos de 5 (cinco) anos obtido concessão da recuperação judicial.

Estão sujeitos à recuperação judicial **todos os créditos existentes** <u>na data do pedido</u>, ainda que não vencidos. Os credores do devedor em recuperação judicial conservam seus direitos e privilégios contra os coobrigados, fiadores e obrigados de regresso. Estarão incluídos créditos trabalhistas/acidente do trabalho, crédito com garantia real, com privilégio especial, privilégio geral, quirografário e subordinados.

Entretanto, tratando-se de credor titular da posição de **proprietário fiduciário de bens móveis ou imóveis, de arrendador mercantil, de proprietário ou promitente vendedor de imóvel cujos respectivos contratos contenham cláusula de irrevogabilidade ou irretratabilidade**, inclusive em incorporações imobiliárias, ou de proprietário em **contrato de venda com reserva de domínio**, seu crédito <u>não</u> se submeterá aos efeitos da recuperação judicial e prevalecerão os direitos de propriedade sobre a coisa e as condições contratuais, observada a legislação respectiva, não se permitindo, contudo, durante o prazo de suspensão a que se refere o § 4º do art. 6º da LF, a venda ou a retirada do estabelecimento do devedor dos bens de <u>capital essenciais</u> a sua atividade empresarial.

Também estão excluídos os créditos tributários (artigo 57), créditos posteriores ao pedido de recuperação judicial e o adiantamento do contrato de câmbio.

Créditos incluídos	Créditos excluídos
I – Todos até a data do pedido;	I – Posteriores ao pedido;
II – Trabalhista;	II – Tributário;
III – Garantia Real;	III – Propriedade Fiduciária;
	IV – Arrendamento Mercantil;
	V – Venda com reserva de domínio
VI – Quirografário	VI – Vendedor de imóvel cujos respectivos contratos contenham cláusula de irrevogabilidade ou irretratabilidade
VII – Microempresa e empresa de pequeno porte	VII – Adiantamento contrato de câmbio

Nesse cenário de créditos incluídos e excluídos, o devedor fará o pedido de recuperação judicial no local do principal estabelecimento, cuja petição inicial deverá atender aos requisitos do artigo 51 da LRJ, expondo os reais motivos da dificuldade enfrentada, documentação comprobatória, seja contábil, seja dos credores, dentre outros.

O Juiz, ao apreciar o pedido, poderá deferir o processamento da recuperação judicial *"despacho de processamento"*, observando o artigo 52, sempre com a faculdade de optar pelo artigo 52-A que possibilita a constatação:

A. Nomeação do administrador judicial:
B. Determinará a dispensa da apresentação de certidões negativas para que o devedor exerça suas atividades;
C. Ordenará a suspensão de todas as ações ou execuções contra o devedor (art. 6º da LF) por 180 dias <u>corridos</u>, permanecendo os respectivos autos no juízo onde se processam, em regra;
D. Ordenará a expedição de edital com a relação nominal dos credores com a advertência acerca dos prazos para habilitação dos créditos, na forma do art. 7º, § 1º, da Lei, e para que os credores apresentem objeção ao plano de recuperação judicial apresentado pelo devedor nos termos do art. 55 da Lei.
E. Determinará ao devedor que apresente o plano de recuperação judicial no prazo improrrogável de <u>**sessenta dias**</u>, sob pena de, não o fazendo, ser decretada a sua falência. Esse plano poderá prever **formas de recuperação** do artigo 50 da LF, obrigatoriamente observando a regra do artigo 54 *"não poderá prever prazo superior a 1 (um) ano para pagamento dos créditos derivados da legislação do trabalho ou decorrentes de acidentes de trabalho vencidos até a data do pedido de recuperação judicial"*.

Caso o credor não tenha seu nome na relação dos credores, deverá habilitar o seu crédito no prazo de quinze dias contados do edital. Após esse prazo, inicia o prazo de quarenta e cinco dias para que o administrador judicial providencie uma nova relação de credores para correções e nova listagem.

Com a apresentação do plano de recuperação judicial o credor poderá apresentar objeção no prazo de 30 dias da publicação (art. 7º, §2º). Caso não ocorra objeção, o plano de recuperação judicial está aprovado. Do contrário, o juiz convocará a assembleia geral de credores para deliberar sobre o plano (artigo 56) que poderá reprová-lo, decretando o juiz a falência do devedor. Caso a assembleia o aprove, haverá a concessão da recuperação judicial, implicando em **novação** (art. 59 da LF) e formação do **título executivo judicial**. O juiz poderá determinar a manutenção do devedor em recuperação judicial até que sejam cumpridas todas as obrigações previstas no plano que vencerem até, no máximo, 2 (dois) anos depois da concessão da recuperação judicial, independentemente do eventual período de carência (art. 61 da LF).

4.2.1. Do Plano de Recuperação Judicial para Microempresas e Empresas de Pequeno Porte

As microempresas e empresas de pequeno porte podem optar por uma recuperação judicial especial prevista no artigo 70. Esse plano abrangerá todos os créditos existentes na data do pedido, ainda que não vencidos, excetuados os decorrentes de repasse de recursos oficiais, os fiscais e os previstos nos §§ 3º e 4º do art. 49;

Pagamento: preverá parcelamento em até 36 (trinta e seis) parcelas mensais, iguais e sucessivas.

O juiz aprovará o plano mesmo com objeções, salvo se houver objeções (art. 55) de credores titulares de mais da metade de qualquer uma das classes de créditos previstos no art. 83, computados na forma do art. 45.

Atenção: **na recuperação judicial especial nunca haverá assembleia**. Ou o juiz aprova o plano ou decreta a falência nas hipóteses acima.

4.3. Recuperação Extrajudicial

A recuperação extrajudicial nada mais é do que um acordo **extrajudicial** feito pelo devedor com os seus credores no intuito de recuperar o negócio, cujo tratamento legal está previsto nos artigos 161 e seguintes da LF.

Os créditos incluídos são basicamente os previstos na recuperação judicial, inclusive trabalhistas. O plano não poderá contemplar o pagamento antecipado de dívidas nem tratamento desfavorável aos credores que a ele não estejam sujeitos. A legitimidade do pedido é similar ao da recuperação judicial, com a ressalva da ilegitimidade do devedor que tenha pendente pedido de recuperação judicial ou tiver obtido a recuperação judicial ou homologado outro plano de recuperação extrajudicial há menos de 2 (dois) anos. Por fim, a sentença de homologação do plano de recuperação extrajudicial constituirá **título executivo judicial**.

4.4. Do Procedimento Penal

Em caso de crime falimentar, seu procedimento está regulado a partir do artigo 183 do LF, sendo tais crimes de ação penal pública **incondicionada**. Outrossim, compete ao **juiz criminal** da jurisdição onde tenha sido decretada a falência, concedida a recuperação judicial ou homologado o plano de recuperação extrajudicial, conhecer da ação penal.

Intimado da sentença que decreta a falência ou concede a recuperação judicial, o Ministério Público, verificando a ocorrência de qualquer crime previsto nesta Lei, promoverá **imediatamente** a competente ação penal ou, se entender necessário, requisitará a abertura de inquérito policial.

5. TÍTULOS DE CRÉDITO

O título de crédito é o documento que contém um direito de crédito e representa a obrigação de acordo com as informações nele contidas. Segundo o artigo 887 do Código Civil, é o documento necessário ao exercício do direito literal e autônomo nele contido e somente produz efeito quando preencha os requisitos da lei. Os exemplos mais comuns são **cheque, duplicata, letra de câmbio e nota promissória**.

A legislação aplicável a tais títulos são as seguintes:

> Letra de câmbio e nota promissória: Decreto 57.663/66
> Cheque: Lei 7.357/85
> Duplicata: Lei 5.474/68
> Código Civil: aplicação supletiva (artigo 903 do CC).

Seus princípios são a **cartularidade, literalidade** e **autonomia**.

A) CARTULARIDADE: materialização do crédito no título. É o documento original para viabilizar a cobrança, salvo exceções digitais, como títulos de crédito no formato eletrônico (ex: duplicata eletrônica), nos termos do artigo art. 889, §3º, CC.

B) LITERALIDADE: valida o que se encontra **escrito** no título de crédito. Se o título consta o valor de R$ 15.000,00 (quinze mil reais), este será o objeto da cobrança.

C) AUTONOMIA: significa que as relações cambiais são **independentes** entre si, uma não dependendo da outra (emitente, avalista, endossantes). No caso de circulação do título de crédito, haverá a **inoponibilidade de exceções pessoais ao terceiro de boa-fé**. Não circulando, poderá haver a exceção pessoal, ou seja, não pagamento por desavenças na relação que **originou** o título. Aqui vale citar o subprincípio da abstração, vinculado do princípio da autonomia. Implica na desvinculação do título do negócio jurídico que lhe deu origem a partir do momento que começa a circular. Ilustrando: Se Cauê vende uma moto a Raquel e esta paga com um cheque de R$ 10.000,00 (dez mil reais), caso exista alguma desavença nesta relação originária, como moto clonada, poderá Raquel alegar exceção pessoal para não pagar Cauê. Agora, caso o cheque seja transferido a Diana (terceira de boa-fé), o título então se desvincula da relação originária, não cabendo exceção pessoal em face desta.

São os títulos de crédito classificados em causais e não causais. Os causais possuem causa legal para emissão, como a duplicata que é emitida para compra e venda mercantil ou prestação de serviço. Já os não causais não possuem esse motivo legal para emissão, como cheque, nota promissória e letra de câmbio.

Importante ressaltar que os títulos de crédito emitidos em branco ou com omissões poderão ser preenchidos pelo terceiro/portador de boa-fé antes da cobrança ou do protesto (art. 891 CC).

O título de crédito pode ser uma promessa de pagamento, ou seja, há **dois** intervenientes, promitente e tomador/beneficiário (nota promissória) ou ordem de pagamento, quando há **três** intervenientes (sacador, sacado e beneficiário).

 Promessa de pagamento: Promitente e tomador.

 Ordem de pagamento: Sacador (emitente) ↔ Sacado (pagador) ↔ Tomador ($$$)

Quanto ao modelo, o título de crédito pode ser **vinculado**, cujo formato é o exigido por lei (cheque e duplicata) ou **livre** (nota promissória e letra de câmbio).

Ponto relevante é a transferência dos títulos de crédito. O ato de circular o título é muito comum no dia a dia do brasileiro. Deve se atentar se o título é ao portador (aquele que porta, sem identificar o beneficiário), cuja transmissão se dá pela entrega, ora denominada **tradição**. Já o título nominativo (identificação do beneficiário), sendo *"a ordem"* circula por endosso e *"não a ordem"* circula por cessão civil. Tanto no endosso quanto cessão, aquele que transfere o título responde pela existência. A diferença está na responsabilidade pelo pagamento. No endosso o endossante responde pelo pagamento e na cessão civil o cedente não responde pela solvência (art. 296 CC).

5.1. Títulos Específicos

Trataremos dos seguintes títulos de créditos: **Letra de câmbio, nota promissória, cheque e duplicata.**

5.2. Letra de Câmbio

A letra de câmbio está disposta no decreto 57.663/66, sendo título cujo emitente (sacador) expede uma ordem de pagamento ao sacado (sujeito que deverá pagá-la), que fica obrigado, havendo o aceite, a pagar ao tomador/beneficiário, o valor determinado no título.

 Como exemplo temos Lucas que deve Maria o valor de R$ 2.000,00 (dois mil reais), sendo o próprio Lucas credor de Tereza no mesmo valor em outra relação independente. Decide Lucas emitir uma letra de câmbio (sacador) em favor de Maria (beneficiária), no valor de R$ 2.000,00 (dois mil reais), colocando Tereza na figura de sacado (quem paga). Caso Tereza **aceite a letra**, dando sua assinatura, se tornará a devedora principal e pagará **diretamente** a Maria, havendo a quitação da dívida.

Daí percebe-se que há a figura do aceite na letra de câmbio, que é **facultativo** e pode ser **total** ou **parcial** e, havendo o aceite, será o sacado o devedor principal. Caso o sacado recuse o aceite, o sacador tornar-se-á o devedor principal.

A letra de câmbio pode ser transferida pelo endosso, já que título à ordem, passando ao endossatário o crédito ali constante. O endosso é dado no verso (simples assinatura) ou no anverso (assinatura mais expressão identificadora). Caso endosso em preto, haverá a identificação do endossatário. Se em branco, não identifica endossatário. Se o endosso for *"póstumo"* será aquele dado **após** o vencimento e **do protesto** do título ou encerramento do prazo do protesto. Nesse caso **o endosso terá efeito de cessão civil**.

Válido lembrar que esse formato de endosso comum é denominado de translativo ou próprio. Aqui há a transferência do crédito propriamente dito e, no eventual inadimplemento, o endossatário poderá protestar o título. Atenção a súmula 475 do STJ: *"Responde pelos danos decorrentes de protesto indevido o endossatário que recebe por endosso translativo título de crédito* **contendo vício formal extrínseco ou intrínseco**, *ficando ressalvado seu direito de regresso contra os endossantes e avalistas"*.

Há outras modalidades denominadas de <u>**endosso impróprio**</u>, com finalidade de legitimar a posse e não transferir o crédito, como nas formas do endosso mandato ou endosso caução.

O **endosso mandato** é a transferência ao terceiro de poderes para recebimento do crédito, como o comerciante faz em parceria com a instituição financeira. Sou empresário e transfiro ao banco o título para que seja feita a cobrança. Em caso de não pagamento do título, o banco poderá inclusive protestar o documento. Sendo protesto indevido, atenção à súmula 476 do STJ *"O endossatário de título de crédito por endosso-mandato só responde por danos decorrentes de protesto indevido* **se extrapolar** *os poderes de mandatário"*.

O **endosso caução**, por sua vez, é dar o título de crédito em penhor/garantia, já que bem móvel. Em caso de quitação da obrigação, o título retorna ao endossante.

Já a garantia de pagamento no próprio título de crédito se dá pelo <u>**aval**</u>. Esse ato é unilateral e autônomo, não possuindo benefício de ordem. Pode ser feito no anverso do título através de simples assinatura ou no verso com assinatura e expressão identificadora. Se for um aval em branco não haverá a indicação do avalizado e, nesse caso, haverá avalizado do sacador. Se aval em preto, terá a identificação do avalizado. Importante diferenciar o aval da fiança, já que este se dá em contrato, é acessório e possui benefício de ordem.

O aval prestado após o vencimento tem o mesmo efeito que anteriormente dado. Vale a atenção ao aval denominado **simultâneo** (avais dados por dois ou mais avalistas ao mesmo avalizado) ou **sucessivo** (avalista garante a obrigação de outro avalista)

O aval pode ser **total ou parcial**. Merece atenção a vedação ao aval parcial prevista no artigo 897, parágrafo único do Código Civil. Todavia, o Código Civil possui aplicação supletiva, prevalecendo a lei especial.

De acordo com o artigo 1.647, III do Código Civil nenhum dos cônjuges pode, sem autorização do outro, exceto no regime da separação absoluta, prestar aval ou fiança. Contudo, o STJ, no julgamento do <u>**REsp 1.526.560-MG**</u>, decidiu que *"O aval dado aos títulos de créditos nominados (típicos) prescinde de outorga uxória ou marital"*. Isso significa que os títulos de crédito com previsão legal (típicos), com cheque, nota promissória, letra de câmbio e duplicata **não necessitam do consentimento conjugal** no aval, ao contrário dos títulos de crédito atípicos, como do Código Civil.

DIREITO EMPRESARIAL

5.3. Nota Promissória

A **nota promissória**, por sua vez, é uma promessa de pagamento, cujo emitente promete a outrem (tomador/beneficiário) o pagamento de determinada quantia constante no título. A previsão legal está no decreto 57.663/66, nos artigos 75/78. Ao contrário da letra de câmbio, a nota promissória não possui o aceite. Já no que toca ao aval e endosso, possui as mesmas regras da letra de câmbio.

A nota promissória pode ser emitida *pro solvendo*, ou seja, com a finalidade de pagamento. Nesse caso não haverá novação na relação causal, só extinguindo com o pagamento do título. Pode também ser a promissória emitida *pro soluto* que enseja na novação da relação causal, bastando a tradição do título para quitação.

A nota promissória possui prazo prescricional de 3 (três) anos a contar do seu vencimento e, caso prescrita, poderá ser proposta **ação monitória** em face do emitente no prazo de cinco anos a contar do dia seguinte ao vencimento do título (súmula 504 do STJ)

Por fim, importante citar a súmula 258 do STJ que prevê "*A nota promissória vinculada a contrato de abertura de crédito não goza de autonomia em razão da iliquidez do título que a originou*".

Aqui, em especial, vale destacar que anteriormente a edição pelo STJ da súmula 258, as súmulas **233** e **247** já percorriam o rastro do princípio da autonomia. Primeiro a súmula 233 que prevê "*o contrato de abertura de crédito, ainda que acompanhado de extrato da conta-corrente, não é título executivo*". E depois, a súmula 247 "*o contrato de abertura de crédito em conta-corrente, acompanhado do demonstrativo de débito, constitui documento hábil para o ajuizamento da ação monitória*".

5.4. Cheque

O cheque é um dos títulos de crédito mais comuns no cenário nacional. Está previsto na lei 7.357/85, sendo ordem de pagamento à vista (art. 32). Há o sacador (emitente), o sacado (instituição financeira) e o Tomador/beneficiário (credor).

Sendo uma ordem de pagamento à vista não há data de vencimento no título e sim **data de emissão**. A pós-datação (bom para) é um acordo entre as partes que não retira a ordem de pagamento à vista. Atenção a súmula 370 do STJ que caracteriza dano moral a apresentação antecipada de cheque pré-datado.

O cheque não admite a figura do aceite. Pode circular por endosso e garantido por aval, conforme anteriormente já abordamos.

Possui o cheque **prazo de apresentação** de 30 (trinta) dias da data de emissão para mesma praça ou 60 (sessenta) dias para praça diversa. Esse prazo de apresentação **dá início ao prazo prescricional** e serve para viabilizar a execução do endossante do título, desde que apresentado no prazo de apresentação (art. 47 LC). A súmula 600 do STF prevê o cabimento de *"ação executiva contra o emitente e seus avalistas, ainda que não apresentado o cheque ao sacado no prazo legal, desde que não prescrita a ação cambiária"*.

> PRAZO DE APRESENTAÇÃO → INÍCIO PRAZO PRESCRICIONAL

O prazo prescricional do cheque será de 6 (seis) meses para cobrar do emitente e avalista do emitente, bem como 6 (seis) meses para cobrar do endossante e avalista do endossante.

Com isso, o inadimplemento do cheque enseja na viabilidade da sua cobrança, independentemente do protesto, já que a declaração da Instituição financeira sacada substitui o protesto (art. 47, II da LC). Caso o banco sacado devolva indevidamente o título, poderá ensejar na responsabilidade conforme súmula 388 do STJ, cuja *"simples devolução indevida de cheque caracteriza dano moral"*.

No prazo prescricional caberá ao portador/beneficiário a propositura de demanda executiva e, quando prescrito o título, optar pela **ação de locupletamento** ou **monitória**, cuja correção monetária será contada da data da emissão e juros da primeira apresentação. Atenção:

> Art. 61 A ação de enriquecimento contra o emitente ou outros obrigados, que se locupletaram injustamente com o não pagamento do cheque, prescreve em 2 (dois) anos, contados do dia em que se consumar a prescrição prevista no art. 59 e seu parágrafo da Lei.
> **Súmula 299 do STJ:** É admissível a ação monitória fundada em cheque prescrito.
> **Súmula 503 do STJ:** O prazo para ajuizamento de ação monitória em face do emitente de cheque sem força executiva é quinquenal, a contar do dia seguinte à data de emissão estampada na cártula.

O cancelamento do cheque está presente nas hipóteses do artigo 35 (revogação) a ser dada pelo emitente e produz efeito depois do prazo de apresentação. Também a **sustação** a ser dada pelo emitente ou portador legitimado e produz efeitos a qualquer tempo.

5.5. Duplicata

A duplicada é uma ordem de pagamento, causal, decorrente de uma compra e venda mercantil ou prestação de serviço. Está prevista na lei 5.474/68. Importante lembrar da duplicata escritural (virtual) prevista na lei 13.775/2018. O endosso e aval seguem as regras já citadas nesse capítulo.

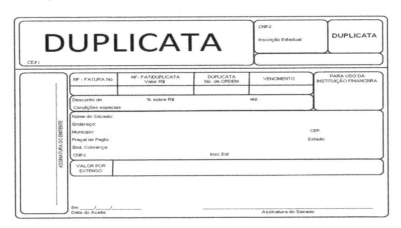

Sendo ordem de pagamento, possui o sacador (vendedor), sacado (comprador) e beneficiário/tomador (vendedor). Exemplo: João é empresário vendedor de TV. Vende a TV ao Paulo (comprador) e este aceitará uma duplicata em favor do João (beneficiário). A emissão da nota fiscal será obrigatória, já da duplicata facultativa.

O aceite na duplicata é obrigatório, salvo as exceções dos artigos 8º e 21 da lei, como vícios, divergências no prazo, dentre outros. Poderá ser protestada por falta de aceite, de devolução ou pagamento (art. 13).

Em caso de perda ou extravio da duplicata obrigará o vendedor a extrair **triplicata**, que terá os mesmos efeitos e requisitos e obedecerá às mesmas formalidades daquela.

Caso inadimplida, a duplicata poderá ser cobrada por execução, quando há o aceite ou, na ausência deste, deste que **protestada e esteja acompanhada de documento hábil comprobatório da entrega e recebimento da mercadoria e o sacado não tenha justo motivo para a recusa do aceite (art. 15).**

6. CONTRATOS MERCANTIS

6.1. Franquia

O contrato de franquia está previsto na lei 13.966/2019, no qual um franqueador autoriza por meio de contrato um franqueado a usar marcas e outros objetos de propriedade intelectual, sempre associados ao direito de produção ou distribuição exclusiva ou não exclusiva de produtos ou serviços e também ao direito de uso de métodos e sistemas de implantação e administração de negócio ou sistema operacional desenvolvido ou detido pelo franqueador, mediante remuneração direta ou indireta, sem caracterizar relação de consumo ou vínculo empregatício em relação ao franqueado ou a seus empregados, ainda que durante o período de treinamento. (Exemplo Cacau show, McDonald, dentre outros).

Nesta modalidade de contrato mercantil se torna obrigatório o fornecimento da circular de oferta de franquia ao candidato a franqueado no mínimo 10 (dez) dias antes da assinatura do contrato ou pré-contrato de franquia e, no caso de descumprimento, poderá o franqueado arguir a **anulabilidade ou nulidade** do contrato e exigir a devolução de todas as quantias que houver pago ao franqueador ou a terceiros por ele indicados (art. 4º).

O contrato de franquia deve ser sempre escrito em língua portuguesa, regidos pela legislação brasileira e pode ser eleito juízo arbitral.

6.2. Arrendamento Mercantil ou Leasing

O Leasing é o contrato denominado de arrendamento mercantil. As partes contratuais serão o arrendador (instituição financeira ou sociedade de arrendamento mercantil) e o arrendatário (cliente – contratante). O arrendador compra o bem escolhido pelo arrendatário e este o utilizará durante o contrato mediante o pagamento de uma contraprestação.

Está previsto na lei 6.099/74, resolução 2.309/96 e 3.516/2007 do Banco Central do Brasil. Assemelha-se o leasing a um contrato de aluguel e poderá prever ou não a opção de compra do bem de propriedade do arrendador pelo arrendatário. O arrendatário poderá ao final do contrato devolver o bem, renovar o contrato ou, como dito, adquiri-lo, caso em que pagará o valor residual garantido (VRG). Importante lembrar que a cobrança antecipada do valor residual garantido (VRG) não descaracteriza o contrato de arrendamento mercantil (súmula 293 do STJ).

Em caso de inadimplemento do devedor, caberá ao credor o ajuizamento de ação de reintegração de posse, com a necessária e prévia constituição daquele em mora mediante notificação, nos termos da súmula 369 do STJ.

6.3. Alienação Fiduciária

O contrato de alienação fiduciária em garantia pode envolver tanto bens móveis quanto imóveis. No caso de imóveis, a lei 9.514/97 estabelece normas e procedimentos próprios e já para os bens móveis será regida pelo Decreto 911/69. Deste falaremos a seguir:

A alienação fiduciária em garantia transfere ao credor o domínio resolúvel e a posse indireta da coisa móvel alienada, independentemente da tradição efetiva do bem, tornando--se o alienante ou devedor em possuidor direto e depositário com todas as responsabilidades e encargos que lhe incumbem de acordo com a lei civil e penal.

Essa modalidade é muito comum na aquisição de veículos no nosso país. O credor banco não tem a propriedade plena do bem, somente a propriedade resolúvel. Com a quitação do contrato de empréstimo a propriedade é transferida ao devedor fiduciante. Este tem a posse direta do bem, utilizando deste durante o contrato. Caso se torne inadimplente o credor poderá requerer a **busca e apreensão do bem**, desde que exista a prévia notificação do devedor

O proprietário fiduciário ou credor poderá, desde que comprovada a mora ou o inadimplemento, requerer contra o devedor ou terceiro a busca e apreensão do bem alienado fiduciariamente, a qual será concedida liminarmente, podendo ser apreciada em plantão judiciário (art. 3º). A mora, por sua vez, decorrerá **do simples vencimento do prazo para pagamento** e poderá ser comprovada por carta registrada com aviso de recebimento, não se exigindo que a assinatura constante do referido aviso seja a do próprio destinatário.

6.4. Representação Comercial

O contrato de representação comercial é regido pela lei 4.886/65, sendo partes o representante comercial e o representado, ambos empresário ou sociedade empresária.

Conforme artigo 1º da lei *"Exerce a representação comercial autônoma a pessoa jurídica ou a pessoa física, sem relação de emprego, que desempenha, em caráter não eventual por conta de uma ou mais pessoas, a mediação para a realização de negócios mercantis, agenciando propostas ou pedidos, para, transmiti-los aos representados, praticando ou não atos relacionados com a execução dos negócios".*

É facultado ao contrato de representação comercial prever a exclusividade de zona de atuação. Caso tenha a previsão de exclusividade de zona ou zonas, ou quando este for omisso, fará jus o representante à **comissão pelos negócios aí realizados,** ainda que diretamente pelo representado ou por intermédio de terceiros (art. 31).

7. DISPOSIÇÕES FINAIS

7.1. Arbitragem

A arbitragem é uma das formas alternativas de solução dos conflitos. Torna-se uma opção à Jurisdição, não inviabilizando a atividade estatal. A lei da arbitragem é a 9.307/1996, caminhando ao lado da mediação, da conciliação e da transação como formas alternativas ao Judiciário, contribuindo com a resolução das divergências.

As **pessoas capazes** de contratar poderão valer-se da arbitragem para dirimir litígios relativos a direitos patrimoniais disponíveis.

A administração pública direta e indireta poderá utilizar-se da arbitragem para dirimir conflitos relativos a direitos patrimoniais disponíveis. A arbitragem pode ser direito ou de equidade, porém quando envolver a administração pública será sempre de direito.

Em obediência à ampla defesa, na arbitragem é garantido o contraditório e tratamento igualitário entre as partes, inclusive pela **imparcialidade do árbitro e por seu livre convencimento.**

JOSÉ HUMBERTO SOUTO JÚNIOR

De acordo com o artigo 21 da Lei arbitral *"A arbitragem obedecerá ao procedimento estabelecido pelas partes na convenção de arbitragem, que poderá reportar-se às regras de um órgão arbitral institucional ou entidade especializada, facultando-se, ainda, às partes delegar ao próprio árbitro, ou ao tribunal arbitral, regular o procedimento"*.

A legitimidade assim é restrita às pessoas capazes, vedada assim aos incapazes por não terem o direito disponível, além da necessária intervenção do Ministério Público nos procedimentos que os envolvam, o que não é o caso da Arbitragem.

Outro requisito da arbitragem é envolver direitos patrimoniais disponíveis, ou seja, que podem ser cedidos. Estão fora da arbitragem, nesse cenário, matérias que envolvam casamento, filiação, poder familiar, penal, ressalvadas as consequências patrimoniais.

Ponto tormentoso estava na aplicação da arbitragem a relações individuais do trabalho. Como solução houve a inserção do artigo 507-A na CLT que prevê que *"nos contratos individuais de trabalho cuja remuneração seja superior a duas vezes o limite máximo estabelecido para os benefícios do Regime Geral de Previdência Social, poderá ser pactuada cláusula compromissória de arbitragem, desde que por iniciativa do empregado ou mediante a sua concordância expressa"*.

Havendo urgência nas medidas que estejam submetidas a arbitragem, deve se atentar a regra do artigo 22-A, qual seja *"Antes de instituída a arbitragem, as partes poderão recorrer ao Poder Judiciário para a concessão de medida cautelar ou de urgência"*.

Por fim, a sentença arbitral será proferida no prazo estipulado pelas partes ou, na omissão, em seis meses. Existe a possibilidade de prorrogação do prazo sentencial, não havendo recurso que combata a sentença, somente pedido de esclarecimento. Daí a celeridade do procedimento.

7.2. Ação Renovatória

A proteção ao ponto comercial do local utilizado pelo empresário se dá pela ação renovatória prevista na lei 8.245/91. Se trata de garantir ao locatário empresário o direito de permanecer no imóvel que desenvolve a atividade empresarial, como forma de uma renovação locatícia forçada.

O locatário empresário deve preencher os requisitos de forma cumulativa do artigo 51 da lei de locação, quais sejam:

> I – o contrato a renovar tenha sido celebrado por escrito e com prazo determinado;
> II – o prazo mínimo do contrato a renovar ou a soma dos prazos ininterruptos dos contratos escritos seja de cinco anos;
> III – o locatário esteja explorando seu comércio, no mesmo ramo, pelo prazo mínimo e ininterrupto de três anos.
> IV – Deve a renovatória ser proposta no interregno de um ano, no máximo, até seis meses, no mínimo, anteriores à data da finalização do prazo do contrato em vigor.

Com a procedência da ação renovatória, o contrato de locação ficará renovado. Do contrário *"o juiz determinará a expedição de mandado de despejo, que conterá o prazo de 30 (trinta) dias para a desocupação voluntária, se houver pedido na contestação"*.

DIREITO EMPRESARIAL

7.3. Nome Empresarial

O nome empresarial identifica o empresário ou sociedade empresária. Como se fosse a digital deste sujeito. Está previsto entre os artigos 1.155 a 1.168 do Código Civil. Pode ser firma individual (empresário individual) ou firma social para sociedade. Esta, por sinal também admite denominação (art. 1.155 do CC).

> Empresário Individual → firma individua (art. 1.156 CC). – Nome do próprio empresário.
> Sociedade → firma/razão social (nome dos sócios) ou denominação (expressões).

A proteção ao nome empresarial é imprescritível, conforme artigo 1.167, bem como inalienável (art. 1.164).

8. QUESTÕES APLICADAS EM EXAMES ANTERIORES

01. (2018 – FGV – XXVII EXAME) – Roberto desligou-se de seu emprego e decidiu investir na construção de uma hospedagem do tipo pousada no terreno que possuía em Matinhos. Roberto contratou um arquiteto para mobiliar a pousada, fez cursos de hotelaria e, com os ensinamentos recebidos, contratou empregados e os treinou. Ele também contratou um desenvolvedor de sites de Internet e um profissional de marketing para divulgar sua pousada. Desde então, Roberto dedica-se exclusivamente à pousada, e os resultados são promissores. A pousada está sempre cheia de hóspedes, renovando suas estratégias de fidelização; em breve, será ampliada em sua capacidade. Considerando a descrição da atividade econômica explorada por Roberto, assinale a afirmativa correta.

(A) A atividade não pode ser considerada empresa em razão da falta tanto de profissionalismo de seu titular quanto de produção de bens.

(B) A atividade não pode ser considerada empresa em razão de a prestação de serviços não ser um ato de empresa.

(C) A atividade pode ser considerada empresa, mas seu titular somente será empresário a partir do registro na Junta Comercial.

(D) A atividade pode ser considerada empresa e seu titular, empresário, independentemente de registro na Junta Comercial.

GABARITO: D. COMENTÁRIOS: Artigo 966 do Código Civil. "Considera-se empresário quem exerce profissionalmente atividade econômica organizada para a produção ou a circulação de bens ou de serviços".

02. (2013 – FGV – X EXAME) Lavanderias Roupa Limpa Ltda. ("Roupa Limpa") alienou um de seus estabelecimentos comerciais, uma lavanderia no bairro do Jacintinho, na cidade de Maceió, para Caio da Silva, empresário individual. O contrato de trespasse foi omisso quanto à possibilidade de restabelecimento da "Roupa Limpa", bem como nada dispôs a respeito da responsabilidade de Caio da Silva por débitos anteriores à transferência do estabelecimento.

Nesse cenário, assinale a afirmativa correta.

(A) O contrato de trespasse será oponível a terceiros, independentemente de qualquer registro na Junta Comercial ou publicação.

(B) Caio da Silva não responderá por qualquer débito anterior à transferência, exceto os que não estiverem devidamente escriturados.

(C) Na omissão do contrato de trespasse, Roupa Limpa poderá se restabelecer no bairro do Jacintinho e fazer concorrência a Caio da Silva.

(D) Não havendo autorização expressa, "Roupa Limpa" não poderá fazer concorrência a Caio da Silva, nos cinco anos subsequentes à transferência.

GABARITO: D. COMENTÁRIOS: Artigo 1.147 do Código Civil tem a seguinte previsão: "Não havendo autorização expressa, o alienante do estabelecimento não pode fazer concorrência ao adquirente, nos cinco anos subsequentes à transferência."

03. (2018 – FGV – XXVII EXAME) – Móveis Combinados Ltda. (franqueador) pretende licenciar a Ananás Móveis e Decorações Ltda. ME (franqueado) o direito de uso de marca, associado ao direito de distribuição semi-exclusiva de produtos moveleiros. De acordo com os termos da Circular de Oferta de Franquia elaborada pelo franqueador, eventualmente poderá o franqueado ter acesso ao uso de tecnologia de implantação e administração de negócios desenvolvidos pelo primeiro, mediante remuneração direta, sem ficar caracterizado vínculo empregatício entre as partes. Tendo em vista as disposições legais sobre o contrato celebrado, assinale a afirmativa correta.

(A) Se o contrato de franquia empresarial vier a ser celebrado, o franqueador deverá licenciar ao franqueado o direito de uso de marca e, eventualmente, também o direito de uso de tecnologia de implantação e administração de negócio ou de sistema operacional desenvolvido.

(B) O contrato de franquia empresarial pode ser ajustado verbalmente ou por escrito; neste caso, deverá ser assinado na presença de duas testemunhas e terá eficácia em relação a terceiros com o arquivamento na Junta Comercial.

(C) A circular oferta de franquia deverá ser entregue a Ananás Móveis e Decorações Ltda. ME, no mínimo, 30 dias antes da assinatura do contrato ou pré-contrato, ou ainda do pagamento de taxa de adesão ao sistema pelo franqueado.

(D) Se Móveis Combinados Ltda. veicular informações falsas na circular de oferta de franquia, sem prejuízo das sanções penais cabíveis, Ananás Móveis e Decorações Ltda. ME poderá arguir a nulidade de pleno direito do contrato e exigir devolução de até metade do valor que já houver pago.

GABARITO: D. COMENTÁRIOS: Art. 6º da lei 11.101/2005 – "A decretação da falência ou o deferimento do processamento da recuperação judicial suspende o curso da prescrição e de todas as ações e execuções em face do devedor, inclusive aquelas dos credores particulares do sócio solidário.

§ 7º As execuções de natureza fiscal não são suspensas pelo deferimento da recuperação judicial, ressalvada a concessão de parcelamento nos termos do Código Tributário Nacional e da legislação ordinária específica".

04. **(2018 – FGV – XXVI EXAME)** Três Coroas Comércio de Artigos Eletrônicos Ltda. subscreveu nota promissória em favor do Banco Dois Irmãos S.A. com vencimento a dia certo. Após o vencimento, foi aceita uma proposta de moratória feita pelo devedor por 120 (cento e vinte) dias, sem alteração da data de vencimento indicada no título. O beneficiário exigiu dois avalistas simultâneos, e o devedor apresentou Montenegro e Bento, que firmaram avais em preto no título. Sobre esses avais e a responsabilidade dos avalistas simultâneos, assinale a afirmativa correta.

(A) Por ser vedado, no direito brasileiro, o aval póstumo, os avais simultâneos são considerados não escritos, inexistindo responsabilidade cambial dos avalistas.

(B) O aval lançado na nota promissória após o vencimento ou o protesto tem efeito de fiança, respondendo os avalistas subsidiariamente perante o portador.

(C) O aval póstumo produz os mesmos efeitos do anteriormente dado, respondendo os avalistas solidariamente e autonomamente perante o portador.

(D) O aval póstumo é nulo, mas sua nulidade não se estende à obrigação firmada pelo subscritor (avalizado), em razão do princípio da autonomia.

GABARITO: C. COMENTÁRIOS: Art. 900 do Código Civil – O aval (póstumo) posterior ao vencimento produz os mesmos efeitos do anteriormente dado.

05. **(2017 – FGV – XXII EXAME)** Paulo, casado no regime de comunhão parcial com Jacobina, é empresário enquadrado como microempreendedor individual (MEI). O varão pretende gravar com hipoteca o imóvel onde está situado seu estabelecimento, que serve exclusivamente aos fins da empresa. De acordo com o Código Civil, assinale a opção correta.

(A) Paulo pode, sem necessidade de outorga conjugal, qualquer que seja o regime de bens, gravar com hipoteca os imóveis que integram o seu estabelecimento.

(B) Paulo não pode, sem a outorga conjugal, gravar com hipoteca os imóveis que integram o seu estabelecimento, salvo no regime de separação de bens.

(C) Paulo, qualquer que seja o regime de bens, depende de outorga conjugal para gravar com hipoteca os imóveis que integram o seu estabelecimento.

(D) Paulo pode, sem necessidade de outorga conjugal, gravar com hipoteca os imóveis que integram o seu estabelecimento, salvo no regime da comunhão universal.

GABARITO: A. COMENTÁRIOS: Art. 978 do Código Civil – "O empresário casado pode, sem necessidade de outorga conjugal, qualquer que seja o regime de bens, alienar os imóveis que integrem o patrimônio da empresa ou gravá-los de ônus real".

DIREITO PROCESSUAL CIVIL

Ival Heckert

1. PRINCÍPIOS E NORMAS FUNDAMENTAIS DO PROCESSO CIVIL

O novo CPC, ao contrário do antigo (CPC/1973), apresenta em seu início uma parte voltada aos princípios e normas fundamentais do processo civil. Referidas normas fundamentais devem ser vistas como verdadeiros norteadores da estrutura procedimental, tudo na busca e na criação de um processo que respeite as garantias e princípios derivados da constituição federal.

1.1. Princípio da Inércia e do Impulso Oficial

Segundo o art. 2º do CPC/2015, não há, em regra, início da atividade jurisdicional por ato de ofício do juiz, sendo necessário que a parte retire a jurisdição da inércia, apresentando formalmente sua pretensão. Ou seja, para que o processo tenha início é necessária uma provocação da parte, através do ato de apresentação da sua petição inicial. Dado início ao processo, o seu desenvolvimento se daria por ato de ofício do juiz. Referido princípio, entretanto, não é absoluto, comportando algumas exceções.

> **ATENÇÃO!** Exceções ao princípio da inércia:
> • restauração de autos (CPC 712, caput)
> • alienação judicial (CPC 730)
> • herança jacente (CPC 738)

1.2. Princípio da Autocomposição

Ao contrário do CPC/1973, que pregava como princípio que a resolução das situações litigiosas submetidas ao Poder Judiciário se daria por ato decisório imperativo do juiz, colocando como modo secundário de resolução do conflito a autocomposição do litígio por vontade das partes, o CPC/2015, em seu art. 3º, §§ 2º e 3º, coloca como meio primário de resolução dos conflitos a utilização das técnicas autocompositivas.

Decorre, de referido princípio que, no modelo do atual procedimento cognitivo básico (procedimento comum), o réu é citado e integrado ao processo não para, inicialmente, apresentar contestação, mas para comparecer a uma audiência de tentativa de conciliação ou de mediação. Somente se frustrada a tentativa de autocomposição é que se iniciará o prazo para apresentação da contestação (vide art. 334, CPC).

1.3. Princípio da Primazia do Mérito

O Princípio da Primazia do Mérito é também uma inovação principiológica trazida pelo CPC/2015 e decorre diretamente do Princípio da Instrumentalidade das Formas.

O aludido princípio encontra-se expressamente positivado na norma contida no art. 4º, do novo *codex*, que assim preceitua:

> Art. 4º As partes têm o direito de obter em prazo razoável a solução integral do mérito, incluída a atividade satisfativa.

Ao consagrar esse princípio, o legislador buscou assegurar às partes uma prestação jurisdicional efetiva, de modo a privilegiar as decisões de natureza satisfativa, ou seja, aquelas que põe fim ao processo cognitivo mediante julgamento com resolução de mérito.

Em face disso, evidencia-se uma nítida mudança de paradigma nos provimentos judiciais, cuja extinção do feito ocorre com preponderância das sentenças definitivas em detrimento das sentenças terminativas, em que o mérito não é apreciado pelo juiz.

Nesse viés, o julgador, ao se deparar com algum vício processual, deverá dar oportunidade às partes de saná-lo antes de extinguir o processo sem exame do mérito. A título de exemplo, vejamos os seguintes dispositivos decorrentes desse princípio:

Art. 139 O juiz dirigirá o processo conforme as disposições deste Código, incumbindo-lhe: (...) IX – determinar o suprimento de pressupostos processuais e o saneamento de outros vícios processuais;	Art. 317 Antes de proferir decisão sem resolução de mérito, o juiz deverá conceder à parte oportunidade para, se possível, corrigir o vício.

1.4. Princípio da Boa-Fé e Lealdade Processual

O princípio da boa-fé processual, consagrado no art. 5º do CPC/15, constitui norma fundamental destinada a todos aqueles que de alguma forma participam do processo.

Trata-se de um dever legal de agir, cujo objetivo é coibir condutas abusivas e comportamentos ofensivos à dignidade da justiça.

Para tanto, o CPC/15 prevê a aplicação diversas sanções processuais resultantes da prática de atos à dignidade da justiça, bem como da litigância de má-fé. Para facilitar o entendimento, confira-se alguns exemplos no esquema a seguir:

- Ato atentatório à dignidade da justiça (art. 77, incisos IV e VI, CPC/15)
- multa de até 20% do valor da causa
- Litigância de má-fé (art. 80, CPC/15)
- multa >1% e < 10% do valor corrigido da causa + prejuízos + despesas + honorários advocatícios (art. 81, caput, CPC/15)

1.5. Princípio da Cooperação

Pelo princípio da cooperação, previsto no art. 6º do CPC/15, temos um dever legal de agir imposto aos sujeitos do processo para que atuem de maneira colaborativa entre si com o intuito de se obter, em tempo razoável, um julgamento de mérito justo e efetivo.

DIREITO PROCESSUAL CIVIL

A despeito do texto normativo aparentemente limitar esse princípio à fase cognitiva, a almejada efetividade da decisão de mérito ocorre na execução. Com efeito, infere-se que toda atividade jurisdicional deve ser realizada em colaboração das partes conjuntamente com o juiz.

1.6. Princípio do Contraditório e das Decisões Não Surpresas

O princípio do contraditório, insculpido no art. 9º do CPC/15, objetiva garantir às partes o direito de manifestação nos autos, antes de obterem contra si uma decisão desfavorável.

A garantia de oitiva prévia dos sujeitos processuais comporta, contudo, exceções, a saber:

- Nos casos de tutela de urgência (art. 300, CPC/15);
- Nas hipóteses de tutela de evidência (art. 311, incisos II e III do CPC/15);
- Decisão em ação monitória de que trata o art. 701, *caput*, do CPC/15

As hipóteses acima, previstas no parágrafo único do art. 9º, CPC;15, são situações de contraditório diferido. Nessas hipóteses o contraditório existe, entretanto posterior a decisão judicial.

Devemos apresentar, entretanto, uma pergunta: seria possível mitigar o contraditório diante de inexistência de prejuízo à parte?; – faria sentido anular atos processuais pelo não respeito ao contraditório em desfavor daquele que acabou se tornando parte vitoriosa no processo?

Imaginemos o seguinte caso: no decorrer de determinado processo junta o réu ao autos determinado documento não sendo o autor chamado a se manifestar sobre o mesmo, entretanto, ao final, o pedido do autor é julgado procedente. Para parte da doutrina temos aqui a chamada teoria do contraditório inútil, onde a efetividade da tutela jurisdicional não pode ser prejudicada se a falta do contraditório não causou à parte nenhum prejuízo.

Em que pese às ressalvas enumeradas no dispositivo mencionado, o art. 10 do CPC/15, por outro lado, veda, em qualquer grau de jurisdição, a prolação de decisão surpresa, baseada em fundamento sobre o qual não fora oportunizado às partes manifestar, mesmo em se tratando de matéria cognoscível de ofício pelo juiz.

Aqui, a possibilidade de reação das partes é fundamental, na medida em que exercem o poder de influência na formação do convencimento do juiz.

Com efeito, a ausência de intimação prévia das partes a respeito das razões de decidir ofende o contraditório e configura cerceamento de defesa, resultando na nulidade do *decisum*.

Interessante, destacar, entretanto, que o princípio da vedação das decisões surpresas, encontra parâmetro na atual jurisprudência do STJ. Não podemos afirmar que a simples menção e aplicação, pelo juízo, no seu ato decisório, de dispositivo legal não debatido venha a criar uma decisão surpresa. Segundo o STJ: *"A partir do CPC/2015 mostra-se vedada decisão que inova o litígio e adota fundamento de fato ou de direito sem anterior oportunização de contraditório prévio, mesmo nas matérias de ordem pública que dispensam provocação das partes. Somente argumentos e fundamentos submetidos à manifestação precedente das partes podem ser aplicados pelo julgador, devendo este intimar os interessados para que se pronunciem previamente sobre questão não debatida que pode eventualmente ser objeto de deliberação judicial."*[1]

Claro que há situações em que não é necessário o prévio debate. Exemplo: recurso intempestivo, sendo que o recorrido não alegou a intempestividade em contrarrazões. Ou seja, o princípio da não surpresa está ligado a questões fáticas e de direito que baseiam a pretensão, não à mera aplicação de dispositivos legais, notadamente quanto a requisitos extrínsecos de validade ou eficácia de determinado ato processual. *"O 'fundamento' ao qual se refere o art. 10 do CPC/2015 é o fundamento jurídico – circunstância de fato qualificada pelo direito, em que se baseia a pretensão ou a defesa, ou que possa ter influência no julgamento, mesmo que superveniente ao ajuizamento da ação – não se confundindo com o* fundamento legal (dispositivo de lei regente da matéria). A aplicação do princípio da não surpresa não impõe, portanto, ao julgador que informe previamente às partes quais os dispositivos legais passíveis de aplicação para o exame da causa. O conhecimento geral da lei é presunção jure et de jure". – EDcl no REsp 1.280.825/RJ, 4ª Turma, DJe 01/08/2017. 2. Verificada a intempestividade do recurso, deve ser não conhecido, independente de intimação da parte para se manifestar a respeito, inexistindo afronta ao art. 10 do CPC/15."*[2]

1.7. Da Ordem Preferencial de Julgamento

Uma das exigências normativas da atuação do juiz é que ele atenda, nas suas funções, ao princípio da eficiência; *"Art. 8º Ao aplicar o ordenamento jurídico, o juiz atenderá aos fins sociais e às exigências do bem comum, resguardando e promovendo a dignidade da pessoa humana e observando a proporcionalidade, a razoabilidade, a legalidade, a publicidade e a eficiência."*

Para o respeito a tal exigência legal, deve o juiz adotar regras de gestão, tanto na condução administrativa da serventia quanto na coordenação dos atos processuais. A implementação de técnicas de gestão, sem dúvida alguma, tornam o tramite processual mais eficiente e, portanto, melhor ampara o princípio da razoável duração do processo.

Neste sentido surgiu o art. 12, caput, que em sua redação originária ditava que: *"Art. 12. Os juízes e os tribunais deverão obedecer à ordem cronológica de conclusão para proferir sentença ou acórdão."*

Entretanto, antes mesmo do CPC entrar em vigor, lembrando que tivemos o período de *vacatio legis* de um ano (CPC/2015, art. 1.045), houve a mudança da redação do caput, e onde se lia ordem obrigatória de julgamento levando em consideração o tempo de conclusão, passamos a ler ser isso uma ordem preferencial de julgamento.

O que se discute, diante da postura da nova redação, é se o juiz continua a ter o dever de julgar na ordem cronológica ou se passa a ser uma mera faculdade.

Consoante entendimento doutrinário reinante, apesar da mudança da expressão na norma legal, mantém o juiz a obrigação de julgar seguindo a ordem cronológica de conclu-

---

1. STJ – REsp 1676027 / PR – Relator(a) Ministro HERMAN BENJAMIN – SEGUNDA TURMA – DJe 11/10/2017.
2. STJ – AgInt no AREsp 1124598 / SE – Relator(a) Ministro LUIS FELIPE SALOMÃO – QUARTA TURMA – DJe 12/12/2017.

DIREITO PROCESSUAL CIVIL

são para decisão, somente podendo não seguir referida ordem se, justificadamente, motivar sua decisão, em casos extremos.

2. DA AÇÃO

2.1. Do Interesse Processual

À luz do direito de ação, o interesse processual ou interesse de agir refere-se à utilidade do provimento jurisdicional para satisfazer uma pretensão autoral. Ou seja, ao provocar o Judiciário, o postulante deve demonstrar a **necessidade** concreta da tutela estatal, bem como deve escolher o procedimento **adequado** para o alcance do resultado jurídico pretendido.

Nesse aspecto, o binômio necessidade-adequação – componente substancial do interesse processual – constitui condição necessária para o legítimo exercício do direito de ação, sem o qual o processo é extinto sem resolução de mérito.

O pronunciamento judicial pleiteado pelo autor pode ter natureza declaratória, constitutiva, condenatória ou mandamental.

Oportuno destacar que o novo Código de Processo Civil expressamente admite a propositura de ação de cunho meramente declaratório, ainda que tenha ocorrido violação do direito (art. 20 do CPC/15).

2.2. Da Legitimidade

Além de interesse processual, a parte também deve possuir legitimidade para postular em juízo, nos termos do art. 18 do CPC/15. Considera-se parte legítima aquele que detém a titularidade do direito alegado em juízo. A regra geral, portanto, é a legitimidade ordinária, em que há pertinência subjetiva da lide, isto é, quando o autor pleiteia um direito próprio em nome próprio. Em situações excepcionais, o ordenamento jurídico admite a legitimidade extraordinária, hipótese na qual o titular da ação não coincide com o titular do direito. Exemplo típico desse fenômeno, podemos citar a Ação de Consignação em Pagamento, em que o consignante pleiteia em nome próprio um direito alheio (consignado).

Por ser um pressuposto de admissibilidade da demanda, a ausência de legitimidade ativa acarreta extinção do processo sem resolução de mérito, na forma do art. 485, inciso VI do CPC/15.

3. DOS LIMITES DA JURISDIÇÃO BRASILEIRA

O CPC/15 suplantou o termo *"competência internacional"* previsto no CPC revogado, dedicando-se especificamente ao tema em seu Capítulo I, do Título II, com a nomenclatura *"Dos Limites da Jurisdição Nacional"*, sobre o qual trataremos a seguir:

3.1. Da Competência Concorrente

São situações jurídicas nas quais tanto a autoridade judiciária brasileira quanto a estrangeira têm competência para processar e julgar determinada demanda. As hipóteses legais estão expressamente previstas nos artigos 21 e 22 do CPC/15. Nestes casos, havendo

463

processo em trâmite perante tribunal estrangeiro, não induz litispendência a propositura de ação idêntica no juízo brasileiro, podendo este, inclusive, conhecer das mesmas causas que lhe são conexas. Cumpre, ainda, ressaltar que mesmo pendente a causa perante a jurisdição brasileira, tal circunstância não impede a homologação de sentença estrangeira para produzir efeitos no Brasil (art. 24, parágrafo único do CPC/15).

Destacamos que, conforme previsão do art. 24, CPC/15, a ação proposta perante Tribunal Estrangeiro não inibe que a demanda seja proposta também, no Brasil, não havendo, em regra, que se afirmar a existência de litispendência entre demandas apresentadas perante tribunais de países diferentes. Entretanto, inovando, hoje permite a lei processual que por tratados internacionais, possa existir litispendência entre processo idênticos, propostos no Brasil e no estrangeiro.

3.2. Da Competência Nacional Exclusiva

Ao contrário da competência concorrente, a competência exclusiva, como o próprio nome sugere, não admite processamento e julgamento em foro estrangeiro das ações elencadas no art. 23 do CPC/15. Por se tratar de competência nacional absoluta, a sentença proferida por juízo internacional não produz efeitos em território nacional. Em outras palavras, caso uma das hipóteses do art. 23, CPC/2015, seja decidida por tribunal estrangeiro, não será referida decisão homologado pelo STJ, já que contraria a ordem pública interna.

4. DA COMPETÊNCIA INTERNA

4.1. Noções Gerais

A rigor, a competência interna pode ser definida como o limite ou a medida da jurisdição, que nada mais é do que a capacidade genérica de dizer o direito exercida pelos juízes e tribunais em todo o território nacional. Em termos didáticos, a competência interna é um conjunto de atribuições jurisdicionais distribuídas entre os órgãos do Poder Judiciário.

4.2. Critérios de Determinação de Competência

Determina-se a competência de um órgão jurisdicional de acordo com os seguintes critérios: material, funcional, valor da causa e territorial.

O critério **material** ou em razão da matéria fixa a competência do juízo conforme a natureza da ação. Exemplo: Justiça Especial (Trabalhista, Militar, Eleitoral) Justiça Comum (Estadual e Federal).

O critério **funcional** ou **hierárquico** é subdividido pela doutrina em duas modalidades: vertical e horizontal. O primeiro leva em conta os graus de jurisdição (originária e recursal). Ao passo que no segundo, a redistribuição de funções ocorre numa mesma instância, sendo estabelecida em razão das fases do processo.

O **valor da causa** atribuído na petição inicial determina se uma demanda será processada perante os Juizados Especiais Cíveis (Estaduais ou Federais) ou seguirá o Procedimento Comum/Ordinário. Esse critério de competência é relativo, ressalvada a hipótese do art. 2º, §4º da Lei 12.153/09 (Juizados Especiais da Fazenda Pública).

DIREITO PROCESSUAL CIVIL

Por fim, a competência **territorial** ou em razão do território adota como critério o local ou o foro onde a ação deverá ser proposta. Em regra, essa espécie de competência é relativa, podendo ser modificada por lei ou convenção das partes.

4.3. Das Regras de Determinação da Competência Territorial

As fontes normativas que determinam a competência estão previstas na Constituição Federal, no Código de Processo Civil, nas leis extravagantes, nas normas de organização judiciária e, no que for cabível, nas Constituições dos Estados.

Segundo a sistemática processual civil, a competência territorial é fixada de acordo com a natureza da ação. Em regra, as ações fundadas em direito pessoal ou direito real sobre bens móveis serão propostas no domicílio do réu. Todavia, em situações anômalas, a competência relativa poderá ser fixada de maneira diversa, inclusive, com concorrência de foro ou *forum shopping*, isto é, quando há mais de um foro competente, sendo conferido ao autor o direito de escolher o lugar onde será ajuizada a demanda.

Diferentemente, para as ações fundadas em direito real sobre bens imóveis, a competência é determinada levando-se em conta o foro de situação da coisa. Essa regra também comporta exceções, nos termos do art. 47, §1º do CPC/15. Já nas ações que versam sobre direito sucessório *causa mortis* o foro competente, em regra, é o domicílio do falecido, ressalvada a hipótese do art. 48, parágrafo único do CPC/15. Nas ações de divórcio, separação, anulação de casamento, reconhecimento e dissolução de união estável, o último domicílio do casal é o critério de determinação de competência, se não houver filho incapaz. Caso contrário, será competente o foro do genitor que detém a guarda. Ações em que se pedem alimentos, o foro competente será o domicílio ou residência do alimentando.

Por fim, nas ações de reparação por danos ou quando o réu for administrador ou gestor de negócios alheios, a regra de definição de competência é o foro do lugar do ato ou do fato.

4.4. Da Perpetuação da Jurisdição

O princípio da *perpetuatio jurisdictionis* consagrado no art. 43 do CPC/15 preleciona que a fixação competência se dá por ocasião do registro ou da distribuição do feito, momento a partir do qual nenhuma modificação posterior de fato ou de direito terá o condão de alterá-la, salvo quando houver supressão de órgão do judiciário ou alterarem a competência absoluta.

A ideia de imutabilidade da competência obsta o deslocamento do processo para outros juízos ao alvedrio das partes, preservando, outrossim, o princípio do juiz natural.

4.5. Da Modificação da Competência

Por disposição legal, a competência relativa é modificável nas hipóteses de conexão e continência, bem como nas situações análogas em que houver risco de prolação de decisões conflitantes e contraditórias.

A **conexão** é um fenômeno jurídico processual que acontece quando duas ou mais ações tiverem em comum o mesmo pedido ou causa de pedir. Neste caso, os processos serão reunidos para julgamento conjunto.

Dá-se a **continência** quando duas ou mais ações apresentarem as mesmas partes e mesma causa de pedir, sendo o pedido de uma mais abrangente que as demais. Nesta hipótese, se a ação continente tiver sido ajuizada anteriormente, a ação contida será extinta sem resolução de mérito. Caso contrário, as ações serão reunidas para serem simultaneamente decididas.

A terceira e última situação de modificação legal de competência foi inserida no §3º do art. 55 do CPC/15. Tal circunstância já vinha sendo admitida pela jurisprudência do Superior Tribunal de Justiça por interpretação extensiva da norma. A reunião dos processos por "prejudicialidade externa" tem por objetivo a harmonização dos julgamentos.

Em todas as situações apontadas acima, a reunião das ações dar-se-á no juízo prevento, ou seja, naquele perante o qual foi primeiramente distribuída ou registrada a petição inicial.

Noutro giro, a modificação por convenção das partes, mediante **eleição de foro** ou foro contratual, só é cabível quando se tratar de competência em razão da matéria ou do território (relativa). Importante lembrar que esse acordo somente produz efeitos se constar de instrumento escrito e fizer referência a determinado negócio jurídico.

4.6. Da Incompetência

Significativa mudança trazida pelo CPC/15 se refere à alegação pelo réu de incompetência do juízo. O novo *codex* afastou a pretérita exceção de incompetência relativa. Na atual égide processual, independentemente da natureza da incompetência (relativa ou absoluta), deverá ser arguida como preliminar de contestação (art. 64, CPC/15).

Entretanto, ao contrário da relativa, somente a incompetência absoluta pode ser suscitada em qualquer tempo e grau de jurisdição, devendo ser declarada de ofício pelo juiz.

A incompetência de caráter relativo deve necessariamente ser alegada em preliminar de contestação, sob pena de preclusão, com a consequente prorrogação da competência.

Outrossim, a competência do juízo pode ser objeto de questionamento pelos próprios juízes, caso em que podem suscitar **conflito de competência** positivo ou negativo. O **positivo** ocorre quando dois ou mais juízes se declaram competentes. Em contrapartida, o **negativo** dois ou mais juízes se declaram incompetentes para apreciação do feito.

5. DAS PARTES E DOS PROCURADORES

5.1. Conceito e Capacidade Processual

A capacidade processual consiste na aptidão para estar em juízo sem a necessidade de representação ou assistência. Conforme estatui o art. 70 do CPC/15, considera-se apta toda pessoa que estiver em exercício de seus direitos. O incapaz será representado ou assistido por seus pais, tutor ou curador, na forma da lei.

5.2. Dos Deveres e da Responsabilidade por Dano Processual

A novel legislação previu em seu art. 77 alguns deveres a serem observados pelas partes, seus procuradores, bem como qualquer pessoa que de alguma forma participe do processo.

DIREITO PROCESSUAL CIVIL

O descumprimento de tais obrigações constitui ato atentatório à dignidade da justiça, puní-vel com aplicação de multa, sem prejuízo de sanções criminais, civis e processuais cabíveis.

Em relação às condutas descritas no art. 80 do CPC/15, responderá por litigância de má-fé o autor, o réu ou interveniente. Nesse caso, o juiz condenará o litigante de má-fé em multa, além de indenização pelos prejuízos causados à parte contrária, honorários advocatícios e outras despesas processuais.

Vejamos o esquema a seguir:

Ato atentatório à dignidade da justiça	Litigância de má-fé
Previsão legal: art. 77, incisos IV e VI, CPC/15; art. 334, §8º do CPC/15	Previsão legal: art. 80 CPC/15

5.3. Despesas, Honorários Advocatícios e Multas

Sabidamente, as despesas processuais abrangem as custas, as indenizações de viagens, a remuneração de assistentes técnicos e as diárias de testemunhas. Constitui ônus das partes antecipar as despesas dos atos praticados ou requeridos no processo, salvo quando a sua realização for determinada de ofício pelo juiz ou requerida pelo Ministério Público, caso em que incumbirá ao autor o seu adiantamento.

Importante inovação trazida pelo CPC/15 diz respeito aos honorários advocatícios, os quais receberam tratamento especial. A aludida verba alcançou *status* legal de natureza alimentar, privilegiada e não compensável (art. 85, § 14, CPC/15). Além disso, a novel legis-lação contemplou a possibilidade de cumulação dos honorários, sendo devidos, inclusive, na reconvenção, no cumprimento de sentença, na execução e nos recursos interpostos (art. 85, §1º, CPC/15). Quanto à fixação dos honorários sucumbenciais, o CPC/15 adotou critérios objetivos a serem observados pelo juiz, cujo arbitramento pode variar entre dez e vinte por cento calculados sobre o valor da condenação, do proveito econômico obtido ou sobre o valor atualizado da causa, conforme o caso.

Por derradeiro, a nova égide processual regulamentou os honorários advocatícios nas causas em que a Fazenda Pública for parte, estabelecendo percentuais, em conformidade com o art. 85, §3º do CPC/15.

5.4. Da Gratuidade da Justiça

Com o advento do CPC/15, foram revogados alguns dispositivos da Lei 1.060/50 que regula a assistência judiciária gratuita. A matéria relativa à gratuidade da justiça passou a ser disciplinada pelo novo código, o qual promoveu-lhe importantes alterações.

A insuficiência de recursos é pressuposto necessário para a concessão dos benefícios da justiça gratuita, cujo pedido pode ser formulado na petição inicial, na contestação na petição de ingresso de terceiro, na peça recursal ou mediante petição simples (art. 99, §1º do CPC/15).

O requerimento de gratuidade da justiça formulado exclusivamente por pessoa natural prescinde de comprovação, bastando a mera da declaração de hipossuficiência financeira, cuja veracidade é presumida (art. 99, §3º, CPC/15), sendo cabível, no entanto, prova em sentido contrário pelo impugnante. O indeferimento do pedido somente se justifica quando houver nos autos elementos que evidenciem a ausência dos requisitos para a sua concessão. Ademais, a negativa do pleito deve ser precedida de contraditório, nos termos do art. 99, §2º do CPC/15, cuja decisão é recorrível por meio de Agravo de Instrumento (art. 101 do CPC/15). Outra característica é a revogabilidade do benefício pelo juiz, quando insubsistentes os motivos que autorizaram o seu deferimento.

Cumpre salientar que a concessão da gratuidade judiciária não afasta a responsabilidade do beneficiário de arcar com as despesas processuais e honorários advocatícios decorrentes de sua sucumbência (art. 98, §2º, CPC/15), tampouco o exime da obrigação de recolher, ao final do processo, as multas que lhe forem porventura impostas.

O direito à gratuidade de justiça é pessoal e intransferível, não se entendendo ao litisconsorte ou sucessor do beneficiário, salvo quando expressamente requerido e deferido nesse sentido.

A gratuidade de justiça pode ser parcial ou abranger todos os atos do processo. Outrossim, pode consistir apenas na redução percentual de despesas processuais a serem recolhidas antecipadamente pelo beneficiário no curso do procedimento.

Na hipótese de revogação da benesse, a parte deverá recolher todas as despesas processuais cujo adiantamento tiver sido dispensada, sob pena de extinção do processo sem resolução de mérito, quando tal obrigação incumbir ao autor e, nos demais casos, nenhuma diligência será deferida, enquanto não efetuado o respectivo preparo.

> **IMPORTANTE**: segundo o atual CPC a gratuidade, a ser concedida à parte, mediante requerimento será:
> • gratuidade total, abarcando a totalidade das despesas e honorários
> • gratuidade parcial, que pode consistir na gratuidade apenas para alguns atos do processo ou um desconto percentual das despesas
> • parcelamento, que é a possibilidade do pagamento parcelado das despesas do processo pela parte.

5.5. Dos Procuradores

A capacidade postulatória é conferida aos advogados regularmente inscritos nos quadros da Ordem dos Advogados do Brasil. Além disso, para representar em juízo o procurador deve estar legalmente habilitado, mediante instrumento de procuração outorgado pela parte.

Admite-se, contudo, a postulação sem mandato, a fim de evitar preclusão, decadência ou prescrição, ou quando ato for reputado urgente. Nesses casos, a eficácia do ato ficará condicionada à apresentação nos autos do aludido documento, no prazo legal.

É dever do advogado manter seu endereço atualizado, sendo consideradas válidas as intimações eletrônicas ou por carta registrada enviadas para o endereço constante dos autos.

Ainda de acordo com a legislação vigente, é assegurado ao advogado o direito de examinar em cartório ou em secretaria os autos de qualquer processo, independentemente de procuração, ressalvados os processos que tramitam em segredo de justiça.

Finalmente, o CPC/15 consolidou a garantia dos advogados de ter acesso amplo aos autos de qualquer processo, pelo prazo de 5 (cinco) dias.

5.6. Sucessão das Partes e dos Procuradores

A teor do art. 108 do CPC/15, a sucessão voluntária das partes ocorre apenas nos casos expressos em lei. Ou seja, a legitimidade das partes não se altera automaticamente, ainda que alienada a coisa ou o direito litigioso por ato entre vivos. Nesse caso, a alteração do polo da ação exige a anuência da parte contrária. Lado outro, na morte de qualquer das partes, haverá a sucessão pelo espólio e sucessores.

A parte poderá revogar o mandato outorgado ao advogado, constituindo, no mesmo ato, outro patrono para a causa. A regularidade de representação deve ser feita no prazo de 15 (quinze) dias, sob pena de extinção do processo, se a providência couber ao autor, ou de decreto de revelia, se a providência couber ao réu.

O procurador também pode renunciar ao mandato que lhe fora outorgado, desde que comprove que comunicou ao outorgante, a fim de que este nomeie sucessor, salvo se no instrumento de procuração houver outros advogados. Oportuno lembrar que, mesmo depois de manifestar a renúncia, o advogado deverá continuar representando a parte nos 10 (dez) dias subsequentes.

6. DO LITISCONSÓRCIO E DA INTERVENÇÃO DE TERCEIROS

6.1. Litisconsórcio

Dá-se litisconsórcio quando duas ou mais pessoas litigam conjuntamente no mesmo processo. Essa pluralidade subjetiva ocorre tanto no polo ativo quanto no passivo da ação, por disposição de lei ou por ato voluntário, desde que entre sujeitos haja comunhão de direitos ou obrigações relativas à lide; na hipótese de conexão entre causas; ou, por fim, na ocorrência de afinidade de questões por ponto em comum de fato ou de direito.

6.1.1. Classificação

A classificação do litisconsórcio leva em consideração os seguintes aspectos:

Quanto à posição das partes, o litisconsórcio pode ser ativo (pluralidade de autores), passivo (pluralidade de réus) e misto (pluralidades de partes).

Quanto ao momento de formação, o litisconsórcio pode ser inicial ou originário, isto é, quando formado desde o início do processo com a propositura da ação, através da petição inicial. Já o incidental ou ulterior acontece no curso do processo. Exemplo: chamamento ao processo.

Quanto à obrigatoriedade de formação, o litisconsórcio pode ser facultativo ou necessário (obrigatório). O litisconsórcio necessário decorre de imposição legal ou em razão da natureza da relação jurídica, sendo, portanto, necessário à validade do processo.

Em contrapartida, o litisconsórcio facultativo se dá de maneira discricionária, ficando a critério do autor optar por sua formação, desde que preenchidos os requisitos legais. Apesar disso, pode o juiz limitar o número de litigantes, quando comprometer a rápida solução do litígio, dificultar a defesa ou o cumprimento de sentença.

Quanto à uniformidade da decisão, o litisconsórcio pode ser simples ou unitário. Considera-se simples quando a sentença proferida no mesmo processo tiver resultados diferentes

IVAL HECKERT

para os litisconsortes. Ao passo que no litisconsórcio unitário a demanda é sentenciada de maneira uniforme para todos os litisconsortes, necessariamente.

6.1.2. Tratamento dos litisconsortes

Os litisconsortes gozam de autonomia, sendo considerados litigantes distintos entre si em relação à parte adversa (art. 117, CPC/15), podendo cada qual individualmente promover o andamento do processo (art. 118, CPC/15) e constituir procuradores diferentes para a defesa de seus interesses.

No litisconsórcio unitário, somente os atos processuais benéficos realizados por um litisconsorte serão aproveitados pelos demais. Ou seja, nenhuma ação ou omissão praticada por um tem o condão de prejudicar os outros.

> **ATENÇÃO!!!** – Forma de contagem de prazo para os litisconsortes que possuam advogados distintos!!
>
> Não basta que sejam advogados distintos, é necessário que sejam, esses advogados, de escritórios de advocacia diferentes.
>
> Mas do que isso, essa regra, da contagem de prazo em dobro para litisconsortes, somente se aplica se forem autos não eletrônicos.
>
> ASSIM, A ADVOCACIA PRIVADA NÃO POSSUI, mesmo na situação de litisconsórcio e de advogados diferentes, PRAZO EM DOBRO NO CASO DE TRAMITAR O PROCESSO EM AUTOS ELETRÔNICOS.
>
> - Vide art. 229, CPC.

6.2. Intervenção de Terceiros

A intervenção de terceiros é um instituto jurídico segundo o qual um terceiro alheio à relação processual originária ingressa no processo já em andamento, com objetivo de defender interesses jurídicos próprios, auxiliar uma das partes ou colaborar com o órgão jurisdicional, contribuindo para a solução da lide.

6.2.1. Assistência

A assistência é uma modalidade de intervenção de terceiros em que um terceiro juridicamente interessado auxilia uma das partes na obtenção de uma decisão favorável. O assistente recebe o processo no estado em que se encontra, podendo intervir em qualquer procedimento e em todos os graus de jurisdição.

O pedido de intervenção formulado pelo assistente pode ser impugnado por qualquer das partes, caso em que o juiz decidirá o incidente, sem suspensão do processo.

A assistência pode ser simples ou litisconsorcial. O assistente simples atua ao lado da parte principal, exercendo os mesmos poderes e sujeitando-se aos mesmos ônus do assistido, podendo, inclusive, ser seu substituto processual, na hipótese de revelia. Não obstante, a assistência não obsta que assistido reconheça a procedência do pedido, desista da ação, renuncie ao direito controvertido ou mesmo ou transija.

DIREITO PROCESSUAL CIVIL

O assistente litisconsorcial, por sua vez, atua no procedimento na condição de litisconsorte da parte principal. A sua intervenção se justifica em razão do impacto direto da sentença na relação jurídica existente entre ele e o adversário do assistido.

6.2.2. Denunciação da lide

A denunciação da lide pode ser promovida por qualquer das partes. É cabível nas ações reivindicatórias ou para fins de direito regressivo em ação indenizatória.

O denunciado é citado e integra a lide na qualidade de litisconsorte da parte autora ou da parte ré. Se o autor for o denunciante, o denunciado poderá acrescentar novos argumentos à petição inicial antes da citação do réu. Se o réu for o denunciante, o denunciado poderá apresentar contestação, prosseguindo o feito em litisconsórcio passivo. Na hipótese de revelia do denunciado, o denunciante pode deixar de prosseguir com a sua defesa, abster-se de oferecer recurso, e optar por ajuizar ação de regresso.

Havendo confissão do denunciado quanto aos fatos alegados pelo autor, o denunciante réu poderá continuar com a sua defesa ou aderir ao aludido reconhecimento, limitando-se a requerer a procedência da ação de regresso.

Na hipótese de procedência do pedido da ação principal, o autor poderá requerer o cumprimento de sentença também em face do denunciado, nos limites da condenação deste na ação regressiva.

Pela redação da norma do art. 125, §2º do CPC/15, verifica-se que o termo "antecessor imediato" nela inserido afastou a denunciação da lide *per saltum*, na qual o denunciante pode apontar qualquer alienante integrante da cadeia de transmissão do bem.

A denunciação da lide só será apreciada no bojo da ação principal quando o denunciante for vencido. Sendo este vencedor, a denunciação não terá seu mérito examinado, podendo ser o denunciante condenado em pagamento das verbas de sucumbência em favor do denunciado.

6.2.3. Chamamento ao processo

O chamamento ao processo é uma modalidade de intervenções de terceiros requerida exclusivamente pelo réu, admissível nas ações cobrança de dívida garantida por fiança ou quando houver pluralidade de devedores solidários.

O chamamento é requerido pelo réu em sede de contestação. Uma vez promovida a citação no prazo legal, o chamado passa a integrar a relação processual, figurando como litisconsórcio passivo.

A sentença de procedência constitui título executivo em favor do réu que satisfizer a obrigação, que poderá exigi-la, por inteiro, do devedor principal, ou, de cada um dos codevedores, na proporção que lhes couber.

6.2.4. Incidente de desconsideração da personalidade jurídica

Essa modalidade de intervenção de terceiros constitui importante novidade trazida pelo CPC/15. A instauração pode ser feita a pedido da parte ou do Ministério Público, por quando couber sua intervenção no processo. O incidente é cabível em todas as fases do processo, bem como na execução de título executivo extrajudicial. Se o requerimento de desconsideração da personalidade jurídica for formulado na inicial não haverá instauração do incidente nem suspensão do processo, sendo desde logo promovida a citação do sócio ou da pessoa jurídica, conforme o caso.

Instaurado o incidente, este será resolvido mediante decisão interlocutória, após concluída a fase instrutória, se houver.

O acolhimento da desconsideração da personalidade jurídica gera ineficácia do ato de alienação ou oneração de bens havido por fraudulento (art. 137, CPC/15).

IMPORTANTE!

SISTEMA RECURSAL DERIVADO DO INCIDENTE DE DESCONSIDERAÇÃO DA PERSONALIDADE JURÍDICA

• instauração do incidente, com suspensão do processo: todo ato decisório será atacada por agravo de instrumento

• resolução do incidente no ato sentença, quando requerido diretamente na petição inicial, já que não suspende o processo: será, a decisão, já que é sentença, atacada por recurso de apelação

• incidente de desconsideração solicitado diretamente no tribunal, na fase recursal, como será decisão proferida pelo relator: recurso de agravo interno

---

6.2.5. *Amicus Curiae*

O *amicus curiae* ou "amigo da corte", assim como o incidente de desconsideração da personalidade jurídica, foi inserido no rol das espécies de intervenção de terceiros pela novel legislação. De acordo com o art. 138 do CPC/15, a participação do *amicus curiae* faz-se necessária diante da relevância da matéria, da especificidade do tema objeto da demanda ou da repercussão social da controvérsia.

O *amicus curiae* exerce função auxiliar do juízo e a sua atuação é imparcial, destituída de interesse jurídico, não assumindo nenhuma posição subjetiva na relação processual.

A decisão que admite ou solicita a intervenção do *amicus curiae* é irrecorrível e pode ocorrer de ofício ou a requerimento de qualquer das partes. As atribuições do *amicus curiae* são definidas pelo juiz ou relator na própria decisão. Consoante o disposto no art. 138, §3° do CPC/15, admite-se a interposição de recurso pelo *amicus curiae* da decisão que julgar o incidente de resolução de demandas repetitivas.

OBS.: Com o advento do CPC/15 a Oposição deixou de ser considerada uma modalidade de intervenção de terceiros e passou a ser tratada como ação autônoma, regulamentada no capítulo que trata dos procedimentos especiais (art. 682 do CPC/15)

DIREITO PROCESSUAL CIVIL

7. DO JUIZ, DO MINISTÉRIO PÚBLICO, DA DEFENSORIA PÚBLICA E DA ADVOCACIA PÚBLICA

7.1. Do Juiz

A nova sistemática processual, pautada na ideia de um cooperativismo judicial, dedicou um capítulo inteiro ao tema, estabelecendo novas regras relativas aos poderes, deveres e responsabilidades do juiz. Nota-se uma mudança substancial no que tange à posição do intérprete da norma, o qual passou a assumir uma posição mais ativa na relação processual tripartite.

Ao longo do novo *codex*, é possível encontrar diversos dispositivos que ilustram essa postura proativa do juiz, o qual é responsável por conduzir bem o processo e garantir a efetiva prestação jurisdicional. Vejamos os exemplos a seguir:

Art. 139. O juiz dirigirá o processo conforme as disposições deste Código, incumbindo-lhe:

(...)

III – prevenir ou reprimir qualquer ato contrário à dignidade da justiça e indeferir postulações meramente protelatórias;

IV – determinar todas as medidas indutivas, coercitivas, mandamentais ou sub-rogatórias necessárias para assegurar o cumprimento de ordem judicial, inclusive nas ações que tenham por objeto prestação pecuniária;

O juiz deve ser imparcial, assegurando às partes tratamento isonômico (art. 139, inciso I do CPC/15). Além disso, o juiz deve promover, a qualquer tempo, a solução consensual dos litigantes, em atendimento ao princípio da autocomposição.

No tocante aos poderes conferidos ao juiz, novidade importante trazida pelo CPC/15 diz respeito à flexibilização das regras procedimentais, com a possibilidade de dilação dos prazos processuais e alteração da ordem de produção das provas, de modo a adequar às necessidades do conflitos, à luz do princípio da efetividade.

Não obstante, o art. 222, §1º, CPC/15 veda expressamente a redução dos prazos peremptórios pelo juiz, sem o consentimento das partes.

Em relação às responsabilidades do juiz, o art. 143 do CPC/15 previu a aplicação de penalidade civil, de cunho indenizatório, ao juiz que proceder com dolo ou fraude no exercício de suas funções; recusar, omitir ou retardar, sem justo motivo, providência que deva ordenar de ofício ou a requerimento da parte.

Com o intuito de não comprometer a imparcialidade do juiz – pressuposto de validade do processo – o CPC/15 elencou diversas situações em que o exercício da jurisdição é absolutamente vedado, seja por impedimento, seja por suspeição do juiz. As hipóteses de impedimento, elencadas no art. 144, incisos I a IX do CPC/15, são fundadas em elementos objetivamente identificados. Já a suspeição (art. 145, incisos I a III, CPC/15) caracteriza-se pela subjetividade do agente, estando relacionados a questões pessoais, de foro íntimo.

7.2. Do Ministério Público

O Ministério Público, no exercício de suas atribuições institucionais (direito de ação), atua como parte autora (legitimado ativo) na defesa da ordem jurídica, da democracia do estado, dos interesses e direitos sociais e individuais indisponíveis.

473

Por expressa exigência legal, faz-se necessária a intervenção ministerial, na qualidade de fiscal da ordem jurídica, nos processos que envolvam interesse público ou social; interesse de incapaz; ou litígios coletivos possessórios de terra rural ou urbana. Nesses casos, a intimação do *parquet* é obrigatória sendo-lhe assegurado vista dos autos depois das partes, sob pena de nulidade do processo. Ainda na hipótese, a despeito de não integrar a relação processual, o MP poderá produzir provas, requerer medidas processuais que reputar pertinentes, bem como recorrer (art. 179, inciso II do CPC/15).

No que concerne às prerrogativas funcionais, o MP goza de prazo em dobro para manifestar-se nos autos, devendo ser pessoalmente intimado para tanto.

O CPC/15 previu, outrossim, a responsabilidade civil dos membros do MP, quando praticarem algum ato, mediante dolo ou fraude, no exercício de suas funções.

> **DESTAQUE:** pode o Ministério Público, atuando como fiscal da ordem jurídica, também, na sua manifestação, arguir a incompetência relativa do juízo onde tramita o processo, conforme dispõe o art. 65, parágrafo único, CPC/15

7.3. Da Advocacia Pública

A Advocacia Pública é responsável pela representação judicial dos entes públicos (União, Estados, Distrito Federal e Municípios) e demais pessoas jurídicas que integram a Administração Pública direta e indireta, em todos os âmbitos federativos.

A Fazenda Pública e suas respectivas autarquias e fundações de direito público possuem prazo em dobro para todas as suas manifestações processuais, cujo termo inicial é contado a partir da intimação pessoal, que se faz mediante carga, remessa ou meio eletrônico.

Os advogados públicos também podem ser civilmente responsabilizados quando, no exercício de suas funções, agirem com dolo ou fraude.

Conforme mencionado alhures, novidade que merece destaque com a entrada em vigor do CPC/15 refere-se à regulamentação dos honorários advocatícios sucumbenciais em favor dos procuradores públicos.

7.4. Da Defensoria Pública

Incumbe à Defensoria Pública, nos termos do art. 185 do CPC/15, promover a orientação jurídica, defender os direitos humanos, individuais e coletivos dos necessitados, em todos os graus de jurisdição, de forma integral e gratuita.

Além de representar judicialmente a população carente, compete à Defensoria Pública exercer a curatela especial do incapaz que não tiver representante legal ou, havendo, os interesses deste foram conflitantes com o daquele; do réu revel preso, bem como do réu citado por edital ou por hora certa.

Constitui prerrogativa da Defensoria Pública a contagem em dobro de todos os prazos para manifestação nos autos, cuja intimação deve ser pessoal.

Igualmente, os defensores públicos responderão civilmente por seus atos dolosos ou fraudulentos, praticados no exercício de suas funções.

DIREITO PROCESSUAL CIVIL

Sobre o prazo em dobro, dado para a Defensoria Pública, dita a lei processual que igual direito terão os escritórios escolas das faculdades de direito, bem como entidades que prestam assistência judiciária gratuita, neste último caso desde que tenham convênios firmados com a Defensoria, tudo conforme previsto no art. 186, §3º, CPC/2015.

8. DOS ATOS E DOS PRAZOS PROCESSUAIS

8.1. Da Forma dos Atos Processuais

O princípio da instrumentalidade das formas, estatuído no art. 188 do CPC/15, estabelece que os atos processuais não dependem de forma determinada, salvo quando a lei assim dispuser. De toda sorte, mesmo havendo exigência legal nesse sentido, o ato que contiver vício formal será considerado válido, quando alcançada a sua finalidade precípua.

De acordo com o disposto no art. 189, do CPC/15, a regra é a publicidade dos atos processuais, ressalvadas as demandas que tramitam em segredo de justiça, caso em que o direito à consulta dos autos se restringe às partes e aos seus procuradores. Entretanto, o terceiro alheio ao processo sigiloso que comprovar interesse jurídico na causa, poderá requerer certidão do dispositivo da sentença, de inventário e de partilha resultante de divórcio ou separação.

A atual processualística civil positivou ainda a teoria dos negócios jurídicos processuais (art. 190, CPC/15). Esse fenômeno jurídico – cabível somente aos direitos que admitam autocomposição – consiste na possibilidade das partes de pactuar entre si alterações no procedimento judicial, a fim de atender as especificidades da lide. Nesse contexto, os litigantes podem convencionar acerca dos seus ônus, poderes, faculdades e deveres, antes ou durante o processo, instituindo a chamada cláusula geral de negociação processual.

Todavia, tais acordos bilaterais não são autoaplicáveis, porquanto submetidos ao controle prévio de validade pelo juiz, que, de ofício ou a requerimento, poderá recusar-lhes a aplicação, nas hipóteses de nulidade, de inserção abusiva em contrato de adesão ou quando uma das partes for manifestamente vulnerável em relação à outra.

Essa flexibilização procedimental ocorre também de maneira plurilateral, ou seja, com a participação das partes e do juiz, que, de comum acordo, podem estipular calendário para a prática dos atos processuais. A **calendarização processual** vincula os partícipes, e os prazos nele previstos só serão modificados em situações excepcionais. Com efeito, a prática de determinado ato processual ou a realização de audiência prescindirá a intimação das partes, quando as respectivas datas estiverem previamente agendadas.

No tocante aos atos processuais praticados pelas partes, o art. 200 do CPC/15 dispõe que as declarações unilaterais ou bilaterais de vontade manifestadas no bojo dos autos produzem efeitos imediatos, no sentido de constituir, modificar ou extinguir direitos processuais, salvo a hipótese de desistência da ação, cujo pedido está submetido à homologação do juiz.

8.2. Do Tempo e do Lugar dos Atos Processuais

A teor do art. 212 do CPC/15, *"os atos processuais serão realizados em dias úteis, das 6 (seis) às 20 (vinte) horas".*

Excepcionalmente, poderão ser concluídos após as 20 (vinte) os atos iniciados antes, cujo adiamento possa prejudicar a diligência ou causar grave dano.

O peticionamento, em autos físicos, realizado por meio de protocolo deve observar no horário de funcionamento do fórum ou tribunal, em conformidade com a lei de organização judiciária local.

Relativamente aos processos eletrônicos, os atos processuais poderão ser praticados em qualquer horário, até às 24 (vinte quatro horas) do último dia do prazo.

Conforme disposto no art. 214 do CPC/15, no período de férias forenses ou nos feriados não se praticarão atos processuais, salvo as tutelas de urgência, as citações, intimações e penhoras.

Além disso, tramitam normalmente durante as férias forenses, sem suspensão pela superveniência delas, os procedimentos de jurisdição voluntária; os necessários à preservação de direitos; as ações de alimentos; as ações que envolvem nomeação ou remoção de tutor ou curador; e outros processos que a lei determinar.

Quanto ao lugar dos atos processuais, estes serão realizados ordinariamente na sede do juízo, podendo, contudo, ser praticados em outro lugar "em razão de deferência, de interesse da justiça, da natureza do ato ou de obstáculo arguido pelo interessado e acolhido pelo juiz".

8.3. Dos Pronunciamentos do Juiz

Constituem pronunciamentos do juiz: as sentenças, as decisões interlocutórias e os despachos.

A sentença é definida, nos termos do art. 203, §1º do CPC/15, como um pronunciamento judicial que põe fim à fase de cognição do procedimento comum, bem como extingue a execução. A sentença pode ser terminativa, fundada nas hipóteses do art. 485 do CPC/15, ou definitiva, quando resolutivas de mérito, na forma do art. 487 do CPC/15, sendo que esta última faz coisa julgada material, ao passo que aquela faz coisa julgada meramente formal.

As decisões interlocutórias, embora não tenham o condão de extinguir o processo, possuem caráter decisório, resolvendo questões incidentais ou mesmo de mérito no curso do procedimento.

Os despachos, por sua vez, não têm conteúdo decisório, podendo ser pronunciados de ofício ou a requerimento da parte.

Em grau recursal, a decisão se consubstancia por meio do acórdão, consistente no julgamento pelo órgão colegiado do tribunal.

ATENÇÃO!!!!

Nos procedimentos cognitivos somente será SENTENÇA, o ato do juiz que, com fundamento em qualquer das situações descritas nos arts. 485 e 487, CPC/15, coloca fim a fase cognitiva do procedimento em primeiro grau de jurisdição.

ASSIM, não são sentenças, mas meras DECISÕES INTERLOCUTÓRIAS, as seguintes decisões:

• *quando o juiz reconhece a ilegitimidade de uma parte, extinguindo o processo em relação a ela, mas determinando o seguimento do processo em relação às demais partes;*

DIREITO PROCESSUAL CIVIL

• *quando o juiz julga um pedido, mas determina a sequência dos atos processuais para o julgamento dos demais pedidos existentes*

• *no caso de extinção da ação, mas seguimento do processo para julgamento do pedido reconvencional*

Todas essas situações, acima, são DECISÕES INTERLOCUTÓRIAS, recorríveis mediante a interposição de agravo de instrumento.

8.4. Dos Prazos

Os prazos processuais podem ser classificados em legais (previstos em lei), judiciais (estipulados pelo juiz) e convencionais (pactuados pelas partes).

Quando houver omissão legislativa, o juiz determinará os prazos, levando-se em consideração a complexidade do ato.

Segundo o art. 218, §2º do CPC/15, se não houver prazo fixado por lei ou pelo juiz, o comparecimento em juízo da parte intimada para tanto, dar-se-á no prazo de 48 (quarenta e oito) horas.

Quanto à prática de qualquer ato processual a cargo da parte, havendo silêncio da lei ou omissão do juiz, o CPC/15 adotou o prazo geral de 5 (cinco) dias.

A rigor, o termo inicial (*dies a quo*) do prazo para a prática de um ato processual é contado a partir da intimação da parte. Entretanto, existem situações em que, por exemplo, a parte toma ciência do conteúdo do despacho e, antes mesmo de ser intimada, pratica o ato nele determinado. Nesses casos, o CPC/15 consagrou no art. 218, §4º do CPC/15 a tempestividade do ato *ante tempus*, afastando a tese do ato prematuro adotada pelos tribunais superiores, em sede de juízo de admissibilidade recursal.

Com relação à contagem dos prazos processuais, o CPC/15 inaugurou uma nova regra procedimental, a qual estabelece que os prazos processuais serão contabilizados somente em dias úteis (art. 219, *caput*, CPC/15).

> **ATENÇÃO!!!**
>
> Nem todo prazo derivado do processo será contado em dias úteis, referida regra, conforme artigo 219, parágrafo único, aplica-se somente aos prazos processuais. Os chamados prazos materiais continuam a ser contados em "dias corridos".
>
> São exemplos de prazos materiais (e portanto contados em dias corridos):
>
> • prazo prescricional
>
> • prazo decadencial
>
> • prazo para cumprimento de decisões que não dependam de atuação do advogado da parte, como, por exemplo, o prazo para cumprimento de uma tutela antecipada de urgência

Os prazos começam a fluir, excluindo-se o dia do início e computando-se o dia do vencimento (art. 224, CPC/15). O termo inicial ou o dia do começo será considerado, de acordo com o meio em que se der a intimação ou a citação da parte, cujas hipóteses estão previstas no art. 231 do CPC/15. Se houver mais de um intimado, o prazo é contado individualmente para cada sujeito.

O prazo processual estabelecido exclusivamente em favor de uma das partes, pode ser por ela renunciado, desde que o faça de maneira expressa (art. 225, CPC/15).

Decorrido o prazo processual, opera-se a preclusão temporal, ou seja, a perda do direito de praticar ou emendar determinado ato, independentemente de declaração judicial, sendo assegurado à parte o direito de provar a justa causa da intempestividade.

Na hipótese de litisconsórcio, o CPC/15 trouxe uma nova exigência legal para cômputo em dobro dos prazos processuais. É necessário que os litisconsortes estejam representados por diferentes procuradores, pertencentes a escritórios de advocacia distintos. Além disso, conforme preceitua o art. 229, §2º do CPC/15, a referida contagem em dobro não se aplica aos processos que tramitam em autos eletrônicos.

Chamamos a atenção para a seguinte e possível situação processual: l- Se for caso de dois réus, e apenas um apresentar contestação, sendo o outro revel, a partir da peça de defesa não mais vigora a contagem do prazo em dobro, conforme art. 229, §1º, CPC/15, tudo isso independente e decisão judicial.

No tocante à suspensão dos prazos processuais, o art. 220, *caput*, do CPC/15 disciplinou o recesso forense, compreendido entre 20 de dezembro a 20 de janeiro, período durante o qual não são realizadas audiências nem sessões de julgamento.

Outra novidade que merece destaque relativa às causas suspensivas dos prazos concerne ao período de execução de programa instituído pelo Poder Judiciário com vistas a promover a autocomposição, previsto no art. 221, parágrafo único, do CPC/15.

Ademais, as hipóteses de suspensão do processo arroladas no art. 313 do CPC/15, por consequência lógica, suspendem os prazos processuais.

Cessada a causa da suspensão, a contagem do prazo é retomada de onde parou, e restituído à parte o tempo que faltava para o término do prazo.

A respeito dos prazos para o pronunciamento judicial, o CPC/15 estabelece 5 (cinco) dias para prolação de despachos; 10 (dez) dias para decisões interlocutórias; e 30 (trinta) dias para as sentenças.

Sem embargo, o juiz, mediante motivo justificado, poderá extrapolar os prazos a que estiver submetido, prorrogando-se o respectivo prazo judicial por igual período. Consoante a norma do art. 235 do CPC/15, o juiz ou relator que exceder injustificadamente os prazos previstos em lei, regulamento ou regimento interno, poderá sofrer contra si representação perante a corregedoria do tribunal ou Conselho Nacional de Justiça.

8.5. Dos Atos de Comunicação

Os atos processuais são determinados por ordem judicial, cujo cumprimento pode se dar por meio de carta, correio, oficial de justiça, edital, publicação em Diário Oficial, retirada dos autos em secretaria ou cartório, ato do escrivão ou chefe de secretaria ou por meio eletrônico.

A comunicação através da carta ocorre quando o ato for praticado fora dos limites territoriais do tribunal, da comarca, ou da seção ou subseção judiciária (art. 236, §1º do

CPC/15). O art. 237 do CPC/15 prevê quatro modalidades de carta, quais sejam: precatória, rogatória, de ordem e arbitral.

A carta precatória é um pedido de cooperação judiciária dirigido a outro órgão jurisdicional nacional para que pratique ou determine o cumprimento de determinado ato, na área de sua competência territorial. Em termos didáticos, o juízo deprecante é o que expede a carta e o juízo deprecado é o que executa a carta.

A carta rogatória, expedida por órgão jurisdicional brasileiro, é destinada a órgão jurisdicional estrangeiro para a prática de ato, em cooperação jurídica internacional.

A carta de ordem, por sua vez, é expedida pelo tribunal ao juízo a ele vinculado, quando o ato tiver de ser praticado fora do local de sua sede.

Por fim, a carta arbitral é expedida por juízo arbitral e dirigida a órgão do Poder Judiciário para que este pratique ou determine o cumprimento de ato objeto de pedido de cooperação judiciária, incluindo a efetivação de tutela provisória.

Ressalte-se que, com o advento do CPC/15, passou a se admitir a prática de atos processuais por meio de videoconferência ou outro recurso tecnológico de transmissão de som e imagem em tempo real.

Feitas essas preambulares considerações gerais, passemos a tratar das espécies de atos processuais de comunicação.

Segundo o art. 238 do CPC/15, a citação é conceituada como "o ato pelo qual são convocados o réu, o executado ou o interessado para integrar a relação processual".

O réu e o executado são partes integrantes de uma ação litigiosa, enquanto que o interessado integra os processos de jurisdição voluntária.

Ressalvadas as hipóteses de indeferimento da petição inicial ou de improcedência liminar do pedido (art. 239, CPC/15), a citação é pressuposto de validade do processo, cuja ausência importa em vício insanável, resultando na nulidade absoluta de todo o procedimento. Entretanto, supre-se a ausência ou nulidade da citação o comparecimento espontâneo do demandado em juízo, ou seja, o ingresso voluntário do réu ou executado substitui o ato citatório, fluindo a partir daquela data o prazo para a apresentação de resposta.

A citação válida, mesmo quando determinada por juízo incompetente, gera efeitos processuais e materiais. Além de formar a relação processual, induz litispendência (efeitos processuais), torna litigiosa a coisa e constitui o devedor em mora (efeitos materiais).

Relativamente à interrupção da prescrição, o CPC/15 estabeleceu que esta se dará por ocasião do despacho que ordena a citação, com efeitos retroativos à data da propositura do feito, ainda que proferido por juízo incompetente. Lembrando que a regra da retroatividade dos efeitos do despacho aplica-se à decadência e demais prazos extintivos previstos em lei.

Em regra, a citação do réu é pessoal, podendo, no entanto, ser realizada na pessoa de seu representante legal ou procurador. Nas ações locatícias, em que o locador estiver ausente do país, sem identificação de procurador com poderes para receber citação, esta será feita na pessoa do administrador do imóvel.

As pessoas jurídicas de direito público são citadas perante o órgão de Advocacia Pública responsável por sua representação judicial.

A citação pode ser feita, em regra, a qualquer tempo e lugar onde se encontre o réu. Ocorre que, em algumas situações específicas, a citação é momentaneamente proibida. Vejamos:

Art. 244. Não se fará a citação, salvo para evitar o perecimento do direito:

I – de quem estiver participando de ato de culto religioso;

II – de cônjuge, de companheiro ou de qualquer parente do morto, consanguíneo ou afim, em linha reta ou na linha colateral em segundo grau, no dia do falecimento e nos 7 (sete) dias seguintes;

III – de noivos, nos 3 (três) primeiros dias seguintes ao casamento;

IV – de doente, enquanto grave o seu estado.

Quanto às modalidades de citação, foi o CPC/15 modificado pela lei 14.195/2021, que estabeleceu como regra para a prática do ato citatória a modalidade eletrônica.

Estabelece a redação atual do art. 246, CPC, a preferência da prática do ato de forma eletrônica, por meio dos endereços eletrônicos indicados pelo citando no banco de dados do Poder Judiciário; ou seja, através do envio de e-mail.

Ordenada a citação a serventia judicial tem 02 dias úteis para encaminhar ao citando a citação pela modalidade aqui em discussão e, uma vez recebida a citação, deverá o citando, no prazo de 03 dias úteis, confirmar o recebimento da citação eletrônica.

Não confirmada no prazo acima o ato citatório será feito pelos outros meios previstos em lei.

Ocorre que o citando, não tendo confirmado a citação eletrônica no prazo mencionado, deverá, na primeira oportunidade que dispõe para falar nos autos, apresentar justa causa para a ausência de confirmação do recebimento da citação enviada eletronicamente. Se não apresentar justa comprovação para a não comprovação da citação eletrônica será, tal ato, considerado ato atentatório à dignidade da justiça, passível de multa de até 5% (cinco por cento) do valor da causa.

Dentro dessa reforma apresentada pela lei 14.195/2021, devemos destacar, também, a data inicial para a contagem do prazo, quando a citação é feita por tal modalidade. Segundo o disposto na norma do art. 231, IX, o prazo para contestação começara no quinto dia útil seguinte à confirmação da citação.

A citação postal, via correio, é a regra, exceto nas ações de estado; quando o citando for incapaz, pessoa de direito público ou residir em local não atendido pelo serviço de correspondência. Além disso, havendo motivo justificado, o autor poderá requerer de outra forma.

A citação por correio é registrada pelo carteiro, mediante aviso de recebimento assinado pelo citando e acompanha cópias da inicial, do despacho do juiz, além do comunicado do prazo para apresentação de resposta, bem como o endereço do juízo e respectivo cartório (art. 248, *caput*, do CPC/15.

A citação por meio de oficial de justiça deve ser adotada nas hipóteses exigidas pelo CPC/15 ou quando frustrada a citação por correio.

O mandado de citação deve observar os requisitos formais previstos no art. 250 do CPC/15, incumbindo ao oficial de justiça localizar o citando e citá-lo onde o encontrar, caso em que deverá proceder à leitura do teor do mandado e entregar-lhe a contrafé, caso em que Oficial de Justiça certificará por fé o seu recebimento ou não.

DIREITO PROCESSUAL CIVIL

Se o citando não for encontrado por duas vezes em seu domicílio ou residência e, havendo suspeita de ocultação, o Oficial de Justiça fará a citação por hora certa, informando a qualquer pessoa da família ou vizinho sobre o seu retorno em dia útil imediato para a realização da diligência, hipótese em que o réu será dado por citado, mesmo estando ausente (citação ficta).

Por derradeiro, o art. 256 do CPC/15 prevê as hipóteses de cabimento da citação por edital – modalidade excepcional, utilizada apenas quando esgotados os outros meios de citação, por ser praticamente improvável o seu conhecimento pelo réu. É considerada uma espécie de citação ficta, admitida somente quando desconhecido ou incerto o citando; ignorado, incerto ou inacessível o lugar em que se encontra o citando; ou nos casos expressos em lei, como ocorre na ação de usucapião de bens imóveis e na ação de recuperação ou substituição de título ao portador (art. 259 do CPC/15)

A intimação consiste em ato de comunicação através do qual se dá ciência a alguém dos termos do processo. O ofício de intimação deverá ser instruído com cópia do despacho, da decisão ou da sentença.

De acordo com o art. 270 do CPC/15, sempre que possível, as intimações deverão ser realizadas por meio eletrônico. Pela leitura do dispositivo supra, evidencia-se uma preferência do legislador por esse meio de comunicação, embora na prática a regra ainda seja a intimação via correio.

Não sendo possível eletronicamente, consideram-se feitas as intimações, mediante publicação dos atos no órgão oficial. Na espécie, é indispensável a indicação dos nomes das partes e de seus advogados, com o respectivo número de inscrição na Ordem dos Advogados do Brasil, sob pena de nulidade (requisito formal).

Ademais, se houver nos autos pedido expresso para que as intimações sejam feitas em nome de procuradores específicos, a inobservância de tal requerimento implicará nulidade.

Na impossibilidade de se realizar a intimação por meio eletrônico ou por publicação em órgão oficial, os advogados das partes deverão ser intimados de todos os atos do processo, pessoalmente, quando tiverem domicílio na sede do juízo, ou mediante carta registrada, com aviso de recebimento, se forem domiciliados fora do juízo.

Presume-se efetivada a intimação de qualquer decisão constante do processo, cujos autos tiverem sido retirados de cartório ou secretaria, mediante carga por advogado particular ou público, defensor público e membro do Ministério Público (art. 271, §6º do CPC/15).

Para efeitos de tempestividade, incumbe à parte arguir eventual nulidade da intimação em tópico preliminar do ato que lhe competir praticar.

Tendo em vista que parte tem a obrigação legal de manter o seu endereço atualizado perante o juízo, serão consideradas válidas as intimações dirigidas ao endereço constante dos autos, ainda que não recebida pessoalmente pelo interessado (art. 274, parágrafo único, do CPC/15).

Finalmente, quando frustrada por meio eletrônico ou por correio, a intimação deverá ser realizada por oficial de justiça, caso em que deverá observar os requisitos previstos no art. 275, 1º do CPC/15.

481

9. DAS TUTELAS PROVISÓRIAS

9.1. Conceito e Classificação

O CPC/15 reservou um capítulo inteiro para tratar do instituto jurídico-processual referente às tutelas provisórias. Conceitualmente, a tutela provisória pode ser definida como uma tutela jurisdicional, de caráter sumário e não definitivo.

Conforme preceitua o art. 294, *caput*, do CPC/15, a tutela provisória é classificada em duas espécies: de urgência e de evidência.

As tutelas provisórias, como o próprio nome indica, caracterizam-se pela provisoriedade, mutabilidade e revogabilidade.

Isso porque, a tutela provisória conserva os efeitos na pendência do processo (art. 296, CPC/15), ou seja, enquanto não houver uma solução definitiva para a demanda, em tese, perdurará por prazo indeterminado. Todavia, o juiz, de acordo com o seu convencimento motivado, poderá modificá-la, substituindo-a por outra tutela, ou mesmo revogá-la a qualquer tempo (art. 298 c/c o art. 296 do CPC/15).

9.2. Tutela de Urgência

A tutela de urgência é gênero que se subdivide em duas categorias específicas: cautelar e antecipada. Apesar de possuírem fundamentos distintos, são comuns a ambas os requisitos legais para a sua concessão, quais sejam, a probabilidade do direito e o perigo de dano ou risco ao resultado útil do processo (art. 300 do CPC/15).

A tutela de urgência, em qualquer caso, é deferida com base no mero indício do direito, bastando a demonstração da existência do *fumus boni iuris* ("fumaça do bom direito"), visto que não há um juízo de cognição exauriente, podendo ser fundamentada de forma sucinta, não mais se exigindo a primitiva prova inequívoca da verossimilhança das alegações, presente no antigo CPC/73.

O *periculum in mora* ("perigo na demora") denota o caráter emergencial da medida – elemento necessário ao seu deferimento, a fim de evitar o perecimento do direito ou a ineficácia da decisão, garantindo, assim, a efetividade do provimento jurisdicional definitivo.

A tutela antecipada possui natureza satisfativa, isto é, tem por finalidade satisfazer a pretensão material da parte (geralmente coincidente com o próprio objeto da lide), antecipando o resultado futuro de um julgamento definitivo de mérito.

Além dos pressupostos legais suprarreferidos, a antecipação da tutela só será concedida se não houver risco de irreversibilidade dos efeitos da decisão (art. 300, §3º CPC/15). Isso acontece, por exemplo, nos casos em que a tutela provisória resulta na perda do objeto da ação.

A tutela provisória de natureza cautelar tem por objetivo assegurar ou garantir o resultado útil processo, podendo ser efetivada mediante a adoção de medidas judiciais como o arresto, o sequestro, o arrolamento de bens e o registro de protesto contra alienação de bens (art. 301, CPC/15). O fundamento para a concessão da tutela cautelar é, portanto, a proteção de um direito debatido em juízo. Entretanto, a custódia estatal só se justifica quando houver de fato um risco de dano irreparável ou de difícil reparação, que possa comprometer a eficácia do processo.

DIREITO PROCESSUAL CIVIL

Ao apreciar o pedido de tutela de urgência (cautelar ou antecipada) o juiz pode exigir a prestação de caução real ou fidejussória idônea, conforme o caso, para ressarcir eventuais prejuízos que a parte contrária possa vir a sofrer.

De qualquer maneira, o art. 302, do CPC/15 prevê a responsabilidade de reparação por danos eventualmente causados à parte adversa decorrentes da tutela de urgência concedida. Vejamos as hipóteses:

• Se a sentença for desfavorável à parte em favor da qual a tutela foi concedida;

• Se a parte não fornecer os meios necessários para a citação do requerido no prazo legal, quando obtida liminarmente a tutela em caráter antecedente;

• Se ocorrer a cessação da eficácia da medida em qualquer hipótese legal;

• Se o juiz acolher a alegação de decadência ou prescrição da pretensão do autor.

A tutela de urgência pode ser concedida liminarmente, ou seja, sem a oitiva da parte contrária (*inaudita altera pars*) ou após a audiência de justificação prévia (art. 300, §2º do CPC/15).

Por fim, a tutela de urgência, cautelar (conservativa) ou antecipada (satisfativa), pode ser requerida incidentalmente ou em caráter antecedente.

9.2.1. Da tutela antecipada antecedente

Considera-se antecedente a tutela postulada antes da propositura da ação, nos casos em que a urgência lhe for contemporânea (art. 303, CPC/15).

Nesse caso, a petição inicial poderá restringir-se ao pedido de antecipação da tutela e à indicação do pedido de tutela final, mediante exposição da lide, do direito pretendido e do perigo ou risco ao resultado útil do processo. A peça de requerimento deverá conter ainda o valor da causa, levando-se em consideração o pedido principal (art. 303, §4 do CPC/15).

Concedida a tutela antecipada, incumbirá ao autor, no prazo de 15 (quinze) dias, aditar a petição inicial, oportunidade em que deverá complementar sua argumentação, juntar novos documentos, bem como confirmar o pedido de tutela final.

Se o autor não proceder ao aditamento da inicial no prazo legal, o processo será extinto, sem resolução de mérito.

Na hipótese de negativa da tutela, o autor deverá emendar a inicial, no prazo de 5 (cinco) dias, sob pena de indeferimento, com a consequente extinção do processo, sem resolução de mérito, na forma do art. 485, inciso I, do CPC/15.

Embora a tutela provisória seja essencialmente instável, no sentido de ser suscetível à modificação ou à revogação judicial, o CPC/15 criou um novo regime jurídico, que permite a estabilização da tutela antecipada antecedente, quando a decisão interlocutória não for objeto de recurso de Agravo de Instrumento.

A tutela antecipada estabilizada é um fenômeno jurídico que tornam definitivos os efeitos da tutela provisória, cuja decisão interlocutória é convertida em terminativa do feito, e extingue o processo, nos termos do art. 304, §1º do CPC/15.

A despeito de produzir efeitos próprios da sentença, a decisão concessiva da tutela não fará coisa julgada material (art. 304, § 6º do CPC/15), sendo cabível a interposição de ação revisional, com vistas a revê-la, reformá-la ou invalidá-la. Aludida ação deverá ser distri-

483

IVAL HECKERT

buída por prevenção ao mesmo juízo ação principal, no prazo de 2 (dois) anos, contados da ciência da ação extinta.

9.2.2. Da tutela cautelar antecedente

A petição inicial deverá apontar a lide e o seu fundamento, com a exposição sumária do direito a que se objetiva acautelar e o perigo de dano ou risco aos resultado útil do processo.

Anote-se, por oportuno, que se o juiz entender que se trata de pedido de tutela de natureza antecipada, o processo seguirá o procedimento a ela correspondente. Esse é um típico exemplo de aplicação do princípio da fungibilidade, previsto na norma do art. 305 do CPC/15.

Recebida a inicial, o réu será citado para, no prazo de 5 (cinco) dias, apresentar contestação e indicar as provas que pretende produzir. Se o réu não se manifestar, os fatos alegados pelo autor serão revestidos de presunção de veracidade, caso em que o juiz decidirá em 5 (cinco) dias.

Havendo contestação, o processo observará as regras do procedimento comum.

Concedida a tutela cautelar, o autor deverá formular o pedido principal, nos mesmos autos, e no prazo de 30 (trinta) dias.

É facultado ao autor deduzir o pedido principal simultaneamente com pedido de tutela cautelar (art. 308, §1º do CPC/15).

Formulado o pedido principal as partes serão intimadas para a audiência de conciliação, dispensada nova citação do réu. Com efeito, o prazo para contestação começará a fluir a partir da data da audiência, quando frustrada a autocomposição.

Perderá a eficácia a tutela cautelar antecedente, nas seguintes hipóteses:

• quando o autor não deduzir o pedido principal no prazo legal;

• quando não for efetivada dentro de 30 (trinta) dias;

• quando o juiz julgar improcedente o pedido principal formulado pelo autor ou extinguir o processo sem resolução de mérito.

O indeferimento do pedido cautelar não impede que a parte requerente formule o pedido principal, tampouco influi no julgamento deste, salvo nos casos de reconhecimento de prescrição ou de decadência.

9.3. Das Tutelas de Evidência

A tutela provisória de evidência consiste numa tutela jurisdicional sumária de natureza satisfativa, fundada em um juízo de convicção quase absoluto da existência do direito.

Ao contrário das demais tutelas provisórias, essa modalidade de tutela prescinde de urgência, porquanto independe da demonstração do perigo de dano ou do risco ao resultado útil do processo. De acordo com o disposto no art. 311 do CPC/15, a tutela de evidência tem cabimento quando:

DIREITO PROCESSUAL CIVIL

I – ficar caracterizado o abuso do direito de defesa ou o manifesto propósito protelatório da parte;

II – as alegações de fato puderem ser comprovadas apenas documentalmente e houver tese firmada em julgamento de casos repetitivos ou em súmula vinculante;

III – se tratar de pedido reipersecutório fundado em prova documental adequada do contrato de depósito, caso em que será decretada a ordem de entrega do objeto custodiado, sob cominação de multa;

IV – a petição inicial for instruída com prova documental suficiente dos fatos constitutivos do direito do autor, a que o réu não oponha prova capaz de gerar dúvida razoável.

A primeira hipótese de tutela de evidência descrita no inciso I possui caráter meramente punitivo. Trata-se de uma sanção processual aplicável à parte que agir em desconformidade com os princípios da dignidade da justiça e da boa-fé processual. Além do fato abusivo ou desleal praticado pelo réu, a concessão da tutela está condicionada à comprovação nos autos de elementos que evidenciem a probabilidade do direito postulado.

Nesse contexto, por consequência lógica, o deferimento dessa espécie de tutela só será possível incidentalmente, isto é, no curso do processo.

As demais hipóteses previstas no dispositivo supra exigem a produção de prova documental produzida pelo autor, suficiente a demonstrar a existência do direito pleiteado, e, com isso, autorizar a concessão da tutela de evidência.

A título ilustrativa, confira o esquema a seguir:

TUTELAS PROVISÓRIAS

- **TUTELA DE URGÊNCIA ===>>> ANTECIPADA**
  (arts. 300 a 310 do CPC/15)

  -> incidental
  -> antecedente (arts.303 e 304, CPC/15)

  ===>>> CAUTELAR
  ->incidental
  ->antecedente (arts. 305 a 310, CPC/15)

- **TUTELA DE EVIDÊNCIA**
  (art. 311 do CPC/15)

---

10. DO PROCEDIMENTO COMUM

10.1. Da Petição Inicial

A petição inicial é o instrumento através do qual a parte exerce o seu direito de ação, formulando uma pretensão em juízo. A partir do protocolo da petição de ingresso, considera-se proposta a ação, deflagrando-se o procedimento que se inicia com a fase postulatória (art. 312 do CPC/15).

A atual sistemática processual, assim como a anterior, adotou a teoria da substanciação, segundo a qual o autor deverá indicar os fatos e fundamentos jurídicos sobre os quais se funda o pedido, sendo desnecessário, contudo, apresentar o respectivo fundamento legal, salvo as hipóteses exigidas em lei.

O art. 319 do CPC/15 estabelece os seguintes requisitos da petição inicial:

Art. 319. A petição inicial indicará:

I – o juízo a que é dirigida;

II – os nomes, os prenomes, o estado civil, a existência de união estável, a profissão, o número de inscrição no Cadastro de Pessoas Físicas ou no Cadastro Nacional da Pessoa Jurídica, o endereço eletrônico, o domicílio e a residência do autor e do réu;

III – o fato e os fundamentos jurídicos do pedido;

IV – o pedido com as suas especificações;

V – o valor da causa;

VI – as provas com que o autor pretende demonstrar a verdade dos fatos alegados;

VII – a opção do autor pela realização ou não de audiência de conciliação ou de mediação.

Algumas novidades importantes podem ser observadas no que diz respeito ao aspecto formal da petição inicial, quais sejam, a indicação do endereço eletrônico das partes, bem como a opção expressa pela participação ou não da audiência de conciliação e mediação.

No que se refere à qualificação das partes (inciso II), o legislador flexibilizou substancialmente essa regra, uma vez que o autor, não dispondo de todas as informações legais exigidas, poderá obtê-las mediante requerimento dirigido ao juiz (art. 319, §1º do CPC/15).

Ademais, com base no princípio da instrumentalidade das formas, não mais se justifica o indeferimento da petição inicial em razão da ausência de dados completos do réu, se for possível citá-lo.

A nova égide processual, construída sob a ótica da constitucionalização do processo, suplantou qualquer formalidade excessiva, que possa obstaculizar o direito fundamental de acesso à justiça, conforme inteligência do art. 319, §3º do CPC/15.

Além de preencher os requisitos do art. 319 do CPC/15, a petição inicial deve ser instruída com os documentos indispensáveis à propositura da ação (art. 320 do CPC/15).

Nos termos do art. 321 do CPC/15, se a petição inicial contiver algum vício capaz de dificultar o julgamento de mérito, o juiz determinará que o autor, no prazo de 15 (quinze) dias, a emende ou a complete, devendo indicar pormenorizadamente o que deve ser sanado.

Não cumprindo a diligência no prazo legal, a petição será indeferida e o processo extinto, sem resolução de mérito, com fulcro no art. 485, inciso I, do CPC/15.

O pedido deve ser certo (art. 322 do CPC/15), no sentido de que o autor deve indicar com precisão e clareza a tutela jurisdicional pretendida, e determinado (art. 324 do CPC/15), ou seja, quantificado ou liquidado.

Em regra, todo pedido deve ser expresso, decidindo o juiz nos limites daquilo que foi pleiteado pelas partes (princípio da adstrição ou congruência), ressalvados os juros legais, a correção monetária e as verbas de sucumbência, que estão implícitos no pedido principal (§1º do art. 322 do CPC/15).

Além disso, dispõe o art. 323 do CPC/15, que em se tratando de ações que objetivam o cumprimento de prestações sucessivas, as obrigações eventualmente vincendas no curso do processo estarão automaticamente compreendidas no pedido, sem a necessidade de declaração expressa do autor.

DIREITO PROCESSUAL CIVIL

O pedido genérico só será admitido nas ações universais, se o autor não puder individualizar os bens demandados; se não for possível determinar, desde logo, as consequências do ato ou do fato; ou quando a determinação do objeto ou do valor da condenação depender de ato que deva ser praticado pelo réu (art. 324 do CPC/15).

O pedido pode ser alternativo, quando o devedor puder cumprir a obrigação de mais de um modo, caso em que o autor especificará a prestação, alternativamente.

O pedido pode ser cumulativo. Essa cumulação pode ser simples ou sucessiva. Será simples quando o autor formular diversos pedidos contra o mesmo réu, num único processo, independentemente de conexão entre eles, mas desde que sejam compatíveis entre si, além de observada a competência do juízo e o tipo de procedimento.

A cumulatividade sucessiva dos pedidos, por sua vez, se verifica quando forem formulados em ordem subsidiária, caso em que, não sendo acolhido um, o outro seja conhecido pelo juiz (art. 326 do CPC/15).

Se porventura cada pedido corresponder um tipo distinto de procedimento, será admitida a adoção do procedimento comum.

O aditamento ou a alteração da petição inicial quanto ao pedido ou a causa de pedir far-se-á até a citação, independentemente do consentimento do réu. Depois da citação e até o saneamento do processo, somente mediante a anuência do réu, hipótese em que este poderá se manifestar, no prazo mínimo de 15 (quinze) dias, facultado o pedido de produção de prova complementar.

Por fim, oportuno salientar que o CPC/15 inseriu uma nova hipótese de inépcia da inicial relativa às ações revisionais decorrentes de contratos de empréstimo, financiamento ou de alienação de bens. Nesses casos, além de observar os requisitos previstos no art. 319 do CPC/15, o autor deverá discriminar as obrigações contratuais que pretende controverter, quantificando o valor incontroverso do débito, sob pena de indeferimento.

10.2. Dos Atos Primeiros do Juiz

Distribuída a petição inicial, o juiz poderá adotar três diferentes posturas no processo:

1. Emenda ou conserto da petição inicial, conforme previsão do art. 321 do CPC/15

2. Indeferir a petição inicial, nos termos do art. 330 do CPC/15;

3. Deferir a inicial e julgar liminarmente improcedente o pedido, na forma do art. 332 do CPC/15;

4. Deferir a inicial e designar a audiência de conciliação e mediação, conforme art. 334 do CPC/15

Em primeiro lugar, deve o juiz verificar se a petição inicial contém algum vício formal, e se referido vício seria ou não sanável.

Na hipótese da petição inicial não preencher os requisitos legais, ou conter deficiências que possam prejudicar o julgamento de mérito, e que sejam irregularidades sanáveis, tem o juiz a obrigação de intimar o autor, para que, no prazo de 15 (quinze) dias, regularize a deficiência formal, consertando ou emendando a petição inicial.

487

Não pode o juiz, em respeito ao princípio da primazia do mérito, indeferir desde logo a petição inicial se o vício formal é sanável.

ATENÇÃO!!!

O ato do juiz que determina a emenda da petição inicial não é um mero despacho, é uma DECISÃO INTERLOCUTÓRIA, sendo que a lei processual (art. 321) exige que o juiz indique com precisão o que deve ser objeto de correção pelo autor.

A ausência desse indicativo, pelo Juiz, acarreta a possibilidade de manejamento de EMBARGOS DE DECLARAÇÃO.

Ao verificar, entretanto, que a petição inicial não preenche os requisitos intrínsecos e extrínsecos, e que esses vícios não são sanáveis, ou tendo a parte autora sido intimada para regularizar a deficiência e não o fez a tempo e modo, o magistrado decidirá por seu indeferimento, mediante sentença terminativa do feito, cuja decisão é recorrível por meio de apelação, hipótese em que o juiz poderá exercer o juízo de retratação (efeito iterativo ou regressivo do recurso), no prazo de 5 (cinco) dias. Se mantiver a decisão, o juiz determinará a citação do réu para responder ao recurso.

Não sendo o caso de indeferimento da inicial, o julgador, ao verificar que a demanda prescinde de fase instrutória, poderá, desde logo, julgar improcedente o pedido.

A improcedência liminar do pedido independe da citação do réu e tem cabimento nas hipóteses em que o pedido contrariar:

• Enunciado de súmula do Supremo Tribunal Federal ou do Superior Tribunal de Justiça;

• Acórdão proferido pelo Supremo Tribunal Federal ou pelo Superior Tribunal de Justiça em julgamento de recursos repetitivos;

• Entendimento firmado em incidente de resolução de demandas repetitivas ou de assunção de competência;

• Enunciado de súmula de Tribunal de Justiça sobre direito local;

O instituto jurídico em apreço tem por finalidade promover a uniformização do direito pátrio e evitar o ajuizamento de demandas repetitivas, cuja matéria já esteja jurispruden-cialmente pacificada, em consonância com os princípios da segurança jurídica, economia e celeridade processuais.

Além das situações mencionadas acima, o juiz poderá julgar, de imediato, o mérito quando constatar a existência de prescrição ou decadência (art. 332, §1º do CPC/15).

Da decisão de improcedência do pedido, cabe recurso de apelação, caso em que o juiz poderá retratar-se no prazo de 5 (cinco) dias. Não havendo retratação, o réu será citado para apresentar contrarrazões, no prazo de 15 (quinze) dias. Se não houver interposição de recurso, o réu será intimado do trânsito em julgado da sentença.

Por último, uma vez deferida a petição inicial e não sendo o caso de improcedência liminar do pedido, o juiz determinará a citação do réu e designará a audiência de conciliação e mediação, observado o prazo mínimo legal de antecedência.

DIREITO PROCESSUAL CIVIL

10.3. Da Audiência de Conciliação e Mediação

Com a vigência do CPC/15, a audiência de conciliação e mediação tornou-se obrigatória, sendo dispensada apenas nas causas que versem sobre direitos que não admitam autocomposição, bem como quando ambas as partes expressamente manifestarem desinteresse na composição consensual (art. 334, §4º do CPC/15).

Em relação ao réu, a intimação para comparecimento à audiência de conciliação e mediação se dá no mesmo ato que determina a sua citação pessoal. Já o autor é intimado na pessoa de seu advogado.

A audiência de conciliação e mediação será realizada por conciliadores ou mediadores, onde houver, sendo admitida a sua realização por meio eletrônico.

A ausência injustificada de qualquer das partes à audiência de conciliação constitui ato atentatório à dignidade da justiça, punível com multa de até 2% (dois por cento) da vantagem econômica pretendida ou do valor da causa.

Todavia, a parte que não se fizer presente poderá constituir representante, com procuração específica, para negociar e transigir.

O acordo firmado entre as partes será reduzido a termo e homologado por sentença.

10.4. Da Contestação

A contestação é uma modalidade de resposta apresentada pelo réu, na qual poderá alegar toda matéria de defesa, bem como expor as razões de fato e de direito com que impugna o pedido do autor, especificando as provas que pretende produzir no processo.

A defesa de mérito refere-se à substância ou ao objeto da lide. Nesse aspecto, é dividida em direta – quando o réu simplesmente nega os fatos contra si articulados -, ou indireta, em que o réu alega algum fato extintivo, impeditivo ou modificativo do direito do autor. Nesse último caso, abre-se vista ao autor para a réplica, no prazo de 15 (quinze) dias (art. 350 do CPC/15).

Entretanto, além da defesa meritória (art. 336, CPC/15) poderá o réu apresentar, também defesas de natureza processual, aquelas elencadas no art. 337, CPC/2015, que devem ser alegadas, na estrutura do peticionamento, antes da defesa substancial. Damos o nome, a essas defesas processuais, de preliminares, justamente pelo fato de antecederem, na contestação, a defesa de mérito.

Algumas dessas defesas processuais, alegadas em contestação, podem ocasionar a extinção do processo sem resolução do mérito, caso acolhidas pelo juiz. São chamadas, portanto, de defesas processuais peremptórias. Entre elas destacamos, a alegação de falta de interesse de agir, que conduz o processo a sua extinção (CPC art. 337, VI, c/c art. 485, VI).

Lado outro, existem defesas processuais que, uma vez arguidas em contestação, não ditam, mesmo que acolhidas, a extinção do processo. São meras irregularidades processuais que serão corrigidas por ato do Juiz. Chamamos essas defesas processuais de meramente dilatórias, citando como exemplo a arguição de incompetência (seja absoluta ou relativa), cujo resultado será a remessa dos autos ao juízo competente (CPC, art. 337, II c/c 64, §3º).

489

Existem, também, as chamadas defesas processuais dilatórias tendentes a se tornarem peremptórias. Essas defesas pressupõem uma irregularidade procedimental, que para ser sanada dependerá de um ato a ser praticado pelo autor. Como exemplos temos a arguição de deficiência de representação (CPC art. 337, IX); no caso, será o autor intimado para a regularização, no prazo a ser fixado pelo juiz (CPC art. 76), e, não sendo regularizado o processo, será extinto sem resolução do mérito.

ATENÇÃO!!!!

1 – nem toda defesa processual é apresentada em contestação, existem algumas que são apresentadas em peças processuais próprias. Como exemplo temos a arguição de impedimento ou suspeição do juiz, que, conforme art. 146, CPC/15, é feita em petição específica.

2 – É certo, entretanto, afirmar que o CPC/2015 diminui as defesas processuais que eram apresentadas em peças apartadas, sendo agora matérias que devem ser arguidas em preliminar de contestação. São elas:

a) Incompetência relativa (CPC 317, II), não mais existindo a peça processual de exceção de incompetência relativa

b) Incorreção do valor da causa (CPC 317, III), não mais existindo a peça apartada de impugnação ao valor da causa

c) Indevida concessão da gratuidade de justiça ao autor (CPC art. 337, XIII), não mais sendo arguida, essa matéria, em peça separada.

À luz do princípio da impugnação especificada estatuído no art. 341, *caput* do CPC/15, incumbe ao réu manifestar-se precisamente acerca das alegações de fato constantes na inicial, presumindo-se verdadeiras as não impugnadas. Esse ônus, contudo, não se aplica ao defensor público, ao advogado dativo e ao curador especial.

Depois de apresentada a contestação, opera-se a preclusão consumativa, sendo lícito ao réu somente deduzir novas alegações quando relativas a direito ou a fato superveniente; quando se tratar de matéria que deva ser conhecida de ofício pelo juiz; ou, mediante expressa autorização legal, quando for arguível em qualquer tempo e grau de jurisdição.

ATENÇÃO!!!

PRAZO PARA APRESENTAÇÃO DA CONTESTAÇÃO

Dita hoje o CPC/2015, art. 335, 03 (três) marcos iniciais para a contagem do prazo de contestação, que continua a ser de 15 (quinze) dias. São eles:

- da data de realização da audiência de conciliação ou mediação, quando frustrada a tentativa de autocomposição

- caso não seja realizada a audiência de tentativa de autocomposição, pelo fato das partes terem expressamente demonstrado desinteresse no acordo, o prazo fluirá da data em que o réu apresentou sua petição de solicitação de cancelamento da audiência

- nos casos em que não seja designada a audiência, por situações da não admissibilidade da autocomposição, o prazo para contestação será contado conforme o art. 231, CPC/15, levando em consideração o tipo de citação.

DIREITO PROCESSUAL CIVIL

10.5. Da Reconvenção

Consoante o art. 343 do CPC/15, a reconvenção é uma modalidade de defesa apresentada no bojo da contestação, em que o réu formula pretensão própria, conexa com a ação principal ou com o fundamento da defesa.

Embora proposta nos mesmos autos do processo principal, a reconvenção goza de autonomia, visto que a sua apreciação independe da análise de mérito da ação originária, que poderá, inclusive, ser extinta. Ademais, admite-se a reconvenção, mesmo quando não oferecida a contestação (art. 343, §6º do CPC/15)

A reconvenção pode ser promovida em face do autor ou de terceiro, bem como em litisconsórcio com terceiro.

O autor reconvindo, será intimado, na pessoa de seu advogado, para apresentar resposta, no prazo de 15 (quinze) dias. Após, o processo retomará o seu curso normal, sendo julgadas conjuntamente as pretensões formuladas pelas partes.

10.6. Da Revelia

Considera-se revel o réu que deixar de oferecer contestação. Decretada a revelia, presumir-se-ão verdadeiros os fatos alegados pelo autor na inicial. Essa presunção de veracidade, entretanto, é meramente relativa (*iuris tantum*), admitindo-se, pois, prova em sentido contrário.

Por força do art. 345 do CPC/15, não incidem os efeitos da revelia nas seguintes situações hipotéticas:

- havendo litisconsórcio passivo, algum dos réus contestar a ação;
- a ação versar sobre direitos indisponíveis;
- a petição estiver desacompanhada de documentos indispensáveis à prova do ato;
- quando as alegações de fato formuladas pelo autor forem inverossímeis ou contrárias à prova constante dos autos.

O revel que não possuir patrono constituído nos autos será intimado dos atos processuais, a partir da publicação do ato decisório no diário oficial. No código anterior (CPC/73), ditava a lei processual que o prazo para o revel, sem patrono constituído nos autos, fluiria independentemente de intimação. Ora, a contagem de prazo fluindo sem o ato intimatório é preceito de um procedimento inquisitório, não se amoldando à realidade de um processo constitucional e democrático.

A revelia não obsta a intervenção do revel no processo, podendo nele ingressar em qualquer fase, recebendo-o no estado em que se encontrar, sendo-lhe autorizada ainda a produção de provas, de modo a confrontá-las com as alegações do autor, desde que se faça representar nos autos em tempo hábil, ou seja, antes do encerramento da instrução probatória.

> **ATENÇÃO!!!**
>
> Quando ocorre a revelia, podemos ter como verdadeiros os fatos afirmados. Entretanto é equivocado afirmar que, mesmo diante da veracidade dos fatos, automaticamente o pedido será julgado procedente. A revelia não induz veracidade do direito, razão pela qual podemos afirmar ser lícita a improcedência do direito do autor, mesmo diante da revelia do réu.

10.7. Do Julgamento Conforme o Estado do Processo

Superada a fase concernente às providências preliminares, se houver, o processo segue para o pronunciamento judicial. Na ocorrência de qualquer das hipóteses previstas no art. 485 e 487, incisos II e III do CPC/15 o juiz proferirá sentença (terminativa ou definitiva, conforme o caso), com a consequente extinção do processo.

Inovação trazida pela nova ordem processual refere-se à possibilidade de se prolatar decisão que julgue apenas parcela do processo, com ou sem exame de mérito. A despeito da nomenclatura "sentença parcial" utilizada pelo novo *codex*, a referida decisão sujeita-se a recurso de agravo de instrumento (art. 354, parágrafo único, do CPC/15).

No tocante à sentença de mérito, o juiz julgará antecipadamente o pedido, na forma do art. 487, inciso I, do CPC/15, quando se mostrar desnecessária a produção de outras provas, eliminando-se, por consequência, a fase probatória; ou na hipótese de revelia, quando não houver requerimento de prova pelo revel.

O art. 356 do CPC/15 consagrou ainda o julgamento antecipado parcial de mérito, sendo cabível quando um ou mais pedidos formulados pelo autor for incontroverso ou quando o processo já estiver em condições de imediato julgamento.

O mérito parcialmente decidido pode consistir em obrigação líquida ou ilíquida (art. 356, §1º do CPC/15), sendo lícito à parte liquidar ou executar a decisão parcial, desde logo, independentemente de caução, mesmo na pendência de recurso. Transitada em julgada, torna-se definitiva a execução.

A decisão parcial de mérito é impugnável por meio de agravo de instrumento (art. 356, §5 do CPC/15).

10.8. Do Saneamento e da Organização do Processo

A decisão saneadora é composta por uma série de atos praticados pelo juiz com vistas a sanear e organizar o processo. Nessa oportunidade, incumbe ao juiz resolver as questões processuais eventualmente pendentes; delimitar as questões fáticas sobre as quais recairá a atividade probatória, especificando os meios de prova admitidos; determinar a distribuição do ônus da prova; delimitar as matérias de direito relevantes a serem decididas; designar, se for o caso, a audiência de instrução e julgamento.

A decisão de saneamento do processo é impugnável pelas partes, as quais poderão requerer esclarecimentos ou solicitar ajustes, no prazo comum de 5 (cinco) dias, findo qual a decisão se torna estável.

O art. 357, §2º do CPC/15 trouxe mais uma novidade no que pertine aos negócios jurídicos processuais, conferindo às partes a possibilidade de delimitarem, consensualmente, as questões de fato que serão objeto de prova, bem como as questões relevantes de direito a serem submetidas a julgamento de mérito. Se homologado, os termos do acordo vincula as partes e o juiz.

Diante da complexidade da causa, deverá o juiz designar audiência a fim de que o saneamento seja realizado em cooperação com as partes, ocasião em que as partes poderão ser convocadas a integrar ou esclarecer suas alegações (art. 357, §3º do CPC/15).

DIREITO PROCESSUAL CIVIL

ATENÇÃO!!! – PRAZO PARA APRESENTAÇÃO DO ROL DE TESTEMUNHAS

O art. 357, CPC, no seu parágrafo 4º, determina que o juiz, ao designar a audiência de instrução e julgamento, fixe prazo, não superior a 15 (quinze) dias, para que as partes apresentem em juízo o rol de testemunhas.

ENTRETANTO, caso seja designada a audiência prevista no §3º, do artigo mencionado, o rol de testemunhas, obrigatoriamente, deverá ser levado para a audiência, sob pena de preclusão. É o que informa o art. 357, no seu parágrafo 5º, CPC/15)

10.9. Da Audiência de Instrução e Julgamento

A audiência de instrução e julgamento constitui um ato processual complexo, no qual participam as partes e outros sujeitos do processo. Em regra, sua designação se dá apenas quando necessária à produção de prova oral (depoimento pessoal das partes, oitiva de testemunhas) ou esclarecimentos periciais.

O art. 359 do CPC/15 ilustra, mais uma vez, o viés conciliatório presente na nova sistemática processual, dispondo que o juiz, ao declarar instalada a audiência, deverá empregar métodos de acordo na tentativa de obter a solução consensual do conflito.

Em regra, a audiência é uma e contínua, sendo excepcionalmente admitido o seu fracionamento, mediante justificativa da ausência de testemunha ou de perito, contanto que haja consentimento das partes.

Encerrada a instrução processual, o juiz concederá a palavra ao autor e ao réu, sucessivamente, para apresentarem alegações finais orais. Em decorrência da complexidade da causa, o debate oral poderá ser substituído por razões finais escritas (memoriais), no prazo sucessivo de 15 (quinze) dias.

10.10. Da Sentença e da Coisa Julgada

A sentença consiste no pronunciamento judicial que põe fim ao procedimento cognitivo ou a execução, sendo dividida em terminativa, quando fundada nas hipóteses descritas no art. 485 do CPC/15, e definitiva, quando resolve o mérito, com fulcro no art. 487 do CPC/15.

O julgamento proferido sem resolução de mérito não faz coisa julgada material, razão pela a qual a parte poderá a propor novamente a ação (art. 486, caput, do CPC/15), salvo na hipótese de perempção prevista no §3º do mesmo dispositivo legal.

Conforme abordado na parte principiológica desse estudo, o CPC/15 consagrou o princípio da primazia do mérito, refletido, outrossim, na norma do art. 488 do CPC/15, segundo a qual determina que o juiz, desde que possível, resolverá o mérito, sempre que a decisão for favorável à parte a quem aproveitaria eventual resultado nos termos do art. 485 do CPC/15.

Com relação aos elementos essenciais que integram a sentença, o art. 489 do CPC/15 estabelece os seguintes requisitos:

• Relatório, contendo o nome das partes, identificação do caso, descrição sumária do pedido e da contestação, o registro das principais ocorrências no processo;

• Fundamentação, em que o juiz analisa as questões de fato e de direito;

• Dispositivo, em que o juiz resolve as questões principais que lhe forem submetidas pelas partes

A respeito da fundamentação, o §1º do mesmo dispositivo legal, preceitua que não se considera fundamentada decisão judicial que se limita a indicar, reproduzir ou parafrasear ato normativo, sem explicar sua relação com a causa ou a questão decidida; que faça uso de conceitos jurídicos indeterminados, sem indicar o motivo de sua incidência; invocar motivos genéricos; não enfrentar todos os argumentos deduzidos no processo capazes de, em tese, infirmar o resultado do processo; citar precedente ou súmulas, sem identificar seus fundamentos determinantes nem subsumi-los ao caso concreto; afastar enunciado de súmula, jurisprudência ou precedente invocado pela parte, sem justificativa de distinção com o caso ou superação de entendimento.

Com efeito, é nula a sentença proferida sem fundamentação ou insuficientemente fundamentada.

No tocante aos limites da sentença, de acordo com o princípio da congruência ou adstrição estatuído no art. 492 do CPC/15, o juiz deverá decidir nos limites dos pedidos formulados pelas partes, sendo-lhe vedado proferir decisão de natureza diversa, bem como condenar a parte em quantidade superior (*ultrapetita*) ou em objeto diverso da lide (*extrapetita*). De igual modo, a violação desse princípio resulta na nulidade da sentença.

O art. 490 do CPC/15 dispõe ainda que "o juiz resolverá o mérito acolhendo ou rejeitando, no todo ou em parte, os pedidos formulados pelas partes".

Assim, havendo cumulação de pedidos, por exemplo, se a sentença for proferida aquém, isto é, deixar de apreciá-los em sua integralidade ou não enfrentar a causa de pedir ou a defesa apresentada pelo réu (*citrapetita*) estará sujeita à oposição de Embargos de Declaração, por vício de omissão.

Quanto à possibilidade de modificação da sentença pelo julgador, o art. 494 do CPC/15, estabelece que, depois de publicada, o juiz só poderá alterá-la:
• Para corrigir inexatidões materiais ou erros de cálculos
• Por meio de embargos de declaração

Relativamente aos limites objetivos da coisa julgada, o CPC/15 recepcionou a tese de que a fundamentação não faz coisa julgada, mas tão somente a parte dispositiva da sentença (art. 504 do CPC/15).

Segundo o disposto no art. 502 do CPC/15, denomina-se coisa julgada material "a autoridade que torna imutável e indiscutível a decisão de mérito não mais sujeita a recurso". Desse modo, o mérito total ou parcialmente decidido tem força de lei, vinculando as partes e o juiz, o qual é vedado decidir novamente questões já resolvidas relativas à mesma lide (art. 505, CPC/15).

A regra da imutabilidade da sentença comporta, contudo, exceções. Nas relações jurídicas de trato continuado, por exemplo, sobrevindo modificação no estado de fato ou de direito, a parte poderá pedir revisão do que foi estatuído na sentença (art. 505, inciso I do CPC/15).

Por fim, no tocante à eficácia preclusiva da coisa julgada, o art. 508 do CPC/15 prevê que com o trânsito em julgado da decisão de mérito, "considerar-se-ão deduzidas e repeli-

DIREITO PROCESSUAL CIVIL

das todas as alegações e as defesas que a parte poderia opor tanto ao acolhimento quanto à rejeição do pedido".

11. CUMPRIMENTO DE SENTENÇA

11.1. Do Título Executivo Judicial

Pressuposto essencial para toda e qualquer execução, sendo o cumprimento de sentença uma fase executiva, o título executivo judicial e formado após a existência de uma demanda cognitiva, exigindo a existência de um ato decisório da atividade jurisdicional (ou de um juízo arbitral) para sua existência. O art. 515 do CPC elenca quais são os títulos executivos judiciais.

11.2. Da Exigibilidade

Formado o título executivo, passa a ser possível a prática de atos de cumprimento dos direitos reconhecidos na decisão judicial ou arbitral. Ressalte-se que, uma vez transitada em julgada a decisão, o cumprimento será definitivo, entretanto é possível que, havendo recurso interposto contra a decisão, não dotado de efeito suspensivo, o cumprimento seja possível, só que nesse caso será cumprimento provisório.

11.3. Da Competência

Segundo a norma processual civil (CPC art. 516), partindo da premissa que o título executivo foi formado por decisão judicial proferida em primeiro grau de jurisdição, o cumprimento de sentença seja realizado perante o mesmo juízo prolator da decisão. Permite a lei, entretanto, no parágrafo único do art. 516, CPC/2015, que o exequente solicite a remessa dos autos a outro juízo, notadamente onde existam bens passíveis de penhora ou localidade do atual domicílio do devedor.

Referida opção garante ao exequente um possível melhor resultado na execução, evitando delongas provocadas pela remessa, de um juízo a outro, de cartas precatórias.

11.4. Cumprimento Definitivo: Obrigação de Pagar Quantia Certa

Transitado em julgado o título executivo judicial, contendo ele uma decisão líquida (caso não tenha será necessária uma fase anterior de liquidação de sentença – vide arts. 509 e ss. do CPC/2015), poderá o credor solicitar, por petição, o início da fase executiva. Salienta-se que não é lícito ao juiz determinar de ofício o início da fase de cumprimento de sentença por quantia certa, somente a requerimento do exequente será o executado intimado para cumprir a decisão, no prazo de 15 (quinze) dias, tudo como se infere do art. 523 do CPC, devendo o requerimento ser instruído com a memória atualizada dos valores devidos (CPC art. 524).

Ultrapassado o prazo de 15 (quinze) dias, contados da intimação, sem o cumprimento voluntário pelo executado, começa a fase de cumprimento forçado, com imediata expedição do mandado de penhora e avaliação.

IVAL HECKERT

Além a expedição do mandado de penhora e avaliação, determina a lei "penalidades" ao executado, com imposição de multa de 10% (dez por cento) sobre o valor executado, e de honorários de advogado também de 10% (dez por cento) sobre o valor devido. A imposição dos honorários e da multa (CPC art. 523, §1º) é justificada, respectivamente, pelos fatos de: a) merecer o advogado do exequente a devida remuneração pelo seu trabalho, já que a fixação dos honorários anteriores, na sentença, levou em consideração exclusivamente seu trabalho na fase cognitiva; e b) impor uma penalidade pecuniária (multa) ao executado que, intimado, não adimpliu a obrigação devida.

Diante do não cumprimento voluntário, no prazo legal de 15 (quinze) dias, caracterizado está, portanto, como mencionado, o inadimplemento do devedor condenado na sentença, razão pela qual o título executivo judicial poderá ser objeto de protesto (CPC art. 517), podendo o nome do executado, a requerimento do exequente, ser lançado em cadastros de inadimplentes (CPC art. 782, §§3º a 5º).

Caracterizado que o devedor não cumpriu voluntariamente a decisão, apesar de ter condições, poderá, sua conduta, ser tida como ato atentatório a dignidade da justiça, já que é obrigação derivada do princípio da boa-fé processual, o cumprimento, com exatidão, das ordens judiciais (CPC art. 77, IV). Neste caso, além da multa do art. 523, §1º, estará sujeito a uma segunda multa, cumulativa, de até 20% (vinte por cento), conforme previsto no art. 77, §§1º a 4º, CPC/2015).

E o executado, não poderá se defender? – Sim, garante a lei processual (CPC art. 525) ao executado, decorrido o prazo para cumprimento voluntário, apresentar IMPUGNAÇÃO AO CUMPRIMENTO de sentença, através de petição, podendo alegar qualquer das matérias enumeradas no art. 525, §1º, CPC/2015.

Ressalte-se que a fluência do prazo para apresentação da impugnação ao cumprimento de sentença, 15 (quinze) dias, flui independente de nova intimação ou de penhora, contado do esgotamento do anterior prazo de 15 (quinze) dias para cumprimento voluntário.

11.5. Do Cumprimento Provisório: Obrigação de Pagar Quantia Certa

Possível é, entretanto, antes do trânsito em julgado, na pendência de recurso não dotado de efeito suspensivo, que a sentença seja objeto de execução, de forma provisória. Referido permissivo está estampado no art. 520, CPC/2015 e tem como regras:

• *a responsabilidade civil do exequente, que se obriga, se a sentença for reformada, a indenizar o executado por qualquer prejuízo que ele venha a ter;*

• *a transformação da execução provisória em definitiva, se a sentença for confirmada e vier a transitar em julgado;*

• *a possibilidade de realização de atos de constrição patrimonial (penhora);*

• *ser possível ao exequente, no cumprimento provisório, requerer o levantamento de valores depositados, ou mesmo a expropriação (alienação) de bens penhorados, desde que, em regra, primeiramente ofereça caução.*

Assim é lícito afirmar que a execução provisória pode sim permitir a prática de atos de alienação de bens do executado que venham a ser penhorados, mediante prestação de caução pelo exequente.

DIREITO PROCESSUAL CIVIL

Ocorre que a lei processual permite a dispensa da caução nos seguintes casos (CPC art. 521):

- *o crédito for de natureza alimentar, independentemente de sua origem;*
- *o credor demonstrar situação de necessidade;*
- *pender o agravo do art. 1.042*
- *a sentença a ser provisoriamente cumprida estiver em consonância com súmula da jurisprudência do Supremo Tribunal Federal ou do Superior Tribunal de Justiça ou em conformidade com acórdão proferido no julgamento de casos repetitivos.*

> OBS.: também no cumprimento provisório da sentença, intimado o devedor para depositar os valores devidos, no mesmo prazo da execução, não o fazendo, está sujeito a imposição da multa e dos honorários que são devidos na fase de cumprimento definitivo, como se infere dos arts. 520, §2º, c/c 523, §1º, CPC/2015)

12. DO PROCESSO DE EXECUÇÃO POR QUANTIA CERTA CONTRA DEVEDOR SOLVENTE

12.1. Do Título Executivo Extrajudicial

Permite a lei processual que sujeitos de determinada relação jurídico-material, por ato de vontade, estipulem direitos, obrigações e deveres, em documentos que sejam, por previsão legal, títulos executivos extrajudiciais.

O título executivo extrajudicial, fruto, como frizado, de ato de vontade daqueles que são credor e devedor de determinada obrigação, carrega a presunção da existência da obrigação, permitindo a prática, desde logo, de atos executivos caso não tenha ocorrido o cumprimento da obrigação a tempo e modo.

O CPC, no seu art. 784, apresenta uma relação exemplificativa dos títulos executivos extrajudiciais.

12.2. Da Exigibilidade

Estando o credor, portanto, de posse de um título executivo extrajudicial, que contenha obrigação certa, líquida e exigível, não sendo cumprida a obrigação a tempo e modo, caracterizado estará o inadimplemento, sendo possível o início, desde logo, do processo de execução (CPC art. 786)

12.3. Do Processamento da Execução por Quantia Certa Contra Devedor Solvente

12.3.1. Petição inicial

Deve a petição inicial da Execução estar instruída com o título executivo e devidamente acompanhada de uma planilha de atualização dos valores em execução, até da data da sua apresentação em juízo. Essas e outras incumbências do exequente, para a devida formalização de sua petição inicial, estão estampadas no art. 798, CPC/2015.

12.3.2. Despacho positivo

Verificando o juiz que a petição inicial da execução contém todos os elementos necessários para o seu devido processamento, determina a expedição do mandado de citação para pagamento, penhora e avaliação de bens, atos que serão praticados caso o devedor executado, citado, não cumpra a obrigação.

No despacho primeiro, aceitando a petição inicial da execução, o juiz fixa, desde logo, honorários para o advogado do exequente, no percentual de 10% (dez por cento) sobre os valores executados, conforme previsto no art. 827, caput, CPC/2015.

12.3.3. Averbação premonitória

Ocorrendo o despacho positivo, com a ordem de citação do executado, pode o exequente requerer a expedição de certidão da distribuição e aceitação da execução pelo juízo competente.

De posse dessa certidão pode o exequente solicitar, junto a órgãos públicos que mantém registro de bens (exemplo: cartórios de registro de imóveis), que se proceda a averbação, a margem do registro de bens do executado, da existência da execução, informando ao juízo as averbações realizadas, facilitando assim o possível ato de penhora, bem como gerando, desde logo, se o bem averbado for alienado, a ocorrência da fraude a execução (CPC, art. 828).

12.3.4. Citação do executado

Devidamente citado, o executado poderá efetuar o pagamento dos valores em execução, no prazo de 3 (três) dias. Realizado esse pagamento, dentro do prazo legal, reserva a lei processual um benefício ao exequente, o pagamento de apenas metade dos honorários de advogado inicialmente fixados, como se infere, respectivamente, dos arts. 829, caput e 827, §1º, do CPC/2015.

Entretanto, caso não realize o pagamento no prazo acima, o mandado de penhora e avaliação poderá ser devidamente cumprido pelo oficial de justiça.

12.3.5. Pagamento parcelado

Permite a lei processual que o exequente, por ato unilateral de vontade, efetue, no prazo dos embargos, o pagamento dos valores em execução de forma parcelada.

Para tanto deverá preencher os seguintes pressupostos:

- *efetuar o pagamento de, pelo menos, 30% (trinta por cento) dos valores em execução;*
- *apresentar o requerimento, ao juízo, do pagamento do saldo em até 6x no prazo dos embargos*

Feito o requerimento e ouvida a parte contrária sobre o preenchimento dos pressupostos acima elencados, o juiz deferirá o pagamento de forma parcelada.

Interessante destacar que, solicitado o pagamento parcelado, perde o executado o direito de apresentar embargos, sendo o requerimento aqui discutido ato de confissão dos valores devidos em execução, tudo conforme previsto no art. 916, CPC/2015.

DIREITO PROCESSUAL CIVIL

12.4. Dos Embargos à Execução

Não efetuado o pagamento dos valores devidos, nem tendo o executado interesse em fazer o pagamento parcelado, poderá, no prazo de 15 (quinze) dias contados da juntada aos autos do mandado de citação, apresentar, independente de garantia do juízo, os embargos à execução.

Tendo natureza jurídica de ação de conhecimento, a apresentação dos embargos se faz através de uma petição inicial, que será distribuída por dependência ao processo executivo, e instruída com cópias de peças essenciais da execução (CPC, arts. 914 e 915).

É lícito ao executado, nos embargos, apresentar, além de defesas específicas contra a execução (exemplo: inexequibilidade do título ou inexigibilidade da obrigação, excesso de execução ou cumulação indevida de execuções, entre outras), todas as defesas, processuais e meritórias, que ele poderia apresentar em uma demanda cognitiva, tudo por força e garantia da ampla defesa, consagrada no art. 917, CPC/2015.

Como ação judicial de natureza cognitiva, os embargos serão julgados por sentença, contra a qual caberá recurso de apelação.

13. RECURSOS

13.1. Noções Gerais

Podemos justificar a existência de recursos como ato de inconformismo, como ato impugnativo de determinada decisão interlocutória, levando em consideração aspectos humanos e técnicos.

Primeiro podemos afirmar que é próprio do ser humano o inconformismo diante de decisões, mesmo que emanadas do Poder, que lhe sejam contrárias. Essa tendência a não aceitar ideias, opiniões e, portanto, decisões desfavoráveis é algo próprio da natureza humana. Podemos afirmar, também, que é da natureza humano o cometer erros, lembrando que o exercício da atividade jurisdicional emana de um Magistrado, portanto, um sujeito passível de erros, de equívocos.

O acima explanado demonstra o aspecto humano justificador da existência dos recursos judiciais.

Por seu turno, objetivando situações técnicas que justifiquem os recursos judiciais, podemos afirmar que a busca pela uniformização do entendimento sobre o direito pátrio, a evolução da jurisprudência e o desenvolvimento interpretativo das normas, é algo que, também, justifica a existência de recurso contra as decisões judiciais.

13.2. Conceito

Recurso, portanto, em direito processual, pode ser definido como o meio impugnativo e voluntário apto a provocar, na mesma relação jurídico-processual em que foi prolatado o ato decisório, o reexame da decisão judicial, objetivando obter a reforma, invalidação, esclarecimento ou integração, por aqueles que são, pela lei legitimados ao exercício desse direito.

Do conceito acima extraímos os elementos caracterizadores de ato processual como recurso:

a) é um ato praticado no mesmo processo em que surgiu a decisão impugnada;

b) é um ato voluntário e, portanto, disponível;

499

IVAL HECKERT

c) a ser exercido por aqueles a quem a lei confere essa faculdade (legitimidade e interesse); e

d) que tem como objetivo a REFORMA, INVALIDAÇÃO, ESCLARECIMENTO ou INTEGRAÇÃO do ato decisório recorrido.

Outro elemento conceitual do recurso, no nosso entendimento, é a existência da "dialeticidade". Todo recurso deve ser devidamente fundamentado, sendo necessário, na composição da peça recursal, o ataque frontal ao ato decisório, com impugnação específica dos fundamentos da decisão recorrida, não bastando que o recorrente repita teses e argumentos anteriormente apresentados. Necessário, no recurso, a existência de uma confrontação analítica entre a tese desenvolvida no julgado recorrido e a antítese apresentada no ato impugnatório, buscando, assim, resultado diferente daquele exarado no ato decisório atacado. Referido PRINCÍPIO DA DIALETICIDADE, hoje, ganha escopo normativo, em razão do disposto no art. 932, III, do CPC/2015.

OBS.: existem outros meios de impugnação de atos decisórios que não podem ser considerados recursos (apesar de, através desses atos, ser possível atingir os mesmos objetivos de um recurso), são exemplos, entre outros:

- *ação rescisória* [CPC 966 – apesar de ser meio para buscar a reforma ou invalidação de uma decisão, é um regular exercício de ação, ou seja, é uma outra ação, e consideramos recursos apenas atos praticados na mesma relação processual em que surgiu o ato impugnado];

- *mandado de segurança* [Lei 12.016/2009 – tal como a ação rescisória, é outro processo, representando um regular exercício de direito de ação]

- *remessa necessária* [CPC art. 496 – apesar de ser ato praticado na mesma relação processual do ato decisório, não possui, a remessa necessária, aspectos essenciais do ato de recorrer, como a voluntariedade, a dialeticidade, e a prática por aqueles que são legitimados pela lei]

13.3. Princípio da Taxatividade

Somente consideramos recursos aqueles atos de impugnação judicial realizados na mesma relação processual e que estejam previstos, elencados, taxados em lei federal. É o chamado princípio da taxatividade, previsto no art. 994, CPC/2015, são eles:

I – apelação;

II – agravo de instrumento;

III – agravo interno;

IV – embargos de declaração;

V – recurso ordinário;

VI – recurso especial;

VII – recurso extraordinário;

VIII – agravo em recurso especial ou extraordinário;

IX – embargos de divergência.

OBS.: é possível que a lei federal, fora o CPC, crie recursos diversos. O grande exemplo é a Lei 9.099/1995, que dispõe sobre os juizados especiais cíveis. Referida lei, em seu art. 41, cria o chamado "recurso inominado", que é o recurso cabível contra a sentença proferida no âmbito do JESP.

Deriva do princípio aqui mencionado aquilo que chamamos de HIPÓTESE DE INCIDÊNCIA: cada recurso criado pela lei federal poderá ser manejado contra um tipo de decisão judicial. Exemplos:

DIREITO PROCESSUAL CIVIL

- *CPC art. 1.009: contra a SENTENÇA é possível a interposição de APELAÇÃO*
- *CPC art. 1.015: contra DECISÕES INTERLOCUTÓRIAS, nas hipóteses legais, é possível a interposição de AGRAVO DE INSTRUMENTO*
- *CPC art. 1.021: contra DECISÕES MONOCRÁTICAS proferidas por relatores é possível a interposição de AGRAVO INTERNO*

Assim, podemos afirmar que a lei federal cria os recursos (PRINCÍPIO DA TAXATIVI-DADE) e que, também, a lei federal dita quando determinado recurso poderá ser interposto (HIPÓTESE DE INCIDÊNCIA).

Segue, abaixo, tabela contendo os recursos taxados no CPC/2015 e a hipótese de incidência de cada um deles:

RECURSO	HIPÓTESE LEGAL DE CABIMENTO
APELAÇÃO	**CPC**: Art. 1.009. Da sentença cabe apelação.
AGRAVO DE INSTRUMENTO	**CPC**: Art. 1.015. Cabe agravo de instrumento contra as decisões interlocutórias que versarem sobre: (...)
AGRAVO INTERNO	**CPC**: Art. 1.021. Contra decisão proferida pelo relator caberá agravo interno para o respectivo órgão colegiado, observadas, quanto ao processamento, as regras do regimento interno do tribunal.
EMBARGOS DE DECLARAÇÃO	**CPC**: Art. 1.022. Cabem embargos de declaração contra qualquer decisão judicial para: (...)
RECURSO ORDINÁRIO	**CPC**: Art. 1.027. Serão julgados em recurso ordinário: (...)
RECURSO ESPECIAL	**CF**: Art. 105. Compete ao Superior Tribunal de Justiça: (...)III – julgar, em recurso especial, as causas decididas, em única ou última instância, pelos Tribunais Regionais Federais ou pelos tribunais dos Estados, do Distrito Federal e Territórios, quando a decisão recorrida: (...)
RECURSO EXTRAORDINÁRIO	**CF**: Art. 102. Compete ao Supremo Tribunal Federal (...): (...) III – julgar, mediante recurso extraordinário, as causas decididas em única ou última instância, quando a decisão recorrida: (...)
AGRAVO EM RECURSO ESPECIAL E EXTRAORDINÁRIO	**CPC**: Art. 1.042. Cabe agravo contra decisão do presidente ou do vice-presidente do tribunal recorrido que inadmitir recurso extraordinário ou recurso especial, salvo quando fundada na aplicação de entendimento firmado em regime de repercussão geral ou em julgamento de recursos repetitivos.
EMBARGOS DE DIVERGÊNCIA	**CPC**: Art. 1.043. É embargável o acórdão de órgão fracionário que: (...)

Como se verifica da tabela acima, bem como do rol taxativo do art. 994, CPC/15, não mais existem no sistema recursal os recursos de:

✓ Agravo retido, já que as decisões interlocutórias, não impugnáveis por agravo de instrumento, devem ser arguidas em preliminar do recurso de apelação (art. 1.009, §1º CPC/15)

✓ Embargos Infringentes, que não constam mais do rol de recursos.

Salientamos, entretanto, que a técnica dos "embargos infringentes" ainda existe.

501

IVAL HECKERT

Segundo a lei processual (CPC, art. 942), caso o recurso de apelação tenha resultado não unânime, o julgamento não se encerra, havendo a continuidade do julgamento, tal como estampado na lei processual:

> Art. 942. Quando o resultado da apelação for não unânime, o julgamento terá prosseguimento em sessão a ser designada com a presença de outros julgadores, que serão convocados nos termos previamente definidos no regimento interno, em número suficiente para garantir a possibilidade de inversão do resultado inicial, assegurado às partes e a eventuais terceiros o direito de sustentar oralmente suas razões perante os novos julgadores.
>
> § 1º Sendo possível, o prosseguimento do julgamento dar-se-á na mesma sessão, colhendo-se os votos de outros julgadores que porventura componham o órgão colegiado.
>
> § 2º Os julgadores que já tiverem votado poderão rever seus votos por ocasião do prosseguimento do julgamento.
>
> § 3º A técnica de julgamento prevista neste artigo aplica-se, igualmente, ao julgamento não unânime proferido em:
>
> I – ação rescisória, quando o resultado for a rescisão da sentença, devendo, nesse caso, seu prosseguimento ocorrer em órgão de maior composição previsto no regimento interno;
>
> II – agravo de instrumento, quando houver reforma da decisão que julgar parcialmente o mérito.
>
> § 4º Não se aplica o disposto neste artigo ao julgamento:
>
> I – do incidente de assunção de competência e ao de resolução de demandas repetitivas;
>
> II – da remessa necessária;
>
> III – não unânime proferido, nos tribunais, pelo plenário ou pela corte especial.

13.4. Efeitos Recursais: Efeito Devolutivo e Efeito Suspensivo

Recursos podem gerar vários efeitos no processo. Dos efeitos, aqueles que são mais comuns são: o efeito devolutivo e o efeito suspensivo.

13.4.1. Efeito devolutivo

Por efeito devolutivo podemos entender a transferência, a outro órgão da jurisdição, do conhecimento daquelas matérias que já foram objeto de decisão pelo juízo prolator da decisão recorrida.

O efeito devolutivo pode ser visto nos seus aspectos de extensão e de profundidade.

- efeito devolutivo em extensão: Para a verificação da extensão do efeito devolutivo, devemos levar em consideração a matéria impugnada pelo recorrente. Permite a lei processual, ao legitimado, o direito de impugnar de forma integral o julgado ou apenas parte, como previsto no art. 1.002, CPC: 'A decisão pode ser impugnada no todo ou em parte'; nitidamente tal preceito legal deriva do princípio da demanda. A extensão do efeito devolutivo depende, portanto, da faculdade dada ao legitimado, de recorrer de todos os capítulos da decisão (levando em consideração o princípio da sucumbência que só permite recurso contra os capítulos da decisão ao qual o recorrente é sucumbente), ou de apenas alguns deles.

- efeito devolutivo em profundidade: uma vez que o recorrente fixou a extensão do efeito devolutivo, a profundidade de dito efeito permite ao julgador verificar todos os fatos e fundamentos que estejam lançados e debatidos no processo, ainda que não tenham sido solucionados na decisão impugnada, desde que versem sobre o capítulo (ou capítulos) da decisão atacado no recurso.

Como exemplo citamos o art. 1.013 do CPC/2015, que prevê, no caput, o efeito devolutivo em extensão, ditando que a apelação somente *"devolverá ao tribunal o conhecimento da matéria impugnada"*; já os §§ 1º e 2º do mesmo dispositivo legal trazem a provisão do efeito devolutivo em profundidade, ao permitir que os julgadores do recursos possam apreciar e julgar *"todas as questões suscitadas e discutidas no processo, ainda que não tenham sido solucionadas, desde que relativas ao capítulo impugnado"*, bem como *"Quando o pedido ou a defesa tiver mais de um fundamento e o juiz acolher apenas um deles, a apelação devolverá ao tribunal o conhecimento dos demais."*

13.4.2. Efeito suspensivo

O CPC/1973 partia da premissa que todo recurso teria, em regra, efeito suspensivo, que corresponde ao impedimento de ser efetivada a decisão enquanto o recurso não for julgado. Assim, o código procedimental revogado afirmava, textualmente, quando um recurso não teria efeito suspensivo.

Por seu turno, sendo uma verdadeira inversão paradigmática, o novo CPC parte de uma premissa inversa, a de que os recursos não impedem a eficácia da decisão, ou seja: que, em regra, os recursos não são dotados de efeito suspensivo, permitindo que as decisões judiciais gerem efeitos imediatamente após publicadas. Referida regra está prevista no art. 995, CPC/2015, caput: *"Os recursos não impedem a eficácia da decisão, salvo disposição legal ou decisão judicial em sentido diverso."*

Observem que o dispositivo legal acima citado permite, entretanto, que alguns recursos sejam dotados de efeito suspensivo por expressa previsão legal ou, não havendo, por decisão judicial concessiva do efeito.

Podemos afirmar que, em regra, o recurso que possui efeito suspensivo por imperativo legal é o recurso de APELAÇÃO, por força da norma do art. 1.012, caput, CPC/2015; os demais recurso somente teriam efeito suspensivo por decisão judicial, desde que preenchidos os pressupostos legais do parágrafo único do art. 995, CPC/2015, que são: a) o risco de, cumprida imediatamente a decisão, o recorrente sofrer um dano grave, de difícil ou impossível reparação; e b) o recorrente demonstrar a probabilidade do seu recurso ser provido.

> OBS.: não é absoluta a regra do efeito suspensivo ao recurso de apelação, o próprio art. 1.012, CPC/2015, em seu §1º, traz, exemplificadamente, algumas situações em que, publicada a sentença, poderá ser imediatamente executada; ou seja, situações em que a apelação não terá efeito suspensivo.

13.5. Legitimidade e Interesse Recursal

Segundo o CPC (art. 996, caput), são legitimados a recorrer:

a) qualquer das partes;

b) o Ministério Público, atuando no processo como parte ou como fiscal da ordem jurídica; e

c) eventualmente terceiro prejudicado.

A parte tem legitimidade, mas só terá interesse de recorrer se for parte vencida; é o chamado princípio da sucumbência. Por seu turno o Ministério Público, também, só terá interesse em recorrer, como fiscal da ordem jurídica, se o motivo que o trouxe ao processo estiver sendo violado no ato decisório (exemplo: a sentença está contrária ao interesse de incapaz). Por fim, terceiros que, originariamente, não são partes, mas desde que sejam prejudicados em seus direitos por atos decisórios, podem, contra essas decisões, interpor recurso, cumprindo ao terceiro fazer, no ato de recorrer, a demonstração que a decisão judicial atinge direito que lhe é próprio, ou que eventualmente possa discutir no processo como substituto processual (CPC 996, parágrafo único).

Questão interessante, que podemos levantar, é se o advogado da parte poderá apresentar recurso, notadamente contra decisão de fixa os honorários. Lembramos que por força do art. 85, §14, os honorários sucumbenciais constituem direito do advogado, sendo verba de natureza alimentar. Como é direito subjetivo do advogado da parte, é a ele garantido o direito de recorrer contra o capítulo da decisão que fixa os honorários.

13.6. Do Recurso Adesivo

Diante da sucumbência recíproca, poderá cada parte, de forma independente, interpor o seu respectivo recurso contra a parte da decisão que lhe é desfavorável.

Exemplo: o autor pede a condenação do réu ao pagamento da quantia de R$10.000,00 (dez mil reais), por seu turno o réu, ao apresentar contestação, impugna o pedido afirmando não ter a obrigação de pagar, que não deve absolutamente nada ao autor; a sentença, julga parcialmente procedente o pedido condenando o réu ao pagamento da quantia de R$7.000,00 (sete mil reais). Estamos diante de caso de sucumbência recíproca, já que o réu foi condenado, mas o autor não ganhou tudo aquilo que pediu. Nesse caso poderão, autor e réu, recorrer da decisão, cada um apresentando seu recurso de apelação, no prazo comum de até 15 (quinze) dias.

Permite, entretanto, a lei processual, que tendo apenas uma das partes sucumbentes apresentado o recurso, possa a outra, que não recorreu diretamente, apresentar seu recurso de forma adesiva, no prazo que ela, parte, teria para apresentar sua resposta ao recurso.

Partindo do exemplo acima, imaginemos que apenas o autor tenha recorrida da decisão, solicitando, através do recurso próprio a reforma da decisão para majorar a condenação do réu; intimado para apresentar suas contrarrazões, poderá o réu, além de responder ao recurso, apresentar em outra peça processual, também, seu recurso de apelação, solicitando a reforma da decisão para minorar ou excluir totalmente sua condenação.

Essa técnica processual, do recurso adesivo, está previsto no art. 997 do CPC/2015, e tem como pressupostos:

- ser possível apenas nos recursos de apelação, recurso especial ou recurso extraordinário;

- deve ser interposto, por petição nos autos, no mesmo prazo que dispõe para responder o recurso intentado pela parte contrária;

- tem que preencher todos os pressupostos do recurso (tempestividade, preparo...); e

- está subordinado ao recurso principal, não sendo conhecido o recurso adesivo se o principal for inadmitido ou se a outra parte desistir do recurso anteriormente intentado.

DIREITO PROCESSUAL CIVIL

13.7. Do Recurso como Ato Voluntário e Disponível

Conforme declinamos no conceito, para que o ato processual de impugnação seja visto como recurso, é essencial o pressuposto da voluntariedade. É por esse e outros motivos que o instituto da remessa necessária, sendo ato praticado de ofício pelo juiz, não pode ser considerado recurso.

Além de ser ato voluntário o recurso é ato disponível e sujeito a preclusão lógica.

Como ato voluntário, a parte sucumbente (ou qualquer outro legitimado) interpõe o recurso se tiver vontade, exercendo o direito de recorrer a tempo e modo. Como ato disponível, é permitido à parte sucumbente renunciar ao direito de recorrer, bem como, já tendo intentado o recurso, dele desistir a qualquer momento, desde que antes do seu julgamento, sem necessitar da anuência da parte contrário ou de eventual litisconsorte. Esses permissivos, da renúncia e da desistência como atos unilaterais de vontade, estão previstos nos artigos 998 e 999 do CPC/2015.

No tocante a alegada preclusão lógica (CPC art. 1.000), se a parte sucumbente aceitar de forma expressa, ou mesmo tácita, o ato decisório, perde o direito de recorrer. A aceitação expressa da decisão consiste em qualquer manifestação processual de concordância com a decisão. Por seu turno a aceitação tácita, como previsto no parágrafo único do art. 1.000 CPC/2015, é *"a prática, sem nenhuma reserva, de ato incompatível com a vontade de recorrer"*. Exemplo de preclusão lógica partindo de uma aceitação tácita: o réu e condenado, por sentença, a pagar ao autor determinada quantia, sem nenhuma reserva, no prazo do recurso, comparece em juízo fazendo o pagamento da quantia; estamos assim diante de um ato incompatível com a vontade de recorrer. Ora, se o recurso é ato de impugnação, de não concordância com a decisão, quando o autor cumpre o preceito condenatório, sem nenhuma ressalva, temos verdadeira aceitação da condenação, perdendo, portanto, o direito de recorrer.

13.8. Pressupostos Processuais Extrínsecos Comuns aos Recursos

13.8.1. Tempestividade

Como ato processual voluntário das partes e dos demais legitimados, os recursos sujeitam-se a preclusão temporal, devendo ser interpostos dentro do prazo prescrito em lei.

O CPC/2015 buscou unificar o prazo para a interposição de recursos, ditando ser o prazo para recorrer e para responder ao recurso de até 15 (quinze) dias. No CPC/2015, o único recurso que possui prazo diferenciado são os embargos de declaração, que continuam a ser interpostos no prazo legal de até 05 (cinco) dias. Referida unificação pode ser verifica da redação do art. 1.003, §5º, CPC/2015: *"Exceptuados os embargos de declaração, o prazo para interpor os recursos e para responder-lhes é de 15 (quinze) dias."*

O início da contagem do ato recursal será, tomando como norte a advocacia privada, em regra, a data que os advogados das partes (ou a sociedade de advogados) é intimada do ato decisório. Dessa intimação fluirá o prazo legal para apresentação do recurso de forma tempestiva. Falamos "em regra" pelo fato de existirem outros marcos iniciais para a contagem do prazo recursal, tudo pensando na advocacia privada. Exemplos: se o ato

505

decisório foi proferido em audiência, tendo sido o advogado intimado para comparecimento, se ele não foi e na audiência foi proferida a decisão, da data da audiência fluirá o prazo recursal; ou, quanto a decisão é proferida contra a parte ainda não citada (como no caso de concessão de tutela antecipada, contra o réu, liminarmente), nesse caso o prazo fluirá a partir do ato citatório da parte. Tudo isso está esculpido no art. 1.003, caput e seus parágrafos.

Devemos levar em consideração, que o prazo recursal, sendo prazo processual, é contado em dias úteis (CPC art. 219), aplicando a regra da contagem do prazo em dobro (CPC art. 229) e tendo a parte recorrente a obrigação de comprovar, no ato da interposição do recurso, para verificação da tempestividade, a ocorrência de feriado local (CPC art. 1.003, §6º).

13.8.2. Preparo

Quanto a parte autora faz o pagamento das custas iniciais, está efetuando o pagamento dos atos processuais que serão praticados no processo que se inicia, desde seu registro e distribuição até a prolação da sentença, levando em consideração o tipo de procedimento e os atos citatórios e intimatórios requeridos na petição inicial.

Desta forma, sendo o recurso ato voluntário, não consta das custas iniciais a possível despesa que os Tribunais têm com o processamento do recurso.

Portanto, em regra, os recursos carregam, para o recorrente, um ônus financeiro, devendo ser efetuado o pagamento das custas recursais, tal como previsto na tabela de custas de cada tribunal, bem como comprovado o respectivo pagamento no ato da interposição do recurso. É dado o nome de PREPARO ao recolhimento das custas recursais.

O CPC/2015, no art. 1.007, regula o preparo, ditando não apenas que ele deve ser comprovado, como afirmado acima, no ato de interposição do recurso, mas que alguns entes processuais estão isentos do recolhimento dos valores do preparo, notadamente os recursos interpostos *"pelo Ministério Público, pela União, pelo Distrito Federal, pelos Estados, pelos Municípios, e respectivas autarquias, e pelos que gozam de isenção legal"* (CPC art. 1.007 caput e §1º).

A lei processual faz referência, também, a outro possível ônus financeiro do processo, os chamados <u>portes de remessa e de retorno dos autos</u>.

Alguns recursos são apresentados perante um juízo originário, para serem encaminhados, após alguns trâmites processuais, para outro juízo, aquele encarregado do efetivo julgamento do recurso. Como exemplo podemos citar o recurso de apelação. A apelação é interposta, por petição, perante o juízo de primeiro grau prolator da sentença, para, posteriormente, ser encaminhado ao Tribunal competente para julgamento (CPC art. 1.010). O Tribunal, nesse caso, terá um gasto financeiro com a remessa dos autos do juízo originário para o juízo julgador do recurso, esse gasto é reembolsado pelo recorrente quanto ele faz o pagamento do chamado <u>porte de remessa</u>, e como os autos deverão, após o julgamento, retornar ao juízo de origem, temos o chamado <u>porte de retorno</u>.

Assim, no ato de interposição do recurso, deve o recorrente comprovar, quando assim exigido por lei, não apenas o preparo, mas, também, o recolhimento dos valores correspondentes ao porte de remessa e de retorno dos autos.

DIREITO PROCESSUAL CIVIL

> OBS 1: alguns recursos somente terão, além do preparo, o chamado porte de retorno, como no caso do agravo de instrumento, já que ele é interposto não no juízo originário prolator da decisão recorrida, mas, sim, diretamente perante o Tribunal. Assim, não há no agravo de instrumento o porte de remessa, somente sendo necessário que o recorrente comprove o preparo e o porte de retorno (CPC art. 1.017, §1º).
>
> OBS 2: é dispensado o comprovante do porte de remessa e de retorno se o processamento do recurso se der em autos eletrônicos (CPC art. 1.007, §3º)

Sendo ato da parte, o preparo (aqui incluindo o porte de remessa e retorno, quando exigidos) está sujeito a, eventualmente: 1 – não ser comprovado seu recolhimento no ato da interposição; 2 – ter a parte recorrente efetuado o pagamento dos valores a menor; e 3 – a guia estar preenchida incorretamente.

Referidas situações podem conduzir a deserção do recurso, ocasionando a sua não admissibilidade. Entretanto, diante do princípio da primazia do mérito recursal, sendo sanáveis todas as hipóteses de deficiência no tocante ao preparo acima apresentadas, podemos afirmar que não existe deserção imediata no direito processual civil atual. Diante de qualquer dessas deficiência deverá o juiz:

1 – no caso de não comprovação do preparo no ato de interposição do recurso, intimar a parte recorrente para sanar esse vício, no prazo de 05 dias, efetuando, entretanto, o recolhimento dos valores em dobro (CPC art. 1.007, §4º)

2 – no caso de recolhimento a menor, intimar a parte para complementar o pagamento inicial, também no prazo de 5 dias (CPC art. 1.007, §2º); e

3 – caso a guia apresentada esteja preenchida erroneamente, intimar o recorrente, no mesmo prazo, para sanar o vício (CPC art. 1.007, §7º).

Somente no caso do recorrente não regularizar a deficiência do preparo é que poderá o recurso ser inadmitido (vide, também, CPC art. 932, parágrafo único).

13.9. Principais Recursos em Espécie

13.9.1. Apelação

Recurso próprio contra a sentença (CPC art. 1.009), deve ser apresentado, por petição, ao juízo de primeiro grau prolator da decisão, que, depois de intimar a parte contrária para, querendo, apresentar resposta ao recurso, encaminha os autos ao tribunal competente para o julgamento do recurso, não exercendo, o juízo de primeiro grau, juízo de admissibilidade.

Interessante destacar que, caso exista nos autos do processo, decisão interlocutória contra a qual não pode a parte manejar recurso de agravo de instrumento, considera a lei processual essa decisão interlocutória como decisão não preclusa, podendo ser impugnada em preliminar do recurso de apelação, ou mesmo nas contrarrazões, tudo conforme previsto no art. 1.009, §1º, CPC/2015.

Por força da lei, em regra, o recurso de apelação possui efeito suspensivo (CPC art. 1.012); ou seja, uma vez interposto não poderá a parte vitoriosa na demanda executar a sentença que lhe foi favorável. Ocorre que a própria lei processual elenca, exemplificando, algumas hipóteses em que o recurso de apelação não é dotado de efeito suspensivo, podendo ocorrer a execução provisória da sentença:

I – homologa divisão ou demarcação de terras;

II – condena a pagar alimentos;

III – extingue sem resolução do mérito ou julga improcedentes os embargos do executado;

IV – julga procedente o pedido de instituição de arbitragem;

V – confirma, concede ou revoga tutela provisória;

VI – decreta a interdição.

Nos casos acima elencados, entretanto, poderá o recorrente requerer ao Tribunal a concessão do efeito suspensivo, por petição, no período compreendido entre o ato da interposição do recurso e sua distribuição no Tribunal; entretanto, se os autos do processo e, portanto, o recurso, já estão no tribunal e já houve a distribuição a um relator, a ele deve ser requerido, diretamente, também por petição, a concessão do efeito suspensivo. Para a concessão do efeito suspensivo ao recurso de apelação desprovido de dito efeito, o relator deverá verificar se o apelante demonstrou *"a probabilidade de provimento do recurso ou se, sendo relevante a fundamentação, houver risco de dano grave ou de difícil reparação."* (CPC art. 1.012, §§3º e 4º).

OBS: aplica-se ao recurso de apelação a chamada "Teoria da Causa Madura", que permite ao Tribunal julgar diretamente o mérito da ação, se o processo estiver pronto para julgamento, nas hipóteses de:
• *I – reformar sentença fundada no art. 485;*
• *II – decretar a nulidade da sentença por não ser ela congruente com os limites do pedido ou da causa de pedir;*
• *III – constatar a omissão no exame de um dos pedidos, hipótese em que poderá julgá-lo;*
• *IV – decretar a nulidade de sentença por falta de fundamentação.*
(vide CPC art. 1.013, §3º)

13.9.2. Agravo de Instrumento

Recurso próprio contra decisões interlocutórias proferidas pelos juízes em primeiro grau de jurisdição, é interposto diretamente no tribunal competente para julgamento (CPC art. 1.016), devendo ser instruído com as peças processuais obrigatórias ditadas pela lei (CPC art. 1.017), salvo nos casos de autos eletrônicos, quando é dispensada a apresentação de peças dos autos originários para a formação do recurso.

Deve ser destacado que a nova lei procedimental, seguindo o princípio da primazia do mérito recursal, não mais considera motivo de inadmissibilidade imediata do recurso a não apresentação, quando da interposição do agravo de instrumento, a ausência de peças obrigatórias. Segundo o Art. 1.017, §3º, c/c Art. 932, parágrafo único, todos do CPC, caso o agravo de instrumento não esteja devidamente instruído com as peças obrigatórias, deverá o relator, antes de inadmitir o recurso, intimar o recorrente para apresentá-las no prazo de 05 (cinco) dias, não sanado esse vício, aí sim, poderá licitamente ser inadmitido o agravo de instrumento.

Segundo a regra processual estabelecida pelo CPC/2015, nem toda decisão interlocutória estaria sujeita ao recurso de agravo de instrumento. Segundo a regra da taxatividade, somente aquelas decisões devidamente previstas em lei estariam sujeitas a serem desafiadas imediatamente pelo recurso de agravo de instrumento. É o que se denota da leitura do art. 1.015 do CPC, sendo essencial a leitura desse artigo.

Devemos destacar, entretanto, que conforme julgamento de Recurso Especial Repetitivo, o STJ ditou que a taxatividade legal, para interposição do recurso de agravo de instrumento,

DIREITO PROCESSUAL CIVIL

pode ser mitigada quando a decisão recorrida for verificada a urgência da decisão recorrida, pautada pela inutilidade de ser impugnada a decisão interlocutória em preliminar do recurso de apelação. Assim decidiu o STJ: *"Assim, nos termos do art. 1.036 e seguintes do CPC/2015, fixa-se a seguinte tese jurídica: O rol do art. 1.015 do CPC é de taxatividade mitigada, por isso admite a interposição de agravo de instrumento quando verificada a urgência decorrente da inutilidade do julgamento da questão no recurso de apelação."*[3]

Outra questão que merece destaque é a informação que deve ser levada ao juízo de primeiro grau, prolator da decisão interlocutória recorrida, da interposição do recurso de agravo de instrumento.

Segundo o art. 1.018 do CPC, quando forem autos não eletrônicos, a parte recorrente tem a obrigação de informar ao juízo de primeiro grau, no prazo preclusivo de 3 (três) dias, a interposição do agravo de instrumento, apresentando cópia do recurso e a relação das peças que formaram o recurso. Caso o recorrente não cumpra o determinado, dentro do prazo legal, desde que a parte recorrida alegue essa matéria, comprovando o não cumprimento do disposto no artigo em comento, o tribunal deverá inadmitir o recurso. Entretanto, quando forem autos eletrônicos, a lei apenas faculta ao recorrente a prática do ato processual aqui discutido.

13.9.3. Agravo Interno

Contra as decisões monocráticas proferidas pelo relator, reserva a lei processual a interposição do recurso de agravo interno, tal como previsto no art. 1.021 do CPC.

Referido recurso é endereçado ao próprio relator prolator da decisão monocrática recorrida, que deverá intimar a parte contrária para apresentar, querendo, resposta ao recurso. Após o prazo de contrarrazões, tenha ou não o recorrido apresentado a sua manifestação, poderá o relator exercer juízo de retratação, reformando sua decisão monocrática; entretanto, caso seja mantida a decisão pelo relator, o recurso será colocado para julgamento perante o órgão colegiado competente.

Deve ser destacado que o legislador, objetivando restringir o uso abusivo desse recurso, determina que, quando o *"agravo interno for declarado manifestamente inadmissível ou improcedente em votação unânime, o órgão colegiado, em decisão fundamentada, condenará o agravante a pagar ao agravado multa fixada entre um e cinco por cento do valor atualizado da causa."* (CPC, art. 1.021, §4º).

Interessante notar, entretanto, que o STJ pacificou entendimento no sentido que a aplicação da multa não é automática, sendo necessário a verificação que o recurso de agravo interno foi interposto de forma abusiva ou com intuito protelatório: *"A aplicação da multa prevista no art. 1.021, § 4º, do CPC/2015 não é automática, não se tratando de mera decorrência lógica do desprovimento do agravo interno em votação unânime. A condenação do agravante ao pagamento da aludida multa, a ser analisada em cada caso concreto, em decisão fundamentada, pressupõe que o agravo interno mostre-se manifestamente inadmissível ou que*

---

3.   Resp 1704520/MT – Recurso Repetitivo – Relator (a) Ministra Nancy Andrighi – Corte Especial – DJe 19/12/2018.

sua improcedência seja de tal forma evidente que a simples interposição do recurso possa ser tida, de plano, como abusiva ou protelatória". [4]

13.9.4. Embargos de Declaração

Nos termos da atual legislação processual civil, contra qualquer decisão judicial é cabível a interposição do recurso de embargos de declaração, desde que a decisão recorrida, conforme art. 1.022, CPC/2015, contenha uma obscuridade, contradição, omissão ou erro material.

Recurso criado pela lei processual para, primordialmente, corrigir erros formais nas decisões, deve ser apresentado pela parte no prazo de até 05 (cinco) dias da intimação da decisão, não estando sujeito a preparo.

Muito se discutiu, na doutrina e jurisprudência, se a decisão recorrida poderia ser substancialmente alterada pela interposição do recurso de embargos de declaração, ou seja, se os embargos de declaração poderiam ter efeito modificativo. O Novo CPC, dando guarida a tese já definida no STJ, prevê expressamente a possibilidade dos embargos de declaração, excepcionalmente, terem efeito modificativo, podendo o juiz alterar o mérito da decisão recorrida quando do julgamento dos embargos de declaração. Entretanto, sob pena de nulidade, deve, antes do julgamento, na hipótese de possível efeito modificativo, ser dada vista à parte contrária para apresentar manifestação, respondendo aos embargos de declaração.

> **ATENÇÃO:** não possui o recurso de embargos de declaração efeito modificativo imediato, primariamente deverá a decisão objeto dos declaratórios conter uma omissão, obscuridade, contradição ou erro material. Se a deficiência formal efetivamente existir e para que seja sanada, caso o magistrado tenha, novamente, que adentrar no mérito da pretensão, ai sim será possível a ocorrência da mudança substancial da decisão. Inteligência do art. 1.023, §3º, CPC/2015.

Interposto o recurso de embargos de declaração, tempestivamente, ocorre a interrupção do prazo para a apresentação do recurso próprio contra a decisão recorrida. Exemplo: proferida sentença e interpostos os embargos de declaração, julgado, terá a parte, novamente, o prazo de 15 (quinze) dias para a interposição do recurso de apelação.

Entretanto tal recurso não tem efeito suspensivo, podendo a decisão atacada pelos declaratórios ser objeto de imediata execução, como preceitua o art. 1.026, caput, do CPC.

Por ter, como mencionado, o efeito interruptivo do recurso sequenciado, os embargos de declaração, muitas vezes, é interposto com intuito meramente protelatório. Para coibir a indevida utilização dos declaratórios impõe a lei processual multa de até 2% (dois por cento) sobre o valor corrigido da causa atualizado, quando o recurso for tido como protelatório e, na reiteração dos embargos, também com intuito protelatório, a multa poderá ser elevada a até 10%, ficando vedada a interposição de novos embargos de declaração e condicionada a interposição de qualquer outro recurso ao depósito da multa, tudo conforme art. 1.026, §§2º a 4º.

---

4. AgInt no AREsp 1310962 / SP – Relator(a) Ministro MARCO AURÉLIO BELLIZZE – TERCEIRA TURMA – DJe 06/12/2018.

DIREITO PROCESSUAL CIVIL

Os embargos de declaração podem ser utilizados, licitamente, para viabilizar o prequestionamento de matérias, objetivando a interposição de futuro recurso extraordinário e/ou recurso especial. Tanto que a súmula 98/STJ, tem a seguinte redação: *"Embargos de declaração manifestados com notório propósito de prequestionamento não têm caráter protelatório."*

Entretanto, havia uma "praxe" de alguns julgados de, mesmo o acórdão trazendo deficiência e sendo apresentado os embargos de declaração para fins de prequestionamento, não ser suprida, por exemplo, a omissão efetivamente existente, o que inviabilizava o prequestionamento da matéria para a interposição dos recursos extremados.

Pondo fim a tal situação, o atual CPC, no seu art. 1.025, admite a tese do prequestionamento implícito. Ou seja, se realmente existe a omissão e, interpostos os embargos de declaração, o tribunal de origem não sanar a deficiência, o STF ou STJ poderá considerar a matéria como prequestionada.

> *Art. 1.025. Consideram-se incluídos no acórdão os elementos que o embargante suscitou, para fins de pré-questionamento, ainda que os embargos de declaração sejam inadmitidos ou rejeitados, caso o tribunal superior considere existentes erro, omissão, contradição ou obscuridade.*

14. QUESTÕES APLICADAS EM EXAMES ANTERIORES

01. (2018 – FGV – XXVI Exame) José ajuizou ação de indenização por danos morais, materiais e estéticos em face de Pedro. O juiz competente, ao analisar a petição inicial, considerou os pedidos incompatíveis entre si, razão pela qual a indeferiu, com fundamento na inépcia. Nessa situação hipotética, assinale a opção que indica o recurso que José deverá interpor.

(A) Apelação, sendo facultado ao juiz, no prazo de cinco dias, retratar-se do pronunciamento que indeferiu a petição inicial.

(B) Apelação, sendo os autos diretamente remetidos ao Tribunal de Justiça após a citação de Pedro para a apresentação de contrarrazões.

(C) Apelação, sendo que o recurso será diretamente remetido ao Tribunal de Justiça, sem a necessidade de citação do réu para apresentação de contrarrazões.

(D) Agravo de Instrumento, inexistindo previsão legal de retratação por parte do magistrado.

Gabarito A. Comentários: O ato de indeferimento da petição inicial é sentença (CPC 485, I), contra a qual, portanto, é cabível recurso de apelação (CPC 1.009). Entretanto a lei processual permite, nesse caso (CPC 331), que o magistrado de primeiro grau exerça juízo de retração. Mantida a sentença, serão os autos encaminhados ao Tribunal.

02. (2018 – FGV – XXV Exame) Alice, em razão de descumprimento contratual por parte de Lucas, constituiu Osvaldo como seu advogado para ajuizar uma ação de cobrança com pedido de condenação em R$ 300.000,00 (trezentos mil reais), valor atribuído à causa. A ação foi julgada procedente, mas não houve a condenação em honorários sucumbenciais. Interposta apelação por Lucas, veio a ser desprovida, sendo certificado o trânsito em julgado. Considerando o exposto, assinale a afirmativa correta.

(A) Em razão do trânsito em julgado e da preclusão, não há mais possibilidade de fixação dos honorários sucumbenciais.

(B) Como não houve condenação, presume-se que há fixação implícita de honorários sucumbenciais na média entre o mínimo e o máximo, ou seja, 15% do valor da condenação.

(C) O trânsito em julgado não impede a discussão no mesmo processo, podendo ser requerida a fixação dos honorários sucumbenciais por meio de simples petição.

(D) Deve ser proposta ação autônoma para definição dos honorários sucumbenciais e de sua cobrança.

Gabarito D. Comentários: Segundo o art. 85, §18, CPC/2015, caso a decisão judicial transitada em julgado seja omissa no tocante a fixação de honorários, deverá ser proposta ação autônoma para a devida fixação dessa verba e sua cobrança.

03. (2018 – FGV – XXV Exame) Tancredo ajuizou equivocadamente, em abril de 2017, demanda reivindicatória em face de Gilberto, caseiro do sítio Campos Verdes, porque Gilberto parecia ostentar a condição de proprietário. Diante do narrado, assinale a afirmativa correta.

(A) Gilberto deverá realizar a nomeação à autoria no prazo de contestação.

(B) Gilberto poderá alegar ilegitimidade ad causam na contestação, indicando aquele que considera proprietário.

(C) Trata-se de vício sanável, podendo o magistrado corrigir o polo passivo de ofício, substituindo Gilberto da relação processual, ainda que este não tenha indicado alguém.

511

IVAL HECKERT

(D) Gilberto poderá promover o chamamento ao processo de seu patrão, a quem está subordinado.

Gabarito B. Comentários: Alegada, em contestação, pelo réu, sua ilegitimidade ou não ser ele o responsável pelos prejuízos, tendo ciência de quem efetivamente seria o legitimado perante a pretensão do autor, deverá indicar quem é o sujeito passivo da relação jurídico-material discutida, para que o autor posso exercer a faculdade de substituição do réu originário por aquele é o verdadeiro legitimado passivo (CPC arts. 338 e 339)

04. (2017 – FGV – XXIV Exame) O Sr. João, pessoa idosa e beneficiária de plano de saúde individual da sociedade "ABC Saúde Ltda.", começa a sentir fortes dores no peito durante a madrugada e, socorrido por seus familiares, é encaminhado para a unidade hospitalar mais próxima. O médico responsável pelo atendimento inicial constata um quadro clínico grave, com risco de morte, sendo necessário o imediato encaminhamento do Sr. João para a Unidade de Terapia Intensiva (UTI) do hospital. Ao ser contatado, o plano de saúde informa que não autoriza a internação, uma vez que o Sr. João ainda não havia cumprido o período de carência exigido em contrato. Imediatamente, um dos filhos do Sr. João, advogado, elabora a ação cabível e recorre ao plantão judicial do Tribunal de Justiça do estado em que reside. A partir do caso narrado, assinale a alternativa correta.

(A) A tutela de urgência a ser requerida deve ser deferida, tendo em vista os princípios da cooperação e da não surpresa que regem a codificação processual vigente, após a prévia oitiva do representante legal do plano de saúde "ABC Saúde Ltda.", no prazo de 5 (cinco) dias úteis. B) Uma vez demonstrado o perigo de dano ou de risco ao resultado útil do processo, o magistrado poderá conceder tutela de evidência em favor do Sr. João, autorizando sua internação provisória na Unidade de Terapia Intensiva do hospital.

(C) Diante da urgência do caso, contemporânea à propositura da ação, a petição inicial redigida poderia limitar-se ao requerimento da tutela antecipada e à indicação do pedido final. Concedida a tutela antecipada, o autor deverá aditar a petição inicial em 15 (quinze) dias ou em outro prazo maior que o juiz fixar.

(D) Concedida a tutela provisória requerida em favor do Sr. João, ela conserva sua eficácia na pendência do processo, apenas podendo vir a ser revogada ou modificada com a prolação da sentença definitiva de mérito.

Gabarito C. Comentários: Estamos diante de um caso de tutela de urgência, que pode ser deferida sem a prévia oitiva o réu (CPC, art. 9º, parágrafo único, I), uma vez que presentes os pressupostos da probabilidade do direito e do perigo de dano (CPC, art. 300, caput), sendo lícito ao autor, já que a urgência e contemporânea a propositura da demanda, fazer a solicitação da tutela antecipada antecedente, indicando o pedido a ser realizado (CPC, art. 303, caput). Deferida a tutela antecipada antecedente, deverá o autor, sob pena de indeferimento da petição inicial, apresentar uma petição complementando a petição

inicial, aditando-a, no prazo de 15 dias, ou em prazo maior dado pelo magistrado (CPC, art. 303, §1º, I c/c art. 303, §2º).

05. (2017 – FGV – XXIV Exame) Marcos se envolveu em um acidente, abalroando a motocicleta de Bruno, em razão de não ter visto que a pista estava interditada. Bruno ajuizou, em face de Marcos, ação de indenização por danos materiais, visando receber os valores necessários ao conserto de sua motocicleta. Marcos, ao receber a citação da ação, entendeu que a responsabilidade de pagamento era da Seguradora Confiança, em virtude de contrato de seguro que havia pactuado para seu veículo, antes do acidente. Diante de tal situação, assinale a afirmativa correta.

(A) Marcos pode promover oposição em face de Bruno e da seguradora.

(B) Marcos pode promover denunciação da lide à seguradora.

(C) Marcos pode pedir a instauração de incidente de desconsideração da personalidade jurídica em face da seguradora.

(D) Marcos pode promover o chamamento ao processo da seguradora.

Gabarito B. Comentários: Para que o réu possa buscar direito de regresso contra a seguradora, o correto é a utilização da modalidade de intervenção de terceiro conhecida como denunciação da lide (CPC, art. 125, II). Lembrando que a denunciação da lide é mera faculdade a ser exercida, no caso, pelo réu na contestação (CPC, art. 125, caput e 1º, c/c art. 126).

06. (2017 – FGV – XXIII Exame) Pedro promove ação de cobrança em face de José, pelo descumprimento de contrato de prestação de serviços celebrado entre as partes. O processo instaurado teve seu curso normal, e o pedido foi julgado procedente, com a condenação do réu a pagar o valor pleiteado. Não houve recurso e, na fase de cumprimento de sentença, o executado é intimado a efetuar o pagamento e pretende ofertar resistência. Sobre a postura adequada para o executado tutelar seus interesses, assinale a afirmativa correta.

(A) Deve oferecer embargos à execução e, para tanto, deverá garantir o juízo com penhora, depósito ou caução.

(B) Deve oferecer impugnação à execução, devendo garantir o juízo com penhora, depósito ou caução.

(C) Deve oferecer embargos à execução, sem a necessidade de prévia garantia do juízo para ser admitido.

(D) Deve oferecer impugnação à execução, sem a necessidade de prévia garantia do juízo com penhora.

Gabarito D. Comentários: A defesa própria na fase de cumprimento de sentença é a impugnação ao cumprimento de sentença (CPC, art. 525) que pode ser apresentada no prazo de 15 dias, independente de prévia garantia do juízo, ou seja, independente da realização do ato de penhora. Embargos à execução é a defesa do devedor no processo de execução por título executivo extrajudicial (CPC, art. 914 e ss.).

Direito Penal

Francisco Menezes e Murillo Ribeiro

1. PARTE GERAL: CONCEITOS BÁSICOS

O direito penal é o ramo jurídico responsável por proibir comportamentos, transformando-os em crimes ou contravenções, sob a ameaça de pena ou de medida de segurança. Esta ciência normativa estuda o uso das normas coercitivas para proibir os comportamentos mais lesivos, violentos e indesejáveis. Tais proibições têm como **finalidade** a proteção dos **bens jurídicos**, isto é, dos valores ou interesses – individuais ou coletivos, materiais ou imateriais – que são importantes para a vida em sociedade.

Entende-se por **direito penal objetivo** o conjunto de normas positivadas – ou seja, escritas, postas por um legislador – que compõem o ordenamento jurídico penal. A saber: o código penal, o código de processo penal e as leis penais especiais.

O **direito penal subjetivo** é o próprio poder-dever de punir, o *jus puniendi,* que é exclusivo do Estado, pois este detém o monopólio do uso legítimo da força. Até mesmo nos raros casos de ação penal privada, o querelante defende direito alheio em nome próprio, pois o direito penal subjetivo pertence unicamente ao Estado.

Direito penal adjetivo é o nome que se dá ao conjunto de normas instrumentais, que regem os procedimentos necessários à aplicação da lei penal, isto é, trata-se do direito processual penal. O **direito penal substantivo** é alcunha atribuída ao direito penal material, que estuda os crimes e as penas, ou seja, é aquilo que estamos estudando neste capítulo.

Dogmática jurídico-penal é a ciência do direito penal. Consiste na estruturação racional e sistêmica dos institutos do direito penal, para facilitar seu entendimento e dar previsibilidade as decisões judiciais. Quando analisarmos, nas próximas páginas deste livro, que crime é fato típico, antijurídico e culpável, estaremos expondo a dogmática jurídico-penal da teoria do delito. Aliás, o objeto deste livro é quase que exclusivamente a dogmática jurídica.

Antes de prosseguirmos, é bom ressaltar que o direito penal consiste, antes de tudo, na racionalização da violência estatal, aplicada através sistema punitivo. A punição é violência institucionalizada, e o direito penal é o sistema jurídico que pretende racionalizar e, se possível, limitar e legitimar tal força que, do contrário, seria absoluta e ilimitada. Daí a nobreza desta área do direito.

2. PRINCÍPIOS PENAIS FUNDAMENTAIS

Os princípios de direito são normas estruturantes do sistema jurídico. Possuem, ao contrário das regras, um alto grau de abstração, não sendo destinados a situações específicas, mas sim à composição das próprias estruturas do sistema jurídico. O princípio da legalidade, por exemplo, não determinou a criação do delito de homicídio, mas este crime existe, assim como todos os outros, sob a forma de um tipo penal taxativo para satisfazer os ditames da legalidade.

Por fim, quando regras estão em conflito, uma delas deve prevalecer, com a exclusão da outra. Quando princípios se contrapõem, uma ponderação de valores pode determinar o quanto deles será aplicado para resolução da situação concreta.

Em direito penal, os princípios fundamentais estão previstos de forma implícita ou explícita na própria Constituição Federal, que é o pressuposto de validade de todos os diplomas legais.

2.1. Princípio da Intervenção Mínima

O direito penal, por representar a mais gravosa das respostas do Estado aos conflitos sociais, deve ter aplicação fragmentária, quanto ao bem jurídico protegido, e subsidiária quanto aos outros ramos do direito.

Este princípio é abstraído do próprio artigo 5º, caput, da Constituição Federal e foi criado no período conhecido como o do direito penal da ilustração, no qual os valores iluministas elevaram o direito penal à posição de instrumento de defesa do cidadão contra o poder punitivo dos Estados absolutistas.

Destarte, o sistema punitivo só pode ser utilizado quando estritamente necessário para proteger os mais importantes interesses contra as mais intolerantes ofensas. E, assim mesmo, não deve ser aplicado quando outro ramo jurídico já se demonstrar suficiente para aplacar o conflito social.

Em uma clássica divisão, a aplicação deste princípio se dá através de 2 outros: fragmentariedade e subsidiariedade.

2.2. Princípio da Subsidiariedade

O direito penal é a *última ratio*, quer dizer, quando escolhe os meios de se combater um desvio de conduta ou apaziguar um conflito social, qualquer outro ramo do direito é preferível. Isto ocorre porque o sistema punitivo é violento e gravoso por natureza, incidindo sobre direitos fundamentais do infrator.

2.3. Princípio da Fragmentariedade

Apenas os bens jurídicos, quer dizer, os valores ou interesses, individuais ou coletivos, materiais ou imateriais, mais importantes para a vida em sociedade merecem a proteção penal. Não se protege com a pena meros valores éticos ou morais, senão a vida, o patrimônio, a dignidade sexual, a saúde pública e o meio ambiente, por exemplo. Enfim, apenas os mais relevantes interesses.

Ademais, a proteção penal só deve se contrapor às ofensas mais intoleráveis a estes mesmos bens, pois o direito penal não deve cuidar de bagatelas.

2.4. Princípio da Insignificância

Trazido para o direito penal, em 1964, pelo renomado penalista alemão Claus Roxin, o princípio da insignificância apregoa que o direito penal não pode cuidar de bagatelas.

As condutas que não ofendem ou não trazem perigo de lesão aos bens jurídicos tutelados pelas normas incriminadoras não realizam materialmente o tipo penal. Assim, afirma-se que

DIREITO PENAL

tais comportamentos podem até possuir tipicidade formal, isto é, se adequam formalmente aos elementos do tipo penal (forma de crime), mas não possuem **tipicidade material**, pois não violam ou colocam em risco os bens jurídicos, objetos de proteção das normas incriminadoras (conteúdo de crime). Como exemplos, podemos elencar a subtração de um objeto de valor ínfimo ou a produção culposa de uma lesão bem pequena.

É importante perceber que, como a insignificância opera como uma causa de exclusão da tipicidade material, quando aplicado, este princípio afasta o próprio crime no caso concreto.

Para aplicar este princípio, nos últimos anos, o Supremo Tribunal Federal criou 4 requisitos cumulativos, muito cobrados na prova da ordem:

Requisitos/vetores para aplicação do princípio da insignificância
• Mínima ofensividade da conduta. • Ausência de periculosidade social da ação. • Reduzido grau de reprovabilidade do comportamento. • Inexpressividade da lesão jurídica.

Conforme afirma Paulo Queiroz, estes requisitos são puramente autológicos: repetem os mesmos conceitos com palavras diferentes, dificilmente criando uma estrutura dogmática sólida para aplicação ou exclusão do princípio, que ainda permanece ao sabor de critérios decisionistas e casuísticos.

Entretanto, para o exame de ordem, é importante apontar algumas observações relativas à jurisprudência dos tribunais superiores sobre este princípio. **Faremos 5 apontamentos.**

Primeiramente, o princípio costuma não ser aplicado em crimes que envolvem **violência ou grave ameaça à pessoa,** tais como roubo ou extorsão.

Em segundo lugar, o **STJ**, no verbete **599** de sua **súmula**, afasta a aplicação do princípio nos **crimes contra administração pública**. Contudo, na edição especial nº 7 de seu informativo, o próprio STJ admitiu que:

> Em determinadas hipóteses, nas quais for ínfima a lesão ao bem jurídico tutelado – como na espécie –, admite-se afastar a aplicação do entendimento sedimentado na Súmula n. 599/STJ, pois a subsidiariedade do direito penal não permite tornar o processo criminal instrumento de repressão moral, de condutas típicas que não produzam efetivo dano.

Cumpre ressaltar que o STF discorda e, conforme atestado em seu informativo 624, aplica o princípio a esta categoria de crimes, observando os requisitos caso a caso.

O princípio também não é aplicável em crimes ou contravenções que envolvam **violência doméstica** ou familiar contra a mulher, conforme o enunciado **589 da súmula do STJ.**

Quanto ao **reincidente**, a bagatela só pode ser afastada quando a reincidência for prova da reiteração criminosa em delitos que violem o mesmo bem jurídico, para se evitar o direito penal do autor, uma vez que o agente deve ser punido pelo que ele faz e não pelo que ele é.

Finalmente, há entendimento de que, nos crimes contra a ordem tributária, o princípio da insignificância é aplicável quando a sonegação fiscal não ultrapassa R$ 20.000,00. Trata-se de aplicação, por analogia, do artigo 20 da lei 10522/02.

2.5. Princípio da Adequação Social

O direito penal não deve atingir as condutas que não violam a ordem social historicamente condicionada. Não se deve punir aqueles comportamentos que não são mais vistos como inerentemente incorretos pela sociedade. Este postulado foi criado pelo jurista alemão Hans Welzel, criador da teoria finalista, que é uma das bases teóricas do nosso código penal.

Este princípio possui uma função de política criminal e outra dogmática-interpretativa. A primeira dirige-se ao legislador que deve descriminalizar os comportamentos que não fazem mais sentido punir – o crime de adultério é um bom exemplo – e criminalizar apenas aqueles vistos como inadequados. A segunda função dirige-se ao juiz, que pode reconhecer a atipicidade de determinados comportamentos que já são adequados socialmente.

2.6. Princípio da Lesividade

Não se deve criminalizar condutas que não possuem ofensividade ao bem jurídico penal. Assim, somente os comportamentos lesionam ou trazem perigo de lesão aos bens jurídicos podem ser objeto das normas incriminadoras, excluindo-se os estados de consciência, pensamentos, atos de cogitação ou mera ideologias.

Muitos doutrinadores afirmam que, adotando-se este princípio, os crimes de perigo abstrato deveriam ser considerados inconstitucionais. Cumpre explicar que os crimes de perigo são aqueles em que o tipo penal não descreve um dano ao bem jurídico tutelado, mas apenas um comportamento que causa probabilidade de lesão a este bem. Nos delitos de perigo concreto, é necessário comprovar a conduta e o risco ao bem jurídico no caso concreto. Para os crimes de perigo abstrato, o risco de lesão estará presumido com a prática da conduta.

É importante ressaltar que tanto o STF como o STJ não consideram inconstitucionais os crimes de perigo abstrato, atribuindo esta classificação a delitos como o tráfico de drogas e o porte ilegal de armas.

2.7. Princípio da Culpabilidade

O princípio da culpabilidade é uma das mais importantes vitórias do direito penal da ilustração. Em seus primórdios, este postulado apregoava que não pode haver pena, nem crime, sem dolo ou culpa. Em outras palavras: a responsabilidade penal deve ser subjetiva e não objetiva. Assim, quando conceito analítico de crime foi formado, com a doutrina de Von Liszt, Beling e Radbruch, a culpabilidade era o terceiro substrato do crime, e dolo e culpa eram espécies de culpabilidade.

Com a evolução histórica da dogmática penal, dolo e culpa foram deslocados para o fato típico, e a culpabilidade se transformou em juízo de reprovação pessoal, composto de imputabilidade, potencial consciência da ilicitude e exigibilidade de conduta diversa. Com isto, o princípio da culpabilidade também foi redimensionado e hoje representa não só a **proibição da responsabilidade penal objetiva**, mas também a necessidade de que não exista crime sem que estejam presentes os **elementos da culpabilidade** e que a **pena** seja **dosada segundo o juízo de reprovação pessoal** do agente.

2.8. Princípio da Pessoalidade ou Instranscendência das Penas

Trata-se de princípio explícito no artigo 5º, XLV da CF. A pena nunca passará da pessoa do condenado, de forma que a morte do agente é extinção da punibilidade, conforme dispõe o artigo 107, IV do CP.

Este princípio também exerce influência sobre a pena de multa, que deve se extinguir com a morte do executado, mesmo que este deixe patrimônio aos herdeiros.

Por fim, o princípio não alcança os efeitos extrapenais da condenação, tais como o dever de indenizar civilmente o dano causado pelo crime e o perdimento de bens, podendo ambos serem executados contra os herdeiros no limite do patrimônio transferido.

2.9. Princípio da Individualização da Pena

É constitucionalmente previsto no artigo 5º, XLVI da CF que ordena: a lei regulamentará a individualização da pena. Assim, a pena não pode ser padronizada, ao contrário, deve ser individualizada ao crime e ao criminoso, e o processo de individualização começa com a cominação, que é a atividade do legislador ao decidir qual será a pena em abstrato no tipo penal, passa pela aplicação, feita pelo juiz, através do critério trifásico do artigo 68 do CP, e termina com a execução, para a qual a lei de execução penal prevê diversos institutos que objetivam tal individualização.

O STF, em nome deste princípio, há pouco mais de uma década vem decidindo pela inconstitucionalidade de institutos legais que proibiam ou obstaculizavam a individualização da pena. Os mais famosos exemplos são: o regime integralmente fechado, considerado inconstitucional no HC 82959, a proibição de substituição de pena privativa de liberdade por pena restritiva de direitos contida na lei de drogas, considerada inconstitucional no HC 97256, por fim, o regime inicial fechado obrigatório, ainda presente na lei 8072/90, declarado inconstitucional no HC 111840.

2.10. Princípio da Humanidade ou Limitação das Penas

A pena não pode negar a dignidade humana do apenado, pois esta é fundamento da República Federativa do Brasil. Para a finalidade das penas, o Brasil adota, no artigo 59 do CP, a teoria mista ou eclética, que atribui à sanção penal uma dupla função: retribuir o mal causado pelo crime e prevenir os delitos futuros (discutiremos tais finalidades mais à frente).

Dessarte, algumas espécies de pena são incompatíveis com tais objetivos, o que é estabelecido no artigo 5º, XLVII da CF. A saber: a pena de **morte** – salvo guerra declarada – o **banimento**, **trabalhos forçados**, bem como as penas de **cruéis** ou de **caráter perpétuo**.

2.11. Princípio do *Ne Bis In Idem*

Não pode haver dupla punição para a mesma conduta. Também proíbe que dois processos ocorram simultaneamente com relação aos mesmos fatos e acusados e que a mesma pena seja executada duas vezes.

Apesar de não estar explicitamente previsto em nosso código penal, é adotado por tratados internacionais de direitos humanos dos quais o Brasil é signatário, como por exemplo o tratado de Roma ou pacto interamericano de direitos humanos.

2.12. Princípio da Legalidade

Uma das mais importantes limitações ao poder punitivo estatal, o princípio da legalidade é resumido pela expressão creditada a Von Feuerbach: não há crime sem lei anterior que o defina, nem pena sem prévia cominação legal. Em nosso ordenamento, esta frase pode ser encontrada no artigo 5º, XXXIX da CF e no próprio artigo 1º do CP.

Para mantermos a objetividade e o foco na prova da OAB, lembre-se sempre que o princípio da legalidade possui 4 desdobramentos ou garantias que são abstraídas de seu conteúdo jurídico. Toda criminalização deve ser feita através de:

Lei escrita, pois proíbe-se o costume incriminador. Entende-se por costume, a regra de conduta tida como obrigatória por determinado povo, devido a princípios éticos ou até mesmo hábitos historicamente construídos. A história do direito cataloga muitos ordenamentos jurídicos consuetudinários, isto é, edificados através dos costumes, mas este não é o caso do direito penal contemporâneo. Somente a lei pode criar crimes ou penas.

Lei estrita, uma vez que a analogia não pode ser utilizada em desfavor do acusado. A analogia é um método de autointegração da lei, através do qual o aplicador do direito preenche uma lacuna involuntária do legislador utilizando uma norma que serve para situação semelhante. No direito penal, este instituto só pode ser utilizado em benefício do réu. Assim, por exemplo, o emprego de arma de fogo majora a pena do roubo (artigo 157, § 2º-A, I e § 2º-B do CP), mas o mesmo não pode ser dito de um simulacro, sendo impossível o uso de **analogia in malam partem**. Entretanto, uso da **analogia in bonam partem** é permitido, como no exemplo do aborto feito por pessoa que não é médica quando não há outra forma de salvar a vida da gestante (art. 128, I do CP).

Lei prévia, pois a norma incriminadora deve ser anterior ao fato praticado. A lei penal não retroagirá salvo para beneficiar o réu (artigo 5º, XL da CF).

Lei certa: também chamado de princípio da taxatividade, trata-se de garantia de definição clara dos elementos de um tipo penal. A norma incriminadora deve definir o crime de maneira unívoca, sendo inconstitucionais as incriminações vagas ou imprecisas. Um bom exemplo está na já revogada lei de segurança nacional (lei 7170/83) que, em seu artigo 20, definia o crime de terrorismo como a prática de "atos de terrorismo", o que era quase universalmente reputado como inconstitucional pela doutrina. Atualmente, críticas semelhantes consumam ser tecidas com relação ao crime do art. 147-B do CP (violência psicológica contra a mulher), por ser tipo penal demasiadamente aberto.

Por fim, é bom ressaltar que o princípio da legalidade também estabelece a necessidade de que as normas incriminadoras sejam veiculadas através de **lei ordinária ou complementar** (nas matérias em que esta última é exigida). A **medida provisória**, como a própria Constituição demanda, **não pode conter matéria penal** e nem mesmo a transformação da medida em uma lei ordinária pelo Congresso Nacional pode sanar o vício de iniciativa.

3. NORMAS PENAIS

A norma penal é o conteúdo da lei penal, ou seja, é o comando proibitivo, mandamental, explicativo ou complementar contido no texto legal. Veremos, neste breve tópico, as espécies de normas penais e como se resolve o conflito aparente de normas incriminadoras.

3.1. Espécies de Normas Penais

A norma penal é tradicionalmente dividida em 4 espécies.

As normas incriminadoras tipificam condutas e comina penas. São os tipos penais, qualificadoras e causas de aumento de pena, por exemplo.

As normas permissivas afastam a criminalização em determinadas circunstâncias. Divide-se em duas espécies: as **normas permissivas justificantes**, que são as excludentes de ilicitude. Na parte geral, estas são: a legítima defesa, o estado de necessidade, o estrito cumprimento de dever legal e o exercício regular de direito (artigo 23 do CP). E também as **normas permissivas exculpantes**, que são as dirimentes da culpabilidade. Em nosso CP, temos os casos de inimputabilidade (artigos 26 a 28), o erro de proibição inevitável (artigo 21), a obediência hierárquica e a coação moral irresistível. (artigos 21 e 22 do CP).

As normas explicativas, como o nome permite inferir, explicam determinados conceitos presentes em outras normas penais. Como exemplos, podemos elencar o artigo 327, que traz o conceito de funcionário público, e o artigo 121 § 2º-A, que esclarece a definição da expressão "razões da condição do sexo feminino".

As normas complementares, por fim, estabelecem princípios e regras gerais para aplicação do direito penal. Como exemplos do código penal, podemos citar o próprio artigo 1º, que nos dá o princípio da legalidade, ou o artigo 68, que estabelece o critério trifásico de fixação da pena privativa de liberdade.

3.2. Norma Penal em Branco

Trata-se da norma incriminadora que precisa de complementação, com o fim de elucidar determinados termos ou conceitos que não são autoexplicativos. O crime de corrupção passiva nunca explicita o conceito de funcionário público, o que é feito pelo artigo 327 do CP. A lei 11343/06 não diz o que são drogas, que apenas são listadas pela Portaria SVS/MS nº 344, de 12 de maio de 1998.

Quando o complemento da norma penal em branco é proveniente de lei, a norma é chamada de **homogênea.** Quando o complemento advém de diploma infralegal, a norma será **heterogênea.**

Cumpre destacar que, no que diz respeito ao direito intertemporal, a modificação do complemento de uma norma penal em branco terá os mesmos efeitos que a mudança da própria lei teria. Isto é, retroatividade quando beneficia o réu, irretroatividade quando prejudica.

4. APLICAÇÃO DA LEI PENAL

Estudaremos, neste capítulo, a aplicação da lei penal no tempo e no espaço.

4.1. Lei Penal no Tempo

Trata-se do estudo acerca da sucessão de leis penais no tempo e seus efeitos nos crimes já praticados. Os dois primeiros artigos do CP são as linhas mestras deste tópico. O artigo 1º traz o princípio da legalidade, que exige a **anterioridade** das normas incriminadoras que prejudicam o acusado (*lex gravior*), enquanto que o artigo 2º, dispõe sobre o princípio da **retroatividade da lei penal benéfica** (*lex mitior*), exigindo que as normas que beneficiam o réu sejam aplicadas retroativamente.

Nesta ordem de ideias, quando uma norma de natureza penal é criada ou modificada em desfavor do acusado, só será aplicada aos fatos praticados durante a sua vigência. Entretanto, a norma que beneficia o acusado possui **retroatividade**, pois será aplicada a todos os fatos anteriores, e, eventualmente, possuirá **ultratividade**, pois continuará sendo aplicada aos fatos praticados durante sua vigência, sempre que for substituída por uma norma gravosa ao acusado.

Para facilitar seus estudos para a prova da OAB, discorreremos sobre 7 importantes observações acerca da lei penal no tempo.

OBS. 1: Para o **tempo do crime**, o CP adotou a teoria da **atividade,** quer dizer, o tempo do crime é considerado o momento da ação ou da omissão, independentemente do instante do resultado. Assim, se o agente praticar um ato criminoso antes da entrada em vigor de determinada norma que aumenta a pena do referido delito, não responderá pelo crime com a pena aumentada, mesmo que o resultado da infração ocorra após a vigência da referida lei.

OBS. 2: A *abolitio criminis* (lei que descriminaliza uma conduta no ordenamento jurídico) não apaga os efeitos extrapenais da condenação, tais como tornar certo o dever de indenizar.

OBS. 3: A modificação legislativa que beneficia o acusado (*reformatio legis in mellius*) tem efeitos retroativos que não respeitam a coisa julgada material, conforme afirma o próprio artigo 2º, parágrafo único, do CP. Aliás, se já houver trânsito em julgado da sentença condenatória, a nova lei será aplicada pelo próprio juiz da execução de acordo com o verbete 611 da súmula do STF.

OBS. 4: Nos crimes permanentes ou crimes continuados, é aplicável a última lei que entra em vigor durante a permanência ou continuidade, ainda que seja mais grave. Esta é a correta interpretação do verbete **711 da súmula do STF.**

OBS. 5: Conforme estabelecido no artigo 3º do CP, a lei temporária (que só está em vigor durante determinado período de tempo) e a lei excepcional (que tem a vigência condicionada a uma situação de anormalidade) possuem ultratividade gravosa, ou seja, são aplicáveis aos crimes praticados durante sua vigência mesmo depois de cessado o período de vigência ou as circunstâncias que as determinaram. Podemos citar como exemplo a lei 12663/12, conhecida como "geral da copa", a primeira (e única) lei penal temporária desde a CF/88.

OBS. 6: A combinação de leis penais, entendida como a aplicação retroativa de apenas parte de uma lei penal a um crime praticado na vigência da lei anterior, é vista como inconstitucional pela jurisprudência, por violação à separação entre os poderes (é o fundamento do verbete 501 da súmula do STJ).

OBS. 7: A lei processual penal, ao contrário da lei penal, possui aplicação imediata, sem prejuízo dos atos já praticados (art. 2º do CPP). Assim, em caso de mudança de alguma regra de competência ou ordem procedimental, a aplicação será feita de imediata para os atos vindouros, enquanto aqueles atos processuais já realizados continuarão válidos.

4.2. Lei Penal no Espaço

Trata-se do estudo sobre a aplicabilidade da lei brasileira para os crimes praticados dentro e fora do Brasil. Dessarte, não estudaremos as regras de competência territorial, pois estas são de matéria processual, mas sim a possibilidade (e impossibilidade) de aplicação da lei brasileira em relação ao lugar em que o crime ocorreu.

Para resumir, segundo o código penal (arts. 5º a 7º) a aplicabilidade da lei penal é a regra quando o crime ocorre no território nacional, mas a inaplicabilidade torna-se a norma quando o crime é praticado no estrangeiro. Entretanto, há algumas hipóteses de extraterritorialidade.

De início, é necessário lembrar que, para o **lugar do crime**, o código penal, no artigo 6º, adotou a teoria da **ubiquidade** que dispõe que o local do delito é o da ação ou omissão, no todo ou em parte, bem como o lugar onde ocorreu ou ocorreria o resultado. Esta definição é útil nos **crimes à distância**, nos quais a execução ocorre no Brasil e o resultado no estrangeiro ou vice-versa.

O artigo 5º, adota o **princípio da territorialidade mitigada ou temperada**, pois a lei brasileira é aplicável ao crime praticado no Brasil, salvo exceções previstas em tratados internacionais, tais como as imunidades diplomáticas. O território nacional em sentido estrito envolve todo o espaço no interior das fronteiras – o que inclui o solo, subsolo e águas interiores – bem como o mar territorial – 12 milhas náuticas a partir da costa – e todo o espaço aéreo correspondente. Já o território nacional por extensão, previsto no artigo 5º, § 1º do CP, inclui as embarcações e aeronaves brasileiras, públicas ou a serviço do governo em qualquer lugar, bem como as embarcações e aeronaves mercantes ou de propriedade privada que estejam navegando o sobrevoando o alto-mar, isto é, o espaço oceânico que não pertence ao mar territorial de nenhum país soberano.

Por fim, o artigo 7º do CP dispõe acerca das hipóteses de extraterritorialidade da lei brasileira. No **inciso I**, temos as hipóteses de **extraterritorialidade incondicionada**, nas quais a aplicação da lei brasileira não depende de qualquer condição. Já no **inciso II**, temos as circunstâncias que permitem a **extraterritorialidade condicionada**, que dependem da presença dos pressupostos cumulativos do artigo 7º, § 2º do CP. Recomendamos a leitura atenta do artigo e todos os seus parágrafos.

5. TEORIA GERAL DO CRIME: O CONCEITO E OS SUBSTRATOS DO DELITO

O **conceito formal** de crime se apega à necessidade da lei estrita para definir o próprio delito. Para este conceito, crime é o que a lei define como tal. Parte considerável da doutrina expõe a necessidade de um **conceito material** de delito, ou seja, de uma definição que se atente ao conteúdo do ato criminoso. Assim, materialmente falando, o crime pode ser definido como a conduta que viola, ou que proporciona perigo de violação, aos bens jurídicos mais preciosos à vida em sociedade.

Todavia, o conceito mais relevante para a ciência do direito é o analítico ou dogmático, que define o crime através da análise jurídica de seus substratos.

Para a dogmática jurídico-penal, criada por autores como Lizst, Beling e Radbruch, desenvolvida por Welzel e, mais atualmente, por funcionalistas como Roxin e Jakobs, crime é definido como **fato típico, antijurídico e culpável.** Estes três substratos são analisados sucessivamente, para compreender racionalmente os pressupostos do delito e dar previsibilidade às decisões judiciais.

Colocaremos abaixo o quadro que resume cada um dos elementos que compõem estes substratos.

Fato típico	Ilicitude/antijuridicidade	Culpabilidade
• Conduta • Resultado • Nexo Causal • Tipicidade	(Dependerá da ausência de) • Estado de necessidade • Legítima defesa • Estrito cumprimento de dever legal • Exercício regular de direito	• Imputabilidade • Potencial Consciência da ilicitude • Exigibilidade de conduta diversa.

Nos próximos capítulos, estudaremos cada um desses elementos. Antes, contudo, é preciso ressaltar que alguns doutrinadores brasileiros adotam um conceito bipartido de crime, atribuindo à culpabilidade a natureza de mero pressuposto para aplicação da pena, assim, crime seria apenas fato típico e ilícito. Sem embargo, a maioria da doutrina nacional e estrangeira adota um conceito tripartite, considerando a culpabilidade como terceiro substrato do crime.

5.1. A Contravenção Penal

A contravenção penal, também chamada de crime anão ou delito liliputiano, é uma infração penal menos grave que o delito.

As diferenças entre crime e contravenção penal não são ontológicas, ou seja, não estão no plano da essência, pois ambos são espécies de infração penal (fatos típicos, ilícitos e culpáveis). As distinções são axiológicas, pois estão no plano dos valores, uma vez que se diferenciam na intensidade de suas consequências. Ademais, as contravenções estão previstas no decreto-lei 3688/41, conhecido como lei das contravenções penais (ou LCP). Listaremos abaixo as principais distinções entre crime e contravenção.

	Crime	Contravenção penal
Espécies de penas	Reclusão e detenção	Prisão simples ou multa isolada (art. 1º da LICP)
Extraterritorialidade	Existem hipóteses (artigo 7º)	Não existe (art. 2º da LCP)
Tentativa	Possível (art. 14 II do CP)	Não existe (art. 4º da LCP)
Limite das penas	40 anos (art. 75 do CP)	5 anos (art. 10 da LCP)
Período de prova do sursis	2 a 4 anos (art. 77 do CP)	1 a 3 anos (art. 11 da LCP)

DIREITO PENAL

6. O FATO TÍPICO

6.1. A Conduta

A conduta é o primeiro elemento do fato típico e sua conceituação é uma grande dificuldade histórica da doutrina. Diversas foram as teorias que, ao longo da evolução da dogmática penal, conceituaram a conduta humana.

Segunda a **teoria finalista,** conduta é o comportamento humano voluntário psiquicamente dirigido a um fim. Esta teoria, protagonizada por Hans Welzel, foi **responsável por deslocar o dolo e a culpa, antes elementos da culpabilidade, para o interior do fato típico. É a teoria adotada pelo nosso Código Penal segundo a maior parte da doutrina.**

6.1.1. Excludentes de conduta

Em determinados momentos, movimentos provocados por alguém podem gerar resultados lesivos aos bens jurídicos, mas podemos ainda assim concluir que não houve conduta e, portanto, inexistirá fato típico. Assim, listaremos abaixo as principais causas de exclusão da conduta.

Atos reflexos: movimentos corporais produzidos por um estímulo involuntário, como por exemplo uma descarga elétrica ou um ataque epilético. O movimento desprovido de voluntariedade não é conceituado como conduta.

Estados de completa inconsciência: situações em que o agente é incapaz de se comportar voluntariamente, tal como no sonambulismo ou na hipnose.

Coação Física Irresistível: trata-se de força física externa que move o corpo do agente contra a sua vontade. Como exemplo, citamos questão já cobrada no exame de ordem, na qual um gerente de agência bancária foi fisicamente obrigado a colocar sua mão no sensor de biometria responsável pela tranca do cofre. Como seu braço foi forçosamente esticado, enquanto seu corpo era segurado, tratou-se de coação **física** irresistível, excludente de conduta e, por isso, do próprio fato típico. Importante não confundir com a coação **moral** irresistível que ocorre quando o agente coator utiliza violência ou grave ameaça para obrigar a vítima coagida à prática de infração penal, viciando sua vontade. Na questão supramencionada, os mesmos agentes ameaçaram de morte um segundo gerente para que este transportasse o conteúdo do cofre para o carro de fuga, tratando-se de coação moral irresistível, **espécie de inexigibilidade de conduta diversa**, portanto causa de **exclusão da culpabilidade**, conforme é possível inferir a partir do artigo 22 do CP.

6.2. Resultado e *Iter Criminis*

O Iter criminis é o itinerário percorrido pelo agente desde a concepção mental do delito até o momento em que consuma sua prática. Quando compreendemos as fases do iter criminis, conseguimos entender melhor a **consumação e tentativa** e seus efeitos para a responsabilidade penal. A doutrina costuma distinguir entre quatro fases do iter criminis.

A **cogitação** é a fase interna do *iter criminis*. Inicia-se com a concepção da ideia criminosa, passa pela ponderação dos prós e contras do delito e termina com a decisão pela prática

523

do crime. É completamente impunível, pois, em nome do princípio da lesividade, somente as condutas que possuem ofensividade ao bem jurídico penal podem ser criminalizadas.

Na **preparação,** o agente busca produzir as condições necessárias para a realização do crime, tais como instrumentos e comparsas. É, via de regra, impunível, pois o crime tentado exige ao menos início de execução.

A **execução** é definida como a conduta voltada diretamente para a realização do tipo penal. É o estágio do iter criminis que inaugura a punibilidade, pois, caso o agente não obtenha a consumação por motivos alheios à sua vontade, haverá tentativa (artigo 14, II). A questão acerca do momento que inicia os atos executórios é extremamente tormentosa, entretanto, a doutrina majoritária adota a **teoria objetiva-formal**, que identifica o início da execução na prática da conduta capaz de realizar o verbo núcleo descrito no tipo. É também a teoria que prevalece no STJ, conforme se percebe pelo informativo 711 de sua jurisprudência. Assim, no homicídio, execução começa com a conduta capaz de matar, no furto, com a ação apta a subtrair e assim por diante.

A **consumação** é alcançada quando todos os elementos do tipo penal são realizados no mundo dos fatos (artigo 14, I do CP). É a última fase do atuar criminoso, entretanto, o momento no qual o delito é consumado pode variar de acordo com certas classificações, que levam em consideração a existência de um resultado material e a necessidade deste para a consumar o crime. Listaremos abaixo as principais classificações quanto ao momento consumativo.

• **Crimes materiais:** descrevem resultados naturalísticos que são necessários para a consumação. Por consequência, o crime estará consumado quando o resultado ocorrer. Exemplos: homicídio (art. 121 do CP), roubo (art. 157 do CP) e estupro (art. 213 do CP).

• **Crimes formais:** descrevem resultados buscados pelo agente, mas desnecessários para a consumação do crime, que se dá com a prática da ação ou missão descrita no tipo. Exemplo: extorsão (art. 158 do CP), concussão (art. 316 do CP) ou corrupção ativa (art. 333 do CP).

• **Crimes de mera conduta:** não descrevem resultados, mas uma mera ação ou omissão, cuja prática consuma o delito. Exemplos: Violação de domicílio (art. 150 do CP) e porte ilegal de armas (art. 14 e 16 da lei 10826/03).

• **Crimes omissivos próprios:** são aqueles cujo verbo núcleo do tipo descreve uma omissão, um não fazer. Estes crimes são de mera conduta, consumando-se, portanto, com a mera abstenção do comportamento. Exemplo: omissão de socorro (art. 135 do CP)

• **Crimes omissivos impróprios:** praticados pelos garantidores (art. 13, § 2º) quando não evitam o resultado que estavam obrigados a prevenir, quando podiam fazê-lo. Como se tratam de crimes de resultado, por isso materiais, consumam-se com a realização do resultado naturalístico que deveria ser evitado.

• **Crimes habituais:** dependem, para a consumação, da prática reiterada e habitual da conduta descrita pelo tipo. A consumação, dessarte, se aperfeiçoa a partir do momento em que é possível se perceber a habitualidade. Por esta razão, a doutrina majoritária afirma que esta espécie de delito é incompatível com a tentativa e com a prisão em flagrante, embora isso seja polêmico. Exemplos: curandeirismo (art. 284 do CP) e casa de prostituição (art. 229 do CP).

DIREITO PENAL

6.2.1. Tentativa

A tentativa é um crime que não se consumou por motivos alheios à vontade do agente. Trata-se de uma adequação típica por subordinação mediata, pois a conduta não se adequa diretamente ao tipo penal (o artigo 121 não diz "tentar matar alguém"), porém o artigo 14, II do CP serve como norma de extensão da própria tipicidade penal.

O crime tentado é punido com a pena do crime consumado, com causa de redução de um a dois terços (art. 14, parágrafo único). A quantidade de diminuição de pena deve variar conforme a progressão no *iter criminis*.

Não obstante, há crimes que não toleram a figura tentada, seja por impossibilidade lógica ou porque a própria lei afasta a possibilidade. **São crimes que não admitem a tentativa:**

- **Culposos**: pois nestes não há vontade de realizar o resultado.

- **Contravenções**: pois o artigo 4º da LCP explicitamente exclui a possibilidade.

- **Habituais:** pois a repetição habitual da atividade é necessária para a relevância penal da conduta, embora permitam caso seja possível visualizar a intenção de habitualidade.

- **Omissivos próprios:** Pois são unissubsistentes.

- **Unissubsistentes:** são aqueles nos quais os atos de execução não podem ser fracionados. O crime está consumado com a prática de um só ato de execução, como ocorre nos crimes contra a honra praticados verbalmente.

- **Preterdolosos:** já que também não há vontade de realizar o resultado. Não faz sentido falar de tentativa de lesão corporal seguida de morte.

- **Empreendimento:** são aqueles nos quais a tentativa é punida com a pena da consumação, como ocorre no art. 352 do CP.

6.2.2. Desistência voluntária, arrependimento eficaz e arrependimento posterior

A desistência voluntária ocorre quando o agente inicia a execução de um delito, mas abandona os atos executórios, evitando a consumação. Já no arrependimento eficaz, a execução é concluída, porém o agente atua para impedir a consumação.

Em ambos os casos, a consequência jurídica, conforme art. 15 do CP, será a mesma: o sujeito ativo responderá apenas pelos crimes já praticados e não pela tentativa do que inicialmente pretendia. É até possível que não responda por nada caso não tenha consumado nenhum outro delito durante o *iter criminis*.

Quanto à natureza jurídica destes institutos, chamados de **pontes de ouro** do direito penal, prevalece o entendimento pelo qual tratam-se de causas de atipicidade da tentativa, o que inclui o partícipe na consequência jurídica do que acabamos de estudar. Todavia, também há doutrina de peso afirmando tratar-se de causas de isenção pessoal da punibilidade da tentativa, o que mantém a punição normal do partícipe.

No que tange ao arrependimento posterior, previsto no artigo 16 do Código Penal, trata-se de causa de redução de pena que depende da devolução integral do bem ou ressarcimento do prejuízo, em crimes sem violência ou grave ameaça à pessoa antes do recebimento da inicial.

6.2.3. Crime impossível

O crime é impossível quando a consumação não pode se realizar por absoluta ineficácia do meio ou absoluta impropriedade do objeto, isto é, quando o instrumento de execução do crime ou objeto sobre o qual recai a conduta forem inadequados para a produção do resultado típico. Em um exemplo com o delito de aborto, o crime será impossível pela ineficácia do meio quando o medicamento consumido pela gestante, com a intenção de pôr fim à gravidez, não tiver propriedades abortivas. Haverá impropriedade do objeto quando a mulher descobrir que, na verdade, não estava grávida.

Seja como for, o crime impossível afasta a tipicidade da conduta.

6.3. Nexo de Causalidade

O nexo de causalidade é a relação de causa e efeito entre a conduta e o resultado material do delito. Em outras palavras, trata-se do elemento do fato típico que consiste em investigar se a ação ou omissão do sujeito ativo do crime deu **causa** ao resultado material do delito. Já é bom afirmar que a investigação do nexo causal só é relevante nos crimes materiais.

6.3.1. O conceito de causa

Pois bem, o CP, no art. 13, determina que causa é toda ação ou omissão sem a qual o resultado não teria ocorrido, adotando a teoria da *conditio sine qua non,* também chamada de equivalência dos antecedentes causais. Assim, para investigar o nexo causal, precisamos recorrer à **eliminação hipotética dos antecedentes causais:** quando suprimimos mentalmente alguma conduta e isto não faz qualquer diferença na lógica do desenvolvimento causal, concluímos que esta conduta não deu causa ao resultado, e por isso seu autor não praticou fato típico.

Exemplificando: Mévio induziu Tício a matar Caio. Convencido com esta participação moral, Tício pede emprestado uma arma de fogo com seu amigo Marco, que fornece um revólver com conhecimento de que este seria utilizado em um crime contra a vida. Chegando no local do crime, Tício percebe que se esqueceu de carregar a arma, por isso, acaba matando Caio através da esganadura. Nesta ordem dos fatos, percebe-se que Tício e Mévio praticaram condutas relevantes para o nexo causal, pois o estrangulamento efetivamente matou Caio e o convencimento de Mévio foi importante motivação para o autor do crime. Todavia, o empréstimo de Marco foi irrelevante para o nexo causal, pois o resultado seria produzido de qualquer maneira.

Importante dizer que, **para evitar regressão ao infinito,** só devemos considerar as **condutas dolosas ou culposas** como relevantes ao direito penal.

6.3.2. Concausas

Concausas são eventos alheios à conduta do agente, porém relevantes para a produção do resultado típico.

As **concausas absolutamente independentes** são aquelas que surgem de forma autônoma e acabam por produzir o resultado autonomamente. Podem ser preexistentes, concomitantes ou supervenientes, a depender do momento em que ocorrem em relação à

DIREITO PENAL

conduta do sujeito ativo do crime, porém, como a concausa absolutamente independente, por definição, produz o resultado autonomamente, podemos afirmar que esta **sempre quebra o nexo causal, de forma que o agente somente responderá por tentativa.** Exemplo: o agente dispara contra a vítima que acaba por morrer no leito do hospital. Entretanto, o laudo comprova que a morte se deu exclusivamente em função de veneno consumido antes do disparo. Trata-se de concausa absolutamente independente preexistente e, por isso, o agente responderá apenas pela tentativa.

Já, as **concausas relativamente independentes** são aquelas que surgem a partir da conduta do agente ou produzem o resultado a partir desta. Há, portanto, uma união de esforços para a produção do resultado causal. Nestes casos, o momento em que a concausa ocorre torna-se vital para responder se o resultado poderá ser imputado ao agente. Quando a concausa relativamente independente for **preexistente ou concomitante** à conduta, o sujeito ativo poderá responder pelo resultado, contanto que tenha consciência da concausa (para se evitar uma responsabilidade objetiva). Assim, se o agente esfaqueia vítima portadora de hemofilia, com intenção de matar, responderá por homicídio consumado caso consiga fugir, porém morra em função da hemorragia incontida que não pôde ser contida em razão da citada síndrome. Basta, para isso, que o agente conheça esta condição (respondendo por tentativa se não conhecer). Esta resolução se deve ao fato de que sem a conduta o resultado não teria ocorrido, uma vez que a concausa relativamente independente, por definição, é incapaz de causar o resultado de forma autônoma e causa e toda a ação ou omissão sem a qual o resultado não teria ocorrido (art. 13 do CP).

Por fim, precisamos observar o conteúdo do artigo 13 § 1º do CP, que afirma que **o resultado não será imputado ao agente quando a concausa relativamente independente superveniente tiver produzido o resultado por si só.** Parte considerável da doutrina afirma que neste parágrafo, o CP adota a **teoria da causalidade adequada** para reger o conceito de causa nas concausas relativamente independentes supervenientes. Assim, causa deixa de ser toda ação ou omissão sem a qual o resultado não teria ocorrido e passa a ser apenas a conduta idônea à produção do resultado por si só. Assim, quando esta concausa ocorre, não devemos realizar um juízo de eliminação hipotética, mas uma verificação de probabilidade estatística. Portanto, é necessário observar se o resultado foi produzido por um desdobramento ordinário da conduta ou se a concausa produziu um desdobramento causal extraordinário, pois, neste último caso, o agente somente responderá pela tentativa. **Exemplificando**: No clássico caso em que uma facada leva à morte devido a uma infecção, o resultado será imputada ao agente (homicídio consumado), todavia, caso o ofendido morra devido a um incêndio no hospital, o agente não responderá pelo resultado (homicídio será tentado).

6.4. Tipicidade Penal

A tipicidade é o juízo de subsunção entre a conduta e os elementos do tipo penal. Consiste em uma análise de adequação entre a ação ou omissão praticada e as elementares que definem o tipo. A tipicidade pode ocorrer por subordinação imediata, que ocorre quando a conduta se adequa diretamente aos elementos do tipo, ou subordinação mediata, quando a conduta não se adequa perfeitamente aos elementos do tipo, porém a tipicidade

527

é satisfeita com uma norma de extensão, tal como a tentativa, o concurso de pessoas ou a responsabilidade do garantidor.

Não obstante, o conceito acima refere-se à tipicidade formal. Atualmente, a doutrina penal dá grande importância ao conceito de tipicidade material, que é o conteúdo do crime, ou seja, a violação ou perigo de violação ao bem jurídico tutelado pelo tipo penal. **A ausência de tipicidade material leva à aplicação do princípio da insignificância**, já tratado no capítulo 2.

O tipo penal, por sua vez, é o modelo de conduta proibida sob ameaça de pena, cuja finalidade é a proteção dos bens jurídico-penais através da seleção das condutas mais lesivas a estes interesses. O **preceito primário** do tipo descreve a **conduta**, enquanto o **preceito secundário** é descritivo da **pena**.

As funções do tipo penal são muito relevantes na dogmática jurídica: o tipo serve para **selecionar condutas** criminosas, **fundamentar** as condenações criminais e **garantir** direitos dos cidadãos, permitindo que estes não recebam a pena criminal a não ser quando praticam as condutas descritas por um dos tipos.

O tipo e a tipicidade penal satisfazem as necessidades ditadas pelo princípio da legalidade e servem como porta a partir da qual podemos conhecer todos os outros substratos do conceito de crime.

Cumpre ressaltar que, como o CP brasileiro adotou a teoria finalista da ação, dolo e culpa são elementos do tipo penal e, portanto, serão explicados a seguir.

6.4.1. Tipo penal doloso

O dolo é a **vontade consciente** de realizar os elementos do tipo penal. Trata-se do elemento subjetivo do tipo por excelência, pois a tipicidade penal depende, via de regra, da presença do dolo, uma vez que a punição por culpa é absolutamente excepcional (art. 18, parágrafo único).

As **características** do dolo são:

• **Atualidade** – pois a vontade consciente deve estar presente durante a prática da conduta, de forma que o dolo antecedente ou subsequente são irrelevantes para o direito penal.

• **Abrangência** – uma vez que deve abranger todos os elementos do tipo, caso contrário, haverá o erro de tipo, que explicaremos mais à frente.

• **Capacidade de influenciar o resultado** – o dolo, enquanto elemento subjetivo do tipo, depende da capacidade do agente de influenciar o resultado típico, pois a vontade consciente de quem não tem esta capacidade é penalmente irrelevante.

6.4.1.1. Espécies de dolo

O CP, em seu artigo 18, I, adotou duas teorias para a definição do dolo e suas espécies: **vontade** e **assentimento**. Destarte, no direito penal brasileiro, existe dolo quando o agente quer produzir o resultado ou aceita o risco de sua produção. Isto levou a doutrina a teorizar a respeito de várias espécies de dolo, todas capazes de satisfazer o tipo penal doloso.

DIREITO PENAL

• **Dolo direto de 1º grau** – O agente quer produzir diretamente o resultado. Exemplo: disparos de arma de fogo com intenção de matar a vítima.

• **Dolo direto de 2º grau** – O agente não quer produzir diretamente o resultado, mas consente com esta produção, pois o resultado é uma consequência necessária de seu curso de ação. Exemplo: o agente quer sabotar uma aeronave para matar uma pessoa, sabendo que os outros 9 passageiros também serão mortos necessariamente.

• **Dolo eventual** – O agente prevê um possível resultado criminoso, mas mantém sua conduta, aceitando o risco da produção deste resultado.

• **Dolo alternativo** – O agente prevê uma pluralidade de possíveis resultados e dirige sua conduta para a produção de qualquer um deles alternativamente.

6.4.2. Tipo penal culposo

A culpa é a inobservância de um dever de cuidado, que produz um resultado indesejado, porém objetivamente previsível. No crime culposo, o agente não deseja produzir o resultado, nem mesmo assumiu o risco de sua produção, mas incorre em um descuido que acaba lesionando bens jurídicos. Os elementos de um fato típico culposo são:

• **Inobservância de dever objetivo de cuidado** – Trata-se da violação de uma norma de coesão social. Pode ocorrer na **imprudência**, que é a violação ativa de um dever de cuidado, na **negligência**, que é a violação passiva do dever de cuidado e na **imperícia**, que é falta de habilidade eventual de quem exerce arte, ofício, profissão ou atividade que exige certa perícia técnica.

• **Resultado material indesejado** – A doutrina majoritária afirma que todo crime culposo é material, dependendo de um resultado naturalístico.

• **Previsibilidade objetiva** – Resultados imprevisíveis ao homem médio não se compatibilizam com os crimes culposos mesmo que ocorra imprudência.

• **Nexo causal** – A relação de causa e efeito entre conduta e resultado é sempre importante nos crimes culposos, pois estes são materiais.

• **Tipicidade expressa** – Conforme consta no art. 18, parágrafo único do CP, a responsabilidade penal nos crimes culposos depende de previsão específica no tipo penal, pois, via de regra, todo crime depende de dolo.

6.4.2.1. Espécies de culpa

Tendo em vista que o crime culposo depende de previsibilidade e não efetiva previsão do resultado, a culpa pode ser dividida em **inconsciente**, quando o agente não é capaz de prever o resultado típico, embora este seja objetivamente previsível, e **consciente,** que ocorre quando o agente prevê o resultado, mas acredita de forma sincera, porém leviana, que pode evitá-lo.

Assim, a distinção entre **dolo eventual e culpa consciente** está no fato de que, no dolo eventual, o agente assume o risco do resultado, ou seja, demonstra indiferença quanto à sua produção e/ou não implementa nenhum contrafator para evitá-lo. Já na culpa consciente, o agente prevê o resultado, mas acredita que poderá evitá-lo. Na prática, tais elementos devem ser identificados por todas as circunstâncias do caso concreto.

7. ILICITUDE

A ilicitude ou antijuridicidade é o juízo de contrariedade entre a conduta e o ordenamento jurídico. Em outras palavras, trata-se de investigar se a conduta é contrária ao direito. Tal investigação, no direito penal, é bastante simples, pois a **tipicidade exerce a função indiciária da ilicitude**, conforme é ensinado pela teoria da *ratio cognoscendi*, adotada pelo ordenamento jurídico brasileiro. Nesta ordem de ideias, o fato típico será automaticamente ilícito, a não ser que uma causa de justificação esteja presente. O CP traz 4 destas descriminantes, também chamadas causas de exclusão da ilicitude, mas também existe uma causa supralegal que exploraremos a seguir.

7.1. Estado de Necessidade

Previsto no artigo 24 do CP, consiste no conflito entre interesses lícitos, no qual o agente sacrifica um bem jurídico para salvar outro, de igual ou maior valor, de uma situação de perigo atual, que não foi por ele causada dolosamente e que não podia de outro modo evitar.

O estado de necessidade é classicamente ilustrado pelo dilema da tábua de salvação. Dois náufragos querem sobreviver (interesses legítimos), mas possuem a vida ameaçada pela temperatura das águas do oceano (situação de perigo não causada dolosamente por nenhum deles) e só existe uma tábua que pode servir de salvação para cada um deles, sendo necessário o homicídio do outro (sacrifício do bem jurídico de igual valor). É claro que o exemplo desta descriminante pode ser atualizado para situações contemporâneas como o pisoteio de pessoas que tentam fugir de uma casa de shows em chamas, ou para o furto famélico praticado por um pai que não tem outro modo de alimentar sua filha.

Quanto aos elementos desta justificante, podemos esquematizar:

• **Situação de perigo atual** – consiste na exposição do bem jurídico a uma probabilidade imediata de dano. Normalmente causada por desastres naturais, mas também pela conduta humana, embora não possa ser confundida com uma agressão injusta que permite legítima defesa, pois esta tem destinatário certo e não causa conflito entre interesses lícitos.

• **Perigo não causado pela vontade do agente** – Prevalece na doutrina que o perigo não pode ser causado **dolosamente** pelo necessitado, o que significa que a produção culposa do perigo não impede o estado de necessidade, embora alguns doutrinadores afirmem que a palavra "vontade", prevista no art. 24 do CP, se refere à voluntariedade presente em qualquer conduta dolosa e culposa.

• **Inevitabilidade do perigo por outros meios** – o sacrifício em estado de necessidade deve ser a única forma de salvar o direito ameaçado, ao contrário do que ocorre com a legítima defesa, na qual é exigido apenas o uso moderado dos meios necessários.

• **Ausência de dever legal de enfrentar o perigo** – os garantidores que possuem dever legal de cuidado proteção e vigilância (art. 13 § 2º) não podem alegar estado de necessidade quando atuam dentro dos limites da sua obrigação.

• **Razoabilidade no sacrifício** – o bem jurídico sacrificado não pode ter um valor claramente superior ao bem jurídico salvo. Quando isso ocorre, a ilicitude não é afastada, aplicando-se apenas uma causa de redução de pena, conforme art. 24, § 2º do CP.

7.2. Legítima Defesa

É a reação que visa repelir uma agressão injusta e que seja atual ou iminente, a direito próprio ou de terceiro, através do uso moderado dos meios adequados. É a mais famosa e instintiva forma de autotutela e possui os seguintes elementos, todos narrados no art. 25 do CP:

• **Agressão injusta** – A agressão pode ser conceituada como qualquer conduta humana deliberadamente voltada contra um bem jurídico de outrem, não se limitando aos ataques físicos, pois ofensas a bens como honra ou patrimônio também podem suscitar o direito à legítima defesa, contanto que haja a moderação necessária, o que discutiremos a seguir. Todavia, a agressão deve ainda ser **injusta**, o que é interpretado como sinônimo de **ilícita**, isto é, antijurídica. Assim, **não cabe legítima defesa contra quem está protegido pelo manto de alguma causa de exclusão de ilicitude** (tal como estado de necessidade ou a própria legítima defesa), **a não ser que haja excesso** durante o exercício destas justificantes. Cumpre ressaltar que ataques de animais possibilitam estado de necessidade, a não ser que estes sejam instrumentos de uma ação humana.

• **Atualidade ou iminência da agressão** – O ataque que possibilita a legítima defesa deve estar ocorrendo ou, pelo menos, devem estar prestes a ocorrer.

• **Uso moderado dos meios necessários** – diz-se que **meio necessário é o menos lesivo dentre aqueles capazes de repelir a agressão**, enquanto **o uso será moderado quando o defensor se limita realizar os atos defensivos aptos a afastar uma agressão que ainda é atual ou iminente**. Imaginemos a tropa de choque da polícia militar que, em legítima defesa própria e de terceiros, utiliza a força contra uma multidão que torna-se agressiva à pessoas e o patrimônio alheio: as armas não letais são o meio menos lesivo dentre aqueles que a polícia possui a sua disposição e que são capazes de repelir a agressão e o uso moderado é aquele no qual a polícia concentra-se em conter a multidão de forma eficaz, porém respeitosas aos direitos fundamentais dos envolvidos e somente enquanto as agressões ainda são atuais ou iminentes. A doutrina afirma que, quando o meio é desnecessário, o excesso é classificado como intensivo, enquanto que o uso imoderado invoca o excesso extensivo.

7.2.1 A Legítima defesa no pacote anticrime

A lei 13.964/19, mais conhecido como pacote anticrime, acrescentou um parágrafo único ao artigo 25 do Código Penal que passou a afirmar que, "observados os requisitos previstos no caput deste artigo, considera-se também em legítima defesa o agente de segurança pública que repele agressão ou risco de agressão a vítima mantida refém durante a prática de crimes". Enquanto a mídia encarou a mudança como uma nova excludente de ilicitude com a finalidade de afastar o injusto penal praticado por policiais, a doutrina se dividiu quanto à relevância de tal norma.

A maior parte da doutrina passou a afirmar que o parágrafo não trouxe nada de novo ao ordenamento jurídico. Primeiramente porque condiciona a exclusão da ilicitude à observância dos requisitos do caput do artigo 25. Assim, não há uma ampliação da descriminante. Em segundo lugar, não há como diferenciar agressão iminente e risco de agressão.

Contudo, há segunda corrente (minoritária) que afirma que a expressão "risco de agressão" diz respeito às agressões incertas, enquanto que "agressão iminente" demandaria certeza. Desta forma, haveria ampliação sutil da causa de justificação.

7.2.2 *Legítima defesa da honra e a ADPF 779*

Em importante julgado, o STF decidiu que a tese da legítima defesa da honra (comumente alegada no plenário do tribunal do júri de homicídios perpetrados por maridos contra a esposa adúltera) é inconstitucional, por contrariar os princípios constitucionais da dignidade da pessoa humana (art. 1º, III, da CF), da proteção à vida e da igualdade de gênero (art. 5º, caput, da CF). Assim caso a defesa, acusação, autoridade policial ou o próprio juízo utilizem, direta ou indiretamente, a tese de legítima defesa da honra (ou qualquer argumento que induza à tese) nas fases pré-processual ou processual penais, bem como durante o julgamento perante o tribunal do júri, haverá nulidade do ato e do julgamento.

7.3. Estrito Cumprimento de Dever Legal

Compreende fatos típicos praticados em obediência a um dever imposto pelo ordenamento jurídico. Como exemplos, podemos citar o cumprimento de um mandado de busca e apreensão ou a prisão em flagrante realizada por uma autoridade policial, em obediência ao comando do art. 301 do CPP.

É considerado dever legal aquele que emana de uma norma jurídica, ou seja, presente em leis, decretos, regulamentos e etc. Por óbvio, não estão incluídos os deveres meramente éticos ou morais. Também cumpre ressaltar que a força letal só é utilizada legalmente por um policial em legítima defesa própria ou de terceiros, pois não há dever legal de matar, a não ser na execução da pena de morte.

7.4. Exercício Regular de Direito

Compreende a prática de fatos típicos em virtude de atividade regulamentada pelo ordenamento jurídico. Como exemplos, lembramos a prática de esportes violentos, as cirurgias estéticas e o próprio art. 301 do CPP, que permite que qualquer do povo prenda alguém que está em flagrante delito.

Eventual excesso deve ser verificado pela irregularidade na prática da atividade e não necessariamente pela intensidade da lesão gerada.

7.5. Consentimento do Ofendido

É **causa supralegal de exclusão da ilicitude**, que consiste na permissão da vítima quanto à violação de um bem jurídico disponível. O mais corrente exemplo consiste na realização de uma tatuagem ou no consentimento na realização de uma lesão leve. Costumam ser listados como elementos desta descriminante:

• **Bem jurídico disponível** – São considerados indisponíveis certos bens jurídicos como a vida, a integridade física em casos de lesão grave e bens difusos como o meio ambiente ou o patrimônio público.

DIREITO PENAL

• **Capacidade para consentir** – Trata-se da capacidade civil, regida pelo direito privado e pelo código civil.

• **Consentimento livre e prévio** – a permissão deve ser livre de erro, fraude ou coação, além de prévia ou ao menos concomitante ao fato típico.

7.6. Observações Gerais quanto às Excludentes de Ilicitude

Primeiramente, tendo em vista que nosso código penal adotou o modelo finalista do conceito de ação, **todas as descriminantes dependem de um elemento subjetivo, que consiste no conhecimento da situação que fundamenta a justificante.**

Em segundo lugar, todo excesso, doloso ou culposo, em todas as causas de justificação, são puníveis, conforme apregoa o artigo 23, parágrafo único.

8. CULPABILIDADE

Atualmente, a culpabilidade pode ser conceituada como um juízo de reprovação pessoal daquele que pratica o injusto penal (fato típico e ilícito), isto é, um juízo de censura que incide sobre o autor da ação e que consiste na análise da imputabilidade, potencial consciência da ilicitude e exigibilidade de conduta diversa. Estudaremos estes três elementos abaixo.

8.1. Imputabilidade

É a capacidade de entender o caráter ilícito do fato ou de determinar-se de acordo com este entendimento. Os artigos 26 a 28 do código penal disciplinam as hipóteses de inimputabilidade, o que nos faz crer que, via de regra, todos os indivíduos devem ser considerados imputáveis, a não ser nas hipóteses a seguir.

8.1.1. Doença mental

Nos termos do artigo 26 do CP, aqueles que possuem algum transtorno mental ou desenvolvimento mental incompleto ou retardado podem ser considerados inimputáveis. São incluídos os transtornos psiquiátricos como a esquizofrenia e condições que impedem o completo desenvolvimento das capacidades cognitivas, como a síndrome de *down*.

Entretanto, o CP utiliza um **critério biopsicológico**, o que significa que não basta que as condições supracitadas estejam presentes, é necessário que a referida capacidade seja afastada no momento da conduta. Esta análise é normalmente feita por um perito oficial em um **exame de insanidade mental** (art. 149 do CPP).

Caso a doença mental afaste apenas parcialmente a capacidade, haverá aplicação de pena, com minorante de um a dois terços (art. 26, parágrafo único do CP). Somente quando a doença afastar completamente a capacidade ao tempo da conduta é que teremos isenção de pena (art. 26 do CP). Todavia, caso o inimputável apresente alguma periculosidade, será possível aplicar **medida de segurança** (art. 96 a 99 do CP), no que os processualistas chamam de sentença absolutória imprópria. Cumpre ressaltar que o enunciado 527 da súmula do STJ afirma que a duração máxima da medida de segurança deve ser o da pena máxima cominada ao crime.

8.1.2. Menoridade

O art. 27 do CP adota um **critério meramente biológico**, seguindo o comando do art. 228 da CF. No Brasil, o menor de 18 anos é necessariamente inimputável, independentemente de sua capacidade de entender o caráter ilícito do fato ao tempo da conduta. Portanto, não pratica crime, mas sim ato infracional; não recebe pena, mas sim medidas protetivas ou socioeducativas (caso seja adolescente); por fim, não está sujeito aos ditames do CP, mas sim do ECA.

8.1.3. Embriaguez

A embriaguez pode ser conceituada como o estado de intoxicação, agudo e passageiro, induzido por álcool ou substância de efeitos análogos.

O art. 28 II do CP afirma que a **embriaguez voluntária ou culposa** não afasta a imputabilidade. Isto ocorre porque o CP adotou a teoria da *actio libera in causa*, que apregoa que, nos casos de embriaguez, a verificação da imputabilidade deve ocorrer no momento do consumo da substância e não ao tempo da prática da conduta.

A embriaguez involuntária ou acidental, que é aquela que ocorre por caso fortuito ou coisa maior, como nos casos em que o agente é drogado contra a sua vontade. Nestes casos, **quando a embriaguez é completa, o agente será isento de pena. Quando for parcial, haverá causa de redução de um a dois terços.**

Por fim, é bom registrar que a embriaguez preordenada – aquela na qual o agente consome a substância com a intenção de praticar crimes no estado de embriaguez – é circunstância agravante genérica, conforme previsto no artigo 61, II, "l" do CP.

8.2. Potencial Consciência da Ilicitude

É o conhecimento culturalmente condicionado da norma proibitiva que recai sobre sua conduta. Sua ausência leva ao erro de proibição inevitável, causa de exclusão da culpabilidade que nós estudaremos no próximo capítulo.

8.3. Exigibilidade de Conduta Diversa

É o elemento da culpabilidade consistente na análise da reprovabilidade social da conduta, relativa às circunstâncias do caso concreto. Em outras palavras, o fato somente será culpável se for possível ao agente, considerando todas as circunstâncias do fato, comportar-se de acordo com o direito.

Em que pese haver entendimento de é possível a aplicação supralegal de inexigibilidade de conduta diversa, o CP prevê duas dirimentes deste elemento da culpabilidade em seu artigo 22.

8.3.1. Obediência hierárquica

É hipótese de inexigibilidade de conduta diversa que consiste na obediência, por parte de um **funcionário público**, de uma **ordem que não é manifestamente ilegal** de um **superior hierárquico.**

Primeiramente, percebe-se que a obediência hierárquica não se aplica às relações privadas, familiares ou religiosas, pois o poder hierárquico é próprio da administração pública.

Ademais, a ordem obedecida é ilegal, mas não manifestamente ilegal, isto é, se reveste de aparência de legalidade por fazer parte das atribuições do agente. Exemplo: investigadores de polícia recebe ordem para invadir um domicílio, pois haveria prova de flagrante delito em seu interior. A invasão ocorre, mas dito crime não estava ocorrendo.

Por fim, registre-se que o autor da ordem responderá pelo crime praticado, pois trata--se **autoria mediata.**

8.3.2. Coação moral irresistível

A coação moral irresistível ocorre quando o agente coator, através de violência e grave ameaça, força o agente coagido a praticar crimes. Trata-se de coação moral (vis compulsiva) e não coação física (vis absoluta), pois esta é excludente da conduta, conforme nós já expusemos.

Quanto aos requisitos da coação, afirma-se que esta deve ser irresistível, ou seja, a ameaça deve recair sobre bens relevantes. Ademais, exige-se a inevitabilidade por outros meios, isto é, não pode existir outras formas de seguramente evitar o mal prometido. Caso a ameaça seja resistível, haverá atenuante genérica do artigo 65, III, "c" do CP.

Por fim, a coação moral irresistível também é exemplo de autoria mediata, pois o autor da coação responderá pelo delito do coagido.

9. TEORIA DO ERRO

O erro, na dogmática jurídica, normalmente é conceituado como o desconhecimento ou a ausência de consciência acerca de objeto juridicamente relevante. No direito penal, quando a consciência é elemento do crime (elemento cognitivo do dolo ou potencial consciência da ilicitude, por exemplo), o erro será **essencial** existência do delito poderá ser afastada. Quando o erro recai sobre aspectos periféricos relacionados à execução do crime, o erro será **acidental** e recairá apenas sobre a aplicação da pena. Veremos, a seguir, os erros essenciais e, em seguida, os acidentais previstos no CP.

9.1. Erro de Tipo Essencial/Incriminador

O erro de tipo é **o desconhecimento de circunstância que corresponde a elemento do tipo penal.** Assim, no crime de homicídio, em que o tipo penal criminaliza o ato de "matar alguém", haverá erro de tipo essencial quando o agente acredita estar disparando contra um animal, ou quando uma enfermeira não sabe que matará o paciente quando ministrar em sua corrente sanguínea determinada substância, por desconhecer uma alergia que a vítima possui.

O desconhecimento de qualquer elemento que faz parte de um tipo penal pode levar a este erro essencial, assim, haverá erro de tipo quando o agente transporta uma mala para um amigo sem saber que ela possuía drogas ou arma de fogo.

Como **consequência**, o art. 20 do CP afirma que o dolo estará afastado, permitindo-se a punição por culpa. A doutrina costuma ainda dividir o erro e 2 hipóteses: se **inevitável/ invencível/escusável**, afastará dolo e culpa. Se, ao contrário, for **evitável/vencível/ inescusável** afastará apenas o dolo, permitindo a punição por culpa como apregoa a lei.

9.2. Erro de Proibição

Trata-se do desconhecimento culturalmente condicionado da ilicitude da conduta. Em outras palavras, o agente desconhece a norma proibitiva que recai sobre seu comportamento. Não sabe que aquilo que pratica é proibido pelo ordenamento, em um erro que é sempre orientado pela condição sociocultural do agente. O mais conhecido exemplo é o holandês que não sabe que a aquisição de droga para consumo pessoal é crime no Brasil, ou o americano que desconhece o fato de que portar munição em desacordo com determinação regulamentar é delito de perigo abstrato em nosso país.

Quanto às consequências jurídicas, se **inevitável/invencível/escusável,** afastará a culpabilidade. Se **evitável/vencível/ inescusável** permitirá apenas uma diminuição na pena imposta de um sexto a um terço.

O mero desconhecimento da lei é atenuante genérica, prevista no art. 65, II do CP.

9.3. Descriminantes Putativas

Tratam-se das causas de exclusão de ilicitude imaginárias, tais como ocorre na **legítima defesa putativa**. A doutrina aponta três espécies de situações que levam às descriminantes putativas:

Erro sobre os pressupostos fáticos da descriminantes: ocorre quando o agente presume situação de fato que tornaria a conduta lícita. Como quando o agente acredita estar diante de uma agressão iminente que na verdade não existe. O CP, no art. 20 § 1º, afirma que, nestes casos, quando o erro é plenamente justificado pelas circunstâncias (invencível), o agente estará isento de pena. Quando o erro derivar de culpa (vencível), o agente será responsabilizado por crime culposo, se houver modalidade culposa para o crime. A doutrina nomeia esta espécie de erro como **erro de tipo permissivo.**

Erro sobre a existência da descriminante: O agente presume a existência normativa de uma descriminante, que na verdade inexiste. O exemplo mais comum do indivíduo que presume poder matar o cônjuge adúltero em legítima defesa da honra. É tratado pela doutrina como erro de proibição indireto, aplicando-se o art. 21 do CP.

Erro sobre os limites da descriminante: está presente quando o agente desconhece a abrangência de determinada causa de justificação. O melhor exemplo é o desconhecimento do uso moderado dos meios necessários como requisito da legítima defesa. Também é chamado de erro de proibição indireto, aplicando-se o artigo 21 do CP

9.4. Erro Sobre a Pessoa

Ocorre quando o agente pratica crime contra pessoa diversa da pretendida por confundir sua identidade. Conforme apregoa o art. 20, § 3º, responderá o agente como se tivesse praticado crime contra quem queria praticar. Assim, quando uma mãe, sob influência do estado puerperal, mata um filho de outra pessoa acreditando ser o seu, responderá por infanticídio.

9.5. Erro de Execução ou *Aberratio Ictus*

Ocorre quando o agente, por erro ou acidente nos meios de execução, acaba atingindo pessoa diversa da pretendida. Conforme art. 73 do CP, também responderá como se tivesse atingido a vítima virtual. Havendo duplo resultado, ocorrerá concurso formal de crimes.

DIREITO PENAL

10. CONCURSO DE PESSOAS

Consiste na pluralidade de agentes que coopera, com a existência de liame subjetivo, para a prática da mesma infração penal. Como consequência desta cooperação, o CP, em seu art. 29, adotou a **teoria monista mitigada**, quer dizer, todos os concorrentes responderão pelo mesmo delito, na medida de sua culpabilidade.

São requisitos do concurso de pessoas:

• **Pluralidade de agentes e de condutas** – cada concorrente deve colaborar com seu comportamento, comissivo ou omissivo (no caso dos garantidores).

• **Relevância causal de cada conduta** – não se pune a colaboração inócua. É necessário que a conduta tenha sido relevante para o nexo causal (art. 13 do CP).

• **Liame subjetivo** – consiste na união de vontades em prol da realização do mesmo resultado criminoso. Não depende de um ajuste prévio expresso, bastando que todos os agentes tenham a consciência de que colaboram para um projeto criminoso em comum. Caso inexista este conhecimento, pode haverá **autoria colateral** caso os agentes empreendam esforços em prol do mesmo resultado, desconhecendo a conduta um do outro. Nestes casos, como o art. 29 será inaplicável, cada agente deverá responder pelo resultado que causar diretamente. Nesta situação, caso seja impossível determinar quem deu causa ao resultado, existirá a famosa **autoria incerta**, na qual todos respondem pela tentativa.

• **Unidade de infração penal** – Os agentes devem colaborar para a prática do mesmo tipo penal.

Cumpre ainda ressaltar que, mesmo nos crimes próprios, ou seja, nos tipos penais que exigem qualidade especial do agente, ainda sim poderá haver concurso de pessoas, bastando que um dos agentes tenha a característica exigida. É que o art. 30 do CP afirma que as elementares do crime se comunicam ainda que pessoais. Assim, é possível que o amigo da parturiente responda por infanticídio quando ajuda a mesma a matar o próprio filho sobre a influência do estado puerperal.

Por fim, chama-se **cooperação dolosamente distinta ou desvio subjetivo de conduta** a regra do art. 29 § 2º do CP, que apregoa que se algum dos concorrentes quis participar de crime menos grave, ser-lhe-á aplicada a pena deste, com causa de aumento de até metade, na hipótese de ter sido previsível o resultado mais grave.

11. PENA PRIVATIVA DE LIBERDADE

A pena é a consequência da prática do crime, a sanção estatal aplicável àquele que comete fato típico, ilícito e culpável.

No CP brasileiro, as penas podem ser de reclusão ou de detenção, havendo, nos dias atuais, poucas diferenças entre elas. Para resumir: a pena de **reclusão** pode ser iniciada nos três regimes de cumprimento previstos no ordenamento a depender da quantidade de pena e da primariedade do agente; a condenação pode gerar incapacidade para o poder familiar e há possibilidade de interceptação telefônica segundo a lei 9296/96. Já a pena de **detenção**, pode ter seu início apenas nos regimes abertos e semiabertos e não há incapacidade para o poder familiar ou possibilidade de interceptação telefônica.

A PPL, no Brasil, é aplicada segundo o critério trifásico, explicado a seguir

11.1. O Critério Trifásico de Fixação de Pena

O art. 68 do CP atesta que a PPL é aplicada em três fases.

Primeiramente, aplica-se a **pena base**, no qual o juiz avalia cada uma das 8 circunstâncias judiciais do artigo 59 do CP, quais sejam: culpabilidade, antecedentes, conduta social, personalidade do agente, motivos, circunstâncias, consequências do crime e comportamento da vítima. Cada circunstância é avaliada como favorável ou desfavorável ao réu e, a partir desta análise, o juiz decidirá qual é a pena cabível dentro da escala penal de cada crime. Cumpre ressaltar a importância do **enunciado 444 da súmula do STJ**: inquéritos policiais e ações penais em curso não servem como maus antecedentes, em nome do princípio da presunção de inocência.

Em seguida, o juiz passará à **pena intermediária,** na qual serão aplicadas as circunstâncias atenuantes (art. 66 e 66 do CP) e agravantes (art. 61 a 64 do CP). Estas circunstâncias não influenciam a pena em uma fração predefinida em lei, devendo o juiz decidir o valor de cada uma fundamentadamente no caso concreto (normalmente, usa-se a fração de um sexto). Importante lembrar que, por força do **enunciado 231 da súmula do STJ**, o juiz deve respeitar os limites mínimos e máximos da escala penal na segunda fase da dosimetria.

Na terceira e última fase, o juiz aplicará a **pena definitiva**, que consiste nas causas de redução e aumento de pena, previstas em todo o ordenamento jurídico, sempre em frações específicas. Nesta fase, o juiz poderá extrapolar os limites da escala penal, tanto no máximo quando no mínimo.

Por fim, na sentença penal condenatória, o juiz também deverá fixar o **regime inicial de cumprimento de pena**. As regras para tanto, encontram-se no artigo 33 do CP, que merece ser lido.

11.2. Reincidência e maus antecedentes

A reincidência é definida, no direito brasileiro, pelo artigo 63 do Código Penal, que afirma: "verifica-se a reincidência quando o agente comete novo crime, depois de transitar em julgado a sentença que, no País ou no estrangeiro, o tenha condenado por crime anterior".

Percebe-se, portanto, que, para ser reincidente, é necessário que o agente pratique novo crime após a data do trânsito em julgado de sentença que o condene por crime anterior.

O Brasil adotou, portanto, o instituto da reincidência ficta. Nos países em que se exige reincidência real, só é reincidente o agente que pratica novo crime após a extinção da pena do crime anterior.

Quanto às consequências da reincidência, esta se estende para muito além de ser circunstância agravante.

Efeitos da reincidência

DIREITO PENAL

– Agravante predominante (art. 67)

– Impede substituição quando crime dolo (art. 44, II)

– Impede sursis quando por crime doloso (art. 77, I)

– Interfere na fixação de regime (art. 33, § 2º)

– Interrompe e aumento o prazo para a prescrição executória (art. 110 e 117, IV)

– Influencia na fixação de regime (art. 112, II, IV, VII e VIII da LEP)

– Impossibilita a transação penal e suspensão condicional do processo (art. 76, § 2º e 89 da Lei 9.099/95).

– Dificulta (ou impossibilita) o livramento condicional (art. 83, II e V do CP).

No que diz respeito aos maus antecedentes, é necessário relembrar os enunciados 241 e 444 da súmula do STJ.

STJ, Súmula 241: A reincidência penal não pode ser considerada como circunstância agravante e, simultaneamente, como circunstância judicial.

STJ, Súmula 444: É vedada a utilização de inquéritos policiais e ações penais em curso para agravar a pena-base.

Assim, para evitar bis in idem o agente somente poderá ser considerado reincidente e portador de mais antecedentes quando possuir duas sentenças penais condenatórias em seu desfavor. Caso tenha apenas uma, ele será reincidente (uma vez que as agravantes possuem predominância sobre as circunstâncias judiciais), mas apenas se o segundo crime ocorrer depois do trânsito em julgado da primeira condenação. Caso o segundo crime aconteça antes do trânsito em julgado de sentença condenatória por crime anterior, esta somente poderá ser utilizada como maus antecedentes.

O art. 64 expõe o período depurador da reincidência, que é de 5 (cinco) anos, contados a partir da extinção da pena, computado o período de prova da suspensão ou do livramento condicional, se não ocorrer revogação.

É bom lembrar que, conforme decidido recentemente pelo STF (tema 150 de regime de recursos repetitivos) o período depurador de 5 anos não se aplica à reincidência.

Finalmente, o art. 7º do decreto-lei 3688/41 estabelece que "verifica-se a reincidência quando o agente pratica uma contravenção depois de passar em julgado a sentença que o tenha condenado, no Brasil ou no estrangeiro, por qualquer crime, ou, no Brasil, por motivo de contravenção". Percebe-se, portanto, que, quando o agente é condenado por uma contravenção penal e, posteriormente, é condenado por um crime, será considerado primário por simples omissão legislativa. Caso as condenações sejam invertidas (primeiro crime, depois contravenção), será considerado reincidente.

12. PENAS RESTRITIVAS DE DIREITO

As penas restritivas de direito, no ordenamento jurídico brasileiro, possuem três características centrais: são autônomas, substitutivas e precárias.

Substitutividade. As PRD não estão, via de regra, previstas na parte especial do Código Penal. O juiz criminal deve fixar a pena privativa de liberdade, da forma já estudada no capítulo anterior, e só então substituí-la por restritiva de direito, uma vez satisfeitos todos os requisitos previstos no art. 44. Há, contudo, exceções, como aquelas previstas no Código de Trânsito Brasileiro.

Autonomia. As PRD não são aplicadas concomitantemente com as penas privativas de liberdade. Uma vez satisfeitos os requisitos, a substituição deve-se dar de forma integral. A autonomia da PRD é fundamento da súmula 493 do STJ que, ao proibir que uma PRD seja utilizada como condição para o regime aberto, reforça que tal substituição deve ocorrer de forma integral.

Precariedade. Pode haver reconversão da PRD em PRD em caso de descumprimento injustificado da medida ou de superveniência de condenação por outro crime. A regra da reconversão está prevista no art. 44, § 4º e 5º do Código Penal. Importante notar que a lei garante ainda o saldo mínimo de 30 dias de privação da liberdade.

12.1. Requisitos para substituição de pena

Os **requisitos** para a substituição constam do art. 44 do CP e dividem-se em objetivos e subjetivos. Os **requisitos objetivos** são: ausência de violência ou grave ameaça à pessoa e pena aplicada não superior a quatro anos nos crimes dolosos (sendo qualquer pena possível nos crimes culposos). Já os **requisitos subjetivos** são: réu não reincidente em crime doloso e juízo de suficiência a partir da reanálise de algumas das circunstâncias judiciais, ou seja, a culpabilidade, os antecedentes, a conduta social e a personalidade do condenado, bem como os motivos e as circunstâncias devem indicar que essa substituição seja suficiente para atender aos fins da pena.

Importante ressaltar que o art. 44 § 3º afirma que se o condenado for reincidente, o juiz poderá aplicar a substituição, desde que, em face de condenação anterior, a medida seja socialmente recomendável e a reincidência não se tenha operado em virtude da prática do mesmo crime.

12.2. As penas restritivas de direito na jurisprudência sumulada do STJ

Há duas importantes súmulas do STJ acerca das penas restritivas de direito que precisam ser compreendidas para a prova da OAB.

O primeiro é o verbete 588 da súmula do STJ que afirma que "a prática de crime ou contravenção penal contra a mulher com violência ou grave ameaça no ambiente doméstico impossibilita a substituição de pena privativa de liberdade por restritiva de direitos."

Curiosamente, o fundamento precípuo da mencionada súmula não está em um artigo específico da Lei 11.340/06 (mais conhecida como lei Maria da Penha), mas sim no próprio art. 44 do Código Penal, que proíbem a substituição da pena em caso de violência (própria) e grave ameaça. Ademais, a lei Maria da Penha disciplina de forma direta a substituição de pena em seu âmbito de aplicação no art. 17, o que poderia ocorrer em casos nos quais não há estes modos de execução supracitados.

Por fim, mais recentemente, o STJ editou o verbete 643 de sua súmula, afirmando que o trânsito em julgado é essencial para a execução das penas restritivas de direito.

DIREITO PENAL

13. CONCURSO DE CRIMES E EXTINÇÃO DA PUNIBILIDADE

O concurso de crimes pode ser conceituado como a prática de uma pluralidade de delitos a partir de uma ou várias condutas. O Código Penal apresenta 3 modalidades de concurso de delitos, associando um critério de aplicação de pena a cada uma.

No **concurso material de crimes,** previsto no art. 69 do Código Penal, o agente pratica uma pluralidade de crimes através de uma pluralidade de condutas. Como exemplo, o agente pratica três homicídios, através de distintos modos de execução (disparos de arma de fogo, estrangulamento e um instrumento perfuro-cortante). A pena, conforme estabelecido no CP, deve ser aplicada através do **cúmulo material,** isto é, o juiz deve passar pela individualização de todas as penas e somá-las ao final. Caso a soma resulte em uma pena maior que 40 anos, a sanção deve ser individualizada, na execução penal, para se adequar ao limite do art. 75 do CP, porém, os institutos da execução que dependem do cumprimento de uma parcela da pena devem ser calculados sobre a sanção total da sentença, conforme o verbete 715 da súmula do STF.

No **concurso formal de crimes**, definido no art. 70 do Código Penal, o agente, através de uma só conduta, pratica uma pluralidade de delitos. A letra da lei permitiu que a doutrina dividisse o concurso formal em próprio (ou perfeito) e impróprio (ou imperfeito).

No concurso formal **próprio**, não há desígnios autônomos, isto é, o agente não possui vontade consciente anterior relativa a todos os delitos (Exemplo 1: o agente pratica um homicídio doloso e dois culposos através de um mesmo disparo. Exemplo 2: por negligência, o agente perde o controle de um veículo automotor e acaba matando 3 pessoas). Nesta espécie de concurso, a pena deve ocorrer pelo critério da exasperação, isto é, aplica-se a pena do crime mais grave (ou qualquer uma se idênticas) e aumentasse de um terço à metade a depender do número de delitos. Aliás, a jurisprudência acabou criando um critério objetivo pelo qual a exasperação deve ser calculada, o que pode ser resumido na seguinte tabela.

Número de crimes	Majorante
2	1/6
3	1/5
4	1/4
5	1/3
6 (ou +)	1/2

O parágrafo único do art. 70 ainda deixa claro que o critério da exasperação não pode resultar em uma pena maior do que o cúmulo material, ou seja, caso a soma das penas favoreça o réu, o juiz terá de somar as sanções e desprezar a exasperação. Este expediente é chamado de cúmulo material benéfico ou concurso material benéfico.

Por sua vez, o **crime continuado**, também chamado de **continuidade delitiva,** é uma **ficção jurídica** a partir da qual, quando o agente pratica uma pluralidade de crimes da mesma espécie, a partir de uma pluralidade de condutas, nas mesmas condições de tempo, lugar e modo, o juiz deverá aplicar a pena como se o último crime fosse continuação do primeiro, utilizando-se o critério da exasperação, aplicando-se, pois, a pena do crime mais grave e aumentando-a em 1/6 a 2/3, seguindo a lógica do número de crimes, exatamente como ocorre no crime continuado. Examinemos cada um destes requisitos.

541

– **Crimes da mesma espécie** são aqueles que se encontram no mesmo tipo penal. Há doutrina minoritária (representada por algumas poucas decisões do STJ), que afirma que crimes da mesma espécie são aqueles que protegem o mesmo tipo penal.

– **Mesmas condições de tempo** estão presentes quando as condutas delitivas não apresentam periodicidade maior do que 30 dias.

– **Mesmas condições de lugar:** os crimes devem ocorrer na mesma comarca ou em comarco contíguas.

– **Mesmas condições de modo:** os delitos devem ter modos de execução semelhantes. Assim, por exemplo, caso o primeiro crime ocorra com grave ameaça, todos os outros devem também ocorrer.

– **Dolo unitário:** para a jurisprudência do STJ (cite-se o AgRg no HC 525981 / SP), para a configuração do crime continuado, exige-se, como requisito de ordem subjetiva, o dolo global ou unitário entre os crimes parcelares, isto é, para ficar caracterizada a continuidade delitiva, além dos requisitos objetivos, é necessária a demonstração da unidade de desígnios.

O artigo 71, parágrafo único, ainda permite que a continuidade delitiva ocorra nos crimes dolosos, praticados contra vítimas diferentes, com violência ou grave ameaça à pessoa. Nestes casos, a pela pode ser exasperada até o triplo, a depender da análise das circunstâncias judiciais presentes no mencionado parágrafo.

Por fim, é interessante frisar que a regra do cúmulo material benéfico também é válida para o crime continuado.

13.1 A teoria da pena no direito penal e o pacote anticrime

Para compreender as mudanças do pacote anticrime nos capítulos do Código Penal tangentes às penas, precisamos tecer comentários à pena de multa e ao livramento condicional.

Quanto à pena de multa, o código penal utiliza um sistema bifásico de aplicação. Primeiramente, o juiz deve fixar a quantidade de dias-multa que é de no mínimo 10 e no máximo 360 (art. 49, CP) seguindo, como critérios balizadores, todos institutos do critério trifásico de aplicação da pena privativa de liberdade (art. 68, CP). Em um segundo momento, o julgador deve calcular o valor de cada dia multa, que deve variar de um trigésimo do maior salário mínimo vigente ao tempo do fato, a 5 vezes este valor, fundamentando-se na capacidade econômica do acusado (art. 60, CP), podendo ainda ser elevada até o triplo caso a pena seja ineficaz perante à riqueza do réu.

No que tange à execução da pena de multa, a mudança produzida pelo pacote anticrime (lei 13964/19) reiterou a natureza de dívida de valor a esta sanção (art. 51, CP), firmando ainda a competência do juiz da execução penal (e, por extensão a atribuição do Ministério Público) para executar a pena de multa, aplicando-se as normas relativas à dívida ativa da Fazenda Pública, inclusive no que tange às causas suspensivas e interruptivas da prescrição.

Por fim, cabe tecer comentários ao livramento condicional. Trata-se de incidente na execução da pena privativa de liberdade, prevista nos artigos 83 a 90 do CP, que consiste na antecipação da liberdade ao condenado, em caráter precário, uma vez preenchidos alguns requisitos de ordem objetiva e subjetiva. Dentre os requisitos objetivos, a lei

DIREITO PENAL

estabelece a necessidade de que a sentença condene o réu à pena privativa de liberdade de ao menos 2 anos (art. 83, caput, CP), o que pode incluir a exasperação ou cúmulo material relativo ao concurso de crime; a reparação de dano à vítima (art. 83, IV, CP) salvo impossibilidade; o cumprimento de parte da pena: 1/3 para primários portadores de bons antecedentes (art. 83, I); 1/2 para reincidentes em crime doloso (art. 83, II); e 2/3 para o praticante de crime doloso ou equiparado, sendo vedado ao reincidente específico em crimes desta natureza. No caso do portador de maus antecedentes, que não é reincidente, a melhor posição para a prova da OAB é aquela que advoga pela concessão do benefício a partir do cumprimento de 1/3 da pena, o que já foi cobrado como gabarito em prova discursiva da OAB.

Os requisitos subjetivos sofreram modificações do recentemente promulgado pacote anti-crime (lei 13964/19). Além do bom comportamento durante a execução da pena (art. 83, III, "a"), do bom desempenho no trabalho que lhe foi atribuído (art. 83, III, "c") e da prova da aptidão para prover a própria subsistência mediante trabalho honesto (art. 83, III, "d"), agora, exige-se o não cometimento de falta grave nos últimos 12 meses de cumprimento de pena (art. 83, III, "c"). Dois comentários são pertinentes: primeiramente, trata-se de norma que prejudica o acusado, sendo aplicável apenas nos crimes praticados após o fim da *vacatio legis* da lei 13964/19 (o que ocorreu no dia 20 de janeiro de 2020). Em segundo lugar, a modificação citada acima não afetou o conteúdo da súmula 441 do STJ, isto é, a falta grave não interrompe o prazo para livramento condicional, embora impeça sua aplicação nos 12 meses posteriores à sua prática.

O pacote anticrime, modificando a lei de execução penal, no art. 112, VI, "a" e VIII, vedou a concessão do livramento condicional para os praticantes de crimes hediondos e equiparados a hediondo quando há resultado morte.

13.2. Prescrição penal

A prescrição penal é espécie de extinção da punibilidade (art. 107, IV do CP) que pode ser conceituada como a perda, por parte do Estado, da pretensão de condenar ou de executar a condenação penal pelo decurso do tempo. Todos os crimes são passíveis de prescrição, com exceção dos delitos de racismo previstos na Lei 7.716/89 e da ação de grupos armados contra a ordem constitucional e o estado democrático de direito. Tais previsões se encontram, respectivamente, no artigo 5º, XLII e XLIV da Constituição Federal.

A prescrição se divide em duas grandes espécies que serão abaixo esquematizadas

Prescrição da pretensão punitiva	Pretensão da pretensão executória
Ocorre antes do trânsito em julgado de sentença condenatória	Ocorre depois do trânsito em julgado de sentença condenatória
Não gera qualquer efeito penal ou extrapenal ao acusado (além da extinção da punibilidade).	Permite a geração de todos os efeitos penais e extra-penais da sentença condenatória, havendo apenas a extinção da própria pena.
Os marcos iniciais estão no artigo 111 do CP, as causas interruptivas (que reiniciam o prazo) no art. 117, I a IV e as causas suspensivas (que paralisam o prazo) se encontram no art. 116.	Os marcos iniciais estão no artigo 112 do CP, as causas interruptivas (que reiniciam o prazo) no art. 117, V a VI e as causas suspensivas (que paralisam o prazo) se encontram no art. 116, parágrafo único.

543

A prescrição da pretensão punitiva propriamente dita, que normalmente se inicia com a consumação do crime (art. 111, I do CP), é calculada pela pena máxima cominada ao delito, conforme a tabela do art. 109 do Código penal, que pode ser resumida conforme se vê abaixo.

Pena	Prescrição
> 12 anos	20 anos
> 8 ≤ 12 anos	16 anos
> 4 ≤ 8 anos	12 anos
> 2 ≤ 4 anos	8 anos
≥ 1 ≤ 2 anos	4 anos
< 1 ano	3 anos

Assim, um crime de estelionato, consumado em 10/10/20, prescreverá em 09/10/32.

É importante levar em consideração os prazos de interrupção e suspensão previstos, respectivamente nos arts. 117 e 116 respectivamente.

Para a prova da OAB, a mais importante das espécies de prescrição da pretensão punitiva é a retroativa, criada a partir da regra constante no art. 110, § 1º do CP, pelo qual "a prescrição, depois da sentença condenatória com trânsito em julgado para a acusação ou depois de improvido seu recurso, regula-se pela pena aplicada, não podendo, em nenhuma hipótese, ter por termo inicial data anterior à (do recebimento) da denúncia ou queixa.

Exemplificando, imaginemos que o agente pratique crime de peculato no dia 10/10/15. Como o crime do art. 312 possui pena máxima de 12 anos, a prescrição propriamente dita somente ocorreria em 09/10/31. Imaginemos ainda que a denúncia tenha sido recebida em 10/10/16 e a sentença penal condenatória tenha sido publicada em 10/10/21. Porém, a sentença aplicou a pena mínima (2 anos de reclusão) e a acusação não recorreu. Assim, a prescrição passa a ser calculada pela pena aplicada que, pela tabela do art. 109, prescreve em 4 anos. O marco inicial, por sua vez, retroage à data de recebimento da denúncia e, portanto, os 4 anos se esgotaram em 09/10/20, de forma que a pena se encontra prescrita.

14. PARTE ESPECIAL

14.1. Homicídio

> **Homicídio simples**
> **Art. 121. Matar alguém:**
> **Pena – reclusão, de seis a vinte anos.**

Conduta típica: o homicídio é um crime de forma livre, tendo como verbo núcleo "matar", que significa por fim as atividades encefálicas, pois a doutrina majoritária utiliza a lei de transplante de órgãos para determinar o conceito e momento da morte humana (lei 9434/97).

DIREITO PENAL

Objetividade jurídica: protege-se a vida humana extrauterina, iniciada com o princípio do parto.

Sujeito ativo: crime comum, praticável por qualquer pessoa.

Sujeito Passivo: qualquer pessoa independentemente da idade, dependendo apenas do início do parto da vítima.

Tipicidade subjetiva: o homicídio simples, privilegiado e qualificado depende de dolo, mas há figura culposa no código penal (art. 121 § 3º) e no CTB (art. 302).

Consumação e tentativa: é crime material, que se consuma com a morte da vítima. A tentativa é cabível.

Ação penal: é pública incondicionada.

Competência: é do tribunal do júri para as condutas dolosas e do juiz singular, via de regra estadual, para as condutas culposas.

14.1.1. Homicídio privilegiado

§ 1º Se o agente comete o crime impelido por motivo de relevante valor social ou moral, ou sob o domínio de violenta emoção, logo em seguida a injusta provocação da vítima, o juiz pode reduzir a pena de um sexto a um terço.

Relevante valor moral relaciona-se com valores individuais, tais como a misericórdia (a eutanásia é um bom exemplo), enquanto o relevante valor social refere-se a interesses da coletividade e incluem como exemplo a morte de um criminoso violento ou um político corrupto.

14.1.2. Homicídio qualificado

§ 2º Se o homicídio é cometido:
I – mediante paga ou promessa de recompensa, ou por outro motivo torpe;

O motivo torpe é aquele que possui um grande grau de desvalor, ou seja, que é tão ignóbil, vil ou desprezível quanto o homicídio mercenário. Cumpre ressaltar que, conforme se verifica no Informativo 575 do STJ, o mandante não recebe automaticamente a qualificadora, sendo necessário a demonstração da torpeza de seu motivo.

II – por motivo fútil;

Motivo fútil é o motivo desproporcional, pequeno, insignificante. Prevalece na jurisprudência que a futilidade é verificada na desproporção entre a conduta praticada pela vítima e a ação do homicida. Segundo o informativo 590 do STJ, a futilidade é incompatível com o dolo eventual.

III – com emprego de veneno, fogo, explosivo, asfixia, tortura ou outro meio insidioso ou cruel, ou de que possa resultar perigo comum;

Trata-se dos meios pelos quais o homicídio é praticado. Registre-se que veneno é qualquer substância capaz de matar quando ministrada no organismo da vítima, mas, para a aplicação da qualificadora, o ofendido não pode saber o conteúdo da substância.

> **IV – à traição, de emboscada, ou mediante dissimulação ou outro recurso que dificulte ou torne impossível a defesa do ofendido;**

A traição presume um ataque desleal com quebra de confiança. A emboscada demanda ocultação do agente e a dissimulação, algum tipo de fraude ou falsa percepção da realidade. O inciso também utiliza a interpretação analógica.

> **V – para assegurar a execução, a ocultação, a impunidade ou vantagem de outro crime;**

Trata-se da conexão objetiva ou instrumental, prevista no art. 76, II do CPP. Cumpre registrar que não há a necessidade de que o homicida participe do outro crime. Aliás, prevalece que o outro crime pode nem ocorrer concretamente.

> **Feminicídio**
> **VI – contra a mulher por razões da condição de sexo feminino;**

O feminicídio é qualificadora criada pela lei 13104/15, e razões da condição de sexo feminino constituem elemento subjetivo do tipo explicado pelo art. 121 § 2º-A do CP como violência doméstica (conceituada no art. 5º da lei 11340/06) ou menosprezo ou descriminação à condição de mulher.

> **VII – contra autoridade ou agente descrito nos <u>arts. 142</u> e <u>144 da Constituição Federal</u>, integrantes do sistema prisional e da Força Nacional de Segurança Pública, no exercício da função ou em decorrência dela, ou contra seu cônjuge, companheiro ou parente consanguíneo até terceiro grau, em razão dessa condição.**

Trata-se do homicídio funcional, qualificadora criada pela lei 13142/15, que protege os agentes ou autoridades das forças armadas, forças policiais, membros do sistema prisional e força nacional de segurança. Importante notar que o homicídio deve guardar pertinência com a função, isto é, o sujeito passivo deve estar no exercício da função ou a morte deve ocorrer em razão dela. Por fim, os cônjuges, companheiros ou parentes naturais até o terceiro grau das ditas autoridade também estão incluídas, mas o crime deve ocorrer em razão deste parentesco.

> **VIII – com emprego de arma de fogo de uso restrito ou proibido.**

Trata-se de qualificadora originalmente prevista no "pacote anticrime" que havia sido vetada pelo presidente da república. O veto foi, contudo, derrubado pelo congresso nacional. O conceito de arma de fogo de uso restrito ou proibido estão no decreto 10.030/19.

DIREITO PENAL

14.2. Participação em Suicídio

> "Induzimento, instigação ou auxílio a suicídio ou a automutilação
>
> Art. 122. Induzir ou instigar alguém a suicidar-se ou a praticar automutilação ou prestar-lhe auxílio material para que o faça:
>
> Pena – reclusão, de 6 (seis) meses a 2 (dois) anos.
>
> § 1º Se da automutilação ou da tentativa de suicídio resulta lesão corporal de natureza grave ou gravíssima, nos termos dos §§ 1º e 2º do art. 129 deste Código:
>
> Pena – reclusão, de 1 (um) a 3 (três) anos.
>
> § 2º Se o suicídio se consuma ou se da automutilação resulta morte:
>
> Pena: reclusão, de 2 (dois) a 6 (seis) anos.
>
> § 3º A pena é duplicada:
>
> I – se o crime é praticado por motivo egoístico, torpe ou fútil;
>
> II – se a vítima é menor ou tem diminuída, por qualquer causa, a capacidade de resistência.
>
> § 4º A pena é aumentada até o dobro se a conduta é realizada por meio da rede de computadores, de rede social ou transmitida em tempo real.
>
> § 5º Aumenta-se a pena em metade se o agente é líder ou coordenador de grupo ou de rede virtual.
>
> § 6º Se o crime de que trata o § 1º deste artigo resulta em lesão corporal de natureza gravíssima e é cometido contra menor de 14 (quatorze) anos ou contra quem, por enfermidade ou deficiência mental, não tem o necessário discernimento para a prática do ato, ou que, por qualquer outra causa, não pode oferecer resistência, responde o agente pelo crime descrito no § 2º do art. 129 deste Código.
>
> § 7º Se o crime de que trata o § 2º deste artigo é cometido contra menor de 14 (quatorze) anos ou contra quem não tem o necessário discernimento para a prática do ato, ou que, por qualquer outra causa, não pode oferecer resistência, responde o agente pelo crime de homicídio, nos termos do art. 121 deste Código."

Conduta típica: No que tange à participação no suicídio (que pode ser definido como o autoextermínio voluntário), induzir significa fazer nascer a ideia. Instigar é fomentar ideia que já existe e auxiliar é prestar auxílio material através de instrumentos (como a entrega de arma ou veneno) ou serviços que **não resultam em homicídio**, como ajudar o agente escalar até a janela. Caso a conduta do ajudante seja capaz de matar o suicida, o crime será de homicídio. Ressalte-se que **a conduta deve recair sobre pessoas determinadas, caso contrário será atípico (produzir um livro ou uma postagem enaltecendo o suicídio não é crime, a menos que seja endereçada à pessoa específica).**

A novidade, introduzida pela lei 13968/19, é que a participação (definida pelos mesmos verbos núcleos) na automutilação alheia também passou a ser criminalizada. Entende-se automutilação como qualquer lesão produzida voluntariamente no próprio corpo que não possua razões médicas ou culturais.

Objetividade jurídica: é a vida humana extrauterina e a integridade corporal da vítima.

Sujeito ativo: Crime comum, praticável por qualquer pessoa.

Sujeito Passivo: Qualquer pessoa com capacidade de discernimento. Caso a vítima não tenha a dita capacidade ou caso seja menor de 14 anos, o crime será de homicídio ou lesão corporal grave, conforme art. 122, §§ 6º e 7º.

Tipicidade subjetiva: É o dolo, direto ou eventual. Não se pune modalidade culposa.

Consumação e tentativa: Com a mudança operada pela lei 13.968/19, o crime passou a ser formal, consumando-se com o simples induzimento, instigação ou auxílio.

547

Ação penal: É pública incondicionada.

Competência: É do tribunal do júri, quando o dolo é voltado para a morte da vítima, e do juizado especial criminal quando a intenção da vítima é participar da automutilação, podendo ainda ser de competência do juiz singular neste último caso quando ocorre qualificadora.

14.3. Infanticídio

Art. 123 – Matar, sob a influência do estado puerperal, o próprio filho, durante o parto ou logo após:
Pena – detenção, de dois a seis anos.

Conduta típica: trata-se de figura especial do crime de homicídio. Estado puerperal é a condição fisiopsicológica que envolve a parturiente desde o início do parto até o retorno às condições de pré-gravidez. A expressão logo após o parto é elemento temporal do tipo penal, que diz respeito a toda a duração do estado puerperal.

Objetividade jurídica: é a vida humana extrauterina.

Sujeito ativo: trata-se de crime próprio, praticado pela mãe que acaba de dar à luz. Doutrina majoritária permite o concurso de pessoas por parte de terceiros, com aplicação do art. 30 do CP.

Sujeito Passivo: É a criança que acaba de nascer.

Tipicidade subjetiva: É o dolo, não havendo modalidade culposa. É também importante notar que a influência do estado puerperal deve ser a motivação da conduta. Havendo outro motivo, ainda que presente o estado puerperal, o crime será outro.

Consumação e tentativa: É crime material que se consuma com a morte da vítima. A tentativa é perfeitamente cabível.

Ação penal: é pública incondicionada.

Competência: é do tribunal do júri.

14.4. Aborto

Aborto provocado pela gestante ou com seu consentimento
Art. 124 – Provocar aborto em si mesma ou consentir que outrem lho provoque:
Pena – detenção, de um a três anos.
Aborto provocado por terceiro
Art. 125 – Provocar aborto, sem o consentimento da gestante:
Pena – reclusão, de três a dez anos.
Art. 126 – Provocar aborto com o consentimento da gestante:
Pena – reclusão, de um a quatro anos.
Parágrafo único. Aplica-se a pena do artigo anterior, se a gestante não é maior de quatorze anos, ou é alienada ou débil mental, ou se o consentimento é obtido mediante fraude, grave ameaça ou violência.

Conduta típica: O aborto não é propriamente conceituado pelo CP, mas a doutrina o define como a destruição voluntária da vida humana intrauterina, no período entre a nidação (ligação do óvulo fecundado na parede interna do útero) e o início do parto. Quando a própria gestante pratica a conduta abortiva, o crime será o do art. 124. Também será esta a tipificação da gestante que consente com o aborto, mas o terceiro que o realiza com este consentimento pratica o crime do art. 126. Por fim, a mais grave das infrações é aquela praticada sem o consentimento da gestante (art. 125 do CP).

Objetividade jurídica: protege-se a vida humana intrauterina.

Sujeito ativo: O crime do art. 124 é de mão própria, embora caiba participação por parte de terceiros que induzem ou auxiliam a gestante. Os crimes do art. 125 e 126 são comuns, sendo praticáveis por qualquer pessoa.

Sujeito Passivo: Prevalece que o sujeito passivo é o feto ou embrião.

Tipicidade subjetiva: é o dolo não havendo modalidade culposa para o crime de aborto.

Consumação e tentativa: são crimes materiais, consumando-se com a morte do feto ou embrião. A tentativa é perfeitamente possível, basta que o meio seja ao menos ao menos relativamente eficaz e que o feto não morra por motivos alheios à vontade do agente. Registre-se que quem mata mulher grávida pratica concurso formal de crimes entre homicídio e aborto.

Ação penal: é pública incondicionada.

Competência: é do tribunal do júri.

Art. 128 – Não se pune o aborto praticado por médico:
Aborto necessário
I – se não há outro meio de salvar a vida da gestante;
Aborto no caso de gravidez resultante de estupro
II – se a gravidez resulta de estupro e o aborto é precedido de consentimento da gestante ou, quando incapaz, de seu representante legal.

Tratam-se de causas especiais de exclusão da ilicitude. A estas é importante acrescentar a interrupção da gestação de fetos anencéfalos, permitido pelo STF na ADPF 54, através de uma ponderação de valores entre a expectativa de vida não viável (uma vez que anencefalia é síndrome incompatível com a vida) e a dignidade da gestante, combinada com seus direitos reprodutivos.

Por fim, é bom salientar que a autorização judicial é desnecessária em todas as hipóteses de interrupção da gravidez realizada licitamente.

14.5. Calúnia

Art. 138 – Caluniar alguém, imputando-lhe falsamente fato definido como crime:
Pena – detenção, de seis meses a dois anos, e multa.
§ 1º – Na mesma pena incorre quem, sabendo falsa a imputação, a propala ou divulga.
§ 2º – É punível a calúnia contra os mortos.
Exceção da verdade
§ 3º – Admite-se a prova da verdade, salvo:
I – se, constituindo o fato imputado crime de ação privada, o ofendido não foi condenado por sentença irrecorrível;
II – se o fato é imputado a qualquer das pessoas indicadas no nº I do art. 141;
III – se do crime imputado, embora de ação pública, o ofendido foi absolvido por sentença irrecorrível.

Conduta típica: Caluniar significa imputar, falsamente, um **fato determinado** definido como crime. O fato deve ser determinado, de forma que o mero adjetivo ofensivo é crime de injúria. Também deve ser classificado como crime e não como mera contravenção ou conduta antiética.

Objetividade jurídica: protege-se a honra objetiva, ou seja, a reputação do agente perante seu meio social.

Sujeito ativo: é crime comum, praticável por qualquer pessoa.

Sujeito Passivo: qualquer pessoa natural. Doutrina minoritária permite também a pessoa jurídica, mas apenas nos crimes ambientais.

Tipicidade subjetiva: é o dolo, não havendo modalidade culposa. A maior parte da doutrina, ainda afirma que os crimes contra a honra são delitos de tendência, exigindo-se a intenção deliberada de ofender a honra objetiva, afastando-se o delito em caso de *animus jocandi* por exemplo

Consumação e tentativa: Consuma-se quando terceira pessoa toca conhecimento da imputação.

Ação penal: é privada, via de regra. Será condicionada a requisição do ministro da justiça quando o ofendido for presidente da república ou chefe de governo estrangeiro. Por fim, a súmula 714 do STF estabelece legitimidade concorrente do ofendido, mediante queixa, e do ministério público, condicionada à representação do ofendido, para a ação penal por crime contra a honra de servidor público em razão do exercício de suas funções.

Competência: É do juizado especial criminal, por ser delito de menor potencial ofensivo.

14.6. Difamação

> Difamação
> **Art. 139 – Difamar alguém, imputando-lhe fato ofensivo à sua reputação:**
> **Pena – detenção, de três meses a um ano, e multa.**
> **Exceção da verdade**
> **Parágrafo único – A exceção da verdade somente se admite se o ofendido é funcionário público e a ofensa é relativa ao exercício de suas funções.**

Conduta típica: difamar significa imputar um **fato determinado** ofensivo à reputação da vítima. O fato deve ser determinado, de forma que o mero adjetivo ofensivo gera crime de injúria, mas não precisa ser classificado como crime.

Objetividade jurídica: protege-se a honra objetiva, ou seja, a reputação do agente perante seu meio social.

Sujeito ativo: é crime comum, praticável por qualquer pessoa.

Sujeito Passivo: qualquer pessoa natural ou jurídica, pois esta última também possui reputação.

Tipicidade subjetiva: é o dolo, não havendo modalidade culposa. A maior parte da doutrina, ainda afirma que os crimes contra a honra são delitos de tendência, exigindo-se a intenção deliberada de ofender a honra objetiva, afastando-se o delito em caso de *animus jocandi* por exemplo

Consumação e tentativa: Consuma-se quando terceira pessoa toma conhecimento da imputação.

Ação penal: é privada, via de regra. Será condicionada a requisição do ministro da justiça quando o ofendido for presidente da república ou chefe de governo estrangeiro. Por fim, a súmula 714 do STF estabelece legitimidade concorrente do ofendido, mediante queixa,

DIREITO PENAL

e do ministério público, condicionada à representação do ofendido, para a ação penal por crime contra a honra de servidor público em razão do exercício de suas funções.

Competência: É do juizado especial criminal, por ser delito de menor potencial ofensivo.

14.7. Furto

> **Art. 155 – Subtrair, para si ou para outrem, coisa alheia móvel:**
> **Pena – reclusão, de um a quatro anos, e multa.**
> **§ 1º – A pena aumenta-se de um terço, se o crime é praticado durante o repouso noturno.**
> **§ 2º – Se o criminoso é primário, e é de pequeno valor a coisa furtada, o juiz pode substituir a pena de reclusão pela de detenção, diminuí-la de um a dois terços, ou aplicar somente a pena de multa.**
> **§ 3º – Equipara-se à coisa móvel a energia elétrica ou qualquer outra que tenha valor econômico.**

Conduta típica: subtrair significa retirar, no sentido de inverter o título da posse de algo. O objeto material é a coisa alheia móvel, equiparando-se a ela a energia que possui valor econômico. Prevalece no STF que o sinal de tv a cabo não é exemplo de energia com valor econômico.

Objetividade jurídica: protege-se o patrimônio, na figura da posse e da propriedade.

Sujeito ativo: é crime comum, praticável por qualquer pessoa.

Sujeito Passivo: é o possuidor e/ou proprietário do bem subtraído.

Tipicidade subjetiva: é o dolo, acompanhado do desejo de adquirir o bem definitivamente. O furto de uso é conduta atípica.

Consumação e tentativa: Prevalece nos tribunais superiores à teoria da *amotio* que afirma que o momento de consumação do furto é o instante de inversão da posse da coisa, mesmo que por um curso espaço de tempo.

Ação penal: é pública incondicionada.

Competência: é do juiz singular, via de regra estadual.

14.7.1. Furto qualificado

> **§ 4º – A pena é de reclusão de dois a oito anos, e multa, se o crime é cometido:**
> **I – com destruição ou rompimento de obstáculo à subtração da coisa;**
> **II – com abuso de confiança, ou mediante fraude, escalada ou destreza;**
> **III – com emprego de chave falsa;**
> **IV – mediante concurso de duas ou mais pessoas.**
> **§ 4º-A A pena é de reclusão de 4 (quatro) a 10 (dez) anos e multa, se houver emprego de explosivo ou de artefato análogo que cause perigo comum.**

Existem 7 qualificadoras no § 4º, além da mais recente adição ao § 4º-A. **Obstáculo** é tudo aquilo que serve para proteger a coisa sem fazer parte dela própria. **Confiança** é um vínculo pessoal entre autor e vítima, **fraude** é qualquer meio de enganar a vítima, incutindo-lhe falsa percepção da realidade o furto mediante fraude diferencia-se do **estelionato**, pois neste o agente não subtrai a coisa, mas sim, engana a vítima que lhe entrega vantagem desejada. **Escalada** corresponde a qualquer meio de entrada anormal, que exige esforço incomum. **Destreza** é a habilidade manual que permite a subtração furtiva (sem que a vítima perceba) e a **chave falsa** é qualquer instrumento que consegue simular a função da chave verdadeira.

551

14.8. Roubo

> **Art. 157 – Subtrair coisa móvel alheia, para si ou para outrem, mediante grave ameaça ou violência a pessoa, ou depois de havê-la, por qualquer meio, reduzido à impossibilidade de resistência:**
> Pena – reclusão, de quatro a dez anos, e multa.
> § 1º – Na mesma pena incorre quem, logo depois de subtraída a coisa, emprega violência contra pessoa ou grave ameaça, a fim de assegurar a impunidade do crime ou a detenção da coisa para si ou para terceiro.
> § 2º A pena aumenta-se de 1/3 (um terço) até metade:
> I – (revogado); (Redação dada pela Lei 13.654, de 2018)
> II – se há o concurso de duas ou mais pessoas;
> III – se a vítima está em serviço de transporte de valores e o agente conhece tal circunstância.
> IV – se a subtração for de veículo automotor que venha a ser transportado para outro Estado ou para o exterior;
> V – se o agente mantém a vítima em seu poder, restringindo sua liberdade.
> VI – se a subtração for de substâncias explosivas ou de acessórios que, conjunta ou isoladamente, possibilitem sua fabricação, montagem ou emprego.
> VII – se a violência ou grave ameaça é exercida com emprego de arma branca; (Incluído pela Lei 13.964, de 2019)
> § 2º-A. A pena aumenta-se de 2/3 (dois terços):
> I – se a violência ou ameaça é exercida com emprego de arma de fogo;
> II – se há destruição ou rompimento de obstáculo mediante o emprego de explosivo ou de artefato análogo que cause perigo comum.
> § 2º-B. Se a violência ou grave ameaça é exercida com emprego de arma de fogo de uso restrito ou proibido, aplica-se em dobro a pena prevista no caput deste artigo. (Incluído pela Lei 13.964, de 2019)
> § 3º Se da violência resulta: (Redação dada pela Lei 13.654, de 2018)
> I – lesão corporal grave, a pena é de reclusão de 7 (sete) a 18 (dezoito) anos, e multa;
> II – morte, a pena é de reclusão de 20 (vinte) a 30 (trinta) anos, e multa.

Conduta típica: subtrair significa retirar, no sentido de inverter o título da posse de algo. São os modos de execução: a violência (aplicação de força física), grave ameaça (promessa de um mal grave, iminente e inevitável) e o recurso que reduz a vítima à impossibilidade de defesa, também chamada de violência imprópria, normalmente exemplificada pelo uso de soníferos. Quando a subtração ocorre primeiro e, posteriormente, o agente utiliza violência ou grave ameaça para manter a detenção da coisa ou impunidade do crime, o roubo será impróprio.

Objetividade jurídica: protege-se o patrimônio, na figura da posse e da propriedade, além da integridade física e psíquica.

Sujeito ativo: é crime comum, praticável por qualquer pessoa.

Sujeito Passivo: é o possuidor ou proprietário, além daquele que recebe a violência ou grave ameaça. Todavia, o número de crimes é determinado pela quantidade de subtrações e não pelo número de sujeitos passivos.

Tipicidade subjetiva: é o dolo, acompanhado do desejo de adquirir o bem definitivamente. O roubo de uso é, prevalece, tipificado como constrangimento ilegal (art. 146 do CP).

Consumação e tentativa: segundo a súmula 582 do STJ consuma-se o crime de roubo com a inversão da posse do bem mediante emprego de violência ou grave ameaça, ainda que por breve tempo e em seguida à perseguição imediata ao agente e recuperação da coisa roubada, sendo prescindível a posse mansa e pacífica ou desvigiada.

DIREITO PENAL

Ação penal: é pública incondicionada.

Competência: é do juiz singular, via de regra estadual.

14.8.1 O roubo no pacote anticrime

O pacote anticrime modificou o § 2º do artigo 157, acrescentando o inciso VII para estender a causa de aumento de 1/3 a 1/2 quando o roubo é praticado com o emprego de arma branca e acrescentou o § 2º-B, criando a majorante equivalente ao dobro da pena quando o crime é praticado com o emprego de arma de fogo de uso restrito ou proibido (conforme regulamentação própria). Cumpre lembrar que são normas gravosas ao réu e, portanto, irretroativas. Por isso, são aplicadas apenas aos crimes praticados após 20 de janeiro de 2020.

Finalmente, há de se registrar que as armas devem ser verdadeiras, pois a *ratio* da majorante passa pela maior potencialidade lesiva que os instrumentos trazem ao contexto e não ao maior medo sofrido pela vítima.

14.9. Estupro

> **Art. 213. Constranger alguém, mediante violência ou grave ameaça, a ter conjunção carnal ou a praticar ou permitir que com ele se pratique outro ato libidinoso:**
> Pena – reclusão, de 6 (seis) a 10 (dez) anos
> § 1º Se da conduta resulta lesão corporal de natureza grave ou se a vítima é menor de 18 (dezoito) ou maior de 14 (catorze) anos
> Pena – reclusão, de 8 (oito) a 12 (doze) anos
> § 2º Se da conduta resulta morte:
> Pena – reclusão, de 12 (doze) a 30 (trinta) anos

Conduta típica: constranger significa forçar, obrigar, submeter. Conjunção carnal é entendida como cópula vaginal e ato libidinoso é qualquer ato que visa satisfazer a libido, ou seja, o desejo sexual. Violência (aplicação de força física) ou grave ameaça (promessa de um mal grave, iminente e inevitável) são os modos de execução. Cumpre ainda ressaltar que se trata de um **tipo misto alternativo**, de forma que quando ambas as condutas descritas são praticadas contra a mesma vítima, em um mesmo contexto fático, haverá crime único.

Objetividade jurídica: protege-se a dignidade e a liberdade sexual.

Sujeito ativo: é crime comum, praticado por qualquer pessoa.

Sujeito Passivo: é qualquer pessoa maior de 14 anos e com capacidade de discernimento.

Tipicidade subjetiva: é o dolo. Prevalece que não existe a necessidade de qualquer elemento subjetivo especial.

Consumação e tentativa: Na modalidade conjunção carnal, consuma-se com a penetração vaginal, ainda que parcial. Na modalidade ato libidinoso, a consumação acontece com a prática do ato, podendo o crime estar consumado até em algumas situações em que não existe toque entre autor e vítima, quando o agente obriga a pessoa ofendida a praticar ato libidinoso em si própria.

553

Ação penal: atualmente, todo crime sexual é de ação penal pública incondicionada. Antes da lei 13718/18, a ação penal era pública condicionada à representação, exceto quando a vítima fosse menor de 18 anos, quando a ação penal passa a ser pública condicionada à representação.

Competência: é do juiz singular, via de regra estadual.

Qualificadoras: prevalece que as qualificadoras são preterdolosas, isto é, praticadas com dolo na conduta e culpa no resultado.

14.9.1. Estupro de vulnerável

> **Art. 217-A. Ter conjunção carnal ou praticar outro ato libidinoso com menor de 14 (catorze) anos:**
> **Pena – reclusão, de 8 (oito) a 15 (quinze) anos.**
> **§ 1º Incorre na mesma pena quem pratica as ações descritas no caput com alguém que, por enfermidade ou deficiência mental, não tem o necessário discernimento para a prática do ato, ou que, por qualquer outra causa, não pode oferecer resistência.**
> **§ 2º (VETADO)**
> **§ 3º Se da conduta resulta lesão corporal de natureza grave**
> **Pena – reclusão, de 10 (dez) a 20 (vinte) anos.**
> **§ 4º Se da conduta resulta morte:**
> **Pena – reclusão, de 12 (doze) a 30 (trinta) anos.**
> **§ 5º As penas previstas no caput e nos §§ 1º, 3º e 4º deste artigo aplicam-se independentemente do consentimento da vítima ou do fato de ela ter mantido relações sexuais anteriormente ao crime.**

Conduta típica: O verbo núcleo é "ter", o que significa que o crime prescinde de qualquer violência ou ameaça. Conjunção carnal é entendida como cópula vaginal e ato libidinoso é qualquer ato que visa satisfazer a libido, ou seja, o desejo sexual. A idade da vítima é tomada de forma objetiva, tendo o código adotado um critério meramente biológico. Quanto à enfermidade ou deficiência mental, usa-se o critério biopsicológico, isto é, necessário que a condição afaste a capacidade ao tempo da conduta. Em ambos os casos

Objetividade jurídica: protege-se a dignidade sexual do vulnerável.

Sujeito ativo: trata-se de crime comum, praticável por qualquer pessoa.

Sujeito Passivo: é o vulnerável, entendido como a pessoa menor de 14 anos, enfermo ou deficiente que não tem o necessário conhecimento para a prática do ato e aquele que não pode oferecer existência, tais como vítimas de soníferos como o "boa noite Cinderela",

Tipicidade subjetiva: é o dolo, sendo desnecessário qualquer elemento subjetivo especial.

Consumação e tentativa: Na modalidade conjunção carnal, consuma-se com a penetração vaginal, ainda que parcial. Na modalidade ato libidinoso, a consumação acontece com a prática do ato. Ambas as formas toleram a modalidade tentada.

Ação penal: atualmente, todo crime sexual é de ação penal pública incondicionada.

Competência: é do juiz singular, via de regra estadual.

DIREITO PENAL

14.10. Importunação sexual (Incluído pela Lei nº 13.718, de 2018)

> **Art. 215-A.** Praticar contra alguém e sem a sua anuência ato libidinoso com o objetivo de satisfazer a própria lascívia ou a de terceiro:
> Pena: reclusão, de 1 (um) a 5 (cinco) anos, se o ato não constitui crime mais grave.

Conduta típica: a ação nuclear consiste em praticar ato libidinoso **contra** alguém, exigindo-se, assim, que o agente realize o ato tendo uma pessoa específica como alvo, em um contexto no qual a vítima não tenha anuído com o ato que visa a satisfação da lascívia própria ou de terceiro. Os exemplos correntes consistem em beijos lascivos ou carícias nas partes íntimas sem consentimento. Cumpre ressaltar que, se houver violência ou grave ameaça, haverá estupro (art. 213 CP). Caso a vítima seja menor de 14, deficiente mental ou incapaz de oferecer resistência, o crime será de estupro de vulnerável (art. 217-A).

Objetividade jurídica: protege-se a liberdade sexual da vítima.

Sujeito ativo: é crime comum, praticado por qualquer pessoa.

Sujeito Passivo: é qualquer pessoa maior de 14 anos e com capacidade de discernimento.

Tipicidade subjetiva: é o dolo, exigindo-se ainda a intenção de satisfazer lascívia própria ou de terceiros.

Consumação e tentativa: Consuma-se com a prática de qualquer ato que visa a satisfação do desejo sexual. A tentativa é possível, embora seja improvável, pois a prática da mera conduta consuma o crime.

Ação penal: atualmente, todo crime sexual é de ação penal pública incondicionada.

Competência: é do juiz singular, via de regra estadual.

14.11. Registro não autorizado da intimidade sexual: (Incluído pela Lei nº 13.772, de 2018)

> **Art. 216-B.** Produzir, fotografar, filmar ou registrar, por qualquer meio, conteúdo com cena de nudez ou ato sexual ou libidinoso de caráter íntimo e privado sem autorização dos participantes:
> Pena: detenção, de 6 (seis) meses a 1 (um) ano, e multa.
> Parágrafo único. Na mesma pena incorre quem realiza montagem em fotografia, vídeo, áudio ou qualquer outro registro com o fim de incluir pessoa em cena de nudez ou ato sexual ou libidinoso de caráter íntimo.

Conduta típica: há quatro verbos nucleares. Produzir (realizar, fazer. Inclui a edição e pós-produção do material), fotografar (registrar em fotografia), filmar (registrar em vídeo) e registrar (armazenar em qualquer base de dados). O objeto material é a cena de nudez ou ato sexual ou libidinoso, exigindo a ausência de consentimento dos participantes.

Objetividade jurídica: protege-se a privacidade ou intimidade da vítima, além da liberdade sexual.

Sujeito ativo: é crime comum, praticado por qualquer pessoa.

Sujeito Passivo: é qualquer pessoa maior de 18 anos. Quando a vítima é menor de 18, haverá crime do ECA.

555

Tipicidade subjetiva: é o dolo, não existindo qualquer elemento subjetivo especial.

Consumação e tentativa: Consuma-se com a produção, filmagem, fotografia ou registro, independentemente destes serem vistos por qualquer pessoa. A tentativa é possível nos contextos em que os atos de execução sejam fracionáveis.

Ação penal: atualmente, todo crime sexual é de ação penal pública incondicionada.

Competência: é do juizado especial criminal.

14.12. Divulgação de cena de estupro ou de cena de estupro de vulnerável, de cena de sexo ou de pornografia (Incluído pela Lei nº 13.718, de 2018)

> **Art. 218-C.** Oferecer, trocar, disponibilizar, transmitir, vender ou expor à venda, distribuir, publicar ou divulgar, por qualquer meio – inclusive por meio de comunicação de massa ou sistema de informática ou telemática –, fotografia, vídeo ou outro registro audiovisual que contenha cena de estupro ou de estupro de vulnerável ou que faça apologia ou induza a sua prática, ou, sem o consentimento da vítima, cena de sexo, nudez ou pornografia:
>
> Pena: reclusão, de 1 (um) a 5 (cinco) anos, se o fato não constitui crime mais grave.
>
> **Aumento de pena**
>
> § 1º A pena é aumentada de 1/3 (um terço) a 2/3 (dois terços) se o crime é praticado por agente que mantém ou tenha mantido relação íntima de afeto com a vítima ou com o fim de vingança ou humilhação.
>
> **Exclusão de ilicitude**
>
> § 2º Não há crime quando o agente pratica as condutas descritas no *caput* deste artigo em publicação de natureza jornalística, científica, cultural ou acadêmica com a adoção de recurso que impossibilite a identificação da vítima, ressalvada sua prévia autorização, caso seja maior de 18 (dezoito) anos.

Conduta típica: trata-se de um tipo misto alternativo, sendo que alguns dos verbos núcleos denotam crimes permanentes. Criminaliza-se a divulgação, venda, transmissão etc., de qualquer cena de estupro (ou que haja apologia a estes crimes) ou, em casos que não há o consentimento da vítima, de sexo ou nudez. Importante perceber que aquele que assiste o vídeo on-line não pratica crime, embora exista o delito do art. 216-B por parte de quem registra o vídeo em qualquer base de dados. O delito pode ser praticado por uma pluralidade de formas tecnológicas, principalmente aplicativos que permitem a transmissão de arquivos por um sistema telemático, como o WhatsApp.

Objetividade jurídica: protege-se a privacidade ou intimidade da vítima, além da liberdade sexual.

Sujeito ativo: é crime comum, praticado por qualquer pessoa.

Sujeito Passivo: é qualquer pessoa maior de 18 anos. Quando a vítima é menor de 18, haverá crime do ECA.

Tipicidade subjetiva: é o dolo, não existindo qualquer elemento subjetivo especial.

Consumação e tentativa: Consuma-se com qualquer uma das 9 ações nucleares, tratando-se de um crime de mera conduta. Basta que a foto seja, por exemplo, transmitida on-line para uma lista de contatos para que o crime esteja consumado.

Ação penal: atualmente, todo crime sexual é de ação penal pública incondicionada.

Competência: é o juiz singular, via de regra estadual.

DIREITO PENAL

14.13. Peculato

> **Peculato**
>
> Art. 312 – Apropriar-se o funcionário público de dinheiro, valor ou qualquer outro bem móvel, público ou particular, de que tem a posse em razão do cargo, ou desviá-lo, em proveito próprio ou alheio:
> Pena – reclusão, de dois a doze anos, e multa.
> § 1º – Aplica-se a mesma pena, se o funcionário público, embora não tendo a posse do dinheiro, valor ou bem, o subtrai, ou concorre para que seja subtraído, em proveito próprio ou alheio, valendo-se de facilidade que lhe proporciona a qualidade de funcionário.
> **Peculato culposo**
> § 2º – Se o funcionário concorre culposamente para o crime de outrem:
> Pena – detenção, de três meses a um ano.
> § 3º – No caso do parágrafo anterior, a reparação do dano, se precede à sentença irrecorrível, extingue a punibilidade; se lhe é posterior, reduz de metade a pena imposta.

Conduta típica: O caput prevê os crimes de peculato-apropriação, no qual o agente passa a se comportar como se fosse proprietário de um bem do qual tem a posse em razão do cargo e o peculato-desvio no qual o agente desvia dá utilização imprópria a este bem em proveito próprio ou alheio. Em ambos os casos, é necessário o nexo funcional entre a função exercida e a posse do bem. No parágrafo único, temos o peculato-furto, no qual o agente subtrai bem valendo da facilidade que sua função lhe proporciona ou a utiliza para facilitar a subtração por parte de terceiros. Importante notar que, caso o terceiro tenha consciência de todas as elementares, também responderá por peculato (art. 30 do CP).

Objetividade jurídica: protege-se a moralidade administrativa, além da lisura no desempenho da função pública e o patrimônio público e particular.

Sujeito ativo: é próprio praticado por funcionário público. Porém, o particular

Sujeito Passivo: e o Estado e, secundariamente, eventual prejudicado.

Tipicidade subjetiva: é o dolo para as modalidades do caput e do § 1º, havendo modalidade culposa no § 2º.

Consumação e tentativa: Consuma-se com a apropriação, desvio ou subtração independentemente do efetivo enriquecimento de quem quer que seja.

Ação penal: é pública incondicionada.

Competência: é o juiz singular, via de regra estadual.

14.14. Concussão

> **Concussão**
>
> Art. 316 – Exigir, para si ou para outrem, direta ou indiretamente, ainda que fora da função ou antes de assumi-la, mas em razão dela, vantagem indevida:
> Pena – reclusão, de 2 (dois) a 12 (doze) anos, e multa.

Conduta típica: exigir significa coagir, intimidar, compelir de forma incisiva, utilizando-se da função pública para instar a vítima a entregar vantagem indevida que, para a maior parte da doutrina, não precisa ser econômica.

Objetividade jurídica: protege-se a moralidade administrativa, além da lisura no desempenho da função pública e o patrimônio público e particular.

Sujeito ativo: é próprio praticado por funcionário público (conforme conceito do art. 327 do CP).

Sujeito Passivo: é o Estado e, secundariamente, eventual prejudicado. Aquele que paga a vantagem exigida não pratica crime.

Tipicidade subjetiva: é o dolo, não havendo modalidade culposa.

Consumação e tentativa: é crime formal consumando-se com a mera exigência.

Ação penal: é pública incondicionada.

Competência: é o juiz singular, via de regra estadual.

14.15. Corrupção passiva

Corrupção passiva

Art. 317 – Solicitar ou receber, para si ou para outrem, direta ou indiretamente, ainda que fora da função ou antes de assumi-la, mas em razão dela, vantagem indevida, ou aceitar promessa de tal vantagem:
Pena – reclusão, de 2 (dois) a 12 (doze) anos, e multa.
§ 1º – A pena é aumentada de um terço, se, em consequência da vantagem ou promessa, o funcionário retarda ou deixa de praticar qualquer ato de ofício ou o pratica infringindo dever funcional.
§ 2º – Se o funcionário pratica, deixa de praticar ou retarda ato de ofício, com infração de dever funcional, cedendo a pedido ou influência de outrem:
Pena – detenção, de três meses a um ano, ou multa.

Conduta típica: solicitar significa pedir, requerer, em um contexto de barganha. Receber é obter materialmente e aceitar promessa é anuir com a entrega de vantagem futura. Todas as condutas devem possuir nexo funcional, isto é, são praticadas a partir de uma negociação na qual o funcionário se compromete a fazer algo para beneficiar aquele que lhe entrega a vantagem.

Objetividade jurídica: protege-se a moralidade administrativa, além da lisura no desempenho da função pública.

Sujeito ativo: é próprio praticado por funcionário público (conforme conceito do art. 327 do CP).

Sujeito Passivo: é o Estado. Nas modalidades receber ou aceitar promessa, o terceiro que realiza estas ações pratica corrupção ativa. Contudo, quem simplesmente paga vantagem solicitada não pratica crime.

Tipicidade subjetiva: é o dolo, não havendo modalidade culposa.

Consumação e tentativa: é crime formal consumando-se com a mera solicitação ou aceite da promessa. É material na modalidade receber.

Ação penal: é pública incondicionada.

Competência: é o juiz singular, via de regra estadual.

DIREITO PENAL

15. LEI MARIA DA PENHA (LEI Nº 11.340/06)

15.1. Origem

A Lei Maria da Penha (Lei nº 11.340/06), que entrou em vigor em 22 de setembro de 2006, foi criada para dar cumprimento ao art. 226, §8º da Constituição Federal, bem como a diversos tratados internacionais do tema ratificados pelo Brasil. A nomenclatura é uma triste homenagem relacionada aos episódios de violência vivenciados por Maria da Penha Maia Fernandes, brasileira residente em Fortaleza/CE.

Em 1983, Maria da Penha foi vítima de um disparo de arma de fogo executado pelo seu marido, ocasião em que ficou paraplégica. O autor disse à polícia que eles tinham sido vítimas de um roubo, o que posteriormente foi desmentido. Pouco tempo depois, o agressor investiu novamente tentando eletrocutar a companheira com um choque no chuveiro. A prisão por esses fatos só ocorreu efetivamente no ano de 2002. O motivo das agressões estava relacionado ao fato de que o agressor não aceitava o término do relacionamento.

O caso foi denunciado à Comissão Interamericana dos Direitos Humanos, que publicou o Relatório nº 54/01. Dentre as recomendações, destaca-se a necessidade de o Brasil prosseguir e intensificar o processo de reforma que evite a tolerância estatal e o tratamento discriminatório com respeito à violência doméstica contra mulheres no Brasil. A Lei nº 11.340/06, objeto do nosso estudo, foi publicada cinco anos depois do relatório.

15.2. Conceito de Violência Doméstica e Familiar Contra a Mulher

Dentre os objetivos da Lei, convém destacar a criação de mecanismos para coibir e prevenir a violência doméstica e familiar contra a mulher. Mas qual seria o conceito de "violência doméstica e familiar contra a mulher"?

A resposta é encontrada no próprio art. 5º da Lei nº 11.340/06: "para os efeitos desta Lei, configura violência doméstica e familiar contra a mulher qualquer ação ou omissão baseada no gênero que lhe cause morte, lesão, sofrimento físico, sexual ou psicológico e dano moral ou patrimonial" e que ocorra em um dos três âmbitos de aplicação (unidade doméstica, unidade familiar ou de relação íntima de afeto).

Para a incidência da Lei Maria da Penha, não basta a prática de uma das formas de violência contra a mulher, mas sim que haja uma situação de hipossuficiência/vulnerabilidade da vítima.

A fim de aperfeiçoar o conceito, é importante analisar as cinco formas de violência (art. 7º) e os três âmbitos de aplicação (art. 5º), extraídos da própria legislação.

15.2.1. *Formas de violência*

A Lei nº 11.340/06, em seu art. 7º, dispõe sobre as cinco formas de violência doméstica e familiar contra a mulher:

Violência física: qualquer conduta que ofenda sua integridade ou saúde corporal;

Violência psicológica: qualquer conduta que lhe cause dano emocional e diminuição da autoestima ou que lhe prejudique e perturbe o pleno desenvolvimento ou que vise degradar ou controlar suas ações, comportamentos, crenças e decisões, mediante ameaça,

559

constrangimento, humilhação, manipulação, isolamento, vigilância constante, perseguição contumaz, insulto, chantagem, violação de sua intimidade, ridicularização, exploração e limitação do direito de ir e vir ou qualquer outro meio que lhe cause prejuízo à saúde psicológica e à autodeterminação;

Violência sexual: qualquer conduta que a constranja a presenciar, a manter ou a participar de relação sexual não desejada, mediante intimidação, ameaça, coação ou uso da força; que a induza a comercializar ou a utilizar, de qualquer modo, a sua sexualidade, que a impeça de usar qualquer método contraceptivo ou que a force ao matrimônio, à gravidez, ao aborto ou à prostituição, mediante coação, chantagem, suborno ou manipulação; ou que limite ou anule o exercício de seus direitos sexuais e reprodutivos;

Violência patrimonial: qualquer conduta que configure retenção, subtração, destruição parcial ou total de seus objetos, instrumentos de trabalho, documentos pessoais, bens, valores e direitos ou recursos econômicos, incluindo os destinados a satisfazer suas necessidades;

Violência moral: qualquer conduta que configure calúnia, difamação ou injúria.

15.2.2. Âmbitos de aplicação

Da mesma forma, o legislador conceitua os três âmbitos de aplicação da Lei Maria da Penha (art. 5º):

ÂMBITO DA UNIDADE DOMÉSTICA	Espaço de convívio permanente de pessoas, com ou sem vínculo familiar, inclusive as esporadicamente agregadas;
ÂMBITO DA FAMÍLIA	Comunidade formada por indivíduos que são ou se consideram aparentados, unidos por laços naturais, por afinidade ou por vontade expressa;
EM QUALQUER RELAÇÃO ÍNTIMA DE AFETO	Na qual o agressor conviva ou tenha convivido com a ofendida, independentemente de coabitação.

No âmbito na unidade doméstica, o legislador incluiu as pessoas esporadicamente agregadas, como as empregadas domésticas, por exemplo. O âmbito familiar, por sua vez, alcança o parentesco em linha reta, por afinidade (vide arts. 1591 e ss. do Código Civil) e por vontade expressa (adoção). No terceiro âmbito, o da relação íntima de afeto, não se exige a coabitação entre agressor e vítima (neste sentido, também, é a Súmula 600 do STJ).

Presentes os requisitos legais, ou seja, a prática de uma das formas de violência doméstica e familiar contra a mulher, em um dos três âmbitos de aplicação, havendo vulnerabilidade da vítima, o STJ já aplicou a Lei nº 11.340/06 para casos envolvendo briga entre cunhados[1], entre irmãos[2] e entre mãe filha[3].

---

1. STJ, 5ª Turma, HC 172.634/DF, rel. Min. Laurita Vaz, j. 06/03/2012.
2. STJ, 6ª Turma, HC 184.990/RS, rel. Min. Og Fernandes, j. 12/06/2012.
3. STJ, 5ª Turma, HC 277.561/AL, rel. Min. Horge Mussi, j. 06/11/2014.

DIREITO PENAL

15.3. Sujeito Ativo

O sujeito ativo é comum, podendo ser homem (irmão, filho, pai, namorado, marido etc.) ou mulher (ex: mãe e filha, mulheres em relacionamento homoafetivo etc.), desde que presentes os demais requisitos estudados (uma das formas violência, um dos âmbitos de aplicação e relação de hipossuficiência/vulnerabilidade).

15.4. Sujeito Passivo

A Lei Maria da Penha foi criada para coibir e prevenir a violência contra a mulher (art. 1º). Assim, ainda que haja violência doméstica e familiar, não teremos a proteção da norma específica se a vítima for do sexo masculino, mesmo que a agressão seja decorrente de uma relação homoafetiva.

Há intenso debate doutrinário acerca da possibilidade ou não de aplicação às mulheres trans. Para alguns, a Lei Maria da Penha não pode ser aplicada nestes casos porque geneticamente o sujeito passivo seria homem, sob pena de analogia *in malan partem*. Para outros estudiosos, se a identidade de gênero for do sexo feminino, ainda que biologicamente homem, seria possível aplicar a proteção específica. Ainda não temos posicionamento seguro para provas objetivas. Em provas discursivas, o candidato deve abordar as duas posições e os seus fundamentos.

15.5. Princípio da Insignificância

Doutrina e jurisprudência[4] não admitem a aplicação do princípio da insignificância às infrações penais cometidas com violência doméstica e familiar contra a mulher. Para o STJ[5], os delitos praticados com violência contra a mulher, devido à expressiva ofensividade, periculosidade social, reprovabilidade do comportamento e lesão jurídica causada, perdem a característica da bagatela e devem submeter-se ao direito penal.

Neste sentido, o próprio Superior Tribunal de Justiça editou a Súmula nº 589: é inaplicável o princípio da insignificância nos crimes ou contravenções penais praticados contra a mulher no âmbito das relações domésticas.

15.6. Medidas Protetivas de Urgência

Constatada a prática de violência doméstica e familiar contra a mulher, o juiz poderá aplicar, de imediato, em conjunto ou separadamente, medidas protetivas de urgência. Estas poderão ser adotadas tanto com relação ao agressor (art. 22), como também quanto à ofendida (arts. 23 e 24), como na hipótese de proibição temporária para a celebração de atos e contratos de compra, venda e locação de propriedade em comum.

Quanto à legitimidade para o requerimento da medida, o art. 19, caput dispõe que estas poderão ser concedidas pelo juiz, a requerimento do Ministério Público ou a pedido da ofendida. Assim, a vítima pode solicitar as medidas perante o Delegado de Polícia, que formalizará o pedido em expediente apartado (EAMP) e encaminhará ao Poder Judiciário no prazo máximo de 48 (quarenta e oito) horas (art. 12, III).

---

4.   STF, 2ª Turma, RHC 133.043/MT, rel. Mon. Carmen Lúcia, j. 10/05/2016.
5.   STJ, 5ª Turma, HC 333.195/MS, rel. Min. Ribeiro Dantas, j. 12/04/2016.

Com relação à possibilidade de decretação de ofício pelo juiz, Renato Brasileiro de Lima[6] defende que só é possível na fase processual, uma vez que a autoridade judiciária competente passa a deter poderes inerentes à própria jurisdição penal com o recebimento da denúncia pelo Ministério Público ou queixa-crime pela vítima, podendo, assim, decretar medidas protetivas de ofício caso verifique a necessidade de preservar a prova, o resultado do processo ou a própria segurança da ofendida.

O descumprimento injustificado de medida protetiva de urgência caracteriza o crime previsto no art. 24-A da Lei Maria da Penha (acrescido pela Lei nº 13.641/2018), sem prejuízo de ser considerado como fundamento para a decretação da prisão preventiva do agressor (art. 313, III do CPP).

Por fim, a Lei 13.827/19 trouxe importantes mudanças na concessão de medidas protetivas de urgência. Verificada a existência de risco atual ou iminente à vida ou à integridade física da mulher em situação de violência doméstica e familiar, ou de seus dependentes, o agressor será imediatamente afastado do lar, domicílio ou local de convivência com a ofendida : I – pela autoridade judicial; II – pelo delegado de polícia, quando o Município não for sede de comarca; ou III – pelo policial, quando o Município não for sede de comarca e não houver delegado disponível no momento da denúncia. Assim, a Lei Maria da Penha passa a admitir, excepcionalmente, que a medida protetiva de afastamento do lar, domicílio ou local de convivência com a ofendida possa ser concedida por autoridade diferente do juiz.

Se a medida de afastamento for decretada pelo Delegado ou por outro policial (hipóteses dos incisos II e III), o juiz será comunicado no prazo máximo de 24 (vinte e quatro) horas e decidirá, em igual prazo, sobre a manutenção ou a revogação da medida aplicada, devendo dar ciência ao Ministério Público concomitantemente.

15.7. Inaplicabilidade da Lei 9.099/95

De acordo com o art. 41 da Lei Maria da Penha, aos crimes praticados com violência doméstica e familiar contra a mulher, independentemente da pena prevista, não se aplica a Lei nº 9.099/95. Para o STF, o dispositivo também alcança as contravenções penais.

Tal vedação implica na impossibilidade de concessão dos benefícios despenalizadores, como a suspensão condicional do processo, a composição civil dos danos e a transação penal (vide Súmula 536 do STJ), bem como inviabiliza a instauração de Termo Circunstanciado de Ocorrência para apuração da infração. Assim, havendo situação de flagrância, o Delegado de Polícia lavrará o respectivo auto de prisão em flagrante.

Quanto às lesões corporais cometidas com violência doméstica e familiar contra a mulher, ainda que leve ou culposas, a ação penal será pública incondicionada (vide Súmula nº 542 do STJ).

---

6. LIMA, Renato Brasileiro de. *Legislação Criminal Especial comentada: volume único.* 5ª ed. Salvador: Juspodivm, 2017, p. 1204.

15.8. Retratação

Retratar-se é arrepender-se de algo já praticado, "voltar atrás sobre o que foi dito". Tal arrependimento, como se sabe, só é possível nos crimes cuja ação penal é pública condicionada à representação, como a ameaça (art. 147 do CP), por exemplo. A retratação da representação nos crimes com incidência da Lei Maria da Penha não é vedada, mas possui requisitos adicionais se comparada com a regra prevista no art. 25 do Código de Processo Penal. Segue quadro esquemático para facilitar a compreensão do tema:

REGRA (Art. 25 do CPP)	RETRATAÇÃO NA LEI MARIA DA PENHA (Art. 16 da Lei nº 11.340/06).
É possível a retratação, de qualquer forma, antes do OFERECIMENTO da denúncia.	É possível a retratação (o legislador, de forma inapropriada, utiliza a expressão "renúncia) somente perante o juiz, em audiência especialmente designada com tal finalidade, antes do RECEBIMENTO da denúncia e ouvido o Ministério Público.

Assim, são três os requisitos na Lei Maria da penha: a) perante o juiz, em audiência especialmente designada para esse fim; b) ouvido o Ministério Público e c) antes do recebimento da denúncia.

15.9. *Habeas Corpus* para Impugnar Ilegalidade na Fixação de Medida Protetiva de Urgência

Para o STJ[7], cabe habeas corpus para apurar eventual ilegalidade na fixação de medida protetiva de urgência consistente na proibição de aproximar-se de vítima de violência doméstica e familiar. Se o paciente não pode aproximar-se da vítima ou de seus familiares, decerto que se encontra limitada a sua liberdade de ir e vir. Assim, afigura-se cabível a impetração do habeas corpus.

15.10. Impossibilidade de Substituição da Pena Privativa de Liberdade por Pena Restritiva de Direitos

A prática de crime ou contravenção penal contra a mulher com violência ou grave ameaça no ambiente doméstico impossibilita a substituição da pena privativa de liberdade por restritiva de direitos (Súmula 588, STJ).

15.11. Novas medidas protetivas com a Lei nº 13.984/2020

A Lei nº 13.984/2020 trouxe duas novas medidas protetivas que podem ser decretadas pelo juiz ao agressor: comparecimento a programas de recuperação e reeducação e acompanhamento psicossocial, por meio de atendimento individual e/ou em grupo de apoio (incisos VI e VII do art. 22).

---

7.   STJ, 5ª Turma, HC 298.499/AL, rel. Mon. Reynaldo Soares da Fonseca, j. 01/12/2015.

16. LEI DE CRIMES HEDIONDOS (LEI Nº 8.072/90)

16.1. Significado da Expressão Hediondo

Hediondo é algo imundo, repugnante, bárbaro, cruel. Ou seja, os crimes hediondos são tidos como os crimes mais graves de um determinado ordenamento jurídico.

16.2. Fundamento Constitucional

Art. 5º, XLIII da CF: a lei considerará crimes inafiançáveis e insuscetíveis de graça ou anistia a prática da tortura, o tráfico ilícito de entorpecentes e drogas afins, o terrorismo e os definidos como crimes hediondos, por eles respondendo os mandantes, os executores e os que, podendo evitá-los, se omitirem.

16.3. Critérios de Classificação

São conhecidos três principais critérios ou sistemas de classificação de infrações penais como crimes hediondos:

a) CRITÉRIO LEGAL: a própria lei define, em rol taxativo, quais crimes são considerados hediondos. Não há, aqui, qualquer margem de interpretação ao Poder Judiciário. É o sistema adotado pelo Brasil na Lei nº 8.072/90;

b) CRITÉRIO JUDICIAL: há completa liberdade ao magistrado para, no caso concreto, identificar a natureza hedionda de determinada conduta. Tal modelo é severamente criticado por causar insegurança jurídica, diante da subjetividade de cada intérprete;

c) CRITÉRIO MISTO: o legislador traça alguns parâmetros, como o conceito de crime hediondo e de suas características elementares, mas ainda há liberdade ao intérprete da lei para classificar determinada conduta na análise do caso concreto.

16.4. Rol de Crimes Hediondos

Conforme o art. 1º da Lei nº8.072/90, atualizado pela Lei nº 13.964/2019 (Pacote Anticrime), que estabelece um rol taxativo, são crimes hediondos, consumados ou tentados, as seguintes condutas previstas no Código Penal:

a) homicídio (art. 121), quando praticado em atividade típica de grupo de extermínio, ainda que cometido por um só agente, e homicídio qualificado (art. 121, § 2º, incisos I, II, III, IV, V, VI, VII e VIII);

b) lesão corporal dolosa de natureza gravíssima (art. 129, § 2º) e lesão corporal seguida de morte (art. 129, § 3º), quando praticadas contra autoridade ou agente descrito nos arts. 142 e 144 da Constituição Federal, integrantes do sistema prisional e da Força Nacional de Segurança Pública, no exercício da função ou em decorrência dela, ou contra seu cônjuge, companheiro ou parente consanguíneo até terceiro grau, em razão dessa condição;

c) roubo: circunstanciado pela restrição de liberdade da vítima (art. 157, § 2º, inciso V); circunstanciado pelo emprego de arma de fogo (art. 157, § 2º-A, inciso I) ou pelo emprego de arma de fogo de uso proibido ou restrito (art. 157, § 2º-B); qualificado pelo resultado lesão corporal grave ou morte (art. 157, § 3º);

DIREITO PENAL

d)extorsão qualificada pela restrição da liberdade da vítima, ocorrência de lesão corporal ou morte (art. 158, § 3º);

e) extorsão mediante sequestro e na forma qualificada (art. 159, caput, e §§ 1º, 2º e 3º);

f) estupro (art. 213, caput e §§ 1º e 2º) e estupro de vulnerável (art. 217-A, caput e §§ 1º, 2º, 3º e 4º);

f) epidemia com resultado morte (art. 267, § 1º);

g) falsificação, corrupção, adulteração ou alteração de produto destinado a fins terapêuticos ou medicinais (art. 273, caput e § 1o, § 1o-A e § 1o-B, com a redação dada pela Lei no 9.677, de 2 de julho de 1998);

h) favorecimento da prostituição ou de outra forma de exploração sexual de criança ou adolescente ou de vulnerável (art. 218-B, caput, e §§ 1º e 2º);

i) furto qualificado pelo emprego de explosivo ou de artefato análogo que cause perigo comum (art. 155, § 4º-A);

j) Consideram-se também hediondos, tentados ou consumados: o crime de genocídio, previsto nos arts. 1º, 2º e 3º da Lei nº 2.889, de 1º de outubro de 1956; o crime de posse ou porte ilegal de arma de fogo de uso proibido, previsto no art. 16 da Lei nº 10.826, de 22 de dezembro de 2003; o crime de comércio ilegal de armas de fogo, previsto no art. 17 da Lei nº 10.826, de 22 de dezembro de 2003; o crime de tráfico internacional de arma de fogo, acessório ou munição, previsto no art. 18 da Lei nº 10.826, de 22 de dezembro de 2003 e o crime de organização criminosa, quando direcionado à prática de crime hediondo ou equiparado.

> **PERGUNTAS DE PROVA:**
> **O homicídio praticado por milícia privada é hediondo?** Não. Tal circunstância é causa de aumento de pena (art. 121, §6º do CP), mas não torna, por si só, o homicídio como crime hediondo.
> **O homicídio qualificado-privilegiado é hediondo?** Não. Segundo o STJ[8], há incompatibilidade axiológica e ausência de previsão legal, portanto, não pode ser considerado hediondo.

16.5. Crimes Equiparados a Hediondos

Por força constitucional (art. 5º, inciso XLIII), há três delitos equiparados aos crimes hediondos: **a tortura, o tráfico ilícito de entorpecentes e drogas afins e o terrorismo.** Isso significa que tais condutas não são consideradas como hediondas, mas possuem uma equiparação, ou seja, o mesmo (rigoroso) tratamento dado aos primeiros.

Com relação ao tráfico de drogas, é importante salientar que o Supremo Tribunal Federal não mais admite a figura do tráfico privilegiado (art. 33, §4º da Lei nº 11.343/06) como equiparada a hediondo[9]. Acompanhando o posicionamento da Suprema Corte, o STJ cancelou a Súmula nº 512. Por fim, o Pacote Anticrime (Lei nº 13.964/2019) inseriu o parágrafo quinto no art. 112 da Lei de Execução Penal (Lei nº 7.210/84) para dispor expressamente sobre a não equiparação da conduta a crime hediondo.

---

8.   STJ, 5ª Turma, HC 153.728/SP, rel. Min. Felix Fischer, j. 13/04/2010.

9.   STF, Pleno, HC 118.533, rel. Min. Carmen Lúcia, j. 23/06/2016.

16.6. Vedações

A Constituição Federal vedou a concessão de fiança, anistia e graça aos crimes hediondos e equiparados (art. 5º, LXIII). A Lei de Crimes Hediondos, em seu art. 2º, vedou a fiança, anistia, graça e indulto.

Pergunta-se: essa vedação da Lei nº 8.072/90 ao indulto é constitucional ou teria extrapolado o permissivo dado pela CF/88? Prevalece o entendimento, inclusive dado pelo STF[10], de que a vedação ao indulto é constitucional, uma vez que ao se referir à graça (indulto individual), o Constituinte teria alcançado também o indulto (indulto coletivo).

16.7. Regime de Cumprimento de Pena

A progressão de regime aos crimes hediondos e equiparados é possível, mas se submete a patamares mais rígidos, de acordo com o art. 112 da Lei de Execução Penal (conforme atualizações do Pacote Anticrime – Lei nº 13.964/19), quando o preso tiver cumprido ao menos

a) 40% (quarenta por cento) da pena, se o apenado for condenado pela prática de crime hediondo ou equiparado, se for primário;

b) 50% (cinquenta por cento) da pena, se o apenado for condenado pela prática de crime hediondo ou equiparado, com resultado morte, se for primário, vedado o livramento condicional;

c) 60% (sessenta por cento) da pena, se o apenado for reincidente na prática de crime hediondo ou equiparado;

d) 70% (setenta por cento) da pena, se o apenado for reincidente em crime hediondo ou equiparado com resultado morte, vedado o livramento condicional.

Em razão da lacuna legal, a 6ª Turma do STJ (HC 581.315/PR, Rel. Min. Sebastião Reis Júnior, j. 06/10/2020) decidiu que a progressão de regime do reincidente não específico em crime hediondo ou equiparado com resultado morte deve observar o disposto no inciso VI, "a" do art. 112 da Lei de Execução Penal.

De toda forma, a progressão só será possível se o preso ostentar, ainda, boa conduta carcerária, comprovada pelo diretor do estabelecimento (art. 112, §1º da LEP).

Por fim, resta destacar que o STF declarou inconstitucionais as previsões em abstrato da Lei de Crimes Hediondos quanto ao cumprimento da pena ("regime integralmente fechado" e "regime inicialmente fechado"), uma vez que violavam o Princípio da Individualização da Pena.

16.8. Substituição da Pena Privativa de Liberdade por Pena Restritiva de Direitos

É possível, segundo a doutrina, desde que preenchidos os requisitos do art. 44 do Código Penal. O STF, neste sentido, já declarou inconstitucional a vedação em abstrato da substituição presente no art. 33, §4º, parte final da Lei nº 11.343/06 (Lei de Drogas)[11].

---

10. STF, Pleno, HC 90.364/MG, rel. Min. Ricardo Lewandowski, j. 31/10//2007.

11. STF, Pleno, HC 97.256/RS, rel. Min. Ayres Britto, j. 01/09/2010.

DIREITO PENAL

16.9. Prisão Temporária para Crimes Hediondos Equiparados

Como se sabe, o prazo da prisão temporária, em regra, é de 5 (cinco) dias, prorrogáveis por igual período (art. 2º da Lei nº 7.960/89). No entanto, em relação aos crimes hediondos e equiparados, a Lei nº 8.072/90 estipula prazo maior, qual seja, de 30 (trinta) dias, prorrogáveis por igual período em caso de extrema e comprovada necessidade (art. 2º, §4º).

16.10. Prioridade de Julgamento

De acordo com o art. 394-A do CPP, introduzido pela Lei nº 13.285/16, os processos que apurem a prática de crime hediondo terão prioridade de tramitação em todas as instâncias.

17. ESTATUTO DO DESARMAMENTO (LEI Nº 10.826/03)

17.1. Norma Penal em Branco

O Estatuto do Desarmamento é uma norma penal em branco, uma vez que vários dos conceitos a serem utilizados, como o de arma de fogo, por exemplo, são complementados por outras normas, inclusive de hierarquia inferior. Dentre os decretos que regulamentam a Lei nº 10.826/03, destacam-se o 3.665/00 e os Decretos 9.845/19, 9.846/19 e 9.847/19, editados recentemente.

17.2. Bem Jurídico Tutelado

Segundo a doutrina[12], o Estatuto do Desarmamento tutela os bens jurídicos da segurança pública e da incolumidade pública.

17.3. Competência

Em regra, os crimes do Estatuto do Desarmamento são processados e julgados pela Justiça Estadual. Serão, excepcionalmente, de competência da Justiça Federal quando presentes quaisquer das causas previstas no art. 109 da Constituição Federal.

> **Cuidado:** o art. 18 (tráfico internacional de arma de fogo, acessório ou munição) será sempre julgado pela Justiça Federal.

17.4. Posse x Porte

A diferença entre posse e porte é fundamental para a correta tipificação das condutas. Qual seria a abrangência espacial de cada um desses contextos? Veja o quadro esquemático.

POSSE	PORTE
Arma de fogo, acessório ou munição localizados no interior da residência ou dependência desta, ou, ainda no local de trabalho, desde que seja o titular ou o responsável legal do estabelecimento ou empresa ("intra muros"). Ex: arma localizada no quarto do suspeito.	Arma de fogo, acessório ou munição localizados fora do ambiente espacial da posse ("extra muros"). Ex: indivíduo que é surpreendido com uma arma de fogo na rua.

---

12. HABIB, Gabriel. *Leis penais especiais: volume único*, 10ª ed., Salvador: Juspodivm, 2018, p. 305.

Para a compreensão exata do tema, fundamental é o estudo dos conceitos extraídos do Decreto nº 9.845/2019 (art. 4º. § 1º):

Interior da residência ou dependências desta: toda a extensão da área particular do imóvel, edificada ou não, em que resida o titular do registro, inclusive quando se tratar de imóvel rural;

Interior do local de trabalho: toda a extensão da área particular do imóvel, edificada ou não, em que esteja instalada a pessoa jurídica, registrada como sua sede ou filial;

Titular do estabelecimento ou da empresa: aquele assim definido no contrato social;

Responsável legal pelo estabelecimento ou pela empresa: aquele designado em contrato individual de trabalho, com poderes de gerência.

17.5. Crimes em Espécie

17.5.1. Art. 12. Posse irregular de arma de fogo, acessório ou munição de uso permitido.

O crime previsto no art. 12 da Lei nº 10.826/03 pune a conduta daquele que possuir ou manter sob sua guarda arma de fogo, acessório ou munição, de uso permitido, em desacordo com determinação legal ou regulamentar, no interior de sua residência ou dependência desta, ou, ainda no seu local de trabalho, desde que seja o titular ou o responsável legal do estabelecimento ou empresa.

O que são armas de fogo de uso permitido? Armas de fogo semiautomáticas ou de repetição que sejam: a) de porte, cujo calibre nominal, com a utilização de munição comum, não atinja, na saída do cano de prova, energia cinética superior a mil e duzentas libras-pé ou mil seiscentos e vinte joules; b) portáteis de alma lisa; ou c) portáteis de alma raiada, cujo calibre nominal, com a utilização de munição comum, não atinja, na saída do cano de prova, energia cinética superior a mil e duzentas libras-pé ou mil seiscentos e vinte joules (art. 2º, I do Decreto nº 9.847/2019).

O que é acessório de arma? Artefato que, acoplado a uma arma, possibilita a melhoria do desempenho do atirador, a modificação de um efeito secundário do tiro ou a modificação do aspecto visual da arma (art. 3º, II do Decreto nº 3665/00).

O que é munição? Artefato completo, pronto para carregamento e disparo de uma arma, cujo efeito desejado pode ser: destruição, iluminação ou ocultamento do alvo; efeito moral sobre pessoal; exercício; manejo; outros efeitos especiais (art. 3º, LXIV do Decreto nº 3665/00).

E se a posse for de arma de fogo com registro vencido? Não configura o crime de posse ilegal de arma de fogo (art. 12 da Lei nº 10.826/2003) a conduta do agente que mantém sob guarda, no interior de sua residência, arma de fogo de uso permitido com registro vencido. Se o agente já procedeu ao registro da arma, a expiração do prazo é mera irregularidade administrativa que autoriza a apreensão do artefato e aplicação de multa. A conduta, no entanto, não caracteriza ilícito penal (STJ, Corte Especial, APn 686-AP, Rel. Min. João Otávio de Noronha, julgado em 21/10/2015).

Um Delegado de Polícia que mantém arma de fogo sem registro em casa comete crime? É típica e antijurídica a conduta de policial civil que, mesmo autorizado a portar ou possuir arma de fogo, não observa as imposições legais previstas no Estatuto do Desarmamento, que impõem registro das armas no órgão competente (STJ, 6ª Turma, RHC 70.141-RJ, Rel. Min. Rogério Schietti Cruz, julgado em 7/2/2017).

Arma apreendida no interior de caminhão durante fiscalização. Posse ou porte? O veículo utilizado profissionalmente não pode ser considerado "local de trabalho" para tipificar a conduta como posse de arma de fogo de uso permitido (art. 12 da Lei nº 10.826/03). (...) Dessa forma, a referida expressão não pode abranger todo e qualquer espaço por onde o caminhão transitar, pois tal circunstância está sim no âmbito da conduta prevista como porte de arma de fogo (STJ, 6ª Turma, REsp 1.219.901/MG, Rel. Min. Sebastião Reis Júnior, j. 24/04/2012).

17.5.2. Art. 13. Omissão de cautela

17.5.2.1. Art. 13, caput. Omissão de cautela propriamente dita

O art. 13, caput pune a conduta daquele que deixar de observar as cautelas necessárias para impedir que menor de 18 (dezoito) anos ou pessoa portadora de deficiência mental se apodere de arma de fogo que esteja sob sua posse ou que seja de sua propriedade.

Ex.: policial que, ao chegar em casa, deixa a arma de fogo na mesa de centro, possibilitando que o seu filho, de 14 anos, se apodere do artefato. O crime se consuma com o mero apoderamento, não sendo exigido qualquer outro resultado.

Se o agente tem a posse ilegal da arma e a deixa ao alcance de um menor, por exemplo, não observando as cautelas necessárias, responde pelos arts. 12 e 13 (se a arma for de uso permitido, se restrito, art. 16) da Lei nº 10.826/03, em concurso de crimes.

> **Cuidado:** o tipo penal não alcança acessório e nem munição, e somente arma de fogo. Interpretar extensivamente seria analogia *in malan partem*.

17.5.2.2. Art. 13, parágrafo único. Omissão de cautela equiparada

O art. 13, parágrafo único tipifica a conduta do proprietário ou diretor responsável de empresa de segurança e transporte de valores que deixarem de registrar ocorrência policial e de comunicar à Polícia Federal perda, furto, roubo ou outras formas de extravio de arma de fogo, acessório ou munição que estejam sob sua guarda, nas primeiras 24 (vinte quatro) horas depois de ocorrido o fato.

Dupla obrigação: deve registrar ocorrência policial e comunicar à Polícia Federal. Se cumprir apenas uma das obrigações, comete o crime.

Prazo para cumprimento das obrigações: por critérios de razoabilidade, o prazo de 24 (vinte e quatro) horas deve ser contado do momento em que o proprietário/diretor tomar conhecimento do extravio, e não da ocorrência do fato.

Objeto: alcança arma de fogo, acessório e munição, diante de expressa previsão legal.

17.5.3. Art. 14. Porte ilegal de arma de fogo, acessório ou munição de uso permitido

Art. 14. Portar, deter, adquirir, fornecer, receber, ter em depósito, transportar, ceder, ainda que gratuitamente, emprestar, remeter, empregar, manter sob guarda ou ocultar arma de fogo, acessório ou munição, de uso permitido, sem autorização e em desacordo com determinação legal ou regulamentar.

Posse ou porte somente da arma ou da munição configura crime? Sim. Isso porque tais condutas consistem em crimes de perigo abstrato, para cuja caracterização não importa o resultado concreto da ação. O objetivo do legislador foi o de antecipar a punição de fatos que apresentam potencial lesivo à população, prevenindo a prática de crimes (STF, 2ª Turma, HC 119154, Rel. Min. Teori Zavascki, julgado em 26/11/2013). No mesmo sentido, STJ, 6ª Turma, AgRg no REsp 1442152/MG, Min. Maria Thereza de Assis Moura, julgado em 07/08/2014.

É possível a aplicação do Princípio da Insignificância nos crimes do Estatuto do Desarmamento? Por muito tempo, os Tribunais Superiores não admitam a aplicação na bagatela nos crimes da Lei nº 10.826/03. Ocorre que tanto o STF como o STJ possuem julgados recentes flexibilizando tal aplicação. Seguem as principais decisões:

> I) É atípica a conduta daquele que porta, na forma de pingente, munição desacompanhada de arma (STF, HC 133984/MG, j. 17/05/2016);
>
> II) Posse de uma única munição de calibre permitido encontrada na residência do suspeito, desacompanhada da arma (STF, RHC 143.449/MS, j. 26/09/2017);
>
> III) Posse de uma única munição de fuzil de festim, desacompanhada da arma (STF, HC149.450/DF, j. 19/12/2017);
>
> IV) Posse de uma munição de fuzil por policial aposentado, desacompanhada da arma (STF, HC 154.390/SC, j. 21/03/2018);
>
> V) Posse de 8 (oito) munições permitidas e restritas em uma gaveta, desacompanhadas da arma (STJ, REsp 1.735.871/AM, j. 12/06/2018).

Vigia que porta arma de fogo fora do horário do expediente. Crime.

O fato de o empregador obrigar seu empregado a portar arma de fogo durante o exercício das atribuições de vigia não caracteriza coação moral irresistível (art. 22 do CP) capaz de excluir a culpabilidade do crime de "porte ilegal de arma de fogo de uso permitido" (art. 14 da Lei nº 10.826/2003) atribuído ao empregado que tenha sido flagrado portando, em via pública, arma de fogo, após o término do expediente laboral, no percurso entre o trabalho e a sua residência (STJ. 5ª Turma. REsp 1.456.633-RS, Rel. Min. Reynaldo Soares da Fonseca, julgado em 5/4/2016 (Info 581)).

Arma quebrada e incapaz de efetuar disparos. Ineficácia atestada por laudo pericial. Fato atípico.

Não está caracterizado o crime de porte ilegal de arma de fogo quando o instrumento apreendido sequer pode ser enquadrado no conceito técnico de arma de fogo, por estar quebrado e, de acordo com laudo pericial, totalmente inapto para realizar disparos. Assim, demonstrada por laudo pericial a total ineficácia da arma de fogo e das munições apreendidas, deve ser reconhecida a atipicidade da conduta do agente que detinha a posse do referido artefato e das aludidas munições de uso proibido, sem autorização e em desacordo com a determinação legal/regulamentar (STJ. 6ª Turma. REsp 1.451.397-MG, Rel. Min. Maria Thereza de Assis Moura, julgado em 15/9/2015 (Info 570)).

Porte de arma de fogo e homicídio.

Se o crime de porte ilegal de arma de fogo serviu de meio para a prática do homicídio, com fundamento no princípio da consunção, fica por este absorvido (STJ, 6ª Turma, HC 104.455/ES, Rel. Min. Og Fernandes, j. 21/10/2010).

> **Cuidado:** o STF declarou a inconstitucionalidade do parágrafo único do art. 14 ("o crime previsto neste artigo é inafiançável, salvo quando a arma de fogo estiver registrada em nome do agente). Assim, o crime é afiançável.

17.5.4. Art. 15. Disparo de arma de fogo

Art. 15. Disparar arma de fogo ou acionar munição em lugar habitado ou em suas adjacências, em via pública ou em direção a ela, desde que essa conduta não tenha como finalidade a prática de outro crime.

Local ermo, não habitado: conduta atípica.

Vários disparos. Crime único ou concurso de crimes? Crime único.

Parágrafo único: também declarado inconstitucional pelo STF (ADI 3112/DF). Logo, o crime é afiançável.

17.5.5. Art. 16. Posse/porte de arma de fogo, acessório ou munição de calibre restrito

Atenção ao art. 16 da Lei nº 10.826/03: se a arma de fogo, acessório ou munição forem de uso restrito, o legislador equipara as condutas de posse e porte em um mesmo tipo penal.

Art. 16. Possuir, deter, portar, adquirir, fornecer, receber, ter em depósito, transportar, ceder, ainda que gratuitamente, emprestar, remeter, empregar, manter sob sua guarda ou ocultar arma de fogo, acessório ou munição de uso proibido ou restrito, sem autorização e em desacordo com determinação legal ou regulamentar.

> **O que são armas de fogo de uso restrito?** Armas de fogo automáticas, semiautomáticas ou de repetição que sejam: a) não portáteis; b) de porte, cujo calibre nominal, com a utilização de munição comum, atinja, na saída do cano de prova, energia cinética superior a mil e duzentas libras-pé ou mil seiscentos e vinte joules; ou c) portáteis de alma raiada, cujo calibre nominal, com a utilização de munição comum, atinja, na saída do cano de prova, energia cinética superior a mil e duzentas libras-pé ou mil seiscentos e vinte joules (art. 2º, II do Decreto nº 9.847/2019).
>
> **O que são armas de fogo de uso proibido?** São as armas de fogo classificadas de uso proibido em acordos e tratados internacionais dos quais a República Federativa do Brasil seja signatária; ou as armas de fogo dissimuladas, com aparência de objetos inofensivos (art. 2º, III do Decreto nº 9.847/2019). Ex: caneta-revólver.

Crime hediondo: se a arma de fogo, acessório ou munição forem de uso proibido, o crime é hediondo (vide parágrafo único, II da Lei nº 8.072/90).

Condutas equiparadas. O parágrafo único do art. 16 dispõe sobre várias condutas equiparadas, aplicando-se, assim, a mesma pena do *caput*.

> Parágrafo único. Nas mesmas penas incorre quem:
>
> I – suprimir ou alterar marca, numeração ou qualquer sinal de identificação de arma de fogo ou artefato;
>
> II – modificar as características de arma de fogo, de forma a torná-la equivalente a arma de fogo de uso proibido ou restrito ou para fins de dificultar ou de qualquer modo induzir a erro autoridade policial, perito ou juiz;
>
> III – possuir, deter, fabricar ou empregar artefato explosivo ou incendiário, sem autorização ou em desacordo com determinação legal ou regulamentar;
>
> IV – portar, possuir, adquirir, transportar ou fornecer arma de fogo com numeração, marca ou qualquer outro sinal de identificação raspado, suprimido ou adulterado;
>
> V – vender, entregar ou fornecer, ainda que gratuitamente, arma de fogo, acessório, munição ou explosivo a criança ou adolescente; e
>
> VI – produzir, recarregar ou reciclar, sem autorização legal, ou adulterar, de qualquer forma, munição ou explosivo.

Forma qualificada: se as condutas descritas no *caput* e no § 1º deste artigo envolverem arma de fogo de uso proibido, a pena é de reclusão, de 4 (quatro) a 12 (doze) anos (art. 16, §2º da Lei nº 10.826/03).

Arma com numeração, marca ou outro sinal de identificação raspado, suprimido ou adulterado.

Ainda que seja de uso permitido, se a arma de fogo estiver com numeração, marca ou outro sinal identificador raspado, suprimido ou adulterado, o agente responderá pelo art. 16, parágrafo único, IV da Lei nº 10.826/03. Cuidado: raspagem, supressão ou adulteração exigem uma conduta intencional humana. Assim, se a numeração não estiver legível pela oxidação do metal, por decurso do tempo, por exemplo, não há o que se falar em conduta equiparada.

Vender, entregar ou fornecer, ainda que gratuitamente, arma de fogo, acessório, munição ou explosivo a criança ou adolescente.

Se o objeto vendido/entregue/fornecido se tratar de arma de fogo, acessório, munição ou explosivo, aplica-se o art. 16 ,parágrafo único, V da Lei nº10.826/03.

Se o objeto vendido/entregue/fornecido se tratar de uma arma de outra natureza (ex: arma branca, como uma faca), aplica-se o art. 242 do ECA (Lei nº 8.069/90).

17.5.6. Art. 17. Comércio ilegal de arma de fogo, acessório ou munição

Art. 17. Adquirir, alugar, receber, transportar, conduzir, ocultar, ter em depósito, desmontar, montar, remontar, adulterar, vender, expor à venda, ou de qualquer forma utilizar, em proveito próprio ou alheio, no exercício de atividade comercial ou industrial, arma de fogo, acessório ou munição, sem autorização ou em desacordo com determinação legal ou regulamentar.

Habitualidade: o tipo penal exige a reiteração da conduta, não ficando caracterizado, por exemplo, se o indivíduo vendeu uma única arma de fogo, sem exercer atividade comercial clandestina. Ex: o fato de alguém vender o seu carro a um terceiro não o torna um "comerciante de veículos".

Equiparação da atividade comercial/industrial: o parágrafo único do art. 17 equipara à atividade comercial ou industrial qualquer forma de prestação de serviços, fabricação ou comércio irregular ou clandestino, inclusive o exercido em residência.

Causa de aumento de pena: a pena é aumentada da metade se a arma de fogo, acessório ou munição forem de uso proibido ou restrito (art. 19).

Crime hediondo: vide parágrafo único, III da Lei nº 8.072/90 (inserido pelo Pacote Anticrime).

Nova figura com a Lei nº 13.964/2019: Incorre na mesma pena quem vende ou entrega arma de fogo, acessório ou munição, sem autorização ou em desacordo com a determinação legal ou regulamentar, a agente policial disfarçado, quando presentes elementos probatórios razoáveis de conduta criminal preexistente (vide comentários do agente disfarçado abaixo).

17.5.7. Art. 18. Tráfico internacional de arma de fogo, acessório ou munição

Art. 18. Importar, exportar, favorecer a entrada ou saída do território nacional, a qualquer título, de arma de fogo, acessório ou munição, sem autorização da autoridade competente.

Competência: Justiça Federal.

DIREITO PENAL

Causa de aumento de pena: a pena é aumentada da metade se a arma de fogo, acessório ou munição forem de uso proibido ou restrito (art. 19).

Crime hediondo: vide parágrafo único, IV da Lei nº 8.072/90 (inserido pelo Pacote Anticrime).

Nova figura com a Lei nº 13.964/2019: Incorre na mesma pena quem vende ou entrega arma de fogo, acessório ou munição, em operação de importação, sem autorização da autoridade competente, a agente policial disfarçado, quando presentes elementos probatórios razoáveis de conduta criminal preexistente (vide comentários do agente disfarçado abaixo).

Inclusão do agente disfarçado. Inspirado no direito comparado, o Pacote Anticrime ainda trouxe a figura do agente policial disfarçado, que não se confunde com o agente policial infiltrado e nem com o agente provocador. O agente disfarçado nunca foi disciplinado anteriormente na legislação processual brasileira. Com as inovações da Lei nº 13.964/2019, agora há previsão em três artigos: 33, § 1º, IV da Lei nº 11.343/06 (Lei de Drogas) e art. 17, § 2º e 18, parágrafo único, ambos da Lei nº 10.826/03 (Estatuto do Desarmamento). Em suma, o agente disfarçado é aquele que atua em nível superficial de dissimulação e oculta a sua real identidade para realizar atividade determinada de repressão ao crime. No caso da legislação brasileira, a atuação do agente disfarçado será vinculada aos crimes de comércio ilegal/tráfico internacional de arma de fogo/acessório/munição e tráfico de drogas. Considerando a exigência de elementos probatórios razoáveis de conduta criminal preexistente, que somente podem ser atestados com diligências investigativas, a tarefa de agente disfarçado também só pode ser executada por policial civil ou federal, havendo óbice para a atuação de militares e guardas municipais, por exemplo. Como a legislação menciona "agente policial disfarçado", a técnica também não pode ser empregada por particulares. Em razão do silêncio legislativo, não se exige autorização judicial para o emprego da técnica do agente disfarçado.

17.6. Art. 20. Causa de Aumento de Pena

Art. 20. Nos crimes previstos nos arts. 14, 15, 16, 17 e 18, a pena é aumentada da metade se forem praticados por integrante dos órgãos e empresas referidas nos arts. 6º, 7º e 8º desta Lei e se o agente não for reincidente específico em crimes dessa natureza.

17.7. Art. 21. Vedação à Liberdade Provisória

Art. 21. Os crimes previstos nos arts. 16, 17 e 18 são insuscetíveis de liberdade provisória.

Cuidado: o STF declarou o dispositivo inconstitucional. Assim, a liberdade provisória é perfeitamente possível.

18. LEI DE DROGAS (LEI Nº 11.343/06)

18.1. Norma Penal em Branco

A definição de drogas e a lista com as substâncias que são consideradas para aplicação da Lei nº 11.343/06 constam da Portaria n 344/98 da Secretaria de Vigilância Sanitária do Ministério da Saúde. Por tal razão, a Lei de Drogas é considerada uma norma penal em branco.

18.2. Crimes em Espécie

18.2.1. Art. 28, caput e parágrafo primeiro

Art. 28. Quem adquirir, guardar, tiver em depósito, transportar ou trouxer consigo, para consumo pessoal, drogas sem autorização ou em desacordo com determinação legal ou regulamentar será submetido às seguintes penas:

I – advertência sobre os efeitos das drogas;

II – prestação de serviços à comunidade;

III – medida educativa de comparecimento a programa ou curso educativo.

Novo tratamento dado pela Lei nº 11.343/06: ao deixar de prever pena privativa de liberdade à conduta do art. 28, caput e §1º, doutrina e jurisprudência majoritárias defendem que houve a despenalização e manutenção do status de crime. Há quem diga que o termo correto seria descarcerização, uma vez que há estabelecimento de pena (não privativa de liberdade), mas não se torna possível a prisão.

Elemento subjetivo especial do tipo: "para consumo pessoal".

Penas: advertência sobre os efeitos das drogas, prestação de serviços à comunidade e medida de comparecimento a programa ou curso educativo.

Duração das penas: as penas previstas nos incisos II e III do caput deste artigo (prestação de serviços à comunidade e medida de comparecimento a programa ou curso educativo) serão aplicadas pelo prazo máximo de 5 (cinco) meses. Em caso de reincidência, o prazo máximo será de 10 (dez) meses.

Prazo prescricional: de acordo com o art. 30, prescrevem em 2 (dois) anos a imposição e a execução das penas dos arts. 28, caput e 1º, observado, no tocante à interrupção do prazo, o disposto nos arts. 107 e seguintes do Código Penal.

Condenação e reincidência: a condenação pelo art. 28, caput e §1ºnão gera efeitos para fins de reincidência (STJ, 6ª Turma, REsp 1.672.654/SP, Rel. Min. Maria Thereza de Assis Moura, j. 21/08/2018).

Prisão em flagrante: não é possível, uma vez que o tipo penal não prevê pena privativa de liberdade.

Conduta equiparada (art. 28, §1º): às mesmas medidas submete-se quem, para seu consumo pessoal, semeia, cultiva ou colhe plantas destinadas à preparação de pequena quantidade de substância ou produto capaz de causar dependência física ou psíquica.

18.2.2. Art. 33, caput. Tráfico de drogas

Art. 33. Importar, exportar, remeter, preparar, produzir, fabricar, adquirir, vender, expor à venda, oferecer, ter em depósito, transportar, trazer consigo, guardar, prescrever, ministrar, entregar a consumo ou fornecer drogas, ainda que gratuitamente, sem autorização ou em desacordo com determinação legal ou regulamentar:

Pena – reclusão de 5 (cinco) a 15 (quinze) anos e pagamento de 500 (quinhentos) a 1.500 (mil e quinhentos) dias-multa.

DIREITO PENAL

Bem jurídico: saúde pública.

Classificação: crime de perigo abstrato.

Crime equiparado a hediondo: art. 5º, LXIII da CF/88.

Consumação na modalidade adquirir: a conduta consistente em negociar por telefone a aquisição de droga e também disponibilizar o veículo que seria utilizado para o transporte do entorpecente configura o crime de tráfico de drogas em sua forma consumada (e não tentada), ainda que a polícia, com base em indícios obtidos por interceptações telefônicas, tenha efetivado a apreensão do material entorpecente antes que o investigado efetivamente o recebesse (STJ, 6ª Turma, HC 212.528-SC, Rel. Min. Nefi Cordeiro, julgado em 1º/9/2015).

Pureza da droga é irrelevante para a dosimetria da pena: o grau de pureza da droga é irrelevante para fins de dosimetria da pena. De acordo com a Lei nº 11.343/2006, preponderam apenas a natureza e a quantidade da droga apreendida para o cálculo (STF. 2ª Turma. HC 132909/SP, Rel. Min. Cármen Lúcia, julgado em 15/3/2016).

Substituição da pena privativa de liberdade por restritiva de direitos: é possível, segundo a doutrina, desde que preenchidos os requisitos do art. 44 do Código Penal. O STF, neste sentido, já declarou inconstitucional a vedação em abstrato da substituição presente no art. 33, §4º, parte final da Lei nº 11.343/06[13].

Competência: salvo ocorrência de tráfico para o exterior, quando, então, a competência será da justiça federal, compete à justiça dos estados o processo e julgamento dos crimes relativos a entorpecentes (Súmula 522 do STF).

Competência em razão do local da apreensão da droga: compete ao juiz federal do local da apreensão da droga remetida do exterior pela via postal processar e julgar o crime de tráfico internacional (Súmula nº 528 do STJ).

Transposição de fronteiras e tráfico interestadual: para a incidência da majorante prevista no artigo 40, V, da Lei 11.343/06, é desnecessária a efetiva transposição de fronteiras entre estados da federação, sendo suficiente a demonstração inequívoca da intenção de realizar o tráfico interestadual (Súmula nº 587 do STJ).

Transposição de fronteiras e tráfico transnacional: a majorante do tráfico transnacional de drogas (art. 40, I, da Lei 11.343/06) se configura com a prova da destinação internacional das drogas, ainda que não consumada a transposição de fronteiras (Súmula nº 607 do STJ).

Viva-voz do investigado: sem consentimento do réu ou prévia autorização judicial, é ilícita a prova, colhida de forma coercitiva pela polícia, de conversa travada pelo investigado com terceira pessoa em telefone celular, por meio do recurso "viva-voz", que conduziu ao flagrante do crime de tráfico ilícito de entorpecentes (STJ. 5ª Turma. REsp 1.630.097-RJ, Rel. Min. Joel Ilan Paciornik, julgado em 18/4/2017).

Inviolabilidade de domicílio e fuga do acusado: não configura justa causa apta a autorizar invasão domiciliar a mera intuição da autoridade policial de eventual traficância praticada por indivíduo, fundada unicamente em sua fuga de local supostamente conhecido como ponto de venda de drogas ante iminente abordagem policial (STJ. 6ª Turma. REsp 1.574.681-RS, Rel. Min. Rogério Schietti Cruz, julgado em 20/4/2017).

---

13. STF, Pleno, HC 97.256/RS, rel. Min. Ayres Britto, j. 01/09/2010.

Denúncias anônimas e fuga do acusado: a existência de denúncias anônimas somada à fuga do acusado, por si sós, não configuram fundadas razões a autorizar o ingresso policial no domicílio do acusado sem o seu consentimento ou determinação judicial. Ainda que o tráfico ilícito de drogas seja um tipo penal com vários verbos nucleares, e de caráter permanente em alguns destes verbos, como por exemplo "ter em depósito", não se pode ignorar o inciso XI do artigo 5º da Constituição Federal e esta garantia constitucional não pode ser banalizada, em face de tentativas policiais aleatórias de encontrar algum ilícito em residências. Conforme entendimento da Suprema Corte e da Sexta Turma deste STJ, a entrada forçada em domicílio, sem uma justificativa prévia conforme o direito, é arbitrária, e não será a constatação de situação de flagrância, posterior ao ingresso, que justificará a medida, pois os agentes estatais devem demonstrar que havia elemento mínimo a caracterizar fundadas razões (STJ, 6ª Turma, RHC 83.501-SP, Rel. Min. Nefi Cordeiro, por unanimidade, julgado em 06/03/2018).

Interrogatório como último ato da instrução criminal: os procedimentos regidos por leis especiais devem observar, a partir da publicação da ata de julgamento do HC 127.900/AM do STF (11.03.2016), a regra disposta no art. 400 do CPP, cujo conteúdo determina ser o interrogatório o último ato da instrução criminal (STJ. 6ª Turma. HC 397382-SC, Rel. Min. Maria Thereza de Assis Moura, julgado em 3/8/2017).

Crimes equiparados ao tráfico de drogas (art. 33, §1º).

§ 1º Nas mesmas penas incorre quem:

I – importa, exporta, remete, produz, fabrica, adquire, vende, expõe à venda, oferece, fornece, tem em depósito, transporta, traz consigo ou guarda, ainda que gratuitamente, sem autorização ou em desacordo com determinação legal ou regulamentar, matéria-prima, insumo ou produto químico destinado à preparação de drogas;,

II – semeia, cultiva ou faz a colheita, sem autorização ou em desacordo com determinação legal ou regulamentar, de plantas que se constituam em matéria-prima para a preparação de drogas;

III – utiliza local ou bem de qualquer natureza de que tem a propriedade, posse, administração, guarda ou vigilância, ou consente que outrem dele se utilize, ainda que gratuitamente, sem autorização ou em desacordo com determinação legal ou regulamentar, para o tráfico ilícito de drogas;

IV – vende ou entrega drogas ou matéria-prima, insumo ou produto químico destinado à preparação de drogas, sem autorização ou em desacordo com a determinação legal ou regulamentar, a agente policial disfarçado, quando presentes elementos probatórios razoáveis de conduta criminal preexistente.

Inclusão do agente disfarçado. Inspirado no direito comparado, o Pacote Anticrime ainda trouxe a figura do agente policial disfarçado, que não se confunde com o agente policial infiltrado e nem com o agente provocador. O agente disfarçado nunca foi disciplinado anteriormente na legislação processual brasileira. Com as inovações da Lei nº 13.964/2019, agora há previsão em três artigos: 33, § 1º, IV da Lei nº 11.343/06 (Lei de Drogas) e art. 17, § 2º e 18, parágrafo único, ambos da Lei nº 10.826/03 (Estatuto do Desarmamento). Em suma, o agente disfarçado é aquele que atua em nível superficial de dissimulação e oculta a sua real identidade para realizar atividade determinada de repressão ao crime. No caso da legislação brasileira, a atuação do agente disfarçado será vinculada aos crimes de comércio ilegal/tráfico internacional de arma de fogo/acessório/munição e tráfico de drogas. Considerando a exigência de elementos probatórios razoáveis de conduta criminal preexistente, que somente podem ser atestados com diligências investigativas, a tarefa de agente disfarçado também só pode ser executada por policial civil ou federal, havendo óbice para a atuação de militares e guardas municipais, por exemplo. Como a legislação menciona "agente policial

DIREITO PENAL

disfarçado", a técnica também não pode ser empregada por particulares. Em razão do silêncio legislativo, não se exige autorização judicial para o emprego da técnica do agente disfarçado.

18.2.3. Art. 33, §2º. Indução, instigação ou auxílio ao uso indevido de droga

§ 2º Induzir, instigar ou auxiliar alguém ao uso indevido de droga:
Pena – detenção, de 1 (um) a 3 (três) anos, e multa de 100 (cem) a 300 (trezentos) dias-multa.

Induzir: fazer nascer a ideia no terceiro; criar.

Instigar: estimular (a ideia já foi pensada pelo terceiro, que é estimulado pelo agente).

Auxiliar: prestar ajuda para facilitar o uso indevido de droga. Ex: emprestando o carro para aquisição da substância. O auxílio não pode se dar no sentido de entrega/fornecimento da droga, já que neste caso resta tipificado o art. 33, caput da Lei nº11.343/06.

A indução, instigação ou auxílio devem ser destinados à pessoa determinada. Se a instigação for genérica, por exemplo, pode ficar caracterizado o delito do art. 287 do Código Penal (apologia ao crime).

Marcha da maconha: não caracteriza o crime.

Não é equiparado a crime hediondo.

18.2.4. Art. 33, §3º. Cessão gratuita e eventual de drogas para uso compartilhado

§ 3º Oferecer droga, eventualmente e sem objetivo de lucro, a pessoa de seu relacionamento, para juntos a consumirem:

Pena – detenção, de 6 (seis) meses a 1 (um) ano, e pagamento de 700 (setecentos) a 1.500 (mil e quinhentos) dias-multa, sem prejuízo das penas previstas no art. 28.

Quatro requisitos: oferecimento deve ser eventual (esporádico), sem objetivo de lucro (ainda que indireto), à pessoa do relacionamento (não há necessidade de ser amigo íntimo/namorado/cônjuge, mas deve haver algum vínculo de proximidade), para juntos consumirem.

Se fornece droga a pedido de terceiro: crime do art. 33, caput da Lei nº 11.343/06.

Não é equiparado a hediondo.

18.2.5. Art. 33, §4º. Tráfico privilegiado

§ 4º Nos delitos definidos no caput e no § 1º deste artigo, as penas poderão ser reduzidas de um sexto a dois terços, vedada a conversão em penas restritivas de direitos, desde que o agente seja primário, de bons antecedentes, não se dedique às atividades criminosas nem integre organização criminosa.

Natureza jurídica: apesar do dispositivo ser conhecido por "tráfico privilegiado", a natureza jurídica é de causa de diminuição de pena.

Requisitos cumulativos: ser primário, possuir bons antecedentes, não se dedicar às atividades criminosas e nem integrar organização criminosa.

Não é equiparado a crime hediondo: STF[14] e STJ mudaram posicionamento antigo e não mais consideram o art. 33, §3º como crime equiparado a hediondo. O STJ cancelou, inclusive, a Súmula nº 512 (que previa o contrário). Com o Pacote Anticrime (Lei nº 13.964/2019), a posição agora é expressamente prevista no parágrafo quinto do art. 112 da Lei de Execução Penal.

Consequências da não equiparação a hediondo: prazo do livramento condicional pela regra do art. 83 do CP; não se aplicam as vedações do art. 44 da Lei nº 11.343/06 e a progressão de regime é a prevista no art. 112 da Lei de Execução Penal.

Inquéritos policiais e ações penais em curso: é possível a utilização de inquéritos policiais e/ou ações penais em curso para formação da convicção de que o réu se dedica a atividades criminosas, de modo a afastar o benefício legal previsto no artigo 33, § 4º, da Lei 11.343/06 (STJ. 3ª Seção. EREsp 1.431.091-SP, Rel. Min. Felix Fischer, julgado em 14/12/2016).

"Mula" do tráfico: é possível o reconhecimento do tráfico privilegiado ao agente transportador de drogas, na qualidade de "mula", uma vez que a simples atuação nessa condição não induz, automaticamente, à conclusão de que ele seja integrante de organização criminosa (STJ. 5ª Turma. HC 387.077-SP, Rel. Min. Ribeiro Dantas, julgado em 6/4/2017).

18.2.6. Art. 34. Tráfico de maquinário para fabricação de drogas

Art. 34. Fabricar, adquirir, utilizar, transportar, oferecer, vender, distribuir, entregar a qualquer título, possuir, guardar ou fornecer, ainda que gratuitamente, maquinário, aparelho, instrumento ou qualquer objeto destinado à fabricação, preparação, produção ou transformação de drogas, sem autorização ou em desacordo com determinação legal ou regulamentar:

Pena – reclusão, de 3 (três) a 10 (dez) anos, e pagamento de 1.200 (mil e duzentos) a 2.000 (dois mil) dias-multa.

Crime equiparado a hediondo.

Maquinário: doutrina majoritária aponta que o tipo penal abrange tanto o maquinário exclusivamente destinado à fabricação/preparação de drogas, como aqueles eventualmente utilizados nessa tarefa, cabendo ao Ministério Público o ônus da prova (art. 156, caput do Código de Processo Penal).

18.2.7. Art. 35. Associação ao tráfico de drogas

Art. 35. Associarem-se duas ou mais pessoas para o fim de praticar, reiteradamente ou não, qualquer dos crimes previstos nos arts. 33, caput e § 1º, e 34 desta Lei:

Pena – reclusão, de 3 (três) a 10 (dez) anos, e pagamento de 700 (setecentos) a 1.200 (mil e duzentos) dias-multa.

Parágrafo único. Nas mesmas penas do caput deste artigo incorre quem se associa para a prática reiterada do crime definido no art. 36 desta Lei.

Número mínimo de agentes associados: 2 (duas) pessoas, computando-se os inimputáveis.

---

14. STF, Plenário, HC 118.533, rel. Min. Carmen Lúcia, j. 23/06/2016.

DIREITO PENAL

Participação de menor: a participação do menor pode ser considerada para configurar o crime de associação para o tráfico (art. 35) e, ao mesmo tempo, para agravar a pena como causa de aumento do art. 40, VI, da Lei nº 11.343/2006 (STJ. 6ª Turma. HC 250.455-RJ, Rel. Min. Nefi Cordeiro, julgado em 17/12/2015).

Requisitos: o vínculo associativo deve ser estável e permanente.[15]

Segundo o STJ, o crime de associação ao tráfico não é equiparado a hediondo.[16]

18.2.8. Art. 36. Financiamento ao tráfico de drogas

Art. 36. Financiar ou custear a prática de qualquer dos crimes previstos nos arts. 33, caput e § 1º, e 34 desta Lei:

Pena – reclusão, de 8 (oito) a 20 (vinte) anos, e pagamento de 1.500 (mil e quinhentos) a 4.000 (quatro mil) dias-multa.

Exige reiteração e estabilidade.

Se o agente financia ou custeia o tráfico, mas não pratica nenhum verbo do art. 33, responderá apenas pelo art. 36 da Lei de Drogas. Se o agente, além de financiar ou custear o tráfico, também pratica algum verbo do art. 33 (hipótese de autofinanciamento), responderá apenas pelo art. 33 c/c o art. 40, VII da Lei de Drogas (STJ. 6ª Turma. REsp 1.290.296-PR, Rel. Min. Maria Thereza de Assis Moura, julgado em 17/12/2013).

Prevalece ser crime equiparado a hediondo.

18.2.9. Art. 37. Colaboração como informante

Art. 37. Colaborar, como informante, com grupo, organização ou associação destinados à prática de qualquer dos crimes previstos nos arts. 33, caput e § 1º, e 34 desta Lei:

Pena – reclusão, de 2 (dois) a 6 (seis) anos, e pagamento de 300 (trezentos) a 700 (setecentos) dias-multa.

A colaboração deve ser obrigatoriamente eventual.

Só pode ser considerado informante quem não seja coautor ou partícipe do tráfico ou que não esteja associado ao tráfico. O art. 37 é um tipo penal subsidiário em relação aos crimes dos arts. 33 e 35 da Lei de Drogas.

Não é equiparado a hediondo.

18.2.10. Art. 38. Prescrição culposa de drogas

Art. 38. Prescrever ou ministrar, culposamente, drogas, sem que delas necessite o paciente, ou fazê--lo em doses excessivas ou em desacordo com determinação legal ou regulamentar:

Pena – detenção, de 6 (seis) meses a 2 (dois) anos, e pagamento de 50 (cinquenta) a 200 (duzentos) dias-multa.

Parágrafo único. O juiz comunicará a condenação ao Conselho Federal da categoria profissional a que pertença o agente.

---

15. STJ, 5ª Turma, HC 254.428/SP, rel. Min. Jorge Mussi, j. 27/11/2012.
16. STJ, 5ª Turma, HC 284.176/RJ, rel. Min. Laurita Vaz, j. 26/08/2014.

Único crime culposo previsto na Lei de Drogas.

Crime próprio: Só pode ser cometido por médico ou dentista na modalidade prescrever e só pode ser cometido por médico, dentista, farmacêutico ou profissional de enfermagem na modalidade ministrar.

Se prescrever ou ministrar com dolo: art. 33, caput da Lei nº 11.343/06.

18.2.11. Condução de embarcação ou aeronave sob a influência de drogas

Art. 39. Conduzir embarcação ou aeronave após o consumo de drogas, expondo a dano potencial a incolumidade de outrem:

Pena – detenção, de 6 (seis) meses a 3 (três) anos, além da apreensão do veículo, cassação da habilitação respectiva ou proibição de obtê-la, pelo mesmo prazo da pena privativa de liberdade aplicada, e pagamento de 200 (duzentos) a 400 (quatrocentos) dias-multa.

Parágrafo único. As penas de prisão e multa, aplicadas cumulativamente com as demais, serão de 4 (quatro) a 6 (seis) anos e de 400 (quatrocentos) a 600 (seiscentos) dias-multa, se o veículo referido no caput deste artigo for de transporte coletivo de passageiros.

Crime de perigo concreto.

Norma penal em branco heterogênea: o conceito de droga está na Portaria SVS/MS nº 344/98.

Circunstância qualificadora: pena de 4 a 6 anos se o veículo for de transporte coletivo de passageiros e, ao menos, tenha um passageiro no veículo no momento da criação da situação de risco.

Se o veículo for terrestre: art. 306 do Código de Trânsito Brasileiro.

19. QUESTÕES APLICADAS EM EXAMES ANTERIORES

01. (2018 – FGV – XXV Exame) No dia 05/03/2015, Vinícius, 71 anos, insatisfeito e com ciúmes em relação à forma de dançar de sua esposa, Clara, 30 anos mais nova, efetua disparos de arma de fogo contra ela, com a intenção de matar.

Arrependido, após acertar dois disparos no peito da esposa, Vinícius a leva para o hospital, onde ela ficou em coma por uma semana. No dia 12/03/2015, porém, Clara veio a falecer, em razão das lesões causadas pelos disparos da arma de fogo. Ao tomar conhecimento dos fatos, o Ministério Público ofereceu denúncia em face de Vinícius, imputando-lhe a prática do crime previsto no Art. 121, § 2º, inciso VI, do Código Penal, uma vez que, em 09/03/2015, foi publicada a Lei nº 13.104, que previu a qualificadora antes mencionada, pelo fato de o crime ter sido praticado contra a mulher por razão de ser ela do gênero feminino.

Durante a instrução da 1ª fase do procedimento do Tribunal do Júri, antes da pronúncia, todos os fatos são confirmados, pugnando o Ministério Público pela pronúncia nos termos da denúncia. Em seguida, os autos são encaminhados ao(a) advogado(a) de Vinícius para manifestação.

Considerando apenas as informações narradas, o(a) advogado(a) de Vinicius poderá, no momento da manifestação para a qual foi intimado, pugnar pelo imediato

(A) reconhecimento do arrependimento eficaz.

(B) afastamento da qualificadora do homicídio.

(C) reconhecimento da desistência voluntária.

(D) reconhecimento da causa de diminuição de pena da tentativa.

Gabarito B. Comentários: A lei que trouxe o feminicídio como qualificadora do crime de homicídio é prejudicial ao acusado e, por isso, não pode ser aplicada retroativamente, em nome do princípio da anterioridade, uma das garantias do princípio da legalidade.

02. (2018 – FGV – XXII) Tony, a pedido de um colega, está transportando uma caixa com cápsulas que acredita ser de remédios, sem ter conhecimento que estas, na verdade, continham Cloridrato de Cocaína em seu interior. Por outro lado, José transporta em seu veículo

DIREITO PENAL

50g de *Cannabis Sativa L.* (maconha), pois acreditava que poderia ter pequena quantidade do material em sua posse para fins medicinais. Ambos foram abordados por policiais e, diante da apreensão das drogas, denunciados pela prática do crime de tráfico de entorpecentes. Considerando apenas as informações narradas, o advogado de Tony e José deverá alegar em favor dos clientes, respectivamente, a ocorrência de

(A) erro de tipo, nos dois casos.

(B) erro de proibição, nos dois casos.

(C) erro de tipo e erro de proibição.

(D) erro de proibição e erro de tipo.

Gabarito C. Comentários: Tony desconhece a natureza da substância que é elementar do tipo penal e, por isso, incorre em erro de tipo do art. 20 do CP. José conhece a substância, mas acredita que sua conduta não é ilícita, incorrendo, portanto, em erro de proibição, do art. 21 do CP.

03. (2016 – FGV – XIX) Durante uma discussão, Theodoro, inimigo declarado de Valentim, seu cunhado, golpeou a barriga de seu rival com uma faca, com intenção de matá-lo. Ocorre que, após o primeiro golpe, pensando em seus sobrinhos, Theodoro percebeu a incorreção de seus atos e optou por não mais continuar golpeando Valentim, apesar de saber que aquela única facada não seria suficiente para matá-lo.

Neste caso, Theodoro

(A) não responderá por crime algum, diante de seu arrependimento.

(B) responderá pelo crime de lesão corporal, em virtude de sua desistência voluntária.

(C) responderá pelo crime de lesão corporal, em virtude de seu arrependimento eficaz.

(D) responderá por tentativa de homicídio.

Gabarito B. Comentários: Theodoro poderia continuar a execução do delito, mas voluntariamente decidiu abandonar os atos executórios. Destarte, incorre em desistência voluntária, do art. 15 do CP e responderá apenas pelos atos já praticados, isto é, pelos crimes já consumados, no caso, lesão corporal.

04. (2018 – FGV – XXVI Exame) Matheus, José e Pedro, irmãos, foram condenados pela prática dos crimes de homicídio simples contra inimigo, roubo majorado pelo concurso de agentes e estupro simples, respectivamente. Após cumprirem parte das penas privativas de liberdade aplicadas, a mãe dos condenados procura o advogado da família para esclarecimentos sobre a possibilidade de serem beneficiados por decreto de indulto. Com base apenas nas informações narradas, o advogado deverá esclarecer que, em tese,

(A) Matheus e José poderão ser beneficiados, pois os crimes praticados por eles não são classificados como hediondos, diferentemente do que ocorre com o crime imputado a Pedro.

(B) apenas José poderá ser beneficiado, pois os crimes praticados por Matheus e Pedro são classificados como hediondos.

(C) Matheus, José e Pedro poderão ser beneficiados, pois, apesar de hediondos os delitos praticados pelos três, o indulto poderá ser concedido em respeito ao princípio da individualização da pena.

(D) Matheus, José e Pedro poderão ser beneficiados, tendo em visto que nenhum dos delitos praticados é classificado como hediondo.

Gabarito A. Comentários: Diante do rol taxativo previsto no art. 1º da Lei nº 8.072/90, somente o crime praticado por Pedro, ou seja, estupro simples, é considerado como crime hediondo (alínea V). Assim, como estudado, não é possível a concessão de indulto (art. 2º, I da Lei nº 8.072/90). Quanto aos demais, homicídio simples e roubo majorado, não há óbice para concessão do benefício.

05. (2017 – FGV – XXV Exame) Bruna compareceu à Delegacia e narrou que foi vítima de um crime de ameaça, delito este de ação penal pública condicionada à representação, que teria sido praticado por seu marido Rui, em situação de violência doméstica e familiar contra a mulher. Disse, ainda, ter interesse que seu marido fosse responsabilizado criminalmente por seu comportamento. O procedimento foi encaminhado ao Ministério Público, que ofereceu denúncia em face de Rui pela prática do crime de ameaça (Art. 147 do Código Penal, nos termos da Lei nº 11.340/06). Bruna, porém, comparece à Delegacia, antes do recebimento da denúncia, e afirma não mais ter interesse na responsabilização penal de seu marido, com quem continua convivendo. Posteriormente, Bruna e Rui procuram o advogado da família e informam sobre o novo comparecimento de Bruna à Delegacia. Considerando as informações narradas, o advogado deverá esclarecer que

(A) a retratação de Bruna, perante a autoridade policial, até o momento, é irrelevante e não poderá ser buscada proposta de suspensão condicional do processo.

(B) a retratação de Bruna, perante a autoridade policial, até o momento, é válida e suficiente para impedir o recebimento da denúncia.

(C) não cabe retratação do direito de representação após o oferecimento da denúncia; logo, a retratação foi inválida.

(D) não cabe retratação do direito de representação nos crimes praticados no âmbito de violência doméstica e familiar contra a mulher, e nem poderá ser buscada proposta de transação penal.

Gabarito A. Comentários: É possível a retratação da representação nos crimes cometidos com violência ou grave ameaça contra a mulher, desde que preenchidos os seguintes requisitos: a) perante o juiz, em audiência especialmente designada para esse fim; b) ouvido o Ministério Público e c) até o recebimento da denúncia (art. 16 da Lei Maria da Penha). No mais, diante do art. 41 da LMP e da Súmula nº 536 do STJ, não é possível a concessão de suspensão condicional do processo. Assim, a alternativa a ser assinalada é a letra A.

581

DIREITO PROCESSUAL PENAL

Cristiano Campidelli

1. DIREITO PROCESSUAL PENAL

Na medida em que a Constituição Federal estabelece que *ninguém será considerado culpado até o trânsito em julgado de sentença penal condenatória* (art. 5º, LVII), o processo penal se apresenta como meio necessário para a condenação criminal de alguém e aplicação da pena correspondente, consistindo em um *caminho que condiciona* o exercício do poder punitivo estatal, que precisa observar uma série de normas processuais penais (princípios e regras) para o exercício do seu *jus puniendi* (poder-dever de punir), que é exclusivo do Estado.[1]

1.1. Princípios Constitucionais do Processo Penal

Princípios são mandamentos nucleares de um sistema[2], verdadeiros alicerces dele, disposições fundamentais que se irradiam sobre diferentes normas, compondo-lhes o espírito e servindo de critério para a exata compreensão e inteligência delas, definindo a lógica e a racionalidade do sistema normativo, de forma a lhe dar sentido harmônico[3], além de possuírem aplicação imediata aos casos concretos que regulam e constituírem fonte material de outras normas jurídicas. Princípios são, ainda, mandamentos de otimização que se irradiam para todo o sistema, ordenando que algo seja realizado na maior medida possível dentro das possibilidades jurídicas e fáticas existentes.[4]

O direito processual penal é constituído de uma série de princípios constitucionais, dentre os quais destacam-se a *jurisdicionalidade*, a *garantia do sistema acusatório*, a *presunção de inocência*, o *contraditório e ampla defesa*, o *direito ao silêncio* e o *nemo tenetur se detegere*, a *publicidade e motivação das decisões judiciais* e o *duplo grau de jurisdição* (infraconstitucional).

O *princípio da jurisdicionalidade* ou da garantia da jurisdição assegura o direito a um *juiz natural*, imparcial e competente (arts. 69 a 91, CPP e art. 5º, LIII, CF/88), sendo expressamente vedada a instituição de juízo ou tribunal de exceção (art. 5º, XXXVII, CF/88).[5]

---

1. MARCÃO, Renato. *Curso de processo penal*. 3. ed. rev., ampl. e atual. São Paulo: Saraiva, 2017, p. 54.
2. SILVA, José Afonso da. *Curso de direito constitucional positivo*. 35. ed. rev. e atual. até a Emenda Constitucional n. 68, de 21.12.2011. São Paulo: Malheiros, 2012, p. 91.
3. MELLO, Celso Antônio Bandeira de. *Curso de direito administrativo*. 25. ed. São Paulo: Malheiros, 2008., p. 53.
4. ALEXY, Robert. *Teoria dos direitos fundamentais*. Tradução por Virgílio Afonso da Silva. São Paulo: Malheiros, 2012, p. 90.
5. CF/88, Art. 5º, XXXVII – não haverá juízo ou tribunal de exceção. No mesmo sentido: art. 14, 1, do Pacto Internacional sobre Direitos Civis e Políticos, promulgado pelo Decreto nº 592, de 6 de julho de 1992; art. 8, 1, da Convenção Americana sobre Direitos Humanos (Pacto de São José da Costa Rica), promulgada pelo Decreto nº 678, de 6 de novembro de 1992.

CRISTIANO CAMPIDELLI

A *garantia do sistema acusatório* veda o juiz inquisidor, pois separa o órgão julgador daquele responsável pela acusação, atribuindo ao Ministério Público a função institucional de *promover, privativamente, a ação penal pública, na forma da lei* (art. 129, I, CF/88).

Por sua vez, o *princípio da presunção de inocência* foi consagrado na Declaração de Direitos do Homem e do Cidadão de 1789, segundo o qual *todo acusado é considerado inocente até ser declarado culpado* (art. 9º). No Brasil, a *presunção de inocência* encontra guarida no art. 5º, inciso LVII, da Constituição Federal, o qual estabelece que *ninguém será considerado culpado até o trânsito em julgado de sentença penal condenatória.*

Face ao *princípio da presunção de inocência*, o imputado deve ser tratado como inocente, reduzindo-se, ao máximo, as medidas restritivas de liberdade e de bens, as quais somente devem ser determinadas em situações excepcionais e quando estiverem presentes os requisitos legais. Além disso, a carga probatória quanto à existência da infração penal é uma responsabilidade (ônus, carga) da acusação, impondo-se a absolvição do acusado se a materialidade, autoria, tipicidade, antijuridicidade e culpabilidade não ficarem suficientemente demonstradas, aplicando-se o *in dubio pro reo* ou *favor rei* (art. 386, VI – *in fine* e VII, CPP; art. 5º, LVII, CF/88).

Além disso, aos 07/11/2019, o Supremo Tribunal Federal, no bojo das Ações Declaratórias de Constitucionalidade nº 43, 44 e 54, entendeu ser constitucional o art. 283 do Código de Processo Penal, segundo o qual, em sua nova redação dada pela Lei nº 13.964/2019, *ninguém poderá ser preso senão em flagrante delito ou por ordem escrita e fundamentada da autoridade judiciária competente, em decorrência de prisão cautelar ou em virtude de condenação criminal transitada em julgado.* Vedada, portanto, a execução provisória de pena, após condenação em segunda instância, caso estejam pendentes recursos especial e/ou extraordinário.

O *contraditório* é a "ciência bilateral dos atos e termos do processo e a possibilidade de contrariá-los"[6], é um "método de confrontação da prova para comprovação da verdade", fundado no conflito entre as partes contrapostas (acusação e defesa), de forma disciplinada e ritualizada.[7]

O *princípio da ampla defesa* se manifesta nas vertentes da *autodefesa* e da *defesa técnica*[8], assegurando ao acusado o direito de ter conhecimento completo da acusação e de se manifestar sobre ela, com igualdade de armas (art. 5º, LV, CF/88). A *paridade de armas* encontra-se na *defesa técnica* que pressupõe a assistência de advogado, para fins de se atender à exigência de equilíbrio funcional entre acusação e defesa[9], sendo que *nenhum acusado, ainda que ausente ou foragido, será processado ou julgado sem defensor* (art. 261, CPP), sob pena de nulidade absoluta (Súmula 523 do STF), por ser a defesa técnica irrenunciável.[10]

---

6. ALMEIDA, Joaquim Canuto Mendes de, 1973, p. 82 *apud* DEZEM, Guilherme Madeira. *Curso de processo penal.* 3. ed. rev., atual. e ampl. São Paulo: Revista dos Tribunais, 2017, p. 113.

7. LOPES JR., Aury. *Direito processual penal.* 15. ed. São Paulo: Saraiva Educação, 2018, p. 97-98.

8. DEZEM, Guilherme Madeira. *Curso de processo penal.* 3. ed. rev., atual. e ampl. São Paulo: Revista dos Tribunais, 2017, p. 105.

9. LOPES JR., Aury. *Direito processual penal.* 15. ed. São Paulo: Saraiva Educação, 2018, p. 99.

10. Mesmo em sede de execução penal, deve haver defesa técnica quando se tratar de processo administrativo disciplinar para apuração de falta grave (STJ, AgRg no RESP 1.581.959/DF, *J.* 28/06/2016). No mesmo sentido: STJ, HC 540.116/MG, 5ª T. *J.* 07/11/22019 e Súmula 533 do STJ.

DIREITO PROCESSUAL PENAL

A *autodefesa*, que "encontra no interrogatório policial e judicial seu momento de maior relevância", é renunciável, pois *o imputado* (suspeito, investigado, indiciado, preso, acusado, réu) *pode optar por fazer uso do seu direito ao silêncio*, sem que o seu silêncio possa ser interpretado em prejuízo da sua defesa (art. 186, *caput* e parágrafo único c/c art. 6º, V, CPP; art. 5º, LXIII, CF/88), *ou pode optar por responder às perguntas que lhes forem feitas*, no todo ou em parte, inclusive confessando a prática ilícita.[11]

O direito ao silêncio não contempla o uso de documento falso ou a atribuição de falsa identidade perante a autoridade policial, conforme entendimento do STF (Recurso Extraordinário nº 640.139) e do STJ (Súmula nº 522)[12], constituindo tal conduta o crime previsto no art. 304 ou 307 do Código Penal, conforme o caso. Portanto, a garantia de permanecer calado abrange o direito de mentir ou omitir sobre os fatos que são imputados à pessoa, mas não quanto à sua qualificação.

Além do direito ao silêncio, o imputado tem direito ao *nemo tenetur se detegere*, ou seja, o direito de não produzir prova contra si, podendo se recusar a praticar qualquer ato probatório que entenda ser prejudicial à sua defesa[13]. Contudo, é importante salientar a possibilidade de coleta de material genético, voluntariamente ou mediante coerção (neste caso, de forma não invasiva), como forma de identificação criminal com autorização judicial (art. 3º, IV c/c art. 5º, parágrafo único, Lei nº 12.037/2009) ou como consequência da condenação por crime doloso praticado com violência grave contra a pessoa, bem como por crime contra a vida, contra a liberdade sexual ou por crime sexual contra vulnerável, por ocasião do ingresso no estabelecimento prisional(art. 9º-A, Lei nº 7.210/1984).

O princípio da motivação das decisões judiciais estabelece que todas as decisões judiciais, tanto as sentenças quanto as decisões interlocutórias, especialmente aquelas que impliquem restrições de direitos e garantias fundamentais (decretos de prisões, interceptação telefônica, busca e apreensão etc.), devem ser devidamente fundamentadas, motivadas, sob pena de nulidade (arts. 315, *caput* e §§ 1º e 2º, 381 a 392 e 564, V, CPP; art. 93, IX, CF/88).

O princípio do duplo grau de jurisdição consiste no direito da parte prejudicada pela decisão de primeira instância submeter o caso a outro órgão jurisdicional, hierarquicamente superior, para revisão da decisão, nos limites daquilo que foi discutido em primeiro grau[14]. Sua previsão está no art. 8º, item 2, *alínea h*, da Convenção Americana de Direitos Humanos[15] c/c art. 5º, § 2º, da CF/88, que assegura o *direito de recorrer da sentença para juiz ou tribunal superior.*

O duplo grau de jurisdição não se aplica aos detentores do foro especial por prerrogativa de função, lhes sendo permitido, apenas, conforme o caso, interpor recurso especial para o STJ e/ou recurso extraordinário para o STF, nos quais não se discutirá matéria de fato,

---

11. LOPES JR., Aury. *Direito processual penal.* 15. ed. São Paulo: Saraiva Educação, 2018, p. 101.

12. Súmula 522 do STJ - A conduta de atribuir-se falsa identidade perante autoridade policial é típica, ainda que em situação de alegada autodefesa. (J. 25/03/2015).

13. LOPES JR., Aury. *Direito processual penal.* 15. ed. São Paulo: Saraiva Educação, 2018, p. 104.

14. LOPES JR., Aury. *Direito processual penal.* 15. ed. São Paulo: Saraiva Educação, 2018, p. 970.

15. Pacto de São José da Costa Rica, de 22/11/1969, ao qual o Brasil aderiu por meio do Decreto nº 678/1992. Trata-se de norma *supralegal*, acima das leis e abaixo da Constituição (STF, HC 87.585/TO, Plenário, J. 03/12/2008).

apenas de direito, o que é constitucional, na exata medida em que tais foros por prerrogativa de função são estabelecidos pela própria Constituição Federal.[16]-[17]

1.2. Sistemas Processuais Penais Acusatório, Inquisitório e Misto

O sistema acusatório é caracterizado pela distinção entre as atividades de julgar, acusar e defender, as quais são realizadas por órgãos distintos (juiz, promotor e defensor), cabendo a iniciativa probatória às partes (acusação e defesa), as quais são tratadas de forma igualitária, com procedimento oral, público e respeito ao contraditório, à ampla defesa, ao duplo grau de jurisdição[18] e à presunção de inocência.[19]

No sistema inquisitório as funções de investigar, acusar, defender e julgar são concentradas em uma mesma pessoa, que atua de ofício e em segredo, sem publicidade, inexistindo contraditório[20], sendo o réu objeto do processo, fonte de informação a ser extraída e não parte, geralmente permanecendo preso durante o processo, sem respeito à presunção de inocência.[21]

Por sua vez, o sistema misto é caracterizado por uma fase pré-processual inquisitória e por uma fase processual acusatória.

A doutrina majoritária sustenta que o sistema adotado pelo Brasil é o acusatório[22]. Nesse sentido, o Supremo Tribunal Federal entendeu que "a Constituição de 1988 fez uma opção inequívoca pelo *sistema penal acusatório*. Disso decorre uma separação rígida entre, de um lado, as tarefas de investigar e acusar e, de outro, a função propriamente jurisdicional. Além de preservar a imparcialidade do Judiciário, essa separação promove a paridade de armas entre acusação e defesa, em harmonia com os princípios da isonomia e do devido processo legal".[23]

1.3. Lei Processual Penal: Eficácia, Interpretação, Analogia, Imunidades

O processo penal é guiado pelos *princípios da imediatidade* e do *tempus regit actum*, estampados no art. 2º do CPP segundo o qual *a lei processual penal aplicar-se-á desde logo* (princípio da imediatidade), *sem prejuízo da validade dos atos realizados sob a vigência da lei anterior* (princípio do *tempus regit actum*).

A lei processual penal admitirá interpretação extensiva e aplicação analógica, bem como suplemento dos princípios gerais de direito (art. 3º, CPP). A interpretação extensiva é um método interpretativo aplicado nas hipóteses em que, por emprego de expressões inexatas

---

16. LOPES JR., Aury. *Direito processual penal*. 15. ed. São Paulo: Saraiva Educação, 2018, 2018, p. 971.
17. CAPEZ, Fernando. *Curso de processo penal*. 24. ed. São Paulo: Saraiva, 2017, p. 69.
18. LOPES JR., Aury. *Direito processual penal*. 15. ed. São Paulo: Saraiva Educação, 2018, 2018, p. 43.
19. BADARÓ, Gustavo Henrique. Processo Penal. 6. ed. rev., atual. e ampl. São Paulo: Thomson Reuters Brasil, 2018, p. 102.
20. LOPES JR., Aury. *Direito processual penal*. 15. ed. São Paulo: Saraiva Educação, 2018, p. 42-43.
21. BADARÓ, Gustavo Henrique. Processo Penal. 6. ed. rev., atual. e ampl. São Paulo: Thomson Reuters Brasil, 2018, p. 102.
22. DEZEM, Guilherme Madeira. *Curso de processo penal*. 3. ed. rev., atual. e ampl. São Paulo: Revista dos Tribunais, 2017, p. 90-91.
23. STF, Ação Direta de Inconstitucionalidade 5.104/DF, Plenário, J. 21/05/2014.

DIREITO PROCESSUAL PENAL

ou inadequadas, a norma disse menos do que pretendia exprimir, tal como ocorre com o art. 328 do CPP, que se utiliza apenas da palavra réu, quando, na verdade, a liberdade provisória com fiança também se aplica aos indiciados no inquérito policial (presos em flagrante).[24]

Já a analogia consiste em "aplicar a uma hipótese não prevista em lei a disposição relativa a um caso semelhante"[25]. Segundo posição majoritária da doutrina, caso haja omissão no CPP, deve-se utilizar como fonte o Código de Processo Civil.[26]

No campo das imunidades, é importante dizer que há algumas pessoas que, por força dos cargos que ocupam, possuem tratamento diferenciado. Os chefes de Estado e os representantes de governos estrangeiros (agentes diplomáticos), por exemplo, possuem imunidade diplomática, não se sujeitando à jurisdição dos países onde exercem suas funções, exceto se essa garantia da imunidade for renunciada pelo Estado acreditado[27]. Os parlamentares possuem a chamada imunidade parlamentar, que se divide em material ou absoluta (art. 53, *caput*, CF/88) e processual ou formal (art. 53, §§ 1º, 2º, 3º, 4º, 5º e 6º, CF/88).

Quanto aos novos arts. 3º-A a 3º-F do CPP, que visam implantar a figura do juiz das garantias e seus consectários, os mesmos encontram-se com a eficácia suspensa *sine die, ad referendum* do Plenário do STF, conforme decisão liminar do Ministro Luiz Fux, proferida aos 22/01/2020, no bojo das Ações Declaratórias de Inconstitucionalidade nº 6.298, 6.299, 6.300 e 6.305.

2. INQUÉRITO POLICIAL

O inquérito policial é um *procedimento administrativo preliminar* (pré-processual)[28], de natureza investigatória, presidido pelo delegado de Polícia Civil ou Federal, que tem como objetivo a apuração das circunstâncias, da materialidade e da autoria das infrações penais (art. 2º, § 1º, Lei nº 12.830/2013), constituindo "o *principal* instrumento de que se vale o Estado para a investigação de fato tipificado como delito".[29]

A principal característica do inquérito policial é ser um procedimento administrativo **inquisitivo** em que, via de regra, *não há contraditório e ampla defesa*[30], embora o Estatuto da Advocacia e da OAB assegure ao advogado o direito de assistir a seus clientes durante a apuração das infrações, sob pena de nulidade do ato (declarações, depoimento ou interrogatório) e das provas dele derivadas, podendo apresentar razões e quesitos (art. 7º, XXI, *a*, Lei nº 8.906/1994).

Entretanto, a presença do advogado, embora não possa ser vetada quando ele se fizer presente, não é imprescindível à realização do interrogatório em sede policial, exceto quando

---

24. DEZEM, Guilherme Madeira. *Curso de processo penal*. 3. ed. rev., atual. e ampl. São Paulo: Revista dos Tribunais, 2017, p. 76-77.

25. MAXIMILIANO, Carlos, 1995, p. 197 apud DEZEM, Guilherme Madeira. *Curso de processo penal*. 3. ed. rev., atual. e ampl. São Paulo: Revista dos Tribunais, 2017., p. 77.

26. DEZEM, Guilherme Madeira. *Curso de processo penal*. 3. ed. rev., atual. e ampl. São Paulo: Revista dos Tribunais, 2017, p. 78.

27. CAPEZ, Fernando. *Curso de processo penal*. 24. ed. São Paulo: Saraiva, 2017, p. 94.

28. LOPES JR., Aury. *Direito processual penal*. 15. ed. São Paulo: Saraiva Educação, 2018, p. 121.

29. MARCÃO, Renato. *Curso de processo penal*. 3. ed. rev., ampl. e atual. São Paulo: Saraiva, 2017, p. 122.

30. MARCÃO, Renato. *Curso de processo penal*. 3. ed. rev., ampl. e atual. São Paulo: Saraiva, 2017, p. 126-127.

se tratar de hipótese de colaboração premiada (art. 3º-C, § 1º, art. 4º, §§ 6º, 9º, 14 e 15, Lei nº 12.850/2013).

Tal característica foi mitigada pelo novo art. 14-A do CPP, segundo o qual, quando se tratar de inquérito policial instaurado para investigar servidores vinculados às instituições dispostas no art. 144 da CF/88, por fatos relacionados ao uso da força letal praticados no exercício profissional, de forma consumada ou tentada, ainda que em situação de excludente de ilicitude, o indiciado (ou investigado) poderá constituir defensor. O investigado deverá ser citado[31] da instauração do procedimento investigatório, podendo constituir defensor no prazo de até 48 horas a contar do recebimento da citação. Esgotado o prazo citado, com ausência de nomeação de defensor pelo investigado, a autoridade responsável pela investigação deverá intimar a instituição a que estava vinculado o investigado à época da ocorrência dos fatos, para que essa, no prazo de 48 horas, indique defensor para a representação do investigado. Tais disposições também se aplicam aos servidores militares vinculados às Forças Armadas (art. 142, CF/88), desde que os fatos investigados digam respeito a missões para a Garantia da Lei e da Ordem.

O inquérito policial também é *sigiloso* (art. 20, CPP), para fins de preservar a imagem do investigado e não atrapalhar a elucidação dos fatos. O sigilo não se estende ao Ministério Público e nem ao juiz, bem como não poderá ser oponível aos advogados dos investigados no que tange aos elementos de prova já documentados nos autos (Súmula Vinculante nº 14 do STF e art. 7º, XIV, Lei 8.906/1994), ressalvadas as hipóteses dos §§ 10 e 11 do art. 7º da Lei nº 8.906/1994.[32]

Outra característica do inquérito é que ele é *dispensável* (não é imprescindível) ao oferecimento da denúncia ou queixa, ou seja, se a justa causa para a ação penal for obtida por outros meios, ela poderá ser intentada sem necessidade do inquérito policial.[33]

Embora dispensável, o inquérito policial é *indisponível*, pois a autoridade policial não pode determinar o arquivamento do inquérito (art. 17, CPP). O arquivamento é um ato complexo, dependendo de requerimento do Ministério Público ou representação da autoridade policial e homologação do juiz. "Arquivado o inquérito policial, por despacho do juiz, a requerimento do promotor de justiça, não pode a ação penal ser iniciada, sem novas provas" (STF, Súmula 524).[34]

A característica de ser *escrito* foi prevista no art. 9º do CPP, segundo o qual "todas as peças do inquérito policial serão, num só processado, reduzidas a escrito ou datilografadas e, neste caso, rubricadas pela autoridade".

A *oficialidade* e a *autoritariedade*[35] são outras duas características do inquérito policial, que deve ser levado a efeito por órgão oficial do Estado (Polícia Federal e Polícias Civis)

---

31 Houve um aparente equívoco do legislador, pois não se trata de citação, mas sim de intimação.

32 Confira, ainda, os arts. 1º, 20 e 32 da Lei nº 13.869/2019.

33. MARCÃO, Renato. *Curso de processo penal.* 3. ed. rev., ampl. e atual. São Paulo: Saraiva, 2017, p. 134.

34 Importante registrar que a nova redação dada ao art. 28 do CPP, alterando o procedimento de arquivamento do inquérito policial, também se encontra com a eficácia suspensa *sine die, ad referendum* do Plenário do STF, conforme supracitada decisão liminar do Ministro Luiz Fux, em 22/01/2020, no bojo das Ações Declaratórias de Inconstitucionalidade nº 6.298, 6.299, 6.300 e 6.305.

35. MARCÃO, Renato. *Curso de processo penal.* 3. ed. rev., ampl. e atual. São Paulo: Saraiva, 2017, p. 124.

DIREITO PROCESSUAL PENAL

e ser conduzido pela autoridade policial, que é o delegado de Polícia (art. 144, §§ 1º e 4º, CF/88; Lei nº 9.266/1996; Lei nº 12.830/2013; art. 4º, CPP).

Conforme dispõe o art. 5º do CPP, nos crimes de ação pública o inquérito policial será iniciado: (1) *de ofício*, assim que o delegado de Polícia tomar conhecimento do fato; (2) *mediante requisição da autoridade judiciária ou do Ministério Público*, as quais deverão ser sempre fundamentadas (arts. 93, IX, e 129, VIII, CF/88), devendo o delegado, em regra, instaurar o inquérito, exceto se ilegais ou abusivas[36], sendo que a recusa na instauração não constitui crime de desobediência (STJ, RHC 6511/SP, 15/09/1997); (3) *a requerimento do ofendido ou de quem tiver qualidade para representá-lo*, hipótese em que, **contra o indeferimento cabe recurso administrativo para o chefe de polícia (art. 5º, § 2º, CPP)**; (4) *mediante notícia de crime de qualquer pessoa do povo* (*delatio criminis*), comunicada verbalmente ou por escrito, sendo necessário que se proceda à verificação preliminar das informações, antes de se instaurar inquérito, para demonstrar sua plausibilidade, em especial quando se tratar de notícia de crime anônima.

O inquérito policial também será instaurado nas situações de *prisão em flagrante*, quando o próprio auto de prisão servirá como peça inicial. Nas outras 4 hipóteses supracitadas, o inquérito policial será instaurado (iniciado) por Portaria lavrada pelo delegado de Polícia (art. 8º, CPP).

Em casos de crimes de ação penal pública condicionada à representação ou à requisição do Ministro da Justiça, o inquérito policial não poderá ser instaurado sem a correspondente representação ou requisição (art. 5º, § 4º, CPP).

Nos crimes de ação penal privada, o inquérito depende de requerimento do legitimado para o oferecimento da queixa (art. 5º, § 5º, CPP). Neste caso, o titular da ação penal e legitimado para requerer a instauração do inquérito é o próprio ofendido, embora o requerimento possa ser feito por procurador com poderes especiais. A instauração do inquérito policial não interrompe e nem suspende o prazo decadencial de seis meses para o oferecimento da queixa (art. 38, CPP).

O inquérito policial é procedimento administrativo ***discricionário***, inexistindo um procedimento (rito) rígido e específico para o desenrolar das atividades investigatórias[37]. Algumas diligências estão positivadas no CPP, em especial nos arts. 6º, 7º, 13, 13-A e 13-B, o que constitui apenas um rol exemplificativo de meios de investigação, sendo que outras diligências ou meios de obtenção de provas são previstos em outros dispositivos do mesmo código e em leis extravagantes, tais como: a busca e apreensão (art. 240, CPP); a oitiva de testemunhas (arts. 5º, § 1º, *c*, 6º, III, 10, § 2º, 166 e 202 a 225, CPP); a interceptação telefônica (Lei nº 9.296/1996); procedimentos próprios em caso de violência doméstica e familiar contra a mulher (art. 12, Lei nº 11.340/2006); a infiltração policial (arts. 3º, VII, e 10 a 14, Lei nº 12.850/2013; art. 53, I, Lei nº 11.343/2006; arts. 190-A a 190-E, Lei nº 8.069/1990; art. 1º, § 6º, Lei nº 9.613/1998); e a ação controlada (arts. 3º, III, 8º e 9º, Lei nº 12.850/2013; art. 53, II e parágrafo único, Lei nº 11.343/2006; art. 1º, § 6º, Lei nº 9.613/1998).

---

36   Vide art. 27 da Lei nº 13.869/2019.

37.   MARCÃO, Renato. *Curso de processo penal*. 3. ed. rev., ampl. e atual. São Paulo: Saraiva, 2017, p. 155.

CRISTIANO CAMPIDELLI

Quando a infração deixar vestígios, a preservação do local (art. 6º, I, CPP) será fundamental para a apuração da dinâmica dos fatos, o esclarecimento da materialidade, da autoria e das circunstâncias, uma vez que, nesses casos, *será indispensável o exame de corpo de delito, direto ou indireto, não podendo supri-lo a confissão do acusado* (art. 158, CPP). Será dada prioridade à realização do exame de corpo de delito quando se tratar de crime que envolva: violência doméstica e familiar contra mulher; violência contra criança, adolescente, idoso ou pessoa com deficiência.

O art. 7º do CPP permite a reprodução simulada dos fatos, desde que não contrarie a moralidade (crimes sexuais, por exemplo) e a ordem pública (crimes que escandalizaram uma cidade, havendo risco de linchamento do suspeito, por exemplo).

O prazo para conclusão do inquérito policial que investiga crimes de competência da Justiça Estadual é de: (**a**) 10 dias, improrrogáveis[38], se o indiciado estiver preso, contados a partir da prisão; (**b**) 30 dias, prorrogáveis (até que advenha alguma causa de extinção da punibilidade), mediante autorização judicial, se o indiciado estiver solto (art. 10, *caput* e § 3º, CPP).[39]

Quando se tratar de crime federal, terá aplicação o art. 66 da Lei nº 5.010/1966, segundo o qual o prazo para conclusão do inquérito policial: (**a**) com indiciado preso, será de 15 dias, prorrogáveis por mais 15 dias, mediante autorização judicial; (**b**) com indiciado solto, será de 30 dias, prorrogáveis (até que advenha alguma causa de extinção da punibilidade), sendo a prorrogação, neste caso, assinada pelo Ministério Público Federal (Resolução nº 63/2009-CJF).

Caso o inquérito policial seja instaurado para apurar crime previsto na lei de drogas, o prazo para conclusão do inquérito será de: (**a**) 30 dias, se o indiciado estiver preso, duplicáveis mediante autorização judicial e ouvido o Ministério Público; (**b**) 90 dias se estiver solto, prorrogáveis[40] mediante autorização judicial e ouvido o Ministério Público (art. 51, Lei nº 11.343/2006).

Se houver a decretação de prisão preventiva, os supracitados prazos de conclusão do inquérito policial, com indiciado preso, serão contados a partir do momento em que a prisão se efetivar, incluindo-se o dia da prisão e desprezando-se as frações de dia (arts. 10 e 11, CP).

Caso seja determinada a prisão temporária, ao prazo de conclusão do inquérito policial deve ser somado[41] o prazo da prisão temporária, que poderá ser de: (**a**) 5 dias, prorrogáveis

---

38. O novo art. 3º-B, § 2º, do CPP, que autoriza a prorrogação desse prazo, uma única vez, por até 15 dias, encontra-se com a eficácia suspensa *sine die*, *ad referendum* do Plenário do STF, conforme a multicitada decisão liminar do Ministro Luiz Fux, proferida aos 22/01/2020, no bojo das Ações Declaratórias de Inconstitucionalidade nº 6.298, 6.299, 6.300 e 6.305.

39. Contudo, não pode haver procrastinação da investigação em prejuízo do investigado, o que inclusive constitui crime, conforme Lei 13.869/2019: *Art. 31. Estender injustificadamente a investigação, procrastinando-a em prejuízo do investigado ou fiscalizado: Pena - detenção, de 6 (seis) meses a 2 (dois) anos, e multa. Parágrafo único. Incorre na mesma pena quem, inexistindo prazo para execução ou conclusão de procedimento, o estende de forma imotivada, procrastinando-o em prejuízo do investigado ou do fiscalizado.*

40. A Lei fala que o prazo poderá ser duplicado (art. 51, parágrafo único, Lei nº 11.343/2006), mas quando não houver ninguém preso, a prorrogação poderá acontecer mais vezes, ou seja, não se limitará a apenas uma prorrogação/duplicação.

41. Exemplo em que o prazo da prisão temporária se soma ao prazo de conclusão do inquérito policial: iniciado um inquérito policial contra João para apurar a prática de crime hediondo, somente após o decurso de 25 dias foi decretada e efetivada a prisão temporária de João por 30 dias, posteriormente prorrogada por mais 30 dias.

DIREITO PROCESSUAL PENAL

por mais 5 dias, quando se tratar dos crimes comuns (não hediondos e nem equiparados a hediondos) elencados no art. 1º, III, da Lei nº 7.960/1989; (**b**) 30 dias, prorrogáveis por mais 30 dias, quando se tratar de crimes hediondos ou equiparados a hediondos (art. 2º, § 4º, Lei nº 8.072/1990).

Por fim, quando se tratar de inquérito policial militar, o prazo para sua conclusão será de: (**a**) 20 dias, se o indiciado estiver preso; (**b**) 40 dias, se o indiciado estiver solto, sendo que este último prazo de 40 dias pode ser prorrogável, uma vez, por mais 20 dias (art. 20, CPPM).

Ao término das investigações, deverá ser elaborado *minucioso relatório do que tiver sido apurado*, com a descrição das diligências feitas e a indicação de testemunhas que não tiverem sido inquiridas (art. 10, §§ 1º e 2º, CPP). O relatório será enviado para o juiz, que o enviará ao Ministério Público que poderá agir de 4 formas: oferecer denúncia; requerer novas diligências imprescindíveis ao oferecimento da denúncia (art. 16, CPP); propor acordo de não persecução penal (art. 28-A, CPP); requerer o arquivamento.

Requerido o arquivamento pelo Ministério Público, pode o juiz concordar com ele e arquivar o feito, hipótese em que eventual ação penal sobre o mesmo fato somente pode ser iniciada com base em novas provas, conforme Súmula 524 do Supremo Tribunal Federal. A autoridade policial, mesmo depois de ordenado o arquivamento do inquérito pela autoridade judiciária, *por falta de base para a denúncia*, poderá proceder a novas pesquisas, se de outras provas tiver notícia (art. 18, CPP).

Caso o arquivamento do inquérito policial tenha sido determinado pelo juiz competente, a requerimento do Ministério Público, tendo por fundamento a *atipicidade do fato* ou a *extinção da punibilidade*, ocorrerá coisa julgada material, não sendo mais possível a reabertura do inquérito (STF, HC 100.161 AgR/RJ, 1ª T, J. 02/08/2011), exceto se a *suposta extinção da punibilidade* for lastreada por *certidão de óbito falsa*, hipótese em que a decisão judicial será considerada absolutamente nula e não produzirá efeitos de coisa julgada em sentido estrito, razão pela qual o inquérito poderá ser reaberto (STF, HC 104.998/SP, 1ª T, J. 14/12/2010).

Se o juiz não concordar com o requerimento de arquivamento do inquérito policial feito pelo Ministério Público, deverá realizar o procedimento do art. 28 do CPP (redação anterior)[42], enviando os autos ao Procurador-Geral de Justiça[43] [44] que analisará o caso, podendo: (1) concordar com o promotor e insistir no arquivamento do inquérito, quando então o juiz estará obrigado a atender; (2) discordar do promotor e concordar com o juiz, oferecendo ele mesmo a denúncia; (3) discordar do promotor e concordar com o juiz,

---

Esse prazo de 60 dias da prisão temporária soma-se aos 25 dias anteriormente corridos, totalizando um prazo de 85 dias para conclusão do inquérito (25 dias com o indiciado solto e mais 60 dias com o indiciado preso).

42. Art. 28. Se o órgão do Ministério Público, ao invés de apresentar a denúncia, requerer o arquivamento do inquérito policial ou de quaisquer peças de informação, o juiz, no caso de considerar improcedentes as razões invocadas, fará remessa do inquérito ou peças de informação ao procurador-geral, e este oferecerá a denúncia, designará outro órgão do Ministério Público para oferecê-la, ou insistirá no pedido de arquivamento, ao qual só então estará o juiz obrigado a atender.

43. No âmbito federal, se encaminha para as Câmaras de Coordenação e Revisão do MPF (art. 62, LC nº 75/1993).

44. A nova redação dada ao art. 28 pela Lei nº 13.964/2019, ainda com eficácia suspensa por liminar do Ministro Luiz Fux (STF), altera o procedimento de arquivamento do inquérito, que passará a ser determinado pelo membro do MP e submetido à instância de revisão ministerial (do próprio MP) para fins de homologação.

591

designando outro[45] promotor para oferecer a denúncia, atuando este promotor designado como *longa manus* do Procurador-Geral de Justiça, de maneira que não poderá deixar de denunciar, pois age em nome do Procurador-Geral; (4) requerer novas diligências, imprescindíveis ao oferecimento da denúncia (art. 16, CPP); (5) propor acordo de não persecução penal (art. 28-A, CPP).

3. AÇÃO PENAL

O "*direito de ação* é o direito subjetivo de invocar a prestação jurisdicional do Estado a fim de que aplique o direito penal objetivo a um caso concreto"[46], é um *direito potestativo de acusar, público, abstrato, autônomo*, mas *conexo instrumentalmente ao caso penal.*[47]

As condições da ação penal são requisitos ou exigências indispensáveis ao exercício do direito de ação[48], que atuam "como filtro para evitar o desenvolvimento de ações penais indevidas"[49], subdividindo-se em *genéricas* e *específicas.*

As condições da ação *genéricas* são a *possibilidade jurídica do pedido* (*fumus commissi delicti* – fato típico, ilícito e culpável), o *interesse de agir* (punibilidade concreta)[50], a *legitimação para agir* (legitimidade ativa e passiva) e a *justa causa* (lastro probatório mínimo), enquanto as condições da ação *específicas* são as *condições de procedibilidade* (representação do ofendido ou de seu representante legal e requisição do Ministro da Justiça).[51]

3.1. Ação Penal Pública

Segundo a sistemática do Código Penal (art. 100), quando não houver disposição expressa em contrário, a ação penal será *pública incondicionada*, cabendo ao Ministério Público exercê-la por meio de denúncia (art. 129, I, CF/88; arts. 24 e 257, I, CPP), razão pela qual é possível afirmar que a ação penal pública incondicionada é a regra, sendo as demais exceções.[52]

Quanto aos *crimes contra a dignidade sexual*, **praticados até 24/09/2018**, sob a égide da **redação anterior do art. 225 do Código Penal**, a sistemática era a seguinte: (1) não havia mais ação penal privada; (2) como regra, a ação penal seria pública condicionada à representação; (3) a ação penal seria pública incondicionada em três hipóteses → (3.1) se a

---

45. Pela independência funcional, o Procurador-Geral de Justiça não poderá designar como sua *longa manus* o mesmo promotor que requereu o arquivamento.

46. MARCÃO, Renato. *Curso de processo penal.* 3. ed. rev., ampl. e atual. São Paulo: Saraiva, 2017, p. 222.

47. LOPES JR., Aury. *Direito processual penal.* 15. ed. São Paulo: Saraiva Educação, 2018, p. 187-189.

48. MARCÃO, Renato. *Curso de processo penal.* 3. ed. rev., ampl. e atual. São Paulo: Saraiva, 2017, p. 225.

49. DEZEM, Guilherme Madeira. *Curso de processo penal.* 3. ed. rev., atual. e ampl. São Paulo: Revista dos Tribunais, 2017, p. 232.

50. Vale lembrar, neste ponto, que "são reduzidos de metade os prazos de prescrição quando o criminoso era, ao tempo do crime, menor de 21 (vinte e um) anos, ou, na data da sentença, maior de 70 (setenta) anos" (art. 115, CP).

51. DEZEM, Guilherme Madeira. *Curso de processo penal.* 3. ed. rev., atual. e ampl. São Paulo: Revista dos Tribunais, 2017, p. 233.

52. MARCÃO, Renato. *Curso de processo penal.* 3. ed. rev., ampl. e atual. São Paulo: Saraiva, 2017, p. 233.

DIREITO PROCESSUAL PENAL

vítima fosse menor de 18 anos; (3.2) se a vítima estivesse em situação de vulnerabilidade[53] (art. 217-A, § 1º, do CP); (3.3) quando houvesse violência real da qual resultasse lesão grave, gravíssima ou morte (STF, Inq. 4108 AgR/DF, 2ª T, J. 06/03/2018) (STF e STJ entendiam que permanecia aplicável à hipótese a Súmula 608 do STF).[54]

Com o advento da Lei nº 13.718/2018 (publicada no Diário Oficial da União, no dia 25/09/2018), foi dada nova redação ao art. 225 do Código Penal, que passou a dispor que "nos crimes definidos nos Capítulos I e II deste Título, procede-se mediante ação penal pública incondicionada." Portanto, todos os crimes contra a dignidade sexual, praticados a partir de 25/09/2018, são de ação penal pública incondicionada.

A ação penal será *pública condicionada* quando o tipo penal disser que "*somente se procede mediante representação*" (Exemplos: art. 147, parágrafo único, e art. 171, § 5º, CP)[55] ou que "*somente se procede mediante requisição do Ministro da Justiça*" (Exemplo: art. 145, parágrafo único, CP).

A representação constitui manifestação de vontade do ofendido no sentido de dar início à persecução criminal, um verdadeiro "pedido-autorização pelo qual o ofendido ou seu representante legal, ao mesmo tempo em que requer a investigação e a ação penal, a autoriza"[56], não se exigindo uma formalidade rígida[57], entendendo a jurisprudência que o pedido de providências perante a polícia[58] já funciona como representação.

O art. 38 do CPP prevê o prazo de 6 meses para representação, contado a partir do conhecimento da autoria da infração penal, na forma do art. 10 do Código Penal, ou seja, incluindo-se o dia do começo, não podendo ser prorrogado, interrompido e nem suspenso. Assim, se o conhecimento da autoria foi obtido no dia 03/02/2023, a representação pode ser feita até o dia 02/08/2023, independentemente de se tratar de ano bissexto ou não. Esgotado

---

53. Sob o prisma da redação anterior do art. 225 do CP, a 5ª Turma do STJ entende que a ação penal será pública incondicionada independentemente da vulnerabilidade ser permanente ou temporária (fugaz): STJ, RHC 72.963/MT, 5ª Turma, J. 13/12/2016. Por outro lado, a 6ª Turma do STJ sustenta que, quando se tratar de vulnerabilidade temporária (fugaz), o crime permanece de ação penal pública condicionada à representação (STJ, HC 276.510/RJ, 6ª Turma, J. 11/11/2014), somente sendo de ação penal pública incondicionada quando houver vulnerabilidade permanente. Tal discussão perdeu o sentido para os crimes praticados após a publicação da Lei nº 13.718/2018, que deu nova redação ao art. 225 do CP, o qual passou a dispor que todos os crimes contra a dignidade sexual são de ação penal pública incondicionada. Para os crimes praticados anteriormente, permanece a celeuma.

54. Súmula 608 do STF: No crime de estupro, praticado mediante violência real, a ação penal é pública incondicionada.

55. Sobre a necessidade de representação nos crimes de estelionato, prevaleceu o entendimento quanto à retroatividade do § 5º do art. 171 do Código Penal, mesmo nos casos em que a denúncia tenha sido oferecida antes da vigência da Lei Anticrime: "O Tribunal, por maioria, concedeu a ordem, determinando que o juízo de primeiro grau proceda à intimação da vítima Eliana Camilo de Souza para que se manifeste em trinta dias se dispõe de interesse no prosseguimento da ação penal n. 0037222.33.2019.8.19.0001, sem o que haverá o trancamento do processo, ficando ratificada a medida liminar que suspendeu a ação penal até o pronunciamento da ofendida, tudo nos termos do voto da Relatora, vencidos os Ministros Alexandre de Moraes, Roberto Barroso, Dias Toffoli e Luiz Fux. Plenário, Sessão Virtual de 31.3.2023 a 12.4.2023. (HC 208.817/RJ)")

56. DEZEM, Guilherme Madeira. *Curso de processo penal.* 3. Ed. Ver., atual. E ampl. São Paulo: Revista dos Tribunais, 2017, p. 255.

57. STF, HC 80.618/MG, 2ª T, J. 18/12/2001.

58. STJ, RHC 6.808/MG, 6ª T, J. 05/02/1998.

CRISTIANO CAMPIDELLI

o prazo de seis meses, ocorre a decadência do direito de representação e, por força do artigo 107, IV, do Código Penal, a extinção da punibilidade do agente.

Cabe retratação da representação somente até o oferecimento da denúncia (art. 25, CPP e art. 102, CP), exceto nos casos de crimes praticados contra a mulher no contexto doméstico ou familiar, em que *só será admitida a renúncia à representação perante o juiz, em audiência especialmente designada com tal finalidade, antes do recebimento da denúncia e ouvido o Ministério Público* (art. 16, Lei nº 11.340/2006). Vale lembrar que a lesão corporal leve ou culposa praticada contra a mulher no contexto doméstico ou familiar não depende de representação, ou seja, é crime de ação penal pública incondicionada (art. 41 da Lei nº 11.340/2006, ADI nº 4.424 do STF e Súmula 542 do STJ).

Em casos de crimes contra a honra de servidor público relacionados ao exercício de suas funções "é concorrente a legitimidade do ofendido, mediante queixa, e do ministério público, condicionada à representação do ofendido, para a ação penal por crime contra a honra de servidor público em razão do exercício de suas funções" (STF, Súmula 714).

Quanto à *requisição do Ministro da Justiça*, não se submete ao prazo decadencial de 6 meses, podendo ser feita até que haja a extinção da punibilidade pela prescrição ou por qualquer outra causa prevista no art. 107 do Código Penal. Tal requisição não vincula a atuação do Ministério Público em razão de sua independência funcional.

A ação penal pública será formulada pelo Ministério Público através de denúncia, devendo conter "a exposição do fato criminoso, com todas as suas circunstâncias, a qualificação do acusado ou esclarecimentos pelos quais se possa identificá-lo, a classificação do crime e, quando necessário, o rol das testemunhas" (art. 41, CPP).

O prazo para oferecimento da denúncia é de 5 dias com réu preso e 15 dias com réu solto, conforme art. 46 do CPP. Caso se trate de crime de tráfico de drogas ou de crime eleitoral, o prazo para oferecimento da denúncia será de 10 dias, independentemente de o réu estar preso ou solto (art. 54 da Lei nº 11.343/2006 e art. 357 da Lei nº 4.737/1965). Se for crime contra a economia popular, o prazo para a denúncia será de 2 dias (Lei nº 1.521/1951, Art. 10, § 2º), esteja ou não o acusado preso.

Descumprido o prazo, não há sanção prevista para o *Parquet*, por se tratar de prazo impróprio, resultando a violação do prazo apenas no nascimento do direito do ofendido propor a ação penal privada subsidiária da pública (art. 29, CPP), mediante ajuizamento de queixa-crime, além da possibilidade de soltura do preso pelo fato da prisão se tornar ilegal.

Quanto aos **princípios da ação penal pública**, a doutrina elenca os seguintes: *obrigatoriedade; indisponibilidade; pessoalidade* ou *intranscendência; oficialidade*.

Segundo o *princípio da obrigatoriedade*, o Ministério Público tem o dever de oferecer a denúncia sempre que estiverem presentes as condições da ação penal, sem juízo de oportunidade e conveniência, sendo que qualquer pessoa pode provocar a ação do *Parquet* (art. 27, CPP). Tal princípio restou mitigado: (a) face ao instituto da colaboração premiada, notadamente com a nova sistemática apresentada pela Lei nº 12.850/2013, que permite, em última análise, até o não oferecimento da denúncia (art. 4º, § 4º, Lei 12.850/2013); (b) pelo instituto da transação penal, mediante a aplicação imediata de pena restritiva de direitos que, se aceita, extingue a punibilidade, sem o oferecimento da denúncia (art. 76, Lei nº

DIREITO PROCESSUAL PENAL

9.099/1995); (c) pelo acordo de não persecução penal que poderá ser proposto pelo MP quando *não for caso de arquivamento* e o investigado tiver *confessado* formal e circunstancialmente a prática de infração penal *sem violência ou grave ameaça* e com *pena mínima inferior a 4 (quatro) anos*, desde que *necessário e suficiente para reprovação e prevenção do crime*, mediante *condições ajustadas* cumulativa e alternativamente (art. 28-A, CPP).[59]

Por força do *princípio da indisponibilidade*, previsto no art. 42 do CPP, uma vez iniciado o processo, não pode o Ministério Público dele desistir, o que não impede que ele pugne pela absolvição quando verificar alguma das hipóteses previstas nos arts. 386 ou 397 do CPP[60]. Por outro lado, embora o Ministério Público não esteja obrigado a recorrer, uma vez interposto o recurso não poderá dele desistir (art. 576, CPP). Este princípio sofreu mitigação com o advento do instituto da suspensão condicional do processo, uma vez que, nos crimes em que a pena mínima cominada for igual ou inferior a um ano, ao oferecer a denúncia, o Ministério Público poderá propor a suspensão condicional do processo, conforme procedimento e condições estabelecidas na Lei nº 9.099/1995, sendo que, ao final, expirado o prazo de suspensão sem revogação, o juiz declarará extinta a punibilidade (art. 89, *caput* e § 5º, Lei nº 9.099/1995).

Pelo *princípio da pessoalidade* ou *intranscendência*, somente o suposto autor, coautor ou partícipe do fato deve ser denunciado, mandamento que decorre do disposto no art. 5º, XLV, da Constituição Federal, segundo o qual *nenhuma pena passará da pessoa do condenado*.[61]

Por sua vez, o *princípio da oficialidade* determina que a acusação seja exercida por órgão oficial, não podendo o juiz, por exemplo, nomear promotor *ad hoc* para participar de determinado ato em nome da acusação, como se faz com a defesa quando ausente o defensor do réu.[62]

3.2. Ação Penal Privada

A ação penal será de iniciativa privada quando o tipo penal disser que *somente se procede mediante queixa*, hipótese em que "o particular é titular de uma pretensão acusatória e exerce o seu direito de ação", atuando em prol de um direito próprio de acusar, mediante o oferecimento de queixa-crime que deverá ter os mesmos requisitos da denúncia (art. 41, CPP).[63]

---

59. Segundo o § 2º do art. 28-A do CPP, o acordo de não persecução penal não poderá ser proposto nas seguintes hipóteses: *I - se for cabível transação penal de competência dos Juizados Especiais Criminais, nos termos da lei; II - se o investigado for reincidente ou se houver elementos probatórios que indiquem conduta criminal habitual, reiterada ou profissional, exceto se insignificantes as infrações penais pretéritas; III - ter sido o agente beneficiado nos 5 (cinco) anos anteriores ao cometimento da infração, em acordo de não persecução penal, transação penal ou suspensão condicional do processo; e IV - nos crimes praticados no âmbito de violência doméstica ou familiar, ou praticados contra a mulher por razões da condição de sexo feminino, em favor do agressor.*

60. O pedido de absolvição feito pelo MP não vincula o juiz (art. 385, CPP). Nesse sentido, assim decidiu o STJ: "(...) 3. Conforme dispõe o art. 385 do Código de Processo Penal, é possível que o juiz condene o réu ainda que o Ministério Público peça a absolvição do acusado em alegações finais. Esse dispositivo legal está em consonância com o sistema acusatório adotado no Brasil e não foi tacitamente derrogado pelo advento da Lei n. 13.964/2019, que introduziu o art. 3º-A no Código de Processo Penal. (...)" (STJ, RE 2.022.413/PA, 6ª T, J. 14/02/2023). No mesmo sentido: STJ, AgRg no HC 777.610/RS, 5ª T, J. 24/04/2023.

61. MARCÃO, Renato. *Curso de processo penal.* 3. ed. rev., ampl. e atual. São Paulo: Saraiva, 2017, p. 239.

62. DEZEM, Guilherme Madeira. *Curso de processo penal.* 3. ed. rev., atual. e ampl. São Paulo: Revista dos Tribunais, 2017, p. 252.

63. LOPES JR., Aury. *Direito processual penal.* 15. ed. São Paulo: Saraiva Educação, 2018, p. 216.

A ação penal privada é regida pelos seguintes princípios: *conveniência e oportunidade*; *disponibilidade*; *indivisibilidade*; *pessoalidade* ou *intranscendência*.

Segundo o *princípio da conveniência e oportunidade*, o ofendido não está obrigado a exercer a ação penal, inexistindo obrigatoriedade, mas sim plena faculdade, podendo escolher o momento em que fará a acusação, desde que dentro do prazo decadencial de 6 meses, contado do conhecimento da autoria e na forma do art. 10 do CP, lhe sendo até mesmo facultado deixar transcorrer *in albis* o prazo decadencial para o exercício do direito de queixa ou renunciar a tal direito. Decorrido o prazo, verifica-se a decadência do direito de queixa e a extinção da punibilidade do agente (art. 38, CPP; art. 107, IV, CP).[64]

Pelo *princípio da disponibilidade*, o ofendido pode dispor da ação penal, ou seja, pode dela desistir, tanto perdoando o réu, quanto negligenciando o processo dando causa à perempção.[65]

O *princípio da indivisibilidade* determina que o querelante ofereça a queixa contra todos os agentes, não podendo escolher contra quem litigar (art. 48, CPP), sendo que o Ministério Público zelará por essa indivisibilidade.

Já o princípio da *pessoalidade* ou *intranscendência* estabelece que a queixa-crime deve ser oferecida somente contra o suposto autor, coautor ou partícipe do fato, o que decorre do art. 5º, XLV, da CF/88, segundo o qual *nenhuma pena passará da pessoa do condenado*.[66]

São três as **espécies de ação penal privada**: (1) *Ação penal privada originária ou comum*, também chamada de *propriamente dita*, intentada pelo ofendido ou por seu representante legal (art. 30, CPP), sendo que, em caso de morte ou ausência do ofendido declarada por decisão judicial, também poderá ser intentada pelo cônjuge (ou companheiro), ascendente, descendente ou irmão (art. 31, do CPP); (2) *Ação penal privada personalíssima*, restrita à iniciativa pessoal da vítima, de maneira que somente o ofendido poderá promovê-la, cuja morte leva à extinção da punibilidade do querelado, espécie atualmente verificada apenas no crime do art. 236 do Código Penal[67]; (3) *Ação penal privada subsidiária da pública*, prevista no art. 5º, LIX, da Constituição Federal e no art. 29 do CPP, cabível quando houver inércia do Ministério Público, sendo que em casos de denúncia, requerimento de arquivamento, pedido de novas diligências imprescindíveis, transação penal e acordo de não persecução penal, não haverá inércia e, consequentemente, não será admissível esta ação.[68]

O prazo para o oferecimento da queixa-crime na ação penal privada subsidiária da pública é de 6 meses, a partir do esgotamento do prazo para o oferecimento da denúncia (art. 38, CPP), sendo que o Ministério Público poderá aditar a queixa no prazo de três dias,

---

64. LOPES JR., Aury. *Direito processual penal*. 15. ed. São Paulo: Saraiva Educação, 2018, p. 217.

65. MARCÃO, Renato. *Curso de processo penal*. 3. ed. rev., ampl. e atual. São Paulo: Saraiva, 2017, p. 253.

66. MARCÃO, Renato. *Curso de processo penal*. 3. ed. rev., ampl. e atual. São Paulo: Saraiva, 2017, p. 239.

67. DEZEM, Guilherme Madeira. *Curso de processo penal*. 3. ed. rev., atual. e ampl. São Paulo: Revista dos Tribunais, 2017, p. 274.

68. LOPES JR., Aury. *Direito processual penal*. 15. ed. São Paulo: Saraiva Educação, 2018, p. 222.

DIREITO PROCESSUAL PENAL

repudiá-la oferecendo denúncia substitutiva e será restabelecido como titular da ação penal (reversão da titularidade) em casos de negligência do querelante (art. 29, CPP), lhe sendo lícito, ainda, interpor recursos.[69]

O art. 44 do CPP exige que a queixa-crime seja acompanhada de procuração com poderes especiais, na qual deve constar o nome do querelado (erroneamente o dispositivo fala em querelante, cujo nome, por óbvio, já consta da procuração na qualidade de outorgante do mandato), além da descrição sucinta do fato criminoso. Eventuais omissões da procuração podem ser sanadas até a sentença final (art. 569, CPP), ainda que após o decurso do prazo decadencial de 6 meses.[70]

As **causas de extinção da punibilidade na ação penal privada** são: *renúncia*; *perdão* e *peremção*.

A *renúncia* ocorre antes do oferecimento da queixa, podendo ser *expressa* (por escrito) ou *tácita* (decorre de ato incompatível com a vontade de processar). A *renúncia* é um instituto unilateral, que independe da concordância de quem quer que seja (autor, coautor ou partícipe da infração penal), estando disciplinada nos artigos 49 e 50 do CPP. A renúncia oferecida a um agente será estendida automaticamente aos demais (art. 49 do CPP), o que decorre do princípio da indivisibilidade da ação penal privada[71]. Caso se trate de infração penal de menor potencial ofensivo, a composição dos danos civis acarreta renúncia ao direito de queixa ou de representação (art. 74, parágrafo único, Lei nº 9.099/1995).

O *perdão* ocorre após o oferecimento da queixa (arts. 51 a 59, CPP) e antes do trânsito em julgado da sentença penal condenatória (art. 106, § 2º, CP), ou seja, durante a fase processual de conhecimento, e pode ser: *expresso* (por escrito) ou *tácito* (decorre de ato incompatível com a vontade de processar); *processual* (concedido dentro dos autos) ou *extraprocessual* (concedido fora do processo, mas que deve ser levado ao processo para acarretar a extinção da punibilidade).[72]

Trata-se o *perdão* de instituto bilateral, que depende de aceitação do querelado, que será intimado para se pronunciar em 3 dias, cujo silêncio configura aceitação do perdão (art. 58, CPP)[73]. Caso se trate de *perdão extraprocessual*, a aceitação do *perdão* constará de declaração assinada pelo querelado, por seu representante legal ou procurador com poderes especiais (art. 59, CPP). Concedido o *perdão* a um dos querelados, será ele oferecido a todos, que podem ou não o aceitar, prosseguindo a ação penal em relação a quem o recusar (art. 51, CPP). O *perdão* é cabível apenas nos crimes de *ação penal privada propriamente dita* ou *personalíssima*, sendo inaplicável às hipóteses de *ação penal privada subsidiária da pública*.[74]

---

69. DEZEM, Guilherme Madeira. *Curso de processo penal*. 3. ed. rev., atual. e ampl. São Paulo: Revista dos Tribunais, 2017, p. 276-277.

70. STJ, AREsp 938.217/ES, J. 26/08/2016. No mesmo sentido: STJ, HC 131.078/PI, 6ª T, J. 14/08/2012.

71. MARCÃO, Renato. *Curso de processo penal*. 3. ed. rev., ampl. e atual. São Paulo: Saraiva, 2017, p. 262.

72. MARCÃO, Renato. *Curso de processo penal*. 3. ed. rev., ampl. e atual. São Paulo: Saraiva, 2017, p. 263.

73. DEZEM, Guilherme Madeira. *Curso de processo penal*. 3. ed. rev., atual. e ampl. São Paulo: Revista dos Tribunais, 2017, p. 291-292.

74. MARCÃO, Renato. *Curso de processo penal*. 3. ed. rev., ampl. e atual. São Paulo: Saraiva, 2017, p. 263.

CRISTIANO CAMPIDELLI

Por sua vez, a *perempção* extingue a punibilidade do agente nos casos de negligência do querelante, constituindo "uma sanção jurídica processual que se impõe ao querelante como consequência de sua desídia"[75], nas seguintes hipóteses (art. 60, CPP): (1) Quando, iniciada a ação penal, o querelante deixar de promover o andamento do processo durante 30 dias seguidos; (2) Quando, falecendo o querelante, ou sobrevindo sua incapacidade, não comparecer em juízo, para prosseguir no processo, dentro do prazo de 60 (sessenta) dias, qualquer das pessoas a quem couber fazê-lo, ressalvado o disposto no art. 36 do CPP; (3) Quando o querelante deixar de comparecer, sem motivo justificado, a qualquer ato do processo a que deva estar presente (Exemplo: audiência de instrução de julgamento); (4) Quando o querelante deixar de formular o pedido de condenação nas alegações finais; (5) Quando, sendo a querelante pessoa jurídica, esta se extinguir sem deixar sucessor.

Importante o registro de que não haverá perempção nos casos de ação penal privada subsidiária da pública, pois o Ministério Público assumirá a titularidade da ação se o querelante for desidioso, restabelecendo-se como titular da ação penal (art. 29, CPP).

3.3. Ação Civil *Ex Delicto*

O CPP, em seus arts. 63 a 68, trata da ação civil *ex delicto* para efeito de reparação do dano causado pelo crime e, no inciso IV do art. 387, estabelece que o juiz, ao proferir a sentença condenatória, fixará *valor mínimo para reparação dos danos* causados pela infração, considerando os prejuízos sofridos pelo ofendido, tornando a sentença penal condenatória um *título executivo líquido*, ainda que *em parte*, uma vez que o art. 63, parágrafo único, do mesmo *Codex* dispõe que "transitada em julgado a sentença condenatória, a execução poderá ser efetuada pelo valor fixado nos termos do inciso IV do *caput* do art. 387 deste Código *sem prejuízo da <u>liquidação</u> para a <u>apuração do dano efetivamente sofrido</u>.*" (Grifos nossos)

Portanto, embora seja possível a fixação, pelo juiz criminal, de um *valor mínimo* para reparação dos danos causados pela infração penal, nada impede que o ofendido promova a liquidação da sentença para apuração do dano efetivamente sofrido e obtenha uma *reparação total*.

O STJ tem entendimento no sentido de que, para a fixação do valor mínimo para reparação dos danos causados pela infração, há necessidade de pedido expresso, sob pena de violação ao princípio do contraditório e ampla defesa.[76]

Ainda que a sentença penal condenatória faça coisa julgada no cível e constitua título executivo judicial, em regra a responsabilidade civil é independente da criminal, razão pela qual, para buscar a reparação, a vítima do crime pode promover a competente ação de reparação perante o juiz cível, contra o autor do crime e, se for o caso, contra o responsável civil (art. 64, *caput*, CPP e art. 932, CC), independentemente de haver ação criminal ou trânsito em julgado de sentença penal condenatória, muito embora seja facultado ao juiz cível suspender o julgamento definitivo da ação civil até o término da ação penal (art. 64, parágrafo único, CPP).

---

75. MARCÃO, Renato. *Curso de processo penal*. 3. ed. rev., ampl. e atual. São Paulo: Saraiva, 2017, p. 265.

76. STJ, HC 428.490/RJ, 5ª T, J. 13/03/2018. No mesmo sentido: STJ, AgRg no REsp 1.688.389/MS, 6ª T, J. 22/03/2018.

DIREITO PROCESSUAL PENAL

Caso a vítima aguarde o trânsito em julgado da sentença penal condenatória, estará certa a obrigação do condenado reparar o dano, de maneira que a vítima poderá se limitar a mover apenas a ação de execução do título executivo judicial (a sentença penal condenatória), caso entenda suficiente o valor fixado pelo juiz criminal (art. 387, IV, CPP), ou poderá promover *simultaneamente* a *execução* da parte líquida (*valor mínimo* fixado pelo juiz criminal) e, em autos apartados, a *liquidação* do restante necessário à reparação total dos danos sofridos (art. 63, parágrafo único, CPP e art. 509, § 1º, CPC).

Por outro lado, quando a sentença absolutória for proferida com fundamento no art. 386, incisos I (estar provada a inexistência do fato) e IV (estar provado que o réu não concorreu para a infração penal), do CPP, não poderá ser proposta a ação civil *ex delicto*, uma vez que não se pode mais questionar sobre a existência do fato ou sobre quem seja o seu autor quando estas questões se acharem decididas no juízo criminal (art. 66, CPP e art. 935, CC). Caso a absolvição se dê com fundamento nos demais incisos do citado art. 386, nada obsta a ação civil.

Também, "faz coisa julgada no cível a sentença penal que reconhecer ter sido o ato praticado em estado de necessidade, em legítima defesa, em estrito cumprimento de dever legal ou no exercício regular de direito" (art. 65, CPP e art. 188, CC).[77]

Não impedirão a propositura da ação civil (art. 67, CPP): o despacho de arquivamento do inquérito ou das peças de informação; a decisão que julgar extinta a punibilidade; a sentença absolutória que decidir que o fato imputado não constitui crime. Já a decisão homologatória da transação penal, por expressa disposição legal, não terá efeitos civis, cabendo aos interessados propor ação cabível no juízo cível (art. 76, § 6º, Lei nº 9.099/1995).

4. JURISDIÇÃO E COMPETÊNCIA PROCESSUAL PENAL

A jurisdição deve ser concebida como um poder-dever de realização da Justiça Estatal, decorrente do princípio da necessidade do processo penal para conhecimento da pretensão acusatória e, em sendo ela acolhida, o exercício do poder de penar detido pelo Estado-juiz, o que assegura ao cidadão que somente será apenado após o devido processo legal.[78]

Por sua vez, a competência processual penal é um conjunto de regras que delimitam a jurisdição, determinando, dentre todos os juízes que têm jurisdição (poder-dever de dizer o direito no caso concreto), qual deles é competente para julgar cada caso, assegurando um juiz natural e imparcial[79]. Competência é, portanto, a medida ou a especialização da atividade jurisdicional, é a porção de jurisdição que cabe a cada magistrado exercer[80]. Todo juiz tem jurisdição[81], mas nem todo juiz tem competência para todo e qualquer caso.

A competência se divide em *absoluta* e *relativa*:

---

77. LOPES JR., Aury. *Direito processual penal*. 15. ed. São Paulo: Saraiva Educação, 2018, p. 239.

78. LOPES JR., Aury. *Direito processual penal*. 15. ed. São Paulo: Saraiva Educação, 2018, p. 34 e 245-246.

79. LOPES JR., Aury. *Direito processual penal*. 15. ed. São Paulo: Saraiva Educação, 2018, p. 248.

80. MARCÃO, Renato. *Curso de processo penal*. 3. ed. rev., ampl. e atual. São Paulo: Saraiva, 2017, p. 306.

81. DEZEM, Guilherme Madeira. *Curso de processo penal*. 3. ed. rev., atual. e ampl. São Paulo: Revista dos Tribunais, 2017, p. 324.

GÊNERO	COMPETÊNCIA ABSOLUTA	COMPETÊNCIA RELATIVA
ESPÉCIES	*Funcional* *Em razão da matéria* *Em razão da pessoa*	*Em razão do lugar* *Por prevenção* *Pelo domicílio ou residência do réu* *Por distribuição* *Por conexão ou continência* *Dos Juizados Especiais Criminais*
INTERESSE	Estabelecida conforme interesse preponderantemente público	Estabelecida conforme interesse preponderantemente particular
MOMENTO DA ALEGAÇÃO	Pode ser alegada a qualquer tempo, pois não se convalida, inexistindo prorrogação ou preclusão	Deve ser alegada no primeiro momento de defesa, sob pena de preclusão e prorrogação da competência (*prorrogatio fori*)
EFEITOS	Sua inobservância gera nulidade absoluta de todos os atos, pois o prejuízo é presumido. No entanto, a jurisprudência tem entendido ser possível a ratificação dos atos anteriores, com anulação somente dos atos decisórios, sem necessidade de refazimento da prova[82]	Sua inobservância gera nulidade relativa, anulando apenas os atos decisórios (art. 567, CPP), não abrangendo as provas colhidas, devendo a parte demonstrar o prejuízo (art. 563, CPP)
DECLARAÇÃO DE OFÍCIO	Pode ser declarada de ofício, pelo juiz ou tribunal, em qualquer fase do processo (art. 109, CPP)	Não deveria poder ser declarada de ofício (STJ, Súmula 33 – *A incompetência relativa não pode ser declarada de ofício*), mas a doutrina majoritária e o STF afirmam a possibilidade de seu reconhecimento de ofício.[83]

Para fins de delimitação da competência, inicialmente é preciso verificar se o caso é de competência de algum dos órgãos de sobreposição: STF e STJ[84]. Caso não se trate de infração penal de competência dos órgãos de sobreposição, deve-se encontrar a justiça competente, sendo que o correto é considerar a matéria em julgamento e começar a análise pela esfera mais restrita das justiças especiais até chegar à justiça mais residual de todas, nesta ordem: Justiça Militar da União; Justiça Militar dos Estados; Justiça Eleitoral; Justiça Federal; Justiça Estadual.

---

82. STJ, HC 308.859/RL, rel. Min. Nefi Cordeiro, J. 09/08/2016.

83. Doutrina: "No processo penal, a declaração de incompetência – absoluta ou relativa – não depende de provocação de quem quer que seja e, portanto, deve ser feita ex *officio* pelo juiz (CPP, art. 109)" (MARCÃO, Renato, 2021, p. 146); "Assim, no processo civil, em regra, o juiz não pode conhecer de sua incompetência relativa de ofício. Já no processo penal isso é possível, não havendo óbice a que o juiz conheça da incompetência relativa de ofício" (DEZEM, Guilherme Madeira, 2018, p. 237); "Contudo, ao contrário de alguma doutrina que não descola das categorias do processo civil, pensamos que a incompetência em razão do lugar pode também ser conhecida pelo juiz de ofício. Isso porque o art. 109 do CPP não faz nenhuma restrição (...)" (LOPES JR., Aury, 2021, p. 114-115). Por sua vez, o STF admitiu o reconhecimento da incompetência relativa de ofício no HC 193.726 ED/PR (caso Lula *versus* Moro).

84. DEZEM, Guilherme Madeira. *Curso de processo penal*. 3. ed. rev., atual. e ampl. São Paulo: Revista dos Tribunais, 2017, p. 344.

DIREITO PROCESSUAL PENAL

4.1. Competência da Justiça Militar (da União e dos Estados)

A competência da Justiça Militar da União está prevista no art. 124 da Constituição Federal, segundo o qual *à Justiça Militar compete processar e julgar os crimes militares definidos em lei*[85], incluindo aqueles praticados por civil[86] contra as Forças Armadas, tais como o estelionato do art. 251 ou o ingresso clandestino do art. 302, ambos os dispositivos do Código Penal Militar.[87]

Por sua vez, a competência da Justiça Militar Estadual vem estabelecida no art. 125, § 4º, da Constituição Federal, que estabelece que compete à Justiça Militar estadual processar e julgar os *militares* dos Estados, nos *crimes militares* definidos em lei, *ressalvada a competência do júri quando a vítima for civil*. Diferentemente da Justiça Militar da União, a Justiça Militar estadual *não julga civis*, mas apenas militares dos estados que tenham praticado crimes militares definidos em lei, em atividade típica militar[88] e com afetação direta de bens jurídicos militares.

Importante registrar que as Justiças Militares da União e dos Estados não julgam crimes comuns, mesmo que tenham sido cometidos em conexão ou continência com crime militar, hipótese em que deverá haver a separação (cisão) dos processos (art. 79, I, CPP). Noutra senda, por força de ressalva expressa feita no § 4º do art. 125 da CF/88, é da competência do Tribunal do Júri o crime doloso contra a vida praticado por militar dos Estados contra civil, ainda que no efetivo exercício de atividade militar (art. 9º, § 1º, CPM). Já os crimes militares dolosos contra a vida, cometidos por militares das Forças Armadas contra civil, serão da competência da Justiça Militar da União, se praticados no contexto de atividade típica militar (art. 9º, § 2º, CPM).

Caso um civil pratique um crime doloso contra a vida de um militar das Forças Armadas (Marinha, Exército ou Aeronáutica), no exercício da função, praticará crime militar e será julgado pela Justiça Militar da União[89]. Caso o cidadão pratique tal crime contra militar do Estado, a competência será do Tribunal do Júri, uma vez que a Justiça Militar Estadual não julga civis.

4.2. Competência da Justiça Eleitoral

A Justiça Eleitoral tem competência para processar e julgar as infrações penais eleitorais e os crimes comuns, estaduais ou federais[90], que lhes forem conexos ou continentes (arts. 118 a 121, CF/88; arts. 35, II, e 364, Código Eleitoral; art. 78, IV, CPP; art. 90, Lei nº 9.504/1997).

---

85. Vide art. 9º do CPM, com especial atenção para a nova redação dada ao inciso II.

86. No momento em que este texto está sendo atualizado, o STF apresenta placar de 5 x 5 quanto à possibilidade ou não da Justiça Militar da União continuar a julgar crimes cometidos por civis em tempos de paz. A decisão final será do Ministro Alexandre de Moraes.

87. STF, RHC 137.074/SP, 2ª T, J. 06/12/2016; STF, HC 136.536/CE, 2ª T, J. 29/11/2016.

88. STJ, CC 131.306/RS, 3ª Seção, J. 26/02/2014.

89. STF, RHC 123.594 AgR/BA, rel. Min. Luiz Fux, J. 02/12/2014.

90. STF, Inq. 4435 AgR-quarto/DF, Pleno, J. 13 e 14/03/2019 – Informativo 933.

CRISTIANO CAMPIDELLI

4.3. Competência da Justiça Federal

São de competência da Justiça Federal os crimes listados no art. 109, inciso IV e seguintes, da Constituição Federal, dentre os quais se inserem os *crimes políticos*, ou seja, contra a segurança nacional, antes previstos na revogada Lei nº 7.170/1983 (Lei de Segurança Nacional), atualmente capitulados no art. 359-I a 359-T do Código Penal.

A Justiça Federal também é competente para processar e julgar as *infrações penais praticadas em detrimento de bens, serviços ou interesse da União ou de suas entidades autárquicas ou empresas públicas* (e fundações[91]), _excluídas as contravenções_ e ressalvada a competência da Justiça Militar e da Justiça Eleitoral.

Por expressa disposição constitucional, a Justiça Federal não tem competência para processar e julgar contravenções, uma vez que lhe compete o processo e julgamento apenas de crimes, conforme disposto no inciso IV do art. 109 da Constituição Federal onde consta a seguinte expressão: *excluídas as contravenções*. Nesse sentido, foi editada a Súmula 38 do STJ.[92]

Também, não são de competência da Justiça Federal os crimes praticados contra sociedades de economia mista, pois não se inserem nas hipóteses previstas no inciso IV (*União ou suas entidades autárquicas ou empresas públicas*). Logo, infrações penais praticadas contra a Petrobras, o Banco do Brasil ou qualquer outra sociedade de economia mista da União, são de competência da Justiça Estadual. Nesse sentido, foi editada a Súmula 42 do STJ.[93]

Os crimes praticados contra os Correios e a Caixa Econômica Federal, por serem empresas públicas da União, são de competência da Justiça Federal, ressalvadas as hipóteses de crimes praticados contra lojas franqueadas[94], em prejuízo do banco postal[95] e contra casas lotéricas, em que a competência será da Justiça Estadual[96]. Na mesma esteira, os crimes praticados em detrimento do Instituto Nacional do Seguro Social – INSS, autarquia federal vinculada ao Ministério da Previdência Social, também são de competência da Justiça Federal.

Já os crimes de lavagem de dinheiro são de competência da Justiça Federal nas hipóteses previstas no art. 2º, III, da Lei nº 9.613/1998: *a) quando praticados contra o sistema financeiro e a ordem econômico-financeira, ou em detrimento de bens, serviços ou interesses da União, ou de suas entidades autárquicas ou empresas públicas; b) quando a infração penal antecedente for de competência da Justiça Federal.*

---

91. STF, RE 115.782/MG, 1ª T, J. 17/03/1989.

92. STJ, Súmula 38 – Compete a Justiça Estadual Comum, na vigência da Constituição de 1988, o processo por contravenção penal, ainda que praticada em detrimento de bens, serviços ou interesse da União ou de suas entidades (J. 19/03/1992).

93. STJ, Súmula 42 - Compete a Justiça Comum Estadual processar e julgar as causas cíveis em que é parte sociedade de economia mista e os crimes praticados em seu detrimento (J. 14/05/1992)

94. STJ, CC 145.800/TO, 3ª Seção, J. 13/04/2016); STJ, CC 133.751/SP, 3ª Seção, J. 24/09/2014.

95. STJ, CC 129.804-PB, 3ª Seção, J. 28/10/2015 – Informativo nº 572 do STJ.

96. STJ, RHC 59.502/SC, 6ª T, J. 25/08/2015; STJ, AgRg no CC 137.550/SP, 3ª Seção, J. 08/04/2015.

DIREITO PROCESSUAL PENAL

Quanto aos crimes praticados por servidores públicos federais no exercício da função ou em razão dela, bem como contra servidores públicos federais em razão das funções por eles exercidas, a competência também é da Justiça Federal.[97]

A competência da Justiça Federal abrange, ainda, os crimes previstos em tratado ou convenção internacional, quando, iniciada a execução no País, o resultado tenha ou devesse ter ocorrido no estrangeiro, ou reciprocamente (art. 109, V, CF/88). Logo, são da competência da Justiça Federal: (1) tráfico transnacional de drogas (art. 70, Lei nº 11.343/2006 e Súmula 522 do STF)[98]; (2) tráfico internacional de arma de fogo (art. 18, Lei nº 10.826/2003); (3) tráfico de crianças ou adolescentes (art. 239, Lei nº 8.069/1990; (4) tráfico internacional de pessoas (art. 149-A, CP).

O art. 109, V-A e § 5º, da Constituição Federal, trata do chamado *incidente de deslocamento de competência* da Justiça Estadual para a Justiça Federal, que pode ser suscitado (proposto, movido) pelo Procurador-Geral da República perante o Superior Tribunal de Justiça, que explicitou três requisitos para o seu deferimento: (1) *grave violação de direitos humanos*; (2) *risco de responsabilização internacional do Brasil decorrente do descumprimento de obrigações jurídicas assumidas em tratados internacionais*; (3) *incapacidade ou desinteresse das instâncias e autoridades locais em oferecer respostas efetivas.*

Também, são da competência da Justiça Federal os crimes: (1) contra a organização do trabalho (arts. 197 a 207, CP), desde que haja ofensa às instituições do trabalho ou aos trabalhadores coletivamente[99]; (2) contra o sistema financeiro (Lei nº 7.492/1986); (3) contra a ordem econômico-financeira (Lei nº 8.137/1990, quando envolver tributos federais, e Lei nº 8.176/1991, em caso de crime de usurpação de bem público da União, previsto em seu art. 2º).

Compete à Justiça Federal, ainda, o processo e julgamento dos crimes cometidos a bordo de navios[100] ou aeronaves, ressalvada a competência da Justiça Militar, bem como os crimes de ingresso ou permanência irregular de estrangeiro (arts. 232-A, 309 e 338, CP).

No inciso XI do art. 109, a Constituição Federal estabelece competência da Justiça Federal para processar e julgar *a disputa sobre direitos indígenas*, do que decorre sua competência para os crimes praticados contra a comunidade indígena coletivamente considerada. Logo, para que haja competência da Justiça Federal, não basta que o índio seja sujeito ativo ou passivo de crime, sendo necessário que esteja em disputa algum direito da coletividade indígena. Nesse sentido, o STJ editou a Súmula 140, segundo a qual *compete a Justiça Comum Estadual processar e julgar crime em que o indígena figure como autor ou vítima* (J. 18/05/1995).

---

97. STJ, Súmula 147 – Compete a Justiça Federal processar e julgar os crimes praticados contra funcionário público federal, quando relacionados com o exercício da função (J. 07/12/1995).

98. STF, Súmula 522 – Salvo ocorrência de tráfico para o Exterior, quando, então, a competência será da Justiça Federal, compete à Justiça dos Estados o processo e julgamento dos crimes relativos a entorpecentes (J. 03/12/1969, *DJ* 10/12/1969).

99. STJ, CC 131.319/SP, 3ª Seção, *J.* 26/08/2015.

100. Navio é embarcação de grande porte, com tamanho e autonomia consideráveis que possa ser deslocada para águas internacionais, devendo se encontrar em situação de deslocamento internacional ou em situação de potencial deslocamento (STJ, CC 118.503/PR, 3ª Seção, *J.* 22/04/2015).

Em se tratando de crimes ambientais, a competência somente será da Justiça Federal se houver lesão a bens, serviços ou interesse da União, suas entidades autárquicas ou empresas públicas (Exemplos: poluição de rio de curso interestadual ou internacional; corte de árvores em parques nacionais etc.). Por fim, em caso de conexão ou continência entre crime estadual e crime federal, prevalecerá a competência da Justiça Federal (Súmula 122 do STJ).[101]

4.4. Competência do Tribunal do Júri

O Tribunal do Júri, embora seja em regra estadual, pode ser federal se estiverem presentes causas que determinem a competência da Justiça Federal (Exemplo: assassinato de fiscais do Ministério do Trabalho a mando de fazendeiro revoltado com a fiscalização feita por eles). A competência do Tribunal do Júri está estabelecida na Constituição Federal (art. 5º, XXXVIII) e no CPP (art. 74, caput e § 1º), lhe competindo o julgamento dos *crimes dolosos contra a vida* (*homicídio doloso* e *feminicídio; induzimento, instigação ou auxílio a suicídio*[102]; *infanticídio; aborto*).

Os crimes conexos ou continentes com os crimes dolosos contra a vida também serão julgados pelo Tribunal do Júri (Exemplos: homicídio conexo com tráfico de drogas; homicídio conexo com porte ilegal de arma; homicídio conexo com lesão corporal), conforme art. 78, I, do CPP.

As autoridades que possuem foro especial por prerrogativa de função previsto na CF/88 não vão a Júri (art. 78, III, CPP), sendo julgadas pelo Tribunal competente estabelecido pela própria CF/88, desde que, caso se tratem de autoridades eleitas, tenham praticado o crime durante o exercício do cargo e relacionado às funções desempenhadas (Ação Penal 937). Diversamente, as autoridades com foro especial previsto apenas em Constituição Estadual vão a Júri, conforme Súmula Vinculante nº 45 do STF (*idem* Súmula 721 do STF), uma vez que a competência do Tribunal do Júri, estabelecida na CF/88, se sobrepõe ao foro por prerrogativa de função estabelecido apenas em Constituição Estadual.

Em 15/05/2019, no julgamento da ADI 2.553, o STF declarou inconstitucional o inciso IV do artigo 81 da Constituição do Maranhão, na parte em que incluiu, dentre as autoridades com foro especial perante o TJMA, os procuradores do estado, procuradores da Assembleia Legislativa, defensores públicos e delegados de Polícia, bem como firmou entendimento no sentido de que a prerrogativa de foro é uma excepcionalidade, já tendo a Constituição Federal excepcionado, também nos estados, as autoridades dos três Poderes com direito a essa prerrogativa, não podendo as Constituições Estaduais ampliá-las.[103]

Mais recentemente, o STF, no Informativo nº 1.026, deu publicidade à tese fixada no sentido de que **é inconstitucional norma de constituição estadual que estende o foro por prerrogativa de função a autoridades não contempladas pela Constituição Federal de**

---

101. STJ, Súmula 122 – Compete a justiça federal o processo e julgamento unificado dos crimes conexos de competência federal e estadual, não se aplicando a regra do art. 78, II, "a", do CPP (J. 01/12/1994).

102. Se as condutas forem praticadas visando a automutilação, a competência será do juiz singular e não do Tribunal do Júri, por se tratar de um crime contra a integridade física e não contra a vida.

103. Disponível em: <http://www.stf.jus.br/portal/cms/verNoticiaDetalhe.asp?idConteudo=411172>. Acesso em: 15 JUL 2019.

DIREITO PROCESSUAL PENAL

forma expressa ou por simetria, tais como vereadores, delegados, defensores e procuradores de município, os quais não podem ter foro especial.[104]

4.5. Competência em Razão da Pessoa

A competência em razão da pessoa corresponde ao foro especial por prerrogativa de função, popularmente conhecido como foro privilegiado, prerrogativa prevista para algumas autoridades no Brasil de serem julgadas por determinados Tribunais.[105]

A questão sempre foi polêmica e esteve em julgamento perante o STF, na Ação Penal 937, no bojo da qual se decidiu, em 03/05/2018, que: (1) "O foro por prerrogativa de função aplica-se apenas aos crimes cometidos durante o exercício do cargo e relacionados às funções desempenhadas"; (2) "Após o final da instrução processual, com a publicação do despacho de intimação para apresentação de alegações finais, a competência para processar e julgar ações penais não será mais afetada em razão de o agente público vir a ocupar outro cargo ou deixar o cargo que ocupava, qualquer que seja o motivo".[106]

Não obstante, o STJ, na Ação Penal 878/DF, entendeu que um desembargador, mesmo praticando crime não relacionado às suas funções, deve ser julgado pelo próprio STJ e não pelo juiz de primeira instância vinculado ao mesmo tribunal, pois este não reuniria as condições necessárias ao desempenho de suas atividades judicantes de forma imparcial.[107]

Este *discrimem* criado pelo STJ encontra-se pendente de julgamento no STF, em Repercussão Geral (STF, ARE 1.223.589, reautuado para RE 1.331.044 – Tema 1147: "Competência do Superior Tribunal de Justiça para processar e julgar desembargador de Tribunal de Justiça por crime comum, ausente relação com o cargo público ocupado").

Portanto, o STJ "apontou *discrimen* relativamente aos magistrados para manter interpretação ampla quanto ao foro por prerrogativa de função, aplicável para crimes com ou sem relação com o cargo, com fundamento na necessidade de o julgador desempenhar suas atividades judicantes de forma imparcial" (vide item 3 da Ementa do CC nº 177.100/CE).

Além disso, o STJ afirmou que, "nesse contexto, considerando que a prerrogativa de foro da Magistratura e Ministério Público encontra-se descrita no mesmo dispositivo constitucional (art. 96, inciso III, da CF), seria desarrazoado conferir-lhes tratamento diferenciado (vide item 3 da Ementa do CC nº 177.100/CE), razão pela qual o foro especial dos magistrados e dos membros do MP permanece sendo observado, independentemente do crime guardar ou não relação com o cargo.

---

104. Disponível em: <https://www.stf.jus.br/arquivo/cms/informativoSTF/anexo/Informativo_PDF/Informativo_stf_1026.pdf>. Acesso em 25 JUN 2023.

105. O Tribunal competente para a ação também julgará as exceções (art. 85, CPP). Assim, por exemplo, eventual exceção da verdade ofertada contra um promotor, que figure como querelante em ação penal por crime de calúnia, deverá ser processada e julgada pelo Tribunal de Justiça competente para julgar o promotor.

106. Não obstante, o STJ, na Ação Penal 878/DF, entendeu que um desembargador de Tribunal de Justiça, mesmo praticando crime não relacionado às suas funções, deve ser julgado pelo próprio STJ e não pelo juiz de primeira instância vinculado ao mesmo tribunal, pois este não reuniria as condições necessárias ao desempenho de suas atividades judicantes de forma imparcial (STJ, Informativo 639).

107. STJ, Informativo 639.

605

CRISTIANO CAMPIDELLI

Ainda segundo o STJ, por se tratarem os magistrados e membros do MP de autoridades sem cargo eletivo, o entendimento firmado na Ação Penal 937 do STF não lhes deve ser aplicado, por falta de simetria (STJ, CC 177.100/CE, 3ª Seção, J. 08/09/2021 – vide item 6 da Ementa).

Na jurisprudência do STF e do STJ, há outros precedentes importantes, relacionados à competência em razão da pessoa, que devem ser lembrados:

1) Crime praticado em um mandato e réu reeleito para o mesmo cargo, ininterruptamente, enseja continuidade do foro especial (STJ, AgRg no HC 545.620/SC, 5ª T, 23/02/2021);

2) Mandatos cruzados ininterruptos de parlamentar federal (deputado federal para senador e vice-versa) prorrogam a competência do STF (Pet 9189, Pleno, J. 12/05/2021);

3) Deputado estadual eleito senador, ininterruptamente, prorroga a competência do TJ (STF, Recl. 41.910, 2ª T, J. 30/11/2021);

4) Se houver interrupção do mandato, como no caso de ex-prefeito que, após o término do mandato anterior, com lapso temporal de 4 anos, é novamente eleito e volta a ocupar o cargo, o caso relativo ao crime praticado durante o mandato anterior continua na 1ª instância (STF, RE nº 1.185.838 AgR/SP, 1ª T, J. 14/05/2019).

No campo das normas que regem a competência em razão da pessoa, ainda é preciso explicitar uma série de regras gerais. Vamos a elas.

Aos Tribunais de Justiça compete o julgamento das infrações penais praticadas pelos *juízes estaduais* a eles vinculados e *membros do Ministério Público* dos respectivos Estados, ainda que seja crime federal[108], doloso contra a vida ou contravenção, independentemente do lugar do crime, excetuando-se os crimes eleitorais, cuja competência é do TRE (art. 96, III, *in fine*, CF/88).

Os prefeitos e deputados estaduais, ao praticarem infração penal estadual serão julgados pelo Tribunal de Justiça, mas se praticarem crime federal serão julgados pelo Tribunal Regional Federal. Caso pratiquem crime eleitoral, a competência será do Tribunal Regional Eleitoral (arts. 27, § 1º, e 29, X, CF/88; Súmulas 208 e 209 do STJ; Súmula 702 do STF).

Os Tribunais Regionais Federais julgam os juízes federais, juízes do trabalho, juízes militares da União e membros do Ministério Público da União, ainda que se trate de crime estadual, doloso contra a vida ou contravenção, independentemente do lugar do crime, excetuando-se os crimes eleitorais, cuja competência é do TRE (art. 108, I, *a*, CF/88).

No tocante a terceiros não detentores de foro por prerrogativa de função que tenham praticado crimes em concurso com detentores de foro privilegiado, a regra será a cisão processual, a qual somente deixará de ser determinada quando o desmembramento dos inquéritos e ações penais causar prejuízo relevante à investigação ou à instrução criminal, ou seja, quando os fatos estiverem de tal forma imbricados que a cisão por si só implique prejuízo ao seu esclarecimento, o que deverá ser aferido em cada caso concreto.[109]

---

108. STF, HC 68.846/RJ, Tribunal Pleno, J. 02/10/1991.

109. STF, Inq 3842 AgR-quinto/DF, 2ª T, J. 15/12/2015; STF, Pet. 6727 AgR/DF, 2ª T, J. 30/06/2017.

DIREITO PROCESSUAL PENAL

Quanto às competências do STF e do STJ, para sua maior visibilidade, colaciono o quadro abaixo onde constam as autoridades de cada um dos poderes que são julgadas, originariamente, nos crimes comuns, pelas referidas Cortes:

Tribunal	Executivo	Legislativo	Judiciário	Outros
STF Art. 102 CF/88	Presidente da República; Vice-Presidente da República; Ministros de Estado; Advogado-Geral da União (*status* de ministro) Controlador-Geral da União (Ministro)	Deputados Federais e Senadores	Membros do STF e dos Tribunais Superiores: STJ, TST, STM e TSE	Procurador-Geral da República; Comandantes das Forças Armadas; Membros do TCU; Chefes de Missão Diplomática permanente
STJ Art. 105 CF/88	Governadores de Estado e do Distrito Federal		Membros dos TRFs, TREs, TJs e TRTs	Membros dos TCEs; Membros do MPU que atuam perante os Tribunais; Membros dos Conselhos ou Tribunais de Contas dos Municípios

Por fim, é importante registrar que as regras de foro por prerrogativa de função não se aplicam à improbidade administrativa, que será julgada em primeiro grau de jurisdição, pois não tem caráter de crime, sendo ilícito civil e administrativo, com regras próprias (Lei 8.429/1992).

4.6. Competência em Razão do Lugar

A competência em razão do lugar será firmada pelo *lugar do crime*, local da consumação, tendo sido adotada pelo CPP a teoria do resultado. Se houver o crime apenas na forma tentada, a competência se firmará no local onde ocorreu o último ato de execução (art. 70, CPP).

Quanto à competência para processar e julgar o crime de estelionato, houve significativa alteração legislativa, com a inclusão do § 4º no art. 70 do CPP, segundo o qual, nos crimes de estelionato, *quando praticados mediante depósito, mediante emissão de cheques sem suficiente provisão de fundos em poder do sacado ou com o pagamento frustrado ou mediante transferência de valores, a competência será definida pelo local do domicílio da vítima, e, em caso de pluralidade de vítimas, a competência firmar-se-á pela prevenção* (Incluído pela Lei nº 14.155, de 27/05/2021).

Restaram superadas as Súmulas 521 do STF e 244 do STJ que estabeleciam, como foro competente para processar e julgar o crime de estelionato praticado mediante emissão de cheque sem provisão de fundos, o local em que se deu a recusa do pagamento pelo sacado.

607

CRISTIANO CAMPIDELLI

A nova regra, por se tratar de norma processual, tem aplicação imediata, nos termos do art. 2º do CPP, ainda que os fatos tenham sido anteriores à nova lei (STJ, CC 180.832/RJ, 3ª Seção, J. 25/08/2021).

Em caso de crime permanente ou continuado, cuja execução se estenda por mais de um juízo, a competência é firmada pela prevenção, ou seja, o juiz que pela primeira vez decidir torna-se competente, ainda que em incidente pré-processual (arts. 71 e 83, CPP). A competência também é firmada pela prevenção quando praticado o crime no limite entre duas ou mais jurisdições ou quando incertos tais limites (art. 70, § 3º, CPP).

Nos casos de crimes contra a honra praticados por meio de *publicação impressa* de circulação nacional, fixa-se a competência pelo local onde ocorreu a impressão[110]. Em se tratando de crimes contra a honra veiculados pela *Internet*, a competência fixa-se pelo local onde as informações foram alimentadas, independentemente da localização do provedor.[111]

Contudo, caso a ofensa não seja visualizada por terceiros, nas hipóteses em que o crime for praticado, por exemplo, via *direct* do *Instagram*, a competência será do local onde a vítima tomar conhecimento do conteúdo ofensivo.[112]

No caso de crime de extorsão praticado pelo telefone, na modalidade do "falso sequestro", com exigência de resgate por meio de sucessivos depósitos bancários, a competência será do juízo do local onde a vítima tiver sofrido a ameaça por telefone e depositado as quantias exigidas.[113]

Caso seja desconhecido o local da infração, o foro competente será o do domicílio ou residência do réu (art. 72, CPP). Se o réu tiver mais de uma residência ou não tiver residência certa, o critério será o da prevenção. Na ação penal exclusivamente privada, o querelante pode escolher entre o local da consumação da infração penal e o foro do domicílio ou residência do réu (art. 73, CPP), ainda que conhecido o lugar da infração.

Havendo pluralidade de juízes no local, o juiz competente será definido pela distribuição. Portanto, caso nenhum juiz esteja prevento, a competência será fixada pela distribuição quando, na mesma circunscrição judiciária, houver mais de um juiz igualmente competente (art. 75, CPP).

4.7. Regras de Conexão e Continência

As regras de conexão e continência são regras de deslocamento de competência que exigem a unidade de processo e julgamento, para facilitar a produção da prova e evitar decisões contraditórias.[114] Na conexão, o interesse é evidentemente probatório, enquanto na continência busca-se evitar decisões contraditórias e tratamentos diferenciados aos praticantes do crime.

---

110. STJ, HC 181.520/MS, 5ª T, J. 04/09/2012.

111. STJ, CC 145.424, 3ª Seção, J. 13/04/2016.

112. STJ, CC 184.269/PB, 3ª Seção, J. 09/02/2022.

113. STJ, CC 163.854/RJ, 3ª Seção, J. 28/08/2019. No mesmo sentido: STJ, AgRg no AREsp 1.880.393/SP, 5ª T, J. 14/09/2021.

114. STJ, Súmula 235 - A conexão não determina a reunião dos processos, se um deles já foi julgado (J. 01/02/2000).

DIREITO PROCESSUAL PENAL

A conexão exige pluralidade de crimes, com um liame entre eles, conforme dispõe o art. 76 do CPP que, em seus incisos, trata das seguintes conexões: I – *conexão intersubjetiva ocasional ou por simultaneidade, conexão intersubjetiva concursal* e *conexão intersubjetiva por reciprocidade*; II – *conexão material, objetiva ou teleológica*; III – *conexão probatória ou instrumental*.

As regras da continência estão previstas no art. 77 do CPP, sendo que o seu inciso I trata da continência pelo concurso de pessoas, quando duas ou mais pessoas são acusadas pela mesma infração penal, devendo ambas responder a um mesmo processo. No caso do inciso II, é prevista a continência nas hipóteses de concurso formal (art. 70 do CP), erro na execução (art. 73 do CP) e resultado diverso do pretendido (art. 74 do CP).[115]

Para a definição da competência nos casos de conexão e continência deve ser observado o disposto no art. 78 do CPP, cujos incisos devem ser lidos na seguinte ordem: IV, III, I e II.

Vale lembrar, ainda, alguns dispositivos que tratam de regras especiais sobre a competência, quando os crimes forem praticados fora do território brasileiro (art. 88, CPP), a bordo de embarcações (art. 89, CPP), a bordo de aeronaves (art. 90, CPP), além dos casos de incerteza ou omissão da legislação (art. 91, CPP).

5. QUESTÕES E PROCESSOS INCIDENTES: EXCEÇÕES

As questões e processos incidentes estão previstos nos arts. 92 a 154 do CPP e se subdividem em: Questões prejudiciais (arts. 92 a 94); Exceções (arts. 95 a 111); Incompatibilidade e impedimentos (art. 112); Conflito de jurisdição (arts. 113 a 117); Restituição das coisas apreendidas (arts. 118 a 124); Medidas assecuratórias (arts. 125 a 144-A); Incidente de falsidade (arts. 145 a 148); Insanidade mental do acusado (arts. 149 a 154).

O CPP, em seu art. 95 e seguintes, prevê a possibilidade de serem opostas as *exceções de suspeição, incompetência de juízo, litispendência*[116], *ilegitimidade de parte* e *coisa julgada*[117], sendo que a arguição de suspeição precederá a qualquer outra, salvo quando fundada em motivo superveniente (art. 96, CPP), pois é motivo para imediata cessação de toda interferência.[118]

As exceções de *litispendência* e *coisa julgada* são peremptórias, pois levam à extinção do processo, enquanto as exceções de *suspeição* e *incompetência* são dilatórias, pois levam apenas à correção de alguma falha, dilatando o andamento do processo. Já a exceção de *ilegitimidade de parte* pode ser peremptória ou dilatória[119], conduzindo à declaração de nulidade prevista no art. 564, II, do CPP.[120]

---

115. LOPES JR., Aury. *Direito processual penal*. 15. ed. São Paulo: Saraiva Educação, 2018, p. 296.

116. *Litispendência* significa *lides pendentes*, ou seja, a duplicidade de acusações em curso, contra o mesmo réu, pelo mesmo fato.

117. Sujeito processado duas vezes pelo mesmo fato, mas com um dos processos já definitivamente julgado.

118. LOPES JR., Aury, 2021, p. 144.

119. MARCÃO, Renato, 2021, p. 178.

120. DEZEM, Guilherme Madeira, 2018, p. 316.

CRISTIANO CAMPIDELLI

As hipóteses de suspeição, impedimento e incompatibilidade[121] estão nos arts. 252 a 256 do CPP[122], valendo registrar que, nos termos deste último *a suspeição não poderá ser declarada nem reconhecida, quando a parte injuriar o juiz ou de propósito der motivo para criá-la.*

Se o juiz[123] reconhecer[124] a suspeição espontaneamente, deverá fazê-lo por escrito, declarando o motivo legal (salvo quando fundada em razões de foro íntimo) e remeterá o processo ao seu substituto (art. 97, CPP).[125]

Se reconhecer a suspeição após petição de qualquer das partes, o juiz sustará a marcha do processo, mandará juntar aos autos a petição do recusante com os documentos que a instruam, e por despacho se declarará suspeito, ordenando a remessa dos autos ao substituto (art. 99, CPP).

Se não a aceitar, autuará a petição em apartado, dará sua resposta em três dias, podendo instruí-la e oferecer testemunhas, e encaminhará ao tribunal competente (art. 100, CPP). Julgada procedente a suspeição, ficarão nulos os atos do processo principal, desde o instante em que incidiu o motivo da suspeição (arts. 101 e 564, I, CPP).

A exceção de suspeição precederá a qualquer outra (porque a análise de outras exceções só poderá ser feita validamente por juiz que não seja suspeito[126]), salvo quando fundada em motivo superveniente (art. 96, CPP) e deverá ser feita na primeira oportunidade[127], em *petição assinada pela parte* **ou** por *procurador com poderes especiais*, devidamente instruída com a prova documental e rol de testemunhas (art. 98, CPP).

Também, poderá ser alegada a suspeição do órgão do Ministério Público[128] (arts. 104 e 258, CPP), peritos, intérpretes e serventuários ou funcionários da justiça (arts. 105, 274 e 281, CPP) sendo que o juiz decidirá (no caso do Ministério Público, após ouvi-lo, podendo admitir a produção de provas em 3 dias – no caso dos demais, decidirá de plano à luz da matéria alegada e prova imediata), sem recurso.

---

121. CPP, art. 112. O juiz, o órgão do Ministério Público, os serventuários ou funcionários de justiça e os peritos ou intérpretes abster-se-ão de servir no processo, quando houver incompatibilidade ou impedimento legal, que declararão nos autos. Se não se der a abstenção, a incompatibilidade ou impedimento poderá ser arguido pelas partes, seguindo-se o processo estabelecido para a exceção de suspeição.

122. O impedimento é tratado no art. 252, a incompatibilidade no art. 253 e a suspeição no art. 254, todos do CPP.

123. Qualquer magistrado, em qualquer grau de jurisdição (juiz, desembargador ou ministro). Vide art. 103 do CPP.

124. A decisão em que o juiz reconhece a sua suspeição, espontaneamente ou após provocação de qualquer das partes, é irrecorrível conforme estabelece o art. 581, III, do CPP.

125. Na prática, contudo, os regimentos internos dos Tribunais exigem que o juiz oficie ao Tribunal e este, acatando a manifestação, designe outro magistrado para atuar no feito.

126. MARCÃO, Renato, 2021, p. 172.

127. "Sob pena de preclusão, há de ser arguida a impossibilidade de participação do magistrado na primeira oportunidade que a parte tiver para falar no processo" (STF, HC 126.104/RS, 1ª T, J. 31/05/2016).

128. STJ, Súmula 234 – A participação de membro do Ministério Público na fase investigatória criminal não acarreta o seu impedimento ou suspeição para o oferecimento da denúncia. (3ª Seção, J. 13/12/1999). "A arguição de suspeição é exceção dirigida diretamente contra a pessoa, e não contra o Órgão. Assim, a substituição daquele apontado como excepto e a ratificação de denúncia por outro membro do *Parquet*, faz desaparecer os possíveis motivos da exceção. A declaração de suspeição de membro do Ministério Público não tem o poder de anular os atos já praticados, inclusive, a denúncia." (STJ, REsp 170.137/MT, 5ª T, J. 28/05/2002).

DIREITO PROCESSUAL PENAL

A suspeição dos jurados[129] será arguida oralmente e decidida de plano pelo juiz presidente do Tribunal do Júri que a rejeitará se, negada pelo acusado, não for imediatamente comprovada, o que tudo constará da ata (art. 106, CPP).

Não se oporá suspeição às autoridades policiais nos atos de inquérito, mas elas deverão se declarar suspeitas quando houver motivo legal (art. 107, CPP).

A exceção de incompetência do juízo poderá ser oposta, verbalmente ou por escrito, no prazo de defesa (art. 108, CPP).

As exceções de litispendência, ilegitimidade de parte e coisa julgada, caso sejam opostas, concomitantemente, deverão constar de uma só petição ou articulado (art. 110, § 1º, CPP).

Embora possam ser alegadas em preliminares na própria resposta à acusação, as exceções devem ser processadas em autos apartados e **não suspenderão, em regra, o andamento da ação penal** (art. 111 e 396-A, § 1º, CPP).

O recurso cabível da decisão que julgar procedente as exceções, salvo a de suspeição (que será reconhecida pelo juiz em despacho irrecorrível ou julgada pelo Tribunal em decisão impugnável por meio de recurso especial ou extraordinário), é o recurso em sentido estrito (art. 581, III, CPP).[130]

Não cabe recurso da decisão do juiz que julgar improcedente a exceção, podendo apenas ser impetrado *habeas corpus*.[131]

6. PROVAS

Prova é todo meio de se demonstrar um fato, é "o conjunto de meios idôneos, visando à afirmação da existência positiva ou negativa de um fato, destinado a fornecer ao juiz o conhecimento da verdade, a fim de gerar sua convicção quanto à existência ou inexistência dos fatos deduzidos em juízo".[132]

Conforme prevê o art. 155 do CPP, *o juiz formará sua convicção pela livre apreciação da prova produzida em contraditório judicial, não podendo fundamentar sua decisão exclusivamente[133] nos elementos informativos colhidos na investigação, ressalvadas as provas cautelares, não repetíveis e antecipadas* (tais como as decorrentes de interceptações telefônicas, busca e

---

129. Vide arts. 448, 449 e 468, CPP.

130. DEZEM, Guilherme Madeira, 2018, p. 319.

131. MARCÃO, Renato, 202, p. 176.

132. STUMVOLL, Victor Paulo. *Criminalística*. 6ª ed. Campinas: Millennium, 2014, p. 71.

133. "(...) – O sistema jurídico-constitucional brasileiro não admite nem tolera a possibilidade de prolação de decisão de pronúncia com apoio exclusivo em elementos de informação produzidos, única e unilateralmente, na fase de inquérito policial ou de procedimento de investigação criminal instaurado pelo Ministério Público, sob pena de frontal violação aos postulados fundamentais que asseguram a qualquer acusado o direito ao contraditório e à plenitude de defesa. Doutrina. Precedentes. – Os subsídios ministrados pelos procedimentos inquisitivos estatais não bastam, enquanto isoladamente considerados, para legitimar a decisão de pronúncia e a consequente submissão do acusado ao Plenário do Tribunal do Júri. – O processo penal qualifica-se como instrumento de salvaguarda da liberdade jurídica das pessoas sob persecução criminal. Doutrina. Precedentes. – A regra "in dubio pro societate" – repelida pelo modelo constitucional que consagra o processo penal de perfil democrático – revela-se incompatível com a presunção de inocência, que, ao longo de seu virtuoso itinerário histórico, tem prevalecido no contexto das sociedades civilizadas como valor fundamental e exigência básica de respeito à dignidade da pessoa humana." (STF, HC 180.144/GO, 2ª T, J. 10/10/2020)

apreensão, exames de corpo de delito etc.). *Quanto ao estado das pessoas serão observadas as restrições estabelecidas na lei civil* (art. 155, parágrafo único, CPP).

A prova da alegação incumbirá a quem a fizer (art. 156, CPP). Não obstante, é facultado ao juiz, de ofício (art. 156, I e II, CPP): (1) Ordenar, mesmo antes de iniciada a ação penal, a produção antecipada de provas consideradas urgentes e relevantes, observando a necessidade, adequação e proporcionalidade da medida; (2) Determinar, no curso da instrução, ou antes de proferir sentença, a realização de diligências para dirimir dúvida sobre ponto relevante.[134]

São inadmissíveis, devendo ser desentranhadas do processo, as provas ilícitas, assim entendidas as obtidas em violação a normas constitucionais ou legais (art. 5º, LVI, CF/88 e art. 157, CPP). São também inadmissíveis as provas derivadas das ilícitas, conforme a teoria dos frutos da árvore envenenada (*fruits of the poisonous tree*), devendo também ser desentranhadas dos autos, exceto quando houver ausência de nexo causal entre as provas ou quando presente a fonte independente com descoberta inevitável daquela prova pelos tramites normais da investigação (art. 157, §§ 1º e 2º, do CPP).[135]

O *exame de corpo de delito* corresponde ao exame técnico feito sobre a coisa ou pessoa que constitui a própria materialidade do crime, necessário nos crimes que deixam vestígios (art. 158, CPP). O exame de corpo de delito será direto quando a análise recair diretamente sobre o objeto, quando houver uma relação direta entre o perito e aquilo que está sendo periciado.[136]

Em situações excepcionais, em que tiverem desaparecido os vestígios do crime, tornando assim impossível o exame direto, é admissível o chamado exame indireto, onde a prova testemunhal poderá suprir-lhe a falta. Não apenas a prova testemunhal, mas também vídeos, fotografias, áudios, ficha clínica do hospital, atestados etc.

No caso do crime de tráfico de drogas, para a prisão e a denúncia basta o laudo preliminar ou de constatação, mas para a condenação é imprescindível o laudo definitivo[137]. Caso se trate de crime de violação de direito autoral, permite-se a perícia por amostragem (Súmula 574 do STJ).

Sobre a questão das *perícias em geral*, importante registrar que a disciplina dos exames periciais encontra-se estabelecida nos artigos 158 a 184 do CPP, segundo o qual o laudo deve ser realizado por um perito oficial ou dois peritos nomeados *ad hoc* (pessoas idôneas, portadoras de diploma de curso superior, escolhidas, de preferência, entre as que tiverem habilitação técnica relacionada à natureza do exame).

Além disso, importante registrar que a Lei nº 13.964/2019 inseriu no CPP os arts. 158-A a 158-F, instituindo a cadeia de custódia que consiste no *conjunto de todos os procedimentos utilizados para manter e documentar a história cronológica do vestígio coletado em locais ou em vítimas de crimes, para rastrear sua posse e manuseio a partir de seu reconhecimento até o descarte.*

---

134. Tal dispositivo teria sofrido sérias restrições caso não tivesse sido suspensa a eficácia do art. 3ª-A do CPP (ADIs 6.298, 6.299, 6.300 e 6.305).

135. No art. 157 do CPP foi inserido o § 5º (*O juiz que conhecer do conteúdo da prova declarada inadmissível não poderá proferir a sentença ou acórdão*), cuja eficácia também está suspensa por decisão liminar do Ministro Luiz Fux (ADIs 6.298, 6.299, 6.300 e 6.305).

136. LOPES JR., Aury. *Direito processual penal*. 15. ed. São Paulo: Saraiva Educação, 2018, p. 430.

137. STJ, HC 335.452/RS, 6ª T, J. 14/02/2017.

O ***interrogatório do acusado*** é tanto um meio de prova quanto de defesa (autodefesa). É meio de prova, pois quando o acusado se defende durante o interrogatório ou mesmo admite os fatos formulados pela acusação, no todo ou em parte, está fornecendo ao julgador elementos que podem ser utilizados na apuração da verdade. É meio de defesa porque o acusado pode expor a sua versão, falando por último (arts. 185 a 200, 400, 411 e 531, CPP e HC 127.900/AM, STF).[138]

O STF vedou a condução coercitiva do investigado ou acusado para fins de interrogatório, em decisão nas Arguições de Descumprimento de Preceitos Fundamentais nº 395 e 444, ao entendimento de que o investigado ou acusado não pode ser conduzido para um ato no qual não é obrigado a falar, além de tal condução ferir os princípios da dignidade da pessoa humana, da liberdade de locomoção e da presunção de inocência (Informativo nº 906 do STF).

Sempre que possível, serão colhidas as ***declarações do ofendido***, o qual será qualificado e perguntado sobre as circunstâncias da infração, quem seja ou presuma ser o seu autor, as provas que possa indicar, tomando-se por termo as suas declarações (art. 201, CPP), podendo, inclusive, ser conduzido para esse fim, caso seja intimado e não compareça sem motivo justo. O ofendido não prestará compromisso, razão pela qual não poderá ser acusado do crime de falso testemunho, podendo, inclusive, calar-se.

Quanto à ***prova testemunhal***, toda pessoa poderá ser testemunha (art. 202, CPP) e não poderá eximir-se da obrigação de depor, exceto se for ascendente ou descendente, afim em linha reta ou cônjuge (ainda que separado) do acusado, salvo quando não for possível, por outro modo, obter-se ou integrar-se a prova do fato e de suas circunstâncias (art. 206, CPP). Por outro lado, são proibidas de depor as pessoas que, em razão de função, ministério, ofício ou profissão, devam guardar segredo, salvo se, desobrigadas pela parte interessada, quiserem dar o seu testemunho, tais como psiquiatra, padre, analista, advogado etc. (art. 207, CPP). Quando julgar necessário, o juiz poderá ouvir outras testemunhas, além das indicadas pelas partes, bem como poderá ouvir as pessoas a que as testemunhas se referirem (art. 209, CPP).

O ***reconhecimento de pessoas e coisas*** (art. 226, CPP), quando necessário, será feito da seguinte forma[139]: (1) a pessoa que tiver de fazer o reconhecimento será convidada a descrever a pessoa a ser reconhecida; (2) a pessoa, cujo reconhecimento se pretender, será colocada, se possível, ao lado de outras que com ela tiverem qualquer semelhança, convidando-se quem tiver de fazer o reconhecimento a apontá-la; (3) se houver razão para recear que a pessoa chamada para o reconhecimento, por efeito de intimidação ou outra influência, não diga a

---

138. DEZEM, Guilherme Madeira. *Curso de processo penal*. 3. ed. rev., atual. e ampl. São Paulo: Revista dos Tribunais, 2017, p. 584-586.

139. "(...) 1) O reconhecimento de pessoas deve observar o procedimento previsto no art. 226 do Código de Processo Penal, cujas formalidades constituem garantia mínima para quem se encontra na condição de suspeito da prática de um crime; 2) À vista dos efeitos e dos riscos de um reconhecimento falho, a inobservância do procedimento descrito na referida norma processual torna inválido o reconhecimento da pessoa suspeita e não poderá servir de lastro a eventual condenação, mesmo se confirmado o reconhecimento em juízo; 3) Pode o magistrado realizar, em juízo, o ato de reconhecimento formal, desde que observado o devido procedimento probatório, bem como pode ele se convencer da autoria delitiva a partir do exame de outras provas que não guardem relação de causa e efeito com o ato viciado de reconhecimento; 4) O reconhecimento do suspeito por mera exibição de fotografia(s) ao reconhecedor, a par de dever seguir o mesmo procedimento do reconhecimento pessoal, há de ser visto como etapa antecedente a eventual reconhecimento pessoal e, portanto, não pode servir como prova em ação penal, ainda que confirmado em juízo. (STJ, HC 598.886/SC, 6ª T, J. 27/10/2020)

verdade em face da pessoa que deve ser reconhecida, a autoridade providenciará para que esta não veja aquela (essa regra não se aplica em juízo – art. 226, parágrafo único, CPP); (4) do ato de reconhecimento lavrar-se-á auto pormenorizado, subscrito pela autoridade, pela pessoa chamada para proceder ao reconhecimento e por duas testemunhas presenciais. Quando se tratar de reconhecimento de objeto, devem ser observadas, no que couber, as formalidades estabelecidas no art. 226 do CPP.

O reconhecimento fotográfico, quando observadas as formalidades previstas no art. 226 do CPP **e quando corroborado por outras provas colhidas na fase judicial,** sob o crivo do contraditório e da ampla defesa, continua sendo admitido pela jurisprudência como **apto** para identificar o réu e fixar a autoria delitiva.[140]

A *acareação* é um meio de esclarecimento dos fatos e será admitida sempre que acusados, testemunhas e ofendidos divergirem, em suas declarações, sobre fatos ou circunstâncias relevantes (art. 229, CPP), podendo ser realizada: (1) Entre acusados; (2) Entre acusados e testemunhas; (3) Entre testemunhas; (4) Entre acusados ou testemunhas e as pessoas ofendidas; (5) Entre as pessoas ofendidas. As pessoas acareadas serão reperguntadas, para que expliquem os pontos divergentes, reduzindo-se a termo o ato de acareação (art. 229, parágrafo único, CPP).

No que tange aos *documentos*, ressalvadas as vedações expressas em lei, tais como a do art. 479 do CPP, as partes poderão apresentar documentos em qualquer fase do processo (art. 231, CPP), sendo originariamente considerados documentos pelo CPP *quaisquer escritos, instrumentos ou papéis, públicos ou particulares*, dando-se à fotografia do documento, devidamente autenticada, o mesmo valor do original (art. 232, CPP). Com a evolução tecnológica, "há que se emprestar uma interpretação mais ampla ao conceito de documento, de modo a considerar como tal: todo material, produto de uma atividade humana, que contenha algum tipo de manifestação intelectual (palavras, imagens, sons etc.)."[141]

Por fim, a *busca e apreensão*, que poderá ser domiciliar ou pessoal, é um importante meio de obtenção da prova (art. 240, CPP). Conceitualmente, "busca consiste na procura, no varejamento, de pessoas e coisas. Já a apreensão consiste na retenção da coisa ou pessoa".[142]

A busca e apreensão domiciliar pode ser realizada: (1) *Durante o dia e mediante ordem judicial*; (2) *A qualquer hora do dia ou da noite*, independentemente de autorização judicial, *se houver autorização de quem de direito* (proprietário, morador, inquilino etc.); (3) *A qualquer hora do dia ou da noite, em situação de flagrante delito.*

Quanto ao conceito de dia, segundo o critério cronológico, por dia compreende-se o período entre as 6 horas e as 18 horas. Assim, não há dúvida quanto à licitude do cumprimento de um mandado de busca e apreensão entre as 6 horas e as 18 horas, independentemente de haver ou não luz solar.

Por outro lado, segundo o critério físico-astronômico, por dia compreende-se o período em que há luz solar, ou seja, entre a aurora e o crepúsculo, entre o amanhecer e o anoite-

---

140. STJ, AgRg no RHC 150.106/RJ, 6ª T, J. 07/12/2021. No mesmo sentido: STJ, AgRg no HC 664.416/SC, 6ª T, J. 23/11/2021.

141. MARCÃO, Renato. *Curso de processo penal*. 3. ed. rev., ampl. e atual. São Paulo: Saraiva, 2017, p. 567.

142. DEZEM, Guilherme Madeira. *Curso de processo penal*. 3. ed. rev., atual. e ampl. São Paulo: Revista dos Tribunais, 2017, p. 669.

cer. Tal critério é importante em um país continental como o nosso, no qual há realidades diferentes, com regiões onde o amanhecer acontece mais cedo e outras onde o anoitecer chega mais tarde.

Assim, com base no critério físico-astronômico, também será lícito o cumprimento de um mandado de busca e apreensão a partir do momento em que o dia clarear, ainda que isso ocorra antes das 6 horas, até enquanto não tiver anoitecido, ainda que já se tenha passado das 18 horas.

No entanto, com o advento da Lei nº 13.869/2019 (nova Lei de Abuso de Autoridade), a discussão sobre o conceito de dia ganhou novos contornos diante do teor do art. 22, inciso III, da referida lei, segundo o qual pratica crime de abuso de autoridade quem cumpre mandado de busca e apreensão domiciliar após as 21h (vinte e uma horas) ou antes das 5h (cinco horas).

Com base em tal dispositivo, parte da doutrina passou a sustentar que as ordens judiciais de busca e apreensão domiciliar podem ser cumpridas entre as 05 horas e as 21 horas, independentemente de haver ou não luz solar, por se tratar de questão tratada pela lei e que não viola o núcleo essencial do dispositivo constitucional (Art. 5º, XI, CF/88).[143]

A Constituição Federal exige que o cumprimento do mandado de busca e apreensão ocorra *durante o dia* (Art. 5º, XI, CF/88), independentemente de ser dia útil ou não. Logo, nada obsta o cumprimento de um mandado de busca e apreensão durante os finais de semana, feriados etc., desde que isso seja feito durante o dia.

Conforme entendimento do Supremo Tribunal Federal, a entrada forçada em domicílio, sem mandado judicial, só será lícita quando amparada em fundadas razões previamente existentes, devidamente justificadas *a posteriori*, que indiquem que dentro da casa ocorria situação de flagrante delito, sob pena de responsabilidade disciplinar, civil e penal do agente ou da autoridade e de nulidade dos atos praticados (STF, RE 603.616/RO, Tribunal Pleno, *J*. 05/11/2015).

Nessa linha de raciocínio, o Superior Tribunal de Justiça entendeu que "*a mera fuga* ante a iminente abordagem policial", despida de outros elementos justificadores, **não constitui razão suficiente** para adentrar forçadamente a casa do suspeito sem autorização judicial, "ainda que haja posterior descoberta e apreensão de drogas no interior da residência, circunstância que se mostrará meramente acidental" (STJ, REsp 1.574.681/RS, 6ª T, *J*. 20/04/2017).

Antes de penetrarem na casa, os executores mostrarão e lerão o mandado ao morador, ou a quem o represente, intimando-o, em seguida, a abrir a porta, a qual, em caso de desobediência, será arrombada e forçada a entrada, sendo permitido o emprego de força contra coisas existentes no interior da casa, para o descobrimento do que se procura, em caso de recalcitrância do morador (art. 245, CPP). Quando ausentes os moradores, será possível arrombar a porta e empregar a força contra coisas existentes no interior da casa, mas, neste caso, deve ser intimado a assistir à diligência qualquer vizinho, se houver e estiver presente (art. 245, § 4º, CPP).

A busca pessoal, que poderá ser feita em qualquer horário e sem necessidade de autorização judicial, será realizada em 3 hipóteses: (i) em caso de prisão; (ii) quando houver

---

143. LIMA, Renato Brasileiro de, 2021, p. 674. No mesmo sentido: NUCCI, Guilherme de Souza. Manual de Processo Penal. Disponível em: Minha Biblioteca, (2ª edição). Grupo GEN, 2021. p. 343.

CRISTIANO CAMPIDELLI

fundada suspeita de que alguém oculte consigo arma proibida, objetos ou papéis que constituam corpo de delito; e (iii) no curso de busca domiciliar (art. 244, CPP).

Segundo o STJ, quando se tratar da segunda hipótese mencionada no parágrafo anterior, deve haver **fundada suspeita** de que a pessoa esteja na posse de arma proibida ou de objetos ou papéis que constituam corpo de delito, não sendo suficiente meras denúncias anônimas ou intuições e impressões subjetivas, intangíveis e não demonstráveis clara e concretamente, como o tirocínio policial ou a classificação de determinada atitude ou aparência como suspeita ou de certa reação ou expressão corporal como nervosa, sendo que, a violação dessas regras e condições resulta na ilicitude das provas obtidas, bem como das delas decorrentes, sem prejuízo de eventual responsabilização penal do agente público que realizou a diligência.[144]

Ainda segundo o STJ, a simples percepção de nervosismo do averiguado por parte de agentes públicos, por ser dotada de excesso de subjetivismo, não é suficiente para caracterizar a fundada suspeita para fins de busca pessoal, levando à nulidade da busca pessoal e das provas obtidas.[145]

A busca em mulher será feita por outra mulher, se não importar retardamento ou prejuízo da diligência (art. 249, CPP). Por fim, importante registrar que se a busca e apreensão for realizada em escritório de advocacia, deve-se observar o regramento imposto pelo art. 7º, §§ 6º, 6º-A a 6º-I e 7º, da Lei nº 8.906/1994.

7. SUJEITOS DO PROCESSO

Os principais sujeitos do processo são aqueles "sem os quais o processo não se constitui e desenvolve, ou seja, juiz, autor e réu", bem como o defensor (art. 133, CF/88), enquanto sujeitos secundários são "aqueles cuja existência não afeta a relação jurídico processual como é o caso do intérprete, do perito", enfim, dos assistentes e auxiliares da justiça.[146]

O juiz é a figura equidistante das partes, responsável pela condução do processo, provendo a sua regularidade e mantendo a ordem no curso dos respectivos atos, segundo o devido processo legal, podendo, para tanto, requisitar força pública, e devendo, ao final, proferir o julgamento (art. 251, CPP). As hipóteses de impedimento estão previstas no art. 252 do CPP, as de incompatibilidade no art. 253 e as de suspeição no art. 254.

O Ministério Público é parte no processo, tendo, dentre outras, a função institucional de promover, privativamente, a ação penal pública, na forma da lei (art. 129, I, CF/88), além de requisitar diligências investigatórias e a instauração de inquérito policial, indicados os fundamentos jurídicos de suas manifestações processuais (art. 129, VIII, CF/88).

Conforme dispõe o art. 258 do CPP, *os órgãos do Ministério Público não funcionarão nos processos em que o juiz ou qualquer das partes for seu cônjuge, ou parente, consanguíneo*

---

144. STJ, HC 158.580/BA, 6ª T, J. 19/04/2022.

145. STJ, REsp 1.961.459/SP, 6ª T, J. 05/04/2022.

146. DEZEM, Guilherme Madeira. *Curso de processo penal*. 3. ed. rev., atual. e ampl. São Paulo: Revista dos Tribunais, 2017, p. 688.

DIREITO PROCESSUAL PENAL

ou afim, em linha reta ou colateral, até o terceiro grau, inclusive, e a eles se estendem, no que lhes for aplicável, as prescrições relativas à suspeição e aos impedimentos dos juízes.[147]

Do lado oposto, "o acusado é o sujeito passivo da ação penal condenatória", "contra quem é proposta a ação penal e em face de quem é pedida a aplicação da pena na ação penal".[148]

Quanto ao defensor, sua presença é imprescindível, sob pena de nulidade, nos termos da Súmula 523 do STF. Além disso, nenhum acusado, mesmo que ausente ou foragido, poderá ser processado e julgado sem defensor, sendo que, quando realizada por defensor público ou dativo, a defesa técnica deverá ser exercida por meio de manifestação fundamentada (art. 261, CPP).

No que tange aos demais sujeitos (secundários) do processo, sua previsão e regulamentação encontra-se nos seguintes dispositivos do CPP: assistentes (arts. 268 a 273); serventuários e funcionários da justiça (art. 274); peritos e intérpretes (arts. 275 a 281).[149]

7.1. Atos Jurisdicionais

Atos jurisdicionais são os atos de juiz, que podem ser[150]: (1) *Instrutórios* – para coletar provas, tais como inspeções judiciais, oitiva de testemunhas e interrogatórios de réus; (2) *De polícia processual* – para manutenção da ordem durante audiências e sessões de julgamentos (Vide arts. 497, I, e 794, CPP); (3) *De coerção* – para determinar que se faça algo, ainda que contra a vontade de quem deve realizar (condução coercitiva do ofendido e testemunha, por exemplo – arts. 201, § 1º e 218, CPP); (4) *Decisórios* – para resolver questões controvertidas do processo, decidi-lo ou decidir cautelares mesmo antes do processo.

Por sua vez, os atos jurisdicionais decisórios podem ser subdivididos em[151]: (1) *Despacho* – despachos de expediente são ordens relacionadas com a marcha ou andamento do processo (Exemplos: designação de data de audiência; determinação de expedição de precatória; intimação da parte para se manifestar sobre documento juntado); (2) *Decisão interlocutória* – trata de matéria controvertida nos autos, mas não julga o mérito, subdividindo-se em (2.1) *decisão interlocutória simples* (resolve a controvérsia, mas não põe fim ao processo ou fase do procedimento – Exemplos: decisão que decreta prisão preventiva ou medida cautelar diversa da prisão; recebe denúncia ou queixa), (2.2) *decisão interlocutória mista terminativa* (resolve controvérsia pondo fim ao processo, sem julgamento do mérito – Exemplo: acolhe exceção de coisa julgada) e (2.3) *decisão interlocutória mista não terminativa* (resolve controvérsia pondo fim a uma fase do procedimento, sem julgamento do mérito – Exemplo: decisão de pronúncia); (3) *Sentença* – decisão definitiva que resolve a controvérsia processual, que soluciona a causa julgando o seu mérito, pondo fim ao processo; (4) *Acórdão* – decisão definitiva proferida por órgão colegiado.

---

147. STJ, Súmula 234 – A participação de membro do Ministério Público na fase investigatória criminal não acarreta o seu impedimento ou suspeição para o oferecimento da denúncia (J. 13/12/1999).

148. DEZEM, Guilherme Madeira. *Curso de processo penal*. 3. ed. rev., atual. e ampl. São Paulo: Revista dos Tribunais, 2017, p. 706-707.

149. As prescrições sobre suspeição dos juízes estendem-se aos serventuários e funcionários da justiça, bem como aos peritos e aos intérpretes, no que lhes for aplicável (arts. 274, 280 e 281, CPP).

150. MARCÃO, Renato. *Curso de processo penal*. 3. ed. rev., ampl. e atual. São Paulo: Saraiva, 2017, p. 825.

151. MARCÃO, Renato. *Curso de processo penal*. 3. ed. rev., ampl. e atual. São Paulo: Saraiva, 2017, p. 826-827.

CRISTIANO CAMPIDELLI

Os requisitos da sentença estão estabelecidos no art. 381 do CPP. Em termos de estrutura, a sentença conterá relatório, fundamentação e dispositivo, sendo que, no procedimento comum sumaríssimo, aplicável às infrações penais de menor potencial ofensivo, é dispensado o relatório, devendo ser mencionados os elementos de convicção do juiz (art. 81, § 3º, Lei nº 9.099/1995).[152]

Caso a sentença seja absolutória, não haverá efeito suspensivo, devendo o juiz mandar colocar o réu em liberdade (salvo se por outro motivo estiver preso), ordenar a cessação das medidas cautelares e provisoriamente aplicadas, bem como aplicar medida de segurança, se cabível (art. 386, parágrafo único, CPP). Noutra senda, tratando-se de sentença condenatória, o juiz decidirá, fundamentadamente, sobre a manutenção ou imposição de prisão preventiva ou outra medida cautelar diversa da prisão (art. 387, § 1º, CPP).

7.2. Citação e Intimação

A *citação* é o ato processual que completa a relação processual e que tem por objetivo chamar o acusado para o processo penal, dando a ele conhecimento da acusação e oportunidade para exercer a sua defesa (art. 363, CPP)[153]. A falta de citação é causa de nulidade absoluta (art. 564, III, *e*, CPP). Em regra, a citação deve ser pessoal. Se o réu estiver preso, a citação pessoal é obrigatória (art. 360, CPP). Os requisitos da citação estão nos arts. 352, 357, 358 e 359 do CPP.

No que tange às modalidades, a citação pode ser real ou ficta: (1) Citação real é a feita por mandado, via oficial de justiça, entregue pessoalmente ao acusado; (2) Citação ficta pode ser por edital (art. 361, CPP)[154] ou por hora certa (art. 362 do CPP e arts. 252 a 254 do CPC).

A citação do militar far-se-á por intermédio do chefe do respectivo serviço, conforme dispõe o art. 358 do CPP.

É possível a utilização de *WhatsApp* para a citação do acusado, desde que sejam adotadas medidas suficientes para atestar a autenticidade do número telefônico, bem como a identidade do indivíduo destinatário do ato processual (Informativo 688 do STJ - 5ª Turma).

Portanto, é necessária a certeza de que o receptor das mensagens trata-se do citando, o que é demonstrado pelas *três formas de verificação* ou *três elementos de verificação* ou *três elementos indutivos da autenticidade do destinatário*, a saber: 1) Número de telefone; 2) Confirmação escrita; e 3) Foto individual.

Intimação é o meio procedimental para dar ciência às partes ou terceiros de determinados atos praticados ou a praticar no processo (art. 370, CPP), sendo que as expressões intimação e notificação são usadas como palavras sinônimas no CPP.[155]

---

152. DEZEM, Guilherme Madeira. *Curso de processo penal*. 3. ed. rev., atual. e ampl. São Paulo: Revista dos Tribunais, 2017, p. 891.

153. DEZEM, Guilherme Madeira. *Curso de processo penal*. 3. ed. rev., atual. e ampl. São Paulo: Revista dos Tribunais, 2017, p. 864.

154. Vide Súmula 366 do STF – Não é nula a citação por edital que indica o dispositivo da lei penal, embora não transcreva a denúncia ou queixa, ou não resuma os fatos em que se baseia.

155. MARCÃO, Renato. *Curso de processo penal*. 3. ed. rev., ampl. e atual. São Paulo: Saraiva, 2017, p. 857-858.

DIREITO PROCESSUAL PENAL

Os réus, as testemunhas, os peritos, os intérpretes, o defensor nomeado (art. 370, § 4º, CPP), o defensor público (art. 5º, § 5º, Lei nº 1.060/50 e arts. 44, I, e 128, I, Lei Complementar nº 80/1994) e o Ministério Público (art. 370, § 4º, CPP) devem ser intimados pessoalmente.

O réu preso deverá ser requisitado ao Diretor do estabelecimento prisional em que se encontrar para fins de ser apresentado no local, dia e hora determinados pelo juiz, para acompanhar a audiência de instrução e julgamento e ser interrogado (art. 399, § 1º, CPP).[156]

A intimação do defensor constituído, do advogado do querelante e do assistente far--se-á por publicação no órgão incumbido da publicidade dos atos judiciais da comarca, incluindo, sob pena de nulidade, o nome do acusado (art. 370, § 1º, CPP). Caso não haja órgão de publicação dos atos judiciais na comarca, a intimação far-se-á diretamente pelo escrivão, por mandado, ou via postal com comprovante de recebimento, ou por qualquer outro meio idôneo (§ 2º).

Os militares que forem chamados a testemunhar deverão ser requisitados à autoridade superior, enquanto os funcionários públicos civis serão intimados pessoalmente, devendo, porém, a expedição do mandado ser comunicada ao chefe da repartição em que servirem, com indicação do dia e hora marcados, medida essencial para a organização e manutenção da continuidade do serviço público (art. 221, §§ 2º e 3º, CPP).

Por fim, importante registrar que a Lei nº 11.419/2006, que dispõe sobre a informatização do processo judicial e se aplica, *indistintamente, aos processos civil, penal e trabalhista, bem como aos juizados especiais, em qualquer grau de jurisdição*, admite a intimação por meio eletrônico.

8. PRISÕES

Prisão é o cerceamento da liberdade de ir e vir do indivíduo, por ação do Estado, que pode ter natureza penal, *processual penal*, civil (dívida alimentar) e administrativa[157]. A *prisão processual penal* é aquela que se dá por razões de cautela e se divide em três espécies: (1) Prisão em flagrante; (2) Prisão preventiva; (3) Prisão temporária.

8.1. Prisão em Flagrante

A palavra flagrante vem de *flagrare* que significa queimar, flamejar, crepitar (o estalar dos galhos que queimam), ou seja, em caso de flagrante o crime ainda está quente, queimando, flamejando, crepitando, ardendo em chamas.[158]

---

156. MARCÃO, Renato. *Curso de processo penal*. 3. ed. rev., ampl. e atual. São Paulo: Saraiva, 2017, p. 861.

157. A prisão administrativa é cabível em duas situações: **1ª** – para fins de retirada compulsória, também denominada prisão preventiva para fins de extradição, prevista nos arts. 84 e 86 da Lei nº 13.445/2017 (Lei de Migração), bem como nos arts. 211 e 275 a 277 do Decreto nº 9.199/2017 (que regulamentou a Lei de Migração), sendo fato que tal espécie de prisão administrativa segue sendo aplicada e é reconhecidamente válida pelo STF (Ext 1622/DF, 2ª T, J. 22/08/2021; Ext 1675/DF, 1ª T, J. 08/02/2022; Ext 1650 ED/DF, 1ª T, J. 05/12/2022); **2ª** — dos militares, por questões de indisciplina, modalidade esta que, embora tenha sido vedada pela Lei nº 13.967/2019, voltou a ser possível diante da decisão do STF na ADI 6595/DF, Pleno, J. 23/05/2022, que **declarou a inconstitucionalidade formal e material da citada Lei nº 13.967/2019.**

158. LOPES JR., Aury. *Direito processual penal*. 15. ed. São Paulo: Saraiva Educação, 2018, p. 600.

Como o crime ainda está ardendo, o que permite uma certeza visual da materialidade e fortes indícios de autoria, a Constituição Federal[159] e o CPP[160] permitem a *prisão sem mandado judicial*. Mais do que isso. Conforme estabelece o art. 301 do CPP, prender em flagrante, embora seja uma faculdade de qualquer do povo (flagrante facultativo), é uma *obrigação da autoridade policial e seus agentes* (flagrante obrigatório).

As hipóteses de prisão em flagrante estão previstas no art. 302 do CPP, segundo o qual, considera-se em flagrante delito quem: I - está cometendo a infração penal; II - acaba de cometê-la; III - é perseguido, logo após, pela autoridade, pelo ofendido ou por qualquer pessoa, em situação que faça presumir ser autor da infração; IV - é encontrado, logo depois, com instrumentos, armas, objetos ou papéis que façam presumir ser ele autor da infração.

Há o *flagrante próprio* ou *puro* quando o agente está praticando a infração penal (praticando a conduta descrita no tipo penal) ou quando acaba de cometê-la (quando cessou recentemente de praticar a conduta descrita no tipo penal), conforme art. 302, incisos I e II, do CPP.

Na hipótese do inciso III, há o chamado *flagrante impróprio* ou *imperfeito*, em que o indivíduo é perseguido *logo após* a prática do crime, em situação que faça presumir ser o autor da infração. A expressão *logo após* diz respeito ao tempo necessário para chegada da polícia e início da perseguição, o que geralmente acontece em minutos, ou seja, em espaço de tempo menor do que uma hora e que ainda permita a perseguição. Não há prazo máximo para duração da perseguição[161], podendo perdurar por muito tempo, desde que tenha se iniciado logo após a prática do crime e que seja ininterrupta.[162]

Na hipótese do *flagrante presumido* ou *ficto*, previsto no inciso IV, o agente é encontrado *logo depois* com instrumentos, armas, objetos ou papéis que façam presumir ser ele autor da infração. Trata-se do encontrar de quem procurou, de quem mesmo tendo perdido o rastro, inviabilizando assim a perseguição, seguiu na busca do agente, por exemplo, fazendo cercos em todas as vias de acesso à cidade[163]. A expressão *logo depois* permite uma dilação de tempo maior (várias horas), a ser analisada subjetivamente no caso concreto.

Quanto à presunção de autoria, mencionada tanto na parte final do inciso III, quanto do inciso IV, ambos do art. 302 do CPP, ela pode ser extraída de diversos elementos, tais como estar com as vestes sujas de sangue, trajando as mesmas roupas descritas pelas testemunhas e vítimas, portando as armas empregadas na prática criminosa, estar na posse da *res furtiva* etc.

Em se tratando de crime de trânsito, o fato de o agente prestar socorro afasta a possibilidade de prisão em flagrante, conforme disciplina o art. 301 da Lei nº 9.503/1997 (Código de Trânsito Brasileiro).

---

159. CF/88, art. 5º LXI – ninguém será preso *senão em flagrante delito* ou por ordem escrita e fundamentada de autoridade judiciária competente, salvo nos casos de transgressão militar ou crime propriamente militar, definidos em lei;

160. CPP, art. 283. Ninguém poderá ser preso senão *em flagrante delito* ou por ordem escrita e fundamentada da autoridade judiciária competente, em decorrência de prisão cautelar ou em virtude de condenação criminal transitada em julgado.

161. O conceito de perseguição consta do art. 290, § 1º, do CPP.

162. STJ, HC 126.980/GO, 5ª T, J. 06/08/2009.

163. LOPES JR., Aury. *Direito processual penal*. 15. ed. São Paulo: Saraiva Educação, 2018, p. 606.

DIREITO PROCESSUAL PENAL

O *procedimento da prisão em flagrante* está regulado no art. 304 e seguintes do CPP e se inicia com a captura do preso, após o que deve ser ele levado à presença da autoridade policial (delegado de Polícia Civil ou Federal), que, cumpridas as comunicações previstas no art. 306 do CPP[164], realizará a oitiva do condutor, colherá sua assinatura e lhe dará cópia do termo e recibo de entrega do preso, liberando o condutor em seguida. Ato contínuo, proceder-se-á à oitiva das testemunhas (e da vítima, se possível) e ao interrogatório do preso. Caso não haja testemunhas da infração, deverão assinar, pelo menos, duas testemunhas que tenham testemunhado a apresentação do preso à autoridade, atestando a regularidade do procedimento (testemunhas de apresentação ou numerárias).

Se o preso se recusar a assinar o auto de prisão em flagrante, não souber ou não puder fazê-lo por algum motivo, o mesmo será assinado por duas testemunhas que tenham ouvido a sua leitura na presença do preso. Da lavratura do auto de prisão em flagrante deverá constar a informação sobre a existência de filhos, respectivas idades e se possuem alguma deficiência e o nome e o contato de eventual responsável pelos cuidados dos filhos, indicado pela pessoa presa (art. 304, § 4º, do CPP).

Ao final da lavratura do auto de prisão em flagrante, o delegado dará nota de culpa ao preso, sendo esta o documento que contém informação sobre o motivo da prisão, o nome do condutor e os das testemunhas.

Em se tratando de crimes com pena privativa de liberdade máxima não superior a 4 anos, a autoridade policial poderá conceder fiança (art. 322, CPP), ressalvada a hipótese prevista no art. 24-A, § 2º, da Lei nº 11.340/2006, em que apenas a autoridade judicial poderá conceder fiança. Nos demais casos, a fiança será requerida ao juiz, que decidirá em 48 horas. Os casos em que a fiança não será concedida encontram-se listados nos arts. 323 e 324 do CPP.

O delegado de Polícia terá 24h para enviar o auto de prisão em flagrante ao juiz, ao Ministério Público (art. 67 da Lei nº 5.010/1966, art. 10 da Lei Complementar nº 75/1993 e art. 41, I, da Lei nº 8.625/1993) e à Defensoria Pública, caso o autuado não informe o nome de seu advogado.

O juiz, após receber o auto de prisão em flagrante, no prazo máximo de até 24 horas após a realização da prisão, deverá promover audiência de custódia com a presença do acusado, seu advogado constituído ou membro da Defensoria Pública e o membro do Ministério Público, e, nessa audiência, o juiz deverá, fundamentadamente (art. 310, CPP): (1) Relaxar a prisão ilegal; ou (2) Converter a prisão em flagrante em prisão preventiva, se presentes os seus requisitos (arts. 311 a 315, CPP) e não forem suficientes e adequadas as medidas cautelares diversas da prisão [165] (segundo entendimento do STF, tal conversão não pode

---

164 Art. 306. A prisão de qualquer pessoa e o local onde se encontre serão comunicados imediatamente ao juiz competente, ao Ministério Público e à família do preso ou à pessoa por ele indicada.

165. **Segundo entendimento do STF**, a conversão da prisão em flagrante em preventiva não pode ser feita de ofício: "(...) A interpretação do art. 310, II, do CPP deve ser realizada à luz dos arts. 282, §§ 2º e 4º, e 311, do mesmo estatuto processual penal, a significar que se tornou inviável, mesmo no contexto da audiência de custódia, a conversão, de ofício, da prisão em flagrante de qualquer pessoa em prisão preventiva, sendo necessária, por isso mesmo, para tal efeito, anterior e formal provocação do Ministério Público, da autoridade policial ou, quando for o caso, do querelante ou do assistente do MP. (...) A conversão da prisão em flagrante em prisão preventiva, no contexto da audiência de custódia, somente se legitima se e quando houver, por parte do Ministério Público ou da autoridade policial (ou do querelante, quando for o caso), pedido expresso e inequí-

ser feita de ofício)[166]; ou (3) Conceder liberdade provisória, com ou sem fiança, que pode ou não ser atrelada a outra medida cautelar (art. 319, CPP).

Antes mesmo da Lei nº 13.964, de 24/12/2019, determinar a realização de audiência de custódia, o Conselho Nacional de Justiça, por meio da Resolução nº 213, de 15/12/2015, em obediência à Convenção Americana de Direitos Humanos, já determinava a realização das audiências de custódia, após a prisão em flagrante, bem como decorrente do cumprimento de mandado de prisão, o que deve continuar a ocorrer, conforme arts. 287 e 310 do CPP.

A audiência de custódia consiste na apresentação do preso ao juiz, na presença do Ministério Público e de seu advogado ou defensor, no prazo máximo de 24h após a prisão, para que a análise da possível conversão em prisão preventiva, concessão da liberdade provisória ou relaxamento da prisão ilegal ocorra de forma mais pessoal e humanizada.

Vale lembrar que quando a não realização da audiência de custódia se dá com motivação idônea, isso não macula a prisão preventiva decretada (STJ, EDcl no HC 647.649/PR, 6ª T, J. 05/04/2022). Sob outro prisma, "a não realização da audiência de custódia não implica a ilegalidade do decreto preventivo, cujos fundamentos e requisitos de validade não incluem a prévia realização daquele ato" (STJ, AgRG no HC 675.620/SP, 5ª T, J. 22/03/2022).

8.2. Prisão Preventiva

A prisão preventiva é a prisão cautelar por excelência, decretada pelo juiz com a presença dos fundamentos do art. 312, nas hipóteses do art. 312, § 1º e art. 313, ambos do CPP, desde que se revelem inadequadas ou insuficientes as medidas cautelares diversas da prisão (art. 282, §§ 4º e 6º, e art. 310, II, do CPP).

Em qualquer fase da investigação policial ou do processo penal, caberá a prisão preventiva decretada pelo juiz, a requerimento do Ministério Público, do querelante ou do assistente, ou por representação da autoridade policial. Portanto, não é mais permitido

---

voco dirigido ao Juízo competente, pois não se presume – independentemente da gravidade em abstrato do crime – a configuração dos pressupostos e dos fundamentos a que se refere o art. 312 do Código de Processo Penal, que hão de ser adequada e motivadamente comprovados em cada situação ocorrente. Doutrina. (...)" (STF, HC 188.888/MG, 2ª T, J. 06/10/2020). **Mesmo em caso de crime praticado contra a mulher no contexto doméstico ou familiar**, em que a redação do art. 20 da Lei nº 11.340/2006 ainda prevê a decretação da prisão preventiva de ofício, tal disposição destoa do atual regime jurídico e não é mais aplicável, conforme decidiu a 6ª Turma do STJ, no RHC 145.225/RO (STJ, RHC 145.225/RO, 6ª T, J. 15/02/2022 – Informativo 725). **Por outro lado, o STJ criou um *distinguishing* importante** no sentido de que, caso o magistrado proceda à conversão da prisão em flagrante em prisão preventiva de ofício e depois sobrevenha representação da autoridade policial ou requerimento do Ministério Público pela cautelar máxima, estaria sanado o vício. Nesse sentido: STJ, AgRg no RHC 136.708/MG, 5ª T, J. 16/03/2021; STJ, AgRg no HC 685.729/SP, 5ª T, J. 23/11/2021; STJ, AgRg no RHC 152.473/BA, 5ª T, J. 19/10/2021; e STJ, AgRg no RHC 144647 / BA, 6ª T, J. 17/08/2021.

166. "(...) A interpretação do art. 310, II, do CPP deve ser realizada à luz dos arts. 282, §§ 2º e 4º, e 311, do mesmo estatuto processual penal, a significar que se tornou inviável, mesmo no contexto da audiência de custódia, a conversão, de ofício, da prisão em flagrante de qualquer pessoa em prisão preventiva, sendo necessária, por isso mesmo, para tal efeito, anterior e formal provocação do Ministério Público, da autoridade policial ou, quando for o caso, do querelante ou do assistente do MP. Magistério doutrinário. Jurisprudência. (...) A conversão da prisão em flagrante em prisão preventiva, no contexto da audiência de custódia, somente se legitima se e quando houver, por parte do Ministério Público ou da autoridade policial (ou do querelante, quando for o caso), pedido expresso e inequívoco dirigido ao Juízo competente, pois não se presume – independentemente da gravidade em abstrato do crime – a configuração dos pressupostos e dos fundamentos a que se refere o art. 312 do Código de Processo Penal, que hão de ser adequada e motivadamente comprovados em cada situação ocorrente. Doutrina (...)" (STF, HC 188.888/MG, 2ª T, J. 06/10/2020).

DIREITO PROCESSUAL PENAL

que o juiz decrete a prisão preventiva de ofício, nem mesmo no curso do processo penal (art. 311, CPP).

Segundo dispõe o art. 312 do CPP, são *requisitos cumulativos* para a decretação da prisão preventiva: (1) *prova da existência do crime* (juízo de probabilidade, verossimilhança, da prática de uma conduta típica, ilícita e culpável, ou seja, o *fumus commissi delicti*); (2) *indícios suficientes de autoria* (elementos aptos a demonstrar que o imputado concorreu para o crime); e (3) perigo gerado pelo estado de liberdade do imputado (*periculum libertatis*).

Além dos três requisitos cumulativos, que devem estar todos presentes, o CPP prevê, também, quatro *requisitos alternativos* para a decretação da prisão preventiva, dos quais pelo menos um deve estar presente: (1) *Garantia da ordem pública* – necessidade da prisão para assegurar a ordem na sociedade, evitando a reincidência criminosa; (2) *Garantia da ordem econômica* – trata-se da ordem pública relacionada aos crimes econômicos e contra o Sistema Financeiro Nacional; (3) *Conveniência da instrução criminal* – necessidade da prisão para evitar abalos feitos pelo réu à instrução criminal (Exemplos: suborno de jurados; ameaça a testemunhas; destruição de provas); (4) *Assegurar a aplicação da lei penal* – risco concreto de fuga.[167]

Além disso, o art. 282, §§ 4º e 6º, do CPP dispõe que as medidas cautelares diversas da prisão previstas no art. 319 do mesmo Código são sempre preferíveis à prisão preventiva, que é medida subsidiária, deixando claro que a prisão preventiva somente deve ser decretada, em último caso, quando as medidas cautelares diversas da prisão se revelarem inadequadas ou insuficientes (art. 310, II, *in fine*, CPP), sendo que *o não cabimento da substituição da prisão preventiva por outra medida cautelar deverá ser justificado de forma fundamentada nos elementos presentes do caso concreto, de forma individualizada* (Art. 282, § 6º, *in fine*, CPP).

A decisão que decretar a prisão preventiva deve ser motivada e fundamentada em receio de perigo e existência concreta de fatos novos ou contemporâneos que justifiquem a aplicação da medida adotada (art. 312, § 2º, CPP), devendo o juiz observar, ainda, o disposto no art. 315 do CPP.

Decretada a prisão preventiva, deverá o órgão emissor da decisão revisar a necessidade de sua manutenção a cada 90 (noventa) dias, mediante decisão fundamentada, de ofício, sob pena de tornar a prisão ilegal (art. 316, parágrafo único, CPP). Contudo, a eventual inobservância da reavaliação no prazo de 90 dias não implica em revogação automática da prisão preventiva, devendo o juízo competente ser instado a reavaliar a legalidade e a atualidade dos fundamentos da prisão.[168]

---

167. LOPES JR., Aury. *Direito processual penal*. 15. ed. São Paulo: Saraiva Educação, 2018, p. 637-639.

168. STF, SL 1.395, Pleno, *J.* 15/10/2020. No mesmo sentido: "(...) 3. A inobservância da reavaliação prevista no dispositivo impugnado, após decorrido o prazo legal de 90 (noventa) dias, não implica a revogação automática da prisão preventiva, devendo o juízo competente ser instado a reavaliar a legalidade e a atualidade de seus fundamentos. Precedente. 4. **O art. 316, parágrafo único, do Código de Processo Penal aplica-se até o final dos processos de conhecimento, onde há o encerramento da cognição plena pelo Tribunal de segundo grau**, não se aplicando às prisões cautelares decorrentes de sentença condenatória de segunda instância ainda não transitada em julgado. 5. O artigo 316, parágrafo único, do Código de Processo Penal aplica-se, igualmente, nos processos em que houver previsão de prerrogativa de foro. 6. Parcial procedência dos pedidos deduzidos nas Ações Diretas. (STF, ADI 6.581/DF, Pleno, *J.* 09/03/2022).

CRISTIANO CAMPIDELLI

A prisão preventiva não possui prazo determinado, perdurando enquanto persistirem as razões de cautela[169], observado o disposto no supracitado art. 316, parágrafo único, do CPP.

As hipóteses de cabimento estão no art. 313, incisos I, II, III e §1º, bem como no art. 312, §1º, todos do CPP, conforme segue: (1) Nos crimes dolosos punidos com pena privativa de liberdade máxima superior a 4 anos (2) Se o indivíduo for reincidente em crime doloso poderá ser decretada a sua prisão preventiva, independentemente da pena máxima ser superior ou não a 4 anos (ressalvado o disposto no art. 64, I, CP); (3) Se o crime envolver violência doméstica e familiar contra a mulher, criança, adolescente, idoso, enfermo ou pessoa com deficiência, para garantir a execução das medidas protetivas de urgência (neste caso, exige-se o prévio descumprimento da medida protetiva pelo agente e a prisão preventiva poderá ser decretada independentemente da quantidade de pena privativa de liberdade prevista para o crime); (4) *quando houver dúvida sobre a identidade civil da pessoa ou quando esta não fornecer elementos suficientes para esclarecê-la, devendo o preso ser colocado imediatamente em liberdade após a identificação, salvo se outra hipótese recomendar a manutenção da medida* (art. 313, § 1º, CPP); e (5) em caso de descumprimento de qualquer das obrigações impostas por força de outras medidas cautelares (art. 282, § 4º, c/c art. 312, § 1º, ambos do CPP).

Se o fato for praticado em hipóteses de exclusão da ilicitude, a prisão preventiva não deverá ser decretada (art. 314, CPP).

A prisão domiciliar é uma forma de substituição da prisão preventiva e consiste no recolhimento do indiciado ou acusado em sua residência, só podendo dela ausentar-se com autorização judicial. As hipóteses de cabimento da prisão domiciliar constam dos arts. 318, 318-A e 318-B do CPP, da Súmula Vinculante nº 56 do STF e do art. 7º, inciso V, da Lei nº 8.906/1994.

8.3. Prisão Temporária

A prisão temporária é prevista na Lei nº 7.960/1989, com a incidência do art. 2º, § 4º, da Lei nº 8.072/1990 quando se tratar de crime hediondo ou equiparado. Trata-se de prisão cautelar decretável pelo juiz, no interesse de inquérito policial, mediante requerimento do Ministério Público ou representação do delegado de polícia (neste caso, ouvido o MP).

Sua duração será de 5 dias, prorrogáveis por mais 5 dias, em caso de extrema e comprovada necessidade. Quando se tratar de crimes hediondos ou equiparados (arts. 1º e 2º, Lei nº 8.072/1990), o prazo será de 30 dias, prorrogáveis por mais 30 dias, também em caso de extrema e comprovada necessidade. Decorrido o prazo contido no mandado de prisão temporária, a autoridade responsável pela custódia deverá, independentemente de nova ordem da autoridade judicial, pôr imediatamente o preso em liberdade, salvo se já tiver sido comunicada da prorrogação da prisão temporária ou da decretação da prisão preventiva (art. 2º, § 7º, Lei nº 7.960/1989).

Segundo o art. 1º da Lei nº 7.960/1989, caberá prisão temporária: I – quando imprescindível para as investigações do inquérito policial; II – quando o indicado não tiver residência fixa ou não fornecer elementos necessários ao esclarecimento de sua identidade; III – quando houver fundadas razões, de acordo com qualquer prova admitida na legislação

---

169. STJ, HC 386.436/RS, 6ª T, J. 16/03/2017.

penal, de autoria ou participação do indiciado nos seguintes crimes: homicídio doloso (art. 121, *caput*, e seu § 2º); sequestro ou cárcere privado (art. 148, *caput*, e seus §§ 1º e 2º); roubo (art. 157, *caput*, e seus §§ 1º, 2º, 2º-A e 3º); extorsão (art. 158, *caput*, e seus §§ 1º, 2º e 3º); extorsão mediante sequestro (art. 159, *caput*, e seus §§ 1º, 2º e 3º); estupro (art. 213, *caput*, e suas formas qualificadas); epidemia com resultado de morte (art. 267, § 1º); envenenamento de água potável ou substância alimentícia ou medicinal qualificado pela morte (art. 270, *caput*, combinado com art. 285); associação criminosa (art. 288), todos do Código Penal; genocídio (arts. 1º, 2º e 3º da Lei nº 2.889/1956), em qualquer de suas formas típicas; tráfico de drogas (art. 33 da Lei nº 11.343/2006); crimes contra o sistema financeiro (Lei nº 7.492/1986); crimes previstos na Lei de Terrorismo (Lei nº 13.260/2016).

Também caberá prisão temporária nos crimes hediondos e equiparados não constantes do rol supracitado, a saber: lesão corporal dolosa de natureza gravíssima (art. 129, § 2º, CP) e lesão corporal seguida de morte (art. 129, § 3º, CP), quando praticadas contra autoridade ou agente descrito nos <u>arts. 142</u> e <u>144 da Constituição Federal</u>, integrantes do sistema prisional e da Força Nacional de Segurança Pública, no exercício da função ou em decorrência dela, ou contra seu cônjuge, companheiro ou parente consanguíneo até terceiro grau, em razão dessa condição; estupro de vulnerável (art. 217-A, caput e §§ 1º, 3º e 4º, CP); falsificação, corrupção, adulteração ou alteração de produto destinado a fins terapêuticos ou medicinais (art. 273, *caput* e § 1º, § 1º-A e § 1º-B, CP; favorecimento da prostituição ou de outra forma de exploração sexual de criança ou adolescente ou de vulnerável (art. 218-B, caput, e §§ 1º e 2º); furto qualificado pelo emprego de explosivo ou de artefato análogo que cause perigo comum (art. 155, § 4º-A, CP); o crime de posse ou porte ilegal de arma de fogo de uso proibido (<u>art. 16, Lei nº 10.826/2003</u>); os crimes de comércio ilegal de armas de fogo e de tráfico internacional de arma de fogo, acessório ou munição (arts. 17 e 18, Lei nº 10.826/2003); o crime de organização criminosa, quando direcionado à prática de crime hediondo ou equiparado; e a prática da tortura.

Importante registrar que, no julgamento das ADIs 4109 e 3360, pelo Plenário virtual do STF, de 4 a 11/02/2022, foram estabelecidos os critérios que devem ser observados para a motivação e a fundamentação da decisão que decretar a prisão temporária:

1) For imprescindível para as investigações do inquérito policial (Art. 1º, I, Lei nº 7.960/1989) (*periculum libertatis*), constatada a partir de elementos concretos, e não meras conjecturas, vedada a sua utilização como prisão para averiguações, em violação ao direito a não autoincriminação, ou quando fundada no mero fato de o representado não possuir residência fixa (inciso II);

2) Houver fundadas razões de autoria ou participação do indiciado nos crimes previstos no art. 1º, III, Lei nº 7.960/1989 (*fumus comissi delicti*), vedada a analogia ou a interpretação extensiva do rol previsto no dispositivo;

3) For justificada em fatos novos ou contemporâneos que fundamentem a medida (Art. 312, § 2º, CPP);

4) A medida for adequada à gravidade concreta do crime, às circunstâncias do fato e às condições pessoais do indiciado (Art. 282, II, CPP);

CRISTIANO CAMPIDELLI

5) Não for suficiente a imposição de medidas cautelares diversas, previstas nos arts. 319 e 320 do CPP (Art. 282, § 6º, CPP).

Portanto, com tal decisão, o STF acabou estabelecendo para a prisão temporária requisitos que já eram previstos no CPP para a prisão preventiva.

9. PROCESSOS E PROCEDIMENTOS

O *processo penal* é um todo que compreende o Estado-juiz, as partes, o *procedimento*, os princípios constitucionais do processo penal e as regras legais pertinentes, dividindo-se em duas espécies: *processo de conhecimento* e *processo de execução*.

O *procedimento* é um dos componentes do *processo*. É a sequência ordenada de atos judiciais que devem ocorrer durante o processo, o rito a ser seguido. Metaforicamente, "o procedimento é para o processo o que os trilhos são para o trem"[170], ou seja, procedimento é o caminho a ser percorrido pelo processo. O procedimento se divide em duas espécies: *procedimento especial* e *procedimento comum* (art. 394, CPP).

Os procedimentos especiais são aqueles trazidos de forma expressa pela Lei, tais como: (1) Crimes da competência do Tribunal do Júri (arts. 406 a 497, CPP); (2) Crimes de responsabilidade dos funcionários públicos (arts. 513 a 518, CPP); (3) Crimes contra a propriedade imaterial (arts. 524 a 530-I, CPP e Lei nº 9.279/1996); (4) Crimes falimentares (Lei nº 11.101/2005, arts. 183 a 188); (5) Drogas (Lei nº 11.343/2006, arts. 48 e 49, bem como 54 a 59); (6) Competência originária dos Tribunais (Lei nº 8.038/1990 e Lei nº 8.658/1993); (7) Crimes eleitorais (Lei nº 4.737/1965, arts. 355 a 364).

O procedimento comum é residual, subsidiário, e será adotado quando não houver um procedimento especial, subdividindo-se em: (1) *Procedimento comum ordinário*; (2) *Procedimento comum sumário*; (3) *Procedimento comum sumaríssimo*.

9.1. Procedimento Comum Ordinário

O procedimento comum ordinário é destinado aos crimes cuja pena máxima cominada seja igual ou superior a 4 anos de prisão, estando regulado nos arts. 395 a 405 do CPP, se iniciando com a denúncia ou queixa, que deverá preencher os requisitos do art. 41 do CPP.

A denúncia ou queixa será rejeitada quando: I – for manifestamente inepta; II – faltar pressuposto processual ou condição para o exercício da ação penal; III – faltar justa causa para o exercício da ação penal (art. 395, CPP).

Se não for caso de rejeição da denúncia ou queixa, o juiz a receberá e ordenará a citação do acusado para responder à acusação, por escrito, no prazo de 10 dias (art. 396, CPP). A resposta à acusação é uma peça obrigatória, sem a qual o processo não seguirá. Se o advogado do réu citado pessoalmente[171] não a apresentar no prazo legal, o juiz nomeará um defensor para fazê-lo.

---

170. ARAGONESES ALONSO, Pedro. *Proceso y derecho procesal*, Madrid, Aguilar, 1960, p. 137 apud MARCÃO, Renato. *Curso de processo penal*. 3. ed. rev., ampl. e atual. São Paulo: Saraiva, 2017, p. 899.

171. Ou por hora certa, conforme art. 362 do CPP e arts. 252 a 254 do CPC.

DIREITO PROCESSUAL PENAL

Na resposta à acusação o acusado poderá arguir preliminares e alegar tudo o que interesse à sua defesa, oferecer documentos e justificações, especificar as provas pretendidas e arrolar até 8 testemunhas, qualificando-as e requerendo sua intimação, quando necessário (art. 396-A, CPP).

Caso o acusado não seja encontrado para ser citado pessoalmente, deve ser feita sua citação por edital[172]. Se mesmo assim não comparecer, nem constituir advogado, o juiz deve determinar a suspensão do processo e do curso do prazo prescricional[173], bem como a produção antecipada das provas urgentes e, se for o caso, decretará a prisão preventiva (art. 366, CPP).

Apresentada a resposta à acusação, o juiz deverá absolver sumariamente o acusado quando verificar: I – *a existência manifesta de causa excludente da ilicitude do fato*; II – *a existência manifesta de causa excludente da culpabilidade do agente, salvo inimputabilidade*, pois se o acusado for inimputável por doença mental, será preciso seguir o procedimento para a aplicação de medida de segurança; III – *que o fato narrado evidentemente não constitui crime*; IV – *extinta a punibilidade do agente* (art. 397, CPP).

Se não for o caso de absolvição sumária, o juiz designará audiência de instrução e julgamento, a ser realizada no prazo máximo de 60 dias, para produção e coleta da prova. Por força do princípio da identidade física do juiz, o magistrado que presidiu a instrução deverá proferir a sentença (art. 399, § 2º, CPP). As partes deverão ser intimadas para o ato (art. 399, CPP), devendo ser requisitado o acusado que estiver preso (art. 399, § 1º, CPP).

Na audiência de instrução e julgamento, inicialmente serão colhidas as declarações do ofendido (vítima). Na sequência, serão ouvidas as testemunhas arroladas pela acusação e depois as testemunhas indicadas pela defesa, nessa ordem e sob pena de nulidade, exceto quando a inversão decorrer da expedição e cumprimento de carta precatória (arts. 222 e 400, CPP). Em seguida, procede-se aos esclarecimentos dos peritos, às acareações e ao reconhecimento de pessoas e coisas. O *interrogatório* será o *último ato da instrução criminal* (STF, HC nº 127.900/AM), sendo imprescindível a presença do defensor (art. 185, CPP).

Ao final da audiência, o Ministério Público, o querelante e o assistente e, a seguir, o acusado poderão requerer diligências cuja necessidade se origine de circunstâncias ou fatos apurados na instrução (art. 402, CPP). Nesse caso não haverá debate oral, mas sim alegações finais por memoriais, nos quais devem ser desenvolvidas as teses acusatórias e defensivas (art. 404, *caput* e parágrafo único, CPP), no prazo sucessivo de 5 dias, cabendo inicialmente à acusação apresentar suas alegações e, após, à defesa, sendo que, no prazo de 10 dias, o juiz proferirá a sentença. Também, em casos complexos ou com número excessivo de réus, o juiz poderá conceder às partes a substituição das alegações finais orais por memoriais, apresentados em 5 dias, sucessivamente, tendo o juiz 10 (dez) dias para proferir sentença (art. 403, § 3º, CPP).

---

172. Ou por hora certa, conforme art. 362 do CPP e arts. 252 a 254 do CPC.

173. STJ, Súmula 415 – O período de suspensão do prazo prescricional é regulado pelo máximo da pena cominada (J. 09/12/2009).

Caso se trate de processo com colaboração premiada, as alegações finais devem seguir a ordem constitucional sucessiva, ou seja, primeiro a acusação, depois o colaborador e por fim o delatado, conforme decisão do STF, no HC 166.373/PR, em 02/10/2019 (Informativos 953 e 954), e art. 4º, § 10-A, da Lei nº 12.850/2013 (*Em todas as fases do processo, deve-se garantir ao réu delatado a oportunidade de manifestar-se após o decurso do prazo concedido ao réu que o delatou*).

Não havendo requerimento de diligências ou sendo indeferido, e nem se tratando de casos complexos ou com número excessivo de réus, serão oferecidas alegações finais orais por 20 minutos, pela acusação e pela defesa (se houver colaboração premiada, a defesa do delatado fala por último), respectivamente, prorrogáveis por mais 10 minutos, proferindo o juiz, a seguir, sentença (art. 403, CPP). Se a ação penal for privada, deve haver pedido expresso de condenação nas alegações finais, sob pena de perempção (art. 60, III, CPP).

9.2. Procedimento Comum Sumário

O procedimento comum sumário aplica-se aos crimes cuja pena máxima seja inferior a 4 anos e superior a 2 anos, estando disciplinado nos arts. 531 a 538 do CPP. Ele pouco difere do rito ordinário, destacando-se quatro distinções: (1) 30 dias para realização da audiência de instrução e julgamento (no ordinário são 60 dias); (2) 5 testemunhas para cada parte (no ordinário são 8 testemunhas); (3) Não há previsão de pedido de diligências ao final da audiência de instrução e julgamento; (4) Não há previsão de substituição dos debates orais por memoriais.

Embora não previstos na lei, o eventual deferimento de pedido de diligências ao final da audiência de instrução e julgamento ou a substituição dos debates orais por memoriais leva à chamada ordinarização do procedimento, o que, segundo entendimento majoritário, não é causa de nulidade por inexistir prejuízo para o réu.

9.3. Procedimento Comum Sumaríssimo

O procedimento comum sumaríssimo, estabelecido nos arts. 69 a 76 (fase preliminar) e 77 a 83 (o procedimento propriamente dito) da Lei nº 9.099/1995, aplica-se às infrações penais de menor potencial ofensivo, ou seja, às contravenções penais e aos crimes punidos com pena privativa de liberdade máxima não superior a dois anos, cumulada ou não com multa, excetuando-se, por expressa disposição legal, os crimes militares (art. 90-A, Lei nº 9.099/1995) e os crimes praticados contra a mulher no contexto doméstico ou familiar (art. 41, Lei nº 11.340/2006).

Em caso de conexão ou continência entre um crime de menor potencial ofensivo e outro mais grave, haverá reunião fora do Juizado Especial Criminal, mas serão mantidas as possibilidades de transação penal e composição dos danos civis em relação ao crime de menor potencial ofensivo (art. 60, parágrafo único, Lei nº 9.099/1995 e art. 2º, parágrafo único, Lei nº 10.259/2001).

Para fins de verificação do limite de pena do crime no patamar máximo de 2 (dois) anos devem ser observadas eventuais causas de aumento ou de diminuição de pena (exemplo: tentativa), bem como o concurso de crimes (material, formal ou continuidade delitiva). Como se busca a pena máxima não superior a dois anos, o cálculo das causas de aumento

DIREITO PROCESSUAL PENAL

de pena deve se dar pelo máximo, enquanto o cálculo das causas de diminuição de pena deve ser feito pelo mínimo.[174]

A *fase preliminar* geralmente se inicia com a lavratura de um termo circunstanciado pela autoridade policial[175], com imediato encaminhamento ao Juizado Especial Criminal, não se impondo prisão em flagrante, nem se exigindo fiança, ao autor do fato que, após a lavratura do termo, for imediatamente encaminhado ao juizado ou assumir o compromisso de a ele comparecer (art. 69, *caput* e parágrafo único, Lei nº 9.099/1995). Não sendo possível a realização imediata da audiência preliminar, esta será designada em data próxima (art. 70, Lei nº 9.099/1995).

Na audiência preliminar, presente o representante do Ministério Público, o autor do fato e a vítima e, se possível, o responsável civil (por exemplo, o empregador), acompanhados por seus advogados, o Juiz esclarecerá sobre a possibilidade da composição dos danos e da aceitação da proposta de aplicação imediata de pena não privativa de liberdade (art. 72, Lei nº 9.099/1995).

A composição dos danos civis será reduzida a escrito e, homologada pelo Juiz mediante sentença irrecorrível, terá eficácia de título a ser executado no juízo cível competente. Tratando-se de ação penal privada ou de ação penal pública condicionada à representação, o acordo homologado acarreta renúncia ao direito de queixa ou representação (art. 74, Lei nº 9.099/1995).

Não obtida a composição dos danos civis, será dada imediatamente ao ofendido a oportunidade de exercer o direito de representação verbal, que será reduzida a termo. O não oferecimento da representação na audiência preliminar não implica decadência do direito, que poderá ser exercido no prazo previsto em lei (art. 75, Lei nº 9.099/1995).

Havendo representação ou tratando-se de crime de ação penal pública incondicionada, não sendo caso de arquivamento, o Ministério Público poderá propor a transação penal, consistente na aplicação imediata de pena restritiva de direitos ou multas, a ser especificada na proposta (art. 76, Lei nº 9.099/1995).

A transação penal é vedada nas hipóteses dos incisos I a III do § 2º do art. 76 da Lei 9.099/1995, a saber: (1) *Ter sido o autor da infração condenado, pela prática de crime, à pena privativa de liberdade, por sentença definitiva* – veda a transação penal ao reincidente por crime doloso ou culposo, exceto àquele condenado anteriormente por contravenção penal ou ao qual não foi aplicada pena privativa de liberdade; (2) *Ter sido o agente beneficiado anteriormente, no prazo de cinco anos, pela aplicação de pena restritiva ou multa, nos termos*

---

174. LOPES JR., Aury. *Direito processual penal*. 15. ed. São Paulo: Saraiva Educação, 2018, p. 755-756.

175. O STF, na ADI 3807, tratou da lavratura de TCO pelo magistrado no caso de usuário de drogas e disse que o magistrado poderia sim lavrar o termo, conforme art. 48, §§ 2º e 3º, da Lei 11.343/2006, que visa a retirada do usuário do ambiente policial. Neste caso, na ausência de autoridade judicial (juiz), o TCO será lavrado por autoridade policial (delegado de polícia). No dia 14/03/2022, na ADI 5637, o STF julgou constitucional o art. 191 da Lei nº 22.257, de 27 de julho de 2016, do Estado de Minas Gerais, que autoriza a lavratura do TCO "por todos os integrantes dos órgãos a que se referem os incisos IV e V do *caput* do art. 144 da Constituição da República", ou seja, por quaisquer policiais civis, militares e bombeiros militares. Em decisão mais recente, o STF reafirmou o seu entendimento: "O Termo Circunstanciado de Ocorrência (TCO) não possui natureza investigativa, podendo ser lavrado por integrantes da polícia judiciária ou da polícia administrativa." (STF, ADIs 6245 e 6264, Plenário virtual, *J*. 10 a 17/02/2023).

CRISTIANO CAMPIDELLI

deste artigo – o sujeito somente poderá se beneficiar da transação penal uma vez a cada cinco anos; (3) *Não indicarem os antecedentes, a conduta social e a personalidade do agente, bem como os motivos e as circunstâncias, ser necessária e suficiente a adoção da medida.*

Da decisão homologatória da transação penal caberá recurso de apelação, no prazo de 10 dias (art. 76, § 5º, Lei nº 9.099/1995). Na hipótese de não propositura da transação penal pelo Ministério Público, quando cabível, se aplica, por analogia, o art. 28 do CPP.

Caso não haja transação penal, o feito seguirá o rito sumaríssimo previsto nos arts. 77 a 83 da Lei nº 9.099/1995. O MP oferecerá ao juiz, de imediato, denúncia oral, se não houver necessidade de diligências imprescindíveis (art. 77, Lei nº 9.099/95). Se a ação penal for privada, a queixa-crime poderá ser proposta oralmente ou por escrito no prazo decadencial de seis meses (art. 38, CPP).

Oferecida a denúncia ou queixa, o réu será citado para audiência de instrução e julgamento, devendo constar do mandado de citação que ele deve estar acompanhado de advogado, bem como da prova testemunhal que pretende produzir ou apresentar requerimento para intimação, no mínimo cinco dias antes da realização da audiência (art. 78, § 1º, Lei nº 9.099/1995).

Quando o acusado não for encontrado para ser citado[176], o Juiz encaminhará as peças existentes ao juízo comum (art. 66, parágrafo único, Lei 9.099/1995) para adoção do procedimento comum sumário (art. 538, CPP) e eventual aplicação do art. 366 do CPP.

Da mesma forma, se a complexidade ou circunstâncias do caso não permitirem a formulação da denúncia, o Ministério Público poderá requerer ao juiz o encaminhamento das peças existentes ao Juízo comum. Na ação penal de iniciativa privada, caberá ao juiz verificar se a complexidade e as circunstâncias do caso determinam o encaminhamento das peças existentes ao juízo comum (art. 77, § 3º, Lei nº 9.099/1995).

Conforme disposto no art. 79 da Lei nº 9.099/1995, no dia e hora designados para a audiência de instrução e julgamento, se na fase preliminar não tiver havido possibilidade de tentativa de conciliação e de oferecimento de proposta pelo Ministério Público, isso deverá ser feito nos termos dos arts. 72, 73, 74 e 75 da referida Lei.

Aberta a audiência, será dada a palavra ao defensor para responder à acusação, momento em que devem ser arguidas as causas de rejeição liminar (art. 395, CPP) e de absolvição sumária (art. 397, CPP), após o que o juiz receberá ou não a denúncia ou queixa. Da decisão que rejeitar a denúncia ou a queixa caberá recurso de apelação, no prazo de 10 dias, contados da ciência da sentença, conforme art. 82, § 1º, da Lei nº 9.099/1995. Da decisão que receber a denúncia ou queixa não cabe recurso, apenas *habeas corpus* para trancar um eventual processo infundado.

Havendo recebimento, serão ouvidas a vítima e as testemunhas de acusação e defesa, interrogando-se a seguir o acusado, passando-se imediatamente aos debates orais e à prolação da sentença (art. 81, Lei nº 9.099/1995), que será impugnável por meio de apelação (art. 82, Lei nº 9.099/1995), no prazo de 10 dias, que poderá ser julgada por turma composta

---

176. No Juizado Especial criminal admite-se a citação pessoal, conforme art. 66, *caput*, da Lei nº 9.099/1995, bem como a citação com hora certa, conforme Enunciado Criminal 110 do FONAJE: "No Juizado Especial Criminal é cabível a citação com hora certa."

630

DIREITO PROCESSUAL PENAL

de três juízes em exercício no primeiro grau de jurisdição, reunidos na sede do Juizado. O recorrido será intimado para oferecer resposta escrita no prazo de dez dias.

São cabíveis embargos de declaração quando, em sentença ou acórdão, houver obscuridade, contradição ou omissão (art. 83, Lei nº 9.099/1995), opostos por escrito ou oralmente, no prazo de 5 dias, contados da ciência da decisão. Os embargos de declaração interrompem o prazo para interposição de recurso. Erros materiais podem ser corrigidos de ofício.

Caso haja descumprimento da transação penal, aplica-se a Súmula Vinculante nº 35 do Supremo Tribunal Federal, segundo a qual, "a homologação da transação penal prevista no artigo 76 da Lei 9.099/1995 não faz coisa julgada material e, descumpridas suas cláusulas, retoma-se a situação anterior, possibilitando-se ao Ministério Público a continuidade da persecução penal mediante oferecimento de denúncia ou requisição de inquérito policial" (J. 16/10/2014).

9.3.1. Suspensão condicional do processo

A suspensão condicional do processo, disciplinada no art. 89 da Lei nº 9.099/1995, é cabível nos casos em que a pena mínima cominada for igual ou inferior a um ano, proposta que deverá ser feita pelo Ministério Público por ocasião do oferecimento da denúncia, sempre que preenchidos os requisitos legais, quais sejam: (1) O acusado não esteja sendo processado criminalmente; (2) O acusado não tenha sido condenado por outro crime; (3) Presentes os requisitos do art. 77 do Código Penal.

Se, mesmo presentes os pressupostos legais, o Ministério Público não fizer a proposta de suspensão condicional do processo, aplica-se analogicamente o art. 28 do CPP, conforme Súmula 696 do Supremo Tribunal Federal.

A Súmula 337 do Superior Tribunal de Justiça estabelece ser cabível a suspensão do processo após o oferecimento da denúncia, nas hipóteses de desclassificação do crime (art. 383, § 1º, CPP) e procedência parcial da pretensão punitiva, o que geralmente ocorre quando há uma acusação abusiva com recebimento imotivado.

A suspensão do processo deverá se dar por um período de dois a quatro anos, durante o qual o réu ficará sujeito ao cumprimento de certas obrigações estabelecidas pelo juiz, após o que será declarada extinta a punibilidade. Caso haja o descumprimento injustificado das condições, durante o período de prova, o processo volta a tramitar a partir de onde parou. As hipóteses de revogação da suspensão, obrigatórias e facultativas, estão previstas, respectivamente, nos §§ 3º e 4º do art. 89 da Lei 9.099/1995.

O rol de condições[177] previsto nos incisos do § 1º do art. 89 da Lei nº 9.099/1995 é apenas exemplificativo, conforme deixa bem claro o § 2º do mesmo dispositivo ao estabelecer que o Juiz poderá especificar outras condições a que fica subordinada a suspensão, desde que adequadas ao fato e à situação pessoal do acusado.

---

177. Lei nº 9.099/1995, art. 89, § 1º, I – reparação do dano, salvo impossibilidade de fazê-lo; II – proibição de frequentar determinados lugares; III – proibição de ausentar-se da comarca onde reside, sem autorização do Juiz; IV – comparecimento pessoal e obrigatório a juízo, mensalmente, para informar e justificar suas atividades.

631

9.4. Procedimento Especial Relativo aos Processos da Competência do Tribunal do Júri

O procedimento relativo aos processos da competência do Tribunal do Júri está previsto nos arts. 406 a 497 do CPP e se divide em duas fases: (1ª) *Instrução preliminar*, que se inicia com o recebimento da denúncia ou queixa e vai até uma de quatro decisões possíveis (*pronúncia*; *impronúncia*; *absolvição sumária*; *desclassificação própria*); (2ª) *Julgamento em plenário*, que se inicia com a preclusão da *pronúncia* ou da decisão posterior que julgou admissível a acusação e vai até a decisão proferida no julgamento realizado no plenário do Tribunal do Júri.[178]

Ofertada a acusação (denúncia ou queixa subsidiária), o juiz deve recebê-la (art. 406, CPP) ou rejeitá-la (art. 395, CPP). Caso a acusação seja recebida, o acusado deve ser citado para apresentar resposta à acusação, por escrito, no prazo de 10 dias, podendo arguir preliminares, alegar tudo que interesse à sua defesa, juntar documentos e postular provas, além de arrolar até 8 testemunhas (art. 406, § 3º, CPP).

A defesa escrita é peça obrigatória, na medida em que "nenhum acusado, ainda que ausente ou foragido, será processado ou julgado sem defensor" (art. 261, CPP). Além disso, "no processo penal, a falta da defesa constitui nulidade absoluta" (Súmula 523 do STF). Logo, caso o acusado seja citado e a defesa escrita não seja apresentada, o juiz deve nomear um defensor dativo para oferecê-la, no prazo de 10 dias, concedendo-lhe vista dos autos (art. 408, CPP).

Apresentada a defesa escrita, dela será dada vista ao Ministério Público ou querelante, por 5 dias, para manifestar-se sobre preliminares e documentos (art. 409, CPP). Na sequência, deve ser designada audiência de instrução, para tomada de declarações do ofendido, se possível, oitiva das testemunhas de acusação e defesa, nesta ordem, esclarecimentos dos peritos, acareações, reconhecimento de pessoas e coisas, interrogatório do acusado e debate (art. 411 do CPP).

Visando a celeridade processual, o CPP previu alegações finais orais, pelo prazo de 20 minutos, prorrogáveis por mais 10 (para cada réu). Na hipótese, pode ser aplicado subsidiariamente o § 3º do art. 403 do CPP, segundo o qual o juiz poderá, considerada a complexidade do caso ou o número de acusados, conceder às partes o prazo de 5 dias sucessivamente[179] para a apresentação de memoriais. Nesse caso, terá o prazo de 10 dias para proferir a sentença.[180]

Ao final da audiência, encerrada a instrução, poderá haver a *mutatio libelli*, prevista no art. 384 do CPP, quando for cabível nova definição jurídica do fato decorrente de prova de novo elemento ou circunstância não contida na denúncia, hipótese em que a denúncia deverá ser aditada (Exemplo: denúncia por crime de homicídio tentado, cuja consumação ocorreu durante a instrução preliminar; surgimento de prova de uma qualificadora que não

---

178. LOPES JR., Aury. *Direito processual penal*. 15. ed. São Paulo: Saraiva Educação, 2018, p. 791.

179. Se houver colaboração premiada, a defesa do delatado fala por último (STF, Informativos 953 e 954 e art. 4º, § 10-A, da Lei nº 12.850/2013).

180. Nesse sentido: CPP, art. 394, § 5º Aplicam-se subsidiariamente aos procedimentos especial, sumário e sumaríssimo as disposições do procedimento ordinário.

havia sido elencada na denúncia)[181]. Havendo o aditamento, o juiz deve dar vista à defesa por cinco dias, além de oportunizar que acusação e defesa arrolem até 3 testemunhas, sendo designada nova data para inquirição dessas testemunhas, novo interrogatório do réu, debates e julgamento (art. 384, §§ 2º e 4º, do CPP).

9.4.1. Decisão de pronúncia

A decisão de pronúncia é uma decisão interlocutória mista não terminativa, prevista no art. 413 do CPP, que reconhece a procedência da acusação e manda o réu a julgamento em plenário, impugnável pelo recurso em sentido estrito (art. 581, IV, CPP). Na fundamentação da decisão de pronúncia o juiz deve se limitar a indicar a materialidade do fato e a existência de indícios suficientes de autoria ou de participação, com linguagem comedida e sóbria[182], declarando o dispositivo legal em que julgar incurso o acusado e especificando as circunstâncias qualificadoras e as causas de aumento de pena (art. 413, § 1º, CPP). Durante o julgamento em plenário, a acusação não pode ir além do que restou consignado na decisão de pronúncia.

O juiz pode atribuir ao fato descrito uma definição jurídica diversa, ainda que isso signifique sujeitar o acusado a pena mais grave, permanecendo o feito no Tribunal do Júri se for de sua competência (arts. 418 e 383, CPP). Quanto à prisão preventiva ou medidas cautelares diversas da prisão, o juiz decidirá, motivadamente, no caso de manutenção, revogação ou substituição da prisão ou medida restritiva de liberdade anteriormente decretada e, tratando-se de acusado solto, sobre a necessidade da decretação da prisão ou imposição de quaisquer das medidas cautelares diversas da prisão (art. 413, § 3º, CPP).

9.4.2. Decisão de impronúncia

A decisão de impronúncia é terminativa, na medida em que encerra o processo sem julgamento de mérito, estando prevista no art. 414 do CPP, contra a qual cabe recurso de apelação (art. 416, CPP). Ocorrerá impronúncia quando não restar demonstrada a verossimilhança da acusação, por insuficiência de elementos aptos a demonstrar a existência do crime (materialidade do fato) ou que o acusado para ele concorreu (autoria ou participação).

A decisão de impronúncia não gera coisa julgada material, pois encerra o processo sem julgamento do mérito, podendo ser apresentada nova denúncia ou queixa se houver prova nova (art. 414, parágrafo único, CPP). Por prova nova entende-se aquela prova que não era conhecida no momento da decisão, ou seja, pode ser que a prova já existisse, mas ainda não constava dos autos e nem era conhecida da Justiça. O limite temporal para a eventual nova acusação é a extinção da punibilidade (arts. 107 e 109, CP).[183]

9.4.3. Absolvição sumária

A absolvição sumária é uma verdadeira sentença, com análise de mérito (art. 415, CPP), contra a qual cabe recurso de apelação (art. 416, CPP). A primeira hipótese de absolvição

---

181. LOPES JR., Aury. *Direito processual penal*. 15. ed. São Paulo: Saraiva Educação, 2018, p. 795.

182. STF, RHC 122.909/SE, 2ª T, J. 04/11/2014. No mesmo sentido: STF, HC 103.037/PR, 1ª T, J. 22/03/2011.

183. LOPES JR., Aury. *Direito processual penal*. 15. ed. São Paulo: Saraiva Educação, 2018018, p. 806.

sumária ocorre quando restar provada a inexistência do fato, o que se verifica, por exemplo, quando em um processo por crime de homicídio consumado, a suposta vítima é encontrada viva.[184]

A segunda hipótese de absolvição sumária ocorre quando restar provado que o acusado não é autor ou partícipe do fato. A terceira hipótese prevista é aquela em que o fato imputado é atípico, enquanto a quarta e última hipótese de absolvição sumária se refere aos casos de exclusão da ilicitude ou da culpabilidade.

Caso seja proferida decisão de absolvição sumária do acusado pelo crime de competência do Tribunal do Júri, eventual crime a ele conexo deverá ser redistribuído ao juízo competente, não podendo, em relação a este último crime (conexo), haver absolvição sumária.[185]

9.4.4. Desclassificação própria

A desclassificação própria acontece quando o juiz dá ao fato definição jurídica diversa, conduzindo a outra figura típica, não dolosa contra a vida, que não é de competência do Tribunal do Júri (Exemplo: acusação de homicídio, mas o juiz desclassifica para lesão corporal seguida de morte). Nesse caso, o juiz deverá remeter os autos para o juiz competente (art. 419, CPP). O crime conexo seguirá o prevalente[186]. Dessa decisão cabe recurso em sentido estrito (art. 581, II, CPP).

Caso a desclassificação para um crime que não seja de competência do Tribunal do Júri ocorra na segunda fase do procedimento, em plenário, em decorrência das respostas dadas pelos jurados aos quesitos, caberá ao juiz presidente do Tribunal do Júri proferir a sentença sobre o crime prevalente e o conexo (art. 492, § 2º, CPP).

9.4.5. Segunda fase

Com a preclusão da decisão de pronúncia ou decisão posterior que julgou admissível a acusação, os autos serão encaminhados ao juiz presidente do Tribunal do Júri (art. 421, CPP) que determinará a intimação da acusação e da defesa para, no prazo de 5 dias, apresentarem o rol de testemunhas, até o máximo de 5, que serão ouvidas em plenário, momento em que poderão juntar documentos e postular diligências (art. 422, CPP).

Na sequência, o juiz decidirá sobre os requerimentos de provas a serem produzidas ou exibidas no plenário do júri, ordenará as diligências necessárias para sanar qualquer nulidade ou esclarecer fato que interesse ao julgamento da causa (art. 423, *caput* e inciso I, CPP), elaborará relatório sucinto do processo, descrevendo os atos praticados até ali, e determinará a sua inclusão em pauta da reunião do Tribunal do Júri (art. 423, inciso II, CPP).

O desaforamento, que constitui exceção à regra da competência em razão do lugar, pois o processo é retirado do seu foro e encaminhado para outro, é cabível em quatro hipóteses: (1) *Interesse da ordem pública*; (2) *Dúvida sobre a imparcialidade do júri*; (3) *Segurança pessoal do acusado*; (4) *Comprovado excesso de serviço* (arts. 427 e 428, CPP).

---

184. LOPES JR., Aury. *Direito processual penal*. 15. ed. São Paulo: Saraiva Educação, 2018, p. 809.

185. LOPES JR., Aury. *Direito processual penal*. 15. ed. São Paulo: Saraiva Educação, 2018, p. 812.

186. LOPES JR., Aury. *Direito processual penal*. 15. ed. São Paulo: Saraiva Educação, 2018, p. 813.

DIREITO PROCESSUAL PENAL

O desaforamento será determinado pelo Tribunal de Justiça ou Tribunal Regional Federal, conforme o caso, a requerimento do MP, do assistente, do querelante ou do acusado ou mediante representação do juiz competente, devendo ser feito para outra comarca da mesma região, onde não existam os mesmos motivos que fundamentaram o desaforamento, preferindo-se as mais próximas. Quando o pedido de desaforamento não for requerido pela defesa, deverá ela ser ouvida, sob pena de nulidade, conforme Súmula nº 712 do Supremo Tribunal Federal. Também, deverá ser ouvido o juiz competente quando a solicitação de desaforamento não for objeto de representação feita por ele, conforme dispõe o art. 427, § 3º, do CPP.

Quanto aos jurados, o alistamento será feito na forma prevista nos arts. 425 e 426 do CPP. Por sua vez, os arts. 436 a 446 do CPP dispõem sobre a função do jurado, a obrigatoriedade do serviço, os requisitos, isenções, dispensas, consequências das recusas, vantagens e responsabilidades. Os impedimentos e as incompatibilidades constam dos arts. 448 e 449 do CPP.

O Tribunal do Júri é composto por 1 (um) juiz togado (seu presidente) e por 25 (vinte e cinco) jurados que serão sorteados dentre os alistados, 7 (sete) dos quais constituirão o Conselho de Sentença em cada sessão de julgamento. O CPP, em seu art. 463, dispõe que "comparecendo, **pelo menos, 15 (quinze) jurados**, o juiz presidente declarará instalados os trabalhos, anunciando o processo que será submetido a julgamento."

O acusado tem o direito de não ir ao julgamento, tanto que não se adiará o julgamento do acusado solto que não comparecer, embora regularmente intimado (art. 457, CPP). Se o acusado estiver preso, o pedido de dispensa deve ser subscrito por ele e seu defensor (art. 457, § 2º, CPP).

Formado o Conselho de Sentença, feito o juramento solene (art. 472, CPP) e entregues aos jurados cópias da pronúncia (ou decisão posterior que admitiu a acusação) e do relatório do processo (feito pelo juiz), inicia-se a instrução em plenário quando o juiz presidente, o MP, o assistente, o querelante e o defensor do acusado tomarão, sucessiva e diretamente, as declarações do ofendido, se possível, e inquirirão as testemunhas arroladas pela acusação (art. 473, CPP).

Para a inquirição das testemunhas arroladas pela defesa, o defensor do acusado formulará as perguntas antes do Ministério Público e do assistente, mantidos no mais a ordem e os critérios citados no parágrafo anterior (art. 473, § 1º, CPP). Os jurados poderão formular perguntas ao ofendido e às testemunhas, por intermédio do juiz presidente (art. 473, § 2º, CPP).

As partes e os jurados poderão requerer acareações, reconhecimento de pessoas e coisas e esclarecimento dos peritos, bem como a leitura de peças que se refiram, exclusivamente, às provas colhidas por carta precatória e às provas cautelares, antecipadas ou não repetíveis (art. 473, § 3º, CPP). A seguir, será o acusado interrogado pelo juiz. Após o juiz, o Ministério Público, o assistente, o querelante e o defensor, nessa ordem, poderão formular, diretamente, perguntas ao acusado. Os jurados formularão perguntas por intermédio do juiz (art. 474, §§ 1º e 2º, CPP).

Não se permitirá o uso de algemas no acusado durante o período em que permanecer no plenário do júri, salvo se absolutamente necessário à ordem dos trabalhos, à segurança das testemunhas ou à garantia da integridade física dos presentes (art. 474, § 3º, CPP e Súmula Vinculante nº 11 do STF).

635

CRISTIANO CAMPIDELLI

Concluída a instrução com o interrogatório do réu, iniciam-se os debates, por **uma hora e meia** para cada parte, falando primeiro a acusação e depois a defesa. Poderá haver réplica de **uma hora** por parte da acusação e tréplica de uma hora por parte da defesa, sendo que, segundo entendimento majoritário, somente haverá tréplica se tiver havido réplica (art. 477, CPP).

Havendo mais de um acusado, o tempo para a acusação e a defesa será **acrescido de uma hora** e elevado ao **dobro** o da **réplica e da tréplica** (art. 477, § 2º, CPP), ou seja, tanto a acusação, quanto a defesa, passam a ter duas horas e meia para os debates, além de duas horas para réplica (acusação) e duas horas para tréplica (defesa). Havendo mais de um acusador (Ministério Público e assistente de acusação, por exemplo) ou mais de um defensor, combinarão entre si a distribuição do tempo, que, na falta de acordo, será dividido pelo juiz presidente (art. 477, § 1º, CPP).

Concluídos os debates e feitos os esclarecimentos necessários, passa-se para a fase de quesitação e votação (arts. 482 a 491, CPP). Os quesitos serão formulados na seguinte ordem, indagando sobre: (1) A materialidade do fato; (2) A autoria ou participação; (3) Se o acusado deve ser absolvido; (4) Se existe causa de diminuição de pena alegada pela defesa; (5) Se existe circunstância qualificadora ou causa de aumento de pena reconhecidas na pronúncia ou em decisões posteriores que julgaram admissível a acusação (art. 483, CPP).

As agravantes e atenuantes não serão objeto de quesitação, mas devem ser objeto de debate para que sejam valoradas na eventual sentença condenatória (art. 492, I, *b*, CPP). Havendo mais de um crime ou mais de um acusado, os quesitos serão formulados em séries distintas, uma para cada réu e uma para cada crime, iniciando do crime prevalente (art. 483, § 6º, CPP).

Para a votação, o juiz presidente, os jurados, o MP, o assistente, o querelante, o defensor do acusado, o escrivão e o oficial de justiça dirigir-se-ão à sala especial. Na falta de sala especial, o juiz presidente determinará que o público se retire, permanecendo somente as pessoas mencionadas acima, sendo que o juiz presidente advertirá as partes de que não será permitida qualquer intervenção que possa perturbar a livre manifestação do Conselho e fará retirar da sala quem se portar inconvenientemente (art. 485, *caput* e §§ 1º e 2º, CPP).

Ao final do júri, caberá ao juiz presidente proferir a sentença, nos limites do que foi decidido pelo Conselho de Sentença, observando a regra do art. 381, bem como dos arts. 492 e 493, todos do CPP. Por fim, sobre a possibilidade de execução provisória da pena nos casos de decisão condenatória do Tribunal do Júri, confira o art. 492, inciso I, *alínea e*, c/c §§ 3º, 4º, 5º e 6º, do CPP.

9.5. Crimes de Responsabilidade dos Funcionários Públicos

A especificidade deste rito é a defesa preliminar (art. 514, CPP), apresentada antes do recebimento da acusação, no prazo de 15 dias, cuja ausência é causa de nulidade relativa[187]. No mais, deverá ser observado o procedimento comum. Caso o imputado não mais ocupe cargo público por ocasião do oferecimento da denúncia, o rito especial não será aplicado.[188]

---

187. STF, HC 128.109/MG, 2ª T, J. 08/09/2015.

188. DEZEM, Guilherme Madeira. *Curso de processo penal*. 3. ed. rev., atual. e ampl. São Paulo: Revista dos Tribunais, 2017, p. 928-929.

DIREITO PROCESSUAL PENAL

10. RECURSOS

Conceitualmente, recurso é o *meio processual através do qual a parte que sofreu um gravame* (um prejuízo), *postula a modificação, no todo ou em parte, ou a anulação, de uma decisão judicial ainda não transitada em julgado, no mesmo processo em que ela foi proferida.*[189]

10.1 Fungibilidade

O art. 579 do CPP estabelece que, "salvo a hipótese de má-fé, a parte não será prejudicada pela interposição de um recurso por outro. Se o juiz, desde logo, reconhecer a impropriedade do recurso interposto pela parte, mandará processá-lo de acordo com o rito do recurso cabível." Má-fé é o agir intencional, doloso, destinado a burlar o sistema recursal, muito embora os tribunais também a reconheçam no erro grosseiro[190]. Para grande parte da doutrina e jurisprudência majoritária, ainda que o recurso seja errado, ele deve ser interposto com tempestividade em relação ao correto.[191]

10.2 Proibição da Reformatio *In Pejus*

Havendo apenas recurso da defesa, não pode o tribunal reformar a decisão para piorar a situação jurídica do réu (art. 617, CPP). É vedada, ainda, a denominada *reformatio in pejus* indireta, que ocorre quando, após procedência de exclusivo recurso da defesa contra decisão do juiz singular ou do Tribunal do Júri, há anulação da sentença anterior e o réu é submetido a novo julgamento em que lhe é aplicada pena mais alta do que aquela aplicada na sentença anulada.[192]

10.3. Disponibilidade dos Recursos

Na hipótese de ação penal privada, regida pelo princípio da disponibilidade, pode o querelante desistir do recurso que houver interposto ou renunciar ao que ainda não interpôs. O mesmo não ocorre quando a ação penal é de iniciativa pública, uma vez que *o Ministério Público não poderá desistir de recurso que haja interposto* (art. 576, CPP).

O réu, por sua vez, poderá desistir do recurso ou renunciá-lo, desde que o faça em consenso com o defensor[193]. Havendo divergência entre o réu e seu defensor, prevalecerá a vontade de quem deseja recorrer, por ser a que melhor atende a ampla defesa.[194]

---

189. LOPES JR., Aury. *Direito processual penal*. 15. ed. São Paulo: Saraiva Educação, 2018, p. 969.

190. BADARÓ, Gustavo Henrique. Processo Penal. 6. ed. rev., atual. e ampl. São Paulo: Thomson Reuters Brasil, 2018, p. 837.

191. PACELLI, Eugênio. Curso de processo penal. 22. ed. rev., atual. e ampl. São Paulo: Atlas, 2018, p. 972.

192. STF, RE 647.302/RS, 2ª T, J. 15/10/2013; STF, HC 115.428/RJ, 1ª T, J. 11/06/2013; STJ, HC 139.621/RS, 6ª T, J. 24/05/2016); STJ, HC 317.163/SC, 5ª T, J. 13/12/2016.

193. STF, Súmula 705 – A renúncia do réu ao direito de apelação, manifestada sem a assistência do defensor, não impede o conhecimento da apelação por este interposta. STF, Súmula 708 – É nulo o julgamento da apelação se, após a manifestação nos autos da renúncia do único defensor, o réu não foi previamente intimado para constituir outro.

194. MARCÃO, Renato. *Curso de processo penal*. 3. ed. rev., ampl. e atual. São Paulo: Saraiva, 2017, p. 1067.

10.4. Interposição

Embora a regra seja a interposição dos recursos por meio de petição escrita, o art. 578 do CPP possibilita a interposição *por termo nos autos, assinado pelo recorrente ou por seu representante*, o que poderá ser feito na própria audiência ou em cartório, mediante redução da manifestação oral à forma escrita. A interposição *por termo nos autos* somente é possível em casos de recursos que possuam dois momentos distintos no seu processamento, um primeiro de interposição e outro para as razões (Exemplos: apelação, recurso em sentido estrito[195] e agravo em execução). Nesses casos, somente o primeiro momento (da interposição) poderá ser feito por termo nos autos, devendo as razões serem apresentadas em petição escrita juntada ao processo.[196]

Os recursos devem ser interpostos no prazo legal, sob pena de não serem conhecidos (admitidos), muito menos apreciados, sendo os prazos recursais fatais e peremptórios, cuja contagem é regulada pelo art. 798 do CPP e Súmulas 310 e 710 do STF[197]. Já a apresentação das razões fora do prazo, nos recursos em que a interposição se dá num momento e a apresentação das razões em outro, constitui mera irregularidade.

10.5. Efeitos dos Recursos

A doutrina faz referência a diversos efeitos dos recursos: *efeito devolutivo; efeito suspensivo; efeito regressivo, diferido ou iterativo; efeito extensivo.*

O *efeito devolutivo* diz respeito à matéria que será levada à reapreciação pela instância recursal, podendo ser *total*, quando a reapreciação for plena (condenado apela pedindo absolvição e, caso seja mantida a condenação, que haja redução de pena), ou *parcial*, quando houver reapreciação de apenas parte da matéria (condenado apela pedindo apenas redução de pena).[198]

O *efeito suspensivo* faz com que a eficácia do ato condenatório continue suspensa até o julgamento pelo Tribunal recursal[199]. Por seu turno, a decisão absolutória não tem efeito suspensivo, devendo o juiz, se for o caso, mandar libertar o réu e ordenar a cessação das medidas cautelares e provisoriamente aplicadas (art. 386, parágrafo único, CPP).

Previsto no art. 580 do CPP, o *efeito extensivo* faz com que, no caso de concurso de agentes, a decisão do recurso interposto por um dos réus, se fundada em motivos que não sejam de caráter exclusivamente pessoal, aproveite aos outros (Exemplo: reconhecida a atipicidade pelo Tribunal recursal, a decisão aproveitará a todos os concorrentes, mesmo os que não recorreram).[200]

---

195. LOPES JR., Aury. *Direito processual penal*. 15. ed. São Paulo: Saraiva Educação, 2018, p. 994.

196. LOPES JR., Aury. *Direito processual penal*. 15. ed. São Paulo: Saraiva Educação, 2018, p. 994.

197. STF, Súmula 310 – Quando a intimação tiver lugar na sexta-feira, ou a publicação com efeito de intimação for feita nesse dia, o prazo judicial terá início na segunda-feira imediata, salvo se não houver expediente, caso em que começará no primeiro dia útil que se seguir. STF, Súmula 710 – No processo penal, contam-se os prazos da data da intimação, e não da juntada aos autos do mandado ou da carta precatória ou de ordem.

198. BADARÓ, Gustavo Henrique. Processo Penal. 6. ed. rev., atual. e ampl. São Paulo: Thomson Reuters Brasil, 2018, p. 846.

199. BADARÓ, Gustavo Henrique. Processo Penal. 6. ed. rev., atual. e ampl. São Paulo: Thomson Reuters Brasil, 2018, p. 846.

200. BADARÓ, Gustavo Henrique. Processo Penal. 6. ed. rev., atual. e ampl. São Paulo: Thomson Reuters Brasil, 2018, p. 849-850.

DIREITO PROCESSUAL PENAL

Efeito regressivo, diferido ou iterativo constitui a devolução da matéria recorrida ao próprio juiz que proferiu a decisão, possibilitando-o que reveja o seu ato decisório (juízo de retratação). São exemplos o recurso em sentido estrito (art. 589, CPP) e o agravo em execução (art. 197 da Lei nº 7.210/1084 c/c art. 589 do CPP c/c Súmula 700 do STF).[201]

10.6. Recurso em Sentido Estrito

O recurso em sentido estrito tem a finalidade de impugnar determinadas decisões interlocutórias proferidas ao longo do processo penal, as quais estão expressamente previstas no art. 581 do CPP e em algumas leis especiais[202]. Segundo dispõe o art. 581 do CPP, caberá recurso, no sentido estrito, da decisão ou sentença:

I - que não receber a denúncia ou a queixa;

A decisão que recebe a denúncia ou a queixa é irrecorrível, atacável apenas por *habeas corpus*. Já a decisão que rejeita a denúncia ou a queixa é impugnável por meio de recurso em sentido estrito, assim como a decisão que rejeita o aditamento próprio (arts. 384 e 411, § 3º, CPP).

Interposto recurso em sentido estrito contra a decisão que não receber a denúncia ou a queixa, o acusado deve ser intimado para oferecer contrarrazões, sob pena de nulidade, não a suprindo a nomeação de defensor dativo (Súmula 707 do STF).

II - que concluir pela incompetência do juízo;

A hipótese aqui tratada é a da decisão que conclui pela incompetência do juízo, quando proferida pelo próprio juiz que se julga incompetente, no bojo do processo, havendo ou não alegação da parte. Caso se trate de decisão proferida no bojo de um incidente específico de exceção de incompetência, em que o juiz julgar procedente a exceção apresentada pela parte, o fundamento legal para impetração do recurso em sentido estrito passa a ser encontrado no inciso seguinte.[203]

III - que julgar procedentes as exceções, salvo a de suspeição;

As exceções são previstas nos arts. 95 a 111 do CPP. A exceção de suspeição foi expressamente excluída, uma vez que a decisão que julga procedente a exceção de suspeição é irrecorrível quando proferida por juiz singular (arts. 99, 104 e 105, CPP) e impugnável por meio de recurso especial ou extraordinário quando proferida por Tribunal.

IV – que pronunciar o réu;

A pronúncia é a decisão que encerra a primeira fase do rito do Tribunal do Júri e encaminha o acusado para julgamento em plenário (art. 413, CPP).

V – que conceder, negar, arbitrar, cassar ou julgar inidônea a fiança, indeferir requerimento de prisão preventiva ou revogá-la, conceder liberdade provisória ou relaxar a prisão em flagrante;

---

201. BADARÓ, Gustavo Henrique. Processo Penal. 6. ed. rev., atual. e ampl. São Paulo: Thomson Reuters Brasil, 2018, p. 849.

202. Exemplos de leis especiais que preveem o recurso em sentido estrito: art. 294, parágrafo único, do Código de Trânsito Brasileiro; art. 2º, III, do Decreto-Lei nº 201/1967.

203. LOPES JR., Aury. *Direito processual penal*. 15. ed. São Paulo: Saraiva Educação, 2018, p. 1011.

Este inciso trata de decisões interlocutórias simples, referentes ao *status libertatis* do imputado, proferidas pelo juiz de primeiro grau, muitas vezes após o recebimento do auto de prisão em flagrante, conforme disposto no art. 310 do CPP.

VI – ~~que absolver o réu, nos casos do art. 411;~~

Este inciso foi revogado pela Lei nº 11.689/2008.

VII - que julgar quebrada a fiança ou perdido o seu valor;

As hipóteses de quebramento da fiança estão previstas nos arts. 327, 328 e 341, enquanto as de perdimento encontram-se nos arts. 343 e 344, todos do CPP.

VIII - que decretar a prescrição ou julgar, por outro modo, extinta a punibilidade;

A extinção da punibilidade ocorre nas hipóteses previstas no art. 107 do CP e a decisão do juiz de primeiro grau que a decretar será impugnável por meio de recurso em sentido estrito[204]. No entanto, se a extinção da punibilidade for decretada no bojo de uma decisão de absolvição sumária ou na sentença absolutória, em que há resolução do mérito do feito, o recurso cabível será a apelação, prevista no art. 593, I e § 4º, do CPP.

Caso a decisão que decrete a extinção da punibilidade seja proferida no curso da execução criminal, o recurso cabível será o agravo em execução, previsto no art. 197 da Lei de Execução Penal, o qual deve ser interposto no prazo de 5 dias, conforme Súmula 700 do STF, observando-se o mesmo rito do recurso em sentido em estrito.

IX - que indeferir o pedido de reconhecimento da prescrição ou de outra causa extintiva da punibilidade;

O pedido de reconhecimento da prescrição ou de outra causa extintiva da punibilidade é, em regra, interposto pela defesa. Havendo indeferimento do pleito, eventual recurso em sentido estrito será manejado com fundamento neste inciso.

X - que conceder ou negar a ordem de habeas corpus;

Este inciso cuida da impugnação da decisão proferida por juiz de primeiro grau em sede de *habeas corpus*, geralmente impetrado contra ato praticado por autoridade policial ou particular. Concedida ou negada a ordem, cabe recurso em sentido estrito. Caso se trate de decisão denegatória da ordem de *habeas corpus* proferida por Tribunal, caberá Recurso Ordinário Constitucional (art. 102, II, *a*, e art. 105, II, *a*, ambos da CF/88).

XI - que conceder, negar ou revogar a suspensão condicional da pena;

A decisão de concessão ou denegação da suspensão condicional da pena pode ser dada, tanto no bojo de uma sentença penal condenatória, quanto na fase de execução penal, enquanto a decisão de revogação da suspensão condicional da pena ocorrerá na fase de execução penal.[205]

Quando a concessão ou a denegação da suspensão condicional da pena for objeto de uma sentença penal condenatória, o recurso cabível será a apelação, ainda que somente dessa parte da decisão se recorra (art. 593, § 4º, CPP)[206]. Quando a concessão, denegação ou revogação da

---

204. BADARÓ, Gustavo Henrique. Processo Penal. 6. ed. rev., atual. e ampl. São Paulo: Thomson Reuters Brasil, 2018, p. 890.

205. LOPES JR., Aury. *Direito processual penal.* 15. ed. São Paulo: Saraiva Educação, 2018, p. 1015.

206. BADARÓ, Gustavo Henrique. Processo Penal. 6. ed. rev., atual. e ampl. São Paulo: Thomson Reuters Brasil, 2018, p. 887.

suspensão condicional da pena se der na fase de execução penal, o recurso cabível será o agravo em execução (art. 197, Lei nº 7.210/1984). Dessa forma, este inciso XI não tem mais aplicação.

XII - que conceder, negar ou revogar livramento condicional;

Este inciso XII também perdeu aplicabilidade com a vigência da Lei de Execução Penal, uma vez que a decisão que concede, nega ou revoga livramento condicional é proferida durante a execução penal, sendo, portanto, impugnável por meio de agravo em execução.[207]

XIII - que anular o processo da instrução criminal, no todo ou em parte;

Nas hipóteses de ato processual com defeito insanável, deve ser decretada a nulidade do ato processual defeituoso, com a sua respectiva ineficácia e o desentranhamento das peças correspondentes. Caso o ato processual tenha contaminado os atos posteriores de tal forma que comprometa todo o processo, deverá ser decretada a nulidade do processo como um todo[208]. Tratando-se de defeito insanável, independentemente da anulação total ou parcial do processo, a decisão que a decretar será impugnável por meio do recurso em sentido estrito.

XIV - que incluir jurado na lista geral ou desta o excluir;

O art. 426 do CPP estabelece que a lista geral dos jurados será publicada pela imprensa até o dia 10 de outubro de cada ano, podendo ser alterada, de ofício ou mediante reclamação de qualquer do povo ao juiz presidente, até o dia 10 de novembro, data de sua publicação definitiva. É justamente essa decisão que incluir ou excluir jurado da lista geral que pode ser impugnada por meio de recurso em sentido estrito, no prazo de 20 dias, contado da data da publicação definitiva da lista de jurados (art. 586, parágrafo único, CPP).

Contudo, grande parte da doutrina sustenta que esta hipótese recursal foi substituída pela reclamação prevista no art. 426, § 1º, do CPP.

XV - que denegar a apelação ou a julgar deserta;

Decisão que denega a apelação é aquela que, no juízo de admissibilidade feito em primeiro grau, não permite a subida da apelação ao Tribunal por ausência de algum dos seus requisitos objetivos (cabimento, adequação e tempestividade) ou subjetivos (legitimidade e interesse)[209]. Quanto à deserção da apelação (requisito objetivo recursal da ação penal privada), ela é cabível na hipótese de falta de preparo. Portanto, quando não for feito o pagamento das custas recursais na ação penal privada, a apelação será julgada deserta.[210]

Caso o juiz também obste o prosseguimento do recurso em sentido estrito, será cabível a carta testemunhável, prevista no art. 639, I, do CPP, que deverá ser requerida no prazo de 48 horas seguintes ao despacho que denegar o recurso em sentido estrito (art. 640, CPP).[211]

XVI - que ordenar a suspensão do processo, em virtude de questão prejudicial;

As *questões prejudiciais* são aquelas que precisam ser analisadas primeiramente para que seja possível solucionar a questão penal (prejudicada), estando previstas nos arts. 92

---

207. LOPES JR., Aury. *Direito processual penal*. 15. ed. São Paulo: Saraiva Educação, 2018, p. 1015.

208. LOPES JR., Aury. *Direito processual penal*. 15. ed. São Paulo: Saraiva Educação, 2018, p. 1016.

209. LOPES JR., Aury. *Direito processual penal*. 15. ed. São Paulo: Saraiva Educação, 2018, p. 1017.

210. LOPES JR., Aury. *Direito processual penal*. 15. ed. São Paulo: Saraiva Educação, 2018, p. 1017.

211. BADARÓ, Gustavo Henrique. Processo Penal. 6. ed. rev., atual. e ampl. São Paulo: Thomson Reuters Brasil, 2018, p. 886.

CRISTIANO CAMPIDELLI

a 94 do CPP. Da decisão *que ordenar a suspensão do processo, em virtude de questão preju-dicial*, caberá recurso em sentido estrito (art. 581, XVI, CPP). Em sentido oposto, não há recurso previsto contra a decisão que indefere pedido de suspensão do processo, podendo ser impetrado *habeas corpus*.[212]

XVII - que decidir sobre a unificação de penas;

A decisão sobre a unificação de penas é proferida durante a execução penal, razão pela qual o recurso hoje cabível é o agravo em execução, tendo este inciso perdido sua eficácia.

XVIII - que decidir o incidente de falsidade;

O incidente de falsidade está previsto nos arts. 145 a 148 do CPP. Qualquer que seja a decisão, reconhecendo ou não a falsidade, será impugnável por meio do recurso em sentido estrito.

As decisões citadas nos incisos **XIX** a **XXIII** se referem à medida de segurança e são pro-feridas no processo de execução penal, sendo impugnáveis por meio do agravo em execução, razão pela qual tais incisos perderam sua eficácia com o advento da Lei de Execução Penal.

XXIV - que converter a multa em detenção ou em prisão simples.

Com a proibição da conversão da multa originária em detenção ou prisão simples (art. 51, CP), este inciso também perdeu eficácia.

XXV - que recusar homologação à proposta de acordo de não persecução penal, pre-visto no art. 28-A desta Lei.

O acordo de não persecução penal foi instituído por meio da Lei nº 13.964/2019 e encontra-se disciplinado no art. 28-A do CPP, sendo que, para a homologação do acordo, será realizada audiência na qual o juiz deverá verificar a sua voluntariedade, por meio da oitiva do investigado na presença do defensor, e sua legalidade.

Se o juiz considerar inadequadas, insuficientes ou abusivas as condições dispostas no acordo de não persecução penal, devolverá os autos ao Ministério Público para que seja reformulada a proposta de acordo, com concordância do investigado e seu defensor, podendo o juiz recusar homologação à proposta que não atender aos requisitos legais ou quando não for realizada a citada adequação (a reformulação da proposta determinada pelo juiz). Recusada a homologação, o juiz devolverá os autos ao Ministério Público para a análise da necessidade de complementação das investigações ou para o oferecimento da denúncia, podendo ainda optar pela interposição de recurso em sentido estrito, nos termos deste inciso.

Por outro lado, contra a decisão que recusar homologação ao *acordo de colaboração premiada*, o recurso cabível é a apelação, com fundamento no art. 593, II, do CPP (STJ, REsp 1.834.215/RS, 6ª T, J. 27/10/2020).

O recurso em sentido estrito deve ser interposto no prazo de cinco dias (art. 586, CPP), enquanto as razões devem ser apresentadas em dois dias (art. 588, CPP). Interposto o recurso em sentido estrito e apresentadas as razões recursais, os autos serão conclusos ao juiz para que decida se mantém ou se reforma a decisão (art. 589, *caput* e parágrafo único, CPP).

---

212. MARCÃO, Renato. *Curso de processo penal*. 3. ed. rev., ampl. e atual. São Paulo: Saraiva, 2017, p. 367.

DIREITO PROCESSUAL PENAL

Na hipótese do juiz se retratar, ou seja, dele reformar a sua decisão em face do recurso em sentido estrito interposto, a parte contrária poderá recorrer dessa nova decisão por simples petição, no prazo de 5 dias, desde que essa nova decisão seja recorrível.[213]

Exemplo clássico de situação em que não é cabível o recurso por simples petição reside na hipótese em que o juiz rejeita a denúncia e o promotor interpõe recurso em sentido estrito para impugnar essa decisão de rejeição da inicial acusatória (art. 581, I, CPP). À vista dos argumentos do *Parquet*, explicitados nas razões recursais, o juiz reforma a decisão anterior e recebe a denúncia. Como não cabe recurso da decisão que recebe a denúncia ou a queixa, não será possível, nesse caso, a interposição de recurso por simples petição, restando ao réu, apenas, a possibilidade de impetração de *habeas corpus* contra eventual recebimento indevido da acusação.[214]

10.7 Apelação

A apelação é um meio de impugnação ordinário por excelência, podendo ser total ou parcial, que autoriza um órgão jurisdicional de grau superior a revisar, de forma crítica, o julgamento realizado em primeiro grau[215]. Poderá ser interposta por termo nos autos ou por petição, no prazo de 5 dias, em regra, ou de 15 dias a partir do dia em que terminar o do Ministério Público, quando o recorrente for assistente da acusação não habilitado, conforme art. 598, parágrafo único, do CPP. Após o recebimento da acusação, abre-se então a possibilidade de apresentação das razões que fundamentam o pedido, estas no prazo de 8 dias (art. 600, CPP).

As hipóteses de cabimento do recurso de apelação estão elencadas no art. 593 do CPP e são as seguintes:

I - das sentenças definitivas de condenação ou absolvição proferidas por juiz singular;

Se refere às sentenças definitivas de condenação ou absolvição proferidas por juiz singular, do primeiro grau de jurisdição. Por sentença definitiva entende-se aquela decisão que põe fim ao processo com julgamento de mérito, mas ainda não transitada em julgado, tais como as sentenças de condenação, absolvição, absolvição imprópria e absolvição sumária (arts. 397 e 415, CPP), diferenciando-se, assim, das decisões interlocutórias.[216]

II - das decisões definitivas, ou com força de definitivas, proferidas por juiz singular nos casos não previstos no Capítulo anterior;

Decisões definitivas ou com força de definitivas são decisões interlocutórias mistas que *têm cunho decisório e geram gravame ou prejuízo para a parte atingida, encerrando o processo sem julgamento do mérito ou finalizando uma etapa do procedimento* ou um procedimento apartado, podendo ser terminativas ou não (Exemplos: decisões proferidas em sede de medidas assecuratórias, tais como as que decretam o sequestro de bens, a hipoteca legal, o arresto etc.).[217]

---

213. LOPES JR., Aury. *Direito processual penal.* 15. ed. São Paulo: Saraiva Educação, 2018, p. 1024. No mesmo sentido: BADARÓ, Gustavo Henrique. Processo Penal. 6. ed. rev., atual. e ampl. São Paulo: Thomson Reuters Brasil, 2018, p. 891.

214. LOPES JR., Aury. *Direito processual penal.* 15. ed. São Paulo: Saraiva Educação, 2018, p. 1024-1025.

215. LOPES JR., Aury. *Direito processual penal.* 15. ed. São Paulo: Saraiva Educação, 2018, p. 1025.

216. LOPES JR., Aury. *Direito processual penal.* 15. ed. São Paulo: Saraiva Educação, 2018, p. 1027-1028.

217. LOPES JR., Aury. *Direito processual penal.* 15. ed. São Paulo: Saraiva Educação, 2018, p. 1029.

III - das decisões do Tribunal do Júri, quando:

Este inciso trata de hipóteses de apelação vinculadas, direcionadas às decisões do Tribunal do Júri, devendo a parte indicar na petição de interposição o fundamento legal em que baseia o recurso, apontando a *alínea* ou *alíneas* nas quais a apelação se funda, além de delinear perfeitamente as suas pretensões.[218]

a) ocorrer nulidade posterior à pronúncia;

A apelação prevista nesta *alínea* refere-se aos atos processuais defeituosos praticados após a preclusão da decisão de pronúncia, geralmente praticados em plenário (Exemplos: juntada de documentos fora do prazo do art. 479 do CPP; participação de jurado impedido; inversão da ordem de oitiva das testemunhas de acusação e defesa, em plenário; referências, durante os debates, à decisão de pronúncia ou decisão posterior que julgou admissível a acusação; defeito na formulação dos quesitos; uso injustificado de algemas durante o julgamento etc.). Caso o tribunal dê provimento ao recurso previsto nesta *alínea*, o julgamento será anulado e outro será realizado.[219]

b) for a sentença do juiz-presidente contrária à lei expressa ou à decisão dos jurados;

Trata-se de casos em que o juiz contraria a lei expressa (Exemplo: juiz substitui a pena aplicada ao homicídio doloso por prestação de serviços à comunidade, contrariando o disposto no art. 44, I, do CP) ou contraria a decisão dos jurados (Exemplo: jurados absolvem e o juiz condena)[220]. Caso seja acolhida a apelação com base nesta *alínea*, não haverá novo julgamento, cabendo ao Tribunal fazer a devida retificação da sentença (art. 593, § 1º, CPP).

c) houver erro ou injustiça no tocante à aplicação da pena ou da medida de segurança;

Caberá apelação quando houver aplicação errada da pena ou da medida de segurança, o que se verifica, por exemplo, quando o sujeito é condenado por homicídio simples e o juiz inicia a dosimetria pela pena do homicídio qualificado ou o juiz erra as somas ou diminuições da pena.[221]

Também, caberá apelação quando houver injustiça, desproporcionalidade, na aplicação da pena ou da medida de segurança (Exemplo: fixar a pena base próxima à pena máxima prevista para o crime em um caso em que as circunstâncias do art. 59 do Código Penal não sejam desfavoráveis ao réu)[222]. Provido o recurso, o Tribunal retificará a sentença, corrigindo o erro ou a injustiça, não havendo outro julgamento (art. 593, § 2º, CPP).

d) for a decisão dos jurados manifestamente contrária à prova dos autos.

Decisão manifestamente contrária à prova dos autos é aquela frontalmente contrária à prova validamente constituída, bem como aquela decisão que não encontra ressonância em nenhuma linha de probabilidade decorrente das provas carreadas ao processo. A apelação

---

218. STF, Súmula 713 – O efeito devolutivo da apelação contra decisões do Júri é adstrito aos fundamentos da sua interposição (J. 24/09/2003).

219. LOPES JR., Aury. *Direito processual penal*. 15. ed. São Paulo: Saraiva Educação, 2018, p. 1030-1032.

220. LOPES JR., Aury. *Direito processual penal*. 15. ed. São Paulo: Saraiva Educação, 2018, p. 1032-1033.

221. LOPES JR., Aury. *Direito processual penal*. 15. ed. São Paulo: Saraiva Educação, 2018, p. 1034.

222. LOPES JR., Aury. *Direito processual penal*. 15. ed. São Paulo: Saraiva Educação, 2018, p. 1034.

DIREITO PROCESSUAL PENAL

poderá ser interposta com base nesta *alínea* uma única vez, não se admitindo, pelo mesmo motivo, segunda apelação (art. 593, § 3º, CPP). Provido o recurso, será realizado novo julgamento[223]. Contudo, não caberá apelação com base nesta *alínea* quando a absolvição decorrer de resposta afirmativa ao quesito obrigatório do art. 483, § 2º, do CPP (*O jurado absolve o acusado?*).[224]

10.8. Embargos Infringentes e Embargos de Nulidade

Os embargos infringentes e de nulidade são recursos exclusivos da defesa previstos no parágrafo único do art. 609 do CPP, segundo o qual "**quando não for unânime a decisão de segunda instância, desfavorável ao réu, admitem-se embargos infringentes e de nulidade**, que poderão ser opostos dentro de 10 (dez) dias, a contar da publicação de acórdão, na forma do art. 613. Se o desacordo for parcial, os embargos serão restritos à matéria objeto de divergência."

10.9. Agravo em Execução ou Agravo de Execução

O agravo em execução ou agravo de execução tem previsão no art. 197 da Lei nº 7.210/1984, a Lei de Execução Penal, segundo a qual, *das decisões*[225] *proferidas pelo Juiz* (da execução penal) *caberá recurso de agravo, sem efeito suspensivo*. A lei não estabeleceu um procedimento específico para o agravo em execução, razão pela qual doutrina[226] e jurisprudência dominantes entendem que a ele se aplica o mesmo procedimento do recurso em sentido estrito.

Logo, o prazo para interposição será de 5 dias (art. 586 do CPP e Súmula nº 700 do STF), podendo a interposição ser feita por petição ou por termo nos autos (art. 578, CPP). O agravante disporá de 2 dias para apresentação das razões (art. 588, CPP). Ao agravo em execução aplica-se o juízo de retratação (art. 589, CPP) e a competência recursal será do Tribunal de Justiça, quando o juízo da execução penal for estadual, e do TRF, quando o juízo da execução penal for federal.[227]

---

223. STF, Súmula 206 – É nulo o julgamento ulterior pelo júri com a participação de jurado que funcionou em julgamento anterior do mesmo processo. (J. 13/12/1963)

224. STF, HC 185.068/SP, 2ª T, J. 20/10/2020 e STF, RHC 117.076 AgR/PR, 2ª T, J. 20/10/2020. Vide: STF, ARE 1.225.185/MG — Tema 1087.

225. A competência do juiz da execução penal consta do art. 66 da Lei de Execução Penal.

226. Dentre outros: PACELLI, Eugênio. Curso de processo penal. 22. ed. rev., atual. e ampl. São Paulo: Atlas, 2018, p. 1.022; LOPES JR., Aury. Direito processual penal. 15. ed. São Paulo: Saraiva Educação, 2018, p. 1.066; BADARÓ, Gustavo Henrique. Processo Penal. 6. ed. rev., atual. e ampl. São Paulo: Thomson Reuters Brasil, 2018, 2018, p. 972; DEZEM, Guilherme Madeira. Curso de processo penal. 3. ed. rev., atual. e ampl. São Paulo: Revista dos Tribunais, 2017, p. 1.128; MARCÃO, Renato. Curso de processo penal. 3. ed. rev., ampl. e atual. São Paulo: Saraiva, 2017, p. 1.145-1.146.

227. STJ, Súmula 192 - Compete ao Juízo das Execuções Penais do Estado a execução das penas impostas a sentenciados pela Justiça Federal, Militar ou Eleitoral, quando recolhidos a estabelecimentos sujeitos a Administração Estadual (J. 25/06/1997).

CRISTIANO CAMPIDELLI

11. QUESTÕES APLICADAS EM EXAMES ANTERIORES

01. (2010 – FGV) Em uma briga de bar, Joaquim feriu Pedro com uma faca, causando-lhe sérias lesões no ombro direito. O promotor de justiça ofereceu denúncia contra Joaquim, imputando-lhe a prática do crime de lesão corporal grave contra Pedro, e arrolou duas testemunhas que presenciaram o fato. A defesa, por sua vez, arrolou outras duas testemunhas que também presenciaram o fato.

Na audiência de instrução, as testemunhas de defesa afirmaram que Pedro tinha apontado uma arma de fogo para Joaquim, que, por sua vez, agrediu Pedro com a faca apenas para desarmá-lo. Já as testemunhas de acusação disseram que não viram nenhuma arma de fogo em poder de Pedro.

Nas alegações orais, o Ministério Público pediu a condenação do réu, sustentando que a legítima defesa não havia ficado provada. A Defesa pediu a absolvição do réu, alegando que o mesmo agira em legítima defesa. No momento de prolatar a sentença, o juiz constatou que remanescia fundada dúvida sobre se Joaquim agrediu Pedro em situação de legítima defesa.

Considerando tal narrativa, assinale a afirmativa correta.

(A) O ônus de provar a situação de legítima defesa era da defesa. Assim, como o juiz não se convenceu completamente da ocorrência de legítima defesa, deve condenar o réu.

(B) O ônus de provar a situação de legítima defesa era da acusação. Assim, como o juiz não se convenceu completamente da ocorrência de legítima defesa, deve condenar o réu.

(C) O ônus de provar a situação de legítima defesa era da defesa. No caso, como o juiz ficou em dúvida sobre a ocorrência de legítima defesa, deve absolver o réu.

(D) Permanecendo qualquer dúvida no espírito do juiz, ele está impedido de proferir a sentença. A lei obriga o juiz a esgotar todas as diligências que estiverem a seu alcance para dirimir dúvidas, sob pena de nulidade da sentença que vier a ser prolatada.

GABARITO: C. COMENTÁRIOS: Face ao princípio da presunção de inocência, o imputado deve ser tratado como inocente e, em caso dúvida, deve ser absolvido (*in dubio pro reo*). Assim, conforme prevê o art. 386, VI, do CPP, **o juiz absolverá o réu** desde que reconheça existirem circunstâncias que excluam o crime ou isentem o réu de pena, ou mesmo **se houver fundada dúvida sobre sua existência**.

02. (2016 – FGV – XIX EXAME) João, no dia 2 de janeiro de 2015, praticou um crime de apropriação indébita majorada. Foi, então, denunciado como incurso nas sanções penais do art. 168, § 1°, inciso III, do Código Penal. No curso do processo, mas antes de ser proferida sentença condenatória, dispositivos do Código de Processo Penal de natureza exclusivamente processual sofrem uma reforma legislativa, de modo que o rito a ser seguido no recurso de apelação é modificado. O advogado de João entende que a mudança foi prejudicial, pois é possível que haja uma demora no julgamento dos recursos.

Nesse caso, após a sentença condenatória, é correto afirmar que o advogado de João

(A) deverá respeitar o novo rito do recurso de apelação, pois se aplica ao caso o princípio da imediata aplicação da nova lei.

(B) não deverá respeitar o novo rito do recurso de apelação, em razão do princípio da irretroatividade da lei prejudicial e de o fato ter sido praticado antes da inovação.

(C) não deverá respeitar o novo rito do recurso de apelação, em razão do princípio da ultratividade da lei.

(D) deverá respeitar o novo rito do recurso de apelação, pois se aplica ao caso o princípio da extratividade.

GABARITO: A. COMENTÁRIOS: O processo penal é guiado pelo princípio da imediatidade, estampado no art. 2° do CPP, segundo o qual *a lei processual penal aplicar-se-á desde logo, sem prejuízo da validade dos atos realizados sob a vigência da lei anterior.* Portanto, por se tratar de alteração de dispositivo exclusivamente processual, deve ser respeitado o novo rito.

03. (2015 – FGV – XVI EXAME) O inquérito policial pode ser definido como um procedimento investigatório prévio, cuja principal finalidade é a obtenção de indícios para que o titular da ação penal possa propô-la contra o suposto autor da infração penal.

Sobre o tema, assinale a afirmativa correta.

(A) A exigência de indícios de autoria e materialidade para oferecimento de denúncia torna o inquérito policial um procedimento indispensável.

(B) O despacho que indeferir o requerimento de abertura de inquérito policial é irrecorrível.

(C) O inquérito policial é inquisitivo, logo o defensor não poderá ter acesso aos elementos informativos que nele constem, ainda que já documentados.

(D) A autoridade policial, ainda que convencida da inexistência do crime, não poderá mandar arquivar os autos do inquérito já instaurado.

GABARITO: D. COMENTÁRIOS: Uma das características do inquérito policial é ser *dispensável*, ou seja, se a justa causa para a ação penal for obtida por outros meios, ela poderá ser intentada sem necessidade do inquérito. Outra característica do inquérito é ser *inquisitivo*, o que não impede que o advogado, no interesse do representado, tenha acesso amplo aos elementos de prova já documentados nos autos do inquérito policial (Súmula Vinculante n° 14 do STF e art. 7°, XIV c/c §§ 10 e 11, da Lei n° 8.906/1994). De outro lado, o inquérito poderá ser iniciado a requerimento do ofendido, sendo que do despacho que indeferir tal requerimento caberá recurso para o chefe de Polícia (art. 5°, II e § 2°, CPP). Por fim, conforme o correto gabarito da questão, a autoridade policial não poderá mandar arquivar autos de inquérito (art. 17, CPP).

04. (2015 – FGV – XVII EXAME) No dia 01/04/2014, Natália recebeu cinco facadas em seu abdômen, golpes estes que foram a causa eficiente de sua morte. Para investigar a autoria do delito, foi instaurado inquérito policial e foram realizadas diversas diligências, dentre as quais se

DIREITO PROCESSUAL PENAL

destacam a oitiva dos familiares e amigos da vítima e exame pericial no local.

Mesmo após todas essas medidas, não foi possível obter indícios suficientes de autoria, razão pela qual o inquérito policial foi arquivado pela autoridade judiciária por falta de justa causa, em 06/10/2014, após manifestação nesse sentido da autoridade policial e do Ministério Público. Ocorre que, em 05/01/2015, a mãe de Natália encontrou, entre os bens da filha que ainda guardava, uma carta escrita por Bruno, ex-namorado de Natália, em 30/03/2014, em que ele afirmava que ela teria 24 horas para retomar o relacionamento amoroso ou deveria arcar com as consequências. A referida carta foi encaminhada para a autoridade policial.

NESSE CASO,

(A) nada poderá ser feito, pois o arquivamento do inquérito policial fez coisa julgada material.

(B) a carta escrita por Bruno pode ser considerada prova nova e justificar o desarquivamento do inquérito pela autoridade competente.

(C) nada poderá ser feito, pois a carta escrita antes do arquivamento não pode ser considerada prova nova.

(D) pela falta de justa causa, o arquivamento poderia ter sido determinado diretamente pela autoridade policial, independentemente de manifestação do Ministério Público ou do juiz.

GABARITO: B. COMENTÁRIOS: Mesmo depois de ordenado o arquivamento do inquérito pelo juiz, por falta de justa causa para a ação penal, a autoridade policial poderá proceder a novas pesquisas, se de outras provas tiver notícia (art. 18, CPP), pois o arquivamento do inquérito por falta de provas não faz coisa julgada material. Nesse sentido, a Súmula 524 do STF estabelece que, mesmo arquivado o inquérito policial, a requerimento do promotor e por decisão do juiz, a ação penal poderá ser intentada se houver prova nova, que não era conhecida no momento da decisão de arquivamento, ou seja, pode ser que a prova já existisse, mas ainda não constava dos autos e nem era conhecida da justiça.

---

05. (2018 – FGV – XXIV EXAME) Lívia, insatisfeita com o fim do relacionamento amoroso com Pedro, vai até a casa deste na companhia da amiga Carla e ambas começam a quebrar todos os porta-retratos da residência nos quais estavam expostas fotos da nova namorada de Pedro. Quando descobre os fatos, Pedro procura um advogado, que esclarece a natureza privada da ação criminal pela prática do crime de dano.

Diante disso, Pedro opta por propor queixa-crime em face de Carla pela prática do crime de dano (art. 163, *caput,* do Código Penal), já que nunca mantiveram boa relação e ele tinha conhecimento de que ela era reincidente, mas, quanto a Lívia, liga para ela e diz que nada fará, pedindo, apenas, que o fato não se repita.

Apesar da decisão de Pedro, Lívia fica preocupada quanto à possibilidade de ele mudar de opinião, razão pela qual contrata um advogado junto com Carla para consultoria jurídica.

Considerando apenas as informações narradas, o advogado deverá esclarecer que ocorreu

(A) renúncia em relação a Lívia, de modo que a queixa--crime não deve ser recebida em relação a Carla.

(B) renúncia em relação a Lívia, de modo que a queixa--crime deve ser recebida apenas em relação a Carla.

(C) perempção em relação a Lívia, de modo que a queixa-crime deve ser recebida apenas em relação a Carla.

(D) perdão do ofendido em relação a Lívia, de modo que a queixa-crime deve ser recebida apenas em relação a Carla.

GABARITO: A. COMENTÁRIOS: Uma das causas de extinção da punibilidade na ação penal privada é a renúncia, que ocorre antes do oferecimento da queixa e é unilateral. No caso em questão, como houve renúncia ao direito de queixa em relação a Lívia, aplica-se o art. 49 do CPP, segundo o qual "a renúncia ao exercício do direito de queixa, em relação a um dos autores do crime, a todos se estenderá". Logo, a queixa-crime não deve ser recebida por falta de condição da ação penal (art. 395, II, CPP), pois também em relação a Carla houve extinção da punibilidade.

---

06. (2015 – FGV – XVI EXAME) Juan da Silva foi autor de uma contravenção penal, em detrimento dos interesses da Caixa Econômica Federal, empresa pública. Praticou, ainda, outra contravenção em conexão, dessa vez em detrimento dos bens do Banco do Brasil, sociedade de economia mista.

Dessa forma, para julgá-lo será competente

(A) a Justiça Estadual, pelas duas infrações.

(B) a Justiça Federal, no caso da contravenção praticada em detrimento da Caixa Econômica Federal, e Justiça Estadual, no caso da infração em detrimento do Banco do Brasil.

(C) a Justiça Federal, pelas duas infrações.

(D) a Justiça Federal, no caso de contravenção praticada em detrimento do Banco do Brasil, e Justiça Estadual pela infração em detrimento da Caixa Econômica Federal.

GABARITO: A. COMENTÁRIOS: A Justiça Federal não julga contravenções, conforme ressalva expressa constante do art. 109, IV, da CF/88. Nesse sentido, foi editada a Súmula nº 38 do STJ: "Compete a Justiça Estadual Comum, na vigência da Constituição de 1988, o processo por contravenção penal, ainda que praticada em detrimento de bens, serviços ou interesse da União ou de suas entidades" (*J.* 19/03/1992). É importante lembrar que os **crimes** praticados contra a Caixa Econômica Federal, por ser empresa pública da União, são de competência da Justiça Federal, enquanto os crimes praticados contra o Banco do Brasil, por ser sociedade de economia mista, são de competência da Justiça Estadual (Súmula nº 42 do STJ).

---

07. (2015 – FGV – XVI EXAME) Melinda Cunha foi denunciada pela prática do crime de bigamia. Ocorre que existe ação em curso no juízo cível onde se discute a validade do primeiro casamento celebrado pela denunciada. Entendendo o magistrado penal que a existência da infração penal depende da solução da controvérsia no juízo cível e que esta é séria e fundada, estaremos diante de

(A) prejudicial obrigatória, o que levará à suspensão do processo criminal e do prazo prescricional.

647

CRISTIANO CAMPIDELLI

(B) prejudicial facultativa, podendo o magistrado suspender o processo por, no máximo, 06 meses.

(C) prejudicial obrigatória, o que levará à suspensão do processo criminal, mas não do curso do prazo prescricional.

(D) prejudicial facultativa, podendo o magistrado suspender o processo por, no máximo, 01 ano.

GABARITO: A. COMENTÁRIOS: Caso a decisão sobre a existência da infração penal dependa da solução de controvérsia, que o juiz repute séria e fundada, sobre o estado civil das pessoas, o curso da ação penal ficará suspenso (art. 92, CPP), assim como o prazo prescricional (art. 116, I, CP), até que no juízo cível seja a controvérsia dirimida por sentença transitada em julgado, sem prejuízo, entretanto, da inquirição das testemunhas e de outras provas de natureza urgente.

08. (2018 – FGV – XXV EXAME) No dia 15 de maio de 2017, Caio, pai de um adolescente de 14 anos, conduzia um veículo automotor, em via pública, às 14h, quando foi solicitada sua parada em uma *blitz*. Após consultar a placa do automóvel, os policiais constataram que o veículo era produto de crime de roubo ocorrido no dia 13 de maio de 2017, às 09h. Diante da suposta prática do crime de receptação, realizaram a prisão e encaminharam Caio para a Delegacia.

Em sede policial, a vítima do crime de roubo foi convidada a comparecer e, em observância a todas as formalidades legais, reconheceu Caio como o autor do crime que sofrera. A autoridade policial lavrou auto de prisão em flagrante pelo crime de roubo em detrimento de receptação. O Ministério Público, em audiência de custódia, manifesta-se pela conversão da prisão em flagrante em preventiva, valorizando o fato de Caio ser reincidente, conforme confirmação constante de sua Folha de Antecedentes Criminais.

Quando de sua manifestação, o advogado de Caio, sob o ponto de vista técnico, deverá requerer

(A) liberdade provisória, pois, apesar da prisão em flagrante ser legal, não estão presentes os pressupostos para prisão preventiva.

(B) relaxamento da prisão, em razão da ausência de situação de flagrante.

(C) revogação da prisão preventiva, pois a prisão em flagrante pelo crime de roubo foi ilegal.

(D) substituição da prisão preventiva por prisão domiciliar, pois Caio é responsável pelos cuidados de adolescente de 14 anos.

GABARITO: B. COMENTÁRIOS: As hipóteses de prisão em flagrante são previstas no art. 302 do CPP, sendo fato que o caso acima narrado não se enquadra em nenhuma delas. Explico. Caio não foi preso cometendo a infração penal e nem tendo acabado de cometê-la, o que afasta a possibilidade de flagrante próprio. Não há notícia de que houve perseguição e de que ela tenha sido ininterrupta até o momento da prisão, o que rechaça a possibilidade de flagrante impróprio. Caio somente foi encontrado dois dias depois do roubo, em uma blitz, de forma ocasional, pois a suspeita de crime de receptação surgiu após a consulta da placa do veículo, o que inviabiliza o enquadramento como flagrante presumido. Logo, reafirmo que o caso não se enquadra em nenhuma das hipóteses de flagrante. Quanto à inicialmente alegada receptação, trata-se de crime que não pode ser praticado pelo autor da subtração anterior. Portanto, a prisão de Caio foi ilegal e deve ser relaxada.

DIREITO DO TRABALHO

Chris Bruno e Thiago Raso

1. PRIMEIRAS LINHAS

Ninguém vive só, já dizia o velho romance de Robinson Crusoé (Defoe, 1719).

Mas sabemos que é da simples vida em sociedade que despontam os mais diversos conflitos de interesses. Conflitos de ordem histórica, cultural, familiar, amorosa, econômica, política, negocial, conflitos de ordem trabalhista também.

Nunca se esqueça de que o Direito nada mais é do que um conjunto de princípios, normas e institutos a disciplinar as relações sociais, senão para impedir a ocorrência de tais conflitos, quiçá para os solucionar quando de inevitável ocorrência.

A partir daí, dentre outros ramos da Ciência Jurídica, desponta o "Direito do Trabalho com função tutelar, econômica, política, coordenadora e social." (Cassar, 2018, p. 12)

E talvez por possuir uma infinidade de características que são próprias das relações privadas, durante décadas, a prestação de serviços foi disciplinada pelo Direito Comum, o que você facilmente perceberá pela simples leitura do Código Civil de 2002[1], diploma onde, ainda hoje, encontramos diversos resquícios dessa prática.

Contudo, a disparidade entre prestador e tomador de mão de obra logo se fez tão evidente – para alguns, uma diferença de natureza técnica, para outros, de ordem social, para muitos, de caráter econômico, e para tantos, de traço meramente contratual – e a relação de trabalho subordinado conquistou *autônoma* regulamentação.

Assim é que, hoje, ora classificado como segmento do Direito *Privado* (a exemplo de Sérgio Pinto Martins[2], Délio Maranhão[3] e Vólia Bomfim Cassar[4]), ora como ramo do Direito *Social* (na defesa de Cesarino Júnior[5]), ora como fragmento *Misto* do Direito, ora, ainda, como ramo do Direito *Unitário* (a ilustrar Arnaldo Süssekind[6] e Evaristo de Moraes Filho[7]), o Direito do Trabalho conta com os seus próprios princípios, normas e institutos a disciplinar as relações, bem como os conflitos, individuais e coletivos, de comum ocorrência no ambiente de trabalho.

---

1. Lei 10406/02, artigos 593 a 609.
2. MARTINS, Sérgio Pinto. *Direito do Trabalho.* 13ª ed. São Paulo: Atlas, 2001, p. 54.
3. SÜSSEKIND, Arnaldo; MARANHÃO, Délio; VIANNA, Segadas; TEIXEIRA, Lima. *Instituições de Direito do Trabalho.* 19ª ed. São Paulo: LTr, 2000, v. 2, p. 76.
4. CASSAR, Vólia Bomfim. *Direito do Trabalho: de acordo com a Reforma Trabalhista.* 15ª ed. São Paulo: Método, 2018, p. 12.
5. CESARINO JÚNIOR. *Direito Social.* São Paulo: LTr, 1980, p. 16.
6. SÜSSEKIND, Arnaldo; MARANHÃO, Délio; VIANNA, Segadas; TEIXEIRA, Lima. *Instituições de Direito do Trabalho.* 19ª ed. São Paulo: LTr, 2000, v. 2, p. 56.
7. MORAES FILHO, Evaristo de. *Introdução ao Direito do Trabalho.* São Paulo: LTr, 1971, p. 25.

CHRIS BRUNO E THIAGO RASO

É bem verdade que as autoridades administrativas e a Justiça do Trabalho, na falta de disposições legais ou contratuais, decidirão, conforme o caso, pela *jurisprudência*, por *analogia*, por *equidade* e outros *princípios e normas gerais de direito*, principalmente do direito do trabalho, e, ainda, de acordo com os *usos e costumes*, o *direito comparado*, mas sempre de maneira que nenhum interesse de classe ou particular prevaleça sobre o interesse público. Nesse sentido é que o direito comum é fonte *subsidiária* do direito do trabalho!

Você só precisa atentar para o fato de que as súmulas e outros enunciados de jurisprudência editados pelo Tribunal Superior do Trabalho – TST e pelos Tribunais Regionais do Trabalho – TRTs não poderão restringir direitos legalmente previstos nem criar obrigações que não estejam previstas em lei, nova regra instituída pela Reforma Trabalhista de 2017[8].

Além disso, no exame de convenção coletiva ou acordo coletivo de trabalho, a Justiça do Trabalho analisará exclusivamente a conformidade dos elementos essenciais[9] do negócio jurídico e balizará sua atuação pelo *princípio da intervenção mínima na autonomia da vontade.*

2. RELAÇÃO DE TRABALHO *VERSUS* RELAÇÃO DE EMPREGO

A *relação de trabalho* é gênero com a qual não se confunde com uma de suas principais espécies: a denominada *relação de emprego*.

Daí, sempre que alguém destinar sua mão de obra a favor de uma outra pessoa, estará a ela prestando serviços, simplesmente a praticar "trabalho". Fala-se, assim, em trabalho *autônomo*, trabalho *eventual*, trabalho *avulso*, dentre tantas outras modalidades de prestação de serviços, a exemplo da relação de *estágio*.

Em contrapartida, quando a prestação de serviços ocorre na presença de requisitos, para tanto previstos por lei, é fato que entre os contratantes há mais do que uma simples relação de trabalho, ocorre o que denominamos de *vínculo de emprego*.

Para você é importante distinguir uma relação da outra na medida em que, via de regra, o Direito do Trabalho, em especial a Consolidação das Leis do Trabalho – CLT, tem por objeto as relações de emprego e não toda e qualquer relação de trabalho[10]. Aliás, as normas previstas na CLT sequer destinam-se a todos os empregados, é o que eu já explico a seguir...

Os preceitos da CLT, salvo quando for, em cada caso, expressamente determinado em contrário, destinam-se à figura do empregado, mas não se aplicam, num primeiro momento, aos empregados domésticos e aos trabalhadores rurais, tampouco aos servidores públicos estatutários. Por que os domésticos e rurícolas não são empregados? – Não exatamente. Porque os domésticos e rurícolas são empregados especiais cuja prestação de serviços é

---

8. A Lei 13467, de 14 de julho de 2017 alterou a Consolidação das Leis do Trabalho de 1943 – CLT e as Leis nº 6019, de 03 de janeiro de 1974, nº 8036, de 11 de maio de 1990, e nº 8212, de 24 de julho de 1991, para instituir a Reforma Trabalhista sob o argumento de adequar a legislação em vigor às novas relações de trabalho.

9. A validade do negócio jurídico requer agente capaz, objeto lícito, possível, determinado ou determinável e forma prescrita ou não defesa em lei (CC/2002, art. 104).

10. Não obstante a Lei 13467/2017 tenha acrescentado à CLT o artigo 442-B segundo o qual a contratação do autônomo, cumpridas por este todas as formalidades legais, com ou sem exclusividade, de forma contínua ou não, afasta a qualidade de empregado prevista no artigo 3º da Consolidação.

DIREITO DO TRABALHO

tão particular que o legislador optou por regulamentá-la em lei específica[11]. E quanto aos servidores públicos? Antes conceituados como "funcionários públicos" – o que justifica a letra da lei, os servidores públicos estatutários, uma vez aprovados em concurso, sujeitam-se a regime próprio do ente público contratante, e, por isso, a eles não se aplicam, a princípio, as regras previstas na CLT.

Enfim, para que você possa identificar, dentre as diversas formas de trabalho, a *relação de emprego*, basta reconhecer a figura do *empregado* e a do *empregador*, sujeitos desse vínculo jurídico e cujas características encontram-se enumeradas nos artigos 2º e 3º da Consolidação. Fala-se em elementos *fático-jurídicos* da relação empregatícia. Elementos que se extrai do mundo dos fatos e que, de igual forma, são reconhecidos pelo mundo do Direito[12]...

Desse ponto, prossigo pelo afirmar de que empregado é toda *pessoa física* que presta serviços de natureza *não eventual* a empregador, quem admite, assalaria e dirige a prestação *pessoal* de serviços, *sob a dependência* deste e *mediante salário*.[13]

E nunca se esqueça: é a presença *concomitante* de *todos* os cinco elementos que configuram a legítima relação de emprego. Diante da falta de um ou de vários desses requisitos, haverá simples relação de trabalho à qual não se aplicam, via de regras, os preceitos da CLT e o conteúdo de Direito do Trabalho ora objeto de estudo e revisão. São eles: *pessoa física, pessoalidade, não eventualidade, subordinação* e *onerosidade*.

Empregado é sempre uma *pessoa física*. Leia-se, *pessoa natural*. O empregado jamais será uma pessoa jurídica! É garantia constitucional[14] a "valorização do trabalho *humano*" (grifo nosso), ou seja, somente o ser humano pode realizar trabalho.

E se você, na prova, diante da situação-problema proposta, identificar uma prestação de serviços por pessoa jurídica? – Pois bem. Ou a hipótese denota fraude à legislação trabalhista, para mascarar verdadeiro vínculo de emprego (pejotização) ou exemplifica a terceirização de serviços.

Sobre a hipótese de fraude, sabemos o quanto é comum, no mercado de trabalho, a contratação de um "trabalhador" como autônomo, constituído em pessoa jurídica, com inscrição no CNPJ/MF e capaz de emitir nota fiscal pelos serviços prestados, para, na realidade, prestar serviços de forma pessoal, habitual, onerosa e subordinada, características que definem o vínculo de emprego. Essa prática também é rotineira para ilegal formação de cooperativas de trabalho. Ora, serão nulos de pleno direito os atos praticados com o objetivo de desvirtuar, impedir ou fraudar a aplicação dos preceitos contidos na CLT. E não é por outro motivo que, para o Direito do Trabalho, mais vale a realidade dos fatos do que mera formalidade contratual[15].

Porém, é possível que a situação venha ilustrar a terceirização de mão de obra... Considera-se prestação de serviços a terceiros a transferência feita pela contratante/tomadora da execução de quaisquer de suas atividades, inclusive sua atividade principal, à *pessoa jurídica de direito privado* prestadora de serviços que possua capacidade econômica compatível

---

11. LC 150/2015 e Lei 5889/1973, respectivamente.

12. DELGADO, Maurício Godinho. *Curso de Direito do Trabalho*. 8ª ed. São Paulo: Ed. LTr, 2009, p. 270.

13. CLT, arts. 2º, caput e 3º, caput e PU.

14. CRFB/1988, art. 170, caput.

15. *Princípio da Primazia da Realidade*.

com a sua execução ou à *empresa de trabalho temporário* que, devidamente registrada no Ministério do Trabalho, constitui *pessoa jurídica* responsável pela colocação de trabalhadores à disposição de outras empresas temporariamente. Veja você que o "intermediar" da mão de obra, aqui, na terceirização de serviços, é através de uma pessoa jurídica, quem, de fato, presta serviços "indiretos" ao contratante ou tomador.[16]

Prossigo. Empregado é pessoa física, quem presta serviços com *pessoalidade*, ou seja, com caráter personalíssimo, *intuitu personae*, de forma infungível. Sim, quando alguém admite determinado trabalhador como empregado deseja que ele, e somente ele, preste o serviço contratado. O empregado não pode se fazer substituir no transcorrer do vínculo de emprego. Ao revés, dada a *despersonalizado do empregador* e a considerar que o patrão é quem define quando, como e onde se dará a prestação de serviços, é ele quem pode substituir o empregado sempre que desejar. Para o TST[17], caso dessa maneira aconteça, enquanto perdurar a substituição que não tenha caráter meramente eventual, inclusive nas férias, o empregado substituto fará jus ao salário contratual do substituído. E quando vago o cargo em definitivo, o empregado que passa a ocupá-lo não tem direito a salário igual ao do antecessor.

Avanço mais um pouco... Empregado é pessoa física, que presta serviços com pessoalidade e de natureza *não eventual*.

O trabalho é eventual quando raro, esporádico, extraordinário. O trabalho, em contrapartida, é *não eventual* quando habitual, rotineiro, ordinário. Entretanto, o conceito de habitualidade é subjetivo e não há na lei referências para identificá-lo. O importante é que você não estabeleça o seu próprio parâmetro para definir quando o serviço é, ou quando não é, habitual... Em razão disso, julgo perigosa, apesar de comum, a prática de vincular a ideia da *habitualidade* a um determinado número de dias ou de horas de trabalho durante a semana, talvez ao longo do mês! Ao assim proceder, você não apenas condiciona, como, também, limita, o raciocínio a respeito da matéria, o que tornará mais difícil a interpretação do caso concreto que conte com dados diferentes daquele parâmetro por você preestabelecido. Então, aí vai uma dica preciosa: qualquer que seja a jornada de trabalho praticada pelo empregado, o importante é que, ao encerrar o expediente, sabemos de antemão, que esse trabalhador retornará ao serviço. É exatamente isso: o eventual presta serviços em determinada oportunidade e sem ânimo de volta, ao passo que o empregado, após finalizar o trabalho, naquele momento, sempre, eu disse sempre, retorna.

Na sequência, afirmo que empregado é pessoa física, quem trabalha de forma pessoal, não eventual e com *subordinação*.

O empregado presta serviços "sob a dependência" do patrão. Para a doutrina, várias foram as teorias erguidas para definir a natureza jurídica dessa subordinação do prestador de serviços àquele que lhe contrata a mão de obra. De ordem técnica, econômica ou social? – Sem sombra de dúvidas, mera consequência jurídica do contrato de trabalho firmado pelas partes. É por força do negócio jurídico existente entre empregado e empregador, apenas por isso enfim, que cogitamos da subordinação do trabalhador ao comando do patrão, observa-

---

16. O Decreto nº 10.060, de 14 de Outubro de 2019, regulamentou o Trabalho Temporário a que se refere a Lei nº 6.019, de 03 de Janeiro de 1974, a considerar suas alterações.

17. TST, Súmula 159.

DIREITO DO TRABALHO

dos, a toda evidência, os limites impostos pela própria contratação. Nesse sentido, qualquer ordem do empregador que extrapole a relação de emprego ou viole a vida privada, senão a intimidade, do empregado, é inconstitucional, encontrando-se à margem do ordenamento jurídico trabalhista em vigor, motivando, às vezes, a reparação por perdas e danos.

Concluo ao afirmar que empregado é pessoa física cujo trabalho se dá com pessoalidade, habitualidade, subordinação e *onerosidade*.

O contrato de trabalho se realiza pela prática de duas principais obrigações. A prestação de serviços, que recai sobre o empregado, e o pagamento da contraprestação, ônus que é de responsabilidade do empregador. Para cada prestação corresponde sempre uma contraprestação enfim! É quase automático, entretanto, atrelar a ideia da onerosidade ao dinheiro percebido pelo empregado pelos serviços prestados ao patrão... A partir disso, pode lhe parecer óbvio o seguinte entendimento: se há pagamento do salário, há onerosidade, do contrário, onerosidade não existirá. Certo? – Errado, eu diria. Mesmo quando o empregador atrasa com o pagamento do salário, prospera a intenção do trabalhador de recebê-lo, então, permanece onerosa a relação entre eles. A onerosidade se caracteriza pelo *animus contrahendi*, pelo ânimo do empregado de prestar serviços condicionados ao patrão mediante a paga de um salário, sem benevolência, sem graciosidade, vale dizer.

Há quem cogite da *alteridade* como sexto requisito da relação de emprego. É que o empregado é contratado sob a dependência do empregador, quem, em contrapartida, assume os riscos da atividade econômica que explora. Tenha o empregador ganhos ou perdas ao saldar sua prática de mercado, deve honrar com os direitos de seus subordinados, não podendo a eles transferir qualquer prejuízo que, porventura, experimente. Prefiro considerar a alteridade como característica de quem é empregador, não como elemento fático-jurídico indispensável ao reconhecimento de um vínculo de emprego. E para a prova, como se posicionar? Saiba que, quando a Banca cogitou, em exames anteriores, de questão sobre os requisitos da relação de emprego, deixou de citar a alteridade dentre os elementos previstos para a alternativa correta. Veja, a título ilustrativo...

(2014 – FGV – XIII EXAME) A empresa Infohoje Ltda. firmou contrato com Paulo, pelo qual ele prestaria consultoria e suporte de serviços técnicos de informática a clientes da empresa. Para tanto, Paulo receberia 20% do valor de cada atendimento, sendo certo que trabalharia em sua própria residência, realizando os contatos e trabalhos por via remota ou telefônica. Paulo deveria estar conectado durante o horário comercial de segunda a sexta--feira, sendo exigida sua assinatura digital pessoal e intransferível para cada trabalho, bem como exclusividade na área de informática. Sobre o caso sugerido, assinale a afirmativa correta.

a) Paulo é prestador de serviços autônomo, não tendo vínculo de emprego, pois ausente a subordinação, já que inexistente fiscalização efetiva física.

b) Paulo é prestador de serviços autônomo, não tendo vínculo de emprego, pois ausente o pagamento de salário fixo.

c) Paulo é prestador de serviços autônomo, não tendo vínculo de emprego, pois ausente o requisito da pessoalidade, já que impossível saber se era Paulo quem efetivamente estaria trabalhando.

653

CHRIS BRUNO E THIAGO RASO

d) Paulo é empregado da empresa, pois presentes todos os requisitos caracterizadores da relação de emprego.

A tempo, preciso que você conheça elementos que são *dispensáveis* à configuração do vínculo de emprego e que podem figurar na prova com o único intuito de confundi-lo ou o induzir a erro. Refiro-me à *exclusividade*, à *profissionalidade* e ao *local da prestação de serviços*.

Se no Direito Público é possível fazer somente o que autorizado por lei[18], no Direito do Trabalho o que não está proibido é plenamente permitido. Por essa razão, é vedado o acúmulo de cargos e de funções públicas, conforme previsto na Constituição Federal[19]. Agora, omissa a CLT quanto à prestação de serviços pelo empregado a *único e exclusivo* empregador, por si só, autoriza o afamado *acúmulo de empregos*. Mas acho oportuno informar que, tanto doutrinadores quanto juristas, diante dessa lacuna normativa, tem estabelecido critérios para que tal acúmulo ocorra em plena coerência e conformidade com os diversos direitos trabalhistas em vigor, a destacar, dentre eles, a limitação de jornada e o gozo de descansos para o restabelecimento físico e psicológico do trabalhador. Lembre-se, aliás, que o empregado presta serviços com pessoalidade, motivo pelo qual deve existir compatibilidade de horários dada a acumulação de empregos, justo porque ninguém pode estar em mais de um lugar ao mesmo tempo.

A CLT também não admite distinções relativas à espécie de emprego e à condição de trabalhador, nem entre trabalho intelectual, técnico e manual, de maneira que irrelevante quais tarefas ou atividades são praticadas pelo empregado, tampouco a função exercida, muito menos o nome dado ao cargo por ele ocupado.

Por último, a lei nada define a respeito do local onde deve se dar a prestação de serviços por um empregado. Ao revés, estabelece que não se distingue entre o trabalho realizado no estabelecimento do empregador, o executado no domicílio do empregado e o realizado à distância, desde que estejam caracterizados os pressupostos da relação de emprego. De mais a mais, os meios telemáticos e informatizados de comando, controle e supervisão se equiparam, para fins de subordinação jurídica, aos meios pessoais e diretos de comando, controle e supervisão do trabalho alheio. O que, a propósito, ganha ainda mais sentido com a regulamentação do *teletrabalho* pela recente Reforma Trabalhista[20].

2.1. Relações Especiais de Emprego

Dentre a infinidade de *relações de emprego* a compor o mercado de trabalho, é preciso conhecer as particularidades daquelas que reconhecidas como especiais pelo nosso ordenamento jurídico em vigor e, à vista disso, sujeitas a regulamentação específica do legislador pátrio, por vezes no próprio contexto da CLT, por vezes em norma isolada.

A. Teletrabalhador

O trabalho prestado na modalidade de *home office* não está dentre as novidades do mercado, nem mesmo da Reforma Trabalhista. A Lei nº 13467/2017, na verdade, não veio

---

18. Princípio da Legalidade.
19. CRFB/1988, art. 37, XVI e XVII.
20. CLT, arts. 62, III e 75-A a 75-E.

DIREITO DO TRABALHO

institui-lo, pelo contrário, apenas regulamentar essa espécie de trabalho prestado à distância, longe dos olhos do empregador.

Uma vez que o local da prestação de serviços é irrelevante para o reconhecimento do vínculo de emprego, admitido o controle do empregado por meios telemáticos e informatizados de comando, controle e supervisão do serviço alheio, há muito se fez possível a contratação de quem realize o trabalho a partir de sua própria residência ou de qualquer outra parte do mundo.

Todavia, o teletrabalho envolve peculiaridades que motivam trato diferenciado pelo legislador. Ele ocorrerá sempre que a prestação de serviços preponderantemente acontecer *fora das dependências do empregador,* com a utilização de tecnologias de informação e de comunicação que, por sua natureza, não se constituam como trabalho externo, sendo que o comparecimento às dependências do empregador para a realização de atividades específicas que exijam a presença do empregado no estabelecimento não descaracteriza o regime de teletrabalho ou de trabalho remoto.

Mas, nesse contexto, é importante saber que aos empregados em regime de teletrabalho aplicam-se as disposições previstas na legislação local e nas convenções e nos acordos coletivos de trabalho relativas à base territorial do estabelecimento de lotação do empregado.

Pois bem, especial que é, uma vez admitido, inclusive, para estagiários e aprendizes, sem que se confunda ou se equipare, contudo, à ocupação de telemarketing ou de teleatendimento, o serviço prestado sob a modalidade de teletrabalho deverá constar de forma expressa do contrato, que especificará as atividades que serão realizadas pelo empregado.

Importante lembrarmos que pode haver alteração entre o regime presencial e o de teletrabalho, mas, nessa hipótese, é imprescindível legal que haja mútuo acordo entre as partes, além do registro em aditivo contratual. Quanto à alteração inversa, isto é, a mudança do regime de teletrabalho para o presencial, esta poderá ser feita por ato unilateral do empregador, mas, neste caso, deverá ser garantido um prazo de transição mínimo de quinze dias além também do registro em aditivo contratual. Agora, é preciso considerar que o empregador não será responsável pelas despesas resultantes do retorno ao trabalho presencial, na hipótese de o empregado optar pela realização do teletrabalho ou trabalho remoto fora da localidade prevista no contrato, salvo disposição em contrário estipulada entre as partes.

Em contrato deve se estabelecer as disposições relativas à responsabilidade pela aquisição, manutenção ou fornecimento dos equipamentos tecnológicos e da infraestrutura necessária e adequada à prestação do trabalho remoto, bem como ao reembolso de despesas arcadas pelo empregado, utilidades que não integram a remuneração devida. De sorte que, o tempo de uso de equipamentos tecnológicos e de infraestrutura necessária, bem como de softwares, de ferramentas digitais ou de aplicações de internet utilizados para o teletrabalho, fora da jornada normal do empregado não constitui tempo à disposição ou regime de prontidão ou de sobreaviso, exceto se houver previsão em acordo individual ou em acordo ou convenção coletiva de trabalho.

Ademais, é sobre o patrão que recai o ônus de instruir seus empregados, de maneira expressa e ostensiva, quanto às precauções a tomar a fim de evitar doenças e acidentes de

655

trabalho, quando caberá ao empregado assinar termo de responsabilidade e se comprometer a seguir as instruções a si fornecidas.

B. Empregado Doméstico

Empregado doméstico é considerado aquele que presta serviços de forma contínua, subordinada, onerosa e pessoal e de finalidade não lucrativa à pessoa ou à família, no âmbito residencial destas, por mais de 2 (dois) dias por semana. Além dos requisitos gerais da relação de emprego (pessoa física, pessoalidade, *continuidade*[21], onerosidade e subordinação), neste vínculo jurídico especial, é preciso identificar elementos fático-jurídicos específicos (finalidade não lucrativa, empregador pessoa física ou grupo familiar de pessoas e prestação de serviços na residência do patrão). O doméstico conta com direitos trabalhistas resguardados pela Constituição Federal de 1988 (art. 7º, § único), com redação dada pela EC nº 72 de 2015, também pela LC 150/15, sem prejuízo doutras leis esparsas, contando com aplicação subsidiária da CLT[22].

C. Trabalhador Rural

Empregado rural é toda pessoa física que, em propriedade rural ou prédio rústico, presta serviços de natureza não eventual a empregador rural, sob a dependência deste e mediante salário. De igual forma ao que se procede diante do empregado doméstico, além dos requisitos gerais da relação de emprego (pessoa física, pessoalidade, não eventualidade, onerosidade e subordinação), vínculo jurídico que também é especial, o trabalho do rurícola cogita de elementos fático-jurídicos específicos (empregador rural, quem explora atividade agroeconômica, ou seja, quem explora agricultura ou pecuária com ânimo de lucro, em imóvel rural ou prédio rústico). Os direitos trabalhistas do trabalhador rural foram igualados àqueles concedidos ao empregado urbano, por força do caput do art. 7º da CF/88, com regulamentação prevista na Lei 5889/1973, ainda a considerar as normas previstas na legislação especial e a aplicação subsidiária da CLT.

D. Aprendiz

Uma confusão que é muito comum dentre estudiosos do Direito do Trabalho e que você não pode cometer está em distinguir a figura do aprendiz do estagiário. Dois elementos tornam essa tarefa bem fácil... O *aprendiz é empregado*, ao passo que, apesar do estagiário prestar serviços na presença de todos os requisitos da relação de emprego, trabalho sem vínculo de emprego por expressa previsão legal[23]. Além do mais, enquanto o *estágio* é ato educativo escolar supervisionado, desenvolvido no ambiente de trabalho, que visa à preparação para o trabalho produtivo de *educandos que estejam frequentando o ensino regular em instituições de educação superior, de educação profissional, de ensino médio, da educação especial e dos anos finais do ensino fundamental*, na modalidade profissional da educação de jovens e adultos, o *contrato de aprendizagem* é o contrato de trabalho especial, ajustado

---

21. Durante décadas a discussão se não eventualidade, ou seja, habitualidade, requisito da relação de emprego urbano, teria idêntico sentido da continuidade prevista como elemento fático-jurídico do vínculo doméstico, teve lugar na prática e perante Cortes trabalhistas. Com a vigência da LC 150/2015, norma que regulamentou novos direitos do empregado doméstico, o debate perdeu sentido, sendo considerada contínua a prestação de serviços pelo doméstico que ocorre por mais de dois dias na semana.

22. *Vide* LC 150/2015, art. 19.

23. Lei 11788, de 25 de setembro de 2008, art. 3º, caput.

DIREITO DO TRABALHO

por escrito e por prazo determinado, em que o empregador se compromete a assegurar ao maior de 14 (quatorze) e menor de 24 (vinte e quatro) anos inscrito em programa de aprendizagem *formação técnico-profissional metódica*, compatível com o seu desenvolvimento físico, moral e psicológico. Essa formação técnica-profissional caracteriza-se por atividades teóricas e práticas, metodicamente organizadas em tarefas de complexidade progressiva desenvolvidas no ambiente de trabalho, ofertadas, a princípio, por Serviços Nacionais de Aprendizagem[24], senão por Escolas Técnicas de Educação, entidades sem fins lucrativos, que tenham por objetivo a assistência ao adolescente e à educação profissional, bem como entidades de prática desportiva das diversas modalidades filiadas ao Sistema (nacional, estadual, distrital e municipal) de Desporto[25]. Na condição de empregado, ao aprendiz se aplicam as normas previstas na CLT, a destacar o disposto no capítulo de proteção ao trabalho do menor[26]. Também há que se considerar o Decreto nº 9579, de 22 de novembro de 2018 que consolida atos normativos editados pelo Poder Executivo Federal que dispõe, dentre outras temáticas, sobre o aprendiz.

E. Menor

São direitos dos trabalhadores urbano e rurais, além de outros que visem a melhoria de sua condição social, a *proibição de trabalho* noturno, perigoso ou insalubre a menores de dezoito e de qualquer trabalho a menores de dezesseis anos, salvo na condição de aprendiz, a partir de quatorze anos. Admitido, portanto, a contratação de empregado menor, ainda que em raras hipóteses e de forma condicionada, assim considerado o trabalhador de quatorze até dezoito anos de idade. É preciso cuidado com a expressão "menor-aprendiz", vulgarmente utilizada no mercado de trabalho, e que inspira equivocada compreensão da matéria. Sim, um determinado empregado pode ao mesmo tempo ser menor de idade e prestar serviços na condição de aprendiz. Em contrapartida, nem todo menor é aprendiz (veja um empregado com dezessete anos que trabalho diuturnamente em determinada empresa, longe de agentes insalubres ou perigosos que prejudiquem a sua saúde) e nem todo aprendiz é menor (o *contrato de aprendizagem* é o contrato de trabalho especial, ajustado por escrito e por prazo determinado, com empregado maior de 14 (quatorze) e menor de 24 (vinte e quatro) anos de idade. O *menor*, inclusive, por ainda vivenciar uma fase de crescimento e formação orgânica, também psicológica, recebe proteção diferenciada do ordenamento jurídico trabalhista em vigor, a começar com um capítulo especial a eles reservado pelo legislador na própria CLT[27], isso, é fato, sem prejuízo doutras normas instituídas isoladamente com idêntico propósito.

F. Mulher

O constituinte[28] também resguarda a proteção de trabalho da mulher, mediante incentivos específicos, nos termos da lei, além de proibir a diferença de salários, de exercício de funções e de critério de admissão por motivo de sexo, dentre outros. Assim é que os

---

24. Instituições do Sistema "S", quais sejam, SENAI, SESI, SENAC, SESC.
25. Lei 13420, de 13 de março de 2017.
26. Em especial, o disposto nos artigos 424 a 433 da Consolidação.
27. CLT, arts. 402 e seguintes.
28. CRFB/1988, art. 7º, XX e XXX.

preceitos que regulam o trabalho masculino são aplicáveis ao trabalho feminino, naquilo em que não colidirem com a proteção especial instituída pelo capítulo de proteção ao trabalho da mulher previsto na CLT[29], o que não obsta, sempre que pertinente, a adoção de medidas temporárias que visem ao estabelecimento das políticas de igualdade entre homens e mulheres, em particular as que se destinam a corrigir as distorções que afetam a formação profissional, o acesso ao emprego e as condições gerais de trabalho da mulher. Nesse sentido, vale registro as alterações praticadas na CLT pela Lei nº 13.509/17 segundo a qual passa o empregado adotante, ao qual tenha sido concedida guarda provisória para fins de adoção, a gozar do direito à estabilidade provisória no emprego prevista para mulher gestante, também à empregada que adotar ou obtiver guarda judicial para fins de adoção de criança ou adolescente será concedida licença-maternidade. Enfim, agora prevê a norma que para amamentar seu filho, inclusive se advindo de adoção, até que este complete 6 (seis) meses de idade, a mulher terá direito, durante a jornada de trabalho, a 2 (dois) descansos especiais de meia hora cada um.

G. Altos Empregados

O mercado de trabalho hoje conta com uma complexidade de engrenagens diante das quais o empregador tem se socorrido dos mais diversos recursos, tecnológicos e humanos, para otimizar a estrutura organizacional de seu empreendimento, também de seu quadro de pessoal, eu diria, para otimizar, enfim, os resultados da atividade econômica que explora. Trata-se da velha máxima de que os fins justificam os meios...

Nesse cenário, contamos com estruturas organizacionais cada vez mais enigmáticas, escalonadas em seguimentos variados de atuação profissional, o que reflete, imediata e significativamente, nas relações entre empregador e empregado.

Daí ser muito comum a contratação ordenada de empregados para que ocupem cargos de baixa, média ou alta relevância na estrutura organizacional instituída pelo empregador. Surgem, deste modo, a figura dos *altos empregados*, aqueles que exercem suas funções com maior confiança a eles creditada pelo patrão, contando, por vezes, com algumas prerrogativas que amenizam o rigor da subordinação, elemento característico de todo e qualquer vínculo de emprego. E é justo por isso que chamo a sua atenção para o fato de que um alto empregado pode contar com certa liberdade para o exercício de suas atribuições – como a ausência de controle de jornada, só para exemplificar, mas nem por isso deixa de prestar serviços sob a dependência do empregador, deixa de prestar serviços subordinados ao contratante da mão de obra, logo, nem por isso deixa de ser um legítimo empregado. Ora, e se empregado é o ocupante de um alto cargo na estrutura empregadora, sujeito está às regras consolidadas pelo legislador na CLT.

Como *alto empregado*, cita-se o *cargo de confiança*, o *diretor* e o *sócio*, sobre os quais a respeito passo a tecer breves, mas importantes, ponderações.

✓ Cargo de Confiança – Regra Geral.

Ocupam cargo de confiança os gerentes, os diretores ou chefes de departamento ou filial que detenham *poder de gestão* e percebam *gratificação de função*, na base mínima de *40%*

---

29. CLT, arts. 372 a 401.

DIREITO DO TRABALHO

(quarenta por cento) do salário efetivo, para o exercício de atribuições de alta relevância na estrutura organizacional do empregador[30].

Porém, saiba que, na prática, há empregados classificados como "gerente" sem que, de fato, pratiquem atos de verdadeira gestão, como há empregados que exercem atribuições de notável gerência, agindo como se fossem o próprio empregador em algumas circunstâncias, até mesmo diante de terceiros, sem, contudo, merecerem o título de "gerente" e a devida gratificação.

O legítimo cargo de confiança não se sujeita às normas previstas no capítulo que rege a duração do trabalho na CLT, de sorte que, não gozam do direito à limitação da jornada, tampouco do direito a horas extras.

Além disso, em regra, ao empregador é vedado transferir o empregado, sem a sua anuência, para localidade diversa da que resultar do contrato, não se considerando transferência a que não acarretar necessariamente a mudança do seu domicílio, norma que não se aplica ao cargo de confiança, quem pode ser transferido, independentemente da sua pronta vontade, quando isso decorra da real necessidade de serviço[31]. A esse respeito, orienta o TST[32] que o fato de o empregado exercer cargo de confiança não exclui o direito ao adicional, dado que o pressuposto legal apto a legitimar a percepção do mencionado adicional é a transferência provisória. Lembre-se disso!

Oportuno ainda registrar que não se considera alteração unilateral a determinação do empregador para que o respectivo empregado reverta ao cargo efetivo, anteriormente ocupado, deixando o exercício de função de confiança. Nesse caso, conforme Reforma Trabalhista de 2017[33], ocorra a alteração com ou sem justo motivo – entendimento diverso do que até então praticado pelo TST[34], não se assegura ao empregado o direito à manutenção do pagamento da gratificação correspondente, que não será incorporada, independentemente do tempo de exercício da respectiva função.

✓ Cargo de Confiança – Segmento Bancário.

Diferente é a compreensão da matéria quando o ocupante do *cargo de confiança* é empregado de *instituição bancária ou equiparada*. Referem-se aos que exercem *funções de direção, gerência, fiscalização, chefia e equivalentes* ou que desempenhem outros cargos de confiança desde que o valor da *gratificação* não seja inferior a *um terço* do salário do cargo efetivo. Dispensável, aqui, para que reconhecido o cargo de confiança, a prática de atos de verdadeira gestão, dispensável que o empregado exerça atribuições que próprias do empregador, como na regra geral. Outro ponto está relacionado com a gratificação de função, agora devida na base mínima de um terço do salário efetivo do ocupante desse alto cargo.

Quanto à jornada, aplicam-se normas específicas para a profissão. A duração normal do trabalho dos empregados em bancos, casas bancárias e Caixa Econômica Federal será de 6 (seis) horas continuas nos dias úteis, com exceção dos sábados, perfazendo um total

---

30. CLT, art. 62, II e PU.
31. Súmula 43 do TST.
32. TST, SDI-1, OJ nº 113.
33. Art. 468 § 1º e 2º da CLT.
34. TST, Súmula nº 372.

659

CHRIS BRUNO E THIAGO RASO

de 30 (trinta) horas de trabalho por semana, limites que não se praticam ao cargo de confiança bancário, quem se submete à jornada constitucional de 8 (oito) horas diárias. Daí, também diferente do cargo de confiança (regra geral), o gerente bancário faz jus a horas extras porventura praticadas durante o trabalho, sendo extraordinárias as trabalhadas além da oitava. Contudo, quanto ao gerente-geral de agência bancária, presume-se o exercício de encargo de gestão, aplicando-se-lhe o art. 62 da CLT para a regra geral.

Sobre a transferência e a reversão, aplicam-se, nesta hipótese, o que já objeto de estudos para o cargo de confiança – regra geral.

✓ Diretor

De variadas formas pode uma empresa escolher seu corpo diretivo. O diretor de um ou doutro departamento pode ser recrutado externamente, fora do quadro de pessoal existente na empresa, bem como pode ser selecionado dentre aqueles que já são empregados.

Se recrutado externamente, válida a contratação do diretor como autônomo, quando prestará serviços com liberdade, por sua própria conta e risco, no entanto, pode o empregador optar por contratá-lo com subordinação e de carteira assinada. Na última hipótese, uma espécie do gênero *alto empregado*.

Se recrutado dentre aqueles que já são empregados, duas possibilidades podemos cogitar. A primeira, quando consideramos o ocupar do cargo de diretor uma mera promoção, o que em nada compromete o vínculo de emprego já existente. Veja que, também nesta hipótese, temos um *alto empregado*. A segunda, quando esse empregado passa a ocupar o cargo de direção com autonomia. Para o TST[35], o empregado eleito para ocupar cargo de diretor tem o respectivo contrato de trabalho suspenso, não se computando o tempo de serviço desse período, salvo se permanecer a subordinação jurídica inerente à relação de emprego.

✓ Sócio.

Quando pensamos na pessoa do sócio de uma empresa, quase que inconsciente, logo afastamos a existência de um vínculo de emprego entre ele e a instituição que integra. Fato é que nem a todo sócio está atrelada a prerrogativa de administração majoritária, de plena liderança. É possível que alguém figure, ao mesmo tempo, como sócio integrante e trabalhador a prestar serviços, à instituição de que faz parte, como pessoa física, de forma pessoal, não eventual e onerosa. Eu diria ainda mais, com subordinação. Refiro-me à figura do *sócio empregado*, o sócio que realiza trabalho na presença de todos os elementos fático-jurídicos que caracterizam um autêntico vínculo de emprego.

2.2. Relações de Trabalho

Confesso-lhe que tão importante quanto reconhecer a existência de um vínculo de emprego e conhecer quando ele se estabelece de forma especial é a tarefa de identificar simples relações de trabalho e delas afastar a aplicação das regras previstas na CLT. Por isso, não permita o prosperar de dúvidas sobre quem é o clássico *servidor público*, o trabalhador *autônomo*, o *eventual*, o trabalhador *avulso*, o *voluntário* e o *estagiário*.

---

35. TST, Súmula nº 269.

DIREITO DO TRABALHO

A. Servidor Público Estatutário

Determina a Constituição Federal que a administração pública direta e indireta de qualquer dos Poderes da União, dos Estados, do Distrito Federal e dos Municípios obedecerá aos princípios de legalidade, impessoalidade, moralidade, publicidade e eficiência, e, também, que a investidura em cargo ou emprego público depende de aprovação prévia em concurso público de provas ou de provas e títulos, de acordo com a natureza e a complexidade do cargo ou emprego, na forma prevista em lei, ressalvadas somente as nomeações para cargo em comissão declarado em lei de livre nomeação e exoneração. Aquele que aprovado no concurso poderá ocupar cargo público e se sujeitará a regime próprio do ente administrativo contratante, classificado, então, como *servidor público estatutário*, ou poderá exercer função pública, submetendo-se ao regime da CLT, logo, como *servidor público celetista ou empregado público*.

É oportuno lembrar que os preceitos constantes da Consolidação, salvo quando for em cada caso, expressamente determinado em contrário, não se aplicam, dentre outros, aos "funcionários públicos" da União, dos Estados e dos Municípios e aos respectivos extranumerários em serviço nas próprias repartições, na mesma medida, aos servidores de autarquias paraestatais, desde que sujeitos a regime próprio de proteção ao trabalho que lhes assegure situação análoga à dos funcionários públicos. E ainda que esteja a cogitar de serviços prestados a tal administração por *empregado público*, oportuno destacar que a aplicação do regime celetista ocorre mediante modulações e em respeito aos princípios basilares do Direito Público.

B. Trabalhador Autônomo

Prestar serviços como *autônomo* significa realizar trabalho por própria conta e risco, com liberalidade, sem se condicionar ou se submeter ao controle, ordens e a qualquer tipo de comando do contratante, daquele quem se beneficiará, enfim, da mão de obra. O trabalhador autônomo é que define o que fazer, quando, como e onde fazer. Doutro ponto de vista, sobre o próprio prestador de serviços autônomos é que recai o risco da atividade laboral, de sorte que o resultado obtido está condicionado à qualidade e à produtividade do trabalho ofertado.

Julgo para você interessante não confundir o *autônomo* com o *profissional liberal*. É que nem todo trabalhador autônomo é um profissional de tal gabarito. "Normalmente, o profissional liberal é o que tem curso superior ou técnico e explora atividade como meio de sobrevivência" (Cassar, 2018, p. 287). Esses profissionais (advogados, médicos, engenheiros, contadores, arquitetos, economistas, artistas etc.) podem praticar seu próprio ofício ora como autônomos – é a regra e, por isso, a expressão *liberal* – ora como empregados, quando na presença dos requisitos legais.

Verdade é que a contratação do autônomo sempre esteve dentre as ocorrências de fraude à legislação trabalhista, no sentido de que, durante décadas, muito se admitiu trabalho por pessoa constituída de forma jurídica, não obstante realizado por pessoa natural e nos moldes de uma autêntica relação de emprego. Só para ilustrar, cito o representante comercial[36]. Talvez na tentativa de afastar essa vergonhosa realidade do mercado de trabalho, a Lei nº

---

36. Lei nº 4886, de 09 de dezembro de 1965, art. 1º, caput.

CHRIS BRUNO E THIAGO RASO

13467 de 2017, norma que instituiu a afamada Reforma Trabalhista, trouxe para o bojo da CLT a possibilidade de contratação autônoma de serviços, de maneira que, tal contratação, cumpridas por este todas as formalidades legais, com ou sem exclusividade, de forma contínua ou não, afasta a qualidade de empregado prevista no artigo 3º da CLT.

C. Trabalhador Eventual

Empregado é o trabalhador que presta serviços de forma não eventual. O *trabalhador eventual*, em contraparte, não é empregado justo por realizar trabalho sem habitualidade, sem ânimo de retorno, de volta, elemento indispensável à caracterização do vínculo de emprego.

D. Trabalhador Avulso

O *trabalhador avulso* é uma modalidade de trabalho eventual, o que significa considerar que o trabalhador avulso presta serviços sem habitualidade. O quê, à vista disso, distingue o *avulso* de todos os demais trabalhadores eventuais? – Afirmo e com segurança: a intermediação da mão de obra. A literatura revela que o termo "avulso" tem origem no latim "avulsus" e quer dizer separar, destacar, desligar. Posso definir que o *trabalhador avulso* é aquele que a vários tomadores presta serviços, sem pessoalidade, por rodízio, mediante paga em forma de rateio e intermediado por uma determinada entidade sindical[37] – quando não portuário, senão por Órgão Gestor de Mão de Obra – OGMO[38], se portuário. Isto posto, o avulso não é empregado! Todavia, o constituinte resguarda a igualdade de direitos entre o trabalhador com vínculo empregatício permanente e o trabalhador avulso[39].

E. Trabalhador Voluntário

A relação de emprego pressupõe o préstimo de serviços de forma onerosa, com perspectiva de contraprestação. Considera-se serviço voluntário a *atividade não remunerada* prestada por pessoa física a entidade pública de qualquer natureza ou a instituição privada de fins não lucrativos que tenha objetivos cívicos, culturais, educacionais, científicos, recreativos ou de assistência à pessoa. O *trabalhador voluntário* presta serviços com benevolência, com graciosidade enfim, o que de si afasta a qualidade de empregado.

F. Estagiário

Sabemos, tanto eu como você, que o *estagiário* trabalha como pessoa física, com pessoalidade, habitualidade, onerosidade e notável – até gritante às vezes, subordinação. E por qual motivo a ele não se confere a qualidade de empregado? – Por vedação legal apenas. Isso mesmo... A Lei nº 11788, de 25 de setembro de 2008, estabelece que *o estágio, tanto obrigatório quanto não obrigatório, não cria vínculo empregatício de qualquer natureza*, se observados a matrícula e frequência regular do educando em curso de educação superior, de educação profissional, de ensino médio, da educação especial e nos anos finais do ensino fundamental, na modalidade profissional da educação de jovens e adultos e atestados pela instituição de ensino, também a celebração de termo de compromisso entre o educando, a parte concedente do estágio e a instituição de ensino, além, é claro, da compatibilidade entre

---

37. Lei nº 12023, de 27 de agosto de 2009, que dispõe sobre as atividades de movimentação de mercadorias em geral e sobre o trabalho avulso.

38. Lei nº 9719, de 27 de novembro de 1998 c/c Decreto nº 3048, de 06 de maio de 1999 c/c Lei nº 12815, de 05 de junho de 2013.

39. CRFB/1988, art. XXXIV.

DIREITO DO TRABALHO

as atividades desenvolvidas no estágio e aquelas previstas no termo de compromisso. Diante disso, ao estágio não se aplicam as regras e direitos estabelecidos pela CLT.

2.3. Empregador

Se a relação de emprego consiste em negócio jurídico bilateral, você precisa bem reconhecer quem é o empregado e, de igual forma, distinguir quem é o empregador. Enquanto de um lado do contrato está o trabalhador subordinado a prestar serviços de forma pessoal, não eventual e onerosa, do outro lado encontramos uma pessoa física ou jurídica, quem admite, dirige e assalaria essa mão de obra, assumindo os riscos da atividade econômica[40].

Diferente do empregado, o patrão pode ser tanto uma pessoa física quanto uma pessoa jurídica, quem detém um conjunto de prerrogativas a que denominamos de *poder empregatício*. Esse poder se manifesta, é bem verdade, por várias facetas. O *poder diretivo* que consiste na prerrogativa do empregador de bem administrar o ambiente de trabalho, definindo quem, quando, onde e como, prestará este ou aqueloutro serviço. Mas vulnerável estaria o poder diretivo caso não contasse o empregador, também, com a prerrogativa de estabelecer normas nesse ambiente de trabalho, o chamado *poder regulamentar*. Aliás, é através dele que as empresas hoje estabelecem suas próprias regras, obrigações e direitos, mediante regulamentos internos[41]. Prossigo, ainda, a afirmar que vulnerável não apenas estaria o poder diretivo, como também, tal poder regulamentar do patrão, se a ele não concedida outra prerrogativa, a de averiguar o cumprimento ou o descumprimento por seus subordinados das normas instituídas, o denominado *poder fiscalizatório*. Enfim, concluo o raciocínio a dizer que ineficazes, talvez, cada uma e todas as prerrogativas aqui citadas, uma vez destituído o empregador da mais expressiva de todas elas, o privilégio de punir o (s) empregado (s) desobediente (s), o apelidado *poder disciplinar*. Através dele é que o ordenamento jurídico trabalhista em vigor admite a prática da advertência, verbal ou escrita, da suspensão e da dispensa motivada de empregados. Sem que se esqueça de que a suspensão do empregado por mais de 30 (trinta) dias consecutivos importa na rescisão injusta do contrato de trabalho e que a dispensa por justa causa deve se dar somente diante do cometimento, pelo trabalhador, de uma das faltas graves enumeradas no artigo 482 da CLT.

Gostaria, nesse momento, que você percebesse o quão coerente a definição de empregado com a conceito de empregador, ambos, aqui, objeto de estudo...

Consigo facilmente perceber a maior desvantagem que há na qualidade de empregado, o fato de prestar serviços sempre condicionado ao comando do outro, às ordens do patrão. Mas consigo, da mesma maneira, reconhecer algo que em muito favorece esse trabalhador subordinado: a *alteridade*. É o empregador quem deve assumir os riscos da atividade econômica que explora e não pode ao empregado transferir eventuais prejuízos financeiros

---

40. CLT, art. 2º, caput.

41. A esse respeito, cumpre citar entendimento consolidado pelo TST na Súmula nº 51, segundo a qual as cláusulas regulamentares, que revoguem ou alterem vantagens deferidas anteriormente, só atingirão os trabalhadores admitidos após a revogação ou alteração do regulamento. E havendo a coexistência de dois regulamentos da empresa, a opção do empregado por um deles tem efeito jurídico de renúncia às regras do sistema do outro.

663

CHRIS BRUNO E THIAGO RASO

que possa experimentar no transcorrer do contrato de trabalho. Outrossim, a alteridade é que de mais prejudicial experimenta o empregador nessa relação jurídica. Em compensação, é o patrão quem detém o *poder empregatício*, um conjunto de prerrogativas para bem administrar a prestação de serviços devida pelos seus subordinados.

Por um rápido e primeiro olhar, talvez a qualidade de *empregado* lhe pareça sobremaneira desvantajosa no mercado de trabalho, em especial o fato dele estar sempre subordinado ao comando do outro, às ordens do patrão, ao controle daquele que contrata a sua mão de obra. Porém, em um segundo instante, não é difícil perceber algo que em muito favorece o empregado. Tenha o empregador ganhos ou perdas no balanço final, quero dizer, faça chuva ou faça sol, é garantia do empregado usufruir de todos os direitos trabalhistas que decorrem do contrato celebrado. Tudo bem. Subordinado é o empregado e por essa razão o *tomador de serviços* é quem, no caso, detém o *poder empregatício*. O empregado obedece. O empregador comanda. Mas há o que desfavorece também o *empregado*: a *alteridade*. O patrão é quem deve assumir os riscos da atividade econômica que explora, a todo e a qualquer custo.

A. Empregador Por Equiparação

O clássico empregador é pessoa física ou jurídica que explora atividade econômica, o que significa dizer, que visa lucro. Excepcionalmente, o legislador pátrio admite a contratação de empregados por instituições ou profissionais cuja atuação se dá sem finalidade lucrativa. Dado isso, equiparam-se ao empregador, para os efeitos exclusivos da relação de emprego, os profissionais liberais, as instituições de beneficência, as associações recreativas ou outras instituições sem fins lucrativos, que admitirem trabalhadores como empregados.

B. Impessoalidade do Empregador

À medida que a pessoalidade é traço marcante do empregado, o empregador é impessoal, o que justifica a existência de alguns institutos jurídicos cuja manifestação em nada, eu disse, em nada, interfere ou prejudica a relação de emprego, não afeta os direitos já adquiridos pelos empregados. Refiro-me à formação de *grupo econômico*, a *sucessão de empregadores* e à responsabilidade trabalhista do *sócio retirante* da empresa.

✓ Grupo Econômico

Sempre que uma ou mais empresas, embora tendo cada uma delas personalidade jurídica própria, estiverem sob direção, controle ou administração de outra, ou ainda quando, mesmo guardando cada uma sua autonomia, integrem grupo econômico ou financeiro rural, serão responsáveis *solidariamente* nas obrigações decorrentes da relação de emprego.

Cumpre frisar que *grupo econômico* não é formalmente constituído, ao revés, se perfaz pela simples ligação de empresas entre si que, no mundo dos fatos, estimam otimizar resultados, ou seja, se perfaz quando há "empresa-mãe e empresas-irmãs", nas palavras do autor Homero Batista[42].

A princípio, o reconhecimento de grupo econômico pela CLT esteve condicionado ao controle, direção ou administração de uma ou várias empresas por outra. A jurisprudência

---

42. SILVA, Homero Batista Mateus da. *Curso de Direito do Trabalho aplicado*, v. 1: Parte Geral. Rio de Janeiro: Elsevier, 2009, p. 142.

DIREITO DO TRABALHO

é que, de certa forma, admitia o grupo econômico por mera coordenação, defendendo tese de que único o empregador[43].

A nova redação dada ao § 2º do artigo 2º da Consolidação pela Lei nº 13467/2017, admite a existência de grupo econômico sob duas formas: por subordinação, se houver hierarquia entre as empresas integrantes, e por coordenação, na presença de interesse integrado, efetiva comunhão de interesses e atuação conjunta das empresas, sendo que a mera identidade de sócios não assegura o reconhecimento do grupo.

Pois bem, independente da forma de existência do grupo econômico, as empresas que o integram respondem *solidariamente* pelos direitos trabalhistas de cada um e de todos os seus empregados, de modo que, a prestação de serviços a mais de uma empresa do mesmo grupo econômico, durante a mesma jornada, não caracteriza a coexistência de mais de um contrato de trabalho, salvo ajuste em contrário.

✓ Sucessão de Empregadores

O empregador impessoal é que torna possível a sua sucessão. Um empregador sucederá a outro quando houver mudança de titularidade (de dono) ou alterações, de qualquer espécie, na estrutura jurídica da empresa.

Até que a Reforma Trabalhista trouxesse nova previsão normativa a respeito da matéria, restou à doutrina e à jurisprudência compreender aquilo que, nas entrelinhas dos artigos 10 e 448 da CLT (redação original), buscava o legislador disciplinar, a respeito da devida responsabilidade trabalhista: ônus do sucedido ou do sucessor? – Do sucessor, eram categóricas, eu posso afirmar.

Com a inclusão do artigo 448-A, pela Lei nº 13467/2017, na Consolidação, já não restam dúvidas de que, caracterizada a sucessão empresarial ou de empregadores, as obrigações trabalhistas, inclusive as contraídas à época em que os empregados trabalhavam para a empresa sucedida, são de *responsabilidade do sucessor*. A empresa sucedida responderá *solidariamente* com a sucessora apenas quando ficar comprovada fraude na transferência. A propósito, a regra parece afastar a responsabilidade subsidiária do sucedido em todas as demais hipóteses.

✓ Responsabilidade do Sócio Retirante

A impessoalidade do empregador é que, de novo, autoriza a compreensão da responsabilidade trabalhista, agora, da responsabilidade do ex-sócio, aquele "que se retira da sociedade mediante notificação prévia aos demais sócios, devendo ocorrer alteração no contrato social da empresa"[44], o que se faz possível nos termos da CRFB/1988, artigo 5º, XX e do CC/2002, artigo 1029.

De acordo com atual dispositivo na CLT, o sócio retirante responde *subsidiariamente* pelas obrigações trabalhistas da sociedade relativas ao período em que figurou como sócio, somente em ações ajuizadas *até dois anos depois de averbada a modificação do contrato*, observada a seguinte ordem de preferência: primeiro, a empresa devedora, depois, os sócios atuais, por último, os sócios retirantes. Oportuno mencionar que o sócio retirante

---

43. TST, Súmula nº 129.
44. MIESSA, Élisson; CORREIA, Henrique. *Manual da Reforma Trabalhista*. Salvador: *Jus*Podivm, 2018, p. 82.

665

respondará *solidariamente* com os demais quando ficar comprovada fraude na alteração societária decorrente da modificação do contrato.

3. CONTRATO DE TRABALHO

No dia a dia é comum que as pessoas utilizem a expressão *relação de emprego* como sinônima de *contrato de trabalho* e de *anotação na carteira de trabalho*. Tecnicamente, uma não se confunde com a outra.

A relação de emprego existirá dada a simples presença dos requisitos legais. Dela decorre, num primeiro momento, a celebração de um contrato de trabalho entre empregado e empregador, isto é, um conjunto de cláusulas e condições a disciplinar a relação de emprego entre eles existente. E num segundo momento, a obrigação de anotar tal contrato na Carteira de Trabalho[45] e Previdência Social do empregado.

3.1. Conceito, Denominação, Características e Validade

Para o legislador, *contrato individual de trabalho* é o acordo tácito ou expresso, correspondente à relação de emprego. Entretanto, não são poucas as críticas doutrinárias sobre tal conceito. Há autores (Amauri Mascaro[46], Alice Monteiro de Barros[47], Maurício Godinho[48], Martins Catharino[49] e outros), adeptos de uma *teoria contratualista* para estudo da natureza jurídica da relação de emprego, que acreditam ser o contrato de trabalho, de fato, um ajuste de vontades livremente firmado por empregado e empregador. Noutra linha de entendimento, há os que defendem uma *teoria anticontratualista*[50], segundo a qual esse contrato não passa de um instituto com condições preestabelecidas pelo empregador e a que pode o empregado aderir ou não, estando a elas vinculado caso escolha integrá-lo. Nesse contexto, fala-se que a definição legal de contrato de trabalho, por mim citada logo acima[51], é híbrida, por admitir o legislador, em único conceito, as duas teorias, não obstante doutrina majoritária adote a primeira teoria. Creio eu que tamanha divergência talvez impeça o trato da matéria em provas objetivas como aquela para a qual você se prepara.

A nomenclatura dada ao contrato também deixa muito a desejar. Se distinta a relação de trabalho da relação de emprego, para esta espécie mais adequado seria falar em contrato de emprego, como sugerem os autores Orlando Gomes[52] e Sérgio Pinto Martins[53], e não em

---

45. Por força da MP 881/2019, também conhecida como Declaração da Liberdade Econômica e convertida na Lei nº 13.874, de 20 de setembro de 2019, a CTPS será emitida pelo Ministério da Economia preferencialmente em meio eletrônico e o empregador terá o prazo de 5 (cinco) dias úteis para nela anotar, em relação aos trabalhadores que admitir, a data da admissão, a remuneração e as condições especiais, se houver, facultada a adoção de sistema manual, mecânico ou eletrônico, conforme instruções a serem expedidas pelo citado Ministério.

46. NASCIMENTO, Amauri Mascaro. *Curso de Direito do Trabalho*. 16ª ed. São Paulo: Saraiva, 1999, p. 370.

47. BARROS, Alice Monteiro de. *Curso de Direito do Trabalho*. 2ª ed. São Paulo: LTr, 2006, p. 204.

48. DELGADO, Maurício Godinho. *Curso de Direito do Trabalho*. 6ª ed. São Paulo: LTr, 2007, p. 314.

49. CATHARINO, José Martins. *Compêndio de Direito do Trabalho*. São Paulo: LTr, 1983, p. 235.

50. *Vide* arts. 28 e 29 da Exposição de Motivos da CLT que atestam a prevalência da concepção institucionalista.

51. Previsão do caput do art. 442 da CLT.

52. GOMES, Orlando; GOTTSCHALK, Élson. *Curso de Direito do Trabalho*. 17ª ed. Rio de Janeiro: Forense, 2004, p. 171.

53. MARTINS, Sérgio Pinto. *Direito do Trabalho*. 13ª ed. São Paulo, 2001, p. 112.

DIREITO DO TRABALHO

contrato de trabalho, como na prática e no contexto da própria CLT ocorre, quando talvez mais apropriada para as prestações de serviço regra geral, ou seja, sem vínculo empregatício.

Todavia, não há dúvidas de que o contrato de trabalho é negócio jurídico *bilateral* (reciprocidade de direitos e obrigações), *consensual* (proveniente da autonomia da vontade das partes), *oneroso* (de natureza contraprestativa), *comutativo* (empregado e empregador conhecem de antemão quais as vantagens e desvantagens do negócio), *intuitu personae* (originário de uma relação pessoal e de fidúcia) e de *trato sucessivo* (a cada prestação corresponde, repetida e seguidamente, uma contraprestação).

Agora, desejo que você esteja atento ao fato de que o contrato de trabalho, enquanto negócio jurídico, produzirá válidos efeitos tão só na presença de elementos essenciais[54], quais sejam, *agente capaz, objeto lícito, possível e determinado, forma prescrita ou não defesa em lei*. A ausência ou o vício de um deles já pode comprometer a validade de todo o contrato de trabalho. Por consequência, de grande relevância que você bem os conheça!

A capacidade do agente consiste, para Rodrigues Pinto[55], na "aptidão do homem para ser sujeito ativo ou passivo de relações jurídicas, de adquirir e gozar direitos e contrair obrigações". Ante o exposto, quando que alguém está apto para validamente prestar serviços na condição de empregado? – A princípio, você deve considerar a capacidade para trabalhar prevista na Constituição Federal[56] de 1988, e, depois, num segundo momento, a capacidade para a prática de atos da vida civil[57], dos atos do negócio... Então, é absolutamente incapaz para o trabalho o menor de quatorze anos, ao passo que, relativamente incapaz, porque condicionado o serviço, o maior de quatorze até dezesseis anos de idade, salvo na qualidade de aprendiz, também o maior de dezesseis anos até dezoito, ressalvado o trabalho noturno, perigoso ou insalubre. E mesmo quando emancipado o trabalhador ao se enquadrar em uma das hipóteses da lei civil, não há que se falar em plena capacidade do empregado enquanto menor de dezoito anos. As regras de capacidade civil, inclusive as que acabo de mencionar a título de emancipação, aplicam-se somente para a prática de atos contratuais, como assinatura em documentos. Sobre o mesmo tema, quando que alguém está apto para validamente contratar serviços na condição de empregador? – Pondero que menor atenção reserva o Direito do Trabalho à capacidade do patrão, o que autoriza a aplicação imediata da norma civil. Se absolutamente incapaz para o exercício da vida civil, também para contratar empregados. Se relativamente incapaz, relativamente incapaz para admitir subordinados. Se emancipado para a prática de atos contratuais, também para o contrato de trabalho enfim.

Lícita deve ser a prestação de serviços, objeto do contrato de trabalho. E o objeto ilícito difere do proibido. A ilicitude ocorrerá sempre que o trabalho consistir na prática de uma conduta delituosa, vale dizer, tipificada como contravenção penal ou crime. A proibição existirá sempre que o trabalho consistir na prática de uma conduta simplesmente vedada por lei ou condicionada a requisitos específicos. Nulo será o contrato de trabalho ilícito, bem como o proibido, aqui cogitando a doutrina de modulações sobre os efeitos

---

54. CC/2002, art. 104.

55. PINTO, José Augusto Rodrigues. *Curso Individual do Trabalho*. 5ª ed. São Paulo: LTr, 2003, p. 171.

56. CRFB/1988, art. 7º, XXXIII.

57. CC/2002, arts. 3º a 5º.

CHRIS BRUNO E THIAGO RASO

da declaração de nulidade. Entende o TST[58], a contratação de servidor público, após a CF/1988, sem prévia aprovação em concurso público, encontra óbice no respectivo art. 37, II e § 2º, somente lhe conferindo direito ao pagamento da contraprestação pactuada, em relação ao número de horas trabalhadas, respeitado o valor da hora do salário mínimo, e dos valores referentes aos depósitos do FGTS. E é a mesma Corte Trabalhista[59] que admite, quando preenchidos os requisitos do art. 3º da CLT, ser legítimo o reconhecimento de relação de emprego entre policial militar e empresa privada, independentemente do eventual cabimento de penalidade disciplinar prevista no Estatuto do Policial Militar. Há outros exemplos de situações semelhantes, a citá-las: proibição de trabalho ao menos de dezesseis anos, salvo na condição de aprendiz, limitado a quatorze anos[60], proibição de contratação no período pré-eleitoral para a Administração Pública[61], proibição de acumulação de empregos públicos[62], previsão de requisitos especiais para o exercício das atividades profissionais de vigilância[63] e de *motoboy*[64].

Além de lícito o objeto do contrato de trabalho deve ser possível, ou seja, realizável tendo como parâmetro as aptidões físicas e psicológicas do trabalhador padrão comum, além de determinado, com especificações de gênero, de espécie, de quantidade e de características individuais da prestação de serviços.

Para finalizar, tenha em mente que, em geral, o contrato de trabalho é negócio jurídico não solene, pelo que não se exige forma específica para sua celebração. Nesse sentido é que o contrato de trabalho pode ser celebrado sob diversas modalidades. No entanto, mesmo que raro, é possível que a lei determine uma determinada forma para o celebrar de um ou doutro contrato de trabalho, forma que deve ser observada sob pena de nulidade do negócio. É o que se passa com o contrato especial de aprendizagem, o contrato intermitente e o contrato dos artistas e atletas profissionais os quais devem ser celebrados de forma expressa e por escrito[65].

3.2. Modalidades

O contrato individual de trabalho poderá ser acordado tácita (a conduta – ação ou omissão – das partes é que denota a existência de uma relação de emprego) ou expressamente (há clara manifestação sobre o vínculo empregatício), verbalmente (expressão pela fala) ou por escrito (expressão com registro em papel), por prazo determinado (de curta duração) ou indeterminado (sem previsão do fim), ou para prestação de trabalho intermitente (prestação de serviços com subordinação e sem continuidade).

---

58. TST, Súmula nº 363.
59. TST, Súmula nº 386.
60. CRFB/1988, art. 7º, XXXIII.
61. Lei nº 9504, de 30 de setembro de 1997, art. 100 c/c TST, SDI-1, OJ nº 51.
62. CRFB/1988, art. 37, XVI e XVII.
63. Lei nº 7102, de 20 de junho de 1983.
64. Lei nº 12009, de 29 de julho de 2009.
65. CLT, art. 428, caput.

A. Contrato de Trabalho Por Prazo Determinado

Em caráter excepcional, o legislador autoriza a celebração do contrato de trabalho para que vigore por prazo determinado, o que significa dizer que as partes, já no ato da contratação, conhecem, de pronto, o termo final do negócio.

Justo porque se trata de uma exceção, essa modalidade de contrato somente existirá e produzirá válidos efeitos se preenchidos os requisitos para tanto previstos pela lei.

Para a *existência* do contrato de trabalho por prazo determinado, imprescindível que haja um *termo prefixado* ou, por se tratar de *termo incerto, mas previsível*, que o fim do negócio esteja condicionado à *execução de serviços especificados* ou à *realização de certo acontecimento suscetível de previsão aproximada*.

Para a sua *validade*, deve o contrato se tratar de *serviço cuja natureza ou transitoriedade justifique a predeterminação do prazo*, de *atividades empresariais de caráter transitório*, senão de *contrato de experiência*.

O legislador também estabelece tempo limite para a duração desse negócio. Portanto, o contrato de trabalho por prazo determinado não poderá ser estipulado por mais de 2 (dois) anos, salvo o contrato de experiência que não poderá exceder de 90 (noventa) dias, de maneira que, se, em ambas as hipóteses, tácita ou expressamente, for prorrogado mais de uma vez, passará a vigorar sem determinação de prazo. Ressaltando que essa única prorrogação permitida pode ser realizada por períodos iguais ou distintos ao inicialmente contratado, sempre observando os prazos máximos acima citados.

De resto, considera-se por prazo indeterminado todo contrato que suceder, dentro de 6 (seis) meses, a outro contrato por prazo determinado, salvo se a expiração deste dependeu da execução de serviços especializados ou da realização de certos acontecimentos.

B. Contrato de Trabalho Por Prazo Indeterminado

A relação de emprego é celebrada para perdurar ao longo do tempo e sabemos que, a cada prestação de serviços correspondente uma contraprestação a favor do empregado, contraprestação capaz de atender às suas necessidades vitais básicas e às de sua família com moradia, alimentação, educação, saúde, lazer, vestuário, higiene, transporte e previdência social. A verdade é que não cogitamos, a princípio, da falta do salário, o que, por si mesmo, justifica o prosperar do vínculo entre empregado e empregador. Trata-se do *princípio da continuidade da relação de emprego*, mandamento que se impõe uma vez que "o homem médio busca a segurança e a estabilidade econômica, o que acarreta presunção de que todos desejam uma colocação no mercado para ter a oportunidade de trabalho, já que o desemprego assusta e traz instabilidade" (Cassar, 2018, p. 195). Em virtude disso, via de regra o contrato de trabalho é celebrado por prazo indeterminado e há presunção de que assim constituído diante da ausência de prova do ajuste de termo para a vigência do pacto trabalhista.

Igualmente se posiciona o TST[66] ao consolidar que o ônus de provar o término do contrato de trabalho, quando negados a prestação de serviço e o despedimento, é do empregador, pois o princípio da continuidade da relação de emprego constitui presunção favorável ao empregado.

---

66. TST, Súmula nº 212.

CHRIS BRUNO E THIAGO RASO

C. Prestação de Trabalho Intermitente

Será *intermitente* o contrato de trabalho no qual a prestação de serviços, com subordinação, não é contínua, ocorrendo com alternância de períodos de prestação de serviços e de inatividade, determinados em horas, dias ou meses, independentemente do tipo de atividade do empregado e do empregador, exceto para os aeronautas, regidos por legislação própria.

Informo-lhe que, em 28 de agosto de 2017, foi promulgada a Lei nº 13475, para regulamentar o exercício da profissão de tripulante de aeronave, denominada aeronauta. Nos termos da nova legislação[67], a prestação de serviço dos tripulantes empregados nos serviços aéreos deve respeitar os períodos de folgas e repousos regulamentares e será determinada por meio de escala, no mínimo, mensal, divulgada com antecedência mínima de cinco dias, sendo vedado o estabelecimento de situações de trabalho e de horários não definidos.

3.3. Alteração

No Direito do Trabalho o contrato também faz lei entre as partes[68] e as relações contratuais de trabalho podem ser objeto de livre estipulação dos interessados em tudo quanto não contravenha às disposições de proteção ao trabalho, aos contratos coletivos que lhes sejam aplicáveis e às decisões das autoridades competentes.

Pela Reforma Trabalhista, essa livre estipulação terá lugar até nas hipóteses previstas no artigo 611-A da CLT, com a mesma eficácia legal e preponderância sobre os instrumentos coletivos, no caso de empregado portador de diploma de nível superior e que perceba salário mensal igual ou superior a duas vezes o limite máximo dos benefícios do Regime Geral de Previdência Social[69].

A questão é que o ordenamento jurídico trabalhista tem como escopo maior o *princípio da proteção do trabalhador*, tendo como natural consequência a premissa da *inalterabilidade contratual in pejus*. Isso mesmo: o contrato de trabalho é inalterável se para lesar o trabalhador.

Não por outra razão é que, nos contratos individuais de trabalho, só é lícita a alteração das respectivas condições por *mútuo consentimento*, e, ainda assim, *desde que não resultem, direta ou indiretamente, prejuízos ao empregado*, sob pena de nulidade da cláusula infringente desta garantia.

No entanto, há situações que fogem a essa regra! E é preciso que você as conheça pelo fato de, com frequência, serem objeto de prova como aquela que, logo, prestará...

É que também compõe o chamado "poder empregatício" a prerrogativa do patrão de unilateralmente alterar o contrato de trabalho, quando no exercício do *jus variandi*. A doutrina classifica essa prerrogativa em *jus variandi ordinário* e *jus variandi extraordinário* do empregador.

Estará no exercício do *jus variandi ordinário* o patrão que, enquanto dono do empreendimento e quem assume os riscos do negócio, modifica algumas cláusulas e condições

---

67. Lei nº 13475, de 28 de agosto de 2017, art. 26, caput e I.
68. *Pacta sunt servanda.*
69. Para a doutrina, prerrogativa que se concede ao então denominado empregado *hipersuficiente*.

670

DIREITO DO TRABALHO

contratuais que se referem a questões da rotina de trabalho. Seria a hipótese de mudança do horário de almoço das 13h às 14h, apesar de inicialmente contratado para gozo das 12h às 13h, senão, a hipótese em que determinado o uso do uniforme, apesar de, até então, nada ter sido ajustado a respeito. Aqui, estamos a admitir ocorrências de subjetiva eleição: afinal de contas, quando considerar uma questão como de rotina do trabalhador? Em função disso, a matéria não tem sido cobrada em exames.

Estará no exercício do *jus variandi extraordinário* o patrão que altera unilateralmente o contrato de trabalho celebrado, por vezes até causando prejuízos, diretos ou indiretos, de ordem patrimonial ou não, ao empregado, quando autorizado pela lei ou reconhecido pela jurisprudência. Num primeiro momento, a análise da situação-problema poderia fazê-lo acreditar na violação do *princípio da inalterabilidade contratual in pejus* e no desrespeito à regra estabelecida no artigo 468, caput, da CLT. Porém, lícitas as alterações contratuais!

A. Alterações de função

São reconhecidas as seguintes alterações de função:

✓ Art. 468, § 1º, CLT: reversão para o cargo anterior, quando destituído o empregado de cargo de confiança[70];

✓ Art. 450, CLT: recondução ao cargo anteriormente ocupado por empregado chamado a ocupar, em comissão, interinamente ou em substituição eventual ou temporária, cargo diverso;

✓ Art. 461, § 4º, CLT: readaptação em nova função, por motivo de deficiência física ou mental atestada pela Previdência Social.

Havendo necessidade de serviço e sem que a alteração cause prejuízo (s) ao trabalhador, legal também será a mudança de sua função, se corresponderem, antiga e nova atividade, a mesmo nível e valor na estrutura organizacional da empresa.

O que não se admite é o rebaixamento funcional!

B. Alterações de horário

Quanto às alterações desta natureza, revestidas estão, de licitude, a *mudança de horário* dentro do mesmo turno, a *supressão das horas noturnas* e a *mudança do período noturno para o diurno*[71].

C. Transferência de local para prestação de serviços

Nos termos da lei, a transferência de local para a prestação de serviços é assim considerada quando necessariamente acarretar a *mudança de domicílio* pelo empregado.

A hipótese não diz respeito à simples alteração do endereço obreiro, de um para outro local, dentro do mesmo município[72]. Assim sendo, sobre o empregador apenas recairá o encargo de pagar eventual acréscimo nas despesas de transporte.

---

70. O novo dispositivo, incluso na CLT pela Lei nº 13467/2017, objeto da Reforma Trabalhista, causa impacto no entendimento consolidado pelo TST na Súmula nº 372.

71. TST, Súmula nº 265.

72. TST, Súmula nº 29.

Tampouco essa figura jurídica corresponde à transferência do empregado para município vizinho, próximo, quando o empregado sequer muda de residência.

Contudo, *vedada é a transferência do obreiro sem a sua anuência*, ressalvadas algumas exceções: 1º) empregado ocupante de cargo de confiança; 2º) previsão contratual, implícita (consentimento subtendido – ex. empregado de circo) ou explícita (consentimento expresso, verbalmente ou por escrito); 3º) extinção do estabelecimento empresarial; 4º) necessidade imperiosa e insubstituível do serviço daquele profissional em outro local de trabalho.

Lembre-se de que quando for transitória a transferência do empregado, a ele será devido, pelo empregador, um *adicional na base de 25% (vinte e cinco por cento) dos salários percebidos* e enquanto prolongar tal condição.

Ah, sim, a lei não estabelece qual seria o prazo máximo para se admitir a transferência do empregado como sendo *provisória*. Dessa maneira, somente o estudo de cada caso concreto poderá permitir sua classificação, ou não, como tal, levando-se em conta, antes de tudo, se ajustada a possibilidade de retorno do trabalhador à origem, já no instante em que proposta pelo empregador a mudança de domicílio.

Todavia, provisória ou definitiva a transferência de local para a prestação dos serviços, todas as despesas dela provenientes correrão por conta do empregador.

De toda forma, independente do fato que motivar a transferência, é imprescindível que o trabalho do operário não possa ser realizado por outro trabalhador da localidade, ou seja, deve ser necessária a execução do serviço por aquele determinado obreiro, inclusive se se tratar de ocupante de cargo de confiança[73].

A título de informação, sugiro a leitura da Lei nº 7064, de 13 de dezembro de 1982, norma que regulamenta a transferência de trabalhadores, condicionada à autorização do MTE – Ministério do Trabalho e Emprego[74], para o exterior. O prazo máximo permitido é de três anos, exceto se a empresa estrangeira garantir ao empregado e seus dependentes o direito de férias anuais no Brasil, com as despesas de viagem pagas.

3.4. Interrupção e Suspensão

Dentre outras caraterísticas neste estudo citadas, o contrato de trabalho é um negócio jurídico *sinalagmático*, através do qual as partes comprometem-se com obrigações recíprocas. Na essência, deverá o empregado prestar serviços (trabalhar) e o empregador, pagar "salário" (remunerar). Quando o contrato de trabalho segue o seu curso regular, produz, incessante e ininterruptamente, todos os seus efeitos, não podendo qualquer das partes se eximir de suas atribuições. Há prestação de serviço, há pagamento de salário e há, via de

---

73. TST, Súmula 43.

74. Pela MP 870/2019, convertida na Lei nº 13.844, de 18/06/2019, a estabelecer a nova organização básica dos órgãos da Presidência da República e dos Ministérios, define como área de competência do Ministério da Economia a política de diretrizes para a geração de emprego e renda e de apoio ao trabalhador, a política e diretrizes para modernização das relações de trabalho, a fiscalização do trabalho, inclusive do trabalho portuário, e aplicação das sanções previstas em normas legais ou coletivas, política salarial, a formação e desenvolvimento profissional, segurança e saúde no trabalho e a regulação profissional.

DIREITO DO TRABALHO

natural consequência, a contagem desse tempo como de efetivo labor, o que representa dizer, há depósito do FGTS.

Entretanto, na prática, há circunstâncias em que o pacto laboral é paralisado e os efeitos contratuais tornam-se inoperantes durante certo lapso de tempo. São hipóteses de *interrupção* e *suspensão* do contrato de trabalho.

A *suspensão contratual* "é a sustação temporária dos principais efeitos do contrato de trabalho no tocante às partes, em virtude de um fato juridicamente relevante, sem ruptura, contudo, do vínculo contratual formado. É a *sustação ampliada e recíproca de efeitos contratuais, preservado, porém, o vínculo entre as partes*"[75].

Já a *interrupção contratual* "é a sustação temporária da principal obrigação do empregado no contrato de trabalho (prestação de trabalho e disponibilidade perante o empregador), em virtude de um fato juridicamente relevante, mantidas em vigor todas as demais cláusulas contratuais. Como se vê é a interrupção *a sustação restrita e unilateral de efeitos contratuais*"[76].

Em princípio, na suspensão o empregado não presta serviços, o empregador não está obrigado a pagar os salários e não se conta o afastamento como tempo de serviço. Na interrupção, é devido o salário e o período de afastamento é contado como tempo de serviço, embora não haja prestação de trabalho.

A. Circunstâncias Suspensivas

São hipóteses, legalmente previstas, de *suspensão do contrato de trabalho*:

✓ ausências por motivo de doença, a partir do 16º dia (art. 476 da CLT c/c art. 60, *caput*, Lei nº 8213, de 24 de julho de 1991);

✓ aposentadoria por invalidez (art. 475 da CLT);

✓ período de suspensão disciplinar (art. 474 da CLT);

✓ ausência para exercício de cargo público;

✓ suspensão do empregado estável, em virtude de ajuizamento de inquérito para apuração de falta grave, desde que julgado procedente (art. 853 da CLT);

✓ período em que o empregado esteve afastado, respondendo a inquérito na Justiça Comum ou Militar, ou na polícia, ou preso aguardando julgamento na Justiça Criminal;

✓ força maior (art. 61, §3º, da CLT);

✓ eleição para o cargo de diretor (somente se não permanecer subordinada a relação) (Súmula nº 269 do TST);

✓ faltas injustificadas;

✓ encargo sindical (se houver afastamento) (art. 543, *caput* e §2º, da CLT);

✓ greve (quando não houver pagamento dos dias parados);

✓ bolsa de qualificação (art. 476-A da CLT).

B. Circunstâncias Interruptivas

São hipóteses, legalmente previstas, de *interrupção do contrato de trabalho*:

✓ ausências por motivo de doença até o 15º dia (arts. 60, § 3º e 61 da Lei nº 8213, de

---

75. DELGADO, Maurício Godinho. *Curso de Direito do Trabalho*. 8ª ed. LTr: São Paulo, 2009, p. 971.

76. *Idem*, p. 972.

24 de julho de 1991);

✓ licença remunerada;

✓ período em que não houver serviço na empresa, por culpa ou responsabilidade dela (ex. art. 161, § 6º, CLT);

✓ férias (arts. 129 a 153 da CLT);

✓ licença da gestante (art. 7º, XVIII, CF/1998 c/c art. 392 da CLT);

✓ aborto não criminoso (art. 395 da CLT);

✓ suspensão do empregado estável por motivo de ajuizamento de inquérito para apuração de falta grave, quando a ação for julgada improcedente;

✓ ausências legais[77] (art. 473 da CLT);

✓ quando o empregado for afastado do serviço, até 90 (noventa) dias, por requisição de autoridade competente, em razão de interesse à segurança nacional (art. 472, *caput* e §5º, da CLT);

✓ repouso semanal e feriados (arts. 1º e 8º da Lei nº 605 de 5 de janeiro de 1949);

✓ testemunha, júri e comparecimento a juízo como parte (art. 822 da CLT; art. 441 do CPP; Súmula nº 155 do TST);

✓ *Lockout* (art. 17 da Lei nº 7783, de 28 de junho de 1989).

Em razão do período pandêmico propiciado pelo novo coronavírus (COVID-19), várias empresas foram impedidas de funcionar diante da obrigatoriedade de se manter o isolamento social. Buscando evitar demissões em massa, o governo criou uma nova modalidade de suspensão do contrato de trabalho para que pudesse ser utilizada durante o estado de calamidade pública.

A MP 936/2020, convertida na Lei 14020/2020, autoriza a suspensão dos contratos de trabalho por meio de acordo individual de trabalho. A medida criada pelo governo tem como objetivo a preservação do emprego e da renda desses trabalhadores. Portanto, para aqueles empregados e empregadores que optaram por suspender o contrato de trabalho, a situação ficou da seguinte forma: O empregado deixou de prestar serviços durante o período de suspensão e o empregador deixou de pagar os salários. No entanto, a grande diferença desta modalidade, é que aqui o governo realiza o pagamento de um benefício emergencial[78] preservando o emprego e a renda destes trabalhadores enquanto durar a suspensão contratual.

C. Circunstâncias Especiais

Duas são as circunstâncias a respeito das quais se divide a doutrina no enquadramento da hipótese como causa suspensiva ou como causa interruptiva do contrato de trabalho. Por isso qualificam-se como verdadeiramente especiais, apesar da jurisprudência tratar como

---

77. A Lei nº 13767, de 18 de dezembro de 2018, acrescentou ao artigo 473 da CLT, a falta justificada de até 3 (três) dias, em cada 12 (doze) meses de trabalho, em caso de realização de exames preventivos de câncer devidamente comprovada.

78. Este benefício é pago com base nos valores estipulados na tabela do seguro desemprego.

DIREITO DO TRABALHO

'suspensão' do pacto laboral[79]. Correspondem aos afastamentos para prestação de *serviço militar* e por *acidente do trabalho*.

Não seriam hipótese de *interrupção* do pacto laboral, visto que não há pagamento de salários. Não seriam, também, hipótese de *suspensão*, já que, por expressa previsão legal, há contagem do tempo de serviço para fins de indenização, isto é, implica a obrigatoriedade de depósitos do FGTS – Fundo de Garantia pelo Tempo de Serviço durante o período em apreço[80].

D. Suspensão e Interrupção do Contrato de Trabalho por Prazo Determinado

A *suspensão* e a *interrupção* do contrato de trabalho por prazo determinado em nada afetam o lapso acordado, de sorte que continua a correr naturalmente. Não impedem que o *termo final*, já conhecido pelas partes quando da celebração do negócio jurídico, ocorra no transcorrer no período de paralisação, de inoperância, do contrato. Todavia, a lei cogita uma hipótese excepcional: se as partes assim ajustarem, o tempo de interrupção ou suspensão pode ser descontado, desconsiderado. Do contrário, repita-se, a expiração do pacto verificar-se-á normalmente no termo prefixado.

4. DURAÇÃO DO TRABALHO

Com o intuito primeiro de validar a proteção do empregado, daquele que, em regra e a princípio, é o hipossuficiente nesse vínculo jurídico, o ordenamento trabalhista conta com uma infinidade de normas e institutos de medicina e segurança do trabalho, a destacar normas e institutos sobre a *duração do trabalho*.

Na CLT, o legislador disciplina a matéria em capítulo específico cujas regras são aplicáveis, no geral, a todas as atividades, salvo as expressamente excluídas, dentre elas, o serviço prestado pelos *empregados que exercem atividade externa* incompatível com a fixação de horário de trabalho, devendo tal condição ser anotada na Carteira de Trabalho e Previdência Social e no registro de empregados, pelos gerentes, assim considerados os exercentes de *cargos de gestão*, aos quais se equiparam, para tal efeito, os diretores e chefes de departamento ou filial, e, da mesma maneira, pelos empregados em *regime de teletrabalho*, sem prejuízo das *profissões diferenciadas* isoladamente regulamentadas por lei.

4.1. Limitação da Jornada

Dentre todas as conquistas do trabalhador, acredito eu estar a *limitação da jornada* dentre aquelas de maior relevância, a que mais resguarda, ao certo, a saúde física e psicológica do empregado no transcorrer de todo o período em atividade[81].

---

79. Oportuno registrar que a Corte Trabalhista Superior passou a reconhecer, como exceção à regra geral, novos efeitos da suspensão do contrato de trabalho. De forma especial no que diz respeito à aposentadoria por invalidez, garante-se ao empregado o direito à manutenção do plano de saúde ou assistência médica eventualmente oferecido pela empresa, tudo nos termos da Súmula nº 440 do TST.

80. CLT, art. 4º, § 1º com redação dada pela Lei nº 13467, de 13 de julho de 2017.

81. O artigo 74 da CLT ganhou nova redação pela Lei nº 13.874, de 20 de setembro de 2019, a instituir a Declaração de Direitos de Liberdade Econômica, de sorte que, para os estabelecimentos com mais de 20 (vinte) trabalhadores será obrigatória a anotação da hora de entrada e de saída, em registro manual, mecânico ou

A. Jornada Normal de Trabalho

Nesse contexto é que o constituinte garante ao empregado o direito à duração do trabalho normal não superior a oito horas diárias e quarenta e quatro semanais, facultada a compensação de horários e a redução da jornada, apenas mediante acordo ou convenção coletiva de trabalho.

Trata-se de *padrão* estabelecido para *jornada normal de trabalho* cujo extrapolar de limite implica a prática de horas extras, resguardada, quando ocorram, a remuneração superior, no mínimo, em 50% (cinquenta por cento).

B. Jornadas Especiais

Ocorre que, por vezes, ao reconhecer as particularidades com que se dá a prestação de serviços por um ou por outro determinado empregado, o legislador pátrio estabeleceu parâmetros especiais para delimitar a respectiva jornada normal de trabalho. Sugiro que conheça as principais:

✓ Profissões Regulamentadas

A partir de normas especiais de tutela do trabalho, a CLT[82] cogita de disposições específicas sobre a duração e condições de trabalho do empregado *bancário, músico profissional, operador cinematográfico, motorista profissional*, para trabalho *em minas de subsolo, jornalista profissional, professor*, além de outros.

✓ Regime em Turno Ininterrupto de Revezamento

Com origem na Lei nº 5811/1972 – destinada apenas a empregados da indústria petrolífera, e, hoje, a integrar o cenário constitucional dentre as garantias do trabalhador subordinado, o *turno ininterrupto de revezamento* consiste em dos mais prejudiciais regimes de jornada de trabalho.

A princípio previsto para viabilizar a *atividade ininterrupta* de empresas em funcionamento por 24 (vinte e quatro) horas ao dia, através do revezamento de seus empregados entre *todos os turnos* praticados pelo empregador, no momento, este regime especial de jornada conta com regras específicas e aplicáveis ao trabalhador que exerce sua atividade em sistema de alternância de turnos, ainda que em dois turnos de trabalho, que compreendam, no todo ou em parte, o horário diurno e o noturno, pois submetido à alternância de horário prejudicial à saúde, sendo irrelevante que a atividade da empresa se desenvolva de forma ininterrupta.

Aos empregados sujeitos a esse regime é garantida jornada de seis horas, salvo negociação coletiva. O extrapolar da 6ª (sexta) hora de trabalho implica, via de regra, no pagamento de horas extras. Caso estabelecida jornada superior a seis horas e limitada a oito horas por meio de regular negociação coletiva, os empregados submetidos a turnos ininterruptos de revezamento não têm direito ao pagamento da 7ª e 8ª horas como extras.

---

eletrônico, conforme instruções expedidas pela Secretaria Especial de Previdência e Trabalho do Ministério da Economia, permitida a pré-assinalação do período de repouso. Fica permitida, portanto, a utilização do registro de ponto por exceção à jornada regular de trabalho, mediante acordo escrito, convenção coletiva ou acordo coletivo de trabalho.

82. CLT, art. 224 e seguintes.

DIREITO DO TRABALHO

E tome nota: a interrupção do trabalho destinada a repouso e alimentação, dentro de cada turno, ou o intervalo para repouso semanal, não descaracteriza o turno de revezamento com jornada de 6 (seis) horas previsto na Constituição[83].

✓ Regime de Tempo Parcial

Aquele que trabalha quarenta e quatro horas semanais, conforme estabelecido como padrão para a jornada normal de trabalho, presta serviços em regime de tempo integral.

Presta serviços em *regime de tempo parcial* o empregado cuja duração do trabalho não exceda a *trinta horas semanais*, sem a possibilidade de horas suplementares semanais, ou, ainda, aquele cuja duração não exceda a *vinte e seis horas semanais*, com a possibilidade de acréscimo de até seis horas suplementares semanais, pagas com o acréscimo de 50% (cinquenta por cento) sobre o salário-hora normal.

O salário a ser pago aos empregados sob o regime de tempo parcial será proporcional à sua jornada, em relação aos empregados que cumprem, nas mesmas funções, tempo integral. E para os atuais empregados, a adoção do regime de tempo parcial será feita mediante opção manifestada perante a empresa, na forma prevista em instrumento decorrente de negociação coletiva.

Quanto à compensação de jornada, as horas suplementares da jornada de trabalho normal poderão ser compensadas diretamente até a semana imediatamente posterior à da sua execução, devendo ser feita a sua quitação na folha de pagamento do mês subsequente, caso não sejam compensadas.

Por fim, a reforma possibilitou ao empregado urbano o abono pecuniário de férias para empregados que laboram no regime de tempo parcial, além de garantir o mesmo número de dias de férias dos trabalhadores que laboram no regime normal de trabalho.

Ressaltando que para o doméstico, a L.C 150/2015 traz tratamento diferenciado para o regime de tempo parcial. Neste caso, considera como trabalho em regime de tempo parcial aquele cuja duração não exceda 25 (vinte e cinco) horas semanais. Ademais, as férias possuem regramento próprio com a redução de dias de férias em razão da duração do trabalho semanal.

✓ Regime 12 X 36

O serviço prestado em escala de 12h (doze horas) consecutivas de trabalho mediante sucessivo descanso por 36h (trinta e seis horas) nunca contou com muito prestígio no ordenamento jurídico até então em vigor. Coube às Cortes Trabalhistas, diante do caso concreto, avaliar a licitude ou não do regime, até que consolidado o entendimento do TST na Súmula nº 444.

A LC nº 150/2015 foi a primeira a disciplinar essa modalidade de jornada para o trabalho do empregado doméstico, já trazendo regulamentação diversa e mais prejudicial que aquela sumulada pelo Tribunal Superior do Trabalho.

Pela Reforma Trabalhista, a matéria também passou a figurar no contexto da CLT, quando, em exceção à regra de prorrogação de jornada é facultado às partes, mediante acordo individual escrito, convenção coletiva ou acordo coletivo de trabalho, estabelecer

---

83. CRFB/1988, art. 7º, XIV.

CHRIS BRUNO E THIAGO RASO

horário de trabalho de doze horas seguidas por trinta e seis horas ininterruptas de descanso, observados ou indenizados os intervalos para repouso e alimentação.

A toda evidência, a nova regra impacta aquela súmula do TST e provoca a abordagem do tema sob outra perspectiva enfim. Até lá, para provas e seleções, eu diria, prudente que você analise o "comando" da questão proposta para definir se aplicável, na hipótese, o entendimento jurisprudencial ou a previsão legal.

C. Cômputo da Jornada

Qual intervalo de tempo, então, considerar, para o cômputo da jornada do empregado e, assim, tornar possível o verificar da prática ou não de horas extras?

✓ Tempo à Disposição do Empregador

Como de serviço efetivo é considerado o período em que o empregado esteja à disposição do empregador, aguardando ou executando ordens, salvo disposição especial expressamente consignada.

Mas, por não se considerar tempo à disposição do empregador, não será computado como período extraordinário o que exceder a jornada normal, ainda que ultrapasse o limite de cinco minutos previsto no § 1º do art. 58 da CLT, quando o empregado, por escolha própria, buscar proteção pessoal, em caso de insegurança nas vias públicas ou más condições climáticas, bem como adentrar ou permanecer nas dependências da empresa para exercer atividades particulares, entre outras: *práticas religiosas, descanso, lazer, estudo, alimentação, atividades de relacionamento social, higiene pessoal, troca de roupa ou uniforme, quando não houver obrigatoriedade de realizar a troca na empresa.* Essa temática tem aparecido com grande frequência nos exames de ordem.

✓ Variações no Registro de Ponto

Não serão descontadas nem computadas como jornada extraordinária as variações de horário no registro de ponto não excedentes de cinco minutos, observado o limite máximo de dez minutos diários. Se ultrapassado esse limite, será considerada como extra a totalidade do tempo que exceder a jornada normal, pois configurado tempo à disposição do empregador, não importando as atividades desenvolvidas pelo empregado ao longo do tempo residual (troca de uniforme, lanche, higiene pessoal etc.)[84].

✓ Horas de Prontidão e Horas de Sobreaviso

Originariamente previstas apenas para o ferroviário, as horas de *prontidão* ocorrem quando da permanência do empregado nas dependências da estrada, aguardando ordens, com escala de, no máximo, doze horas, sendo, para todos os efeitos, contadas à razão de 2/3 (dois terços) do salário-hora normal, ao passo que as horas de *sobreaviso* se dão sempre que o empregado permanece em sua própria casa, aguardando a qualquer momento o chamado para o serviço, de escala máxima de vinte e quatro horas, contadas, para todos os efeitos, à razão de 1/3 (um terço) do salário normal.

---

84. TST, Súmula nº 366 c/c CLT, art. 4º, § 2º com redação dada pela Lei nº 13467, de 13 de julho de 2017.

Aos *petroleiros*[85] foi garantido o sobreaviso cuja remuneração corresponde à hora extra, ou seja, na razão da hora normal de trabalho acrescida do adicional mínimo de 50% (cinquenta por cento). O sobreaviso também foi estendido aos *aeronautas*[86] e aos *eletricitários*[87].

✓ Horas *In Itinere*

O tempo despendido pelo empregado desde a sua residência até a efetiva ocupação do posto de trabalho e para o seu retorno, caminhando ou por qualquer meio de transporte, inclusive o fornecido pelo empregador, não será computado na jornada de trabalho, por não ser tempo à disposição do empregador[88].

4.2. Jornada Extraordinária

O trabalho realizado além do limite praticado para a jornada normal do empregado é considerado extraordinário. Fala-se em hora extra, extravagante ou suplementar.

A. Prorrogação Acordada

A duração diária do trabalho poderá ser acrescida de horas extras, em número não excedente de duas, por acordo individual, convenção coletiva ou acordo coletivo de trabalho. Nesse caso, a remuneração – à da hora normal.

A compensação consiste na prática de horas extras remuneradas com descanso em outro dia. No direito do trabalho existe mais de uma modalidade de compensação, conforme veremos:

B. Formas de compensação de jornada

b.1) Acordo de Compensação de jornada

Forma

✓ Pode ser firmado por acordo individual (TÁCITO ou por escrito)

✓ Pode ser firmado por meio de acordo coletivo

✓ Pode ser firmado por meio de convenção coletiva

Prazo máximo de compensação

✓ Mensal

Exemplos:

✓ Semana inglesa: De segunda a Sexta trabalha por 08:48 minutos. Neste caso, o empregado compensa os 48 minutos extras diários folgando no sábado. Ao final, o empregado terá trabalhado as mesmas 44 horas semanais.

✓ Semana espanhola: Em uma semana o empregado trabalha 48 horas e na outra ele trabalha 40 horas. A compensação se daria no período de duas semanas, o que irá resultar na média de trabalho de 44 horas semanais.

---

85. Lei nº 5811, de 11 de outubro de 1972, art. 5º, § 1º.

86. Lei nº 13475, 28 de agosto de 2017, art. 43.

87. TST, Súmula 229.

88. CLT, art. 58, § 2º com redação dada pela Lei nº 13457, de 13 de julho de 2017.

b.2) Banco de horas

Forma

✓ Pode ser firmado por acordo individual (SOMENTE POR ESCRITO)

✓ Pode ser firmado por meio de acordo coletivo

✓ Pode ser firmado por meio de convenção coletiva

Prazo máximo de compensação

✓ Se for por acordo individual (máximo de 6 (seis) meses para compensação)

✓ Se for por acordo ou convenção coletiva (máximo de 1 (um) ano para a compensação)

De toda forma, em ambas as hipóteses não pode ser ultrapassado o limite máximo de dez horas diárias de labor.

Na hipótese de término do contrato de trabalho sem que tenha havido a compensação integral da jornada extraordinária, o trabalhador terá direito ao pagamento das horas extras não compensadas, calculadas sobre o valor da remuneração na data da rescisão.

C. Necessidade Imperiosa

Diante de evento de *força maior*, para atender à realização ou à conclusão de *serviços inadiáveis* ou em razão de serviços cuja inexecução possa acarretar *prejuízo manifesto*, haverá necessidade imperiosa para a prática de horas extras, independentemente de prévio ajuste, de sorte que a remuneração será, pelo menos, 50% (cinquenta por cento) superior à da hora normal, e o trabalho não poderá exceder de 12 (doze) horas, desde que a lei não fixe expressamente outro limite.

D. Recuperação de Horas

Por outro lado, sempre que ocorrer a paralisação do trabalho, resultante de força maior, a jornada normal poderá ser prorrogada pelo tempo necessário até o máximo de 2 (duas) horas, durante o número de dias indispensáveis à recuperação do tempo perdido, desde que não exceda de 10 (dez) horas diárias, em período não superior a 45 (quarenta e cinco) dias por ano, sujeita essa recuperação à prévia autorização da autoridade competente.

E. Situações Especiais

Cuidado com situações especiais em que a lei traça regras específicas para a prática de horas extras...

✓ Trabalho Suplementar da Mulher

A redação anterior do artigo 384 da CLT estabelecia que, em caso de prorrogação do horário normal pela empregada mulher, seria obrigatório um descanso de 15 (quinze) minutos no mínimo, antes do início do período extraordinário do trabalho, regra que perdeu a vigência com a Reforma Trabalhista.

✓ Trabalho Suplementar do Menor

Em regra, é vedada a prática de horas extras pelo empregado menor. Duas são as exceções:

✓ até mais 2 (duas) horas, mediante convenção ou acordo coletivo, mediante compensação clássica, e, excepcionalmente, diante de evento de força maior, até o máximo de 12 (doze) horas, com direito ao adicional mínimo de 50% (cinquenta por cento), sempre que o trabalho suplementar do menor for imprescindível à atividade do estabelecimento.

DIREITO DO TRABALHO

✓ Trabalho Suplementar do Aprendiz

A duração do trabalho do aprendiz não excederá de seis horas diárias, sendo vedadas a prorrogação e qualquer compensação de jornada.

✓ Trabalho Suplementar do Empregado Doméstico

A remuneração da hora extraordinária será, no mínimo, 50% (cinquenta por cento) superior ao valor da hora normal. Entretanto, poderá ser dispensado o acréscimo de salário e instituído regime de compensação de horas, mediante acordo escrito entre empregador e empregado, se o excesso de horas de um dia for compensado em outro dia. Nesse regime de compensação, será devido o pagamento, como horas extraordinárias, remuneradas com o adicional, as primeiras 40 (quarenta) horas mensais excedentes ao horário normal de trabalho, das quais poderão ser deduzidas, sem o correspondente pagamento, as horas não trabalhadas, em função de redução do horário normal de trabalho ou de dia útil não trabalhado, durante o mês. O saldo de horas que excederem as 40 (quarenta) primeiras horas mensais será compensado no período máximo de 1 (um) ano, através de folga concedida para descanso em outro dia.

✓ Trabalho Suplementar em Ambiente Insalubre

Nas atividades em que exposto o empregado a agentes insalubres (químicos, físicos ou biológicos), quaisquer prorrogações só poderão ser acordadas mediante licença prévia das autoridades competentes (mediante inspeção), ou por meio de autorização em convenção ou acordo coletivo de trabalho[89]. Excetuam-se da exigência de licença prévia as jornadas de doze horas de trabalho por trinta e seis horas ininterruptas de descanso.

✓ Prorrogação do Trabalho Noturno

Se cumprida integralmente a jornada no período noturno, qual seja, das 5 (cinco) horas de um dia às 22 (vinte e duas) horas do dia seguinte, e prorrogada pela prática de horas extras, tais horas serão remuneradas com o acréscimo mínimo de 50% (cinquenta por cento) do valor da hora normal de trabalho, sem prejuízo, consoante entendimento praticado pelo TST[90], do adicional noturno quanto às horas prorrogadas (mesmo que dia). Quanto à essa temática, a reforma trouxe uma novidade. De acordo com o novo dispositivo legal[91], na remuneração mensal pactuada na jornada 12 x 36, já estão englobados os pagamentos devidos pelas prorrogações de trabalho noturno, quando houver.

4.3. Períodos de Descanso

Também para o resguardar da saúde do trabalhador e garantir a sua segurança no ambiente de trabalho, a lei concede períodos para o descanso do empregado, senão no transcorrer da jornada de trabalho, entre um dia ou outro de labor, até ao final de um prolongado período de prestação de serviços.

---

89. Art. 611-A. A convenção coletiva e o acordo coletivo de trabalho têm prevalência sobre a lei quando, entre outros, dispuserem sobre:
    XIII – prorrogação de jornada em ambientes insalubres, sem licença prévia das autoridades competentes do Ministério do Trabalho.

90. TST, Súmula nº 60.

91. CLT, Art. 59-A § único – Alterado pela Reforma trabalhista.

✓ Intervalo Intrajornada

Refere-se às pausas concedidas pelo empregador ao longo do expediente para seu descanso e/ou alimentação, por vezes computados na jornada do empregado (remunerados, enfim – é a exceção), ora não remunerados ao trabalhador (não computados, portanto – é a regra), tal qual o conhecido 'horário de almoço'.

Sim, em qualquer trabalho contínuo, cuja duração exceda de 6 (seis) horas, é obrigatória a concessão de um intervalo para repouso ou alimentação, o qual será, no mínimo, de 1 (uma) hora e, salvo acordo escrito ou contrato coletivo em contrário, não poderá exceder de 2 (duas) horas. Caso não excedendo de 6 (seis) horas o trabalho, será, entretanto, obrigatório um intervalo de 15 (quinze) minutos quando a duração ultrapassar 4 (quatro) horas.

O limite mínimo de uma hora para repouso ou refeição poderá ser reduzido por ato do Ministro do Trabalho, Indústria e Comércio, quando ouvido o Serviço de Alimentação de Previdência Social, se verificar que o estabelecimento atende integralmente às exigências concernentes à organização dos refeitórios, e quando os respectivos empregados não estiverem sob regime de trabalho prorrogado a horas suplementares.

Esse intervalo mínimo de 1 (uma) hora poderá ser reduzido e/ou fracionado, e aquele de 15 (quinze) minutos poderá ser fracionado, quando compreendidos entre o término da primeira hora trabalhada e o início da última hora trabalhada, desde que previsto em convenção ou acordo coletivo de trabalho, ante a natureza do serviço e em virtude das condições especiais de trabalho a que são submetidos estritamente os motoristas, cobradores, fiscalização de campo e afins nos serviços de operação de veículos rodoviários, empregados no setor de transporte coletivo de passageiros, mantida a remuneração e concedidos intervalos para descanso menores ao final de cada viagem.

Fato é que o legislador de 2017 alterou o texto da CLT[92], contrariando entendimento já consolidado pelo TST[93] a respeito da matéria, para determinar que a não concessão ou a concessão parcial do intervalo intrajornada mínimo, para repouso e alimentação, a empregados urbanos e rurais, implica o pagamento, de natureza indenizatória, apenas do período suprimido, com acréscimo de 50% (cinquenta por cento) sobre o valor da remuneração da hora normal de trabalho.

✓ Intervalo Interjornada

Refere-se à pausa de 11 (onze) horas consecutivas concedida pelo empregador para descanso do empregado entre duas jornadas de trabalho, sendo um período que não deve ser negociado ou fracionado e que, caso seja desrespeitado, implica no pagamento de indenização ao trabalhador[94].

---

92. CLT, Art. 71 § 4º– Alterado pela Reforma trabalhista.

93. TST, Súmula nº 437.

94. TST, Súmula nº 110.

DIREITO DO TRABALHO

✓ Feriados

Nosso ordenamento jurídico proíbe o trabalho em feriados civis e religiosos, recaindo sobre o empregador o dever de pagar o salário referente a esses dias, assim como a remuneração do descanso da respectiva semana[95], o que admite exceções na própria lei[96].

✓ Assim, algumas categorias podem trabalhar aos feriados, a citar, indústrias, comércio, transportes, comunicação e publicidade, educação e cultura.

✓ Férias

Direito assegurado pela Constituição Federal[97], as férias consistem em período de descanso concedido ao empregado após o exercício de atividades por um período de 12 (doze) meses, sem prejuízo da remuneração.

É vedado descontar, do período de férias, as faltas do empregado ao serviço, sendo o período computado para todos os efeitos legais.

As férias serão concedidas por ato do empregador, na época que melhor consulte os seus interesses, em um só período, nos 12 (doze) meses subsequentes à data em que o empregado tiver adquirido o direito, podendo o empregado usufrui-las em até três períodos, desde que um deles não seja inferior a 14 (catorze) dias corridos e os demais não poderão ser inferiores a cinco dias corridos cada um.

Importante o registro de que, durante as férias, o empregado não poderá prestar serviços a outro empregador, salvo se estiver obrigado a fazê-lo em virtude de contrato de trabalho regularmente mantido com aquele.

5. REMUNERAÇÃO E SALÁRIO

Dois desafios você deve enfrentar sobre *remuneração e salário*, levando-se em consideração as mudanças praticadas pela Reforma Trabalhista. O primeiro deles para bem distinguir o sentido de um e do outro instituto trabalhista. O segundo, certamente, para compreender a natureza jurídica das parcelas objeto de pagamento pelo empregador a seus subordinados e a eventual produção de reflexos remuneratórios.

Remuneração corresponde à soma de *salário* e *gorjetas*.

Integram o salário a importância fixa estipulada (salário base), as gratificações legais e as comissões pagas pelo empregador. Outras parcelas de natureza contraprestativa compõem o salário do empregado: utilidades fornecidas pelo serviço realizado (salário *in natura*[98]) e adicionais (de hora extra[99], noturno[100], de insalubridade[101], de

---

95. CLT, Art. 70.
96. CLT, Arts. 68 e 69.
97. CRFB/1988, art. 7º, XVII.
98. CLT, art. 459.
99. CRFB/1988, art. 7º, XVI c/c CLT, art. 59, § 1º.
100. CRFB/1988, art. 7º, IX c/c CLT, art. 73, caput.
101. CRFB/1988, art. 7º, XXIII c/c CLT, art. 192, caput.

periculosidade[102], de transferência[103]). As importâncias, ainda que habituais, pagas a título de ajuda de custo, auxílio-alimentação, vedado seu pagamento em dinheiro, diárias para viagem, prêmios e abonos não integram a remuneração do empregado, não se incorporam ao contrato de trabalho e não constituem base de incidência de qualquer encargo trabalhista e previdenciário.

Por outro lado, as gorjetas representam não só a importância espontaneamente dada pelo cliente ao empregado, como também o valor cobrado pela empresa, como serviço ou adicional, a qualquer título, e destinado à distribuição aos empregados.

Dito isso, fica fácil perceber que ora a parcela tem natureza contraprestativa, cumpre dizer, *salarial*, e é resposta, é reconhecimento enfim, *pelo* serviço prestado, ora a parcela tem natureza não salarial, o mesmo que dizer *indenizatória*, agora fornecida *para* viabilizar a prestação do trabalho. Quando a parcela é contraprestativa e devida com habitualidade, interfere no cálculo e pagamento de outros direitos trabalhistas, logo, produz reflexos remuneratórios. A parcela de caráter indenizatório, mesmo que habitual, em nada interfere na apuração e paga doutros direitos devidos ao empregado.

É claro que o *sistema de garantias salariais* vai muito além do que aqui se propaga, através do qual o Direito do Trabalho prestigia a *isonomia salarial*, a *intangibilidade* e a *irredutibilidade do salário*, a *valoração e critérios de pagamento* do mesmo.

✓ Equiparação Salarial

Para o Constituinte[104], todos são iguais perante a lei, sem distinções de qualquer natureza, proibida a diferença de salários, de exercício de funções e de critério de admissão por motivo de sexo, idade, cor ou estado civil e a distinção entre trabalho manual, técnico e intelectual ou entre os profissionais respectivos.

Daí, sendo idêntica a função, a todo trabalho de igual valor, prestado ao mesmo empregador, no mesmo estabelecimento empresarial, corresponderá igual salário, sem distinção de sexo, etnia, nacionalidade ou idade. O trabalho de igual valor será o que for feito com igual produtividade e com a mesma perfeição técnica, entre pessoas cuja diferença de tempo de serviço para o mesmo empregador não seja superior a quatro anos e a diferença de tempo na função não seja superior a dois anos. E, no caso de comprovada discriminação por motivo de sexo ou etnia, o juízo determinará, além do pagamento das diferenças salariais devidas, multa, em favor do empregado discriminado, no valor de 50% (cinquenta por cento) do limite máximo dos benefícios do Regime Geral de Previdência Social.

E a matéria mereceu disciplina pelo TST[105], em especial para estabelecer que a equiparação salarial só é possível se o empregado e o paradigma exercerem a mesma função, desempenhando as mesmas tarefas, não importando se os cargos têm, ou não, a mesma denominação.

---

102. CRFB/1988, art. 7º, XXIII c/c CLT, art. 193, § 1º.

103. CLT, art. 469, § 3º.

104. CRFB/1988, arts. 5º, caput e 7º, XXX e XXXII.

105. TST, Súmula nº 6.

DIREITO DO TRABALHO

6. TÉRMINO DO CONTRATO DE TRABALHO

A relação de emprego é estabelecida para continuar, por prazo indeterminado, ao longo do tempo. Eis a regra. Ocorre que, como todo e qualquer negócio jurídico, é possível que ocorra a sua extinção.

São hipóteses de término do contrato de trabalho a *resilição* (simples exercício do direito potestativa de uma ou ambas as partes de não mais prosperar com a relação jurídica), a *resolução* (dada a prática de uma falta grave por uma ou ambas as partes há motivo para o fim do vínculo) e a *rescisão* (em casos de nulidade do negócio).

Haverá *resilição* do contrato de trabalho em casos de *pedido de demissão* praticado pelo empregado, *dispensa sem justa causa* do trabalhador e *distrato*[106], quando é celebrado um acordo para o esgotar da relação de emprego.

Ah, e claro, não havendo prazo estipulado, a parte que, sem justo motivo, quiser rescindir o contrato deverá avisar a outra da sua resolução com a antecedência mínima de 30 (trinta) dias (tempo, hoje, proporcional ao tempo de contrato[107]), com devida prestação de serviços, sob pena de indenização compensatória. O horário normal de trabalho do empregado, durante o prazo do aviso, e se a rescisão tiver sido promovida pelo empregador, será reduzido de 2 (duas) horas diárias ou por 7 (sete) dias corridos, sem prejuízo do salário integral. Dado o aviso prévio, a rescisão torna-se efetiva depois de expirado o respectivo prazo, mas, se a parte notificante reconsiderar o ato, antes de seu termo, à outra parte é facultado aceitar ou não a reconsideração. Caso seja aceita a reconsideração ou continuando a prestação depois de expirado o prazo, o contrato continuará a vigorar, como se o aviso prévio não tivesse sido dado. O empregador que, durante o prazo do aviso prévio dado ao empregado, praticar ato que justifique a rescisão imediata do contrato, sujeita-se ao pagamento da remuneração correspondente ao prazo do referido aviso, sem prejuízo da indenização que for devida. Já o empregado O empregado que, durante o prazo do aviso prévio, cometer qualquer das faltas consideradas pela lei como justas para a rescisão, perde o direito ao restante do respectivo prazo.

Haverá *resolução* do contrato de trabalho em casos de *dispensa por justa causa* do trabalhador (faltas previstas na CLT, art. 482), *rescisão indireta* do contrato (faltas previstas na CLT, art. 482) ou por *culpa recíproca* (nos termos da CLT, art. 484 e TST, Súmula 14).

É devido o aviso prévio na despedida indireta.

Haverá *rescisão* do contrato de trabalho, enfim, quando vícios existirem nos elementos essenciais à validade do negócio jurídico, em especial, se se tratar de objeto ilícito ou proibido.

E quais seriam as verbas devidas ao empregado em cada uma dessas circunstâncias de resilição ou de resolução do contrato de trabalho? Se ainda não percebidas anteriormente pelo trabalhador, fará jus...

---

106. Inovação trazida pela Lei nº 13457, de 13 de julho de 2017, ao acrescentar na CLT o artigo 484-A.

107. Lei nº 12506, de 11 de outubro de 2011.

	RESILIÇÃO			RESOLUÇÃO		
	Pedido de Demissão	Dispensa sem Justa Causa	Distrato	Dispensa por Justa Causa	Rescisão Indireta	Culpa Recíproca
Saldo de $	X	X	X	X	X	X
Férias Integrais (s/d) + 1/3	X	X	X	X	X	X
13º Salário Integral	X	X	X	X	X	X
Férias Proporcionais + 1/3	X	X	X	...	X	50%
13º Salário Proporcional	X	X	X	...	X	50%
Aviso Prévio	...	X	50%	...	X	50%
FGTS	...	100%	80%	...	100%	100%
Multa do FGTS	...	40%	20%	...	40%	20%
Seguro-Desemprego	...	X	...	...	X	...

Na extinção do contrato de trabalho, o empregador deverá proceder à anotação na Carteira de Trabalho e Previdência Social, comunicar a dispensa aos órgãos competentes e realizar o pagamento das verbas rescisórias no prazo 10 (dez) dias, contados a partir do término do contrato de trabalho, sob pena de multa a favor do empregado, em valor equivalente ao último salário por ele percebido. Em idêntico prazo e sem prejuízo da multa citada, deve ocorrer a entrega ao empregado de documentos que comprovem a comunicação da extinção contratual aos órgãos competentes.

O pagamento a que fizer jus o empregado será efetuado em dinheiro, depósito bancário ou cheque visado, conforme acordem as partes; ou em dinheiro ou depósito bancário quando o empregado for analfabeto, a ponderar que qualquer compensação não poderá exceder o equivalente a um mês de remuneração do empregado.

A anotação da extinção do contrato na Carteira de Trabalho e Previdência Social é documento hábil para requerer o benefício do seguro-desemprego e a movimentação da conta vinculada no Fundo de Garantia do Tempo de Serviço, nas hipóteses legais, desde que a devida comunicação tenha sido realizada.]

✓ **Fundo de Garantia do Tempo de Serviço**

O Fundo de Garantia do Tempo de Serviço (FGTS) foi criado com o objetivo de proteger o trabalhador demitido sem justa causa, mediante a abertura de uma conta vinculada ao contrato de trabalho.

No início de cada mês, os empregadores depositam em contas abertas na CAIXA, em nome dos empregados, o valor correspondente a 8% do salário de cada funcionário.

O FGTS é constituído pelo total desses depósitos mensais e os valores pertencem aos empregados que, em algumas situações, podem dispor do total depositado em seus nomes.

Tem direito todo trabalhador brasileiro com contrato de trabalho formal, regido pela Consolidação das Leis do Trabalho (CLT), e, também, trabalhadores domésticos, rurais, temporários, intermitentes, avulsos, safreiros (operários rurais que trabalham apenas no período de colheita) e atletas profissionais têm direito ao FGTS. O diretor não empregado pode ser incluído no regime do FGTS, a critério do empregador.

Além do dinheiro do fundo, os trabalhadores, dispensados sem justa causa ou de forma consensual, podem ter direito a receber uma multa de até 40% sobre o valor depositado pelo empregador ao deixarem o emprego.

7. DIREITO COLETIVO DO TRABALHO

Enquanto o Direito Individual do Trabalho disciplina as relações *de per si* estabelecidas entre empregado e empregador, o Direito Coletivo do Trabalho consiste em um conjunto de regras, princípios e institutos a regular as relações trabalhistas a partir dos interesses de toda uma classe ou categoria. E se ali, dada a subordinação entre as partes, o empregado é hipossuficiente e aplicáveis os princípios da proteção e da condição mais benéfica, aqui, em contrapartida, como há presença do sindicato para a defesa dos trabalhadores, as partes são equivalentes. Daí porque admitida pela Reforma Trabalhista de 2017[108] a prevalência do negociado sobre o legislado, ao assegurar maior poder de negociação e representação dos trabalhadores pelas entidades sindicais.

E quais seriam as máximas que regem toda a sistemática do Direito Coletivo do Trabalho?

O Estado não poderá intervir ou interferir na entidade sindical. Logo, o sindicato é livre quanto à sua instituição, organização e filiação[109]. Em resumo, é preciso satisfazer dois requisitos para a fundação de um sindicato no nosso país: a constituição da pessoa jurídica (registro em cartório) e a constituição da personalidade sindical (registro no órgão competente – 'Ministério do Trabalho'). Filiar-se ou não é alternativa que compete ao interessado, tendo o aposentado direito de votar e de ser votado, vedada a previsão de cláusulas que determinem a filiação automática ou forçada de trabalhadores.

A liberdade sindical, entretanto, não é absoluta, de sorte que vedada a criação de mais de um sindicato, seja ele representativo da classe obreira, esteja ele a representar os empregadores, numa mesma base territorial[110]. O Brasil não adotou o pluralismo sindical!

O sindicato detém a prerrogativa de estabelecer normas coletivas de aplicação aos contratos de trabalho, de sorte que os acordos e convenções coletivas de trabalho são fontes formais autônomas, cogentes e imperativas[111].

---

108. CLT, Artigos 611-A e 611-B.

109. CRFB/1988, Arts. 5º, XVII e 8º, I e V – Princípio da Liberdade Sindical.

110. *Vide* Súmula nº 677 do STF – Princípio da Unicidade Sindical.

111. CRFB/1988, Arts. 7º, XXVI e 8º, VI c/c CLT, Arts. 611-A e 444, PU – Princípio da Autorregulamentação e Princípio da Participação Obrigatória dos Sindicatos na Negociação Coletiva.

CHRIS BRUNO E THIAGO RASO

Por sua vez, a negociação coletiva tem como limites direitos assegurados pela Constituição Federal e que não podem ser flexibilizados, suprimidos ou reduzidos, pois constituem objeto ilícito de tais normas[112].

Em tempo, é imprescindível que a negociação coletiva consista em processo negocial eficaz e transparente, praticado sob os reflexos da mais nobre boa fé[113].

✓ Organização Sindical

A lei não poderá exigir autorização do Estado para a fundação de sindicato, ressalvado o registro no órgão competente, vedadas ao Poder Público a interferência e a intervenção na organização sindical.

No Brasil, tal organização é dividida entre sindicatos e entidades de grau superior, as chamadas federações e as confederações. Todos eles sob a coordenação de um órgão de cúpula reconhecido como central sindical.

A entidade sindical tem natureza associativa e permanente, para representar e na defesa dos interesses coletivos de uma determinada categoria de trabalhadores (profissional ou profissional diferenciada) ou de empregadores (econômica), tanto judicial quanto administrativamente, exercendo, portanto, função representativa (privada, administrativa, pública ou judicial), função negocial ou função meramente assistencial.

Pois bem. Saiba que a organização interna do sindicato deve estar prevista no seu próprio estatuto, constituída por uma assembleia geral, pela diretoria e por um conselho fiscal. A assembleia geral é órgão deliberativo responsável pela eleição dos dirigentes, aprovação das contas, aplicação do patrimônio, julgamento dos atos da diretoria e pronunciamento sobre dissídio do trabalho. A diretoria tem função de administrar, composta de, no mínimo, 3 e, no máximo, 7 membros, com estabilidade limitada a 7 membros, além de eleger o presidente. Já ao conselho fiscal compete a gestão financeira do sindicato, composto apenas por 3 membros, todos eles eleitos pela assembleia geral, sem qualquer estabilidade.

Enfim, sobre o custeio do sindicato, não é admitida confusão entre a contribuição sindical (recolhimento facultativo, mediante prévia e expressa autorização do empregado, do empregador ou do profissional liberal), a contribuição confederativa (custeio do sistema confederativo[114] devida pelos sindicalizados[115], inclusive os contrários à sua instituição, sendo abusiva cláusula que reserva o direito de oposição para os não sindicalizados), a contribuição assistencial (compensa os custos decorrentes da participação nos acordos e convenções coletivas de trabalho, devida pelos sindicalizados[116], também sendo abusiva cláusula que reserva o direito de oposição para os não sindicalizados) e a mensalidade sindical (prevista para manutenção das atividades recreativas e assistenciais do sindicato pelos sindicalizados).

---

112. CLT, Art. 611-B – Princípio da Adequação Setorial Negociada.

113. Princípio da Boa Fé ou da Lealdade ou da Transparência.

114. CRFB/1988, Art. 8º, IV.

115. TST – SDC, OJ nº 17 c/c STF, Súmula Vinculante nº 40.

116. Idem.

DIREITO DO TRABALHO

✓ Negociação Coletiva

O Constituinte de 1988 reservou às entidades sindicais a atribuição de estabelecer, juntamente com as empresas, normas jurídicas a disciplinar condições mais benéficas aos trabalhadores, atentos às particularidades socioeconômicas de cada região.

É facultado aos Sindicatos representativos de categorias profissionais celebrar Acordos Coletivos com uma ou mais empresas da correspondente categoria econômica, que estipulem condições de trabalho, aplicáveis no âmbito da empresa ou das acordantes respectivas relações de trabalho. A Convenção Coletiva de Trabalho, por outro lado, é o acordo de caráter normativo, pelo qual dois ou mais Sindicatos representativos de categorias econômicas e profissionais estipulam condições de trabalho aplicáveis, no âmbito das respectivas representações, às relações individuais de trabalho. Lembrando que as Federações e, na falta desta, as Confederações representativas de categorias econômicas ou profissionais poderão celebrar convenções coletivas de trabalho para reger as relações das categorias a elas vinculadas, inorganizadas em Sindicatos, no âmbito de suas representações.

Atenção para o fato de que a Reforma Trabalhista alterou a redação do art. 620 da CLT para determinar que as condições estabelecidas em acordo coletivo de trabalho sempre prevalecerão sobre a convenção coletiva de trabalho.

No tocante ao mote das alterações trazidas pela Lei nº 13.467/2017, com a valorização dos instrumentos coletivos de trabalho, para prevalência do negociado sobre o legislado, é preciso equilibrar a flexibilização dos direitos trabalhistas autorizada pela CLT, no art. 611-A, com os limites impostos pelo próprio legislador no art. 611-B, ali sequencial, ao assegurar princípios básicos constitucionais.

Noutro viés, o que não se admite de forma alguma é a desregulamentação trabalhista, quando há ausência total de normas protetivas, a verdadeira substituição do legislado pelo negociado.

✓ Greve

Qualificada como suspensão coletiva, temporária e pacífica, total ou parcial da prestação de serviço, via de regra, suspende o contrato de trabalho e veda a dispensa dos trabalhadores grevistas, até a contratação de substitutos.

Constitui abuso do direito de greve a inobservância das regras, para tanto, previstas em lei[117], bem como a manutenção da paralisação após a celebração de acordo, convenção ou decisão da Justiça do Trabalho. Essa abusividade se faz mais comum diante do não atendimento das necessidades básicas da população na greve de serviços essenciais; início da greve sem a tentativa prévia de negociação; manutenção da greve após a celebração de acordo, convenção coletiva ou de sentença normativa, salvo quando se pretenda exigir o cumprimento de cláusula ajustada ou em razão de fatos supervenientes; prática de atos violentos pelos grevistas.

E só a título de esclarecimento: é proibida a prática do *lock out*, ou seja, a greve às avessas, vale dizer, a paralisação da empresa por iniciativa do empregador.

Ah, sim, importante saber: ao MPT – Ministério Público do Trabalho cabe o ajuizamento de dissídio coletivo de greve se houver lesão ao interesse público nas greves em atividades essenciais.

---

117. Lei nº 7.783, de 28 de junho de 1989.

CHRIS BRUNO E THIAGO MORAES

8. QUESTÕES APLICADAS NOS EXAMES ANTERIORES

01. (2014 – FGV – XIII EXAME) A empresa Infohoje Ltda. firmou contrato com Paulo, pelo qual ele prestaria consultoria e suporte de serviços técnicos de informática a clientes da empresa. Para tanto, Paulo receberia 20% do valor de cada atendimento, sendo certo que trabalharia em sua própria residência, realizando os contatos e trabalhos por via remota ou telefônica. Paulo deveria estar conectado durante o horário comercial de segunda a sexta-feira, sendo exigida sua assinatura digital pessoal e intransferível para cada trabalho, bem como exclusividade na área de informática. Sobre o caso sugerido, assinale a afirmativa correta.

(A) Paulo é prestador de serviços autônomo, não tendo vínculo de emprego, pois ausente a subordinação, já que inexistente fiscalização efetiva física.

(B) Paulo é prestador de serviços autônomo, não tendo vínculo de emprego, pois ausente o pagamento de salário fixo.

(C) Paulo é prestador de serviços autônomo, não tendo vínculo de emprego, pois ausente o requisito da pessoalidade, já que impossível saber se era Paulo quem efetivamente estaria trabalhando.

(D) Paulo é empregado da empresa, pois presentes todos os requisitos caracterizadores da relação de emprego.

GABARITO: D. COMENTÁRIOS: Espera-se do candidato a identificação dos elementos fático-jurídicos indispensáveis ao reconhecimento do vínculo de emprego, previstos na CLT, arts. 2º e 3º, independentemente do local onde se dá a prestação de serviços, agora nos moldes da CLT, art. 6º, ainda que em sua própria residência, por via remota ou telefônica, e com exclusividade. Paulo é pessoa física que trabalha com habitualidade (horário comercial de segunda a sexta-feira), pessoal (assinatura pessoal e intransferível), onerosa (receberia 20% do valor de cada atendimento) e subordinação (quem "deveria" estar conectado e de quem "exigida" a assinatura).

02. (2016 – FGV – XIX EXAME) Jonilson trabalhava na sociedade empresária XYZ Ltda. e atuava como analista financeiro. Mostrando bom desempenho, o empregador o promoveu ao cargo de confiança de gerente financeiro e, dali em diante, passou a lhe pagar, além do salário, uma gratificação de função de 50% do salário. Oito anos após, a empresa resolveu retornar Jonilson ao cargo de origem e suprimiu a gratificação de função. Diante da situação apresentada, nos termos da CLT, assinale a afirmativa correta.

(A) Uma alteração desse vulto necessitaria de ordem judicial, a ser declarada em ação revisional.

(B) A reversão é válida, pois não há estabilidade em cargos de gerência.

(C) Pode haver a reversão, mas a gratificação de função não pode ser suprimida.

(D) A alteração contratual é nula, tratando-se na verdade de rebaixamento.

GABARITO: B. COMENTÁRIOS: A questão traz vínculo de emprego especial a citar a figura de um alto empregado, ocupante de cargo de confiança: o gerente bancário. A princípio, só é lícita a alteração do contrato de trabalho por mútuo consentimento e, ainda assim, desde que não resultem, direta ou indiretamente, prejuízos ao empregado. Entretanto, dentre outras situações excepcionais, não se considera alteração unilateral a determinação do empregador para que o respectivo empregado reverta ao cargo efetivo, anteriormente ocupado, deixando o exercício de função de confiança. E quando ocorrer, com ou sem justo motivo, não assegura ao empregado o direito à manutenção do pagamento da gratificação correspondente, que não será incorporada, independentemente do tempo de exercício da respectiva função. CLT, art. 468, caput e §§.

03. (2018 – FGV – XXV EXAME) Lúcio foi dispensado do emprego, no qual trabalhou de 17/11/2017 a 20/03/2018, por seu empregador. Na sociedade empresária em que trabalhou, Lúcio batia o cartão de ponto apenas no início e no fim da jornada efetiva de trabalho, sem considerar o tempo de café da manhã, de troca de uniforme (que consistia em vestir um jaleco branco e tênis comum, que ficavam na posse do empregado) e o tempo em que jogava pingue-pongue após almoçar, já que o fazia em 15 minutos, e poderia ficar jogando até o término do intervalo integral. Você foi procurado por Lúcio para, como advogado, ingressar com ação pleiteando horas extras pelo tempo indicado no enunciado não constante dos controles de horário. Sobre o caso, à luz da CLT, assinale a afirmativa correta.

(A) Lúcio não faz jus às horas extras pelas atividades indicadas, pois as mesmas não constituem tempo à disposição do empregador.

(B) Lúcio faz jus às horas extras pelas atividades indicadas, pois as mesmas constituem tempo à disposição do empregador, já que Lúcio estava nas dependências da empresa.

(C) Apenas o tempo de alimentação e café da manhã devem ser considerados como tempo à disposição, já que o outro representa lazer do empregado.

(D) Apenas o tempo em que ficava jogando poderá ser pretendido como hora extra, pois Lúcio não desfrutava integralmente da pausa alimentar.

GABARITO: A. COMENTÁRIOS: Considera-se como de serviço efetivo o período em que o empregado esteja à disposição do empregador, aguardando ou executando ordens, salvo disposição especial expressamente consignada. Contudo, por não se considerar tempo à disposição do empregador, não será computado como período extraordinário o que exceder a jornada normal, ainda que ultrapasse o limite de cinco minutos previsto no § 1º do art. 58 desta Consolidação, quando o empregado, por escolha própria, buscar proteção pessoal, em caso de insegurança nas vias públicas ou más condições climáticas, bem como adentrar ou permanecer nas dependências da empresa para exercer atividades particulares, entre outras, alimentação, troca de uniforme (quando não houver obrigatoriedade de realizar a troca na empresa) e lazer. CLT, art. 4º, caput e § 2º, III, V e VIII.

04. (2017 – FGV – XXII EXAME) Lino trabalha como diagramador na sociedade empresária XYZ Ltda., localizada em um grande centro urbano, e recebe do empregador, além do salário, moradia e plano de assistência odontológica, graciosamente. Sobre o caso narrado, de acordo com a CLT, assinale a afirmativa correta.

DIREITO DO TRABALHO

(A) Ambos os benefícios serão incorporados ao salário de Lino.

(B) Somente o benefício da habitação será integrado ao salário de Lino.

(C) Nenhum dos benefícios será incorporado ao salário de Lino.

(D) Somente o benefício do plano de assistência odontológica será integrado ao salário de Lino.

GABARITO: B. COMENTÁRIOS: Utilidades fornecidas pelo empregador ao empregado como contraprestação pelos serviços prestados integram o salário do empregado. Assim, além do pagamento em dinheiro, compreende-se no salário, para todos os efeitos legais, a alimentação, habitação, vestuário ou outras prestações "in natura" que a empresa, por força do contrato ou do costume, fornecer habitualmente ao empregado, salvo, dentre outras, assistência médica, hospitalar e odontológica, prestada diretamente ou mediante seguro-saúde, nos termos do artigo 458, § 2°, IV, da CLT.

05. (2018 – FGV – XXV EXAME) Ferdinando trabalha na sociedade empresária Alfa S.A. há 4 anos, mas anda desestimulado com o emprego e deseja dar um novo rumo à sua vida, retornando, em tempo integral, aos estudos para tentar uma outra carreira profissional. Imbuído desta intenção, Ferdinando procurou seu chefe, em 08/03/2018, e apresentou uma proposta para, de comum acordo, ser dispensado da empresa, com formulação de um distrato. Diante do caso apresentado e dos termos da CLT, assinale a afirmativa correta.

(A) A realização da extinção contratual por vontade mútua é viável, mas a indenização será reduzida pela metade e o empregado não receberá seguro desemprego.

(B) A ruptura contratual por consenso pode ser feita, mas depende de homologação judicial ou do sindicato de classe do empregado.

(C) O contrato não pode ser extinto por acordo entre as partes, já que falta previsão legal para tanto, cabendo ao empregado pedir demissão ou o empregador o dispensar sem justa causa.

(D) O caso pode ser considerado desídia por parte do empregado, gerando então a dispensa por justa causa, sem direito a qualquer indenização.

GABARITO: A. COMENTÁRIOS: Trata-se de resilição do contrato de trabalho por distrato, prevista no artigo 484-A da CLT, quando serão devidas, pela metade, o aviso prévio, se indenizado, e a indenização sobre o saldo do FGTS, sem prejuízo da integralidade das demais parcelas. A extinção do contrato, nesse caso, permite a movimentação da conta vinculada do trabalhador no Fundo de Garantia do Tempo de Serviço na forma do inciso I-A do art. 20 da Lei nº 8.036, de 11 de maio de 1990, limitada até 80% (oitenta por cento) do valor dos depósitos, não autorizando o ingresso no Programa do Seguro-Desemprego.

DIREITO PROCESSUAL DO TRABALHO

Chris Bruno e Thiago Raso

1. PRIMEIRAS LINHAS

O Direito do Trabalho estabelece garantias para otimizar a vida em sociedade, em especial, para disciplinar as relações de trabalho, o que nem sempre impede a ocorrência de conflitos entre prestadores e tomadores de serviço.

O *Direito Processual do Trabalho* aparece, então, como novo e autônomo ramo da Ciência Jurídica, constituído por normas, institutos e princípios que lhe são próprios, para regular o processo judicial de competência trabalhista, meio através do qual se faz possível a solução desses conflitos, em prol da incansável busca pela pacificação social.

Há diversos métodos, ora extrajudiciais ora judiciais, para a solução de conflitos de toda e qualquer ordem, inclusive de conflitos de trabalho. Refiro-me a mecanismos de *autotutela*, *autocomposição* ou *heterocomposição* das partes.

Na *autotutela*, os próprios envolvidos no conflito é que buscam solucioná-lo e pelo uso da "força", havendo sobreposição dos interesses daquele que é o mais "forte" em face da vontade do outro contestante[1]. A *autotutela* autoriza o exercício da coerção de um particular, o que, sem sombra de dúvidas, vem de encontro às diretrizes de um Estado Democrático de Direito, onde não se admite a prática da justiça "pelas próprias mãos", ao revés a transfere ao aparelho estatal como exclusiva prerrogativa e dever. Contudo, excepcionalmente, a *autotutela* ainda encontra lugar, por aqui, nos dias de hoje... Perceba, a título de exemplo, que a *greve* consiste em movimento social na defesa de interesses comuns a toda uma categoria e que se dá pelo uso da força coletiva de uma determinada classe de trabalhadores sobre a vontade do empregador.

Na *autocomposição*, em contrapartida, ainda são os próprios envolvidos no conflito quem busca solucioná-lo, mas o fazem por concessões recíprocas, quero dizer, cada contestante abdica, em parte, dos seus interesses para aceitação da vontade do outro. Tudo se dá sem a intervenção de outros agentes[2]. Talvez esse mecanismo é o que melhor traduz a máxima do ordenamento jurídico trabalhista em vigor: a *negociação*. Fala-se em renúncia, aceitação e transação enfim[3]. Para exemplificar, cito a solução de conflitos

---

1. "A autotutela ocorre quando o próprio sujeito busca afirmar, unilateralmente, seu interesse, impondo-o (e impondo-se) à parte contestante e à própria comunidade que o cerca." DELGADO, Mauricio Godinho. Arbitragem, mediação e comissão de conciliação prévia no direito do trabalho brasileiro. *Revista LTr*, v. 66, n. 6, jun. 2002, São Paulo, p. 663.

2. Idem, p. 664.

3. "Ocorre a renúncia quando o titular de um direito dele se despoja, por ato unilateral seu, em favor de alguém. Já a aceitação (resignação/submissão) ocorre quando uma das partes reconhece o direito da outra, passando a conduzir-se em consonância com esse reconhecimento. E, a transação verifica-se quando as partes que se consideram titulares do direito solucionam o conflito através da implementação de concessões recíprocas." SENA, Adriana Goulart. Formas de Resolução de Conflitos e Acesso à Justiça. *Revista TRT 3ª Região*, v. 46, n. 76, jul./dez. 2007, Belo Horizonte, p. 93-114.

entre classes obreira e patronal, mediante negociação sindical, ultimada em convenção ou acordo coletivo de trabalho[4].

A tempo, na *heteromposição* o conflito é solucionado através um terceiro agente, alheio ao que se passa na relação conflituosa. Possível ilustrar esse mecanismo pela conciliação, mediação (há quem a desconsidera, no caso)[5], a arbitragem e a jurisdição.

Fato é que, diante de um ou de outro método para solução do conflito, dos diversos conflitos de trabalho, nós, estudiosos e aplicadores do Direito, não podemos nos distanciar do sentido primeiro dessa prática: a paz social.

√ Comissão de Conciliação Prévia

Com o propósito de instituir método alternativo para a solução extrajudicial de conflitos trabalhistas, também de desafogar o Judiciário de demandas dessa ordem – você há de concordar comigo, além do objetivo primeiro de assegurar o bem estar social, prevê a lei[6] que as empresas e os sindicatos podem instituir *Comissões de Conciliação Prévia* – CCPs, de composição paritária, com representante dos empregados e dos empregadores. Aliás, essas Comissões também poderão ser constituídas por grupos de empresas ou ter caráter intersindical.

A esse respeito, saiba que quando a CCP for instituída no *âmbito do sindicato*, terá sua constituição e funcionamento disciplinados por negociação coletiva. Ao passo que, quando instituída no *âmbito empresarial*, será composta de, no mínimo 2 (dois) e, no máximo, 10 (dez) membros, com a metade deles *indicada* pelo empregador e a outra metade *eleita* pelos empregados, em escrutínio secreto, fiscalizado pelo sindicato de categoria profissional, tendo número de suplentes igual ao de titulares, todos para mandato de um ano, sem prejuízo de única recondução.

Os membros da Comissão, representantes dos empregados, tanto os titulares como os suplentes, não poderão sofrer dispensa, sem justa causa, até um ano após o final do mandato. Contudo, a prática de qualquer falta grave nesse período, assim definida nos termos do artigo 482 da CLT, afasta o direito à garantia provisória no emprego.

Muito embora o empregado, membro da CCP, possa desenvolver normalmente seu trabalho na empresa, ele poderá se afastar do serviço quando convocado para atuar como conciliador. Nesse caso, justo porque esse tempo destinado à Comissão é computado como de efetivo serviço, ocorre simples *interrupção* do contrato de trabalho.

Eu gostaria de chamar sua atenção para o disposto no caput do artigo 625-D da CLT, onde encontramos a regra que maior debate tem despertado sobre a matéria. Ali, o legislador "determina" que qualquer demanda de natureza trabalhista deve se submeter à Comissão, quando ela existir no local, antes de ser proposta a reclamação em juízo. Ocorre que o

---

4. CRFB/1988, arts. 7º, XXVI c/c CLT, art. 611.

5. Oportuno ponderar que a mediação é mecanismo de solução de conflitos que reserva menor importância à figura do terceiro intermediador, a quem compete apenas aproximar os envolvidos e neles provocar a pacificação. Por tal motivo é que alguns autores a desconsideram como exemplo de heterocomposição como aqui o faço, a considerar sua reiterada prática e eficácia no contexto trabalhista.

6. CLT, arts. 625-A a 625-H.

DIREITO PROCESSUAL DO TRABALHO

STF[7], por decisão liminar[8] proferida nos autos de Ação Direta de Inconstitucionalidade, suspendeu a eficácia da norma, ao considerar que essa obrigatoriedade administrativa viola o livre e pleno acesso à justiça.

Caso exista, na mesma localidade e para a mesma categoria, Comissão de empresa e Comissão sindical, o interessado optará por uma delas submeter a sua demanda, sendo competente aquela que primeiro conhecer do pedido.

Pois bem, ao se admitir a proposta da demanda à CCP, será ela formulada por escrito ou reduzida a termo por qualquer dos membros que a integram, a quem caberá fornecer ao (s) interessado (s) cópia datada e assinada.

Do momento em que proposta a demanda, terá a Comissão o prazo de até 10 (dez) dias para realizar uma sessão de tentativa de acordo.

Se, porventura, não prosperar a conciliação, será fornecida ao empregado e ao empregador *declaração da tentativa conciliatória frustrada* com a descrição de seu objeto, firmada pelos membros da Comissão, que deverá ser juntada, quando assim pertinente, à eventual reclamação trabalhista. Aliás, caso a sessão conciliatória não ocorra no prazo legal, com idêntico propósito será emitida declaração similar.

Em contrapartida, aceita a conciliação pelos envolvidos na demanda, será lavrado *termo* assinado pelo empregado, pelo empregador ou seu preposto e pelos membros da Comissão, fornecendo-se cópia às partes.

É muito importante ter conhecimento de esse *termo de conciliação* constitui título executivo extrajudicial e terá eficácia liberatória geral, ou seja, impede que a matéria acordada seja objeto de futura reclamação trabalhista, exceto quanto às parcelas expressamente ressalvadas.

Por último, temos notícia de que o constituinte garante o direito de ação, quanto aos créditos resultantes das relações de trabalho, com prazo prescricional de cinco anos para os trabalhadores urbanos e rurais, até o limite de dois anos após a extinção do contrato de trabalho. Daí ser importante mencionar que esse prazo prescricional será suspenso a partir da provocação da CCP, recomeçando a fluir, pelo que lhe resta, a partir da tentativa frustrada de acordo ou do esgotamento do prazo para que aconteça a respectiva sessão.

✓ Arbitragem

As pessoas capazes de contratar podem se valer da arbitragem como mecanismo para dirimir conflitos que envolvam direitos patrimoniais disponíveis.

Justo porque, a princípio, os direitos trabalhistas são irrenunciáveis e indisponíveis, previstos por norma imperativa, de caráter cogente, nem sempre a arbitragem foi bem quista para a solução dos conflitos de trabalho.

---

7. *Vide* Ações Diretas de Inconstitucionalidade n° 2139, 2160 e 2237.

8. "Judiciário. Acesso. Fase administrativa. Criação por lei ordinária. Impropriedade. Ao contrário da Constituição Federal de 1967, a atual esgota as situações concretas que condicionam o ingresso em juízo à fase administrativa, não estando alcançados os conflitos subjetivos de interesse. Suspensão cautelar de preceito legal em sentido diverso." (STF, Pleno, ADI-MC 2160, Rel. Min. Cármen Lúcia, Redator Min. Marco Aurélio, DJe 23.10.2009)

Num primeiro momento, somente se frustrada a negociação coletiva é que as partes poderiam eleger árbitros[9]. Logo, validamente era reconhecida a arbitragem para dirimir desavenças sobre direitos coletivos do trabalhador. E que a verdade seja dita, mesmo após a regulamentação do instituto pela Lei nº 9307 de 1996, a eleição de árbitros para intermediar conflitos entre tomador e prestador de serviços seguiu pouco usual e à margem do ordenamento jurídico trabalhista.

Foi o legislador de 2017, ao flexibilizar o Direito do Trabalho mediante Reforma Trabalhista[10], quem disciplinou a matéria de forma diversa e autorizou, ainda que sob condições, a prática da arbitragem para também dirimir conflitos sobre direitos individuais do trabalhador.

Agora, nos contratos *individuais* de trabalho cuja remuneração seja superior a duas vezes o limite máximo estabelecido para os benefícios do Regime Geral de Previdência Social, poderá ser pactuada *cláusula compromissória de arbitragem*, desde que por iniciativa do empregado ou mediante a sua concordância expressa, sem prejuízo do disposto na citada Lei nº 9307.

2. JURISDIÇÃO E COMPETÊNCIA

Dentre as diversas formas de heterocomposição para a solução de conflitos, cita-se a *jurisdição* que consiste no *poder-dever* do Estado de aplicar o Direito diante do caso concreto para solucionar conflitos de toda e qualquer ordem, conflitos trabalhistas também, pacificando com justiça.

Lembre-se que o "Estado tem o papel de manter a paz, a ordem e a harmonia nas relações sociais. Com esse objetivo, é o titular do poder soberano, exercido nas atividades legislativa, executiva e jurisdicional."[11]

A jurisdição é, portanto, admitida como *poder*, enquanto exclusiva prerrogativa do Estado-Juiz, como *função*, uma vez representar o principal encargo desse Estado, constituído pelo Poder Judiciário, e como *atividade*, dada a atuação jurisdicional para pacificar conflitos[12].

2.1. Organização da Justiça do Trabalho

São órgãos da Justiça do Trabalho o Tribunal Superior do Trabalho, os Tribunais Regionais do Trabalho e os Juízes do Trabalho.

O Tribunal Superior do Trabalho compor-se-á de vinte e sete Ministros, escolhidos dentre brasileiros com mais de trinta e cinco anos e menos de sessenta e cinco anos, de notável saber jurídico e reputação ilibada, nomeados pelo Presidente da República após aprovação pela maioria absoluta do Senado Federal, sendo um quinto dentre advogados com mais de dez anos de efetiva atividade profissional e membros do Ministério Público do Trabalho com

---

9. CRFB/1988, art. 114, § 1º.
10. A Reforma Trabalhista foi instituída pela Lei nº 13467, de 13 de julho de 2017.
11. GARCIA, Gustavo Filipe Barbosa. *Curso de Direito Processual do Trabalho*. 7ª ed., rev. e atual. – Rio de Janeiro: Forense, 2018, p. 141.
12. Cf. CINTRA, Antônio Carlos de Araújo; GRINOVER, Ada Pellegrini; DINAMARCO, Cândido Rangel. *Teoria geral do processo*. 11ª ed. São Paulo: Malheiros, 1995, p. 125.

DIREITO PROCESSUAL DO TRABALHO

mais de dez anos de efetivo exercício e os demais dentre juízes dos Tribunais Regionais do Trabalho, oriundos da magistratura da carreira, indicados pelo próprio Tribunal Superior.

É a lei que disporá sobre a competência do TST, de sorte que junto ao tribunal funcionarão a Escola Nacional de Formação e Aperfeiçoamento de Magistrados do Trabalho, cabendo-lhe, dentre outras funções, regulamentar os cursos oficiais para o ingresso e promoção na carreira, além do Conselho Superior da Justiça do Trabalho, cabendo-lhe exercer, na forma da lei, a supervisão administrativa, orçamentária, financeira e patrimonial da Justiça do Trabalho de primeiro e segundo graus, como órgão central do sistema, cujas decisões terão efeito vinculante.

Os Tribunais Regionais do Trabalho compõem-se de, no mínimo, sete juízes, recrutados, quando possível, na respectiva região, e nomeados pelo Presidente da República dentre brasileiros com mais de trinta e menos de sessenta e cinco anos, sendo um quinto dentre advogados com mais de dez anos de efetiva atividade profissional e membros do Ministério Público do Trabalho com mais de dez anos de efetivo exercício, e, os demais, mediante promoção de juízes do trabalho por antiguidade e merecimento, alternadamente. A organização de cada Regional é definida por seu próprio Regimento Interno, pelo que, hoje, representa a segunda instância trabalhista por vinte e quatro regiões, a saber:

✓ 01ª Região – TRT do Estado do Rio de Janeiro;

✓ 02ª Região – TRT do Estado de São Paulo (abrangência parcial);

✓ 03ª Região – TRT do Estado de Minas Gerais;

✓ 04ª Região – TRT do Estado do Rio Grande do Sul;

✓ 05ª Região – TRT do Estado da Bahia;

✓ 06ª Região – TRT do Estado de Pernambuco;

✓ 07ª Região – TRT do Estado do Ceará;

✓ 08ª Região – TRT do Estados do Pará e do Amapá;

✓ 09ª Região – TRT do Estado do Paraná;

✓ 10ª Região – TRT do Estado de Tocantins e Distrito Federal;

✓ 11ª Região – TRT do Estados do Amazonas e de Roraima;

✓ 12ª Região – TRT do Estado de Santa Catarina;

✓ 13ª Região – TRT do Estado da Paraíba;

✓ 14ª Região – TRT do Estados de Rondônia e Acre;

✓ 15ª Região – TRT do Estado de São Paulo (abrangência residual – Campinas);

✓ 16ª Região – TRT do Estado do Maranhão;

✓ 17ª Região – TRT do Estado do Espírito Santo;

✓ 18ª Região – TRT do Estado de Goiás;

✓ 19ª Região – TRT do Estado de Alagoas;

✓ 20ª Região – TRT do Estado de Sergipe;

✓ 21ª Região – TRT do Estado do Rio Grande do Norte;

✓ 22ª Região – TRT do Estado do Piauí;

✓ 23ª Região – TRT do Estado do Mato Grosso;

✓ 24ª Região – TRT do Estado do Mato Grosso do Sul.

Serão criadas, por lei, varas da Justiça do Trabalho, podendo, nas comarcas não abrangidas por sua jurisdição, atribuí-la aos juízes de direito, com recurso para o respectivo Tribunal Regional do Trabalho.

2.2. Classificação da Competência

O poder soberano do Estado é único. Entretanto, seu exercício só é possível e eficaz dado o repartir de suas funções precípuas entre Executivo, Legislativo e Judiciário. Ao Poder Judiciário é que se confere, dentre outras atribuições secundárias, ou seja, de menor relevância, o exercício da jurisdição.

Sim, a jurisdição também é uma e não admite divisões propriamente. Mas, por idênticas razões, pouco efetiva, talvez impraticável, seria a atividade jurisdicional se sob o encargo de um único órgão ou pessoa o solucionar de todos os conflitos, de diversa natureza, ocorridos em qualquer parte do nosso extenso território nacional.

É por isso que a jurisdição se manifesta por fragmentos de competência, assim fixada por lei e a partir de alguns critérios. Dentre eles, a doutrina classifica a competência em *absoluta* e *relativa*.

A. Competência Absoluta

A *competência absoluta* é fixada com base em fatores de relevância social, de caráter cogente, de ordem pública, vale dizer. Assim é que a verificação de suas regras pode ser de iniciativa dos interessados, como, "deve" ocorrer por "ato de ofício" do próprio juiz.

São modalidades de competência absoluta, aquela que é estabelecida pelo legislador em razão da *matéria*, da *pessoa* ou da *função*.

✓ **Competência Material e Pessoal.**

A competência é fixada de forma absoluta em razão da matéria, a considerar o objeto e a natureza do conflito, e, em razão da pessoa, a depender de quem figure como parte no processo judicial.

A competência, material e pessoal, da Justiça do Trabalho, foi estabelecida pelo constituinte no artigo 114 da CRFB/1988 cuja leitura é obrigatória e enseja algumas ponderações...

Art. 114. Compete à Justiça do Trabalho processar e julgar:

O dispositivo tem redação dada pela EC nº 45 de 2004, responsável por ampliar a competência da Justiça do Trabalho, em especial, por ali admitir ações oriundas de toda e qualquer relação de trabalho, não apenas das relações de emprego, como até então praticado.

I as ações oriundas da relação de trabalho, abrangidos os entes de direito público externo e da administração pública direta e indireta da União, dos Estados, do Distrito Federal e dos Municípios;

Relação de trabalho é gênero, logo, é expressão que abrange todas as formas de prestação de serviços, por isso, diversas são as correntes de entendimento sobre o sentido e o alcance deste dispositivo constitucional. A esse respeito, já majoritária a jurisprudência consolidada

DIREITO PROCESSUAL DO TRABALHO

no sentido de que a prestação de serviços que configure autêntica relação de consumo é de competência da Justiça Comum, inclusive na esfera dos Juizados Especiais[13].

Nas ações oriundas da relação de trabalho e na qual figure como parte ente de direito público externo, a competência é da Justiça do Trabalho, inclusive para decidir a respeito da imunidade jurisdição.[14]

As demandas que se referem aos servidores públicos estatutários e de regime administrativo não são de competência da Justiça do Trabalho.

II as ações que envolvam exercício do direito de greve;

Ações ajuizadas pelo empregador, de natureza possessória, bem como ações ajuizadas pelos grevistas, são de competência da Justiça do Trabalho. Porém, importante saber que o exercício do direito de greve pode desencadear ações com diversos objetos e finalidades, não apenas de natureza trabalhista, mas também de natureza civil ou penal[15], quando de competência da Justiça Comum.

No STF[16] prevalece o entendimento de que a matéria sobre abusividade de greve de servidores públicos celetistas (da administração pública direta, autarquias e fundações públicas) compete à Justiça Comum (federal ou estadual).

III as ações sobre representação sindical, entre sindicatos, entre sindicatos e trabalhadores, e entre sindicatos e empregadores;

A primeira parte do dispositivo fixa a competência absoluta da Justiça do Trabalho em razão da matéria, isto é, refere-se às ações sobre representação sindical, ao passo que a segunda parte, em razão da pessoa, ou seja, abrange as ações entre sindicatos, entre sindicatos e trabalhadores, e entre sindicatos e empregadores.

Para o STJ[17], será de competência da Justiça Comum Federal a ação sobre registro sindical ajuizada em face da União.

Já que as federações e as confederações são, de igual forma, espécies de entidade sindical, admissível interpretação extensiva do dispositivo, sendo da competência da Justiça do Trabalho a solução de conflitos que as envolvam[18].

Os Conselhos de Classe (a exemplo da OAB, CREA, CRM, etc.) não se confundem com as entidades sindicais, razão pela qual a Justiça do Trabalho não é competente para processar e julgar ações em que figurem como parte[19].

IV os mandados de segurança, *habeas corpus* e *habeas data*, quando o ato questionado envolver matéria sujeita à sua jurisdição;

---

13. DELGADO, Maurício Godinho. Direitos fundamentais na relação de trabalho. *Revista do Ministério Público do Trabalho*, LTr, ano XVI, nº 31, mar. 2006, Brasília, p. 38.

14. *Vide* TST, SDI-1, OJ nº 416.

15. Lei nº 7783, de 28 de junho de 1989, art. 15.

16. STF, Pleno, RE 846.854/SP, Red. p/ ac. Min. Alexandre de Moraes, j. 01.08.2017.

17. STJ, 1ª Seção, CC 126.372/PA, 2013/0004302-3, Rel. Min. Humberto Martins, DJe 21.03.2013.

18. MARTINS, Sérgio Pinto. *Direito processual do trabalho*. 34ª ed. São Paulo: Atlas, 2013, p. 115.

19. STJ, 1ª Seção, CC 54737/SP, Rel. Min. José Delgado, j. 10.05.2006, DJ 19.06.2006.

CHRIS BRUNO E THIAGO RASO

Diante da violação de direito líquido e certo por autoridade pública trabalhista, tais como juiz do trabalho ou auditor fiscal do trabalho, o mandado de segurança deve ser impetrado perante a Justiça do Trabalho.

Diante de prisão ou ameaça de prisão civil determinada por juiz do trabalho (como em caso de depositário infiel[20]), o processar e o julgamento do habeas corpus é da competência da Justiça do Trabalho, o que não se aplica em razão de prisão criminal, haja vista que a Justiça do Trabalho é incompetente para ações penais.

Se o ato questionado via habeas data envolver matéria trabalhista, deverá ser julgado pela Justiça do Trabalho.

V os conflitos de competência entre órgãos com jurisdição trabalhista, ressalvado o disposto no art. 102, I, o;

Conflitos de competência com o Tribunal Superior do Trabalho são de competência do Supremo Tribunal Federal.

VI as ações de indenização por dano moral ou patrimonial, decorrentes da relação de trabalho;

Também aqui há fixação da competência de forma absoluta e em razão da matéria.

O STF[21] sumulou entendimento no sentido de que a Justiça do Trabalho é competente para processar e julgar as ações de indenização por danos morais e patrimoniais decorrentes de acidente de trabalho propostas por empregado contra empregador, inclusive aquelas que ainda não possuíam sentença de mérito em primeiro grau quando da promulgação da Emenda Constitucional nº 45/2004.

Definir a competência para ações acidentárias propostas em face do Instituto Nacional do Seguro Social – INSS sempre motivou divergências. Por isso, cabe registro de que, para o STF[22], mesmo após a Emenda Constitucional nº 45/2004, compete à Justiça Comum Estadual processar e julgar demandas acidentárias, dentre elas aquelas que propostas pelo segurado contra o INSS, visando ao benefício e aos serviços previdenciários correspondentes ao acidente do trabalho. Incidência.

Nos termos do dispositivo, a Justiça do Trabalho é competente para processar e julgar ações de indenização por dano moral e material, decorrentes da relação de trabalho, inclusive as oriundas de acidente de trabalho e doenças a ele equiparadas, ainda que propostas pelos dependentes ou sucessores do trabalhador falecido[23].

VII as ações relativas às penalidades administrativas impostas aos empregadores pelos órgãos de fiscalização das relações de trabalho;

Também material a competência absoluta ora fixada para a Justiça do Trabalho, que, contudo, admite como exceção, execuções fiscais de contribuições devidas pelo empregador

---

20. O STF sumulou entendimento na Súmula Vinculante nº 25 segundo o qual é ilícita a prisão civil de depositário infiel, qualquer que seja a modalidade do depósito.
21. STF, Súmula Vinculante nº 22.
22. STF, 1ª T., RE-AgR 478472/DF, Rel. Min. Carlos Britto, DJ 01.06.2007.
23. TST, Súmula nº 392.

DIREITO PROCESSUAL DO TRABALHO

ao FGTS, justo porque se submetem a processo e julgamento pela Justiça Federal ou aos juízes com competência delegada para tanto[24].

VIII a execução, de ofício, das contribuições sociais previstas no art. 195, I, a, e II, e seus acréscimos legais, decorrentes das sentenças que proferir;

Aqui o constituinte determina a competência para a execução, de ofício, tanto das contribuições sociais do empregador, da empresa e da entidade a ela equiparada na forma da lei, incidentes sobre a folha de salários e demais rendimentos do trabalho pagos ou creditados, a qualquer título, à pessoa física que lhe preste serviço, ainda que sem vínculo de emprego, além das contribuições sociais do próprio trabalhador e dos demais segurados da previdência social (não incidindo contribuição sobre aposentadoria e pensão concedidas pelo regime geral de previdência social) (Garcia, 2018, p. 208).

Compete à Justiça do Trabalho a execução, de ofício, da contribuição referente ao Seguro de Acidente de Trabalho (SAT), que tem natureza de contribuição para a seguridade social (arts. 114, VIII, e 195, I, a, da CF), pois se destina ao financiamento de benefícios relativos à incapacidade do empregado decorrente de infortúnio no trabalho (arts. 11 e 22 da Lei nº 8212/1991)[25].

O legislador trabalhista também cogita da execução de ofício das contribuições sociais e seus acréscimos legais, relativas ao objeto da condenação constante das sentenças que proferir e dos acordos que homologar. É o que fácil se extrai do artigo 876, parágrafo único, da CLT. No mesmo sentido, aliás, entendimento consolidado pelo TST no item I da Súmula nº 368 e pelo STF na Súmula Vinculante nº 53.

IX outras controvérsias decorrentes da relação de trabalho, na forma da lei.

O trabalhador voluntário presta serviços benevolentes, sem onerosidade, não configurando vínculo de emprego, sem que deixar, contudo, de ser uma espécie de relação de trabalho. Logo, os conflitos que decorrem do trabalho gratuito são de competência da Justiça do Trabalho[26].

O reconhecimento do vínculo de emprego, mesmo com eventual alegação de fraude à legislação trabalhista (art. 9º da CLT), é da competência da Justiça do Trabalho. Controvérsias há sobre o tema, mas, a princípio, prevalece a compreensão de que a Justiça do Trabalho não é competente para processar demandas que se refiram à execução penal, mesmo que relacionadas ao trabalho penitenciário ou prisional em sentido próprio, previsto no art. 28 da Lei de Execução Penal[27].

O STF decidiu que a competência para processar e julgar ações que envolvam contratos de representação comercial autônoma é da Justiça Comum, e não da Justiça do Trabalho.[28]

Em sede de repercussão geral[29] firmou-se a seguinte tese:

---

24. STJ, Súmula nº 349.

25. TST, Súmula nº 454.

26. SOUZA, Rodrigo Trindade de. *Competência da Justiça do Trabalho para relações de trabalho.* Curitiba: Juruá, 2008, p. 194-194.

27. Lei nº 7210, de 11 de julho de 1984.

28. RE 606.003 de 25/09/2020.

29. Tema 550.

"Preenchidos os requisitos dispostos na lei 4.886/65, compete à Justiça Comum o julgamento de processos envolvendo relação jurídica entre representante e representada comerciais, uma vez que não há relação de trabalho entre as partes."

✓ Competência Funcional

A competência funcional é fixada pelas atribuições do juiz no transcorrer do processo do trabalho, a depender da fase em que se encontra, quero dizer, se fase de conhecimento ou se fase de execução, senão porque originariamente competente para processar e julgar a demanda, no exercício de sua competência recursal.

É competente para a execução das decisões o Juiz ou Presidente do Tribunal que tiver conciliado ou julgado originariamente o dissídio e para a execução de título executivo extrajudicial, o juiz que teria competência para o processo de conhecimento relativo à matéria.

B. Competência Relativa

A *competência relativa* é fixada com base em fatores de relevância particular, de interesse dos próprios envolvidos no conflito. Assim é que a verificação de suas regras deve ser de iniciativa dos interessados, não podendo se dar por "ato de ofício" do próprio juiz.

São modalidades de competência relativa, para o Processo Comum, aquela que é estabelecida pelo legislador em razão do *valor da causa* ou do *lugar*. Ocorre que, para o Processo do Trabalho, o *valor da causa* não fixa competência, apenas define qual o procedimento aplicável ao processo em curso.

Nas ações de "alçada", quero dizer, naquelas cujo valor de causa não ultrapassa a importância de 2 (duas) vezes o salário mínimo vigente ao tempo da distribuição do feito, o processo seguirá procedimento *sumário*[30]. Se o valor de causa for superior a 2 (duas) vezes, mas não ultrapassar a 40 (quarenta) vezes o salário mínimo então em vigor, o processo se submeterá ao procedimento *sumaríssimo*[31]. Por fim, se o valor da causa ultrapassar a importância de 40 (quarenta) vezes o salário mínimo vigente, o procedimento *ordinário*[32] é que se aplica ao caso.

Para o Processo do Trabalho, portanto, é modalidade de competência relativa somente aquela que é fixada pelo legislador em razão do *lugar*.

✓ Competência Territorial

A competência é fixada de forma relativa em razão do lugar, a considerar o foro, a considerar, na verdade, elementos atrelados à localização, ora o lugar onde se deram os fatos, ora onde ocorrido o dano, ora o lugar do domicílio do réu, ou, talvez, o lugar em que realizado o trabalho.

A competência das Varas do Trabalho é determinada pela localidade onde o empregado, na condição de reclamante ou enquanto reclamado, prestar serviços ao empregador, mesmo que tenha sido contratado noutro local ou no estrangeiro.

A essa regra, todavia, há que se admitir exceções...

---

30. Lei nº 5584, de 26 de junho de 1970, art. 2º, § 3º.

31. CLT, arts. 852-A a 852-I.

32. CLT, arts. 837 e seguintes.

DIREITO PROCESSUAL DO TRABALHO

Se figurar como parte no processo, empregado agente ou viajante comercial, a competência será da Vara do Trabalho em que a empresa tenha agência ou filial que a ela esteja o empregado subordinado e, na falta, a competência será da Vara do local onde o empregado esteja domiciliado, senão a localidade mais próxima.

Além disso, quando o processo ocorrer em agência ou filial estabelecida fora do país, em território exterior, sendo o empregado brasileiro, sem qualquer tratado ou convenção internacional em sentido diverso, a competência será de Vara da Justiça do Trabalho no Brasil.

Por último, nas circunstâncias em que o empregador promova a realização de suas atividades fora do local onde celebrado o contrato de trabalho, deve o empregado propor a reclamação no foro do lugar em que assinado o negócio ou no foro do lugar da prestação dos respectivos serviços.

2.3. Incompetência Absoluta e Relativa

Violadas as regras de competência em razão da matéria, da pessoa ou da função, deverá ser declarada, por requerimento do (s) interessado (s) ou de ofício pelo juiz, a incompetência absoluta do juízo, sob pena de nulidade processual.

A incompetência absoluta deve ser requerida pelo (s) interessado (s) no prazo alusivo à defesa, em preliminar de mérito da contestação, aplicável subsidiariamente ao processo do trabalho o disposto no inciso II do artigo 337 do Código de Processo Civil de 2015.

Em contrapartida, violadas as regras de competência em razão do lugar, deverá ser declarada, por requerimento do (s) interessado (s), a incompetência relativa do juízo. Não cabe a declaração de ofício pelo juiz! Diante da omissão do (s) interessado (s), haverá a prorrogação da competência, de sorte que, o juízo inicialmente incompetente passa a ser competente para processar e julgar a demanda.

Em sua redação original, o artigo 800 da CLT já cogitava do alegar da incompetência relativa via de exceção, o que significa, em peça apartada da contestação.

O CPC de 2015[33] veio disciplinar a matéria de forma diversa, então a prever que, tanto a incompetência absoluta quanto a incompetência relativa, deve ser alegada pelo réu, como preliminar de mérito, na peça contestatória, para extinção do processo sem resolução do mérito.

Nesse momento, as regras do novo CPC foram admitidas, também, no processo do trabalho, quando deixou a incompetência relativa de ser alegada via de exceção e passou, da mesma maneira que pratico no processo civil comum, a figurar como preliminar de mérito no próprio corpo da contestação.

O que se passa é que a Lei nº 13467, de 13 de julho de 2017, ao introduzir, no ordenamento jurídico, a Reforma Trabalhista, trouxe nova redação ao artigo 800 da CLT e retomou o alegar da incompetência territorial do juízo via de exceção, logo, em petição diversa da contestatória, o que prospera enfim.

---

33. CPC/2015, art. 337, II.

2.4. Conflitos de Competência

Haverá conflito *positivo* de competência sempre que dois ou mais juízes ou juízos se declaram competentes para processar e julgar determinada demanda. Haverá conflito *negativo* de competência sempre que dois ou mais juízes ou juízos se consideram incompetentes. Também haverá conflito de competência[34] quando entre dois ou mais juízes surge controvérsia sobre a reunião ou a separação de processos.

Qualquer que seja a sua modalidade, os conflitos de jurisdição podem ser suscitados pelos Juízes e Tribunais do Trabalho, pelo procurador-geral e pelos procuradores regionais da Justiça do Trabalho, pela parte interessada, ou o seu representante, desde que, ao suscitá-lo deverá a parte interessada produzir a prova da existência do conflito.

A parte interessada não poderá suscitar conflitos de jurisdição quando já houver oposto na causa exceção de incompetência.

Vale lembrar que compete ao Supremo Tribunal Federal processar e julgar, originariamente, os conflitos de competência entre o Superior Tribunal de Justiça e quaisquer tribunais, entre Tribunais Superiores, ou entre estes e qualquer outro tribunal, nos termos da CRFB/1988, art. 102, I, o.

Na lide trabalhista, compete ao Tribunal Regional do Trabalho dirimir conflito de competência verificado, na respectiva região, entre Juiz Estadual e Vara do Trabalho[35]. Também ao Tribunal Regional do Trabalho cabe decidir conflitos de competência entre Varas do Trabalho, senão entre Vara do Trabalho e Juízo de Direito no exercício da jurisdição trabalhista, abrangidas pelo TRT.

Por outro lado, não compete ao Superior Tribunal de Justiça dirimir conflitos de competência entre juízos trabalhistas vinculados a Tribunais Regionais diversos[36]. A competência para decidir o conflito entre TRTs, ou entre Varas do Trabalho (ou, ainda, entre Vara do Trabalho e Juízo de Direito, no exercício da jurisdição trabalhista) abrangidas por Tribunais Regionais diversos, é o TST.

Ah sim, tenha em mente que não se configura conflito de competência entre Tribunal Regional do Trabalho e Vara do Trabalho a ele vinculada[37].

3. PARTES E PROCURADORES

O processo consiste em relação triangular que se estabelece entre autor, aquele que propõe a ação, o juiz, a quem compete processar e julgar a ação, e o réu, aquele que sofre a ação.

No processo do trabalho, a partir da terminologia utilizada para a ação judicial, qual seja, *reclamação trabalhista*, o autor é denominado de *reclamante* e o réu de *reclamado*, ressalvadas pequenas variações a depender da espécie de ação (consignante e consignatário, impetrante e impetrado, a título de exemplos), ou da fase em que praticado o ato processual (recorrente e recorrido, embargante e embargado, agravante e agravado, liquidante e liqui-

---

34. CPC/2015, art. 66, III.
35. STJ, Súmula nº 180.
36. STJ, Súmula nº 236.
37. TST, Súmula nº 420.

DIREITO PROCESSUAL DO TRABALHO

dado, exequente e executado, dentre outros), ou por se tratar de dissídio coletivo, *suscitante* e *suscitado*. Há quem admite os termos *demandante* e *demandado*[38].

3.1. Partes

Os empregados e os empregadores poderão reclamar pessoalmente perante a Justiça do Trabalho e acompanhar as suas reclamações até o final.

✓ Capacidade de Ser Parte

A capacidade de ser parte corresponde à *capacidade de direito*.

Toda pessoa é capaz de direitos e deveres na ordem civil.

A personalidade civil da pessoa começa do nascimento com vida, mas a lei põe a salvo, desde a concepção, os direitos do nascituro.

✓ Capacidade de Estar em Juízo

A capacidade de estar em juízo corresponde à *capacidade de exercício*.

São absolutamente incapazes de exercer pessoalmente os atos da vida civil os menores de 16 (dezesseis) anos. Nesse caso, a prática dos atos processuais depende de representação legal[39].

São incapazes, relativamente a certos atos ou à maneira de os exercer, os maiores de dezesseis e menores de dezoito anos, aqueles que, por causa transitória ou permanente, não puderem exprimir sua vontade e os pródigos. Agora, para a prática de atos processuais, imprescindível que a parte esteja assistida pelos pais, tutor ou curador.

A menoridade cessa aos dezoito anos completos, quando a pessoa fica habilitada à prática de todos os atos da vida civil. Contudo, cessará, para os menores, a incapacidade: pela concessão dos pais, ou de um deles na falta do outro, mediante instrumento público, independentemente de homologação judicial, ou por sentença do juiz, ouvido o tutor, se o menor tiver dezesseis anos completos; pelo casamento; pelo exercício de emprego público efetivo; pela colação de grau em curso de ensino superior; e pelo estabelecimento civil ou comercial, ou pela existência de relação de emprego, desde que, em função deles, o menor com dezesseis anos completos tenha economia própria. Trata-se de hipóteses em que ocorre a *emancipação* do sujeito.

A reclamação trabalhista do menor de 18 (dezoito) anos será feita por seus representantes legais e, na falta destes, pelo Ministério Público do Trabalho, pelo sindicato, pelo Ministério Público Estadual ou curador nomeado em juízo.

✓ Capacidade Postulatória

A capacidade postulatória traduz a *aptidão de alguém demandar em juízo*.

É que, no processo do trabalho, os empregados e os empregadores poderão reclamar *pessoalmente* perante a Justiça do Trabalho e acompanhar as suas reclamações até o final,

---

38. "Chama-se demanda ao ato pelo qual alguém pede ao Estado a prestação de atividade jurisdicional. Pela demanda começa a exercer-se o direito de ação e dá-se causa à formação do processo". BARBOSA MOREIRA, José Carlos. *O novo processo civil brasileiro: exposição sistemática do procedimento*. 20ª ed. Rio de Janeiro: Forense, 1999, p. 9-10.

39. CPC/2015, art. 75.

705

CHRIS BRUNO E THIAGO RASO

logo, poderão reclamar independentemente da representação em juízo por advogado regularmente inscrito em órgão de classe.

Isso posto, nos dissídios individuais, os empregados e empregadores poderão fazer-se representar por intermédio do sindicato, advogado, solicitador, ou provisionado, inscrito na Ordem dos Advogados do Brasil, e, nos dissídios coletivos, também se trata de mera faculdade a assistência dos interessados por advogado.

Aliás, similar capacidade postulatória a lei[40] confere, em algumas circunstâncias, aos membros do Ministério Público do Trabalho.

✓ Jus Postulandi

O *jus postulandi* é instituto que se caracteriza pela prerrogativa processual concedida a empregados e a empregadores, pessoa física ou pessoa jurídica, para, pessoalmente, reclamar direitos perante a Justiça do Trabalho, no exercício de plena capacidade postulatória, dispensada a constituição de um advogado.

Sobre o tema, já guarda história a discussão, tanto dentre doutrinadores quanto nos tribunais, sobre a compatibilidade do *jus postulandi* com dispositivo constitucional[41] que faz do advogado fator imprescindível à administração da justiça, sendo inviolável por seus atos e manifestações no exercício profissional, nos limites da lei.

O STF[42] já manifestou a respeito em ação direta de inconstitucionalidade, quando admite o *jus postulandi* no processo do trabalho, sob o argumento de que o Estatuto da Advocacia, ao enumerar as atividades privativas do advogado, traça diretrizes que não se destina à Justiça do Trabalho.

Para o TST[43], entretanto, o *jus postulandi* das partes, estabelecido no art. 791 da CLT, limita-se às Varas do Trabalho e aos Tribunais Regionais do Trabalho, não alcançando a *ação rescisória*, a *ação cautelar*, o *mandado de segurança* e os *recursos de competência do Tribunal Superior do Trabalho*. E, veja bem, não alcançando *quaisquer recursos* – eu ressalto – cujo juízo compete à Corte Superior Trabalhista, dentre eles o recurso de revista, é claro, mas, também, todos os demais que ali tenha cabimento, a citar o recurso ordinário interposto para reforma de acórdão proferido por Tribunal Regional do Trabalho em processo de sua competência originária.

Com a Reforma Trabalhista[44], não se esqueça de que as Varas do Trabalho ganharam competência para decidir quanto à homologação de acordo extrajudicial em matéria de competência da Justiça do Trabalho, processo que terá início por petição conjunta, sendo obrigatória a representação das partes por advogado. É evidente que, agora, esse novo processo de jurisdição voluntária previsto dentre as competências da Justiça do Trabalho, é instituto que configura exceção ao *jus postulandi*, uma vez que a capacidade postulatória dos interessados depende da devida representação por advogado. Importante ainda desta-

---

40. CLT, art. 839, *b* c/c Lei Complementar nº 75, de 20 de maio de 1993, arts. 83 e 84.
41. CRFB/1988, art. 133.
42. *Vide* STF, Pleno, ADi nº 1127/DF, Rel. p/ acórdão Min. Ricardo Lewandowski, DJe 11.06.2010 e Lei nº 8906, de 04 de julho de 1994, art. 1º, I.
43. TST, Súmula nº 425.
44. CLT, art. 652, f e art. 855-B, caput e § 1º.

DIREITO PROCESSUAL DO TRABALHO

car que as partes não poderão ser representadas por advogado comum, cada qual devendo constituir o seu próprio procurador.

✓ **Litigância de Má Fé**

Até a entrada em vigor da Lei nº 13467, de 13 de julho de 2017, medida que introduziu a tão comentada Reforma Trabalhista, não contávamos, no processo do trabalho, com normas sobre a litigância de má fé, o que sempre autorizou a aplicação subsidiária das regras que a esse respeito estavam previstas no Código de Processo Civil.

Agora, ao disciplinar a *responsabilidade por dano processual*, a CLT considera, na qualidade de *reclamante*, de *reclamado* ou de *interveniente*, como *litigante de má fé*, aquele que deduzir pretensão ou defesa contra texto expresso de lei ou fato incontroverso, ou aquele que alterar a verdade dos fatos, ou aquele que usar do processo para conseguir objetivo ilegal, ou aquele que opuser resistência injustificada ao andamento do processo, ou aquele que proceder de modo temerário em qualquer incidente ou ato do processo, ou aquele que provocar incidente manifestamente infundado, ou, ainda, aquele que interpuser recurso com intuito manifestamente protelatório.

A litigância de má fé poderá ser objeto de *requerimento* por quem detenha legítimo interesse, como deverá ser *declarada de ofício* pelo juiz, quem, enfim, condenará o responsável a pagar multa, que deverá ser superior a 1% (um por cento) e inferior a 10% (dez por cento) do valor corrigido da causa, a indenizar a parte contrária pelos prejuízos que esta sofreu e a arcar com os honorários advocatícios e com todas as despesas que efetuou.

Caso sejam dois ou mais os litigantes de má-fé, o juízo condenará cada um na proporção de seu respectivo interesse na causa ou solidariamente aqueles que se coligaram para lesar a parte contrária.

A lei ainda prevê, sempre que o valor da causa for irrisório ou inestimável, que a multa seja fixada em até duas vezes o limite máximo dos benefícios do Regime Geral de Previdência Social.

De toda forma, o valor da indenização será fixado pelo juízo ou, caso não seja possível mensurá-lo, liquidado por arbitramento ou pelo procedimento comum, nos próprios autos.

Ah sim, eu não poderia me esquecer... À testemunha que intencionalmente alterar a verdade dos fatos ou omitir fatos essenciais ao julgamento da causa, sem prejuízo da responsabilidade civil e/ou penal aplicável, incidirá a respectiva multa pela litigância de má fé processual.

3.2. Litisconsórcio

É possível que o processo conte com uma pluralidade de pessoas no mesmo polo da demanda, evento jurídico a que damos o nome de *litisconsórcio*.

Logo, sendo várias as reclamações e havendo identidade de matéria, poderão ser acumuladas num só processo, se se tratar de empregados da mesma empresa ou estabelecimento.

Omissa a CLT, a definição de *litisconsórcio* aqui aplicável se encontra no Código de Processo Civil, segundo o qual duas ou mais pessoas podem litigar, no mesmo processo, em conjunto, ativa ou passivamente, quando entre elas houver comunhão de direitos ou de obrigações relativamente à lide, senão entre as causas houver conexão pelo pedido ou pela causa de pedir, também ocorrer afinidade de questões por ponto comum de fato ou de direito.

O litisconsórcio é classificado em *ativo*, *passivo* ou *misto*, a depender do polo onde reconhecida a pluralidade de agentes. Será, portanto *ativo*, se houver pluralidade de autores, será *passivo*, na hipótese de pluralidade de réus e será *misto*, quando múltiplos autor e réu.

Fala-se em litisconsórcio *inicial*, uma vez constituído nos autos no ato da distribuição do feito, já na fase vestibular do processo. *Ulterior* é considerado o litisconsórcio, a contrapeso, se constituído durante o desenvolvimento do feito, após a distribuição da ação, depois que formada a relação jurídica processual.

A doutrina classifica o litisconsórcio em *necessário* ou *facultativo*. A formação do litisconsórcio se faz necessária ora por disposição de lei ora pela natureza da relação jurídica controvertida, justo porque a eficácia da sentença depende da citação de todos que devam ser litisconsortes.

Porém, tome nota de que, no caso do litisconsórcio constituído por mera faculdade dos interessados, seja na fase de conhecimento, seja na fase de liquidação de sentença ou de execução, o juiz poderá limitar o número de litigantes quando for ele capaz de comprometer a rápida solução do litígio ou dificultar a defesa ou o cumprimento da sentença. Sendo a limitação objeto de requerimento nos autos, será interrompido o prazo para manifestação ou resposta, que recomeçará da intimação da decisão que o solucionar.

Noutro contexto, o litisconsórcio pode ser classificado em *simples* ou *unitário*. Será simples, e é o mais comum, quando o juiz pode decidir de forma isolada e pessoal para cada um dos litisconsortes. Será unitário, entretanto, "quando a demanda deva ser decidida de forma idêntica para todos quantos figurem em um mesmo polo da relação processual."[45]

Há quem diga que "o processo do trabalho rejeita o litisconsórcio necessário e unitário, vez que não há lei que ordene a sua constituição, nem esta é imposta pela natureza da relação jurídica material, que ordinariamente se estabelece entre trabalhadores e empregadores."[46]

Mas é possível admitir aqui, como se dá no processo comum, mandado de segurança contra ato de juiz do trabalho, hipótese em que é constituído o litisconsórcio necessário entre a autoridade coatora e a parte adversa na demanda. Tal ocorrência se dá em conformidade com entendimento do STF[47] que prevê a extinção do processo de mandado de segurança se o impetrante não promove, no prazo assinado, a citação do litisconsorte passivo necessário.

A jurisprudência consolidada pelo TST[48] admite uma segunda hipótese: o litisconsórcio, na ação rescisória, é necessário em relação ao polo passivo da demanda, porque supõe uma comunidade de direitos ou de obrigações que não admite solução díspar para os litisconsortes, em face da indivisibilidade do objeto. Já em relação ao polo ativo, o litisconsórcio é facultativo, uma vez que a aglutinação de autores se faz por conveniência e não pela necessidade decorrente da natureza do litígio, pois não se pode condicionar o exercício do

---

45. ALVIM, Arruda. *Manual de Direito Processual Civil*. 7ª ed. São Paulo: RT, 2000, v. 2, p. 84-85.

46. TEIXEIRA FILHO, Manoel Antônio. *A prova no processo do trabalho*. 7ª ed. São Paulo: LTr, 1997, p. 121.

47. STF, Súmula naº 631.

48. TST, Súmula nº 406, I.

DIREITO PROCESSUAL DO TRABALHO

direito individual de um dos litigantes no processo originário à anuência dos demais para retomar a lide.

Inclusive, o Sindicato, substituto processual e autor da reclamação trabalhista, em cujos autos fora proferida a decisão rescindenda, possui legitimidade para figurar como réu na ação rescisória, sendo descabida a exigência de citação de todos os empregados substituídos, porquanto inexistente litisconsórcio passivo necessário.

3.3. Substituição Processual

A *substituição processual* é instituto de grande relevância quando do estudo das partes no processo do trabalho e está diretamente relacionada à legitimidade da parte para postular em juízo, uma das condições da ação, vale dizer, um dos requisitos para que o pedido seja apreciado enfim.

✓ Legitimação Ordinária e Extraordinária

Proposta a ação, a peça inicial será indeferida quando a parte for manifestamente ilegítima, o que provoca, via de natural consequência, a extinção do processo sem resolução do mérito[49]. Por isso, antes de discuti-lo, incumbe ao réu alegar ausência de legitimidade ou de interesse processual.

Em regra, alguém demanda em juízo no seu próprio nome e em defesa de seus próprios interesses, no pleno exercício de sua *legitimidade ordinária*.

No entanto, nosso ordenamento jurídico autoriza, em caráter excepcional, a demanda por aquele que, em nome próprio, pretende a defesa de interesses alheios, de outrem, hipótese na qual soe socorre de uma *legitimidade extraordinária*.

À prática da legitimação extraordinária é que se denomina de *substituição processual*. Daí, correto afirmar que o substituto processual é parte legítima no processo, atua em nome próprio, embora o direito material tutelado pertença um terceiro qualquer.

E saiba que, no processo do trabalho, a substituição processual é admitida tanto em dissídios individuais (por exemplo, o gestor de negócios tem legitimidade para defender em juízo os negócios do gerido, com fundamento no artigo 861 do Código Civil de 2002) como em dissídios coletivos, o que mais comumente ocorre. É que livre a associação profissional ou sindical, de sorte que ao sindicato cabe a defesa dos direitos e interesses coletivos ou individuais da categoria, inclusive em questões judiciais ou administrativas!

Atenção: em se tratando de cooperativa, o estatuto deverá indicar se a mesma tem poder para agir como substituta processual de seus associados, de sorte que, a cooperativa poderá ser dotada de legitimidade extraordinária autônoma concorrente para agir como substituta processual em defesa dos direitos coletivos de seus associados quando a causa de pedir versar sobre atos de interesse direto dos associados que tenham relação com as operações de mercado da cooperativa, desde que isso seja previsto em seu estatuto e haja, de forma expressa, autorização manifestada individualmente pelo associado ou por meio de assembleia geral que delibere sobre a propositura da medida judicial[50].

---

49. CPC/2015, art. 330, II e art. 485, I.

50. Artigo 88-A incluído na Lei nº 5.764/71, que define a Política Nacional de Cooperativismo, pela Lei nº

√ Substituição Processual *versus* Sucessão Processual

O instituto da *substituição processual* não se confunde com a denominada *sucessão processual*. Enquanto na *substituição* temos legítima parte em defesa de interesses alheios, na *sucessão* a parte vem a óbito e, por isso, dá lugar ao espólio ou a herdeiros que a sucedem em direitos e obrigações. Em *sucessão processual* o sucedido deixa de ser parte e o sucessor assume o seu papel, sempre há alguém em nome próprio na defesa de seus próprios interesses.

Em suma, na *substituição processual* há legitimação extraordinária, enquanto na *sucessão processual* apenas há uma nova parte, sucessora em direitos e obrigações, no exercício de sua legitimação ordinária.

3.4. Intervenção de Terceiros

√ **Assistência.**

√ **Oposição.**

√ **Nomeação à autoria.**

√ **Denunciação da lide.**

√ **Chamamento ao Processo.**

3.5. Procuradores

Não obstante, no processo do trabalho, a constituição de um advogado para representação em juízo seja mera prerrogativa legal que se concede a empregados e empregadores, é possível que aconteça.

Lembre-se: nos dissídios individuais os empregados e empregadores poderão fazer-se representar por intermédio do sindicato, *advogado*, solicitador, ou provisionado, inscrito na Ordem dos Advogados do Brasil e, nos dissídios coletivos, também é facultada aos interessados a assistência por advogado.

A representação técnica do reclamante ou do reclamado por um advogado, e para que ele possa devidamente atuar em juízo, necessária a outorga de poderes por instrumento de mandato.

"Admite-se, ainda, o chamado mandato *apud acta*, ou seja, outorgado expressamente pela parte, mas nos próprios autos do processo judicial, constado de termo ou, de forma mais comum, na ata da audiência" (Garcia, 2018, p. 298)

Assim é que, no processo do trabalho, a constituição de procurador com poderes para o foro em geral poderá ser efetivada, mediante simples registro em ata de audiência, a requerimento verbal do advogado interessado, com anuência da parte representada.

A Justiça do Trabalho, por idênticas razões, reconhece o *mandato tácito*, hipótese que se dá pelo acompanhamento da parte, pelo advogado, em audiência, sem anterior juntada de procuração nos autos.

13.806, de 10 de Janeiro de 2019.

DIREITO PROCESSUAL DO TRABALHO

Dessa maneira, a juntada da ata de audiência, em que consignada a presença do advogado, desde que não estivesse atuando em mandato expresso, torna, para o TST[51], dispensável a procuração, porque demonstrada a existência de mandato tácito. Configurada tal existência, fica suprida a irregularidade porventura detectada no mandato expresso.

Contudo, é possível que o advogado, afirmando urgência, possa atuar sem procuração, obrigando-se a apresenta-la no prazo de 15 (quinze) dias, prazo prorrogável por igual período[52].

Verificada a incapacidade processual ou a irregularidade da representação da parte, o juiz deve suspender o processo e designar prazo razoável para que seja sanado o vício. Uma vez ignorado o comando judicial para pronta regularidade da representação, encontrando-se o processo na instância ordinária, será ele simplesmente extinto, quando omisso for o autor, senão será decretada a revelia, quando o réu for o responsável. Agora, caso o processo já se encontre na fase recursal, deverá o relator negar seguimento ao recurso, sempre que a providência couber ao recorrente, ou determinará o desentranhamento das contrarrazões, estando a medida sob a incumbência do recorrido. Trata-se de disposição prevista no CPC/2015, art. 76 que guarda compatibilidade e, então, aplicável[53], ao processo do trabalho.

O que não se pode perder de vista é que a procuração geral para o foro, outorgada por instrumento público ou particular assinado pela parte, habilita o advogado a praticar todos os atos do processo, *exceto* receber citação, confessar, reconhecer a procedência do pedido, transigir, desistir, renunciar ao direito sobre o qual se funda a ação, receber, dar quitação, firmar compromisso e assinar declaração de hipossuficiência econômica, que devem constar de cláusula específica.

Não por outro motivo e em decorrência do novo Código de Processo Civil, o TST[54] adequou sua jurisprudência para determinar que, partir de 26.06.2017, para a concessão da assistência judiciária gratuita à pessoa natural, basta a declaração de hipossuficiência econômica firmada pela parte ou por seu advogado, desde que munido de procuração com poderes específicos para esse fim. Além disso, para determinar que, no caso de pessoa jurídica, não basta a mera declaração: é necessária a demonstração cabal de impossibilidade de a parte arcar com as despesas do processo.

E se o mandante for quem não saiba ler ou escrever ou não possa assinar o nome? – Nesse caso, a procuração deve ser outorgada por instrumento público.

O TST[55] traça outras orientações jurisprudenciais a respeito do mandato, sua validade quando constituído, até mesmo sobre um possível substabelecimento.

Nesse sentido, válido é o instrumento de mandato com prazo determinado que contém cláusula estabelecendo a prevalência dos poderes para atuar até o final da demanda, e quando houver a previsão de prazo para sua juntada, o mandato só tem validade se anexado ao processo o respectivo instrumento no aludido prazo.

---

51. TST, SDI-1, OJ n° 286.
52. Lei n° 8906, de 04 de julho de 1994, art. 5°, § 1°.
53. TST, Instrução Normativa n° 39/2016, art. 3°, I.
54. TST, Súmula n° 463.
55. *Vide* TST, Pleno, Súmula n° 395 e SDI-1, OJ n° 349.

Ademais, vão válidos os atos praticados pelo substabelecido, ainda que não haja, no mandato, poderes expressos para substabelecer, pelo que se configura irregularidade de representação se o substabelecimento é anterior à outorga passada ao substabelecente.

Inclusive, saiba que a juntada de nova procuração nos autos, sem ressalva de poderes conferidos ao antigo patrono, implica revogação tácita do mandado anterior.

Então, diante de cada uma das irregularidades de representação aqui em apreço, deve o juiz suspender o processo e designar prazo razoável para que seja sanado o vício, ainda que em instância recursal.

Enfim, saiba que a juntada de nova procuração nos autos, sem ressalva de poderes conferidos ao antigo patrono, implica revogação tácita do mandado anterior.

✓ Honorários Advocatícios

O advogado, ao prestar serviços autônomos, faz jus a contraprestação a que se denomina de *honorários advocatícios*. Os honorários, via de regra, são objeto de contrato e devidos pela parte do processo que, na qualidade de cliente, beneficia-se dos préstimos daquele representante legal.

A lei também admite a prática de *honorários sucumbenciais*, honorários que, na verdade, são devidos pela parte adversa e porque, na circunstância, sucumbente na demanda.

Em passado recente, na Justiça do Trabalho, em se tratando de conflito cujo objeto fosse o vínculo de emprego, a condenação ao pagamento de honorários advocatícios não se dava em decorrência de pura e simples sucumbência, devendo a parte, concomitantemente, estar assistida por sindicato da categoria profissional, além de comprovar a percepção de salário inferior ao dobro do salário mínimo ou se encontrar em situação econômica que não lhe permitisse demandar sem prejuízo do próprio sustento ou da respectiva família.

Daí, em raras exceções, eram admitidos na jurisprudência[56] honorários dessa ordem, a considerar: ação rescisória no processo do trabalho, causas em que o ente sindical figurasse como substituto processual, nas lides que derivassem da relação de trabalho, também nas causas em que fosse parte a Fazenda Pública.

A Reforma Trabalhista introduziu o artigo 791-A na CLT que, em conformidade com o Código de Processo Civil de 2015, passou a admitir, como regra geral, a prática de *honorários sucumbenciais* no processo do trabalho.

Ao advogado, ainda que atue em causa própria, serão devidos honorários de sucumbência, fixados entre o mínimo de 5% (cinco por cento) e o máximo de 15% (quinze por cento) sobre o valor que resultar da liquidação da sentença, do proveito econômico obtido ou, não sendo possível mensurá-lo, sobre o valor atualizado da causa.

Ao fixar os honorários, o juízo observará o grau de zelo do profissional, o lugar de prestação de serviço, a natureza e a importância da causa, o trabalho realizado pelo advogado e o tempo exigido para o seu serviço.

---

56. TST, Súmulas nº 219 e 329.

DIREITO PROCESSUAL DO TRABALHO

Na hipótese de procedência parcial, o juízo arbitrará honorários de sucumbência recíproca, vedada a compensação entre os honorários, o que torna pertinente e atual o entendimento consolidado pelo STJ[57] segundo o qual, na ação de indenização por dano moral, a condenação em montante inferior ao postulado na inicial não implica sucumbência recíproca.

Já quando vencido o beneficiário da justiça gratuita, desde que não tenha obtido em juízo, ainda que em outro processo, créditos capazes de suportar a despesa, as obrigações decorrentes de sua sucumbência ficarão sob condição suspensiva de exigibilidade e somente poderão ser executadas se, nos dois anos subsequentes ao trânsito em julgado da decisão que as certificou, o credor demonstrar que deixou de existir a situação de insuficiência de recursos que justificou a concessão de gratuidade, extinguindo-se, passado esse prazo, tais obrigações do beneficiário.

Sem desmerecer os que pensam diverso, "a interpretação conforme a Constituição desse dispositivo deve ser no sentido de que apenas quando os créditos obtidos em juízo (ainda que em outro processo) não forem imprescindíveis à subsistência do beneficiário da justiça gratuita e de sua família (art. 5º, LXXIV, da CRFB/1988) é que podem ser destinados ao pagamento dos honorários advocatícios" (Garcia, 2018, p. 557). Enfim, oportuno mencionar, são devidos honorários de sucumbência até na reconvenção.

3.6. Assistência Judiciária e Gratuidade de Justiça

O Estado deve prestar assistência jurídica integral e gratuita aos que comprovarem insuficiência de recursos, direito fundamental previsto no inciso LXXIV do artigo 5º da Constituição Federal de 1988.

A assistência judiciária[58] é prestada, para demandas de processo comum, através da Defensoria Pública[59] dos estados, aparato com o qual não conta a Justiça do Trabalho, onde tal assistência se dá, via de regra, pelo sindicato da categoria profissional a que pertencer o trabalhador, nos termos dos artigos 14 e 18 da Lei nº 5584, de 26 de junho de 1970.

Na realidade, a *assistência judiciária* bem se distingue da *gratuidade de justiça*, diferença que se percebe com maior clareza, ao certo, no processo do trabalho. De maior abrangência no significado, a *assistência judiciária gratuita* inclui a benesse da *justiça gratuita*. Dessa forma, a *assistência judiciária gratuita* garante o direito à assistência não onerosa em juízo, no caso, prestada pela entidade sindical representativa da classe, além do direito à isenção de despesas processuais, o mesmo que dizer, do direito à justiça "de graça".

---

57. STJ, Súmula nº 326.

58. A Lei nº 1060, de 5 de fevereiro de 1950, estabelece normas especiais para a concessão da assistência judiciária aos necessitados. Os seus artigos 2º, 3º, 4º, 6º, 7º, 11, 12 e 17 foram revogados pelo artigo 1072, III, da Lei nº 13105/2015 (CPC de 2015), que passou a tratar da gratuidade de justiça nos artigos 98 a 102.

59. A Defensoria Pública é instituição permanente, essencial à função jurisdicional do Estado, incumbindo-lhe, como expressão e instrumento do regime democrático, fundamentalmente, a orientação jurídica, a promoção dos direitos humanos e a defesa, em todos os graus, judicial e extrajudicial, dos direitos individuais e coletivos, de forma integral e gratuita, aos necessitados, na forma do inciso LXXIV do art. 5º e consoante art. 134, ambos da Constituição Federal de 1988.

Importante ponderar que o trabalhador pode se valer do benefício da gratuidade de justiça, não obstante dispense a assistência judiciária prestada pelo sindicato da categoria profissional que integra...

É facultado aos juízes, órgãos julgadores e presidentes dos tribunais do trabalho de qualquer instância conceder, a requerimento ou de ofício, o benefício da justiça gratuita, inclusive quanto a traslados e instrumentos, àqueles que perceberem salário igual ou inferior a 40% (quarenta por cento) do limite máximo dos benefícios do Regime Geral de Previdência Social[60].

A *gratuidade de justiça* compreende:

✓ as taxas ou custas judiciais; os selos postais, as despesas com publicação na imprensa oficial, dispensando-se a publicação em outros meios;

✓ a indenização devida à testemunha que, quando empregada, receberá do empregador salário integral, como se em serviço estivesse;

✓ as despesas com a realização de exames considerados essenciais;

✓ os honorários do advogado e do perito, e a remuneração do intérprete ou do tradutor nomeado para apresentação de versão em português de documento redigido em língua estrangeira;

✓ o custo com a elaboração de memória de cálculo, quando exigida para instauração da execução;

✓ os depósitos previstos em lei para interposição de recurso, propositura de ação e para a prática de outros atos processuais inerentes ao exercício da ampla defesa e do contraditório;

✓ os emolumentos devidos a notários ou registradores em decorrência da prática de registro, averbação ou qualquer outro ato notarial necessário à efetivação de decisão judicial ou à continuidade de processo judicial no qual o benefício tenha sido concedido, se o caso.

Mas atenção: por força da Lei nº 13.725/18, os honorários do advogado pagos pelo vencido não reverterão em favor do Sindicato assistente.

Ressalta o TST[61] que o benefício da justiça gratuita pode ser requerido em qualquer tempo ou grau de jurisdição, desde que, na fase recursal, seja o requerimento formulado no prazo alusivo ao recurso, e caso indeferido o requerimento formulado na fase recursal, cumpre ao relator fixar prazo para que o recorrente efetue o preparo.

De qualquer forma, o benefício da justiça gratuita somente será concedido à parte, pessoa natural ou jurídica, na condição de empregado ou empregador, figure no processo como Reclamante ou Reclamado, que comprovar a insuficiência de recursos par ao pagamento das custas e demais emolumentos do feito.

✓ **Custas e Emolumentos Processuais**

Nos dissídios individuais e nos dissídios coletivos do trabalho, nas ações e procedimentos de competência da Justiça do Trabalho, bem como nas demandas propostas perante a

---

60. CLT, art. 790, § 3º, com redação dada pela Reforma Trabalhista instituída pela Lei nº 13467, de 13 de julho de 2017.

61. TST, SDI-1, OJ nº 269.

DIREITO PROCESSUAL DO TRABALHO

Justiça Estadual, no exercício da jurisdição trabalhista, as custas relativas ao processo de conhecimento incidirão à base de 2% (dois por cento), observado o mínimo de R$ 10,64 (dez reais e sessenta e quatro centavos) e o máximo de quatro vezes o limite máximo dos benefícios do Regime Geral de Previdência Social, e serão calculadas, dentre outras hipóteses, quando houver acordo ou condenação, sobre o respectivo valor.

Não sendo líquida a condenação, o juízo arbitrar-lhe-á o valor e fixará o montante das custas processuais.

Lembrando que, sempre que houver acordo, se de outra forma não for convencionado, o pagamento das custas caberá em partes iguais aos litigantes.

Além disso, ao se tratar de dissídios coletivos, as partes vencidas responderão solidariamente pelo pagamento das custas, calculadas sobre o valor arbitrado na decisão, ou pelo Presidente do Tribunal.

4. RECLAMAÇÃO TRABALHISTA

A "Justiça do Trabalho" nem sempre integrou o Poder Judiciário. Com natureza administrativa, ao revés, já teve atuante representação no Poder Executivo. Na oportunidade, quando composta por Juntas de Conciliação e Julgamento, a "Justiça do Trabalho" era a competente para receber reclamações de ordem trabalhista, intermediar a conciliação dos conflitantes, o que se dava, inclusive, através dos afamados juízes classistas, e, somente quando frustrada a tentativa de acordo, para julgar os casos sob sua incumbência.

Eis, talvez, a justificativa dada ao fato da ação judicial de competência da Justiça do Trabalho, ainda nos dias de hoje, receber o nome de *reclamação trabalhista*.

4.1. Espécies

A *reclamação trabalhista* poderá ser apresentada pelos empregados e empregadores, pessoalmente, ou por seus representantes, e pelos sindicatos de classe, também por intermédio das Procuradorias Regionais do Trabalho, verbalmente ou por escrito.

A reclamação *verbal* deverá ser reduzida a termo, em duas vias datadas e assinadas pela Secretaria do Trabalho competente, ao passo que, quando *escrita*, deverá contar com condições e pressupostos para validade.

✓ Perempção

A *perempção* é penalidade processual que se aplica à parte inerte quando sobre si recai o ônus de praticar determinada conduta em juízo e conferir regular prosseguimento do feito.

No processo do trabalho, quando proposta a *reclamação verbal*, deve o autor leva-la a termo no prazo de cinco dias a contar da distribuição da demanda. Sua inércia, no caso, motiva a primeira hipótese de perempção prevista na CLT, e impede o autor de reclamar na Justiça do Trabalho pelo prazo de seis meses.

Em idêntica pena incorrerá o reclamante que, por duas vezes consecutivas, der causa ao arquivamento do processo do trabalho se ausente na primeira audiência designada pelo juiz.

Eis o disposto nos artigos 731 e 732 da Consolidação.

CHRIS BRUNO E THIAGO RASO

4.2. Condições da Ação e Pressupostos Processuais

A Constituição Federal de 1988 assegura o direito fundamental de inafastabilidade do controle da justiça, daí a máxima de que a lei não excluirá da apreciação do Poder Judiciário lesão ou ameaça a direito. E a *ação* é o instrumento que provoca a atividade jurisdicional do Estado!

Tida, portanto, como direito à tutela jurisdicional, para José Roberto dos Santos Bedaque[62], a ação é entendida como "a proteção que se dá a determinado interesse, por via jurisdicional, assegurando direitos ou a integridade da esfera jurídica de alguém".

Como todos temos o direito de receber do Estado a devida prestação jurisdicional, a todos nós é assegurado o correlato exercício do direito de ação, o qual, identifica-se a partir quem são as *partes* (quem demanda e em face de quem se demanda), de qual é a *causa de pedir* (fatos e fundamentos jurídicos da pretensão) e o *pedido* (a pretensão de fato, então objeto do processo).

✓ Condições da Ação

Válida será a ação e permitirá o prosseguimento do devido processo legal se pelo reclamante preenchidos os requisitos legais a que denominamos de *condições da ação*.

Num primeiro momento, ainda quando vigente o CPC de 1973, eram assim considerados a legitimidade da parte, a possibilidade jurídica do pedido e o interesse de agir.

O CPC de 2015 não faz referência expressa à possibilidade jurídica do pedido, sendo, então, admitidas, como condições da ação, regra que se aplica subsidiariamente ao processo do trabalho, a *legitimidade de parte* e o *interesse processual*.

Logo, deverá a reclamação trabalhista ter pertinência subjetiva, quando deverão figurar como reclamante e reclamado os sujeitos da relação de trabalho/emprego objeto do processo. Deverá, ainda, contar com o interesse de agir, melhor dizer, "o trinômio utilidade – necessidade – adequação. Utilidade tem o sentido de obter o resultado útil na utilização do Poder Judiciário. Adequação na situação que o autor pretende ver obtida e o provimento jurisdicional pedido, visando corrigir aquilo que o autor pretende e não é satisfeito pelo réu. Necessidade em razão de que sem a intervenção do Poder Judiciário não irá obter o seu direito, pois a parte contrária se nega a satisfazê-lo" (Martins, 2013, p. 229)

A simples ausência de uma ou mais condições da ação motiva o indeferimento da petição inicial e justifica a extinção do processo sem que resolvido o mérito[63], o que não impede que a parte interessada proponha de novo a reclamação trabalhista.

✓ Pressupostos Processuais

Além das condições da ação, para que o processo judicial, inclusive o processo do trabalho, constitua-se e se desenvolva validamente, imprescindível que presentes alguns elementos previstos na lei e reconhecidos pela doutrina como *pressupostos processuais*.

---

62. BEDAQUE, José Roberto dos Santos. *Direito e processo: influência do direito material sobre o processo.* 2ª ed. São Paulo: Malheiros, 2001, p. 30.

63. CPC/2015, arts. 330, caput, II e III e 485, I.

DIREITO PROCESSUAL DO TRABALHO

Qualificados como *subjetivos*, quando se referem a pessoa, senão como *objetivos*, se atrelados ao próprio feito e sua estrutura, tais pressupostos garantem a válida constituição e regular desenvolvimento do processo.

Também aqui, a simples ausência de uma ou mais condições da ação motiva a extinção do processo sem que resolvido o mérito[64], o que não impede que a parte interessada proponha novamente a reclamação trabalhista.

✓ Comissão de Conciliação Prévia

Sabe-se que o legislador, no caput do artigo 625-D da CLT, "determina" que qualquer demanda de natureza trabalhista deva se submeter à Comissão de Conciliação Prévia, quando ela existir no local, antes de ser proposta a reclamação em juízo. Todavia, como já comentado anteriormente, por força da decisão liminar[65] proferida pelo STF[66] nos autos de Ação Direta de Inconstitucionalidade, a norma conta com sua eficácia suspensa, ao admitir, a Corte Suprema do país, que essa obrigatoriedade administrativa viola o livre e pleno acesso à justiça, deixando de representar, por consequência, condição da ação ou pressuposto de validade para o desenvolvimento regular do processo do trabalho.

✓ Petição Inicial

Sendo *escrita*, a reclamação trabalhista deverá conter a designação do juízo, a qualificação das partes, a breve exposição dos fatos de que resulte o dissídio, o pedido, que deverá ser certo, determinado e com indicação de seu valor, a data e a assinatura do reclamante ou de seu representante.

Antes da Reforma[67] de 2017, somente os pedidos formulados em reclamação sujeita ao rito sumaríssimo deveriam contar com certeza e valoração pelo autor. Agora, a nova redação dada ao § 1º do artigo 840 da CLT não deixa margem para questionamentos, de sorte que, inclusive quando se tratar de demandas submetidas ao rito ordinário, o pedido deve ser certo, determinado e com indicação de seu valor.

Uma dúvida sempre permeia o pensamento da maioria daqueles que se dedicam ao estudo dos elementos a compor a petição inicial trabalhista: não seria aplicável ao processo do trabalho o artigo 319 do CPC de 2015?

A esse respeito, sugiro que você nunca perca de vista a característica primeira do próprio processo do trabalho, qual seja, a informalidade, informalidade que vem ao encontro da prerrogativa legal de exercício, pelas partes, do *jus postulandi*, também da efetividade que se espera de uma demanda, antes de tudo, célere e cujo objeto tem como propósito primeiro a satisfação alimentar do trabalhador e de seus dependentes. Por isso, não é a resposta. Eu diria que, a princípio, inaplicável à reclamação trabalhista regra que enumera os elementos

---

64. CPC/2015, art. 485, IV e V.

65. "Judiciário. Acesso. Fase administrativa. Criação por lei ordinária. Impropriedade. Ao contrário da Constituição Federal de 1967, a atual esgota as situações concretas que condicionam o ingresso em juízo à fase administrativa, não estando alcançados os conflitos subjetivos de interesse. Suspensão cautelar de preceito legal em sentido diverso." (STF, Pleno, ADI-MC 2160, Rel. Min. Cármen Lúcia, Redator Min. Marco Aurélio, DJe 23.10.2009)

66. *Vide* Ações Diretas de Inconstitucionalidade nº 2139, 2160 e 2237.

67. Instituída pela Lei nº 13467, de 13 de julho de 2017.

indispensáveis à petição inicial prevista pelo ordenamento jurídico processual comum, não obstante exista na doutrina compreensão diversa sobre a matéria.

4.3. Distribuição

Seja a reclamação trabalhista proposta verbalmente ou por escrito, nas localidades em que houver apenas 1 (uma) Vara do Trabalho ou 1 (uma) Vara Cível, se o caso, a ação será apresentada diretamente à secretaria do juízo.

Doutro modo, nas localidades em que houver pluralidade de Vara, a reclamação estará, preliminarmente, sujeita a distribuição, o que significa dizer, condicionada a aleatório sorteio, observada a ordem rigorosa de apresentação, para escolha de qual juízo, dentre todos os ali competentes, deva processar e julgar a demanda, tornando-se prevento aquele que o receber. E conforme ordem constitucional[68], a distribuição deve ser imediata, em todos os graus de jurisdição.

Ressalta-se que "no Direito Processual do Trabalho, havendo conexão, continência ou mais de um juízo competente para a causa, entende-se que a prevenção é do juízo a quem o processo foi primeiramente distribuído" (Garcia, 2018, p. 150)

Enfim, feita a distribuição do feito, a reclamação deverá ser remetida à Vara do juízo competente, acompanhada do respectivo bilhete.

4.4. Atos, Termos e Prazos Processuais

A toda e qualquer conduta praticada pelas partes, auxiliares do juízo, pelo próprio juiz ou até interveniente, no curso da demanda, dá-se o nome de *ato processual*. Os atos processuais são públicos e devem se submeter a registro e escrita nos autos, a que denominamos de *termo processual*. Cada ato em juízo deve se dar no tempo preestabelecido para a sua realização, período que configura o *prazo processual*.

Os atos processuais serão públicos salvo quando o contrário determinar o interesse social, e realizar-se-ão nos dias úteis das 6 (seis) às 20 (vinte) horas, sendo que a penhora poderá realizar-se em domingo ou dia feriado, mediante autorização expressa do juiz ou presidente.

Os atos e termos processuais poderão ser escritos a tinta, datilografados ou a carimbo.

Os atos e termos processuais, que devam ser assinados pelas partes interessadas, quando estas, por motivo justificado, não possam fazê-lo, serão firmados a rogo, na presença de 2 (duas) testemunhas, sempre que não houver procurador legalmente constituído.

Os termos relativos ao movimento dos processos constarão de simples notas, datadas e rubricadas pela secretaria do juízo.

Salvo disposição em contrário, os prazos previstos na CLT contam-se em dias úteis, com exclusão do dia do começo e inclusão do dia do vencimento, conforme o caso, a partir da data em que for feita pessoalmente, ou recebida a notificação, daquela em que for publicado o edital no jornal oficial ou no que publicar o expediente da Justiça do Trabalho, ou, ainda, daquela em que for afixado o edital na sede da Junta, Juízo ou Tribunal.[69]

---

68. CRFB/1988, art. 93, XV, com redação dada pela EC nº 45/2004.

69. Artigo 775-A da CLT com redação dada pela Lei nº 13.545, de 19 de Dezembro de 2017.

DIREITO PROCESSUAL DO TRABALHO

Tratando-se de notificação postal, no caso de não ser encontrado o destinatário ou no de recusa de recebimento, o Correio ficará obrigado, sob pena de responsabilidade do servidor, a devolvê-la, no prazo de 48 (quarenta e oito) horas, ao Tribunal de origem.

Os prazos estabelecidos neste Título serão contados em dias úteis, com exclusão do dia do começo e inclusão do dia do vencimento.

Os prazos podem ser prorrogados, pelo tempo estritamente necessário, quando o juízo entender necessário ou em virtude de força maior, devidamente comprovada. Em contrapartida, ao juízo incumbe dilatar os prazos processuais e alterar a ordem de produção dos meios de prova, adequando-os às necessidades do conflito de modo a conferir maior efetividade à tutela do direito.

Suspende-se o curso do prazo processual nos dias compreendidos entre 20 de dezembro e 20 de janeiro, inclusive. Ressalvadas as férias individuais e os feriados instituídos por lei, os juízes, os membros do Ministério Público, da Defensoria Pública e da Advocacia Pública e os auxiliares da Justiça exercerão suas atribuições durante tal período.

Durante a suspensão do prazo, não se realizarão audiências nem sessões de julgamento.

O vencimento dos prazos será certificado nos processos pela secretaria do juízo.

Além disso, os requerimentos e documentos apresentados, os atos e termos processuais, as petições ou razões de recursos e quaisquer outros papéis referentes aos feitos formarão os autos dos processos, os quais ficarão sob a responsabilidade das secretarias.

Cumpre destacar que os autos dos processos da Justiça do Trabalho, não poderão sair dos cartórios ou secretarias, salvo se solicitados por advogados regularmente constituído por qualquer das partes, ou quando tiverem de ser remetidos aos órgãos competentes, em caso de recurso ou requisição.

Fato é que as partes, ou seus procuradores, poderão consultar, com ampla liberdade, os processos nos cartórios ou secretarias.

Sobre o tema, também oportuno registrar que os documentos juntos aos autos poderão ser desentranhados somente depois de findo o processo, ficando traslado.

✓ Comunicação dos Atos Processuais

No processo comum, a comunicação dos atos processuais se dá por citação, quando se trata do conhecimento primeiro do réu sobre a existência do feito e para que apresente defesa, caso assim desejar, ou por intimação, quando convocada a parte, o auxiliar o juízo ou qualquer interveniente, para condução do processo.

No processo do trabalho, em compensação, essa diferença perde a importância, faltando rigor técnico, de tal ordem, ao legislador pátrio quando estabelece regras pertinentes à matéria na CLT, razão pela qual, admitida na área trabalhista o uso da palavra "notificação" diante de toda e qualquer espécie de comunicação do ato processual.

✓ Preclusão

Deixando a parte de praticar o ato no prazo processual estabelecido para tanto, ocorrerá a *preclusão temporal*, penalidade que se impõe no feito àquele que inerte, compromete a devida prestação jurisdicional, e que, enfim, impede a conduta intempestiva nos autos.

Assim, decorrido o prazo, extingue-se o direito de praticar ou de emendar o ato processual, independentemente de declaração judicial, ficando assegurado, porém, à parte provar que não o realizou por justa causa. Considera-se justa causa o evento alheio à vontade da parte e que a impediu de praticar o ato por si ou por mandatário, caso verificada, poderá juiz permitir à parte a prática do respectivo ato, agora no novo prazo que lhe assinar.

✓ Processo Judicial Eletrônico – PJe

A Lei nº 11419, de 19 de dezembro de 2006, dispõe sobre a informatização do processo judicial e, quanto aos prazos processuais, traz comando específico...

✓ o envio de petições, de recursos e a prática de atos processuais em geral por meio eletrônico serão admitidos mediante uso de assinatura eletrônica;

✓ consideram-se realizados os atos processuais por meio eletrônico no dia e hora do seu envio ao sistema do Poder Judiciário, do que deverá ser fornecido protocolo eletrônico;

✓ quando a petição eletrônica for enviada para atender prazo processual, serão consideradas tempestivas as transmitidas até as 24 (vinte e quatro) horas do seu último dia;

✓ os tribunais poderão criar Diário da Justiça eletrônico, disponibilizado em sítio da rede mundial de computadores, para publicação de atos judiciais e administrativos próprios e dos órgãos a eles subordinados, bem como comunicações em geral;

✓ o sítio e o conteúdo das publicações de que trata este artigo deverão ser assinados digitalmente com base em certificado emitido por Autoridade Certificadora credenciada na forma da lei;

✓ considera-se como data da publicação o primeiro dia útil seguinte ao da disponibilização da informação no Diário da Justiça eletrônico;

✓ os prazos processuais terão início no primeiro dia útil que seguir ao considerado como data da publicação;

✓ considerar-se-á realizada a intimação no dia em que o intimando efetivar a consulta eletrônica ao teor da intimação, certificando-se nos autos a sua realização;

✓ os casos em que a consulta se dê em dia não útil, a intimação será considerada como realizada no primeiro dia útil seguinte;

✓ tal consulta deverá ser feita em até 10 (dez) dias corridos contados da data do envio da intimação, sob pena de considerar-se a intimação automaticamente realizada na data do término desse prazo.

É preciso lembrar que os documentos digitalizados juntados em processo eletrônico estarão disponíveis para acesso por meio da rede externa pelas respectivas partes processuais, pelos advogados, independentemente de procuração nos autos, pelos membros do Ministério Público e pelos magistrados, sem prejuízo da possibilidade de visualização nas secretarias dos órgãos julgadores, à exceção daqueles que tramitarem em segredo de justiça. Aliás, os sistemas de informações pertinentes a processos eletrônicos devem possibilitar que advogados, procuradores e membros do Ministério Público cadastrados, mas não vinculados a processo previamente identificado, acessem automaticamente todos os atos e documentos

DIREITO PROCESSUAL DO TRABALHO

processuais armazenados em meio eletrônico, desde que demonstrado interesse para fins apenas de registro, salvo nos casos de processos em segredo de justiça[70].

4.5. Audiência Trabalhista

Recebida e protocolada a reclamação, o escrivão ou secretário, dentro de 48 (quarenta e oito) horas, remeterá a segunda via da petição, ou do termo, ao reclamado, notificando--o ao mesmo tempo, para comparecer à audiência do julgamento, que será a primeira desimpedida, depois de 5 (cinco) dias. Aqui, na fase de conhecimento do processo do trabalho, a notificação não é pessoal, acontece via Correios, com aviso de recebimento, e somente quando o reclamado não for encontrado ou criar embaraços, a notificação acontecerá por edital.

O reclamante será notificado no ato em que distribuída a reclamação trabalhista, já tomando ciência da data, do horário e do local da audiência inaugural.

Se submetida a reclamação a procedimento ordinário, a audiência será inicial para tentativa de conciliação das partes, senão, caso frustrada, para defesa do reclamado, sendo designada nova data para instrução e julgamento. Se, pelo contrário, sujeita a reclamação ao rito sumaríssimo, uma será a audiência, ocasião em que todas as provas serão produzidas, ainda que não requeridas previamente.

✓ Comparecimento e Ausência das Partes

A considerar que a reclamação trabalhista tem por objeto, via de regra, questões pertinentes à relação de emprego, relação que é personalíssima, espera-se, num primeiro momento, que o próprio empregado e o próprio empregador compareçam na audiência designada pelo juízo.

Portanto, na audiência deverão estar presentes o reclamante e o reclamado, independentemente do comparecimento de seus representantes salvo, nos casos de Reclamatórias Plúrimas ou Ações de Cumprimento, quando os empregados poderão fazer-se representar pelo Sindicato de sua categoria.

É facultado ao empregador fazer-se substituir pelo gerente, ou qualquer outro preposto que tenha conhecimento do fato, e cujas declarações obrigarão o proponente. O preposto não precisa ser empregado da reclamada, conforme § 3º acrescentado ao artigo 843 da CLT pela Lei nº 13467/2017.

Se por doença ou qualquer outro motivo poderoso, devidamente comprovado, não for possível ao empregado comparecer pessoalmente, poderá fazer-se representar por outro empregado que pertença à mesma profissão, ou pelo seu sindicato.

Agora, o não-comparecimento do reclamante à audiência importa o arquivamento da reclamação e sua condenação no pagamento das custas, ainda que beneficiário da justiça gratuita, salvo se comprovar, no prazo de quinze dias, que a ausência ocorreu por motivo legalmente justificável. Aliás, o pagamento das custas passa a ser condição para a propositura de nova demanda.

---

70. Alteração do artigo 11 da Lei nº 11.419/06 por força da Lei nº 13.793, de 03 de Janeiro de 2019.

CHRIS BRUNO E THIAGO RASO

A partir de outra perspectiva, o não-comparecimento do reclamado importa revelia, além de confissão quanto à matéria de fato. Todavia, não produzirá tal efeito a revelia quando havendo pluralidade de reclamados, algum deles contestar a ação, ou quando o litígio versar sobre direitos indisponíveis, ou, ainda, a petição inicial não estiver acompanhada de instrumento que a lei considere indispensável à prova do ato, ou, enfim, as alegações de fato formuladas pelo reclamante forem inverossímeis ou estiverem em contradição com prova constante dos autos.

Mas se ausente o reclamado, presente o advogado na audiência, serão aceitos a contestação e os documentos eventualmente apresentados.

E em caráter excepcional, ocorrendo motivo relevante, poderá o juiz suspender o julgamento, designando nova audiência.

✓ Conciliação

A conciliação é princípio que norteia todo o processo do trabalho e, por isso, a celebração do acordo pelas partes será bem quista em qualquer momento, independentemente de fase, no qual se encontra a demanda trabalhista.

Porém, há que se levar em conta duas oportunidades em que a tentativa de conciliação pelo juízo é condição de validade do processo sob pena de nulidade.

Aberta a audiência, o juiz ou presidente proporá a conciliação. Se houver acordo lavrar-se-á termo, assinado pelo presidente e pelos litigantes, consignando-se o prazo e demais condições para seu cumprimento.

Ao final, terminada a instrução, poderão as partes aduzir razões finais, em prazo não excedente de 10 (dez) minutos para cada uma. Em seguida, o juiz ou presidente renovará a proposta de conciliação, e não se realizando esta, será proferida a decisão.

Celebrado o acordo, é faculdade do juiz a respectiva homologação, de sorte que, se homologado, consistirá em decisão irrecorrível, constituída a coisa julgada.

✓ Respostas do Réu

Aberta a audiência e frustrada a primeira tentativa de conciliação proposta pelo juiz, terá o reclamado oportunidade de apresentar sua defesa, quando assim desejar, sob pena de revelia e confissão ficta enfim.

Como resposta do réu admite-se a clássica *contestação*, através da qual se faz possível defesa preliminar, prejudicial ou de mérito, também a *reconvenção trabalhista*, sendo, ainda, viável, a depender do caso e via de *exceção*, o alegar da *incompetência relativa* do juízo, da *suspeição* ou do *impedimento* do julgador.

Nos termos da CLT[71], não havendo acordo, o reclamado terá vinte minutos para aduzir sua defesa, após a leitura da reclamação, quando esta não for dispensada por ambas as partes, podendo a parte apresentar defesa escrita pelo sistema de processo judicial eletrônico até a audiência.

✓ Meios e Ônus de Prova

---

71. CLT, art. 847, § único, com redação dada pela Lei nº 13467/2017.

DIREITO PROCESSUAL DO TRABALHO

Terminada a defesa, seguir-se-á a instrução do processo, podendo o presidente, ex officio ou a requerimento de qualquer juiz temporário, interrogar os litigantes. Findo o interrogatório, poderá qualquer dos litigantes retirar-se, prosseguindo a instrução com o seu representante. Serão, a seguir, ouvidas as testemunhas, os peritos e os técnicos, se houver.

O ônus da prova incumbe ao reclamante, quanto ao fato constitutivo de seu direito e ao reclamado, quanto à existência de fato impeditivo, modificativo ou extintivo do direito do reclamante.

Nos casos previstos em lei ou diante de peculiaridades da causa relacionadas à impossibilidade ou à excessiva dificuldade de cumprir o encargo nos termos deste artigo ou à maior facilidade de obtenção da prova do fato contrário, poderá o juízo atribuir o ônus da prova de modo diverso, desde que o faça por decisão fundamentada, caso em que deverá dar à parte a oportunidade de se desincumbir do ônus que lhe foi atribuído. Essa decisão deverá ser proferida antes da abertura da instrução e, a requerimento da parte, implicará o adiamento da audiência e possibilitará provar os fatos por qualquer meio em direito admitido, além disso, não pode gerar situação em que a desincumbência do encargo pela parte seja impossível ou excessivamente difícil.

O depoimento das partes e testemunhas que não souberem falar a língua nacional será feito por meio de intérprete nomeado pelo juiz ou presidente. As despesas decorrentes do intérprete correrão por conta da parte sucumbente, salvo se beneficiária de justiça gratuita[72].

As partes e testemunhas serão inquiridas pelo juiz ou presidente, podendo ser reinquiridas, por seu intermédio, a requerimento dos vogais, das partes, seus representantes ou advogados.

Cada uma das partes não poderá indicar mais de 3 (três) testemunhas, salvo quando se tratar de inquérito, caso em que esse número poderá ser elevado a 6 (seis). Sendo o rito sumaríssimo, não poderá cada parte indicar mais de 2 (duas) testemunhas enfim.

As testemunhas não poderão sofrer qualquer desconto pelas faltas ao serviço, ocasionadas pelo seu comparecimento para depor, quando devidamente arroladas ou convocadas.

As testemunhas comparecerão a audiência independentemente de notificação ou intimação. As que não comparecerem serão intimadas, ex officio ou a requerimento da parte, ficando sujeitas a condução coercitiva, sem prejuízo doutras penalidades como multa e litigância de má fé, caso, sem motivo justificado, não atendam à intimação. Vale lembrar que toda testemunha, antes de prestar o compromisso legal, será qualificada, indicando o nome, nacionalidade, profissão, idade, residência, e, quando empregada, o tempo de serviço prestado ao empregador, ficando sujeita, em caso de falsidade, às leis penais.

Também é facultado a cada uma das partes apresentar um perito ou técnico. O juiz ou presidente poderá arguir os peritos compromissados ou os técnicos, e rubricará, para ser junto ao processo, o laudo que os primeiros tiverem apresentado.

---

72. Artigo 819, § 2º, da CLT com redação dada pela Lei nº 13.660, de 08 de Maio de 2018.

CHRIS BRUNO E THIAGO MORAES

Quanto aos documentos, uma vez oferecidos em cópia para prova poderá ser declarado autêntico pelo próprio advogado, sob sua responsabilidade pessoal.

✓ **Honorários Periciais**

A responsabilidade pelo pagamento dos honorários periciais é da parte sucumbente na pretensão objeto da perícia, ainda que beneficiária da justiça gratuita. Somente no caso em que o beneficiário da justiça gratuita não tenha obtido em juízo créditos capazes de suportar a despesa, ainda que em outro processo, a União responderá pelo encargo. Ao fixar o valor dos honorários periciais, o juízo deverá respeitar o limite máximo estabelecido pelo Conselho Superior da Justiça do Trabalho. O juízo poderá deferir parcelamento dos honorários periciais, porém, contrapartida, não poderá exigir adiantamento de valores para realização de perícias.

✓ **Encerramento**

Ao final, repita-se, terminada a instrução, poderão as partes aduzir razões finais, em prazo não excedente de 10 (dez) minutos para cada uma. Em seguida, o juiz ou presidente renovará a proposta de conciliação, e não se realizando esta, será proferida a decisão.

É comum que o juiz do trabalho designe nova data para julgamento, quando já sairão as partes intimadas da audiência de instrução, dispensado novo comparecimento.

5. QUESTÕES APLICADAS EM EXAMES ANTERIORES

01. (2018 – FGV – XXVI EXAME) Em sede de reclamação trabalhista, o autor forneceu o endereço da ré na inicial, para o qual foi expedida notificação citatória. Decorridos cinco dias da expedição da citação, não tendo havido qualquer comunicado ao juízo, houve a realização da audiência, à qual apenas compareceu o autor e seu advogado, o qual requereu a aplicação da revelia e confissão da sociedade empresária-ré. O juiz indagou ao advogado do autor o fundamento para o requerimento, já que não havia nenhuma referência à citação no processo, além da expedição da notificação. Diante disso, na qualidade de advogado do autor, à luz do texto legal da CLT, assinale a opção correta.

(A) Presume-se recebida a notificação 48h após ser postada, sendo o não recebimento ônus de prova do destinatário.

(B) A mera ausência do réu, independentemente de citado ou não, enseja revelia e confissão.

(C) Descabe o requerimento de revelia e confissão se não há confirmação no processo do recebimento da notificação citatória.

(D) O recebimento da notificação é presunção absoluta; logo, são cabíveis de plano à revelia e a confissão.

GABARITO: A. COMENTÁRIOS: Sobre a notificação, vale dizer, citação do reclamado no processo do trabalho, justo porque se dá, via de regra, pelos Correios, com aviso de recebimento, o TST consolidou entendimento jurisprudencial (Súmula nº 19) segundo o qual presume-se recebida a notificação 48 (quarenta e oito) horas depois de sua postagem. O seu não-recebimento ou a entrega após o decurso desse prazo constitui ônus de prova do destinatário.

02. (2018 – FGV – XXVI EXAME) Uma sociedade empresária ajuizou ação de consignação em pagamento em face do seu ex-empregado, com o objetivo de realizar o depósito das verbas resilitórias devidas ao trabalhador e obter quitação judicial da obrigação. No dia designado para a audiência una, a empresa não compareceu nem se justificou, estando presente o ex-empregado. Indique, de acordo com a CLT, o instituto jurídico que ocorrerá em relação ao processo.

(A) Revelia.

(B) Remarcação da audiência.

(C) Arquivamento.

(D) Confissão ficta.

GABARITO: C. COMENTÁRIOS: A empresa é quem ajuizou a ação de consignação em pagamento. Em regra, nos termos do artigo 843 da CLT, na audiência de julgamento deverão estar presentes o reclamante e o reclamado, independentemente do comparecimento de seus representantes. É facultado ao empregador fazer-se substituir pelo gerente, ou qualquer outro preposto que tenha conhecimento do fato, e cujas declarações obrigarão o proponente. Aliás, por força da Reforma Trabalhista de 2017, o preposto sequer precisa ser empregado. Todavia, o não-comparecimento do reclamante à audiência, como na hipótese, importa o arquivamento da reclamação, e o não-comparecimento do reclamado, se fosse o caso, importaria revelia, além de confissão quanto à matéria de fato.

03. (2018 – FGV – XXVI EXAME) Gustavo foi empregado da empresa Pizzaria Massa Deliciosa. Após a extinção do seu contrato, ocorrida em julho de 2018, as partes dialogaram e confeccionaram um termo de acordo extrajudicial, que levaram à Justiça do Trabalho para homologação. O acordo em questão foi assinado pelas

DIREITO PROCESSUAL DO TRABALHO

partes e por um advogado, que era comum às partes. Considerando o caso narrado, segundo os ditames da CLT, assinale a afirmativa correta.

(A) Viável a homologação do acordo extrajudicial, porque fruto de manifestação de vontade das partes envolvidas.

(B) Não será possível a homologação, porque empregado e empregador não podem ter advogado comum.

(C) Impossível a pretensão, porque, na Justiça do Trabalho, não existe procedimento especial de jurisdição voluntária, mas apenas contenciosa.

(D) Para a validade do acordo proposto, seria necessário que o empregado ganhasse mais de duas vezes o teto da Previdência Social.

GABARITO: B. COMENTÁRIOS: A Lei nº 13467/2017 que introduziu a Reforma Trabalhista ampliou a competência das Varas do Trabalho para processar e julgar a homologação de acordo extrajudicial, decorrente da relação de trabalho/emprego, que terá início por petição conjunta, sendo obrigatória a representação das partes por advogado, de sorte que as partes não poderão ser representadas por advogado comum. Trata-se do disposto nos artigos 855-B da CLT.

04. (2018 – FGV – XXV EXAME) Silvio contratou você como advogado para ajuizar ação trabalhista em face do empregador. Entretanto, na audiência, o juiz constatou que não havia procuração nos autos. Diante disso, você requereu fosse efetivado registro em ata de audiência no qual Silvio o constituía como procurador. Silvio anuiu com o requerimento. Com base na hipótese narrada, nos termos da CLT, assinale a afirmativa correta.

(A) O mandato, no caso, é válido e os poderes são apenas para o foro em geral.

(B) O mandato, no caso, é inválido, e seria necessário e obrigatório o requerimento de prazo para juntada de procuração.

(C) O mandato, no caso, é válido e os poderes são para o foro em geral, bem como os especiais, dentre eles os poderes para transigir.

(D) O mandato é válido apenas para a representação na audiência, devendo os demais atos serem regularizados e juntada a procuração para atos futuros.

GABARITO: A. COMENTÁRIOS: Nos dissídios individuais os empregados e empregadores poderão fazer-se representar por intermédio do sindicato, advogado, solicitador, ou provisionado, inscrito na Ordem dos Advogados do Brasil. A constituição de procurador com poderes para o foro em geral poderá ser efetivada, mediante simples registro em ata de audiência, a requerimento verbal do advogado interessado, com anuência da parte representada. A regra está prevista no § 3º do artigo 791 da CLT, incluso pela Lei nº 13467/2017 que introduziu a Reforma Trabalhista no ordenamento jurídico em vigor.

05. (2017 – FGV – XXIV EXAME) Jorge trabalhou em uma sociedade empresária francesa, no Brasil. Entendendo que o valor das horas extras não lhe havia sido pago corretamente, ajuizou ação trabalhista. Como impugnara os controles de horário, necessitou apresentar prova testemunhal, porém, sua única testemunha, apesar de

trabalhar a seu lado, não fala português. Diante disso, Jorge requereu ao juiz a nomeação de um intérprete. Nesse caso, nada mais estando em discussão no processo, assinale a opção que indica a quem caberá o custeio dos honorários do intérprete.

(A) A Jorge, que é a parte interessada no depoimento da testemunha.

(B) À União, porque Jorge é autor da ação.

(C) Ao réu, já que era empregador de Jorge e da testemunha, que era de nacionalidade igual à da sociedade empresária.

(D) O depoimento ocorrerá fora do processo, por tradutor juramentado, custeado pela parte requerente, que depois deverá juntá-lo ao processo.

GABARITO: A. COMENTÁRIOS: O ônus da prova incumbe ao reclamante, quanto ao fato constitutivo de seu direito. Fato é que o depoimento das partes e testemunhas que não souberem falar a língua nacional será feito por meio de intérprete nomeado pelo juiz ou presidente. As despesas correrão por conta da parte sucumbente, salvo se beneficiária de justiça gratuita, tudo nos termos dos artigos 818 e 819 da CLT.

06. (2017 – FGV – XXIII EXAME) Rômulo ajuizou ação trabalhista em face de sua ex-empregadora, a empresa Análise Eletrônica Ltda. Dentre outros pedidos, pretendeu indenização por horas extras trabalhadas e não pagas, férias vencidas não gozadas, nem pagas, e adicional de periculosidade. Na audiência, foi requerida e deferida a perícia, a qual foi custeada por Rômulo, que se sagrou vitorioso no respectivo pedido. Contudo, os pedidos de horas extras e férias foram julgados improcedentes. Rômulo também indicou e custeou assistente técnico, que cobrou o mesmo valor de honorários que o perito do juízo. Observados os dados acima e o disposto na CLT, na qualidade de advogado(a) que irá orientar Rômulo acerca do custeio dos honorários periciais e do assistente técnico, assinale a afirmativa correta.

(A) Tendo Rômulo sido vitorioso no objeto da perícia, não há que se falar em pagamento de honorários periciais e do assistente técnico, pois a ré os custeará.

(B) Independentemente do resultado no objeto da perícia, como ao final o rol de pedidos foi parcialmente procedente, Rômulo custeará os honorários periciais e do assistente técnico.

(C) Em virtude da aplicação do princípio da celeridade, descabe a indicação de assistente técnico no processo do trabalho, não cabendo a aplicação subsidiária do CPC nesse mister.

(D) Tendo Rômulo sido vitorioso no objeto da perícia, os honorários periciais serão custeados pela parte sucumbente no seu objeto, porém os honorários do assistente técnico serão de responsabilidade da parte que o indicou.

GABARITO: D. COMENTÁRIOS: É facultado a cada uma das partes apresentar um perito ou técnico. A responsabilidade pelo pagamento dos honorários periciais é da parte sucumbente na pretensão objeto da perícia, ainda que beneficiária da justiça gratuita. Somente no caso em que o beneficiário da justiça gratuita não tenha obtido em juízo créditos capazes de suportar a despesa, ainda que em outro processo, a União responderá pelo encargo. Ao fixar o valor dos honorários periciais, o juízo deverá respeitar o limite máximo estabelecido pelo Conselho Superior da Justiça do Trabalho. O juízo poderá deferir parcelamento dos honorários periciais, mas não poderá exigir adiantamento de valores para realização de perícias. Eis o disposto no artigo 790-B da CLT, com redação dada pela Lei nº 13467/2017.

07. (2017 – FGV – XXIII EXAME) Reinaldo, Wilma e Teodoro trabalharam no restaurante Fino Paladar Ltda. Todos procuraram o mesmo advogado para apresentar reclamação trabalhista: Reinaldo diz que não recebeu horas extras, Wilma informa que não recebeu as verbas resilitórias e Teodoro diz que não recebeu a participação nos lucros.

Diante da situação retratada, e de acordo com a CLT, assinale a afirmativa correta.

(A) Não é possível o ajuizamento de reclamação plúrima, porque os pedidos são distintos.

(B) A CLT não traz os requisitos para o litisconsórcio ativo e, por isso, ficará a critério do juiz aceitar o ingresso conjunto.

(C) Cabe manejo da reclamação plúrima, porque o empregador é o mesmo.

(D) No caso apresentado, caberá o ajuizamento de dissídio coletivo.

GABARITO: A. COMENTÁRIOS: Sendo várias as reclamações e havendo identidade de matéria, poderão ser acumuladas num só processo, se se tratar de empregados da mesma empresa ou estabelecimento, conforme previsto no artigo 842 da CLT.

Referências Bibliográficas

DIREITO CONSTITUCIONAL

FERNANDES, Bernardo Gonçalves. *Curso de Direito Constitucional*. 10ª ed. Salvador: JusPodivm, 2018.

LENZA, Pedro. *Direito Constitucional Esquematizado*. 22ª ed. São Paulo: Saraiva, 2018.

MASSON, Nathalia. *Manual de Direito Constitucional*. 6ª ed. Salvador: JusPodivm, 2018.

SILVA, José Afonso da. *Curso de Direito Constitucional Positivo*. 38ª ed. São Paulo: Malheiros, 2014.

DIREITO ADMINISTRATIVO

ALEXANDRINO, Marcelo e PAULO, Vicente. Direito Administrativo Descomplicado. Rio de Janeiro: Forense, São Paulo: Método. 2017

CARVALHO FILHO, José dos Santos. *Manual de Direito Administrativo*. São Paulo: Atlas, 2018.

DI PIETRO, Maria Sylvia Zanella. *Direito Administrativo*. Rio de Janeiro: Forense, 2017.

MELLO, Celso Antônio Bandeira de. *Curso de Direito Administrativo*. São Paulo: Malheiros, 2015.

OLIVEIRA, Rafael Carvalho Rezende. *Curso de Direito Administrativo*. Rio de Janeiro: Forense; São Paulo: Método, 2016.

DIREITO PROCESSUAL PENAL

ALEXY, Robert. *Teoria dos direitos fundamentais*. Tradução por Virgílio Afonso da Silva. São Paulo: Malheiros, 2012.

BADARÓ, Gustavo Henrique. Processo Penal. 6. ed. rev., atual. e ampl. São Paulo: Thomson Reuters Brasil, 2018.

CAPEZ, Fernando. *Curso de processo penal*. 24. ed. São Paulo: Saraiva, 2017.

CONSELHO NACIONAL DE JUSTIÇA. Resolução nº 213, de 15 de dezembro de 2015. In: *CNJ*. Disponível em: <http://www.cnj.jus.br/busca-atos-adm?documento=3059>. Acesso em: 11 ago. 2017.

CONSELHO DA JUSTIÇA FEDERAL. Resolução nº 63, de 26 de junho de 2009 (DOU 30.06.2009). In: *CJF*. Disponível em: <http://www.cjf.jus.br/download/res063-2009.pdf>. Acesso em: 10 ago. 2017.

DEZEM, Guilherme Madeira. *Curso de processo penal*. 3. ed. rev., atual. e ampl. São Paulo: Revista dos Tribunais, 2017.

LOPES JR., Aury. *Direito processual penal*. 15. ed. São Paulo: Saraiva Educação, 2018.

MARCÃO, Renato. *Curso de processo penal*. 3. ed. rev., ampl. e atual. São Paulo: Saraiva, 2017.

MELLO, Celso Antônio Bandeira de. *Curso de direito administrativo*. 25. ed. São Paulo: Malheiros, 2008.

PACELLI, Eugênio. Curso de processo penal. 22. ed. rev., atual. e ampl. São Paulo: Atlas, 2018.

REFERÊNCIAS BIBLIOGRÁFICAS

SILVA, José Afonso da. *Curso de direito constitucional positivo.* 35. ed. rev. e atual. até a Emenda Constitucional n. 68, de 21.12.2011. São Paulo: Malheiros, 2012.

STUMVOLL, Victor Paulo. *Criminalística.* 6ª ed. Campinas: Millennium, 2014.

UNIVERSIDADE DE SÃO PAULO. *Declaração de direitos do homem e do cidadão, de 26 de agosto de 1789.* In: USP. Disponível em: <http://www.direitoshumanos.usp.br/index.php/Documentos--anteriores-%C3%A0-cria%C3%A7%C3%A3o-da-Sociedade-das-Na%C3%A7%C3%B5es--at%C3%A9-1919/declaracao-de-direitos-do-homem-e-do-cidadao-1789.html>. Acesso em: 31 jul. 2017.

DIREITO PENAL

BATISTA, Nilo. Introdução Crítica ao Direito Penal Brasileiro. Rio de Janeiro: Editora Revan, 2004.

BITENCOURT, Cezar Roberto. Tratado de Direito Penal 1- parte geral, São Paulo, Saraiva, 2011

CIRINO DOS SANTOS, Juarez. Direito penal: parte geral. 7. ed. Florianópolis, SC: Empório do Direito, 2017.

CUNHA, Rogério Sanches. Manual de Direito Penal. 2ª. ed. São Paulo, Juspodivm, 2014.

FERRAJOLI, Luigi. *Direito e razão: teoria do garantismo penal.* 3. ed. rev. São Paulo: Revista dos Tribunais, 2010.

GONÇALVES, Victor Eduardo Rios. Direito Penal Esquematizado: parte especial. 7. Ed. São Paulo: Saraiva, 2017.

GRECO, Rogério. Curso de Direito Penal – Parte Geral. 15ª Ed. Rio de Janeiro: Impetus, 2013, vol.1.

HABIB, Gabriel. *Leis penais especiais: volume único,* 10ª ed., Salvador: Juspodivm, 2018

LIMA, Renato Brasileiro de. *Legislação Criminal Especial comentada: volume único.* 5ª ed. Salvador: Juspodivm, 2017.

MASSON, Cleber. Direito Penal Esquematizado. Parte Geral. Rio de Janeiro: Forense; São Paulo: Método, 2009.

NUCCI, Guilherme de Souza. Código Penal Comentado. 14 ed. São Paulo, Forence, 2015.

PRADO, Luis Regis. Curso de Direito Penal Brasileiro. São Paulo: Editora Revista dos Tribunais, 2011.

TOLEDO, Francisco de Assis. Princípios básicos de direito penal. 5. Ed. São Paulo: Saraiva, 1994.

ZAFFARONI, E. Raúl; BATISTA, Nilo; ALAGIA, Alejandro; SLOKAR, Alejandro. Direito penal brasileiro. Revan, 2004.

DIREITO TRIBUTÁRIO

ALEXANDRE, Ricardo. Direito Tributário. 11ª ed. rev., atual. e ampl. Salvador: Juspodivm, 2017.

COELHO, Sacha Calmon Navarro. *Curso de Direito Tributário Brasileiro.* 10ª ed. Rio de Janeiro, Forense, 2009.

DERZI, Misabel Abreu Machado. *Modificações da jurisprudência: proteção da confiança, boa-fé objetiva e irretroatividade como limitações constitucionais ao poder de tributar.* São Paulo, Noeses, 2009.

FONTES, Juliana Frederico. *Curso de Direito Tributário.* 1ª ed. Belo Horizonte: Rede Preparatória, 2013.

HARADA, Kiyoshi. *Direito Financeiro e Tributário.* 26ª ed. ed. rev., ampl. atual. São Paulo, Atlas, 2017.

REFERÊNCIAS BIBLIOGRÁFICAS

MACHADO, Hugo de Brito. *Curso de Direito Tributário*. 35ª ed. rev., ampl. atual. São Paulo, Malheiros 2014.

MAZZA, Alexandre. *Manual de Direito Tributário*. 4ª ed. ed. rev., ampl. atual. São Paulo: Saraiva Educação, 2018.

MINARDI, Josiane. *Manual de Direito Tributário*. Salvador, Juspodivm, 2014.

NOVAIS, Rafael. Coleção Descomplicando Direito Tributário. 2ª ed. ed. rev., ampl. atual. Recife: Armador, 2016.

PAULSEN, Leandro. *Curso de Direito Tributário Completo*. 7ª ed. ed. rev., ampl. Atual. Porto Alegre. Livraria do Advogado, 2015.

SCHOUERI, Luís Eduardo. *Direito Tributário*. 8ª ed. São Paulo, Saraiva, 2018.

TORRES, Ricardo Lobo. *Curso de Direito Financeiro e Tributário*. 19ª ed. rev., ampl. atual. Rio de Janeiro, Renovar, 2013.

CÓDIGO DE ÉTICA E ESTATUTO DA OAB

LÔBO, Paulo. *Comentários ao Estatuto da Advocacia e da OAB*. 11ª ed. São Paulo: Saraiva Educação, 2018.

DIREITO DO TRABALHO E PROCESSUAL DO TRABALHO

ALVIM, Arruda. *Manual de Direito Processual Civil*. 7ª ed. São Paulo: RT, 2000, v. 2.

BARBOSA MOREIRA, José Carlos. *O novo processo civil brasileiro: exposição sistemática do procedimento*. 20ª ed. Rio de Janeiro: Forense, 1999.

BARROS, Alice Monteiro de. *Curso de Direito do Trabalho*. 2ª ed. São Paulo: LTr, 2006.

BEDAQUE, José Roberto dos Santos. *Direito e processo: influência do direito material sobre o processo*. 2ª ed. São Paulo: Malheiros, 2001.

CASSAR, Vólia Bomfim. *Direito do Trabalho: de acordo com a Reforma Trabalhista*. 15ª ed. São Paulo: MÉTODO, 2018.

CATHARINO, José Martins. *Compêndio de Direito do Trabalho*. São Paulo: LTr, 1983.

CESARINO JÚNIOR. *Direito Social*. São Paulo: LTr, 1980.

CINTRA, Antônio Carlos de Araújo; GRINOVER, Ada Pellegrini; DINAMARCO, Cândido Rangel. *Teoria geral do processo*. 11ª ed. São Paulo: Malheiros, 1995.

DELGADO, Maurício Godinho. *Curso de Direito do Trabalho*. 6ª ed. São Paulo: LTr, 2007.

DELGADO, Maurício Godinho. Direitos fundamentais na relação de trabalho. *Revista do Ministério Público do Trabalho*, LTr, ano XVI, nº 31, mar. 2006, Brasília.

GARCIA, Gustavo Filipe Barbosa. *Curso de Direito Processual do Trabalho*. 7ª ed., rev. e atual. Rio de Janeiro: Forense, 2018.

GOMES, Orlando; GOTTSCHALK, Élson. *Curso de Direito do Trabalho*. 17ª ed. Rio de Janeiro: Forense, 2004.

MARTINS, Sérgio Pinto. *Direito do Trabalho*. 13ª ed. São Paulo: Atlas, 2001.

MARTINS, Sérgio Pinto. *Direito processual do trabalho*. 34ª ed. São Paulo: Atlas, 2013.

MIESSA, Élisson; CORREIA, Henrique. *Manual da Reforma Trabalhista*. Salvador: JusPodivm, 2018.

MORAES FILHO, Evaristo de. *Introdução ao Direito do Trabalho*. São Paulo: LTr, 1971.

REFERÊNCIAS BIBLIOGRÁFICAS

NASCIMENTO, Amauri Mascaro. *Curso de Direito do Trabalho*. 16ª ed. São Paulo: Saraiva, 1999.

PINTO, José Augusto Rodrigues. *Curso Individual do Trabalho*. 5ª ed. São Paulo: LTr, 2003.

SILVA, Homero Batista Mateus da. *Curso de Direito do Trabalho aplicado*, v. 1: Parte Geral. Rio de Janeiro: Elsevier, 2009.

SOUZA, Rodrigo Trindade de. *Competência da Justiça do Trabalho para relações de trabalho*. Curitiba: Juruá, 2008.

SÜSSEKIND, Arnaldo; MARANHÃO, Délio; VIANNA, Segadas; TEIXEIRA, Lima. *Instituições de Direito do Trabalho*. 19ª ed. São Paulo: LTr, 2000, v. 2.

TEIXEIRA FILHO, Manoel Antônio. *A prova no processo do trabalho*. 7ª ed. São Paulo: LTr, 1997.

DIREITO EMPRESARIAL

GOMES, Fábio Bellote. *Manual de direito empresarial*. 7ª ed. rev., atual. e ampl. Salvador: JusPodivm, 2018.

GONÇALVES NETO, Alfredo de Assis. *Direito de empresa: comentários aos artigos 966 a 1195 do Código Civil*. 3ª ed. rev. atual e ampl. São Paulo: Revista dos Tribunais, 2010.

MAMEDE, Gladston. *Direito empresarial brasileiro: títulos de crédito*. 8ª ed. São Paulo: Atlas, 2014. v. 3.

RAMOS, André Luiz Santa Cruz. *Direito Empresarial esquematizado*. 6ª ed. rev. atual. e ampl. Rio de Janeiro: Forense; São Paulo: Método, 2016.

VERÇOSA, Haroldo Malheiros Duclerc. *Direito Comercial*. 3ª ed. rev. , atual e ampl. São Paulo: Revista dos Tribunais, 2014.

DIREITO AMBIENTAL

AMADO, Frederico. *Direito Ambiental*. 9ª ed. Salvador: Jus PODIVM, 2018.

MACHADO, Paulo Affonso Leme Machado. *Direito Ambiental Brasileiro*. 25ª ed. São Paulo: Malheiros, 2017.

MILARÉ, Edis. *Direito do Meio Ambiente*. 11ª ed. São Paulo: Revista dos Tribunais, 2018.

THOMÉ, Romeu. *Manual de Direito Ambiental*. 8ª ed. Salvador: JusPodivm, 2018.

DIREITO INTERNACIONAL

BASSO, Maristela. *Curso de Direito Internacional Privado*. 5ª ed. São Paulo: Atlas, 2016.

MAZZUOLI, Valério de Oliveira. *Curso de Direito Internacional Público*. 10ª ed. São Paulo: Revista dos Tribunais, 2016.

PORTELA, Paulo Henrique Gonçalves. *Direito Internacional Público e Privado incluindo noções de Direitos Humanos e Comunitário*. 10ª ed. Salvador: Juspodivm, 2018.

DIREITOS HUMANOS

COMPARATO, Fábio Konder. *A Afirmação Histórica dos Direitos Humanos*. São Paulo: Saraiva, 2017.

PIOVESAN, Flávia. *Direitos Humanos e o Direito Constitucional Internacional*. São Paulo: Saraiva, 2016.

MAZZUOLI, Valerio de Oliveira. *Curso de Direitos Humanos*. São Paulo: Método, 2016.

MAZZUOLI, Valerio de Oliveira. *Curso de Direito Internacional Público*. São Paulo, Método, 2018.

REFERÊNCIAS BIBLIOGRÁFICAS

FILOSOFIA

BOBBIO, Norberto. *Teoria da Norma Jurídica*. Tradução Fernando Pavan Baptista, Ariani Bueno Sudatti. 4ª ed. Bauru: Edipro,

BOBBIO, Norberto. *Teoria do Ordenamento Jurídico*. Apresentação: Tércio Sampaio Ferraz Júnior, Tradução: Maria Celeste Cordeiro Leite dos Santos. 8ª ed. Brasília: UNB.

DIMOULIS, Dimitri. *Manual de Introdução ao Direito*. 2ª ed. São Paulo: Revista dos Tribunais.

FERRAZ JÚNIOR, Tércio Sampaio. *Introdução ao Estudo do Direito – Técnica, Decisão, Dominação*. 5ª ed. São Paulo: Atlas, 2007.

KAUFMANN, Arthur. *Filosofia do Direito*. Prefácio e tradução António Ulisses Cortês, Serviços de Educação e Bolsas Fundação Calouste Gulbenkian.

KELSEN, Hans. *Teoria Geral do Direito e do Estado*. Tradução Luís Carlos Borges. São Paulo: Martins Fontes, 2005.

MARQUES, Mário Reis. *Introdução ao Direito*. Volume I, 2ª ed. Almedina.

MONCADA, Luís Cabral de. *Filosofia do direito e do Estado*. Coimbra: Coimbra, 1995.

NADER, Paulo. *Introdução ao Estudo do Direito*. 22ª ed. Rio de Janeiro: Forense, 2002.

REALE, Miguel. *Lições Preliminares de Direito*. 27ª ed, 6ª tir. São Paulo: Saraiva, 2006.

DIREITO CIVIL

AMARAL NETO, Francisco. Descodificação do Direito Civil. In: *XVI Conferência Nacional Da Ordem Dos Advogados Do Brasil*, Fortaleza-CE, 1996. Brasília: OAB, Conselho Federal

BEVILÁCQUA, Clóvis. *Código Civil dos Estados Unidos do Brasil Comentado*. Rio de Janeiro: Francisco Alves, 1939. 4 e 6.

BEVILÁCQUA, Clóvis. *Teoria Geral de Direito Civil*. 2ª ed. (Edição Histórica). Rio de Janeiro. Editora Rio, 1980.

CAMPOS BATALHA, Wilson de Souza. *Direito intertemporal*. Rio de Janeiro: Forense, 1980.

CATEB, Salomão de Araújo. *Direito das Sucessões*. 4ª ed. São Paulo: Atlas, 2007.

CAVALIERI FILHO, Sergio. *Programa de responsabilidade civil*. 6ª ed. São Paulo: Malheiros, 2006.

DELGADO, Mário Luiz. *Problemas de Direito Intertemporal no Código Civil – Doutrina e Jurisprudência*. São Paulo: Saraiva, 2004

DIDIER, Ricardo. CUNHA, Rogério Sanches. (coord.). *Revisaço: Magistratura Federal*. 6ª ed. Salvador: JusPodivm, 2018.

DINIZ, Maria Helena. *Introdução ao Código Civil Brasileiro Interpretada* 11ª ed. São Paulo: Saraiva, 2005.

DINIZ, Maria Helena. *Curso de Direito Civil Brasileiro*. São Paulo: Saraiva, 1983. 6v.

FARIA, Cristiano Chaves de. *Direito Civil – Teoria Geral*. 3ª ed. Rio de Janeiro: Lúmen Júris; 2005.

FIUZA, Ricardo (coord.). *Novo Código Civil Comentado*. São Paulo: Saraiva, 2002.

FERRAZ JR., Tercio Sampaio. *Introdução ao Estudo do Direito*. 2ª ed. São Paulo: Atlas

GAGLIANO, Pablo Stolze; PAMPLONA FILHO, Rodolfo. *Manual de Direito Civil*. V. único. 1ª ed. São Paulo: Saraiva, 2017.

GARCIA, Wander. *Como passar na OAB: 5.500 questões*. 12ª ed. São Paulo: Foco, 2016.

GONÇALVES, Carlos Roberto. *Sinopses Jurídicas*. São Paulo: Saraiva, 2003.

REFERÊNCIAS BIBLIOGRÁFICAS

GONÇALVES, Carlos Roberto. *Direito Civil 1 – Parte Geral. Obrigações. Contratos (parte geral) – Esquematizado.* 7ª ed. São Paulo: Saraiva, 2017.

HIRONAKA, Giselda Maria Fernandes Novaes; PEREIRA, Rodrigo da Cunha. *Direito das Sucessões e o Novo Código Civil.* 1ª ed. Belo Horizonte: Del Rey, 2004.

LIMA, João Franzen de. *Curso de Direito Civil Brasileiro.* Rio de Janeiro: Forense, 1977.

LOPES, Miguel Maria de Serpa. *Curso de Direito Civil.* São Paulo: Freitas Bastos, 1962.

MELLO, Marcos Bernardes de. *Teoria do Fato Jurídico.* São Paulo: Saraiva, 2007.

MIRANDA, Pontes de. *Tratado de Direito Privado.* Rio de Janeiro: Borsoi, 1.973.60v.

MONTEIRO, Washington de Barros. *Curso de Direito Civil.* São Paulo: Saraiva, 1977.

NEGRÃO, Theotônio. *Código de Processo Civil Comentado.* São Paulo: Revista dos Tribunais, 1990.

NICOLAU, Gustavo René. *Direito Civil – Parte Geral.* São Paulo: Atlas, 2005.

PEREIRA, Caio Mário da Silva Pereira. *Instituições de Direito Civil.* Rio de Janeiro: Forense, 1997.

RODRIGUES, Sílvio. *Direito Civil.* São Paulo: Saraiva, 1978 7v.

TEPEDINO, Gustavo. O Código Civil, os chamados microssistemas e a Constituição: premissas para uma reforma legislativa in TEPEDINO, Gustavo (Coord.). *Problemas de Direito Constitucional.* Rio de Janeiro: Renovar, 2000

VENOSA, Sílvio de Salvo. *Direito Civil.* São Paulo: Atlas, 2003.

ANOTAÇÕES